東西方研究

文震

單周堯　主編

上海古籍出版社

圖書在版編目(CIP)數據

東西方研究/單周堯主編. —上海:上海古籍出版社,2011.12

ISBN 978-7-5325-5872-8

Ⅰ. ①東… Ⅱ. ①單… Ⅲ. ①東西文化-比較文化-國際學術會議-文集 Ⅳ. ①G04-53

中國版本圖書館 CIP 數據核字(2011)第 059137 號

東西方研究

單周堯 主編

上海世紀出版股份有限公司
上 海 古 籍 出 版 社 出版

(上海瑞金二路 272 號 郵政編碼 200020)

(1)網址:www.guji.com.cn

(2)E-mail:gujil@guji.com.cn

(3)易文網網址:www.ewen.cc

上海世紀出版股份有限公司發行中心發行經銷

上海惠頓印刷有限公司印刷

開本 889×1194 1/16 印張 40.75 插頁 3 字數 1,100,000

2011 年 12 月第 1 版 2011 年 12 月第 1 次印刷

印數 1-1,000

ISBN 978—7—5325—5872—8

I·2319 定價:168.00 元

主編

單周堯

編輯 *

陳萬成

陳遠止

鄧昭祺

馮錦榮

梁紹傑

許振興

楊永安

編輯助理 *

林恩妮

謝向榮

* 以漢語拼音爲序

目　　録

序 …………………………………………………………………………… (1)
傳教士對張獻忠據蜀稱王的記載
——《聖教入川記》的宗教與文化觀點………………………… 陳學霖 (1)
西學中用
——重讀劉若愚先生《中國詩學》有感………………………… 王靖宇 (24)
略論近年西方學者的甲骨文研究………………………………… 朱歧祥 (30)
二十一世紀簡帛研究的新視野
——從楚簡《老子》研究探討東西方學者的古籍整理方法………… 鄧佩玲 (35)
"三武之福"研究之一：日本聖武天皇《建國分寺之詔》寫定時間
再議……………………………………………………………… 童長義 (48)
摩醯首羅與唐宋祆神……………………………………………… 張小貴 (60)
杜甫與"現實主義"的接受………………………………………… 黄自鴻 (68)
宋朝歷史形象的塑建
——費正清《中國新史》的啓示………………………………… 許振興 (79)
宋代雕版印刷之傳媒效應
——以谷登堡活字印刷作對照…………………………………… 張高評 (88)
西方學者對金海陵王的評價……………………………………… 曾震宇 (115)
范禮安與澳門聖保禄學院：中西文化交流的基柱 ……………… 張偉保 (131)
翻譯・政治・教爭：龍華民譯《聖若撒法始末》再探 ………… 李奭學 (139)
試論巴黎外方傳教會的在華活動………………………………… 耿　昇 (165)
分歧與融合
——金聖嘆與新批評的文論比較………………………………… 黄偉豪 (182)
明末清初的明史建構活動………………………………………… 錢茂偉 (198)
清儒王心敬太極説之人文思想芻議……………………………… 汪學群 (212)
寶鑑正反照
——論《紅樓夢》薛蟠的表和裏………………………………… 孫愛玲 (221)
從寬鬆到緊縮：1802－1840越南阮朝基督教政策研究 ……… 鄭永常 (229)
"公堂寶案薪傳遠，流裔遺珍辨鏡新"
——從荷蘭萊頓大學漢學研究院所藏印尼華人"吧國公堂"匾聯碑
記與檔案探論移民史實……………………………………… 賴貴三 (249)
從《遐邇貫珍》的"喻言一則"到《英華青年》的英譯"中國故事"
——東西文化交流的一個側面…………………………………… 李雄溪 (267)

西醫東傳史的一個側面："腦筋"一詞的來歷 ……………… 陳萬成 羅婉薇 (275)
穆藕初與西方企業管理之引進……………………………………… 鄭潤培 (293)
西學東來與黄人《普通百科新大辭典》的編纂…………………… 龔 敏 (306)
梁啓超的中西文化觀及其在中國近代思想史上的位置………………… 王昌偉 (316)
從知識結構轉移看梁啓超思想的内核價值與深層變化………………… 周昌龍 (327)
席勒美學對於王國維"境界"論的影響……………………………… 鄭芳雄 (350)
"魯迅與尼采"研究之歷史與發展 (1918－2007) ………………… 張釗貽 (366)
茅盾作品中的"歐化"表達……………………………………………… 陳家駿 (383)
二十世紀初《新著國語文法》的"西體中用" …………………… 謝耀基 (395)
簡論桑格夫人節育觀對中國"多子多福"觀的衝擊……………… 何泉達 (404)
西方漢學家筆下的東方彈弦樂器
——文化交融的痕迹與傳統樂器譯名的西化和漢化……………… 洪 濤 (418)
飲食文化的形成與時空發展過程
——以廣東菜系爲例………………………………………………… 梁國常 (434)
二十世紀文學理論：中國與西方 ……………………………………… 黄維樑 (445)
"觀點" (Point of View) 概念的跨語境應用
——兼談中西方小説批評傳統差異…………………………… 陳 樂 柯思仁 (453)
世界性的同步
——二十世紀四十年代中國現代主義詩歌………………………… 蕭 映 (461)
上海淪陷時期女作家小説中的文化撞擊……………………………… 余婉兒 (473)
魚尾獅混體文化象徵與意象初探：以兩首新華、新英詩歌爲例 ……… 胡月寶 (492)
星·光
——詩人之思與宗教符號………………………………………… 陳惠英 (509)
論東西文化發展的時差：以羅門"燈屋"的美學思想爲例 ………… 區仲桃 (519)
陳染《另一隻耳朵的敲擊聲》之孤獨感研究：以西方精神分析爲
理論建構…………………………………………………………… 史 言 (529)
《崑曲演唱理論叢書》成書的啓示 ……………………… 余 丹 古兆申 (551)
曉雲法師的繪畫藝術與國際文化交流……………………………… 陳娟珠 (559)
Hegel's and Karl Marx's Construct of China …………………… Adrian Hsia (572)
Deep China: A Travelling Metaphor ………………………… Douglas Kerr (591)
The Sino-French Connection and World War One ……………… Paul J Bailey (600)
Chen Hengzhe and the Transformative Uses of History: Some
Comments on her Affiliations and her *Short History of the European Renaissance* ………………………………… Denise Gimpel (612)
A Pioneering Comparatist and the Architectonics of Zong
Baihua's Aesthetics ……………………………………… Francis K. H. So (628)

序

本書所載論文，都曾於 2007 年 10 月 5—7 日香港大學中文學院舉辦的“東西方研究國際學術研討會”上宣讀，其中陳學霖教授的《傳教士對張獻忠據蜀稱王的記載——〈聖教入川記〉的宗教與文化觀點》和王靖宇教授的《西學中用——重讀劉若愚先生〈中國詩學〉有感》，是大會的主題演講。其餘論文，都於會後經過隱名評審然後采用。

這次研討會是爲了紀念香港大學中文學院成立八十周年而舉辦的。香港大學中文學院創始於 1927 年，初名中文系，八十年來，人才輩出，駸駸然成爲卓具國際聲譽之學術重鎮。

爲了紀念學院成立八十周年，自 2006 年 12 月起，中文學院舉辦一系列學術講座，詳情如下：

	講　者	講　題
第一講	許嘉璐教授	傳統中華文化的現代意義
第二講	余光中教授	《桃花扇》——情人淚與烈士血
第三講	白先勇教授	青春版《牡丹亭》的文化現象
第四講	瘂弦教授	成爲一個詩人的條件
第五講	查良鏞教授 陳萬雄博士	中國歷史的發展
第六講	鄭愁予教授 王良和博士	新詩的教與學

除講座外，中文學院還出版了《香港大學中文學院歷史圖録》、《香港大學中文學院八十周年學術論文集》，以及港大校友詩選《港大·詩·人》。

負責壓軸的是 2007 年 10 月 5—7 日舉辦的“東西方研究國際學術研討會”，提交論文之學者多達 205 人，其中外地學者 117 人，香港本地學者 88 人，論文共 195 篇，内容包括語言、文字、歷史、文化、宗教、思想、文學、學術、翻譯、美學、戲曲、繪畫，以及飲食、醫學、節育觀、企業管理等。

研討會由查良鏞學術研究基金贊助，籌備委員會組織如下：主席：單周堯教授；秘書：馮錦榮教授；委員：陳萬成教授、陳遠止教授、鄧昭祺教授、何冠彪教授、黎活仁教授、李家樹教授、李鋭清教授、梁紹傑教授、廖明活教授、潘漢光教授、施仲謀教授、王愛和教授、謝耀基教授、許振興教授、楊永安教授、楊玉峰教授、余文章教授、鄭雅麗教授*。研討會會務組成員則包括：單周堯教授、馮錦榮教授、尚維瑞博士、陳以信博士、陳志明博士、何偉幟博士、劉淑貞女士、于昕先生、廖舜禧先生、孫雅玲女士、鄧思陽先生、周敬華先生、羅榮貴博士、崔文翰先生、黃志强先生、謝向榮先生、曾惠仙小姐、梁珊珊小姐、黃海星先生、李乾耀先生、周靜儀小姐、邵筱芳小姐、史言先生、明柔佑先生、黃正謙先生、謝雋曄先生、梁思樂先生、梁震海先生、黃俊賢先生、鄧靜小姐、杜政羨小姐、徐錦小姐、汪寶榮先生、李韻婕小姐、翁曉羽小姐、周家建先生、陳偉成先生。由於衆志成城，群策群力，研討會遂得以順利完成。對贊助者及研討會籌委會、會務組諸位之襄助，本人無任篆感。

本書之出版，承陳萬成教授、陳遠止教授、鄧昭祺教授、馮錦榮教授、梁紹傑教授、許振興教授、楊永安教授** 惠允出任編委，林恩妮小姐、謝向榮先生協助校對，上海古籍出版社李保民主任、阮幗儀博士諸位爲論文之編輯、校對工作盡心盡力，本人謹致衷心謝意。

2011 年 11 月 26 日文農單周堯於香港大學

---

* 漢語拼音序。

** 同上。

傳教士對張獻忠據蜀稱王的記載

——《聖教入川記》的宗教與文化觀點

陳學霖

引　言

明崇禎十七年（1644）三月，傳統史家目爲“流賊”或“流寇”，現代中國史家譽爲“農民起義”領袖的李自成（1606－1645）率領部衆佔據北京，思宗崇禎帝（朱由檢，1627－1644在位）自縊於煤山，明朝覆亡。出身陝西延綏鎮軍，以犯法逃亡，人稱“黄虎”的張獻忠（1606－1646），於崇禎三年（1630）就地起事，號“八大王”，旋率部衆叛入山西，尋擾河北、陝西、河南。八年（1635），與李自成協議分道東下，數年間與官軍轉戰安徽、湖廣，返陝西後又出犯湖廣，於崇禎十七年正月進入四川。是年（清順治改元）八月，獻忠攻陷成都，十一月即皇帝位，國號大西，紀元大順，稱大西王（或秦王）。獻忠以蜀王府爲宫，改成都爲西京，用投降士人汪兆齡爲左丞相，前朝知縣吴繼善爲右丞相，設六部五軍督等官，隨分道攻略各州縣，大肆殺戮官民，血流成渠，慘虐無人理。兩年後（1646）棄蜀移兵陝西，又焚燒成都宫殿廬舍，並欲殺盡四川兵。同年十一月，出戰清兵時爲流箭貫胸身亡，時年四十歲。吴偉業《綏寇紀略》、費密《荒書》、歐陽直《蜀亂》、彭遵泗《蜀碧》、佚名《客滇述》、《蜀記》及沈荀蔚《蜀難叙録》等根據當時目擊，對張獻忠的殘暴酷虐，大量殺害無辜人民與夷城毁都，荼毒地方有沉重細膩的記述。乾隆官修的《明史》（1736）將李自成及張獻忠列入《流賊傳》，對其叛逆肆殺大張伐撻，便是根據這些資料。①

半世紀前的中國史學界，基於政治形勢需要及深受階級鬥爭説的影響，在一窩蜂研究“封建社會”的“農民起義”和“農民革命”的歷史下，對李自成和張獻忠這兩位舊史學視爲王朝的頭號逆賊，就必須作徹底的平反。從六十年代至八十年代有關張獻忠的論著都朝向這個目標。他們的研究和評論集中於兩方面。首先是從演繹文獻資料著手，對於舊籍所載張獻忠的殘酷殺戮，一方面批判是出於士紳階級仇視農民起義軍的誣衊誇張，另一方面緣飾淡化説矛頭主要是指向地主、官僚等反革命階級，不是平民，又説死難是革命鬥爭過程中難免的犧牲，遇到難作解釋的情況則將史文删節不談。此外是以階級鬥爭的觀點，强調張獻忠的猖獗動亂爲“農民起

---

① 張獻忠的傳記見張廷玉等修纂之《明史》（北京：中華書局，1974年）卷三〇九《流賊》，頁7969－7977。参北京汽車制造廠工人理論組《張獻忠傳注釋》（北京：中華書局，1977年）。吴偉業《綏寇紀略》有《叢書集成》本（上海：商務印書館，1937年）。其他有關張獻忠亂蜀的記載，分别收入清樂天居士（孫毓修）所編《痛史》（上海：商務印書館，1917年），以及時人何鋭等點校之《張獻忠剿四川實録》（成都：巴蜀出版社，2002年）。摘録史料見鄭天挺所編《明末農民起義史料》（北京：中華書局，1954年）。参任乃强《關於張獻忠史料的鑒别》，載《張獻忠在四川》（《社會科學研究叢刊》第二期）（成都：社會科學研究叢刊編輯部，1981年2月），頁201－209。英文張獻忠小傳見Arthur W. Hummel ed., *Eminent Chinese of the Ch'ing Period* (Washington, D.C.: U.S. Government Printing Office, 1943), vol. I, pp. 37－38。

義”或“農民革命”的“反封建統治”的正義戰爭，將他塑造成爲農民戰爭的傑出革命領袖、軍事家，或甚至爲偉大的民族英雄。這一代史學家對糾正舊史記載的一些重叠錯誤，如釐清張獻忠殺人的數字，及四川多少人及那一類人如何被殺等爭議性問題不無貢獻，不過以意識形態政治需要掛帥扭曲歷史，作偏頗的人物評估，恐怕難免爲時代淘汰。① 然則如果傳統記載難以盡信，是否有不同時代，從不同立場、不同文化角度著筆的史料？答案是有的，這就是本文要介紹的在四川傳教的天主教耶穌會士對張獻忠活動的記載。

自北京淪陷於李自成，一些較早進入中國傳道的天主教士都離開京師往各地避難，其中有兩位耶穌會士進入四川，在張獻忠進駐成都時滯留其地，近三年内（1644年初至1646年底）目睹張氏稱帝建國，殘殺民衆，焚城毁都，個人歷盡險阻，得以逃過死刑，事後將聞見筆之於書，留下珍貴的歷史記載。這兩位耶穌會士是意大利西沙里（Sicily）籍的利類思（Ludovico Buglio [1606－1682]）司鐸及葡萄牙籍的安文思（Gabriel de Magalhães [1610－1677]）司鐸。安文思於1651年以葡文撰寫的《張獻忠記》(*Relação das tyranias obradas por Cang-hien chungo*)，便是天主教士目擊張獻忠盤據四川活動的整體記録。

利類思華字再可，十六歲加入耶穌會，崇禎十年（1637）來華。他先在江南傳教，後奉命進京襄助修曆，繼而應四川綿竹縣籍的内閣首輔劉宇亮的邀請，至四川傳教，成爲在該地傳教的第一位教士。安文思華字景明，出生於葡萄牙一航海家庭，據悉是大航海家麥哲倫(Ferdinand Magellan）的後裔。他十六歲加入耶穌會，1634年到果阿（Goa），崇禎十三年(1640）來華，先在杭州傳教，後入四川協助利類思，在重慶等地活動。根據記載，1643年7月，張獻忠率部衆入川，二司鐸先往劉宇亮家鄉綿竹躲避，後又隱藏深山，但終爲敵所獲，押解到成都。獻忠初時對兩位猶以禮待，命製造天文儀器，翻譯曆書，但張氏其人性好疑忌，喜怒無常，屢欲置二人於死地。二司鐸心懷惴惴，一日，上書謂曆理深奥，請准赴澳門延訪精通天文之士及搜求各種儀器，但獻忠疑其欲逃，扣押擬將之處死。惟猶未動手，忽報清兵摻入，獻忠不信，單騎出探，爲流箭射死。利、安二司鐸爲清兵所獲，得統帥肅親王豪格（1609－1648）識爲泰西傳教士，送往北京，隨在京撰述在四川的經歷，送往教廷。②

國人揭示安文思的書，最早是天主教史專家，徐光啓（1562－1633）的十二世孫徐宗澤(1886－1947)，他在1947年7月在《東方雜誌》發刊的《張獻忠入川與耶穌會士》遺作，便提到1661年傳抄的《張獻忠記》。他在文章末段轉述耶穌會士描寫對張獻忠的印象説：“張獻忠爲人甚聰明，與士卒同甘苦，自由談話，表顯坦白，温情大量，慷慨態度，且嘗與屬下飲食。”這些話便是出自安文思的記載。(徐氏本人未親見其書，只從後出的天主教會所編的典籍摘要，但

① 上半世紀中國史學界對農民起義及農民戰爭的論著如汗牛充棟，不勝枚舉。外文評論見 James P. Harrison, *The Communists and Chinese Peasant Rebellions: A Study in the Chinese Rewriting of History* (New York: Atheneum, 1969)。關於張獻忠的研究，前期史學家以舊傳統尺度論述的有李文治《晚明民變》(上海：中華書局，1948年)，及臺灣學者李光濤之《明季流寇始末》(臺北：中研院歷史語言研究所，1965年)。1960與1980年代以農民起義觀點評述的論文甚多，重要論集專著有《張獻忠在四川》(《社會科學研究叢刊》第二期)，胡昭曦《張獻忠屠蜀考辯——兼析湖廣填四川》(成都：四川人民出版社，1980年)，袁庭棟《張獻忠傳論》(成都：四川人民出版社，1981年)，及胡允恭《李自成張獻忠起義》(南京：南京大學出版社，1986年)等。英文論著見 James B. Parsons, *The Peasant Rebellions of the Late Ming Dynasty* (Tucson: University of Arizona Press, 1970)。

② 利、安二司鐸的傳記資料見 Louis Pfister, *Notices biographiques et bibliographiques sur les Jésuites de l'ancienne mission de Chine* (Variétés Sinologiques, nos. 59－60) (Chang-hai: Imprimerie de la Mission Catholique, 1932－1934), Tome I, pp. 230－243, 251－255；及 Joseph Dehergne, S.J.（榮振華）著，耿昇譯《在華耶穌會士列傳及書目補編》(北京：中華書局，1995年)，上册，頁93－95及頁398－399。另參方豪《中國天主教史人物傳》(台中：光啓出版社，1970年)，上册，頁81－87；及余三樂《早期西方傳教士與北京》(北京：北京出版社，2001年)，第六章。

並非是後揭的《聖教入川記》。)① 安文思親撰的記録有若干傳鈔本，其一藏於梵蒂岡的教廷圖書館，讀者不易獲見。美國 James B. Parsons 撰的 *The Peasant Rebellions of the Late Ming Dynasty* (1970)，所引用安書的記載，都是出自兩種後出的類書的摘要，這便是耶穌會士馬匡國(Martinus Martini [1643 - 1661]) 以拉丁文著述的中國史綱 *De bello Tartarico* (英譯爲 *Conquest of the Great and Most Renowned Empire of China* [London: Crook, 1654]，華譯爲《韃靼戰記》)，和另一耶穌會士 Thomas I. Dunin Szpot 編纂的 *Collectanea Historiae Sinensis 1641 ad 1700* (1710)。② 不過此二書亦不易見，因此國人早年論述張獻忠史事的，都無緣参考傳教士對張獻忠在四川稱王屠城的記載。

民國初年駐四川的法籍天主教士古洛東 (François Marie Joseph Gourdon)，曾根據其所獲得的安文思著作的傳鈔本，出版一本華文書籍，記述張獻忠據蜀稱王的事迹，書名《聖教入川記》(下稱“古書”)，提供利、安二司鐸目擊張獻忠亂事的史料。此書爲鉛印本，不分卷，撰於1918年，同年由重慶聖家書局印行。古洛東約生於1840年，1866年由巴黎外方傳教會派來中國，到重慶從事教會活動，1930年左右卒於其地。他先後辦理川東教區大、中、小修院，自任大修院長，創辦並負責公義書院 (後改聖家書局)，印刷拉丁文《文範》和中文聖書。③《聖教入川記》流通不廣，今日所見本係四川省圖書館藏本，1981年由四川人民出版社重版。作者自序說:“迨十餘年前余下上海時，耶穌會神父概然出一鈔本以示余，内載有利類思及安文思二公在四川開教情形，頗爲詳細。余甚爲欣慰，不覺精神爲一振，復向各方徵求其餘事實，即本書所記載者也。”由此可知，該書内容出自上海耶穌會神父傳抄的安文思《張獻忠記》，而古洛東據以演述，並加注釋。不過，古司鐸稱言未親睹原書，深以爲恨 (“古書”頁52注釋48)。前人曾懷疑其書原以外文撰寫，由上海教會翻譯，不過根據四川人民出版社的《出版説明》，此書是古洛東用中文撰寫的。④《聖教入川記》主要記叙明末天主教傳入四川的情形、清初四川地區教徒的概況、利類思和安文思兩位司鐸及其他外國教士的活動，以及他們與張獻忠的交往；對於張氏的殘暴嗜殺、其對天主教義的認識與對天文地理的興趣、天地球儀的製作、佛道教徒對天主教的迫害，以及四川民衆反洋教的鬥爭等，都有描述。最重要的是鈎畫了張獻忠的個性及愛惡，其亂蜀屠城，耶穌會士對其印象及評價，以及明末清初四川地區的政治、社會、經濟、文化各方面的情況，提供了不少他書見不到的資料，因此，這是一本研究張獻忠與明末清初四川歷史的由外國人以華文撰述的重要史籍。在此書出版的前後，中國學者論述張獻忠的，都曾提及其書，但因其内容不大配合政治需要，因此，只摘用其有利於張獻忠的記述，並未客觀地採用耶穌會士的第一手資料作比較研究。⑤

最近，荷蘭萊頓大學 (Leiden University) 榮休漢學教授 Erik Zürcher (許理和) 撰 “In the yellow tiger's den: Buglio and Magalhães at the court of Zhang Xianzhong, 1644 - 1647” 一文，刊於 *Monumenta Serica* (華裔學誌) 50(2002)，詳細討論兩位司鐸在四川張獻忠管治下的活動。

---

① 見徐宗澤《張獻忠入川與耶穌會士》，《東方雜誌》43: 13 (1947年7月)，頁45-48；参袁庭棟《張獻忠傳論》，頁180，注①。徐氏所引安文思的報告題名 *Relação das tyranias obradas por Cang-hrien Chungo famoso ladrdo da China, em e anno 1651*，據 Louis Pfister, p. 255。但徐氏未見其書，頁47引文係據 Colombel, S. J., *Histoire de la Mission du Kiang-nan* (T'ou-se-we, 1895 - 1905), Tome I, pp. 463 - 464 所揭資料摘要譯述。

② 見 Parsons, *The Peasant Rebellions of the Late Ming Dynasty*, p. 170n, pp. 196 - 199。

③ 古洛東司鐸事迹略見古洛東著《聖教入川記》(成都：四川人民出版社，1980年)，《出版説明》，頁1-2。

④ 詳《聖教入川記·序》，頁1，及《出版説明》，頁1-6。

⑤ 見任乃强《張獻忠屠蜀記》，《關於張獻忠史料的鑒别》，載《張獻忠在四川》，頁117，127，131，201-202；胡昭曦《張獻忠屠蜀考辯》，頁49，96；袁庭棟《張獻忠傳論》，頁97，106，109，180；胡允恭《李自成張獻忠起義》，頁190等。

Zürcher 教授這篇論著根據的是安文思的原著鈔本和利類思稍後撰寫的簡單自叙本。他説安文思在 1651 年送往羅馬教廷一本關於他們二人在四川的經歷的報告，題名 *Relação da perda e destituição da Provincia e Christiandade de Su Chuen e do que os pes. Luis Buglio e Gabriel de Magahães passarão em seu cativ*。這便是 Martini 據以摘録的原本。看來前述的《張獻忠記》(*Relação das tyranias obradas por Cang-hien chungo*) 可能是這報告的别名，兩者同爲一書。此外，利類思又撰述一份只有三頁紙的關於他們二人的行述，標題爲“Abrégé de la vie et de la mort du R. Père Gabriel de Magaillans”(1677)。二者只有鈔本，現藏於梵蒂岡教廷圖書館。[①]許理和教授雖然將《聖教入川記》列入參考書目，但顯然未廣泛利用。由於許教授只將資料演述，並未大量徵引原文，而筆者則未有緣閲讀上述鈔本，所以本文只是匯集各種西文摘要，參以《聖教入川記》，作一比較驗證及評述，使各家對張獻忠的先後記載得以匯聚一堂，反映中外宗教文化的不同觀點，及與中文記載作一比較。

其實，前年以九十高壽歸主的華裔耶穌會士名史學家陳綸緒神甫（Albert Chan，S.J. [1915－2005]），據《華裔學誌》53（2005）所刊登的訃聞，曾以英文譯述安文思及利類思司鐸對張獻忠據蜀稱王的記載，遺下約二百頁手稿，但未悉已全部完成否，希望不久該教會學者能整理出版，如是則學界將有完整資料研究此一駭世的歷史事件。[②]

紀　事

安文思的《張獻忠記》(下稱“安書”）和後來古洛東據以演述的《聖教入川記》(下稱“古書”)，都從描述利類思司鐸於 1640 年（即崇禎十三年）到四川傳教開始。司鐸行前得四川在京的首輔東閣大學士劉宇亮照應，宇亮萬曆四十七年（1619）進士，時任禮部尚書；他是在欽天監主持修曆的名傳教士湯若望（Jean Adam Schall von Bell [1592－1666]）的友人，善待聖教。利司鐸抵步後，寓居劉閣老（“Liu Colao”）府第，得到官府的護佑和士紳的敬重，很快便展開傳教事務。翌年，他從新奉教中選出三十人付聖洗，其中有一名伯多禄（Pierre）者，據説是皇室子弟，可能是封藩於四川的蜀王朱椿（1371－1423）的後裔，但不知原名。未幾，安文思司鐸從杭州來襄助教務，二人自此一起誠心敷傳聖教。其間曾因當地僧道徒衆嫉妒，勾結仇視西人之王府太監，毁謗二司鐸妖言惑衆，爲禍國家，訴諸刑司，請將二人治罪，幸得一已受洗之武官名多默（Thomas）閫督者營救，率領士兵制止陷害教士，後又得同情聖教的吴繼善縣令陳説，二司鐸亦作申辯書，官府始將滋事者繩之於法。(按吴繼善太倉人，崇禎十年［1637］進士，後投張獻忠，拜官禮部尚書，見後。）自道黨被治罪後，聖教在川始略享太平，可惜維時不久。北京旋爲流賊攻破，崇禎帝自縊，

---

① Erik Zürcher，“In the yellow tiger's den：Buglio and Magalhães at the court of Zhang Xianzhong，1644－1647”，*Monumenta Serica* 50：355－374（2002）。關於安文思司鐸資料的來源，見 p. 373 引 *Relação*：Gabriel de Magathães，*Relação da perda e destituição da Provincia e Christiandade de Su Chuen e do que os pes. Luis Buglio e Gabriel de Magathães passarao em seu cativ*，report sent to Manuel de Azevedo；dated May 18，1649；ms. ARSI Jap. Sin. 127，36 fols（簡稱 *Relação*［中文稱“安書”]）。

② 見 James Tong，“Albert Chan，S.J.，1915－2005”，*Monumenta Serica* 53：478－500（2005）。陳神甫爲明史及目録學專家，已出版的英文專書有 *The Glory and Fall of the Ming Dynasty*（Norman：University of Oklahoma Press，1982），及 *Chinese Books and Documents in the Jesuit Archives in Rome，a Descriptive Catalogue：Japponica-Sinic*（Amonk，N.Y.：M.E. Sharpe，2002）。有關安文思及利類思二司鐸的傳記資料，見是書 Index，pp. 600，613 所揭示。

明朝覆亡，各省大亂，張獻忠旋入四川。①

“古書”記四川民衆聞京師被陷，驚惶不已，又聞張獻忠率領黨衆無算，沿途殺戮，不日即抵成都，愈加恐慌。此時蜀王朱其澍不籌禦敵之計，反連日集議，互相擾亂爭執不休，以致賊衆如入無人之境，直逼成都。② 二司鐸見事不佳，將聖堂交澳門人安當看管，逃難至劉閣老家鄉綿竹暫住，得其家人襄助逃難，初欲買舟由大江出省到南京，但因各要隘已被獻忠派人防守，只得逃入山中躲避。兹録“古書”記載如下：

> 成都百姓無日不聞獻賊殘虐，慘殺無辜，愈爲恐怖，人心惶惶，大有朝不保夕之勢。城中百姓見大難將臨，各皆逃走，教友亦多奔避山中。利、安二司鐸見事不佳，亦作暫避之計，即將聖堂託安當看守。按安當先生，係廣東澳門人，前同二位神父來川者，爲人忠厚，深洽二位神父之心故也。二位神父妥備一切，即往綿竹縣，寓劉閣老府第。此時劉閣老已死矣。利、安二神父在綿竹亦受危險，蓋是時土匪作亂，互相報仇，數千土匪擁入綿竹，摟殺兼施，全城大亂。閣老之家人二名，恐二位神父落入亂民之手，將遭不測，乃於更深夜靜，用索將二位神父同安當先生由城牆上吊下，逃往他方。安當先生因成都王府中人肇事，致將神父住所毀損，乃逃往神父處，故此時亦在綿竹。利、安二神父黑夜奔馳，大受艱辛。次日，即欲買舟由大江出省到南京。不幸張獻忠在各河道及各要隘均已派人防守，不准人民往來，二位神父不得已逃奔山中，遇一城而居焉。③

至於張獻忠進入成都的情況，“古書”述云：“一千六百四十四年九月初五日，張獻忠大排隊伍，進入成都，隨即稱王。僭位之初，假施仁義，以博民心。初，成都官吏見獻忠將至，逃避不遑。繼見獻忠稱王，分官任事，以爲暴雨之後，雲收霧散，將見太平。又聞獻忠有勇有爲，能任國事。於是一班官吏均出任事。不知獻忠性情殘暴，稍有不順，狂怒隨之，或刑或殺，視人命如草芥。故當時之人因受虐不過，均稱之爲人面獸心。後利、安二位司鐸見獻忠殘虐如此，殊覺不安，屢被召見，皆先預備，如赴殺場。”對於當時官民的迎逢心態及獻忠率性殘暴，視人命如草芥，其記載都與漢文所述相同。“古書”繼言二司鐸“見獻忠殘虐，殊覺不安，屢被召見，皆先預備，如赴殺場”，④ 諒是實録。至於利、安司鐸出見張獻忠，係由縣令吴繼善推舉。“安書”稱吴繼善（Ukixen）原爲縣令，投身張獻忠後，推升爲禮部尚書，“出於對二神父的長久友誼和敬愛，上書‘虐王’（tyrant），極端稱讚天主教義、他們兩人的修行和歐洲的科學，並陳説朝廷若果得到他們的服務，對人民和整個國家（指“大西國”）當有很大裨益”云云。⑤“古

① 見 Zürcher, “In the yellow tiger's den”, pp. 357 - 358 及“古書”頁 1 - 17。《劉宇亮傳》見《明史》卷二五三頁 6536 - 6537；參“古書”頁 2 - 3 注 5。《湯若望司鐸傳》詳 Louis Pfister, *Notices Biographiques*, Tome I, pp. 162 - 182；榮振華《在華耶穌會士列傳》，上册，頁 599 - 600；Alfons Väth, *Johann Adam Schall von Bell S. J.: Missionar in China, kaiserlicher Astronom und Ratgeber am Hofe von Peking, 1592 - 1666* (Koln, 1933; rpt. Mononumenta Serica Monograph Series XXV, Sankt Augustin: Steyler Verlag, 1991)；魏特（Alfons Väth）著，楊丙晨譯《湯若望司鐸傳》（上海：商務印書館，1938 年）；另參方豪《中國天主教史人物傳》上册，頁 1 - 15；96 - 98；余三樂《早期西方傳教士與北京》，第五章。佚名的閣督事迹詳“古書”，頁 6 - 11。吴繼善傳見鄒漪《啓禎野乘》（北平：北平故宫博物院圖書館，1936 年），卷十二，頁 16 下 - 17 下；又參“古書”，頁 11，注 15。

② 蜀王朱至澍傳見《明史》卷一一七《諸王二》，頁 3581。傳云：“蜀獻王椿，太祖第十一子，洪武十一年封……自椿以下四世七王，幾百五十年……恭王奉銓……（萬曆）四十三年薨，子至澍嗣。崇禎末，京師陷，蜀尚無恙。未幾，張獻忠陷成都，合宗被害，至澍率妃妾投於井。”

③ “古書”，頁 17 - 18。

④ “古書”，頁 18 - 19。

⑤ 見 Zürcher, “In the yellow tiger's den”, pp. 358 - 359，據 *Relação*, p. 5。

書”則載：“先是，繼善被簡爲禮部長官，乃上書獻忠，極讚二位司鐸才德兼優，現駐附近山中，若迎二人出山匡助國事，必有可觀。獻忠已知西士利瑪竇（Matteo Ricci［1552－1610］）前在北京，爲萬曆皇帝所隆重，爲國出力，人所共聞。及聞吴尚書稱美利、安二司鐸係泰西學士，遂發命令，遣禮部之官往迎之。”[①] 僅言“極讚二位司鐸才德兼優”，將原先安文思謂吴繼善上書，“極端稱讚天主教義、他們兩人的修行和歐洲的科學”云云一段簡化，抹去傳教士藉此宣揚教義的痕迹。

關於利、安兩司鐸入見張獻忠的情況，“安書”摘要甚簡，“古書”則較詳。“古書”先記獻忠問兩司鐸以泰西各國政事，待之以上賓之禮，請其留駐成都以備顧問，並應許將來輔助教會，由國庫建修華麗大堂，崇祀天地大主，方便民衆敬神。隨言獻忠命賜各色綢緞數匹、白銀百六十兩及袍套各二件，司鐸始初以有礙傳教，未收袍套，但獻忠堅持非穿冠服不能入朝，只得接受。獻忠又賜徽號，稱二位爲“天學國師”，欲謝辭，又未獲允，繼獲每月給銀十兩，禮遇甚隆：

> 一日，二位司鐸見官長到來，述明獻忠聘請之意，又見獻忠命令催促，不敢有違，遂同來使不分星夜趨赴成都。至日，天色已晚，遂宿禄署（按即“光禄寺署”），款以御宴。次日，由禮部長官引見獻忠。行禮後，獻忠問泰西各國政事，二位司鐸應對如流。獻忠大悦，待以上賓之禮，請二位司鐸駐成都，以便顧問。並令遵從己命，同享國福。且許將來輔助教會，國家太平之後，由庫給貲，建修華麗大堂，崇祀天地大主，使中國人民敬神者有所遵循云云。二司鐸唯唯而退。此後，雖受獻忠優待，由庫給俸，如待上官；而所用一切，無非從儉去華，自甘淡泊，毫不濫用。
>
> 二位司鐸回署後，獻忠命某大員携點心各色、綢緞數匹、白銀百六十兩、袍套各二件，送至司鐸處。二位司鐸除未收袍套外，餘皆照華禮拜受。次日，入朝謝恩，訴明未領袍套之意，謂遠人職司傳教，已棄世榮，未便朝衣朝冠，有礙初志，婉詞謝之。獻忠云：“吾固知爾等是傳教司鐸，已絶世榮世爵。吾賜袍之意，是出自愛慕之誠，非有任官賜爵之心。然按中國風氣，凡入朝見君者，非朝衣朝冠不能入朝，若用小帽素服入朝者，是褻瀆至尊，乃有罪之人也。且爾等深通天文地理，又知各國政治，又是西國學士，吾當屢次請見。若衣素服在王前往來，與朝臣不同，令人詫異，非吾尊敬賢人之心，亦非顧問員之所爲也。爾等勿得推却”云云。二位司鐸見獻忠説得有理，又想獻忠如此尊敬西士，將來百姓見之，亦尊重聖教，異日傳教，勸人從主，決無如前時之難也。於是謝恩，領受袍套。
>
> 獻忠即賜徽號，稱二位司鐸爲“天學國師”。文武官員，各皆道賀。二位司鐸答禮畢，即在獻忠前謝辭徽號，然終未獲允。又恐拂獻忠之意，只得謝恩而出。以後每人每月由國庫給銀十兩。二位司鐸見此厚禮，入内謝恩。並向獻忠曰：“我等遠人，深蒙不棄，屢承厚

① “古書”，頁20。利瑪竇司鐸傳記資料不勝枚舉。書目見 Louis Pfister, *Notices Biographiques*, Tome I, pp. 22－42；榮振華《在華耶穌會士列傳》，下册，頁543－548；及 Erik Zürcher et al. eds., *Bibliography of the Jesuit Mission in China, ca. 1580－ca. 1680* (Centre of Non-Western Studies, Leiden University, The Netherlands, 1991), Chap. 4。小傳見方豪：《中國天主教史人物傳》上册，頁72－82；及 Wolfgang Franke, “Matteo Ricci”, *Dictionary of Ming Biography, 1368－1644*, eds. L. C. Goodrich and Chaoying Fang (New York: Columbia University Press, 1976), vol. II, pp. 1137－1144。詳傳見裴化行（Henri Bernard）著（1937），管震湖譯《利瑪竇評傳》（北京：商務印書館，1993年）；羅光《利瑪竇傳》（臺北：臺灣學生書局，1979年）；及 Jonathan D. Spence, *The Memory Hall of Matteo Ricci* (New York: Viking Penguin, 1984) 等。

賜，已慚愧無地矣。我等幼時矢志絶財，奉事天主，今在貴國傳教救靈，每月得其銀十中之一，已足養此殘生，每月無須厚賜多金，則蒙惠多矣。”獻忠曰：“爾等不必固辭，以顯吾之吝財。吾已爲王，不能招待二位西方大賢，區區之惠，何足掛齒，須當收納，不必固却。吾固知爾等無需銀兩，此不過聊表吾敬賢之心，非有以示富沽名而已。爾等當受之無却。”獻忠雖如此説，未知是否出自真誠。①

司鐸報導在1644年冬至節，張獻忠在宫内大排宴席，彼獲邀請出席，獻忠坐於首位，次閣老，次二司鐸，然後爲獻忠之岳丈及百官各等級。筵間獻忠詢問二人教内事件，又詢西學、算學之事，隨與左右辯論，頗有心得。司鐸謂獻忠“智謀宏深，決斷過人”，又謂其“天姿英敏，知足多謀，才足以治國。然有神經病，殘害生靈，不足以爲人主”。兹録其記載如下：

一千六百四十四年冬至節，大宴官僚。列筵豐美，堪比王家，賓客衆多，難以數計，二位司鐸亦奉命在座中。宴設宫内正廳，此廳廣闊，有七十二柱分兩行對立，足壯觀瞻。獻忠入席，請二位司鐸同坐。二位司鐸自謙，欲就末座。獻忠見之請云，吾友請升上座。獻忠首位，次閣老，次二位司鐸，再次獻忠之岳丈，餘則百官各按等級列坐。筵間，獻忠詢問二司鐸教内事件。並詢西學，問算學之事甚多。獻忠聞之，隨同左右辯論，頗有心得。其智謀宏深，決斷過人，二司鐸亦暗暗稱奇。獻忠天姿英敏，知足多謀，其才足以治國。然有神經病，殘害生靈，不足以爲人主。席散之後，獻忠面許二司鐸云：“爾等現居署中，將來吾當爲爾等建築教堂，奉祀天地大主。”後六閲月，二司鐸上書提議修堂之事，獻忠置若罔聞，將書留中擱置。且此時獻忠欲離四川往陜西，以正帝號。先遣大兵往駐漢中府，以守川陜咽喉要地。②

席散後，獻忠曾面許司鐸將來當爲建築教堂，奉祀天地大主，但其事並未兑現。張獻忠隨令二司鐸造天、地球二個，用紅銅爲之，另造日晷配合。二位經營此事，頗費心機，八閲月後始完工。獻忠見之，鼓掌稱善，厚加賞賜，但二人僅收銀二十兩、緞袍二件。自此獻忠對司鐸之才能益加敬重。“古書”描述云：

按二球之大，須二人圍之。天球有各星宿及其部位，七政星宫環列其上，配以中國天文家所演各畜類；又分二十八宿，以合中國天文家之天圖。而地球分五大部洲，國名、省名、城名與及名山大川，歷歷可數；經線、緯線、南北兩極與黄道、赤道、南北温道，無不具備。至於日晷，列有黄道午線及十二皇宫與各度數，日月軌道如何而明，歲時因何而定，了如指掌。以上各器部位尺寸，大小合宜。實爲當時特出之物。見者莫不稱奇。獻忠尤爲稱美，視若異寶。飭令將天、地二球排列宫中大殿上，以壯觀瞻。又令厚賞司鐸。凡官吏讚助天地球之工作稍有勞績者，皆蒙升官加級。獻忠深讚二位司鐸之才能，尤加敬重。不獨愛厚司鐸，即司鐸之佣人亦均賜賞。司鐸因獻忠厚賜，推却不獲，僅收銀二十兩、緞袍二件外，餘皆辭謝。然司鐸等不戀世財，將所賜銀物施給教友及外教貧民。③

① Zürcher, “In the yellow tiger's den”, pp. 360 - 361, 據 *Relação*, pp. 6 - 7；“古書”，頁 21 - 22。
② “古書”，頁 22 - 23。
③ “古書”，頁 23 - 24。

"古書"稱司鐸謂"獻忠雖屬殘暴，虐待下屬，而對於司鐸殊爲寬大，此乃上主特恩護佑所致……在成都屢見獻忠震怒，七竅生烟，人莫能當，無論宫人、大小官吏，稍有不順，怒即隨之，或令絞死，或定斬決，或命凌遲碎剮，以緩斃命。種種虐刑，令人寒心。"又謂親見時任禮部尚書的吴繼善，奉命將馬匹給各士兵，以細故觸怒獻忠，即受虐刑斃命。又言某教友前在山東從龍各巴爾第神父（此即龍華民 Niccoló Longobardo，1556/1559/1565 - 1655）司鐸領洗，時任軍官，爲獻忠所寵幸，"因冬至節祀天，令讀祭文，未遵獻忠之意，因而冒犯，剥去衣服，受極重鞭打，血肉横飛，痛極而亡"。① 按"安書"稱吴繼善之死與"古書"記述此次軍官之死因相同，其一必爲誤記。"古書"復記某官得聞聖教道理，生愛人之心，見獻忠殘殺，心中不忍，遂上前善言諫阻，獻忠不聽，反將此官處重刑而死。二司鐸屢見獻忠殘害生靈，勸諫不聽，大爲焦灼，謂處此驚懼危險中命如懸絲，一遇細故，即能斷決。又言獻忠殺人無算，屢自解云："吾殺若輩，實救若輩於世上諸苦。雖殺之，而實愛之也。"此爲張獻忠對殺人之故的一解説。

據司鐸言，"獻忠待人無恒，時而愛之，時而惡之，百姓官吏，多死非命。前日敬愛司鐸之心，復又轉愛爲疑，或冤誣司鐸外順誠而内叵測；或疑司鐸别有貪圖，於國不利，於己有害。於是怒形於色，以待時机……司鐸温恭謙讓，婉辭開導，而獻忠野心難化，喜怒無常。幸日間常思造天、地球之故，未害司鐸。"以下記述獻忠疑司鐸藏有天文書籍不肯獻出，不時大發雷霆，欲置司鐸於死地。按其書實爲艾馬禄爾（P. Emmanuelis）司鐸所著之超性學書，講明天主教戒律，與天文學無關。及二司鐸解釋全書"皆論管理人良心之事，教人知道當避罪惡，雖在罪惡危險之中，當獨向正道，方得永福。"獻忠聞之稱讚，因此釋怒：

> 二位司鐸温恭謙讓，婉辭開導，而獻忠野心難化，喜怒無常。幸日間常思造天、地球之故，未害司鐸。一日，有管書太監某在獻忠前冤誣司鐸私存算學各書，並言有三大員可證。適二司鐸入内謝恩，獻忠見之，咆哮如虎，怒駡之聲，遠近皆聞，欲置二司鐸於死地。二司鐸駭極，以爲死期至矣。幸獻忠見朝堂上有天、地二球係司鐸所造，頓念前功，不忍加害，怒容稍息。隨遷怒太監，將告司鐸之太監及太監所言之於證三大官，命推出斬之。二位司鐸在獻忠前代爲邀恩，太監及年老之官一員蒙赦，其餘二官因他罪難逃，令就死刑。此後，獻忠疑二司鐸藏有天文諸書不肯獻出，不時大發雷霆之怒，欲置司鐸於死地。二位司鐸遭此委曲，不知已受許多謾駡，所幸者被誣時獻忠准其訴冤。
>
> 維時某官得有西文書一本，呈之獻忠（此是超性學書，俗名公義書。下卷論人事篇，係艾馬禄爾司鐸所著者。前時，利、安二司鐸遭僧黨之害，書籍各物均被搶劫，此書乃落入若輩手中故也）。獻忠以爲此書即是天文書，隨即請二司鐸入内，笑謂之曰："吾已獲天文書矣，請二位講與我知書中之意。"二司鐸一見此書，即知是超性學書。遂向獻忠曰："大王以此爲天文書耶？此非天文書，乃超性學書，其中並未言及天文學與日月蝕説。全書皆論管理人良心之事，教人知道當避罪惡，雖在罪惡危險之中，當獨向正道，方得永福。"司鐸承獻忠之命，遂念書中一段，後譯成華文，獻忠聞之，大爲奇異天主教誡律之聖，且讚之曰："此法律如此精詳，管理人良心，誠爲不二法門。故歐洲各國風俗純美，實由此聖律而來也；然此等法律爲川人無益，伊等固執於惡，不從此聖教聖令，寧願從我刀劍之下，

---

① "古書"，頁 24。龍華民司鐸傳詳 Louis Pfister, *Notices Biographiques*, Tome I, pp. 58 - 66；榮振華《在華耶穌會士列傳》，上册，頁 377 - 379；另參方豪《中國天主教史人物傳》上册，頁 96 - 98。龍司鐸生年有三種説法：1556、1559 及 1565。

不服聖律。故吾奉天地大主之命，殄滅此種僧黨及世上惡人。凡仇爾等者，吾亦仇之”云云。①

引文後段記載獻忠聞司鐸解説天主教誡之後，大爲奇異，並稱讚其法律如此精詳，管理人良心，誠爲不二法門，認爲歐洲各國風俗純美，實由此聖律而來。不過值得注意的是獻忠續言："然此等法律爲川人無益，伊等固執於惡，不從此聖教聖令，寧願從我刀劍之下，不服聖律。故吾奉天地大主之命，殄滅此種僧黨及世上惡人，凡仇爾等者，吾亦仇之"云云。顯然是故意將司鐸之解説扭曲，作爲殄滅僧黨及世間定性爲"惡人"的藉口及理據。

司鐸隨記獻忠大肆殘殺，據稱此時成都城中僧人多達二千之數，因獻忠慘殺，無一漏網者，而其餘住川中各州縣人民，亦多遭殺戮，因獻忠疑若輩所爲爲謀亂之尤，故下令剿洗。"安書"稱獻忠語於二司鐸，謂"天主遣他來四川消滅意欲殺害汝等之佛徒及刁民"，作爲殘殺僧人的藉口。② 由於賊衆殘殺，各處川民皆舉義兵反抗，爲家人親戚鄰朋報仇雪恨。獻忠見之，瘋病忽作，故發剿洗成都之令。"古書"稱"一千六百四十五年冬十一月二十二日，獻忠欲剿洗全城居民，先暗遣一人捏詞誑報，以惑衆心。謂某路敵軍大隊將到，須當操練兵馬，以作禦敵之計。次日，獻忠暗將毒謀通知各營軍官，飭令剿洗全城，不留一人。詭言'百姓等已暗通敵人之故，勾引大隊入川，以圖大舉，故當剿滅此城居民。爾等各宜秘密準備，不得遺漏軍情'云云。衆官聞之，各自回營，預備明日大屠之事。剿後即當渡河，往迎敵軍。"③ 以下詳述二司鐸的行動及其所見無辜百姓被殺，血流成渠的慘狀。司鐸爲百姓哀求赦免無效，獻忠只下令免殺司鐸寓内人等而已：

次日，二位司鐸見軍隊紛紛出城，聚於平原，不知作何舉動，並不知昨日會議何事。後聞獻忠吩咐各官各保己家，否則妻氏兒女不保，俱遭屠戮。二位司鐸始知獻忠惡謀，於是急奔往寓所，欲救安當先生及佣人等。此時衆佣人勢難保存，因各軍人皆奉命認真嚴剿，毫不容情，凡城内居民一律殺絶。各軍分隊把守城門，餘軍驅百姓到南門就刑。時利司鐸在南門上，安司鐸在東門上，見無辜百姓男女被殺，呼號之聲，慘絶心目，血流成渠，心如刀割，欲救不能。急向刑官求赦，均屬枉然。

二司鐸各在一方，惶極恐極，慘悶欲絶。繼聞獻忠領馬隊將由南門往東門，二司鐸皆伏地哀求，情詞懇切，聲淚俱下，爲百姓求赦，未蒙允准。後獻忠因知司鐸之請，免殺司鐸寓内人等，隨命左右傳命統兵元帥，飭令軍兵勿傷司鐸寓内之人，如寓内之人已被獲者，從速釋放。利司鐸得此赦令，以救佣之故，救了許多教友。安司鐸在東門，不知利司鐸已蒙邀允之事，終日在城樓上見無數百姓男男女女、老老少少被獲就刑，慘不忍睹，不時高聲痛惜云："此等無辜之人，未必無一人救之耶!"不時見有教友被拘，押往殺場，尤爲傷心，恨不能救，悲痛不已。

此時，被拘百姓無數，集於南門外沙壩橋邊，一見獻忠到來，衆皆跪伏地下，齊聲悲哭求赦，云："大王萬歲！大王是我等之王，我等是你百姓，我等未犯國法，何故殺無辜百姓？何故畏懼百姓？我等無軍器，亦不是兵，亦不是敵，乃是守法良民，乞大王救命，赦

① Zürcher, "In the yellow tiger's den", pp. 360－361，據 *Relação*, pp. 6－7；"古書"，頁 25－26。
② Zürcher, "In the yellow tiger's den", pp. 365－362，據 *Relação*, p. 11；"古書"，頁 26。
③ "古書"，頁 27。

我衆無辜小民”云云。獻賊之心，禽獸不如，聞如是哀求之言，不獨無哀憐之意，反而厲聲痛駡百姓私通敵人。隨即縱馬躍入人中，任馬亂跳亂蹄（踢），並高聲狂吼：“該殺該死之反叛。”隨令軍士急速動刑。冤乎痛哉！無罪百姓齊遭慘殺，息静無聲。真是尸積如山，血流成河，逐處皆尸，河爲之塞，不能行船。錦繡蓉城頓成曠野，無人居住。一片荒凉慘象，非筆舌所能形容。

安司鐸見獻忠大殺之後，不禁凄凉，乃漫步而回。是時日落西山，正值黄昏之候，見道旁死尸狼籍，其中尚有小孩呻吟者，遂爲之付聖洗，統計已付洗小孩十二名，救若輩靈魂入天國矣。及抵寓所，得見家人同教友等均獲安全，心中稍慰。因是日利司鐸付洗八人，於是大衆感謝天主救命之恩。①

“古書”言獻忠剿洗成都後，即傳令曉喻各鄉鎮村庄之民，均可移居成都城内爲京都居民。此時獻忠將一切政事交某閣老攝理，自已則率領軍隊出外迎敵，然在外頗久，竟未遇見敵兵。閣老失載姓名，但稱其亦殘暴不仁，與獻忠無異，自攝理政事以來，勤行獻忠之命，探知人民避迹山洞岩穴者皆擒而殺之。二司鐸有佣人二名，因閣老兇殘，先已託於官家内藏匿，其一同官全家被誅，另一被利司鐸請求得免於死。此時，禮部尚書某（佚其姓名）亦殘忍之人，千方百計欲害司鐸，向獻忠誣言司鐸在教堂匿藏教民，不過或因天主格外保護，獻忠並未大怒，僅令刑官只留僕人二名事司鐸外，餘皆殺無赦。“古書”記二司鐸率領衆人跪於刑官之前，苦苦爲衆人邀恩，謂堂内養此殘廢老弱十餘人，無非是行愛德工夫，憐其老弱，非爲他故云云。但結果衆佣人及老弱教友輩並學生三人皆被殺，倖存者只得負責看管教堂的安當，及已領洗的閹督十七歲孫方濟各（Franciscus）而已：

禮部尚書特具説帖陳之獻忠，謂二司鐸心懷叵測，暗集多數人民藏於堂中，請從嚴辦云云。此時，二位司鐸只有仆役六名，餘六名係打掃聖堂者，外有學生三人，及老弱孤貧教友十人而已。禮部尚書上此書後，衆皆以爲二司鐸將受剥膚之刑，因獻忠先有此項命令，凡城内居民私藏人民者，皆受此刑云。然天主格外保佑，獻忠並未大怒。隨即下令飭刑官只留僕人二名事司鐸外，餘皆殺無赦。於是，刑官奉命提堂内人等到案，二司鐸率領衆人跪於刑官之前，苦苦爲衆人邀恩。謂堂内養此殘廢老弱十餘人，無非是行愛德工夫，憐其老弱，非爲别故，總祈哀憐此等無辜之人云云。二司鐸爲衆人求赦，説盡理由，無情不陳，以致聲淚俱下。無如刑官不聽，急飭動刑。利司鐸再爲哀求，謂安當是己義子，教養多年，將爲聖教效力，且伊原籍澳門，非四川人，請祈赦之。安當竟得獲免。

先是安司鐸已將閹督之孫方濟各——十七歲——亦取名姓安，以免受刑之故。並謂其餘佣人在堂各有職務，干祈寬宥云云。刑官心硬如鐵，不肯准情。後因二司鐸再再苦求，只留服役五人，餘皆斬決。此等無辜之人到案前，早已料及到案必死，各已預備靈魂大事，虔領臨終秘迹，以待無罪受刑。二司鐸見衆佣人及老弱教友輩被殺，大爲心痛，所幸尚有安當、方濟各與及小學生三人在堂内。方濟各同三小學生在堂，未到案。後刑官亦飭到案。安司鐸向官曰：“十七歲幼童不能爲惡反對國家，何當到案？且吾已抱爲義子，教以奉事天地主宰之真道法律，如將伊殺害，請將我一併殺却，使父同已愛子而死，亦理之正大。”刑官聞此，乃准方濟各留於堂内，惟三小學生當殺。二司鐸復行哀懇，謂三小孩其一十四歲、

① “古書”，頁 27－28；参 Zürcher，“In the yellow tiger's den”，p. 360，據 *Relação*，pp. 20－21。

次十歲、次八歲，如此年幼，何必殺此無辜以損大德。哭求苦哀，亦不見允。狼狠毒虐官飭令斬決，司鐸見勢難挽，欲同受死。無奈惡官心如頑石，亦不准情，吼令將三小學生斬之，二司鐸痛惜不已。①

"古書"繼言張獻忠野蠻殘殺之後，成都省垣爲之一空。除少數官員及文士外，别無居民。荒凉慘象，不堪寓目，而獻忠率領人馬奏凱而歸，謂外患已除，當安享太平。當時爲西曆一千六百四十六年二月，適值陰曆正月，獻忠慶賀新年，大張聲威，用皇帝禮，飭令文武百官朝賀。改國號爲大順，欲平定天下。正帝位於西方，使國祚綿長，子孫繁衍，號爲太西朝。"安書"稱獻忠稱帝後，"大張盛禮歡宴，語無倫次，舉動失常，猶如腦袋倒懸，數日之間皆如此"。"古書"續言："僭位之初，即妖言惑衆，謂親見天上，見有弓、箭、刀、矛等物。並謂奉上天之命，不特爲中國之皇，且將爲普世之帝。隨令百官仰視天空，百官等一無所見。獻忠謂今日天不清朗，故爾等未能見之，且其中亦有天意存焉。天顯奇異，只令天子獨見，以便將來代天行之。"② 即據"安書"記載演述。

獻忠稱帝後，即將義子四人加將軍銜，封第一子（孫）可望爲平東將軍，令率馬兵征服山東、遼東、高麗、東洋諸國；封第二子（劉）文秀爲服南將軍，征討南省及暹羅、東京、西貢、南洋、斐利濱等地；封第三子（艾）能奇爲定北將軍，征伐北省諸地及内蒙古等；封第四子（李）定国爲安西將軍，招撫西藏、青海、新疆、外蒙各地。將四路將軍之名寫於簽上，求上天鑒定，以爲非由人意，乃出自天意。種種邪説妄行，難以枚舉。"安書"記當日獻忠曾揚言於衆將兵，謂在佔領中國、日本、東京灣、交趾支那（今中南半島）及韃靼後，將往征服印度及歐洲，隨問司鐸其地距離多遠。二司鐸告以約五百里格（按一 league 等於三里），並言將需若干時間始能抵達，獻忠聞言狂笑，謂需如此長時間，是因從海路往，若取道陸路，在抵達雲南及緬國之後，便已到達歐洲，由此可見獻忠地理知識之淺陋，難怪如此狂妄。③

"古書"續記獻忠稱帝後，每行一事，必謂奉天之命，以證其實爲天子。並妖言煽惑，使百官不信而信。又暗中編輯一書，名曰《天書》，滿載邪説狂言，暗昧隱語，拉雜成篇，謂此書係某軍人得自密處。並謂此書所言無人得知，惟天子獨知，因天子奉天之命，獨能解釋故也。此書多隱語，乃獻忠僞作。且稱此書爲預言，預示其國未來諸事。"安書"對此《天書》之來歷記述較詳。據言獻忠一夜爲雷聲驚醒，步出庭院，見地上有一册爲閃電所擊從天而降的書，裏面寫著其姓名及自封之號與所賜四義子之官階，又稱張獻忠爲古今之"至聖"(perfect sage) 及未來全中國之統治者。書中又言獻忠應留駐於四川，直至殺戮所有居民而止，之後將取陝西，但佔領湖廣及南京之時間尚未來臨。此《天書》當係捏造。司鐸又記獻忠每每仰視天上，俯察四方，常用千里鏡照之。由於此鏡罕有，百官皆視爲至寶。凡此種種妄誕不經之説，文武百官稱奇不已，以爲能聞此異事者乃有福之人，而未能聞者乃無福人也。二司鐸聞之，暗笑不已。"安書"稱司鐸曾請借用千里鏡一觀奇境，但獻忠託辭謂已將鏡解體送往修理。又記獻忠一日問司鐸曰："何以天圓地方?"司鐸詳言地體渾圓之理，並引述多種證據説明，故前造有地球，非方形也。但獻忠又曰："地球渾圓之説，吾亦信之。然據中國天文家之理想，地係方形，此理尤通。因地球具方形，中國在中央，四方爲外國，故名中國，其

① "古書"，頁 34。
② "古書"，頁 32。
③ Zürcher, "In the yellow tiger's den", p. 361，據 *Relação*, p. 26；"古書"，頁 32－33。

堅穩可知。當有八百年之久長。”如此乖理無識，無疑造成二司鐸爲此答辯的困難。①

“古書”又記獻忠復以己意作成諺語，請司鐸誌之，寄往歐洲各國，以揚其聰慧。其諺語云：“天造萬物爲人，而人受造非爲天。”又曰：“造天之神，即造地之神也。”又云：“高山有青松，黄花生谷中。一日冰雹下，黄花不如松。”種種囈語，難以枚舉。獻忠請司鐸將此語速寄歐洲，使文人學士先睹爲快。並應許兩載平定内亂後，當送二司鐸回歐洲，不復煩駕再至。② 按獻忠所作詩，中文原本失傳，James Parsons 英譯 Dunin Szpotz 轉述安司鐸所記書作：Heaven takes the ten thousand things to bestow upon man. Man has not one thing to bestow upon Heaven. The gods are perspicacious. Consider yourself and judge yourself. In the heights of the mountains stand green pines. At the foot of the mountains, flowers bloom in the valley. But one day will come when the hail will fall, and the pine, to be sure, will keep its green. But the flowers with all their beauty will wither away. ③ 大致就中文演繹，讀者可從比較兩種文字中會意。據吴偉業《綏寇紀略》記載，獻忠曾自爲一文評論古代帝王，謂之《御製萬言策》，但此文失傳。④ 不過今日仍然流傳其所撰的二句六言訓諭，稱《聖諭六言》(“Sacred Edit in [Lines of] Six Words”)，司鐸稱爲“副閣老”的嚴錫命爲作注釋並刻諸石，名《張獻忠聖諭碑》。此聖諭始初只有前二句，但後來自加後二句，變成四句，因此石刻全文云：“天有萬物與人，人無一物與天。鬼神明明，自思自量。(大順二年［1645］二月十三日)”安司鐸稱獻忠曾將以黄紙手書《聖諭》贈利司鐸，據司鐸的注音及翻譯，應爲上述兩句，不過許理和教授論文謂安司鐸失譯後兩句。許教授譯作：“Heaven has all things for men, and men have nothing for Heaven. The spirits of Heaven and Earth clearly know and consider this.”⑤ 於此可見中西文意之異同。清佚名撰《蜀記》稱《聖諭碑》刻成後，張獻忠擇七月二十二日建立，命工部官向北背南，嚴錫命固爭曰：“人君當正南面而立。”獻忠以其違旨，命廷杖一百二十，三日死。⑥ 若此可信，則嚴錫命亦枉死於虐君的無知。

“古書”述“安書”言，又謂：“四川人民未知天命，爲天所棄。因天前生孔聖宣傳聖道，早知川人弗從，故生孔聖於東省。而東省人民愛聖人、遵聖道，而川人反是。故天厭之，並屢降災殃以罰之。今遣我爲天子，剿滅此民，以懲其違天之罪。”此處道出獻忠以川人弗從孔子聖道，故天厭之，命其爲天子，剿滅此民，有替天行道之意。又謂：“又遣爾等司鐸航海東來，到此四川傳揚聖道，力挽人心，而人民亦弗之聽。若輩之罪，擢髮難數，故天震怒，遣我天子以罰之。”⑦ 亦以上天震怒，遣天子以罰川民作殘殺的藉口。司鐸難與相處，因獻忠喜怒無常，時而花言巧語安慰，時而雷怒大作，辱罵隨之。或罵爲番蠻，或誣爲奸細，謂其藉傳教爲名，暗行其私意，偵探中國底蘊，報知外國，種種冤誣，難以悉數。司鐸有時婉言剖白實無其事，有時則謙忍順受任其毀誣，不答一語，免增其怒。

獻忠雖慢待司鐸，然司鐸謂“天主仁慈，屢慰司鐸之心，引多異民棄邪歸正”，因此據稱自

---

① Zürcher, “In the yellow tiger's den”, p. 361，據 *Relação*, pp. 29 – 31；“古書”，頁 34。

② “古書”，頁 33 – 34。

③ Parsons, *The Peasant Rebellions of the Late Ming Dynasty*, pp. 197 – 198.

④ 按吴偉業《綏寇紀略》卷十記：“賊(獻忠)自爲一文，歷評古帝王，以楚霸王爲最，謂之《御製萬言策》。”(頁 224)

⑤ Zürcher, “In the yellow tiger's den”, pp. 368 – 369，據 *Relação*, p. 26。按《張獻忠聖諭碑》係於 1934 年被人發現於廣漢縣城附郭一茅屋牆壁上，後移往公園保存，今日存於廣漢縣人民公園。碑上所刻文字與文獻記載者相同，後人稱此爲“七殺碑”，蓋出民間傳聞附會，因爲碑上並無一“殺”字。考釋詳胡昭曦《張獻忠屠蜀考辯》，頁 31 – 37。

⑥ 見《蜀記》(《痛史》第十五種)，頁 8 下–9 上。

⑦ Zürcher, “In the yellow tiger's den”, pp. 367, 368, 371，據 *Relação*, pp. 32 – 34；“古書”，頁 33。

二位司鐸被虜時，已有百五十人進教，最著者爲獻忠之岳丈，率領全家進教。按獻忠岳丈係一老儒，通達文理，住南京，因女爲獻忠妻，故隨之入川。“古書”言獻忠岳丈屢見二司鐸出入宫中，大德不凡，不求榮利，終日談道誨人，於是欲與爲友，以探知其心思。司鐸先送獻忠岳丈利瑪竇之《畸人十篇》，講明生死及人魂之永存，與天堂地獄之果報，其後又送《天學實義》一書。[①] 此事“安書”亦有提及，“古書”所載，當係根據“安書”。獻忠岳丈閲後感動，先後率子拜訪，言談間吐露被聖神感動，司鐸深知各端信德道理，爲其領洗，聖名伯多禄，其子聖名保禄。未幾，獻忠岳丈夫人暨其二子二女，全家老幼共三十二人悉奉聖教：

> 一日，二位司鐸因事入朝，獻忠之岳丈偕其子遇於宫中，拱手請安，叙寒暄後，遂問司鐸來華之意。二司鐸即將到華傳教救靈，引人恭敬造物大主之事略爲講明。岳丈父子聞之，喜形於色，大有羡慕之意。司鐸回寓所後，即遣僕人送道理書一册與該岳丈，此書名《畸人十篇》，係利瑪竇所著。書中内容講明人之生死及人魂之永存，與及天堂地獄之果報。岳丈閲此書後，欣喜莫名，隨遣家人到司鐸處再索他書，司鐸又將《天學實義》一書與之。獻忠之岳丈閲此二書後，即親到寓所拜訪司鐸，再求教内書籍。其心中信仰天主並不明言，而所藏一番熱誠，爲天主恩光所照，已顯於外形矣。司鐸復將道理書與之，此老得書欣然而去。越數日，復來寓所。言談間，不能再隱心中信主之忱，及被聖神感動之德，一一吐露無遺。二位司鐸聞之，亦欣喜莫名。老岳丈復聞司鐸付洗救靈之道，心中尤喜，如渴鹿就泉，極欲領洗。即時回家，率領其子到司鐸處，俱雙膝跪下，虔求領洗入教。
>
> 二位司鐸將伊父子扶起。見伊等爲主恩感動，爲之講明信德大道。數日後，深知各端信德道理，始獲領洗大恩。老岳丈聖名伯多禄，其子聖名保禄，父子二人得蒙領洗之恩，樂不可言，喜淚交流，不能自禁，延時甚久。此足徵其信主之誠也。父子二人領洗後，較前大不相同，遵守教規，善盡職守，不特爲善教友，亦且立好表樣。百官見之，大爲稱奇，謂其前日之暴虐与婿無異，今何一旦革面洗心有如此之途者云云。未幾，老岳丈之夫人暨其二子二女，全家老幼共三十二人悉奉聖教。老岳丈即在本己府中建一聖堂，家中人等誦早晚課玫瑰經與及念各聖書，俱在此處行之。後勸引某閣者之弟，乃文學有名之人，官至宗丞者進教事主。此官奉教不久去世。老岳丈又引己女即獻忠之妻認識天主。此女雖明各端信德道理，並堅信不疑，切願領洗，然因其不爲獻忠正妻之故，未得領洗之恩。彼雖未能得領聖洗，然早已棄絶一切菩薩異端，一心虔敬天主。[②]

根據“安書”記載，“古書”演述，獻忠在出川往陝西起程前，下令文武百官往城外，並請二司鐸同往。於是，一行來到河下祈神呵護。此處有太上老君廟，獻忠率文武各官入廟進香，雙膝跪老君像前，行三叩禮。縣官皆跪，獨二司鐸與保禄立而不跪，並深痛若輩迷信，皆爲之流淚。跪拜中一官向司鐸云：“爾等何故不效大王拜此天尊？”司鐸答云：“我等除拜惟一造物主外，不能朝拜何種受造之物。”如此對答，衆人聞之，皆以司鐸當受死刑。但司鐸自稱幸得天主奇妙安排，此官未將回答之言轉告獻忠，所以得以免難。朝拜完畢，獻忠與百官出廟，至一大

① 據“古書”頁35注41，利瑪竇之《畸人十篇》及《天學實義》皆中文本。《畸人十篇》爲西文原稿《義人十篇》之誤，因當時文人皆稱利瑪竇爲畸人，即奇異超凡之謂。按字義，畸人者，“畸於人侔於人也”；十篇者，即問答之詞十篇，講明生死及人魂之永存，與天堂地獄之果報。《天學實義》一書，今名《天主實義》，其書大旨，首論天地有主宰，主宰即天主；次論世人之昏迷，誤認受造物爲主宰；再次論人魂與禽獸魂之區别；末論鬼神之異同。所講各理，驅邪崇正，頗爲透徹。

② “古書”，頁35－36。

橋高處，向衆宣言拜廟理由，謂此次拜老君菩薩之廟，係由天子拜天父，次拜老君及河中神聖，一則求其保佑出川沿途清吉，一則爲陣亡將士祈禱求福云云。獻忠尚有他言，以顯其後悔妄殺無辜之心。然於行事之間，仍殘暴如前，未改分毫。次日即殺軍官三員，宣其罪狀，謂伊等在席間高聲談論，絶無顧忌。又殺文官一員，謂其吸烟太多，精神疲憊。又殺太監七名，謂有多數軍官在朝私語，該太監等溺職不報，罪當斬決云云。①

獻忠回城後，即克期起行。司鐸因獻忠迫其同行，乃收拾一切，預備就道，索馬二匹，以載行李書籍等物。獻忠一聞書籍，頓起疑心，以爲司鐸尚有天文、算學諸書匿而未獻。遂令將各書悉數交出。獻忠檢閲各書，其中有巨書一册，書之第一篇有二赤身兒童像，童背有二羽翼如天神模樣，此是泰西風氣，凡學問之書多用圖畫，以醒眉目。獻忠見之，即詢其故。司鐸答以此書所言各事均以圖畫詳明，使人易於理會云云。獻忠聞之，狂吼云："真正野蠻!"言訖，又索天文書。此時閣老在旁，迫司鐸交出，二司鐸答云實無。無奈某太監亦誣司鐸有之，謂在綿州時曾親見。司鐸云："天文之學非我等宗旨。我等來華非爲天文，實爲傳教救人而來。藏匿此書，有何作用!"太監云："此書較教律書尤爲緊要，珍藏自應秘密。可速交出，免觸大王之怒。"司鐸曰："爾若知教律書之貴重，遵行守之，爾實爲有福之人。今以天文書貴於教律書，實不知其書中之美妙也。"②

"古書"於此演述"安書"，詳記與太監辯論聖教，及獻忠狂言自爲"天主"諸事。據稱二司鐸與太監辯論時，獻忠問："外國有無菩薩?"在司鐸反對之際，副閣老在獻忠前大言不慚，褻瀆天主及其法律。二司鐸據理婉辭申辯，以杜其狂悖之言。副閣老見獻忠不以褻瀆天主之言爲意，乃反口頌揚天主真神，並謂大王入川時，曾有道黨謀害司鐸，欲滅其教，幸大王代除其害云云。獻忠聞之，即揚言曰："天主命我到川剪除道黨，以救二位司鐸，因司鐸所傳之教律大而且聖。不幸中華人民固執於惡，未能守之。"獻忠言至此，忽出狂言，向司鐸云："我今亦在教，謹守聖律，若將爾等之長鬚讓生我之頷下，必能成一善教友，與爾等無異。"時刑部大臣在旁聞之，即獻媚曰："大王若有此美鬚，不獨成一善教友，且能爲天主。"獻忠聞此奉承之言，未加可否，續説云："吾深知爾等之教活而且聖，惟一天主真神應受朝拜，爾等當朝拜之，然當在歐洲朝拜之。因我等生於中國，亦有我等之敬禮，謹當守之。爾等之天主亦願在爾歐洲享受敬禮，因彼處有多數人敬之故也。天主不願在中國受敬禮，亦不令人尊之敬之，因此地之人心錮閉，隨從其祖宗之教故也。是以爾等教律緊要諸書爾等宜保存之，並耐心等候，吾將全國平服後即當送爾等還鄉。彼時煩爾等多遣天文學士，及天文諸書惠寄來華"云云。獻忠言訖，毫未提及給馬載書籍行囊之事，隨入内而去。③

據司鐸稱，褻瀆天主之人皆受重罰。三日後，太監與副閣老因事觸怒獻忠，皆受皮鞭虐刑而死。某閣老及刑部大臣亦受鞭刑，幾乎斃命。而獻忠幾犯自殺（因天主義怒未准，將假他人之手以罰之）。一日，獻忠出城巡閲軍隊，見人數之少大不如前，且隨身官員不及登極初人數之衆。又見城中空無人居，而川省遭其殘暴，成爲曠野。不覺憤火中燒，狂怒間抽刀自刎，被左右上前攔阻，未得斃命。隨將虐待大臣及殘殺百姓之罪，皆加諸副閣老之身，怨恨不已。

不過，獻忠雖痛恨前非，然終不改其暴行。無論軍民人等，任意殘殺。據利、安司鐸所記，僭位之初，在朝之官統計千人，離川時亦有七百人，臨死時則僅有二十五人，皆因獻忠殘暴過

① Zürcher, "In the yellow tiger's den", p. 367；"古書"，頁 37。

② "古書"，頁 37 - 38。

③ Zürcher, "In the yellow tiger's den", p. 369；據 *Relação*, pp. 18 - 19；"古書"，頁 38 - 39。

甚，殺人衆多，或命死於刀下，或令鞭死，或令將頭皮揭去，或凌遲碎剮，種種非刑，一言難盡。司鐸處此凶惡危險之中，日見殺斃多人，“時時自危，預備待死”。並聞獻忠惡言，謂官員立功多者，當以極刑處之，以報其功，雖殺之，實惠之云云。獻忠由川往陝，離成都時，下令將皇宫焚毁，又將全城四面縱火，一時各方火起，公所私地，樓臺亭閣，一片通紅如火海，大明歷代各王所居之宫殿與及民間之房屋財産均遭焚如。轉瞬間，川中首城已成焦土，人畜同化灰燼，實屬可惜。欲恢復舊觀，非數千萬銀兩不可。獻忠率領大隊人馬，沿途姦擄燒殺，所過村莊場鎮，盡成丘墟。遠近居民聞風，均先期逃避他方。獻忠率領人馬往陝西進發，始初皆有向導引路，繼因川道艱難，行程不易，每覺難處，瘋威大作，殺向導官無算，竟至無敢引道者。獻忠自行引路，向前直去，翻山越嶺，不知路徑，甚至歧途衆多。每走至無路可行之處，人馬困乏，備極辛苦，且惱且恨，逢人便殺，遇房即燒，以雪憤恨，計每日被殺者當有一二百人之數。大軍所駐之處，獻忠命名皇營或行宫，不許單稱營字。司鐸稱蒙天主保祐，亦同出四川。①

“古書”隨記獻忠因疑二位司鐸逃走，乃命將二司鐸棚帳移近皇營，得以時常照料。司鐸於是坐卧不安，謂日見其殘暴，令人煩惱。與其常懷畏懼之心，不若上書陳情而去。其時獻忠之岳丈伯多禄在近，於是司鐸請之到帳中説明其意。伯多禄聞之，極力勸阻，請不必作此想，免觸獻忠之怒，但司鐸謂寧受刀鋸而死，不願鬱悶而亡。伯多禄見司鐸決意上書，心實不忍，含淚勸曰：“請二位神父細思本己性命之緊要，乃衆教友生命之攸關。須别圖良策，不必固作是想。若上書觸怒，此事關係非輕。萬一事不投機，不獨我家中人等受害，恐衆教友亦遭波及。如此受害，實爲不可，因非爲信德而死。如爲信德之故，雖赴湯蹈火，亦所不辭。望二位神父善爲思之。”二司鐸不從，竟預備上書。獻忠閲書，疑爲諷己，即將伯多禄處以死刑。實則，據安書所述，彼等所上書旨在説明來華係爲傳教救靈魂，非爲别故，而今日四方擾攘，傳教未便，請乞恩准暫住澳門。待中國内亂平靖後，再來華效命，多帶天文算學諸書，並另請精通天文學之士同來中華，輔佐國政。如蒙俯允，實爲萬幸云云。“古書”謂獻忠閲書後，似有允准之意，已飭給發路費銀一千兩，並命派兵多名護送。然二位司鐸固辭，不欲與士兵同行，言有天主保護已足，可到澳門，不須派兵相送。獻忠聞此，遂不欲司鐸他往，並謂此刻不准放行，待到陝西後，平定該省，由陝到粤而至澳門，尤爲便切云云。然安書謂獻忠之所以改變主意，乃因懷疑司鐸固辭士兵同行，是出自四川人之主意，目的是乘機在途中掠奪殺害司鐸，因此不准放行。②

關於張獻忠不允將二司鐸放行，並殺害其僕人的經過，“古書”有詳細描述。從其所記獻忠詰問諸僕實情，可見並無中途殺害之意，不過獻忠聞此辯護之言，亦不令釋放，因其一心憤恨司鐸，惡意一時難伸，故殺其僕人以雪心中隱恨，死狀甚慘。安當爲澳門人，經司鐸苦苦哀請免死，然亦受重罰，審訊時受鞭刑一百，不過後來被司鐸用藥醫療痊愈：

> 二位司鐸見獻忠不允放行，退回帳中。俄頃，即有看管伊等之軍官飛奔前來，謂奉大王之令，凡服役二位司鐸之僕人等，火速當齊到大王前聽令。二位司鐸聞言，即知其中究竟，因獻忠令人拘拿衆僕人，是先殺僕役後滅其主之意。軍人不由分説，隨即如狼似虎的將衆僕人獲去，由兵圍繞，不准司鐸近前行赦罪禮。幸前一日是聖方濟各沙勿略慶期，衆僕人皆告解領主。二司鐸見衆僕人被拿，善言安慰，令若輩堅心靠望天主，無辜而死亦是

① “古書”，頁 38－41。
② “古書”，頁 41－42。

為主耶穌致命。

衆僕人被獲，皆不自知因何緣故。前日二司鐸上書之事，並未曾向若輩言及，亦未料及獻忠將歸罪僕人。獻忠冤誣謂上書之舉出自僕人之計，伊等將在中途殺害主人，然後返回四川樂享自由幸福。此乃獻忠狐疑所致。衆僕人被押到獻忠前，獻忠問曰："爾等何故勸爾主人上書要求往澳門去？又何故欲在途中將殺爾主人？從實説來！"衆僕人皆係善良教友，一聞此言，惶恐不已。隨即應曰："小人等實在不知此事，亦不知何爲上書，更不知出主意勸主人往澳門。至論謀殺主人之事，思想亦未至此。我等愛護主人至極，如赤子愛父母一般。因二位司鐸引導我等棄絶異端，崇奉天主，得救靈魂，不啻生我等於天堂。此恩此德，圖報不暇，殺從何來！且我等所奉之教律嚴禁殺人，我等當謹守不違。絶無殺人之心，祈大王量之。"獻忠聞此一番辯護之言，亦不令釋放，一心憤恨司鐸，此種惡意，一時難伸，今殺其僕人以雪心中隱恨。

隨令將衆僕人除安當外，一併押往法場，剥去頭皮殺之。計被殺者姓名如下：依納爵謝光、西滿療情、若望白文、保禄盧順、多默趙先、方濟各顔沱。前日在成都時，獻忠欲殺顔沱，幸被安司鐸認爲義子，得以不殺。今亦被虐王殺害，實屬可憐。

安當乃澳門人，此次雖云免死，然亦受重罰，被鍊囚入監内，與各犯官定爲斬罪。後安司鐸苦苦哀求，認爲義子，審訊時受鞭刑一百下。安當先生爲愛耶穌之故，忍耐受之，未出怨言。所受傷痕，被司鐸用藥醫好。後來爲主亦受許多苦楚。①

"古書"又詳記獻忠殺僕人後，心懷叵測，命利、安二司鐸到皇營，笑謂之曰："衆僕已死，今後爾等自由，不受此川蠻之累。因若輩前曾慫恿爾等上書，請願往澳門之故，鬧亂爾等之心思，吾已爲爾等除害矣。"司鐸聞此即述冤云："大王明鑒。我等前日上書請願，是出自我等之意，非關僕人之事。彼輩毫無知情，況出主意乎？若不應上書請願，或書中言語有冒瀆之處，種種愆尤，皆我等所爲，非關僕人分厘絲毫也。伊等受死，實屬無辜。"二司鐸話未説完，即有某官出而阻止，謂二位司鐸屢蒙大王厚恩，不思報答，反抗王命，欲謀他去，實爲負恩之人云云。司鐸正色言曰："我等深蒙大王厚恩，自不待言。然我等來華之宗旨，非爲奉事帝王求榮慕禄。若求高位爵禄，在我歐洲本國亦能求之，何必去父母之邦，漂洋過海，受盡艱險，來此貴國，以求富貴哉？我等早棄世榮世樂，到中國傳揚天主教律，指引升天之路，救人靈魂，得永遠常生。今在此地不能滿此心願，與我儕宗旨不合，有違前願，不若上書請求還鄉。故前日上書請願，實於此，非爲別故。"

獻忠聞言，圓睁環眼，怒髮衝冠，瘋病忽發，如負魔一般，狂吼言曰："殺！殺這兩個奴才！"利司鐸此時膽壯無懼，高聲問曰："你爲何要殺我們？我們是修德之人，奉事惟一天主真神、全能全知、掌管天地之大主。我們未犯法律，你無故吩咐妄殺無辜，我們的天主不久亦將責罰你！"獻忠一聞利司鐸之言，如春雷貫耳，半晌不能言語。兵士將二位司鐸送往殺場，以爲二司鐸觸怒大王，將受酷刑也。二司鐸也料將受剥膚死刑，互相勉勵，爲主爲德，預備受死。然司鐸稱"天主聖意不要二位司鐸死於此時"，於是兵士復將司鐸送到獻忠前，令其跪下。二司鐸處於威權之下，或受虐王辱駡，或被讒臣侮辱，種種惡言，皆以忍耐了之。最後，獻忠稍改怒容而言曰："吾饒爾等之命，因爾等是外國人；若爾等是此地人，定受千刀萬剮之刑。"言訖，

① "古書"，頁 42 - 44。

飭令退下。①

司鐸隨被兵官引到别營。該兵官時刻不離左右，因疑二人逃走，或如中國犯官自尋短見，於是將各小刀繩帶與能致人死之物收去無遺。司鐸見之，即向兵官曰："請寬心勿疑，我等絶不行此，亦無如是之思想。蓋我等所奉之教與所守之法律，嚴禁人行自殺，教友欲救靈魂得常生者亦不行此大惡，況我等爲司鐸者乎。我等寧受千苦萬難而死，不願自殺己身，失落靈魂而下地獄。"兵官聞言，以爲聞所未聞，大爲奇異，稱讚二司鐸忍耐之德，並嘆服天主教律不已。於是，將收去各物件仍還原處。後兵官爲滿虐王之意，派兵照守司鐸，因虐王常疑其逃走故也。是夜二司鐸不能安寢，因哭衆僕人無辜被殺，常懷憂懼於心也。並憶虐王之言，雖云饒命，然屢見其淫威暴行，反覆無定，常殺其已寬宥之人。憂心忡忡，思念如焚，不能假寐。二司鐸遂互相重行解罪禮，預備受死。後又行接吻禮，通夜祈禱天主，未知明日尚有何事故發生。②

"古書"隨記次日晨早，士兵領安、利司鐸到獻忠前跪下。獻忠此時怒氣勃勃，吼如雷鳴，毒言惡語隨口而出，怒責二司鐸不忠，辜恩負義，應受千刀萬剮，剥皮而死。隨向左右侍官胡言亂語，侮辱利瑪竇，謂："利瑪竇及其同黨乃不忠不義之人，由此國到彼國，由此省到彼省，各處竄流，布其毒謀，煽惑百姓，以度餘生。即如此二人（指利、安二司鐸而言），慣常妄行，施其伎倆。按此二人之罪，本當凌遲碎剮，然既已饒赦，以示寬仁。至若利瑪竇，雖云不忠，然係博學之士，深通天文，精於數學，巧於繪畫。所繪之女像，美麗無雙（所言女像即聖母童貞像也），儀容可敬，面貌活動，注視各方，栩栩如生，誠畫師也。然此二奴才乃爾等所深知，所知何事？且大言不慚，自誇爲有德之人，隱逸之士。若果係隱逸之士，陪伴寡人居此高山深谷之中，修德樂道，何等清靜。除此佳境而外，何處更清静更妥善哉？若係有德之人，宜取法寡人之德。除寡人大聖外，何處修德，能尋比寡人更聖更賢哉？今此二人欲棄寡人而去，實不思之甚矣。"獻忠凌辱二司鐸後，左右各官亦相繼侮辱司鐸以取悦於獻忠，污言穢語，不堪入耳。

各官竭力辱駡之際，獻忠復捏出妄詞，惑哄衆人曰："四百年前，西方有一番王欲謀中國之財寶，遂遣某大臣爲欽差，賫各貢禮來獻中國。貢禮中有一巨燭，名爲福燭，其中暗藏炸藥，做工極精，使人不疑。待燒至炸藥處，炸藥忽然爆裂，能致皇宫坍塌，自兆焚毁，皇帝壓斃。然此種奸計，未能欺哄中國賢王。賢王知計，未燃福燭之前，令破燭驗之。果然在燭中尋出炸彈，未中番王之奸謀。賢王怒，遂將欽差殺斃。前利瑪竇在北京時，亦欲效其番王所行，用鐵鑄一最大戰炮，其中滿貯火藥，以火燃之，巨炮忽裂，炸成粉塊，傷殺多人。而利瑪竇亦在死中，被炮炸成數塊，血肉横飛。萬曆皇帝飭令將其屍塊棄於荒郊，以飽禽獸之腹。"二司鐸聞此，雖處於淫虐之下，跪於地上，然不畏死，即時辯白其妄，謂："利瑪竇乃德才兼備之人，無辜被誣，實爲不可。且利君並未造戰炮，亦未被炮炸死，乃在北京積勞過甚，老病而終，死於禁城御賜堂内。萬曆皇帝一聞訃音。大爲震悼，惋惜不已，並送金助葬。又賜阜城門外官地爲利君葬地，亦賜與各西士永遠營業。若利瑪竇苟有妄行，何得蒙萬曆皇帝之隆重如此哉？"獻忠聞此，大爲驚奇，怒容稍霽。二位司鐸見之，乃大膽而言，絶不畏死。是夜，獻忠退回帳下，雖瘋病未發，然因思慮他事，不能安卧。③

---

① "古書"，頁 44 - 45。

② Zürcher, "In the yellow tiger's den", pp. 362, 368, 371, 據 *Relação*, pp. 46 - 47。

③ Zürcher, "In the yellow tiger's den", p. 371, 據 *Relação*, pp. 35 - 36；"古書"，頁 46 - 47。張獻忠誣稱利瑪竇圖謀以鐵鑄戰炮，滿貯火藥殺害萬曆皇帝，不料在引火時巨炮忽裂，傷殺多人，而利瑪竇亦被炸死之妄言，又見 Zürcher, "In the yellow tiger's den", p. 362, note 19, 據 *Relação*, pp. 46 - 47。

獻忠次日請二司鐸到來，顯出和顔悦色之狀，温語婉言，撫慰一番，以示舊好。二司鐸見獻忠如此待遇，認爲似由主恩激動所致，然一心託賴主祐，總不信獻忠悔過之真誠，常預備受死。獻忠仍狐疑如前，常慮二位司鐸逃去，雖派兵丁防守，然總慮守衛疏忽，或司鐸藉故暗逃。於是令二司鐸移居皇營内，謂前怨既釋，須修舊好，住此皇營，以便顧問云云。二司鐸與虐王同處，無異與虎同居，不無憂懼。惟一心託靠天主，求其護祐。獻忠復出奇想，勞役二位司鐸，令造天球一具，較前日在成都宫中所造稍爲細小，凡各經星部位，須按次排列，趕急造作，不分晝夜，不得有誤。

二司鐸奉此嚴命，即時興工，日夜造作。獻忠神催鬼逼，欲早日竣工，以致二司鐸及衆工人日無暇晷，夜不安卧。二司鐸夜間只睡兩小時，即被催促用工。獻忠亦日夜不寧，親來督工，晚間亦不安眠，似無瞌睡也者，日夜游於工人左右。衆工人暗呼之爲魔鬼借身，或名之曰負魔者。利司鐸因勤勞過度，常作工於火爐之旁，又不能安睡，以致身染重病，勢不能治。獻忠亦不准其息工調理，後因閣老一再代求，始允准其回局營内，以便調養，並派御醫詳爲診視，以王方醫之，使病早愈。

利司鐸既卧病，安司鐸一人督工，大費周章。一日，獻忠疑天球稍有微誤，即大爲震怒，欲置司鐸於死地，謂："此天球乃其國祚攸關，如工人漫不經心，略有損壞，須以人命償之。"安司鐸代爲哀求，虐王之怒始息。①

"古書"續記獻忠此後復與司鐸爲難，此因二司鐸夜下餘時在帳中念誦經課，被偵探瞥見報告，謂"二西人口操西音，未知商議何事。且營中早有禁令，不許夜下私相交談，如有故犯，處以死刑。今二西人終夜長談，有違禁令，請示定奪"云云。獻忠聞之，令二司鐸前來，禁止伊等夜下交談，謂若不遵令，當處以死刑。二司鐸回云："夜下我等念誦經課，所有經言是讚美天地主宰之詞。此種經課我等有專責誦之，不能廢棄。"獻忠曰："此經不必再念。吾已有命，須當遵守。"二司鐸答曰："此經課乃天地主宰所命，超過皇王命令之上，我等尤當遵行。且念此經、誦此課，以讚萬物大主，此乃至聖之事，亦天主誡律所獨有。此聖事超過敬邪神諸教之上，亦在世間帝王法律範圍之外"云云。二司鐸欲再申言，獻忠乃顧左右而言他，絶不提及念誦經課之事。然而二司鐸對於念誦經課一事不無憂慮。所憂慮者非懼受苦，若爲念誦經課而死，是爲主致命，亦一美事，但憂慮二人只有日課書一本，若被獻忠迫去，則不能易得他書。是故每一司鐸誦經課時，他位司鐸即往造天球，以得輪流念經。

在天球竣工後，二位司鐸即將之陳獻。當時有星士某君（專以氣運惑人，專言吉凶禍福者）在獻忠之旁，一見此球，略爲窺視，見各星宿部位及各軌道，未能明悉其中微奥，即信口雌黄，向司鐸問曰："太陰之赤道何在?"言訖，暗笑不止，謂此天球有錯，與天體不合，天之方向與星宿之部位被二司鐸顛倒紊亂矣。正言間，復有工人亦術士者流，在獻忠前胡言亂語，攻擊司鐸，謂此球大失本真，有違天理，凡稍識天文學者見之，莫不責其悖謬，嗤之以鼻，叱其無知愚昧也。二司鐸聲明此球未錯，各星部位及其軌道，悉按泰西天文學士諸書而定，並遵最近之天文學士湯若望之法，其法精美，爲大王所深知，其間無誤云云。不過，獻忠並未否定星士之説，信以爲真，而加害司鐸。此因獻忠雖極喜湯若望之天學明言至理，但未透徹，常被一般無知星士迷惑，且自已亦不知天學爲何，雖與司鐸一起三年之久，不能逃脱異端，竟疑天球有誤，以爲就此處治司鐸已有理由。加之各星士從旁自誇深通天學，並潛言西人之錯，謂造天儀須當謹慎從事，不可忽略，蓋大王之國有繫於此，今西人已將天球做壞，害及國家，其罪非輕云云。

① Zürcher, "In the yellow tiger's den", p. 362, 據 *Relação*, pp. 46－47；"古書"，頁 48－49。

此輩星士復將此説暗傳各營，不一時，皇營内外皆議論紛紛，均以天球之誤有害國家。獻忠聞之，狂怒大作，且其爲人性情暴躁，又深疑司鐸，以爲伊等故意行此，鬧亂國運，犯此滔天大罪，不惟害國，且害己身，於是決定將二司鐸處以極刑。但一時欲活剮司鐸，一時又欲鞭死司鐸；或以炮烙全身，不使流血出外；或以毒刑致死，以致肉盡骨消，反覆思量，不知當用何刑處死二位司鐸。[①]

據"古書"轉述，當獻忠計議嚴辦二司鐸之際，"天主公義之罰已至，爲無數無辜被殺之川人雪恨"。1647年正月初三日，司鐸到皇營欲見獻忠，辯明星士之妄言，即被人阻止，未得入内，並聞行刑之令不時將下，幸被閣老於中調停，遲遲未下。當司鐸靜候閣老之言時，突有偵探隊某兵飛奔入營，向長官報告，謂在營前高山上，見有清兵四五人，各騎駿馬由山谷中迎面而來。獻忠聞訊震怒，欲將報信之兵正法，幸被人討保，未能加罪。至於獻忠之死，"古書"記云："獻忠聞警不疑，以爲謡傳，於是提訊昨日某逃官之夫人歷半小時，但又有深兵入營告急，謂清兵馬隊五人已到營外對面高山矣。獻忠聞警，不問詳細是否果係清兵馬隊，隨即騎馬出營。未穿盔甲，亦未携長槍，除短矛外，别無他物，同小卒七八名並太監一人奔出營外，探聽清兵虚實。至一小崗上，正探看之際，突然一箭飛來，正中獻忠肩下，由左旁射入，直透其心，頓時倒地，鮮血長流。獻忠在血上亂滚，痛極而亡。"此處言張獻忠死於清兵之流箭貫心，諒爲司鐸直接所聞，與一部分清人記載其於西充鳳凰山戰鬥中喪命相若。《清史稿》稱放箭者爲統帥肅親王豪格（順治長兄），但另一部分記載則有自縊或病死之説。不過在安、利司鐸眼中，其死爲"天主公義之罰，爲無數無辜被殺之川人雪恨"。[②]

張獻忠死後，各營軍隊不擊自散。利、安二司鐸見監守自己之兵均已逃去，亦隨之逃避。據言二位司鐸已被虐王定案處死，尚未行刑，幸遇清兵到來，得以逃奔，又有謂二位已被捆縛，將行刑時即遇救援。"古書"記載司鐸出奔遇清兵，據説在得悉其爲泰西之人又爲湯若望之友而止殺，送往掛帥到川平亂的肅親王豪格軍前。親王先問二人所知何事，能否造機器。二位以華語説能造日晷，並引用天文之理及京中湯若望所造之儀器數種詳爲説明，通過通士將其言譯成滿語代述。親王聞二位司鐸是敬天主之人，又是由泰西來華傳教者，於是將之送京以俘虜招待。"古書"記載如下：

> 獻忠死後，各營大亂，所有兵將滿山亂竄，各自逃命。二位司鐸欲逃往山中，以避清兵之鋒。殊知一至山脚，見有多數逃兵敗將被清兵截殺，慘不忍睹。隨即欲避他處，不幸已落入清兵之手。清兵見二位司鐸雖著中國衣冠，然見其面目長鬚，確係泰西之人，遂將二司鐸之護髮帽揭去，欲引往營棚。正行間，突來清兵二人，抽刀欲殺司鐸。幸後又來一清兵操滿洲語阻之，惟不知所言。……欲害司鐸之二兵甫去，又來别一清兵，身著破服，一見司鐸，即上前奪取司鐸之服以爲己有。二位司鐸被逼，遂用華語向之曰："我們不是中國人，是西國人，來此傳教。未帶軍器，爾不必加害"云云。此清兵不通漢語，以爲司鐸之言是辱駡之語，遂用箭刺利司鐸之頭，傷安司鐸之臂……二位司鐸受傷後，幸被一兵引去見馬隊之軍官。軍官問係何人？司鐸答曰："我二人是泰西人，來此傳揚天主教者。"此官不通漢文，未能明司鐸之語。又問能知西方技藝否？司鐸云："如造日晷。"此官亦不知

① "古書"，頁49－50；參 Zürcher, "In the yellow tiger's den", p. 372。

② 肅親王豪格傳見趙爾巽修《清史稿》（北京：中華書局，1978年）卷二一九，頁9044－9048；又見 Hummel ed, *Eminent Chinese of the Ch'ing Period*, vol. I, pp. 280－281。

何爲日晷，因無通士，不知漢語故也。遂將二司鐸送到統兵元帥肅親王前。親王問二人所知何事，能否造機器？二位司鐸所答之言亦同答前軍官之語……親王亦不知何爲日晷，二位司鐸乃用比喻，引用天文之理及京中湯若望所造之儀器數種詳爲言之。通士復將司鐸之言代譯陳明，遂談及湯若望事。二位司鐸聞湯若望神父尚在北京，欣喜莫名。親王聞二位司鐸是敬天主之人，又是由泰西來華傳教者，一時未能記憶湯若望之囑託，後知此二人是教士，遂另眼看待。然軍官一律優待二位司鐸，給以要需，如待俘虜然。[①]

利、安二司鐸初到北京時，是被當作俘虜看待，因爲曾爲張獻忠效勞，被視爲叛軍的參謀。當時在清宫任欽天監正的湯若望，曾多次試圖用自已的影響，使他們獲得自由，但據説都被朋友勸阻，説“不可承認他們二人爲傳教同志”，否則會危及整個教會的安全。後來朝廷又有明令禁止湯若望與利、安接觸，但是鑒於湯若望的關係，二人在生活上都受到優待。儘管如此，湯若望仍暗中爲他們的獲釋活動，不過二人却認爲營救不力，致使他們久久不能獲得自由，甚至説“湯若望一天在北京，他們便一天没有希望釋放”，於是便上書教廷，誣告湯若望十一條罪狀，譴責他接受爲教會所禁止的世俗官職等等。二人的意見得到耶穌會北方會會長和資深的傳教士龍華民的支持，給已飽受朝廷保守勢力及佛教勢力攻擊的湯若望從教會内部造成極大的困難，同時挑起傳教士中兩派之爭，影響傳教事業的發展甚大。[②] 利類思及安文思皆卒於北京，葬在其地，前者享年七十六歲，後者享年七十七歲，二人都遺下大量的著作及譯作。[③]

評　論

綜上所述，以《聖教入川記》的中文演述爲基礎，參照許理和教授對英葡文鈔本的比較詮釋，雖然未能得讀安文思司鐸的原稿，我們仍可鈎勒出二司鐸在張獻忠佔據四川稱王兩年多底下生活的沉痛經驗，以及獻忠的性格、能力、行事及狂妄思想，其對天主教義的態度，對泰西天文地理的認知，及其殘暴統治，如何瘋狂殺害無辜，以至對獻忠的評價及有關傳教活動的報道，兹綜述如下：

一、張獻忠早知泰西利瑪竇教士爲萬曆皇帝器重的事實，因此當禮部尚書吴繼善稱讚利、安二司鐸對天主教義和歐洲科學的修行，認爲對人民及國家有很大裨益，便發令迎接二司鐸入成都王府，待以上賓之禮，請留駐備顧問，並許將來資助建造教堂崇祀天主。又賜與銀兩、袍套及入朝冠服，並賜徽號稱爲“天學國師”。其後在冬至節宴席上，獻忠曾詢問二人教内情況，又詢西學、算學之事，隨與左右辯論，頗有心得。司鐸謂獻忠“智謀宏深，決斷過人”，又謂其“天姿英敏，知足多謀，才足以治國”，但言其“有神經病，殘害生靈，不足以爲人主”云云，是爲初步印象。獻忠隨令二司鐸造天、地球二個，用紅銅爲之，並造日晷配合，二司鐸經營八月告成，頗費心機，但成爲保身之道。

---

① “古書”，頁 50－53。

② 關於此事件參 George H. Dune, *Generation of Giants: The Story of the Jesuits in China in the Last Decades of the Ming Dynasty* (Notre Dame: University of Notre Dame Press, 1962), pp. 253－264；又參 Alfons Väth, *Johann Adam Schall von Bell S. J.: Missionar in China*, pp. 253－264。

③ 參頁 2，注②。利、安二司鐸對湯若望的抨擊及後果略見魏特著、楊丙晨譯《湯若望司鐸傳》，頁 400；及余三樂《早期西方傳教士與北京》，頁 155－56。二司鐸在北京之墓地及碑刻見後書頁 158－160。

二、安司鐸始稱獻忠雖屬殘暴，虐待下屬，但對司鐸殊爲寬大，認爲是“上主特恩護佑所致”，但後來屢見獻忠震怒，無論宫人大小官吏，稍有不順，即被絞死、斬決，或凌遲碎剮，種種虐刑，令人寒心。又謂親見尚書吴繼善，以細故觸怒受虐刑斃命。又言某教友時任軍官，因冬至節祀天讀祭文未遵獻忠之意，被剥衣受重鞭打至死。又言獻忠殺人無算，屢言“吾殺若輩，實救若輩於世上諸苦。雖殺之，而實愛之”，作爲解説。獻忠待人無恒，時愛時惡，百姓官吏多死於非命。前日敬愛司鐸，繼又轉愛爲疑，或冤誣其外順誠而内叵測，或疑别有貪圖，於國於己不利有害，於是怒形於色以待時機。司鐸雖然温恭謙讓，婉辭開導，但獻忠野性難化，喜怒無常，幸因常思造天、地球儀之故，一時並未加害。

三、據司鐸記載，自稱奉天行道的張獻忠對泰西傳來的天主教義及天文地理知識甚感興趣，但又一知半解，對於司鐸的詮釋接受與否，視其對自己是否有利，有時就個人一時的愛好變化而定。獻忠曾疑司鐸藏有天文諸書不肯獻出，大發雷霆，欲置諸死地，但後來經解釋，謂所獻書係講明天主教誡律，全書“皆論管理人良心之事，教人知道當避罪惡，雖在罪惡危險之中，當獨向正道，方得永福”，與天文學無關，獻忠聞之稱讚，始釋怒。但是獻忠雖然認爲歐洲各國風俗純美，實由聖律而來，但認爲“川人固執於惡，不從此聖教聖令，寧願從我刀劍之下”，因此宣稱將“奉天地大主之命，殄滅此種僧黨及世上惡人”，顯然是故意扭轉司鐸的解説，作爲殺人的藉口及理據。

四、據“古書”演述安司鐸與太監辯論聖教諸事，獻忠大言不慚，聲稱“天主命我到川剪除道黨，以救二位司鐸，因汝所傳之教律大而且聖，不幸中華人民固執於惡，未能守之”。又狂語謂“我今亦在教，謹守聖律，若將爾等之長鬚讓生我之頷下，必能成一善教友，與爾等無異”。時某大臣在旁聞之，即獻媚稱“大王若有此美鬚，不獨成一善教友，且能爲天主”，獻忠聞此奉承，未置可否。又言自己“深知爾等之教活而且聖，天主真神應受朝拜，然當在歐洲朝拜。我等生於中國，亦有我等之敬禮，謹當守之……天主不願在中國受敬禮，亦不令人尊之敬之，因此地之人心錮閉，隨從其祖宗之教故也”。並請司鐸將教律諸書保存，待全國平服後，即當送之還鄉，可見獻忠對天主真神及教士之任務並不瞭解，不斷曲解司鐸詮釋，自圓其説。

五、司鐸又載獻忠稱帝後，每行一事，必謂奉天之命，以證其爲天子，並妖言煽惑，使百官相信，又暗自編輯一書，名曰《天書》，滿載邪説狂妄之言，暗昧隱語，拉雜成篇。既自以爲天子，謂天賦異能，常在朝臣前玩變法術自欺欺人，或口出狂言，謂必稱霸天下。僭位之初，即妖言謂親見天上有弓、箭、刀、矛等物。並謂奉上天之命，不特爲中國之皇，且將爲普世之帝。隨令百官仰視天空，百官一無所見，獻忠謂天不清朗，故爾等未能見之，且天顯奇異，只令天子獨見，以便將來替天行道。又曾揚言於衆將兵，謂在佔領中國、日本、交趾及韃靼後，將往征服印度及歐洲。隨問司鐸其地距離多遠，司鐸告以約五百里格（league），並言將需若干時間始能抵達，獻忠聞言狂笑，謂若取道陸路，抵達雲南及緬國之後，便已到達歐洲，可見獻忠地理知識淺陋，難怪如此狂妄。①

六、張獻忠對傳教士的天文地理知識極度重視，命司鐸制造天球、地球各一，另造日晷配合。天球有各星宿部位，七政星宫環列，配以中國天文家所演各畜類，又分二十八宿，以合天文家的天圖。地球分五大洲，國名、省名、城名及名山大川，歷歷可數；經緯線、南北兩極與黄道赤道、南北温道，無不具備。日晷則列有黄道午線及十二皇宫與各度數，日月軌道如何而明，歲時因何而定，瞭如指掌。以上各器爲當時特出之物，見者莫不稱奇。獻忠稱羡不已，視

① Zürcher, “In the yellow tiger's den”, p. 361, 據 *Relação*, p. 26；“古書”，頁 32－33。

若異寶。飭令將天、地二球排列宫中大殿上，以壯觀瞻。在撤離成都後，又命司鐸造天球一具，較前日宫中所造稍小，凡各經星部位須按次排列，結果竣工。但獻忠並未利用此儀器窺探宇宙天地奥秘，拓廣聞見，而將之陳列宫中，作爲象徵天授權力的寶鼎。

七、司鐸對獻忠的殘暴、濫殺僧侶與平民，以及焚毁成都城垣，都根據目擊或聽聞作報道。首先記獻忠懷疑謀亂，大肆殘殺成都僧人達二千，而川中各州縣人民，亦以同樣理由，多遭殺戮。獻忠自稱“天主遣他來四川消滅意欲殺害汝等之佛徒及刁民”，作爲殺戮藉口。由於各處川民皆舉兵反抗，獻忠瘋病忽作，下令剿洗成都，一時慘死甚衆，血流成渠。司鐸爲百姓哀求赦免無效，只免殺教堂内人等而已。總言之，獻忠持續暴行，任意殘殺軍民人等。據司鐸所記，其僭位之初，朝官凡千人，離川時亦七百，但臨死時，則僅有二十五人。被殺之人，或死於刀下，或令鞭死，或被揭去頭皮，或凌遲碎剮，獻忠暴行，罄竹難書。離成都後，獻忠率領人馬向陜西進發，沿途姦擄燒殺，所過村莊場鎮，盡成丘墟，據稱一時瘋病大作，逢人便殺，遇房即燒，計每日被殺者有一二百人之數，可與中文記載參照。

八、二司鐸雖在極端艱苦情況下，仍然游説民衆信奉天主，爲之領洗入教，記載稱在其被虜時，已有百五十人進教，最著者爲獻忠之岳丈，率領全家老幼共三十二人悉奉聖教。二司鐸認爲有此成績，是由於“天主仁慈，屢慰司鐸之心，引多異民棄邪歸正”之故。張獻忠岳丈依皈天主不見中文記載，《聖教入川記》可爲此增加一重要史料。獻忠岳丈因未能勸阻司鐸要求往澳門，被獻忠處死。在獻忠的瘋狂暴虐下，司鐸覺得形勢不利，因此上書以曆理深奥，自己學識淺陋爲詞，乞請准往澳門，延訪通人，並搜求各種儀器。獻忠疑其藉此脱身，暴怒若狂，欲殺之。安司鐸知不免，抗言自己乃修道之人，但知恭敬天主，今已無罪而爲汝所殺，汝必受天主之罰。獻忠由是遲疑，命囚二人於一閣，既而又命其製一與成都宫中相若但較小的天球，日夜監視甚嚴。不久器成，但獻忠本不識天文，受星士唆教，强指赤道綫傾斜，謂作者有意顛倒以速國祚，不容分辯，判二氏死罪，等候處決。幸清兵掠至，獻忠出營探聽虚實，爲清兵所殺，而二司鐸亦得以脱刑釋放。

九、“古書”又載獻忠於辱駡二司鐸意圖離去時，向左右胡言亂語，侮辱利瑪竇，謂利瑪竇及其同黨“乃不忠不義之人，由此國到彼國，由此省到彼省，各處竄流，布其毒謀，煽惑百姓，以度餘生”。又復捏出妄詞，謂利瑪竇在北京時，曾效四百年前某西方番王陰謀，番王在貢禮中暗藏炸藥，使皇宫坍塌，壓斃皇帝，而利馬竇則用鐵鑄一最大戰炮，滿貯火藥，以火燃之，但巨炮忽裂，傷殺多人，利瑪竇亦死其中。萬曆帝飭令將其屍塊棄於荒郊，以飽禽獸之腹云云。二司鐸不畏死，力辯其妄，謂：“利瑪竇乃德才兼備之人，無辜被誣，實爲不可。且利君並未造戰炮，亦未被炮炸死，乃在北京積勞過甚，老病而終，死於禁城御賜堂内。萬曆皇帝……賜阜城門外官地爲利君葬地，若利瑪竇苟有妄行，何得蒙萬曆皇帝之隆重如此哉?”獻忠聞此，大爲驚奇，臉容稍霽。

十、關於張獻忠之死，據司鐸記載，係在當獻忠已下令將其處死，但被閣老於中調停，遲遲未執行之際。當時偵探兵士連續飛奔入營，報告營前高山上見有清兵各騎駿馬由山谷而來。獻忠聞報初時猶疑，但隨後騎馬出營，未穿盔甲，亦未携長槍，只帶短矛。至一小崗上，正探看之際，突然一箭飛來，正中獻忠肩下，由左旁射入，直透其心，頓時倒地，鮮血長流。獻忠在血上亂滚，痛極而亡。此處記張獻忠死於清兵之流箭貫心，諒爲司鐸直接所聞，與一部分清人記載相若。司鐸稱其死爲“天主公義之罰，爲無數無辜被殺之川人雪恨”，作出宗教理念的評價。

二司鐸記載張獻忠的爲人行事，大半本於個人遭遇及目擊聞見，真實性很高，因此雖然由於身爲教士，不免以天主教的立場及西方宗教文化的眼光評論是非，又或由於委曲屈事一代暴君，有所歉意，而誇大其描述，但其客觀可信性應無可懷疑，在多方面可以補充中文資料的不足，允爲上乘的輔助史料。

中國四川的學者，在四十年代已注意到《聖教入川記》，並陸續有限地採用作爲研究史料。任乃强《關於張獻忠史料的鑒别》認爲安司鐸所記甲申（1644）至丙戌（1646）三年成都的事比較可信，但存在以下幾個問題：(一) 張獻忠只叫二司鐸治曆和鑄造天、地球，未讓他們參與大西朝軍民政務。(二) 所記獻忠的情況，只一部分是親見的，另一部分是從教徒大臣那裏聽來的，應當分别看待。(三) 二司鐸是用傳教士的眼光看待中國的農民革命英雄的，因此對於他們的一些認識和觀點，必須加以分析。例如説張獻忠乙酉年以前彬彬有禮，丙戌年以後就成爲一個暴亂無狀的狂人。這究竟是張獻忠思想性格有了變化，抑是這些教徒情感和認識上有變化，似尚需研究。(四) 原書是用西文寫的，上海教會翻成中文時，譯筆文字難免有所歪曲。現在四川所見本，又是1917年川東傳教士古洛東翻印的。他據《明史》加以校注，可能有所增删。例如在甲申年冬至宴會後，教士用“智深宏謀，決斷過人”，和“天姿英敏，知足多謀，其才足以治國”讚揚獻忠，跟着却説：“然有神經病，殘害生靈，不足以爲人主。”試問那時他們剛會晤不久，正是全川歸心的時候，何得就説他“有神經病”？更何至有上下兩句如此矛盾的語言？舉此一例，已足見它雖屬第一手資料，却也有第二手插入，引用不能不慎。(五) 他們是脱離社會下層人民生活的高級傳教士，因此關於下層人民生活的記述，可信的資料不多。①

任氏認爲二司鐸對張獻忠事迹的許多親歷聞見的記載可以取信，但注意到一些出於不同環境，和基於不同宗教文化觀點，以及中外文字的不同表達方式所産生的差距問題。他所提出的第一、二點很中肯；第三點指出司鐸對張獻忠人品的評價前後不同，其中矛盾值得探討，但認爲他們是用教士的眼光看待中國的農民革命英雄，則陷於意識形態的偏頗，事實上應説明這是基於不同宗教文化觀點的緣故。第四點説這書是從外文譯來，譯筆文字難免有所歪曲。不過，現四川本之《出版説明》説這書是以漢文撰寫，所以不存在翻譯的問題，而是用漢語範文理念演述外來宗教文化觀點所産生的問題。至於第五點，評者的觀點接近事實，不過他採取傾向意識形態的方式表達而已。很明顯，在鋪天蓋地的農民起義革命歷史研究浪潮裏，學者對作爲首號代表的張獻忠的研究，只能作正面的評價。因此，在摘用這本當時被認爲是“帝國主義”頭號文化敵人的耶穌會士撰寫的《聖教入川記》作爲史料時，就需引用有利於張獻忠的評價，包括司鐸初期對他的稱讚，他的温文有禮，對教士的天文地球知識表現的濃厚興趣，使之製造渾天、地球兩儀，至於教士對獻忠的瘋狂性格及濫殺無辜的負面報導，則盡量回避或淡化。這反映出政治正確性對歷史研究的嚴重影響。②

總之，從各方面看來，作爲歷史資料，安文思司鐸的原稿和古洛東演述的《聖教入川記》，無疑是研究張獻忠據蜀稱王的重要記録，不過如何恰當採用，使能完成公正的史學任務，就必須注意其書所表達的外來宗教文化理念，和中外文版本所呈現的歷史文化觀點的差距，並與中文資料參照比較，盡量排除非理性的政治和意識形態的干擾。最後，祈望陳綸緒神甫遺下的譯著早日面世，使能綜合各種中外文字的資料作一完整徹底的研究。

---

① 見任乃强《關於張獻忠史料的鑒别》，載《張獻忠在四川》，頁202。

② 見任乃强《張獻忠屠蜀辨》，載《張獻忠在四川》，頁117、127、131；胡昭曦《張獻忠屠蜀考辯》，頁49，96；袁庭棟《張獻忠傳論》，頁97，106，109，180；胡允恭《李自成張獻忠起義》，頁190等。

西學中用

——重讀劉若愚先生《中國詩學》有感

王靖宇*

主席、各位與會學者、各位來賓，我能受邀前來參加爲慶祝港大中文系（現在是中文學院）成立八十周年所舉辦的國際學術研討會，並作主題報告，感到十分榮幸，也非常高興！我對港大中文系，就是現在的中文學院，總有一份特殊的感情。這是因爲我曾有幸於 1990、1991 年連續兩年前來中文系擔任客座教授，講授有關翻譯以及傳統小説方面的課程。那時我剛卸下在史丹福大學擔任多年的行政工作，真是所謂"無官一身輕"，自由自在，看自己喜歡看的書，做自己喜歡做的研究工作。現在回想起來，那一段日子，還有在臺灣大學念書的四年，大概是我一生中最愉快的兩個時期了。

我今天要報告的題目是:《西學中用——重讀劉若愚先生〈中國詩學〉有感》。我選這個題目，是有一定用意的，一方面是我自己對這個題目有興趣，而且也正好配合這次研討會的主題；另一方面，在座的大概有人知道，劉先生曾於上世紀五十年代末在港大中文系和新亞書院任教，他的成名作《中國詩學》（*The Art of Chinese Poetry*）就是在香港期間寫成的，其中部分章節曾發表於現在由港大中文學院與史丹福大學中國語言文化研究中心聯合出版的《東方文化》學刊上。劉先生去世得早，如果他還健在，並且能夠親自前來現身説法，那該多有意義！

劉先生在《中國詩學》中，用當時在英美盛極一時的所謂"新批評"的方法，對中國古典詩作了一個全面細緻而深入的分析和介紹，自 1962 年問世以來，不但在西方漢學界，就是在西方一般文學界也都引起轟動，影響極爲深遠。史丹福大學比較文學系創系教授，也曾當選爲美國文學界最大學會 Modern Language Association 會長的 Herbert Lingdenberger 教授就曾指出，劉先生此書乃是在不懂中文的英語世界介紹中國詩的最具權威性的著作："*The Art of Chinese Poetry* has been available in paperback for many years and has served throughout the English speaking world as the foremost introduction to Chinese poetry for those without access to the Chinese language."① 後來，《中國詩學》被譯爲中文、韓文和日文，在東亞學術界也產生過巨大影響。不過，在進一步討論本書之前，我想先作一個有關西學中用的簡單背景介紹。

中國文學發展到了晚清，發生了天翻地覆的變化，一直以來受到正統文人蔑視的小説，突然搖身一變，成了當時知識界的"天之驕子"，其重要性完全凌駕於正統文學中一向最爲人尊崇的文和詩。其時居領導地位的知識分子和政治改革家如梁啓超（1873－1929）等，在政治上的變

---

* 本文爲 2007 年 10 月 5 日在香港大學中文學院爲慶祝中文系成立八十周年而舉辦的"東西方研究國際學術研討會"上所發表的三篇主題演講中的一篇講稿。文章曾發表於《中國文哲研究通訊》2008 年 9 月，第 18 卷第 3 期，頁 1－8。此次轉載，已得到臺灣中研院中國文哲研究所同意。　王靖宇，本所學術諮詢委員、美國史丹福大學 Edward Clark Crossett 人文講座教授。

① 爲紀念劉先生的悼文而作，未發表。

法努力一再受挫之後，轉而將注意力轉向小説，視之爲社會變革和改良的利器。不無諷刺意味的是，他們在當時仍遭鄙視的小説中，看到了民族復興的唯一希望。“欲新一國之民，不可不先新一國之小説”，梁啓超在其著名的《論小説與群治之關係》(1902) 一文中如此宣稱。① 但他也看到，如果小説足以使社會變好，也同樣可以使它變壞。所以，要想使小説達到其預期的崇高目標，就必須對它進行改革。與此同時，他還極力鼓勵小説家們向西方和日本小説尋求模式與靈感。於是，晚清文學界就出現了大規模翻譯外國——特别是西方——小説的現象。以林紓(1852－1924) 爲例，儘管他不懂外語，但僅他一人就譯出了大約一百六十種外國作品。② 無論譯文如何不盡如人意，接觸西方小説始終是一件有益的事。它向本國作家展示了一個在題材和技巧上全新的前景，他們的作品也因此而得益。

從文學批評的角度看，與西方接觸而帶來的最大成果是，隨著批評家對西方文學作品和批評思想的知識加深，他們在分析本國小説時，開始運用這些知識。其結果是增長了新見識，開拓了新領域。這方面最突出的例子是王國維 (1877－1927) 和他那篇著名而精彩的論文《〈紅樓夢〉評論》(1904)。③ 在這篇論文裏，王國維採用了德國叔本華 (Arthur Schopenhauer, 1788－1860) 的美學原則，首先討論了苦痛如何與人生形影不離，以及一切藝術的終極功能如何，因此盡量描寫受苦的過程，以便爲讀者提供暫時的感情上的宣洩與慰藉 (亞里士多德的餘響)。一件藝術作品的成功程度，取決於它可以爲觀衆或讀者提供這種感情上的宣洩和慰藉有多少。依照此一公式，叔本華認爲悲劇應該佔據藝術世界的首位。王國維認同此一看法，並進一步介紹叔本華如何將悲劇分爲三種：第一種是由極惡之人所爲者；第二種是由盲目命運釀成者；第三種是“由於劇中之人物之位置及關係而不得不然者，非必有蛇蠍之性質與意外之變故也”；換言之，事情的發展只是出於自然。王國維繼而解釋説，三種悲劇中以第三種感人最深，因爲它向讀者表明悲劇並非不尋常或難逆料之事，而是生活本身固有的一部分。他認爲《紅樓夢》正屬於此類悲劇，因而它堪稱悲劇中的悲劇。它不僅是中國最偉大的文學傑作，也是世界文學中最偉大的傑作之一。

王國維也許是第一位把西方文藝思想和方法應用到研究中國文學上的學者。如果我們把他的《〈紅樓夢〉評論》和諸如脂硯齋、王希廉等人的《紅樓夢》評點放在一起來看，前者所展現的全新視野與看法是顯而易見的，是令人興奮的——這就是西學中用的價值所在。數年前，我在一篇論文中曾説過這樣兩段話：

> 最後，筆者想談一談用西方文學批評方法來分析中國文學的問題。也許有人會覺得，西方文學批評乃是來自西方文學所特有的東西，而西方文學和中國文學完全是兩種不同的傳統，因此用西方文學批評方法來分析中國文學是很牽强的，有時甚至是牛頭不對馬嘴。其實，這是不必要的顧慮。文學固然因時因地而異，但也有其所以爲文學的共同 (通) 性。適用於分析西方文學的方法並非絶對不能用在中國文學的分析上，反之亦然。重要的是，我們不能武斷，不能意氣用事，發現二者有相異之處時，就任作主觀的價值評估，認爲西方文學勝過東方文學，或東方文學勝過西方文學。

---

① 阿英編《晚清文學叢鈔·小説戲曲研究卷》(北京：中華書局，1960 年)，頁 14。

② Robert Compton, “A study of the translations of Lin Shu, 1852－1924” (Ph. D. diss., Stanford University, 1971).

③ 收入阿英編《晚清文學叢鈔·小説戲曲研究卷》，頁 103－124。有關小説在晚清時受到重視以及王國維對《紅樓夢》的看法，可參看拙文《阿伯拉姆斯的藝術四維坐標與中國傳統小説批評》，收入拙著《金聖嘆的生平及其文學批評》(上海：上海古籍出版社，2006 年)，附録一。

> 我們大概都有學外語的經驗。當我們在學習一種外語時，常不自覺地會把該外語和自己的母語相比較，結果是我們對自己母語的瞭解也加深了。研究文學又何嘗不是如此。當我們一旦接觸到另一個文學傳統時，不但我們的視野會擴大，我們還會對自己的文學傳統開始反思，並從而産生新的看法和新的理解。這就是所謂“他山之石”，不但不應該排斥，相反，還應該多借鑒才是。……①

所以，我是很讚成西學中用的。問題是如何西學中用？如何在使用西方文學觀念和方法時，能避免上面引文中所説的武斷、意氣用事，以致於對中國傳統文學作出不公允的批評？在這方面，我認爲劉若愚先生在《中國詩學》乃至於其後的衆多著述中所展示的方法和精神正可以作我們的楷模。

劉若愚先生的《中國詩學》雖然已經問世四十多年了，但至今讀起來仍然很富有啓發，很值得我們借鑒。首先，他非常强調對中國傳統的深入瞭解。正因爲如此，他對中國詩學所作的論斷就顯得平實而公允。全書共分三部分，第一部分討論中國文字和語言的特性，談到漢字的語源及意義，以及中文的聽覺效果，並從而談到中國詩的格式與音節，又談到中國詩的語言及其語法，最後還談到諸如自然（nature）、時間、歷史、閑適（leisure）、懷舊（nostalgia）、愛情、迷酒（rapture with wine）等中國人習用的概念和思維方式。第二部分介紹中國固有的文學批評和理論，將中國傳統詩學理論歸納爲四類：道學主義詩觀（didactic view），個性主義詩觀（individualist view），技巧主義詩觀（technical view），妙悟主義詩觀（intuitionist view），並分别舉例加以闡釋。“妙悟主義詩觀”，在劉先生後來的著作裏改稱爲“形上主義詩觀”（metaphysical view）。一直到書的第三部分，劉先生才真正運用“新批評”慣用的所謂“語句分析”（verbal analysis）方法去分析一些古詩作爲實例。在分析中國作品的過程中，劉先生不時引用西方作品來比較。在進行中西詩的對比時，他和其他一些學者一樣，注意到中國傳統裏缺少了西方傳統引以爲傲的史詩和悲劇，但他並未因此就認爲這是中國詩的大缺陷，反而嘗試從中國語言、中國人的心態以及人生觀等方面來探討並解釋此一現象。劉先生的結論是：儘管中國詩中没有像荷馬的《伊利亞德》、但丁的《神曲》那樣宏偉的個别巨著，也没有像希臘悲劇《伊底帕絲》、莎士比亞的《哈姆雷特》那樣深刻的個别作品，但就整體而言，中國詩中所展現的視野也是同樣的廣闊，所表達的思想和情懷也是同樣的深刻，而在觀察的敏鋭、感覺的細緻、表達的含蓄等方面，中國詩較之西方詩則有過之而無不及。在中國整體詩學中所展現的豐富而多彩多姿的人生，完全可以與其他詩學傳統媲美。用他自己的話説：

> However, despite the lack of epic and tragedy, Chinese poetry as a whole is not more limited in scope or less profound in thought and feeling than Western poetry. Though we may find it hard to name an *Iliad*, a *Divine Comedy*, an *Oedipus*, or a *Hamlet* in Chinese, the entire body of Chinese poetry presents as rich and varied a panorama of life as any other poetry. While Chinese poetry may fail to compare with Western poetry for magnitude of conception and intensity of emotion, it often surpasses the latter in sensitivity of perception, delicacy of feeling, and subtlety of expression. As an exploration of life, it can lead one into

① 王靖宇《怎樣閱讀中國叙事文——從〈左傳〉文藝欣賞談起》，收入拙集《中國早期叙事文研究》（上海：上海古籍出版社，2006年），引文見頁95－96。

> worlds unknown or unfamiliar to Western readers; as an exploration of language, it presents a fascinating display of verbal ingenuity and flexibility, with a distinct music which may sound bizarre to Western ears but which has its own charms to those attuned to it. ①

劉先生這種爲取得公允論斷而設身處地去深入理解中國傳統的手法和精神，可以説是《中國詩學》的一大特色。

《中國詩學》另一重要特色是：劉若愚先生的研究路向並不僅限於以西方的理論和方法來重新分析及評估中國詩學，他的最終目的不僅僅是爲了讓西方讀者更能理解並體會中國詩的精髓，而是如何融合中西方的詩學觀念，從而建立起自己的詩學觀。所以，在書的第三部分第一節裏，劉先生就談到何者爲詩以及如何分辨詩的好壞等一般性問題。同樣地，在他後來比較偏重的文學理論研究上，他借用西方理論來重新整理中國固有的文學理論，他的最終目的不僅僅是能讓西方讀者也能看到一套在另外一個不同文化背景裏所産生的理論系統，而是建立一個能超越不同文化與歷史傳統的更爲普及的一般性文學理論。他在他的《中國文學理論》（*Chinese Theories of Literature*）裏寫道：

> Having made due allowances for differences in beliefs, assumptions, prejudices, and ways of thinking, between different cultures and different ages, we must aspire to be transhistorical and transcultural, searching for literary features and qualities and critical concepts and standards that transcend historical and cultural differences. Otherwise we should no longer speak of "literature" but only of discrete "literatures", nor of "criticism" but only of "criticisms" . ②

這當然都是十分崇高的目標，要達到並不容易，但是有這樣的目標是很重要的，因爲只有這樣方能看出中國詩學與文論也有寶貴並足以對世界文學有所貢獻的地方。也只有這樣才能避免所謂“歐洲中心”(Eurocentrism) 或“中國中心”(Sinocentrism) 一類的狹隘傾向。

劉若愚先生的《中國詩學》所展現的第三個重要特色，在今天看起來尤其具有意義。雖然他在書中討論到中國文字和語言、中國傳統文論，還有中國哲學、人生觀等等，但他的注意力自始至終都放在詩的本身；談其他問題也只是爲了要增加我們對詩的理解與欣賞，如此而已。毫無疑問，他是把文學當作美學對象，當作藝術來看待的。《中國詩學》一名是先生自己訂的，其實，書的英文原名 *The Art of Chinese Poetry* 大可譯爲《中國詩的藝術》。他後來在 1979 年出版的一本中國文學簡史，即名爲 *The Essentials of Chinese Literary Art*（《中國文學藝術精華》），而非 *Essentials of Chinese Literature* 或 *A Short History of Chinese Literature* 之類。

我前面説過，劉先生在寫《中國詩學》時，深受新批評學派的影響，而新派最大的特色就是把文學當文學來研究，不太注意文學以外的東西，所以他在本書中集中把詩作文學來研究是很自然的事。但後來他對現象學開始有興趣，並且深受其影響，然而他的注意力却仍然集中在文學本身，對文學界大量採用與文學並没有很大關係的其他理論甚不以爲然。他在 1982 年出版的《語際批評家》(*The Interlingual Critic*) 一書中就認爲，把文學作文學來研究仍然是恰當的

---

① James J. Y. Liu, *The Art of Chinese Poetry* (London: Routledge & Kegan Paul, 1962), pp. 155 – 156.

② James J. Y. Liu, *Chinese Theories of Literature* (Chicago: University of Chicago Press, 1975), p. 140.

辦法，其他諸如人類學、心理學、歷史學、語言學等等方法，都只能使我們離文學越來越遠。他説：

> To return from the ridiculous to the sublime or at least serious: it may be true that, as E. D. Hirsch has argued, the so-called intrinsic study of literature is really the aesthetic study of literature and no more intrinsic to the nature of literature than any other approach. However, I still think, as does Hirsch himself, that this is the most fruitful and rewarding approach, because it focuses on the literary work itself, without necessarily neglecting its relations to the world, the author, and the reader, whereas some other approaches tend to lead the reader further and further away from the literary work and more and more into realms of sweeping generalizations about anthropology, psychology, history, linguistics, and what not. To be sure, these are all valuable academic disciplines and branches of human knowledge, but if one is primarily interested in one of these, why should one choose to be a literary critic?
>
> It is perhaps necessary to reaffirm one's belief in the value of literature and that of literary criticism, when there is so much trendish talk about "deconstructing" literary texts, about the nonexistence of literature, and about the impossibility of interpretation …①

劉先生逝世已二十一年了，如果他仍健在，對充斥當今文學界的文化研究不知又會作何感想——因爲從文化研究角度來重新審視文學作品的流弊，不但使我們離文學越來越遠，有時甚至於徹底否定了文學獨立存在的價值。過去幾年來，史丹福大學一直在物色一位現當代中國文學的教師。有一次，一位應徵的學者前來演講，幾乎全部時間都在談留聲機如何傳到中國的歷史。難怪一位同學事後私下問："這和現代文學有什麼關係?"這只是一個例子，但很可以説明，中國文學——尤其是現當代中國文學——研究，在文化研究的衝擊下已經走入偏鋒。

史丹福大學有一個學術單位，以"現代思想與文學"（Modern Thought and Literature）爲名，它不是一個學系，而是一個跨學科的學術單位（program），以訓練研究生爲主。上世紀七十年代初，我剛到史大任教時，它的學術目標，顧名思義，乃是爲了探討思想與文學之間的關係，可説是文學與思想並重。但如今它的學術重點却完全變成了文化研究，而文學則只是文化研究中的一部分而已。前兩年有記者問及"現代思想與文學"作爲一個學術單位的性質時，當時的負責人説得很清楚："We don't really put literature at the center but rather as part of a larger scheme of things. And the way we approach literary texts is not so much for their literary historical value or as an aesthetic object, but rather as a piece of evidence from which we can get at certain kinds of social and philosophical problems."② 意思就是説，該學術單位的研究取向已不再把文學作爲主要對象之一，而是將之視爲一個更大的研究領域中的一部分。他們不再把文本當作美學對象來看待，因爲他們認爲文學只是爲研究一些社會和哲學問題而提供一些例證而已。很諷刺的是，想當年新批評的大師們，他們之所以不遺餘力去推動從文學來看文學的主張

① James J. Y. Liu, *The Interlingual Critic: Interpreting Chinese Poetry* (Bloomington: Indiana University Press, 1982), pp. 75 - 76.

② *Stanford Report*, April 9, 2003, p. 5.

與方法，一個重要的考慮就是要把文學作爲一個學科、一個獨立的學術領域來研究，而不再是歷史或哲學等其他學科的附庸。然而曾幾何時，竟有後人執意要摧毀他們當初辛苦建立起來的一個學術領域，又要使文學淪爲其他學科的附屬品。我們不禁要問，如果大學裏還有文學系的話，那麼文學作爲一個學術領域，不還是應該有它自己的特性，有它自己一套與衆不同的研究方法嗎？

許多年前，我在一本文集的《自序》裏曾説過一段話，那雖然只代表我自己對西學中用的看法，但也頗能轉達劉若愚先生在《中國詩學》以至他後來的許多著作裏所展現的治學理念。我和劉先生朝夕相處了十七年，經常是“奇文共欣賞，疑義相與析”，我們對文學的看法是相當一致的。現在我把這段話念出來，就算是這篇報告的結語吧：

> 也許因爲我原先是學英美文學的，所以在討論中國文學時，常不自覺地採用東西文學比較的觀點。當然，有時候我也有意這麽做。因爲西方一些理論家在討論所謂“一般文學”（general literature）時，事實上仍只以西方文學爲實例。因此，在文學理論的建立上，如何將歷史悠久而又自成一體的中國文學納入世界文學主流，就成了我多年來研究中國文學的主要目的。正如在其他學科領域内一樣，西方的文學理論家們也發展了一套文學的術語，爲了讓這些人多瞭解中國文學的特色和精神，使用一些他們的語言和分析方法，就很有必要了。不過，需要特別注意的是：在運用西方文學的一些觀點和方法來討論中國文學時，主要目的應該是爲了找出中國文學的獨特之處，再進而建立一套較有普遍性的文學理論；而不是爲了標新立異，將一套並不太適合中國特有情況的理論和方法强加於中國文學之上。①

① 王靖宇《左傳與傳統小説論集》（北京：北京大學出版社，1989 年），頁 2－3。

略論近年西方學者的甲骨文研究

朱岐祥

1899年，中國河南安陽小屯村發現了帶字的甲骨，這些甲骨由農民經商人輾轉進入讀書人的世界。很快地自劉鶚拓印出第一本甲骨材料的《鐵雲藏龜》，接着由孫詒讓撰寫第一本研究甲骨的專著《契文舉例》，甲骨從此成爲開啓上古文明的重要知識來源。其後的羅振玉、王國維、董作賓、郭沫若等被稱作“甲骨四堂”，更代表着一時代最傑出的學者，爲甲骨研究建立一良好的學術基礎。與甲骨四堂同時的外國學者，如日本的林泰輔（Hayashi Taisuke）、加拿大的明義士（James Mellon Menzies）、美國的方法斂（Frank H. Chalfant）、英國的吉卜生（H. E. Gibson）等，亦開始對甲骨和殷墟考古進行研究。因此，甲骨學在建立初期即發展成爲一門國際性的學問。

2002年，我在《甲骨文字學》一書的《序言》簡介世界甲骨學者，並就當今的英、美、日、澳、德、法、加、瑞士、挪威、蘇聯等國和中港台的甲骨學者提出扼要的評述。[①] 本文嘗試針對近代西方學者研究甲骨的成果，進行較整體的分析，並站在中國學人的角度，提出必要的評介。近代西方甲骨學者研究的重點，可以歸納幾點説明。

一、甲骨的性質

1904年，清末經學大師孫詒讓撰寫《契文舉例》，已明確點出甲骨文中習見的“bu”字相當於貞，並應取東漢許慎《説文》“貞，卜問也”的訓解。其後1910年，羅振玉在《殷商貞卜文字考》一文中，由“貞卜”並用，同意孫説“貞，問也”的看法。1932年，郭沫若編撰《卜辭通纂》，在考釋中亦直接指出“卜辭大都是疑問之辭”。“卜以決疑”，不疑何卜？卜辭作爲疑問句的理解很自然的成爲學界的共識。

最先挑戰卜辭屬疑問句這一説法的是西方學者。七十年代西方學者首先針對貞字的意思作出檢討。1972年，美國柏克萊大學的吉德煒（Herbert Allen Giles）在《釋貞——關於商代占卜性質的新假説》[②] 一文，認爲《説文》“貞，卜問也”一説，只是源自鄭司農《周禮・春官・天府》的注，[③] 而鄭司農的注並没有取用古文獻中常見的“貞，正也”的傳統注解（如王弼的《易

---

① 朱岐祥《甲骨文字學》（臺灣：里仁書局，2002年9月）。

② David N. Keightley, Shih Cheng 釋貞: *A New Hypothesis about the Nature of Shang Divination* (Monterey, California: Asian Studies on the Pacific Coast Conference, June 1972).

③ 這個説法，段玉裁注《説文解字》已引鄭説點出：“大鄭云：貞，問也。國有大疑，問於蓍龜。後鄭云：貞之爲問，問於正者。必先正之，乃從問焉。”見段注《説文》三篇下，頁42。

注》、賈逵的《國語解詁》，鄭玄的《周禮注》等）。吉氏指出古文獻的“貞”大多可訓“正”，而對卜辭的理解亦應作如是觀。吉氏進一步分析商卜辭語言的性質不是“質問”，而是“預言”，是爲得到神祇允諾而發表宣言的一種人們意向聲明。

1974 年，美國華盛頓大學的司禮義神父（Paul L. M. Serruys）在《通報》發表《商代卜辭語言研究》① 一文，再一次利用“貞，正也”的古義認爲卜辭的貞字有“遵循正確道路而測驗”的意思，並建議釋“貞”爲“驗試”（to test）。

1982 年，美國史丹福大學的倪德衛（David S. Nivision）在檀香山商代文明國際討論會上發表了《問句的問題》② 一文，亦認爲貞字是指“正式認定占卜結果的正確性”，並將“貞”與“正”相連來看。

1985 年，加拿大英屬哥倫比亞大學的高嶋謙一（K. Takashima）有《釋鼎》③ 一文，主張卜辭的貞實爲鼎，而“鼎”乃“定”語音上的假借，意爲“必定”；又在 1989 年發表的《殷代貞卜言語的本質》④ 一文中，修改認爲“貞”仍應訓爲“正”，意思是“正命辭”。

1985 年，法國的雷煥章神父（Jean A. Lefeuvre）在他編的《法國所藏甲骨録》⑤ 123－127 頁中認爲卜辭中的“貞”字其實都是鼎字，命辭的鼎即“用鼎以祭”的意思，“鼎代表在祖先或神明之前所舉行的整個祭儀”，而卜辭習見的“某鼎”，或可釋爲“某主禮占儀”。

以上西方學者對貞字看法儘管紛紜，但都是由貞字的用例切入，認爲卜辭並不是傳統所謂的問句。卜辭屬非問句的觀點，由西方率先點燃，再配合中國重要的古文字學者李學勤、裘錫圭等相繼撰文支持。李學勤對比卜辭的“正”、“有正”與“貞”用法相通的情況，認爲卜辭並非問句。⑥ 裘錫圭亦承認卜辭命辭有一部分是疑問句，有一部分不是，但仍“建議今後引用殷墟卜辭時，句末一律標句號，不標問號”。⑦ 由於李、裘二位在文字學界的重要位置，經此一呼籲，中外學者幾乎都讚同卜辭並非問句的看法。持相反意見的只有王宇信、⑧ 陳煒湛、⑨ 朱歧祥⑩等人。迄今此一課題在許多中外古文字研討會上仍是討論的熱點，各有堅持，但西方學者先發的意見深具時代的意義。

---

① Paul L-M Serruys, *Towards a Grammar of the Language of the Shang Bone Inscriptions*, 文又見《中研院國際漢學會議論文集》，（臺北，1980），頁 313－364。

② David S. Nivision, “The ‘Question’ Question”, (Honolulu: International Conference on Shang civilization, 1982), *Early China* 14: 115－125 (1989).

③ Takashima Ken-ichi, *Study of Ting*, in *Papers Presented to Wang-Li on His Eightieth Birthday* (Hong Kong: *The Chinese Lang Society*, 1985).

④ Takashima Ken-ichi,《殷代貞卜言語的本質》,《東洋文化研究所紀要》第 110 册（東京：東京大學東洋文化研究所，平成元年，1989 年 10 月）。

⑤ Jean A. Lefeuvre, *Collections of Oracular Inscriptions in France*,（臺北：光啓書社，1985 年）。

⑥ 李學勤《續論西周甲骨》,《中國語文研究》1985 年第 7 期，頁 4－6。

⑦ 裘錫圭《關於殷墟卜辭的命辭是否問句的考察》,《中國語文》1988 年第 1 期。

⑧ 王宇信《申論殷墟卜辭的命辭爲問句》,《中原文物》1989 年第 2 期。

⑨ 陳煒湛《卜辭貞鼎説》,《文物研究》總第 6 輯，1990 年；《論殷墟卜辭命辭的性質》,《紀念張世禄先生學術論文集》（上海：上海教育出版社，1994 年）。

⑩ 朱歧祥《由對貞句型論殷墟卜辭的命辭有屬問句考辨》，廣州中山大學中國古文字第十次年會，1994 年；《釋貞——由貞字的用法論卜辭命辭有屬問句》，台南師範學院第二屆中國訓詁學研討會，1996 年；《由“不”的特殊句例論卜辭命辭有屬問句》，香港中文大學第三屆國際古文字學術研討會，1997 年；《卜辭中“乎”字非疑問語詞考》,《臺灣師範大學第九屆中國文字學全國學術研討論文集》（臺北：師範大學，1998 年）；《殷墟卜辭的命辭是問句考辨》,《容庚先生百年誕辰紀念文集》，（廣州：廣東人民出版社，1998 年）。

二、甲骨與殷商史

西方學者長期以考古、語言的角度來觀察中國古代史料，對中國學者影響深遠。他們對中國上古社會文明和歷史神話的源頭，有高度的興趣。早在1933年加拿大傳教士明義士在山東齊魯大學任職期間，已撰寫《甲骨研究》① 一書，利用甲骨文討論殷商世系和祭祀。近代西方學者研治殷商史而有專著，卓然成家者不少。謹將較爲世人熟悉者羅列如下：

1990年，意大利法學家安東尼奧·阿馬薩里（Antonio Ammassari）著《中國古代文明——從商朝甲骨刻辭看中國上古史》，② 將中國和中東古代文明相比較，結合《聖經》，用世界史的眼光觀照中國古史的問題。他指出甲骨文的“上帝”和西方《聖經·約伯記》中全能的神（Shaddai）之名是平行的關係，並從而推論二千年前東西方古文明已經有國際交流的存在。書中論述對於上帝、四方、父子的研究都有啓發和值得思考的意義。

1991年，英國倫敦大學亞非學院艾蘭（Sarah Allan）著有《龜之謎——商代神話、祭祀、藝術和宇宙觀研究》③ 一書。艾蘭充分吸取中國古文字學者的研究成果，又能掌握西方學者對神話、哲思的知識，文章具深度，有創意。如她參照羅馬尼亞學者米西亞·愛利德（Mircea Eliade）關於古代宇宙裏“中心”的意義，討論甲骨文的亞字，並認爲龜的腹甲就是亞形，亦即殷商時代的宇宙模型。艾蘭近年定居美國，並進行楚竹簡的研究。

1997年，美國芝加哥大學夏含夷（Edward L. Shaughnessy）在臺灣出版《温故知新録——商周文化史管見》，④ 2005年，又在大陸發表《古史異觀》。⑤ 二書都是夏氏研治商周史的論文集。夏氏在斯坦福大學攻讀博士階段即專治《周易》、《竹書》等古籍，旁及甲金竹帛文字研究，對中國古文明有較全面的瞭解，加上其人思辨聰敏，又曾擔任西方 *Early China* 的主編，在西方漢學界具代表性。夏氏曾撰《早期商周關係及其對武丁以後殷商王室勢力範圍的意義》，對武丁的卜辭史料有通盤的整理。其後又完成《殷墟卜辭的微細斷代法》、《商王武丁的末期：中國上古年代學的重構實驗》、《西周朝代的絶對年代》等文，對中國古曆法和天文學有過人的看法。⑥ 近年復挑戰大陸夏商周斷代工程的研究成果，有足够能量與中國學者進行對談。

2001年，加拿大UBC的高嶋謙一發表《甲骨文字形結構與商代宇宙觀》，⑦ 據甲骨字形分析商代的自然現象，以至四方四土等觀念。文章對商人的宇宙觀有一宏觀的看法。高嶋由語言學入手治甲文，對商史研究有很高的水平。

西方學者無論是由宗教意識出發，抑或是純學術的興趣，應用甲骨研治上古文明，著作很多，他山之石，自有參考的價值，特别是在方法論上而言。然而，一般文章出現問題的，多在文字的理解上。由於西方學者在若干甲骨文字的看法上不盡周延，偶會流於形近比附，可待商榷。

① 明義士《甲骨研究》（濟南：齊魯書社，1996年）。
② 安東尼奧·阿馬薩里《中國古代文明》（北京：社會科學文献出版社，1990年第1版，1997年修訂版）。
③ 艾蘭《龜之謎》（紐約：美國紐約州立大學出版社，1991年1月；1992年汪濤譯本由四川人民出版社出版）。
④ 夏含夷《温故知新録》（臺北：稻禾出版社，1997年）。
⑤ 夏含夷《古史異觀》（上海：上海古籍出版社，2005年）。
⑥ 西方學人應用甲骨研究殷商曆法，較早的有瑞典的高本漢（B. Karlgren）、英國的葉慈（W. P. Yetts），與夏含夷同時的有美國的吉德煒（David N. Keightley）、哈特納（Willy Hartner）等。文章参夏商周斷代工程叢書，北京師範大學國學研究所主編《武王克商之年研究》（北京：北京師範大學出版社，1997年11月）。
⑦ 高嶋謙一“A Cosmography of Shang oracle-bone graphs”見《甲骨文發現百周年紀念國際會議論文集》（巴黎：2001年9月）。

三、甲骨文字結構討論

有關甲骨文的字形分析，應是甲骨研究中難度最高的一環。西方學者多擅長於就語言、語法的角度看甲文，甚至對文字部件偏旁亦有整理歸納之功。但西方學者對甲骨文字的認識，主要仍是受中國學人的影響。目前所掌握的一千五六百已認識的甲骨文，都是由中國學者所破譯，西方學者在這方面仍缺乏重要的突破。謹論述近代西方學者討論甲骨文字的文章如下：

1999 年，法國社會科學院蒲芳莎（Francoise Bottero）撰寫《甲骨文異體字》① 一文，檢討甲文異體字形的特徵，分析偏旁清楚有條理，其中的字例大多是參考朱歧祥《殷墟甲骨文字的藝術》一文。②

1999 年，美國西雅圖華盛頓大學的鮑則岳（William Boltz）發表 "The structure of OBI characters"③ 一文，就語音演變的立場討論甲文字形之間的關連，在觀念上多有可取，但如朱、樹、柱，焦、燎、烄等字群是否屬於同字的衍生，就很值得商榷。

2007 年，美國華盛頓大學的余靄芹（Anne O. Yue）發表："㞢 and 又 in Periods Ⅰ and Ⅱ of the oracle-bone inscriptions"④ 一文，提出㞢和 "又" 二字在甲骨文第一二期之間的關係，她發現第一期重要的貞人都只用㞢而不用 "又"，㞢、"又" 二字可能是詞性或方言的差別。而㞢字字形可能與手形有關。⑤

總括而言，西方學者在甲骨字形方面的研究成果，主要是在偏旁分析和對比語言上，個別字形本義的創穫仍是比較少。

四、甲骨語法研究

這課題是西方學者用力最勤而收穫最豐碩的地方。特别是將甲文作爲東方上古語料來看待，應用西方語言學、語法學的框架，對比研究甲骨的語法，文章最多。如美國華盛頓大學的司禮義神父對語詞 "其" 和否定詞 "弜" 的研究，⑥ 影響中外，迄今徵引不絶。其他如加拿大 UBC 的高嶋謙一研究甲骨否定詞、⑦ 美國華盛頓大學的余靄芹研究甲骨的虛字和詞彙、⑧ 法國社會科學院的羅端分析甲骨語法和詞性特色⑨等，都各有專著。其中，余靄芹應用《詩經》及現代閩粵

---

① 蒲芳莎《甲骨文異體字》，見《甲骨文發現百周年紀念國際會議論文集》（巴黎：2001 年 9 月）。

② 文見朱歧祥《甲骨學論叢》（臺北：臺灣學生書局，1992 年）第一章。

③ 鮑則岳，"The structure of OBI characters"，《甲骨文發現百周年紀念國際會議論文集》（巴黎：2001 年 9 月）。

④ 余靄芹，"㞢 and 又 in periods Ⅰ and Ⅱ of the oracle-bone inscriptions"，第六届國際古漢語語法研討會（西安：2007 年 8 月）。

⑤ 關於㞢字爲手形的異體，朱歧祥《甲骨文字學》（臺北：里仁書局，2002 年 9 月）第四章《甲骨字表》頁 65－66 有討論。

⑥ Paul L-M Serruys, "Studies in the language of the Shang oracle inscriptions" in *Toung Pao*, vol. LX 1－3（1974）.

⑦ 高嶋謙一，"Negatives in the King Wu-Ting bone inscriptions", Ph D. Dissertation,（University of Washington, Seattle, 1973）。

⑧ 余靄芹《歷史語法研究的新領域：古代文獻與方言裏的 "有" 字》，《第五届國際古漢語語法研討會論文集》（臺北：中研院，2004 年 8 月）。

⑨ 羅端（Redouane Djamouri），"L'emploi des signes numeriques dans les inscriptions Shang", *Extreme-Occident*, 16：12－42；"Etudes grammaticales des inscriptions Shang：resultats acquis"，見《甲骨文發現百周年紀念國際會議論文集》，pp. 119－134。

客家方言來對比甲文的語法，討論“有”、“亡”的用例，最富創意。她推論甲文與南方漢語類型相近，若干語法特徵共存於甲文和南方方言之中。這種意見對於歷史語言研究最具啓發意義。

近數十年來西方學者有關甲骨的文章撰寫無數，以上僅就所見舉例論述，並不周延。觀察以上四類西方學者研究甲骨的成果，主要集中在語言、語法方面。他們擅長從比較語言學、歷史語言學的角度來分析甲骨文，並結合古文獻、方言的特殊語言現象，宏觀地印證了甲文在東方古代語料中的定位。這方面給予中國學者許多啓示。對於甲骨性質的討論，西方學人有開先河之功。有關殷商史的研究，西方學人亦有個别突破性的貢獻。至於文字考釋部分，則應該是西方學人的弱項。甲骨學是一門國際學問，百年來西方學者長期關注甲骨卜辭，並應用它作爲研究世界性史料和東西方語料的對比資料，其重要性是不言而喻的。這門跨領域的學科會隨著中國大陸地下材料的不斷發掘持續成長，成爲西方學人研究東方學的一個重點項目。

二十一世紀簡帛研究的新視野

——從楚簡《老子》研究探討東西方學者的古籍整理方法

鄧佩玲

一、引　　言

1997年冬，湖北荆門郭店楚墓出土竹簡703枚，另有殘簡27枚，共一萬餘字。根據墓葬特徵及出土器物，整理者推定其年代屬戰國中期偏晚，即公元前四世紀末到三世紀初。① 竹簡載録儒、道文獻共16篇，除《老子》及《緇衣》外，其他皆爲未經著録之先秦佚籍。

郭店《老子》分爲甲、乙、丙三組，計有竹簡39枚，乃現存最古的《老子》傳本。楚簡《老子》之内容多可與今本相互參證比觀，惟於文句及章次則存在若干差異。郭店《老子》的出土有助解決許多懸而未決的問題，並爲古文本的形成及作者等問題帶來嶄新的材料，啓發研究者重新思考。例如楚簡《老子》抄寫於戰國中期，由是推翻了《老子》成書晚出之説。② 又儒道兩家文獻同時出土，説明當時學術界雖有儒道之分，然却非勢同水火、互相攻擊。③ 至於楚簡《老子》與今本於文句上之異同，則有助對道家思想的理解。

郭店《老子》已成爲國際漢學家的研究焦點，研究内容涉及語言文字、歷史、哲學、考古及文化等衆多領域，研究者雖以東方學者爲主，但英美等地亦有爲數不少的學術機構積極從事相關研究。綜觀西方學者的著述，除方法論的探討外，亦較多採用文本研究的方法，結合理論及數據，對文本整理及形成等問題作邏輯性的推理判斷。本文採用楚簡《老子》作主要材料，從古籍整理方法的角度，分析東西方學者的研究方法，並探討兩者的特點及價值。

二、東西方相關研究概述

荆門市博物館編集的《郭店楚墓竹簡》④ 一書於1998年5月出版，旋即爲學術界帶來極大的震撼，引起東西方學者的廣泛關注，因而發表及出版大量學術專著及研究論文，其中東方學

① 湖北省荆門市博物館《荆門郭店一號楚墓》，《文物》1997年7期，頁47。

② 王中江云："帛書《老子》的出土，在解決《老子》一書成書年代問題上所産生的一個直接作用，就是否定了《老子》一書晚出的看法，證實《老子》一書的成書年代要早，至少是在戰國時期。"見王中江《郭店竹簡〈老子〉略説》，《中國哲學》第二十輯（瀋陽：遼寧教育出版社，2000年），頁104。

③ 劉宗漢《有關荆門郭店一號楚墓的兩個問題——墓主人的身份與儒道兼習》，《中國哲學》第二十輯（瀋陽：遼寧教育出版社，2000年），頁390－395。

④ 荆門市博物館：《郭店楚墓竹簡》（北京：文物出版社，1998年）。

者之論著不下七百種，西方學者之論著亦逾百，① 《老子》一篇更是研究焦點之所在，在近千種的郭店研究論著中，論及《老子》者十之三四，其價值及地位不言而喻。然而，郭店《老子》的研究仍以東方學者爲主，其要者可參見《郭店楚簡研究》(《中國哲學》第二十輯)、② 《道家文化研究》(第十七輯“郭店楚簡”專號)、③ 《郭店楚簡國際學術研討會論文集》、④ 臺灣古籍出版社《出土思想文物與文獻研究叢書》、萬卷樓的《出土文獻譯注研析叢書》、“簡帛研究網站”(http://www.jianbo.org/)“郭店簡專欄”及“簡帛網站”(http://www.bsm.org.cn/)所發表的論文等；至於西方學者的研究，則多散見於各類專著、論文集及學刊之中。東方學者論著數量極豐，資料檢索較易，故本文僅就西方學者之研究情況作較詳細之介紹。

1998年5月下旬，美國達慕思學院(Dartmouth College)召開了“郭店《老子》國際研討會”(International Conference on the Guodian Laozi)，與會的中外專家三十餘人，西方學者佔一半以上，會後編輯了“*The Guodian Laozi: Proceedings of International Conference, Dartmouth College, May 1998*”，該書已於2000年作爲“Early China special monograph series no. 5”在美國出版；⑤ 2002年，艾蘭(Sarah Allan)、魏克彬(Crispin Williams)及邢文重新整理會議論文，出版了《郭店老子：東西方學者的對話》。⑥ 在“郭店《老子》國際研討會”上，與會的西方學者皆就郭店《老子》的整理、研究方法及校箋等問題給予寶貴意見，例如美國學者鮑則岳(William G. Boltz)就古代文獻的整理提出若干的基本原則，⑦ 羅浩(Harold D. Roth)運用四種西方的方法論分析郭店《老子》對文，⑧ 英國譚朴森(Paul M. Thompson)的研究在嚴謹原則下，對郭店《老子》的一則短文進行一次舉例性的校勘，⑨ 而雷敦龢(Edmund Ryden)則爲郭店《老子》的文字作校箋的工作。⑩

2000年8月，達慕思大學聯同北京大學及中國社會科學院主辦《新出簡帛國際學術研討會》

① 東方研究統計數字據“郭店楚簡資料庫”(http://bamboo.lib.cuhk.edu.hk/)所提供之資料，資料庫最後更新日期爲2001年12月，當時東方的相關專著已逾七百種。該資料庫將於近期再作更新，已收集的論文達三千餘篇。至於西方研究的數目，則據筆者的不完全統計。

② 《中國哲學》編輯部、國際儒聯學術委員會編《中國哲學》第二十輯(瀋陽：遼寧教育出版社，1999年)。

③ 陳鼓應編《道家文化研究》第十七輯“郭店楚簡”專號(北京：生活·讀書·新知三聯書店，1999年)。

④ 武漢大學中國文化研究院編《郭店楚簡國際學術研討會論文集》(武漢：湖北人民出版社，2000年)。

⑤ Sarah Allan & Crispin Williams eds., *The Guodian Laozi: Proceedings of International Conference, Dartmouth College, May 1998* (Berkeley: The Institute of East Asian Studies, University of California, 2000).

⑥ 艾蘭(Sarah Allan)、魏克彬(Crispin Williams)原編，邢文編譯《郭店老子：東西方學者的對話》(北京：學苑出版社，2002年)。

⑦ 鮑則岳(William G. Boltz)《古代文獻整理的若干基本原則》，載《郭店老子：東西方學者的對話》，頁44-58；原著見：William G. Boltz, “The study of early Chinese manuscripts: methodological preliminaries”, in *The Guodian Laozi: Proceedings of International Conference, Dartmouth College, May 1998*, eds. Sarah Allan & Crispin Williams (Berkeley: The Institute of East Asian Studies, University of California, 2000), pp. 39-52。

⑧ 羅浩(Harold D. Roth)《郭店〈老子〉對文研究的方法論問題》，載《郭店老子：東西方學者的對話》，北京：學苑出版社，2002年，頁59-81；原著見：Harold D. Roth, “Some methodological issues in the study of the Guodian Laozi parallels”, in *The Guodian Laozi: Proceedings of International Conference, Dartmouth College, May 1998*, eds. Sarah Allan & Crispin Williams (Berkeley: The Institute of East Asian Studies, University of California, 2000), pp. 71-88。

⑨ 譚朴森(Paul M. Thompson)《論文獻證據的形式處理》，載《郭店老子：東西方學者的對話》，北京：學苑出版社，2002年，頁81-103。原著見：P. M. Thompson, “On the formal treatment of textual testimony”, in *The Guodian Laozi: Proceedings of International Conference, Dartmouth College, May 1998*, eds. Sarah Allan & Crispin Williams (Berkeley: The Institute of East Asian Studies, University of California, 2000), pp. 89-106。

⑩ 雷敦龢(Edmund Ryden)《郭店〈老子〉甲、乙、丙組校箋》，載《郭店老子：東西方學者的對話》，北京：學苑出版社，2002年，頁197-269。原著見：Edmund Ryden, “Edition of the bamboo-slip Laozi A, B, and C, and Tai Yi Sheung Shui from Guodian Tomb Number One”, in *The Guodian Laozi: Proceedings of International Conference, Dartmouth College, May 1998*, eds. Sarah Allan & Crispin Williams (Berkeley: The Institute of East Asian Studies, University of California, 2000), pp. 185-232。

(International Conference on Recently Excavated Bamboo and Silk Texts)，是爲 1998 年會議之延續，討論内容除郭店簡外，亦包括其他近年出土簡帛材料，如上博簡、王家臺秦簡、馬王堆帛書、温縣盟書等。研討會共有六十餘名學者參加，其中西方學者十多位，論文參見《新出簡帛研究——新出簡帛國際學術研討會文集》。[①] 在會議上，美國學者顧史考 (Scott Cook) 發表了《論郭店楚簡的研究方法及方向》一文，討論郭店簡的排列分篇及思想學派等問題；[②] 艾蘭《郭店楚簡新見老子道德經與中國古代宇宙觀》則從哲學角度，探討郭店《老子》、《太一生水》與宇宙生成論之關係。[③] 國際性的刊物如《國際簡帛研究通訊》 (*International Research on Bamboo and Silk Documents: Newsletter*) 亦經常刊載有與郭店楚簡相關的消息及研究動態。

郭店《老子》出土後，立即成爲世界矚目的研究焦點，備受海外漢學家高度重視，除上述專家外，相關的著名學者復有美國芝加哥大學 (The University of Chicago) 的夏含夷 (Edward Shaughnessy)、夏德安 (Donald Harper)，德國海德堡大學 (University Heidclberg) 的瓦格納 (Rudolf Wagner)，法國埃克斯-馬賽大學 (Universite d'Aix-Marseille) 的賀碧來 (Isabelle Robinet)，荷蘭萊頓大學 (Leiden University) 的施舟人 (Kristofer Schipper)，以及加拿大麥基爾大學 (McGill University) 的葉山 (Robin Yates) 等等。

三、東西方學者之古籍整理方法——以郭店《老子》爲例

由於地理條件、歷史背景及經濟發展種種因素的差異，東西方的思維哲學、思考方法各具特色，再加上學術規範、文化背景及語言不同，在學術研究上，儘管是相同的課題，東西方學者的觀點及探研角度往往有所差異。艾蘭嘗於《郭店老子：東西方學者的對話》之《中譯本序》中指出："在國際會議上經常出現這樣的情況：當與會者來自非常不同的學科領域與國家背景時，他們會發現他們不容易有共同的論題進行學術交流。"[④] 在郭店《老子》相關問題的探討上，東西方學者皆已提供不少彌足珍貴的意見，解決了許多久懸未決的問題，然從其古籍整理的工作及成果觀之，或因文化背景與思考方式的差異，所採用的方法亦明顯不同。東方學者多用實證及經驗，從宏觀的角度，對問題作多方面之綜合分析；而西方學者則傾向視郭店《老子》爲單獨之文本個體，復再配合經典的邏輯思維理論，重視規則和數據，從文本中紬繹資料及線索，對問題作層層遞進之推論。東西方學者於古籍整理工作及方法上既然互有差異，固可相互參考，從而捨短取長，互補不足。隨著國際通訊日益發達，東西方文化交流漸趨頻繁，學者間遂有更多相互切磋學習之機會，研究方法亦逐步開始融合，西方學者既有依循我國的考據及實證方法，而東方學者亦有運用西方理論作進一步實踐。本文討論之旨，乃以郭店《老子》爲例，揭示東西方學者於古籍整理方法本質上的不同，爲求廓清眉目，考察取材僅從典型的東西方研究著手，因文化融合而造成差異不明顯的例子，暫不擬列入討論範圍之内。至於東方的研究，主要以中國内地、臺灣及香港學者爲代表，西方研究則主要

---

① 艾蘭、邢文編《新出簡帛研究——新出簡帛國際學術研討會文集》(北京：文物出版社，2004 年)。

② 顧史考 (Scott Cook)《論郭店楚簡的研究方法及方向》，載《新出簡帛研究——新出簡帛國際學術研討會文集》，頁 218－220。

③ 艾蘭《郭店楚簡新見老子道德經與中國古代宇宙觀》，載《新出簡帛研究——新出簡帛國際學術研討會文集》，頁 227－248。

④ 《郭店老子：東西方學者的對話》，《中譯本序》，頁 2。

取材自歐美學者的論著。①

1. 東方研究多從宏觀角度出發，在文獻中尋找旁證；西方研究則多以個體出發，從單一文本作互證。

中國考據之學，其源甚久，而大盛於清代，孟森《明清史講義》云："乾隆以來多樸學，知人論世之文，易觸時忌，一概不敢從事，移其心力，畢注於經學，畢注於名物訓詁之考訂，所成就亦超出前儒之上。"② 所謂考據學，即對古籍進行整理、校勘、注疏及輯佚之工作。觀乎東方學者於郭店《老子》的研究，大多依循我國傳統考據方法，從經史資料中尋找旁證，重視實證的材料。至於西方的研究者則多從個體出發，以《老子》證成《老子》，於單一文本中蒐集資料作爲論證。

羅浩於《郭店〈老子〉對文研究的方法論問題》一文所提出的"文本研究方法"（Textual Methodologies）則爲西方研究的顯著的例子。所謂"文本研究方法"，即"從文本歷史研究中獲取有關材料，利用它來確立一種與某一種著作的作者最初文本盡可能接近的校訂本"。③其研究目的是藉著對文的重新整理，釐清郭店《老子》與今本及三種竹簡文本之間的關係等問題，其研究取材則充分體現西方研究以個體出發的特色。羅浩雖在各個"系譜圖"（stemma codicum）中列出馬王堆、河上公及傅奕等古本，惟在實質的考察上，其研究材料僅只兩種，分別爲郭店《老子》及通行本《老子》，其他的《老子》版本皆不在探討之列。在進行對文的整理及分析後，羅浩認爲今本與簡本之關係有三個可能性，分別爲"輯選模型"（Anthology）、"來源模型"（Source）及"並行文本模型"（Parallel Text）。

此外，艾蘭等人亦嘗試從郭店《老子》文本中尋找材料，從文獻之結構探討個別字詞或短語的文意：

> 另一個問題是郭店《老子》中文獻結構和文獻意義之間的關係。這種分析基於這樣一種理論：文獻中某一節的結構，會點出該節中短語的意義關係。④

艾蘭復引録瓦格納的"聯鎖平行結構"（Interlocking Parallel Structure）概念，並以郭店《老子》甲的一段文字爲例，説明文句結構與文意之關係。楚簡《老子》簡 10－11 云：

> 爲之者敗之，執之者遠之，是以聖人亡爲故亡敗，亡執故亡失。

"爲之者敗之，執之者遠之"及"亡爲故亡敗，亡執故亡失"二語乃對偶句，"爲"與"敗"於内容互有關連，但"執"與"遠"則不然，瓦格納由是推論"遠"字應當爲"失"之誤字：

---

① 東方泛指亞洲一帶，包括中國、韓國、日本等地，而西方則相對東方而言，主要指歐美一帶。比年以來，日本漢學家於郭店《老子》研究上亦不遺餘力，其要者如池田知久、近藤浩之、李承律、大西克也等，東京大學郭店楚簡研究會編纂了《郭店楚簡の思想史研究》叢書，共六卷，於思想史之研探上，更取得豐碩成果。然囿於篇幅，本文暫不擬討論日本及韓國等地學者的相關研究。

② 孟森《明清史講義》（北京：中華書局，1981 年），頁 556。

③ 見《郭店〈老子〉對文研究的方法論問題》，載《郭店老子：東西方學者的對話》，頁 60。原著見："Some methodological issues in the study of the Guodian Laozi parallels", in *The Guodian Laozi: Proceedings of International Conference, Dartmouth College, May 1998*, p. 72。

④ 《郭店老子：東西方學者的對話》，頁 143。原著見：*The Guodian Laozi: Proceedings of International Conference, Dartmouth College, May 1998*, p. 146。

查郭店本《老子》，可以很快發現：這兩個明顯不同的字，在郭店簡中的字形實際上非常相近；第二句中的“遠”字只不過是“失”字的一個錯字。①

與西方研究稍異，東方學者除從個別文本尋找例子作爲輔證外，亦較多以宏觀角度，從其他相關典籍文獻中尋找書證。前述羅浩的“文本研究方法”，其目的乃在於分析楚簡《老子》的版本源流，所論者實屬我國版本學之範疇。在相關課題的探討上，東方學者除多擷取楚簡《老子》文本所見證據作出探討外，亦往往兼採其他文獻以爲佐證，如裘錫圭於《郭店〈老子〉簡初探》一文中，嘗就楚簡《老子》與“《老子》五千言”的關係作出探論，細察其推論過程，除從文本本身蒐集證據外，亦有結合過去學者有關《老子》成書年代的考究，採納唐蘭《老子時代新考》中《老子》與《墨子》同於戰國早期已經成書之意見，指出楚簡《老子》下距“五千言”的《老子》一百幾十年。② 至於王博《關於郭店楚墓竹簡〈老子〉的結構與性質》一文，亦提出《老子》爲“摘鈔本”之説，③ 王氏首先從文本内容特點作出分析，認爲甲、乙、丙三本各有主題，此乃編者的有意作爲，然後又摘録戰國中期文獻如《戰國策》及《莊子》所見《老子》的語句，指出有關文字並不見於楚簡《老子》，從而説明：

上述的這些材料基本上與郭店一號墓的年代相先後。其中的老子語均不見於郭店《老子》中，説明郭店《老子》並不是當時流行的《老子》全本。④

又東方學者在《老子》問題的探討上，除選取簡、今二本作主要研究材料外，往往兼及其他出土及傳世本，如劉笑敢《老子古今：五種對勘與析評引論》主要借助《老子》五種版本（包括簡本、帛書本、傅奕本、河上本及王弼本）的比對，再參校嚴遵本、想爾注本、敦煌本及范應元本等，通過字詞、句式、語意、結構的對勘，對《老子》的哲學思想問題進行深入的分析討論，其於“編寫説明”中嘗言：

本書的基礎工作是不同版本的對勘，其目的是爲思想史和哲學史的研究提供方便和深入思考的契機，因此各章均附有“析評引論”，有關版本、文體、概念、釋義、思想、理論等方面的爭論和個人所見，均以“引論”的形式出現。⑤

由是可見，東方學者於版本學之研究上，取材較西方廣泛；至於文意的探討上，東方學者較多襲用傳統考據學方法，以大量文獻材料作爲旁證，此類例子俯拾即是，筆者不擬再作贅述。

綜上所論，東西方學者於研究的取材上多有差異，東方偏向以宏觀角度，配合其他傳世文獻作爲旁證；而西方則多從個別文本出發，於文本本身尋找資料線索，從而證成假設。毋庸置疑，文本本身能爲問題的探討提供確切可靠的實證，不會如傳世文獻牽涉年代或作者不清等問

① 《郭店老子：東西方學者的對話》，頁 144。原著見：*The Guodian Laozi: Proceedings of International Conference, Dartmouth College, May 1998*, pp. 146 - 147。

② 裘錫圭《郭店〈老子〉簡初探》，《道家文化研究》第十七輯，頁 25 - 63。

③ 王博《關於郭店楚墓竹簡〈老子〉的結構與性質》，《道家文化研究》第十七輯，頁 149 - 166。

④ 《關於郭店楚墓竹簡〈老子〉的結構與性質》，頁 161。

⑤ 劉笑敢《老子古今：五種對勘與析評引論》（北京：中國社會科學出版社，2006 年），《編寫説明》，頁 21。

題，可避免因種種外在因素而造成研究結果的誤差。然而，中國傳統學術具有其自身特質，文化的累積爲典籍帶來不容忽視的承傳關係，古代文獻實爲不可分割之整體，僅從單一文本個體出發，似乎未能窺見學術文化之實貌，難以獲得全面可靠之結論。由是觀之，倘若東西方研究能相互結合，既從宏觀角度，配合整體文獻之記載，亦注重文本本身所提供的資料線索，研究定能相得益彰，事半功倍。

2. 東方學者重視經驗，西方學者著重邏輯推理，强調規則設定、數據蒐集及理論之運用。

林語堂嘗於《吾國與吾民》一書中云：

> 對於西方人，一個問題倘能邏輯地解決，那是夠滿足的了，而中國人則不然。縱令一個問題在邏輯上是正確的，還須同時衡之以人情。確實，“近乎人情”是較勝於“合乎邏輯”的偉人考量。因爲一個學理可以根本違反普通感情而却很合乎邏輯。①

西方哲學以邏輯作主導，中國則往往依賴感觀經驗作問題判斷的標準。由於文化規範、哲學背景及思維方法之迥異，東西方學者的學術研究方法固然存有明顯不同。就郭店《老子》的研究而論，西方學者較多强調邏輯推理之運用，刻意分析各個命題間的推論及聯繫，亦多配合規則、數據及理論，以層層遞進的方式，對問題作客觀理性之探討。反之，東方的研究並不故意從邏輯學的角度分析問題，亦無對規則、數據及理論的運用提出强烈訴求，而是多以經驗爲主，從古書蒐集合切的素材，作爲論點的實證。

a) 邏輯

英國學者雷敦龢於《郭店〈老子〉：一些前提的討論》② 一文中，曾經對一些“前提”性的問題作出邏輯的分析，該文於前言中已明確指出：

> 郭店一號墓《老子》與傳世本和馬王堆《老子》版本在性質方面很不一樣。因此，有學者提出一些意見來解釋郭店《老子》的特色。目前這些意見只能算是可能性的前提，也許完全錯了。不過初步的意見也值得研究，看是否郭店《老子》符合這些前提的要求，是否此前提能作爲全面的解釋，在這種過程當中，也許會發現這些前提需要改善。不過，這就是科學的普通方法。③

雷敦龢所提出的前提有三種，分別是：

> 一、郭店《老子》是從一本完整的《老子》所調出來的；
> 二、郭店《老子》是一本教科書；
> 三、郭店《老子》甲、乙本可分爲三篇：
> 甲篇一：甲一至十，十四至十六。

① 林語堂《吾國與吾民》(臺北：遠景出版社，1980 年)，頁 74。
② 雷敦龢《郭店〈老子〉：一些前提的討論》，《道家文化研究》第十七輯，頁 118－130。
③ 《郭店〈老子〉：一些前提的討論》，頁 118。

甲篇二：甲十一至十三，十七至二十。

乙本。[①]

經過來源探析及與郭店《老子》文本的比對分析，雷敦龢最後認爲上述三個前提需要再作修訂：

> 因此，我覺得我們的前提，經過一些修改，能説明郭店甲、乙兩本三篇的基本特色。當然細節仍需要研究。[②]

在邏輯三段論中，結論的有效性乃建基於前題的真實性，雷敦龢運用了西方哲學的邏輯思考方法，對過去的郭店《老子》研究作正本清源的探索。

至於前文所述羅浩的"文本研究方法"，於制定《老子》"系譜圖"時，論者亦强調邏輯(logic) 推論的重要性：

> 文本批評研究從文本歷史研究中獲取有關材料，利用它來確立一種與某一著作的作者最初文本盡可能接近的校訂本。這包括兩個過程：1. 認真閱讀由文本歷史研究過程中收集到的所有重要鈔本或版本的異文，分析這些異文出現的内在規則，制作一份可用來確定這些異文中哪一種從邏輯上最有可能屬於作者原文的系譜圖（拉丁文專有名詞爲 stemma codicum)；2. 修訂那些邏輯上根據系譜圖不能確定的異文。[③]

由於哲學背景、思考方式等因素，西方學者顯然對邏輯思維尤爲重視，而在郭店《老子》的研究上，亦多以邏輯之合理性作爲判斷問題的基本原則。中國哲學發展多以經驗情感作爲思考之核心，雖然先秦之時亦有如墨子的邏輯主張，然却不能蔚成風氣，邏輯於歷代以來的哲學研究中並不受到重視。今復觀乎東方學者於郭店《老子》的研究，有意運用"邏輯學"分析問題者仍屬鮮見，雖然如此，但内在邏輯思維仍是確實存在。

b) 規則

西方重視規則、規律和原則的設立，於學術規範上，西方學者亦認爲有效規則的訂定很重要，郭店《老子》乃地下出土的材料，在簡文的考訂及釋讀上，向來皆有寬式及嚴式之别，倘若劃分稍欠嚴謹清晰，或會影響研究工作的順利進行。有鑑於此，美國學者鮑則岳嘗明確指出訂立規則的重要性，在《古代文獻整理的若干基本原則》一文中，鮑則岳以郭店楚簡爲例，説明文獻整理者須注意的三個問題：

> 我們在研究、整理中國古代寫本文獻時，應該考慮到三個主要問題：第一是如何作釋文；第二是如何辨讀釋文，也就是如何決定寫本文獻中的某一個字到底該讀作哪一個字；

① 《郭店〈老子〉：一些前提的討論》，頁 118－119。

② 同上注，《道家文化研究》第十七輯，頁 130。

③ 《郭店〈老子〉對文研究的方法論問題》，載《郭店老子：東西方學者的對話》，頁 60。原著見："Some methodological issues in the study of the Guodian Laozi parallels", in *The Guodian Laozi: Proceedings of International Conference, Dartmouth College, May 1998*, p. 72。

第三是如何追溯寫本文獻的源流。本節的討論，限於前兩點。①

鮑則岳將“作釋文”的步驟分爲兩類——“甲類：完整、清晰的文字”（Intact and Legible Passages）及“乙類：殘缺或部分字形模糊的文字”（Defective or Partially Illegible Passage），並分別就兩者提出不同的原則。對於“甲類”，鮑則岳認爲“要盡最大可能準確地、不含糊地釋寫原寫本裏的文字字形，決不能因爲作釋文的學者本人或其他任何人的假想、偏見或主觀決定而對原寫本的文字進行增、改或添加”，②而且，“釋文的整理者對原鈔本裏出現某個非正規字、罕見字或異體字‘本意要代表的’是甚麽字，或者對他們認爲是‘訛誤’的字應該改成甚麽‘正確的寫法’等諸類問題所持的見解，不應摻夾在釋文裏，因爲釋文不是發表這些見解的地方”；③“乙類”文字的整理規則亦與“甲類”相當：“釋文一定要嚴格區別原寫本本文和整理者經推測而增加、删减或修改的文字。”④ 至於“讀釋文”方面，鮑則岳又提出兩類簡文，分别爲“有傳本對照的異文文字”（Characters with Variants in Transmitted Versions）及“没有傳本對照的文字”（Characters in Passages with No Known Transmitted Counterparts）。對於前者，“我們應該盡量弄清楚各種不同的讀法之間到底有甚麽語義、音韻或其他方面的聯繫，以致造成這些異文的産生”；⑤ 對於後者，由於“我們要用一個已知的詞，來界定一個未知的字”，⑥ 所以“該字的發音，最好根據諧聲的材料加以確定”。⑦

此外，英國學者譚朴森嘗注意文獻整理中原則建立的問題，《論文獻證據的形式處理》一文云：

> 本節對《老子》中的一則短文作一舉例性的校勘，目的是爲了説明在文獻學研究的第一階段會遇到的某些問題，也就是文獻證據的組織問題。希望這一工作也能在一定程度上説明完成一部古籍的精確校本所需要建立的原則，尤其是適用於像本例中這樣一部具有悠久的流傳歷史，以及許多新發現的、可以作爲校勘依據的古鈔本的古籍的原則。⑧

譚朴森對校勘中所使用的符號標誌設立一套準則，並就異體字的處理，亦提出頗具啓發的意見：

> 在校勘這些文書（筆者案：金石類文獻）時，引用並依據一個特定的版本，同時登記那

① 《古代文獻整理的若干基本原則》，載《郭店老子：東西方學者的對話》，頁44。原著見："The study of early Chinese manuscripts: methodological preliminaries", in *The Guodian Laozi: Proceedings of International Conference, Dartmouth College, May 1998*, p. 39。

② 同上注，頁45。原著見："The study of early Chinese manuscripts: methodological preliminaries", in *The Guodian Laozi: Proceedings of International Conference, Dartmouth College, May 1998*, pp. 39 - 40。

③ 同上注。

④ 同上注，頁47。原著見："The study of early Chinese manuscripts: methodological preliminaries", in *The Guodian Laozi: Proceedings of International Conference, Dartmouth College, May 1998*, pp. 41。

⑤ 同上注，頁53。原著見："The study of early Chinese manuscripts: methodological preliminaries", in *The Guodian Laozi: Proceedings of International Conference, Dartmouth College, May 1998*, p. 46。

⑥ 同上注，頁57。原著見："The study of early Chinese manuscripts: methodological preliminaries", in *The Guodian Laozi: Proceedings of International Conference, Dartmouth College, May 1998*, p. 50。

⑦ 同上注。

⑧ 《論文獻證據的形式處理》，載《郭店老子：東西方學者的對話》，頁81。原著見："On the formal treatment of textual testimony", in *The Guodian Laozi: Proceedings of International Conference, Dartmouth College, May 1998*, p. 89。

些被替換了的異體字，是明智的方法。[①]

關於異體字的登記問題，每一個校本證據中如果有異體字，就應該保留一份列表，其內容在校勘時應定期爲標準字體所替代。這一份列表應該用與完整的校勘材料相同的方式存檔，並與文本最終的校勘成果一起發表（校勘材料不必發表）。[②]

西方文化尤重規則，鮑則岳及譚朴森以郭店楚簡爲例，説明整理出土文獻須恪守規則，不能隨己意而妄下結論，始能有利以後研究工作的進行，二氏的意見的確甚具參考價值。[③] 東方學者雖已於文獻整理工作累積豐富經驗，並於釋文符號的使用達致一定共識，然在文字的釋讀上，亦偶以習慣爲之，稍欠嚴謹之規則及凡例，因而對以後的研究構成不便。如《郭店楚墓竹簡·凡例》即有下列一條説明：

釋文不嚴格按照竹簡原來的字體排印。如“智”字簡文作“智”、“智”等形，現皆用“智”字排印。一些原本不是一字，而古籍或古文字中常常混用的，如“其”與“丌”、“以”與“㠯”等，釋文採用通行字“其”、“以”等排印。[④]

由於不據原簡文隸定，簡文之釋讀實亦摻雜整理者個人的見解。至於“古文字中常常混用”[⑤] 的字，則以通行字排印，究竟整理者以何標準界定“常常混用”？又該等字雖“常常混用”，然亦不能截然排除其他通假的可能，而將該字按習慣隸定，實有礙於其他研究者的進一步探討思考。前述鮑則岳的文章中，於討論“作釋文”的原則時，亦提及相關例子：

1. 郭店《老子》甲組第一簡第一個字（A1：1），《郭店楚墓竹簡》的釋文作“𢇍”，跟竹簡上的原文是完全一樣的。

2. 同一簡第四個字（A1：4），釋文作“卞”，這個字跟竹簡原文有異，少了一個“又”字底。按照上述釋文規則第一條，這個字就應該照樣釋作“㝸”。[⑥]

除上述例子外，郭店《老子》簡1云：“𢇍（絶）智（知）弃㝸（辯），民利百伓（倍）。𢇍（絶）攷（巧）弃利，覜（盜）惻（賊）亡又。”[⑦] 語見今本《老子》第19章：“絶聖棄智，民利百倍。絶仁棄義，民復孝慈；絶巧棄利，盜賊无有。”[⑧] 整理者對古文字“𢇍”、“智”、“㝸”、

---

① 《論文獻證據的形式處理》，載《郭店老子：東西方學者的對話》，頁90。原著見：“On the formal treatment of textual testimony”, in *The Guodian Laozi: Proceedings of International Conference, Dartmouth College, May 1998*, p.95。

② 同上注。

③ 除此之外，美國學者柯馬丁（Martin Kern）曾就異文的處理提出四項主要原則：第一，傳世本、出土本的重要性及地位相當，研究者不應偏袒某種版本；第二，研究者須重視原材料的簡文字形，不宜只依賴釋文；第三，通假方法的使用必須具嚴謹的古音學基礎；第四，研究者須留意出土材料的釋文往往與日後的標準字形不同，其差異可用以分析文本流傳的情況。（Martin Kern, “Methodological reflections on the analysis of textual variants and the modes of manuscript production in early China”, *Journal of East Asian Archaeology* 4: 144-81.）柯馬丁的文章雖非郭店《老子》的專論，但當中對出土文獻的整理原則提出頗具啓發性的意見，兹備於此以供參考。

④ 《郭店楚墓竹簡·凡例》，頁1。

⑤ 同上注。

⑥ 《古代文獻整理的若干基本原則》，載《郭店老子：東西方學者的對話》，頁46。原著見：“The study of early Chinese manuscripts: methodological preliminaries”, in *The Guodian Laozi: Proceedings of International Conference, Dartmouth College, May 1998*, pp.40-41。

⑦ 《郭店楚墓竹簡》，頁111。

⑧ 朱謙之《老子校釋》（北京：中華書局，1984年），頁74。

“伓”、“攺”、“覞”、“恻”皆以通行字作爲釋讀，唯“弃”、“亡”二字則僅據簡文隸定，此誠其稍欠周全之處。

c) 數據

西方學者偏重數據，相信統計數字能客觀反映語言現象，又多運用數據統計顯示其出現頻率，繼而説明相關現象的普遍性。在郭店《老子》的研究上，西方學者運用數據之例子觸目皆是，艾蘭曾明確提出：

> 考察出土文獻中的文字與傳世本中的相應文字可以相近到甚麽程度，是一種有益的、重要的工作。①

艾蘭認爲，如楚簡《老子》是傳抄自一部基本上與今本《老子》相同的文獻，兩者應在文字上高度吻合，故數據的統計能有助解決問題；至於有關方法的實踐，則可參譚朴森《論文獻證據的形式處理》一文，該文收録“郭店楚墓竹簡老子甲篇第一系列第二章的校讎”表（A Collation of *Zhang* 2 of Series 1 of the “A” Bamboo Manuscript of the Laozi from a Chu Tomb at Guodian, Hubei），校讎表選取郭店《老子》甲本“江海所以爲百谷”至“故天下莫能與之爭”一段文字爲例，對各種《老子》版本作校讎的基本工作，並希望從而“説明完成一部古籍的精確校本所需要建立的原則”。而在校讎中，譚朴森嘗運用數據的方法，將“文獻的點”（Points）及可對應文字的總數作出統計，而有關的數字則可作爲考察異文分布情況的依據。②

除異文的處理外，西方學者亦嘗在郭店《老子》思想問題的探研上運用數據統計的方法，如德國學者瓦格納。瓦格納曾統計“是以聖人”一語於簡本及今本《老子》的出現頻率，認爲“是以聖人”於簡本中較少使用，從而得出以下結論：

> 在郭店《老子》中，“聖人”的概念表現得不如在今本《老子》中的重要；因此，較之今本《老子》，郭店《老子》較少統治者應如何作爲的政論性質，較少涉及反對其他學派教義的内容。③

數據統計有助於現象的探究及反映，並能爲論點提供客觀及可靠的證據支持，確是有效及理想的輔助研究方法。惟統計必須運用得宜，調查項目與對象必須有密切關連，否則便容易流於穿鑿附會，未能反映實際情況。反觀東方學者的研究，使用統計數據者偏少，而學者間較多採用印象式的敘述，如丁四新曾探討楚簡《老子》甲、乙、丙三本文字的差異云：

> 通過考察簡書《老子》甲、乙、丙三組使用假借字、古今字的具體不同，我們發現甲、乙、丙三組的異文特多。甲、乙、丙三組異文現象特多，實與語言的歷時性變化及個體用

① 《郭店老子：東西方學者的對話》，頁 123。原著見：*The Guodian Laozi: Proceedings of International Conference, Dartmouth College, May 1998*, p. 130。

② 《論文獻證據的形式處理》，載《郭店老子：東西方學者的對話》，頁 99－102。原著見：“On the formal treatment of textual testimony”, in *The Guodian Laozi: Proceedings of International Conference, Dartmouth College, May 1998*, pp. 102－106。

③ 《郭店老子：東西方學者的對話》，頁 159。原著見：*The Guodian Laozi: Proceedings of International Conference, Dartmouth College, May 1998*, p. 159。

字的主觀性特徵相關。①

丁氏僅就《老子》三組簡文於假借字、古今字及異文的使用差異作印象式的簡單説明，從而指出三組竹簡的年代先後有所不同，但却未嘗就當中的相異程度作出具體詳細的描述，甚或數字的統計。又王中江於《郭店竹簡〈老子〉略説》第二節的“簡本《老子》與帛書《老子》和王弼本《老子》粗略比較”中，對各《老子》版本使用虚詞的情況作以下之描述：

> 帛書本發現之後，人們從語言風格上把它同傅奕本和河上公本比較，發現帛書中用“也”、“矣”等虛詞較多，傅奕本用虛詞也較多，文詞蔓衍。而河上公本，所用虛詞最少，文辭簡樸。據此，認爲河上公本是古本。帛本的發現，證明用虛詞較多的是古本，用虛詞少的則是經過了後來的删消。從用虛詞的情況來看，簡本也多用虛詞“也”，並多用“者”，與帛本接近，而王本則簡樸。②

王氏僅以“多”、“少”、“簡樸”等印象式詞語描述“也”、“矣”、“者”等虚詞的使用情況，似乎稍失客觀，倘能配合統計數字作輔助説明，則語言風格之差異，更能昭然揭示。

d）理論

歐美學術研究重視理論基礎，西方理論發展已達成熟階段，並且甚具規模。近百年來西學東漸，東方學者漸漸注意理論的套用，但歸根究柢，古籍整理及研究乃傳統學科，以理論作基礎者始終較爲鮮見，多數學者皆依循我國的考據學傳統，用實證之方法，從文獻材料中蒐集證據，支持己説。郭店《老子》的研究亦復如是，在西方學者的研究中，理論的使用可謂其研究之基柱，如美國學者羅浩認爲，西方理論的使用能有助審查中國過去的古籍發現：

> 在西方，從不同的學科，特別是古典學研究、《聖經》研究與宗教研究中發展起來的一系列相關的方法論，可能大大有助於嚴謹、系統地審查過去四分之一世紀的古籍發現。③

羅浩認爲理論的配合可使研究更“嚴謹”及具“系統”，又復以四種研究方法爲例——“文本研究方法”（textual methodologies）、“文學研究方法”（literary methodologies）、“哲學研究方法”（philosophical methodologies）及“宗教研究方法”（religious methodologies）④，説明西方方法論於中國古籍研究的價值及貢獻。

西方研究亦重視“假設”，如羅浩嘗就傳世本與楚簡《老子》的源流關係提出三種假設模型，分别爲“輯選模型”（Anthology）、“來源模型”（Source）及“並行文本模型”（Parallel

---

① 丁四新《從簡、帛、通行本比較的角度論〈老子〉文本演變的觀念、過程和規律》，載丁四新主編《楚地出土簡帛文獻思想研究》（一）（武漢：湖北教育出版社，2002年12月），頁127。

② 《郭店竹簡〈老子〉略説》，《中國哲學》第二十輯，頁108－109。

③ 《郭店〈老子〉對文研究的方法論問題》，載《郭店老子：東西方學者的對話》，頁60。原著見：“Some methodological issues in the study of the Guodian Laozi parallels”，in *The Guodian Laozi: Proceedings of International Conference, Dartmouth College, May 1998*, p. 71。

④ 同上注。

Text), [①] 通過比較和分析，羅浩歸納出以下結論：

> 郭店《老子》的對文證明了一部完整《老子》的存在，而這些對文正是取之於這部《老子》——亦即我們所提出的"輯選模型"。[②]

以"假設"作爲研究基礎者尚有韓伯禄（Robert G. Henricks）之《治國大綱——試讀郭店〈老子〉甲組的第一部分》，該文論證的"假設"爲"竹簡的第一單元或許有刻意的'結構'或'設計'"，[③] 而"論證這一假設"[④] 後，其結論大概如下：

> 我自己也不確定上述的觀點是否是正確，並且還會有其它的可能性等著我們去考察。在我看來，我的觀點只是一個需要考慮的可能性。[⑤]

韓伯禄認爲文中的"假設"並非唯一的可能性，惟經過分析與歸納的工作，則可進一步證成"假設"是部分成立的。

四、結　語

中國傳統文獻學由來甚久，於古籍整理、版本考證及思想研究等方面皆已累積一定之經驗，近百年以來，中外交流日趨頻繁，東學西移，古代文獻逐漸成爲國際學術研究的焦點，不少歐美漢學家開始從事古籍整理的工作，郭店《老子》便是其要例。隨著考古學發展的日益蓬勃興盛，地下簡帛材料不斷出土，二十世紀末爲中國簡帛學的鼎盛時期，東西方學者於簡帛整理的工作上貢獻甚巨，然因歷史文化、思維方式及生活模式等種種不同，東西方學者的研究方法往往互有差異，沈頌金嘗於《二十世紀簡帛學研究》一書中，論國外學者對郭店楚簡的研究云：

> 他山之石，可以攻玉，他們（筆者案：國外學者）側重於方法論的探討，關注數術和民間習俗，重視思想文化史的研究，强调"文本"（Text）的研究，指出文字辨釋要在其語境中通讀，反對迷信今本，反對迷信我們今天的閲讀習慣，加强對古代"書寫習慣"和"閲讀習慣"的認識，這對中國學者有一定的啓發意義。[⑥]

正如前文所述，從郭店《老子》的研究可見，東方學者取材較廣，以經驗及實證作研究的主導

① 《郭店〈老子〉對文研究的方法論問題》，載《郭店老子：東西方學者的對話》，頁 66。原著見："Some methodological issues in the study of the Guodian Laozi parallels", in *The Guodian Laozi: Proceedings of International Conference, Dartmouth College, May 1998*, p. 77。

② 同上注，頁 79。原著見："Some methodological issues in the study of the Guodian Laozi parallels", in *The Guodian Laozi: Proceedings of International Conference, Dartmouth College, May 1998*, p. 87。

③ 韓伯禄（Robert G. Henricks）《治國大綱——試讀郭店〈老子〉甲組的第一部分》，《道家文化研究》第十七輯，1999 年 1 月，頁 182。

④ 同上注。

⑤ 同上注，頁 196。

⑥ 沈頌金《二十世紀簡帛學研究》（北京：學苑出版社，2003 年），頁 703。

原則；而西方學者則强調文本之價值，重視邏輯、理論及規則數據。兩種研究方法互有長短，倘能相互配合，定能互通有無。踏入二十一世紀，中國的簡帛學在前人的基礎上，再加上東西方研究方法的互相配合，定能繼續有長足之發展，創造出新視野和新契機。

“三武之福”研究之一：日本聖武天皇《建國分寺之詔》寫定時間再議

童長義

前言：“三武之福”與“三武之禍”

世界文壇巨匠、德國文學家赫塞（Hermann Hesse, 1877－1962）曾説：“佛教在印度發芽，在中國開花，而在日本結果。”這在任何一位日本人聽來，很可能是理所當然的事。然而在多數中國人聽來，恐怕會有嗤之以鼻的反應，或者駭人聽聞的感受。就如初次聽到日本的和尚“肉食妻帶”① ——也就是身可以吃肉、娶妻、生子，和尚身份可以視爲家業職業，可以以之爲聚財職業，可以代代世襲——多數中國人恐怕會有視爲玩笑，乃至瞠目結舌的反應。平行的現象，表現在1937年南京大屠殺事件，包括中國人在内的世人絶難相信東亞世界裏，儒教大國、佛教大國的日本，會做出那種連與日本結盟的納粹德國駐華外交人員都會震驚不已的、與佛教教義背道而馳的暴行一樣。②

然而東亞文化圈裏，中日兩國佛教經歷一千五百餘年的發展，形成如此巨大的文化差異，是一個不爭的歷史事實。這種歷史事實的背後，應有一種中日文明發展模式，或者説是機制(mechanism)上的差異。當然，試圖找出這樣的差異模式或差異機制，是一個可能永遠無法圓滿達成的夢想。不過就佛教文明的發展而言，在某個關鍵的時期，將中日兩國佛教史作某種程度的對比分析，應是相對地切實可行而且有學術意義的工作。在中國佛教史上有過“三武之厄(禍)”，這是佛教史上公認的一個重要事件系列，一個意義明確的學術名詞。如果從比較不同民族宗教發展的視點來看，相應於中國佛教三武之禍所發生的時間與内涵而言，日本佛教史似乎也可以舉出一個以“三武”爲銜的佛教發展史概念。

就如同和尚“娶妻食肉”一事，在中日兩國形成顛倒乾坤的對比一樣，中日兩組以“武”字爲謚號的世俗政治最高權力者，對兩國佛教發展造成完全相反的影響。在中國“三武之禍”的反面，日本歷史上出現了可以名之爲“三武之福”的對應歷史經驗。這兩組歷史現象，在字面上是天地相對，然而其實質内容却有著强烈的正反辨證過程。

日本佛教史發展過程中最關鍵的一宗：天台宗，它既不是日本佛教歷史上最早的宗派，也不是二十一世紀當代日本佛教最大的宗派，③ 然而却具有日本佛教發展的關鍵地位。④ 而日本天台宗的成立，正是“三武之福”中的最後一“武”，即桓武天皇治下（在位781－806）支持成立

① “肉食妻帶”是日文用語，如以中文表達，應説成“食肉帶妻”，因爲日本文法語序爲S＋O＋V型。

② 可參考江蘇電視台1985年製作之《南京大屠殺》紀錄片。

③ 當代日本天台宗信徒約三百五十萬人，位居日本主要佛教宗派之第五位。

④ 日本佛教學者田村晃祐、福永光司二氏在其所著《最澄と空海》一書中，稱天台宗爲“日本佛教的脊梁”。

的。日本古代史中，在首度自稱"天皇"的天武天皇（在位 673－686）和支持天台宗成立的桓武天皇之間，還經歷了聖武天皇（701－756）的治世（在位 724－749）。三武天皇在世期間，都發生了嚴重的天災或疫病，也都出現了日本古代史上幾場重大的軍事行動，整個日本史上信史中可考的四位含"武"字謚號的天皇，這三位即四居其三。

日本佛教的發展，從最初僅有小乘佛教到天台創宗宗主——"傳教大師"最澄與弟子圓仁大力推展大乘佛教，其發展型態，與舉世罕見其匹的日本皇室婚姻（皇室血親亂倫婚）及皇位繼承方式（異母間的兄終弟及爲常態），有著極密切的互動關係。而在佛教傳入日本時，其民族文明階段與亞洲大陸文明的高度落差，更相當程度地使得中日兩組"三武"統治者對佛教發展造成施福與造禍的對比結果。這是一個饒有學術研究意義，但却極其龐大的歷史研究課題，由於個人研究資源條件與大學課程教學的緣故，先從三武天皇中的"聖武"天皇在其治世中頒《建國分寺之詔》的事件談起，作爲日本佛教史上的"三武之福"系列研究之首篇。

一、上古日本之流血政爭傳統與《建國分寺之詔》的天災背景

前述德國文學家赫塞的那段名言"佛教在印度發芽，在中國開花，在日本結果"，① 從某角度看，有其"乍見確然"的可信度。比如説，江户時代（1603－1866）很長一段時間，全日本的人民，不管其教派爲何，基本上都必須找一個德川政權用來監視人民的末梢機構——也就是任何宗派的佛教寺廟，作爲"檀那寺"。在一生中的重要關節，如出生、成人式、結婚、死亡等大事，接受佛教儀式的指導、慶祝與祝福，是爲"寺請制度"。比起同時期中國儒、佛、道三教鼎立的情況，以及印度回教、印度教、錫克教盛行，而發源於印度本土的佛教却幾乎絶迹的情況，佛教在日本的確可謂"遍地結果"。檀家制度的成立，確實有助於德川時代（1603－1867）近三百年的安定統治。然而其成立的背景與基礎，却是經過一千一百多年日本式佛教的發展累積而成。② 其間的曲折起伏，各家日本佛教史研究者有不同的立場與見解。③ 儘管如此，佛教史學家們將奈良時代（710－794）八十餘年的日本佛教稱爲"國家佛教"，確實是一般的共識——即使每位學者的定義不盡相同。④"國家佛教"實質内容與完整制度確立的關鍵時間點，首推聖武天皇時《建國分寺之詔》的發布。⑤

在日本前近代的歷史文明發展，一直無法擺脱"政教合一"的現象。日本文明史上第一位集大成者"聖德太子"，除了爲現代天皇家族在政治上"萬世一系"的傳承奠立重要基礎外，世

---

① 轉引自李永熾《癲狂與純真——日本高僧傳奇・自序》（臺北：法鼓文化，2007 年）。

② 根據《日本書紀》所載，佛教在公元 552 年傳入日本，見坂本太郎等校注之《日本書紀》，收入《日本古典文學大系》第 68 册（東京：岩波書店，1967 年），頁 101。另有公元 538 年傳入之説，乃根據《上宮聖德法王帝説》及《元興寺伽藍緣起並流記資財帳》，詳見石田瑞麿《日本佛教史》（東京：岩波書店，1984 年），頁 13－14。

③ 寺請制度創立的最直接原因，表面上是江户幕府爲了禁制天主教及佛教中的不受不施派，在 1664 年制定。然而其深層的用意，應該是藉此制度在全日本布下嚴密的監視網，監控所有人民的行動。有關江户時代檀那寺制度形成的過程與内容，論著汗牛充棟，不勝枚舉，比較精簡的介紹，可參藍吉富《制度、教團與信仰風習》，收入氏著《認識日本佛教》（臺北：全佛文化事業有限公司，2007 年），頁 283－301。

④ "國家佛教"用詞的檢討，參見曽根正人《国史学における仏教研究の動向と課題》，收入氏著《古代仏教界と王朝社会》（東京：吉川弘文館，2000 年）。

⑤ 古代日本在仿唐朝律令制度的"大化革新"運動下，地方行政單位爲"國"，當時政治勢力所及的全土，分爲六十六國（以平均數而言，"大化革新"之詔後，歷代有所增減）。原先天皇或朝廷所建的佛寺，主要集中在王畿周邊及王畿外少數幾個地方。"國分寺"意味在日本全土所有地方行政單位的六十六國，都有一官方的佛寺。現今日本東京都轄内尚有一"國分寺"市，爲"國分寺制度"與律令制度的綜合遺迹。

傳其所著述的“三經義疏”，即《法華經義疏》、《維摩經義疏》、《勝鬘經義疏》，也在建立佛教經典解釋的初步基礎上，卓有貢獻，並有助於其後日本佛教的發展。三部佛典並且逐漸由皇家、貴族往日本各階層普及開來。

然而，時移世變，在歷史的長河中，一時一地的歷史偶然性，往往對傳統經典造成篩汰浮沉的作用。聖德太子死後，在政治權力的鬥爭上，日本經歷了公元 645 年天皇家消滅最大競爭豪族蘇我氏的“乙巳之變”，以及公元 672 年天皇家各房奪權、同族相殘的“壬申之亂”。此外，在自然災害方面，日本當時正面臨一段地震、瘟疫、饑饉特別頻繁的周期。不管是人爲的政治鬥爭，或與大自然災害的抗爭，參與者毫無例外地乞求宗教的助力。如“乙巳之變”前夕，天智天皇（當時爲“中大兄皇子”）寵臣中臣鎌足就爲了希望誅殺蘇我入鹿能一舉成功，發願塑製釋迦佛及四天王像，並建寺供奉。“壬申之亂”勝出的天武天皇，則在即位第四年，爲求國泰民安，“遣使四方國，說《金光明經》、《仁王經》”。① 漢傳佛教流行的護國三經中的《仁王經》與《金光明經》，自此被日本天皇採納作爲“鎮護國家”的經典。風行草偃、上行下效的結果，加上國家政令的要求，奈良南都佛教界形成了一股對《法華經》、《最勝王經》、《仁工經》、《維摩經》、《般若心經》、《金剛經》等具有護國經典性質諸經的注疏風潮。②

從聖德太子著《三經義疏》之後，外來佛教因爲在幾次重大政變事件，如前述的“乙巳之變”及“壬申之亂”，“偶然地”似乎成爲戰勝一方的護佑力量，再加上幾次天皇家罹病祈佛的結果，形成了天皇家族將佛教作爲護佑皇室、“鎮護國家”依恃的傳統。聖德太子所注疏三經之中，比較不具有工具性的《勝鬘經》與《維摩經》，逐漸淡出佛經流傳的舞臺。而工具性最强的《金光明最勝王經》，其重要性日益凸顯。

聖武天皇在位的二十五年間（724－749），更是一個充滿天災人禍、不安定的時代。公元七世紀末、八世紀初，據《日本書紀》與《續日本紀》所載，日本處在一個水旱災頻生、地震時傳、③ 饑饉與疾疫不斷的周期。當朝廷爲因應各種不斷發生的天災擬定對策時，皇室成員意見不一，朝廷大臣與各貴族集團間的看法亦不相同，於是造成各集團的傾軋對立。

此外，朝廷第一巨室藤原家族一連串奪權與固權的行動，在聖武天皇時代尤其激烈。④ 當天災人禍的惡性循環到達臨界點時，終於在聖武天皇即位第五年（天平元年，729），爆發了“長屋王事件”。事件起因是聖武天皇醞釀違背古代日本皇室傳統，要册立非皇族出身的藤原家女兒“藤原光明子”爲后（即光明皇后，701－760），皇族親王長屋王（684－729）反對，其後却遭縱横日本歷史一千餘年、幾乎可謂“准萬世一系外戚家”的藤原氏，以離間策略害死，⑤ 此乃日本古代幾個重大政變之一。十一年後，天平十二年（740），又爆發了日本古代史上第二大規模的内戰“藤原廣嗣之亂”，亂事由藤原氏一房子孫發動，其目的是爲了對抗皇家過度縱寵留唐十餘

① 坂本太郎等校注《日本書紀》，頁 427。

② 其説詳見井上光貞《東域伝灯目録より見たる奈良時代僧侶の学問》（下），《史學雜誌》第 57 編 4 號，頁 23－45。

③ 參見《日本書紀・聖武天皇紀》中所載聖武治世期間一系列地震造成重大死傷之紀録，又參見下頁注 5 中有關二十一世紀地震科學與古代史學學科間整合研究成果之報導。其中顯示，聖武天皇治世期間行幸、遷宫等足迹所遍及的範圍，正好與現代地震科學所劃出的日本奈良盆地大阪一帶的“生駒斷層”帶重疊。

④ 由第一豪族藤原氏所發動，或者扮演關鍵角色的政治動亂事件，包括皇極朝誅滅朝中第一豪强蘇我入鹿父子的“乙巳之變”、聖武朝的“長屋王事件”及“藤原廣嗣之亂”。

⑤ 由此次事變的懲處來看，顯然是藤原家以外戚的身份，利用天皇家各房爭奪皇位的内在矛盾，挑撥皇家的團結，弱化皇家的政治實力，同時進一步强化藤原家壟斷天皇後宫的機會，確保藤原氏以外戚地位，擴大其政治實力。在這一次事變中，長屋王衆多女眷及王子、王孫，凡屬藤原家血統者俱得保命免罪，而屬天皇家血統者，如吉備内親王本身，及所生一房所有王子，在事變當天即全部“自殺”死亡。多數研究者認爲長屋王是當時最有可能威脅聖武天皇地位的人，藤原家利用此一矛盾離間皇家，與聖武天皇及天皇家其他支房親王，聯手消滅聖武天皇個人與藤原家在皇室内的最大共同敵人。進一步論證可參見寺崎保広《長屋王》（東京：吉川弘文館，1999 年）。

年才回國的佛教僧人玄昉（？－746）壟斷朝政。

在這些重大政治事件的背景下，《建國分寺之詔》的頒布，諭令日本全境各行政單位的"國"建立國家佛教總部，顯然不僅是宗教事業，背後有更複雜的政治因素。《建國分寺之詔》固然白紙黑字、具體地繫年於《續日本紀·聖武天皇紀》天平十三年（741）三月乙巳條下，然而詳讀上下文脈，配合聖武天皇在位期間具體可考的其他詔敕行事，可看出《續日本紀》對《建國分寺之詔》繫年的明顯不合邏輯處。① 古代日本佛教史學者紛紛對此一文獻的文意加以細緻的解讀。由於各人解讀所據不同，或偏重於訓詁，② 或拘泥於放大某一事件之後續影響程度，③ 或兩者兼而有之，④ 以致所見無法全面周延，形成衆說紛紜、莫衷一是的情況。

在已進入二十一世紀的今日，學界以近代學術標準對《建國分寺之詔》進行研究已歷時百餘年，有關這一份約五百字極具關鍵性的歷史文獻的解讀，在學界不斷提出新見解，甚至是翻案之後又翻案、異說紛陳的情況下，依然有再檢討的空間。本文試圖在既有基礎上，檢討各家詮釋之得失，再納入最近十年其他學科領域的研究成果，⑤ 對這份日本佛教發展史上關鍵的文獻，重新加以疏解、詮釋，並進而論述其對後世的影響，乃至在日本古代政治制度與社會制度上，如何產生具體的建樹。

二、《建國分寺之詔》文本解析之一

《續日本紀·聖武天皇紀》中所載《建國分寺之詔》文本，兹全文引録於下，再逐段加以解析。

> 詔曰：朕以薄德，忝承重任，未弘政化，寤寐多慚。古之明王，皆能光業。國泰人樂，災除福至。修何政化，能臻此道。頃者年穀不豐，疫癘頻至，慙懼交集，唯勞罪己。是以廣爲蒼生，遍求景福。故前年，馳使增飾天下神宮。去歲，普令天下造釋迦牟尼佛尊像，高一丈六尺者各一鋪，並寫《大般若經》各一部。自今春已來，至於秋稼，風雨順序，五穀豐穰。此乃徵誠啓願，靈貺如答。載惶載懼，無以自寧。案經云：若有國土講宣讀誦，恭敬供養，流通此經王者，我等四王，常來擁護，一切災障，皆使消殄。憂愁疾疫，亦令除差。所願遂心，恒生歡喜者，宜令天下諸國各令敬造七重塔一區，並寫《金光明最勝王經》、《妙法蓮華經》一部。朕又別擬寫金字《金光明最勝王經》，每塔各令置一部。所冀聖法之盛，與天地而永流，擁護之恩，被幽明而恒満。其造塔之寺，兼爲國華。必擇好處，實可久長。近人則不欲薰臭所及，遠人則不欲勞衆歸集。國司等，各宜務存嚴飾，兼盡潔清。近感諸天，庶幾臨護。布告遐邇，令知朕意。又每國僧寺，施封五十户，水田一十町。尼寺水田十町。僧寺必令有廿僧，其寺名爲"金光明四天王護國之寺"。尼寺一十尼，其名

① 詳見以下文本分析之研究史。
② 例如辻善之助之《日本仏教史》（東京：岩波書店，1945年）。
③ 例如角田文衛《國分寺の研究》（京都：考古學研究會，1938年），以及伊野部重一郎之《国分寺創建の詔について》，見《〈續日本紀〉研究》4卷1號（1957年，奈良）。
④ 例如萩野由之《国分寺建立発願の詔敕について》，見《史學雜誌》第33編6號（東京：1922年），頁413－420。
⑤ 2001年發生的阪神大震災，災區位在與日本古代王都所在地奈良盆地相當重疊的大阪神户地區，對日本所帶來的衝擊十分巨大。以此爲契機，促進了日本學術界不同分野的整合研究。其中尤以地震科學與日本古代史學界的整合研究最具學術整合的研究意義。一個具體事例：促成聖武天皇時代一連串下令讀經、寫經，乃至於決心皈依佛教的重要原因是：天平六年四月（734）發生的大地震所帶來的震撼。該次地震與2001年阪神大地震同様規模，位處同一個斷層帶，且屬同一地震周期。詳見《聖武天皇、仏教帰依のきっかけは大地震か岡山大調査》，日本《朝日新聞》2006年3月3日的報導記事。

> 爲“法華滅罪之寺”。……其僧尼每月八日必應轉讀《最勝王經》。每至月半，誦戒羯磨。每月六齋日，公私不得漁獵殺生。國司等宜恒加檢校。①

詔書的第一段，略云當時天災人禍頻至：

> 朕以薄德，忝承重任，未弘政化，寤寐多慚。古之明王，皆能光業。國泰人樂，災除福至。修何政化，能臻此道。頃者年穀不豐，疫癘頻至，慙懼交集，唯勞罪己。

王者詔書因重大的天災疫病而“罪己”，在東亞世界，日、中、韓帝制傳統中早有顯例，無庸贅言。而聖武天皇此詔，在日本也非獨創。然而與其他前例不同者，在於此段詔書發布的時間點，殆爲日本古代歷史上天災地變、疫病、政爭最嚴重的一段時期，尤其是天平九年（737）一年之内。正因爲如此，在《建國分寺之詔》之前，早已發布一連串帶有“罪己”性質的詔書。比如天平九年五月壬辰（19日）：

> 詔曰：四月以來，疫旱並行，田苗燋萎，由是祈禱山川，奠祭神祇，未得效驗，至今猶苦。朕以不德，實致玆災，思布寬仁，以救民患。②

又於同年八月甲寅（13日）：

> 詔曰：朕君臨宇内，稍歷多年，而風化尚壅，黎庶未安，通旦忘寐，憂勞在玆。又自春已來，災氣遽發，天下百姓，死亡實多，百官人等，闕卒不少，良由朕之不德，致此災殃。仰天慚惶，不敢寧處。故可優復百姓，使得存濟，免天下今年租賦……其在諸國能起風雨，爲國家有驗神，未預幣帛者，悉入供幣之例。③

由這兩件詔文可知，《建國分寺之詔》發布之前，聖武天皇已不只一次“下詔罪己”。詔文中措詞的嚴重性與力道，逐漸加强加深，也可看到宗教信仰對象的轉移——從超自然力的“山川神祇”，也就是對傳統日本神道的重視，轉移至《建國分寺之詔》的佛教寺塔和佛經。兩份詔書一方面顯示了《建國分寺之詔》頒布前天災疫病傷害日甚一日的背景，加强了《建國分寺之詔》頒布的必然性；一方面顯示了古代史上日本佛教與神道一長一消的强烈對比。④

三、《建國分寺之詔》文本寫成年份之探究

其次，論及詔文寫成的時間。詔文第二段云：

① 青木和夫等校注《續日本紀》，第2册，卷14，收入《新日本古典文學大系》第12－16册（東京：岩波書店，1989－1998年），頁386－390。引文中之著重點爲筆者所加。

② 同上注，頁320。

③ 同上注，頁324－326。

④ 相對於對佛教寺院的優寵，日本傳統神社明顯蕭條冷落，《續日本紀》卷9“聖武天皇紀神龜二年七月戊戌”條云：“……今聞諸國神祇社内，多有穢臭及放雜畜，敬神之禮，豈如是乎？”這種現象，很可能是由聖武天皇往上溯，幾代天皇尊佛之傾向，其政治舉措，言動觀瞻所及，上行下效的結果。參青木和夫等校注《續日本紀》，第2册，卷9，頁160。

是以廣爲蒼生，遍求景福。故前年，馳使增飾天下神宫。去歲，普令天下造釋迦牟尼佛尊像，高一丈六尺者各一鋪，並寫《大般若經》各一部。

第三段：

自今春已來，至於秋稼，風雨順序，五穀豐穰。此乃徵誠啓願，靈貺如答。載惶載懼，無以自寧。

第四段：

案經云：若有國土講宣讀誦，恭敬供養，流通此經王者，我等四王，常來擁護。一切災障，皆使消殄。憂愁疾疫，亦令除差。所願遂心，恒生歡喜者。

第五段：

宜令天下諸國各令敬造七重塔一區，並寫《金光明最勝王經》、《妙法蓮華經》一部。朕又別擬寫金字《金光明最勝王經》，每塔各令置一部。

第三段詔文，從字面上讀起來，顯示發詔前國土與人民已飽受數年天災摧殘蹂躪，而發詔之年，一年四季已過其三，風調雨順，傳達出君主對於國泰民安的一年指日可期的欣喜與畏天的心情。意妥而理順，再自然不過了。然而，就一篇歷史文獻而言，將其出現的時空位置納入考慮，就顯得事有蹊蹺。原來此篇詔書繫年於天平十三年三月二十四日。"三月"在日本方是大地解凍、準備春耕之時，絶不可能是"自今春已來，至於秋稼，風雨順序，五穀豐穰"的景象，所以早有多位古代史學者提出質疑，詳見下述。

(一) 萩野由之的主張

萩野由之（1860－1924）認爲，"自今春已來，至於秋稼"之語，用於天平十三年二、三月間之詔書，似有不當。而且，詔書此句的上文中有"頃者年穀不豐，疫癘頻至"之語，乃指至天平九年爲止，三年來熾烈的疫病與饑饉之事。因此，此一詔書當發於天平十年（738）秋冬之交。①

(二) 辻善之助的主張

有日本佛教史研究"金字塔"② 之稱的辻善之助（1877－1955），在《日本佛教史》一書中，基本上讚同萩野的看法，認爲《建國分寺之詔》當發於天平十年，亦即比《續日本紀》所載早近三年。

① 萩野由之《国分寺建立発願の詔敕について》，《史學雜誌》第33編6號，頁417－418。
② 此爲日本古代佛教史學者曾根正人推崇辻善之助的用語，見曾根正人《古代仏教界と王朝社会》，頁1。

(三) 角田文衛與伊野部重一郎的主張

角田文衛（1913－2008）與伊野部重一郎則認爲，《續日本紀》"天平十二年六月甲戌"條有載："令天下諸國每國寫《法華經》十部，並建七重塔焉。"若説詔書本文係如萩野氏所説，發於天平十年秋冬之際，詔文其中一段在兩年後又重覆發詔，似乎不合常理。因此二氏推定"詔書主體本文應於天平十二年八月頃發布"，或者將時間範圍放大來説，在天平十年至十二年底以前發詔；並於天平十三年二月十四日，將附加的"三條條例"及"五條願文"合併，正式發詔。①

按：萩野氏"天平十年秋冬所發"的主張，只能支持"《建國分寺之詔》之發布，絶不在天平九年當年及之前的任何一年"，却不能直接有力地證明"《建國分寺之詔》初發於天平十年秋冬之交"。而辻善之助在萩野氏之基礎上，進一步從文字訓詁角度出發，認爲詔書中有"前年"及"去歲"的時間限定詞，是指天平九年"造社、造佛、寫經"的舉措。然於公元八世紀前後，即《續日本紀》撰成時代的東亞漢字文化圈裏，"前"字與"去"字用在時間限定詞上，並没有固定量詞。它們可以是狹義的今年之前的一年，也可以是廣義的意涵，即指今年之前的前一年、前五年，甚至是前十幾年的"某一年"。其使用的成例，如同書《續日本紀》卷十七的"天平十九年（748）十一月己卯"條："詔曰：朕以去天平十三年二月十四日……"，② 及卷三十七"延曆二年（783）四月甲戌"條："先是去天平十三年二月，處分……"③ 至於角田與伊野二氏對萩野氏的質疑，固然言之成理，然而將詔文本文的發布時間定在天平十年與十二年之間，一方面無其他佐證；另一方面，時間點定得如此寬泛，對解讀《建國分寺之詔》如此重大文獻，似乎稍嫌不够嚴謹。④

(四) 田村円澄的主張

相關問題最新的討論當推 1999 年東京吉川弘文館出版社所出版的《古代日本の国家と仏教》一書。⑤ 作者田村円澄認爲，所謂"自今春已來，至於秋稼，風雨順序，五穀豐穰"，不是實況叙述，而是聖武天皇的"祈願與期待"。⑥ 此一最新説法，連最基本的漢文語法解釋恐怕都無法成立，然而此説是作者八十二歲時提出的定見，至今没有修正，學界亦未見討論。對於此一日本古代政治史、佛教發展史相當重要的文獻，此一問題實有再討論之必要。

考諸《續日本紀》文脈，誠然如所有上述學者所承認，天平七年（735）到九年間嚴重的天

① 萩野由之、角田文衛與伊野部重一郎的見解，參見《續日本紀》第 2 册補注卷 14 注二"國分寺建立の詔"，頁 601－602 之整理。

② 青木和夫等校注《續日本紀》，第 3 册，卷 17，頁 49。

③ 青木和夫等校注《續日本紀》，第 5 册，卷 37，頁 268。

④ 辻善之助對天平十三年二月十四日的解釋，認爲這是《類聚三代格》中頒布國分寺施行細則的日期，而《續日本紀》在引述詔文和施行細則時，又把日期誤爲天平十三年三月二十四日。其實三月二十四日的出現，是在天平十一年正倉院文書所藏的伊豆國正税帳，其中提到依大政官天平十一年三月二十日府講説最勝王經調度，價稻壹千肆百玖拾束（内譯布施物一千四百四十四束，供養料五十五束）。而在天平十三年二月十四日才頒施行條例。但《續日本紀》將兩者混淆了，才出現錯誤。見辻善之助《日本仏教史》第一卷《上世篇》，頁 184－187。

⑤ 在此之前，大野達之助的《新稿日本佛教思想史》（東京：吉川弘文館，1973 年），和家永三郎、赤松俊秀、圭室諦成主編的《日本佛教史・中世篇》（京都：法藏館，1967 年），也都主張於天平十三年二月十四日頒布。

⑥ 田村円澄《古代日本の国家と仏教——東大寺創建の研究》（東京：吉川弘文館，1999 年），頁 125。

災疫病是頒布此詔書的主因。然而，這些問題在天平九年底似乎漸漸平息。到了天平十年，即"長屋王事件"九年後，《續日本紀》中又有兩件重大事件的記載。一爲天平十年正月，聖武天皇第二次打破天皇家自古以來的傳統，立女性子嗣爲太子，也就是立他和光明皇后所生的阿倍内親王（後之孝謙天皇，718－770）爲"皇太子"；二爲是秋七月，因爲風調雨順，聖武天皇下一詔書曰："方今孟秋，苗子盛秀，欲令風雨調和，年穀成熟。宜令天下諸寺轉讀《五穀成熟經》，並悔過七日七夜焉。"

雖然没有其他記載足以佐證，天平十年最後是否的確如《建國分寺之詔》所謂"自今春已來，至於秋稼，風雨順序，五穀豐穰"，但可以確定的是，史籍中全無與此情況相反的紀事。而《建國分寺之詔》的撰成，與"天平十年"是一個"風雨調順，五穀豐穰"大好年的邏輯推論相當一致。就國史撰寫的邏輯而言，秋七月苗禾盛秀的記事之後，同年秋稼，也就是秋末冬初的九月、十月之間的重大天皇詔書中，詔文本身已經提及"風雨順序，五穀豐穰"一事，自不必再另起條記，叙述當年的豐收事件。

再就"立女性子嗣爲太子"事件而言，阿倍内親王爲豪族藤原氏外孫女，被立爲"皇太子"。對照九年前（天平元年），英偉皇族子弟長屋王，以皇室純正血統將爲他族所混爲由，反對聖武天皇立光明子爲后，以及經過太極殿政變，好不容易建立起來的天皇家威權旁落——尤其是旁落在朝中勢力盤根錯節的藤原家，導致長屋王及其妻妾子嗣慘死的政變前例。可以想見，現在非出身皇族的光明皇后，及其娘家的藤原兄弟們，必須透過某種意義的"君權神授"策略，採取神道設教的措施，防範並減少可能來自各方的反對力量，尤其是既有天皇家族的力量。

然而天平九年此時，聖武天皇尚有男性子嗣，即阿倍内親王異母弟安積親王（728－744），當時他已九歲。没有什麽史料可資强化非得略過這一男嗣，而冒違逆傳統之不諱，另立女性爲皇太子的理由。因此，在新史料發現之前，最能合理解釋此一爭議性如此巨大的"立未婚女嗣爲太子"事件，就是藤原家意圖長久把持外戚地位的政治謀略。①

誠如學界所公認，就兩性平等的立場而言，在衆多佛教經典中，《妙法蓮華經》是最具代表性的一部，② 其中有"未婚龍女變身成佛"的佛教故事。《妙法蓮華經》（又稱《法華經》）在奈良時代的日本，已經是佔有崇高地位的三大護國經典之一，③ 以之爲神道設教的手段，用神佛的權威來鞏固藤原光明子——聖武天皇皇后——的女兒，同時也是野心勃勃的朝廷第一巨室藤原家的外孫女，成爲"皇太子"的地位，這是一個在當時條件下最好、也是必要的策略。六十六國國分寺，男性僧寺取名"金光明四天王護國之寺"，女性尼寺取名"法華滅罪之寺"。而所奉之經，以自古以來即被視爲鎮護國家、爲帝王所必敬奉的《金光明經》、《最勝王經》爲主，而附從之經，則取《妙法蓮華經》。這樣安排，恐怕是當時政治社會環境下，硬體建設與軟體置

---

① 學界中持這種主張，較具代表性的有：林陸朗《光明皇后》（東京：吉川弘文館，1986年），頁155－161；岸俊男《藤原仲麻呂》（東京：吉川弘文館，1987年），頁70－72。

② 最新的論證研究成果，參見植木雅俊《仏教のなかの男女観——原始仏教から法華経に至る性別平等の思想》（東京：岩波書店，2004年）。

③ 《法華經》在日本古代地位之崇高，可由兩事見之：第一，被神化了的日本古代文明代表者聖德太子所注的《三經義疏》，《法華經》即佔其一；另外兩經是《維摩經》和《勝鬘經》。後兩經的《義疏》早已亡佚，獨《法華經義疏》傳世。第二，據井上光貞之研究，漢傳佛教透過朝鮮半島傳入日本之前，在中國本土及朝鮮半島上，《法華經》已經與《金光明最勝王經》、《仁王護國經》共同形成了"護國三經"的傳統。佛教傳入日本之後，在奈良時代到平安時代初期，南都學匠們流行著對六部佛教經典加以注疏，這六部佛經除了亞洲大陸中朝兩地的既有護國三經外，還包括《維摩經》、《般若心經》、《金剛般若經》。包含《法華經》在内的這六部佛經，之所以受重視，主要是這一系列佛經在當時已被國家視爲護國經典。井上光貞《東域伝灯目録より見たる奈良時代僧侶の学問（下）》，《史學雜誌》第57編4號，頁23－45。

經，表裏一致的最佳選擇了。①

不論是由《續日本紀》文本上下文脈的一致性來看，或是從用以載史的文字訓詁角度來看，或者史書前後紀事的內部參證，乃至於有限史籍篇幅内所未及記載，或者諱於明記的政治運作背後情理的推敲，依情依理，日本佛教發展史上這篇關鍵的文獻——《建國分寺之詔》，應該是定稿於天平十年秋冬之交。

另外一個古書版本問題是：世傳《續日本紀》中有“谷森本”、“兼右本”兩個版本，其“並寫《金光明經》、《妙法蓮華經》一部”一句中，“一部”又作“十部”。若佐以承和六年（839）太政官符有“《最勝》、《法華》二部經各十部”，以及聖武天皇御寫金字《金光明最勝王經》一部奉置六十六國國塔，尊卑之間應有所别，綜合上述三方面合而推之，應以“十部”爲正。②

四、《建國分寺之詔》文本解析之二

第六、七兩段：

> 所冀聖法之盛，與天地而永流，擁護之恩，被幽明而恒滿。其造塔之寺，兼爲國華。必擇好處，實可久長。近人則不欲薰臭所及，遠人則不欲勞衆歸集。國司等，各宜務存嚴飾，兼盡潔清。近感諸天，庶幾臨護。布告遐邇，令知朕意。又每國僧寺，施封五十户，水田一十町；尼寺水田十町。僧寺必令有廿僧，其寺名爲“金光明四天王護國之寺”。尼寺一十尼，其名爲“法華滅罪之寺”。……其僧尼每月八日必應轉讀《最勝王經》。每至月半，誦戒羯磨。每月六齋日，公私不得漁獵殺生。國司等宜恒加檢校。

聖武天皇在這裏明示：建國分寺舍、寺塔、抄經這些硬體設施，除了祈求“佛法盛流”、“神恩浩蕩”、“滿照幽明”之外，也將寺舍、塔身作爲一國信仰與文化最醒目、最精華的象徵。祭政兩事欲得其一體完滿，國衙官員有司便直接肩負成敗的責任。《建國分寺之詔》昭告將佛教事業納入國家官僚日常行政體制，並成爲當然業務。就這個意義而言，“國家佛教”乃至於佛教——而非日本傳統的神道——作爲“國家宗教”的地位，於焉成立。

如前所述，聖武天皇在發布《建國分寺之詔》前夕，曾顛覆傳統，首度立女性子嗣爲“皇太子”。聖武朝前一次顛覆古代日本皇室傳統，即“立非皇族之女爲后”，已經引發皇族反撲，故有“長屋王事件”。可以想像此次“立女性子嗣爲皇太子”的做法，必然招致反彈。加上聖武天皇體弱多病，朝政多仰賴光明皇后以及外戚藤原集團，藤原家爲確保政局穩定，勢必預作防範。當時日本佛教的發展，經過天智（626－671，668－671在位）、天武（？－686，673－686在位）兩代天皇以來，已經紮下穩固的信仰基礎，而依附當時“聖法盛流，佛恩被滿”的佛教氣勢，尤其是内含“龍女成佛”典故的《妙法蓮華經》成爲經典，應該是以宗教力量加持政治力量，完成“神道設教”最好的時機。所以作爲國家佛教執行基層機構的國分寺，既有男性爲中心的“金光明護國之寺”，必有提升女性地位的“法華滅罪之寺”的併設。在日本天下六十六

① 整個國分寺制度設計的重要參與者僧人玄昉，留學長安十餘年，在天平七年（735）方才回國不久。他充分完整地觀察到武則天如何利用頒布《大雲經》，爲篡唐及女帝登基造勢，製造合法性的過程及其有效性。

② 《續日本紀》，第2册，卷14，頁389，脚注16。

國，每國的七層國分塔中，有男性四天王爲中心的《金光明最勝王經》的置經，就同時附隨有以女性"未婚龍女變身成佛"佛教故事爲特色的《妙法蓮華經》的併置。

這個制度的另一個意義在於：藉著同頌一經，同禮我諸佛，不論是尼是僧，是男是女，都可貢獻於"消災殄障，除憂差疫"的福國利民大事業。在政教一致的邏輯下，宗教模式如此，相輔相成的政治制度亦可循理擴大解釋，讓中央皇族和貴族對聖武天皇伉儷主導立女嗣爲"皇太子"一事無可異議。

更進一步往下紮根的行動是，行政官僚的基層主力——國司，在創建國分寺時，"務存嚴飾，兼盡潔清"。在寺塔建成後，主持日常行政業務，必須對僧尼兩性的"轉讀勝經"、"誦戒羯磨"月課，施以"恒加檢校"的監督之責。馴之既久，在基層官僚的意識裏，無論男僧女尼，在禮佛祈福、祝求國泰民安的事業中，當等量齊視，無所差别。

意識形態的改變，有助於政治上"率民治國，無分男女"觀念的建立，減少政治抵抗勢力發展的可能。這也就是聖武天皇與孝謙女皇（後來重祚一次天皇，皇號"稱德"）① 一家父女兩人、兩性、三代天皇歷史奇觀之後，女性被立爲太子、並登基爲天皇的情況後代不乏其例的原因。例如近九百年後的江户時代，又有兩代女性皇嗣被立爲太子，且毫無阻礙，平穩繼任天皇。②

無思無爲的佛教本身，在聖武天皇夫婦及未來王儲（孝謙女皇）的加持下，受到皇家宗教信仰上的禮虔，帶來風行草偃效果。而政治制度的保護，與建築硬體的外在象徵的保障，使得"非道弘人"的佛教，在一段相當長的日本歷史裏，與日本天皇家相互依存，並過渡到平安末期，爲日本歷史上下一階段"鎌倉新佛教"時代的來臨，扮演發展的薪傳角色。

五、《建國分寺之詔》的實踐

歷史上字字千金、冠冕堂皇的政令或詔令，往往與實際的施行結果有所落差。尤其前近代天災疫病的不可測，最高統治者本人、皇家全體，乃至巨室重臣、貴族性命健康的脆弱性等因素，在在都影響了政令或詔令的執行效果。《建國分寺之詔》雖然在天平十三年就已發布，普令天下六十六國建塔、置經、築寺，然而一直到詔書發布三年後，中央還必須下令各國"國師"親臨國分寺預定地現場檢校，督促早日完成。甚至在天平十九年，也就是《建國分寺之詔》發布後六年，天皇幾乎動怒地發了一份詔書：

> 朕以去天平十三年二月十四日，至心發願，欲使國家永固，聖法恒修，遍詔天下諸國國别令造金光明寺、法華寺。其金光明寺各造七重塔一區，並寫金字《金光明經》一部，安置塔裏。而諸國司等怠緩不行。或處寺不便，或猶未開基，以爲天地災異，一二顯來，蓋由兹乎！朕之股肱豈合如此？是以差從四位下石川朝臣年足、從五位下阿倍朝臣小島、布勢朝臣宅主等，分道發遣，檢定寺地，並察作狀。國司宜與使及國師簡定勝地，勤加營繕。又任郡司勇幹堪濟諸事，專令主當。限來三年以前，造塔、金堂、僧房悉皆令了。若

① 阿倍内親王爲聖武天皇之女，曾經就任天皇兩次。第一次因聖武天皇讓位，成爲四十六代"孝謙女皇"，之後讓位給另一位男性皇親"淳仁天皇"（758－764 在位）；其後因政變"重祚"，成爲第四十八代的"稱德天皇"（764－770 在位）。

② 分别是公元 1629 年皇統第一〇九代的明正天皇，以及公元 1762 年皇統第一一七代的後櫻町女天皇。

能契勅，如理修造之，子孫無絶，任郡領司。其僧寺尼寺水田者，除前入數已外，更加田地。僧寺九十町，尼寺四十町，便仰所司。墾開應施，普告國郡知朕意焉。①

從這份詔書可以看到，全天下六十六國國分寺建造進度參差不齊，“諸國司等怠緩不行”、“或處寺不便”、“或猶未開基”。聖武天皇心中之不滿，竟至說出“以爲天地災異，一二顯來，蓋由茲乎”、“朕之股肱豈合如此”如此近乎天譴威脅的重話！而這重話的背後，也顯示出《建國分寺之詔》頒布後，日本全境的天災疫病，或許沒有如天平九年那樣慘烈，但畢竟還是“天地災異，一二顯來”。國分寺建造的遲滯，至少應該與日本在公元八世紀初、中葉處於天災疫病的高峰期，造成民力疲敝與官方財政困難有所關連。②

國分寺營造遲滯的現象，一直持續到聖武天皇駕崩之年，以致繼任的“孝謙女皇”即位後，眼見國分寺營造進度嚴重落後，於是頒發限期完工的詔書如下：

頃者分遣使工，檢催諸國佛像，宜來年忌日必令造了。其佛殿兼使造備。如有佛像並殿已造畢者，亦造塔，令會忌日。夫佛法者以慈爲先，不須因此辛苦百姓。國司並使工等，若有稱朕意者，特加褒賞。③

這份詔書一面要求各國負責的國司，在翌年聖武天皇忌日前，督責完竣國分寺設施；一方面又提到“夫佛法者以慈爲先，不須因此辛苦百姓”，可見自聖武天平九年以來，一連串“一二顯來”的“天地災異”，乃至疫病、饑饉，造成民力疲敝。因此，聖武天皇的繼任者，寧願以“國司並使工等，若有稱朕意者，特加褒賞”的方式，來完備國分寺體制。

六、結論:《建國分寺之詔》對日本宗教發展的影響

《建國分寺之詔》全文雖不足五百字，然此一詔書的發布，有其字面上明顯可見的動機與意義，也有其背後政治運作、權力鬥爭與宗教感靈等政教之間的鬥爭辯證、互爲刺激因素的機制在其中。

在歷史的必然性與偶然性千載難逢的交集下，天平十年，聖武天皇、藤原家女兒光明皇后，與外戚權臣集團藤原諸子，三股力量的匯集，讓日本朝廷打破傳統，首開“立未婚女嗣爲皇太子”的先例，使得內含“未婚龍女變身成佛”故事的《法華經》，得以成爲“國家佛教”兩部最重要佛經之一。從此以後，日本全境誦念《法華經》，成爲國家行政的一項日常事務，連僻處在日本四島南方洋面、散如碎珠、公元 682 年才“來服”的多禰島上，也在國分寺詔的政令下，月月可聞護國雙經（《金光明最勝王經》與《法華經》）的梵音。④

二十一世紀當代日本佛教的最大宗派日蓮宗，中心經典正是《法華經》。而在整個日本佛教

① 《續日本紀》，第 3 冊，卷 17，頁 48 - 50。

② 《續日本紀》天平感寶元年（749）、天平神護二年（766）、神護景雲元年（767）、寶龜元年（770）都載有相當數量的各國私人因貢獻米穀及其他物資，作國分寺營造之用，而得到朝廷越級頒授位階獎勵的事情。參見《續日本紀》第 3 冊卷 17 頁 61 - 99、第 4 冊卷 27 頁 108 - 147、第 4 冊卷 28 頁 148 - 187、第 4 冊卷 30 頁 246 - 326。

③ 《續日本紀》，第 3 冊，卷 19，頁 164。

④ 《續日本紀》天平十六年七月二十三日紀事，見第 2 冊卷 15 頁 441 - 443。至於《類聚三代格》卷 3 所載齊衡二年十一月九日“應置對馬嶋講師事”，見《類聚三代格》(東京：吉川弘文館，2004 年)，頁 129。

宗派發展過程中，天台宗、真言宗、淨土宗、禪宗各宗的開山祖師，其個人智慧開展過程中，無不與《法華經》有直接關聯。由此可見將《法華經》作爲奈良、平安時代國家佛教經典之一的《建國分寺之詔》，對一千四百餘年日本佛教史發展影響的重要性。

就佛教此一外來宗教與日本固有傳統神道兩種宗教影響力高下消長與預卜日後發展潛力一點來看，詔書發布當時，日本神道尚無具體文字教經的存在。聖武天皇欲爲臣民解除疫病及天災苦難，乞靈於超自然靈力，對傳統神道而言，他所能做的只是“馳使增飾天下神宫”——即令將散布於日本各地的既有神道教建築物，加以整飾奉幣，聊備一格。面臨公元八世紀中葉以來日本嚴重天災疫病周期的高峰，聖武天皇體弱多病，又需面對其後宫之生育能力較前幾代天皇相對低下的實情。而藤原家女兒光明皇后，以及虎視眈眈的外戚權臣藤原家諸兄弟，他們乞靈求助的對象，以及“微誠啓願，靈貺如答”的來源，都是外來佛教的神力。因此，造像、寫經、建塔、立寺、供僧、養尼，與定期頌經懺罪等佛教的宗教活動，由政治範疇裏最高統治者下令，以國家行政體制執行運作，人力物力資源皆獲得制度性之優寵與保障。凡此諸利，日本民族傳統神道不與焉。而印度原始佛教，乃至傳到中國的漢傳佛教教義裏“正覺開悟”、“修道成佛”的層次與境界，在日本統治者聖武天皇夫婦與外戚重臣藤原氏集團面臨天災人禍與統治危機的危急存亡之秋的私心考慮下，相當程度地，在無意間被篩汰掉了。

對於日本古代宗教史發展而言，《建國分寺之詔》提供了歷史必然性與歷史偶然性影響政治及宗教勢力發展的生動範例。古代日本神道與佛教，或者進一步説，日本民族傳統本土宗教與外來“西蕃之教”① (即佛教) 兩者之間勢力消長關係如何？在宗教與宗教的層次、宗教與政治的辯證的互動層次，乃至宗教流布過程中，如何受到歷史偶然性强烈的天災影響，而淘汰掉該宗教原有的某些面向？以上諸多問題，似可自《建國分寺之詔》進一步深入分析，建構出其間的運作機制。這些饒有意義的課題，已超出本文的篇幅，有待來日另起篇章。

① “西蕃之教”見《日本書紀》卷十九欽明天皇十三年 (552) 十月所載。此爲佛教初傳入日本時，大和朝廷保守與開放對立的兩大豪族中，支持引入佛教的悍臣蘇我稻目對佛教的稱呼用語。參坂本太郎等校注之《日本書紀》頁103。

摩醯首羅與唐宋祆神*

張小貴

古代中國流行的祆教乃源於波斯的瑣羅亞斯德教（Zoroastrianism），查薩珊波斯時期的瑣羅亞斯德教，並未流行偶像崇拜，乃以火爲唯一禮拜對象，將火視爲與神溝通的手段。①該教傳入中國後，曾一度崇拜祆神畫像，見諸敦煌文書 S. 367 的記載：

> 伊吾縣……火祆廟中有素書，形象無數。有祆主翟槃陁者，高昌未破以前，槃陁因入朝至京，即下祆神，因以利刀刺腹，左右通過，出腹外，截棄其餘，以髮繫其本，手執刀兩頭，高下絞轉，説國家所舉百事，皆順天心，神靈助，無不徵驗。神没之後，僵仆而倒，氣息奄，七日即平復如舊。有司奏聞，制授游擊將軍。②

就文書中提及的“素書”之性質，日本學者神田喜一郎根據唐代金石文字中常見的“素畫”，懷疑此處素書或爲素畫之誤，認爲此座祆廟供奉的乃該教神祇的彩繪塑像。③筆者在參考前人研究的基礎上，認爲無論素書是否素畫之誤，都指祆神畫像，也就是説，祆教傳入中土時，其所事祆神曾採取畫像的模式，這與波斯本土瑣羅亞斯德教迥異，後者並無聖像崇拜。④然而考慮到粟特本土祆神崇拜呈畫像和偶像等多種模式，以及古代中國盛行偶像崇拜的傳統氛圍，該教入華後也應流行偶像崇拜。只是由於文獻記載闕略，考證殊爲不易。漢文史籍曾記載時人將佛經中的摩醯首羅偶像當作祆神祭拜。摩醯首羅是否即爲祆神，兩者之間究竟是何關係，本文試作探討，庶幾有助於對中古祆教華化形態的認識。

---

* 本文爲暨南大學人文社會科學發展基金項目“中古祆教的華化形態”之階段性成果，項目批准號 006JSYJO17。文章初稿曾提交“東西方研究國際學術研討會”（香港大學中文學院，2007 年 10 月 5－7 日）討論，與會專家多有指正，謹致謝忱。文成後，承日本東京大學專治瑣羅亞斯德教的青木健博士指點，糾正了若干技術上的錯誤；《東西方研究》的兩位匿名專家評審，亦提出許多寶貴的修改意見，於此一併致謝。

① Mary Boyce, “Iconoclasm among the Zoroastrians”, J. Neusner ed., *Christianity, Judaism and Other Greco-Roman Cults: Studies Presented to Morton Smith at Sixty*, (Leiden: Brill 1975), Vol. IV, pp. 104－105.

② 中國社會科學院歷史研究所、中國敦煌吐魯番學會敦煌古文獻編輯委員會、英國國家圖書館、倫敦大學亞非學院編《英藏敦煌文獻》第一卷（成都：四川人民出版社，1990 年），頁 158；録文參考唐耕耦、陸宏基編《敦煌社會經濟文獻真迹釋録》第一輯（北京：書目文獻出版社，1986 年），頁 40－41。

③ 神田喜一郎《素畫に就いて》，《東洋史研究》第 5 卷第 3 號，昭和十五年；後收入其《東洋學説林》（東京：弘文堂刊，1948 年）。今據《神田喜一郎全集》第 1 卷（京都：同朋社，1986 年），頁 85－88。

④ 參閱拙文《唐伊吾祆廟“素書”非塑像辨》，刊《中華文史論叢》2008 年第 2 辑，頁 321－338。

一、摩醯首羅與祆神 Weshparkar 混同原因試析

據文獻記載，將祆神與摩醯首羅混同，似首見於唐韋述《兩京新記》卷三：

> (布政坊) 西南隅胡祆祠 (注：武德四年所立，西域胡天神，佛經所謂摩醯首羅也。)①

杜佑於唐德宗十七年 (801) 完成的《通典》，其卷四十《職官二十二》記云：

> 視流内，視正五品：薩寶；視從七品：薩寶府祆正。祆，呼煙反。祆者，西域國天神，佛經所謂摩醯首羅也。武德四年，置祆祠及官，常有群胡奉事，取火呪詛。
>
> 視流外，勳品，薩寶府祓 (祆) 祝；四品：薩寶府率；五品：薩寶府史。②

其中有關武德四年置祆祠及將祆神比作摩醯首羅之説，當取自《兩京新記》，或與其同所本。③將祆神比作摩醯首羅，乃附會之説，正如陳垣先生云：

> 以火祆爲摩醯首羅，本於《兩京新記》注 (卷三) 及《通典》注 (卷四十)：摩醯首羅，大自在天也。《翻譯名義集》卷四曰：摩醯首羅，諸經論多稱大自在。《大唐西域記》所述凡百三十八國，有天祠者七十八，多供大自在天；然與波斯火祆教無涉，不得强爲附會也。④

《兩京新記》和《通典》注的記載將祆神附會爲摩醯首羅，這種誤會之所以産生，其原因似乎有以下幾點，一是如陳垣先生所論：

> 唐時著述之用祆字，既如上述，然其例只限於外典，内典中尚罕見。玄奘《大唐西域記》卷十一，於波剌斯 (波斯) 之祆教，但稱爲天祠甚多，而不稱爲祆祠，與其他供大自

---

① [日] 平岡武夫編《唐代的長安與洛陽 (資料)》(上海：上海古籍出版社，1989年)，頁185。[唐] 韋述撰，辛德勇輯校《兩京新記輯校》，(《兩京新記輯校・大業雜記輯校》，魏全瑞主編《長安史迹叢刊》(西安：三秦出版社，2006年)，頁34。《兩京新記》是記述唐兩京最早的著作。作者韋述是玄宗時著名史官，《兩京新記》五卷早已亡佚，只見於《新唐書》卷五八《藝文志》、《宋史》卷二〇四《藝文志》和《玉海》引《中興館閣書目》，以後公私書目均不見著録。現存殘卷是日本鎌倉時代抄寫的尊經閣卷子本，存日本金澤文庫，寬政、文化間由日本天瀑山人林衡刻入所輯《佚存叢書》中。見黄永年《唐史史料學》(上海：上海書店出版社，2002年)，頁95-98。《兩京新記》除舊本存卷三殘卷外，清季曹元忠有補輯本，收入《南菁劄記》，日本平岡武夫編《唐代的長安與洛陽》，續輯得四十三則。今又知北宋晏殊所編《類要》中收録近三十則，有十多則爲以上殘卷和輯本未見之佚文。見陳尚君《晏殊〈類要〉研究》，提交"北京大學國際漢學研討會"論文，收入北京大學中國傳統文化研究中心編《文化的饋贈——漢學研究國際會議論文集》(語言文學卷) (北京：北京大學出版社，2000年)，頁323-336；又收入《陳尚君自選集》(桂林：廣西師範大學出版社，2000年)，頁309。另參閲辛德勇《兩京新記輯校・前言》，[唐] 韋述撰，辛德勇輯校《兩京新記輯校》，頁1-6。

② [唐] 杜佑撰，王文錦等點校《通典》(北京：中華書局，1988年)，頁1102-1103，1105-1106。

③ 伯希和即認爲杜佑此説取於《兩京新記》，見 P. Pelliot, "Le Sa-pao", *Bulletin de l'École Française d'Extrême-Orient* (Hanoi-Paris), III, 1903, p. 669, note 5。

④ 陳垣之《火祆教入中國考》，完成於1922年4月，發表於《國學季刊》第1卷第1號 (1923年1月)，發表後，作者於1923年1月、1934年10月進行過兩次校訂。本文採用1934年10月校訂本，據《陳垣學術論文集》第1集 (北京：中華書局，1980年)，頁305。

在天之天祠，直無區别。①

正因爲時人多稱祆祠爲天祠，“與其他供大自在天之天祠，直無區别”，才會導致將祆神與大自在天等同。按：“大自在天”，照學界的一般解釋：“梵名Maheśvara,巴利名 Mahissara。音譯作摩醯首羅、莫醯伊濕伐羅。又作自在天、自在天王、天主。……此天原爲婆羅門教之主神濕婆，信奉此天者被稱爲大自在天外道……大自在天外道原爲印度古代十六種外道之一。以大自在天爲世界之創造神，奉祀大自在天，期得解脱之外道。又稱自在天外道、摩醯首羅論師。其教徒塗灰於身，故又稱塗灰外道。提倡三神一體之説，以摩醯首羅爲本體，並謂梵天及那羅延爲其所化現。依外道小乘涅槃論載，摩醯首羅論師主張摩醯首羅常住不變，三界中一切有命與無命之物皆由摩醯首羅天而生。”② 大自在天在印度教中爲濕婆之别名，原與那羅延天同列梵天之下位，其後升格爲最高神。佛經中斥此外道之説時，也提及摩醯首羅在大自在天外道中至高無上的地位。如《提婆涅槃論》曰：“外道摩醯首羅論師作如是説，果是那羅延所作，梵天是因，摩醯首羅一體三分。所謂梵天，那羅延摩醯首羅。地是依處，地主是摩醯首羅天。於三界中所有一切命非命物，皆是摩醯首羅天生。摩醯首羅身者，虚空是頭，地是身，水是尿，山是糞，一切衆生是腹中蟲，風是命，火是暖，罪福是業，是八種是摩醯首羅身。”③《涅槃經》卷十九曰：“今有大師，名迦羅鳩馱迦旃延。……爲諸弟子説如是法，若人殺害一切衆生，心無慚愧，終不墮惡。猶如虚空，不受塵水。有慚愧者，即入地獄。猶如大水，潤濕於地。一切衆生，悉是自在天之所作。自在天喜，衆生安樂。自在天嗔，衆生苦惱。一切衆生若罪若福，乃是自在天之所爲。云何當言人有罪福。”④《大唐西域記》曾記載玄奘西行時代此外道在印度諸邦流行的盛況。⑤ 摩醯首羅在大自在天外道的最高神位，與時人“祆神即西域天神”的觀念類似，這可能是將兩者混同的一個原因。⑥

此外，從中亞考古發現可看到，摩醯首羅的形象與祆神形象類似。1946 年起，蘇聯考古學家相繼在片治肯特（Panjikent）古遺址發現了大量壁畫。片治肯特位於塔吉克境内，在撒馬爾干以東，722 年毁於戰火，殘留至 760 年，因此片治肯特壁畫年代下限爲八世紀。片治肯特的資料是五世紀至八世紀早期粟特史的原始資料。片治肯特 XXII 號點 1 號居址壁畫中，發現八世紀的三頭六臂神像，披甲冑，一手執山型叉。V. A. 里夫什茨解讀了該三頭神像下部的題銘爲 wsprkr，遂將其擬定爲 Weshparkar 神。⑦ 片治肯特 III 號點 6 號室西牆壁畫中，發現一臺座上有三個可以搬動的聖火祭壇，聖火祭壇上畫有諸神，其中僅一個祭壇支柱上的神像保存得較爲清晰，顯出是爲三人一體三頭神。此神當爲里夫什茨所比定的 Weshparkar 神。同樣的圖像也見於粟特人的東曹地區（Usrushana，今天據穆格山出土的粟特語文書得知，正確的拼寫法當作

① 陳垣《火祆教入中國考》，頁 313。

② 參閲星雲大師監修，慈怡主編《佛光大辭典》第 1 册（北京書目文獻出版社據臺灣佛光山出版社 1989 年 6 月第 5 版影印），頁 783－784。

③［後魏］菩提流支譯《提婆菩薩釋楞伽經中外道小乘涅槃論》，見《日本大正新修大藏經》（以下簡稱《大正藏》）第 32 卷（臺北：佛陀教育基金會，1990 年），頁 157c－158a。

④［北涼］曇無讖譯《大般涅槃經》，《大正藏》第 12 卷，頁 476b。

⑤［唐］玄奘、辯機原著，季羡林等校注《大唐西域記校注》（北京：中華書局，2000 年），頁 260、262、557－561。

⑥ 美國漢學家丁愛博先生曾指出，將摩醯首羅比作祆神，從某種程度上反映佛教徒對瑣羅亞斯德教的瞭解，見 Albert E. Dien, “A Note on Hsien 祆 ‘Zoroastrianism’”, *Oriens*, Vol. 10, No. 1 (Leiden: E. J. Brill, 1957), p. 286。

⑦ G. Azarpay, *Sogdian Painting*, with contributions by A. M. Belennitskii, B. I. Marshak and Mark J. Dresder (Berkeley-Los Angeles-London: California University Press, 1981), pp. 30－31.

Ustrushana，唐代稱之爲東曹）Kala-I Kahkaha I 宫邸中一小廳内的壁畫。[①] 有關 Weshparkar 的語源，H. Humbach 教授認爲其前一部分 wesh-，源於貴霜錢幣上風神的希臘文銘文 Oesho（>古伊朗語 Vāyu），全名則源於阿維斯陀語 Vaiiush uparō kairyō> Weshparkar >風神。[②] 在古伊朗的神話中，Vāyu 不僅是風，也是一切生命賴以存活的氣息。而 Weshparkar 在粟特壁畫中之所以具有三個面孔，是因爲三個面孔分别代表誕生、存續和消亡。[③] 現有的研究成果將 Weshparkar 神與瑣羅亞斯德教上神阿胡拉・馬兹達（Ahura Mazda）、Zrvān 神視爲粟特三大男神。[④] 至於摩醯首羅的形象，《智度論》卷二曰："摩醯首羅天，秦言大自在。八臂三眼，騎白牛"；[⑤]《俱舍論記》卷七曰："大自在天總有千名，今現行世唯有六十，魯達羅即一名也。又解塗灰外道説，自在出過三界有三身：一、法身，遍充法界。二、受用身，居住色界上自在天宫，即佛法中所説摩醯首羅天，三目八臂，身長萬六千踰繕那。三、化身，隨形六道種種教化"；[⑥] 上引《提婆涅槃論》曰："外道摩醯首羅論師作如是説，果是那羅延所作，梵天是因，摩醯首羅一體三分。"據此，則摩醯首羅或作三目八臂，或作三分身，與粟特壁畫所見 Weshparkar 神三頭正好類似。因此，這或許是時人將二者混淆的又一原因。

然而，據考古發現，摩醯首羅的形象雖與 Weshparkar 三頭類似，但二者畢竟還存在著明顯差别。二十世紀初，斯坦因於和闐西北的丹丹烏里克（Dandan-Oilik）獲得一幅大約屬於六世紀的木板畫，其間有手執日月的神像。此外，七號遺址住房中出土的另一幅雙面木板畫，年代接近，繪有三頭四臂，上臂分執日輪月輪的神像。這一神像座前有兩匹白色卧牛，論者認爲其很可能就是摩醯首羅的形象。[⑦] 摩醯首羅上臂分執日輪月輪與上文 Weshparkar 執山型叉的形象明顯不同。十號遺址的寺廟出土的一幅雙面木板畫，一面畫有三位神祇，左側爲執金剛杵的因陀羅（Indra），右側可能爲三首三眼的梵摩羅（Brahmâ），中間之神手執日月。[⑧] 1998 年 10 月，瑞士學者鮑默（Christoph Baumer）在其編號爲 D 13 的殿堂建築内側牆壁上發現兩幅壁畫，都是三人組合的神像。其中北牆西側的三人組合爲：左面的神像三頭，雙腿下卧著一頭黑牛。可以毫無疑問地把他比定爲濕婆和他的坐騎牛（Nandi），這個印度教神祇被納入佛教金剛乘的萬神殿中，在于闐語文書中叫作 Mahesvara（摩醯首羅、大自在天），是宇宙的八大守護神之一。其被描畫成三頭：中間的頭上有第三隻眼，象徵著他的至高無上和高深莫測。[⑨] 正如張廣達教授所指出，從丹丹烏里克出土的木板畫上的手執日月神像的其他特徵以及處理與其他神祇的布列方式看，這一類神像顯然不同於粟特地區壁畫中的類似神像，應歸屬於佛教圖像學系統。[⑩]

當然，我們認爲摩醯首羅不是祆神，却並不排除佛教或印度教與祆教有相互影響的可能性。

---

① B. I. Marshak, N. N. Negmatov, "Sogdian", B. A. Litvinsky, Zhang Guang-da & R. S. Samghabadi eds., *History of Civilizations of Central Asia*, Vol. III (Paris: UNESCO Publishing, 1996), pp. 272 - 273. 參閲 B. A. 李特文斯基主編，馬小鶴翻譯《中亞文明史》第 3 卷（北京：中國對外翻譯出版公司，2003 年），頁 224 - 233。

② H. Humbach, Vayu, "Siva und der Spiritus Vivens im Ostiranischen Synkretismus", *Acta Iranica*, 4, 2me serie, Vol. I, *Monumentum H. S. Nyberg*, 1, Leiden, 1975, pp. 397 - 408.

③ Mary Boyce, "Great Vayu and Greater Varuna", *Bulletin of the Asia Institute*, 7: 36 (1993).

④ G. Azarpay, *Sogdian Painting*, p. 29.

⑤ ［後秦］鳩摩羅什譯：《大智度初序品中緣起義釋論》，《大正藏》第 25 卷，頁 73a。

⑥ ［唐］普光述《俱舍論記》，《大正藏》第 41 卷，頁 140a。

⑦ D. VII. 6., M. A. Stein, *Ancient Khotan* (Oxford, 1907), p. 260, pp. 277 - 279, Plate LX, LXI.

⑧ D. X. 3., M. A. Stein, *Ancient Khotan*, p. 260, pp. 299 - 300, Plate LXIV.

⑨ Ch. Baumer, "Dandan Oilik Revisited: New Findings a Century Later", *Oriental Art*, XLV. 2, 1999, pp. 12 - 13. 轉引自榮新江《佛像還是祆神？——從于闐看絲路宗教的混同形態》，鄭培凱主編《九州學林》1 卷 2 期（香港城市大學中國文化研究中心、上海復旦大學出版社，2003 年），頁 104 - 105。又，榮新江先生認爲 D 13 可能即爲斯坦因編號的 D. X 遺址。

⑩ 張廣達：《唐代祆教圖像再考》，《唐研究》第 3 卷（北京：北京大學出版社，1997 年），頁 10。

Weshparkar 一名，亦見於敦煌發現的兩篇粟特文佛教文獻，即《吠多檀多本生經》和巴黎藏敦煌粟特語文書八號（TSP8）。從這兩份晚期佛教文獻所載祆教神譜與印度教的對應情況看，粟特佛教徒係以梵王（Brahma）對祖爾萬，以天王釋（Sakra/Indra）對阿胡拉·馬玆達，以大天（Mahādeva）或濕婆對風神（Weshparkar）。[①] 這正好表明粟特宗教壁畫與印度教神像及漢地早期佛教圖形之間，應互有影響，對此，學界多位學者早已指出。[②] 但必須指出的是，兩者互相影響是一回事，却並不表明兩者可以等同。

二、摩醯首羅並非祆神

宋敏求《長安志》卷十述及布政坊西南隅胡祆祠時並無“佛經所謂摩醯首羅也”一句，似乎也暗示了宋敏求對前人以“祆神即佛經所謂摩醯首羅也”之説不以爲然：

> （布政坊）西南隅胡祆祠（注：武德四年立，西域胡祆神也。祠内有薩寶府官，主祠拔神，亦以胡祝充其職。沅按：胡祆神始末，見《北魏書》，靈太后時立此寺。）[③]

《長安志》多取《兩京新記》，而有關布政坊西南隅胡祆祠條亦不例外，唯宋敏求删掉“佛經所謂摩醯首羅也”一句，增加有薩寶府官及胡祝主其事的記録，更接近歷史的真實。

也就是説，雖然唐代文獻已出現將祆神與摩醯首羅混同的情況，但正如韋述、杜佑用“所謂”二字表明，這一比定僅爲想當然之説，並無真憑實據。所以唐代文獻並不見有將摩醯首羅當作祆神祭祀的記載。相反，人們對這一外來宗教的波斯起源倒比較清楚。如《舊唐書·波斯傳》：“波斯國……俗事天地日月水火諸神，西域諸胡事火祆者，皆詣波斯受法焉。其事神，以麝香和蘇塗鬚點額，及於耳鼻，用以爲敬，拜必交股。”[④]《新唐書·波斯傳》：“波斯……俗尊右下左，祠天地日月水火。祠夕，以麝揉蘇，澤耏顔鼻耳。西域諸胡受其法，以祠祆。拜必交股。”[⑤] 儘管唐時西域地區逐步伊斯蘭化，但我們考察了瑣羅亞斯德教史及當時中亞、西亞的歷史形勢，認爲兩《唐書》的記載基本屬實，也表明時人已認識到中亞祆教與波斯瑣羅亞斯德教的淵源。兩《唐書》的作者都言明火祆教是來自伊朗系統的宗教，自然不會和源自印度的摩醯首羅相比附。

宋代志磐撰《佛祖統記》卷三九，正（貞）觀五年條下曰：“初波斯國蘇魯支立末尼火祆教，敕於京師建大秦寺。注：祆，火煙反，胡神，即外道梵志也。波斯國在西海，此云大秦。”[⑥]

---

① E. Benveniste ed., *Vessantara Jataka, Texte sogdien édité, traduit et commenté* (Paris, 1946), p. 72; *Textes sogdiens, edite, traduits et commentes* (Paris, Paul Geuthner, 1940), p. 107. 轉引自張廣達《吐魯番出土漢語文書中所見伊朗語地區宗教的蹤迹》，《敦煌吐魯番研究》第 4 卷（北京：北京大學出版社，1999 年），頁 10－11。

② 如《吐魯番出土漢語文書中所見伊朗語地區宗教的蹤迹》，《敦煌吐魯番研究》第 4 卷，頁 11；以及《佛像還是祆神？——從於闐看絲路宗教的混同形態》，《九州學林》1 卷 2 期，頁 93－115。

③ 《唐代的長安與洛陽（資料）》，頁 116。按《長安志》宋元刻本已失傳，今所傳都是明以來與元李好文所撰《長安志圖》的合刻本。其中通行的是清乾隆四十九年畢沅靈巖山館校刊本，收入所刻《經訓堂叢書》中。此本所附校語，即“沅案”部分，是其幕客孫星衍所加。楊氏海源閣的藏書志《楹書隅録》卷二著録此卷，有黄丕烈跋，曾考訂靈巖山館校刊本出香嚴書屋藏汪文升鈔本，而汪抄出明成化四年郃陽書堂刻本。《四庫全書》本則據明嘉靖十一年李經刻本。此處所引即清乾隆四十九年畢沅靈巖山館校刊本。見黄永年《唐史史料學》頁 99－101。

④ 《舊唐書》卷一九八（北京：中華書局，1975 年），頁 5311。

⑤ 《新唐書》卷二二一下（北京：中華書局，1975 年），頁 6258。

⑥ ［宋］志磐：《佛祖統記》卷三九，見蘇淵雷、高振農選輯《佛藏要籍選刊》（十二）（上海：上海古籍出版社，1994 年），頁 236。

此處僅言祆神爲胡神，是外道梵志，至於此外道究竟爲何，則並未明指。內典佛書中既有提及祆教這一異教者，也有專門記述摩醯首羅這一外道，但從未將二者比附，也反證了“祆神即佛經所謂摩醯首羅”乃世人誤會所致。

此外，據敦煌出土的《沙州圖經》(P. 2005)，敦煌地區的祆神形象有多種：

> 祆神
>
> 右在州東一里，立舍，畫神主，總有二十龕。其院周迴一百步。①

可見在時人觀念中，祆神形象有二十種之多，這倒符合瑣羅亞斯德教萬神殿的情況。該教獨尊阿胡拉·馬兹達爲上神，另有六大神作爲輔神阿馬拉斯潘德，包括：瓦曼（Vahman），象徵“善良的意圖”，即獲得幸福生活的美好願望；阿德瓦希什特（Ardvahišt），“最公正者”；沙赫里瓦爾（Shahrevar），“稱心如意的統治”，僅僅體現權力；斯奔達馬特（Spendārmad），“仁慈的忠誠者”；赫爾達特（Hordād），“健康”；阿木爾達特（Amurdād），“長壽”或者“永生不死”。瑣羅亞斯德教將其解釋爲阿胡拉·馬兹達創造的第一批神，合稱七聖神。② 蔡鴻生先生曾指出，瑣羅亞斯德教七聖神的觀念在粟特祆神崇拜中仍有流行，並影響到宋代民間遊藝七聖祆隊的禮俗。③ 考古發現也印證了這一説法。法國中亞考古專家葛樂耐（F. Grenet）教授研究了粟特本土，特别是撒馬爾干以西 70 公里 Biya-Nayman 遺址發現的祆教徒專用盛骨甕，在其修飾圖像上認讀了一組六位穩定的人物形像，並將其比定爲瑣羅亞斯德教主神阿胡拉·馬兹達的六位屬神。④ 此外，該教於一年十二月，每月三十天還各有專司其職的神祇。⑤ 當然，該教也還崇拜其他各種大小神祇。⑥ 此外，中古粟特地區是東西文明的交匯地，其祆神信仰除繼承波斯本土瑣羅亞斯德教的成分外，難免還雜糅了古代希臘、印度及中亞地區的多種宗教成分。⑦ 因此若單以摩醯首羅一種形象來對應祆神，顯然並不符合歷史的真實情況。

三、宋代祆神之偶像化

儘管我們認爲唐代文獻將摩醯首羅比附爲祆神，並不足信，然而到了宋代，祆教祠廟中直將祆神像作摩醯首羅像供奉，事見宋代董逌《廣川畫跋》卷四《書常彦輔祆神像》的記載：

> 元祐八年（1093）七月，常君彦輔就開寶寺之文殊院，遇寒熱疾，大懼不良。及夜，

① 池田温《沙州圖經略考》，《東洋史論叢：榎博士還曆記念》（東京：山川出版社，1975 年），頁 70－71；唐耕耦、陸宏基編《敦煌社會經濟文獻真迹釋録》一，頁 12－13。

② Mary Boyce, *A History of Zoroastrianism*, Vol I (Leiden/Köln: E. J. Brill, 1975), p. 203.

③ 蔡鴻生《唐代九姓胡崇“七”禮俗及其源流考辨》，《文史》2002 年第 3 輯（北京：中華書局），頁 105－111。

④ F. Grenet, “Zoroastrian themes on early medieval sogdian ossuaries”, Pheroza J. Godrej and F. P. Mistree eds., *A Zoroastrian Tapestry, Art, Religion and Culture* (Ahmedabad: Mapin Publishing, 2002), pp. 91－97. 此據毛民中譯本《北朝粟特本土納骨瓮上的祆教主題》，刊張慶捷、李書吉、李鋼主編《四—六世紀的北中國與歐亞大陸》（北京：科學出版社，2006 年），頁 190－198。

⑤ L. H. Mills trans. *The Zend-Avesta*, Part III, *The Yasna*, *Visparad*, *Āfrīnagān*, *Gāhs and Miscellaneous Fragments*, in F. Max Müller ed., *Sacred Books of the East*, Vol. XXXI (Oxford University Press, 1887; repr. Motilal Banarsidass, 1965, 1969, 1974, 1981), pp. 255－258.

⑥ *A History of Zoroastrianism*, Vol I, pp. 192－228.

⑦ 參閲拙文《中古粟特祆神崇拜及其源流考辨》，待刊《歐亞學刊》第 8 輯。

禱於祆神祠。明日，良愈。乃祀於庭，又圖像歸事之。屬某書，且使教知神之休也。祆祠，世所以奉梵相也。其相希異，即經所謂摩醯首羅。有大神威，普救一切苦，能攝伏四方，以衛佛法。當隋之初，其法始至中夏，立祠頒政坊。常有番人奉事，聚火祝詛，奇幻變怪。至有出腹決腸，吞火蹈刃，故下俚傭人，就以詛誓，取爲信重。唐祠令有薩寶府官主司，又有梵祝以讚於禮事，其制甚重，在當時爲顯祠。今君以禱獲應，既應則祠，既祠則又使文傳，其禮至矣。與得悉唐國順大蜀賓同號祆神者，則有别也。①

董逌關於祆祠"番人奉事，聚火祝詛"、"唐祠令有薩寶府官主司"的敘述大抵符合史實，但這畢竟是對於祆教來源的追溯，而並非當時的真實情況。從這段記載的行文看，祆神祠應是附屬於文殊院裏面。而佛教寺院所供奉的神像，普遍是塑像，因此，該祆神祠所供奉的祆神當亦爲偶像。不過，其之附屬於文殊院，則是由於人們把其所奉之神目爲摩醯首羅之故。該神既"有大神威，普救一切苦，能攝伏四方，以衛佛法"，自是佛教諸神之一。"祆祠，世所以奉梵相也。其相希異，即經所謂摩醯首羅"一句，表明宋時將二者比附的錯誤觀念依然存在。由於常君所圖之像已不存，該像究竟與摩醯首羅有無區别，無從考證；但無論如何，這段記載無疑暗示了宋代的祆神崇拜，已被偶像化了。

宋僧文瑩的《玉壺清話》(又名《玉壺野史》) 曾提及：

范魯公質舉進士，和凝相主文，愛其私試，因以登第。凝舊在第十三人，謂公曰："君之辭業合在甲選，暫屈爲第十三人，傳老夫衣鉢可乎?"魯公榮謝之。後至作相，亦復相繼。時門生獻詩，有"從此廟堂添故事，登庸衣鉢亦相傳"之句。初，周祖自鄴起師向闕，京國罹亂，魯公遁迹民間。一旦，坐對正（應爲封丘）巷茶肆中，忽一形貌怪陋者前揖云："相公相公，無慮無慮。"時暑中，公執一葉素扇，偶寫"大暑去酷吏，清風來故人"一聯在上，陋狀者奪其扇曰："今之典刑，輕重無準，吏得以侮，何啻大暑耶？公當深究獄弊。"持扇急去。一日，於祆廟後門，一短鬼手中執其扇，乃茶邸中見者。未幾，周祖果以物色聘之，得公於民間，遂用焉。憶昔陋鬼之語，首議刑典，疏曰："先王所恤，莫重於刑。今繁苛失中，輕重無準，民罹横刑，吏得侮法，願陛下留神刑典，深軫無告。"世宗命公與臺官劇可久、知雜張湜聚都省詳修刊定，惟務裁减，太官供膳。殆五年書成，目曰《刑統》。②

同一記事亦見於宋邵伯温《邵氏聞見録》(又稱《邵氏聞見前録》) 卷七，③ 儘管兩段文字略有出入，但有關開封封丘巷有祆廟的記載却是一致的。④ 除此之外，該段文字記録了范魯公質於封丘

① [宋] 董逌撰，陳引馳整理，徐中玉審閲《廣川畫跋》第4卷，《傳世藏書·集庫·文藝論評》3 (海南：國際新聞出版中心，1996年)，頁 2900 - 2901。録文可參考《景印文淵閣四庫全書》子部一一九，藝術類 (臺灣：商務印書館)，813冊，頁 476 - 477。

② [宋] 文瑩撰，鄭世剛、楊立揚點校《玉壺清話》第6卷《唐宋史料筆記叢刊》(北京：中華書局，1984年)，頁 57。

③ [宋] 邵伯温撰，李劍雄、劉德權點校《邵氏聞見録》(北京：中華書局，1983年)，頁 62。

④ 神田喜一郎氏在其《祆教雜考》(原刊《史學雜誌》第39編第4號，昭和三年四月，頁 381 - 394；昭和四年十月補訂，收入其所著《東洋學説林》，今據《神田喜一郎全集》第1卷，頁 73 - 75) 一文中，以邵伯温之記載與《東京夢華録》互證，確認該廟之存在。1933年，神田氏復在《祆教瑣記》一文中，指出宋僧文瑩《玉壺清話》亦有關於范質的記載，並指出其所記早於《邵氏聞見録》。見《祆教瑣記》，《史林》第十八卷第1號，昭和八年一月發行，頁 15 - 26；昭和九年十月補訂，收入其所著《東洋學説林》，此據《神田喜一郎全集》第1卷，頁 89 - 101。此外，劉銘恕先生亦指出宋歐陽玄《睽車志》也有范質祆廟遇鬼的記載，不過内容略簡，劉説見其文《元人雜劇中所見之火祆教》，《金陵學報》1941年第11卷1期，頁 46 - 47；又見《邊疆研究論叢》，1942 - 1944年，頁 12 - 13。可見這一傳説在當時的流行。

巷祆廟後門見有一"土偶短鬼"，或以爲此土偶可作为祆廟有塑像的證據。[①] 按：中國主流宗教所崇拜諸神，不乏有異貌者，但畢竟鮮被稱"怪陋"。故祆廟所奉"土偶短鬼"，或爲華化祆神也未可知。若果真如此，則亦可佐證宋代祆廟之偶像化。這與祆教初傳中土時行畫像崇拜的情況顯爲不同，更與波斯正統瑣羅亞斯德教崇拜聖火大異其趣。當然，這些偶像雖被人們目爲祆神，但並非正統瑣羅亞斯德教萬神殿的神祇，表明人們對祆教作爲外來宗教的真實情況日益模糊。而民衆可按照自己的想像來祭祀祆神，其中的變化反映了祆教日益本土化。

四、結　　語

唐代祆祠乃爲胡人祭祀場所，内中僅僅供奉本教諸神畫像；所謂祆神，即佛經所謂摩醯首羅之稱，只是時人不諳史實之誤會。到了宋代，作爲一門獨立宗教的祆教已不復存在，祆神成爲民間信仰的神靈，祆祠中或將摩醯首羅神像當作祆神祭拜。波斯本土的瑣羅亞斯德教並無聖像崇拜，傳入中亞以後，由於受到多方面影響，祆神崇拜呈現出多元化的模式。中古時代傳入中土的祆教以"畫像"作爲祭祀對象，更多地保存了粟特本土的風俗習慣。隨著入華日久，受中土偶像崇拜的傳統環境影響，一般民衆按照自身想像，塑造出祆神偶像加以祭祀。因此，摩醯首羅雖非祆神，但其被誤作祆神祭祀，也正好折射出這一外來宗教不斷變異華化的傳播過程。

① 那波利貞《祆廟祭祀小考》，《史窗》第10號，1956年，頁16。

杜甫與"現實主義"的接受

黄自鴻

一

杜甫（712－770）"詩史"與"現實主義"（或譯"寫實主義"，realism）頗有共通關係。一般釋讀杜詩的著作，多數將"現實主義"視爲杜甫作品的首要特色，與"詩史"之譽一併論述。"現實主義"自是"五四"時期極爲重要的一個觀念，被認爲是中國文學的優良傳統。安敏成（Marston Anderson，1952－1992）指出，由"五四"時期直到現在，"現實主義"一詞在中國仍有一定的説服力，倒是在西方早已成爲一個讓人尷尬的術語。①"現實主義"的涵義長期以來變動不居，格蘭特（Damian Grant）的《現實主義》（*Realism*）開篇列舉各式各樣的現實主義術語説明這個狀況，甚至有論者主張不應繼續使用現實主義一詞；本來現實主義以"再現"現實爲基礎，反對浪漫主義（romanticism），後來對於個人經驗、個人幻想的愈加强調，發展出一種重視理想和主體性的現實主義：現實必然沾染主觀色彩，每個人也都有屬於自己的現實。正是由於"現實主義"一開始主張的"現實"，却恰恰成爲日後聲名狼藉的因由，②在杜甫研究中，學者採取哪種"現實主義"的定義分析杜詩？本文擬探討杜甫詩作如何在文學史中以"現實主義"的面貌被大衆接受，"現實主義"如何與"詩史"、中國傳統的文學理論相契合，與之相比，近年外國杜甫研究的焦點有何不同。同時，本文試圖通過戎昱（740？－？）與杜甫關係的探討，論述杜甫在文學史中的詩人形象。

什麽是中國的"現實主義"？温儒敏（1946－　）《新文學現實主義的流變》指出，在新文學時期現實主義"中國化"的過程中，各種論爭和新觀念持續影響現實主義的發展。例如，首倡"寫實文學"的陳獨秀（1879－1942）以進化論觀點標舉現實主義，周作人（1885－1967）則强調人道主義爲本的現實主義。應該注意"人"的概念異常寬泛，浪漫主義文學其實也可稱爲"人的文學"。温儒敏總結新文學三十年的現實主義思潮，發現"浪漫主義幾乎成了一種不可或缺的'因素'，融匯於現實主義的大潮之中"。③另一方面，即使强調現實主義的學者，自身亦受其他文學思潮所影響。例如著名短論《血和淚的文學》的作者鄭振鐸（1898－1958），根據鄭振偉

---

① Marston Anderson, *The Limits of Realism: Chinese Fiction in the Revolutionary Period* (Berkeley: University of California Press, 1990), p. 4；中譯參安敏成著，姜濤譯《現實主義的限制：革命時代的中國小説》（南京：江蘇人民出版社，2001年），頁4。

② Damian Grant, *Realism* (London: Methuen, 1970), pp. 1－2, 7, 24－25, 51, 64－74；中譯參格蘭特著，周發祥譯《現實主義》（北京：昆侖出版社，1989年），頁1－3、9、33－34、64、80－93。

③ 温儒敏《新文學現實主義的流變》（北京：北京大學出版社，1988年），頁8－23、235、266－270。

(1963－)解釋，不論是“接受外國的影響”、“注重自然和創造”、“推崇情感”、“對兒童文學的興趣”各方面，鄭振鐸的文學思想有明顯的浪漫主義傾向，雖然仍包含了一定程度的現實主義成分。①就在現實主義引起沸沸揚揚的爭論之際，梁啓超（1873－1929）於1922年作了題爲《情聖杜甫》的著名講演，開篇就説：“新事物固然可愛，老古董也不可輕輕抹煞。內中藝術的古董，尤爲有特殊價值。因爲藝術是情感的表現，情感是不受進化法則支配的，不能説現代人的情感一定比古人優美，所以不能説現代人的藝術一定比古人進步。”② 下文續道《北征》、《羌村》等詩描寫杜甫自己的家庭狀況，暴露自己的主觀情感，本不屬於寫實風格，但這些詩篇用第三者的客觀角度，“描寫所觀察得來的環境和別人情感，從極瑣碎的斷片詳密刻劃，確是近世寫實派用的方法，所以可叫做半寫實。……這類詩的好處在，真事愈寫得詳，真情愈發得透。我們熟讀他，可以理會得‘真即是美’的道理”。③ 除了最通用的半寫實手法外，梁啓超認爲杜甫也有純寫實的詩歌，大多數是諷刺類型；也有一些寫社會的美好一面。講演最後，梁啓超强調美並不是單調的，讚揚自然之美和呼訴人生之苦都可以是優秀的藝術作品：

> 詩是歌的、笑的好呀，還是哭的、叫的好？換一句話説，詩的任務在讚美自然之美呀，抑在呼訴人生之苦？再换一句話説，我們應該爲做詩而做詩呀，抑或應該爲人生問題中某項目的而做詩？這兩種主張，各有極强的理由，我們不能作極端的左右袒，也不願作極端的左右袒。依我所見，人生目的不是單調的，美也不是單調的。④

在《情聖杜甫》一文中，梁啓超認爲情感“不受進化法則支配”，嘗試在“老古董”中尋找有特殊價值的藝術作品展開討論，與文學的“進化法則”、文學改革論大相徑庭。這個講演雖有提及杜詩“許多是純寫實”的，却顯然以“情感”爲宏觀閱讀杜詩的基本線索，謂杜甫的多數作品爲“半寫實派”，充分表達作者的真情實感。同時期另一篇《屈原研究》，也對“實感”以外的“想像力”表示高度關注：

> 《三百篇》好的作品，都是寫實感。實感自然是文學主要的生命，但文學還有第二個生命，曰想像力。從想像力中活跳出實感來，才算極文學之能事。就這一點論，屈原在文學史的地位，不特前無古人，截到今日止，仍是後無來者。因爲屈原以後的作品，在散文或小説裏頭，想像力比屈原優勝的或者還有，在韻文裏頭，我敢説還没有人比得上他。⑤

《情聖杜甫》無疑是一篇重要的杜甫研究，⑥ 然而“半寫實派”和“情聖”等論點並未成爲主流，在“五四”思潮影響下，一系列文學史著作如雨後春筍湧現，左右日後關於杜甫及其詩作的解讀。戴燕（1961－ ）指出，教學文學經典的教育是二十世紀文學史的最大功能，寫實主義的提

---

① 鄭振偉《鄭振鐸前期文學思想》（北京：人民文學出版社，2000年），頁165－166。
② 梁啓超《情聖杜甫》，載《飲冰室文集》（昆明：雲南教育出版社，2001年），頁3423。
③ 同上注，頁3419。
④ 同上注，頁3426。
⑤ 梁啓超《屈原研究》，《飲冰室文集》，頁3416。
⑥ 《情聖杜甫》刊於1962年的《杜甫研究論文集》第一輯，《論文集》之《出版説明》謂“凡可備一説、足資參考的，即選録在內”。見《出版説明》，《杜甫研究論文集》1輯（北京：中華書局，1962年），頁1。此外，杜曉勤認爲《情聖杜甫》是“最早用現代學術觀念和人文理論研究和分析杜詩的成果”。見杜曉勤撰著，葛曉音（1946－ ）審定《二十世紀中國文學研究・隋唐五代文學研究》（北京：北京出版社，2001年），頁871。

倡，爲胡適（1891－1962）構思中的新文學模範得以落實，《白話文學史》的經典闡釋，深深影響日後多部中國文學史。①胡適的《白話文學史》中説明幾點：時勢變遷與文學潮流有密切關係；偉大的作家必須能在作品中表現人生，必須表現出“實在的人生：民間的實在痛苦，社會的實在問題，國家的實在狀況，人生的實在希望與恐懼”。對胡適來説，安史之亂（755－763）後的唐代（618－907）社會是個亂離的社會，因此這個時期的文學是呼號愁苦、內容寫實和意境真實的。杜甫代表中國民族積極入世的精神，有彈劾時政的作品，開問題詩之先河，還有其他詩歌直指當時事。總括來説，杜詩開後世社會問題詩的風潮。②戴燕認爲胡適從寫作和閱讀兩方面改造和重塑傳統文學，建構了一種中國式的寫實主義，《白話文學史》就是經過變形的現實主義與中國文學史結合的産物。經過胡適的提倡，寫實主義成爲“正確的閱讀方式”，下啓劉大杰(1904－1977)《中國文學發展史》這部文學史經典之濫觴。③

翻閲目前影響較廣的文學史，杜甫一節不離“現實主義”的强調。例如鄭振鐸於 1932 年出版的《插圖本中國文學史》，謂杜甫把自己身受和觀察到的寫進“苦吟的詩篇”，是偉大的“詩史”。本來吟風弄月的文學潮流，變爲人間的寫實，以描狀人民的流離與痛苦爲己任，杜甫是這個文學改革運動的先鋒和主將。④劉大杰《中國文學發展史》爲目前影響最廣的文學史論著，⑤該書評論安史之亂對唐代文學的影響，認爲著重點應放在浪漫主義的衰落，現實主義進一步發展之上。杜甫等當代詩人“面對現實、深入生活、同情人民的自覺的感情，以及他們對於詩歌改革的進步要求”。杜詩“廣闊地反映了現實社會的生活，真實地描寫了那個劇烈變化時代的社會矛盾和歷史內容。前人稱它爲詩史，是完全正確的”。杜甫所以是中國最偉大的詩人，是因爲“從他個人的生活實踐，得到對於廣大人民窮苦生活的體會、觀察與同情”，“成爲他的現實主義詩歌的重要基礎”。劉大杰又認爲杜甫的思想特色“是吸取儒家思想進步的一面”，擁有“憤世疾邪的善惡分明的直感”。⑥另一部重要的《中國文學史》由游國恩（1899－1978）、蕭滌非(1906－1991)等主編，亦以“偉大的現實主義詩人”評價杜甫。該書認爲杜甫的“現實主義”包括“豐富的社會內容”、“鮮明的時代色彩”、“强烈的政治傾向”、“熱愛祖國、熱愛人民、不惜自我犧牲的崇高精神”，因此其詩稱爲“詩史”是非常合理的。從創作方法來看，現實主義是杜詩的最大成就和特色，採用現實主義的表現手法，真實反映當時的現實生活。就敘事詩和抒情詩而論，前者充分利用“對現實生活作典型的藝術概括”、“將自己的主觀意識、思想感情融化在客觀的具體描寫中”、“運用對話或人物獨白”、“採用俗語”、“細節描寫”等技巧，後者則“往往寄情於景，融景入情”、“現實主義和浪漫主義相結合”，以及“沉鬱頓挫”的風格。同樣，游著亦以文學發展論論述杜甫在現實主義詩歌中的意義，杜甫繼《詩經》總結並發揚現實主義傳統，這個特徵表現在反映現實的樂府敘事詩、崇高的愛國精神、發揮各種詩體的特點和學習民歌利用對話和口語。⑦

這幾部重要的文學史著作再三强調杜詩揭示封建統治階級的壓迫，“有清醒的現實主義的批

① 戴燕《文學史的權力》(北京：北京大學出版社，2002 年)，頁 138、135、146。
② 胡適《胡適學術文集：白話文學史》(北京：中華書局，1998 年)，上册，頁 307、308、314－315、318。
③ 戴燕《文學史的權力》，頁 143－146。
④ 鄭振鐸《插圖本中國文學史》(北京：文學古籍刊行社，1959 年)，頁 332－333。
⑤ 例如鄭志明説：“劉大杰的《中國文學發展史》是目前一部流傳最廣的文學史的著作，其理論基礎與思想脈絡，可算是五四思潮下文學觀念的集大成。”見鄭志明《五四思潮對文學史觀的影響》，載中國古典文學研究會主編《五四文學與文化變遷》(臺北：臺灣學生書局，1990 年)，頁 389。
⑥ 劉大杰《中國文學發展史》(香港：三聯書店，1992 年)，頁 474－475、480－481。
⑦ 游國恩等《中國文學史》(香港：三聯書店，1986 年)，第 2 册，頁 82、93－102。

判精神”。[①]在杜詩與現實主義的接受過程中，胡適《白話文學史》的影響至關重大，胡適弟子蘇雪林（1897－1999）的著作《唐詩概論》，就與其師的著作相類，將杜甫作品分爲三期，並認爲杜詩的内容特色爲“寫實天才的表現”、“偉大人格的映射”、“詼諧趣味的流露”等。[②]上述中國文學史以“鏡像”比喻，[③] 用類似“如實反映社會實況”的文字評價杜甫；事實上“如實反映”和西方的“模仿”傳統大異，論者所説的實爲“批判現實主義”（critical realism），梁啓超對杜甫“純寫實”的理解，也主要指諷刺類型的詩作。中國傳統美學不像西方以模仿理論爲主，[④] 傳統文評中最有影響力的儒家實用理論，由《詩經》開始已得到充分表現。文學的道德和社會功用是儒家文學觀的關鍵，“文以載道”成爲最常引述的慣用語之一。[⑤]論者認爲，文學精神必須符合民族的傳統哲學和美學價值，才能獲得接納。中國現代作家經常希望在作品中傳達道德教訓的訊息；西方浪漫主義者抗拒傳統，高呼個體的自由，中國詩人雖然也利用詩歌表達内在情感，却更爲重視陳述個人對政治、社會處境、人民生活的意見。現實主義深深植根於中國的土壤中，漸由“批判現實主義”發展到“社會主義現實主義”（socialist realism）。[⑥]衆所周知，左翼文藝主將周揚（1908－1989）先後標舉“社會主義現實主義”，以及“社會主義的現實主義”與“革命的浪漫主義”結合的方針，其中《關於“社會主義的現實主義與革命的浪漫主義”——“唯物辯證法的創作方法”之否定》一文介紹的中國社會主義現實主義，涵括了各式各樣的文藝思想。一方面“真實性——是一切大藝術作品所不能缺少的前提”，然而另一方面周揚又説：“真實使文學變成了反對資本主義擁護社會主義的武器”，“闡明其中一貫的社會主義革命的勝利的本質，把爲人類的更好的將來而鬥爭的精神，灌輸給讀者，這才是社會主義的現實主義的道路”，“革命的浪漫主義”可使“社會主義的現實主義”更加豐富。[⑦]在這兩種“現實主義”的文藝思想裏，現實主義又被加上政治的、批判的，以及前述新文學時期浪漫主義的色彩。游國恩《中國文學史》就有類近看法：杜甫有遠大政治抱負，他的現實主義是一種理想的現實主義，部分叙事兼抒情詩是現實主義和浪漫主義的結合體。[⑧]事實上，社會主義現實主義是充滿道德信仰的批判現實主義的形式，社會主義現實主義非但没有偏見，實有强烈的理想主義態度。[⑨]

某程度上説，批判現實主義、社會主義現實主義與儒家實用主義傳統暗合，新文學以來的現實主義，一直具有强烈的批判色彩和理想成分，這兩點又與“模仿的現實主義”相混淆。中國傳統美學理論中有以真誠、真摯爲出發點的看法，[⑩] “詩史”的諸種解釋，如孟棨（生卒不詳，

① 游國恩等《中國文學史》第2册，頁98。

② 蘇雪林《唐詩概論》（上海：商務印書館，1934年），頁85－93。

③ 關於文學批評中的“鏡子”比喻，參樂黛雲（1931－ ）《中西詩學中的鏡子隱喻》，《欲望與幻象——東方與西方》（南昌：江西人民出版社，1991年），頁219－229。

④ Anderson, p.12；中譯參安敏成，頁13－14；James J. Y. Liu (1926－1986), *Chinese Theories of Literature* (Chicago and London: The University of Chicago Press, 1975), pp.41－57；中譯參劉若愚《中國文學理論》（南京：江蘇教育出版社，2006年），頁71－80。前人討論杜甫“詩史”，“實録”是主要的定義之一，如王得臣（1036－1116）謂：“予以謂世稱子美爲‘詩史’，蓋實録也。”雖然“實録”説不是傳統詩學主流，却説明中國並非完全没有和西方模仿理論相關的觀念。王得臣引文見《麈史》，朱易安等主編《全宋筆記》1編10册，（鄭州：大象出版社，2003年），卷中，頁44－45。

⑤ Liu, pp.106－116；中譯參劉若愚《中國文學理論》，頁160－176。

⑥ Qingquan Li (1953－), "From Critical Realism to Socialist Realism: A Historical Survey of Realism in Modern Chinese Literature", (Diss. University of Washington, 1991), pp.168－173.

⑦ 周揚《關於“社會主義的現實主義與革命的浪漫主義”——“唯物辯證法的創作方法”之否定》，《周揚文集》（北京：人民文學出版社，1984年），卷1，頁110、111、114。

⑧ 游國恩等《中國文學史》第2册，頁98。

⑨ Grant, pp.76, 78；中譯參格蘭特《現實主義》，頁95、98。

⑩ 參Liu, pp.70－87；中譯參劉若愚《中國文學理論》，頁103－132。

875年進士）“杜逢禄山之難，流離隴蜀，畢陳於詩，推見至隱，殆無遺事，故當時號爲‘詩史’”，① 還有宋祁（998－1061）“善陳時事”、② 魏泰（生卒不詳，約十一至十二世紀在世）“非但叙塵迹，摭故實”、③ 胡宗愈（1029－1094）“可以知其世。學士大夫，謂之詩史”等説，④ 都可與“中國式的現實主義”比附。“詩史”本身的“能指”（signifier）涵括範圍極廣，歷來評論家將各種各樣的解釋放進這個術語之中，如“叙事”（排律）、“事迹”、“時事”、“用事”、“律切精深”、“千言不少衰”、“史筆”、“一飯未嘗忘君”（“忠義”）、“知人論世”、“有據”、“實録”、“補史之闕”、“備於衆體”和“年月紀事”等。⑤無論是反映真實的社會與時代、具備批判與愛國精神、對美好明天的追求、重視個人，還是充滿浪漫成分的“中國式現實主義”，和上述“事迹”、“時事”、“史筆”、“一飯未嘗忘君”（“忠義”）、“知人論世”、“有據”、“實録”、“補史之闕”和“年月紀事”的定義是可以相互詮釋的。相較上面受“五四”思潮影響的論述，錢基博（1887－1957）《中國文學史》關於杜甫的章節，開首將李白（701－762）和杜甫對照，説明杜詩特色爲工爲叙述、長於議論、導乎今體、苦吟轍迹、抒以沉鬱、善寫律體、意到筆隨，以及能盡天下情事，後文引述多首作品，説明杜詩寫景、抒情、議論衆體兼擅的多種藝術風格，⑥ 不像胡適、劉大杰等著作，最强調安史之亂的影響。周振甫（1911－2000）介紹先師遺著的文字很值得留意，周氏云：“一般講李白是浪漫主義，杜甫是現實主義。錢師除指出李白‘富於想像’外，又加上‘運以逸氣’。稱杜甫‘工爲叙述’外，又加上‘尤擅議論’。並指出杜甫反映現實生活的特色，即不同於‘世間一切瑣事猥語，皆著不得’，而能‘盡天下之情事’。又指出杜甫詩叙事如太史公書，議論似賈太傅疏。”⑦ 周氏解讀該書的著重點仍放在錢著論杜與現實主義相通的部分。胡適、劉大杰、游國恩三種文學史，雖然篇幅及觀點各異，⑧ 却都以唐代社會動亂爲分析杜詩的首要角度，同樣採用《麗人行》、《兵車行》、《自京赴奉先縣咏懷五百字》、《哀王孫》、《北征》、《羌村》、“三吏三别”、《前出塞九首》、《洗兵馬》、《聞官軍收河南河北》、《諸將五首》等作品説明杜詩與時事的關係，較大的差異是“詼諧”的强調。杜詩的當代閲讀難與現實主義分離，文學史强調杜詩的現實主義一面，藉以建立一種合理的閲讀角度和文學發展的故事情節。

二

關於杜甫及其詩作的理解和接受，可借戎昱的研究輔助分析。學界大致同意戎昱爲杜甫没後的第一個詩歌傳人，⑨ 陳振孫（生卒不詳，約1211－1249在世）《直齋書録解題》曰：“《戎昱集》五卷，唐虔州刺史扶風戎昱撰。其姪孫爲序言：‘弱冠謁杜甫於渚宫，一見禮遇。’集中有

① 孟棨《本事詩》，《本事詩·續本事詩·本事詞》（上海：上海古籍出版社，1991年），頁18。
② 歐陽修（1007－1072）、宋祁《新唐書·杜甫傳》（北京：中華書局，1975年），卷201，頁5738。
③ 陳應鸞《臨漢隱居詩話校注》（成都：巴蜀書社，2001年），卷1，頁6。
④ 胡宗愈《成都新刻草堂先生詩碑序》附編，載仇兆鰲《杜詩詳注》（北京：中華書局，1979年），頁2243。
⑤ 詳參拙著《杜甫“詩史”定義的繁衍現象》，《漢學研究》25卷1期（2007年6月），頁189－220。
⑥ 錢基博《中國文學史》（北京：中華書局，1993年），頁309－322。
⑦ 見錢基博《中國文學史》附録，頁1137－1138。
⑧ 以《秋興八首》爲例，胡適認爲是“一些難懂的詩謎”（頁331），劉大杰則認爲“是一組完整的詩，語言工煉，情感深厚”，“有人對他的律詩採取輕視的態度，那是非常不正確的”（頁489）。游國恩謂《秋興》等詩是杜甫晚年“最優秀的作品”，“帶有更多的抒情性質，形式也更多樣化”（頁85）。袁行霈（1936－ ）主編的《中國文學史》（北京：高等教育出版社，1999年）另開一節介紹杜甫的律詩，《秋興》部分也較前著詳細（頁286－288）。
⑨ 參蔡振念（1957－ ）《杜詩唐宋接受史》（臺北：五南圖書出版公司，2001年），頁106－107；蔣寅（1959－ ）《大曆詩人研究》（北京：中華書局，1995年），頁114－117；臧維熙《戎昱詩注》前言（上海：上海古籍出版社，1982年），頁2。

哭甫詩”,① 已見評論視戎昱爲杜甫後繼的端倪，胡震亨（1569－1645）《唐音癸籤》進一步指出：“大曆才子及接開、寶諸公相倡和者，未可縷指。錢起、司空曙之於王維，戎昱之於杜甫，其尤著者。”② 沈德潛（1673－1769）《説詩晬語》“詩中著議論”一條，亦將戎昱放於杜甫之後一併討論。沈氏指有些論者謂“詩主性情，不主議論”的看法未臻完善，杜甫《自京赴奉先縣詠懷五百字》、《北征》等作實有議論成分，惟必須輔以情韻。關於戎昱的分析緊接其後，謂其《詠史》“社稷依明主，安危託婦人”“議論之佳”。③學者論述戎昱詩的寫作内容時，杜甫可謂必定提及的重要人物，近年的學術論文不約而同將杜甫視作解讀戎昱其人及其詩的鑰匙，認爲戎昱是大曆期間（766－779）杜甫接受史上的橋樑，“爲傷杜甫作”的《耒陽溪夜行》，無論是藝術上的模仿，以及反映現實、諷刺政治、憂國憂民等内容，均可看到戎昱極力模仿杜甫，是杜甫的衣缽傳人。④蔣寅《大曆詩人研究》一書中有詳細研究戎昱的章節，認爲戎昱是大曆間極富個性的詩人，因爲長期身處戰亂流離失所的環境，地方官詩人的創作“自覺不自覺地繼承了杜甫詩中的人道主義精神和寫實的手法”，戎昱是其中最明顯的追摹者。除了上面《直齋書録解題》的解説和“爲傷杜甫作”的哭甫詩外，也可從戎昱詩作中的杜詩痕迹、關心現實的態度和紀實傾向，清楚看到兩位詩人的傳承關係。蔣寅指出，“戎昱從杜甫那兒受到理性批判和冷靜思考的啓示，却未獲得那充滿信心的姿態”。⑤其他研究基本和這個觀點相符，在杜甫的接受史上，戎昱多數作爲第一個杜甫詩風繼承人的身份登場。在《中國文學發展史》中，劉大杰有兩頁篇幅提及戎昱，謂戎昱“見過杜甫，在詩歌創作上是受過杜甫的影響的”，並據戎昱、戴叔倫（732－789）的作品，認爲“杜甫的詩歌，確實在當代的詩壇發生了很大的影響，許多作家都受了他的啓發和教育”。⑥

一如上述，論者所以標舉戎昱爲杜甫傳人，原因不離“爲傷杜甫作”的“哭甫詩”、“一見禮遇”和詩作風格的相似性。對於“哭甫詩”和“一見禮遇”兩個説法，據蕭滌非、丘良任（1912－2000）考證，《耒陽溪夜行》實爲張九齡（678－740）所作；⑦傅璇琮（1933－ ）的看法類同，《戎昱考》謂目前並無杜戎二人交游的記載，杜甫本人没有一首作品提及戎昱，就是下題“爲傷杜甫作”的《耒陽溪夜行》，按詩題、題注和詩意，應是戎昱行經杜甫葬處有感而作，詩中並没有説自己與杜甫相識，也没有説受到杜甫所重。戎昱曾見杜甫，或戎昱是杜甫器重的後輩詩人兩個説法，是難以經過史料的檢核的。⑧

上面是杜甫被認爲與戎昱有著傳承關係的主要原因，各點却也不無可議之處，劉大杰認爲戎昱“見過杜甫”，從戎昱詩歌中可見杜詩“確實在當代的詩壇發生了很大的影響”，未必屬實。韓愈（768－824）、白居易（772－846）以前，杜詩在唐代的影響不大，現存的材料中，相傳爲錢起（710?－782?）所作的《江行無題一百首》，其十八云：“不識相如渴，徒吟子美詩”，然而

① 陳振孫《直齋書録解題》（上海：上海古籍出版社，1987年），卷16，頁473。

② 胡震亨（1569－1645）《唐音癸籤》（上海：上海古籍出版社，1981年），卷26，頁275。

③ 蘇文擢（1921－1997）《説詩晬語詮評》（香港：作者自印，1978年），卷下，頁514。

④ 黄圭《略論戎昱的詩歌》，《社會科學研究》1987年2期，頁89－94；黄桂鳳（1970－ ）《樊晃、戎昱：杜甫接受史上的橋樑——淺論杜甫在大曆至貞元前期的接受》，《蘭州學刊》2005年3期，頁271－273；孟修祥（1956－ ）、唐國華（1980－ ）《屈宋式的生命關懷——論戎昱詩》，《荆州師範學院學報》（社會科學版）2000年3期，頁46－50。

⑤ 蔣寅《大曆詩人研究》，頁114－115、118。

⑥ 劉大杰《中國文學發展史》，頁492－493。

⑦ 蕭滌非《〈耒陽溪夜行〉的作者是張九齡——它不可能是杜甫死於耒陽的“鐵證”》，《文史哲》1985年5期，頁46－50；丘良任《杜甫之死及生卒年考辨》，《杜甫研究學刊》1988年3期，頁54－55；並參蔡振念《杜詩唐宋接受史》頁107注。

⑧ 傅璇琮《戎昱考》，載《唐代詩人叢考》（北京：中華書局，1980年），頁343－344。

據前人的考證，此詩實爲錢起孫錢珝（生卒不詳，乾寧［894－898］時在世）所作，①無法説明杜詩在大曆、貞元（785－805）年間的接受情況。

前人論及戎昱詩作，在風格和内容方面，幾可謂必然把杜詩與戎詩對讀，以期作進一步的詮釋。如果説戎昱繼承杜甫"現實主義"詩人的風格，寫下《苦哉行五首》、《詠史》等較著名的作品的話，戎昱這位詩人的面貌，其實更多是經由杜甫的接受史研究而獲得的，是由文人學士以"詩史"、"現實主義"的閱讀方式所賦予的。②沈德潛以爲戎昱詩與杜甫詩一樣善於議論，蔣寅以爲戎昱是"正直的詩人，以他的詩歌，給我們留下了寫滿'官軍'殘暴罪行的真實歷史。這是真正的'詩史'!"③不約而同表示對戎昱詩中批判精神的關注。戎昱現存詩作中，泰半内容較爲陰暗，描寫愁懷悲苦情感的要較正面情緒的爲多，《塞下曲六首》、《苦哉行五首》、《苦辛行》、《從軍行》、《湖南雪中留别》等，都包含了强烈的悲傷情感，其他少數如"談禪入道"、"詠妓贈行"的作品，臧維熙簡單評爲"雖然也反映了一些作者的思想生活，畢竟屬於應酬文字、游戲筆墨，是没有什麽價值的"。④參考懷特（Hayden White，1928－ ）的見解，歷史學家的著述是一種叙述，是一種故事起承轉合的叙述。無論是"編年史"或"故事"等的歷史"原始要素"，兩者"都表現了材料從未被加工的歷史文獻中被選擇出來並進行排列的過程。對某一特殊類型的讀者來説，這些材料更容易理解"。如果一組事件按某個方式編碼，這樣就爲讀者提供了一個故事；事實上，"歷史"與"小説"的差異在於，歷史學家試圖"發現"故事，小説家則在"創造"故事。⑤因此杜甫解讀和戎昱解讀是分不開的，兩者互相詮釋，無論戎昱是否確實見過杜甫並受這位前輩詩人影響，"文學傳承與流變"的歷史意識，使後來的評論者必然將戎昱視爲杜甫傳人，試圖"通古今之變"，是以提出"詩史"、"現實主義文學"等説法。宇文所安（Stephen Owen，1946－ ）指出，"五四"學者撰寫文學史，常常將文學史理解爲文體盛衰相互交替的過程，⑥戎昱的出現，使（批判的）"現實主義文學"得以落實，戎昱及其詩以後繼者身份爲杜詩作進一步注解：杜甫是現實主義的詩人。

三

劉大杰解讀杜甫早年創作，視之爲偶有佳句的中品，没有深刻的驚人特色，日後《麗人行》、《兵車行》諸篇，則使他在現實主義的創作方法上得到初步的成果。⑦袁行霈本引用《望

① 華文軒編《古典文學研究資料彙編·杜甫卷》(北京：中華書局，1964年)，頁3。

② 這點是從馬丁（Wallace Martin）的著作中得到啓發。參 Wallace Martin, *Recent Theories of Narrative* (Ithaca, NY: Cornell University Press, 1986), p. 57；中譯參馬丁著《當代叙事學》(北京：北京大學出版社，2005年)，頁47。

③ 蔣寅《大曆詩人研究》，頁117。

④ 臧維熙《戎昱詩注》前言，頁4。

⑤ Hayden White, *Metahistory: The Historical Imagination in Nineteenth-Century Europe* (Baltimore: Johns Hopkins University Press, 1973), pp. 5－7；中譯參懷特著，陳新譯，彭剛校《元史學：十九世紀歐洲的歷史想像》(南京：譯林出版社，2004年)，頁6－8。

⑥ Owen, "The End of the Past: Rewriting Chinese Literary History in the Early Republic", Milena Doleželová-Velingerová and Oldřich Král eds., *The Appropriation of Cultural Capital: China's May Fourth Project* (Cambridge, MA: Harvard University Asia Center, Harvard University Press, 2001), p. 174；中譯參宇文所安著，田曉菲譯《過去的終結：民國初年對文學史的重寫》，載《他山的石頭記》(*Borrowed Stone: Selected Essays of Stephen Owen*，南京：江蘇人民出版社，2003年)，頁315。

⑦ 劉大杰《中國文學發展史》，頁476－477。

嶽》，從作者心理説明詩人年輕時的雄心萬丈，有“一覽衆山小”的氣概。[①]宇文所安的《盛唐詩》(*The Great Age of Chinese Poetry: The High T'ang*)中亦有相當篇幅論述《望嶽》，研究視角却頗顯差異。宇文所安從文體的詩歌傳統的方向，探索杜甫處理傳統材料的方法，這首早期作品已經顯示杜甫的個人特色。書中的杜甫專章，宇文所安先引述元稹（779－831）“盡得古今之體勢，而兼人人之所獨專矣”一語，同意“豐富多彩，涵括萬象”是杜甫的基本特徵，詩人有著多種面貌，詩歌的複雜程度遠遠超越前輩詩人之作，“只有一個方面可以從整體强調而不致被曲解，這就是它的複雜多樣”。[②]談及“詩史”這個稱號，宇文所安謂：

> 杜甫的許多詩篇無需涉及傳記或歷史背景就能讀懂，但也有同等數量的詩是對重要政治歷史事件的反應，其契合程度遠遠超過大多數同時代詩人的作品。這種與政治歷史的契合，特别是與安禄山叛亂中事件的契合，使杜甫赢得了“詩史”的稱號。對於杜甫捲入政治和社會問題的程度的估計，既不可過高，也不可過低。無關的或不清楚的歷史背景必須排除，但在其他一些詩篇中，當時的政治問題在表面的事物和通過這些事物而增加的意義之間，起了重要作用，而在古代讀者理解杜詩的方式上甚至更重要。[③]

後面亦再次回應杜詩關於政治與社會的聯繫：

> 在杜甫生活的最後十一年中，政治事件和“外部傳記”减少了重要性，詩人的“内部傳記”佔了主導地位。[④]

風格的突變、矛盾的自畫像、詩歌的複雜多樣是杜甫許多詩作的重要風格[⑤]，宇文所安没有把全部杜詩理解爲風格統一的詩篇，作者多次强調杜詩風格多樣、意指繁複，實難以只從一個方向概括其特色；同時，也不像中國學者標舉“現實主義”爲最主要的杜詩特點。事實上，近年較重要的外國杜甫研究兩種，也有類似的傾向。莫芝宜佳（Monika Motsch，1942－ ）的《〈管錐編〉與杜甫新解》（*Mit Bambusrohr und Ahle: Von Qian Zhongshus Guanzhuibian zu einer Neubetrachtung Du Fus*），嘗試從錢鍾書（1910－1998）《管錐編》中探討的問題，用以檢視和重新解讀杜甫作品。該書後半部分分開“對仗”、“自我表現”和“召遣鬼神”討論杜詩。第一章分析杜詩規律，據《對雪》的對句形式，莫氏展示出杜詩强烈的戲劇性，由絶望（“愁吟”、“亂雲”）到美妙的幻覺（“樽無緑”、“火似紅”），最後回應開端的悲哀自我。這種令人驚訝的情感變化，在杜集中並不罕見。至於獲譽爲“古今七言律第一”的《登高》，亦有各種各樣的矛盾，複雜的情感、對仗被推到極致，世界的一切苦難都融進詩人的内心裏面。詩的結句“潦倒新亭濁酒杯”似乎平平無奇，然而這首“古今七言律第一”的作品正正説明杜詩“手法突變”和“情感驟變”的風格特徵，杜甫曾説“語不驚人死不休”，爲自己的作品讓人震驚之處而自豪。[⑥]

---

① 袁行霈《中國文學史》，頁280。
② Owen, *The Great Age of Chinese Poetry: The High T'ang* (New Haven: Yale University Press, 1981), pp. 187－188、183－184；中譯參宇文所安著，賈晉華譯《盛唐詩》(北京：生活·讀書·新知三聯書店，2004年)，頁214－215、209－210。
③ Owen, *The Great Age of Chinese Poetry*, pp. 185－186；中譯參宇文所安《盛唐詩》，頁212。
④ 同上注，p. 203；中譯參宇文所安《盛唐詩》，頁230－231。
⑤ 同上注，pp. 192，195，212；中譯參宇文所安《盛唐詩》，頁219、222、240。
⑥ 莫芝宜佳（Monika Motsch）著，馬樹德［1944－ ］譯《〈管錐編〉與杜甫新解》(石家莊：河北教育出版社，1997年)，頁174－175、182－185、196。

《杜甫新解》第二章研究杜詩表現出來的自我面貌。傳統文論家將杜甫理解爲一個儒家詩人，但是隱士主題、道家思想也經常出現在杜詩之中。758年，任華州司功的杜甫不滿這個職位，一年後就棄官而去。在這段時間創作的《早秋苦熱堆案相仍》，尾聯寫道："南望青松架短壑，安得赤脚踏層冰"，隱世的欲望如此强烈，批評家對這首詩"缺少儒家的責任意識"感到不滿，甚至懷疑這是一篇僞作。多數人以爲是儒家人道主義代表作的《茅屋爲秋風所破歌》，末尾"安得廣廈千萬間，大庇天下寒士俱歡顔，風雨不動安如山。嗚呼！何時眼前突兀見此屋，吾廬獨破受凍死亦足"，則更像是"自救式的"、突然的"感情爆炸"，開頭那個可笑的老者，轉化爲關心天下寒士的偉人，其中存在極大的矛盾。此外，杜詩常常描寫疾病，與衰老、痛苦、死亡交織在一起，表現出大起大落、大開大闔、大喜大悲。莫芝宜佳敏鋭地指出，所有的評論家嘗試爲杜甫確定一個角色、身份，然而詩人吸收了一切傳統，既有儒家，亦有道佛背景，異常矛盾的，他又批評和諷刺儒道佛的追隨者。杜甫表現出空前的自我表現，既悲傷，又充滿戰鬥精神。①

該書最後一章分析杜詩裏的鬼神。莫氏引《秋興八首》其七爲例，指出金聖嘆（1608－1661）、仇兆鰲等以爲這首作品有批評朝政的意涵，但葉嘉瑩（1924－　）等現代學者均認爲政治性的解釋太過牽强，從中可見傳統文評時刻不離政治解讀，現代學者則較多抛開現實和政治等主題。總括而言，傳統評論並不完全適用於杜詩，杜甫作品表露出强烈的激動情緒，也富有戲劇性，並且充滿矛盾。在杜詩的解讀史上，自從認爲杜詩有"對朝廷的諷喻式批評"以後，這種看法成爲基本傳統，那些在儒家意義下不能令人滿意的作品被粉飾，或被扭曲得全非本來面目。②《杜甫新解》多次提及杜詩中的"現實主義"，在《登高》的章節中，莫氏嘗試説明該詩的平庸結尾，各種不同風格的混雜，表現出"艱難的現實"，是一種"新的現實主義主題"。此外，莫芝宜佳認爲《負薪行》"現實主義口吻和逼真的描繪"是新穎的詩歌元素，杜甫有許多詩篇關注現實，是對戰爭和安史之亂的現實主義描寫。疾病母題佔據杜詩的主導地位，杜甫身患多種疾病，這些特徵一一表呈於他的作品之中，是中國詩歌中的"新現實主義"。其他章節，莫氏既指多數評論家如王嗣奭（1566－1648）標舉的杜甫"明朗的現實主義"，批評《渼陂行》"誇張的描寫和'荒謬的'神的顯現"等"非現實主義的藝術描寫"；也説明了《玉華宫》最後幾行"憂來藉草坐，浩歌淚盈把"，顯示了"詩的上下關聯中令人吃驚的現實主義"。③除了承襲普遍的定義外，莫芝宜佳也以各種文體結合和自身疾病母題爲現實主義的特色。莫氏採用"現實主義"這個術語時，較少著重杜詩内容是否符合當時社會真象，只注意藝術上的現實主義手法，也討論了屬於"非現實主義"的《渼陂行》。莫芝宜佳的解讀重新發現杜甫强烈自我形象的一面，杜詩有"對朝廷的諷喻式批評"的看法，可謂杜詩接受史的"災難性的轉折"：④

> 大量的傳統評論不僅不適用於杜甫的作品，而且恰恰相反：杜甫不守"規則"，格律上常用拗體；他不會克制自己，常常表現爲激憤。只有在極少的情況下他才像個"聖人"。⑤

另一種杜甫研究爲周杉（Eva Shan Chou）的《再論杜甫：文學成就與文化脈絡》（*Reconsidering Tu Fu: Literary Greatness and Cultural Context*），該書有不少篇幅探究杜詩與

① 莫芝宜佳《〈管錐編〉與杜甫新解》，頁205、214－216、221－224、228、243－244、247。
② 同上注，頁249、267－270、275－278。
③ 同上注，頁184、224、228、254－257、265。
④ 同上注，頁276。
⑤ 同上注，頁275。

政治的關係，提出許多新見。由於受“知人論世”的傳統論述方式影響，前人討論杜詩，都必然首先面對杜甫及其時代的特徵。讀者發現杜甫從未動搖的忠誠，從文化角度來看，杜甫本人毫無置疑地處於最頂尖的位置。然而作者認爲，杜甫巨大聲譽的來源——政治觀點是可以非議的，甚至可以説，他的政見是相當天真的。當期待輕微賦税和没有貪污的社會時，他經常用“何時”、“誰能”、“焉能”、“何日”等詞表達自己愁悶的心境，顯示杜甫的見解徒勞無益，相比元結（719－772）等人的實際努力，杜甫只能作出無力的回應，《新唐書》就曾説杜甫論事“高而不切”。傳統讀者的詮釋，多數從杜詩閱讀杜甫的品格和良心，而非政見的不成熟。周杉建議我們應該發現杜甫的希望、絶望和無力感，而不是探討他的分析是否正確。也許梁啓超有這樣的想法，才會提出“情聖”之説。更清楚地説，我們在詩中發現的是個人經驗而不是政論，前人以杜甫的政治觀點爲詮釋的基礎，影響了後來的解讀角度。學者多從作品理解杜甫，問題是這樣的詮釋方法容易忽略某些反例，以維持一個固定的、整體的詩人形象。周杉在後面章節將杜甫記録日常事件的作品分爲“現實主義”和“風格化的現實主義”（stylized realism）兩類，前者是由杜甫獨創的詩歌類型，後者則是杜甫繼承並加以創新的樂府。周杉認爲杜甫現實主義的創新在於“日常生活的敏鋭觸覺”，物質性（physicality）是這類作品的主體，例如《羌村三首》描寫普通人與日常生活，充滿人與人之間親密温暖的感覺。除此以外，尚有獨特的時間觀念、微細的物件和動作的描述。“風格化的現實主義”則不同，雖然同樣描繪人物、景色、動作等等，但它們的描述却没有像前面作品般擁有强烈的物質具體性。①

上面提及的三種外國研究，論者没有注重杜詩如實紀録的一面，却更多考慮杜詩本身的藝術風格和作品中的自我表現。談及“現實主義”一詞，游國恩與周杉都有指出細節描寫一項，游著引《兵車行》、《石壕吏》和《麗人行》，周著引《羌村三首》、《遭田父泥飲美嚴中丞》、《彭衙行》、《茅屋爲秋風所破歌》等解釋自己的觀點。游著明顯採取批判現實主義的立場，周著則標舉細節現實主義（detailed realism），較少受中國傳統的政治解讀角度所影響。中外關於杜詩與“現實主義”不同的接受方向，灼然可見。

四

龔鵬程（1956－　）《文學散步》云：人執著於“真實”，習以爲真實的東西才有價值。抒發情感爲主的文學作品若滲入虚假成分，確實容易使人反感。事實上，讀者永遠無法從作品中接觸到完全真實的事物，我們一般所謂的“真實”，只是個人主觀感官印象的經驗。在中國文論中，關於真實的問題大致可分爲兩個系統，即“文學是對現實的模仿與文學是真情實感的流露”，然而，只要作品合乎語法，語句便具有由語詞和語法構成的意義，它是否涉及外界實在之物是不重要的。文學是由作者想像出來的語言世界，只要本身結構無礙，作品内容就成爲真實。讀者只能從作品中瞭解作者。文學是由語言符號構築出來的，執著於文學必須表現真情實感以至實際經驗的想法，也不盡恰當。②文學史的“現實主義”就像傳統“詩史”論述一樣，夾雜許多不同説

① Eva Shan Chou, *Reconsidering Tu Fu: Literary Greatness and Cultural Context* (Cambridge, Eng.: Cambridge University Press, 1995), pp. 11－22, 46－47, 75－82；“高而不切”，見歐陽修、宋祁《新唐書》卷 201《杜甫傳》，頁 5738；周杉著作介紹見倪豪士（William H. Nienhauser Jr.）《美國杜甫研究評述》，載陳文華主編《杜甫與唐宋詩學——杜甫誕生一千二百九十年國際學術研討會論文集》（臺北：里仁書局，2003 年），頁 14－18。

② 龔鵬程《文學散步》（北京：世界圖書出版公司，2006 年），頁 122－130。

法，實録與模仿的現實主義、知人論世（史筆）與批判的現實主義，以及愛國與社會主義現實主義遥相呼應。本來强調杜甫“一飯未嘗忘君”（“忠義”）的“詩史”，① 在游國恩《中國文學史》中改换爲“熱愛祖國、熱愛人民、不惜自我犧牲的崇高精神”。新文學時期引入的“現實主義”概念，和傳統的“詩史”説一樣，都是含義極廣，有極大可供（再）詮釋空間的用語。②劉大杰和游國恩兩種著作，對“詩史”的理解頗顯不同，甚至互見矛盾：前者較著重“真實社會”，後者注意“鮮明的時代色彩”、“强烈的政治傾向”等要素，後文並謂杜甫叙事詩是現實主義和浪漫主義的結合，與“社會主義的現實主義”和“革命的浪漫主義”兩結合極爲相類。模仿現實和個人想像，何者爲現實主義的基礎，何者爲“五四”以降解讀杜詩的基本信條？

戴燕認爲教學是文學史的主要功能。不獨因爲新文學運動對現實主義的重視，也因爲傳統“詩史”説的關係，杜詩教學非常强調唐代安史之亂對文學創作的影響。艾布拉姆斯（M. H. Abrams，1912－）曾指出，作品、作者、讀者、社會是文學作品的四個元素，任何關於文學的創作或讀解都可以這個四元素系統解釋。③習見的杜甫評論多數關注作品——社會的結構，這也許是解讀杜詩的一個局限。

---

① 黄庭堅《次韻伯氏寄贈蓋郎中喜學老杜詩》（元豐二年北京作），載《黄庭堅全集》（四川：四川大學出版社，2001 年），頁 1287；蘇軾《王定國詩集叙》，載《蘇軾文集》（北京：中華書局，1996 年），卷 10，頁 318。

② 過分强調杜詩“詩史”特質，必然引致許多流弊，例如，楊承祖就發現後人將杜詩用事誤爲史實的現象，見《杜詩用事後人誤爲史實例》，《中研院歷史語言研究所集刊》54 本 1 分（1983 年 3 月），頁 101－120。

③ M. H. Abrams, *The Mirror and the Lamp: Romantic Theory and the Critical Tradition* (New York: Norton, 1958), pp. 6－7；中譯參艾布拉姆斯著，酈稚牛等譯《鏡與燈：浪漫主義文論及批評傳统》（北京：北京大學出版社，1989 年），頁 5－6。另參 Liu, pp. 9－10；中譯參劉若愚《中國文學理論》，頁 13；黄慶萱《劉若愚〈中國文學本論〉内容析議》，《中國學術年刊》19 期（1998 年 3 月），頁 483－520；朱耀偉《再讀〈人間詞話〉：從西方文論看王國維的境界説》，《中國文學與文化研究學刊》1 期（2002 年 6 月），頁 159－182。

宋朝歷史形象的塑建

——費正清《中國新史》的啓示

許振興

一、導　論

自元朝官修的《宋史》於元順帝（妥懽帖睦爾，1320－1370，1334－1370在位）至正五年（1345）成書後，書的選材、記事、組織、剪裁、議論等無一不受到後世嚴苛的批評。但元朝史官塑建的宋朝歷史形象却一直成爲七百多年來治史者持論的主要依據。明清以來個别學者雖曾嘗試改編或重編《宋史》一書，可是他們整編的成果與預設的目標實在相去甚遠。[①] 儘管如此，他們的努力仍然成爲日後有志此道者的最佳借鑑對象。二十世紀以來，因學制改革、課程調適、思潮回響、時局變動等刺激而方興未艾的“中國通史”編撰熱潮[②]，正好爲致力塑建宋朝歷史“新”形象的學者提供了展現身手的良機。他們借鑑、檢討、重構與定調的塑建歷程，又因不時受著東西方學術發展的交互影響，而添上

---

① 有關《宋史》的纂修經過、纂修成員、史料來源、編纂體例、内容特色、缺失、改訂、版本、考補與注釋等，主要可參看 Chan Hok-lam（陳學霖）“Chinese official historiography at the Yuan court: The composition of the Liao, Chin, and Song histories.” in John D. Langlois (ed.): *China under Mongol Rule* (Princeton: Princeton University Press, 1981), pp. 56－106；王瑞來《漫説〈宋史〉》，載《書品》，1987年第2期，頁20－26；孔繁敏《宋史》，載《二十五史導讀辭典》（北京：華齡出版社，1991年6月），頁746－786；周生春《宋史》，載倉修良主編《中國史學名著評介》第2卷（濟南：山東教育出版社，2006年），頁271－286。明清以來個别學者嘗試改編或重編《宋史》的工作，主要以明代編纂成書者最受後世關注，相關的成果可參看柳詒徵（1880－1956）《述〈宋史質〉》，載《史學雜誌》，1929年第1卷第1期，頁1－4（收入氏撰，柳曾符、柳定生選編《柳詒徵史學論文集》，上海：上海古籍出版社，1991年，頁164－169）；張邃青《讀宋校本王氏〈宋史記〉》，載《國風半月刊》，1934年第5卷第10、11期，頁51－55；黄雲眉（1899－1977）《與夏瞿禪論改修宋史諸家書》，載《文瀾學報》，1936年第2卷第1期，頁1－6（收入氏撰《史學雜稿訂存》，濟南：齊魯書社，1980年4月，頁220－227）；Mary Ferenczy: “Chinese Historiographer's Views on Barbarian-Chinese Relations 14th－16th Century”, *Acta Orientalia*, Vol. 21, No. 1 (1968), pp. 359－362；王德毅《從〈宋史質〉談到明朝人的宋史觀》，載《國立臺灣大學歷史學系學報》1977年第4期，頁221－234；朱仲玉《明代福建史學家柯維騏和〈宋史新編〉》，載《福建論壇》（文史哲版），1984年第1期，頁72－75；陳學霖《柯維騏〈宋史新編〉述論》，載《臺灣大學歷史系學報》1988年第14期，頁283－305（收入氏撰《宋史論集》，臺北：東大圖書股份有限公司，1993年1月，頁371－419）；朱仲玉《論明朝人對宋史的研究與改編》，載張舜徽（1911－1992）主編《中國歷史文獻研究》第3輯（武昌：華中師範大學出版社，1990年7月），頁252－255。

② 二十世紀以來學者致力編撰“中國通史”的熱潮，實與學制改革、課程調適、思潮回響、時局變動等息息相關。李萍的《中國通史寫作的兩次高潮及其原因試析》（載《安徽史學》2000年第3期，頁93－96）、王家范的《百年史學建設歷程回顧》（載氏撰《中國歷史上通論》，上海：華東師範大學出版社，2000年11月，頁357－382）、陳立柱的《百年來中國通史寫作的階段性發展及其特點概説》（載《史學理論研究》2003年第3期，頁85－93）與趙海春的《二十世紀中國通史編纂研究》（北京：中國社會科學出版社，2007年3月），俱可參考。

了新的關注元素。[①] 過去百年間的衆多“中國通史”著述中，美國的“中國學”泰斗費正清(John King Fairbank，1907－1991)[②] 撰寫的《中國新史》(*China: A New History*)，[③] 便因它的“新”而被推許爲“别具一格的中國通史簡編”。[④] 但他在書中塑建的宋朝歷史形象，却未獲得論者的充分重視。[⑤] 本文即擬探索費正清爲宋朝塑造此獨樹一幟歷史形象的個中緣由，並揭示他的持論對宋史研究者可能產生的啓示。

二、費正清的《中國新史》

《中國新史》是費正清一生獨力完成的最後一部著述，是以論者將它稱爲費氏的“蓋棺之作”。[⑥] 費正清的妻子費慰梅（Wilma Canon Fairbank，1901－2002）曾概括談及此書，説：

> 我丈夫撰寫的最後一本書是《中國新史》，他在1991年9月臨終前幾天親自將該書的稿子送到哈佛大學出版社。這本書於1992年春問世。在這本書裏他叙述了從舊石器時期以來

① 相關的研究，主要可參看黄進興《中國近代史學的雙重危機：試論“新史學”的誕生及其所面臨的困境》，載《中國文化研究所學報》，1997年新第6期，頁263－284；周文玖、王記録《二十世紀中國史學思潮發展大勢略論》，載《濟寧師專學報》2001年第22卷第2期，頁55－60；王爾敏《百年來的史學風氣與史學方法》，載《漢學研究通訊》第20卷第4期（總第80期，2001年11月），頁1－5；Rudolf G. Wagner: “Importing a ‘New History’ for the New Nation: China 1899”, in Glen Most ed.: *Historization-Historisierung*, *Aporemata*, *Kritische Studien zur Philologiegeschichte*, vol. 5 Göttingen: Vandenhoeck & Ruprecht, 2001, pp. 275－292（中文譯本爲魯道夫·瓦格納撰，朱瀟瀟譯、潘瑋琳校《爲新國家引入“新史學”：中國1899年》，載復旦大學歷史學系、復旦大學中外現代化進程研究中心編《中國現代學科的形成》，上海：上海古籍出版社，2007年8月，頁254－275）；王學典《近五十年的中國歷史學》，載《歷史研究》2004年第1期，頁165－190；朱政惠、李江濤《二十世紀中外史學交流回顧》，載《史林》2004年第5期，頁22－34。

② Paul A. Cohen與Merle Goldman主編的*Fairbank Remembered*（Cambridge, Mass.: John K. Fairbank Centre for East Asian Research, Harvard University, 1992. 中譯本爲保羅·柯文與默爾·戈德曼主編，朱政惠等譯《費正清的中國世界——同時代人的回憶》，上海：東方出版中心，2000年3月）一書便載録了不少與費正清有關的專家學者、社會領袖撰寫的懷念文章，就費正清的學術思想、治學方法、軼聞舊事等作多角度的闡釋。這都是費正清在“中國學”研究上享有崇高地位與深遠影響的最佳證明。

③《中國新史》一書於1992年由美國哈佛大學出版社出版（John King Fairbank: *China: A New History*, Cambridge, Mass.: Belknap Press of Harvard University Press, 1992）；兩年後，臺灣的正中書局便推出薛絢翻譯，題爲《費正清論中國：中國新史》的中文譯本（費正清撰、薛絢譯《費正清論中國：中國新史》，臺北：正中書局，1994年10月）。由於費正清撰寫原書時，國内的改革開放只推行了十多年，是以最後一章《鄧小平的改革，1978－1988》（Deng Xiaoping's reforms, 1978－1988）實未能反映改革的大部分成效。他的學生Merle Goldman便在原書的基礎上將該章的標題改易爲《後毛澤東時代》（The post-Mao Reform Era），在資料上大量充實相關的内容，並將原書的《結語》（Epilogue）改爲自己撰寫的《結語：世紀末的中國》（Epilogue: China at the Close of the Century），於1998年出版該書的增訂本（John King Fairbank and Merle Goldman: *China: A New History*, Enlarged Edition, Cambridge, Mass.: Belknap Press of Harvard University Press, 1998）。2006年，Merle Goldman再出版原增訂本的第二次增訂版（John King Fairbank and Merle Goldman *China: A New History*, Second Enlarged Edition, Cambridge, Mass.: Belknap Press of Harvard University Press, 2006）。本文主要以原書爲據，如需原文引録，則主要採用薛絢的中譯本。

④ 陶文釗《費正清與美國的中國學》，載《歷史研究》1999年第1期，頁150。

⑤ Alexander Woodside撰寫的“*China: A New History* by John King Fairbank”是一篇罕有的嘗試就費正清塑建的宋朝歷史形象表達意見的書評（*The China Quarterly*, No. 137, March 1992, p. 222）。鄧小南《宋代歷史再認識》一文，則是漢語世界極難得能注意到費正清形容宋朝爲“中國最偉大的時代”的論著，可惜全文的要旨並不在探討此説（載《河北學刊》，2006年第26卷第5期，頁98－99）。

⑥ 參看鄧鵬《蓋棺之作》，載《讀書》1992年第12期，頁125－132。

的中國歷史。目前許多美國大學歷史系都採用它做教材。①

全書於1991年9月脱稿，1992年由美國哈佛大學出版社出版。由於費正清的學術研究主要以清代以來的中國史爲重點，而將清代以前的中國歷史視爲諸相關史事的背景與基礎，是以他的論著絶少對明清以前的中國表達個人的見解。既曾選修費正清主講的課程，又曾與費正清於哈佛大學共事多年的普林斯頓大學東亞系榮休講座教授余英時於1994年5月爲《中國新史》中譯本撰寫的序言便指出：

費氏的史學專業限於中國近代史的對外關係方面；他在哈佛大學的教學工作也以鴉片戰爭以後的中國史爲斷……早在三十多年前，他已與日本史權威賴世和（Edwin O. Reischauer）合寫了一部兩厚册的東亞文明史——《偉大傳統與現代轉變》。其中有關中國的部分後來又單獨合爲單行本。這是他們在哈佛本科每月合教東亞文明概論一課的結晶。這是一部有深度而且流行很久的教科書，但是其中古代至唐宋各章是由賴世和執筆的，費正清則負責明清以下的近代和現代部分。②

《中國新史》便成了費正清一生惟一就舊石器時代至1989年間中國歷史發展提出個人系統見解的著述，是以别具遠超是書内容的另一重價值。余英時簡介本書的特色説：

它不是一般意義的所謂中國通史，從全書的詳略取捨上看，費正清似乎也無意把它寫成一部通史教本。他的叙述大體遵守著三條主線，即詳近而略遠，重政治而輕文化，取統一而捨分裂。最明顯的是春秋戰國和南北朝這兩大分裂時期在本書中只有一兩句話提到而已。這當然不是寫通史的態度。所以本書的主旨事實上仍在於闡釋近代中國的發展及其未來的演變。至於其近代的部分則是作爲歷史背景來處理的。③

四川大學從事美國文化研究的楊靜林則認爲：

費正清是公認的美國中國學的創始人，他以歷史學家的身份研究中國，並從文化的角度研究中國歷史，從而形成了他的中國觀。《中國新史》是他最後一部作品，也是他中國觀的總結。費氏的中國觀具有三個主要特點：以考古學領域發現爲佐證，强調中國文化的連續性和同一性；以中國歷史爲背景，强調中國文化的特殊性；從美中關係的發展出發，强調

---

① 這是費慰梅在1995年3月22日就《費正清評傳》作者鄧鵬查詢有關費正清撰寫馬士（H. B. Morses，1855－1934）傳記一事的親筆回覆（鄧鵬撰《費正清評傳》，成都：天地出版社，1997年8月，書首《費慰梅致作者的信》譯文，不標頁碼）。原文爲："John Fairbank's final book, finished by him and also delivered by him to the Press shortly before his death in September 1991 is entitled *China: A New History*, published by Harvard Univ. Press in Spring 1992. It starts with Paleolithic China and comes up to date. It is widely used here for teaching."（鄧鵬撰《費正清評傳》書首《費慰梅致作者的信》，成都：天地出版社，1997年8月）余英時於1994年5月爲中譯本撰寫的序言稱："《費正清論中國：中國新史》是費正清生平最後的一部著作。1991年9月12日上午他親自將這部書的原稿送到哈佛大學出版社，下午他的心臟病復作，兩天後便逝世了。"（《費正清論中國：中國新史》余英時序，頁1）記録更爲詳細。

② 《費正清論中國：中國新史》余英時序，頁1－2。費正清與賴世和合撰的東亞文明史爲John K. Fairbank, Edwin O. Reischauer, Albert M. Craig: *East Asia: Tradition and Transformation*, London: Allen & Unwin, 1973。此書有關中國的單行本爲John K. Fairbank and Edwin O. Reischauer: *China: Tradition & Transformation*, Sydney: Allen & Unwin, 1979。

③ 《費正清論中國：中國新史》余英時序，頁5。

中國文化的重要性。①

但美國耶魯大學（Yale University）的漢學家史景遷（Jonathan Spence）却指出全書更多地專注於社會史、基層生活史與士人社會的展示。② 華東師範大學的朱政惠爲《費正清的中國世界——同時代人的回憶》一書的中譯本撰寫《譯者的話》時便特别强調：

> 正如有的學者所指出的，費正清學術行生涯的最大成就，就是創立當代中國學。這種"中國學"，就是有别於偏重語言學、文化學、傳統漢學的中國學。它和歐洲傳統漢學的最大區别在於，特别强调運用多種檔案、多種語言、多種社會科學方法研究中國，從而導致一種被稱之爲"新漢學"的中國學的形成。③

本於他自成體系的中國觀，費正清於 1991 年 9 月 12 日將本書書稿送交出版社前爲本書撰寫的《自序》，便清楚交代全書——《緒論：理解中國歷史的方法》（Introduction: Approaches to understanding China's History）、《第一部分：君主專制的興衰》（Part one: Rise and decline of the imperial autocracy）、《第二部分：中華帝國的晚期，1600－1911》（Part two: Late imperial China, 1600－1911）、《第三部分：中華民國，1912－1949》（Part three: The Republic of China, 1912－1949）、《第四部分：中華人民共和國，1949－1991》（Part four: The People's Republic of China, 1949－1991）與《結語》（Epilogue）④ 的編撰思路，指出全書在略述理解中國的幾種主要門徑（several lines of approach to the Chinese scene）後，分别探討漢、唐、宋、明、清時期君主專制與士人菁英領導下國家與社會的發展（trace the growth of the imperial autocracy, of the elite, and of the state and society they governed），思考公元 1200 年後中國成爲現代化遲來者（latecomers on the way to modernity）的原因，分析毛澤東領導下中國共産黨的興起（the rise to power of the Chinese Communist Party under Mao Zedong）與 1949 年以來中國政治令人刮目的演變（its amazing vicissitudes since 1949）。⑤ 這使讀者不單能進一步瞭解他堅信中國"具有獨特的過去，自當享有獨特的未來"（Having had a unique past, they would have their own unique future.）的説法絶非無根空論，更易於掌握他只視明清以前的中國史爲近代中國發展之背景的原委。⑥ 因此，論者嘗以《中國新史》一書的"新"，不單在作者撰寫時採用的輕鬆、非教條式語調，更在於他堅持重理解多於叙述、重啓迪多於規範、重探索多於定調的

① 楊靜林《從〈中國新史〉看費正清的中國觀》，載《西南交通大學學報》（社會科學版），2007 年第 8 卷第 1 期，頁 125。

② Jonathan Spence 爲此書撰寫的書評"From the Stone Age to Tiananmen Square"指出："*China: A New History* is dedicated in large part to social history, to the infrastructures and daily life of the Chinese, and to the elusive world of 'civil society' that obviously existed and flourished at many levels under the watchful eyes of the purportedly omnipresent autocratic state."（*New York Times*, Late edition, East Coast, May 24, 1992, p. A2）

③ 朱政惠等譯《費正清的中國世界——同時代人的回憶》，朱政惠《譯者的話》，頁 1。

④ 全書的標目以 1991 年費正清親撰的 *China: A New History* 原版本爲據（參看該書的"Contents", pp. vii－xii）。1998 年與 2006 年的增訂本將書的標目《第四部分：中華人民共和國，1949－1991》（Part four: The People's Republic of China, 1949－1991）改爲《第四部分：中華人民共和國》（Part four: The People's Republic of China），又將原來的《結語》（Epilogue）改爲《結語：世紀末的中國》（Epilogue: China at the close of the century），以切合歷史發展的實況（參看 *China: A New History*, Enlarged Edition, pp. vii－xii; *China: A New History*, Second Enlarged Edition, pp. vii－xii）。

⑤ 參看 *China: A New History*, John K. Fairbank "Preface", pp. xv－xvii。

⑥ 參看 ibid, John K. Fairbank "Preface", p. xvii。

著述原則。①

三、《中國新史》塑建的宋朝歷史形象

費正清終身筆耕不輟，著述等身，編撰的五十多部論著，不少已成爲西方“中國學”的經典。② 但這些著作的主要閱讀對象是人數衆多而對中國認識不多、甚或絶無認識的美國大學生、政客、學者、商人、外交官等廣泛群體，是以内容與立論便不無投其所好、甚或投鼠忌器的可能。③《中國新史》自亦難以例外。他爲切合讀者認識中國歷史的需要，首先在書的《緒論：理解中國歷史的方法》(Introduction：Approaches to Understanding China's History) 援用美國讀者熟知的事實，不時以深入淺出的方式介紹若干他認爲理解中國歷史必須注意的要點。這些要點包括南北地域差異（Geography：The Contrast of North and South)、人類與自然 (Humankind in Nature)、村莊與家族世系（The Village：Family and Lineage)、中亞草原與農耕中國（Inner Asia and China：The Steppe and the Sown）等項。④ 這使他在解釋中國歷史發展進程時得以順理成章地融入地域差異、社會生態變化、鄉村結構及多民族共存等因素。⑤ 他爲了取信於讀者，立論雖刻意忽略中文原始史料與中、日史家著述的觀點，却全面採用了二十世紀六十年代以來西方 627 位漢學研究者 930 部學術著作的論點。此書被視爲一部有别於一般歷史教本寫法的著述，自是絶非持論者不經意的信口雌黄。⑥ 論者指出：

> 寫歷史教科書的難處在於它既要採納史學領域裏的最新的學術成果，反映該領域爲人們普遍接受的觀點，又要標新立異。這要求作者不僅具有駕馭大量材料的能力，而且具有深厚的學術修養。⑦

費正清便是在審慎思量與詳盡搜羅各方資料後，以他創設與領導的哈佛大學東亞研究中心（East Asian Research Center at Harvard University）出版的衆多著述爲基礎，⑧ 並因著宋代物質文明的長足發展、教育的普及、科舉考試的制度化、理學的創立、士紳社會的形成等特點，肯定當時的技藝、政治體制、藝術、思想、社會組織等均處於中國歷史的高峰期。這使他毫不猶豫將

---

① Charles Horner（President of the Madison Center in Washington D. C.）爲紐約（New York）出版的 *Commentary* 撰寫題爲 “China Plain” 的書評，强調 *China: A New History* 一書的 “新” 時，認爲 “What is 'new' in this survey of China's history from ancient times to the present is, in the best Chinese fashion, more implied than stated, more suggestive than definitive, more methodological than conclusive. The sheer bulk of the work, its large reliance on the specialized and the technical, and its relaxed, non-dogmatic tone add up to a freeing of the subject from contentious political and policy debates. It is the work of a contented historian. ”（Vol. 94, Issue 4, October 1992, p. 60）

② 有關費正清的主要著述，參看鄧鵬《費正清評傳》,《主要參考文獻·費正清本人著作》，頁 317 – 321。

③ 參看鄧鵬《費正清評傳》,《主要參考文獻·費正清本人著作》,《後記》，頁 310。

④ 參看 *China: A New History*, pp. 1 – 25。

⑤ 參看錢金保《中國史大師費正清》，載《世界漢學》1998 年第 1 期，頁 137。

⑥ 參看余英時序，頁 5 – 6；《費正清評傳》，頁 288；楊靜林《從〈中國新史〉看費正清的中國觀》，頁 126。

⑦ 鄧鵬《費正清評傳》，頁 288。

⑧ Charles Horner 的 “China Plain” 交代 *China: A New History* 一書的撰述基礎時，認定：“the building blocks of the book are the many monographs produced over the years under the aegis of Harvard's East Asian Center, which Fairbank founded and then headed for many years. Fairbank gives these works great prominence, and commends them for the persistence and professionalism they embody. ”（p. 60）

宋代（北宋與南宋）尊稱爲"中國最偉大的時代"（China's Greatest Age），① 並清楚指出：

> 宋代三百年存在一種奇怪的反常現象。一方面，宋代是偉大的創造時代，使中國人在工技發明、物質生產、政治哲學、政府、士人文化等方面領先全世界。印刷的書籍、繪畫、文官考試制度，只是中國此種卓越地位的兩、三個實證。而另一方面，就在中國如此興盛同時，內亞細亞（Inner Asia）的外族侵略者，漸漸從軍事與行政上控制住中國的政府和人民。宋代的文化成就是否與後來的外族統治有關呢？這是極其重要——却不單純——的問題。②

他對宋代中國人口的大幅激增、都市生活的蓬勃興盛、冶鐵煉鋼的推陳出新、戰爭藝術的精益求精、紙幣的通行全國、航海技術的超越前代與對外貿易的急促發展等項讚不絕口。③ 他甚至作出如下的聯想：

> 宋代驚人成就的這些層面只是幾個例子。任何有現代意識的擴張主義者回顧諸如此類的成長和創造力時，可以想像到，宋代中國若自由發展下去，將可能主導航海世界，並且自亞洲發動侵略，移民歐洲，從而改寫歷史。看起來，欠缺的只是動機和刺激。④

他雖然强調這只是痴人説夢（a far-out fantasy），⑤ 可是夢語背後還是多少透露了作者的心底話。他一方面從物質文明發展的角度，爲宋朝塑建了令一般研習中國歷史——特別是漢語世界裏的中國歷史研習者大吃一驚的歷史形象——"中國最偉大的時代"；一方面又在肯定理學發展蓬勃、精神文明豐足的同時，煞有介事地考究宋代以後中國的發展何以一落千丈，他説：

> 中國自創的科技、政府體制、藝術、思想、社會組織等等，都在宋代達到一個高峰。內亞細亞異族侵略中國奪取主權的行動，也於此時趨於高潮，中國竟然在文明發展到頂點的時候被外族征服，這似乎是令人驚愕的矛盾。更不可思議的是，外族征服並不是一舉滅宋，而是在公元 907 年宋朝未建立之前就開始，斷斷續續進行了三個半世紀，到了 1279 年才完成。歷時這麼長久的發展，不能説它是意外了，在其背後又存在著甚麼樣的長期趨勢呢？⑥

他最熱切希望點出的事實是在"文武共生"（The symbiosis of Wen and Wu）的格局下，宋朝大量重用文官、建立完備官僚體制的代價便是朝廷因軍事開支過度緊絀（the buildup of a bureaucratism burdened with the costs of defense）而犧牲軍事防禦的發展。⑦ 他的解説不難令人

---

① 費正清在書中爲闡釋北宋與南宋是"中國最偉大的時代"（China's Greatest Age: Northern and Southern Song），特别標舉"物質文明的長足發展"（Efflorescence of material growth）、"教育與考試制度"（Education and the Examination System）、"理學的創立"（The creation of Neo-Confucianism）與"士紳社會的形成"（Formation of Gentry Society）四項詳加説明（參看 *China: A New History*, pp. 88 - 107；《費正清論中國：中國新史》，頁 90 - 111）。

② 《費正清論中國：中國新史》，頁 90。

③ 參看 *China: A New History*, pp. 88 - 93；《費正清論中國：中國新史》，頁 88 - 94。

④ 《費正清論中國：中國新史》，頁 94。原文參看 *China: A New History*, p. 93。

⑤ 參看 *China: A New History*, p. 93。《費正清論中國：中國新史》譯"a far-out fantasy"爲"想入非非"（頁 94）。

⑥ 《費正清論中國：中國新史》，頁 112。原文參看 *China: A New History*, p. 108。

⑦ 參看 *China: A New History*, p. 108；《費正清論中國：中國新史》，頁 112。

聯想到他是否正爲清代中葉開始横行中國的西方列强尋找卸責的藉口。論者更嘗直指他多方申述宋代的優越，旨在突出宋代衆多成就的背後已預伏了日後僵化落後的種子。① 他的立論主要建基於西方學者的研究成果，② 而他爲宋朝塑建的歷史形象實際便是西方英語世界塑構的"中國最偉大的時代"。

四、《中國新史》塑建宋朝歷史"新"形象的啓示

費正清《中國新史》塑建的宋朝歷史"新"形象的確令當時漢語世界的讀者眼前驟然一亮，因爲大多數中國史家筆下深入人心的宋朝形象都偏於負面。這等負面的歷史形象尤多見於二十世紀相繼面世的中國通史。③ 上海師範大學的程郁與上海社會科學院的張和聲於年前爲李學勤擔任總顧問的《話説中國》叢書系列編寫《文采與悲愴的交響——公元960年至公元1279年的中國故事（宋）》一書時，便嘗頗爲克制地稱宋朝是歷史上一個"平淡而耐人尋味的時代"。④ 這朝代在物質文明與精神文明方面的突破性發展早已受到史家的肯定。王國維在1928年發表的《宋代之金石學》已指出："天水一朝人智之活動與文化之多方面，前之漢唐，後之元明，皆所不逮也。"⑤ 陳寅恪（1890－1969）在1943年（癸未）爲鄧廣銘（1907－1998）的《宋史職官志考證》撰序，亦斷言"華夏民族之文化，歷數千載之演進，造極於趙宋之世"。⑥ 鄧廣銘在二十世紀六十年代初已著意强調北宋社會經濟的發展成就，突出土地制度、農耕技術對農業生産的重大推動實效。⑦ 伊懋可（Mark Elvin）在1973年出版的專著 *The Pattern of the Chinese Past* 同樣對宋代的經濟發展讚不住口。⑧ 中國宋史研究會前會長朱瑞熙肯定地指出：

> 儘管宋朝的疆域不如漢、唐，國力也不及北方的遼、金及西北的西夏，但它在經濟、教育、科技、文化方面所達到的高度，在中國古代是空前的。同時，它還是當時的世界大國，在經濟等方面的成就，在當時世界上居於領先地位，對人類文明作出重大貢獻，産生

---

① Alexander Woodside 撰寫的"*China: A New History* by John King Fairbank"書評指出費正清筆下，"During its 'greatest age', the Song dynasty, China was the world leader. But the 'Song ship of state' was 'torpedoed' by many factors as it 'sailed so promisingly toward modern times'. Song China's superiority became a source of backwardness by 1800, ' as though all great achievements carry the seeds of their ossification'. Modern Chinese leaders could not break away from the burdens of the imperial past."（*The China Quarterly* 137：222［1994］）

② *China: A New History* 列出有關宋朝法制、政制與變法（Law, government, reform）的建議讀物（Suggested reading）爲劉子健（1919－1993）的 *Reform in Sung China: Wang An-shih（1021－1086）and his new policies*（Cambridge, Mass.：Harvard University Press, 1959）、Brian E. McKnight 的 *Village and bureaucracy in Southern Sung China*（Chicago: University of Chicago Press, 1971）與 Paul J. Smith 的 *Taxing heaven's storehouse: horses, bureaucrats, and the destruction of the Sichuan tea industry, 1074－1224*（Cambridge, Mass.：Council on East Asian Studies, Harvard University, 1991）三種（p. 448）。由於後兩種專著頗受劉子健一書的影響，費正清此書自亦難以例外。

③ 吕思勉（1884－1957）於1944年由開明書店出版的《中國通史》下册《中國政治史》將有關北宋歷史的一章定名爲《北宋的積弱》(參看吕思勉撰《吕著中國通史》，上海：華東師範大學出版社，1992年8月，頁430－435)，便是一例。

④ 程郁、張和聲《文采與悲愴的交響——公元960年至公元1279年的中國故事（宋)》（上海：上海文藝出版社，2004年6月)，頁18。

⑤ 王國維《宋代之金石學》，載傅傑編校《王國維論學集》(昆明：雲南人民出版社，2008年3月)，頁240。

⑥ 陳寅恪《鄧廣銘〈宋史職官志考證〉序》，載氏撰《金明館叢稿二編》(上海：上海古籍出版社，1980年10月)，頁245。

⑦ 參看鄧廣銘撰《兩宋遼金史》(北京：中共中央高級黨校，1963年4月)，頁6－9；鄧廣銘等撰《大師講史》下册（北京：中共中央黨校出版社，2007年1月)；鄧廣銘《兩宋遼金史》，頁7－10。

⑧ 參看 Mark Elvin：*The pattern of the Chinese past*（London：Eyre Methuen, 1973)。

深遠影響。①

他視宋朝在經濟、教育、科技、文化等方面的成就只是"空前"，而非費正清隱言的"絶後"，無疑客觀而較令人信服。

當然，讀史者絶不應人云亦云。如果費正清在《中國新史》塑建的宋朝歷史"新"形象只是爲了針對美國，甚或西方閲讀中國歷史書籍的讀者要求，中國史家、特别是二十世紀以來衆多中國通史編撰者將宋朝塑建成中國歷史上積貧積弱、重文輕武、苟延殘喘、朝不保夕的朝代，同樣是爲了適應當時社會與大多數讀者的需求。雷海宗（1902－1962）在 1932 年起於清華大學講授中國通史時爲宋朝作的解説，便是個中一例：

> 宋代的統一只能説是長期大亂後的消極治平時代，對内對外實際都無辦法。宋太祖集中兵權，似可矯正時弊。但所召的兵太多，分子雜濫，甚至往往以召兵爲救荒的方法。同時朝廷對軍將過於姑息，不加督責。將既如此，兵又如彼，難怪宋代對外始終不能振作。②

他爲宋朝塑建的歷史形象，跟錢穆（1895－1990）將宋朝形容爲"積貧積弱"、③ 蔣復璁（1898－1990）視宋朝自"推行强本弱末的國策，轉變而爲重文輕武，進而爲猜忌將領"④ 般，都是不能反映宋朝真實面貌、且容易引起誤解的説法。李裕民便嘗採綜合國力的計算方式，根據農、工、商業的發展，配合海外貿易、國庫收支、抗遼、抗金、抗蒙等表現而論定"宋不僅不能説弱，還應該説是相當强的"。⑤ 鄧廣銘更曾直斥宋朝以"重文輕武"爲國策的説法不足信：

> 自來的論史者大都認爲，宋代文化之興盛，主要應歸功於宋王朝的重文輕武政策，還有人更具體落實到宋初幾個皇帝的"右文"政策上。我則以爲，"重文輕武"只不過是一種表面現象。實際上，北宋建都於四戰之區的開封，建國之初則爲了削平十國割據的殘局，其後則北方的勁敵契丹和繼起於西北地區的西夏，無一不需要武力去對付。所以，北宋一開始就注定了"國倚兵而立"的局勢，如何能够制定輕武的政策呢？⑥

費正清主要借助西方學者以中文以外的文字撰寫的專著，在肯定宋朝"重文輕武"的前提下稱宋朝爲"中國最偉大的時代"，持論實不乏"語不驚人死不休"的意味。宋朝既被視爲"一個值得反思的王朝"，⑦ 論者嘗以爲：

> 宋朝可能是中國歷史上一個最讓人感到困惑的朝代，它的豐富、複雜和矛盾構成了其

① 程郁、張和聲《文采與悲愴的交響——公元 960 年至公元 1279 年的中國故事（宋）》，朱瑞熙《專家導言》，頁 13。
② 雷海宗編著，黄振萍整理《中國通史選讀》（北京：北京大學出版社，2006 年 5 月），頁 541。
③ 參看錢穆撰《國史大綱》（臺北：國立編譯館，1977 年 9 月），《貧弱的新中央》，頁 391。
④ 蔣復璁《宋代一個國策的檢討》，載氏撰《宋史新探》（臺北：正中書局，1975 年 2 月），頁 39。宋朝以"重文輕武"爲國策一説，曾瑞龍（1960－2003）便嘗有"'重文輕武'：政策還是現象？"的質疑（參看氏撰《經略幽燕：宋遼戰爭軍事災難的戰略分析》，香港：中文大學出版社，2003 年，頁 7－10）。
⑤ 參看李裕民《宋代積貧積弱説商榷》，載盧向前主編《唐宋變革論》（合肥：黄山書社，2006 年 3 月），頁 370。全文見書的頁 365－370。
⑥ 鄧廣銘《宋代文化的高度發展與宋王朝的文化政策——〈北宋文化史述論稿〉序引》，載氏撰《鄧廣銘治史叢稿》（北京：北京大學出版社，1997 年 6 月），頁 71。
⑦ 鄭岩編著《宋朝十講》（哈爾濱：哈爾濱出版社，2006 年 10 月），《導言》，頁 1。

紛繁的歷史。宋朝是一個柔弱但發達的朝代，在三百多年的歷史中，上演著爭鬥與殺戮、變法與保守、中庸與衰敗的一幕幕場景。無論是瞭解歷史還是反思歷史，重要的是切入它的角度和方式，歷史是過去的事情，但也是現實的鏡子，正是因爲這個原因，當我們面對歷史的時候，我們才能作爲旁觀者看到我們應該看到的東西，並且吸取我們應該吸取的養料。①

認識宋朝的歷史、解讀宋朝的史事、塑建宋朝的形象，自是全賴研究者能切實地“跳出想當然的框框，多方面尋找進行自我反省的憑借的來源，真正超越剪貼史學的窠臼”。② 因此，認真研讀選材、記事、組織、剪裁、議論等無一不受後世嚴苛批評，然却因編修匆促而不經意保留不少宋朝官修實録、國史原文的元朝官修《宋史》，或許應是有志塑建宋朝“新”歷史形象者避免重蹈費正清輕率立論舊轍的最便捷坦途。年來學者對《宋史》一書諸論讚的研究，正是他們朝此方向邁開大步的證明。③

① 鄭岩編著《宋朝十講》（哈爾濱：哈爾濱出版社，2006 年 10 月），《後記》，頁 308。
② 李立《宋代政治制度史研究方法之反思》，載包偉民主編《宋代制度史研究百年（1900－2000）》（北京：商務印書館，2004 年 7 月），頁 39。
③ 參看李華瑞《〈宋史〉論讚評析》，載朱瑞熙等主編《宋史研究論文集》第 11 輯（成都：巴蜀書社，2006 年 8 月），頁 488－507。

宋代雕版印刷之傳媒效應

——以谷登堡活字印刷作對照

張高評

一、印刷傳媒與唐宋變革

(一) 唐宋變革與印刷文化史之研究

自日本内藤湖南提出“唐宋變革説”、“宋代近世”説，其弟子宫崎市定證成其學，京都學派此一中國古史分期論，影響深遠。① 陳寅恪稱：“華夏文明，歷數千年之演進，造極於趙宋之世”；鄧廣銘研究宋史，亦讚同是説。推而至於傅樂成判分唐型文化、宋型文化，繆鉞《詩詞散論》强調“唐宋詩殊異”説，錢鍾書《談藝録》揭櫫“詩分唐宋”，皆可謂百慮一致，殊途同歸。②

内藤氏與宫崎氏之唐宋變革説及宋代近世説，談及影響因素大概有十：政治、選舉、任官、黨爭、人民、經濟、學術、文藝、兵制、法律等，觸及印刷傳媒之議題幾乎没有。③ 就歷史演進而言，内藤虎次郎及宫崎市定提出“唐宋變革”、“宋代近世”説，④ 是否與雕版印刷有關？就文化類型而言，王國維稱美天水一朝之文化，謂“前之漢唐，後之元明，皆所不逮”，又謂“近世學術，多發端於宋人”；陳寅恪亦有“華夏民族之文化，歷數千載之演進，造極於趙宋”之説；⑤ 傅樂成則提出唐型文化與宋型文化，⑥ 文化演變之不同，印刷傳媒居於何種地位？就詩歌而言，繆鉞《詩詞散論》標榜“唐宋詩異同”，⑦ 錢鍾書《談藝録》强調“詩分唐宋”，⑧ 雕版印刷是否其中之關鍵觸媒？印刷傳媒在西方之繁榮發達，促成宗教革命、文藝復興；在宋代，印刷傳媒

---

① 錢婉約《内藤湖南研究》，北京：中華書局，2004 年；張廣達《内藤湖南的唐宋變革説及其影響》，載《唐研究》第十一卷（北京：北京大學出版社，2005 年），頁 5－71；柳立言《何謂“唐宋變革”?》，《中華文史論叢》2006 年 1 輯，頁125－171。

② 諸家學説，參考張高評《從會通化成論宋詩之新變與價值》，見《會通化成與宋代詩學》（臺南：成功大學出版組，2000 年 8 月），頁 37。

③ 參考張廣達《内藤湖南的唐宋變革説及其影響》，《唐研究》第十一卷（北京：北京大學出版社，2005 年），頁 5－71；參考王水照《日本宋學研究六人集》之《前言》；内山精也《傳媒與真相——蘇軾及其周圍士大夫的文學》（上海：上海古籍出版社，2005 年 8 月），頁 2－9。

④ 内藤氏與宫崎氏論唐宋變革與宋代近世説，談及影響因素大概有十：政治、選舉、任官、黨爭、人民、經濟、學術、文藝、兵制、法律，觸及印刷傳媒之議題則幾乎没有。另參注 1、注 3 之相關書籍。

⑤ 王國維《宋代之金石學》，《静安文集續編》（上海：上海書店，1983 年），頁 70；陳寅恪《鄧廣銘〈宋史・職官志〉考證序》，《金明館叢稿》（臺北：里仁書局，1982 年），頁 245－246。

⑥ 傅樂成《唐型文化與宋型文化》，原載《編譯館館刊》一卷四期（1972 年 12 月），後輯入《漢唐史論集》（臺北：聯經出版公司，1977 年 9 月），頁 339－382。

⑦ 繆鉞《論宋詩》，《詩詞散論》（臺北：開明書店，1977 年）。

⑧ 錢鍾書《談藝録》（臺北：書林出版公司，1988 年 11 月），頁 1－5。

與寫本、藏本競奇爭輝，是否亦生發類似之激蕩？目前學界尚未關注此一創新研究課題。

趙宋開國以來，實施“右文政策”，科舉考試與雕版印刷爲其中兩大施政措施，二者體現之成效有目共睹。歷來學界研討科舉考試、雕版印刷等所謂“右文政策”之論著，不可謂不多，然多專業分論，較少就印刷史、版本學、目録學，以及應試圖書、學校教育、書院講學、科舉考試等所引發之印刷傳媒效應，作一整合研究。[①] 雕版印刷形成印本文化，印本崛起，與寫本、藏本並行爭輝，對於宋元之閱讀接受、文學創作、詩學評論，乃至於學術風尚，究竟産生哪些激蕩？發揮何種影響？這關係版本學、目録學、傳播學、接受反應論，與文學、文論方面之學科整合研究。筆者以爲上述學者所提文明造極、唐型文化、宋型文化、唐宋詩殊異、詩分唐宋、唐宋變革云云，大抵多與印刷傳媒所生發之效應密切相關。推而廣之，印刷傳媒對宋代文學、思想、史學、經學又各有何影響？每一層面，資源豐富，却開發不多。此一學術園林，值得投注心力，耕耘墾拓。

雕版印刷在宋代之崛起與繁榮，不只造成圖書複製技術之巨大變革，更形成知識信息傳播在質量方面的快速衝擊。傳播學探討知識信息的雙向交流過程。美國傳播學家拉斯韋爾（Harold Lasswell，1902－1978）研究傳播思路，提出5W：即誰（Who）、説什麼（Say what）、對誰（To whom）、憑藉什麼渠道（In which channel）、取得什麼效果（With what effect）。[②] 這傳播學“5W模式”的價值，包含了對生産、内容、傳遞和受衆的有力强調。後來傳播學功能學派的研究領域，即鎖定控制研究、内容分析、媒介研究、受衆研究和效果研究五大要素，的確爲傳播研究提供了便捷思路。其後，布萊道（Braddock）對上述傳播模式稍作修訂，强調知識訊息之傳播，在什麼情况下？爲了什麼目的？産生什麼效果？[③] 本論文斟酌參考拉氏、布氏二家之傳播理論，以探討印本圖書之爲傳媒，究竟生發何種效應？筆者以爲：印刷術的發明，對於文字媒介的傳播史，由寫本轉爲印本，形成一個轉折點，對於閲讀、思維之受衆，創作、評論、著述之效果，必定生發前所未有之激蕩與影響。

系統論、控制論、信息論，原爲電子學術語，心理學、美學借用其説，標榜“反饋”、“反應回路”，以詮釋審美接受之歷程。所謂“反饋”（feed back），原指控制系統輸出的信息，作用於被控對象後，産生的結果，再輸送回來，又稱爲“回授”、“返回傳入”、“回復”。文藝美學借用控制論中因果相互作用的反饋聯繫，指稱審美對象的反應，又反作用於審美對象。[④] 時至宋代，圖書傳播之媒介，除寫本、藏本之知識流通外，又增加雕版印書之傳媒。印刷傳媒之圖書信息量如此豐富便捷，傳播媒介如此化身千萬，無遠弗届，宋代士人面對如此創新之知識觸媒衝擊，以及雙向交流之傳播效果，於是深信讀書精博有益於作文；“詩詞高勝，要從學問中來”之論調，成爲宋人文學創作之口頭禪。蘇軾《稼説送張琥》稱：“博觀而約取，厚積而薄發”；黄庭堅《與王觀復書》云：“長袖善舞，多錢善賈”；陳善《捫蝨新話》謂：“讀書須知出入法”；嚴羽《滄浪詩話·詩辨》雖曰：“詩有别材，非關書也”，然亦强調“非多讀書、多窮理，則不

① 依筆者管見，有關論著不多，值得參考者有：(一) 李弘祺《宋代官學教育與科舉》，第二章第五節《印刷術的廣泛應用及大衆教育的發展》，臺北：聯經出版事業股份有限公司，2004年2月，頁30－32；(二) 祝尚書《宋代科舉用書考論》，《宋代科舉與文學考論》（鄭州：大象出版社，2006年3月），頁261－283。

② 黄曉鐘、楊效宏、馮鋼主編《傳播學關鍵術語釋讀》（成都：四川大學出版社，2005年8月）之《拉斯威爾模式》（Lasswell's Model），頁83－85。

③ 陳力丹《傳播學是什麼》（北京：北京大學出版社，2007年），頁44－46；丹尼斯·麥魁爾（Denis Mc Quail）和史文·温達爾（Sven Windahl）合著，楊志弘、莫季雍譯本《傳播模式》（臺北：正中書局，1996年，第2版），頁16－17。

④ 有關“反饋”，可參考下列二書：(一) 馮契主編《哲學大辭典·美學卷》（上海：上海辭書出版社，1991年10月），頁113－114；(二) 胡繩等主編《中國大百科全書·哲學》（北京、上海：中國大百科全書出版社，1987年10月），頁196－197。

能極其致”。詩學理論主張如此，遂接受反映於詩歌創作中。詩人又不斷根據效果來調整創作活動，於是宋人作詩有以才學爲詩者，有以議論爲詩者，有資書爲詩者，有破體爲詩者，更有出位之思，横跨詩、畫、禪、儒、道，合併重組，會通化成而爲詩者。凡此，多與宋代圖書流通、印刷傳媒之快捷、經濟、便利、無遠弗届息息相關，有可能即其反應回路。宋人作詩，經由學唐變唐之接受轉化歷程，固然有得於印本寫本傳媒之啓益；而新變自得，巍然成家，或撰成書稿，或付諸雕版，所謂學古通變、自成一家者，亦多爲印刷傳媒，及圖書流通之反饋、回授。

紙張輕薄短小，配合雕版印刷之“日傳萬紙”，對於知識流通，圖書傳播，必然産生推波助瀾之效應。就宋代而言，標榜右文崇儒，雕版印刷對於科舉考試有何影響？對於書院講學、教育普及、學風思潮、創作方式、審美情趣生發何種效應？錢存訓爲研究書史及印刷史之權威，參與李約瑟《中國科技史》之修纂，負責“印刷術”之撰稿。① 有關近代中外學者對於印刷史之研究，錢氏歸納爲三個主流，從中可見印刷史探討之大凡，權作研究現況之述評。下列兩個主流研究，爲目前學界致力最多者：

> 近代中外學者對於印刷史的研究，大概可歸納爲三個主流：一是傳統的目録版本學系統，研究範圍偏重在圖書的形制、鑑别、著録、收藏等方面的考訂和探討。另一個系統可説是對書籍作紀傳體的研究，注重圖書本身發展的各種有關問題，如歷代和地方刻書史、刻書人或機構、活字、版畫、套印、裝訂等專題的叙述和分析。②

傳統目録版本學之研究，以及圖書本身發展之研究，學界論著繁夥，貢獻良多。③ 討論域外日本、韓國、越南之漢籍雕版，研究主題與焦點，亦不出上述兩大系統。至於探索印刷傳媒之影響與效應，所謂“印刷文化史”之研究，則關注不多，值得開發。錢存訓先生曾略作提示：

> 近年以來，更有一個較新的趨向，可稱爲印刷文化史的研究，即對印刷術的發明、傳播、功能和影響等方面的因果加以分析，進而研究其對學術、社會、文化等方面所引起的變化和産生的後果。這一課題是要結合社會學、人類學、科技史、文化史和中外交通史等專業才能着手的一個新方向。至於印刷術對中國傳統文化和社會有沒有産生影響？對現代西方文明和近代中國社會所産生的影響又有什麽相同或不同？印刷術對社會變遷有怎樣的功能？這些都是值得提出和研究的新課題。④

試想：宋代之圖書傳播，除傳統之寫本（鈔本、藏本）外，尚有“易成、難毁、節費、便

① 錢存訓，英國李約瑟東亞科技史研究所研究員，中國印刷史博物館顧問，著有《書於竹帛》、《中國科學技術史：紙和印刷》、《中國書籍、紙墨及印刷史論文集》、《中美書緣》等有關圖書目録學、書史、印刷史、中西文化交流史之論著。

② 錢存訓《中國紙和印刷文化史》（桂林：廣西師範大學出版社，2004 年 5 月）第一章第四節《中國印刷史研究的範圍和發展》，頁 20－21。

③ 參考宋原放《中國出版史料》（古代部分）（武漢：湖北教育出版社，2004 年）第二卷《中國古代出版史料及有關論著要目》，頁 576－591。

④ 錢存訓於 1983 年 6 月爲張秀民《中國印刷史》出版作序時，對於印刷術的發明和應用是否對中國傳統社會産生作用和影響，起初是持否定和保留態度的，如云：“東西文化背景不同，因此印刷術的作用也有一定的差異。在降低成本、增加生産和知識普及方面，可能作用相似；至於對社會、思想上的變革，和印刷術本身的發展方面，東西方所産生的影響和作用，可能背道而馳”；又云：“至於中國和受中國文化影響的東亞其他國家，印刷術的使用，在社會和思想上，都没有引起太大的變化，反而促進了文字的統一性和普遍性，成爲維護傳統文化的一種重要工具”；不過，最後又總結説：“但這一問題，因素複雜，必須對學術、思想、社會等各方面在印刷術使用以前和以後，多找證據，根據史實，深入分析和比較，才能作出一個正確的答案。”參張秀民《中國印刷史》（上）錢存訓博士序（杭州：浙江古籍出版社，2006 年），頁 2－3。

藏”，化身千萬，無遠弗屆之雕版印刷（印本圖書）。圖書傳播之多元，尤其是印刷傳媒之激蕩，究竟生發何種文化上之效應？學界論著用心致力於此者實不多見。①

（二）谷登堡活字印刷與宋代雕版印刷

谷登堡（Gutenberg Johann，1397－1468）發明活字印刷術，促成中古歐洲的宗教革命，文藝復興，科學文化突飛猛進。錢存訓曾稱：“從十六世紀初開始，西方的印刷技術逐漸改良，産量急激增加，因此形成了一種龐大的出版工業。在思想和社會上發生了强烈而根本的變革。印刷術鼓勵了各地方言和文學的興起，成爲促進許多新興國家成立的一個主要動力。”因此，印刷術在西方，被稱爲“神聖的藝術”、“文明之母”以及“變革的推手”。② 印刷術流行，引發種種連鎖變革，基本影響爲書價的降低和書籍的相對平凡化。此外，還影響到閱讀實踐的改變，加强了一種古老的變革，諸如“不同的稿本不再被採用，著作法規也在逐漸改變，文學領域進行重新組織（有關作者、文本和讀者）”。印刷的發展和通俗化，改變了閱讀的環境。正如蒙田所云：“爲了醉心於狂熱的閱讀而沉浸書中，任由自己或遐想，或創新，或遺忘。”③ 法國年鑑學派大師費夫賀（Lucien Febvre）與印刷史學者馬爾坦（Henri-Jean Martin）合著《印刷書的誕生》（*The Coming of the Book*）强調：“印刷帶動文本的大規模普及”；“這顯然是種變遷，且變的脚步還頗快”，同時提出印刷書促成文化變遷結果之種種推測：

> 大衆究竟需要書商與印刷商提供他們哪類書刊？印刷究竟令傳統的中世紀文本，普遍到何種程度？這些舊時代的傳承物，又被印刷術保存住多少？印刷機驟然突破了既有的智識作品保存媒介，是否也助長了新的文類？或者情況正好相反，是早期的印刷機大量印刷了許多傳統的中世紀書籍，才讓這些作品的壽命意外地延長數十年，一如米什萊所言？我們將試著找出這些問題的答案。④

費夫賀、馬爾坦所著《印刷書的誕生》，第八章爲《印刷書：變革的推手》，對於印刷術的神奇效應，作者畫龍點睛提示，讀者可以提綱挈領掌握。篇幅長達九十餘頁，除宗教改革外，與人文、語言、藝術相關之論述，濃縮精華，摘録片段如下，以便對照觸發：

> 有些中世紀匯編的書籍（大多爲字典、專門詞典），被人一印再印。（《印刷書的誕生》，頁 252）

① 有關印刷文化史之研究，有錢存訓《中國紙和印刷文化史》，第十章（四）《印刷術在中國社會和學術上的功能》，頁 356－358；又，《中國古代書籍紙墨及印刷術》，之《印刷術在中國傳統文化中的功能》，北京：北京圖書館出版社，2002 年 12 月，頁 262－271；［日］清水茂著，蔡毅譯《印刷術的普及與宋代的學問》，《清水茂漢學論集》，北京：中華書局，2003 年 10 月），頁 88－99；［美］露西爾・介（Lucile Chia）《留住記憶：印刷術對宋代文人記憶和記憶力的重大影響》，《中國學術與中國思想史》（《思想家》Ⅱ）（南京：江蘇教育出版社，2002 年 4 月），頁 486－498；［日］内山精也《傳媒與真相——蘇軾及其周圍士大夫的文學》（上海：上海古籍出版社，2005 年 8 月），《“東坡烏臺詩案”考——北宋後期士大夫社會中的文學與傳媒》、《蘇軾文學與傳播媒介》，頁 173－292。

② 張秀民《中國印刷史》（上），頁 3、頁 7。

③ ［法］弗雷德里克・巴比耶（Frederic Barbier）著，劉陽等譯《書籍的歷史》，第六章，4，閱讀（桂林：廣西師範大學出版社，2005 年 1 月），頁 132－133。

④ 費夫賀、馬爾坦著，李鴻志譯《印刷書的誕生》，一、從手鈔本到印刷書（桂林：廣西師範大學出版社，2006 年 12 月），頁 248－249。

印刷術早期的效應之一，便是大幅增加了通俗信仰書籍的數目，並促其廣泛流通。（同上，頁254）

道德短文、勸人向善的故事等勵德小語，以及淫謔笑料、牧民曆、曆書、通俗詩掛圖，閱讀大衆有極高興趣者，多成爲印刷品的大宗。（同上，頁259）

當代科學著述，徑印成書的不少，約佔科學類搖籃本的57%左右。工藝技術受世人重視，實用技術著作印刷流傳，可稱功臣。（同上，頁260－261）

自然科學與解剖學等叙述性科學，最得力於早期印刷術之推助：印刷術在此間的功勞，首推打印插圖的相關技術。（同上，頁280）

谷登堡活字印刷之運用，與雕版印刷之起源，殊途同歸，多關民生日用：日曆、醫藥方劑、宗教經卷、圖像崇拜、咒語符録等社會之殷切需求，推動了雕版印刷之發展。① 就兩宋國子監雕印書籍而言，除經史之儒學典籍外，醫藥方劑書最多，其次則爲科舉用書、勅令刑法、科學技術，也都經館閣校正雕本，布之四方，圖永其傳。② 至於戲謔猥褻之文，庸俗而有利可圖者，亦雕印流傳，至於北界契丹遼國。元祐五年（1090）《刑法禁約》之示禁，蘇轍北使遼國之所見，可以爲證。③ 中古歐洲活字印刷之初，字典、詞典、通俗信仰、勵德小語、曆書、笑話書，大多是民生日用，不可或缺。工藝技術、解剖學、打字插圖、自然科學等，也都是實用取向。除實用考量外，哪一方面的中古歐洲鈔本，能贏取出版商青睞？東方的雕版和西方的活字，也有共通的傾向，如：

印刷術的最直接效應，是讓手鈔本時代已然廣獲爭讀的作品，進一步擴大發行。印刷機大量複製書籍，促成書本數量的提升，更令選書變得嚴格。（《印刷書的誕生》，頁249）

在中世紀時最常被改寫、翻譯的拉丁文經典作品（如《伊索寓言》），既能替出版商賺錢，又受廣大讀者歡迎。（同上，頁255）

學習文情並茂的一流拉丁文體，閱讀師法早期基督教教父作品，乃是主要途徑。這些古代文豪的經典作品，無論原典翻譯、改寫本，付梓不少，版本繁多。（同上，頁256）

宋人之學習、接受唐詩，曾先後宗法白居易、李商隱、杜甫、韓愈、晚唐詩人。宋人整理雕版唐人詩文集，取決於審美品味，綜而觀之，多與雕印圖書趨向一致。④ 西方活字出版，選書嚴格，大凡一流文體、文豪經典、廣獲爭讀者、廣受歡迎者、能帶來利潤者，多能得印刷商喜愛。商品經濟，供需相求，東西方之印刷商並無不同：

喜劇作家、羅馬史家、哲學家之作品與論著，無論原典本、摘録本、改寫本、翻譯本、演講稿，都有各種版本，多達316種，少則也有40種流傳。提供閱讀、欣賞、模仿、借鏡。（《印刷書的誕生》，頁256－257）

① 蕭東發《中國印刷圖書文化的起源》，見宋原放、王有朋輯注《中國出版史料》（古代部分）第一卷（武漢：湖北教育出版社，2004年），頁199－219。

② 王國維《五代兩宋監本考》，見《中國出版史料》（古代部分）第一卷，頁266－287。

③ 《宋會要輯稿・刑法禁約》，元祐五年七月二十五日；蘇轍《北使還論北邊事劄子五道，論北朝所見於朝廷不便》，見《欒城集》卷四十二（北京：中華書局，1990年），頁747。

④ 張高評《北宋讀詩詩與宋代詩學》，《漢學研究》第二十四卷第二期（2006年12月），頁191－223。

印刷肇始之初，成千上萬的中世紀手鈔本，既不可能全部印製成書，書商基於暢銷和獲利考量，當時最多人感興趣的著作，往往列入優先考慮。（同上，頁 261）

印刷術的問世，圖書出版的取捨，成爲書商之當務之急；爲人類邁嚮大宗消費與標準化之現代社會的前奏。（同上，頁 261）

判定哪些作品值得一印，牽涉到孰存、孰廢的選擇，起初確是由十五世紀的人憑借當代的品味，與輕重緩急，拍板定案。（同上，頁 262）

“大宗消費與標準化之現代社會”，注重供需相求，蔚爲商品經濟，作品論著是否交付印刷，自然是憑藉當代之審美品味，與輕重緩急之抉擇。所謂圖書出版的取捨、最多人感興趣的著作，以及提供閱讀、模仿的版本等等，多跟宋代雕版印刷選本之取捨相近相似，一以“品味”爲依歸。[①]《印刷書的誕生》一書提出數據，“十六世紀出產的印刷書，足以讓所有識字的人，都有機會讀到書”，“讀書的門檻則愈來愈低”，印刷圖書的便捷流傳，對於教育普及，深具意義，無論東西方，無論雕版或活字。該書説：

隨著書籍數量的提升，有機會讀書的人愈來愈多，讀書的門檻則愈來愈低。（《印刷書的誕生》，頁 254）

1500 到 1510 年間，印刷書取代了圖書館裏的手鈔本，使之屈居其下。十六世紀出產的印刷書，其數額之多，已經足以讓所有識字的人，都有機會讀到書，印刷革命之風行草偃可以想見。（同上，頁 263 - 264）

唐人文集流傳至今，多經宋人搜集、整理、編纂、刊印；[②] 而宋人之古籍整理，多爲學習、閱讀、宗法、評鑑而發。宋代之經學復興、史學繁榮、理學昌盛、文學獨到，是否與圖書傳播便捷，尤其是印本的傳媒效應有關？試看活字印刷之傳媒效應，一則在恢復文本的原貌，再則在擺脱前賢之解釋評注，三則對古代學説進行重新詮釋，甚至增添補述。反觀宋代之疑傳改經，[③] 宋學之創造自得，開發遺妍，[④] 多與中古歐洲異曲同工。尤其是“既有的學術傳統分流而並立”；雕版印刷與唐宋變革、唐宋詩異同、詩分唐宋、宋型文化與唐型文化，以及宋學與漢學之分途，是否亦有關聯，其中受印本圖書影響之情況如何？是否如活字版一般？此一課題，值得論證。又如：

人文主義所關心的，在於挽救並恢復古典理論文本的原貌，修編後重新發行，徹底擺脱中世紀編輯者遺留下來的解釋與評注。（《印刷書的誕生》，頁 278）

科學圖書之印刷出版，古典科學家的學説與教誨，總算有機會接受重新詮釋、評注，甚至增添補述。於是奠基於古籍舊典的智識傳統就此蓬勃，與既有的學術傳統分流而並立。（同上，頁 279）

---

① 張高評《印刷傳媒與宋詩之學唐變革——博觀約取與宋刊唐詩選集》，《成大中文學報》第十六期（2007 年 4 月），頁 24 - 41；《印刷傳媒與宋詩之新變自得——兼論唐人別集之雕印與宋詩之典範追尋》，“國立”中山大學中文系《文與哲》第十期（2007 年 6 月），頁 249 - 261。

② 周勛初《宋人發揚前代文化的功績》，北京大學、四川大學主編《國際宋代文化研討會論文集》（成都：四川大學出版社，1991 年 10 月），頁 59 - 63。

③ 葉國良《宋人疑經改經考》，《臺灣大學文史叢刊》，1980 年 6 月；楊新勛《宋代疑經研究》（北京：中華書局，2007 年）。

④ 參陳植鍔《北宋文化史述論》（北京：中國社會科學出版社，1992 年），見該書頁 303 - 314。

由於雕版印刷之便捷，有“易成、難毀、節費、便藏”之優長，化身千萬，無遠弗屆，於是促成士人“博觀而約取，厚積而薄發”，對於治學作文，有本有源，提供許多方便，蔚爲“華夏民族之文化，歷數千載之演進，造極於趙宋之世”之盛況。試與活字印刷相較，亦殊途而同歸：

> 印刷書問世，發行量大幅提升，讓中世紀廣泛使用的文本，更加唾手可得，替希臘羅馬古文學的鑽研預先鋪路。(《印刷書的誕生》，頁 254)
>
> 古代文本歷經中世紀的缺漏、訛傳之後，經過人文學者的重新發掘、校正、補遺，而廣泛流傳。(同上，頁 254)
>
> 在科學知識範疇裏，古代碩儒的作品皆有新版本與新譯本誕生，供應那些足以體會個中奥妙的讀者，並取代過時的舊版本。(同上，頁 278)

活字印刷的貢獻，在古籍經過整理，得以廣泛流傳，而且由於發行量大，故閱讀文本，唾手可得。印刷術成爲“變革之推手”，主要在它的無所不在，化身千萬，此與雕版印刷之傳媒功能無異。活字印刷既便於傳播信仰，更利於傳播訊息，於是促成宗教革命，有功語言定型，此不在話下：

> 近半數的印刷書籍屬於宗教類；《聖經》的版本衆多，在十五世紀難以盡數。(《印刷書的誕生》，頁 249)
>
> 印刷術的傳播功能，在於複製圖書，印量龐大可觀，便利傳播知識，亦便於傳播信仰，更便於印製數以千計的傳單、海報，傳播訊息尤其得心應手，所以能助長宗教改革的茁壯。(同上，頁 294－325)
>
> 德國及其他國家的印刷業，借助多種方言文本的大量印刷，促進了該國寫作語文的進步與系統化。印刷術對於歐洲現代語文的定型，出力不少。(同上，頁 325－338)

活字印刷在中古歐洲，近半數的印刷屬於宗教類，《聖經》的版本衆多，雕版印刷在宋代，則漢文大藏經每部動輒 5 000 卷，共雕印流傳七種刻本，於是傳播既廣，影響深遠。[①] 宗教信仰，熱切而頑强，圖書需求殷切，非大量印製，不足以流通廣遠。手抄謄録，曠日廢時，緩不濟急，唯有雕版印刷，能够大量複製，滿足信仰需求。歐洲使用拼音文字，本爲語言之複製品，文學隨時空變遷而改異，故活字印刷流行歷久不衰，促成各國語文的進步和系統化。東方之宋代，使用獨體方塊之表意文字，雕版印刷之傳播，是否亦有類似的激蕩？

士人的閱讀期待、審美品味和印刷書籍之品類，是否相互爲用？印刷書之爲傳媒，對於宋代教育之相對普及，影響程度如何？唐代及前代典籍經雕版流傳後世者，存留多少？印刷傳媒引發知識革命，是否催生新興的文類？或者更加保固傳統文體，而蔚爲歷代文學創作之典範？凡此種種，覆案宋詩、宋代文學，以及宋代詩學之研究，多可作爲對照、觸發。雕版印刷在宋

---

① 自趙宋以來至清期，漢文大藏經共開雕 16 種，宋元時期即佔 10 種，《開寶藏》5 048 卷，《契丹藏》579 帙，《崇寧萬壽藏》5 800 卷，《毗盧藏》6 117 卷，《思溪圓覺藏》5 480 卷、《思溪資福藏》5 740 卷、《趙城藏》4 957 卷、《磧砂藏》6 362 卷、《普寧藏》6 017 卷、《元官版大藏》7 182 卷，參考蕭東發《漢文大藏經的刻印及雕版印刷術的發展》；(法)弗雷德里克·巴比耶 (Frederic Barbier) 著，劉陽等譯《書籍的歷史》；《中國出版史料》第一卷，頁 427－435；李際寧《佛經版本》，下編《歷代大藏經》(南京：江蘇古籍出版社，2002 年)，頁 58－147。

代之崛起繁榮，是否也有類似之效應？錢存訓所提“對印刷術的發明、傳播、功能和影響等方面的因果加以分析，進而研究其對學術、社會、文化等方面所引起的變化和産生的後果”，這一系列的創新研究課題，正是筆者草撰本文之目的所在。篳路藍縷，文獻不足，此乃創新研究課題所必然面對之共相，其中艱難實多，請學者方家多多指正。

宋代號稱“雕版印刷的黄金時代”，有心推廣印本。科舉考試、書院講學、佛道説法、作詩習文又皆需求豐富圖書，於是因時乘勢，雕版印刷與古籍整理、圖書流通、知識傳播結合，供需相求，遂形成“印本文化”（又稱“雕版文化”）之繁榮昌盛。論者稱：雕版印刷在宋代之崛起與繁榮，産生了雙重之社會效果：其一，印本作爲物質商品，於社會上産生重要之經濟效果；其二，印本作爲精神産品，對文化教育生發積極之促進作用。① 加上科舉考試需求豐富圖書，於是供需相求，雕版印刷遂蓬勃發展。宋代印本圖書刊刻之名目繁多，或稱雕、刊，或稱鏤版、雕版、印版、新雕、新刊、開雕、開板、開造、雕造、鋟板、鋟木、鋟梓、刻梓、刻木、刻板、鑱木、模刻、校刻、刊行、板行等等，不一而足。② 由名目之繁多不一，可以推想雕版圖書之興盛。尤其發展至南宋，幾乎天下未有一路不刻書。南北兩宋三百年間，“刻書之多，地域之廣，規模之大，版印之精，流通之寬，都堪稱前所未有，後世楷模”③。除傳統之寫本、藏本外，印本蔚然成爲圖書傳播之新寵。北宋以來，與寫本藏本競奇爭輝；宋理宗時，已勢均力敵，平分圖書傳播之秋色；至宋末元初，印本已取代寫本，成爲知識傳媒的主流。

宋代圖書傳播之豐富多元如此，印刷傳媒生發之效應，對於宋詩特色之促成，究竟有多廣大或多深遠之推助？向爲筆者所留心與關注。雕版印刷、印本文化，與朝廷右文政策之依違關係如何？印刷傳媒之效應，對學風文教之影響如何？宋詩之學唐變唐，新變自得，與印刷傳媒之互動網絡又如何？詩歌體類中，讀書詩、詠史詩之創作，最受印刷傳媒之濡染；唐詩與南北宋詩之間，其消長嬗變又如何？南宋至清末之唐宋詩紛爭，宗唐宗宋，勢同水火，宋詩宋調之形成，是否即宋型文化知性理性之發用？是否爲印刷傳媒效應之必然反饋？上述有關印刷傳媒與宋詩特色之議題，學界論著甚少，直接相關者只有：美國學者露西爾·介（Lucile chia）《留住記憶：印刷術對於宋代文人記憶和記憶力的重大影響》，日本内山精也《〈東坡烏臺詩案〉流傳考——圍繞北宋末至南宋初士大夫間的蘇軾文藝作品收集熱》、《東坡烏臺詩案考——北宋後期士大夫社會中的文學與傳媒》，及《蘇軾文學與傳播媒介——試論同時代文學與印刷媒體的關係》④ 四篇論文而已。其他論文，值得參考者有：東華大學中文系曾主辦“傳播與接受”學術研討會，會後出版論文集名爲《文學研究的新進階——傳播與接受》，其中柯慶明《文學傳播與接受的一些理論思考》（代序），以及大木康、王兆鵬、楊玉成發表的論文，多值得參閲；⑤ 此外，楊玉成之《劉辰翁：閲讀專家》與《文本、誤讀、影響的焦慮——論江西詩派的閲讀與書寫策略》，⑥ 對於斯學，亦有開發之功。

最近三年來，筆者爲探索雕版印刷在宋代應用繁榮後，作爲知識之傳播媒介，究竟生發何種效應，於是閲讀學界有關印刷術之論著，如張秀民《中國印刷史》（插圖珍藏增訂版）、《中國

① 李瑞良《中國古代圖書流通史》（上海：上海人民出版社，2000 年）第五章第四節《圖書流通的社會效果》，頁 308－321。
② 陳彬龢、查猛濟《中國書史》之五、《宋代刻書的題識》（上海：上海古籍出版社，2008 年），頁 18－20。
③ 參考張秀民《中國印刷史》之《宋代（960－1279）：雕版印刷的黄金時代》，頁 40－161；李致忠《古代版印通論》第五章《宋代的版印概況》（北京：紫禁城出版社，2000 年），頁 87－128。
④ 内山精也《傳媒與真相——蘇軾及其周圍士大夫的文學》，頁 140－292。
⑤ 東華大學中文系主編《文學研究的新進階——傳播與接受》（臺北：洪葉文化公司，2004 年）。
⑥ 上述楊玉成之論文，依序分別刊載於《國文學誌》第三期（彰化師大國文系，1999 年 6 月），頁 199－246；《建構與反思——中國文學史的探索學術研討會》，臺北：學生書局，2002 年 7 月，頁 329－427。

印刷術的發明及其影響》、曹之《中國印刷術的起源》、宿白《唐宋時期的雕版印刷》、李致忠《古代版印通論》、錢存訓《中國古代書籍紙墨及印刷術》、《中國紙和印刷文化史》；同時參考費夫賀、馬爾坦《印刷書的誕生》、弗雷德里克·巴比耶《書籍的歷史》(*Histoire du livre*)，發現上述論著，大抵主體論述爲雕版印刷自身之歷史、發展、技術、形制、刻書機構、版印概況、裝幀藝術、刊書地點，以及印本書價、版權保護、出版禁忌等等，不一而足。除費夫賀、馬爾坦《印刷書的誕生》，及錢存訓所著二書外，較少論述印刷術之具體貢獻，對文明之衝擊，以及對社會、學術、創作和閱讀接受、文風士習等文化之功能與作用。①

印刷傳媒之崛起與繁榮，究竟生發哪些效應？這是印刷文化史研究之課題。拉斯威爾(Lasswell)和布萊道(Braddock)之傳播理論，十分重視傳播媒介達到之目的，以及生發之效果。蘇軾《李氏山房讀書記》曾謂："學者之於書，多且易致如此。其文詞學術，當倍蓰於昔人。"文中對於雕版圖書觸生之創作及著述型態，其效應已作若干提示。對於宋詩特色之促成，筆者已發表若干論文，最近結集出版《印刷傳媒與宋詩特色——兼論圖書傳播與詩分唐宋》，②分别從宋刊唐詩選集、宋刊唐人别集，以及宋人選宋詩、出版宋人别集各方面作論證。本文則嘗試從接受反饋、反應回路之視角切入，參考傳播學理論，考察閱讀精博，家能著書之風氣，以申説宋詩特色之形成與嬗變，進而論證錢鍾書"詩分唐宋"之命題。又討論印本崛起，盡心校讎，講究版本，而版本學、目録學以興。同時，印本易得，造成閱讀接受之負面反饋，亦一併論述。

二、宋代雕版印刷之傳媒效應

唐代文學之輝煌燦爛，清代蔣士銓曾感慨"宋人生唐後，開闢真難爲"。宋人面對此種困境，因應策略，首在汲取古人、尤其是唐人之優長，作爲自我安身立命之養料；既以學古學唐爲手段，復以變古變唐爲轉化，終以自成一家爲目的。從學習優長，到變古變唐，到自成一家，每一歷程都牽涉到大量閱讀書籍，方能因積學儲寶，出入古今，而斟酌損益，新變超勝。筆者以爲：雕版印刷之崛起與繁榮，所觸發之圖書流通、知識傳播效應，是宋代文明登峰造極之推手，是宋型文化孕育之功臣，是"詩分唐宋"之重要觸媒，是"唐宋詩之爭"公案中之關鍵證人。筆者深信：就宋詩特色之形成來説，其中自有雕版印刷之推波助瀾，圖書流通之交相反饋諸外緣關係在。循是可以想見，宋詩之外，詞、文、賦、四六及其他宋代文學門類，及宋代經學、史學、理學、佛學禪宗、道家道教，標榜會通、集成、新變、代雄者，要皆與雕版印刷之繁榮，圖書之流通有關。北宋以來，印本與藏本寫本並行，圖書信息量必然超越盛唐、中晚唐與五代；至南宋末理宗、度宗時，印本逐漸取代寫本，對於閱讀接受、學習定向、文學創作與批評理論，甚至文化轉型，必有影響。至於影響之層面有多廣大？有多深遠？宋代有哪些學術門類最受衝擊？這都有待進一步考察與論證。

---

① 劉陽等譯《書籍的歷史》第八章《印刷書：變革的推手》，頁248－338。錢存訓爲李約瑟《中國科學技術史》《紙和印刷》一章之執筆人，所著《中國紙和印刷文化史》（桂林：廣西師範大學出版社，2004年）第十章《紙和印刷術對世界文明的貢獻》，通論"印刷術對西方文明的衝擊"、"印刷術對中國書籍制度的影響"、"印刷術在中國社會和學術上的功能"，參頁349－358。

② 張高評《印刷傳媒與宋詩特色——兼論圖書傳播與詩分唐宋》，臺北：里仁書局，2008年，頁1－631。

(一) 印本流傳與詩分唐宋

古籍整理、雕版印刷、圖書流通、閱讀接受、知識傳播，五者循環無端，交相反饋，形成宋代印本文化之網絡系統。就宋詩追蹤典範，擷取優長，到新變代雄，自成一家之歷程而言，近程目標是學古學唐，表現方式有三：其一，編輯唐人別集；其二，評注唐詩名家；其三，宋人選編唐詩。其次，爲閱讀唐詩，撰成詩話筆記，推崇唐詩宗風，分享讀詩心得。於是有關唐人之別集、評注、詩選、詩格，皆先後雕印，攸關唐代詩學論述之詩話筆記亦次第刊行，雕版印刷提供宋人閱讀、學習、接受、宗法唐詩之諸多便利途徑。① 宋人作詩之學唐變唐，宋代詩話筆記之提倡學唐變唐，得印本圖書流通之便利，方能功德圓滿，水到渠成。又其次，詩話筆記提倡學唐變唐，藉雕版印刷之流傳，又反饋到詩歌之創作中。無論推崇蘇、黄，宗尚江西，或標榜盛唐，師法唐詩，詩學中豐厚的信息量，必然影響到宋詩諸家之宗唐或宗宋旂向。就文學作品之召唤結構而言，所作詩歌之詩思、語言、風格、意象、主題和技法，每一階段從進行到完成，宋人多可以經由閱讀接受，進行創造性填補，和想像性聯接，所謂“有所法而後成，有所變而後大”。雕版印刷在宋代繁榮昌盛後，士人對圖書之閱讀接受，除唐朝以來之藏本、寫本、鈔本外，又多出量豐質高之印本圖書。此一新興之印刷傳媒，對於閱讀接受、創作論述之激蕩，謂之“知識爆炸”，差可比擬。宋詩以師法唐詩之優長爲過程、爲手段，以新變代雄、自成一家爲終極目標，傳承與開拓一舉完成，在在皆以唐詩爲參照系統，很難不受印刷傳媒、圖書傳播之影響。因拜雕版印刷之賜，印本購求容易，圖書流通便利，宋人之學古通變，新變自得方成爲可能。

再説，宋代詩學，極推重詩法，此乃宋人處窮必變之創意策略，此一文風習氣之形成，與印刷傳媒之效應關係亦極密切：就學養與識見言，學理之儲積，必須博覽群書；藝術之薰陶，得力於遍考前作；就師古與創新言，標榜“出入衆作，自成一家”，其中通變代雄，牽涉到藝術傳統之認同與超越；點鐵成金，關係到陳言俗語之點化與活化；奪胎换骨，致力於詩意原型之因襲與轉易；推而至於句法、捷法、活法、無法諸命題，所謂“規矩備具，而能出於規矩之外；變化不測，而亦不背於規矩”。筆者深信，上述詩學課題，皆與雕版印刷之繁榮，圖書傳播之便捷，公私藏書之豐富，士人得書讀書容易有關。試考察宋代詩話之鏤版、筆記之刊行、詩話總集之整理雕印，以及唐詩選、宋詩選之編輯刊刻，當會發現宋人編撰詩話、筆記、詩選之去取從違，無論提示詩美、宣揚詩藝、强調詩思、建構詩學，要皆可經鏤版，而流傳廣大長遠，“與四方學者共之”。誠如蘇軾《李氏山房藏書記》所言：“學者之於書，多且易致如此，其文詞學術，當倍蓰於昔人”。由此觀之，宋代詩話、筆記、詩選之雕版刊行，對宋詩特色之推助，“詩分唐宋”之形成，當有推波助瀾之作用。

筆者以爲：博覽群書，遍考前作，出入諸家，認同傳統，固然離不開圖書版本；即點化陳俗、轉换原型，甚至超常越規，自得成家，也無一不與圖書典籍之閱讀與運用有關。宋代詩話筆記所載詩學觀念，部分來自閱讀心得，部分緣於創作經驗，多爲因應盛極難繼，處窮必變之困境，所作之系列調整和變通，其目的在尋求出路與活路。於是宋人刊刻當代詩家別集者多，詩人年譜、詩集評注亦隨之編著；於是又有宋代詩派詩選之編纂，宋人選評宋詩諸總集之雕印。

① 張高評《印刷傳媒與宋詩特色——兼論宋詩傳播與詩分唐宋》第四章《印刷傳媒與宋詩之學唐變唐——博觀約取與宋刊唐詩選集》、第五章《印刷傳媒與宋詩之新變自得——兼論唐人別集之雕印與宋詩之典範追尋》，頁 145 - 257。

宋人之學古變古，學唐變唐，終能超脱本色，而自成一家者，其中若無雕版印刷之觸媒推助，恐難以奏其效而竟其功。宋代詩人多蟠胸萬卷，學術多方；宋詩不同於唐詩之特色，在宋人廣用"破體爲文"與"出位之思"諸創意組合手法；宋代大家名家之詩，多少有嚴羽《滄浪詩話·詩辨》所謂"以文字爲詩、以議論爲詩、以才學爲詩"諸合併重組傾向，不止是蘇軾、黄庭堅、江西詩人而已。原因無他，雕版印刷之影響詩壇文壇，甚至經學、史學、思想界，乃勢所必至，理有固然，且無時不在，無遠弗屆也。職是之故，學界討論宋代文學，及其他宋代學術，自不能忽略雕版印刷、印本文化之因緣與激蕩。爲體現宋代文化之活動實況，學界研究宋代之文學，以及經學、史學、哲學、思想、科技，若能嘗試整合版本學、目録學、文獻學而一之，研究視角獨特，成果必定新穎可觀。

以雕版印刷複製圖書，量大質高、價廉悦目、傳播迅速、流通便捷。無遠弗屆之傳播流通，無限時空之閲讀接受，影響人心之久遠博大不難想見。設若印本圖書觸忌犯諱，則引發宋代執政者下詔禁止，甚至斬草除根，明令毁板。試觀蘇軾詩文之"禁愈嚴而傳愈多"，可以推想雕版印刷於知識傳播之魅力：

> 東坡詩文落筆輒爲人所傳誦……崇寧大觀間，（東坡）海外詩盛行，後生不復有言歐公者。是時朝廷雖嘗禁之，賞錢增至八十萬，禁愈嚴而傳愈多，往往以多相誇。士大夫不能誦坡詩者，便自覺氣索，而人或謂之不韻。（朱弁《曲洧舊聞》卷八）
>
> 是時書肆畏罪，坡、谷二書，皆毁其印。獨一貴戚家刻印印之，率黄金斤易坡文十。蓋其禁愈急，其文愈貴也。今家有此書，人習此學，有知當時斯文之難得如此者乎？（楊萬里《誠齋集》卷八十四《杉溪集後序》）

雕版圖書之傳播迅速，宋人筆記或言"即日傳播"，或云"家至户到"，或曰"不日傳都下"，或謂"落筆輒爲人所傳誦"，媲美置郵與傳驛。若是寫本，無論躬自抄録，或倩人假手，都緩不濟急，圖書傳播之速度與廣度均嫌遲緩與狹隘，遠不如印本圖書傳播所造成之效應。朱弁《曲洧舊聞》稱："東坡詩文落筆輒爲人所傳誦"①，於是化身千萬，無遠弗屆之傳播，擴大了作家在文壇的影響力，提高了作品的聲譽與地位，造成了士林之閲讀期待。東坡詩雖遭朝廷盡毁，實際上却"禁愈嚴而傳愈多，往往以多相誇"，"禁愈急，其文愈貴"，職此之故。東坡詩文慘遭禁毁，南宋時猶"家有眉山書"，甚至流傳後代，影響士林，皆拜印本傳播之力。印本圖書作爲知識傳媒，有如此神奇之傳播效應，西人指爲"變革之推手"，誠然！

考察嚴羽《滄浪詩話·詩辨》所謂"詩有别材，非關書也；詩有别趣，非關理也。然非多讀書、多窮理，則不能極其至"，筆者以爲：此或針對印本圖書流行，購求容易，"學者易得書籍"，"士大夫不勞力而家有舊典"而發。嚴羽《滄浪詩話》一書編成於理宗時代，據陳振孫《直齋書録解題》著録，此時刻本書已超過寫本書；知識傳播既便，勢必對讀書窮理、創作評論生發許多影響。何況，嚴羽爲福建邵武人，邵武東鄰麻沙，坊刻圖書十分興盛。福建建陽建安爲當時雕版印刷重鎮，乃知名之刻書中心；刻書既豐富多元，藏書家亦隨之興起。圖書信息充沛如此，"以文字爲詩、以議論爲詩、以才學爲詩"之江西詩風，遂因時乘勢流行。嚴羽蓋深體圖書與創作之依違得失關係，故下此轉語，謂作詩"非多讀書、多窮理，則不能極其至"，可見

① 孔凡禮點校《蘇軾文集》卷四十九《答劉沔都曹書》、《答陳傳道》（北京：中華書局，1986年），頁1429、1575。參考曾棗莊等《蘇軾研究史》第二章第二節《家有眉山之書》（南京：江蘇教育出版社，2001年），頁118－147。

印本寫本爭輝，文學創作、文學評論自受接受與影響。

雕版印刷在宋代之崛起，形成印本文化。於是宋代之圖書傳播，除隋唐以來傳統之寫本、鈔本、藏本外，又有“易成、難毁、節費、便藏”之印刷傳媒，其字體美觀大方，裝幀賞心樂目，其數量化身千萬，其傳播無遠弗届，對於閲讀、創作、評論、著述，必有影響。由此觀之，有印本藏本圖書提供豐富資料，容易造成宋人資書以爲詩，“總在圈繢中求活計”之習氣，影響所及，詩歌創作和文學評論，一方面固然産生如嚴羽《滄浪詩話》所謂“以文字爲詩、以才學爲詩、以議論爲詩”，强調“字字求出處”，“讀書破萬卷”；另一方面，進一步主張學古變古、點鐵成金、奪胎换骨、以故爲新、死蛇活弄，而以“出入衆作，自成一家”爲依歸。元朝許有壬《圭塘小稿》載：朱子《四書》刊本傳播至金，“一朝士得之，時出論説，聞者嘆竦，謂其學問超詣，而是書實未睹也。”宋金對峙，天限南北，圖書資訊封閉，中原學者不知《四書》爲何物；士或得之，難怪“時出一論，聞者竦異，訝其有得”。[①] 不妨就此推想：圖書傳播便捷，雕版印書取得容易，家有其書，翻檢即得；學者苟欲著書立説，欲“聞者竦異，訝其有得”，則非追新求變，自成一家不可。由此可見，圖書的雕版刊行，影響文學風尚，可謂勢所必至，理有固然！

李約瑟博士（Dr. Joseph Needham）《中國科學技術史》（*Science and Civilisation in China*）系列論著中，錢存訓之《紙與印刷》（*Paper and Printing*），對雕版印刷産生的影響，有許多精彩的論述。錢氏指出：印刷術對書籍制作，有産量增加、成本降低、形式統一、流傳廣遠、流傳後世諸效益。[②] 同時强調：“印刷術的普遍應用，被認爲是宋代經典研究的復興，及改變學術和著述風尚的一種原因。”儒學復興，跟經典研究之成就，學校和書院的興盛，科舉取士之空前絶後，多有關連。

日本在鐮倉時代（1192－1333），從南宋輸入許多佛典刊本、儒學印本，以及《詩品》、《詩人玉屑》、《三體詩選》、《瀛奎律髓》、《古文真寶》、《冷齋夜話》、《天廚禁臠》刊本，多爲詩格詩法入門指導之書册，重在度人以金針，示人以門徑，影響江户詩話喜談藝術技巧之文風。室町時代（1334－1602）之漢詩，亦宗法宋詩，流行宋調：《卧雲日件録拔尤》記録 1446－1473 年間，五山禪僧閲讀之漢籍，日記中提到之唐宋詩人，杜甫 7 次、陸游 6 次、蘇軾 4 次、黄庭堅 3 次、王安石、李賀各 2 次。可見，五山禪僧愛賞的詩人，熱衷於學習詩格詩法，作詩論詩推尊宋詩宋調，故所愛賞宗法，多爲宋調或宋詩之代表人物。[③] 到江户時期（1603－1867），從朝鮮傳來活字印刷，私家出版業發達，日本詩話盛行，有關“唐宋詩之爭”，亦是一大議題。據《和刻本漢詩集成・日本漢詩》、《詞華集・日本漢詩》所載，系列宋詩大家名家詩抄之刊行，詩話詩格之宗尚宋詩，與明清以來，宗唐宗宋詩學消長之軌迹，幾乎如出一轍。當時利用海上貿易之路，奔赴長崎的清商，大多來自江南，所以海上書籍之路，漢籍自江浙刻書中心舶來長崎，質量均十分可觀，傳播速度亦十分驚人：依據大庭脩《江户時代中國舶來書研究》資料顯示，清代詩話即有 120 種之多。由於印刷傳媒之影響，於是江户時期日本詩話論唐宋詩，經歷崇唐折而尊宋，終而推重杜甫、白居易、蘇軾、黄庭堅，宗法宋調與宋詩，與清代詩話主流思潮之嬗變相似，可以互相發明。由此可見，印刷傳媒之影響，真如“風行草偃”，確實是“變革的推手”。

---

① 許有壬《至正集》卷三三《性理一貫集序》；《圭塘小稿》卷六《雪齋書院記》，《文淵閣四庫全書》本，第 1211 册。

② 錢存訓《中國古代書籍紙墨及印刷術》（北京：北京圖書館出版社，2002 年），頁 263－266。

③ 日本文部科學省特定領域研究“東海域交流日本傳統文化形成——寧波焦點學際的創生”學術研討會，市立大阪大學，基調演講論文《海上書籍之路與日本之圖書傳播——以宋代雕版印刷之傳媒效應作對照》，2008 年 1 月 12 日，頁 1－47。

印本文化形成之後，相較於寫本、藏本，印刷傳媒之效應有何特殊處？對於宋元之文風士習，究竟生發哪些影響？筆者以爲，印刷傳媒助長“唐宋變革”，促使“近世特徵”之呈現。此攸關印刷文化史之研究，學界於此關注不多。今思整合版本學、目録學、印刷史料，以及宋元詩話、筆記、文集、題跋諸文獻，作較全面之考察。印刷傳媒之於宋元士人，是否如谷登堡(Gutenberg Johann，1397－1468)發明活字版印刷術，於中古歐洲，改變了閱讀環境，影響了接受反應，加速古老變革，重組文學領域，徵存傳統典籍，催生創新體類？谷登堡活字印刷所引發之傳媒效應，筆者擬作爲研究之對照與觸發，從十大層面作討論：一、讀書撰述之昌盛；二、雕版圖書之監控；三、閱讀習性之改易；四、讀書方法之注重；五、創作法度之講求；六、詩話評點之崛起；七、校讎學版本學之崛起；八、文學創作之嬗變；九、經典研究之復興；十、學術風尚之轉移；希望有補於印刷文化史之研究。綱舉目張，方便稱説而已，至於廣徵文獻，詳加論證，尚有待異日。其中，有關朝廷之看詳禁止，實際上是朝廷對雕版圖書之監控，大抵有四大方面：或假洩漏機密爲由，或以搖動衆情爲由，或以觸犯威信時諱爲由，或爲杜絶懷挾僥倖爲由，對雕版印刷看詳監控，禁止施行。筆者已别撰一文討論，此不再贅。[①]

此一課題層面多方，遷涉廣大，由於篇幅所限，本文只論證四個層面：其一，閱讀精博，教育普及；其二，便利雕版，盡心校讎；其三，校刻精美，講究版本；其四，印本易得，誦讀鹵莽。至於宋代雕版印刷生發之傳媒效應，尚有接受反應，注重方法；圖書監控，看詳禁毁；以及文藝創作，講究法度；詩話評點，提倡技巧等等。由於篇幅所限，已撰文另篇發表，本文從略。

(二) 閱讀精博，教育普及

太祖趙匡胤代周興宋，採行重文輕武之政策，主張“宰相需用讀書人”，宋太宗進而推動“興文教”、“以文化成天下”之措施。曾謂侍臣曰：“夫教化之本，治亂之原，苟非書籍，何以取法？”以爲三館藏書雖不少，然較之開元，則“遺逸尚多，宜廣求訪”。仁宗朝秘府所藏仍不豐多，仁宗乃下詔，以爲“宜開購賞之科，以廣獻書之路”。[②] 真宗朝推廣雕版印書，只“計工紙之費，以爲之價。務廣其傳，不以求利”。國子監印本書價低廉，“正欲文籍流布耳”；平準書如此，蓋切合朝廷教養之意。[③] 繼之，則提倡右文、崇儒，廣設學校，大開科舉取士。仁宗、神宗、徽宗朝，曾分别有慶歷興學、熙寧元豐興學、崇寧興學運動，詔令州縣廣設官學，普及教育，改革科舉，貢獻良多。尤其是科舉取士，以北宋貢舉爲例，取士人數約爲唐代的4.5倍，元代的30倍，明代的4倍，清代的3.6倍。由此可見，北宋“平均每年取士人數之多，在科舉史上是空前的，也是絶後的”。[④] 通過科舉，可以改變出身，榮耀宗祖，影響激蕩，造成宋代教育之相對普及。大規模之科舉取士，間接促成了教育之普及，讀書風氣之熱絡。

《宋史·選舉志》謂：“學校之設遍天下，而海内文質彬彬”，此乃科舉考試生發之間接效應。影響所及，天下各府學州學爲準備科舉考試，就得閱讀課本及各類書籍，因而促成讀書風氣鼎盛，其中自有圖書流通，印刷傳媒之作用在。如云：

① 張高評《宋代雕版印刷之政教指嚮——印刷傳媒之控制研究》，《成大中文學報》第二十期，2008年4月，頁3－39。

② 清徐松編《宋會要輯稿》之《崇儒四·藏書》，太宗太平興國九年（甲申，984年）正月。

③ 陳師道《論國子賣書狀》，載《後山居士文集》卷十一（上海：上海古籍出版社，1984年），頁9－10；《全宋文》第六册卷二五五《宋真宗四四》之《國子監經書更不增價詔》。

④ 張希清《北宋貢舉登科人數考》，《國學研究》第二卷，（北京：北京大學出版社，1994年），頁411。

都城内外，自有文武兩學。宗學、京學、縣學之外，其餘鄉校、家塾、舍館、書會，每一里巷須一二所，弦誦之聲，往往相聞。遇有大比之歲，間有登第補中舍選者。（灌圃耐得翁《都城紀勝·三教外地》）

（南劍州）家樂教子，五步一塾，十步一庠，朝誦暮弦，洋洋盈耳。（王象之《輿地紀勝》引《延平志》）

老去功名意轉疏，獨騎瘦馬取長途。孤村到曉猶燈火，知有人家夜讀書。（晁冲之《夜行》，《全宋詩》卷一千二百二十七，頁 13893）

（蘇州）雖瀕海裔夷之邦，執耒垂髫之子，孰不抱籍缀辭以干榮禄，裒然而赴詔者，不知其幾萬數。（朱長文《學校記》）

孟氏既平，（四川）聲教攸暨，文學之士，彬彬輩出焉。（《宋史》卷八十九，《地理志五》）

（浙江嘉興府）詩書禮樂相輝相扶，里之秀民，家之良子弟，無不風厲於學。（《至元嘉禾志》卷二十五）

由《都城紀勝》所載，可以推想南宋首都臨安學校之林立，教育之普及，“弦誦之聲，往往相聞”，可爲明證。臨安以外各州、府，亦學校衆多，讀書風氣鼎盛。南劍州地處邊陲，猶“五步一塾，十步一庠，朝誦暮弦，洋洋盈耳！”晁冲之夜行，目睹“孤村到曉猶燈火，知有人家夜讀書”；朱長文叙寫蘇州地區，“執耒垂髫之子”，要皆“抱籍缀辭以干榮禄”；《宋史》指稱四川“文學之士，彬彬輩出”，諒非虚言。浙江嘉興府，則“里之秀民，家之良子弟，無不風厲於學”。上述讀書風氣昌盛地區，有一共相，絶大部分爲刻書中心或其周遭州府爲雕版中心，如杭州、蘇州，而劍州、四川、浙江諸州府因地壤相接，圖書傳播便利，士人易得圖書，故文風鼎盛，可見教育普及，人材輩出，乃圖書傳播之效應。由弦誦之聲相聞，孤燈夜讀到曉，“五步一塾，十步一庠”，可以想見圖書傳播多元之回響。又如：

（福建路）多向學，喜講誦，好爲文辭，登科第者尤多。（《宋史》卷八十九，《地理志五》）

路逢十客九衿青，半是同窗舊弟兄。最憶市橋燈火静，巷南巷北讀書聲。（吕祖謙《送朱叔賜赴閩中幕府二首》其二，《全宋詩》卷二千五百二十二，頁 29144）

嘉祐中，吴孝宗子經者，作《餘干縣學記》，云：“古者江南不能與中土等，宋受天命，然後七閩、二浙、與江之西東，冠帶《詩》、《書》，翕然大肆，人才之盛，遂甲於天下。江南既爲天下甲，而饒人喜事，又甲於江南……爲父兄者，以其子與弟不文爲咎；爲母妻者，以其子與夫不學爲辱。其美如此。”（洪邁《容齋四筆》卷五《饒州風俗》）

今吴、越、閩、蜀，家能著書，人知有挾册。（葉適《水心文集》卷二十九）

刻書中心，往往位於經濟繁榮、文化發達、盛産紙張的地方，汴京、浙江、福建、江西和四川，是宋代五大出版中心，也是藏書家會集之處。南宋時，臨安（杭州）與附近之江、浙，福建地區、四川成都附近，以及江淮湖廣等地，刻書尤其興盛。[①] 印本價廉易得，藏本借閱便利，都能營造讀書氛圍，提升讀書風氣。因此，福建路文風尤其鼎盛，《宋史》所謂“多向學，喜講誦，好爲文辭，登科第者尤多”。朝廷右文崇儒之結果，體現在“路逢十客九衿青，半是同

① 陳彬龢、查猛濟《中國書史》，頁 313－318；宿白《唐宋時期的雕版印刷》之《南宋的雕版印刷》（北京：文物出版社，1999 年），頁 84－109。

窗舊弟兄"，"家能著書，人知有挾册"，教育相對普及，"巷南巷北讀書聲"，成爲夜晚絶妙之天籟。江南人才之盛，所以甲於天下，"冠帶《詩》、《書》"，爲其中關鍵。而饒州人才之盛，之所以"又甲於江南"，除了江西吉州爲刻書中心，饒州與之有地緣關係外，"爲父兄者，以其子與弟不文爲咎；爲母妻者，以其子與夫不學爲辱"，是讀書好學之風氣美好如此使然。

學校普設，需要大量教材；科舉登第，需要豐富圖書；如果圖書只限於寫本、藏本，必無法滿足廣大市場需求；唯有雕版印刷崛起，既節費，又便藏，化身千萬，無遠弗屆，方有可能從官府庋藏與私家庫存，轉變進入文人書齋中"朝誦暮弦"、"家樂教子"，進而家能著書，人知有挾册。雕版印刷之爲圖書傳媒，對宋代文風士習之影響，蔚爲印本文化之形成。錢存訓考察地方志，發現宋代進士姓名可考者 29 000 餘人，今兩浙、福建、四川、江西、安徽各地即佔 24 000 餘人，佔總人數 82%。宋代印書總數約 1 500 種，上述地區多爲刻書中心，曾印書 1 200 種，佔總數 80%。反之，西部的夔州路（今川東一帶），僅有進士 103 人，印書只有 2 種。[①] 可見，雕版印刷對普及教育、造就人才、促進學術發展，有如響斯應之互動關係；而科舉考試，則是朝廷崇儒右文，促進印刷事業繁榮和拓展的一種重要動力。

雕版印刷崛起，進而作爲圖書知識傳播之重要媒介，勢將激蕩閱讀慣性、學習生態，以及創作方式和評述風格，此筆者之推想。陸游《雨夜讀書二首》稱："風雨澒洞吞孤村，讀書擁褐不出門"；"一燈如螢雨淒淒，老夫讀書蓬户間"；時至宋代，風雨孤村之偏遠，不礙讀書；蓬户書齋不出門，不妨讀書；日夜四時，可以讀書；羈旅遷謫，可以讀書。除寫本、鈔本、藏本外，印刷傳媒之化身千萬，無遠弗屆，價廉物美，携帶方便，促成宋代士人學養豐厚，多百科全書式涵養，以此。試觀宋詩代表之大家名家，如歐陽修、王安石、蘇軾、黄庭堅賦詩作文，多標榜讀書博學，以爲有益於創作。歐陽修爲文壇宗匠、宋詩之開山，其《試筆》云："作詩須多誦古今人詩"，其他詩人之文學創作論，亦多主張博極群書，兹列舉如下：

> 頃歲孫莘老識歐陽文忠公，嘗乘間以文字問之，云："無它術，唯勤讀書而多爲之，自工。世人患作文字少，又懶讀書，每一篇出，即求過人。如此，少有至者。"（蘇軾《東坡題跋》卷一《記歐陽公論文》）
>
> 有問荆公："老杜詩何故妙絶古今？"公曰："老杜固嘗言之：'讀書破萬卷，下筆如有神。'"（魏慶之《詩人玉屑》卷十四引《東皋雜録》）
>
> 僕嘗悔其少作矣，然著成一家之言，則不容有所悔。當且博觀而約取，如富人之築大第，儲其材用，既足，而後成之，然後爲得也。（蘇軾《蘇軾文集》卷五十三《與張嘉父七首》其七）
>
> 季父仲山在揚州時，事東坡先生。聞其教人作詩曰："熟讀《毛詩·國風》與《離騷》，曲折盡在是矣。"僕嘗以謂此語太高，後年齒益長，乃知東坡先生之善誘也。（許顗《彦周詩話》，《歷代詩話》本）
>
> 所送新詩皆興寄高遠，但語生硬不諧律吕，或詞氣不逮初造意時，此病亦只是讀書未精博爾。"長袖善舞，多錢善賈。"不虚語也。（黄庭堅《豫章黄先生文集》卷十九《與王觀復書》其一）

---

① 錢存訓《中國古代書籍紙墨及印刷術》，頁 266－268。又，錢存訓《中國紙和印刷文化史》（桂林：廣西師範大學出版社，2004 年），頁 356－357。印刷業的繁榮促成學術的發展，日本漢學家清水茂曾舉朱熹閩學爲論證：福建遠離中央朝廷，地處偏僻；其所以能成爲宋代閩學中心，實與福建出版業之興盛有關，參考蔡毅譯本《清水茂漢學論集》之《印刷術的普及與宋代的學問》（北京：中華書局，2003 年），頁 96－98。

寄詩語意老重，數過讀不能去手，繼以嘆息，少加意讀書，古人不難到也……自作語最難，老杜作詩，退之作文，無一字無來處，蓋後人讀書少，故謂韓杜自作此語耳……（同上，黄庭堅《答洪駒父書》三首之二）

知識是一種工具，經由閲讀接受，儲備能量，透過轉化、發用，形成創作和評論的利器。透過廣博的閲讀，多元的觸發，自然有助於作文。黄庭堅提倡讀書精博，所謂“長袖善舞，多錢善賈”。歐陽修論文，稱“唯勤讀書而多爲之，自工”；王安石標榜老杜之“讀書破萬卷，下筆如有神”；蘇軾以富人築大第，廣儲材用爲喻，稱“博觀而約取，厚積而薄發”（《稼説送張琥》）；黄庭堅更堅信：“少加意讀書，古人不難到”；朱熹謂：“舊學商量加邃密，新知培養轉深沉”。若此之類，多少是雕版印刷之“日傳萬紙，版本大備”所引發之傳媒效應。

蘇黄皆主張博極群書，以儲積學理，啓發詩思，升華人格，往往以形象語，比擬“讀書精博”。山谷所謂“胸中有萬卷書，筆下無一點塵俗氣”；“使胸中有數百卷書，便當不愧文與可矣”是也。同時，山谷以爲遍考前作，可以取法優長，接受薰陶茹染，故教人“加意讀書”、“深探經術”。《與徐師川書》勉人熟讀老杜、李白、韓愈詩；《答洪駒父書》更提出陶冶萬物、點鐵成金，作爲“能文章”之指標，而其關鍵，亦在“多讀書”。蘇黄作詩，注重多讀書，出入衆作，化變諸體，方有可能自得成家，其中不無圖書傳播，印刷傳媒之作用。宋詩自歐陽修、王安石、蘇軾、黄庭堅以下，多注重勤讀博學，以儲備詩材：歐陽修答孫莘老（覺）問作詩云：“無它術，唯勤讀書而多爲之，自工”；韓駒批評時人：“不肯讀書，但要作詩到古人地位；殊不知古人未有不讀書者”（《詩人玉屑》卷五）。推而至於其他宋代詩家詩論，如陳師道《後山詩話》、羅大經《鶴林玉露》卷六、《唐子西語録》，皆主張讀書有益於賦詩作文。甚至於詩學宗唐貶宋之嚴羽，《滄浪詩話・詩辨》論詩，亦不例外，宋人之注重讀書可知。《朱子語類》載朱熹讀書法多方，可見一斑。①

再就士人、青衿、科舉、朝官而言，印刷傳媒影響所及，誠所謂“滿朝朱紫貴，盡是讀書人”，“城裏人家半讀書”，“路逢十客九青衿”。以福建之偏遠，朱熹閩學蔚然形成於南疆；其勝處，莆陽或“十室九書堂”，永福則“百里三狀元”。學者之輩出，人才之濟濟，圖書傳播之便捷有以致之。② 蓋圖書傳播多元，博觀厚積如此，下筆爲文，自然容易“資書以爲詩”，驅遣書中典故、成語，以書卷學問爲詩。更何況，以讀書爲題材，描述書齋生活，環境逼仄，面向狹隘，易流於王夫之《薑齋詩話》批評蘇軾、黄庭堅等江西詩人所言：“除却書本子，則更無詩”；所謂“總在圈繢中求活計”，此鍾嶸《詩品》所謂“補假”。清初宗唐詩話抨擊宋代蘇、黄及江西詩人作詩習性，以流爲源，捨本逐末，多非“直尋”，率由“補假”，大率指此。

（三）便利雕版，盡心校讎

宋代校讎學之興起，與國家級圖書館藏書先經覆勘校理，再轉交國子監雕版印行有關。而

① 《朱子語類》卷八《總論爲學之方》，卷十、卷十一《讀書法》，卷七十四《讀書之要》，以及《近思録》皆載録許多讀書法。陶愚川《中國教育史比較研究》（濟南：山東教育出版社，1985 年）列舉朱熹讀書方法論八項，參該書頁 307－309。余英時《怎樣讀中國書》以爲“中國傳统的讀書法，講得最親切有味的，無過於朱熹”。載《余英時文集》第八卷《文化評論與中國情懷》（桂林：廣西師範大學出版社，2006 年），頁 324。

② 譚其驤《前言——論〈方輿勝覽〉的流傳與評價問題》，載祝穆《宋本方輿勝覽》（上海：上海古籍出版社，1991 年），頁 19－20。參考清水茂《印刷術的普及與宋代的學問》，載蔡毅譯本《清水茂漢學論集》（北京：中華書局，2003 年），頁 96。

且，朝廷右文崇儒，注重古籍整理，故校勘圖書蔚爲風氣。尤其鈔本、藏本開雕成印本圖書後，圖書勢將“一以板本爲正”，在推廣標準定本、促進教育普及方面，較石經、寫本有效；然其連鎖效應，則是加速古籍寫本之消亡，異本異文之滅失，於是蔚爲校讎版本學之興起。爲避免版本訛舛、脱略、闕疑、亡失，無論秘閣校理善本、學者整理文獻，或私家藏書刊書，都追求完備精善，校讎學遂因雕版印刷之繁榮，而雲蒸霞蔚。

宋初承五代喪亂，下詔獻書，館閣抄存，必經校勘。大中祥符八年（1015）四月，因王宫火災，三館秘閣圖籍多成灰燼，真宗詔以太清樓副本重新寫録，選官詳覆校勘。宣和四年四月十八日徽宗詔：“三館閣之富，而歷歲滋久，簡編脱落，字畫訛舛，較其卷帙，尚多逸遺，甚非所以崇儒右文之意。”於是設置“補完校正御前文籍局”。由於古籍整理，手抄傳録珍籍善本，故南北宋國家級之圖書館設有圖書整理機構，寫本、傳鈔本、藏本交付國子監雕版印刷前，先經詳覆校勘、增修校正、補寫校理、補完校對、書寫校勘，如宋徽宗之詔示，對差舛訛謬者，加以删改校正，大段損缺者，重別雕造：

> 雍熙中，太宗以板本《九經》尚多訛謬，俾學官重加刊校。史館先有宋臧榮緒、梁岑之敬所校《左傳》，諸儒引以爲證。祭酒孔維上言，其書來自南朝，不可案據。章下有司檢討，杜鎬引貞觀四年來：“以經籍訛舛……今後並以六朝舊本爲正。”持以詰維，維不能對。王師平金陵，得書十餘萬卷……其書多讎校精當，編帙全具，與諸國書不類。（江少虞《皇宋事實類苑》卷三十《詞翰書籍·江南書籍》）
>
> 淳化五年（994）兼判國子監。至上言：“《五經》書疏已板行，惟《二傳》、《二禮》、《孝經》、《論語》、《爾雅》七經疏未備，豈副仁君垂訓之意？今直講崔頤正、孫奭、崔偓佺等皆勵精强學，博通經義，望令重加讎校，以備刊刻。”從之。後又引吴淑、舒雅、杜鎬檢正譌謬，至與李沆總領而裁處之。（《宋史》卷二百六十六《李至傳》）
>
> （大觀二年，1108）八月二十七日上批：國子監印造監本書籍，差舛頗多，兼版缺之處，筆吏書填不成文理。頒行州縣，錫賜外夷，訛謬何以垂示？仰大司成專一管勾，分委國子監、太學、辟雍官屬正、録、博士、書庫官，分定工程，責以歲月，删改校正，疾速別補。内大段損缺者，重別雕造，仍於每集版末注入今來校勘官職位、姓名。候一切了畢，印造一監，令尚書禮部覆行抽摘，總檢有無差舛，保明聞奏。今後新行書籍，仰强淵明，不得奏乞差官置局。今貼改《毛詩》一册降出。（《宋會要輯稿·職官》二八之一八）

《七經疏》於國子監鏤版刊行前，李至奏言：先令博通經義之士，“重加讎校”；其次“檢正訛謬”，終則李至與李沆“總領而裁處之”，然後方能“以備刊刻”。其間過程，即“是正版本”之校讎課題。據《宋會要輯稿·崇儒》等文獻，國子監監本開雕前，必先覆勘校理。因此，八年，設置都大提舉校勘館閣書籍所；嘉祐二年，設置校正醫書局；嘉祐四年，設置三館秘閣編校所；元祐二年，設置校對黄本書籍所；宣和元年，設補完御前書籍所；四年，置補完校正御前文籍所；紹興十四年，設置補寫所。① 由此可見，無論三館秘閣庋藏之寫本鈔本，必經覆勘校理；即交付國子監雕版印行，補完校對等古籍整理程序，亦不能鹵莽闕略。朝廷藏書與印書，覆勘校理之程序如此繁瑣慎重，功夫如此精密講究，自然影響士人之古籍整理、書坊之刊刻圖書，以及私人藏書家校書、印書、藏書之三位一體。

---

① 郭聲波《宋朝官方文化機構》（成都：天地出版社，2000年），頁101－105。

葉夢得《石林燕語》卷八，稱北宋雕印圖書，蜀本建本“幾遍天下”，蓋“多以柔木爲之，取其易成而速售”。“易成而速售”，既是圖書商品化之必然趨勢，如何兼顧“版本是正”，避免訛奪闕劣？此乃校讎學之課題。宋代雕版印刷繁榮，直接促進校讎學之發展，宋代文獻有言：

> 議者以爲，前代經史皆以紙素傳寫，雖有舛誤，然尚可參讎。至五代，官始用墨版摹《六經》，誠欲一其文字，使學者不惑。至太宗朝，又摹印司馬遷、班固、范曄諸史，與《六經》皆傳，於是世之寫本悉不用。然墨版訛駁，初不是正，而後學者更無他本可以刊驗。……《前漢書》官本差舛，請行刊正。……至是改舊（《前漢書》）摹板，以從新校（《漢書刊誤》）。然猶有未盡者，而司馬遷、范曄史尤多脱略，惜其後不復有古本可正其舛謬云。（程俱《麟臺故事》卷二之一一）

由於雕版圖書印量極大，影響自然深遠，因此，刊行出版前之覆刊校理十分重要。尤其刊本既行，寫本日亡，如果“墨版訛駁，初不是正”，影響所及，將使“後學者更無他本可以刊驗”、“不復有古本可正其舛謬”，校讎學隨雕版印刷發達而應運産生，自然是勢所必至，理有固然。監本之刊行，三館秘閣置所設局覆勘校理圖書，良有以也。官方雕印圖書，設有專職專人校讎文字，故監本精良，足爲典範；至於唯利是圖之坊刻本，則不必然。岳珂（1183－1234）《愧郯録》卷九亦稱：“建陽書肆日輯月刊，時異而歲不同，以冀速售”，因爲“學者易於得書”，所以“士大夫不復以藏書爲意”。這不僅牽連到藏書之意願，更影響到讀書態度：“誦讀亦因滅裂”，同時左右了古籍整理：“一以板本爲正，而藏本（即寫本、鈔本）日亡”所衍生之問題，於是促成南宋後版本校勘學之勃興，開啓後世藏書家兼理校書、刻書之風氣。

書籍校勘之學，漢代以後，唯宋人爲最勤、範圍亦最廣。據程俱（1078－1144）《麟臺故事》記載，自太宗淳化五年（994）至仁宗景祐二年（1035），三館秘閣置所設局，校勘之書籍有：《史記》、《前漢書》、《後漢書》、《三國志》、《晉書》、《唐書》、《周禮》、《儀禮》、《公羊傳》、《穀梁傳》、《孝經》、《論語》、《爾雅》、《尚書》、《南華真經》、《莊子注》、《列子沖虚真經》、《文選》、《南史》、《北史》、《隋書》、《文苑英華》等等，尤其對《史記》、《漢書》、《論語》、《孝經》、《爾雅》，多進行反覆之校勘。王應麟《玉海》著録宋代校刊群書，如開寶校經籍釋文，端拱校《五經正義》，淳化校《三史》，嘉祐校《七史》，咸平校定《七經義疏》、三館書籍，景德刊正《四經》、校諸子，康定校《群經音辨》，至和與嘉祐刊刻石經，熙寧是正文字，紹興校御府書籍等等，可見朝廷爲是正版本，所作持續性之校讎工作。① 朝廷倡導於上，故天下隨之。至於私人校書之風亦盛行，成就亦頗有可觀。如余靖《三史刊誤》、陳景元《訛謬同異》、劉攽《東漢刊誤》四卷、吴縝《新唐書糾謬》二十卷、《新五代纂誤》五卷，廖瑩中《九經總例》、彭叔夏《文苑英華辨證》十卷、方崧卿《韓集舉正》十卷、朱熹《昌黎先生集考異》十卷、張淳《儀禮識誤》三卷，以及毛居正《六經正誤》、張淳《六經正誤》等，要皆校讎學之經典著作。校勘書籍所以特别發達，當與雕版印刷之繁榮，密切相關。②

印本圖書果真校勘精善，版本美好，則確實有“一其文字，使學者不惑”之知識傳播貢獻。迨雕版印刷流行昌盛，促使寫本不用而日亡。若印本“初不是正”，寫本又淪亡，將引發“更無

① 參考李更《宋代館閣校勘研究》（南京：鳳凰出版社，2006年），頁198－204。

② 張君和《論宋代學者治學的廣闊規模及替後世學術界所開闢的新途徑》，《張舜徽學術論著選》（武昌：華中師範大學出版社，1997年），頁197－200；曾貽芬、崔文印《中國歷史文獻學史述要》之《宋代對歷史文獻的校勘》（北京：商務印書館，2000年），頁274－301。

它本可以刊驗”之危機。因此，宋代館閣盡心致力校勘經史，而藏書家亦多精於校書，否則，寧可不藏書：

> 壬辰，詔翰林學士張觀等刊定《前漢書》，下國子監頒行。前代經史，皆以紙素傳寫，雖有舛誤，然尚可參讎。至五代，官始用墨版摹印《六經》，誠欲一其文字，使學者不惑。太宗朝又摹印司馬遷、班固、范蔚宗諸史，與《六經》皆傳，於是世之寫本悉不用。然墨版訛駁，初不是正，而後學者更無它本可以刊驗。會祕書丞余靖進言，《前漢書》官本繆誤，請行刊正。詔靖及國子監王洙進取秘閣古本對校。踰年乃上《漢書刊誤》三十卷。至是，改舊摹本以從新校，然猶有未盡，而司馬遷、范蔚宗等史尤脱亂，惜其後不復有古本可是正也。（李燾《續資治通鑑長編》卷一百十七，仁宗景祐二年（乙亥，1035），頁 2755–2756；又見程俱《麟臺故事》卷二之十一，中華書局《校證》本，頁 70）

藏書所以多散佚，蓋緣圖書多爲寫本。雕版圖書化身千萬，較有機會保全傳世。唯印本崛起，取代寫本，若“失於校讎”，勢將貽誤後學。以北宋館閣校勘而言，或就文字作增删改乙，或就異文作校注存留，或就原書作整體面貌之處理，注重實事求是，信守多聞闕疑，而“是正文字”與“疏其謬誤”，最爲館閣校勘之兩大主軸，國子監刊本之精良完善，號稱“善本”，蓋出於此。① 宋代藏書家所藏書“多手自繕録”，且精心校讎，其鈔本之精良，誠可“一其文字，使學者不惑”，故藏書家之傳鈔本多稱善本，職是之故。又如：

> 承平時，士大夫家如南都戚氏、歷陽沈氏……俱有藏書之名，今皆散佚。近年來所至郡府，多刊文籍，且易得本傳録。仕宦稍顯者，家必有書數千卷，然多失於校讎也。吴明可帥會稽，百廢俱舉，獨不傳書。明清嘗啓其故，云：“此事當官極易辦，但僕既簿書期會，賓客應接，無暇自校；子弟又方令爲程文，不欲以此散其功；委以他人，孰肯盡心？漫盈箱篋，以誤後人，不若已也。”（王明清《揮麈前録》卷一）
>
> 葉少蘊云：唐以前，凡書籍皆寫本，未有模印之法，人以藏書爲貴。人不多有而藏書者精於讎對，故往往皆有善本；學者以傳録之艱，故其誦讀亦精詳。五代時馮道始奏請官鏤板印行，國朝淳化中，復以《史記》《前後漢》付有司摹印，自是書籍刊鏤者益多，士大夫不復以藏書爲意。學者易於得書，其誦讀亦因滅裂，然板本初不是正，不無訛誤。世既一以板本爲正，而藏本日亡，其訛謬者遂不可正，甚可惜也。此論宋世誠然，在今則甚相反。蓋當代板本盛行，刻者工直重巨，必精加讎校始付梓人，即未必皆善，尚得十之六七，而抄録之本往往非讀者所急，好事家以備多聞，束之高閣而已，以故謬誤相仍，大非刻本之比。凡書市之中，無刻本則鈔本價十倍，刻本一出，則鈔本咸廢不售矣。（明胡應麟《少室山房筆叢》卷四《經籍會通四》）

王明清《揮麈前録》，感慨刊印文籍若“失於校讎”，將貽誤後人，誠見道之言。仁宗景祐二年，因刊定《前漢書》，下國子監頒行，引發朝臣討論雕版得失。其中所謂“誠欲一其文字，使學者不惑”，固爲印本之功能；雕版流行，於是“寫本悉不用”，其負面效應則是“墨版訛駁，初不是正，而後學者更無它本可以刊驗”；欲救濟印本流傳可能造成之弊病，雕版刊行前，多多

① 李更《宋代館閣校勘研究》，頁 182–198。

致力，是正文字、疏其謬誤，自是思患預防之對策。胡應麟引用葉夢得《石林燕語》之言，稱宋世“版本初不是正，不無訛誤”之狀況，此蓋南北宋之交情形如此。至南宋理宗後，印本逐漸替代寫本，成爲主流之圖書傳媒，於是圖書市場“無刻本，則鈔本價十倍；刻本一出，則鈔本咸廢不售矣!”情理亦同。兩宋爲雕版印刷之黃金時代，監本、公使庫本、家塾本、坊本多精校之善本，藏書家亦多講究文字校勘，官刻本、家刻本、坊刻本如此，遂蔚爲宋代校讎學之勃興。

(四) 校刻精美，講究版本

“版本”一詞，起於宋初太宗朝，至真宗仁宗朝已成習見熟語。試考察文獻史料，宋人所謂之“版本”，專指以雕版製作之印本書而言，有别於寫本、鈔本、藏本、石本之書籍，爲雕版印刷作爲圖書傳媒後生發之術語用詞，如下列文獻所云:

雍熙二年（985）登進士第，補梓州榷鹽院判官，以親老弗果行。會國子監刻《五經正義》板本，以安仁善楷隸，遂奏留書之。(《宋史》卷二百八十七《趙安仁傳》)

咸平中，真宗謂宰臣曰：“太宗尚文史，而三史版本知聞當時校勘未精，當再勘正。”……景德元年正月校畢……又命直秘閣刁衎、直史館晁迥與丁遜覆校《前後漢書》版本。(《宋會要輯稿·崇儒四之一》)

大中祥符七年（1014）九月，又併《易》、《詩》重刻板本，仍命陳彭年、馮元校定。(王應麟《玉海》卷四十三)

嘉祐七年（1062）十二月，詔以七史板本四百六十四卷送國子監鏤板頒行。(同上)

板本初不是正，不無訛誤。世既一以板本爲正，而藏本日亡，其訛誤者遂不可正，甚可惜也。(葉夢得《石林燕語》卷八)

上述所謂《五經正義》板本、三史板本、重刻板本、七史板本、板本不是正，以板本爲正云云，皆是雕版印書崛起興盛後，針對寫本、藏本而稱印本爲“板本”，此北宋人稱呼雕板印書之學術用語。於是文字校勘精確，内容美好而完整者，謂之“善本”，此種講究與追求，亦起始於北宋，蓋因應雕板圖書之逐漸蔚爲主流而生發。要之，板本之講究，實即葉夢得所謂“世既一以板本爲正，而藏本日亡，其訛誤者，遂不可正”之覺悟。蓋印板文字，化身千萬，若校正不精，將如麻沙本之差舛，謬亂書傳，貽誤後學。[①] 故宋人論板本，提及“善本”，亦同時起於雕版印刷流行之北宋，如:

《昌黎集》今大行於世，而患本不真，余家所藏最號善本，世多取以爲正。(歐陽修《集古録》卷八《唐韓退之黄陵廟碑》)

陳公時偶得杜集舊本，文多脱誤。至《送蔡都尉》詩，云“身輕一鳥”，其下脱一

① 參考周煇《清波雜志》卷八《板本訛舛》(劉永翔《校注》本，北京：中華書局，1994年)，頁334。陸游《老學庵筆記》卷七：三舍法行時，有教官出《易》義題云：“乾爲金，坤又爲金，何也?”諸生乃懷監本《易》至簾前請云：“題有疑，請問!”教官作色曰：“經義豈當上請?”……諸生徐出監本，復請曰：“先生恐是看了麻沙本！若監本則‘坤爲釜’也。”教授惶恐，乃謝曰：“某當罰。”即輸罰改題而止。見涵芬樓本（上海：上海書店，1990年），頁7。《萍洲可談》卷一《泊宅編》卷上亦載之。

字……其後得一善本，乃是“身輕一鳥過”。(歐陽修《六一詩話》)

凡校秘書，更中立手，皆爲善本。(曾鞏《隆平集》卷九《樞密・石熙載附石中立》)

三館秘閣書籍“頗多訛舛，雖累加校讎，而尚無善本”。又范鎮《宋諫議敏求墓誌銘》記宋氏請“下諸路購求善本”。(《續資治通鑑長編》卷二二八載宋敏求言)

主人好文，必當市購千金家求善本。(黄庭堅《山谷集》卷十六《小山集序》)

世之蓄書，以宋(敏求)爲善本。又，穆修伯長……始得韓柳善本，大喜。(朱弁《曲洧舊聞》卷四)

歐陽修(1007－1072)稱其家所藏《昌黎集》“最號善本”；善本《杜集》，可以補缺正誤。曾鞏(1019－1083)《隆平集》稱：石中立能爲“善本”；《續資治通鑑長編》載：宋敏求(1019－1079)稱館閣“尚無善本”，於是宋氏“下諸路購求善本”。《曲洧舊聞》推崇宋敏求家藏善本，黄庭堅(1045－1105)亦謂主人“市購千金家求善本”。上述稱引説“善本”諸家，大抵皆北宋時代(960－1126)人氏。可見“善本”之觀念，因應雕版印書之流行繁榮，亦起始於北宋。

宋代刻書，校勘追求精當，尤以國子監本爲最，已如上述。由於文字校勘無誤，内容美好完足，於是成爲善本，後世之推崇宋版，其故在此。“善本”一詞，出現在雕版印刷開始之北宋，南宋文獻更所在多有，如下列文獻所示：

此書絶無善本。頃在莆田，以數本參效，僅得七八，後又得蜀本校之，互有得失，然粗完整矣。(陳振孫《直齋書録解題・元和姓纂》)

今《國策》宜有善本傳於世，而舛錯不可疾讀。(李文叔《戰國策序》)

揆家有閩本，嘗苦篇中字訛難讀，顧無善本可讎。(沈揆《顔氏家訓序》)

《元和姓纂》“絶無善本”，陳振孫“以數本參校”，“互有得失”，然後“粗完整”。《國策》“舛錯不可疾讀”，蓋傳世者未有善本。《顔氏家訓》“篇中字訛難讀”，苦於“無善本可讎”。由此可見，舛錯不可讀者、字訛難讀者、未以數本參校者、無善本可讎者、内容未完整者，多未可稱善本，此負面表述法。若從正面表述，則文字校勘正確，内容美好完整者，宋人謂之善本。宋人此種學術認知，對於評估版本價值、比對板本異同、鑑别版本真僞、考鏡版本源流，極有貢獻。① 如：

唐以前，凡書籍皆寫本，未有模印之法，人以藏書爲貴，書不多有，而藏者精於讎對，故往往皆有善本。(葉夢得《石林燕語》卷八)

宋次道龍圖云：“校書如掃塵，隨掃隨有。”其家藏書，皆校讎三五遍者。世之蓄書，以宋爲善本……穆修伯長在本朝初爲好學古文者，始得韓、柳善本，大喜……欲二家文集行於世，乃自鏤版，鬻於相國寺。(朱弁《曲洧舊聞》卷四)

嘉祐四年，仁宗謂輔臣曰：“宋、齊、梁、陳、後魏、北齊、北周書，世罕有善本，未行之學官，可委編校官精加校勘。”(江少虞《事實類苑》卷三十一)

子欽臣，平生爲文致多，所交盡名士。性嗜古，藏書數萬卷，手自讎正，世稱善本。(《宋史・王洙傳》)

① 張富祥《宋代文獻學研究》(上海：上海古籍出版社，2006年)，頁620－630。

宣和七年四月九日，提舉祕書省言：取索到王闡、張宿等家藏書，與三館祕閣現管帳目比對到所無書六百五十八部、二千四百一十七卷。及集祕書省官校勘，並係善本。（《宋會要輯稿》第五十五册）

葉夢得以爲“精於讎對”者，往往有善本；宋仁宗以爲“精加校勘”，可有善本；王洙“手自讎正”，世稱善本；《宋會要輯稿》稱“祕書省官校勘，並係善本”。由此觀之，宋人之善本觀，主要指文字正確、内容完整的本子。元人之善本觀，亦大致不異。宋人論版本，稱述所謂“善本”者，大抵起於北宋仁宗朝，至南北宋之交文獻，已屢見不鮮，成爲學術專用術語。要言之，宋元之“善本”，以精校、實用、内容完整爲主，往往與“精本”、“佳本”同義，屬於校讎學範圍。與後世版本學所言善本，指珍秘可玩、視同古董，涉及版本之文物價值者，會當有别。①

一般而言，無論官刻本、家刻本，或坊刻本，多極重視書籍之校刊。雕版圖書既“一以版本爲正”，因此確保版本可靠無誤，成爲善本書之充分且必要條件。論者推估，雕版印刷之前，最少校對四次，畢竟版本準確是讀者喜愛印本主因之一。因此，經細勘之印本圖書，價值往往高於鈔本。② 試翻檢宋板善本書之牌記申明，即可知之，如同爲《春秋經傳集解》之宋刊本，有淳熙本、紹興本、嘉定本等，要皆强調文字校讎，不厭其煩如此，從中可見宋人“善本觀”之一斑：

謹依監本寫作大字，附以釋文，三復校正刊行，如履通沖，了亡室碍處，誠可嘉矣。兼列圖表於卷首，夫唐虞三代之本末源流，雖千歲之久，豁然如一日矣，其明經之指南歟?以是衍傳，願垂清鑒。淳熙柔兆涒灘中夏初吉閩山阮仲猷種德堂刊。（宋淳熙三年［1176］種德堂刊本《春秋經傳集解》三十卷，日本宫内廳書陵部藏本）

……是書更歲浸久，點畫漫欠，中間雖葺治，旋復磨滅。不違到官之明年，郡事稍暇，□屬關僚友與夫里居之彦，互相參考，分帙校讎，重鋟諸梓。始以迄事。告斯亦難矣。後之人苟知其難不待其□壞而亟修之，□□□縱□□炳然常新，有補於窮經學古之工，譯爲政之首務云。時歲在淳熙丙午［1186］重陽，郡守趙不違書。（宋紹興年間刊宋代遞修本《春秋經傳集解》三十卷，趙不違《修刻跋文》，日本陽明文庫藏本）

本學五經舊版，乃檢樞鄭功仲熊分教之日所刊，在紹興壬申歲也。歷時浸久，字畫漫滅，且缺《春秋》一經……模因有請，慨然領略，即相與捐金出粟，模亦撙節廩士之餘，督工鋟木，書將成奏院。葉公凱下車觀此，且惜五經舊版之不稱。模於是並請於守貳復得工費，更歸主學糧幕掾沈景淵同計，置而更新之。乃按監本及參諸路本，而校勘其一二舛誤，並考諸家字説而訂正其偏旁點畫，粗得大概，庶或有補觀者云。嘉定丙子年正月望日聞人模敬書。（宋嘉定九年［1216］興國軍學刊本《春秋經傳集解》三十卷，日本宫内廳書陵部藏本）

《春秋經傳集解》，淳熙間種德堂刊本、嘉定間興國軍學刊本，皆標榜按依國子監本，再進

① 張富祥《宋代文獻學研究》，頁 628－629。參考陳先行《古籍善本》之《玄笈秘囊，芸香馥郁——古籍善本漫話》（臺北：貓頭鷹出版社，2004 年），頁 10－12。
② 錢存訓《中國紙和印刷文化史》，頁 353。

行“寫作大字，三復校正”，或“參諸路本，校勘舛誤”。紹興間刊本亦强調“互相參考，分帙校讎”。校讎之學依隨圖書傳播、雕版印刷之繁榮，而蔚然勃興，此勢所必至，理有固然。其他，四部典範之刊刻，要皆如此，如：

日東京大相國寺東榮六郎家，現寄居臨安府中瓦南街東，開印輸經史書籍鋪。今將京師舊本《抱朴子内篇》校正刊行，的無一字差訛。請四方收書好事君子幸賜藻鑒。紹興壬申歲六月旦日。(宋杭州刻本《抱朴子内篇》，其卷二十末牌記，林申清《宋元書刻牌記圖録》圖二十七引，頁53)

本家今將前後《漢書》精加校證，並寫作大字鋟版刊行，的無差錯。收書英傑，伏望炳察。錢塘王叔邊謹咨。(杭州刻本《後漢書注》，福建建安書坊王叔邊牌記，同上，圖二十八，頁54)

魏縣尉宅，校正無誤，大字善本。(《附釋文尚書注疏》，同上，圖二十三，頁48)

此書係求到京本，將出處逐一比校，使無差謬。重新寫作，大板雕開，並無一字誤落。(時慶元丁巳之歲，建安余氏刊，《重修事物紀原集》，同上，圖三十一，頁60)

時嘉定戊辰季春既望，刊於一經堂，將諸本校證，並無一字訛舛。(建安蔡琪純父刊本《後漢書》，同上，圖三十三，頁62)

右《文選》版，歲久漫滅殆甚。紹興二十八年冬十月，直閣趙公來鎮是邦，下車之初，以儒雅飾吏治，首加修正字畫，爲之一新，俾學者開卷免魯魚亥豕之訛，且欲垂斯文於無窮云。(宋明州刊本《六臣注文選》，紹興二十八年修本，日本宫内廳書陵部藏本)

此即精加校正，絶無舛誤，現在廣都縣北門裴宅印賣。(宋四川刻本《六家文選》序後牌記)

……先叔以毛氏詩口講指畫，筆以成編，本之東萊《詩記》，參以晦翁《詩傳》，以至近世諸儒，一話一言，苟足發明，率以録焉，名曰《叢桂毛詩集解》，獨羅氏得其繕本，校讎最爲精密，今其姪瀆貢樾鋟梓以廣其傳……(淳祐八年段昌武《叢桂毛詩集解》，羅貢士樾牌記“版權聲明”)

所謂“牌記”，相當於今日之書刊廣告，主要訴求在文字校對精細，内容準確無誤，字體大方，便於觀覽閲讀。對於士人購書選擇，可謂能投其所好。杭州刻本《抱朴子》牌記稱：“校正刊行，的無一字差訛”；建安王氏所刻《後漢書注》稱：“大字鋟版刊行，的無差錯”；建安余氏刊《事物紀原》亦宣稱：“大板雕開，並無一字誤落”；建安蔡氏所刊《後漢書》亦同稱：“將諸本校證，並無一字訛舛”；明州紹興刊本《六臣注文選》亦强調“修正字畫”之效益，“俾學者開卷免魯魚亥豕之訛，且欲垂斯文於無窮云”；四川刻本《六家文選》牌記亦不約而同宣稱：“精加校正，絶無舛誤”；羅樾替代先叔聲明《叢桂毛詩集解》版權，除强調該書内容豐富外，亦標榜“校讎最爲精密”。由此可見，“大字刊印，校證無誤”之標榜，正是購書者之最愛，亦是宋人善本書之標準之一。

國子監本，刻印精良，校勘詳審，爲聲譽最好之善本典範。唯國子監本坊間難得一見，於是各地方之書肆坊刻本，往往攀附監本，作爲促銷印本之號召，而標榜之焦點，文字校讎之精確，亦是主要訴求，如：

謹將監本與古本參校考證，的無舛錯……(宋建陽崇化書坊刻本《文選注》序後牌記)

本宅今將監本四子纂圖互注附入重言重意，精加校證，並無訛謬……（宋建安刻本《纂圖互注揚子法言》序後牌記）

今將監本寫作大字，校正雕開，並無訛謬……（宋東陽余四十三郎刻本《新雕初學記》序後牌記）

北宋以昭文館、史館、集賢院爲三館，太宗於崇文院增設秘閣；三館秘閣合稱館閣，既是國家藏書機構，更有博學鴻儒擔任館職，從事圖書之整理、校勘、修纂等工作，館閣對專書整理完善，始交付國子監鏤版刊行。① 因此，經過嚴密之校勘，國子監本往往"部帙完全，的非僞濫"，是所謂善本。上所徵引宋代諸刻本牌記，皆標舉監本，借爲參校、校證、寫作大字；同時强調"的無舛錯"、"並無訛謬"，如是這般，以廣招徠。由此觀之，北宋館閣校勘標榜之"是正文字"、"疏其謬誤"，攸關雕版圖書之校讎版本問題，更是權衡印本是否"善本"之準則。

雕版印刷之崛起與繁榮，促使圖書流量增長，流通範圍擴大，購書易，藏書不難。於是官府私家藏書數量激增，除寫本外，印本漸漸由新寵蔚爲主流。尤袤（1127－1194）《遂初堂書目》著録子弟及其家族傳抄圖書 3 200 餘種，每在書目下廣記版本，開創後世版本目録學之先河。其後，趙希弁《郡齋讀書志・附志》、陳振孫《直齋書録解題》，始詳細記載刻本，蓋此時刻本書已超過寫本書。② 至度宗咸淳間（1265－1274），廖瑩中世綵堂校刻《九經》，取校 23 種版本，清一色爲刻本，無一寫本。寫本與印本之消長，由此可見一斑。

（五）印本易得，誦讀鹵莽

自雕版印刷發明，日傳萬紙，"搢紳家世所藏善本，往往鋟板以爲官書，所在各自板行"；"士大夫不勞力而家有舊典"；"學者之於書，多且易致如此"，於是以鈔書爲讀書，以傳鈔作複本之傳統士習，因印刷傳媒之廣受士林歡迎而轉變，讀書態度亦隨之受到影響。如葉夢得所云：

唐以前，凡書籍皆寫本，未有摹印之法，人以藏書爲貴……學者以傳録之艱，故其誦讀亦精詳……國朝淳化中，復以《史記》、《前》、《後漢》付有司摹印，自是書籍刊鏤者益多，士大夫不復以藏書爲意。學者易於得書，其誦讀亦因滅裂……（葉夢得《石林燕語》卷八）

在純賴寫本，珍視藏本的時代，有幸持有寫本，獲睹藏本，是難能可貴之福份。由於得來不易，閱讀無不用心致力，葉夢得所謂："學者以傳録之艱，故其誦讀亦精詳"。宋初以來，崇儒右文，國子監推廣印本，"自是書籍刊鏤者益多，士大夫不復以藏書爲意。學者易於得書，其誦讀亦因滅裂。"圖書傳媒由寫本變换爲印本，閱讀習慣隨之改易，學習成效亦隨之每况愈下：寫本時代，手到、眼到、口到、心到，"學者以傳録之艱，故其誦讀亦精詳"；此羅壁《識遺》所謂"唐末書未有模印，多是傳寫，故古人書不多而精審"：

蔡氏云："古書自篆籀多而爲隸，竹簡變而爲縑素，縑素變而爲紙，紙變而爲模印，模

① 郭聲波《宋代官方文化機構》，頁 91－161。

② 王重民《中國目録學史》（北京：中華書局，1984 年），頁 120；傅璇琮、謝灼華主編《中國藏書通史》（寧波：寧波出版社，2001 年），頁 379－393。

印便而書益輕。後生童子習見以爲常，與器物等，藏之者祇觀美而已。”余謂書少而世不知讀，固可恨；書多而世不知重，尤可恨也。唐末書未有模印，多是傳寫，故古人書不多而精審……後唐明宗長興二年（931）宰相馮道李愚始令國子監田敏校《六經》，板行之世，方知鐫甚便。宋興，治平以前猶禁擅鐫，必須申請國子監。熙寧後，方盡弛此禁。然則士生於後者，何其幸也。（羅壁《識遺》卷一《成書得書難》，文淵閣《四庫全書》本）

昔州郡各有刊行文籍，寰宇書目備載之。雖爲學者之助，而讀書之功，不及古人矣。且異書多湮没不存。（宋末元初盛如梓《庶齋老學叢談》卷中之上）

自後唐雕鐫《六經》，寫本變而爲模印，羅璧以爲：“模印便而書益輕。後生童子習見以爲常，與器物等”，藏書只爲觀美而實未精讀，因此“書多而世不知重，尤可恨也。”圖書複製、知識傳播之方式，由書之竹帛，轉變爲紙張模印，由於得來容易，因此生發“模印便而書益輕”之反效果，不利於知識之傳播與接受，此雕版圖書之爲兩面刃也。爲何“書未有模印，多是傳寫”，則讀書精審？模印便、書多，反而不知讀、不知重？此或即負面之傳媒反饋效應。① 葉夢得《石林燕語》亦感慨：“學者易於得書，其誦讀亦因滅裂。”印本圖書，不假傳抄謄録，未經勞力用心，故就閱讀成效而言，印本往往不如寫本，此盛如梓《庶齋老學叢談》所謂“刊行文籍，雖爲學者之助；而讀書之功，不及古人矣!”良可嘆息!

東坡自鈔兩《漢書》，既成，夸以爲貧兒暴富。唯手寫校勘，經幾番注意，自然融貫記憶，無鹵莽之失。今人買印成書，連屋充棟，多亦不讀，讀亦不精。書日多而學問日虚疏，子弟日愚，可嘆也!（明李日華《紫桃軒雜綴》卷一）

古人得本皆親寫，至與貧兒暴富同。雕印流傳千百部，置書雖易馬牛風。（清葉昌熾《藏書紀事詩》卷一《周啓明》）

自雕版印刷崛起，繁榮昌盛，與寫本、藏本競妍爭輝，政壇、學苑、士林記述聞見，觀察問題，稱揚印刷圖書之便利福澤者少，批評印本症候群者多。朝廷嚴加監控，動則毁板禁止；② 學界提防學子讀書成效不彰，版本文獻學家擔心“一以板本爲正，而藏本日亡”。筆者以爲，雕版印刷之爲圖書傳媒，有得有失，猶蘇洵論《史記》人物，所謂“功十而過一者也”。且看《朱子語類》所載朱熹論印本流傳，對於閱讀態度之觀察：

讀書之法：讀一遍了，又思量一遍；思量一遍，又讀一遍。讀誦者，所以助其思量，常教此心在上面流轉。若只是口裏讀，心裏不思量，看如何也記不子細。又云：“今緣文字印本多，人不着心讀。漢時諸儒以經相授者，只是暗誦，所以記得牢。故其所引書句，多有錯字。如《孟子》所引《詩》《書》亦多錯，以其無本，但記得耳。”（黎靖德《朱子語類》卷十《讀書法上》，僩録，頁170，中華書局本）

今人所以讀書苟簡者，緣書皆有印本多了。如古人皆用竹簡，除非大段有力底人方做得。若一介之士，如何置？所以後漢吴恢欲殺青以寫《漢書》，其子吴祐諫曰：“此書若成，則載之車兩。昔馬援以薏苡興謗，王陽以衣囊徼名，正此謂也。”如黄霸在獄中從夏侯勝受

① 董天策《傳播學導論》（成都：四川大學出版社，2004年），頁81－84。
② 張高評《印刷傳媒與宋詩特色——兼論圖書傳播與詩分唐宋》之《雕版印刷之繁榮與朝廷之監控》，頁29－77。

書，凡再踰冬而後傳。蓋古人無本，除非首尾熟背得方得。至於講誦者，也是都背得，然後從師受學。如東坡作《李氏山房藏書記》，那時書猶自難得。晁以道嘗欲得《公》《穀》傳，遍求無之，後得一本，方傳寫得。今人連寫也自厭煩了，所以讀書苟簡。（同上，銖録，頁171，中華書局本）

朱熹主掌書院，教示學生，需求教材甚爲殷切，也曾集資雕印《四書》等典籍，却又提撕弟子，注意印本書籍使用之負面效應：一則曰"今緣文字印本多，人不着心讀!"關鍵在讀書是否著心思量，問題不在於印本或寫本。朱子在下一則語録，説得較具體清楚：其二曰："今人所以讀書苟簡者，緣書皆有印本多了。"其三曰："今人連寫也自厭煩了，所以讀書苟簡。"可見問題核心在傳寫謄抄，其過程頗有助於思量，"常教此心在上面流轉"，寫本複製圖書過程：手到、眼到、心到、口到，隱然切合朱子所倡讀書之法："讀一遍了，又思量一遍；思量一遍，又讀一遍"之口誦心惟讀書法。朱熹《訓學齋規》提出"讀書有三到，謂心到、眼到、手到"；"三到之中，心到最急。心既到矣，眼口豈不到乎?"① 閲讀印本圖書，不勞手抄親寫，省略傳鈔之艱，然手既不到，心眼容易不專一；而且，"此心在上面流轉"之歷程縮短，因此閲讀印本，較易造成"讀書苟簡"，乃與寫本比較而言。清葉昌熾《藏書紀事詩》卷一亦云："古人得本皆親寫，至與貧兒暴富同。雕印流傳千百部，置書雖易馬牛風。"除凸顯"得本親寫"之效益外，感慨有書不讀，則與朱子同。

筆者因謂：朱子教學，將"人不着心讀"，讀書苟簡之負面效應，歸咎到"緣文字印本多"，"緣書皆有印本多了"，不過提醒學子，印本圖書已省略"手到"功夫，若再"不著心讀"，勢必流於"讀書苟簡"，提撕訓勉，可謂苦口婆心。印本之爲圖書傳媒，以今日觀之，利用厚生良多，以朱熹之學博知睿，高瞻遠矚，對於印刷傳媒尚且未有具體明確、客觀平實之認知，其他政壇、學界、文苑之不察，自不必苛求。大抵士人之於雕版書籍，猶百姓日用而不知其美而已。

三、結　論

谷登堡發明活字印刷術，促成中古歐洲宗教革命，造就文藝復興，科學文明突飛猛進。因此，印刷術在西方，被稱譽爲"神聖的藝術"，"文明之母"，以及"變革的推手"。相較於東方之宋元，在第十至十三世紀中，雕版印刷崛起繁榮，作爲圖書知識之傳媒，其"易成、難毁、節費、便藏"之優長，化身千萬，無遠弗届之傳播功能，究竟造成宋元文明、文化、學風、士習多少激蕩?

日本入宋僧，經由海上書籍之路輸入印本漢籍與佛典，促成日本佛經摺本之流行，五山禪僧嫻熟詩格詩法，推尊宋詩宋調。至江户時期，雕版加上活字印刷，促成出版業興隆，教育普及；且海上書籍之路由明州博多，改爲江南長崎，於是"南京海賈每以書籍來販於長崎島"。中國書籍，"一脱梓手，雲輸商舶"，其效應使明清以來"唐宋詩之爭"，移時易地重演於東瀛。此印刷傳媒之效應，方能使"其書刻成不到一年，自極西而及於極東，所謂'不脛而走'"。反觀中土宋代，圖書傳播、印本文化對於經學復興、史學繁榮、理學昌盛、文學自得，到底生發多大之影響？在在值得探討與開發，這些都是印刷文化史之創新課題，錢存訓呼籲學界投入研究

① 朱熹《訓學齋規》之《讀書寫文字第四》，載《朱熹集》（成都：四川教育出版社，1996年），頁5676。

者，本論文以谷登堡活字印刷作對照，就雕版印刷之傳媒效應作討論，大致獲得如下之觀點：

（一）陳寅恪之兩宋文明造極論、繆鉞之唐宋詩異同説、傅樂成之唐型宋型文化分途説、錢鍾書之詩分唐宋説，乃至於日本京都學派唐宋變革論、宋代近世説，宋代雕版印刷與圖書傳播引發之傳媒效用，或可作上列諸説詮釋解讀之關鍵切入口。

（二）谷登堡發明活字印刷，引發中古歐洲宗教、文學、藝術、科學、語文之激蕩，被喻爲“變革之推手”。於恢復文本原貌，擺脱前賢解説，創新增補詮釋方面尤然。相較於雕版印刷於東方，傳媒效應促成經典研究的復興，學術和撰述風尚之改變，有殊途同歸之妙。

（三）雕版印刷之繁榮，“日傳萬紙”；“搢紳家世所藏善本，往往鋟板”刊行；學者購求印本容易，“士大夫不勞力而家有舊典”。較之人手鈔録之寫本，其簡約輕省“不但什百而且千萬矣”，於是引發讀書務求博學多聞，撰述致力創新自得之風氣。

（四）古籍整理、雕版印刷、圖書流通、閱讀接受、知識傳播，五者循環無端，交相反饋，形成印本文化之網絡系統。就雕版印刷而言，其所生發之傳播效應，大抵有十大方面，值得開發，此十大方面爲：雕版圖書之監控、閱讀習性之改易、校讎學之勃興、版本學之開創、規矩法度之講求、能入能出之提倡、詩話評點之崛起、文學體式之嬗變、經典研究之復興、學術風尚之轉變。受限於篇幅，本文只討論閱讀習性、普及教育、校讎學、版本學四大方面。

（五）凡“手自抄寫”，“逢即寫録”，以抄書爲讀書者，多以爲“讀書不如寫書”，“讀十遍不如寫一遍”，所謂“學者以傳録之艱，故其誦讀亦精詳”。迨雕版圖書流傳，版本大備，士庶家皆有之，“學者易於得書，其誦讀亦因滅裂”。朱熹以爲“印本多了”，“讀書苟簡”，“人不著心讀”；羅璧感慨：“書多而世不知重，尤可恨”；盛如梓憂心：“讀書之功，不及古人矣”，何以如此？值得探究。

（六）宋朝右文崇儒，注重古籍之整理與典藏。館閣藏書，先經覆勘校理，再交付國子監雕版印行。尤其鈔本藏本開雕成印本，爲避免訛舛、脱略、闕疑、亡佚，於是秘閣校理善本，學者整理文獻，私家藏書刊書，都追求版本之完備精善。於是，校讎學因雕版印刷“一以板本爲正”而同步講究。

（七）版本學因雕版印書興盛，傳媒效應普遍良好，於宋代異軍突起。自北宋仁宗朝講究版本，推崇善本，“善本”於南北宋之際，遂成學術用語。宋代所謂“善本”，指文字精確，内容完整的本子，屬校讎學範疇，與後來版本學兼指珍秘可玩之古董文物，會當有别。

西方學者對金海陵王的評價

曾震宇

一、前　言

就金朝（1115－1234）的歷史而言，金海陵王（完顏亮，1122－1161，1149－1161 在位）是一位極具爭議性的皇帝。海陵王是金太祖（完顏阿骨打，1068－1123，1115－1123 在位）的庶長子——完顏宗幹（斡本，? －1141）的次子。但一直以來，他在中國歷史上受盡罵名，被認爲是繼秦始皇（嬴政，前 259 -前 209，前 247 -前 209 在位）及隋煬帝（楊廣，569－618，604－618 在位）後，另一著名暴君。綜觀海陵王四十年的一生，大致可分爲四個主要階段：第一階段爲於金熙宗（完顏亶，1119－1149，1135－1149 在位）一朝的仕途；第二階段爲行弒熙宗自立爲帝；第三階段爲實行政治改革及遷都燕京；第四階段爲發動攻伐南宋（1127－1279）的戰爭。其統治金朝的十三年間，一共改了三個年號：天德、貞元、正隆。天德共五年，貞元共四年，正隆則共六年。

上述四個階段中的政治舉動，絶大部分由海陵王首創。例如，他將金朝的首都由上京遷到燕京；廢除中書、門下兩省，只保留尚書省；發動全面伐宋（960－1279）的戰爭，無一不直接影響了金朝日後的内政及外交發展。海陵王伐宋的舉動，得不到金朝臣民的廣泛支持。他們最終更推舉其從弟金世宗（完顏雍，1123－1189，1161－1189 在位）爲帝。最後，海陵王於瓜洲龜山寺被其麾下的將領行弒，死時年僅四十歲。世宗即位後不久，就將他降封爲“海陵王”，並給予“煬”的謚號。

海陵王身後的歷史評價，隨著其敗亡變得愈趨負面。此乃由於金、宋雙方爲了確保日後能够和平共存，及標榜主和政策才符合當時南、北分治的政治需要，遂不約而同地猛烈抨擊其私德與政策所致。因此海陵王的歷史形象，先經金朝官方編修的《海陵庶人實録》綜合整理，再經據南宋官方檔案編成之史籍的失實記載，然後被元（1271－1368）末《金史・海陵紀》的《讃》定型，從而成爲自明（1368－1644）、清（1644－1912）以降人所共知的暴君。踏入二十世紀，隨著中、西日益頻繁的史學交流，西方學界亦開始對金史展開研究。此時的西方學者大多依靠旅居當地的中國學者，爲他們翻譯記載金史的文獻及典籍，以及引用中國學者的金史英文專著的觀點。因此，中國學者對海陵王的評價，在很大程度上直接影響了西方學者如何評價海陵王。

本文將首先探討海陵王負面評價形成的原因，接著探討旅居美國的中國學者如何促進二十世紀的西方金史研究，同時剖析這些中國學者對海陵王傾向負面的評價，如何影響西方學者也對海陵王作出負面的評價。

二、金朝營造的海陵王負面評價

後世史籍每當提及海陵王事迹時，定必一面倒抨擊他犯下弑君、弑母、屠殺宗室大臣、淫辱婦女、敗盟興兵等一連串不可饒恕的暴行。海陵王負面評價的形成，主要緣於後世對海陵王事迹的記載，絶大部分取材自《金史》及南宋諸史籍；至於《金史》的記載，則可追溯至世宗朝編修的《海陵庶人實録》。①

世宗編修《海陵庶人實録》，美其名是要彌補海陵王朝時，史官爲海陵王編修《起居注》所出現的種種失載。但實則上，這是世宗徹底醜化海陵王的重要手段，藉以表明自己得位的合法性。由於此書編修的目的是要羅織各項罪名强加給海陵王，故此書中記載他的品德及行爲，並不完全符合歷史真相。世宗既然認定海陵王是暴政的根源，那麽進一步從民間搜訪海陵王的野史逸聞，輔以官方檔案編成《實録》，以求將海陵王的負面形象流傳後世，就成爲世宗的當務之急。早於大定六年（1166）十一月，世宗向紇石烈良弼談及爲海陵王編修《實録》的準備工作時，就毫不諱言地指出海陵王朝《起居注》的不完整，實不能充分反映他的善惡。世宗説：

> 海陵時，記注皆不完。人君善惡，爲萬世勸戒，記注遺逸，後世何觀？其令史官旁求書之。②

因此命令史官積極訪求記載海陵王事迹的書籍。大定八年（1168）十月乙未，世宗又向宰相等力陳負責編修海陵王《起居注》的史臣不够忠直，以致記載他的事迹時出現曲筆，遂再次要求有關官員在搜訪海陵王的資料後，詳細載録其事迹。世宗説：

> 海陵時，修《起居注》不任直臣，故所書多不實。可訪求得實，詳而録之。③

① 《海陵庶人實録》又稱《海陵實録》，現今除已知由鄭子聃（1126－1180）負責編修外，張景仁（？－1181）及移剌履（1131－1191）也是參與編修《海陵庶人實録》的骨幹。據元好問（1190－1257）《故金尚書右丞耶律公神道碑》記載："世宗朝，御史大夫張景仁領《國史》，公（移剌履）爲編修，受詔修《海陵實録》。"參蘇天爵（1294－1352）編《元文類》卷57《神道碑·故金尚書右丞耶律公神道碑》，上海：上海古籍出版社，1993年，頁750。關於《海陵庶人實録》全書的卷數及其成書年份，《金史》欠缺這方面的記載。這主要是由於世宗嚴重否定海陵王的個人品德及其政治成就。因此金朝官方刻意隱瞞《海陵庶人實録》全書的卷數、編修過程，以及成書時間。現今對《海陵庶人實録》的詳情雖一無所知，但蘇天爵的記載，則從另一個側面窺探到此書的面目："金亡，元帥張侯（柔）（1190－1268）收拾金史北歸，中統初送史院，當時已闕太宗（完顔吴乞買，1075－1135，1123－1135在位）、熙宗《實録》。豈南遷時並《章宗實録》同見遺乎？而《海陵實録》何故復存？"參蘇天爵著，陳高華、孟繁清點校《滋溪文稿》卷25《雜著·三史質疑》，北京：中華書局，1997年，頁422。據此可知《海陵庶人實録》確曾編修成書，更一直保全到元末《金史》編修之時。對於《海陵庶人實録》的成書時間，筆者認爲以下兩條資料可作出説明：首先，從《海陵庶人實録》的書名，稱呼海陵王作"海陵庶人"已經透露端倪。《金史·海陵紀》記載："（大定）二十年（1180），熙宗既祔廟，有司奏曰：'煬王（海陵王）之罪未正。準晉(265－420)趙王倫（司馬倫，？－301）廢惠帝（司馬衷，259－306，290－306在位）自立，惠帝反正，誅倫，廢爲庶人。煬帝罪惡過於倫，不當有王封，亦不當在諸王塋域。'乃詔降爲海陵庶人，改葬於山陵西南四十里。"參脱脱（1313－1355）等《金史》卷5《海陵紀》，北京：中華書局，1995年，頁117－118；其二，移剌履於大定二十年再次擔任修撰，張景仁於大定二十一年（1181）出任御史大夫，兼承旨及修國史，旋於同年逝世；至於鄭子聃則於大定二十年逝世。因此筆者有理由相信《海陵庶人實録》大約成書於大定二十年至大定二十一年間。

② 《金史》卷78《紇石烈良弼傳》，頁1951。

③ 《金史》卷6《世宗上》，頁143。《金史·孟浩傳》亦記載世宗所言："宋前廢帝（劉子業，449－464，464－465在位）呼其叔湘東王（宋順帝，即劉淮，469－479，477－479在位）爲"豬王"，食之以牢，納之泥中，以爲戲笑。書於史策，所以勸善而懲惡也。海陵以近習掌記注，記注不明，當時行事，實録不載，衆人共知之者求訪書之。"（《金史》卷89《孟浩傳》，頁1980）。

其實，世宗是别有用心地從民間訪求有關海陵王的資料，意圖改寫海陵王朝的歷史；不過，世宗從民間搜得各類海陵王的材料後，似乎没有細加辨别，便將這些材料編入《海陵庶人實録》中。

到了今天，《海陵庶人實録》全書已經散佚；慶幸的是，書中的部分内容已散載於《金史》的紀、傳中。當中尤以《海陵紀》收録最多，兼且較爲完整。這就證明《金史》傾嚮給予海陵王負面的評價，是由於其史源主要來自《海陵庶人實録》。世宗在《海陵庶人實録》中，除了猛烈抨擊海陵王行弒熙宗、嫡母徒單氏（1109－1161），大肆屠殺太祖、太宗、完顔斜也（杲，? －1131）、完顔宗翰（粘罕，1078－1137）、完顔宗弼（兀朮，? －1148）、完顔謀里野（? －1150）的子孫，以及完顔撒离喝（杲，? －1150）父子外，更集中記載海陵王好色，廣納宗室婦女爲妃及與她們淫亂的情節。不過，海陵王强納宗室婦女爲妃，完全符合女真族"收繼婚"的習俗，本不足爲過；況且，世宗即位時頒布的大赦改元詔，在詳細列舉海陵王的種種罪行時，亦只將他的淫行視作女真傳統習俗的"蒸報"。此外，在《海陵庶人實録》成書前，世宗與諸子及大臣的日常言論，多只針對海陵王的品德及施政，對他的淫行却没有太多的著墨。直到此書於大定二十至二十一年間編成後，淫行才成爲海陵王的主要罪行。

總括而言，《海陵庶人實録》的功能，在於重新構築及誇大海陵王的罪行。無論如何，世宗已成功地藉此書將海陵王負面的歷史形象定型。終金一代，官方對海陵王的評價始終脱離不了世宗定下的框架，其後更被吸收到以金朝官方檔案爲依歸的《金史》中，影響著明、清以來以《金史》内容爲藍本的史籍。

三、南宋營造的海陵王負面評價

南宋諸史籍對海陵王事迹的記載，皆可追溯至南宋官方收録的宋高宗（趙構，1107－1187，1127－1162 在位）言行。值得留意的是，宋高宗對海陵王的評價，與海陵王在世的時間非常接近，兼且早於《海陵庶人實録》出現。這無疑是記載海陵王評價的另一個重要途徑。

宋高宗於紹興三十一年（1161）十月九日，即海陵王伐宋的時候，就向樞密院及中書門下省下達諭旨：

> 今完顏亮殺君殺母、屠兄戮弟、暴興工役、殘虐生民。自古及今，無此凶逆。①

力數海陵王犯下弒君、殺母、屠殺宗室、大興土木、殘害百姓的滔天罪行，指出他是兇殘的暴君。宋高宗背後的政治目的，顯然是要號召金朝境内人民配合宋室，推翻金朝對中原的統治。同年十月，宋高宗在吴璘（1102－1167）的奏章中有這樣的回應：

> 況（海陵王）篡弒君親，誅戮殘忍，天地所不蓋載，禽獸所不肯爲，神怒人怨，滅亡

① 徐夢莘（1126－1207）撰《三朝北盟會編》（四）卷 234《炎興下帙一百三十四》，臺北：文海出版社，1962 年，頁 269。李心傳（1166－1243）《建炎以來繫年要録》亦引述宋高宗當時的説話："彼（海陵王）冥頑之主，狃於篡逆之資，以至不仁，行大無道，毆我中原之老稚，翦爲異域之囚俘，乃輕棄於穴巢，輒坐張於畿甸，自謂富强之莫敵，公然反覆以見欺。"參李心傳撰《建炎以來繫年要録》（三）卷 193《紹興三十一年十月》，上海：上海古籍出版社，1992 年，頁 751－752。

無日。①

指責海陵王殘忍嗜殺，簡直是禽獸不如，爲天地及人民所不容；同月壬子，即海陵王於揚州被行弑後的第十八天，宋高宗對陳康伯等人說：

完顔亮窮凶極暴，吾臣民脱去湯火，如解倒懸，此皆卿輩指蹤之功。②

稱讚文武百官盡心挽救人民脱離兵燹；同時批評海陵王爲一窮兇極惡之徒，顯然未有放過進一步詆毁他的機會。

同年十二月庚子，即海陵王死後兩個月，宋高宗爲了塑造自己愛好和平的形象，遂竭力進一步營造海陵王的暴君形象，並昭示於天下：

上（宋高宗）曰："此人（完顔亮）篡君弑母，背盟興戎。自采石與海道敗後，知本國已爲人所據，乃欲决一戰，今遽滅亡，是天賜朕也。"

將海陵王的罪行修正爲弑君、弑母及敗盟興兵，並譏諷他明知金朝境内已經爲世宗所據，仍然不顧當時形勢，一意孤行地伐宋。宋高宗因此認爲海陵王的最終敗亡，無疑是上天對其統治的徹底否定。翌日辛丑，宋高宗在《御製完顔亮畫讚》中又批評說：

金虜曰亮，獨夫自大，弑君殺母，叛盟犯塞，殘虐兩國，屢遷必敗，皇天降罰，爲戎狄戒。③

他從主和的政治立場出發，認爲海陵王只是一介無知夷狄，妄自尊大。宋高宗猛烈抨擊他在位時行弑熙宗及嫡母，違背金、宋雙方簽訂的"紹興和議"（"皇統和議"），妄啓戰端，殘害兩國人民生靈；同時指出海陵王先後遷都燕京及汴京，最終招致失敗，完全是上天對金朝的懲罰及對夷狄的警戒。

此外，宋高宗對洪邁（1123－1202）所説一段評價海陵王的話，明確地將海陵王定性爲暴君：

金酋完顔亮隕於廣陵，葛王褎已自立，於是追廢爲王，而謚曰"煬"。邁奉使之日，實首聞之。接伴副使祕書少監王補言及此，云北人戲誚之曰："奉敕江南幹當公事回。"及歸，覲德壽宫奏事，高宗天顔甚悦，曰："亮去歲南牧，已而死歸。人皆以爲類苻堅（前秦宣昭帝，338－385，357－385在位），唯吾獨云似隋煬帝，其死處既同，今得謚又如此，豈非天

① 《建炎以來繫年要録》（三）卷193《紹興三十一年十月》，頁754－755。

② 同上注，頁759。

③ 《三朝北盟會編》（四）卷246《炎興下帙一百四十六》，頁349。鄭麟趾《高麗史》亦有一段關於《御製完顔亮畫讚》的記載："高麗（918－1392）毅宗（王晛，1127－1173，1147－1170在位）十六年（1162）三月戊午，宋都綱侯林等四十三人來。明州牒報云：'宋朝與金舉兵相戰，至今年春大捷，獲金帝完顔亮圖形，叙罪布告中外。'御製書圖上曰：'金虜曰亮，獨夫自大。弑君殺母，叛盟犯塞。殘虐兩國，屢遷必敗。皇天降罰，爲夷狄戒。'蓋宋人欲示威我朝，未必盡如其言。"參鄭麟趾等纂修《高麗史》卷18《毅宗二・壬午十六年正月》，臺北：文史哲出版社，1972年，頁275。從《高麗史》的記載，可知宋高宗在詆毁海陵王時，至少高麗君臣並不相信真有其事。這反證海陵王並非一個暴君。

乎!”此段聖語，當不見於史録，故竊志之。①

宋高宗將海陵王與隋煬帝等同起來，認爲他們皆被自己麾下的將領所殺；至於隋煬帝及海陵王的謚號皆曰“煬”，當然與他們死於揚州，“揚”、“煬”同音有一定的關係。② 宋高宗認爲這是出於天命，實則暗示海陵王敗盟伐宋不符合天命。

宋高宗多次重申海陵王弑君、弑母、屠殺宗室大臣、毀壞人倫、大興土木、勞役百姓、敗盟興兵的負面論調，已經全部載入官方檔案。巧合的是，南宋官方對海陵王的評價，竟然與金朝官方如出一轍。終宋一代，官方對海陵王的評價始終脱離不了宋高宗所定的框架。其後更被以南宋官方檔案爲依歸的南宋諸史籍吸收，並影響了元初福建書賈以宇文懋昭之名爲作者杜撰的《大金國志》。

歷經明、清，直至近代，海陵王負面的歷史形象早已在民間根深蒂固。由於史家對《金史》記載的海陵王暴行深信不疑，海陵王等同於暴君的論調遂成爲定論，直至近代，再沒有作出任何改變。

四、西方學者的金史研究

1. 文獻翻譯及整理階段

踏入二十世紀，西方的金史研究才開始，相較於中國及日本，可説起步頗遲。這或多或少是由於金史的文獻及典籍未有大量流傳到西方，兼且大部分西方學者不諳中文，無法利用《大金國志》、《金史》，以及記載金史的南宋諸史籍，對金朝各個方面展開深入的研究所致。有鑑於此，當時的美國學者選擇與中國學者合作，進行大型的學術研究計劃，務求借助中國學者兼通中、英文的優勢，大量翻譯金史的典籍，藉以供日後研究之用。

早於 1935 年，美國德籍學者魏特夫（Karl-August, Wittfogel, 1896 – 1989）就打算實行一個規模宏大的中國朝代史計劃。這個計劃是他到達北平後，從事研究中國史三大計劃中的一項。③ 魏特夫原本是擁護馬克思（Karl, Marx, 1818 – 1883）“唯物主義”的政治及地理學學者，希望利用此一主義有系統地研究中國社會史，但他後來却被美國文化人類學的理論所吸引。④ 話説回來，魏特夫當時打算先撰寫遼朝（907 – 1125）的社會史，並以自己構築的“征服王朝論”（Theory of Dynasties of Conquest）作爲這個計劃的總綱，意圖運用這理論逐一撰寫金朝、元朝及清朝的社會史，以此來驗證上述四個朝代的特點，及其社會文化是屬於征服王朝的模式，組成一套名爲 *History of Chinese Society* 的叢書。至於當中擬定的金朝社會史計劃，無疑是西方與中國首度合作的金史研究。

1939 年，洛克斐勒基金（The Rockefeller Foundation）給予魏特夫這個計劃爲期十年的研

---

① 洪邁撰，孔凡禮點校《容齋隨筆》續筆卷 6《煬王煬帝》，北京：中華書局，2005 年，頁 291。

② 周必大（1126 – 1204）《文忠集》《乞黜皇子封王國奏（三月七日）》記載海陵王謚“煬”的原因：“隋廣、金亮皆因在揚州而名曰‘煬’。”參周必大撰，周綸編《文忠集》，載《景印文淵閣四庫全書》卷 152《奉詔録七・乞黜皇子封王國奏（三月七日）》，臺北：臺灣商務印書館，1986 年，頁 669。

③ 鄭欽仁、李明仁編譯《征服王朝論文集》，臺北：稻鄉出版社，1999 年，頁 235。

④ 村上正二（Murakami Masatsugu）撰，李明仁譯《征服王朝論》，載《征服王朝論文集》，頁 192。況且，魏特夫後來又大肆抨擊馬克思主義中的“亞細亞生産方式”，故此被其他擁護馬克思主義的學者批評他美國化及出賣馬克思主義。《征服王朝論文集》，頁 236。

究撥款。中國朝代史計劃起初於同年七月，在位於紐約哥倫比亞大學（Columbia University）的社會研究國際學院（The International Institute for Social Research）展開，其後轉移到位於西雅圖華盛頓大學（The University of Washington）的遠東及俄國學院（Far Eastern and Russian Institute），由泰勒（George E. Taylor）管理此項計劃。其實早於1937年，燕京大學校長洪業（William Hung，1893－1980）的學生王毓銓，已應魏特夫的邀請，到哥倫比亞大學的中國史研究室擔任其助手；至於洪業另一學生馮家昇（1904－1970），則於1939年從美國國會圖書館（The Library of Congress）轉到哥倫比亞大學，擔任魏特夫的助手。王毓銓和馮家昇在很長的時間裏，一起與魏特夫從事這個規模龐大的中國朝代史計劃，其中以馮家昇的貢獻最大。①

1944年，馮家昇完成遼朝社會史計劃後，展開金朝社會史計劃。他在當時可說是唯一溝通中、美遼金史研究的重要渠道，亦是美國學者在研究遼金史時特別倚重的中國學者。這是因爲馮家昇除了對遼朝史料瞭如指掌外，對金朝史料亦相當熟悉。從他因熟悉遼朝史料，得以駕輕就熟地編撰 *History of Chinese Society: Liao, 907－1125*，同時令此書成爲 *History of Chinese Society* 叢書最先出版的一册就可見一斑。*History of Chinese Society: Liao, 907－1125* 取材廣泛，選擇精嚴，注釋明晰，是西方學者研究遼史的重要參考書籍。馮家昇在金朝社會史計劃的工作，與遼朝社會史計劃如出一轍，主要是作資料匯編，對金朝的史料進行搜輯和甄選，並加以注釋。

與遼朝社會史計劃一樣，馮家昇將《金史》的内容按不同的主題翻譯成英文，並按照書中的目次重新排列；然而，這些翻譯材料最終未有出版。但 *History of Chinese Society: Liao, 907－1125* 一書却零星地引用了這些材料，並在書中多次提及 *History of Chinese Society: Chin, 1115－1234* 正在撰寫中，其份量與 *History of Chinese Society: Liao, 907－1125* 相若。可惜，馮家昇於1947年夏天返回中國，致令翻譯《金史》及其他金史史籍的工作中斷。② 馮家昇離開美國後，魏特夫再找不到擅長金史研究的中國學者接替他的工作。隨著洛克斐勒基金的十年撥款期限於1949年屆滿，魏特夫最終於1958年決定將其《金史》英文材料移交給華盛頓大學的遠東及俄國學院。華盛頓大學本想繼續保留馮家昇所譯的金史英文材料，但最後還是放棄。③

值得一提的是，二十世紀四十年代晚期，法國巴黎大學（Université de Paris）的北平漢學研究所（Centre d' etudes sinologiques de Pékin），亦與中國學者吴曉鈴、鄧詩熙合作，爲另一部記載整個金朝歷史的《大金國志》，編撰名爲《通檢》的檢索工具書，藉以幫助西方學者能方便

① Herbert Franke and Chan Hok-lam Chan, *Studies on the Jurchens and the Chin Dynasty* (Aldershot: Ashgate Publishing Limited, 1999), p. vii. 何兹全認爲王毓銓之所以會被魏特夫邀請到哥倫比亞大學的中國史研究室擔任其助手，是因爲魏特夫與王毓銓對東方專制主義思想所持的觀點不謀而合。王毓銓在美國的十年間，主要是幫助魏特夫作秦漢社會史的資料搜集及研究工作。當何兹全1947年赴美時，王毓銓已不在哥倫比亞大學工作，而在一所古錢幣博物館整理及研究中國古錢。可參考王毓銓著《王毓銓史論集》，北京：中華書局，2005年，頁3。至於馮家昇，則由美國國會圖書館轉到哥倫比亞大學深造時才襄助魏特夫。他於1947年畢業後，返回美國國會圖書館工作。可參考馮家昇著《馮家昇論著輯粹》，北京：中華書局，1987年，頁1。

② 關於馮家昇當日爲何退出金朝社會史計劃，直到今天，仍然未有明確的答案。據馮家昇夫人張秀齡所言，馮家昇於1947年爲瞭解決學術上的問題，於是向哥倫比亞大學申請一年假期返回中國。但返回中國的八個月後，看到新中國需要更多的研究人材，便毅然辭去美國的工作，留在中國參與學術研究工作。可參考張秀齡《馮家昇傳略》，載《馮家昇論著輯粹》，頁506。馮家昇的好友夏鼐（1900－1985）則認爲馮家昇離開美國是有迹可尋的，是跟他與魏特夫的史學思想和觀點出現分歧有關。馮家昇晚年很少提到他在哥倫比亞大學與魏特夫的合作，以及 *History of Chinese Society: Liao, 907－1125*，都是夏鼐所言的有力旁證。可參考夏鼐《馮家昇論著輯粹・跋》，頁512－513。

③ Herbert Franke, "Chin Dynastic History Project", *Sung Studies Newsletter*, No. 3 (Mar., 1971), p. 36.

及快捷地研治金史。據此書《凡例》所載，全書爲針對不懂習用筆畫的西方學者，故此將《大金國志》各目録的第一個字抽出，分別轉爲法文及英文拼音。[①] 總之，二十世紀初年西方的金史研究，仍然停留在翻譯及整理金史文獻的階段。

2. 論文及專著出版階段

沉寂達十五年的金史研究終於得到重生機會。任教慕尼黑大學的德國學者傅海波（Herbert Franke），於 1964 年被華盛頓大學聘爲講座教授。他精通歐洲多種古典及現代語言，又擅長中、日、蒙、滿、藏，及維吾爾文字，一直鑽研中國及中亞地域的文獻典籍。傅海波同樣對中國的王朝有著濃厚的興趣，當他知道胎死腹中的金朝社會史計劃的資料存放於華盛頓大學後，便到處詢問這些材料的下落。經過長時間在多臣堂（Thomson Hall）地窖的搜索，傅海波終於在一個大木箱中發現爲數達八十個的文件夾，夾中包括馮家昇當日簡陋的《金史》譯文並附有少量注釋的草稿，以及當日參與遼朝社會史計劃之學者的筆記及評論。這些文件是選取《金史》中的一些主題排序而成。[②] 由於馮家昇當日利用戰時易碎的紙張書寫這些材料，到傅海波發現時，經已變形及難以閱讀。但他認爲這些材料儘管不完整及有很多缺文，仍然值得延續當日魏特夫及馮家昇的金朝社會史計劃。[③] 傅海波在得到泰勒及魏特夫的同意後，便開始利用這些珍貴的《金史》英文材料。他爲這些材料作翻譯上的修訂及重新打字，以及作出新的注釋；至於參考書目，則由一位名爲河内（Kawachi）的日本年輕學者負責編輯。[④]

由 1969 年開始，這個新的金史計劃，多年來一直由美國學術團體聯合會（The American Council of Learned Societies）及其下的中國文明研究委員會（Committee on the Study of Chinese Civilization）提供財政援助。魏特夫與馮家昇的 *History of Chinese Society: Chin, 1125 –1234*，與 *History of Chinese Society: Liao, 907 –1125* 一樣，本分爲十五個部分。傅海波在與威咸（Hellmut Wilhelm）及杜爾（Jack Dull）兩位華盛頓大學教授商量後，決定對 *History of Chinese Society: Chin, 1125 – 1234* 的目次作出細微的修改。新的 *History of Chinese Society: Chin, 1125 –1234* 將會按《金史》的主題翻譯並作出注釋，以及在每一個章節前附上前言。傅海波又同時決定加上一些魏特夫及馮家昇没有考慮的篇章，例如藝術及考古，語言及文字。根據傅海波的報告，全書的新目次包括：

一、領土劃分
二、社會組織
三、政府組織
四、軍隊及戰爭
五、經濟活動
六、宗教
七、文學
八、藝術及考古
九、女真的語言及文字
十、元朝及明朝的女真

至於附録則包括：

---

① 吴曉鈴、鄧詩熙編《大金國志通檢・凡例》，北平：巴黎大學北平漢學研究所，1949 年，頁 XI。
② "Chin Dynastic History Project", No. 3, p. 36.
③ *Studies on the Jurchens and the Chin Dynasty*, pp. vii – viii.
④ "Chin Dynastic History Project", No. 3, p. 36.

一、大事年表

二、統治年份

三、金朝君主的名字及廟號

四、《金史》内容及版本歷史

並在全書之末附上參考書目及索引,① 計劃於1971年前完成此項計劃。

馮家昇離開美國二十四年後，有一位年輕的中國學者繼馮家昇在美國致力研究金史，其後更成爲溝通中、西金史研究的橋樑，他就是陳學霖。陳學霖早年畢業於香港大學中文系，並留在港大中文系攻讀碩士。隨後他負笈美國，在普林斯頓大學（Princeton University）研究院攻讀博士。據陳學霖自述，他對金史發生興趣，始於1958至1961年就讀香港大學中文系的時候。當時爲了深入理解金末著名文人元好問的詩詞及其歷史背景，於是努力鑽研金朝的歷史及相關專著，並在畢業前完成“The Composition and Sources of the Chin-shin”。這是他在金史領域首度發表的論文。② 陳學霖於1967年任教新西蘭奥克蘭大學（The University of Auckland）時，在這篇文章的基礎上進行增修，寫成 *The Historiography of the Chin Dynasty: Three Studies*，並於1970年出版。③ 這本書對西方的金史研究異常重要，它是第一本詳細探討《金史》源流、内容及版本的英文專著。大部分西方學者對《金史》及海陵王有更深入的認識，也是源於此書。傅海波的金史計劃就吸收了 *The Historiography of the Chin Dynasty: Three Studies* 的成果，於1971年邀請當時任教華盛頓大學的陳學霖加入這個計劃，負責 *History of Chinese Society: Chin, 1125 – 1234* 各章的導論及附論。傅海波又聯同其他西方學者，諸如華盛頓大學的威咸、波士頓藝術博物館（Museum of Fine Arts）的霍德（Jan Fontein）、匈牙利布達佩斯大學（Budapest University）的李志提（L. Ligeti）、克里夫蘭凱斯西儲大學（Case Western Reserve University）的羅西比（Morris Rossabi）負責不同的題目。④

陳學霖對這個金史計劃的貢獻頗大，他先後撰寫不同的論文及專著，介紹更多金史資料到西方史學界，諸如“Prolegomena to the Ju-nan i-shin: A Memoir on the Last Chin Court Under the Mongol Siege of 1234”,⑤ “Wang O (1190 – 1273)”,⑥ “Yuan Huan (1186)”,⑦ “Tea Production and Tea Trade under the Jurchen-Dynasty”,⑧ “Chinese Official Historiography at the Yuan Court: The Composition of the Liao, Chin, and Sung Histories”,⑨ “Wang O's

---

① “Chin Dynastic History Project”, No. 3, p. 36.

② 陳學霖著《金宋史論叢》，香港：香港中文大學出版社，2003年，頁i。“The Composition and Sources of the Chin-shin”。陈文原載於香港大學中文系出版之 *Journal of Oriental Studies*（《東方文化》）1967年第6卷。

③ Chan Hok-lam, *The Historiography of The Chin Dynasty: Three Studies* (Wiesbaden: Franz Steiner Verlag, 1970).

④ “Chin Dynastic History Project”, No. 3, p. 37. 陳學霖對加入傅海波金史計劃的原因作了一些説明。他説主要是在華盛頓大學任教期間，專職講授中國中古歷史，與個人研究金史的志趣剛好契合。因此積極參與一切與金史有關的學術計劃。除了傅海波的金史計劃外，亦參加澳洲國立大學（Australian National University）太平洋研究院（College of the Pacific）遠東學系羅意果（Igor de Rachewiltz）主持的元人傳記計劃中的金末元初名人傳記撰寫工作。可參考《金宋史論叢》，頁ii。

⑤ Chan Hok-lam, “Prolegomena to the Ju-nan i-shin: A Memoir on the Last Chin Court Under the Mongol Siege of 1234”, *Sung Studies Newsletter*, 10: 2 – 19 (Dec. 1974).

⑥ Chan Hok-lam, “Wang O (1190 – 1273)” *Papers in Far Eastern History*, 12: 43 – 70 (Sept. 1975).

⑦ Chan Hok-lam, “Yang Huan (1186 – 1225)”, *Papers in Far Eastern History*, 14: 37 – 59 (Sept. 1976).

⑧ Chan Hok-lam, “Tea Production and Tea Trade under the Jurchen-Dynasty”, in Wolfgang Bauer (ed.), *Studia Sino-Mongolica* (Wiesbaden: Franz Steiner Verlag, 1979), pp. 109 – 125.

⑨ Chan Hok-lam, “Chinese Official Historiography at the Yuan Court: The Composition of the Liao, Chin, and Sung Histories”, in John D. Langlois, Jr. ed., *China under Mongol Rule* (Princeton: Princeton University Press, 1981), pp. 56 – 106.

Contribution to the History of the Chin Dynasty (1115 - 1234)",① *Legitimation in Imperial China: Discussions under the Jurchen-Chin Dynasty*,② "Calamities and Government Relief under the Jurchen China Dynasty (1115 - 1234)",③ "The Organization and Utilization of Labor Service under the Jurchen Chin Dynasty",④ 確實爲日後出版的 *History of Chinese Society: Chin, 1125 -1234* 打下了良好的基礎。

令人遺憾的是，金史計劃其後因種種原因，導致傅海波及陳學霖在若干年後意識到他們計劃的進度，不可能趕上當日魏特夫和馮家昇的金朝社會史計劃的進度。因此他們二人決定日後以各自獨立發表金史題目的形式延續這個計劃。⑤ 慶幸的是，這個計劃的大部分成果其後被納入 *The Cambridge History of China Volume 6: Alien Regimes and Border States*⑥ 的 "The Chin Dynasty" 一章，以及 *Studies on the Jurchens and the Chin Dynasty* 中。

與此同時，另一位年輕的中國學者，雖然沒有像陳學霖般參與傅海波的金史計劃，但也在美國致力於金史研究，他就是陶晉生。陶晉生早年畢業於臺灣大學歷史系，並留在臺大歷史系攻讀碩士。他的碩士論文《金海陵帝的伐宋與采石戰役的考實》⑦ 就是最早有系統地對海陵王作出評價的篇章。而這篇文章對海陵王的評價，更散載於他日後的英文文章及專著。陶晉生其後負笈美國印第安那大學（The Indiana University）攻讀博士。陶晉生與陳學霖不同，他的碩士及博士論文均以金史作爲題目，可以說很早就專注於金史研究。因此他對金史有另一番獨特的見解，與陳學霖對金史的見解互相輝映。更爲可貴的是，他們在金史研究上交流了不少寶貴的意見，豐富了西方的金史研究。陶晉生其後在美國西麥芝根大學（Western Michigan University）及亞利桑那大學（University of Arizona）任教，撰寫了一系列論文及專著，諸如 "The Horse and the Rise of the Chin Dynasty",⑧ "The Influence of Jurchen Rule on Chinese Political Institutions",⑨ "Political Recruitment in the Chin Dynasty",⑩ "The Jurrchen-Century China: A Study of Sinicization"。⑪ 陶晉生率先運用漢化及正統的概念去研究金史，可以說他對中、西的金史交流，也作出了極大的貢獻。

值得一提的是，除傅海波外，此時西方學者出版金史的論文及專著數量明顯不多，其中田

---

① Chan Hok-lam, "Wang O's Contribution to the History of the Chin Dynasty (1115 - 1234)", in Chan Ping-leung ed., *Essays in Commemoration of the Golden Jubilee of the Fung Ping Shan Library (1932 - 1982)* (Hong Kong: Fung Ping Shan Library, University of Hong Kong, 1982), pp. 345 - 375.

② Chan Hok-lam, *Legitimation in Imperial China: Discussions under the Jurchen-Chin Dynasty* (Seattle: The University of Washington Press, 1984).

③ Chan Hok-lam, "Calamities and Government Relief under the Jurchen China Dynasty (1115 - 1234)", *Papers on Society and Culture in Early Modern China* (Taipei, Academia Sinica, 1992), pp. 781 - 872.

④ Chan Hok-lam, "The Organization and Utilization of Labor Service under the Jurchen Chin Dynasty", *Harvard Journal of Asiatic Studies*, 52. 2: 613 - 664 (1992).

⑤ 對於金史計劃終止的原因，陳學霖並沒有交個中原委，只說由於個人及學術環境轉變的關係，未能完成這個計劃。但他又指出金史計劃並非真正終止，只是轉換了形式而已。新的研究成果分別由他與傅海波二人以英、德文的學術論文發表，以及出版 *Studies of the Jurchens and the Chin Dynasty*。陳學霖表明，他的金史研究成果將會繼續以論文形式發表。可參考《金宋史論叢》，頁 ii。

⑥ Herbert Franke and Denis Twitchett eds., *The Cambridge History of China Volume 6: Alien Regimes and Border States* (Cambridge: Cambridge University Press, 1994).

⑦ 陶晉生著《金海陵帝的伐宋與采石戰役的考實》，臺北：《臺灣大學文史叢刊》，1965 年。

⑧ Tao, Jing-shen, "The Horse and the Rise of the Chin Dynasty", *Papers of the Michigan Academy of Science, Arts and Letters*, 53: 183 - 189 (1968).

⑨ Tao, Jing-shen, "The Influence of Jurchen Rule on Chinese Political Institutions", *Journal of Asian Studies*, 30. 1: 121 - 130 (1970).

⑩ Tao, Jing-shen, "Political Recruitment in the Chin Dynasty", *Journal of the American Oriental Society*, 94. 1: 24 - 34.

⑪ Tao Jing-shen, *The Jurrchen-Century China: A Study of Sinicization* (Seattle: The University of Washington Press, 1977).

浩（Hoyt, Cleveland Tillman）、包弼德（Peter, K. Bol）一直有金史的論文及專著問世。儘管如此，西方學者仍竭力維持中國中古史在美國的研究風氣，1970 年創立的 *Sung Studies Newsletter*（其後改稱 *Sung-Yuan Newsletter*）就是著名的例子。它致力推動西方宋、遼、金、元史的研究，爲西方學者提供一個討論及交流的園地，並介紹世界各國在上述朝代的最新研究活動，以及推動美國與各國在上述朝代的研究交流，藉以提高西方宋、遼、金、元史的研究素質。①

五、西方學者對海陵王的評價

回顧過去五十年西方學者的金史研究，大多側重於文化及語言方面；至於政治及經濟方面的研究則不多，當中對海陵王的研究更可説寥寥無幾。西方學者對海陵王的評價基本上傾向負面，一方面受《金史》的影響，另一方面，他們主要吸收了陳學霖及陶晉生對海陵王的評價，而西方學者對海陵王的評價則没有新的創見。

陶晉生最早就從漢化及正統的角度去評價海陵王。他在 *The Jurrchen-Century China: A Study of Sinicization* 中認爲海陵王雖是一個篡弑者，但却漢化甚深。海陵王採用大量的中國觀念和制度，加速金朝邁向中央集權的步伐。他在政治上運用暴力，大力鎮壓女真貴族，以防他們推翻他以不合法手段取得的皇位。海陵王推行一系列漢化政策，其中遷都燕京及汴京完全是出於正統的觀念，希望令金朝成爲中國歷史上的正統王朝。在政治改革方面，他加快中央集權，從而加强他的專制統治。這對中國的政治史有著深遠的影響。此外，海陵王屠殺宗室大臣及杖懲官員，是爲了樹立其皇帝權威。至於伐宋，更是出於他的大一統觀念，爲的是要統一天下，建立一個真正的中國式正統王朝。②

陳學霖的 *Legitimation in Imperial China: Discussions under the Jurchen-Chin Dynasty (1115 -1234)* 亦從正統觀念去探討金朝的皇位繼承，當中牽涉對海陵王的評價。他認爲海陵王是一位僭越者，發動流血政變，殺害熙宗並自立爲帝。在取得帝位後，海陵王殘酷地展開兩次大型的屠殺，將懷疑反對他及對他不忠的高級官員及女真族領導者全部殺害。陳學霖認爲海陵王實行漢化的二元政策及中央集權，確實强化了他對漢人及女真人的統治。一連串的漢化政策令海陵王的中國式統治得以合法化，漢人得以抗衡女真貴族，並且令漢化的女真人支持新政權。③

陳學霖認爲海陵王實行有系統的中央及地方政制改革，主要是强化其統治，遏止女真將領的勢力，扶植忠於他的勢力。至於海陵王遷都燕京，他認爲其動機雖然複雜，但真正的目的是希望直接統治中國，有效地得益於宋朝的富裕經濟，以及加强對金朝領土南部的軍事控制，爲與南宋交戰作好準備。海陵王在遷都後實行一連串政策，諸如完成徹底的政制重組，提高中央集權及獨裁，亦對中國歷史産生一定的影響。海陵王更發布一系列有助其管治及加强控制女真勢力的政策，藉以維繫政權的漢化。這令金朝合法地成爲中國朝代秩序的繼承者。不過，陳學霖批評這些强化及復興金朝的政策，只會令海陵王變得更爲專制及暴虐。由於海陵王不信任漢

① "From the Editor", *Sung Studies Newsletter*, 1: 1-2 (May, 1970).
② Tao, Jing-shen, *The Jurrchen-Century China: A Study of Sinicization*, pp. 42-47.
③ Chan Hok-lam, *Legitimation in Imperial China: Discussions under the Jurchen-Chin Dynasty (1115 -1234)*, pp. 63-64.

族及女真族官員，重用佞幸及宦官，他因此批評海陵王政權的特徵是大量屠殺、强行清洗，以及殘暴懲罰皇族及士大夫，並進而批評海陵王是一個偏執的君主，享受公開觀看受害者被打或被殺。[①] 陳學霖指出海陵王的魯莽政策，帶來不少混合的後果，其中廣泛的漢化及無情的中央集權，引致女真官員及皇族的反抗，爲削弱其統治埋下伏線。他最後指出，海陵王伐宋，完全是出於野心及過分自信，希望自己成爲統一整個中國的皇帝；至於其遷都汴京，更是大興土木，勞民傷財的表現。這令人民生活艱苦及破壞農作物的生產，爲海陵王的敗亡埋下伏線。因此，南宋及金朝的統治者均把他定性爲貪婪的暴君。[②]

總而言之，陶晉生及陳學霖的專著對海陵王的評價，是美國史學界對海陵王最早的研究。他們的研究成果，直接影響了西方學者對海陵王的評價。有些西方學者，諸如傅海波及田浩雖然諳熟中文，但他們對海陵王的評價，基本上都受陶晉生及陳學霖的影響，例如從漢化及正統觀念去剖析金史，即完全繼承陶、陳兩人的看法，就是明證。

西方學者對海陵王作有系統評價的專著，首推 *The Cambridge History of China Volume 6: Alien Regimes and Border States* 第三章 "The Chin Dynasty"。此章的作者正是傅海波。他在論述海陵王時，就以 "The Hai-ling wang Episode" 作爲標題。這已經隱含對海陵王傾向負面的評價。傅海波肯定海陵王是一位熱心漢族文化的外族君主，又認爲其暴力政策背後必有其一定的政治目的，不能單單從史籍的記載去評價其人格。他認爲海陵王是金史上一個複雜的人物，遠超過後人認識的殘忍及無情的僭奪者。傅海波雖然肯定海陵王一系列的漢化政策，有利加强其統治金朝的正統性，但同時認爲其漢化的意願超過帝國所能承受的力量。傅海波最後更批評海陵王的伐宋戰爭是一場不顧後果的軍事行動，導致他走上兵敗身亡的下場。[③]

田浩的 *China under Jurchen Rule: Essays on Chin Intellectual and Cultural History*，[④] 對海陵王的評價也是繼承陶晉生及陳學霖。他認爲海陵王是一位僭越者，大量屠殺皇族成員及熙宗朝的女真族領袖。這是因爲金朝在缺乏明確的皇位繼承制度下，海陵王視他們爲他登基的主要威脅。但田浩從漢化的角度出發，又盛讚海陵王的政治改革，例如大量借鑑中國的行政、禮儀及法律制度，令金朝轉變爲與漢族王朝一樣的統治模式。田浩雖然指出海陵王的統治，整體而言傾向暴力，但認爲他的統治是金朝政治制度的分水嶺，並令日後的金朝君主受惠。尤其是遷都燕京，令金朝成爲一個與傳統漢族王朝無異的政權；而改三省六部制爲一省制，更令中央集權得以大大提升。[⑤]

總括而言，西方學者深受陶晉生及陳學霖金史專著的漢化及正統觀念的影響，對海陵王的評價總體上傾向負面。雖然西方學者肯定海陵王的政治改革有助金朝轉化爲一個與漢族王朝無異的外族政權，提高其統治的合法性，但另一方面，又一致抨擊海陵王僭奪金朝的皇位，屠殺大量皇族成員及女真族的高級官員。至於海陵王伐宋的軍事行動，更被西方學者視作其殘暴的最高點，認爲這些行動破壞金、宋雙方的和平。

---

① Chan Hok-lam, *Legitimation in Imperial China: Discussions under the Jurchen-Chin Dynasty (1115 - 1234)*, p. 66.

② 同上注，頁 67。

③ Herbert Franke, "The Chin Dynasty", *The Cambridge History of China Volume 6: Alien Regimes and Border States*, pp. 239 - 243.

④ Hoyt Cleveland Tillman and Stephen H. West eds., *China under Jurchen Rule: Essays on Chin Intellectual and Cultural History* (New York: State University of New York Press, 1995).

⑤ Hoyt Cleveland Tillman, "An Overview of Chin History and Institutions", *China under Jurchen Rule: Essays on Chin Intellectual and Cultural History*, pp. 29 - 30.

六、海陵王真實的歷史形象

由此可見，西方學者對海陵王的評價，基本上脱離不了中國學者對海陵王評價的框架。中國學者乃至西方學者雖然提出以漢化及正統觀念去評價海陵王，但由於他們太倚重《金史·海陵紀》的内容，未曾細加留意哪些是《海陵庶人實録》詆毁海陵王的内容，因此對海陵王的評價，仍然有不少值得商榷的地方。筆者認爲應從《金史》中抽出一些未被世宗篡改的海陵王言行之記載，藉以窺探海陵王真實的歷史形象。

海陵王未被《海陵庶人實録》篡改的原始記載，雖然散載於《金史》各處，搜尋不易，但却是現存唯一有助瞭解真實的海陵王的重要途徑：首先，真實的海陵王的君權意識非常高漲。《耶律恕傳》記載了海陵王與耶律恕（耨里，1088－1156）的一段對話，謹摘録如下：

> 海陵爲平章政事，謂恕曰："君亦有黨乎?"恕正色曰："窮則獨善其身，達則兼善天下。不以其道得之，非恕之志也。何朋黨之有。"海陵徐曰："前言戲之耳。"①

鑑於金初以來，宗室及官員在朝中結成朋黨，海陵王不喜歡宗室及大臣相互勾結，在朝中形成政治影響力極大的朋黨。《海陵諸子傳》記載海陵王與楊伯雄的一段對話説：

> 諫議大夫楊伯雄入直禁中，因與同直者相語，伯雄曰："宿王（完顔矧思阿補）之死，蓋養於宫外，供護雖謹，不若父母膝下。豈國家風俗素尚如此。"或以此言告海陵。海陵大怒，謂伯雄曰："爾臣子也，君父所爲，豈得言風俗。宫禁中事，豈爾當言。朕或體中不佳，間不視朝，秖是少得人幾拜耳。而庶事皆奏決便殿，縱有死刑不即論決，蓋使囚者得緩其死。至於除授宣敕雖復稽緩，有何利害。朕每當閑暇，頗閲教坊聲樂，聊以自娱。《書》（《尚書》）云：'内作色荒，外作禽荒，酣酒嗜音，峻宇雕牆，有一於此，未或不亡。'此戒人君不恤國事溺於此者耳。如我雖使聲樂喧動天地，宰相敢有濫與人官而吏敢有受賕者乎。外間敢有竊議者乎。爾諫官也，有可言之事，當公言之。言而不從，朕之非也。而乃私議，可乎?"伯雄對曰："陛下至德明聖，固無竊議者。愚臣失言，罪當萬死，惟陛下哀憐。"海陵曰："本欲殺汝，今祇杖汝二百。"既決杖至四十，使近臣傳詔諭伯雄曰："以爾藩邸有舊，今特釋之。"②

海陵王在對答中流露出非常精明的一面，他顯然知道作爲君主甚麽事可爲甚麽事不可爲。海陵王的自我意識甚高，他引經據典表明自己並非荒淫昏庸之君；相反，自己是一位鋭於求治，納諫及賞罰有道的君主。《張通古傳》就這樣記載海陵王：

---

① 《金史》卷82《耶律恕傳》，頁1841。

② 同上注，《海陵諸子傳》，頁1855。陶晉生認爲海陵王與楊伯雄的對話真情流露，故此史料價值頗高。從這段説話中，陶晉生認爲海陵王善辯及善於詐飾，將國家和私人事情分開，由此引證他前期的統治並非暴政，以及海陵王不是全部拒諫，他顯然知道甚麽事可爲，甚麽事不可爲。可參考陶晉生《金海陵帝的伐宋與采石戰役的考實》，頁6。

御下甚嚴，收威柄，親王大臣未嘗少假以顔色。①

表明他嚴厲控制宗室及大臣，兼且收回他們引以爲傲的權力。這其實是海陵王不肯與金初以來政治影響力巨大的宗室妥協，意圖實行高度集權的君主制度，扭轉金初以來宗室主導政治的傳統。因此海陵王並非如後世所言，對宗室及大臣不問情由地任意殺戮，研究海陵王，應著眼於他即位前的金初政局。《張浩傳》記載海陵王與張浩的一段對話：

海陵曰："人君不明，諫不行，言不聽，則宰相求去。宰相老病不能任事則求去。卿於二者何居?"浩對曰："臣羸病不堪任事，宰相非養病之地也，是以求去。"不許。②

這表明他是一位精明君主，並不拒諫，不會不採納大臣的建議；相反，海陵王非常留意臣下的政治表現，並非昏庸的暴君。《翟永固傳》記載海陵王與翟永固、張景仁及張汝霖的一段對話：

考試貞元二年（1154）進士，出《尊祖配天賦》題，海陵以爲猜度己意，召永固問曰："賦題不稱朕意。我祖在位時祭天拜乎?"對曰："拜。"海陵曰："豈有生則致拜，死而同體配食者乎?"對曰："古有之，載在典禮。"海陵曰："若桀、紂曾行，亦欲我行之乎?"於是永固、張景仁皆杖二十。而進士張汝霖賦第八韻有曰："方今，將行郊祀。"海陵詰之曰："汝安知我郊祀乎?"亦杖之三十。③

這充分説明海陵王心思慎密，不喜歡臣下試探他的心意，這是嚴厲駕馭臣下的明證。《高德基傳》記載海陵王責罰高德基（1119－1172）、李籌及蕭中一時所説的話：

海陵使中使謂德基等曰："汝等欲乘傳往邪？欲乘己馬往邪？銀牌可於南京尚書省取之。"籌乞先降銀牌，復遣中使謂籌曰："牌之與否，當出朕意，爾敢輒言，豈以三人中，官獨高邪。"遂杖之三十，遣乘己馬往，德基、中一乘傳往。④

這表明他的君權意識甚高，對大臣控制甚嚴，一改金初以來君權旁落的現象，自信地認爲大臣生殺予奪之權全操在自己手中。

其次，海陵王喜歡重用人材，非如後世史籍記載的忌才及傾向重用奸邪小人。《蒲察世傑傳》記載説：

海陵謂（蒲察）世傑（阿撒）曰："汝勇力絶倫，今我兄弟有異志者，期以十日除之，則有非常之賞，仍盡以各人家産賜汝。"世傑受詔而不肯爲。已過十日，海陵怒，面責之。

---

① 《金史》卷 83《張通古傳》，頁 1861。不過，元朝史臣似乎對海陵王這種一反金初君弱臣强局面的政策沒有好感："海陵之爲君也，舞智御下而不卹焉。君子仕於朝，動必以禮，然後免於恥。"(《金史》，頁 1875)。

② 同上注，卷 83《張浩傳》，頁 1863。

③ 同上注，卷 89《翟永固傳》，頁 1975。姚從吾（1894－1970）及陶晉生不約而同地將這段對話作爲海陵王飾非立威或詭詐精明的證據。可分别參考姚從吾先生遺著整理委員會編《姚從吾先生全集（三）》之《遼金元史講義》，臺北：正中書局，1972 年，頁 128－129 及陶晉生《金海陵帝的伐宋與采石戰役的考實》，頁 5。筆者認爲他們的論點並不恰當，因爲這段對話更能充分證明海陵王是一位頭腦精明，兼且不喜歡臣下奉承自己的君主。

④ 同上注，卷 90《高德基傳》，頁 1996。

世傑曰："臣自誓不以非道害物，雖死不敢奉詔。"海陵愛其勇，不之罪也。①

足見他並非公私不分。爲了得到蒲察世傑這個人材，海陵王不因他拒詔行事而降罪。海陵王曾對左右的御史中丞談及自己的用人之道：

知子莫若父，知臣莫若君，朕嘗試之矣。朕詢及人材，汝等若不舉同類，必舉其相善者。朕聞女直、契丹之仕進者，必賴刑部尚書烏帶、簽書樞密遥設爲之先容，左司員外郎阿里骨列任其事。渤海、漢人士進者，必賴吏部尚書李通、户部尚書許霖爲之先容，左司郎中王蔚任其事。凡在仕版，朕識者寡，不識者衆，莫非人臣，豈有遠近親疏之異哉。苟奉職無愆，尚書侍郎節度使便可得，萬一獲罪，必罰無赦。②

他批評御史中丞用人唯親，而不根據類别推薦人材。從海陵王的説話中，可知他擢用人材不問民族背景。

其三，海陵王由始至終鋭於求治。早於天德二年（1150）正月乙巳，海陵王便已定立統治的七項方針：

以勵官守、務農時、慎刑罰、揚側陋、恤窮民、節財用、審才實七事詔中外。

這七項方針包括糾察官吏操守、留意農務、謹慎刑罰、彌補朝廷弊政、體恤窮民、減少財政支出及審核人材。爲了盡快實現他鋭於求治的決心，海陵王於翌年頒下求治詔：

朕雖居人上之尊，承萬方之統，食不甘味，寢不安席，常若以太平爲憂，不敢以位爲樂也。自古帝王，固有酣酒嗜音，輟朝廢政，窮奢極侈，耽樂是從。雖有忠義之士，犯顔逆耳，一諫而有斥逐，再諫而加誅戮，則終杜諍臣之口，無復敢言者。朕非不知，亦非不能，所以然者，重念太祖皇帝艱難以取天下，欲救民於水火之中，非欲自尊，務承先志，兢兢持守，雖跬步不敢忘，凡爾有官君子，待享爵禄於平安之時，其可不念太祖艱難創業之功！今朕求治之意，爻修不逮，以熙庶績。朕宣布詔令，以告百官，蓋有五刑，著爲常典，小者加之責罰，大者至於誅戮，有罪犯焉，必罰無赦。爾或罹於邦憲，實有傷於朕心，故使通聞庶令，天下有守法奉公，無奸贓之過，朕所聞知，必加進用。自今後凡有罪者，無或隱而相容，凡觖望者必盡獄以取平，庶共底於大寧，以同享於極治。咨爾有衆，體予至懷，故茲昭示，想宜知悉！牒手詔書如右，宜令尚書刑部關牒各行下，應於合屬去處。③

海陵王在詔中重申自己不是昏庸無道，荒廢政事，窮奢極侈及拒絶納諫的君主。爲了有效地管治整個帝國，他容許境内軍民上書談論國事得失。因此，海陵王決非如《海陵庶人實録》所言爲自古未有的暴君。海陵王鋭於求治，又不只限於在位前期。《楊伯雄傳》記載海陵王與楊伯雄的一段對話，反映前者在其統治後期仍然非常重視如何管理好整個帝國：

---

① 《金史》卷91《蒲察世傑傳》，頁2020－2021。

② 同上注，卷129《佞幸傳》，頁2783。

③ 苗耀原著，傅朗雲輯注《神麓記》，載傅朗雲編注《金史輯佚》，長春：吉林文史出版社，1990年，頁27。

> 海陵鋭於求治，講論每至夜分。嘗問曰：“人君治天下其道何貴?”對曰：“貴静。”海陵默然。明日，復謂曰：“我遷諸部猛安分屯邊戍，前夕之對豈指是爲非静邪?”對曰：“徙兵分屯，使南北相維，長策也。所謂静者，乃不擾之耳。”乙夜，復問鬼神事。伯雄進曰：“漢文帝（劉恒，前202-前157，前180-前157在位）召見賈生（賈誼，前201-前169），夜半前席，不問百姓而問鬼神，後世頗譏之。陛下不以臣愚陋，幸及天下大計，鬼神之事未之學也。”海陵曰：“但言之，以釋永夜倦思。”伯雄不得已，乃曰：“臣家有一卷書，記人死復生，或問冥官何以免罪，答曰，汝置一曆，白日所爲，暮夜書之，不可書者是不可爲也。”海陵爲之改容。①

毫不諱言他鋭於求治，與楊伯雄討論政事至夜深。此外，海陵王的求知欲很强，他請教楊伯雄關於中國帝王自古以來所關心的鬼神之事，兼且接納楊伯雄諫阻他不要迷信鬼神在政治上的作用。這足以證明他並非如後世史籍般所説，是昏庸無道的君主。

其四，海陵王並非暴君，他顯然是根據中國的政治思想，有意識地施政；至於每一個政策的背後，顯然存在其獨特的政治意圖。海陵王其中一項爲後世所痛罵的事爲屠殺宗室。《亨傳》記載海陵王與完顏宗弼之子完顏亨的一段對話：

> 太宗（完顏吴乞買，1075－1135，1123－1135在位）諸子方强，多在河朔、山東，真定，據其衝要，如其有變，欲倚卿（元顏亨）爲重耳。②

他派遣完顏亨出任真定尹，藉以監察鎮守河朔及山東的太宗諸子的一舉一動。海陵王這番説話，赤裸裸地表明太宗諸子在當時已形成一股强大的離心力，控制地方的軍政大權。海陵王擔心他們聯合起來威脅中央安全，甚至推翻他的統治，終於演變成海陵王屠殺太宗子孫。海陵王更向蕭裕進一步揭示自己誅殺太宗一系深層的政治意圖：

> 太宗諸子豈獨在汝，朕爲國家計也。③

爲了鞏固自己的皇位，以及確保其家族對金朝的統治，無可避免地剷除對他統治不利的一切障礙，並爲其後的政治改革鋪路，這是出於提升皇權的需要。

最後，海陵王有極大的政治抱負，其政治雄圖成爲一種極大的推動力，促使他發動攻伐南宋的戰爭，意圖攻滅南宋，統治整個中原。《張仲軻傳》記載海陵王出任中京留守時，在一次打獵中對部下説：

> 若統一海内，當復獲一大鹿。④

可見他早已有統一天下的意圖。《耨盌温都思忠傳》記載海陵王“大居正”的政治思想：

---

① 《金史》卷105《楊伯雄傳》，頁2318。
② 同上注，卷77《亨傳》，頁1756－1757。
③ 同上注，頁2792。
④ 同上注，卷67《佞幸傳》，頁2781。

> 自古帝王混一天下，然後可爲正統。①

他希望一統當時分別由金朝、西夏、南宋及高麗割據的東亞世界，令金朝成爲中國歷史上的偉大王朝，能與擁有遼闊領土的漢朝及唐朝看齊。《高懷貞傳》記載海陵王對高懷貞談及自己的政治抱負：

> 吾志有三：國家大事皆自我出，一也。帥師伐國，執其君長問罪於前，二也。得天下絕色而妻之，三也。②

最後一項未必真有其事。海陵王統治金朝十三年，主要是朝著中央集權、提升皇權，及攻伐南宋這三個政治目標出發。

總括而言，從《金史》中的蛛絲馬迹，可以得知海陵王是一位銳於求治，滿有政治抱負的金朝君主。在統治金朝的十三年間，他一直致力鞏固金朝對中原的統治，及提升金朝的政治地位。因此，海陵王針對金初以來宗室因戰功而權傾朝野的局面，實行君主及中央集權制的政治改革，意圖使他的統治名實相符，然後攻滅與金朝同時並存的南宋，統一整個中國，令自己成爲君臨中國的君主。

七、總　　結

中、西的金史研究交流，始自馮家昇與魏特夫合作的中國社會史計劃。馮家昇大量翻譯《金史》成英文，在一定程度上推動了西方學界對金史的研究。其後，陶晉生及陳學霖大量發表金史的論文與專著，在不同層面與西方學者作學術交流，並參與一連串學術研究計劃，於是中、西金史交流日趨頻繁。研究金史的西方學者雖然有部分諳熟中文，但仍然倚重中國學者爲他們翻譯金史文獻及典籍，以及互相交流金史的研究心得。可以説中國學者在西方的金史研究上擔當著一個積極的角色，致力提升西方金史研究的素質。

現今對海陵王作出評價的西方專著，基本上受到陶晉生及陳學霖以漢化及正統觀念對海陵王作出評價的影響。他們在一定程度上雖然盛讚海陵王的漢化，以及其一連串提升中央集權的措施，但却批評海陵王篡奪皇位、屠殺宗室大臣、攻伐南宋，對其品德亦不以爲然。總括而言，他們對海陵王的評價是傾向負面的。由於他們二人對金史研究的造詣很高，傅海波及田浩這些西方學者，就吸收了他們對海陵王的評價，在他們的專著中繼續沿用這個論調。這引致西方史學界對海陵王的評價，直到今天，仍然脱離不了中國學者負面評價海陵王的框架。

① 《金史》卷 84《耨盌温敦思忠傳》，頁 1883。但《李通傳》却從負面的角度，記載海陵王擁有一統天下的思想："海陵恃累世强盛，欲大肆征伐，以一天下，嘗曰：'天下一家，然後可以爲正統。'"（《金史》卷 129《佞幸傳》，頁 2783）。

② 同上注，卷 129《佞幸傳》，頁 2789。

范禮安與澳門聖保祿學院：中西文化交流的基柱[①]

張偉保

一、引　　言

十六世紀中葉，葡萄牙人獲准於澳門居住。1571 年，澳門開辦了聖保祿公學，爲葡人子弟提供基礎教育，並讓當地居民的子女進校讀書。其後，耶穌會遠東教務視察員范禮安（Alessandro Valignano，1539－1606）爲使澳門成傳教基地，提議在此基礎上建立一所高等學校，[②] 培養東方傳教士。在獲得耶穌會總會長的支持後，聖保祿公學在 1594 年 12 月 1 日升格爲聖保祿學院。除神學課程外，學院還開設了數學、天文、物理等高級課程。作爲最早期遠東高等學府之一，聖保祿學院肩負中西文化交流的重大使命。[③]

聖保祿學院的創辦和早期發展，耶穌會視察員范禮安扮演一個非常關鍵的角色。爲了開拓中國和日本的傳教事業，他決定以澳門爲訓練傳教士進入中國、並作爲支援日本的傳教工作的基地。日後的發展證明了范禮安高瞻遠矚的眼光，而聖保祿學院亦成功訓練大批溝通中西文化的優秀人才。世人對沙勿略、利瑪竇等偉大人物在東亞的傳教事業甚爲熟悉，但對范禮安這個核心人物却罕加提及，實有加以補充的必要。

二、耶穌會在東亞地區的早期活動

承接著地理大發現，十六世紀正處於中西文化全面接觸的啓動階段。在哥倫布發現美洲新大陸後，葡萄牙人亦繞過非洲南端的暴風角（後改稱好望角）進入印度洋，並逐步在印度和馬六甲沿岸建立一系列根據地，發展爲里斯本—莫三比克（Mozambique）—果亞—馬六甲—澳門—馬尼拉/長崎的歐亞航線。通過葡萄牙商船，連同巴西殖民政權，使這個位於南歐末端、人

---

① 筆者衷心感謝兩位匿名評審者的寶貴意見，特别是鼓勵筆者在尋獲更豐富資料後，對這課題能作更深入的探討，爲澳門教會史的研究作出貢獻。筆者細心參考評審者的意見，並在能力範圍內作出修訂。筆者也期望日後繼續有關的工作，對范禮安的生平事迹與相關文獻作出較全面的整理。

② 據范禮安《日本巡察記》第四、五章（平凡社，1985 年，頁 32－45）記載，耶穌會所辦的教育共分三個等級：神學校、修院、學院。據此，澳門聖保祿學院應屬最高級别。

③ 耶穌會創立的首要目的，是遵從羅馬教宗的意願，將信德的種子傳播到各地。因此，外方傳教便成爲修會最重要的使命（參看賴詒恩著，陶爲翼譯《耶穌會士在中國》，臺北：光啓文化事業，2007 年，頁 7；哈曼特著，谷裕譯《耶穌會簡史》，臺北：光啓文化事業，2003 年，頁 77－101）。然而，由於耶穌會傳教士大量東來，終於導致十六世紀以後中西兩大文明的碰擊。聖保祿學院雖非以溝通中西文化爲其創立的主因，但是在學院實質存在的二百年間，必然使其客觀地肩負此項重大任務。

口只有約200萬的小國一躍而成爲世界第一個海上霸權、日不落國。與此相比，約在一百年前，明朝鄭和（1471－1533）七下西洋（1405－1433）雖云壯觀，對中國和世界的歷史進程，並没有很大的影響。①

十六世紀中葉，耶穌會士在反宗教改革的歷史條件下努力捍衛和傳播天主教，以聖方濟·沙勿略（St. Francis Xavier, 1505－1552）爲首，配合葡萄牙海外殖民事業，第一批外方傳教的耶穌會士在印度果亞、捕魚海岸等地進行傳教活動。數年間，沙勿略在印度科欽（Cochin）、錫蘭（Ceylan）、馬六甲（Malacca）、摩鹿加群島（Moluccas）等地開展傳教事業，並取得初步成功。

到了1549年，沙勿略進入日本傳教，當時適值日本處於戰國後期，爲了獲得先進槍械和大量經濟效益，部分九州大名先後與葡國商人和沙勿略交往，爲耶穌會在日本傳教提供條件。然而，沙勿略瞭解到日本歷來受中國文化與信仰的巨大影響，認爲要在日本傳教取得成功，便必須首先在中國開展教務。他深信如中國傳教事業取得進展，則在日本傳播天主教便可水到渠成。當時，中國正實行海禁政策，只允許官方控制的朝貢貿易存在，至於泛海客商，則嚴加禁絶，而外國傳教士要進入中國是一件非常困難的事情。因此1552年初，沙勿略獲得果亞總督的批准，組織了一個赴華的葡萄牙使團，祈求通過外交活動以打開中國傳教的大門。這是耶穌會首次嘗試影響明朝皇帝。不幸的是，由於受馬六甲總督阿爾瓦列斯·特伊蒂阿（Alvares Taidio）的妒忌，使團在5月底被扣留在馬六甲，未能成行。沙勿略雖努力斡旋，仍無法改變。於是，他決心獨自前往中國，1552年8月底，他以接近廣東的上川島（屬於台山）作爲基地，計劃偷渡入境。其時，沙勿略"意外遇到一個猶豫不決的（中國）商人，終於用計願把他爭取過來，但主要是靠著奉送了價值超過兩百金幣的胡椒作禮物。"他的"奧德賽式的冒險"引起了葡商的憂慮，決定加以干涉，警告"如果他要强行進入中國，地方官員會被一個外國人的大膽的爲商所觸怒，會對他們（葡商）嚴行處分。"那商人"在約定的時刻没有露面。怕被發覺、怕死，或者對他敵人的疑心，可能使商人受不了。"1552年12月2日，"在東方巡游傳教第十一年，在他最後的祈禱中他仍一心想念著中國的歸信"，沙勿略因熱病逝於上川島，終於未達成進入中國的心願。②

繼沙勿略之後，迄十六世紀八十年代初，日本方面的傳教活動基本上相當蓬勃，教區的不斷擴張和信徒的數量增長，成就頗爲矚目，不但有近300 000信徒，即使長崎也實際爲耶穌會士所管治。③ 這種狀況一直維持至豐神秀吉在1587年頒布禁教令前夕，教務發展相當成功；而在中國方面，根據《明實録》的記載，早於嘉靖十四年（1535），葡人已通過賄賂，獲廣東海道官員允予在澳門暫居。④ 其後因協助平定海盜，最終發展爲一處較固定的居留地，然尚未能在内地發展傳教工作，直至1582年利瑪竇來華後，利用自鳴鐘、三菱鏡、地球儀等西洋科技爲媒介，才有機會進入肇慶傳教，而事實上傳教工作並没有取得突破性進展。

對比中、日兩國傳教事業發展的巨大差異，主要原因大概與兩國的政治狀態有關。中國在政治上高度統一，對外的海禁政策時有不同，往往因外寇侵擾而日趨嚴厲，最顯著是嘉靖（1522－1566）中沿海倭寇大舉入侵閩、浙、粵等地和萬歷（1573－1620）中豐臣秀吉侵略朝鮮，

① 鄭和（1371－1433）下西洋的原因、經過和影響，可參看陳高華等《中國海外交通史》，臺北：文津出版社，1997年，頁183－203。

② 利瑪竇、金尼閣著，何高濟等譯《利瑪竇中國札記》，北京：中華書局，2001年，頁127－138。

③ Richard Storry, *A History of Modern Japan*, Penguin Books Ltd., 1983, pp. 55－57.

④ 陳文源輯録《〈明實録〉葡澳史料輯存》"天啓元年六月丙子"條，載於《文化雜誌》1996年，頁174。

使中外關係進入高度緊張的狀態。日本方面，當時仍處於戰國大名紛爭的割據時期，具有條件的九洲大名著眼於經濟和槍炮軍備方面的益處，往往對傳教採取較爲寬鬆的宗教政策。而事實上，流竄於中國沿海的倭寇，亦多由日本西南地區的大名所支持。[①] 因此，對於來自葡萄牙耶穌會的傳教士，中國官員和士紳總抱著疑懼的態度，以避免招惹通蕃賣國的嫌疑。[②]

三、關於范禮安神父的資料

關於范禮安的原始資料主要用意大利文和葡文寫成，包括其與耶穌會會長和其他耶穌會人員的大量通信。德籍耶穌會士舒特（Josef Franz Schutte ，S.J.）在 1950 年代利用了羅馬的耶穌會歷史研究所（The Jusuit Historical Institute, Rome）的資料編了 *Valignanos Missionsgrundsatze fur Japan*（Roma：Edizioni di Storia e Lrtterratura）兩大册，分别在 1951 和 1958 年出版。此書的英文本由 John J. Coyne, S.J. 翻譯爲 *Valignano's Mission Principles For Japan*（St. Louis：The Institue of Jusuit Sources, 1980）。本書的年代到 1582 爲止。舒特原計劃將内容延伸到 1606（見於其在 1978 年爲英文版所撰序文），惟至今未見出版。

關於范禮安神父的中文資料極爲貧乏，除部分葡文和英文論著翻譯成中文外，用中文撰寫的范禮安的專著和論文極爲罕見。最近出版的一部較全面分析其傳教策略的是沈定平《明清之際中西文化交流史—明代：調適與會通》（增訂本，北京：商務印書館，2006），除有一專節（共 30 頁）討論外，還對其所制訂的適應政策作較全面的剖析，是近年較佳的研究成果。然而，范禮安神父是十六世紀天主教在亞洲傳播的核心人物，領導了東亞傳教工作（主要在日本和中國）共 33 年（1574－1606），決定東亞地區爲傳播天主教義而採用的文化調適方針。將沙勿略未竟之緒加以完成，領導羅明堅、利瑪竇、孟三德，李瑪諾等耶穌會神父將中國的傳教大門開啓。在日本，他組織了第一個出使歐洲而獲得巨大成功的日本使團，曾親自向織田信長、豐臣秀吉講解天主教義。此外，范禮安神父秉承耶穌會教祖伊納爵（Ignacio de Loyola, 1491－1556）的傳教方針和辦學精神，[③] 於 1594 年創辦聖保禄學院。其目的不但爲將到中國和日本的傳教士加以訓練，使他們精通其語文、歷史和文化，後來更爲越南、馬六甲的傳教士提供相同的訓練。對於這位在中西文化交流史上具有重大意義的人物，我們對他的認識却非常有限。以筆者爲例，在 2006 年初，由於工作的需要，才首次正式接觸范禮安神父的名字。[④] 日常與一般歷史學同行的接觸，也罕有瞭解范禮安神父的事迹。向天主教教徒查詢，亦不大了了。甚至專門研究中西文化交流的專家，對范禮安神父有以下一段描述：

> 耶穌會爲了進入中國内地傳教，決定派熟悉中國語言、文化的范禮安（Alexander Valignari，字立山）、羅明堅（Michael Ruggieri，字復初）、巴范濟（Franciscus Passio，字庸樂），和利瑪竇四名意大利耶穌會士來華。四人都採用中國姓字。范禮安長期在澳門，

① 關於明代倭寇問題，可參看范中義、仝晰綱著《明代倭寇史略》，北京：中華書局，2004 年。其中第二章第二節（頁 111－162）和第四章第一節（頁 330－348）與本文關係最大。

② 利瑪竇察覺到中國朝野對外人不信任的態度。他在 1596 年嚮耶穌會總會長報告説："因爲外國人在大明帝國無不遭受猜疑，尤其我們傳教士。"見於羅漁譯《利瑪竇全集》第 3 册《利瑪竇書信集》上，臺北：光啓出版社，1986 年，頁 230。

③ 關於耶穌會的教育工作，可參看愛彌爾・涂爾幹著，李康譯《教育思想的演進》第 19－21 講，上海：上海人民出版社，2006 年，頁 242－281。

④ 見姚偉彬等《澳門大學二十五周年紀念特刊》，澳門：澳門大學，2006 年，頁 28－29。

1606年在那裏去世……①

在短短數句引文中，將四人的關係平列，並指稱他們被選派來華的原因在於“熟悉中國語言、文化”，而“范禮安長期在澳門”等説法，都是很不穩妥的陳述。

對於以上問題，最主要的原因可能有三：

一、利瑪竇的聲望確實很大，難免讓其他有重要貢獻的穌會士失色。

二、全面研究范禮安需要掌握意大利文、拉丁文、葡文、西班牙文、德文、英文、日文和中文，所要求之語言能力非常寬廣，遠非常人可以做到。這種語言能力在二十世紀的中國也不多見，如陳寅恪、季羨林等個别學者或能勝任。

三、相關文獻分布於羅馬、里斯本、北京等地，全面搜集需國際合作，而其中宗教性質的資料亦非一般史家所熟悉。以澳門爲例，能同時運用中文、葡文、英文三種資料的學者已極其難得，遑論需要兼及意大利文、拉丁文、西班牙文、德文、日文方面的資料。當然，除了語文問題外，還需要對中西文化和近代科學有較深入的研究。因此，如舒特教授憑藉其宗教熱誠和對相關文獻的熟悉，終於亦只能完成范禮安在日本前期（首階段，1573－1582）工作的研究，對1583－1606的部分却未能竟其全功，這反映本課題的難度。

對於文獻上收集和利用的困難，日文資料的應用可視爲一個突破點。事實上，由於1623年之前，中國教區一直屬於日本副省管轄，而耶穌會創設的澳門保禄學院長期附於日本教區，並負責其屬下中國教區的諸多傳教事務，其中包括人員派遣、經費調撥與物資供給，並因此設有專門負責此類事宜的管區代表。因此，日本學者對此課題特别關注，並曾大量整理有關文獻。例如，日本學者十分關注十六、十七世紀耶穌會士在日本的傳教工作，他們將分散在歐洲的拉丁文、西班牙文和葡文資料（大部分屬手稿）加以整理，編輯成日文本（附注釋）的范禮安《東印度巡察記》（平凡社，2005），《日本巡察記》（平凡社，1985）等長篇報告。不僅如此，村上直次郎編譯的《耶穌會士日本通信》（1984、雄松堂）、《耶穌會日本年報》（1984、雄松堂）、松田毅一主編的《十六、十七世紀耶穌會日本報告集》（第一期、5卷，1991；第二期、3卷，1997；第三期、7卷，1994，同朋舍）、高瀬弘一郎等編譯的《耶穌會與日本》（上、下、1981－1988，岩波書店）以及東京大學史料編纂所出版的《日本關係海外史料·耶穌會日本書翰集》（東京大學出版會，1993－2000）等衆多文獻，對相關研究提供極爲珍貴和方便的材料，有利於對本課題的進一步探討。此外，專門以聖保禄學院爲研究對象的日籍學者不少，其中以高瀬弘一郎《キリシタン時代對外關係の研究》（東京：吉川弘文館，1994）、《キリシタン時代の文化と諸相》（東京：八木書店，2001）和《キリシタン時代の貿易と外交》（東京：八木書店，2002）最爲詳盡，對聖保禄學院的初期發展和經濟來源有較爲全面的分析。②

① 沈福偉《中西文化交流史》，上海：上海人民出版社，1988年，頁366－367。引文中Valignari應作Valignano；Passio應作Pasio。

② 十分感謝其中一位匿名評審者所提供的大量日文資料。由於數量龐大，本文暫時只能很初步地利用有關材料。爲提高學術水平，筆者所屬機構正籌劃將上述不同外語翻譯爲中文。計劃翻譯的日文資料包括范禮安的《東印度巡察記》、《日本巡察記》、高瀬弘一郎《キリシタン時代の文化と諸相》和松田毅一主編的《十六、十七世紀耶穌會日本報告集》（與澳門有關的部分）等文獻。

四、范禮安在澳門創辦聖保祿學院的原因

1573 年 8 月，年僅 34 歲的范禮安被耶穌會會長 Father General Merrcurian 委派爲整個亞洲傳教團（從果亞到日本）的視察員（Visitor）後，開始準備其亞洲之行。爲了完成這個任務，他表達了欲帶 40 名耶穌會士從里斯本啓航的願望。但是，范禮安却被告知，他的願望是不可能實現的。從未有如此多耶穌會員同乘一艘船啓航；葡萄牙國王也從未一次性資助過如此多傳教士同時離國。經過不斷努力，范禮安終於帶同 41 名傳教士離開葡萄牙里斯本，經歷了半年的海上艱苦旅程，在 1574 年 9 月到達了果亞（Goa）。四年後，他從印度“抵達澳門，準備繼續去日本。航海法規（按：指東南亞的季風）暫時不讓他航行，因此他在澳門至少滯留了十個月。[①] 這給他一個良好的機會得以詳盡透徹地研究中國的形勢，結果再度點燃了沉睡之中的遠征中國的熱情”。[②]

據范禮安抵達澳門後給耶穌會會長的報告説：爲確保日本教團的日常經費，他與管理澳門的澳葡當局協商，確定每年神父可從 Nau 船在中日貿易[③]中獲得 50 擔生絲的分額，並保證其盈利不受影響。爲此，范禮安尋求會長的支持。而會長則慎重將此事向教宗 Gregory XIII 呈報，並獲首肯，這便保障了東亞地區的基本財政支出。[④] 同時，由於在澳耶穌會士對中國傳教抱著悲觀態度，范禮安決定要求印度派遣新的教士來華，並重新啓動對中國的傳教工作。[⑤] 本通過派遣在印度的 Benardino Ferraro 神父，但因其無法抽身，故改由羅明堅（Michele Ruggieri）來華，范神父並指令其全力學習中國語文，包括讀、寫、聽、説等方面。當羅明堅在 1579 年 7 月 20 日到達澳門時，范禮安已於兩星期前（7 月 7 日）離開澳門，前往日本。[⑥]

耶穌會學者維克特（John W. Witek）[⑦] 曾撰寫一篇題爲《著眼於日本：范禮安及澳門學院的開設》的論文。[⑧] 在文中，他利用范禮安在當時撰寫的報告：《耶穌會有關在澳門設立學院之目的的申述及對在印度有人提出反對理由的答辯》（手稿），指出“日本教省的 1592 年傳教大會已達成一致意見，認爲在澳門設立一所學院，是使耶穌會及基督教能在日本發展的唯一辦法”。在神父看來，該學院的宗旨主要有四，包括：

一、日本的教友人數日漸衆多，他們需要這所學院。

二、在日本的傳教團就可以有一個培養自己人員的神學院，一些人員一經畢業，就可以供日本支會長調遣。他著重指出，最好是在澳門爲日本教會設立一所學院，使得那些來自印度與歐洲的耶穌會士可以在此同日本人交往，從而學習日文與日本風俗習慣……作好進入日本的準備。

---

① 根據馬拉特斯塔（Edward Malastesta）《范禮安——耶穌會赴華工作的決策人》附件：《范禮安（1539－1606）傳略年表》（《文化雜誌》第 30 期，澳門：澳門文化局，1994 年，頁 49）載，范禮安曾六次在澳門停留，包括：6/9/1578－7/7/1579；9/3/1582－31/12/1582；28/7/1588－29/6/1590；24/10/1592－15/10/1594；20/7/1597－14/7/1598 和 10/21603－20/1/1606。1606 年 1 月 20 日范禮安神父病逝，遺體葬於其創辦的聖保祿學院内（即現在的大三巴牌坊附設的博物館中）。

② 何高濟等譯《利瑪竇中國札記》，北京：中華書局，1983 年，頁 142。

③ 關於 Nau 船在中日貿易上的角色，可參看 C. R. Boxer, *The Great Ship From Amacon*, Instituto Cultural De Macau, 1988。

④ J. F. Schutte, Valignano's Mission Principles For Japan, pp. 184－185。

⑤ 約有 25 名傳教士在 1552－1583 年間進入中國（包括廣州、泉州等城市），可惜均在短時期内被迫離開。該批傳教士之詳細名單見 Joseph Sebes, S. J., *The Precursors of Ricci*, pp. 27－31.

⑥ 同上注，頁 186。

⑦ 維克特曾參與編輯十八卷的《印度文獻》（*Documenta Indica*, 18 volumns, edited by Joseph Wicki S. J. and John Gomes S. J., *Monumenta Historica Societatis Iesu*, 1979）。

⑧ 維特克的論文載於《文化雜誌》第 30 期，《澳門聖保祿學院文集》，澳門：澳門文化司署，1997 年，頁 43－53。

三、日本這塊異教徒衆多的土地，乃由許多個君主（按：即大名）分别統治……這形成了一個環境，一旦迫害爆發，就不可能維持一所學院和一所修院。然而，對於傳教工作來説，教育、訓練能持續不斷進行，是至關重要的。

四、耶穌會目睹基督教在日本的發展……爲了避免闖禍，並且爲了促進耶穌會在日本的建立，他所建議成立的學院，是使教會能在該地蓬勃發展的唯一策略。

范禮安爭辯説，這四條十分重要的理由合在一起，就可以理解爲在中國（按：指澳門）設立該學院的綜合意旨。① 换言之，日本傳教事業急速發展，故需要一所培訓教士的神學院，但由於當時日本政局的變化，一所設在日本本土的學院欠缺長遠發展的機會，因爲范禮安瞭解到“霸主豐臣秀吉已於 1587 年夏下令將所有傳教士驅逐出境。該命令雖然没有完全付諸實施，但已使得教會同政府的關係初步進入了緊張狀時期”，而且，范禮安神父“還瞭解到豐臣秀吉一統全國的政策”很快實現。② 政局的轉變很可能使日本傳教事業出現逆轉，故學院設置於澳門不失爲穩健的做法，且合乎日本教務的長遠利益。

其實，范神父的手稿是針對印度耶穌會最高負責人卡布拉爾神父（Francisco Cabral，1528 - 1606）的反對意見而發的。卡布拉爾神父早在 1570 年代領導日本的傳教工作。范禮安神父到了日本巡視後，卡神父不同意其“葡萄牙式的管理傳教團的辦法……（認爲）到日本工作的傳教士們應該懂得當地老百姓的文化”和“風俗習慣”。卡神父堅持己見，使兩人發生衝突，終於范禮安神父將神父調離日本。③ 到了要辦聖保禄學院時，卡神父便多方反對，向總會長提出 15 條反對創辦學院的理由。④ 實質而言，印度方面的意見是認爲遠東教區没有創辦學院的權力，而范禮安則强調，根據耶穌會會規，“各傳教區是分開單獨的、服從總會長的實體”；⑤ 而早在 1571 年，澳門人口日益增加，爲了配合澳門發展的社會需要，開辦了一所聖保禄公學，這所學校以葡文教授學童。⑥ 直至 1594 年 11 月底，這所小學一直很好地爲本區居民提供基礎的識、寫字（一度還設有拉丁班）教育，學生人數約有 200 人。⑦

1592 年，范禮安神父在日本長崎召開第三届傳教士總協商會議之後，又在二月和七月之間舉行了第一届省區副會長會議。最後，他們決定“有必要在日本本土之外創辦一所學校，以招收日本耶穌會會員入學”，原因是“當時日本内戰所造成的動蕩不安在年輕人的身上有所體現，影響到他們安心讀書和培養神修的精神。另一方面，只有與完全是基督教的西方環境接觸，他們才能有所收獲”。⑧

與此同時，聖保禄公學校長孟三德（Duarte Sande）由於學生人數的增加，“原來的校舍已經變得狹窄和不舒適，即使對走讀生來説亦是如此。學生們摩肩接踵，所有人都頗不體面地擁擠在一起……興建一所足够寬敞的學校，不僅能够滿足澳門人要爲當地青年開設更多課程的渴

① 維特克的論文載於《文化雜誌》第 30 期，《澳門聖保禄學院文集》，澳門文化司署，1997 年，頁 45 - 46。

② 同上注，頁 46。

③ 按：其實這便是范禮安“適應政策”在實行時遇到的反對觀點，是後來“禮儀之爭”的根源。有關課題非常複雜，詳細可參看李天綱《中國禮儀之爭：歷史，文獻和意義》，上海：上海古籍出版社，1998 年；蘇爾、諾爾編，沈保義、顧衛民、朱靜等譯《中國禮儀之爭：西文文獻一百篇（1645 - 1941）》，上海：上海古籍出版社，2001 年。

④ 要瞭解卡神父的意見和范禮安的反駁理據，可參看蘇爾等《中國禮儀之爭》，頁 46 - 49。

⑤ 同上注，頁 49。

⑥ 關於其開辦的年份，方豪神父主張 1565 年。李向玉教授則依據文德泉神父《澳門及其教區》第三卷所述，定爲 1571 年創辦，創始人是教區視察員貢薩羅・阿爾瓦雷斯（Goncalo Alvares），學校設於名爲天主之母的小教堂附近。有關討論見氏著《漢學家的搖籃：澳門聖保禄學院始末》，北京：中華書局，2006 年，頁 13 - 14。

⑦ 裴化行著，管震湖譯《利瑪竇評傳》，北京：商務印書館，1998 年，上册，頁 238，注 4。

⑧ 桑託斯（Domingos Mauricio Gomes dos Santos，S. J.）著，孫成敖譯《澳門：遠東第一所西式大學》，葡、中、英三語單行本，澳門大學，1994 年，頁 41 - 42。

望，而且還可以使天主聖母堂（按：即大三巴教堂）成爲一個培養從日本到中國、到越南東京（Tonquim）以及這一世界盡頭的其他國家的傳教士的中心”。[①]

五、范禮安對聖保禄學院在創辦初期的規劃

范禮安神父在 1592 年 10 月 9 日離開日本，24 日抵達澳門。他的建議正好配合澳門社會的需要，故有關建校工作隨即展開。首先便是選址問題。經過尋找，決定在原來小學旁的山坡，那裏“全是大塊的岩石……儘管造價將要提高，但其位置有利於健康……（其地）佔了一片面積極大的地方，可以使學院擁有幾處舒適的庭院……視野十分開寬……十分凉爽，位置極佳”。[②] 我們現在從實地（按：即現時大三巴牌坊一帶）觀察，所得印象與上文所描述的十分一致。

1594 年 12 月 1 日，升格爲大學的聖保禄學院正式成立。[③] 除神學課程外，還開設了數學、天文、物理等課程。爲了繼續以往的工作，聖保禄小學仍予以保留。到了 1731 年，學生人數仍達 170 人。[④] 作爲遠東一所重要的學府，聖保禄學院肩負中西文化交流的重大使命。

范禮安在一切事務就緒後，便前往印度。出發之前，他將原來的機構一分爲二：“一個是與中國副省區相聯繫的天主聖母堂寓舍，那裏有十名神職人員……另一個是附屬日本省區的聖保禄學院，該院有十九名神職人員……還有八或十名來自日本的學生以及一些來自印度的學生，院長爲孟三德神父。”[⑤] 根據范禮安神父的指示，“學員還計劃增設一些新專業，讓學生學習和掌握更多的科學知識”。[⑥] 除課程安排外，該學院亦“仿照歐洲大學的考試制度”。總之，范禮安神父爲學院設計了極爲詳細的章程。他在其序言中寫道，“本學院課程行將開始，但却無固定規章可循。在本院任課之教師及就讀之耶穌會兄弟來自不同省區，而不同省區之學校在做法上有著不同之習慣，因此，如果不硬性制訂固定的規章便易造成極大混亂並年年都得改換。根據本院教師之數目和所開之課程，除要執行可以執行的羅馬教廷有關條例之外，我認爲建立某些必須遵守之規章是適宜的”。[⑦]

1597 年 10 月，從果亞回到澳門不足三月的范禮安神父，爲聖保禄學院制定了全套校規，[⑧] 並在差不多同時將天主聖母堂和聖保禄學院合並，並指定李瑪諾（Manuel Dias）神父擔任院長。[⑨]

可惜的是，正在不斷發展的聖保禄學院在 1601 年被大火燒毀了教堂和四分之三的學院，不

---

① 桑託斯著，孫成敖譯《澳門：遠東第一所西式大學》，葡、中、英三語單行本，澳門大學，1994 年，頁 42。

② 同上注。

③ 全面介紹聖保禄學院的研究，除了上述李向玉教授的《漢學家的搖籃：澳門聖保禄學院始末》和桑託斯（Domingos Mauricio Gomes dos Santos, S. J.）的《澳門：遠東第一所西式大學》，還有劉羨冰《澳門聖保禄學院歷史價值初探》，澳門：澳門文化司署：紀念葡萄牙發現事業澳門地區委員會，1994 年和澳門文化司署出版的《文化雜誌》第 30 期：《澳門聖保禄學院文集》（1997）。葡文資料方面更多，澳門大學葡文系教授 A. R. Baptista 的 *A Ultima Nau*：*Estudos de Macau*（2000）較爲重要，特別是第二章第三節“O Colegio De Macau”，頁 45 - 56。以上各項作品均以聖保禄學院的建立、發展和建築特色等爲研究對象，大大豐富了我們對學院的瞭解。

④ 李向玉《漢學家的搖籃：澳門聖保禄學院始末》，頁 29 - 33。同書頁 62 - 65 也記載了該小學一些教學和課外活動，如學生互助、競猜謎語、戲劇表演等。

⑤ 桑託斯《澳門：遠東第一所西式大學》，頁 44。

⑥ 《聖保禄學院年報（1594）》，轉引自李向玉《漢學家的搖籃：澳門聖保禄學院始末》，頁 36。

⑦ 若瑟・蒙坦也《澳門主教區歷史史料》，轉引自桑託斯《澳門：遠東第一所西式大學》，頁 46。

⑧ 全文見於李向玉《漢學家的搖籃：澳門聖保禄學院始末》，頁 73 - 79。

⑨ 桑託斯《澳門：遠東第一所西式大學》，頁 44。按：因原任院長孟三德神父年老，遂改派李瑪諾出任改組後的院長一職。

久，一場突如其來的颱風又使其進一步遭到損失。當時的院長卡瓦略（Valentim de Carvalho）“組織了一個由居民組成的委員會”，以籌募重建學院和相連教堂之經費。得到居民的大力捐助，才能將各項設施重建成功。

事實上，范禮安神父一直期望建立一個基金會，以保證學院的支出所需，可惜未能如願。但是，由於學院很受社會歡迎，因此捐贈源源不絶。卡瓦略在1606年11月4日寫給總會長的信件透露，自學院成立，十多年來，它一直靠澳門居民捐助維持。[①] 這亦足以反映學院在范禮安神父的領導下，獲得各界的高度評價。

六、總　　結

經歷各種困難後，澳門聖保禄學院不斷發展，不但成爲日本傳教的基地，也成爲日後日本教難嚴峻時期的避風港。此外，中國傳教事業由於范禮安的高度關注和制訂適當的“適應性傳教策略”，[②] 緊閉的大門終於打開，爲十七—十八世紀來東方的傳教士提供最佳之訓練基地，學院也在“無心插柳”的情況下促進了中西文化的交流。

① 李向玉《漢學家的搖籃：澳門聖保禄學院始末》，頁90。

② 最詳細就有關策略的制訂經過加以説明的，是沈定平《明清之際中西文化交流史——明代：調適與會通》一書，特别是第3-6章。

翻譯·政治·教爭：龍華民譯《聖若撒法始末》再探*

李奭學

翻譯名字

公元1602年，天主教耶穌會士龍華民（Nicolas Longobardi，1565－1655）在廣東韶州傳教，申講教理。當地中國佛教徒向爲天主教的“敵人”，聞之不服，① 尤其不值其時教會幾唯少數教義問答可恃的粗鄙不文，貶爲難與佛“藏”等量齊觀。龍華民爲澄清誤會，扭轉頹勢，於是應信衆之請，在《天主聖教日課》等書的編纂外，另又中譯聖徒傳記一種，是爲《聖若撒法始末》（下文亦稱《始末》），事見利瑪竇的《中國傳教史》。②《始末》的故事在歐洲史上流衍複雜，其希臘文本傳爲七或八世紀大馬士革的聖若望（John Damascene，c. 676－c. 754）所著，人稱《巴蘭與約撒法》（*Barlaam and Ioasaph*，以下或稱《巴蘭》）。③ 聖若望其書後來又道是某同名爲“若望”者所著，而再據學者的研究，這希臘文本乃十一世紀時聖優錫米（St. Euthymius of Athos，c. 955－1028）譯自九世紀以喬治亞文寫下來的《巴拉法里亞尼》（*The Balavariani*）。

---

* 本文初稿原題為《翻譯的政治：龍華民譯〈聖若撒法始末〉析論》，發表於東華大學中文系編之《文學研究的新進路——傳播與接受》，臺北：洪葉文化公司，2004年，頁411－464。這裏發表的乃二稿，係我近年二度研究後擴大改寫的結果，與初稿差距在一萬五千字左右。研究與改寫的過程中，承臺灣科學發展委員會與中研院“深耕計畫”資助，又承津村葵小姐、梅歐金（Eugenio Menegon）教授、張季琳博士協助，銘感在心。本文發表前，香港大學中文學院敦請的審查人也曾匡正錯謬，多方協助，謹此致謝。

① 此非韶州特例，而是晚明普遍的現象。當時天主教與佛教之間的齟齬，原始文獻多數可見於［明］徐昌治編《聖朝破邪集》（亦稱《明朝破邪集》）及［明/清］鍾始聲（藕益智旭）《闢邪集》，俱見周弭方點校《明末清初天主教史文獻叢編》（北京：北京圖書館出版社，2001年）第2－4冊。相關研究亦多，較重要者見鄭安德《明末清初天主教和佛教的護教辯論》（高雄：佛光文教基金會，2001年）；Jacques Gernet, *China and the Christian Impact*, trans. Janet Lloyd (Cambridge: Cambridge University Press, 1985), pp. 64－140；Ma Xiaoyang, “Conflicts Between Roman Catholicism and Buddhism in the Late Ming Dynasty and their Effects,” trans. Esther Tyldesley, *China Study Journal* 18: 27－40 (2003)；張錯《實義與闢邪——明末天主教與佛教的辯爭》，《東西文化比較研究：利瑪竇入華及其他》（香港：香港城市大學出版社，2002年），頁87－113；岡本さえ《近世中國の比較思想：異文化との邂逅》（東京：東京大學東洋文化研究所，2000年），頁115－142；以及李向平《明末天主教與佛教的衝突——以〈天主實義〉和〈聖朝破邪集〉的對應爲中心》，未刊稿，宣讀於第七屆中國天主教傳教史——中國教理講授史國際學術研討會（輔仁大學天主教史研究中心及魯汶大學南懷仁文化協會主辦，2001年9月7－9日）。有關《聖朝破邪集》的精簡介紹，可見岡本氏另編《アジアの比較文化名著解題》（東京：科學書院，2003年），頁143－145。

② 利瑪竇《中國傳教史》，載劉俊餘、王玉川合譯《利瑪竇全集》第4冊（新莊與臺北：輔仁大學與光啓出版社，1986年），2：396－397。下引中譯據 Pasquale M. D'Elia S. I. ed., *Fonti Ricciane*, 3 vos (Roma: La Libreria dello Stato, 1949), 2: 229－233校勘並稍加更動，但頁碼仍據劉俊餘、王玉川譯本。龍華民（龍精華）所譯之《聖若撒法始末》，我用的是南明隆武元年閩中天主堂梓行的本子，現藏巴黎法國國家圖書館（Bibliothèque nationale de France），編號：Chinois 6857。劉俊餘、王玉川之譯本，簡稱《全集》。就我所知，梵帝岡及義大利羅馬中央圖書館亦有藏本。

③ 我用的版本爲：St. John Damascene, *Barlaam and Ioasaph*, trans. Gr. Woodward, H. Mattingly, and D. M. Lang (Cambridge: Harvard University Press, 1983)。

雖然史上振振有辭，上述各本實爲後人重譯改編，《始末》最早的源流有二，一爲人稱“伯樂維語”（Pehlevi）的中古波斯文本，由此曾下開叙利亞文及其他阿拉伯文本，甚且西向再傳，迢遞抵達非洲的依索匹亞（阿比西尼亞）。除了依索匹亞文本外，這條早在紀元二世紀就已形成的傳播語徑所造就的《始末》故事則未必和《巴蘭》有關，天主教色彩也不强。① 就教史而言，前述《巴拉法里亞尼》可能才是《始末》最早的雛形，重要性不言可喻，而這也促成了《始末》故事第二條——咸信也是其“真正的”的——源流。② 當然，我們再以流傳之廣衡之，若望的《巴蘭》應該才是史上那拔得頭籌者，歐洲中古其他聖傳幾難媲美。③ 九世紀之時，拉丁文本已由梵帝岡某名爲安那斯塔西（Anastasius）的圖書館員開譯，而此一譯本一出，《巴蘭》故事便無遠弗屆，廣泛遂爲各地俗語，甚至由散體衍爲詩體傳奇，流布歐洲各國。倘再加上利瑪竇同代的西班牙大劇家羅帕·德·維加（Lope de Vega，1562－1635）的詩劇《巴郎與荷撒法》（*Barlán y Josafá*，1611）等作品，其語種及載體之異者多達六十種以上。④ 十三世紀時，佛拉津的亞可伯（Jacobiá Voragine）曾將拉丁文本縮爲簡本，以散體的形式再出，收録於所著《聖傳金庫》（*Legenda aurea*；下文或稱《金庫》）之中。龍華民的中譯本所本，“主要”便是以《金庫》本爲主的譯寫傳統。⑤

上面有關《聖若撒法始末》的一頁傳播史，我在《中國晚明與歐洲文學——明末耶穌會古典型證道故事考詮》裏大致講過。書中我還曾强調一點，亦即就東西文化交流史而言，《巴蘭與約撒法》的拉丁文簡本——我指的是亞可伯的《金庫》本的西班牙語流衍——也是最早深入東方的天主教聖傳，1591年即經日本耶穌會士譯爲日文，收於羅馬字本的《聖徒的工作》（“サントスの御作業”）之中，對是時日本教會的發展貢獻頗巨。⑥ 龍華民的韶州譯本出現較遲，不過

---

① 各語種的譯本流衍，見 W. A. Wallis Budge，“Introduction” to his trans.，*Baralam and Yewasef: The Ethiopic Version of a Christianized Recession of the Buddhist Legend of the Buddha and the Bodhisattva*（London：Kegan Paul，2004），pp. lxxxiii－cxxi。本書以下簡稱 *BY*，頁碼隨文夾注。

② 此書已有英譯本，見 David Marshall Lang trans.，*The Balavariani: A Tale from the Christian East Translated from the Old Georgian*（Berkeley and Los Angeles：University of California Press，1966）。

③ 參見 Paul Peeters，“La première traduction latine de *Barlaam et Joasaph* et son original grec”，*Analecta Bolandiana* XLIV：276－312（1931）；以及 Jean Sonet，S. J.，*Le Roman de Barlaam et Josaphat*，Tome 1：*Recherches sur la tradtion manuscrite Latine et Française*（Paris：Èditions J. Vrin，1949），pp. 63－65 and 195。

④ 我所見者已收於 K. S. MacDonald，*Barlaam and Joasaph: Buddhism and Christianity*（Calcutta：Thacker，Spind and Company，1985），pp. 3－109 and its Appendix，pp. 1－53；以及 Sonet，Le Roman de Barlaam et Josaphat Tome 1，pp. 119－312；and Tome 2，pp. 5－585。另請參考 Toni Bräm，*La verion provencale de “Barlaam et Josaphat” — une oeuvre cathare?*（Konstanz：Hartung-Gorre，1990），以及 Edward C. Armstrong，*The French Metrical Versions of Barlaam and Josaphat, with Especial Reference to the Termination in Gui de Cambrai*（Princeton：Princeton University Press；Paris：Librairie Édouard Champion，1922）二書。

⑤ 我用的版本收録於 Jacobi a Voragine，*Legenda Aurea vulgo Historia lombardica dicta*，Th. Graesse ed.（1890；Rpt. Osnabrück：Oto Zeller Verlag，1969），pp. 811－823。鐘鳴旦（Nicholas Standaert）在所著“The Jesuits' preaching of the Buddha in China”（*Chinese Mission Studies（1550－1800）Bulletin* 9：39（1987）及 41n6）中，謂龍華民可能譯自 Georgio Terapezuntio trans.，*Historia de Vitis et Robus gestis Sanctorum Barlaam Eremitae，& Josaphat Regis Indorm* 一書，因爲北京北堂圖書館藏有此書，詳細資料見 H. Verhaeren，C. M.，*Catalogue de la Bibliothèque du Pé-t'ang*（Beijin：Imprimerie des Lazaristes，1949），550：1871。此一推測或可成立，但上書在北堂書目中無年份，無頁數，也没有提到入館或入華的時間，如其爲一般歐籍，則以長短論之，可能數倍長於《始末》，所以是否爲龍譯所本，我覺得尚有待更强的内證予以解明。話説回來，若衡之以龍譯稱故事爲“若翰聖人”所述，則如下文所示，我以爲應出自《金庫》本，至少也應出自《金庫》本的嫡裔，而最有可能的是由《金庫》本與《巴蘭》互勘而成的耶穌會版。《金庫》一書，明末耶穌會士十分熟悉，下文我會指出，高一志在龍譯後二十年，即將《金庫》迻譯爲中文。至於相關資料，見高一志譯《天主聖教聖人行實》第7册（梵帝岡圖書館藏明刊本，編號：Borgia Cinese 325）。

⑥ 見 H. チースリク、福島邦道及三橋健解説《サントスの御作業》（東京：勉誠社，1976年景印），頁 I：239－274；或福島邦道《サントスの御作業翻字・研究篇》（東京：勉誠社，1979年），頁129－145及頁377－387。另請參見 Keiko Ikegami（池上惠子），*Barlaam and Josaphat: The Transcription of MS Egerton 876 with Notes, Glossary, and Comparative Study of the Middle English and Japanese Versions*（New York：AMS Press，1999），pp. 31－57；以及李奭學《中國晚明與歐洲文學——明末耶穌會古典型證道故事考詮》（臺北：中研院及聯經出版公司，2005年），頁373－398。後書以下簡稱“李著”，《サントスの御作業》則簡稱《御作業》，互涉之頁碼夾附正文中。

却是最早傳播入華的天主教聖傳。其他重要聖傳如《天主聖教聖人行實》（1629）、《聖母行實》（1631）及《聖若瑟行實》（1640?）等都刊刻於後，時距或在三十年以上。①《始末》的韶州刊本如今難以覓得，② 我所見者唯南明隆武元年（1645）閩中（今福建閩侯縣）天主堂刻本。這個本子書首仍署龍氏所譯，以字"精華"署。龍氏當時尚稱健在。不過首頁同時有明陳業經張賡手"訂"字樣，而且還有時人吴右（生卒年不詳）、馮文昌（生卒年不詳）與徐光啓之子徐驥（1582－1644）"較刊"字樣，和龍譯原來或有文字上的歧異。上述手"訂"或"較刊"者中，張賡最稱重要。他乃明末在徐光啓、李之藻與楊廷筠外聲名最著的基督徒之一，奉教以後爲耶穌會譯述事業筆受筆潤不遺餘力。所"訂"的《始末》我雖不知去"原譯"多遠，但就隆武本衡之，譯文文字精湛，造句遣詞之佳可比是時優秀的明人傳記。再以篇幅觀之，則中國固有多半短小，可以牽纏若是，綿延似一中篇小説者就不多見。龍譯因此可謂最早譯介入華的歐洲文學之一。

《中國晚明與歐洲文學》中，我所忽略而未曾刻意開展的是《聖若撒法始末》係"聖徒傳記"的文類意義。如同拙著所示，《始末》始則並非天主教文學，而是佛陀的故事，是釋迦所行經天主教化後的文本。早在十三世紀，此事馬可波羅（Marco Polo，1254－1364）應已揣知。所"著"《馬可波羅行紀》（*The Travels of Marco Polo*）談到抵達今天的斯里蘭卡時，他便曾聞悉當地有某釋加蒙·薄加（Sogomon Barchan）者之墳塚。其人在世時乃印度某國王子，後執意離宫出外修行。波羅以東方人偶像崇拜之始審視此事，但他也提到撒拉辛人認爲這位"釋加蒙·薄加"其實就是"先知亞當"（the prophet Adam），從而將之與猶太、天主及伊斯蘭三教共享的祖先神話混爲一談。這"釋加蒙"一音所指，當係"釋加牟尼"，而"薄加"若非"佛祖"（Buddha）的變音，就是"薄伽梵"（Bhagavân）的轉聲，仍爲佛教信仰中的最高天。由此可知，馬可波羅似在暗示佛傳與天主教聖傳的結合，紀中傳主或他所引的阿拉伯穆斯林早已偵悉。③ 大約三百年後，葡萄牙旅行家杜庫鐸（Diogo do Couto）行經錫蘭，又拿《馬可波羅行記》所述和當地人士印證，也把若撒法的故事詳細敘述了一次，説明至少到了十七世紀，西方已有人能具體指出佛傳與《巴蘭》的重叠。④ 然而指證雖曰歷歷，此事知者畢竟不多，西方世界依舊視《巴蘭》爲天主教聖傳。1602 年的龍華民當更懵懂，而歐洲學界要再察得真相，可就得遲至十九世紀後半葉了。⑤ 徐宗澤在 1904 年爲《始末》撮述情節之際，甚至都還恍惚其中，而歐洲耶穌會要注意到龍華民的努力和當時的歷史窘境，更得俟諸近人如鐘鳴旦（Nicholas Standaert）的陳述。⑥

可惜鐘氏雖知《始末》和佛教的淵源，他的研究却淺嘗即止，連龍譯之本源由佛轉耶的

① ［明］高一志《聖母行實》，載吴相湘編《天主教東傳文獻三編》第 6 册（臺北：臺灣學生書局，1984 年）3：1273－1552；［明］陽瑪諾譯《聖若瑟行實》（雲間靜一堂刊本，中研院傅斯年圖書館藏書，編號：A FT081R）。《天主聖教聖人行實》的資料見上頁注⑥。

② 據徐宗澤《明清間耶穌會士譯著提要》（臺北：中華書局，1958 年），頁 48 謂：原上海徐家匯藏書樓有 1602 年的韶州刊本。徐家匯藏書樓的皮藏如今已併入上海圖書館，唯中文藏書依然塵封箱中，所以韶州本《始末》是否仍存，我們不得而知。Standaert，"The Jesuits' Preaching of the Buddha in China" p. 38 稱龍譯直至 1645 年才付梓，不知所據爲何。

③ Manuel Komroff, ed. , *The Travel of Marco Polo [the Venetian]* , revised from Marsden's translation (New York: W. W. W. Norton, 1982), pp. 283－284. Cf. *BY*, xxix-xxxiii.

④ Diogo do Couto, *Decada Quinta "Ásia"* (Goa: np. , 1597), Part ii. Liv. Vl. Cap. ii. pp. 13－17. Cf. *BY*, xxxiii-xxxvi.

⑤ 1859 年，德人班飛（Theodor Benfey，1809－1881）從同年儒蓮（Stanilas Julien，1799－1873）出版的三巨册法譯佛教《譬喻故事》（*Les Avadanâs*）中悟得《巴蘭》出自佛傳，並將研究公諸於世。其後迄二十世紀前夕，另有法、德學者也紛紛加入證實的行列，使真相終於大白於西方人之前，詳見 *BY*，xxxvi-xxxviii。

⑥ Standaert，"The Jesuits' Preaching of the Buddha in China"，pp. 38－41. 此文頁 40 及頁 41 注 7 也指出杜庫鐸早已發現《始末》爲佛傳，唯其聲音太弱，時人未予正視。

"過程"也略而不談。這個"過程"的關鍵當然不難推敲，六世紀前景教和摩尼教的轉介應該爲重點。景教可能在佛傳中加入基督信仰，促成《巴蘭》的敘利亞文本的"翻譯"(*BY*, xciii)，而摩尼教在上古末期則已蔚爲普世信仰，曾像景教溝通歐洲和東方文化，佛傳如《普曜經》(*Lalita Vistara*) 等梵典因而西傳。① 衆所周知，《普曜經》等佛所行强調者多屬"證道得悟"或"出家精修"等傳記母題，而這方面即使力主一神論的天主教也不能免，而且還是不同聖傳常見的話題。兩者在教内文學上的合流歸一，《巴蘭》即稱代表，故而《始末》之爲"文學"也，理當歸入所謂"成長小説"或"啓蒙故事"(*Bildungsroman*) 之列，其敘述重點乃若撒法"因悟成聖"的曲折過程。

就《始末》通書觀之，上述所言應該不虛。《始末》的主角若撒法係"應帝亞"(印度) 國王亞物尼耳 (Auennir) 的單嗣，出生前有預言謂其來日必捨身出家，侍奉天主。亞物尼耳唯恐"一語成讖"，兒子信仰有變，故自小即置之金宫扶養，不令人近。日譯本在這方面叙寫尤詳，謂"宫中若有人罹病，隨令退出，並由健康者入替，務必滴水不漏"，不讓太子"看到人世的苦痛"，也不令知道人間另有悲傷憂心 (《御作業》，頁 132)。儘管如此，龍譯本和日譯本中的若撒法一樣，"及長，仍請出城游觀"，從而像《普曜經》中的悉達多太子一樣，所見若非瞽者殘疾，就是"面皺齒落，鬓白頸傴"之人 (頁 8 乙)，② 從而開始體悟生老病死等生命四大，心懷憂戚。日譯本在此夾插西方醫學，由陪臣奉知病體乃因"血氣痰水"失衡所致，而"歲月無情"，年齡一到，"不分貴賤尊卑"，誰也都得離世而去 (《御作業》，頁 135)。

此時"把臘盎"(巴蘭) 遠在北非，屈指一算，早已得知太子心中有疾，遂喬裝商家，跋山過海來到日譯本所稱的"南蠻"印度 (同上頁)。若撒法隨而亦以因緣故而得遇這位苦行僧，密從受教，進而對世相體會益深，遂如預言所述謝絶宫中榮華，"出家"野修。羅帕的《巴郎與荷撒法》中，"把臘盎"係由某天使作法，運神力抓其髮梢携來。劇中"奇迹"的角色重。但《始末》雖也强調保守，有如羅帕之以信仰與聖工爲成聖判準，③ 書中刻畫反却著墨於若撒法精神的瀹啓與生命成轉變。凡此種種，無非又是"啓蒙小説"一貫的典型，顯示東西宗教傳統確有共同的關懷。不過走筆至此，容我岔開指出此一母題和傳統天主教的聖傳仍然有異，亦即若撒法之能證得"聖徒"之身，並非循尋常的"殉道"、"苦修"、"異相奇迹"或身爲教中"掌權者"等因素而致。其人的"聖傳"性格，因此便迥異於我們通常可見的"行狀"(*vita*) 或"殉道記"(*passio*) 等形式，虛構或虛構上的戲劇性大增。職是之故，《始末》之爲"傳記"所應有的歷史性格吊詭譎異，④ 或許中世紀天主教界所稱的"靈悟傳奇"(spiritual romance) 差可當之，重點在傳主或某歷史實人歷劫得悟——或因此而證得所宗之正果——的超自然大戲。⑤

---

① 《聖若撒法始末》的早期系譜和摩尼教的關係，見 Wood et al.，"Introduction" to their trans.，*Barlaam and Ioasaph*，pp. xv-xviii。

② 在某種意義上，這兩句話甚至有"譯文"上的重叠處，蓋《普曜經》中難提和羅化身而成的老人，經中的描述也是"頭白齒落，皮緩面皺"，可爲内證，有助加强佛傳和約撒法之間的聯繫。見高楠順次郎和渡邊海旭編：《大正新修大藏經》100 册 (東京：一切經刊行會，1934)，3：466。《大正新修大藏經》，下文簡稱《大正藏》。

③ 相關討論見 Robert R. Morrison, *Lope de Vega and the Comedia de Santos* (New York: Peter Lang, 2000), p. 225。

④ Charles F. Altman, "Two Types of Opposition and the Structure of Latin Saints' Lives", in *Medievalia et Humanistica: Studies in Medieval and Renaissance Culture*, New Series, Number 6: *Medieval Hagiography and Romance*, Paul Maurice Clogan ed. (Cambridge: Cambridge University Press, 1975), pp. 1 - 62. Thomas Head, "Introduction" to his ed., *Medieval Hagiography: An Anthology* (New York and London: Routledge, 2001), pp. xiii-xxxviii; Raymond van Dam, *Saints and Their Miracles in Late Antiques Gaul* (Princeton: Princeton University Press, 1993), pp. 82 - 105, 另請參 Peter Brown, *The Cult and the Saints: Its Rise and Function in Latin Christianity* (Chicago: University of Chicago Press, 1981) 一書。扼要的討論見黄進興：《聖賢與聖徒》(臺北：允晨文化公司，2001 年)，頁 101 - 110。

⑤ Cf. Tony Davenport, *Medieval Narrative: An Introduction* (Oxford: Oxford University Press, 2004), pp. 130 - 131.

這齣“大戲”首先顯現於《巴蘭》的書題上。此書何以並列人名而題爲《巴蘭與約撒法》已不可考，但書中的“約撒法”乃“菩薩”或“菩提薩埵”（Bodhisattava）經傳抄後的筆誤或轉音，大約是學界的不移之論。學者據中古波斯與阿拉伯文的鈔本，瞭解“菩”字開首的聲母（b）在上述兩種語言中都已轉爲“約”（y）音，因爲原文的差別僅有表示輕重音的“一點”（one dot）而已，而“提”（dh）及“埵”（d）音又兩兩佚失，僅餘尾部的“薩”（sa）音經波斯文增補而轉爲“撒法”兩音中前後的母音及子音（af）罷了。此所以希臘文譯者將“菩提薩埵”一名轉爲“伊歐撒法”（Iôasaph），而熟悉《聖經》人名的好事者又因梵音與天主教名姓系統不合，所以將《列王紀上》的“約撒法特”（Jehoshaphat）一名省音略字（15：24），改爲《馬寶福音》所用的“約撒法”（Josaphat）一名（1：8）。[①] 在龍華民筆下，他當然將之三轉，變成帶有廣東腔的“若撒法”。

“約撒法”一名固然易解，但“巴蘭”緣何形成則難測，因爲梵典中的佛傳未見他人開示釋迦。衆所周知，佛乃“自悟”有成，在菩提樹下證得法身。是以“巴蘭”的問題，我覺得最能服人的說法應推英人巴吉（E. A. Wallis Budge）所提者。二十世紀二十年代，巴氏譯出《巴蘭》的依索匹亞文本後，嘗在引言中稱此名乃“約撒法”的反身自指（reflection）。“巴蘭”史有其人，一稱“巴拉哈”（Barlâhâ），是羅馬皇帝俄克雷添（Gaius Aurelius Valerius Diocletianus, c. 236–316）在位時天主教的殉道者。其人事迹，巴吉認爲寫出《巴蘭》的西亞僧人應不陌生（*BY*, xl）。不過“巴蘭”可能只是這個僧人權借的名字，用指阿拉伯文本中勸化約撒法皈依的隱士“畢勞哈”（Bilauhar）。某些學者進一步指出，後一名字即喬治亞文本裏的“巴拉法里”（Balavari），原先之音應爲“巴拉娃里”（Balavhari）或“巴勒娃里”（Balahvari）。巴吉另又轉述了某些學者之見，以爲“畢勞哈”轉爲伯樂維或中古波斯語之後，旋即變成“薄加梵”一音，而南亞學者米陀（Rájendralâla Mitra）至是表示：“薄加梵”並非無謂，根本就是佛祖——繼而是“菩薩”——“最恰當”的稱號，《吠陀頌》（the Vedas）中就已可見（*BY*, xl-xli）。按照這些南亞、西亞與中東語言的歷史學者之見，那麼“巴蘭”豈非“菩薩”，是《巴蘭》中的“約撒法”或《始末》裏的“若撒法”本人？中西兩個文本中的“菩薩”就是“佛祖”；如此一來，“約撒法”或“若撒法”豈非又因音變而在借“巴蘭”之名以行自我教化之實，而這不也就等於佛祖在菩提樹下自我開悟的敘述或故事化，豈非就是他在“反身自指”或行哈默爾（F. Hommel）所謂的“自我複相”（Repetition der [*sic*] des Buddha selbst）?[②] 佛傳變成了聖傳，整個故事套上一層虛構/敘述（fiction/narrative）的後設色彩，吊詭的程度，令人嘆爲觀止。

上述情況，似乎也發生在“亞物尼耳”等《巴蘭》要角的命名問題上，《聖經》常爲稽核查考的重點（*BY*, lxxxix），而老話一句，這些龍華民當又一概懵懂。話說回來，或許也是因此之故，《巴蘭》的各種譯本常見歧出。《畸人十篇》中，利瑪竇談到《巴蘭》內容，以爲是大馬士革的聖約翰口諭而得，依索匹亞文本則採用第一人稱的敘述觀點，直指其事關乎聖多默（St. Thomas the Apostle）赴印度傳教的“史實”（*BY*, 4），[③] 而日譯本這些則隻字不提，反而把語境拉到羅馬上古，以天主教和希、羅神祇的對抗定調歷史背景。《巴蘭》的傳譯複雜若此，難怪龍華民手譯或張賡手訂殆和傳統“翻譯”或“校訂”的行爲有別。加以龍譯的原始出發點在和

① *BY*, xxxix. 不過，我得指出，今天的思高本《聖經》仍音譯作“約撒法特”。

② Cf. Weisslowits, *Prinz und Derwisch* (Munich: n. p., 1890), p. 145.

③ *BY*, 4. 聖多默曾在印布道乙事，天主教文本載之甚詳，參見“The Preaching of Saint Thomas in India”及“The Acts of St. Thomas in India”等文獻，俱收於 *BY*, 279–338。

中國佛教徒角力，而我們倘不談其中隱含的權力爭執與《中國晚明與歐洲文學》中我業加剖陳的歷史反諷，這個“翻譯”行爲本身當然也充滿政治性格，會在“權力”與“歷史反諷”外因敘事模式或翻譯修辭——亦即翻譯時的情節與字詞增損——而大開其“方便法門”，變成胡克斯 (Bell Hooks) 刻畫語言時所謂“鬥爭的場域”(a place of struggle)。①

胡氏乃女性主義的譯論家，這裏所指當然不是她曾嚴詞論述的英語在實際政治上的霸權地位，而是語言本身所具有的意識形態潛能。中文的籀形多經表象形成，即使形聲字在後代演爲主流，“形”仍爲構字要件之一。所以方塊字本身每每既是符徵，也是符旨，所以上述“意識形態潛能”的現象益發明顯，非特常强行作主，令字在翻譯時反出作家的意志本來，於《始末》中尤會抗拒龍華民向原文靠攏的譯者“應然”，從而使這本中文聖傳獨立於歐洲傳統之外，在華單幟獨樹，有如拉丁與歐洲俗語各本一樣，孤軍戰出了一條自己的生命。

翻譯策略

所謂“自己”獨特的“生命”，首先應見於《聖若撒法始末》的本源問題上。上文雖舉《金庫》本爲《始末》的底本，然而我仍以“主要”二字限定之，意思是在這個本子之外，《始末》其實另有憲章，雖然兩者程度可能相去甚遠。以文藝復興時代南歐文本的傳播狀況而言，此一“另本”不可能是《巴拉法里亞尼》或我屢屢提到的依索匹亞文本，而應該是聖約翰的《巴蘭與約撒法》或其拉丁文的全譯本。之所以如此假設，原因在經過比勘，我發現《始末》溢出《金庫》本的地方多半可見於《巴蘭》，使得三本的情節出現交互回環的狀況，而這表示龍華民的“翻譯”既在外譯，也在內譯，在以《巴蘭》濟《金庫》本之不足，或對之“修訂”，做增刪的工作。如此“翻譯”，自然不宜以傳統所謂“信譯”或“足譯”繩之。《金庫》本的若撒法故事一開頭，亞可伯自敘所述乃傳自聖約翰，龍譯本因此故可謂《巴蘭》的衍本的衍本，但也因上述之故而變成《巴蘭》本身的衍本。三本自是又翻衍成某種譯事上的詮釋循環。

這種詮釋循環，我們當然得由《聖若撒法始末》的文類問題再予檢視。此書既屬啓蒙小説與靈悟傳奇，可見龍華民用之以對抗佛教徒寓有深意；他著眼的應該是這類故事“啓迪人心”的效應，可以曉喻大衆，進而敷演教理。這裏的教理，諷刺的並非《始末》原本的佛教義理，而是自西徂東的天主教道。更有甚者，龍華民爲突顯天佛間的冰炭不合，打一開始就對聖約翰所傳的“原作”有所調整。一句“粵自天主降生爲人”若在敘説以往，把《聖若撒法始末》的“故”事本質表露無遺。書中繼之乃開説耶穌“以受難贖世罪，以真福引世趨”，兼“以異能動信衆”的往事。我們所悉故而不僅是“太西諸國”已得風氣之先，可窺其教，連諸佛所出的“小西洋國”或“應帝亞”亦“聞其風而興焉”(頁1甲)。聖多默布道的“歷史”，隱含在這部分的叙説中。這些《金庫》本俱缺的情節，龍華民却從《巴蘭》及其他語徑的同一故事補成，使其譯本變得比所本更近天主教史所以爲的“原本”。不過就實踐的模式而言，這裏我應予著墨的當推龍譯“易”來有模有樣，擬史之心昭然，可見其發蒙風衆之志確熾，闢佛之心確强。我相信唯其因此，《始末》才會形容亞物尼耳生平唯佛是信，是拜，而太子若撒法生來雖“未嘗有

① Bell Hooks, *Languages and Cultures: Translation and Cross-Cultural Texts* (Pittsburgh: University of Pittsburgh Press, 1995), pp. 295-301.

人語以基督之名”（頁 356），在聞悉父王與天學的嫌隙之後仍可上邀天主“聖寵”，從而大開其“靈魂之眼”（頁 7 乙）。

上文中的“佛”字當然有教爭上的暗示。《金庫》本裏，亞可伯其實不曾像伊索匹亞本詳陳故事中天主教的競爭對手爲何，頂多以“異端”或“諸神”（*Dii*, p. 812）稱之。然而《巴蘭》就具體多了，聖約翰開談亞物尼耳之際，明白稱其所宗乃“希臘之道”（Greek way），所行乃“偶像崇拜”（idol-worship, 1. 6）——有如馬可波羅的批評一般——而後連宙斯（Zeus）家族的冤報輪回也指證歷歷（xxvii, 245 - 251），仿佛——再强調一次——重開紀元二、三世紀間天主教與希、羅宗教的爭執。然而龍華民掄筆一揮，在《始末》裏輕易就把歷史時空轉換，天主教過往的仇敵如今已易爲佛教。現實裏的歷史，看來不僅可以化爲文本中的歷史，連龍華民這位譯者也開始玩起傅科（Michael Foucault, 1926 - 1984）式的知識與權力（*connaissance/puissance*）對應的翻譯游戲來，似乎在説翻譯並無異於其他的論述（discourse），乃建立在各種排他性的原則之上，俾便確立一己獨立的價值與操作上的系統。[①] 龍華民的“玩”，在“諸神”變“諸佛”的各景裏相當稱職，充分突顯出“印度”在《始末》中應有的地位。佛教確實出自此一“國度”，即使明末的中國人也瞭解來自“應第亞”、“身毒”或“天竺”。

上面我敘述《始末》故事，其實推展甚速，跳過了《巴蘭》或《始末》都曾力加表現的另外兩個情節：一爲亞物尼耳座前寵臣之“遯荒持齋”，“洗養靈魂，以幾光明吉界”（頁 2 甲）；二爲國君之前另有權臣一人，因曾救助某足傷窶人而得“言語之醫”（頁 6 甲）。這位權臣不日更因之而獲救，免致被讒遭難。這兩個情節穿插於若撒法倏聞天主聖名之前，乍看和“他的傳奇”並無直接的連繫，似乎也驗證了現代敘事學者對於中古歐洲聖傳的“拼湊”之譏，謂之缺乏“有機結構”。[②] 然而實情絶非如此簡單，至少在龍華民的譯本中，第二個細節裏窶人的“言語之醫”的身份，在結構上乃對應了若撒法聞得天主聖教後，敘述者所謂“天主聖言”已經契合其心的突發之論（頁 7 乙）。龍本譯來，心思頗工。

我們倘細而再看，龍譯《始末》其實不斷在突顯二事。就上述第一個故事而言，他强調寵臣得天主之教後，於是“開我目，辨別好醜”（頁 3 乙）。相形之下，亞物尼耳執迷佛教，自是心眼蔽塞。第二個故事則强調權臣已得“言語之醫”，若指亞物尼耳輕信讒言，信仰上顯然“失聰”已久（頁 6 甲）。這兩個故事一路迤邐，次第開展，在《始末》中所以舉足輕重，殆因耳目形成之母題力促使然。傳記中不斷强調這兩者的重要，而我們也看到若撒法的故事不斷與之平行推展。他在宫中先是僅能得見美色，悉聞美聲，出宫後所見則非“瞽”即“聾”，適爲二臣際遇之反，和亞物尼耳更在伯仲之間。如此布局大致從佛本緣而來，乃後世學者據以得悉《巴蘭》真身的主因之一。[③] 然而《巴蘭》以下，故事各本率皆如此敘寫，看得出天主教和沙門實有合節。佛教四大因此分身再變，在天主教文本中轉爲世人的闇昧無知，無緣得識真主，也未克辨悉宗教真理。把臘盎繼而喬裝，往訪若撒法。他介入敘述，上述否定當然是先機的開啓之處。

按照《聖傳金庫》的説法，把臘盎本爲天主教僧侶，駐錫於槑納亞（Sennaar）這沙漠之地（頁 358）。這個説法已見《巴蘭》，但究其歷史源頭，三世紀《沙漠聖父傳》（*Vitae patrum*）當

① Michel Foucault, “The Discourse on Language”, in his *The Archaeology of Knowledge and the Discourse on Language*, trans. A. M. Sheridan Smith (New York: Pantheon Books, 1971), pp. 215 - 237.

② Cf. Thomas J. Heffernan, “An Analysis of the Narrative Motifs in the Legend of St. Eustace”, in Clogan ed., pp. 63 - 89.

③ 這個問題較詳盡的研究見 Emmanuel Cosquin, “La legends des saints Barlaam et Josaphat: son origine”, *Harvard Theological Review* 30. 4: 579 - 600 (1937)。

係肇因。聖安東尼（St. Anthony）等苦修僧，此刻莫不持齋於北非漠地。[①] 麥唐納（K. S. MacDonald）研究希臘古典，認爲在西方古人的觀念中，北非和印度經常混爲一談，似無差別（頁 lix-lx）。龍華民比當時人世界觀大多了：他或因天竺國情和輿地有別，遂將把臘盎改寫爲“一修道至極，峻德匪夷者”，而《金庫》本中的“沙漠”則從《巴蘭》之見，易爲山野之處，而且還要“乘舟”才能自此履及應帝亞之國。不過在把臘盎喬扮的身分上，龍華民就因襲《金庫》本，稱之“託爲商旅”，在神啓下徑赴若撒法住所，以重寶求見。《金庫》本中所謂“重寶”係寶石一顆，和後文頗有呼應。然而《始末》始終未及“重寶”的內容，但以用途宣之，謂可如“牖知之光，開瞽之明。達聾之聰，發啞而聲”（頁 10 甲）。在某個意義上，《始末》的說法三度呼應了通書伊始即一再强調的“耳聰目明”等天主教在宣教上的醫學常譚。

天主教之所以要人“耳聰目明”，爲的是區辨世相真假，從而認清孰爲真主。《福音書》中，耶穌的神迹之一就是助人復明得聲（如竇 9：27－34）。把臘盎也因爲神啓，所以受命前去爲若撒法“振聾發聵”。重寶一景過後，他因是曉以《撒種的比喻》（頁 10 乙－11 甲）。這一景龍華民雖然仍從《巴蘭》補譯，他的本子却也因此而將把臘盎擬如耶穌，視同那撒種的人。《撒種的比喻》不見於《金庫》本，《始末》與日譯本却都有之，[②] 可想包括龍華民在內的東來耶穌會士無不以把臘盎、智者或耶穌自期，希望能播種，把智慧的根苗養成，而後能有刈穫，有收成。話說回來，若就真假之辨與耳聾失聰的關係一點再言，我覺得《始末》中把臘盎爲若撒法所說的第一個證道故事，最可將譯者擺弄知識的權力示範明白：

> 昔有大能國君，在金車中，前呼而後擁。途遇二人，衣服敝陋，體羸面黄。君下車拜之，切面懷抱。扈從臣工，甚怪君失威重，但不敢面請，惟告其君之弟。君弟進曰：“以君之尊，降屈貶威，爲國羞矣！”君不明言其意，第於薄暮，命吹響器者至其弟之門，一吹掌號。蓋此國之法，凡問死罪，先遣吹者於應死人門首，掌號示衆。於是君弟聞此響聲，自度不能獲生，儘夜點簡，以候其死。旦則微服携妻，赴闕哀鳴。君召之入而泣曰：“爾顛倒哉，錯亂哉？爾（汝）原未嘗獲罪於我，而今如此畏我傳命之人，則何爲怪我前日謙卑叩首，以侍天主傳命之人乎？其人報我將死之聲，高曉殆過響器。又言天主將來嚴行審判，而我得罪天主甚多，我厚待之，奚有非是？”（頁 11 乙－12 甲）

把臘盎講的這個故事，利瑪竇 1608 年所刊的《畸人十篇》也曾二度開說。[③] 就其使用而言，此一故事本爲歐洲中古著名的證道故事，人稱《死神的號角》，前此我在《中國晚明與歐洲文學》中業已數度提到（李著，頁 290－295）。這個故事另可見於是時重要的證道故事集或證道文集如《羅馬人事迹》（*Gesta Romanorum*）與《日常證道辭》（*Sermons Vulgares*）之中，甚至是中世紀英國名家高鄂（John Gower, 1330? － 1408）的偉構《亞門之懺悔》（*Confessio Amantis*）。[④] 然而論其源始，《羅馬人事迹》與《日常證道辭》的本子實則殆非自出，而是襲自

---

① 参見彼得・法朗士（Peter France）著，梁永安譯《隱士：透視孤獨》（*Hermits: The Insight of Solitude*；臺北：立緒文化公司，2001 年），頁 47－108。

② 有關日譯本《撒種的比喻》的研究情況，見 Ikegami, *Barlaam and Josaphat: The Transcription of MS Egerton 876 with Notes, Glossary, and Comparative Study of the Middle English and Japanese Versions*, pp. 90－93。

③ 利瑪竇《畸人十篇》，載［明］李之藻編《天學初函》第 6 册（臺北：臺灣學生書局，1965 年），1：154－157。

④ Charles Swan, trans., *Gesta Romanorum* (Rpt. New York: AMS Press, 1970), pp. 187－189; Thomas Frederick Crane, ed., *The Exempla or Illustrative Stories from the "Sermons Vulgares" of Jacques de Vitry* (London: Published for the Folk-lore Society by David Nutt, 1890), pp. 151－152.

聖約翰《巴蘭與約撒法》的傳統，或因亞可伯的拉丁簡本裁剪而成。當然，若跨過宗教，觀瀾索源，論者也都知道《死神的號角》目前所知最早的典故係梵籍，而且就典出和佛教發展有關的《阿育王傳》。傳中這位“國王”不是别人，正是遣子馬因達（Mahinda）入錫蘭弘法，使之發揚光大的護教權君，猶如天主教史上的君士坦丁大帝（Constantine the Great, 272 - 337）。至於故事中的“王弟”亦非無稽，而是史上阿育王之弟毘陀索卡（Vitasoka）。[①]

《阿育王傳》的故事經時空漫迢轉述之後，到了西方，其實內容已變，不復佛典原來的樣貌。國王開頭所遇二人，一般的若撒法故事多譯爲“隱士”（hermits），日文本則稱之“山居的出家隱士般的和尚”（“世を捨つる山居の道山者”，《御作業》，頁129）。在天主教的語境中，這類人實指北非沙漠聖父一類的苦修僧；用日文本中的話來講，他們都是正人君子，而且“身爲基督徒，不但不怕皇帝的憤怒，同時也渴求爲主殉道”。他們所以但知“頌揚耶穌之名”，爲世人“開説人世的虚幻與身後永世的榮寵”。職是之故，這些隱士變成基督所寵信者，而此亦所以《始末》中的“國王”會稱之爲“天主傳命”。日譯本中，亞物尼耳座前的“寵臣”正是類此的“出家人”，而他也有鑑於國王不事正道，所以“厭世的念頭日增”。所謂“宫中奉迎或爵位俸禄”都在拋棄之列，但求洗養心性，淬勵靈魂”（同上頁）。再以《羅馬人事迹》中的本子爲例，“號角”的宣達其實已經結合中世紀騎士競技之風，變成了開賽前馬上列隊的樂器齊鳴。[②] 當然，競技場合總有人或傷或亡，《阿育王傳》裏的“響器”在此也因而如實變成了“死神的號角”。龍華民從之再譯，所本雖爲《金庫》，却又像《羅馬人事迹》一樣，是在“二度翻譯”了，因爲約翰一已有違《阿育王傳》原本所傳，其次龍華民在中文裏也有自己的變易或變譯之道。

在“國君”接見王弟之前，龍本的情節除了羸弱者的人數外，呼應《金庫》本的地方幾乎字字强過《巴蘭》中的同一故事。[③] 此一國君不僅如上所引，是位“大能”之主，他面對臣屬的疑問，也有應答上充分的智慧，足以和面對羸弱者的表現相提並論。在某個意義上，他所作所爲更把亞物尼耳這位同樣“偉大”的君主比了下去。《羅馬人事迹》裏的國君懷抱兩位羸弱者之後，開示王弟的方式是“以身作則”，示範《達馬可利士之劍》的情節（頁250 - 251），近乎《阿育王傳》中阿伽王之所爲。不過龍華民的譯述就直接多了，他不但“删改”佛典的内容，甚至連《金庫》本的故事也重予剪裁，徑自表出後者視爲隱喻的“羸弱”意涵，以“死神”的警示爲王弟耳提面命，從而像《亞門的懺悔》般使其通曉生而在世，可怕的並非號角催命的人間律令，而是兩位隱士所代表的天主玉旨與永生永罰。[④] 日譯本中，亞物尼耳的“寵臣”還有澡雪君王心志的重責大任，把入華耶穌會汲汲强調的“三仇”改爲“二仇”，擬使皇帝忘却“憤怒”，不再爲凡間的“骨肉之思”憂慮成疾（《御作業》，頁130）。在龍譯本裏，所謂“爾顛倒哉，錯亂哉”之問，在《金庫》本中原不過一感嘆詞，感嘆王弟“愚昧有加”（*o stulte*, p. 814），如是而已。但在龍華民——甚至是日文——的轉譯中則加重語氣，突顯語意，使“顛倒”與“錯亂”二詞陰爲問話，陽則點出整個“故事中的故事”的主旨：凡俗之人看待世相都是“顛倒”或“錯亂”爲之，國君之弟即爲顯例，亞物尼耳亦然。韶州佛教徒目無天主，可想更是人間之尤。

龍華民的翻譯指控固然嚴厲，更嚴厲的是他的修辭策略已經在行“譯者即知者”這種語言上詭譎的權力關係。據今人史碧娃克（Gayatri Chakravorty Spivak）之見，翻譯所涉的“語言”

① ［西晉］安法欽譯《阿育王傳》，載《大正藏》，50：142 - 143。另參 *BY*, xxi。

② Swantrans., *Geste Romanorum*, p. 249n.

③ 《金庫》本亦稱之“衣服敝陋，體羸面黄［至顯］”（*quibusdam attritis verstibus indutis et macie attenuatis obviasset*），見 p. 814。

④ Cf. Davenport, *Medieval Narrative: An Introduction*, pp. 64 - 65.

有“三重結構”，即“修辭”、“邏輯”和游走於“修辭”邊緣的一種力量。後者廣涉時空與價值觀等個人的意識形態，對邏輯構成負面的威脅，史碧娃克無以名之，姑稱之爲“靜默”(silence)。此所以她説“修辭之行也，每因内部有一靜默的暴力使然。在能動者產生的過程中，修辭會在破壞邏輯之際，將此一暴力展現出來”。① 這裏修辭的催動者之所以會是一種“暴力”，是因爲我們可以將之“轉”而——希望我不會説得太牽强——解爲翻譯的常情之一，亦即譯者常會忘却筆底是“譯”，不由自主就以潛意識中的自身之意——這裏不一定是“原作”之意——强逆彼志，並借之“修改”原作，甚至“將錯就錯”，使原作與譯作處於“競爭”或“敵對”的跨語際狀態之中。我繼而還想補充一點：翻譯果然就是這種語言的建構過程，或謂意義果然就是如此觸動而來，那麼再用史碧娃克所借巴雷特（Michèle Barrette）的觀念來講，翻譯其實是一種“政治”行爲，絶對有其意識形態上的基礎（頁 179）。

我要特别强調上文中的“一種”，因爲這裏“政治”已經超越史碧娃克旨意原在的語言或性别與帝國主義的關係，反而變成是翻譯自覺或非自覺性的内在運作。從《死神的號角》的譯源語和譯入語的互動來看，“靜默”產生於龍華民開譯之初即以佛教爲敵的假設，而如前所述，這個内在的驅力早已使他從落筆翻譯就界定《金庫》本所稱的“異端”爲何，繼而再公然以佛教徒爲亞物尼耳定位，稱之“生平信嚮……惟佛家諸異端”（頁 1 乙）。若撒法出生前那第一位臣屬，也是在這種情況下以命相賭，指責亞物尼耳之“背主拜佛，惑溺大謬”（頁 4 甲），而這又讓我們聯想到利瑪竇處理《伊索傳》時筆下也有個幾乎一模一樣的“翻譯”手法（李著，頁 248－265)。《始末》中甚至譯道：在若撒法出生之際，亞物尼耳亦因上天“嘉溢殊甚”而令衆人“共拜‘佛’，謝誕…… ［其子］之恩”（頁 4 乙，雙引號的强調爲我所加)。對我們已然確知其爲原文的《金庫》本而言，或對《巴蘭》這整個若撒法故事的天主教傳統來説，龍華民在《始末》中因目的而做出的“翻譯越界”當然是“暴力相向”，而且從一落筆就形成某種力量，靜靜的流布在語意的回轉遞換之間，最後終於迫使譯文改變原文的邏輯，在修辭上朝譯述目的走去。整個過程内外互涉，乃一攻佛抑佛的雙重政治，讀來確實諷刺，但也引人深思。

上述“靜默”的“暴力”倘非刻工舛誤使然，倘非張賡的校訂或其他“較刊者”而形成，那麼龍華民下筆，恐怕時而也難以控制行文的龍走蛇行，恣意也“自”意奔竄騰挪。説來有趣，在若撒法求亞物尼耳放他遍歷世相前的一景中，我們發現龍華民的文字居然反將了自己一軍。事發於若撒法和身邊一孌僮談話之際。太子問及國君何以將他囚禁深宫，不令外出。此僮不但“見識頗超，知太子夙慧遠慮”，而且還條答原因如下：“君惡天學之人，禁戮幾盡，又使千秋勿聽天主經，棄其所奉‘佛像’，故禁止他人講論。”（頁 7 甲-乙）從邏輯上來講，這裏雙引號中我所强調者不可能會是“佛像”，應該是天主或耶穌的“聖像”才是。唯有作此解釋，下文“故禁止他人講論”才能產生意義。然而不論這段話在《金庫》本原闕，即使是一字之易，也已使易得或譯成之文發生了修辭轉變，變化成了譯文原來應有的邏輯。龍華民所謂“顛倒錯亂”，在此變成是他自我的翻譯反諷。

儘管如此，在《聖若撒法始末》往後的發展中，我們依然可見“正常”的靜默游走彌散在譯文的字裏行間，使修辭發生變化。再以國君回答王弟的話爲例。他對羸弱者的“厚待”其實是對死神的“畏懼”，不過這種對應有待我們讀到他將那羸弱者比諸“傳命之人”才能偵悉。如

① Gayatri Chakravorty Spivak, “The Politics of Translation”, in her *Outside the Teaching Machine* (New York and London: Routledge, 1993), p. 181.

此行文，當然是推意而爲，收放有“度”的德萊登(John Dryden, 1631 - 1700) 所謂“意譯”(paraphrase),① 蓋《金庫》本原作“使者”(*praeco*, p. 814)，不是“死神”。話說回來，除了死亡本身不可測外，國君對死神的“畏懼”另又源於天主教義中最後審判的觀念。這點《金庫》本叙說甚明，而龍華民也是如實照譯。然而他或恐明代讀者有昧於“最後的審判”，在《金庫》本外針對那羸弱者倒又追問了一句，以爲補充：“我得罪天主甚多，我厚待之，奚有非是?”如此增補，顯然又是詮釋的行爲，是埃科 (Umberto Eco, 1932 -) 肯定的“詮釋者在解讀文學文本時所起的積極作用”，本身固以詮釋者爲重，但也承認會受到“文本的制約”。② 不論是“意譯”的行爲或詮釋的開放與制約的辯證，在翻譯的過程中，這種種其實都已受到史碧娃克所稱語言中的“靜默”層面的控制。對原作而言，“靜默”固爲暴力，然而當其收放自如之際，却也會有如文本在自行書寫，自動翻譯，又變成沙特 (Jean-Paul Satre) 所謂“引導性的創作”(*création dirigée*)。③ 若其精甚：船過，水無痕。

當然，在整個龍華民的翻譯性重述中，“顛倒錯亂”才是“他”——此刻未必是亞可伯或聖約翰這些原本的編次者——真正的强調，而這又涉及天主教文學裏的“真假”常譚。這點也擴展到了明代，尤可見諸龍譯本之後如《畸人十篇》等耶穌會的中文名著 (李著，頁 61 - 78)。若撒法閱盡生老病死，體知生命真如之後，把臘盎接下開示的第二個“故事中的故事”就此開說真假之辨，而這個故事在文學上的名聲之響，除了前此我曾討論過的《三友》之外 (李著，頁 70 - 78 及頁 368 - 380)，在《金庫》或《巴蘭》的傳統中恐怕稱最，亦即人稱《巾箱傳奇》(“Four Caskets”) 的寶匣故事：

> [國君] 既爲弟言 [《死神的號角》]，復命作木廂 (箱，下同) 四具。其二具飾以金玉，華美可觀，内實死骨臭穢之物，以金鎖鎖之。又二具塗以油灰，粗惡可鄙，而内實珍寶。乃召朝臣，出廂視之，曰：“此四廂，爾料孰佳?”衆僉云：“華飾金鎖者佳矣!”君曰：“我固知爾等必如此云，爲爾以外目但觀外事，曷不以内目視中之所藏乎?”即命發外美之廂，穢氣觸人，絶不堪聞。君曰：“爾等當知人服錦繡之衣，而罪惡内盈者，與此二廂相似。”又發二廂，其中珠玉寶貝，香氣襲人。君曰：“此廂與我前日所敬窶人相似，外雖衣惡而内充道德，實馨香可人也。”(頁 12 甲-乙)

這個故事之所以在歐洲舉足輕重，人盡皆知，原因是至少有兩部文學名著曾據之演爲部分的底本。一與龍譯本之前，乃薄伽丘的《十日譚》(*The Decameron*, 1353)，一與龍譯本幾乎同時，係莎士比亞的喜劇《威尼斯的商人》(*The Merchant of Venice*, c. 1596)。其中相關的種種，請容稍後再談。這裏我想先行指出的是龍譯本述說此一故事除在寓義顯然的真假之辨外，另涵一重要的目的，也就是擬借之向明代佛教徒介紹基督的真身。其間的轉折，我們得回溯《撒種的比喻》。用龍華民改寫後的翻譯，這個比喻全文如次：“吾主云：‘有農播種，或下於路傍者，鳥啄食之。或下於磽确之地，隨生隨稿 (槁)，爲其土薄而根不深也。或下於荆棘之中，荆棘擁蔽之，亦不長發。惟下於肥饒之土，自秀而實矣。’”(頁 10 乙- 11 甲)

---

① John Dryden, “On Translation”, in Rainer Schulte and John Biguent, eds., *Theories of Translation: An Anthology of Essays from Dryden to Derrida* (Chicago: University of Chicago Press, 1992), p. 17.

② 參見艾柯 (埃科)《詮釋與歷史》，載艾柯等著，柯里尼編，王宇根譯《詮釋與過度詮釋》(香港：牛津大學出版社，1995 年)，頁 23。

③ Jean-Paul Satre, *Qu'est-ce que la littérature?* (Paris: Gallimard, 1984), p. 58.

若撒法聽罷《巾箱傳奇》或稍早之《死神的號角》後，有趣的是腦中的聯想並非這兩個故事直接的意涵，而是開説之前上引《撒種的比喻》："太子曰：'……頃所云爲爾主而論播種之事者，願聞爲誰？'"（頁12乙）問題如是，説明龍華民這裏確有翻譯上的策略性考量。有關《撒種的比喻》的説者，亦即喻前那"吾主"的身份，《金庫》本未表而徑自轉入《創世紀》的重述。《始末》之所以有此一問，我看係因《巴蘭》啓發而來，而且文字上也頗多因襲（vii. 45）："把臘盎對曰：'太子若願知，吾主即是耶穌契利斯督。其爲天主之子，其爲皇之皇，主之主乎！'"（頁12乙）所謂"皇之皇，主之主"雖比《巴蘭》的描述簡略，而後者重心所在的"三位一體"在《始末》裏始終亦付闕如，但龍華民的編譯似乎用不著講得這麼多，畢竟此刻他心目中的閱讀對象對天主是一無所知。在這個"前福音的時代"，神學上的大道理自然不宜，何況明代讀者對天主教所疑乃經籍的多寡，是知識的高低，當然——就中國人對"經書"的敬畏而論——也是權力的大小。① 如此則以彼之矛攻彼之盾，一句"皇之皇，主之主"不就可以杜悠悠之口，甚至使中國人開迷解惑？

龍華民重彈《撒種的比喻》，讓若撒法代問耶穌的真身，其實是巧編。翻譯於此又介入知識與權力的運作，編輯也隨之而化身爲政治行爲。《死神的號角》和《巾箱傳奇》的內涵既然不言自明，或是本身早已自問，也自答了，那麼讓前喻回環，以天主教真正的關懷總結二喻，豈不巧甚？

《撒種的比喻》出自《新約·福音書》（如竇4：3-8），由於後面緊隨著耶穌對"比喻"的一般看法（竇4：10-12），所以歧義性特别强，② 把臘盎在《始末》中的解釋尚不及其一。在這之前，把臘盎已將若撒法擬爲"肥饒善地"，可下"天主嘉種"（頁11甲）。不過即使如此，把臘盎也僅能就傳統再添一解，所釋仍然難以窮盡《撒種的比喻》的內涵。他未遑深入的，應該包括那"撒種者"的身份。"他"有可能是《福音書》中開播的耶穌，也有可能是在《始末》裏宣教的把臘盎。如果我們可以在後現代的蒙太奇襄助下跳出《始末》的文本，我們甚至可以説此刻執筆中譯若撒法故事的龍華民亦可當之。在明末中國"撒下"基督之種的主力不是别人，正是耶穌會士，而龍氏係其中一員。若撒法和把臘盎的對話既經移花接木添寫形成，顯示《始末》的文學結構亦經强化，勸化之力益明。耶穌乃天主降世，全知全能，傳中有如暗示它的地位應該遠在佛陀之上。

龍華民翻譯《死神的號角》，內心幾唯"言語之醫"是問，希望讀之者得聞天主正音，勘破世相。他譯《巾箱傳奇》呢？從《始末》始終以聾瞽之啓來看，答案當然也不言可喻，係凡人目測真假的能力。我們不要忘了故事中另有"金玉"與"死骨"等語，而這些除了讓我們聯想到稍後高一志《勵學古言》所稱"外潔內穢，外芳內臭"之外，③ 還會令我們有一探其間差别的欲望。這種欲望果能遂行，而且得其所正，當然就是理解《巾箱傳奇》的關鍵。至於看出的人應具的條件，還是其次。龍華民所傳的故事，其實又非逐字直譯，而是如前所述的"意譯"。所以他可以再借譯者與知識的互動，大開其翻譯上的權力之戰。儘管如此，龍華民並未更動原文大意，只在緊要關頭巧接版本，在不害原意的狀況下更動字詞，以迎合自己的目的。《巾箱傳奇》直接指涉到"目視能力"的語彙，無過乎國君所謂"外目"與"內目"的對立。前者係凡人俗眼，難以辨别真假，後者則爲宗教——而且還是天主教——的慧眼，可以照破金玉幻象，

① 參見鄭振鐸《經書的效用》，載西諦（鄭振鐸）著《中國文學研究新編》（臺北：明倫出版社，1973年），頁1211-1213。

② 這點可參見駱其雅（Herbert Lockyer）著，詹正義、周天麒譯《聖經中所有的比喻》（臺北：中國主日學協會，1987年），頁349-361。

③ ［明］高一志《勵學古言》（崇禎五年刻本，現藏於梵帝岡圖書館，編號：R. G. Oreiente III 223［7］），頁9甲。

直貫箱中的死骨穢物。具有此等法眼，當然就可看透“衣惡”者内心的“道德”，進而發實祛虛，破邪顯正。《死神的號角》固然重耳，但那“大能國君”亦具此等《巴蘭》所著重的“内目”（the inner eye, vi. 43），故此才能認得《金庫》本國君所謂“窶人”（*illis pauperrimis*, p. 815）的真身，甚至比之於那些珠玉盈香之箱，在《始末》中道是“與我前日所敬窶人相似”也（頁 12 乙）。

由是觀之，《撒種的比喻》在《聖若撒法始末》中就再現得十分貼切。是喻雖然强調在“不同的土壤”中種籽的成長有異，暗指若撒法係天主教所求那有屬靈知覺的人，可以得窺天國正軌，而他稍後確也曾在夢中進入至福聖境（頁 20 乙–21 甲），但是從内容到結構故事的語言，寫經人也一再强調“真假”或“是非”之辨。這種强調所求之真，必然又會關涉到眼識與耳識，而我們倘棄《瑪竇福音》而就《馬爾谷福音》衡之，當會發覺《撒種的比喻》伊始，馬爾谷所知的耶穌所重者就是這兩種官能。駱其雅（Herbert Lockyer）曾據欽定本《聖經》指出，其中《撒種的比喻》開頭，用的就是兩組指涉到眼耳二識的驚嘆詞：“看哪，聽啊!”① 駱氏的觀察饒富興味，倘若機緣得遇，我相信他必然也會同意把臘盎將《死神的號角》與《巾箱傳奇》總結以《撒種的比喻》的改編!

上文最後的推測，純屬我個人的曲爲之解，思高本《聖經》或我參考過的牛津本上皆乏“目視”之句。② 知識與權力的關係在翻譯中確屬詭異。《巾箱傳奇》的使用還有更詭異的一面，亦即用在不同的場合往往會出現不同的“翻譯”或“番易”之效。後一名詞，我指“跨國”（番）的文本“轉換”（易），和拉丁文的“翻譯”（*translatio*）本意遥相呼應，充滿動態的呈現。這狹、廣二義的翻譯觀，我們可舉龍譯譯成前二百餘年的《十日譚》爲例再加説明。書中第十日的第一個故事不僅把空間由印度搬到西班牙，而且箱數也變，由四口變成兩口，使之演爲某國國王藉以表示人之運氣也可能前後不一的工具。③ 這裏“金玉”依舊，穢物或一無價值的東西也依舊，總之或好或壞的表徵樣樣不缺，差别僅在箱子的外表並無美醜之分。不過也因此之故，我們瞭解《十日譚》的企圖已不如《巴蘭》或《金庫》本複雜。薄伽丘意在化神聖爲通俗，④ 所以令表相與内裏的對照破除殆盡。經此“番易”，《十日譚》確實把聖典轉化成俗典，樹立起《巾箱傳奇》的另一傳統。

這種情況，莎士比亞處理起來又别開生面。《十日譚》裏的箱子既可由四只變成兩只，《威尼斯的商人》也没有理由不能令其作三只。果不其然，劇中的富家女玻西亞（Portia）之父臨終前，便打造了三只外表分别飾以金銀鉛的箱子，並規定凡猜得出箱中置有玻女的圖像者，就有權要求她下嫁。在第三幕第三景之前，戲中凡涉及玻西亞的場景，如此改寫的莎翁版《巾箱傳奇》都是情節的重心，和猶太人夏洛克（Shylock）那“一磅肉”的高潮形成犄角之勢，扣人心弦至極。莎翁寫活了這三只箱子，因爲他一反薄伽丘以“運氣”爲繫的平板主題，完全由人性來處理這齣“選擇”的戲碼。和《聖若撒法始末》裏的衆臣一樣，玻西亞的前兩位求婚者都以貌取箱，或是由身分地位推想其中内容。可想而知，他們一個個都失敗了，莎士比亞也一步步在教人外貌之不可恃。玻西亞最後由夏洛克的死對頭巴珊尼歐（Bassanio）娶得，因爲求婚者中

---

① 見駱其雅著，詹正義、周天麒譯《聖經中所有的比喻》，頁 352。另請參 *The Holy Bible: King James Version* (New York: American Bible Society, 1984), p. 38 (New Testament)。

② 我用的思高本是《千禧版聖經》（臺北：思高聖經學會，2000 年），谷 4：3–8；牛津本則爲 Bruce M. Metzger and Roland E. Murphy eds., *The New Oxford Annotated Bible*, New Revised Standard Version (New York: Oxford University Press, 1991), Mk 4: 3–8。

③ Giovanni Boccaccio, *The Decameron*, trans., G. H. McWilliam (Harmondsworth: Penguin, 1975), pp. 734–737.

④ Cf. David Wallace, *Boccaccio: Decameron* (Cambridge: Cambridge University Press, 1991), pp. 98–99.

只有他最踏實，認得清“外表最難稱内容，而巧飾常欺人”的世間幻覺，[1] 所以捨棄那華麗的金箱與銀箱，寧取鉛箱的素樸與質樸，最後終於得中頭彩而贏得美人歸。

“中彩”那一景，我們讀來似曾相識，蓋莎士比亞重複了幾個《始末》亦有而《金庫》本也常見的主題，例如前述的“真假之辨”[2]，又如真箱一啓，一縷“芳香”（sugar breath）襲人而來等等[3]。令我們“倍”覺巧合的是莎士比亞假巴珊尼歐之口對“邪教”的攻擊，因其令人聯想到龍華民譯《始末》在宗教政治上的目的：“就宗教而言，哪一個該下地獄的邪説没有一臉虔敬的教牧祝福之，哪一個没有人引用書本批准之，哪一個又没有巧裝美飾來遮掩其罪惡?”[4] 戲文裏的“宗教”若可“番易”爲“佛教”，我想八九就不離此刻龍華民或入華耶穌會士對後者的成見。看來《巾箱傳奇》也因龍華民中譯故而在十七世紀初的東西兩洋相互輝映了；不無意義的是：這輝映的兩者甚至可謂血脈相連，把英國伊莉莎白時代的劇場聯結上了明末中國的宗教場域。

依我淺見，上述的“巧合”根本不是“巧合”，乃《聖若撒法始末》發酵的結果，而居中牽線的媒妁，《羅馬人事迹》依舊是關鍵，因爲學界咸信玻西亞巾箱擇偶的浪漫傳奇乃出自此書傳，由賀嶺南（Helinand of Froidmont, c. 1160 - 1229 or 1237）或他人所譯的中古英文本。[5] 賀本《羅馬人事迹》譯於卡司東（William Caxton, c. 1422 - c. 1491）之前，是典型的證道故事集。就像《死神的號角》，書中的《巾箱傳奇》也本於《巴蘭》或《金庫》本的傳統。《羅馬人事迹》的情節雖然和《威尼斯的商人》大致符合，叙事者却顛倒爲“凰求鳳”，説的是那波里王女爲嫁羅馬皇子而“巾箱尋夫”。

《羅馬人事迹》的本子比較有趣的地方是：故事結尾有一道德寓義的解説，讓金銀鉛的《巾箱傳奇》蹔回《巴蘭》去，令其回復爲天主降世的寓言，並及開天闢地的《創世紀》故事（頁 301 - 306）。非特此也，整個傳奇還因此而籠罩在《榮歸主頌》（“Gloria in excelsis Deo”）的聖歌氛圍中，某一意義上已把天主教和唐初入華的景教結合爲一，因爲八世紀左右，《榮歸主頌》早以《三威蒙度讚》的譯名由景淨傳行於中土。[6] 不過《羅馬人事迹》最可反證的事情是：把朧盎説完《巾箱傳奇》後，《聖若撒法始末》的故事急轉直下，一走而走入耶穌聖名的解釋去。在《巾箱傳奇》的傳統中，此非孤例，乃是時布教證道界共同的説法。即使隨後那《創世紀》的重述，也是在爲故事“解説寓義”，係《巾箱傳奇》整體的一環。薄伽丘化爲世俗的小説，在莎士比亞的手上似乎又給拉到靈悟的高度去。金銀鉛三只箱子就如種籽所撒的四塊土地，分別呼應了天主教三層看待人世的方法。於教義尤其接近的，當然是《威尼斯的商人》指證歷歷的素樸行世，質樸處世。

譯者特權

《聖若撒法始末》的本源在史上層層的“翻譯”或“番易”，由此看來，所涉其實已不僅限

[1] William Shakespeare, *The Merchant of Venice*, ed. Jay L. Halio (Oxford: Oxford University Press, 1993), 3.2.75 - 76.

[2] 同上注，3.2.99 - 103.

[3] 同上注，3.2.21 - 22.

[4] 同上注，3.2.81 - 82.

[5] Sidney J. H. Herrtage, ed., *The Early English Versions of the Gesta Romanorum* (Oxford: Oxford University Press, 1879), pp. 294 - 306. Halio, “General Introduction” to his ed., p. 17 則以爲係 Richard Robinson 所譯。

[6] 《大正藏》，54：1288。敦煌所出景經之一的《尊經》經尾語云：“大秦本教經都五百三十部……唐太宗貞觀九年……房玄齡、魏徵宣譯奏言，後召本教大德僧景淨譯得……三十部。”這“三十部”之中，應含《三威蒙度讚》。《尊經》内文見《大正藏》，54：1288。

於翻譯和知識或權力之間的折衝了，而是一躍又躍進班雅明（Walter Benjamin，1892－1940）對翻譯形而上學的論述中。在名篇《譯者的職責》（“The Task of the Translator”）裏，班雅明暗示巴别塔傾圮之後，天人語言由一統而分裂，猶如瓦瓶既傾，破裂成千萬碎片。譯者的責職便在挽狂瀾於既倒，將這千萬碎片復合爲一，以重返原初渾然的狀態。翻譯因此既是碎片的黏著劑，也是人間語言不僅是“互通”，更是“互補”的橋樑。① “互通”的意涵在這裏説來較弱，暗示的係語言乃分别的個體。“互補”則顯示個體原本就應該是一體，連譯文和原文也是一體之兩面，相輔相成。② 班雅明的翻譯神學雖然源出猶太教，在天主教所收編的《舊約》信仰中却非不可見。實情是兩者經常貫通彼此，根本就是一脈相連，此所以陽瑪諾（Emmanuel Diaz，Jr.，1574－1695）有猶太教爲“古教”，而天主教爲“新教”之説。③ 所以移班雅明以就《聖若撒法始末》中譯的詮解，我看未必是穿鑿附會。我們回想《巾箱傳奇》的意義，最後簡直是由《新約》、《十日譚》與《威尼斯的商人》共同組合而成，翻譯或番易在其間都扮演十分重要的角色。這些文本各自代表意義之一，但彼此的關係是互相解釋，故而可以跨越語言的鴻溝，變成龍譯本《始末》中是喻——至少就我而言——最後的内涵。這一走，《巾箱傳奇》已經走過希臘、拉丁、義大利、英國與中國的語言。因此，班雅明藉翻譯講的不完全是神學或玄學：《聖若撒法始末》可是如實在實踐。

班雅明的譯觀若合史碧娃克再看，龍譯本宗教政治的意涵益顯。不過誠如我在《中國晚明與歐洲中世紀》裏暗示過的（參見李著，頁 397－398），這兩者合流的最佳例子——若從證道故事的角度觀之——應該是《始末》中的第三個譬喻故事，亦即中世紀法國人所謂的《小鳥之歌》（“Le lai de l'oiselet”）：

> 有人善射，獲一小鳥，名畫眉。其鳥作人言曰：“君子致我於死，何益於君？供君之膳，不足充饑。若其釋我，我教爾以三訓。爾受之，必有大益。”射者驚怪，乃曰：“明告我訓，我即爾釋。”鳥曰：“三訓無它，其一曰：‘勿求得所不能得。’其二曰：‘已失之物，不得返者，不必憂悶。’其三曰：‘勿信所不可信。’守此三者，常常得福。”射者以爲有理，遂放之去。此鳥得放，欲試彼人能行三訓否，乃自半空飛鳴曰：“君子可憐，可嘆。爾今失一大窖。我腹中實有一寶，其大過於啊瑪旦（蛋）。”射者聽鳥言，憂悔放失，又心圖再獲，謂此鳥曰：“可來，可來。若再來投我，我與爾結交，必然厚待爾，即又放爾。”鳥曰：“我已明知爾性顛狂，纔聞三訓，旋棄不能用矣。我初言勿求得所不能得，勿復望得既失之物，勿信所不可信。爾今信我腹中有寶，大過啊瑪旦（蛋），獨不觀我之全身，尚無雞旦（蛋）之大。又既失我，不可復得。以此苦心，費力圖謀，求復得我而不可得。爾又無翼，不能如我之飛……”（頁 13 甲－14 甲）

《始末》中此一故事的政治性格，首見於故事成篇的始末。根據松原秀一的研究，《小鳥之歌》和《死神的號角》或《巾箱傳奇》有一大異，亦即此一故事不僅不見於任何漢譯佛典，即使巴

① Walter Benjamin, “The Task of the Translator”, in Marcus Bullock and Michael W. Jennings eds., *Walter Benjamin: Selected Writings*, vol I, 1913－1926 (Cambridge: Harvard University Press, 1996), pp. 251－263.

② Cf. Brian Britt, *Walter Benjamin and the Bible* (New York: Continuum, 1996), pp. 33－69; and Lydia H. Liu, *Translingual Practice: Literature, National Culture, and Translated Modernity — China, 1990－1937* (Stanford: Stanford University Press, 1995), pp. 14－16.

③ ［明］陽瑪諾《聖經直解》卷一，見吴相湘編《天主教東傳文獻三篇》第 6 册（臺北：臺灣學生書局，1984 年），4：1559。

利佛藏亦付闕如。[①] 不過這並不表示此一故事和“應帝亞”無關，因爲再據池上惠子，梵文本《五卷書》才是此一歐洲故事的靈感泉源（頁16)。《五卷書》成書於公元二世紀，其傳世的版本複雜，我瞭解後之所得，是《小鳥之歌》恐非書中任何故事直譯而成，主要乃由第二卷的第一個故事混編或敷衍而成。事涉鴿衆爲獵者所擒，後經鴿王智取，從容脱身。[②] 至於《始末》中“腹中有寶”之説，恐亦源自《五卷書》接下一卷的第十四個故事，涉及某禽下糞，其中“現有”金塊一節（頁302－303)。既爲“混編”,《小鳥之歌》在形成上的主觀篩選就難免，本源故事與植入故事之間故而可見編輯性的互動，其中最顯著的是《五卷書》取自佛教的宿命思想，我們在畫眉教給射者的“三訓”中即可一見。例如“勿求得所不能得”一訓，《五卷書》原來的説法如下：“不應該你有的東西，即使是已經落到你的手心裏，自已也會溜掉。”（頁175）有趣的是，《五卷書》中此刻的“説者”已非畫眉，而是故事中原擬捕鳥的獵者，顯示《小鳥之歌》的編成蘊含某種翻譯與宗教上的悖論，可借之一窺班雅明神學式的關懷，亦即真理或本體語言往往會經不同的概念補充而成；也可借之看出史碧娃克修辭詮解上的同類趨向，因爲此刻的真理往往也由修辭邊緣的靜默力促成。

班雅明的互補之説，《始末》中“我已明知爾性顛狂”一譯可以再見，而其中譯也是我們論述上最佳的接續點。《金庫》本實缺“爾性”之“性”。那獵者私心重，可爲一己之利而出爾反爾，畫眉因謂自已“當知”其人“愚昧”（*nunc pro certo cogovi te fatuum esse*; p. 816)，語氣並無龍譯所稱“顛狂”之强。狹義論之，龍華民的譯法因此有疵。然而“顛”字所指倒上爲下，可以引申爲“倒假爲真”，和“狂”字若有聯繫。後者係理性之失，説來正是前者之因。“顛狂”之譯，故此是在補充説明射者“愚昧”的本質爲何，而“愚昧”不也正是“顛狂”的由來？就故事而言，龍譯實則頗從《金庫》本出，蓋後者也用“射者”（*sagittārius*）稱呼《巴蘭》細而名之的所謂“捕鳥者”（fowler)。儘管如此，龍華民未從“愚昧”原旨，反而改之爲“顛狂”，表示他心中在上述之外還另有道理，或指這“射者”於世相之見不從正道或真理而行，也就是他把畫眉的假話當真理。果然如此，那麼《始末》所稱“顛狂”當係“非對談”（illocutionary）的語言行動，[③] 語氣之强，已容不得譯本中的射者反駁，説的是他“有失聰明”。放在《始末》的上下文再看，這裏的“聰明”若乏《小鳥之歌》之前的兩個證道故事對照，我們還未必能够認識清楚。這兩個故事所講係“耳聾目瞽”，是以《小鳥之歌》裏的“顛狂”當指耳既不“聰”，目又未“明”。譯文一旦得如此理解，就表示龍華民已讓“同體”給“互文”了，使前言解釋後語，或讓後語映照了前言。

翻譯上的字斟句酌，確可形成詮釋張力，演爲史碧娃克式的文本政治。如果没有上述轉易或轉譯，《小鳥之歌》就難以演爲教爭的工具，故事内涵也難以跟著發生變化。我們在《始末》中繼而所見，故此又攸關龍華民譯述背景中的天佛之爭。把臘盎講《小鳥之歌》，所擬攻擊者不完全是射者，某一個意義上也指斥韶州百姓信仰的佛教。故此説完故事後，他脱口而出的又是：“繇此觀之，信望佛者，其顛狂自欺，亦如射鳥之人。”（頁14甲）這句話由“信望佛者”以次，俱不見於歐語各本之中。但是好一句“顛狂自欺”的添補，不但在文字上呼應了《小鳥之歌》裏“爾性顛狂”的“射者”，在語意上也證明了我在上文所訓無疑。龍華民這句加譯，依舊是他

① 松原秀一《中世の説話——東と西の出會い》（東京：中央公論社，1992年)，頁167。有關《小鳥之歌》的問題，另可見 Sonet, Tome 1, pp. 28－30。

② 參見季羡林譯《五卷書》（北京：人民文學出版社，1981年)，頁174－188。季書由梵本譯出。

③ Cf. Mary Loise Pratt, *Toward a Speech Act Theory of Literary Discourse* (Bloomington: Indiana University Press, 1977), pp. 80－84.

因譯事“靜默”而衍發的文本改編。“信望佛者”如變成文中主詞，接下他從《金庫》本或《巴蘭》所譯不但指涉會變明白，也會把後者原擬攻擊的希臘宗教轉爲印度——不，應該説是中國——佛教。於是浮屠信衆頓成《始末》嘲弄的標的，他們但知“祭拜人間所雕畫之像”，而且“又謬信其不能救己者［爲］能救人，謬信其無福者爲有福”，甚至是“謬信其魔鬼爲真主”。佛徒行世已經是“戲”，如今又“惑”於世相（頁 14 甲），以假爲真，可謂耳既不聰，目又未明，果然就如《小鳥之歌》裏“爾性顛狂”的“射者”，都在行那“自欺”之實。

我們倘不考慮張賡晚出的“手訂”，則龍華民這類的加譯似乎已經變成明末耶穌會士譯述的傳統，每每用來上手不已。且舉龍氏之後在文學翻譯上也卓爾有成的金尼閣（Nicholas Trigault, 1577 - 1628）爲例。金氏在 1625 年譯就《況義》；這是一部伊索式寓言的證道故事集，係西方動物故事在華首見的大成之集。書中隨處可見希臘人流行的泛神信仰，而每遇“神像”之塑，金尼閣通常會以嘲弄的態度加以揶揄與處理。《況義》中有現代人稱爲《破壞神像的人》（“The Man Who Shattered a Statue of a God”）一篇，① 其中偶像的崇拜，金氏雖未以十誡中的第二條指責之（出 20：4 - 5），② 但譯述手法却有若在抨擊之。那貧而奉像者在故事中業經誇大，説是“旦暮焚香”，求神庇祐，③ 有如《始末》中那“信望佛者”。非特如此，這“神像”隨後果然發展爲龍譯《小鳥之歌》中所謂“其不能救己者”：蓋奉之者原以爲“能救人”，不意却“日求日貧”，終於在破口大駡後“舉斧破之”（同上頁）。諷刺的是不破便罷，一破之下，孰知那“無福”的神像反倒“賜福”了，因爲偶像内藏“黄金滿腹”。《小鳥之歌》裏“腹中有寶”的反諷在此居然應驗，讀來又是諷刺一樁。

《況義》裏另有《驢馱神像》的寓言一條，金尼閣更把關懷化爲實際上的翻譯的政治。故事講一隻驢子馱負神像而行，路上行人逢之，頂禮有加。有趣的是此驢蠢極，竟以爲衆所禮敬者乃自己，從而洋洋得意。更有趣的是金尼閣行文但遇“神像”二字，則徑改爲“佛相”，寓言中故有“莊嚴佛相者，駕驢而行”等索之原始《伊索》乃不可得之句，④ 可見龍華民手創的翻譯政治，入華耶穌會後學亦步亦趨，片言隻字間所延續者盡爲韶州教爭，是佛教和天主教的宿仇舊怨。

和《聖若撒法始末》一樣，《況義》最早的刊本如今難覓。不過後者有三種鈔本傳世，最後一種成於清咸豐年間，現藏於牛津大學博德萊安圖書館（Bodleian Library），餘者則俱存於法國國家圖書館。上面我所引的句子，巴黎第二鈔本作“神像”，第一鈔本則仍以“佛像”行。⑤ 這

---

① 現代版可見 Oliva and Robert Temple trans., *Aesop: The Complete Fables* (Harmondsworth: Penguin, 1998), p. 49。

② 這裏所謂“十誡中的第二條”，我用的是基督新教的概念，見《新標點和合本聖經》（香港：聯合聖經公會，1988 年），頁 74。［明］羅明堅（Michele Ruggieri, 1543 - 1607）《新編西竺國天主實録》中的“十誡”不著“偶像”一詞，其第二條作“毋呼天主名而設發虛誓”。見鐘鳴旦、杜鼎克（Adrian Dudink）編《耶穌會羅馬檔案館明清天主教文獻》第 12 册（臺北：利氏學社，2002 年）1：93。羅明堅的説法，十九世紀中葉的天主教在華司牧仍沿襲之，例見［清］任斯德範《聖教理證》，載鄭安德編《明末清初耶穌會思想文獻彙編》第 5 卷（北京：北京大學宗教研究所，2003 年），4：419：“勿呼天主聖名以發虛誓，即不可用天主聖名以發虛咒、言假誓而騙他人。”黄進興《聖賢與聖徒》頁 135 注 168 引張治江、李芳園編《基督教文化》（吉林：長春出版社，1992 年）頁 75 - 86 指出：“《聖經舊約》原無［十誡］條目”，我們今天之所以有此觀念，係從聖奥古斯丁的詮解而來。

③ 戈寶權《談金尼閣口授張賡筆録的伊索寓言》下篇，《中國比較文學》4：297 (1987)。

④ 見戈寶權《談金尼閣口授張賡筆傳的伊索寓言》上篇，《中國比較文學》3：287 (1986)。這個故事的現代版見 Olivia and Robert Temple trans., *Aesop: The Complete Fables*, p. 198。有關金尼閣，請參閱李著頁 78 - 85 的討論。

⑤ 《驢馱神像》其實還有第四個版本，重刻於［明/清］李世熊《物感》，載所著《史感·物感》（寧化：寧化縣志局重印，1918 年），頁 11。《物感》題爲《禮驢》，“佛像”亦改爲“物象”，不知係李氏手筆抑後人所爲。據祝善文《從〈物感〉一書看〈伊索寓言〉對中國寓言的影響》（《文獻》第 36 期［1988］，頁 265 - 271），《物感》應該成書於明亡之後。書中所收《況義》的寓言，不少有改動之處，已無復——也難以恢復——原貌。不過，這裏我最想説的是，金尼閣與張賡原有的宗教思想，李世熊已易之爲世俗的關懷。“物像”一詞，若爲李世熊親筆所改，則更切近李著頁 78 - 85 的觀察。

兩個本子或出自明人翰墨，但孰先孰後，我迄今仍難考訂。可以確定的是，二本對偶像崇拜皆持否定的態度，而意義亦勝的是：第一抄本明載金尼閣譯書係以“口授”的方式爲之，而爲他“筆傳”者正是手訂《聖若撒法始末》的張賡。隆武本《始末》刊刻之時，張氏已垂垂老矣，所以他校訂的時間可能提前，或在 1622 年入教之後，與《況義》筆受或屬同期。① 果然如此，則龍譯本的“翻譯的政治”不但曾浸染會内同志，甚至連教内信衆也有可能受到影響，繼而演成一場中西天主教中人都曾與聞其間的護教大戰。龍華民譯書真正的關懷不僅可見於上述種種互文的現象，也可見於其中文本的越界之處。

就《聖若撒法始末》而言，這裏所謂“護教大戰”並未因把臘盎講了三個證道故事就宣告落幕，傳中另有《空井喻》與《三友》兩個寓言也在延續同一論述。不過後二者我在《中國晚明與歐洲文學》中俱已詳談（見李著，頁 359 - 396），這裏只有一點我應再予强調：日譯本在《空井喻》的處理上尤勝龍譯本，而且歐風十足，並無太大的“日化”傾向。首先，在生命的曠野上追逐罪人的不是龍譯本中的“龍”，也不是利瑪竇所傳之“象”，而是歐洲神話中地道的“獨角獸”（*unicorno*），代表的乃歲月無情，如矢如梭在身後追趕。其他故事的喻意雖然大致無殊，其詳而細者却有小别，例如在井中噴火以待罪人的也不是龍譯本的龍，而是一條“大蛇”，焰氣狺狺。環繞此蛇而另行在一旁等待的才是四條“惡龍”。如同寓言中其他的蜂、鼠等動物，這四條惡龍各有寓意，巴蘭以爲代表“地、水、風、火”，而且由其循環還可進而再申論爲“血、氣、痰”與“黄水”，也就是西方古代民俗醫學所稱人體中的四種“體液”（humors），包括“胆汁”在内（《御作業》，頁 138）。如此叙寫十分得宜，一方面呼應了利瑪竇《天主實義》裏歐式的宇宙構成觀，② 另一方面又呼應了《死神的號角》裏爲若撒法解釋致病之由的陪臣的說法。前喻後喻，關係了然。

我得另予强調的一點是，在《始末》往後的情節中，《小鳥之歌》主題所繫的真假之辨也有不少回響。若撒法聞是喻已，道心已開，但父王亞物尼耳唯恐他陷溺過深，仍在侍臣“亞臘基”（Arachis）獻策下，央一“老山人”佯作把臘盎，欲將“真假之‘辨’”易爲“真假之‘辯’”，以言辭機鋒盡挫天主教的鋭氣，從而令若撒法“迷途知返”。這個“老山人”名喚“納歌耳”（Nachor），在《金庫》本中的身分乃一“隱士”或“隱修僧”（*eremitam*, p. 818）。西方靈修運動興起後，這類人物常見，如前所述和沙漠聖父之間淵源頗深。③《始末》中的“山人”本源同“山虞”，在中文裏俱指“掌管山林的官吏”，後來才衍申成爲山居之隱士。由是觀之，龍華民的中譯原也無訛，不過由於“山人”在常人生活中另有所指，乃占卦讚禮等命理之士的自稱，④ 而這點《始末》稍後亦加證實（頁 19 甲），是以就入華耶穌會士對占兆一事的負面觀感衡之，⑤《始末》譯來其實頗有藐視之意。納歌耳這位“真山人，假隱士”，接下來確實也把《小鳥之歌》的真假之辨“辯”得有聲有色。他佯作把臘盎，僞裝成天主教的護衛者，本擬詐敗於亞物尼耳之“道”，使若撒法迫於形勢而重返所宗。奈何天主全知全能，早已洞悉此事，於是託夢示太子以其中的“詭情”（頁 17 甲）。故事發展至此可謂戲劇化至極，因爲納歌耳在若撒法嚴辭訓示之下，最後居然反出亞物尼耳，全心朝向天主之道而行，而天主此時也二度顯祐，就讓納歌耳

① 參見方豪《中國天主教史人物傳》第 3 册（香港：公教真理學會；臺中：光啓出版社，1967 年），1：265。
② 利瑪竇《天主實義》，見李之藻編《天學初函》，1：386。
③ Cf. Helen Waddell, *The Desert Fathers* (Ann Arbor: University of Michigan Press, 1957), pp. 1 - 25.
④ 廣東、廣西、湖南、河南《辭源》修訂組及商務印書局編輯部編《辭源》（臺北：遠流出版公司，1987 年），頁 49。
⑤ 利瑪竇《畸人十篇》有《妄詢未來，自速身亡》一篇，對命理占卜有强烈的抨擊。見李之藻編《天學初函》，1：259 - 272。

"弄假成真"，以佛門"山人"之身口吐基督信仰的"真言"。質而言之，此刻的納歌耳業已澡雪精神，在神啓之下幻化成把臘盎的真身，從而"帥真之仇而爭真"（頁19甲），變成是天主教真正的衛道之士了。

這裏所稱"真之仇"，當然就是"假"，納歌耳一幕因此又是"真假之辨"，我們故而三度得聆《小鳥之歌》的精神旨要。從翻譯的角度看，《始末》中納歌耳護教的一幕實爲"翻譯中的翻譯"，因爲學者業已指出此幕並非梵典原有，而是《巴拉法里亞尼》自希臘文的《亞歷斯提德的辯護》（*The Apology of Aristides*）摘抄而來，而後再爲《巴蘭》"輾轉"承襲所得。[①]《亞歷斯提德的辯護》寫於二世紀左右，乃亞氏在羅馬皇帝哈德良（Hadrian）座前爲基督信仰力辯的結果，也是天主教史上首部護教之作。書成之後，又有叙利亞文本出現。然而學界咸信《巴蘭》自有承襲，不一定直接抄自《亞歷斯提德的辯護》。[②] 儘管源流問題澄清不易，《始末》中"納歌耳的辯護"出現得却相當單純，係自《金庫》本翻譯而來。當然，這裏的"翻譯"又非常態可比，因爲就"原文"而言，龍華民只能説是在"改寫"，表出精神所在，不是逐字對譯。其中因而再見翻譯上的策略考量，也令人頗訝異於龍氏"番易"的能力之强：

> 納歌耳曰："普天之下，未聞天主道者，皆各自立其所爲主，或以日月爲主，或以五行爲主，或以山川爲主，或以仙佛爲主，其所誤甚大甚明。從天主者，以萬物之主爲主，蓋天主親自天降，傳道救世，乃是真主。其事理至正至公，非一人一家之私主也。"（頁18乙）

在《金庫》本中，納歌耳這段話中的"未聞天主道者"其實仍有專指，係古巴比倫（Chaldaei）、希臘與埃及人三者（頁820）。他們都持泛神之論，在希臘人這方面，《金庫》本尤從《巴蘭》之説，由薩特恩（Saturn）一族的噶矢談到維納斯（Venus）的出生。日譯本同樣順此序列侃侃而談；口述其説的納歌耳還强調"薩特恩諾"（Saturno/Saturn）在登上奥林帕斯的山主神之位前，曾吃掉自己的孩子。不過這些孩子之一隨後反而砍下他的生殖器，投入海中，使之化身變成了維納斯。其後朱彼特（Jupiter）應運出世，但他飽受凌虐，曾綑手綁脚被推下地獄。[③] 當獲自由而爲衆神之王後，他心裏故此反常，不但會淫人妻女，而且行爲有如牲畜一般。維納斯也好不到哪裏去，一會和戰神馬爾士（Martes）通奸，一會又愛上阿宕尼斯（Adonides），荒淫敗德。[④] 埃及人則"將畜類當正神"，荒唐又滑稽，有如巴比倫人把人當神一般。若非基督應化救世，傳播天主正教，世間恐仍處處污穢（《御作業》，頁142）。我們觀諸龍華民的譯本，納歌耳話中的語境則完全不同。荷馬神話已闕而不論，龍華氏僅就"日月"或"山川"的崇拜發聲，不禁讓人覺得他的"中譯"似乎在佛教外，也衝著中國固有而行。《金庫》本也有"五行"之説，但真正所指乃巴比倫人傳統的四元素（*elementa*）。這方面，歐洲史上是

---

① Robert Lee Wolff，"The apology of Aristides — A re-examination"，*Harvard Theological Review* 30：233－247（1937）.

② 叙利亞文及希臘文本的原文及相關之討論，見 J. Armitage Robinson ed.，*Texts and Studies*，vol I：*The Apology of Aristides*（2nd ed. Cambridge：At the University Press，1893）。

③ 神話上的"事實"或記載，應該是宙斯流放"薩特恩諾"，又將他推入地獄，見 Ovid.，*Metamorphoses*，Frank Justus Miller，（2nd ed. Cambridge：Harvard University Press，1984），11：17－20.

④ 納歌耳口中這些話，當然因爲約翰寫《巴蘭》時祖述賀希德的《希臘神譜》而得，不過複述上略有出入。希臘人就此一故事所寫，大概最早見 Hesiod，*Theogony*（Cambridge：Harvard University Press，1982），11：156－206，713－735。

連希臘人也曾經過濡染，所以上文才有四種“體液”之論。[①] 但是龍華民由“四”到“五”的一詞之易，倒把西方和中東上古全都扭向鄒衍及其信徒所奉行的陰陽之學，甚至可比董仲舒等人的五德終始説。《始末》裏，五德殆經聖化，儼然成神，連後儒轉出的道術也蜕化而成泛神思想的一部分了。

凡此種種，儘管日譯本言之深切，在《始末》中我相信却抵不過上述引文最後一句中的“佛”字。從《始末》裏的亞物尼耳到執筆譯書的龍華民，此刻最大的關懷應該還是這個教門。就亞物尼耳來講，佛門是他要悍衛到底的個人信仰。就龍華民再觀，佛門則是攸關天主之教存亡最大的威脅。龍氏由是發揮班雅明所稱譯者追尋“真理”的“特權”，在意譯的掩護下將譯者個人的“自由”上綱到無限。他的目的，當然又在讓納歌耳繞道而行，由西方泛神論的攻擊轉爲對尤其是佛門的抨擊。我們總其所論，則可見納歌耳志在捍衛天主之教，而龍華民甚至由消極變積極，譯本中已正面宣揚所宗的本質。此所以《始末》的關涉處有天主係“萬物之主”的命題。

對中國傳統而言，納歌耳或龍華民的萬物有主説當然失之於偏。《老子》早有明言：“大道氾兮其可左右，萬物恃之而生而不辭，愛養萬物而不爲主。”郭象注《莊子·齊物論》，也有如下類似之見：“造物者無主，而物各自造……此天地之正也。”[②] 倘若不論中國固有或其明代衍説，此刻龍華民汲汲在意的佛教對造物的看法恐怕也有“異”見，因爲輪回之説係其教義根本，所持的圈形時間觀根本没有始末可言，又怎可能令其開口探討開天闢地的問題？佛教在這方面緘口再三，結果是一旦涉此，佛陀每以譬喻避談，最著名的當爲《中阿含經》上的《箭喻經》。其中佛陀問道：有人中箭，我們是該先爲其拔箭療傷，抑或問箭所從來？[③] 話説回來，天主教也有其基本教義，亦即“天主”乃“萬物之主”，係宇宙的創造者。此説總一切教義之本，和佛教的差異又不可以道里計。由是觀之，納歌耳所論當屬真假之辨，滔滔不絶在教導宇宙的真理。他護教功成，《始末》的敘述者遂許之曰：“持論各端，理勝詞辨。”（同上頁）看來，納歌耳已令在場講會的佛門信衆口拙詞窮，頹然若喪家之犬了。

龍華民在《聖若撒法始末》中如何借“翻譯”講“比喻”，又如何令兩者結合以行宗教上的權力之爭？他的“講法”或“做法”多屬修辭性的考量，都由邏輯背後那冥冥中的“靜默”在推動。水到渠成時，所譯幾乎没有一句話没有《金庫》原本所無的弦外之音。這種言外之意，目的當在推廣信仰，所以亦具意識形態上的基礎。《巾箱傳奇》所傳是“内眼”與“外眼”的區别，希望韶州或後世讀者可以認清金玉其外未必也金玉其中，更可能的結果是内含敗絮。《死神的號角》大抵也是如此，表明真相常寓於平凡之中。《小鳥之歌》則更彰顯“真假之辨”，對那“射者”或他所影射的佛徒大肆抨擊。射者所以難别真假，除了“顛狂”的本性以外，原因還在他難敵“寶物”的“誘惑”。後一點，《始末》重視的程度委實不下於其他。故事結束前，我們故而得見敘述者鄭重其事，以術士——日譯本稱之“博士”（《御作業》，頁 143）——“得阿達斯”(Theodas) 大施幻術，“色誘”——雖然這次不是“財惑”——若撒法爲其外現，令全傳再

---

① 這方面最簡便的討論見 N. G. L. Hammond and H. H. Scullard eds., *The Oxford Classical Dictionary* (2nd ed. Oxford: At the Clarendon Press, 1970), p. 380。

② 見余培林注《新譯老子讀本》(臺北：三民書局，1987 年)，頁 65；以及［晉］郭象注，［唐］陸德明音義《南華真經》，載《中國子學名著集成珍本初編》第 54 册（臺北，中國子學名著集成編印基金會，1978 年），頁 68。另參見 Deborah Lynn Porter, *From Deluge to Discourse: Myth, History, and the Generation of Chinese Fiction* (Albany: State University of New York Press, 1996), pp. 64－65。

③ 見《大正藏》，1：803。另參見 Mircea Eliade, *A History of Religious Ideas*, trans. Willard R. Trask, 3 vols (Chicago: University of Chicago Press, 1982), 2：91－93。

度突顯佛典的聯繫。

原來亞物尼耳一看計未得售，於是從毛遂自薦的得阿達斯之議，令其施展魑魅，擬使若撒法在美女誘惑下失貞居家。得阿達斯得令，乃盡撤若撒法身旁的童僕，反以美女進陪，期能獻媚搖惑。就在高潮將起之際，有一“新寡美貌王女”——日譯本說是某皇帝的“令媛”或“公主”（同上頁）——再度奉遣，“盛妝而進”，而且還求與太子“同宿一夜”，庶幾可“背諸神佛”，以進於天主之教，反身變成基督徒。這一段經過日譯本“譯”來稍見人性，因爲“王女”乃以“夫妻之道”求諸若撒法，而後者亦以“夫妻之道”雖爲天主所容，奈何“我已誓願終身守貞”回之（同上頁）。龍譯本和《金庫》本時見有出入，例如“王女”實非“新寡”，而是“丁憂”，又如她佯稱所擬“背”者乃希臘人等的“偶像”（*ydolorum*, p. 822），並非中文語境裏的“神佛”。儘管如此，龍華民“譯”或“易”來情境浹洽，却也是不爭的事實。何況他下筆聲欬如聞，又令人難掩閱讀的欲望。更有甚者，傳中同時幻術並施，由得阿達斯發動邪魔進襲。這個寫法除了呼應《普曜經》中的情節外，同時也彷彿以正邪交戰再喻王女對若撒法的誘惑之强。《始末》因謂“其時有魔攻擊”，令若撒法“强將［王女］摟抱”，而他確實也受到了影響，叙述者故而再謂“被敵急迫”，看來是岌岌可危了。所幸此刻若撒法畢竟已精修在身，二度試探未必能够得逞。他乃“長跪禱告”，求天主助其脱困（頁 20 甲–乙）。此刻太子顯然心志已堅，《始末》暗示不日當可證道成“聖”。

如果放在《普曜經・降魔品》的上下文中，這裏的“證道成聖”理當易爲“證道成佛”，因爲“降魔”之後，淨飯王的“太子”確實已證得無上正覺，由肉身化佛。說其本源，是的，上述若撒法的試探正是出自佛教的《普曜經》，而《降魔品》就是根本源頭。我們猶記得《四出觀品》中，太子既見生命四大，出家之意已啓，而淨飯王當時的首要之務，也在“作諸伎樂，令心樂之”，庶幾可杜其出塵之思。[①] 這當然是以“耳聆”之的聲音之娱。而《六年勤苦行品》開頭，釋迦業已出離塵垢。他結跏趺坐於菩提樹之下，修如法行，堅住如山，這時是連色欲也不能遮其“眼目”了。他抑且仰首誓言，曰：“使吾身壞肌骨枯，腐身碎盡，不成佛道，終不起也。”[②]

釋迦的話方才說完，魔宫中立刻有輝光普照，有如米爾頓《失樂園》裏的萬魔殿一般。此時魔王波洵亦如撒旦，見狀乃自夢中驚起。他唯恐釋迦成佛，“必空我界”，於是大會衆臣及魔軍，擬“以大兵衆而往伏之”[③]。在《普曜經》中，所謂“大兵衆”似乎只是虛張聲勢的說法，因爲到了《降魔品》，波旬攻擊釋迦的主力並非兵衆，而是膝下四女。她們個個妖嬈嫵媚，於是“綺言作姿”，乃“善學女幻迷惑之業，往欲亂道”。就在這當頭，她們試探的方法疊合了“得阿達斯”一節中的“王女”故事。四女首先爲釋迦好言說道：“［汝］仁德至重，諸天所敬。應有供養，故天遣我。”既之則色誘再出，乃謂：“我等既好年壯盛時，天女端政，優缽華色，莫喻（逾）我者。願得晨起夜寐，供事左右。”[④] 展讀至此，我們終於也瞭解論者每以“啓蒙小說”定位《聖若撒法始末》的原因。此說當真不虛，因爲若撒法這位“太子”將來會像《普曜經》中的“太子”釋迦一樣堅志住心，以“革囊盛臭”爲戒，悍拒女色。[⑤] 就像《死神的號角》，佛傳和聖傳在此簡直一脈相傳。

諷刺的當然是：《始末》及其所遵循的文本傳統挪用佛傳的情節後，在中國晚明反而化之於闢佛攻佛，而中文譯本裏居然也强調結果正面，已爲天主教添得一功。得阿達斯繼納歌耳之後，

① 《普曜經》，載《大正藏》，3：504。
② 同上注，3：515。
③ 同上注，3：517。
④ 同上注，3：519。
⑤ 同上注，3：519。另參［後漢］竺大力、康孟詳譯《修行本起經》卷下《游觀品第三》，在《大正藏》，3：467。

故而幡然悔改，棄佛而願遵天主之道，“從教終身焉”（頁 21 甲）。龍譯本内《巴蘭》所無而《金庫》本亦缺者，乃“應第亞”國王亞物尼耳再三失敗後，終於認清真理爲何一事。他有感於“太子之化”，最後“入奉聖教”，也變成了基督徒。就《始末》的情節而言，這個譯法或重編固然是逆轉，可見龍華民當年與佛教的對峙之嚴重，然而因佛傳中的淨飯王臨終前也接受了佛教，證成了正果，再不以釋迦所行爲忤，所以在歷史諷刺中我們又得見翻譯促成的情節回歸，使《聖若撒法始末》的互文性再開一境，所謂知識與權力的關係遂新解再添。和佛傳有異的是，若撒法爲廣披聖教，在故事結束前居然接受亞物尼耳贈國。一時之間，“應第亞”各省各郡遂“[廣] 創天主殿，立十字聖架，所在咸服”。《始末》説若撒法要待大事已成，方才拱手讓賢，“辭國隱修”。他最後踽踽獨行於郊野，將一身華服盡贈貧者，自己則布衣裹身，飄然遠揚（頁 21 乙）。

聖寵與政治

就《始末》詳爲再看，若撒法抗拒美色成功其實不完全因他心如止水所致。故事中强調的反而是聖寵的造就，得力於王女投懷送抱之際，若撒法像悉達多在失神下所做的一場夢。天主教的啓示文學中，生前得以進入天堂者——除了《若望默示録》中的聖若望等少數人之外——多數都因夢境而成。賀馬的牧者（Shepherd of Hermas, c. 150）以降，夢境文學從而大盛，中古尤然，而耶穌會則連入華都不忘携入。[1] 由是觀之，若撒法的“天堂夢”意義倍增，不但是《聖若撒法始末》出離《普曜經》等相關佛傳的一大分水嶺，也是耶穌會在華首先譯成的西方文學“夢象”（dream vision），勾勒出中國史上第一幅天主教天堂圖畫。[2]《聖若撒法始末》謂：其時若撒法長跪向天主禱告，而後——

> 乃倏卧，夢見一平原中，雅多芳趣，花草交青，木果甚繁，床椅盡飾金玉，且有天神歌唱，俾人神怡。[此乃] 大爲受福之處。（頁 20 乙-21 甲）

方之《金庫》本中的同一段落，《始末》這裏的譯寫較簡，省略或改寫了天主教天堂觀中非常重要的意象“金剛石城”。日譯本的邏輯則較顯然，若撒法入夢後所莅，難以言喻，除了花香樹美，鳥鳴如樂外，其中還有“金殿閣樓，華麗無比”，而“珠玉紛陳，銀飾輝耀”下“有床，有鋪蓋，也有枕頭”。“屋後”更有“天使冉飛，合諸聖焚香共奏仙樂”。這是一派天界聖域，唯“貞士”（Beauto）方允入居（《御作業》，頁 143 - 144）。日譯本所述貼近《金庫》本，而上文所謂“金剛石城”，我係自利瑪竇的《西琴曲意八章》轉出，[3]《金庫》本原作“黄金爲牆，金光閃爍的城池”（*civitatem … cujus muri ex auro obrizo errant …*; p. 822），乃溯自《若望默示録》

---

① Cf. Michael D. Cherniss, "Two New Approaches to (some) Medieval Vision Poems", *Modern Language Quarterly* 49. 3: 285 - 291 (September 1988). 另參見李奭學《中譯第一首“英”詩——艾儒略〈聖夢歌〉初探》，中研院《中國文哲研究集刊》第 30 期（2007 年 3 月），頁 87 - 142。

② 天主教的天堂圖像，稍後另可於利瑪竇的《畸人十篇》見之，見李之藻編《天學初函》，1: 230 - 238。不過，利氏這裏所做的是“陳述”，和龍華民的“叙述”不同。

③ 利瑪竇《西琴曲意八章》，載李之藻編《天學初函》，1: 286。原文是“勇哉大德之成，能攻蒼天之金剛石城，而息至威之怒矣。”

而得的典型天堂想像（4：1－6；21：10－21）。[①] 在這座聖城中，天使如日譯本的刻畫般齊聲高唱，而在聖音繚繞中，若撒法邀天之寵，也和悉達多太子一樣塵念頓消，色欲盡退。於是那“王女”——或佛經中的“魔女”——就變成了“盛血皮囊”，對他毫無誘惑可言了。日譯本非爲對抗佛徒而譯，是以較具人性，謂該“王女”或“公主”後因“博士”改宗，進言勸説，遂由若撒法親自施教受洗，變成了基督徒。她扮演的本爲波㫬手下“魔女”的角色，此刻不但保住了性命，而且有如悉達多太子的俗世妻子般也“棄邪歸正”了。[②]

《始末》所述的天堂圖像，當然和若撒法最後的歇脚處有别。他克制色欲，戰勝魔法後，接受亞物尼耳之託，將半壁江山改爲天主教王國，呼應了聖多默印度傳教的“史實”。隨後又將父親併賜之全國交予把辣基亞斯統領，志願辭國修行去。最後還因“行於郊”而遇一貧者，乃交换布衣草履而“入山”，尋訪拔拉盎，再結師徒之緣。上述“行於郊”三字係龍譯本用字，所謂“郊”者，日譯本作“沙漠”（*dezeruto*）解（《御作業》，頁144），一仍《金庫》寫法之舊貫——雖則西班牙或拉丁語中此詞並非全指今義而言。[③] 拔拉盎“滿世之期蓋天主降生後三百八十年也”，而若撒法從二十五歲野修三十五年後，亦羽化飛升而去。龍譯本最後幾句話乃經譯寫而成，但頗能託出拔氏與若氏師徒一場的天主教意涵：把辣基亞斯將他們合葬於國京，“厥後墓間奇迹甚多，大多皆顯揚天主及讚美天主教諸聖人之事也”（頁22乙）。他們的歇脚處在人間，不過甭談自已隨後也證成了聖徒之身；他們顯揚天主，讚美聖人，其實正暗示“聖寵加身”，在象徵的意義上當真“飛升”而去了。

從上文中我所陳班雅明的譯論觀之，“聖寵加身”當然有隱喻作用，有如在暗示“聖寵”或“翻譯”才是人類唯一的救贖之道。此所以德曼（Paul de Man）和里柯（Paul Ricoeur）論《譯者的職責》，認爲其内涵可以“先知性的”（prophetic）或“彌賽亞式”（messianic/*messianique*）形容。[④] 對史丹納（George Steiner）而言，巴别塔傾圮係人類自偷嘗禁果以來第二度的墮落，[⑤] 而班雅明在《論本體語言與人類語言》（“On Language As Such and on the Language of Man”）裏也暗示凡人所稱的“翻譯”乃始自此時。[⑥] 德希達（Jacques Derrida，1930－2004）某相關名文更暗示，班雅明筆下的“翻譯”有二蘊，一爲人間萬國語言的互譯，二爲天人意見的交感。人神本來覿面可通，所憑藉者乃班雅明所稱的“純粹語言”（*rein Sprache*）。如今心曲難致，原因在人心曾經僭越，思與天高。[⑦] 儘管如此，欲求兩者之暢也非緣木求魚。班雅明以爲循“翻譯”之途或可再得“純粹語言”，晉至那“受福之處”。[⑧] 在《始末》中，這個程序翻作寓言，由“天神歌唱”啓之，由語音的瀰散肇始，因爲人神既已不通，歌聲如其要“俾人神怡”，那麽“翻譯”應該是不言自明的助成之道，是我們由凡世語言出發以回復天人一體的——容我再用上面的隱喻——“黏著劑”。

---

① 相關論述見 Jeffrey Burton Russell, *A History of Heaven: The Singing Silence* (Princeton: Princeton University Press, 1997), pp. 50－51。

② 参見《普曜經》，載《大正藏》，3：536。

③ Cf. Benedicta Ward, “Introduction” to his trans., *The Desert Fathers: Sayings of the Early Christian Monks* (Harmondsworth: Penguin, 2003), p. ix.

④ Paul de Man, “Conclusions: Walter Benjamin's ‘The Task of the Translator’”, in his *The Resistance to Theory* (Minneapolis: University of Minnesota Press, 1997), p. 76; Paul Riceour, *Sur la traduction* (Paris: Bayard, 2004), p. 18.

⑤ George Steiner, *After Babel: Aspects of Language and Translation*, new ed. (Oxford: Oxford University Press, 1992), p. 61.

⑥ Benjamin, “On Language As Such and on the Language of Man”, in Mullock and Jennings. eds., p. 72.

⑦ Jacques Derrida, “Des Tours de Babel”, trans. Joseph F. Graham, in Rainer Schulte and John Biguenet eds., *Theories of Translation*, pp. 218－227.

⑧ Britt, *Watten Bcnjamin and the Bible*, pp. 51－69.

經過這層轉喻，上文所謂“俾人神怡”就不一定非指世俗的曠心不可，也可能指人神之間的“靈犀互通”。所以班雅明曾强調的應該是夢中那天神的“歌聲”：這聲音可能出以非人之語，是以欲聞之而得“神怡”，人類就非得藉通靈或睡夢之助不可。由此凸顯的“翻譯”，因此就不完全是世俗語言的互易，其中得自若撒法近乎天界的“慧根”者恐怕更多。在《論本體語言與人類語言》一文裏，班雅明又指出，人類之所以爲萬物之靈，主因人秉天賦，有“命名”的能力。這種利瑪竇或會以“靈覺”名之的本領，[①] 其實是一種“直觀”(contemplation)，不必經由人類語言即可認識或感知事物的存在與内涵。就翻譯的轉易功能衡之，“直觀”當然也是“翻譯”，因爲事物原先的秩序在此業已重整，由無名變有名。饒富意義的是，如此情況倘再移之以就人類的語言，“直觀”應該還會變成語際互通的橋梁，是翻譯時我們曾因“靜默”而對原文生出來的“心領神會”。在宗教語境中，如此“心領神會”當然又可呼爲“翻譯”，蓋人神已交通其間，而天人之際也已貫穿。“翻譯”由是又變成了“受福”之道，是凡人重返天界，重返神恩的不二法門。

經此神學或玄學的聚照，“翻譯”其實跳出了尋常的語意與實踐模式，因此，龍華民才能由常態下“譯者的不見”變得清晰“可見”。[②] 閱讀《聖若撒法始末》，我們似乎已經忘記了《金庫》本，忘記了亞可伯，甚至忘記了聖若望等傳統上所以爲的“原作者”。[③] 不過話再説回來，也正因龍華民别有懷抱，在《始末》的譯事中逆向操作，聖寵與凡人的關係在他的文本裏才不會陽春白雪得一如字面。後者之下，另有真諦，是我們在個中搜秘時必須窮究的對象。凡此若予加總，龍華民——還要外加一位“校訂者”張賡及其他三位“校刊者”——才能把我們帶到耶穌的名下去，繼而轉進《創世紀》以來天主教的宣教系譜中。翻譯對龍華民——甚至對張賡等人——而言，是帶領中國人重返聖寵的方式，是促使他們走上班雅明所謂天人合一的“純粹語言”的康莊大道。

這條“大道”，最後仍然攸關明末宗教——因此也是翻譯——的政治。《始末》中，龍華民譯畢《創世紀》與聖子降世的“往事”後，仍然不忘此刻他努力的目標，筆端直指所譯所擬貶抑的對象。但凡叙述者跳出《金庫》本的地方，我們都可看到他不忘指斥“世人之拜佛”，都稱之“病狂喪心”(13甲)。這類言語字字玄機，字字又見教爭上的内涵。《聖若撒法始末》中，同一策略我們其實早見幾許，而《小鳥之歌》唱罷，抑且轉進另一批“故事中的故事”。不過誠如前述，其中之犖犖大者，我在《中國晚明與歐洲文學》裏業已談過，此處故請再予略過。這裏我們可以拿來添贅數語作結的，乃翻譯和角色改宗所衍生的問題。

納歌耳與得阿達斯的改宗，在《聖若撒法始末》中係亞物尼耳變化信仰的前兆，當然也是他們悟得佛教之非與天主教之是後的“省悟”。這兩人猶非《始末》的主角，信仰上的改變並非情節大關目。亞物尼耳則不然。他敬信三寶，故事從開頭就許之爲“多智謀，攻戰輒克”（頁1乙），可謂《始末》在若撒法和把臘盎之外最重要的角色。然而他一再和天主教鬥法，一再失

---

① 見利瑪竇《天主實義》，載李之藻編《天學初函》，1：410-412。

② 這裏我的討論頗受 Lawrence Venuti, *Translator's Invisibility: A History of Translation* (London: Routledge, 1995) 的啓發，特別是該書頁1-42。

③ 這點當然諷刺，但是更諷刺的是不僅“我們”忘了，龍華民在耶穌會内的“同志”恐怕也忘了。我曾指出，在李著《天學初函》頁311-352中，天主教——尤其是入華耶穌會——或因柏拉圖《共和國》的影響而常見“書檢”的舉措。晚明耶穌會士的著作，不論譯或寫，刊刻前大多必經三人把關，詳爲審查。《聖若撒法始末》也不例外，所以本書書首“版權頁”上有文字如下：“遵教規，凡譯經著書，必三次看詳，方允付梓。”爲隆武本共同把關者乃費奇規（G. Ferreira, 1571-1649)、艾儒略與杜奥定（Augustinus Tudeschini, 1598-1643）三人。他們當然熟知《金庫》本中《始末》的故事，手邊或許也有原文。不過審查之際，他們非但“不見”亞可伯，似乎也“忘了”聖若望。如此則審查果有標準可言，那麽從上文或下文我曾强調的宗教政治觀之，這個“標準”應該不是“原文”，不是譯對或譯錯的問題，而是天主教的利益或龍華民1602年在韶州的處境。對耶穌會而言，翻譯因此是政治，是非顯然取決於意識形態。

利，本身反映的幾乎却是明末天佛之爭中耶穌會的願望。亞物尼耳失敗猶其餘事，最後居然還要改宗歸主，在現實的寓意上不代表當年韶州教爭之際，龍華民相信或已預擬自己終將得勝？歷史的結果當然未必盡如他意，不過從文學的角度質而言之，此際翻譯所示有其語言上的政治，也有文類上的吊詭。從納歌耳到亞物尼耳的改宗，實則各個都是獨立的啓蒙之旅，也都是“啓蒙小説裏的啓蒙小説”或“靈悟傳奇中的靈悟傳奇”，從而可爲《始末》顯現的翻譯政治再增顔色。熱鬧處，更勝原本。

明末耶穌會士傳入中國的天主教聖徒傳記不少，但是較諸前文提到的《聖母行實》或《聖若瑟行實》，《聖若撒法始末》和《天主聖教聖人行實》一樣，都是其中少數“原文”得覓或幾可確定的譯作之一。① 後者的拉丁文原本還是前者的出處，蓋《天主聖教聖人行實》雖未收《始末》故事，其中聖傳却都本於《聖傳金庫》迻譯而成，和《金庫》的日譯本《聖徒的工作》頗不相類。龍華民所譯的《始末》雖然難當足本信譯之名，增損之處頗多，然而他信守亞可伯的原文處，譯來確實也分毫不爽，字字無殊，成就之大，令人側目。張賡繼之再添筆力，爲來日的隆武刊本粉飾面貌，《始末》的可讀性因而大增。比起此前利瑪竇所譯的《交友論》或《西琴曲意八章》，文字功夫與情節上的曲折又高明許多，確實不俗。② 可惜我們迄今所見亦惟隆武刊本，未諳龍譯之本來。儘管這樣，我還是覺得“中譯歐洲文學第一書”這份殊榮，《聖若撒法始末》當之無愧。

利瑪竇的《中國傳教史》既然提過《始末》之譯，則利氏自當見過此書，難怪《畸人十篇》曾經用到其中的證道故事。利瑪竇借以警世，兼向晚明中國士子宣教，而這又是帶有某種政治意涵的知識與權力的關係。我們由隆武本的增損，尤其由那事涉天佛之爭的部分著眼，應該也可看出《始末》關係著一個翻譯上的詭論，亦即此書的歐文原本誠然取自《普曜經》與其他梵典，但是書中倡議的觀念似乎關涉天主教的地方遠勝佛教。我再三提到，從《死神的號角》經《巾箱傳奇》到《小鳥之歌》，我們處處可見“真假之辨”貫穿於其中，强調的乃世相表面未必等同於存在的本然。這種强調，佛教看似也有，我却覺得《始末》反而用之於“宗教政治”，是龍華民而非亞可伯建立本教論述的一大妙著。當然，這裏我所謂“論述”，傅科的味道仍然高過其他。在《語言的論述》（“The Discourse on Language”）一文裏，傅氏指出，凡屬“論述”必有兩端，知識的授受係其特徵，所以權力關係就變成任何知識系統的基本結構。③ 天主教雖係歐洲舊有，當其傳至東土，對中國人而言，實爲全新的知識領域，龍華民有必要就此再作“論

---

① 在十六七世紀的耶穌會傳統中，有關《聖若撒法始末》的另一有趣現象是：會中之人每每視之爲《沙漠聖父傳》的一種。1615年，比利時耶穌會士羅斯維德（Heribert Rosweyde，1569－1629）編行或爲該會首布的《沙漠聖父傳》（*Vitae partum*；Antwerpen，Ex Officina Plantianiana apud Viduam et Filios Io. Moreti）。此書1628年的重刊本，厚達1060頁，可稱“巨著”，而其首卷中，羅斯維德毫不遲疑把巴蘭與若撒法的故事列入。沙漠聖父的苦修事迹本和八世紀前才在小亞細亞興起的希臘文《巴蘭與若撒法》無關，更與其後譯就的拉丁本一無瓜葛，但耶穌會仍以沙漠聖父之舉視之，可能的原因，《聖若撒法始末》也已透露一、二。首先，若撒法尚在蒙昧無明之際，故事謂巴蘭在睬納亞已經測知，於是曉行夜走，趕至應帝亞欲渡其人。如本文先前所述，在故事或實際地理上，睬納亞乃早期不少非洲沙漠聖父的棲址，在《沙漠聖父傳》中意義不小。其次，不論是《金庫》本或龍華民的中譯本，都認爲若撒法得悉世相後，所入的修行處乃一“沙漠”。這點當然有悖《普曜經》對釋迦得悟之處的描繪，但“沙漠”這一詞之改，已將他的故事帶出梵典外，從而使之與天主教聖徒傳奇這個大系統結合爲一，實令人不能不讚嘆原始改作者手法之妙，也不能不説其人文學挪用技法甚高。羅斯維德所刊的《沙漠聖父傳》，我方才覓得1628年本，所收之《巴蘭與若撒法》，雖道是本於聖若望所布，但這點及其與《聖若撒法始末》可能的傳承，我得俟他日另行撰文，方能詳之。1628年本的《巴蘭與若撒法》，見頁186－259。

② 《交友論》的問題，參見Pasquale M. D'Elia，S. I.，“Il Trattato sull'Amicizia：Primo Bibro scritto in cinese da Matteo Ricci S. I.（1595）”，*Studia Missionalia* 7：449－515（1952）。《西琴曲意》的問題，可參李奭學：《基督教精神與歐洲古典的合流——利瑪竇〈西琴曲意八章〉初探》，載初安民編《詩與聲音——二〇〇一年臺北國際詩歌節詩學研討會論文集》（臺北：臺北市政府文化局，2001），頁27－57。

③ Foucault，“The discourse on language”，pp. 215－237.

述"。後面這個"論述",我作"界説"解,通常建立在前一"論述"所必備的排他性原則之上。宗教論述,尤其是力主一神的基督宗教的論述,最普遍的排他性原則當然是傅科文中所稱的"真假之辨"。① 論述必賴真理意志形塑,而真理意志就像求知意志一樣,"每每會向其他論述施壓,予以限制",② 以便建立一已屬於"真"的地位,以便堂而皇之把其他論述踢除出境,然後再以"假"爲名消解之。從《死神的號角》引發的《始末》證道故事群所反覆申論者,不過在演練或反映上述事實罷了。也唯有在這個基礎之上,龍華民的翻譯增損——尤其是那事涉天佛之爭的部分——才能顯示天主教之"真"與佛教之"假",進而取而代之,使自己成爲中國唯一的宗教。由是三顧,翻譯果然又是政治,或謂歐人近代殖民前在宗教上慣見的操作手法之一。③

當然,如此"翻譯"出来的作品已非佛教或"應帝亞"的固有,而是自成一格的全新論述,甚至比亞可伯《聖傳金庫》中那個"原本"性格還要獨立,其中——誠如麥唐納所述——"不僅没有無神論或懷疑論,也没有否認個性或靈魂的教旨,甚至連輪回或轉世的暗示都没有"(頁lviii)。單就龍華民所譯的《聖若撒法始末》而言,麥唐納所見猶然,簡直在指出此刻天主教已把佛教給收編了,而不是自己曾經深受影響。饒富意義的是:在明代中國,這種"收編"把釋迦行實化爲天主教這個大論述裹的小論述,使之變成衆多聖徒傳記中最爲動人者之一,也爲所在地的文化新增一曲折有致的叙事文學。

隆武本《聖若撒法始末》刊刻的詳情,我們所知不多,尤其難比1591年日譯本的翻譯與梓行。④ 雖然如此,龍武本之行世,無疑和當時耶穌會士艾儒略進入福建敷教有關,閩中天主堂的貢獻尤大。⑤ 至於南明臣庶接觸的狀况,我們迄今又是一無所知,但是《始末》既能重刊,而且有張賡等人爲之校訂刊行,則南明稍前的晚明理應也有不少的讀者。這些人是否看得出上述宗教地位或文學權力上的結構變化,我們遺憾的得承認如今依舊懵然。雖然如此,利瑪竇似乎頗滿意於這本聖徒傳記"中譯"的效果。《中國傳教史》提到刊行之後,以往譏訕天主教的"仇人"——這裏指的當係韶州的佛教徒,而這個名詞也讓我們聯想起前引《始末》中的"真之'仇'"——似乎便變得啞口無言,變得"不敢再説"龍華民等人所傳所宗"没有經書"了(《全集》,2:397)。此一説法固屬利瑪竇個人的片面之辭,從中我們仍可看出1602年龍華民譯書之際,韶州教爭確實嚴重。在歐洲,耶穌會的創立本與回教勢力的消長有關,其後更因反制基督新教而聲名大噪,⑥ 如今時移地易,在華所遇却仍爲宗教地盤的爭奪,也可見傳教在意識形態上的色彩確重。就人類的歷史長河而言,我想更嚴重的是在明清易幟那個文化當口,不僅耶穌會所傳的文本,就連傳遞文本本身的"翻譯"行爲也都由内向外,變成宗教政治如假包換的一環。《聖若撒法始末》全書在中西文化和因之形成的文學傳播史上因而别具意義,絶對值得我們詳加斟酌,仔細玩味。

---

① Foucault, "The discourse on language", 頁 218 – 220。

② 同上注,頁 219。

③ 尼南賈娜(Tejaswini Niranjana)討論殖民與翻譯的互動時,曾指出"翻譯"經常是殖民者首要之務,以便獲取有關殖民地的知識,爲自己的權力奠定基礎。正如上文所述,龍華民以"翻譯"爲"宗教政治"的"手段",在"政治實情"這方面,剛好和尼南賈娜所論相反。不過如果就"翻譯爲政治服務"這一點來看,前殖民和後殖民的歷史實況似乎相去不遠。見 Tejaswini Niranjana, *Siting Translation: History, Post-Structuralism and the Colonial Context* (Berkeley: University of California Press, 1992), pp. 1 – 86。

④ Ikegami, pp. 32 – 44; also see Hideichi Matsubara, "The Migration of a Buddhist Theme", in Jean Toyama and Nobuko Ochner eds., *Literary Relations East and West*, published as vol 4 of *Literary of Studies East and West: Selected Essays* (Honolulu: College of Languages, Linguistics and Literature, University of Hawaii at Manoa, 1991), pp. 162 – 165.

⑤ 有關艾儒略在福建的傳教活動,參見潘鳳娟《西來孔子艾儒略——更新變化的宗教會遇》(新店:基督教橄欖文化事業基金會和聖經資源中心,2002年),頁 44 – 124。

⑥ "The Society of Jesus", *Catholic Encyclopedia*, at http://www.newadvent.org/cathen/14081a.htm (Oct 10, 2008).

試論巴黎外方傳教會的在華活動

耿昇

一、巴黎外方傳教會的創建及其入華過程

巴黎外方傳教會誕生於十七世紀，這是由於那些不肯加入修會的法國神職人員，同樣也有要求赴遥遠國家積極參加布道事業的願望。因爲直到當時爲止，赴遥遠國家布道的任務，始終由加入修會的傳教士們所壟斷。外方傳教會的成立也出於當時教皇要求親自直接領導天主教傳教區的願望，當時教皇對各個修會的主導權已經被削弱。因爲教廷在十六世紀的海外大探險時代，將這種領導權完全轉讓給了葡萄牙和西班牙國。世界的東方實施葡萄牙人的保教權，西部世界則交由西班牙國王主宰。教皇自己有點“大權旁落”的感覺，欲圖收回大權，建立宗座代牧制。

爲了適應西方列强瓜分世界，也爲了避免在他們之間發生更多的糾紛和正面衝突，特别是避免十五世紀歐洲最大的殖民强國——葡萄牙和西班牙在海外爭奪中直接對峙，教皇亞歷山大六世（Aexandre VI，1492－1503年任教皇）從亞速爾群島直到南極勾畫出一條臆想的分界線。這條線以西全部教務歸西班牙人管轄，葡萄牙人保持對這條線以東地區的壟斷權。於是出現了葡萄牙對遠東教務實施了兩個多世紀的“保教權”。

這種保教權將全部宗教裁決大權無限制地交給了作爲遠東首席主教的果阿大主教，及其分布在印度所有地區的副主教，同時又嚴禁歐洲任何信仰天主教的民族和個人，在未經葡萄牙國王允許的情况下擅自前往印度。這項規定迫使葡萄牙以外其他國家的傳教士若欲赴遠東，必須經由里斯本，並在那裏發誓吊銷其護照，從而既賦予了葡萄牙人監視所有歐洲傳教士的權力，又可以使葡萄牙人將他們懷疑有在遠東經商奢望的各國傳教士，統統從東印度排斥出去。當時，唯一能够擾亂葡萄牙人在印度經商的天主教國家是法國，西班牙人在南美洲已有足够他們幹的事了。

當然，當葡萄牙還是一個强大而又富裕的國家時，保教權對於十六世紀的遠東天主教傳教區是利大於弊。因爲這種保教權不僅賦予葡萄牙人以特權，而且也給它某些義務，其中包括用它自己的資金來供養印度所有傳教區的義務。到了十七世紀下半葉，葡萄牙帝國勢力衰退，葡萄牙的人員和資金都非常匱缺，再也不能供養所有傳教區了。因此，教廷和傳信部便限制其保教權。保教權已經成爲傳教區的一大障礙，而不再是一種發展手段。1673年11月10日，教皇克萊芒十世（Clément X）簽署了一道教皇敕書，免除了宗座代牧對果阿大主教區和宗教裁判所的管轄權。同年12月23日，教廷向諸位宗座代牧頒發了《羅馬理當憲章》（*Decet Romanum*），重新劃定他們的具體權限，並允許他們不必經里斯本

便可直赴遠東。①

歐洲人對於傳教區的這種鍾情，受到了在中國内地和東京灣（Tokin，北部灣，北圻）活動的耶穌會士羅歷山（Alexandre de Rhodes，1593－1660）於1649年在羅馬游説的激勵。羅德先赴羅馬，是爲了請求在東京灣和交趾支那（中印半島）設立主教，在這些地區促使一支原住民神職人員隊伍的發展，因爲只有土著神職人員才能確保基督宗教教團在教案期間得以延存下來。

1652年的最後幾天，耶穌會士羅歷山到達巴黎。他是奉其長上的命令返歐的，其目的是“拯救那些漂亮的教堂，尋求一批主教並爲它們帶去新的傳教士”。② 因爲當時在遠東的傳教士很少。一方面是由於路途遥遠，海上航行並不安全，海難事故頻發，造成不少人員死亡；另一方面，是由於文化的差異。羅歷山爲了尋求更多的傳教士赴遠東，在羅馬拜謁了教皇，教皇委託他去尋訪願赴這些遥遠地區出任主教的人選。羅歷山爲此跑遍信仰天主教的意大利、法國和瑞士。

1653年，羅歷山將這些信息帶到法國。法國當局傾聽了他有關向亞洲派遣主教的要求，並且在巴黎的神職人員中贏得了一定的成功。長久以來殷切希望與傳教事業合作的天主教聖體會（Compagnie du Saint-Sacrement）決定，要用他們的才智與資源服務於這項計劃，並且有許多人向教皇英諾森十一世（Innocent XI）和亞歷山大十世（Alexandre X）提出了申請。教廷最後終於任命了4位主教，並將他們派往遠東。他們以“宗座代牧”的名義行使主教權，從表面上來看是獨立於殖民大國的勢力。這包括被派往加拿大並被任命爲魁北克主教的方濟各·德·拉瓦爾·蒙特莫朗西（François de Laval Montmorency）。另外3位主教被派往亞洲：陸方濟（François Pallu，1626－1684），主教奉命負責東京灣，朗主教（Pierre Lambert de La Motte，1624－1679）奉命負責交趾支那，科納爵（Ignace Cotolendi，1630－1662）奉命負責中國南部諸省和韃靼地區。他們分别於1660年和1667年出發，首先前往對宗教比較寬容的暹羅定居，以待一旦時機成熟，便分别進入他們的派遣地。③

巴黎外方傳教會向遠東派遣傳教士的主要推動人是陸方濟和郎主教。

陸方濟是外方傳教會的締造人之一，誕生於圖爾（Tours，伊爾-維蘭省）的聖-薩土爾南（St Saturnin）堂區。他似乎認識羅歷山神父。羅歷山赴羅馬是爲了要求教皇在他布講福音的地區設立主教位。1658年7月29日，他被任命爲赫利奥波利斯的主教；1659年9月19日，他又被任命爲東京灣（北圻）的宗座代牧以及中國雲南、貴州、湖廣、四川、廣西與老撾的臨時司教代理。他在竭力奔波以維持外方傳教會的現狀並爲其未來作準備之後，便於1662年從馬賽乘船出發，首先前往伊朗的伊斯法罕（Ispahan），然後前往波斯灣頭的另一端阿巴斯港（Bender-Abbassi），再從那裏到達蘇拉特商行，穿過印度，在馬蘇利帕特南（Masulipatam）乘船出發赴緬甸的墨吉（Mergui，丹老），最終到達暹羅首都大城（Juthia），朗主教已經先於他到達那裏了。他們共同決定在暹羅設立一個總學院，以培養傳教區的原住民神職人員。他於1667年返回歐洲之後，便向教廷傳信部呈交了多份報告，其目的主要在於將宗座代牧區的管轄權擴大到暹羅王國。1670年，他再次出發赴大城，並且與朗主教合作。他選擇了拉諾（L. Laneau）爲暹羅

① ［法］畢諾著，耿昇譯《中國對法國哲學思想形成的影響》，商務印書館2000年版，頁16－22。

② 阿德里安·洛内（Adrien Launay）《巴黎外方傳教會通史》（*Histoire Générale de La Société des Missions Etrangères*）第1卷，頁113。

③ 熱拉爾·穆塞（Gérard Moussay）與布里吉特·阿帕烏（Brigitte Appavou）主編《1659－2004年巴黎外方傳教會會士列傳》，巴黎外方傳教會檔案館2004年版（*Répertoire des Membres de La Société des Missions Etrangères，1659－2004*，[Paris：Archives des Missions Etrangères，2004]），頁598。

的宗座代牧，此人已被祝聖爲梅泰洛波利斯（Metellopolis）的主教。1674 年年中，他乘船出發赴中國，却被大浪抛到了馬尼拉海岸上，並且被西班牙人俘獲。西班牙人如同對待敵人一般地虐待他，又把他押解回歐洲。爲了使他獲得釋放，甚至必須讓法國路易十四的政府向馬德里進行交涉。陸方濟於 1677 年離開馬德里，經羅馬重返遠東。1679 年 11 月間，他被解除了東京灣宗座代牧區的代牧。1680 年，他被任命爲中國傳教區的司教總代理，特别負責中國江西、廣東、浙江、廣西、四川、湖廣、貴州、雲南諸省以及臺灣島和海南島的教務。此外，他又被任命爲福建的宗座代牧。他於 1683 年從暹羅出發赴中國，但在海上被清朝邊防守軍抓獲，一直被囚禁在臺灣達數月。1684 年 1 月 27 日，他最終到達中國大陸，與另一位傳教士嚴嘉樂（閻璫，Charles Maigrot）一同居住在福建漳州。由於他病倒了，故而又與嚴嘉樂一道退至毛陽。1684 年 7 月 24 日，他將自己代理副本堂神父和司教總管的權力移交給嚴嘉樂。他於 1684 年 10 月 29 日在福建的毛陽死於卡他性炎症，後來被埋葬在該村附近一片以“聖山”之名而著稱的地方。其骨灰於 1954 年運回法國，被安置在巴黎外方傳教會小教堂的地下室中。

郎主教是外方傳教會締造者之一。他於 1624 年 1 月 16 日誕生於拉・博西埃爾（La Bossière，卡爾瓦多斯省）。1646 年 5 月 17 日，被任命爲魯昂宫的謀臣，後於 1655 年 7 月辭去職務，但保留其頭銜。他於是進入了神職人員的行列，於 1655 年 12 月 27 日在巴約（Bayeux）晉鐸，其後又成爲魯昂總醫院的院長。與他交往甚篤的朋友要求他前往羅馬，幫助陸方濟爭取被任命爲亞洲的宗座代牧。1658 年 7 月 29 日，他被任命爲貝里特的主教。1659 年 9 月 9 日，又被任命爲交趾支那的宗座代牧和中國浙江、福建、廣東、廣西、海南島諸省的施行聖事者。他於 1660 年 11 月 7 日離開馬賽，由雅克・德・布爾熱（Jacques de Bourges）和方濟各・德伊迪耶（François Deydier）陪同，穿過了敘利亞、美索不達米亞和波斯，最終於 12 月 23 日到達蘇拉特（Surate）。他繼續沿陸路行，在 3 月 6 日於默蘇利伯德姆（Masslipatam）登上一隻穆斯林船舶，並且從那裏啓航，一共用了 33 天的時間，到達了緬甸的默吉。然後於 1662 年 8 月 22 日到達暹羅的首都大城，這已經是他離開法國兩年零兩個月之後了。他暫居在大城中交趾支那人居住的地區，然後又從暹羅國王扶拉・納拉伊（Phra-Naraï）那裏獲得了在本地的一片地産。他於是決定在那裏建造一座住院，並爲青年人建造了一所學院。這些青年人分别來自中國内地、東京灣和交趾支那，都是爲了晉鐸而前往此地的。1669 年，他再次出發赴已委託陸方濟負責的東京灣（北部灣、北圻），因爲陸方濟往歐洲旅行，於是無法立即返回那裏。郎主教在那裏爲由德伊迪耶培養的 7 位土著司鐸晉鐸。他於 1670 年在南定省（Nam-dinh）的定縣組織了一次教區教務會議。他還創建了一座修女學院，並命名爲“女十字架熱愛者”，其目的在於堅持對少女的教育，照料病人和爲兒童施洗。1671 年，他赴交趾支那旅行，於平定登陸，又轉向富安。如同他在東京灣所作的那樣，他建造了一座“女十字架熱愛者”學院。1676 年，他再次出發赴交趾支那，並且獲得了安南文賢王的召對，後者向他許諾了宗教自由，並且恪守諾言。他於 1678 年返回暹羅，很快就在那裏沉疴不起。郎主教於 6 月 15 日逝世，被安葬於當地的教堂中。

這些宗座代牧在進行傳教活動的同時，也希望爲新成立的外方傳教會招募新的成員。1663 年，他們從聖-日耳曼（Saint-Germain）修道院長處獲准，爲培養新傳教士而於迪巴克大街（Rue du Bac）開辦了一座修院，並從路易十四國王處獲得了承認該修院合法性的國王敕書。這就是巴黎外方傳教會的雛形。

外方傳教會在十七世紀創建時，主要是爲了滿足遠東，尤其是爲了滿足東京灣和交趾支那傳教的特殊需要。它後來於十八世紀期間，仍持續地向這些地區派遣司鐸。在這個時期，天主教在那裏很少被允許傳行，教案與寬容輪番出現。傳教士在那裏居住，始終處於危險和不穩定的環境中。他們獲得寬容，主要是由於他們外國人的身份，而不是他們的教徒身份。到了十八世紀，那些大傳教士們都扮演過某種重要角色。

在法國大革命期間，外方傳教會的修院遭到了搶劫和出賣，招募新傳教士的工作也變得根本不可能。1805 年，其修院被其原來的院長們贖購回來，並得以暫時恢復。外方傳教會繼此之後，經歷了一場大發展，願意赴傳教區的人變得越來越多。在十九世紀的最後四分之一年代，每年都有 40－50 名傳教士出發赴亞洲傳教區，他們的活動地盤也越來越廣闊。繼東京灣、交趾支那和南印度的某些地區之後，教廷還逐漸將朝鮮、日本、緬甸、馬來亞、阿薩姆以及中國的滿洲和西藏的教務，先後委託給外方傳教會。在格利哥里十一世（Grégoire XI）、庇護九世（Pie IX）和利奧十三世（Léon XIII）等教皇在位時，外方傳教會共開闢了 37 個新的宗座代牧區。在這個時代，也出現過某些著名的傳教士，如在中國的便有明稽埒（Philippe François Guillemin, 1814－1886）主教，他是廣東和廣西的第一位宗座監牧。此外還有暹羅、東京灣、日本和朝鮮的首任宗座代牧，也都是巴黎外方傳教會的人。

在十九世紀期間，共有 89 位外方傳教會的傳教士於其布道活動中暴卒，其中有許多人是在教案中死亡的。1984 年，教皇若望・保祿二世爲在朝鮮死亡的傳教士“封聖”，其中有 10 名就是外方傳教會的傳教士。教廷於 1988 年，爲在越南死亡的傳教士“封聖”時，也有 10 名外方傳教會傳教士。此外，教廷於 2000 年 10 月 1 日，不顧中國政府的反對爲死亡於中國的 3 名外方傳教會會士“封聖”，該三名會士是徐德新（Gabriel Tourin Dufresse, 1750－1815）、馬賴（Auguste Chapdelaine, 1814－1856）和文乃耳（Jean-Pierre Neel, 1832－1862）。[①] 這些傳教士是在與當地官府和鄉民發生衝突而造成的教案中死亡的。

二十世紀的標誌，是本土神職人員隊伍得到疾速發展。教廷委託巴黎外方傳教會負責的大部分地區，都建立了修院。1900 年，巴黎外方傳教會的本土神職人員是 600 人，到了 1940 年，已達 3 800 人。其人數於二十世紀下半葉又得到迅速增長。在二十世紀期間，亞洲教區大都被轉入到本土主教們的手中了。很長時間以來，教廷一直很謹慎地延遲任命亞洲人出任主教。在這方面，光神父（J・B・Bude de Guébrian, 1860－1935）起了重要作用。他在中國曾先後任四川建昌和廣東廣州的宗座代牧，後於 1921－1935 年任外方傳教會的總會長，於 1935 年 3 月 6 日逝世於巴黎。他於 1922 年決定創建最早的兩個宗座監牧區，交由中國神職人員負責。1926 年，共有 6 名中國司鐸被任命爲主教。巴黎外方傳教會在亞洲的 10 個國家，共建立了由本土主教主持的 50 多個教區。

在二十世紀期間，巴黎外方傳教會有許多傳教士死於亞洲，他們或在工作中死亡，或在亞洲的戰爭和衝突中死亡。其中有 105 名因教案暴力事件而死於傳教區，有 19 名在戰爭中被殺。二戰之後，由於亞洲的中國大陸、緬甸、越南、老撾和柬埔寨都曾先後驅逐過巴黎外方傳教會的傳教士，所以該傳教會便逐漸向馬來亞、馬達加斯加，毛里求斯和新喀里多尼亞發展，其中包括向那裏的華人社團發展。

自十七世紀以來，巴黎外方傳教會共向亞洲派遣過 4 000 多名傳教士。現在，該會只有 320 多名會士，但仍爲新傳教士的傳法基地。迪巴克大街（Rue du Bac）成了亞洲司鐸學生們的接待中心。

外方傳教會的會所，實際上是由“司庫部”[②] 組成的。他們設立的有關中國的司庫部大致

① 《1659－2004 年巴黎外方傳教會會士列傳》，頁 597－598。
② “司庫部”（La Procure）和“司庫”（Le Procureur），實際上是教區代管。筆者仍遵從前人的稱謂。

如下：

廣州司庫部（1685－1732）。廣州司庫部在管理司庫事務的同時，也在廣東省以及其他省承擔布道任務。相繼出任廣州司庫的外方傳教會會士有：蓋類斯（Louis Quémener，1644－1704，1685－1690出任司庫）、尼各·夏爾梅（Nicolas Charmet，1655－1714，1690－1695任司庫）、白日昇（Jean Basset，1662－1707，1695－1702任司庫）、貝若望（Jean Bénard，1668－1711，1702－1707任司庫）、吉安當（Antoine Guignes，生卒年不詳，1717－1732任司庫）、傅迪我（Jacques Faucher，1688－1736，1732年被任命爲廣州司庫）、科南（Antoine Connain，？－1755，1732年任司庫）。

澳門司庫部（1732－1847）。在澳門司庫部相繼出任司庫的巴黎外方傳教會會士有：科南（1732－1740任司庫）、剌伯祿（Pierre Laccère，1711－？，1752－1754任司庫）、歐勒本（Olivier Le Bon，1710－1780，1764－1765任司庫）、羅伯祿（Pierre Romain，1736－？，1765－1769任司庫）、董神父（Charles Bertin，？－1772，1772之前曾任司庫）、斯若望（Jean Steiner，1738－1814，1771－1780任司庫）、德若望（Jean Descourvières，1744－1804，1780－1785任司庫）、克洛德·勒頓達爾（Claude Letondal，1753－1813，1785－1816任司庫）、巴若望（Jean Baroudel，1779－1849，1816－1830任司庫）、李伯祿（Pierre Legrégois，1801－1856，1830－1837任司庫）、李播（Napoléon Libois，1805－1872，1837－1847任司庫）。1813－1816年，教廷傳信部的司庫馬爾奇尼（Marchini）負責管理外方傳教會的司庫部。

上海司庫部（1864－1954）。相繼出任上海司庫部司庫的巴黎傳教會會士有：甘神父（P·Cazenave，1834－1858，1864－1866任司庫）、歐仁·勒莫尼埃（Eugène Lemmonier，1824－1899，1866－1874任司庫）、歐仁·科斯特（Eugène Coste，1842－1896，1874－1876任司庫）、梁神父（J·B·Martinet，1844－1905，1876－1890任司庫）、貝納爾·沙比（Bernard Chapuis，1852－1891，1890－1891任司庫）、列昂·羅伯爾（Léon Robert，1869－1940，1891－1904任司庫）、儒略·博卜拉（Jules Beaublat，1869－1921，1904－1912任司庫）、沙神父（F·Sallou，1879－1951，1912－1922任司庫）、孫神父（Marie Souvey，1885－1926，1925年任司庫）、施洗若望·熱雷（J·－B·Gerey，1887－1948，1927－1946任司庫）、米類思（Louis Amiotte-Suchet，1917－1998，1946－1954任司庫）。

巴黎外方傳教會在香港設有佰大尼康復醫院（1874－1975）。相繼任院長的有嘉略·帕特里雅（Charles Patriat，1828－1887，1875－1887任院長）、何福曼（Léon Hohann，1851－1926，1887－1900任院長）、陸神父（B·Lecomte，1849－1911，1900－1902任院長）、雷神父（Henri Louis，1870－1950，1902－1910任院長）、阿德里安·菲拉斯特爾（Adrien Fillastre，1872－1916，1910－1935任院長）、保祿·博斯（Paul Bos，1887－1978，1936－1946任院長）、和神父（Joseph Cuenot，1888－1970，1950－1953任院長）、詩衛德（René Sylvestre，1916－？，1953－1960任院長）、惠化民（Charles Lemaire，1900－1995，1960－1975任院長）。

在中國内地工作的許多傳教士，因疲勞或患病而經常被轉至香港這所康復醫院療養，而且有許多人最終逝世於此地。

香港拿撒肋會所（1883－1953）。這裏既有傳教士的醫院，又有印刷廠。該會所於1883年正式決定修建，目的在接收已退休的傳教士。它首先於1884年建於澳門，後於1885年遷至香港。相繼出任其長上者有：若望·魯塞伊（Jean Rouseille，1832－1900，1883－1899任會所長上），方濟各·莫尼耶（François Monnier，1854－1939，1913－1926任會所長上）、婁神父（Joseph Le Corre，1873－1957，1926－1929任會所長上）、祝神父（Gustve Deswazieres，1882－1959，

1930－1940 任會所長上)、阿豐索·畢奧託 (Alphense Biotteau, 1883－1973, 1940－1951 任會所長上) 和蘇儀民 (Fernand Billaud, 1909－2004, 1951－1953 任會所長上)。

香港總司庫 (1847－1950), 設於香港砲臺里 1 號。列昂·羅伯爾在 1921 年 2 月香港的全體成員大會上, 被選爲第一位代理, 繼續於本地行使其外方傳教會總司庫的職務。1922 年在香港出版的《外方傳教會學報》宣布任命沙神父 (F·Sallou) 为新的總司庫。從 1950 年起, 該機構改變了名稱, 從此之後稱爲“總務處” (Économat Général)。其相繼出任總務長者有: 李播 (1847－1866 任職)、伯祿-馬利亞·奥索夫 (Pierre-Maric Osouf, 1829－1906, 1866－1875 任職)、歐仁·勒莫尼埃 (Eugène Lemonnier, 1828－1899, 1875－1891 任職)、梁神父 (J·B·Martinet, 1844－1905, 1891－1903 任職)、列昂·羅伯爾 (Léon Robert, 1869－1940, 1903－1922 任職)、沙神父 (1922－1926 任職)、阿爾韋斯·比奥託 (1926－1935 任職)、翁神父 (Léon Vicondelet, 1890－1973, 1935－1950 任職)。

香港司庫部 (1950－2003)。相繼建於香港梅道 1 號及落伽山 14 號 B。從 1966 年起, 相繼出任司庫的巴黎外方傳教會教士有: 杜神父 (Emmanuel Tournier, 1901－1989, 1947－1958 任職)、伯祿·莫羅 (1958－1963 任職)、拉弗埃爾·伊巴拉爾 (Raphaë l Ibarrart, 1923－?, 1963－1968 任職)、施洗若望·卡米儂道 (Jean-Baptisto Caminondo, 1925－?, 1968－2003 任職)、翁神父後來成爲“總務長”, 繼續與杜神父一併定居於 Ray Road 的新會所内, 此外, 還有於 1960－1962 年間出任香港司庫和總務長兩項職務的莫羅神父。

二、1659－2004 年入華的巴黎外方傳教會會士之基本情況

據熱拉爾·穆賽與布里吉特·阿帕烏於 2004 年在巴黎外方傳教會檔案館出版的《1659－2004 年巴黎外方傳教會會士列傳》① 統計, 在 1659－2004 年間, 曾經入華的巴黎外方傳教會會士共有 1 208 人。其中主要是法國人, 但也有極少數意大利、葡萄牙、荷蘭與比利時人。

巴黎外方傳教會的入華傳教士, 除了早期個別曾在福建、浙江、江蘇、上海活動過之外, 絶大部分都在中國西南和東北布道。西南地區包括雲南、貴州、四川、重慶、西藏 (主要是川、滇兩省的藏區)、廣西、廣東; 東北地區包括遼寧、吉林和黑龍江三省。法國巴黎外方傳教會進入中國西南地區, 早期主要借助他們在暹羅和印度的影響, 後期也是利用了他們在印度支那殖民地的有利局面。當然, 法國始終不忘他們在中國西南的經濟戰略利益。新中國成立後, 巴黎外方傳教會的在華活動主要集中在香港和臺灣地區, 以及新加坡、馬來亞、泰國和馬達加斯加的華人社團中。

巴黎外方傳教會在中國西南和廣東省的人數分布大致如下:

分布在四川省 (包括現今的重慶市在内) 的共有 397 人, 分布在雲南省的有 90 人, 分布在廣西的有 79 人, 分布在貴州省的有 136 人, 分布在廣東省的有 170 人, 分布在西藏和藏區的有 39 人, 活動在香港地區的有 45 人, 在遼寧省的有 120 人, 在吉林省的有 38 人。在黑龍江的巴黎外方傳教會會士, 主要是在二十世紀初爲逃避義和團運動而從遼寧與吉林兩省遷過去的, 而且那裏的很多地方現已屬於俄羅斯了。赴我國臺灣 (特别是花蓮縣) 的巴黎外方傳教會會士,

① *Répertore des members de La Société des Missions Etrangères, 1659－2004*, Par Gérard Moussay et Brigitte Appavou. Archives des Missions Etrangères, Paris, 2004.

大都是在新中國成立之後，遭中國政府驅逐或因無法進入中國大陸，轉而赴臺灣的。在北部灣地區，也有巴黎外方傳教士們的大量活動，他們大多只是途經而已，其中有許多地方現已屬於越南了。

巴黎外方傳教會赴華傳教士的一大特徵，是這些傳教士中具有親戚關係或同宗同族的人很多，有兄弟、叔侄或其他本家族成員，據初步不完全統計，兩名同族傳教士來華者有約 110 人，3 人以上來華者有 15 人。有的人甚至是繼其親人因教案或意外事故死於中國之後，而毅然來華的。這從側面反映了傳教士的一種信仰精神，具有爲宗教獻身的勇氣。

例如法國朗格勒（Langres，上馬恩省）的畢氏家族就有 3 人，於 1854 - 1891 年間，先後以巴黎外方傳教士的身份入華。第一位畢神父（Joseph Biet，1830 - 1855）於 1830 年 2 月 13 日誕生於朗格勒，1852 年 6 月 5 日進入外方傳教會修院，1854 年 6 月 11 日晉鐸，同年 8 月 25 日乘船出發赴中國滿洲傳教區。當他乘搭的帆船到達上海附近時，却遭到海盜的襲擊，並且於 1855 年 6 月 12 日被海盜抛入海中。該家族的第二位畢神父（César Biet，1836 - 1891）於 1836 年 9 月 20 日誕生於格勒朗，1856 年進入外方傳教會修院，1859 年 6 月 8 日晉鐸，於同年 7 月 10 日出發赴中國藏區。他被任命爲西藏傳教區的司庫，被安置在藏區的打箭爐。此人於 1863 年被派去歸化潞子江畔的原住民，却被迫滯留於東俄洛。1865 年，他又携部分基督徒定居在察木多，然後去開闢左貢山林地區。1884 年，他由於身體疲勞，被迫赴香港療養，最終於 1891 年 5 月 29 日逝世於香港佰大尼康復醫院。第 3 位畢神父（Felix Biet，1838 - 1901）於 1838 年 10 月 21 日誕生於朗格勒，1862 年進入外方傳教會修院，1864 年 1 月 10 日晉鐸，同年 3 月 15 日出發赴中國藏區。1865 年 10 月，他受到了喇嘛們的攻擊，被迫退回雅安，並在那裏堅持 10 多年，而且還行使司庫的職務。1877 年，他首先代理宗座代牧，當丁碩卧（Mgr · R. Chauveau，1816 - 1877）主教逝世後，他於 1878 年被任命爲比亞納（Biana）的主教和西藏的宗座代牧。1887 年，他爲了巴塘、雅爾貢和雅安的教務，與中國當局多次談判。1892 年，他因病返法，並於 1901 年 9 月 1 日逝世於羅納省金山之聖西爾（St. -Cyr au Mont d'Or）。[①]

又如來自上盧瓦爾省的兩位高神父。其中一位高神父（Casimir Cacauld，1863 - 1941）於 1863 年 2 月 24 日誕生於克魯瓦讓斯（Croisance，上盧瓦爾省），1886 年被接收進外方傳教會修院，1888 年 7 月 6 日晉鐸，同年 10 月 30 日出發赴四川東部傳教區，於 1889 年 2 月到達順慶府。他首先在白果樹學習語言，接着又先後被派往四川的渠縣、梁山、酉陽和營山。他曾先後任營山的副本堂神父和四川備修院院長，其後又在永川會口工作，並於 1918 年負責順慶府大教堂。1934 年，他出任天主教醫院的指導神父，最終於 1941 年 10 月 14 日逝世於重慶。另一位高神父（Marie Cacauld，1875 - 1961）於 1875 年 10 月 31 日誕生於克魯瓦讓斯，1894 年 9 月 15 日被接收進外方傳教會修院，1899 年 6 月 25 日晉鐸，翌日便出發赴四川重慶。經過在渠縣學習語言之後，於 1901 年被任命爲鄭家灣的副本堂神父，在 1941 - 1919 年的第一次世界大戰期間，於法國應徵入伍，戰後又於 1919 年返回其傳教區。他於 1921 年在李渡壩，此後又前後就職於渠縣、水鴨塘和沙坪壩，最後於 1951 年被中國驅逐，於 1961 年 4 月 9 日逝世於巴黎。[②]

類似的情况還很多，這説明兩個問題。其一是篤信宗教的力量。他們的同宗同族人在宗教信仰狂熱的砥勵下，赴遥遠的地方"獻身於上帝的事業"。其二是他們在不同程度上爲博大精深的中國文化所折服，很樂意到這個"東方神秘大國"來，希望在宗教、文化和其他職業方面

① 《1659 - 2004 年巴黎外方傳教會會士列傳》第 0746、0850 和 0660 號傳主。

② 同上注，第 1795 和 2425 號傳主。

"建功立業",將天主教文化傳入中土,同時將中國文化傳往西方。

巴黎外方傳教會的傳教士,已經徹底改變了由耶穌會士利瑪竇等制定的對華傳教策略。利瑪竇的策略是:(一)文化適應,遷就中國禮儀;(二)走上層路線,以歸化中國皇帝、朝中大臣、地方要員和文化精英爲目標,再以他們爲突破口而歸化整個中國;(三)爲了以西方基督教文化的先進性來吸收中國人,實行"科技文化傳教"的手段。可是,巴黎外方傳教會的傳教士,在影響了中西文化交流近兩個世紀的"中國禮儀之爭"事件中,却完全站在耶穌會士的對立面,以直接(非迂回)傳教布道爲其主旨,以創辦學校和診所爲輔助手段,科學文化事業已被置於次要地位。另一方面,他們放棄了入華耶穌會士注重以中國宫廷和大都市爲陣地的傳教渠道,注重中國偏僻的農村,在那些"窮鄉僻壤"地區活動,這可能是因爲當時中國的經濟文化落後地區對基督宗教的抵觸情緒相對薄弱。當然,這也是巴黎外方傳教會創建之初衷。

在中國各省,巴黎外方傳教會的傳教士也大都在中國經濟文化非常落後的地域活動。他們在四川以寧遠府(西昌)、雅州府、綏定府與酉陽州爲重點,建立傳教基地;在雲南,則以麗江府、永昌府、順邊府及昭通府爲中心;在貴州,以興義府、大定府、遵義府和都匀府等爲中心;在廣西,以梧州府、泗城府和太平府等地爲中心;在廣東,以韶州府、嘉應州、雷州府和廉州府(今屬廣西)爲主要活動地區;在遼寧,他們的活動地點包括昌圖、開原、楊官堡、法庫門、牛莊以及錦州府、大黑山和小黑山地區。這些地區在各個省市中,均不算富裕之地;在全國範圍内,也屬於特别貧窮地區。在這一點上,巴黎外方傳教會傳教士與入華遣使會士具有某種相似性,但與入華耶穌會士却相去甚遠。

三、巴黎外方傳教會與清末中國教案

巴黎外方傳教會采取了與入華耶穌會會士"中國文化適應"相反的政策,在布道中抵制中國禮儀,特别是他們於後期借助西方殖民主義的勢力,依靠中外之間不平等條約和外國遠征軍堅船利炮的勢力,確有不少魚肉鄉民,橫行鄉里之事。他們的行徑激起了許多鄉民的不滿,甚至招致了清朝官吏的敵視,故而挑起了一連串教案。綜觀整部天主教在華傳播史,巴黎外方傳教會是製造教案最多的一個傳教會。

西林教案,亦稱"馬神甫教案",禍首是巴黎外方傳教會的傳教士馬賴(Auguste Chaplaine, 1814-1856)。馬賴於 1814 年 1 月 6 日誕生於法國拉羅歇爾(La Rochelle,芒什省),1843 年 6 月 10 日在庫塘斯(Coutances)晉鐸,旋即被任命爲布塞(Boucey)的本堂神父,在那裏工作了 7 年。他於 1851 年自薦進入外方傳教會,隨後於 1852 年 4 月 29 日出發赴中國廣東和廣西"兩廣傳教區"。於 1854 年春又到達貴州,首先在貴陽學習了一段時間漢語,最後進入當時正處於激烈教案高潮中的廣西。馬賴是非法從廣東到廣西的,並縱容教民作出不法舉措。他於 1856 年被告發,藏匿在西林縣一名文人家中。1856 年 2 月 25 日,西林知縣張鳴鳳將他與 25 名教民同時逮捕。馬賴斃命於大刑之下,死後仍被懸首示衆。"西林教案"是中國近代史上爆發較早的教案之一,不僅導致中法兩國政府之間的外交交涉,而且羅馬教廷也與清政府持續地爭論了一年之久,清朝中央政府與廣西當局之間也發生了爭執。法國政府要求中國政府爲馬賴被殺和這場教案中的"殉教人"在政治上賠禮,在經濟上賠償,懲辦中國地方上的當事官吏,並爲此後的"傳教自由"提供方便。即使根據當時的不平等條約,清政府也只允許在中國沿海通商口岸傳教,而不准許傳教士私自進入中國内地。馬賴等潛入西林,傳播"邪教",

草菅人命，挑動宗族衝突，煽動國民反對官府，因而受到了鄉紳與鄉民的聲討。① 2000 年 10 月 1 日，被羅馬教廷“封聖”的百人中，便有馬賴。法國拿破侖三世也藉口這一事件，再加上其他原因，與英國人合謀，發動了第二次鴉片戰爭。其後果是東方藝術明珠圓明園遭劫焚，清政府被迫簽定喪權辱國的《北京條約》，僅向法國就賠銀二百萬兩。②

“貴陽教案”也是由巴黎外方傳教會製造的重要教案之一。“貴陽教案”事實上包括 1861 年發生在貴陽郊區青岩和 1862 年發生在貴州省開州的兩場持續了一年之久的教案。這場教案的肇事者，就是 3 名巴黎外方傳教會的傳教士。其一是 1846 年出任貴州宗座代牧的巴黎外方傳教會會士白德望（Etienne Albrand，1805－1853）。他於 1805 年 4 月 4 日誕生於法國的聖克雷潘（Saint－Crépin，上阿爾卑斯省），於 1835 年赴暹羅，1846 年離開暹羅赴貴陽，前往剛剛創建的貴州宗座代牧區，於 1849 年 2 月 24 日被任命爲宗座代牧區的宗座代牧，由范若瑟主教（Desfleche）於四川白果樹爲他舉行祝聖禮。他創建了貴州興義府、興義縣和貴陽等基督教會口。他依靠中法之間簽訂的不平等條約，使貴州三分之一的縣都設立了基督教會口，而且煽動教民與地方政府和鄉民對抗，先後造成了十餘次小教案，爲最終釀成“貴陽教案”埋下禍根。繼他之後出任貴州宗座代牧的巴黎外方傳教會會士胡縛理（Louis Faurie，1824－1871）於 1860 年 9 月 2 日最終製造出了大教案。胡縛理於 1824 年 6 月 2 日誕生於法國蒙塞居爾（Monsegure，紀龍省），1850 年 5 月 8 日進入外方傳教會修院，同年 12 月日晉鐸，1851 年 3 月 13 日出發赴貴州傳教區，與白德望一起工作。他於 1852 年被任命爲修院院長，於 1856 年在六鐘關建一座印刷廠，並於青岩建造一座大修院，於 1859 年被調任龍坪會口。他於 1860 年 9 月 2 日出任貴陽宗座代牧，1869 年返羅馬參加梵蒂岡公會議，1871 年 2 月 10 日離羅馬返回貴州。他於 1861 年 4 月 4 日，乘坐紫色大轎，肩披紫帶，在百餘名教徒簇擁下去巡院衙門，要求巡撫何冠英准許傳教自由。在遭拒絶後，他又去提督田興恕大堂糾纏，從而造成了基督教教民與官府暨民衆的對抗，在青岩端午節中發生嚴重衝突。1862 年元宵節，開州府徵收捐慶祝。當時在開州布道的法國外方傳教會會士文乃耳（Jean Pierre Néel，1884－1927）借機煽動民亂。文乃耳於 1832 年 10 月 18 日誕生於法國羅訥省的蘇萊米耶村（Soleymieux），1855 年 10 月 25 日進入外方傳教會修院，1858 年 5 月 29 日晉鐸，同年 8 月 29 日赴貴州，1859 年 12 月 2 日到達貴陽，立即開始學習漢語。第二年，他便對 20 多個基督教會口視察，包括東萊坪和猪昌鎮。田興恕指責他煽動民變，不尊重中國民俗與禮儀，於是於 1850 年 9 月在西毛羅卜將他與數名修士逮捕，並於 1862 年 2 月 18 日將文乃耳判處死刑。

田興恕曾指示“緝案就地正法”，③ 要求在正月内將文乃耳與四名抗捐鬧事的教民逮捕處死。文乃耳於 1909 年 5 月 2 日被羅馬教廷列真福品，並於 2000 年 10 月 1 日“封聖”。法國公使聯合英、俄公使向清政府提出抗議，並以武力相威脅。清政府最後屈服，何冠英已死，田興恕發配新疆，賠銀 12 000 兩。④

此外，第一次重慶教案（1683）是由法國巴黎外方傳教會會士、川東宗座代牧范若瑟（Eugène Jean Desfleches，1814－1887）製造的。第一次酉陽教案（1865）是由外方傳教會會士、當時主持酉陽會口的鄧神父（Jean Eyraud，1823－1874）引起的；第 2 次酉陽教案（1868）是由外方傳教會傳教士，於 1868 年底主持酉陽會口的李國（Jean Rigaud，1834－1869）挑起

---

① 《1659－2004 年巴黎外方傳教會會士列傳》第 106 號傳主；《文宗實録》；夏燮《中西紀事》。

② 解幼瑩修、鍾景賢撰《開陽縣誌稿》第 9 章《宗教》（民國二十九年［1940］貴陽印刷所版本）。

③ 《開陽縣誌稿》第 9 章《宗教》。

④ 《1659－2004 年巴黎外方傳教會會士列傳》第 0398、0609 和 0733 號傳主；《籌辦夷務始末》同治朝，第 28 卷。

的；1876年爆發四川省鄰水、江北和涪州三地教案，也是由巴黎外方傳教會傳教士范若瑟釀成的；廣西永安教案（1898年）緣起外方傳教會傳教士蘇神父（Mathieu Bertholet，1865－1898）；分别爆發於1886－1887年和1890年的兩次大足教案，均事出外方傳教會的彭若瑟（Joseph Pons，1847－1924）神父。

在2000年被羅馬教廷"封聖"的3名入華巴黎外方傳教會傳教士中，除了上文提到的"西林教案"肇事者馬賴和於1861－1862年嚴重介入貴陽教案的文乃耳外，還有一位就是徐德新。

徐德新（Gabriel－Taurin Dufresse，1750－1815）於1750年12月8日誕生於法國勒祖（Lezoux，多姆山省），1874年進入外方傳教會修院，1774年12月17日出發赴中國四川傳教區。當時四川的博主教（Pottier）任命他負責川北諸會口。1784年末，在那裏爆發了一場教案，他被清朝官府逮捕下獄，被囚禁於成都，其後被驅逐至澳門。不久，又冒險潛回四川。1789年，他重新來到成都，並奉命負責包括今天整個川東和夔州在内的重慶傳教區。1793年，被任命爲代理副本堂神父；1800年，被選爲輔理主教。次年，他繼任馬主教（Saint-Martin）的主教職位。1800年後，那裏再次爆發教案，他被捕並被押解到成都，接着被判處極刑，於1815年9月4日被處決。

徐德新曾在天全縣大川地建立修院——立書堂，後來未經許可，入川藏匿於民中，曾多次遭搜捕。過去，中國地方上被抓獲的外國傳教士，都要押京受審。後來，四川總督常明將被抓獲的徐德新就地處決。在處決徐德新時，"並提齊習教各犯，環跪着視行刑，仍梟首傳示各地方，俾百姓觸目驚心，以期斷絶根株"，[①]"使愚民目擊耳聞，知習教如徐鑒牧，尚無能庇其一身，庶可悦然於邪教之非，咸歸正軌"。[②]

除此之外，在中國的西南和東北，還有大量大大小小的教案，大都是由外方傳教會傳教士造成。

當然，我們對清末時期這類"教案"，應作客觀、實事求是的探討。當時西方傳教士依仗强大的後臺——遠征軍與不平等條約，氣勢囂張，魚肉鄉民，爲所欲爲，既不把鄉民的意願與當地政府的意見放在眼裏，又不尊重中國人的風俗習慣；另一方面，中國鄉民與地方官吏，也有行事鹵莽的，雙方的衝突，最終導致軍事衝突。

更爲嚴重的是，法國殖民主義遠征軍攻擊中國時，大都聘請外方傳教會的在華傳教士作顧問和嚮導。遠征軍把他們奉爲"中國通"，因爲他們不但在中國生活多年，熟悉中國各方面的情况，而且精通漢語，便於與中國方面談判。

法國利用馬賴被殺的"西林教案"，英國也以"亞羅號"船事件爲藉口，蓄謀發動了第二次鴉片戰爭。國際學術界有人將第二次鴉片戰爭稱爲"第一次世界大戰"，因爲當時世界五大國——中、法、英、美、俄都介入其中。法國遠征軍爲了找一個熟悉中國國情的人充當"顧問"和"嚮導"，專門從四川邀請巴黎外方傳教會傳教士艾嘉略到香港，再經廣州、上海、煙臺、大沽和天津而隨英法聯軍進入北京。巴黎外方傳教會會士艾嘉略（Louis Charles Delamarre，1810－1877）於1810年7月11日誕生於魯昂（Rouen），1833年6月26日進入外方傳教會修院，1834年12月20日晉鐸，1835年3月15日出發赴四川。他於1837年被任命爲穆坪修院的長上，於1847年奉命負責叙府地區的教務。1850年，他又到達安岳地區，並於1858年負責納溪教務。第二次鴉片戰爭之後，他又返回四川，充任中國當局與傳教區之間的調解人，最終於1863年10

① 故宫博物院編《清代外交史料·嘉慶朝》第4册，北京：故宫博物院，1932年，頁35。
② 《嘉慶二十年十月二十八日四川總督常明奏摺》，第一歷史檔案館藏。

月死於漢口。[①]

艾嘉略於1860年被法國殖民軍召到香港，充當法國政府特使噶囉（Jean Baptiste Louis Gros，1893－1870）的翻譯，此後又以噶囉"副使"的頭銜活動。他經歷了英法聯軍侵華的整個過程，並參與了與清朝政府欽差（桂良與恒福）的談判，直至簽訂《中法續增條約》（即《北京條約》）。在這場軍事外交較量中，軍事由法國遠征軍司令孟鬥班（C·C·Montauban，1796－1878）負責，政治和外文事務由噶囉負責，教務諸事則實際上由艾嘉略和遣使會北京主教孟振生（J·M·Mouly，1807－1868）等負責。此後，艾嘉略於1860年再次赴香港，印刷他編寫的《漢法詞典》。他又將《御撰通鑒綱目》中的明記三篇譯作法文，於1865年在巴黎出版。1863年，重慶教案（范若瑟蠻拆長安府以修建真原堂之案）爆發後，他又自告奮勇赴北京，與中國政府交涉。1860年11月18日，他自北京向羅馬教廷傳信部的樞機主教們寄出他作爲遠征軍隨軍神父而寫的報告，此文成爲研究第二次鴉片戰爭的寶貴資料。[②]

《北京條約》簽訂後，艾嘉略又煽動噶囉要求清政府歸還多年前已被清政府收歸國有的北京東、西、南、北四堂。噶囉分別於1860年11月5日和7日，照會恭親王弈訢，索取四堂，並且明確提出"可將北堂急交於留京之孟（振生）主教、艾嘉略等"。[③] 弈訢上奏朝廷後，將四堂退還天主教團，並頒發執照。這就是著名的"還堂事件"。

由艾嘉略策劃的這場"還堂事件"，在全國引起了軒然大波，因爲在艾嘉略協助噶囉簽訂的《中法北京條約》第6款還明確規定：

> 曉示天下黎民，任各處軍民人等，傳習天主教，會合講道，建堂禮拜，且將濫行查拿者，予以應得處分。又將前謀害奉天主教者之時，所充之天主堂、學堂、塋墳、田土、房廊等件，應賠還，交法國駐紮京師之欽差大臣，轉交該處奉教之人，並任法國傳教士在各省租買田地、建造自便。

此後，分布在中國各地的傳教士紛紛仿效：索回很久之前被沒收的財產，以及不加約束地擴展教產。因此與鄉民發生衝突。在直隸、山東、山西、陝西、河南、湖北、湖南、四川、廣東、江西、浙江、江蘇、遼寧十幾個省，都爆發了教案和衝突。他們僅在直隸一省，就要索回舊教堂70餘座。甚至歷史上根本不是教產的處所，亦被意欲侵佔的傳教士妄指爲教堂舊址，恣意索取。在此後相當長的一段時間內，中國爆發的教案，都在不同程度上與"還堂事件"有關。直到1871年，清朝總理衙門對1867年以來的"還堂事件"作出這樣的總結："近年各省地方抵還教堂，不問民情有無窒礙，强令給還。甚至紳民有高華巨室，硬指爲當年教堂，勒逼民間讓還。且於體制有關之地，以及會館、公所、庵堂爲闔境紳民所最尊重者，皆任情需索，抵作教堂。况各省房屋，即實屬當年教堂，而多歷年所或被教民賣出，民間輾轉互賣，已歷多人。其重新修理之項，所費不貲，而教士分文不出，逼令讓還"。[④] 這場"還堂事件"不僅誘發了許多新教案，而且導致了清朝政府與外國列强之間長期的激烈外交交涉與爭論，甚至還導致了區域性的"割地賠款"。

---

① 《1659－2004年巴黎外方傳教會會士列傳》第0416號傳主。
② 載《傳信年鑒》（*Annales de la Propagande de la foi*）第28卷，里昂年鑒出版社1856年版。
③ 中國第一歷史檔案館、福建師範大學歷史系合編《清末教案》第1卷，北京：中華書局，2000年版，頁179－185。
④ 劉錦藻《清朝續文獻通考》第350卷，商務印書館1936年版，頁10938。

四、巴黎外方傳教會赴藏區的活動

在很長一段時間內，西藏和藏區屬於入華耶穌會士的勢力範圍。巴黎外方傳教會費盡周折，才從教廷獲得了在西藏（主要是藏區）的布道權。在先後進入西藏和藏區的39名外方傳教會士中，有些人甚至在清朝政府明令禁止外國傳教士入藏時，已化裝强行入藏。這其中最具有代表性的人物，是巴黎外方傳教會會士蕭法日和羅啓楨。蕭法日（Jean Fage，1824－1886）於1824年10月6日誕生於法國拉迪尼亞克（Ladignac，科雷兹省），1845年8月6日進入巴黎外方傳教會修院，同年9月16日出發赴香港。他首先被派往雲南的普洱道。1854年，他化裝前往西藏，與羅啓楨同行。他後來移居巴塘和打箭爐。1883年，他獲准赴雲南，並被安置在普洱道。他在那裏工作5年之後，於1888年8月19日逝世於昭通。① 羅啓楨（Charles Renou，1812－1863）於1812年8月22日誕生於法國的韋爾南特（Vernate，曼恩-盧瓦爾省），1836年9月14日進入外方傳教會修院，1837年5月20日晉鐸，於次年5月15日出發赴四川。在西藏教務於1846年3月27日被移交外方傳教會後，他化裝成商人前往打箭爐，遭識破後被清政府遣返廣州。他於1852年再次出發赴西藏，不久便成功地於頓珠林喇嘛寺中栖身。1853年12月，他又返回雲南黄家坪，接受任命爲宗座監牧的職務。1854年，他再次出發赴西藏，在察木多喇嘛寺中停留了一段時間之後，便在拉薩轄地邦加租了一塊土地，作爲西藏傳教區的第一個會口。最後定居江卡，並於10月18日在那裏逝世。② 他們沿途被清政府的官吏盤查，並將情況上奏朝廷，既有“御批”，又有“廷寄”。如同治三年八月初七日（1864年9月7日）清朝《駐藏大臣滿慶等奏請阻止洋人入藏傳教情形折》就提到：“惟以前自雲南及打箭爐行至擦瓦、捫孔置業之天主教羅肋拿（羅啓楨）、蕭法日等，在彼數年，任意傳教，已擾亂番民數人心意，現在設法將該從教者分别查辦，並不准彼處人等擅行來藏。”③

另一位進入藏區的具有代表性的巴黎外方傳教會會士是戴高丹（Auguste Desgodins，1826－1913）。④ 戴高丹於1826年10月16日誕生於馬訥勒（Manheulles，默兹省），1850年5月25日晉鐸，1854年9月25日進入外方傳教會修院，1855年7月15日出發赴藏區。他偕同教友羅啓楨一併到達察木多以遠的巴貢，但很快便被迫返回貢覺，於1864年又在那裏被驅逐。但他於數月後再度返回那裏，並建造了一座本堂神父住宅和一座小禮拜堂。1880年，他受畢主教（Felix Biet，1838－1901）委託，在西藏邊境建立了許多會口。戴高丹於1880年5月13日離開打箭爐，携帶了一份任命他爲代理本堂神父並去考察西藏南部邊界的文件。他經過加爾各答和大吉嶺，然後在亞東定居。1898年，他赴香港並在拿撒勒印刷廠印製了由傳教士們編纂的《藏-拉-法語詞典》。77歲時，他又返回喜馬拉雅山區，最終於1913年3月14日逝世於亞東。他在西藏區布道和生活了58年，死後也葬於西藏這片土地上。他一生中有關西藏的著述甚豐，是巴黎外方傳教會傳教士的特例。據日裔法國學者今枝由郎等統計，其論著、論文和詞典共有41種。⑤

① 《1659－2004年巴黎外方傳教會會士列傳》第0546號傳主。

② 同上注，第0439號傳主。

③ 中國第一歷史檔案館、福建師範大學歷史系合編《清末教案》第1卷，北京：中華書局，1996年版，頁411－412。

④ 《1659－2004巴黎外方傳教會會士列傳》第637號。

⑤ 卡爾·庫魯和今枝由郎編纂《西藏研究書目》第02340－02380條，成田山新勝寺，1986年版，頁139－141（Hallvard Kare Kyly, and Yoshiro Imaeda, *Bibliography of Tibetan Studies*, [Naritasan Shinshoji, 1986]）。

其中最重要者爲上文提到的《藏-拉-法語詞典》(*Dictonnaire Thibétain-Latin-Français, par les missionnaires Catholiques du Tibet*, [Imprimerie de la Société des Missions Etrangères, 1899])和《1855－1870年的西藏傳教區》(*La Mission du Thibet de 1855 ā 1870*, [Verdun, 1872])。他的《1855－1870年的西藏傳教區》[①] 主要由他的一批書信組成。全書詳細介紹了羅啓楨、蕭法日、丁碩卧、畢主教、戴高丹本人，以及其他天主教傳教士的藏區之行，特別是他們在西藏和藏區的布道活動。該書描述了雲南和西藏藏區天主教會口的創建過程（茨菇、拉墩子、巴塘、雅安、波密），並詳細地記載了藏區的宗教、人口、政治與行政、地理、貿易、文學、工業、手工藝、文化、絲綢生産和水磨等方面的資料。作者認爲，當時西藏與歐洲建立直接關係的困難主要來自三方：中國中央政權、西藏地方政權和歐洲人本身。這部著作至今仍是研究此一時代西藏史不可多得的珍貴文獻。

五、巴黎外方傳教會傳教士阿德里安·洛内有關中國傳教史的著作

一般地説，巴黎外方傳教會的入華傳教士，並不像入華耶穌會會士那樣注重著書立説。他們實施的是傳統的“行爲傳教”或“直接傳教”，而不是迂回的“文化傳教”。不過，其會士洛内這位少見的多産作家，爲我們留下了巴黎外方傳教會在華傳教活動的寶貴資料。

阿德里安·洛内（Adrien Launay，1853－1927）於1853年10月21日誕生於法國梅萊迪邁納（Meslay-du-Maine，馬耶訥省），於1874年進入巴黎外方傳教會修院，1877年2月24日晉鐸，次年4月5日赴西部交趾支那。他首先被任命爲軍醫院中的副本堂神父和陸軍的隨軍神父，隨後於1879年被任命負責今越南的丐帖和丐臺縣。稍後，他因病赴香港休養，並於1882年被迫返回法國。1884年，他再次要求出發赴傳教區，但政府認爲他出發的時機尚不成熟，並委託他編寫修院的檔案目録，10年之後，他編寫出共12卷的解析性目録，還有一部共4卷的按字母順序排列的目録。他從事這任務的同時，又撰寫了有關巴黎外方傳教會的大量歷史著作，都是通史性著作，特别是傳教史的著作，還有巴黎外方傳教會的一本地圖集。1896年，他又前往印度，然後又赴華旅行。1899年返法後，他又從事寫作並發表了許多著作。1926年12月，他離開巴黎神學院並前往瑞昂萊潘（Juan-les-Pins），最後於1927年4月21日死於那裏，被葬於馬賽的外方傳教會的地下墓室中。[②]

洛内一生中很少在華停留，他完全靠檔案撰寫著作。他有關中國及其附近地區的著作大致如下。這些著作均由巴黎外方傳教會出版，只於傳教會内部流通，故有些未注明時間，但均應斷代爲十九世紀末期。

(1) *Histoire ancienne et moderne de l'Annam*《安南古今歷史》，1卷8開本。

(2) *Le Seminaire des Missions-Etrangerès pendant la Révolution*《大革命期間的巴黎外方傳教會修院》，大8開本單行本。

(3) *Atlas des Missions de la Société des Missions-Etrangères*《巴黎外方傳教會各傳教區地圖集》，共包括27幅地圖及其歷史、地理摘要。

---

① *La Mission du Tibet de 1855－1870*, Verdun, 1872.

② 《1659－2004年巴黎外方傳教會會士列傳》第1325號傳主。

(4) *Les Cinquante-deux Vénérables serviteurs de Dieu*《上帝尊貴的 52 名忠實的僕人》，所述者为在交趾支那、東京灣、四川、貴州、廣西等地的教案中殉教的人。

(5) *Les Trente-cinq Vénérables serviteurs de Dieu*《上帝的 35 名最受人尊敬的僕人》，從教案看在交趾支那、東京灣、四川、貴州、廣西因當地人仇視教法而被處死的人，1 卷大八開本。

(6) *Histoire générale de la Société des Missions-Etrangères*《巴黎外方傳教會通史》，創建於 1658 年起，共 3 卷，獲倫理與政治科學院獎。

(7) *Mgr Retord et le Tonkin catholique*《勒託爾主教與天主教的東京灣》，插圖 8 開 1 卷本。

(8) *Mgr Verrolles et la mission de Mandchourie*《方濟各主教與滿洲傳教區》，插圖 8 開 1 卷本。

(9) *Histoire des missions de l'Inde: Pondichery, Maissour, Coimbatour*《印度傳教區：本地治理、麥蘇爾和哥印拜陀》，插圖、地圖 5 卷 8 開本，獲法國科學院獎。

(10) *Histoire do la Mission du Thibet*《西藏傳教史》，2 卷 8 開大本。

(11) *Le Journal d'André Ly*《李安德日記》，李安德是中國的司鐸、傳教士與傳教區公證人 (1746－1763 年)，拉丁文本，附有導言和索引。

(12) *Histoire des Missions de Chine-Mission du Kouang-si*《中國傳教史・廣西傳教區》，8 開 1 卷本。

(13) *Carte des Missions catholiques dans l'Indo-Chine française*《法屬印度支那天主教傳教區地圖》，大鷹開式裝幀。

(14) *Carte des Missions catholiques en Chine*《中國天主教傳教區地圖》，大鷹開式裝幀。

(15) *Carte des Missions catholiques au Japon*《日本天主教傳教區地圖》，大鷹開式裝幀。

(16) *Planisphère du monde catholique*《天主教世界的地球平面圖》，雙大鷹開式裝幀。

(17) *La Mission de Birmanie*《緬甸傳教區地圖》，由洛内譯自英文，比岡德著，1 卷大 8 開本。

(18) *La Société des Missions Etrangères pendant la guerre du Tokin*《北部灣戰爭期間的外方傳教會》，1 卷，大 8 開本。

(19) *Nos missionnaires*《我們的巴黎外方傳教會的傳教士》，1 卷，大 12 開本。

(20) *Siam et les missionnaires français*《暹羅和法國傳教士》，8 開 1 卷本，帶插圖。

(21) *Les Missionnaires français au Tonkin*《北部灣的法國傳教士》，8 開 1 卷本，帶插圖。

(22) *La Salle des Martyrs du Seminaire des Missions-Etrangères*《巴黎外方傳教會修院中的殉教人供堂》，1 卷，12 開本。

(23) *Les Bienheureux de La Société des Missions-Etrangères et leurs Compagnons*《巴黎外方傳教會的享真福者及其教友》，1 卷，12 開本。

(24) *Planisphère de La hiérarchie Catholique*《天主教教階球面圖》，雙重大鷹裝幀。

(25) *Mémorial de La Société des Missions Etrangères*《巴黎外方傳教會回憶録》，巴黎外方傳教會 1916 年版。

(26) *Histoire des Missions de Chine, Mission de Kouang-tong*《中國傳教史・廣東傳教區》，巴黎特居出版社 1917 年版。

(27) *Histoire des Missions de Chine, Mission de Se-tchun*《中國傳教史・四川傳教區》，巴黎特居出版社 1920 年版。

(28) *Histoire des Missions de Chine, Mission de Kouy-tcheou*《中國傳教史・貴州傳教區》，

巴黎外方傳教會版，3 卷本。

(29) *Histoire des Missions de Chine*, *Mission de Yun-Nan*《中國傳教史・雲南傳教區》

在洛內所有著作中，3 卷本的《中國傳教史・貴州傳教區》最具有典型的特徵。此書實際上並不僅僅是一部傳教史，而是貴州的一部政治、社會、宗教、民族、人口和對外交涉的歷史。特別是對貴州這個漢文記載較少的省份，此書尤爲珍貴。

貴州自 1690 年起屬於南京教區，1696 年創建宗座代牧區。早期有耶穌會傳教士在那裏活動，後期主要是巴黎外方傳教會的布道地域範圍。在此之後，貴州省陸續發生了許多教案，如 1799 年的清鎮教案、1810 年的興義府教案、1811 年的貴陽教案、1812 年的平越和龍平教案、1814 年的逮捕教民張大鵬教案、1834 年的貴陽教案、1839 年的逮捕和審問郝開校教案、1847 - 1849 年的貴陽教案、1853 - 1855 年的茅口教案、1861 年的青岩教案、1862 - 1863 年的貴陽和開州教案等。對於這些教案，中外史料中均有記載，但差異很大。坦率地講，雙方的記載都有偏頗的地方，我們尚需仔細甄別，以澄清事實真相。

我們可以從貴州一省，窺到外方傳教會在中國的布道成果之全貌。天主教在貴州的這種發展變化，基本上也反映了天主教在中國的傳播形勢。

1847 - 1896 年貴州傳教區的傳教士與教民統計表①

年代	天主教徒	受洗禮的成年教徒	受洗禮的瀕臨死亡的兒童	主教	傳教士	原住民司鐸	傳道員	教堂或祈禱室	修院	修院學生	傳教士學校	傳教士學生	學校診所	孤兒院
1847	1 200	/	/	/	1	/	/	/	/	/	/	/	/	/
1848	/	/	/	/	4	/	/	/	/	/	/	/	/	/
1849	/	160	2 417	1	3	1	/	/	/	/	/	/	/	/
1850	2 000	106	1 844	1	3	1	/	/	1	/	7	/	2	/
1851	/	122	2 139	1	4	1	/	/	1	/	8	/	/	/
1852	/	202	5 816	1	5	1	/	/	1	10	10	/	2	2
1853	2 116	/	8 844	/	5	1	/	/	1	12	10	/	3	2
1854	/	160	12 608	/	4	1	/	/	1	18	9	/	3	2
1855	2 600	253	15 924	/	5	1	/	/	1	18	11	/	4	2
1856	2 914	291	20 085	/	7	1	/	/	1	21	13	/	7	2
1857	/	294	30 553	/	6	2	/	/	1	18	12	/	7	2
1858	3 200	132	26 012	/	11	2	/	/	1	/	13	/	6	2
1859	/	118	29 767	/	11	2	/	/	1	/	14	/	6	2
1860	/	140	29 000	1	10	2	/	/	2	/	14	/	6	2
1861	/	115	28 194	1	9	2	/	/	2	/	14	/	5	2
1862	4 000	112	21 682	1	9	1	/		1	/	14	/	4	3
1863	/	126	18 279	1	8	2	/	/	1	/	15	/	5	4

① 《中國傳教史・貴州傳教區》第 3 卷，巴黎外方傳教會版，頁 526 - 529。

续 表

年代	天主教徒	受洗禮的成年教徒	受洗禮的瀕臨死亡的兒童	主教	傳教士	原住民司鐸	傳道員	教堂或祈禱室	修院	修院學生	傳教士學校	傳教士學生	學校診所	孤兒院
1864	／	147	10 964	1	9	3	／	／	1	40	18	100	7	7
1865	5 200	300	27 431	1	18	3	／	／	1	44	21	130	8	6
1866	／	408	13 178	1	15	2	／	／	1	40	24	156	10	8
1867	6 000	601	11 023	1	15	2	／	／	1	42	30	115	8	8
1868	／	902	9 323	1	16	2	／	／	1	33	34	240	12	9
1869	／	575	9 016	1	17	2	／	／	1	38	38	183	10	10
1870	／	951	5 493	1	17	3	／	／	1	35	39	197	10	10
1871	9 000	791	3 832	1	17	3	67	／	2	／	38	225	10	9
1872	9 000	571	3 495	1	21	3	48	15	2	／	45	375	16	8
1873	9 876	529	3 470	1	21	3	50	20	2	／	42	500	15	8
1874	10 000	371	3 718	1	22	3	50	／	2	52	44	600	16	7
1875	10 766	500	3 512	1	23	3	50	／	3	61	40	656	26	7
1876	11 000	737	10 881	1	23	3	62	42	2	42	52	1 041	28	10
1877	11 542	508	6 805	1	22	3	97	45	2	30	42	629	31	10
1878	13 659	407	8 154	1	22	3	99	46	2	30	62	1 151	31	10
1879	15 160	812	8 485	1	22	3	100	55	2	36	72	1 489	34	12
1880	15 177	892	8 774	1	／	／	／	／	2	34	／	／	36	12
1881	16 057	968	10 087	1	26	／	98	60	2	33	96	1 711	41	12
1882	16 442	759	8 172	1	26	5	98	63	2	19	95	1 774	39	13
1883	16 600	／	／	／	／	6	／	2	9	／	／	／	42	13
1884	16 892	724	11 446	2	26	7	88	73	2	20	121	2 343	42	13
1885	16 802	／	／	2	28	7	88	73	2	20	110	2 000	40	13
1886	16 892	401	4 397	2	30	6	48	65	2	／	122	1 765	40	13
1887	16 892	358	6 046	2	30	6	63	66	2	18	135	2 218	43	13
1888	16 625	281	5 485	2	29	6	56	66	2	18	120	2 031	45	13
1889	16 352	289	5 781	2	30	6	58	68	2	16	130	1 878	47	13
1890	16 352	250	5 341	2	30	6	62	68	3	37	113	1 852	47	13
1891	16 352	368	5 327	2	34	7	62	68	3	34	126	2 104	48	13
1892	16 526	419	4 956	2	33	8	66	77	3	34	128	2 089	48	13
1893	16 723	310	4 935	1	33	7	79	77	3	32	128	2 301	50	13
1894	17 279	345	5 158	1	35	7	96	77	3	33	139	2 349	52	13
1895	17 279	360	4 434	1	36	7	79	72	3	33	128	2 522	54	13
1896	16 958	311	4 406	1	35	6	92	73	2	34	135	2 734	56	13

六、結　　論

綜上所述，巴黎外方傳教會在華活動近三個半世紀期間，在宗教和慈善事業方面確實做了一些事情。他們爲了在華傳教、布道，有時攜同族和鄉友同來，到中國非常偏僻落後的地方去工作，其中有許多人最終在中國逝世。他們在基督教傳入中國的歷史上，起過一定的作用；在中西文化交流史上，也扮演過令人無法忽視的角色。他們爲了將以基督宗教爲代表的西方文化傳入中國，或者在將儒釋道相融合的中華文化傳往西方的過程中，都很好地扮演了其媒介的角色。巴黎外方傳教會的在華活動，嚴重背離了由入華耶穌會會士確立的“中國文化適應”政策，放棄了“文化傳教”的迂回策略，而采取了直接布道的方法。他們不尊重中國的民族傳統，藐視儒家文化的禮儀風俗，企圖將天主教教規和禮儀原封不動地引入中國，因而引起了與中國鄉民、地方政府以至中央政府的衝突，使他們自己也由始至終籠罩在“教案”的陰影中。

巴黎外方傳教會與西方殖民當局關係過分密切，與西方列强的“遠征軍”、外交使團和商貿公司均交往甚密，依靠了殖民遠征軍和不平等條約的保護，因而嚴重地制約了他們在中西文化交流中所起的作用。

入華的巴黎外方傳教會與遣使會相比較，在使基督宗教在華的“本土化”過程中，實際又向前邁進了一步。他們依靠華人，却又不太相信華人。正是由於這一原因，當新中國成立後，外國傳教士被逐，雖然他們在華建立的大量教堂與小學仍然存在，其影響却如同過眼雲烟，未能持續久遠。

巴黎外方傳教會入華的司鐸人數衆多，持續時間很長，與中國下層交往很多，在中國少數民族地區活動頻繁，從事過某些民族文化研究，對於嚮西方介紹鮮爲人知的中國西南少數民族文化作出了不小的貢獻，尤其是在民俗學、語言文字學方面，所取得的成績更加突出。

由於巴黎外方傳教會的傳教士在中國偏僻落後地區工作，再加上教案的影響，他們的生活既不富裕，也不安定，極其辛苦。從全部入華會士的年壽來看，接近 70%的人享年不超過 60 歲。但那些在“司庫部”工作的教區代管們，却往往養尊處優，都高壽而終。

分歧與融合

——金聖嘆與新批評的文論比較

黄偉豪

一、緒　言

金聖嘆（1608－1661）文學批評（下稱“金批”）誕生於清季初期，新批評派（下稱“新批評”）則崛起於二十世紀英美兩地，兩者背景迥異。不過，無論理論特點，抑或歷史發展，兩者契合點甚多。就理論特點而言，兩者悉以文本爲本體，輔以細讀法，着重剖析作品的外在形式，故可稱爲“形式主義”的文學批評；① 就歷史發展而論，兩者爲文學批評開闢蹊徑，在中西文論史上風靡一時。然而，兩者終究屬於各自獨立的理論模子，文化背景又大相徑庭，故有不少地方，大異其趣。

學界早已注意到金批與新批評的獨特切入角度與可比較性。近幾十年，相關研究，成果斐然。吳宏一先生點出金批與新批評的契合處：

> （金批）從文字本身來解説的，略同於今日西洋文學批評界所謂的“形式批評”。在所能看到的資料中，金聖嘆是開風氣之先的。②
>
> （金批）以解數説詩，以起承轉合爲法，强調作品本身的完整，認爲“看詩全要在筆尖頭上追出當時神理來”，同時反對“詩妙處正在可解不可解之間”的論調，主張金針度人……這種批評方法，和今日批評家所謂形式批評或新批評，頗相契合。③

美國學者王靖宇先生的意見也很一致：

> 重視語言，重視對作品本身的精細閲讀，就又和客觀理論的代表，曾於晚近紅極一時的新批評派（New Criticism）有些相似了。④

---

① 金批方面，吳宏一先生將之納入“清初詩學中的形式批評”流派内，詳見吳宏一《清代文學批評論集》（臺北：聯經出版事業股份有限公司，1998 年），頁 18－72；陳萬益先生也指出金批與新批評非常相似，詳見陳萬益《金聖嘆的文學批評考述》（臺北：臺灣大學文學院，1976 年），頁 86－90；新批評方面，艾布拉姆斯（M. H. Abrams）認爲可將之歸爲“形式主義批評”（Critical Formalism），詳見 M. H. Abrams, *A Glossary of Literary Terms*（Fort Worth: Harcourt Brace College Publishers, 1999），p. 181。

② 吳宏一《清代詩學初探》（臺北：學生書局，1986 年），頁 148。

③ 吳宏一《清初詩學中的形式批評》，《清代文學批評論集》，頁 19。

④ 王靖宇著，談蓓芳譯《金聖嘆的生平及其文學批評》（上海：上海古籍出版社，2004 年），頁 259。

王氏《金聖嘆的生平及其文學批評》更有若干篇幅，談論彼此的得失所在；[①] 臺灣學者陳萬益先生《金聖嘆的文學批評考述》也有《金批和形構批評法的比較》一文，專題論述兩者共同的評論旨趣、本體論、批評方式及得失之處；[②] 內地更有相關的單篇論文刊行。[③] 由是觀之，金批與新批評的比較研究成果，洵不匱乏。

然而，上述研究，似乎集中揭櫫金批與新批評的契合點，對於兩者的歧異之處，反而較少着墨。[④] 究其原因，或許礙於新批評本身複雜散亂，成員意見頗不一致。學者趙毅衡曾指出：

> 新批評派自己的理論十分散亂，各人都熱衷於誇大自己的一套概念解決全部問題的能力，很少有完全一致的意見。也可能是由於怕被人看成一個集團，他們也很少試圖把新批評同人的理論綜合起來。[⑤]

甚至連新批評成員布魯克斯（Cleanth Brooks），也毫不忌憚地評價新批評理論，並以比喻說明：

> 新批評派恰似斯納克，也是一種令人捉摸不透的動物。人人都在談論斯納克，對其動物習性也有了大致公認的看法，然而幾乎無人能精確地描述其解剖構造。甚至常有人以爲把斯納克網到手了，可是後來一看才明白，原來抓到的是布季姆，而不是斯納克。[⑥]

當中的複雜，可以想見。如是者，確實難以在意見一致這基礎上，將新批評與金批的不同面貌進行比對，然後中肯提出看法。此其一。金批屬個人理論，新批評則是派別理論。如在這個層面上，比較兩者同異，持論未必絶對公允。此其二。這兩點是前人與本文的局限所在。筆者擬擷取新批評具有普遍共識的若干觀點，與金批加以對照，旨在通過金批與新批評的比較研究，回應早期西方的東方學者對中國的貶斥論調，並初步擬出金批與新批評可相融合的研究方法。以下先簡介兩者的産生背景及批評特點。

二、金批與新批評的産生背景及批評特點概述

金批之所以出現，主要緣於金氏對傳統批評的不滿。清初時人甚至前賢，評説作品妙處，往往作"只可意會，不可言傳"之語。如此語焉不詳、含糊其辭，充其量只能與上智證道，却難與下愚明言。總言之，全屬隔靴搔癢。金氏對此甚有微辭，並進一步提出反詰與質疑。《西廂記讀法》云：

---

① 《金聖嘆的生平及其文學批評》，頁 259 - 260。

② 《金聖嘆的文學批評考述》，頁 86 - 90。

③ 例如吴子凌《對話：金聖嘆的評點與英美新批評》，《浙江社會科學》第 2 期（2001 年 3 月），頁 154 - 158。

④ 拙文宣讀於 2007 年 10 月 6 日香港大學中文學院主辦之"東西方研究國際學術研討會"。會中忝蒙金聖嘆專家王靖宇教授垂聽，並於會後賜教，謂《金聖嘆的生平及其文學批評》實以金聖嘆爲主要研究對象，至於金批與新批評之比較，只屬附帶部分，故未對兩者相異處加以比較。

⑤ 趙毅衡《新批評——一種獨特的形式文論・引言》（北京：中國社會科學出版社，1988 年），頁 16。

⑥ 斯納克（Snark）是英國著名作家路易士・卡洛爾（Lewis Carrol）《獵捕斯納克》（*The Hunting of Snark*）爲一種虛構的動物所取的名字；布季姆（Boojum）是同書爲一種屬於斯納克、却更危險的虛構動物所取的名字。詳見克林思・布魯克斯著，周敦仁譯之《新批評》，見趙毅衡《"新批評"文集》，頁 538。

> 僕幼年最恨“鴛鴦繡出從君看，不把金針度與君”之二句……若果知得金針，何妨與我略度……益信作彼語者，真是脱空謾語漢。①

這種不滿，也表現於金氏寄予友人的若干尺牘之中，例如《與任昇之》便説：

> 弟自幼最苦冬烘先生，輩輩相傳；詩妙處正在可解不可解之間一語；弟親見世間之英絶奇偉大人先生，皆未嘗肯作此語；而彼第二第三隨世碌碌無所短長之人，即又口中不免往往道之；無他，彼固有所甚便於此一語，蓋其所自操者至約，而其規避於他人者，乃至無窮也。②

上文“鴛鴦繡出從君看，不把金針度與君”、“詩妙處正在可解不可解之間”二句，正是傳統常用的批評手法；至於“脱空謾語”、“彼固有所甚便於此一語”，則是金氏對這種批評手法的責難。不滿傳統批評之情，溢於言表。

基於以上背景，金氏爲了提高讀者的鑑賞能力，從純理論到實踐批評上，非常注視作品的仔細剖析。

筆者認爲，純理論部分主要見於金氏尺牘。《與許庶庵》一文談及過“細看”與“分解”的概念：

> 弟念唐詩實本不宜分解，今弟萬不獲已而又必分之者；秖爲分得前解，便可仔細看唐人發端，分得後解，便可仔細看唐人脱卸，自來文章家最貴是發端，又最難是脱卸，若不與分前後二解，直是急切一時指畫不出，故弟亦勉强而出於斯也。③
>
> 今詩莫盛於唐，唐詩莫盛於律，世之儒者不察。……意欲與之分解，或使後世之人止見唐詩之字，而盡得見唐詩之詩，亦大快事！④

以上可見，金氏的批評方法是“細讀”，批評對象則是作品結構。其中結構分析，除“分解”外，金氏還提出“起承轉合”之説，如《與顧祖頌等》説：

> 詩與文，雖是兩樣體，却是一樣法。一樣法者，起承轉合也；除起承轉合，更無文法，除起承轉合，亦更無詩法也。⑤

這裏指出詩文結構法則總離不開“起承轉合”。

另一方面，實踐批評則主要見於選評作品之上。金氏以上述純理論爲準則，選批上自先秦，下至唐宋的詩文，是爲《才子書》，並以評點爲批評形式，着眼於古代詩文的修辭、結構分析等外在形式。

---

① 《讀第六才子書〈西廂記〉法》第二十三則，詳見［清］金聖嘆著，曹方人、周錫山標點之《金聖嘆全集》卷3（南京：江蘇古籍出版社，1985年），頁14。
② 鐵琴屢主編《金聖嘆尺牘》（臺北：廣文書局，1989年），頁18。
③ 同上注，頁22。
④ 同上注，頁8－9。
⑤ 同上注，頁13。

歸根結底，金氏從純理論到實踐批評，旨在垂範讀者，提高讀者的鑑賞能力。根據金氏的純理論及實踐批評，其理論特點大致如下：

第一，批評背景方面：主要不滿傳統批評的含混論調，故而提出新論，垂範讀者。

第二，批評對象方面：以作品爲主，甚至作品本身的外在形式。至於文類等外緣元素，並非金氏最主要的研究對象，故屬“形式批評”。

第三，批評方法方面：以尺牘與評點爲體裁，利用細讀方式剖析作品。

第四，批評前設方面：似乎假設作品爲近乎自足的有機體。

至於新批評，其誕生背景與金批頗相類似，同樣不滿傳統的批評手法。當時西方文學研究，大多以作者生平、文學的社會內容及文學史爲切入角度。這些切入角度，畢竟是作品以外的元素，作品根本未能從文學研究中獨立出來。[①]

如是者，新批評主張作品研究應該返回本位，着重細讀作品，並揭示當中的寫作技巧。蘭色姆（John Crowe Ransom）曾在《徵求本體論批評家》中旗幟鮮明地首次高喊“本體論批評”(Ontological Criticism)，[②] 這個口號自此成了新批評“以文本爲中心”的主要根據。新批評成員維姆薩特（William K. Wimsatt）更在這個基礎上，進一步提出“意圖謬見”（Intentional Fallacy）和“感受謬見”（Affective Fallacy）兩個概念：

> 意圖謬見在於將詩和詩的產生過程相混淆，這是哲學家們稱爲“起源謬見”（The Genetic Fallency）的一種特例，其始是從寫詩的心理原因中推衍批評標準，其終則是傳記式批評和相對主義。感受謬見則在於將詩和詩的結果相混淆，也就是詩是甚麼和它所產生的效果。……不論是意圖謬見還是感受謬見，這種似是而非的理論，結果都會使詩本身作爲批評判斷的具體對象趨於消失。[③]

在 3R 關係（作者［Reader］—作品［Writing］—讀者［Writer］）上，維姆薩特有意割斷“作品”與“作者”、“讀者”的關係，認爲後二者是作品外緣，應該拒諸文學研究門外，好讓作品得以孤立起來研究。其他新批評成員也較多研究作品的外在形式，諸如燕卜蓀（William Empson）的“複義”，布魯克斯（Philips Brooks）的“悖論”、“反諷”，維姆薩特的“象徵”、“隱喻”，指向的都是寫作技巧，也就是外在形式。

誠如前文所述，新批評成員彼此的意見時有牴牾。譬如對於“以作品爲本體”這個問題，維姆薩特排除作者與讀者兩個元素，瑞恰慈（I. A. Richards）却對作者心理的追溯、讀者閱讀心理的分析，仍然重視。

不過，新批評的某些觀點畢竟普遍一致。艾布拉姆斯（M. H. Abrams）歸納了新批評的一般共同理論特點，[④] 如果連同新批評的生成背景，則共有四項：

第一，研究背景方面：不滿傳統批評不重視文本的獨立分析，因而要求以作品爲本體，細讀作品。

---

① “It opposed the prevailing interest of scholars, critics, and teachers of that era in the biographies of authors, the social context of literature, and literary history by insisting that the proper concern of literary criticism is not with the external circumstances or effects or historical position of a work, but with a details consideration of the work itself as an independent entity.” M. H. Abrams, *A Glossary of Literary Terms*, p. 180.

② 約翰·克婁·蘭色姆著，蔣一平譯《詩歌：本體論扎記》，趙毅衡編《“新批評”文集》，頁 46－71。

③ 威廉·K·維姆薩特著，羅少丹譯《感受謬見》，趙毅衡編《“新批評”文集》，頁 228。

④ M. H. Abrams, *A Glossary of Literary Terms*, pp. 180－182.

第二，研究對象方面：以作品爲中心，視之爲美學客體，着重分析作品的語言和結構，甚至提出“張力”、“反諷”、“複義”等寫作技巧，反而忽視文類等外緣元素，故可稱爲“形式批評”。

第三，研究方法方面：以論文爲體裁，輔以細讀法（Close reading）分析。

第四，研究前設方面：以作品爲有機體。

如果對照金批與新批評的産生背景與理論特點，便會發現兩者在批評背景、對象、方法，以至前設上，相當契合。

三、金批與新批評的契合點

金批與新批評頗有不少契合點。這可從批評對象、批評方法及批評前設三方面，窺見一斑：

第一，批評對象。

根據艾布拉姆斯，“文藝批評座標”（Coordinates of Art Criticism）表現於四方面，包括“作品”（Work）、“文藝家”（Artist）、“觀衆”（Audience）及“宇宙”（Universe）。① 如果説傳統批評重視“作品”與“文藝家”、“宇宙”之間的關係的話，那麽，則可以説金批與新批評比較着眼於“作品”了。

換句話説，在 3R 關係上，金批與新批評悉以“作品”爲本體。金氏的批評焦點集中在作品身上。金氏在尺牘與評點中，雖然没有明確表示批評應該聚焦於作品身上，然而從金氏所選作品的文類特點，以及評點内容來看，作品多爲先秦兩漢唐宋詩文，而且大多饒富寫作技巧。加上，金批較多指向作品的藝術特色，對於作者、讀者之類的外緣因素，討論篇幅並不算多。由此間接看出金氏對“作品”予以一定的注視。至於新批評，更直接要求將研究焦點集中在“作品”身上。例如蘭色姆提出“本體論批評”之餘，還指出應該以詩歌的語言特點爲分析對象。他在《徵求本體論批評家》一文提到：

> 把語義特性與語音特性結合而爲美妙的詩歌語言，似乎也就産生了一種極其高妙的“相稱”、和諧或者妥貼，甚至一種耐久的穩定性。這是我們大家都體會到的東西，我相信這也是我們應該在此進行探討的事實。②

既然蘭色姆把詩歌的語言特點視爲主要的研究對象，這便體現新批評成員“以作品爲本體”的主張了。另一新批評成員維姆薩特甚至走向極端，提出“意圖謬見”和“感受謬見”，進一步爲“作品”的地位提供合理的依據。無論如何，“以作品爲本體”也是新批評的普遍共識，這與金批甚爲相似。

金批與新批評都輕視文類研究，對文類區分的問題並没有很强烈的意識。金氏一方面知道詩、文實屬截然不同的兩種體裁，另一方面則認爲兩者的筆法規律全都一致。他在《與顧祖頌等》説：

---

① M. H. Abrams, *The mirror and the lamp: romantic theory and the critical tradition* (New York: W. W. Norton, 1958), p. 6.

② 約翰·克婁·蘭色姆著，張廷琛譯《徵求本體論批評家》，趙毅衡編《“新批評”文集》，頁 75。

> 詩與文，雖是兩樣體，却是一樣法。一樣法者，起承轉合也；除起承轉合，更無文法，除起承轉合，亦更無詩法也。①

一種文類本身應該有可以與其他文類彼此區分的獨特元素，可是金氏反而認爲詩與文的不同只在於外在體式而已，兩者的内在法則却是一樣。這是因爲金氏認爲作品的文學價值，並不取決於文類，反而取決於作品本身的好壞。即是説，文類研究不是金批的首要考慮元素。尺牘《與王斲山》提到：

> 聖嘆不問其書之爲正史稗史，只問其書之文章，做得好不好。文章好，即稗史亦不必不批；文章不好，即正史亦不必批。《水滸》一書，真是天下古今奇絶妙絶之文，奈何可以不批？②

金氏不問作品是正體詩文，還是别裁僞體，只問作品的好與壞，這反映金氏對於文類的問題不予特别的重視；新批評也同樣不重視文類區分。誠然，某些新批評成員所著《邪惡的發現：〈殺人者〉分析》、③《葉芝的根深花茂之樹》④ 等文，稍有涉及"文本互涉"(Inter-textuality) 的分析方法，但整體來説，新批評成員從事文學研究，大多孤立作品分析，不重作品群體。正如趙毅衡所指：

> 文論史上稱新批評派的細讀式批評是"個體批評"(atomized criticism)，即只論孤立的作品，不顧及文學作品的群體，不談文類 (genres) 的批評。形式主義並不需要排斥文類研究，但如果像新批評派那樣把作品的有機自足觀念引向極端，作品間關係研究也就成了"外緣批評"。⑤

以上可見，文類的探討並不是金氏與新批評的着眼點。

由於金批與新批評以"作品"爲本體，而且較不重視文類問題，這便容易導向"文本分析"的方向。"文本分析"本身可以包括分析作品的"思想内容"與"外在形式"，可是金批與新批評偏向後者：

先説金批。

語言與結構分析佔了很大部分。例如金氏在《晉使吕相絶秦》總評提及"字法"、"句法"與"章法"的概念：

> 章法句法字法，真如千巖競秀，萬壑爭流，而又其中細條細理，異樣密緻，讀萬遍不厭也。⑥

---

① 《金聖嘆尺牘》，頁 13。
② 同上注，頁 56。
③ 克林思·布魯克斯、羅伯特·潘·沃倫著，萬培德譯《邪惡的發現：〈殺人者〉分析》，趙毅衡編《"新批評"文集》，頁 424－436。
④ 克林思·布魯克斯著，李自修、張子清譯《葉芝的根深花茂之樹》，趙毅衡編《"新批評"文集》，頁 437－452。
⑤ 趙毅衡《新批評——一種獨特的形式文論·引言》，頁 107。
⑥ 《晉使吕相絶秦》，《金聖嘆全集》卷 3，頁 309。

其中的“字法”、“句法”便屬於語言分析部分，“章法”則屬於結構分析部分。金氏就是從這幾方面評價前賢詩文：第一，語言分析。何謂“字法”？金氏似乎没有闡釋清楚。諸如評點《士貞子諫殺林父》“‘猶在’字法妙，‘未歇’字法妙”、[①]《里革斷罟匡君》“‘别孕’，字法”、“‘不敢’，字法”、“‘無藝’，字法”，[②] 只不過揭示作品某處表現“字法”，却没有指出爲何能够表現“字法”。儘管如此，筆者從金批字裏行間，推測“字法”應該包括煉字、[③] 重字、[④] 换字、[⑤] 增字及省字。[⑥] 换言之，“字法”指用字技巧。至於“句法”的涵義，金氏也語焉不詳。不過，從其若干評點可見，“句法”應該指向語法修辭，譬如“古文法”、[⑦]“倒裝”、[⑧]“長短句”、[⑨]“主賓句”[⑩] 等，所指的都是造句技巧；第二，結構分析。金氏主要從“章法”，即整體結構，分析前人作品。金氏分析作品的“章法”時，主要把一篇作品劃分爲若干部分，例如“前半”、“後半”、[⑪]“扇”、[⑫]“折”、[⑬]“解”、[⑭]“幅”、[⑮]“段”[⑯] 等。除此之外，金氏對作品的段旨、[⑰] 層次、[⑱] 呼應、[⑲] 抑揚、[⑳] 開總，[㉑] 以至章法變化[㉒]等，也有相當多的闡發。有關“章法”上的分析，我們可從金氏評點柳宗元《潭州東池戴氏堂記》一文，窺見一二。該文的總評指出：

---

① 《士貞子諫殺林父》，《金聖嘆全集》卷3，頁306。
② 《里革斷罟匡君》，《金聖嘆全集》卷3，頁340。
③ 例如評《季子文譏齊侯不免》篇末“多行無禮，弗能在矣”兩句：“‘在’字妙妙，只一字，耐人數日思。”（《金聖嘆全集》卷3，頁302）評《范蠡不許吴成》范蠡“君行制，臣行意”句：“更不多贅一字，妙妙。”（《金聖嘆全集》卷3，頁362）《游騰爲周謝楚》總評：“無一拖筆沓字。”（《金聖嘆全集》卷3，頁363）以上全都牽涉煉字的問題。
④ 例如指出《晉使吕相絶秦》重用“‘我’字”（《金聖嘆全集》卷3，頁310）；評《李克論相》中李克的對答：“重述一遍，不换一字，妙妙。”（《金聖嘆全集》卷3，頁382）以上指向用字重複的問題，即修辭學所謂的“反覆”格。
⑤ 《晉使吕相絶秦》全文先後出現“是以有殽之師”、“我是以有令狐之役”、“我是以有河曲之戰”、“我是以有輔氏之聚”，金氏指出：“‘我是以有’四。‘之師’、‘之役’、‘之戰’、‘之聚’，各换字。”（《金聖嘆全集》卷3，頁310）“换字”指複句只换了若干字詞，這些字詞是提示字，表示意思的轉折，例如《戎駒支不願與會》“今諸侯之事我寡君，不如昔者。蓋言語漏洩，則職汝之由。詰朝之事，爾無與焉。與，將執女”數句後評：“一段話，用‘昔’字，‘今’字，‘詰朝’字轉筆。”（《金聖嘆全集》卷3，頁312）
⑥ 《魏益公叔賞田》“夫使士卒不崩，直而不倚，橈撓而不辟者，此吴起餘教也，臣不能爲也”句後評：“此段，加‘直而’二句，‘吴起’上多‘此’字，‘餘教’上省一‘之’字。”（《金聖嘆全集》卷3，頁383）其中的“多字”與“省字”，有時稱做“添字法”與“省字法”（詳見《吴起不恃河山》，《金聖嘆全集》卷3，頁382）。
⑦ 《子産不與晉玉環》“出一玉以起二罪，吾又失位，韓子成貪，將焉用之”句後評：“此只是‘出一玉以起二罪，將焉用之’十一字句，中八字注‘二罪’耳，此古文法也。”詳見《金聖嘆全集》卷3，頁330。
⑧ 《子圍逆女以兵》分析子羽“小國無罪，恃實其罪。將恃大國之安靖己，而無乃包藏禍心以圖之”句爲“只用一句。直直叫破，妙絶妙絶。更妙於將欲叫破，却先倒裝‘恃’字；將欲倒裝‘恃’字，却又先倒裝一‘罪’字，又先倒裝一‘無罪’字”（《金聖嘆全集》卷3，頁320）；《吕后本紀贊》總評：“此是三段文字，却是倒裝筆法。”（《金聖嘆全集》卷3，頁438）“倒裝”有時稱爲“倒句法”，如金氏於《子産戎服獻捷》“不可億逞”句後指出：“四字，倒句法，猶言其狂逞，乃至説不盡。”（《金聖嘆全集》卷3，頁333）
⑨ 例如指《藍尹亹告子西修德》藍尹亹之言“吾聞君子唯獨居思念前世之崇替”爲“長句”，“與哀殯喪”爲“短句”（《金聖嘆全集》卷3，頁354）。“長句”有時叫做“長句法”（詳見《子産壞晉館垣》，《金聖嘆全集》卷3，頁317）。
⑩ 例如指《晉使吕相絶秦》“君若惠顧諸侯，矜哀寡人，而賜之盟，則寡人之願也，其承寧諸侯以退，豈敢徼亂”爲“賓句”，指“君若不施大惠，寡人不佞，其不能以諸侯退矣”爲“主句”（《金聖嘆全集》卷3，頁311）。
⑪ 《鄭伯克段於鄢》篇首總評“通篇，要分認其前半是一樣音節，後半是一樣音節”，《金聖嘆全集》卷3，頁287。
⑫ 《陰飴甥對秦伯》，《金聖嘆全集》卷3，頁293。
⑬ 詳見《燭之武退秦師》（《金聖嘆全集》卷3，頁297-298）及《季文子儉德》（《金聖嘆全集》卷3，頁341）。
⑭ 《歸去來辭》，《金聖嘆全集》卷3，頁507-508。
⑮ 《晏嬰叔向相語》，《金聖嘆全集》卷3，頁322。
⑯ 《潮州韓文公廟碑》，《金聖嘆全集》卷3，頁615。
⑰ 金氏將《圬者王承福傳》標爲若干段，指出段旨，例如“第一段，寫其自叙”、“第二段，寫其議論”、“第三段，寫其守分”，詳見《金聖嘆全集》卷3，頁542-543。
⑱ 例如指《司馬穰苴列傳贊》“先論其兵法”、“次方論穰苴”，詳見《金聖嘆全集》卷3，頁452。
⑲ 《蘭亭詩序》“故列叙時人，録其所述”句後評：“與前八字（筆者按：“群賢畢至，少長咸集”）正應。”詳見《金聖嘆全集》卷3，頁505。
⑳ 《絳侯周勃世家贊》總評：“周勃，先抑後揚；亞夫，先揚後抑。”詳見《金聖嘆全集》卷3，頁450。
㉑ 《宋玉對楚王問》夾批：“上先開後總，此先總後開。”《金聖嘆全集》卷3，頁404。
㉒ 《晏子論梁丘據》夾批：“引《詩》腴甚。章法變化如此。”《金聖嘆全集》卷3，頁331。

> 細察其中間，有無數脱卸，無數層折，無數渲染，無數照應，節節連絡，處處合沓，真妙文也。①

以上的“層折”、“照應”、“連絡”、“合沓”等語，都可看到金氏着眼於作品的篇章結構。上述“字法”、“句法”，以至“章法”，都牽涉語言及結構的問題，與作品的寫作技巧有直接的關係。金批着重作品的外在形式，可見一斑。

次就新批評而論。

新批評也特别着眼於作品的外在技巧。新批評前設作家創作時，充分運用寫作技巧。例如蘭色姆《詩歌：本體論扎記》説：

> 如果詩人没有爲了增加感覺和感性的分量而發展許多技術手段，那倒是奇怪的了。②

既然作品有一定的寫作技巧，批評家應該以分析作品的外在形式爲己任。如是者，布魯克斯《釋義誤説》才評選約翰·唐恩《聖謚》、威廉·莎士比亞《麥克白斯》、約翰·彌爾頓《快樂的人——幽思的人》、羅伯特·海里克《柯林娜去歡慶五朔節》、亞歷山大·蒲伯《鬈髮遇劫記》、託馬斯·格雷《墓園挽歌》、威廉·華兹華斯《不朽頌》、約翰·濟慈《希臘古瓮頌》、阿爾弗雷德·丁尼生《眼淚，徒然的眼淚》、威廉、勃特勒·葉芝《在學童中間》共十首詩，並且着重分析這些作品的外在形式。布魯克斯也明確指出：

> 如果讀者確實感到它們是適當的，那麼這些詩中共有的精華必然會表現出來，不是用通常概念的“内容”或“題材”衡量，而是以結構作爲標準，這應當是十分明顯的。③

又如布魯克斯、沃倫《邪惡的發現：〈殺人者〉分析》一文，便是從細節、結構，分析短篇小説《殺人者》的寫作技巧。④ 可見新批評側重剖析作品結構之類的外在形式。

金氏與新批評的分析對象，明顯偏向作品的外在形式。不僅如此，兩者在批評的過程中，若干術語概念也極爲相似：第一，比喻。金批有時稱“比喻”、⑤“喻”⑥ 或“譬”，⑦ 甚至細分爲“插喻”。例如評點《晏子論梁丘據》“若以水濟水，誰能食之”句，指“此是喻”。⑧ 又如評《司馬錯論伐蜀》“以秦攻之，辟如使狼逐群羊也”句“斜插一喻”，⑨ 以揭示文中的比喻手法；至於新批評，也慣用“比喻”的概念。例如蘭色姆《詩歌：本體論扎記》認爲，詩歌其中一個表現手段是“比喻”，而“比喻”本身又可同時細分爲“曲喻”、“隱喻”；⑩ 維姆薩特《象徵與隱喻》更認爲，“比喻”中的“隱喻”是“展示概念的一種曲折的手段，而且它似乎也的確起了這樣的作

① 《潭州東池戴氏堂記》總評，《金聖嘆全集》卷3，頁562。
② 約翰·克婁·蘭色姆著，蔣一平譯《詩歌：本體論扎記》，趙毅衡編《“新批評”文集》，頁61。
③ 克林思·布魯克斯著，杜定宇譯《釋義誤説》，趙毅衡編《“新批評”文集》，頁189。
④ 克林思·布魯克斯、羅伯特·潘·沃倫著，萬培德譯《邪惡的發現：〈殺人者〉分析》，趙毅衡編《“新批評”文集》，頁425－436。
⑤ 《召公諫厲王止謗》總評：“凡作兩番比喻。”《金聖嘆全集》卷3，頁335。
⑥ 《子産論尹何》，《金聖嘆全集》卷3，頁319。
⑦ 《戎駒支不願與會》“添譬，倍更明顯”，《金聖嘆全集》卷3，頁312。
⑧ 《晏子論梁丘據》，《金聖嘆全集》卷3，頁331。
⑨ 《司馬錯論伐蜀》，《金聖嘆全集》卷3，頁365。
⑩ 約翰·克婁·蘭色姆著，蔣一平譯《詩歌：本體論扎記》，趙毅衡編《“新批評”文集》，頁63－68。

用，成爲概念的一種功能”;① 第二，諷刺。金氏評點作品，有時稱做“諷刺”、②“反説”、③“戲語”④ 或“滑稽語”;⑤ 新批評成員也常用“諷刺”一詞分析作品，時而稱爲“反諷”，時而稱做“悖論”。⑥ 對於“諷刺”的概念，布魯克斯《反諷——一種結構原則》有詳盡的解釋：

> 語境對於一個陳述語的明顯的歪曲，我們稱之爲反諷。舉一個最簡單的例，我們説“這是個大好局面”；在某些語境中，這句話的意思恰巧與它字面意義相反。這是最明顯的一種反諷——諷刺。⑦

布魯克斯更將“反諷”分類爲“悲劇性反諷、自我反諷、嬉弄的、極端的、挖苦的、温和的反諷等等”;⑧ 第三，韻律。金批評點詩文時，舉凡押韻、⑨ 語氣詞⑩的運用，均有涉及；新批評成員蘭色姆認爲，詩歌的表現手段之一是“韻律”，並指“韻律是最明顯的手段。合乎規格的韻律給我們的印象就彷彿是一種十分嚴厲地控制材料的方式”。⑪ 總而言之，“比喻”、“諷刺”與“韻律”這三種用語，都是金批與新批評常用的。

綜合上述“以作品爲本體”、“輕視文類研究”及“注視作品的外在形式”三個部分，以及與語言、結構、修辭等相關的論述文字，全都指向一點：金批與新批評以作品爲批評對象。這種批評角度，反映了兩者對作品“文學性”都能予以一定的注視。

第二，批評方法。

金批與新批評主要借助“細讀”分析作品。金氏指斥當時人閲讀作品，總是粗心大意，蒙混過去。《與閔康社》説：

> 今人不會看書，往往將書容易混帳過去。於古人書中所有得意處，不得意處，轉筆處，難轉筆處，倒插在前處，無數方法，無數筋節，悉付之於茫然不知。而僅僅粗記前後事迹，是否成敗，以助其酒前茶後，雄談快笑之旗鼓。⑫

金氏認爲以上全爲“粗人”，要求“細人”仔細檢視前人作品，例如《與王勤中》提到：

> 一詩也，有人讀之而喜，有人讀之而悲者，則以一詩通身寫喜，而中間乃於不意之處，

① 威廉·K·維姆薩特著，楊德友譯《象徵與隱喻》，趙毅衡編《“新批評”文集》，頁 359。
② 例如評《梁孝王世家贊》“然亦僭矣”句：“輕輕只用四字諷”，《金聖嘆全集》卷 3，頁 451。
③《張智趯在君子後》，《金聖嘆全集》卷 3，頁 321。
④ 例如評《孟嘗君索救燕趙》：“看他極急中作戲語，好好”，《金聖嘆全集》卷 3，頁 389。
⑤ 例如評《晏子不死君難》：“忽又作滑稽語，妙妙。”《金聖嘆全集》卷 3，頁 315。
⑥ 趙毅衡指新批評較常用“反諷”一詞：“悖論應當指矛盾的意義在字面上都出現，而反諷是指實際意義與字面意義對立。但我們仔細讀讀這兩篇文章就可以看出，在新批評派手裏，這兩個術語没有多大差别，只是反諷這術語用得更多一些。”趙毅衡按語，詳見《“新批評”文集》，頁 333。
⑦ 克林思·布魯克斯著，袁可嘉譯《反諷——一種結構原則》，趙毅衡編《“新批評”文集》，頁 335。
⑧ 同上注，頁 336。
⑨ 金氏有時稱爲“押字”，例如《子産戎服獻捷》“我先王賴某器用也，與其神明之後也”句後評：“連押‘也’字，弄姿。”(《金聖嘆全集》卷 3，頁 333) 有時則稱作“押脚”，譬如《魏益公叔賞田》“見敵之可也，鼓之；不敢怠倦者，臣也”句後評：“却兩用‘也’字押脚。”《金聖嘆全集》卷 3，頁 383。
⑩ 金氏評點《後十九日復上宰相書》，指出語氣詞的韻律特點：“一段‘乎’字押。‘哉’‘乎’字生姿。”詳見《金聖嘆全集》卷 3，頁 514。
⑪ 約翰·克婁·蘭色姆著，蔣一平譯《詩歌：本體論扎記》，趙毅衡編《“新批評”文集》，頁 61。
⑫《金聖嘆尺牘》，頁 54－55。

> 却悄然安得一字，又安得者是一虛字，而一時粗人讀之，不覺故，於是遂喜；細人讀之，則恰恰注眼射見此字，因而遂更悲也。①

如是者，金氏採用文本“細讀”方式，解剖所選的古代詩文，並在評點過程中，不斷强調“逐段細細讀”、②“須細尋其處處細針密線”、③“後賢務須逐番細讀之，真及精奇無比之文，不得止作老生常誦習而已”，④ 多番提醒讀者對特定地方注目深思。金氏自己更編選《才子書》，以實踐批評的方式，利用“分解”、“起承轉合”等剖析所選詩文。這種抽絲剥繭的批評手法，便是“細讀法”；新批評也運用“細讀法”。布魯克斯在《新批評》一文，説明“細讀法”是新批評普遍共用的分析工具：

> 除了重視作品本身更甚於重視作者意圖和讀者反應以外，還有没有所謂新批評家們共有的其它方面？要説有，那也許就是“細讀法”（Close reading）了。不過用“充分讀法”（Adequate reading）來代替可能更精確些。“充分”無疑是相對而言的，而“細”也是相對而言的。……有的作品的確要求更加仔細地閲讀，於是這種臆測又似乎顯得有道理。⑤

譬如蘭色姆自己也相當重視對作品的徹底剖析：

> 批評家已對詩的組成材料作了徹底的分析，並根據自己的氣質或需要的要求而坦率地對比作了評價。⑥

新批評不單從純理論的角度提出“細讀法”，若干成員更先後編選《怎樣讀詩》、《怎樣讀小説》及《怎樣讀戲劇》作爲大學教材，以“細讀法”剖析作品，付諸實踐。這與金氏理論與實踐並重的“細讀”方法，相當類似。

第三，批評前設。

以上有關金氏與新批評的批評對象與批評方法，似乎建基於同一個前設：作品是近乎自足的有機體。金氏對其選批的古人詩文，似乎前設爲近乎毫無瑕疵的有機體。金氏認爲，前人作品的篇章結構，部分與部分，部分與整體之間，可謂互爲關係。例如《與西堂總持法師》指律詩環環相扣，且有脈絡：

> 今律詩之一二正是其奮迅，三四正是其深住定中，五六正是其安庠求出，七八正是其自己出定來也。蓋一二如不奮迅，即三四決不得深住定中。乃五六如不安庠求出，即七八亦更無從出之處。⑦

《與周計百》也提到：

---

① 《金聖嘆尺牘》，頁 14。
② 《晉敗秦師於殽》，《金聖嘆全集》卷 3，頁 299。
③ 《子産壞晉館垣》，《金聖嘆全集》卷 3，頁 317。
④ 《召公諫厲王止謗》，《金聖嘆全集》卷 3，頁 335。
⑤ 克林思・布魯克斯著、周敦仁譯《新批評》，趙毅衡《“新批評”文集》，頁 549。
⑥ 約翰・克婁・蘭色姆著、蔣一平譯《詩歌：本體論扎記》，趙毅衡編《“新批評”文集》，頁 47。
⑦ 《金聖嘆尺牘》，頁 7。

> 弟看唐律詩，其一二起時，不惟胸中早有七八，其筆下亦早自有七八，弟因悟其因有七八，故有一二也。七八如不從一二趁勢，固是神觀索然；然一二如不從七八討氣，直是無痛之呻吟也。①

《與王斲山》也說：

> 律詩八句，本是一首，如分解，則恐似兩首；此語乃大錯。②

這三則文字都指出：前人作品，尤其唐律，必定是有機體，構想周到。這個前設，在金氏的評點文字中，屢見不鮮，譬如"古人文字，一筆不苟如此"、③"瑣事瑣言，却特妙絶"、④"更不多贅一字，妙妙"、⑤"無一拖筆沓字"、⑥"重述一遍，不換一字，妙妙"。⑦誠然，金氏曾經批評某些作品存有瑕疵，例如就《申子始合昭侯》"二人各進議於王以事"句，批評"句法未煉，不如去'以事'二字"。⑧雖然如此，這類負面的批評畢竟並不多見。退一步說，金氏《才子書》所選輯的詩文，當然因爲大部分都是佳作，才被選入書中。這些作品既然是佳作，金氏較少負面評語，自然合乎情理，似乎不能反映金氏前設作品是近乎完美的有機體。但進一步說，正如上舉《與周計百》"弟看唐律詩，其一二起時，不惟胸中早有七八，其筆下亦早自有七八，弟因悟其因有七八，故有一二也。七八如不從一二趁勢，固是神觀索然；然一二如不從七八討氣，直是無痛之呻吟也"，金氏似乎以個人的臆度之辭，概論所有的唐代律詩都有完整的脈絡和結構。就算作品有"瑣事瑣言"或"重述一遍"，金氏也不以"冗贅"視之，反而視之爲技巧。這種多爲褒辭的現象，似乎預設作品是近乎白璧無瑕的有機體；新批評也存在同樣的問題。新批評成員前設作品是獨立自足的有機整體。例如燕卜蓀《複義七型》說：

> 詩人用的詞往往比較恰當，它們所表達的東西會在思想裏作爲一個整體，比我來重述它們更爲有效。⑨

其中"詩人用的詞往往比較恰當"一句，可見新批評的前設是：作品是獨立自足，並無瑕疵。

四、分歧：金批與新批評的差異

金批與新批評在批評對象、批評方法與批評前設，確實有相當多的契合點。然而，歸根結底，兩者畢竟屬於不同的理論模子。如果仔細加以對照，便能辨析兩者同中有異。

---

① 《金聖嘆尺牘》，頁 12－13。
② 同上注，頁 20。
③ 《喻巴蜀檄》，《金聖嘆全集》卷 3，頁 435。
④ 《敬姜以繁逐文伯》總評，《金聖嘆全集》卷 3，頁 343。
⑤ 《范蠡不許吴成》，《金聖嘆全集》卷 3，頁 362。
⑥ 《游騰爲周謝楚》總評，《金聖嘆全集》卷 3，頁 363。
⑦ 《李克論相》總評，《金聖嘆全集》卷 3，頁 382。
⑧ 《申子始合昭侯》，《金聖嘆全集》卷 3，頁 396。
⑨ 威廉·燕卜蓀著，麥任曾、張其春譯《複義七型》，趙毅衡編《"新批評"文集》，頁 310。

1. 批評目的

誠然，金批旨在提高讀者的鑑賞能力，但其最終目的是還原作者的創作原意。金氏認爲，從内容到技巧上，前賢爲文用心良多。倘若讀者略讀便了，未免枉費了作者的創作心意。《與閔康社》説：

> 吾特悲讀者之精神不生，將作者之意思盡没，不知苦心，實負良工。[①]

又如《與任昇之》云：

> 今因先分得老杜七律數十餘首，特命雍兒繕寫呈正。……弟於世間，不惟不貪嗜欲，亦更不貪名譽，胸前一寸之心，眷眷惟是古人幾本殘書，自來辱在泥塗者，却不自揣力弱，必欲與之昭雪，只此一事，是弟前件，其餘弟皆不惜。[②]

金氏希望讀者通過細讀，還原作者的創作意圖。金氏自己也仔細分析前人詩文，旨在“全是替古人做一件公事”，[③] 甚至在評點過程中，由作品的行文用字，推測作者的生平爲人。譬如王安石《讀孟嘗君傳》，金氏認爲該文的鑿鑿筆鋒，“讀之可以想見先生生平執拗”。[④] 從作品的筆鋒推論作者的執拗，這反映金氏在理念上，以重現作者的創作意圖爲終極目標；反觀新批評，旨在提供全新的批評角度，提高讀者的鑑賞能力而已。維姆薩特《感受謬見》指出：

> 批評家不是關於一首詩的統計數字報告的撰寫人，而是詩的意義的啓發人或詮釋者；如果他的讀者足够敏鋭的話，他們將不滿足於把批評家的話當作證詞，而將把它當作一種教導來深思熟慮。[⑤]

新批評所針對的，主要是讀者，而非作者，作者的創作意圖不是批評的主要考慮因素。新批評成員甚或提出“意圖謬説”與“感受謬説”，試圖割斷 3R 關係，使作品成了絶緣體，進而孤立作品，進行研究。總而言之，新批評强調以讀者爲依歸，這與金批還原作者的創作意圖很不同。

2. 批評範圍

金氏分析作品，不但觸及外在形式，而且能够觸及思想内容，以至作品的外緣元素。第一，就内容來説。金氏重視詩文内容，譬如《才子書》所選的七言律體六百餘篇“盡是温柔敦厚之言”。[⑥] 金氏評點作品時，也指出内容的重要性，例如評點《子産論尹何》一文，指“非貴其文辭，責其心地也。此文，只是一片心地”，[⑦] 又如指《子産戎服獻捷》一文“大悟其全以質勝”，[⑧] 其中的“心地”、“質”都指向作品的内容。金氏甚至對作品予以道德批判，譬如斥責

---

① 《金聖嘆尺牘》，頁 54。
② 同上注，頁 17。
③ 《與王斵山》，《金聖嘆尺牘》，頁 55－56。
④ 《讀孟嘗君傳》，《金聖嘆全集》卷 3，頁 629。
⑤ 威廉·K·維姆薩特著，黄宏煕譯《感受謬見》，趙毅衡編《“新批評”文集》，頁 243。
⑥ 《與王勸中》，《金聖嘆尺牘》，頁 31－32。
⑦ 《金聖嘆全集》卷 3，頁 319。
⑧ 同上注，頁 333。

《楚子問鼎》中的楚子“無禮”和商紂“無德”，稱許夏代“有德”，① 又如批評《齊伐楚盟召陵》中的齊國“看齊來楚踪迹，便不正大”。② 諸如此類，或以温柔敦厚爲評選準則，或兼論作品的内容道德問題，似乎超越了外在形式的範圍，進而觸及作品内容的問題。第二，就文類來説。雖然金批不重視文類研究，但也不代表金氏對這方面完全没有觸及。金氏評點詩歌之餘，也剖析《左傳》、《水滸》、《西廂》等古文、小説及雜劇，③ 有時也辨析作品文類，如指韓愈《送石處士序》“一篇純用傳體爲序，序之變也”，④ 評歐陽修《梅聖俞詩集序》“不知是論是記是傳是序”，⑤ 有時也能從“跨文本”作比較分析，例如金氏對照蘇軾《前赤壁賦》與《後赤壁賦》，認爲“前賦，是特地發明胸前一段真實了悟；後賦，是承上文從現身現境，一一指示此一段真實了悟，便是真實受用也”，⑥ 甚至探討個别作品的藍本，如指歐陽修《代人上王樞密求先集序書》、《送楊寘序》，分别以韓愈《送孟東野序》、《送王含秀才序》爲藍本。⑦ 金批這裏已經牽涉文類研究的問題了。第三，就考證來説。金批某些地方涉及考證問題。根據賈誼《治安策》，文首有“可爲長太息者六”句，金氏發現正文只有五句“長太息”，指“不知當時何故却少一段”，⑧ 從而對文中的闕文現象獻疑；又如對於《答蘇武書》一文是否李陵親撰這個問題，自古論者莫衷一是。金氏却認爲“昔人或疑其僞作，此大非也”。⑨ 這類與辨析作品真僞相關的文字，是新批評極少談及的。第四，就閲讀反應來説。金批不時表現讀者的閲讀感受，以及作品對讀者所産生的作用，諸如“閲之使人戰慄”、⑩ “初學一氣千遍讀之，可以平增無數才氣”、⑪ “使人讀之駭然”、⑫ “讀之淚落”、⑬ “讀之使人壯旺”，⑭ 全都是金氏自己的感受，以及金氏假設讀者應有的閲讀反應。綜合以上四點，可見金氏始終没有刻意割斷“作品”與其外緣之間的關係。

反觀新批評的研究範圍，似乎較爲狹窄。第一，在内容上，布魯克斯明確指出，衡量作品不應以“内容”或“題材”爲標準。⑮ 第二，在文類上，新批評成員布魯克斯、沃倫、海爾曼，雖然將文類分析伸延至小説與戲劇，看似能够掙脱新批評囿於詩歌分析這套緊身衣，但新批評一般都傾向從事詩歌研究，對於文類問題甚少談及。第三，在考證及閲讀反應上，新批評認爲這與作品的關係不大。維姆薩特甚至將批評標準推向極端，提出“意圖謬見”與“感受謬見”，完全割斷“作品”與其外緣元素的關係。金批的批評範圍，顯然比新批評要廣。

3. 批評形式

就體裁來説，金批主要以尺牘及評點爲體裁，新批評則爲論文體裁。金氏尺牘的形式與傳

① 《金聖嘆全集》卷 3，頁 304。
② 同上注，頁 290。
③ 金氏讚許《左傳》“若用筆而其筆之前後，不用筆處，無不到者，舍《左傳》吾更無與歸也”(《與許庶庵》，《金聖嘆尺牘》，頁 48－49)；認爲《水滸》“今批《水滸》至設祭一篇，不覺拍案狂叫曰：讀書不讀《水滸》，不知天下之奇；讀《水滸》而不讀設祭，不知《水滸》之奇也”(《與王斲山》，《金聖嘆尺牘》，頁 55)；又如稱許《西廂記》“斷斷不是淫書，斷斷是妙文”(《與王斲山》，《金聖嘆尺牘》，頁 46)。
④ 《金聖嘆全集》卷 3，頁 531。
⑤ 同上注，頁 588。
⑥ 《後赤壁賦》總評，《金聖嘆全集》卷 3，頁 618。
⑦ 詳見《代人上王樞密求先集序書》及《送楊寘序》總評，《金聖嘆全集》卷 3，頁 584、587。
⑧ 《治安策》，《金聖嘆全集》卷 3，頁 430。
⑨ 《答蘇武書》總評，《金聖嘆全集》卷 3，頁 481。
⑩ 《賓媚人責晉人》，《金聖嘆全集》卷 3，頁 307。
⑪ 《蘇代約燕昭王書》，《金聖嘆全集》卷 3，頁 390。
⑫ 《莊辛諫楚王》，《金聖嘆全集》卷 3，頁 399。
⑬ 《韓非説難》，《金聖嘆全集》卷 3，頁 412。
⑭ 《平吴疏》，《金聖嘆全集》卷 3，頁 499。
⑮ 克林思·布魯克斯著，杜定宇譯《釋義誤説》，趙毅衡編《“新批評”文集》，頁 189。

統的詩話體裁頗類似，都是筆記式的論説體裁；評點則包括篇首總評、夾批。筆者認爲，金氏尺牘主要表現其純理論，評點則是實踐批評。這兩種批評體裁，固然或能起到一矢中的的作用，但由於體裁的限制，有時未免語焉不詳，以致缺乏嚴密的論證過程。學者葉維廉認爲，中國詩話的批評形式，行文組織不屬於“亞里士多德型”，既無“始、叙、證、辯、結”，更無累積詳舉的方法。① 這也是金批體裁的問題癥結所在。先舉金氏尺牘爲例，《與徐子能》説：

> 云前解如弓來體，後解如弓往體。蓋弓來體，在初拽開時，眼之所注，箭之所直，更無旁及，而後引之而必至於滿也。今一二，正如初拽開時之眼之所注箭之所直更無旁及也；三四不過如引之而必至於滿也。弓往體在既放後，其所到處，必中要害，而時亦有不得中要害者，則其既滿臨放之時，手法之異也。今七八，正如到之必得中要害也。五六則如既滿臨發之時之手法也。此喻最是快意。②

金氏爲了闡明其“分解説”，以及律詩四聯之間的關係，便以引弓射箭爲喻，指出：律詩四聯的先後次序，與援弓發箭的整個過程相似，兩者由起首至結尾，原理都是一樣。筆者認爲，這種比喻説明方法，固然能够以形象化的喻體，讓人易於明白、認識律詩四聯，但這種比喻説明方法，本身却没有任何解釋成分，根本没有闡明“其所以然”這個問題。這類論述方式在金批中更不止一次。③ 次舉金氏評點爲例，金氏有時未免語焉不詳，諸如“節節奇，節節妙，節節腴。誠若驚其奇，服其妙，必須細察其腴”、④“其中有惜墨如金之法，逐段逐句逐字細細讀，當自得之”，⑤ 評點有時甚至簡短到“細讀‘將’字”、“細讀‘使’字”、“細讀‘以’字、‘而’字”，⑥ 毫無進一步的解釋。金批這些文字，只有“亞里士多德型”中的“結”，而較少有“始、叙、證、辯”的完整論證過程。退一步説，我們應該以同情共感的角度去理解金氏的時代局限，因爲金批的撰成，旨在給兒子金雍示例而已。如是者，批評時點到即止便可，毋須完全與下愚明言。可是，這終究屬於“啓悟式”的批評方法，只能引起讀者的注意力，誘導讀者自行思索，填補金批在論證上的“空白”而已。即是説，金批的論證過程，並不嚴密；反之，新批評則以論文體裁論説。例如蘭色姆《詩歌：本體論扎記》一文，便是論文體裁，該文論説詩歌的寫作手段有韻律、虚構、比喻，其中比喻又有隱喻、曲喻，並且説明其涵義和作用；⑦ 至如其他新批評成員如瑞恰慈《論述的目的和語境的種類》、⑧ 燕卜蓀《複義七型》⑨ 等，所用體裁都是論文，論説方式一般都有“始、叙、證、辯、結”整個論證過程。這種批評方式，無疑比金批來得嚴謹。

從語調來説，金氏屬於“感受批評”，而新批評則屬於“理性批評”。金氏評點前人作品，

---

① 葉維廉《中國文學批評方法略論》，《中國詩學》（北京：人民文學出版社，2006年），頁4-5。

② 《金聖嘆尺牘》，頁6-7。

③ 譬如金氏在《與西堂總持法師》中，以“比丘入定相貌”比喻“唐律詩分解”：“法師常説比丘入定相貌，弟子目令與唐律詩分解，恰恰正如其事。蓋比丘入定，必須奮迅而入，出則必須安庠而出。今律詩之一二正是其奮迅，三四正是其深住定中，五六正是其安庠求出，七八正是其已出定來也。蓋一二如不奮迅，即三四決不得深住定中。乃五六如不安庠求出，即七八亦更無從出之處”，詳見《金聖嘆尺牘》，頁7。

④ 《司馬喜立陰后》總評，《金聖嘆全集》卷3，頁401。

⑤ 《春秋或問》總評，《金聖嘆全集》卷3，頁589。

⑥ 《難蜀父老》，《金聖嘆全集》卷3，頁433。

⑦ 約翰·克婁·蘭色姆著，蔣一平譯《詩歌：本體論扎記》，趙毅衡編《“新批評”文集》，頁46-71。

⑧ 詳見I. A. 瑞恰慈著，章祖德譯《論述的目的和語境的種類》，趙毅衡編《“新批評”文集》，頁287-303。

⑨ 詳見威廉·燕卜蓀著，麥任曾、張其春譯《複義七型》，趙毅衡編《“新批評”文集》，頁304-312。

不時强調自己的閱讀感受，筆者因而稱之爲“感受批評”。所謂“感受批評”，指評者以同情共感的方式，代入作品的語境當中，然後將個人的感受透過文字訴諸讀者。① 譬如“讀起里裊二句，直欲淚落；讀後斬斬數語，直欲血迸”、② “段段讀之，使人跳舞”、③ “駡人，落得駡，該駡，該殺”，④ 完全滲進了金氏的個人情感。由於這種“感受批評”純屬主觀感受，難以驗證，加上根本没有論説成分，所以不能算做客觀批評；與此相反，新批評以論文爲體裁，利用“始、叙、證、辯、結”的論證手法分析作品，較少滲雜個人情感。這種批評方式，筆者則可以稱之爲“理性批評”。新批評似乎較少“感受批評”，反而訴諸理性，去論證文學本體、寫作技巧等問題，加上富於系統，頗成體系，確實有别於金氏的批評形式。

五、結　語

通過前文三個部分，我們對金批與新批評之同中見異，尤其是兩者的局限之處，應該能够窺見端倪。

如果所謂的“現代性”，是指先進、超前的話，金批與新批評無疑具有現代性的一面。誠然，金批與新批評本身屬於各自獨立的理論模子，我們不必以西方的新批評爲準則，認爲金批因爲契合新批評的若干觀點，從而肯定金批的現代性。筆者認爲，金批與新批評由於注視到文學的外在形式，因而觸及了“文學性”的問題。平情而論，這在當時確實超前，比以往已經跨進一大步，尤其是其中的“細讀法”，至今仍被廣泛使用，因而富於現代性。

從批評範圍看，金批的確比新批評要廣泛得多。金批與新批評同樣以作品爲主體，但前者較能照顧到文本内容，以至文類、考證的問題。無疑，從新批評的立場來看，文類、考證是作品的外緣元素。然而，文類、考證的研究分析，確實有助讀者進一步瞭解作品的全貌，尤其是考證方面，能够方便讀者在“真實”這個前提下，提出合理性的見解。況且，在作品中運用寫作技巧，本身並不一定是作者的原意。倘若僅僅聚焦於作品外在形式的分析，則未必處處合乎“真實”這個準則。如是者，金批兼顧文類、考證等外緣元素，能够讓讀者在“追求真實”與“合理詮釋”之間，取得平衡。

應當承認，新批評在批評手法上，的確比金批更爲嚴謹。文學批評屬於科學範疇，而科學本身則講求邏輯的嚴謹性及理論的系統性。新批評以論文爲批評形式，又有論證過程，比起金批點到即止、比喻説明的論述方法來得縝密。退一步説，金批以評點爲體裁，其中的夾批頗能順着讀者的閲讀過程，在若干地方給予提示，發人深省；但進一步説，這種批評方式，始終過於簡略，難與下愚明言，讓讀者需要自行彌補金批的論述空白。何況新批評的“理性批評”，與金批的“感受批評”相比，前者可以驗證真僞，後者則訴諸感受，只能説是讀後感，感動讀者，而又缺乏可驗證性，論説似乎稍欠説服力。

不過，金批與新批評前設作品爲自足的有機整體，似乎有待商榷。譬如對於前人作品中的“瑣事瑣言”、“重述一遍”，金氏不以“冗贅”視之，反而視之爲技巧，似乎忽視了作品也有瑕

① 學者盧瑋鑾曾用“情緒式批評”介紹法國文學批評家貝爾納·比沃，詳見《夜讀閃念》（香港：牛津大學出版社，2002年），頁36。

② 《甯武子保身濟君》，《金聖嘆全集》卷3，頁297。

③ 《勾踐謀伐吴》，《金聖嘆全集》卷3，頁358。

④ 《義田記》，《金聖嘆全集》卷3，頁632。

疵這個問題。新批評的布魯克斯《邪惡的發現:〈殺人者〉分析》,也是在不重作者的創作意圖此一前提下,着重分析作品的寫作技巧,① 但他似乎忽略作品本身可以有其不足。換句話説,兩者前設作品爲自足的有機體,如是者,分析作品時在邏輯上固然能够做到"合理",却難以完全合乎"事實"。

對照之下,筆者認爲兩者有若干地方可相融合:

第一,研究方法方面,以"細讀法"搜刮作品具有欣賞價值的地方,以便提高讀者的鑑賞能力。

第二,研究對象與範圍方面,以作品爲本體,着重分析作品的技巧及内容,兼顧文類、考證的分析,以便對作品有更爲深入和全面的瞭解。

第三,批評形式方面,如果要增强論説的説服力,應該採用"理性批評"的嚴謹批評形式。

第四,研究目的與前設方面,在追求事實的前提下,輔以合理性的詮釋,以填補作者完成創作與讀者進行閲讀之間所留下的"意義空白",以便在"真實"與"合理"之間取得平衡。

金批與新批評既然如此巧合,相似之處頗多,而且各有長短,我們理應求同存異,不宜無理地過分貶抑東西文化中的任何一方。然而,西方早期的東方學者,在面對中國文化的時候,似乎以中西二元對立的觀點,貶斥中國文化,甚至從而反過來詮釋自己的看法,以便凸顯西方文化的優越位置。② 對於這個現象,我們可以從上文有關金批與新批評的比較分析,看到東方(中國)的金批,比西方(美英)的新批評,確實有一定的優勝面,何況金批的出現比新批評還要早約三百年。對於西方早期的東方學者"東卑西尊"文化霸權下之武斷言論,金批正是一個很好的反例。這也是本文的其中一個旨趣所在。

---

① 克林思·布魯克斯、羅伯特·潘·沃倫著,萬培德譯《邪惡的發現:〈殺人者〉分析》,趙毅衡編《"新批評"文集》,頁424-436。

② 西方早期的東方學者貶斥中國文化,例如約翰生博士認爲中國人野蠻,又没有拼音字母,未能形成其他一切民族都有的字母表,因而粗野,詳見 James Boswell, *Life of Johnson*, ed. R. W. Chapman (Oxford: Oxford University Press, 1980), pp. 984-985;部分西方的東方學者又以二元對立的概念,視中國爲非我族類的"他者",例如於連(François Jullien)謂,透過研究中國,考慮西方思想,認爲中國是"非我"的"他者",詳見 Jullien, *Detour and Access: Strategies of Meaning in China and Greece*, trans. Sophie Hawkes (New York: Zone Books, 2000), p. 9;西方的東方學者甚至視中國爲工具,由此反過來自我觀照,例如艾薩克斯謂如果考察一下西方人心目中的中國人形象,固然可以對中國人有不少瞭解,可是更多還是瞭解他們自己,詳見 Harold Isaacs, *Scratches on Our Mind: American Images of China and India* (New York: John Day Co., 1985), p. 381。

明末清初的明史建構活動

錢茂偉

明朝歷史，明朝人稱爲“昭代史”或“國史”，清初遺民稱爲“先朝史”，後代稱爲“明史”。現代意義上的國史是國民史，而在傳統中國主要是政府史。由此，國史的記録權與書寫權，當然掌握在政府史官手中。權力總是傲慢的，政府所修之史如起居注、實録、正史，一般只爲帝王服務。如此，政府等於放棄了廣闊的國史傳播市場，從而爲私人建構國史提供了機遇。爲了適應社會瞭解國史的需求，民間學人們會根據他們的認知，建構出不同的國史。明朝正如此，由於前期政府的控制，民間不敢寫作國史。到了中葉，民間衝破束縛，開始寫作國史。此後一發不可收，一直到清朝官修《明史》才結束。①

所謂建構，傳統的詞彙是“編纂”。仔細想來，建構與編纂仍有所區别。編纂偏重客觀性，主體僅是一個材料的組織者與加工者；而建構就增加了一些想像空間，可以充分體現主體在客體歷史書寫中的主導作用。現代史學研究表明，歷史書寫從來不是純客觀的，而是建立在主體認知基礎上的，是主體客體相結合的一種認知活動。歷史客體（社會實際）是不變的，但人類對歷史客體的認知却是不斷變化的。因人類對歷史客體認知程度的不同，於是歷史建構也不同。建構總是在一定理念支配下進行的，不同時代不同空間的不同的人，由於認知水準的不同，會建構出不同的歷史模式。既然知識體系是某一時空建構的産物，所以時空一變，認知人一變，也就存在重新的反思與重新的建構問題。一部史學史，實際就是一部人類對歷史客體的認知演變史。

本文擬對明嘉靖中期至清康熙中期（約 1544 – 1695）約 150 年左右的明史編纂活動作一整體考察，重點討論同一明史題材作品建構行爲背後的道理。不同時代史家是如何建構明史的？明史作者群體在區域布局與横向交流上有哪些特點？明史建構有哪些新現象？明史建構有哪些問題？這些問題，是本文想回答的。

一、從時間看明史的編纂

歷史是時間的産物，歷史建構是一定現實問題意識下進行的反思活動的産物。在古代中國，現實的需求，是引發歷史建構的直接動力，明史的建構與編纂正如此。當明朝到了中期以後，社會矛盾激烈，人們就産生了重新認知明朝演變過程的需求，於是有了明史建構問題。没有反

① 詳參錢茂偉《明代史學的歷程》（北京：社會科學文獻出版社，2003 年）、《明代史學編年考》（北京：中國文聯出版社，2000 年）。

思，就不可能産生歷史建構，反思促使人將歷史碎片建構成完整的一幅歷史圖畫。到了嘉靖初期，一些有遠見的學者，不約而同地開始搜集零星的明史資料，準備寫史。而到了嘉靖中後期，他們陸續撰成了一些不同體裁的明史專著，呈獻給社會，從而使明史的編纂，出現了第一個高潮。

明人的明史編纂，是從開國史的建構開始的。開國史是明朝的强盛時期，是明人記憶中最值得自豪的時期。同時，《太祖實録》鈔本部分傳於世，也是産生開國史的一個因素。當時僅《太祖實録》鈔本在社會上有流傳，有多個鈔本，現存尚有《聖政記》、《秘閣元龜政要》諸書。《秘閣元龜政要》疑爲吴樸所録。① 吴樸（1500？－1570）②《龍飛紀略》成於嘉靖前期，刊於嘉靖二十三年（1544）；陳建（1497－1567）《皇明啓運録》成於嘉靖中期，約刊於嘉靖三十一年（1552）左右。往事會因後代的不同需求，顯示出不同的意義。《龍飛紀略》是一部鋪叙之作，詳於文化制度的興廢，以歌頌太祖業績爲宗旨；而《皇明啓運録》則是一部反思之作，詳於大政，探討“我聖朝開創之故”，總結朱元璋打天下的經驗。同樣是開國史，由於立場不同、認知不同，所以選材也不同、内容也不同，從而提供了兩個不同版本的開國史。

此後有了以明朝前期“九朝”歷史爲主體的明史編纂，從時間上説，可分四大階段：

（一）正史撰修之前（1544－1593）的私修明史。嘉靖三十四年（1555），陳建續補成《皇明通紀》42卷，此爲歷史上第一部編年體明史著作。繼陳建而起的明史家有鄭曉（1499－1566）、高岱（1508－1564）、雷禮（1505－1581）、薛應旂（1500－1576?）、黄光昇（1506－1586）、夏浚（1497－1562）、王世貞（1526－1590）、鄧元錫（1529－1593）。有趣的是，他們分别用了不同的體裁來建構明史。鄭曉《吾學編》、鄧元錫《皇明書》仿紀傳體，高岱《鴻猷録》用紀事本末體，雷禮《國朝列卿紀》兼人物行實與年表於一體，只有雷禮《皇明大政記》、薛應旂《憲章録》、黄光昇《昭代典則》爲編年史，夏浚《皇明大紀》是綱目體。第一代明史作品的特點是經世意識濃，其中《通紀》最爲典型。

（二）官方正史撰修活動（1594－1597）。官修和私修歷史在明史建構上有一些互動。由於私修者衆，政府著急，於是有萬曆中葉的正史撰修活動。這次修史運動的發起者是陳於陛（1545－1596）。萬曆二十二年（1594）開館，萬曆二十五年（1597）宣告失敗。這次修史行動，是明代第一次也是最後一次官修本朝正史，所以，儘管它以失敗告終，但在明代史學史上却留下了不可磨滅的影響，最主要的一點是再度刺激了私史的撰修，是一項影響晚明史學發展進程的大事。官方修正史，“館中俊乂如林，因材分任，畢竟望洋”，③ 於是，那些“山林草野之夫”，紛紛敢“與石渠天禄諸人侵毫爭長”，④ 承擔起國史撰修任務。私修國史蔚然成風，而明人的明史研究和撰寫，也進入了一個繁榮的新階段。

（三）正史撰修之後（1598－1644）的私修明史。主要代表人物有吴士奇（1566－?）、何喬遠（1558－1632）、朱國禎（1558－1632）、劉振（？－1648）、尹守衡（1549－1631）、范守已（1547－1613?）、張萱（1558－1641）、許重熙（1592？－1661?）、錢謙益（1582－1664）。童時明（？－1619）《昭代明良録》約始撰於萬曆二十二年（1594）以後的北京國子監學習期間。這段時間，正是官方修正史時期。童時明修《昭代明良録》，無疑受這一時尚的影響。何喬遠萬曆十八年（1590）授刑部主事。二十二年（1594），因與上司意見不合，出任添注廣西布政司。萬曆二

① 勿藥《秘閣元龜政要跋》，見《秘閣元龜政要》（《四庫全書存目叢書》，濟南：齊魯書社，1999年）。
② 吴樸之生卒年，據“福建省情資料庫”（www.fjsq.gov.cn）所列“吴樸”條。
③ 葉向高（1559－1627）《史概序》，見朱國禎《史概》卷首（《元明史料叢刊》）。
④ 張璐《尹守衡傳》，見尹守衡《史竊》附録（《四庫禁毁書叢刊》）。

十八年（1600）前後，棄官回家。從此，在家鄉晉江讀書、講學 20 年。《名山藏》就是這個時期完成的。何喬遠在北京任職期間，親身經歷了兩件事，一是萬曆十六年至十八年（1588－1590）間的實録重抄，二是官修本朝正史。萬曆二十一年，禮部尚書陳於陛上疏，要求修本朝正史。何喬遠對此事十分支持，特意又給萬曆皇帝上了一份奏疏，進一步支持陳於陛的修史動議。雖然次年出外爲官，但修正史這件事顯然對他是有影響的。可以説，修史失敗這件事，直接刺激了何氏。朱國禎自萬曆二十五年（1597）入史館後，就關心明史編纂之事，至崇禎五年（1632）臨死前 8 天，一半刻成，這便是今天所見《史概》。譚希思（1542－1610）《皇明大政纂要》成於萬曆二十二年至二十七年（1594－1599）四川巡撫任上。其時，正是正史纂修活動期間。可見，譚氏作此書，和官修正史有一定關係。此期的明史建構，更多的是完美意識。"誠以天地間，必有記載之文，然後一代之典章、人物藉以不茀廢。"① 明朝應該有一部像樣的國史，這是大多數史家的直接想法。

（四）清初明史編纂（1645－1695）。主要代表人物及作品有談遷（1594－1657）《國榷》、張岱（1597－1689）《石匱書》、查繼佐（1601－1676）《罪惟録》、吴炎（1623－1663）和潘檉章（1626－1663）《明史記》、莊廷鑨（？－1655）《明史紀略》、傅維鱗（1608－1667）《明書》、蔣棻（1610－1664）《明史紀事》、谷應泰（1620－1690）《明史紀事本末》。到了清初，多了一層故國史保存之意。這個時候，他們是以懷念的心情來建構明史的。宋元以來，漢族士人"國可亡，史不可亡"觀念很深。明朝江山落異族手中以後，漢族士人最關心的就是如何保全故國之史。他們發出了"三百年信史"，"其誰正之"的呼唤。希望"鴻筆大匠，早肩遷（前 145？－前 91？）、固（32－92）之任"，修一部符合漢族人利益的明史，這是清初廣大"舊史遺民"爲之"翹首企望"② 的神聖使命。清初，廣大遺民史家，爲了保存故國行迹，紛紛投入到了修明史行列。這種現象，在歷代是獨一無二的。

二、從空間看明史編纂活動

1. 南方地區，修史成風

從空間上説，私修首先是從南方邊陲福建、廣東破冰的。吴樸是福建詔安人，陳建是廣東東莞人。接著，由南而北，浙江、南京、北京也開始修史。鄭曉是浙江海鹽人，童時明是浙江淳安人，朱國禎是浙江吴興人，徐昌治是浙江海鹽人，談遷、查繼佐是浙江海甯人，莊廷鑨是浙江吴興人，張岱是浙江紹興人，雷禮是江西豐城人，鄧元錫是江西南城人，夏浚是江西玉山人，涂山是江西人，譚希思是湖廣茶陵人，高岱是湖廣京山人，薛應旂是南直隸常州人，王世貞是南直隸太倉人，許重熙、錢謙益、馮復京（1573－1622）、蔣棻都是南直隸常熟人，吴炎、潘檉章是南直吴江人，吴士奇是南直隸歙縣人，劉振是南直隸宣城人，何喬遠是福建晉江人，黄光昇是福建晉江人，尹守衡是廣東東莞人，張萱是廣東博羅人。續修《通紀》諸家，如卜大有（1512－？）、卜世昌、沈國元、高汝栻，都是浙江人，江旭奇（1564－1633）爲安徽人，陳龍飛（1594－？）是福建晉江人，董其昌（1669－1636）爲南直隸上海人等，也以南方人爲主。萬曆以後出的許多續補本，多是江南地區或福建地區書商本人或委託別人搞的。總體上説，私修

① 何喬遠《鏡山全集》卷 34《答朱平涵相國書》（崇禎十四年［1641］刻本）。
② 錢謙益《有學集抄補·與李映碧論史書》，見《中華文史論叢》1983 年第 3 期。

作者以浙江、福建、廣東、南直爲主，惟張銓（1677－1621）、傅維鱗是北方人。

何以明史建構由南興起、由南而北？這可能是由中國的地區差距決定的。區域差距反映出各地文化發展水準的不同，南方地區是公認的明朝經濟、教育、出版、文化發達之區，讀書人層面較厚，從而關注國史寫作的人也多，而北方則遠不及。同時，也反映出南北意識形態束縛程度的不同。北方是權力中心地帶，思想束縛多些，而遠離權力圈的東南地區，則鬆弛一些。歷朝中國儒家教育注重培養士大夫的天下意識，他們雖身處各地鄉村，但個個都是“國士”，以天下爲己任。身在江湖，遠離政治圈，却心繫朝廷，關心政治。一旦危機來臨，部分憂世意識濃厚的士大夫，就會站出來。南方士大夫的急公好義，自動承擔起明史的建構任務，正出於此一原因。當然，還有家學淵源、學術背景及其人脈關係諸多方面的原因，限於篇幅，不便展開。

需要説明的是，南方史家們是在極其困難的條件下從事明史建構、刊刻與傳播的。譬如朱國禎，雖位至首輔，但家庭經濟條件並不好。與朋友講到晚年生活時，他說：

> 惟國朝文獻，舊稍窺測。今會萃諸書，删煩補略，勒成一册，可補我朝缺事。工夫約十之二三，計五套五十本之數，明年冬月可成。再明年，付木。刻費與紙料、刷印，當用千金。拉舍親輩作會，可三百金。此外，則乞之相知在仕籍者。①

《史概》刊刻費預算千金，親戚承擔十分之三，朋友出資十分之七，完全靠捐款才得以出版。由此可見，古人是完全靠事業心才做成不朽之事的。南方士人表現出的勤奮、專一精神，是南方史學發達的内在因素之一。

2. 史家間横向交流的加强

中國是一個大國，在一個通訊落後、史家數量增多的時代，各地學者間的交流活動程度如何？這是值得考察的。這個問題，前人注意不够。一般説來，在一個較大空間的國家裏，没有公共圖書館，多數單幹，各做各的。文史研究更多表現爲一種學者個體的認知行爲，即便到今天仍如此，學者間没有學術交流也照樣可以寫出專著來。但如果有一些横向的學術交流，顯然更利於學者個人及群體學術水準的提高，學術研究重點的合理布局，這也正是今日社會學術活動頻繁的原因所在。明末清初是中國學術文化發展的一個高峰時期，那麽當時學界交流活動又是如何的呢？這是筆者比較感興趣的。存世明人文集中書信的大量出現，説明當時的學術交流活動已比較頻繁。下面據明人文集提供一些明史作者群間的交往細節，對當時學術發展的横向背景作一探索。

陳建《皇明啓運録》刊刻後，得到了好友、著名史家黄佐（1490－1566）的稱讚。黄佐從中獲得靈感，勸陳建效法東漢（25－220）的荀悦（148－209），把書續寫到正德朝（1506－1521），成“昭代不刊之典”。陳建接受了這個建議，於是又廣搜材料，投入到續寫工作中。嘉靖三十四年（1555），《皇明通紀》42卷書成。由此可見，黄佐的建議直接促成了《皇明通紀》的續寫，這就是學術交流之功。

鄭曉與雷禮是好朋友，在吏部時，他倆經常探討明史撰寫有關問題。雷禮見過《吾學編總目敘》及部分書稿。“時全書未成，期日後彼此考訂，以竟初志。”② 雷禮作專門性的《皇明大政記》與《國朝列卿紀》，應是有所自覺性學術分工的。

---

① 朱國禎《朱文肅公集·書·答陸大夫》（《續修四庫全書》第1066册），頁220。

② 雷禮《吾學編序》，見鄭曉《吾學編》卷首（《四庫全書存目叢書》）。

朱國禎與何喬遠間也有所聯繫。天啓三年（1623），朱國禎入京爲禮部尚書時，曾抄得何喬遠《名山藏》鈔本，於是關注何氏修史活動。崇禎三年（1630），朱國禎決定刊刻《史概》後，曾給何喬遠去信。何喬遠在回信中稱："所最奇者，老先生留心本朝事，而遠亦同斯志。……老先生近歲所修，未及續刻，知有所疑避。今其時矣，願再刻海内，以示同志。"① 這段材料回答了兩個問題，一是何氏爲何關注明史？没有記録，明朝歷史活動就不會記録。二是朱國禎《史概》何以只刻半部？"有所疑避"，是朱國禎《史概》只刻半部的重要因素。由此可知，朱國禎與何喬遠之間，保持著一定的學術聯繫。

尹守衡與張萱也有經常性交流。尹守衡回到家鄉，知政治前途已絶，乃重新定位，調整自己的奮鬥方向。他早年熟讀《左傳》、《史記》，比較欣賞左丘明、司馬遷，一直有意做史家。他覺得明朝已有200餘年歷史，"文獻具有足徵，代多纂述"，於是就想"斟酌前賢，採訪近世，删成一代全書，名之曰《史竊》，擬附竊取之義"。消息傳出，"聞者群起而笑之"，於是擱筆。正在緝著《西園匯史》的朋友張萱聽説後，特意寫信鼓勵，曰："吾以今人論古人，無傷於今人，故免於誚。子以今人論今人，宜滋多口也。雖然，子筆大如椽，直如矢，必勉之，毋避敵而退舍。"② 於是，尹氏築書齋"蕩雲航"，專心從事《史竊》寫作工作，惟和朋友張萱經常交流寫作心得。受尹守衡作《史竊》啓發，張萱下決心編纂了《西園聞見録》。"先生嘗爲《史竊》一書，蓋明興二百五十餘年得失之林也，此天壤俱敝者，余不能贊一詞，因竊取先生之義，爲《西園聞見録》二百卷，以庶幾於謀野之業，以從先生後。自先生《史竊》出，而余且焚硯矣。"③ 在朋友困難時，加以鼓勵；受朋友啓發，另成一書。這正是學術交流之功。

朱謀㙔與許重熙、錢謙益間的學術交流。在江西明宗室中，有一位著名學者朱謀㙔（1550－1624），"貫串經史，博覽群籍"，撰寫過《邃古記》、《藩獻記》等112種。又"留心國典"，"通曉本朝掌故"，關注明史編纂。萬曆三十八年（1610）後，錢謙益決意寫國史，朱謀㙔知道後，特意寫信給錢氏，稱"二百年來，尚無成史，非公誰任此任者？吾老矣，粗有纂述，多所是正。願盡出其藏，以相佽助"。④ 抄了一年多的資料，可惜託錢謙益同宗帶回過程中燒毀了。也約在這個時候，許重熙因科場失意，漫無奮鬥目標，游學到江西朱謀㙔家。

> 縱談夜半，予不勝意癢。歸客受之（錢謙益）齋中，得盡讀本朝實録。檢點舊事，擬撰六表，而《大臣表》最先成。有悦之者，私取梓焉。萬曆諸公，稽考不備，猶未卒業。鬱儀貽書督我，遂因受之，草次成編。⑤

看來，兩人的談話十分投機。許重熙禁不住朱氏的誘導，決定選明史作爲自己的主攻方向。江西之游後，許重熙回到常熟，結識同縣名流錢謙益。時錢氏罷官在家，正準備修明史，以故家中蓄有豐富的明史資料。許氏結識錢氏後，因志趣之相同，入住錢氏家借讀。他讀到了《明實録》等書，計畫撰寫六個年表。由於朱謀㙔寫信督促，於是先成《國朝殿閣部院大臣年表》。許重熙、錢謙益是年紀差不多的青年學人，在許重熙成爲明史專家的道路上，朱謀㙔的勸導，起了相當大的作用。

---

① 何喬遠《鏡山全集》卷34《答朱平涵相國書》。
② 尹守衡《史竊·敘傳》。
③ 張萱《西園存稿》卷18《壽尹用平年兄八十有一序》（康熙刊本）。
④ 錢謙益《列朝詩集小傳》下册閏集，《寧藩中尉貞靜先生謀㙔》（上海：上海古籍出版社，1983年），頁778－779。
⑤ 許重熙《自序》，見許重熙《國朝殿閣部院大臣年表》卷首（萬曆刊本）。

何喬遠影響了不少朋友與學生。何喬遠長期里居，講學交流不斷，培養了不少學生，也影響了不少朋友。《東西洋考》作者張燮（1574－1640）是何喬遠的朋友，他們之間有較多的往來。内閣大臣蔣德璟（1593－1646）、黄景昉（1596－1662）都是何喬遠的學生，黄景昉《國史唯疑》脱稿於崇禎十七年（1644）三月前。① 蔣德璟有意修《明書》，他説：

> 而余更有商者，昭代皇宬既秘不可窺，諸稗史《通紀》、《傳信》諸書，尤多舛陋，易誤來學。試以實録爲綱，而合鄭端簡、王弇州及吾師何氏《名山記》之類，成一部《明書》，何如？余不敏，病未能也，請以俟君子。②

從仍稱《名山記》來看，這封信應寫於天啓初年（1621）前。

錢士升（1575－1652）、許重熙與談遷。錢士升做過閣臣，是當時江南史界一大領袖，在他周圍凝聚了不少的布衣學者，如許重熙、談遷等。許氏晚年和錢士升交往較多，許氏是錢氏多年的朋友，自稱門下士，而錢氏向來視許氏爲良友。明亡後，錢士升以《宋史》南渡後“尤偎雜失次”，決定改寫《南宋史》。許重熙出力甚多，“修《南宋書》，袁閎土室，自一二行脚往來外，至戚亦罕覿其面，獨先生（許重熙）至，一編相對，有非左右所得知者”。③ 約順治七年秋，《南宋書》成稿，許重熙將稿子帶回常熟，替《南宋書》每篇作了論贊，且謄抄正稿，開始刊刻。順治八年春天，許重熙曾給錢士升寫信：

> 自去秋一覲道範，不覺又已春季。……去臘，便欲遣僮正爲寫字人，遲遲至今。寄上李綱、吕好問、宗澤、張邦昌、吴玠、張浚，共六卷，並刻過一本，餘當更寫之，五月後自携至耳。……門下重熙頓首啓。④

可惜，錢氏這年就死了，《南宋書》也因此未能刊刻完。原稿藏於許重熙處，到嘉慶間，始由蘇州書商席氏“掃葉山房”刊刻於世。由此可知，没有許重熙的幫忙，錢士升難以完成《南宋書》。談遷《國榷》初稿失竊後，決心重修。他作《上錢塞庵相國書》，得到了錢氏的支持。於是，來到了錢士升家，雇人抄録了《明實録》。又搜集了不少新書，如朱國禎《史概》、何喬遠《名山藏》、許重熙《憲章外史續編》與《國朝殿閣部院大臣年表》。於是，以實録爲主，遍考群籍，再成《國榷》初稿，時爲順治八年（1651）。順治九年，錢士升卒。談遷以門下士身份，作《錢相國誄》。錢氏的逝世，使談遷失去了一個學術靠山。由此可知，没有錢士升提供實録資料，談遷就難以實現重修《國榷》之願。

查繼佐與張岱間也有所聯繫。查繼佐曾擬到山陰拜訪張岱，《東山外紀》卷二：“山陰前輩張宇（“宗”之誤）子留心明史二十餘年，汰繁就簡，卷帙初備。欲移其草，就先生共爲書。”⑤ 這裏僅説查繼佐準備拿了初稿，與張岱合著明史。張岱有《讀查伊璜三説》詩云：

> 高軒前歲過吾廬，得見異人讀異書。博虎博龍力不暇，急與之角有昌黎。古來作史有

① 今有陳士楷、熊德基整理本，上海古籍出版社，2002 年 6 月。
② 蔣德璟《鑑杓序》，見黄宗羲《明文海》卷 230（《四庫全書》）。
③ 錢佳《賜餘堂年譜·識》，見錢士升《賜餘堂集》附録（《四庫禁毁書叢刊》）。
④ 錢士升《賜餘堂集》卷 10 附録。
⑤ 見沈起、陳敬璋著，汪茂和點校之《查繼佐年譜、查慎行年譜》之《附録》（北京：中華書局，1992 年），頁 112。

> 幾個？字字皆拾龍門唾。自出手眼惟君能，廿一史中參一座。皇明史宬一無留，草野收藏可汗牛。老生得此全無用，助爾添修五鳳樓。家傳投來集若雲，其中清濁未能分。多君筆有秋霜氣，一卷裁成冰雪文。古今史貴一人成，四傳春秋輔以行。折簡殷勤招及余，他年留作褚先生。①

這首詩印證了《東山外紀》的記録，查繼佐給張岱寫過信，“折簡殷勤招及余”，張岱回了信，强調“古今史貴一人成”，婉言謝絶了合作要求，僅提供了部分明史資料。此信還透露，查繼佐曾在寫信的“前年”到過張岱家，張岱見過《罪惟録》初稿，對查氏及其著作的評價很高。

以上的零星材料表明，明末清初的明史作者群體之間，有一定的學術交流，相互之間也有一定的影響，這些是符合學術發展規律的。

三、明史建構新現象的出現

明末清初的明史建構，確實出現不少新現象，值得注意。

第一，專業化的初現。記注與撰述不分，著述的一途化，是中國傳統史學的一個根本性缺陷。傳統中國史界最大的問題是治史宗旨政治與學術不分，政治遮蓋學術。結果，傳統中國史學追求“大而全”，重視叙事完整的著述，而忽視“小而深”的專業化分工。明後期至清初，隨著明史建構的深入，也出現了一些專業化作品，如《國朝列卿紀》、《國朝殿閣部院大臣年表》。雷禮《國朝列卿紀》以年表和行實爲經，而以各大小職能部門爲緯。每衙門先年表，後行實。將年表與行實結合起來寫明史，兼人物行實與年表於一體，是雷禮在體例上的一大貢獻。《國朝殿閣部院大臣年表》分殿閣大學士、六部尚書、都御史 8 欄，逐年臚列明朝九卿除罷情況。《大臣年表》克服了鄭曉、雷禮、王世貞、李維楨（1547－1626）所撰年表“名以職分，事無年辨”的繁瑣之弊，開《明史》之《宰輔表》、《七卿表》之先河，《明史》僅是對《國朝殿閣部院大臣年表》一分爲二而已。過庭訓（1574－1625）《本朝京省人物考》，仿“進士履歷便覽”體，“分省分府”考列各地名人，開卷了然。此書體裁接近後世的人物辭典，也有一定的專門化新意。王世貞的《嘉靖以來内閣首輔傳》、吴伯與《國朝内閣名臣事略》專以内閣大臣物件，也有一定新意。

特别是對“史材”的重視。焦竑（1541－1620）是繼王世貞後，比較重視史料長編之人。焦竑《國朝獻徵録》120 卷，萬曆四十四年（1616），正式在南京出版。其體例，以宗室、戚畹、勳爵、内閣、六卿以下各官，分類標目。其無官者，則以孝子、義人、儒林、藝苑、隱佚、寺人、釋道、勝國群雄、四夷等目分載之。“史材之最博者，無如《獻徵録》、《人物考》兩書。然皆取之墓誌行狀、家傳郡乘，率多溢美之詞，未便據以立傳。”② 《獻徵録》不是作者自著的專著，而是明代傳記分類彙編，是“史材”，似乎不應該有很高的歷史地位，事實却不然。《獻徵録》是明代第一部比較完整的“史材”。明代人物傳記彙編書不少，但多爲宣傳性的名臣録，不是史傳，《獻徵録》是第一部有意識從歷史角度來彙編的人物傳記。它上自洪武，下迄萬曆，搜

① 張岱《張子詩粃》卷 3，見張岱著，夏咸淳校點之《張岱詩文集》（上海：上海古籍出版社，1991 年）。
② 劉承幹（1881－1963）《明史例案》卷 2《徐健庵修史條議》（嘉業堂刊本）。

集極博。據統計，全書共收 3 526 人傳記。① 就數量與跨度來説，這可説是當時一部集大成的人物傳記彙編之書。它雖不是正規的明史著作，但可以當明史來讀。經過焦竑初步編輯過的“史材”，對後人寫明史有極大參考價值，這正是明末清初人重視此書的原因所在。《獻徵録》開闢了一條新的明史編纂道路。史料長編的提出，實際上否定了簡單重複性歷史編纂活動，一味的編是没有出路的。它表明，與其簡單地、重複性地編明史著作，不如做好“史材”工作，因爲它能進一步促進明史編纂工作，提升明史編纂的檔次。

受焦竑《國朝獻徵録》影響的黄宗羲，發揮其史體研究之長，編纂了《明儒學案》，形成了概述性的小序、學者的評傳、言行録選萃三位一體的格式，使學案體達到了一個比較完善的境界。至《宋元學案》，增設學案表和附録兩部分，使學案體達到一種更爲完善的境界，儼然成爲一種獨立的史書體裁。這種學案體著作實際上肩負了學術思想史和學術思想史資料選編的雙重任務，“著作”與“史材”如此相得益彰，特别符合學者口味，故至今仍受學界重視，不斷有人仿作。

總之，晚明與清初史學已經出現部分學術化趨勢，但程度不够，這也是時代的局限。

第二，注重史料的考信工作。受理學的影響，宋明間史壇輕視考證。晚明在《史記》派的影響下，開始重視考信工作，編纂一部皇明信史，是當時史家的共同使命。錢謙益明史編纂理論的核心是考核、理長編。他給李清（1602－1683）的信中説：“夫史事之難，不在旦夕成書，而在討論貫穿，先理長編、事略之屬。”② 錢氏理論對吴炎、潘檉章影響很大。他們也認爲“著書之法，莫善於司馬温公。其爲《通鑑》也，先成長編，别著考異，故少抵牾。李仁甫仿其體爲九朝《長編》，雖無考異之名，而事迹參差者，備載於分注。蓋必如是，而後爲良史”。他們作《明史記》之法，是“博訪有明一代之書，以實録爲綱領，若志乘、若文集、若墓銘家傳，凡有關於史事者，一切抄撮薈萃，以類相從，稽其異同，核其虚實”，③ “參互鉤稽，歸於至當，然後筆之於書”。④ 潘檉章作《明史記》的副產品《國史考異》，今尚存 6 卷。谷應泰作《通鑑續編》，也“訂訛正謬，復作考辨百則於後”。⑤ 作史强調考信，是明末清初史家比較看重的。考信工作，是一種學術化的治學方式。

第三，集體編纂的重視。一般來説，私人修史都是個體行爲，至多有朋友提供一些意見。但到了明末清初，一些新的編纂方式出現了，如朋友合作寫史，吴炎、潘檉章合編《明史記》，王錫闡、戴笠也寫了一部分。從科學研究的角度來看，每個人知識結構不同、思維方式不同，一個人想獨力完成一部綜合性的國史，確實有困難。二人合作，無疑是一種理想的修史方式。甚至，在江南富裕的新興市鎮上，竟有富人出資設局修史，如南潯鎮莊氏。由於莊氏史案的政治影響太大，結果後人往往只關注史案的負面影響，而對莊氏修史本身所體現的時代意義思考不足。筆者以爲，莊氏修史富有時代意義，其一是江南富人參與修史行列。江南是明末清初中國最爲富裕的地區，由於其重文傳統，使不少新興的富人關注文史編纂。莊氏家族是一個典型，莊氏是個有財力的熱心人。其二是民間設局修史現象的出現。中國歷史上，只有政府設局修史，個别史官設局修史，個别地方幕府設局修史，未見有財力的民間學人出面設局修史，莊氏是歷史上惟一者，這無論如何是一個新現象。長期以來，我們爲顧炎武“簪史”説所左右，稱莊氏

① 李小林《萬曆官修正史研究》（天津：南開大學出版社，1999 年），頁 49。
② 錢謙益《與李映碧論史書》，見沈津《牧齋有學集抄補遺》（《中華文史論叢》1983 年第 3 期）。
③ 潘耒（1646－1708）《遂初堂文集》卷 6《國史考異序》（《續修四庫全書》）。
④ 潘耒《遂初堂文集》卷 7《松陵文獻序》。
⑤ 韋人鳳《通鑑續編後序》，見張均衡《適園藏書志》卷 3（《適園叢書》）。

是個富室子弟、瞎子，爲了揚名，於是仿左丘明，奮筆修史。言外之意，莊氏是個不學無術的瞎子。這可能有點言過其實。莊氏雖非一流史才，但總算有些文史之才。更爲重要的是，莊氏不是傳統的學者獨立著史，而是設局修史。他的角色是個主編，他的能力表現在組織管理上。只要我們用主編的眼光來審視莊氏，我們就會發現，莊氏非常勤奮、專一，是個稱職的主編，絶非掛名主編。據查繼佐記載，莊氏"延三數知己，窮日夜之力，纂次磨對，苦浩繁無所制。且負至性，生無所嗜好，必手求此書。久之，因勞失明。就醫數百里外，猶閉目引史學充左右，令人口誦不休也"。[①] 更爲可貴的是，莊氏有自知之明。他知道自己的才能有限，因此，他修史時，也想聘幾個名家當"顧問"。其三是金錢報酬現象的出現。中國歷史上，修史多爲官修或私修，修史是政府工作或業餘愛好，兩者的共同特點是没有金錢報酬。而莊氏修史，則自己出錢請人修史，"計字每千，酬金三十兩"。[②] 從傳統的重義輕利觀念來看，計字酬金是一種侮辱修史神聖事業的行爲；但從現代工商觀念來看，按勞計酬，發放稿費，則是肯定腦力勞動價值的表現。這對窮知識份子來説，是有一定吸引力的。其四是編纂時間短。莊氏何時始修《明史紀略》，文獻没有明確記録，大體在明亡以後。由於是集體創作，因此，編纂所用時間並不太長。時間短，見效快，正是集體攻關專案的特點。

第四，編纂的整體計劃性。到了明末清初，某些學者，研究與編纂明史，不完全是一本書，而有整套計劃。如何喬遠編纂《名山藏》之外，編《名山編年》，惜未成稿。談遷編完《國榷》之餘，想編纂一部紀傳體明史。查繼佐有一套寫作計劃，於明朝成《明史》、《明文》、《明詩》、《明制義》，"並成一代之書"。[③] 黄宗羲晚年有一套雄心勃勃的編寫計劃，即於宋、元、明三朝，各編一部儒案、文案、史案。這套計劃，黄氏是先從編《明文案》、《明史案》、《明儒學案》入手的。"其所撰述，自洪、建以來國家大事、人臣賢邪及歷朝章疏，曰《史案》；方正學而後至陽明、蕺山論學案旨、授受相承，曰《學案》；録三百年以來名文，曰《文案》。"[④] 《明文案》(即《明文海》)、《明儒學案》存世，惜《明史案》没有傳下來。谷應泰有一套"全史"編纂計劃，於明朝歷史分别寫作《明紀》、《通鑑》及《紀事本末》三部書。筆者首次注意到了幾條資料，順治十五年（1658）十二月谷應泰爲浙江石門（今屬桐廬）范光宙《史評》寫的序稱：

> 餘嘗不自量力，思追蹤古人，以備修史之闕，於全明二百六十餘年，搜葺見聞，分爲《明紀》、《通鑑》及《紀事本末》三書。日編月録，渾汗呵凍不少輒，及今乃成，凡裒萬十餘易矣。據事考情，實録雖國史，紀載雖名家，類皆有所遷就文致於其間，則一持之以平。雖不敢謂才力雄獨，上附左、馬，然每矢一議，似好惡不相關於人者，三代猶存，此余志也。[⑤]

這段材料表明，谷應泰有一個龐大的"全史"寫作計劃，於明朝歷史分别寫作《明紀》、《通鑑》及《紀事本末》三部書。這也可能是上帝吝嗇，一部《明史紀事本末》就讓谷應泰獲得極大身後榮譽；如果三部書都流傳下來，那將成爲歷史上惟一用三大古典史體寫明史的史家。

① 劉振鱗、周驤《東山外紀》卷 2，見沈起、陳敬璋著，汪茂和點校之《查繼佐年譜、查慎行年譜》附録，頁 115。
② 范韓（1634－1705）《范氏記私史事》（周延年輯《南林叢刊》次集，1939 年），頁 11。
③ 劉振鱗、周驤《東山外紀》卷 2，頁 111。
④ 李鄴嗣《杲堂文續抄》卷 3《答溧陽周二安書》，見李鄴嗣著、張道勤點校之《李杲堂詩文集》（杭州：浙江古籍出版社，1988 年）。
⑤ 谷應泰《史評序》，見范光宙《史評》卷首（《四庫全書存目叢書》）。

四、明史建構的反思

明人的明史研究、撰寫，自嘉靖以迄康熙初年，成就很大，出了不少史著，在明史編纂學方面所取得的成就較大，主要表現爲：

(1) 明史研究上的若干疑難歷史問題，有了比較一致的看法。正如清初吴炎所言："本朝之史，自嘉隆以前，經諸君子手筆，論已大定；萬曆間事，論定者十之七、八；昌、啓間，十之一"；惟崇禎一朝，因種種原因，"十不一二"。① 是非久而後論定，這是歷史研究的一般規律。

(2) 史例上創新不少。如清修《明史》之土司傳、外國傳、流寇傳、宰輔年表、七卿年表，都是據晚明一些史著所創史例而來的。替土司立傳，始於《吾學編》。替外國、流寇立傳，始於《副書》之《山海外夷》、《七大寇傳》。職官表始於許重熙的《國朝殿閣部院大臣年表》，至於《宦官傳》，源於傅維鱗《明書》。可見，今人所謂《明史》在史例上的創新東西，都是有現成"樣板"可依的，真正創新的東西其實不多。他們僅是按自己的需要，對明人的東西作了一番選擇與完善而已。

(3) 取材原則有了共識。如何看待和使用國史、野史和家史材料，曾有過很大的爭議。或者盲目迷信，或者一概否定。以王世貞爲首的學者，提出了十分可取的"三史互參"理論。這套理論，在晚明與清初，得到了絶大部分學者的認可。

(4) 紀事傳人有了"法則"。一部明史著作到底寫哪些人，寫哪些事，哪些濃寫，哪些淡寫，怎麽"擺平"，這些都需經反覆的實踐，才能心中有數。總之，編一部優秀明史著作所涉及的一系列理論與實踐問題，現在都有了可供後人參考的模式、慣例、定論。晚明清初人在明史編纂上的實踐活動，爲清初修一部像樣的《明史》奠定了基礎。

但在繁榮的背後，同時也存在著不少問題。清初學人對明人的明史學進行了系統的反思。清初學人，若張岱、錢謙益、黄宗羲、顧炎武（1613－1682)、吴炎、潘檉章、萬斯同、朱彝尊(1629－1709)、全祖望（1705－1755）諸人，皆發表過偏激的批評明代史學議論。② 史學批評是一個不斷深化的認識過程，不同的評價，是建立在不同的背景之下的。清初史家們批評明代明史學，是從建設新學風角度入手的。出於時代的需要，他們對明代史學提出高要求是可以理解的。但研究史學學術史，一定要有歷史思維。對於清人對明史學的評價，我們應作具體的分析。片面的否定，有利於新學風的建設，但不是史學史專家所應有的態度。因爲學術文化的發展，有一個繼承與創新相結合的揚棄過程。

現在看來，明末清初的明史建構，有以下一些不足：

第一，明史編纂有餘，研究不足。從修史目標來看，可以分爲致用與求真兩大類型。致用宗旨下的修史，强調給讀者提供完整的知識，叙述一部完善的歷史；而求真宗旨下的修史，則强調編纂必須建立在專門研究基礎之上，越專深越好。專題研究是一種探討工作，可長可短，完全根據問題而定，不受篇幅限制；而編纂則要考慮整體規模，各部分比例，要平衡、要剪裁。由於受傳統政治文化的影響，歷史叙述是我們的傳統。明清人的明史建構，也存在這種現象。共同的時代、共同的目標，類似的知識結構、價值觀，促使他們的作品出現雷同化現象。作品

① 吴炎《上錢牧齋書》，見吴炎《吴赤溟先生集》(《國粹叢書》)。
② 參錢茂偉《明代史學的歷程》，頁 472－473。

類似，存在價值就不大。如明史，有幾部可以，後來幾部，特色不明顯，就不會受人重視。明史研究的水準，直接關係到明史編纂的水準。晚明的問題在於，動輒仿《史記》、《漢書》寫一部斷代史，缺乏專業分工，研究不够深入。這些明史建構，費了作者幾十年時間，一生心血盡於此，也不見得理想，原因正在於此。

第二，受制於明實録，讓他們過多關注政府史。明實録的流傳與使用，可以産生正副作用。明實録的傳抄，始於嘉靖年間。當時僅《太祖實録》在社會上有流傳，“寄回《聖政記》一部，十二本，此即《太祖實録》，要熟看，中間頗有誤字錯簡，闕疑可也”，[①] 其他實録根本不可能讀到。當時僅個别權臣擁有《明實録》鈔本。嚴嵩（1480－1567）是嘉靖十五年（1536）入閣的，負責明實録傳抄工作。嚴嵩失敗後，藉没財産名單，其中有“累朝實録八部（五百七本，手抄）”。[②] 這説明嚴嵩在替政府抄録時，同時也替自己抄録了一部。嘉靖二十八年（1549）春，吕本（1514－1587）入閣，擔任《大明會典》總裁，於是有機會抄録實録中關於館閣的資料。

> 獨坐文淵，自愧不敏，思景前修，遍誦秘典，手録自太祖至世宗（作者注：原文如此）九朝實録，内有關館閣者，俱書之。三閱月，成帙，題曰《館閣類録》。大宗伯（禮部尚書）歐陽公德見而悦之，留余手書，令記室謄一部付還。此時但挨年録之，不敢去取。至六月，召直無逸殿，日贊萬機，無暇復加編輯。辛酉（嘉靖四十年，1561），丁先太夫人憂，歸，讀禮山中，兀兀窮年，無所事事，輒取前録，類分重編，爲《館閣類録》二十二卷。[③]

萬曆初年，王世貞曾在前首輔徐階（1494－1574）家閲讀《明實録》。這表明，徐階家擁有實録鈔本。嚴嵩家《明實録》顯然爲政府所没收，徐階家實録鈔本雖可抄録，但正式出版却是萬曆中期的事，王世貞《弇山堂别集》刊於萬曆十八年（1590），《館閣類録》刊於吕本卒後十年，即萬曆二十五年（1597）。修史促進了《明實録》的傳播。這次修正史活動雖中輟了，但實録抄寫工作照常進行。因實録的重抄，諸抄寫官乘機雇書手抄寫。“萬曆中，天子蕩然無諱，於是，實録稍稍傳寫流布。以至於光宗，而十六朝之事具全。”[④] 有的還進行轉抄，公開銷售，結果，實録的流傳更廣了。當然，實録“卷帙重大”，價值昂貴，高達“五萬緡”，“非士大夫累千金之家，不能購”。[⑤] 據筆者的研究，晚明清初，在京師及江南等文化發達地區，許多巨室擁有實録鈔本，如常熟錢謙益、嘉善錢士升、餘姚孫鑛（1542－1613）、歸安唐氏、檇李沈氏、山陰姜希轍（？－1698）、豐潤谷應泰、吴炎與潘檉章等家。而實録的傳播，則促進了明史編纂工作。張萱很典型，張萱是萬曆二十六年（1598）進士。

> 時有正史之役，謬爲當事推擇，竊幸獲覩金匱石室之藏，後死謂何！昔魏收（506－572）願直東觀，鄭樵（1104－1162）求入秘書，今之日，嶺外老公車千載之一日也。視草之暇，即覓書傭節略累朝實録，自洪武迄隆慶，凡三百卷，私名之曰《西省日抄》，不敢言實録也。竊以己意詮次之，凡十之三，卷凡一百，亦名之曰《西省識小録》，不賢不敢識其

① 陸深《儼山集》卷96《江西家書》。
② 《天水冰山録》，見《武宗外紀》（《中國歷史研究資料叢書》，上海：上海書店，1982年），頁134。
③ 吕本《館閣類録序》，見《館閣類録》卷首（明萬曆刊本），也見吕本《期齋集》卷6（明萬曆刊本）。
④ 顧炎武《亭林文集》卷5《書吴潘二子事》，見《顧亭林詩文集》（北京：中華書局，1958年）。
⑤ 同上注。

大也。[①]

張萱後來又成分類體《西園聞見録》109 卷，甚有参考價值。王大綱是浙江山陰人，以太學生官山東兖州府東平州同知。他輯列朝實録，又旁及野史、稗乘，編成《皇明朝野紀略》1 220 卷，起太祖，迄穆宗。[②] 可惜此書不傳。余懋學（1539－1598）抄撮兩朝實録，成《嘉隆大政輯要》。[③] 范景文（1587－1644）據實録成《大臣譜》16 卷。許重熙據實録成《大臣年表》。萬曆四十五年（1617），徐日久（1580－1631）到北京工部爲郎，居台基廠，“日奉本朝實録數百卷，憲章其中”。[④] 有《實録抄》，今佚，但《五邊典則》、《隲言》正式出版。馮復京（1573－1622）年四十餘（萬曆四十年後），始見本朝實録，“謂《通紀》詳而野，《吾學》裁而疏，《弇州》炫博，妄而謬，《憲章》、《典則》，自鄶無譏。作編年書，駁正得失，曰《明右史略》，草創未就而歿”。[⑤] 萬曆後期，過庭訓在北京工作期間，“曾從同門友念泉周公處，得窺本朝實録，寶而藏之，不啻一字一金也”。[⑥] 以上事例説明，萬曆四十五年前後，當時民間的《明實録》鈔本很多。一般説法，研究明以前歷史離不開正史，研究明史離不開明實録，研究清史離不開檔案與起居注、實録。也就是説，《明實録》被大家當作第一手材料。其實，這種觀念是需要檢討的。實録最大的問題是“不全”，即視野狹窄，記載不全，以朝廷大政爲主，不能全面反映歷史。明末的李建泰（？－1650）稱實録所記“止書美而不書刺，書利而不書弊，書朝而不書野，書顯而不書微。且也序爵而不復序賢，避功而巧爲避罪”。[⑦] 由此可見，實録是有條件的實録，是部分實録，而不是全面的實録。當然，關注政府史是中國傳統史學的通病。

第三，缺乏理論力度。作史的確要强調考信，否則無以取信於後人。不過，從明清考信派的實際情況來看，他們又有走極端的傾向。他們把精力過多地放到了考信上面，而在理論方面則思考不够，以致寫出來的明史著作，缺乏理論力度。晚明學人謝肇淛（1567－1624）批判當時人所作明史曰：

> 今之作史，既無包羅千古之見，又無飛揚生動之筆。只據朝政家乘，少加潤色，叙事惟恐有遺，立論惟恐矛盾，步步回顧，字字無餘。以之諛墓且不堪，况稱史哉！[⑧]

“包羅千古之見”就是長時段歷史視野，也就是歷史理論。“飛揚生動之筆”是指優美的史筆。歷史編纂没有理論，没有大文字，確實難以寫出大製作。從明末清初來看，王世貞、錢謙益在當時的明史界是認識水準最高的史家，但他們“眼高手低”，至多只能稱爲史學批評家，其本人的史學創作實踐跟不上，最終没有拿出讓人眼睛一亮的明史成果出來。由此説明，理論與實踐間有一些脱節，要想完全按理論執行，必須有相應的實踐活動來配套。

第四，多書美而不書惡。本朝人寫本朝史，視野較狹，政治評判意識較濃，忌諱多，所以常常是有褒無貶。這是一個現實政治標準影響歷史的評判問題。政治評判標準與歷史評判標準

① 張萱《西園聞見録・緣起》，見張萱《西園聞見録》卷首（北京：哈佛燕京學社，1940 年）。
② 黄虞稷（1629－1691）《千頃堂書目》卷 4（上海：上海古籍出版社，1990 年）。
③ 焦竑《澹園集》卷 24《大司空余公傳》（《四庫全書存目叢書》）。
④ 龍墳《真率先生學譜序》，見徐日久《徐子卿先生論文別集》卷 4（崇禎十六年［1643］刻本，日本内閣文庫藏）。
⑤ 錢謙益《牧齋初學集》卷 55《馮嗣宗墓誌銘》（上海：上海古籍出版社，1985 年），頁 1378。
⑥ 過庭訓《本朝京省人物考序》，見過庭訓《本朝京省人物考》卷首（《四庫全書存目叢書》）。
⑦ 李建泰《名山藏序》，見何喬遠《名山藏》卷首（《北京大學圖書館藏善本叢書》，1993 年）。
⑧ 謝肇淛著、郭熙途點校《五雜俎》卷 13（瀋陽：遼寧教育出版社，2001 年），頁 277。

不同，其區别在於，前者以當下執政集團利益爲考慮標準，利益至上是其準則，而後者則以國家、民族的長遠利益爲考慮標準，實事求是，是其準則。政治利益是集團利益，集團利益是一時的、多變的，故而政治標準是多變的。在政府史學視野下，事件的評判標準傾向於政府立場。清人徐乾學（1631－1694）稱明人史乘“但可用以參觀，未可據爲篤論”，是有道理的。這裏有一個由政治判斷向歷史判斷轉型的問題。由政治而歷史，有一定的發展過程，這是一個人類的現實利益不斷被淡化、稀釋的過程。政府控制的是歷史認識，不可能控制歷史事實。政府可以控制一時，不能控制永久。只要脱離某朝政府權力的控制，就有可能在認識上復原事實。

第五，民間歷史的書寫重視不够。清初的反思，主要是方法的反思，而不是内容的反思。内容的反思即使有，也是國史内容的修補。挖掘内容、題材，顯然更爲重要。尤其民間歷史的書寫，是傳統國家史學所忽視的。書寫主體的變遷，可以看出史學發展的方向。現代國家視野下的傳統史學，名義上是一種“國家史學”，實際上是一種“朝廷/政府史學”。現實社會的權力中心也是歷史書寫的中心。政府活動主要就是帝王將相等政府官員的活動，記録政治組織的現實活動及演變軌迹，也就成了政府不可或缺的任務。政府、國史，這是一脈相承的。相應地，現實社會的權力邊緣，也就成爲歷史書寫的邊緣。社會成員，尤其是百姓的生活，是現實社會中被管理的對象，自然没有發出聲音的權力與機會。於是乎，被代表的人就没有資格、没有機會上國史。百姓只在造反的時候，成爲政府注意的對象時，才會被記録在國史。他們是作爲反面人物記録在案的，他們是現行社會秩序的破壞者。也就是説，他們不是歷史書寫的主體，而是以附體出現的。野史筆記中有一些民間歷史記録，但比較分散。

五、結　　語

明史的編纂，始於嘉靖中期，至康熙初期，前後近 150 年。從修史組織力量來看，私修爲主，官修僅一次，且流産了。從空間上説，南方地區强於北方。明末清初的明史建構，確實出現不少新現象，如專業化的初現、注重史料的考信工作、集體編纂的重視、編纂的整體計劃性等。前後近 150 年的明史建構活動，形成了豐富的明史文本遺産。成熟的領域，産生成熟的作品，豐富的明史建構遺産是清修《明史》比較理想的原因之一。

莊氏用錢設館修史，谷氏用權設幕修史，清初確實出現了一些值得注意的集體修史活動。這是一種典型的集體項目，莊氏、谷氏是專案負責人（或“學術老闆”），下面招了一幫“知識打工者”，分工合作，限時完成。最後，由專案負責人出資刊刻，專案負責人也就是知識産權人。明朝幾位明史專家，如鄭曉、吴士奇、尹守衡、朱國禎、何喬遠等，都是用幾十年時間來完成一部書，而清初出現的集體修史，則只要幾年就可以完事，這就是新的編纂方式。

現實政治利益與歷史求真原則間的協調與衝突，是歷史建構中永遠要遇到的一個基本問題。在明代的時候，就已經出現“止書美而不書刺，書利而不書弊”的現象。到了清初，明史建構更是遇到了新王朝利益的威嚇。明清更替，遺民站在明朝立場觀察問題，要如實記録這段歷史；而清朝政府則站在新朝立場，要刻意掩蓋這段歷史，以維護自己的政治利益。如此，雙方利益衝突，結果就是史案的發生，谷氏因抹殺了清人出兵爲明季君臣討賊之“大義”差點受禍而虚驚一場，莊氏則因記録清人早期歷史、書寫明清戰爭時的明朝立場而招來滅門之災。需要指出的是，谷氏、莊氏史案的發生，雖有不同民族新舊王朝更替的背景，但實際仍是漢人中一些無恥政客爲了個人利益而掀起的政治風波。

在明史寫作上，明代官修與私修的互動，反映在實録的傳播與使用上。實録秘藏宫中，限制了明史的編纂；實録的外傳，提升了明史研究與編纂的水準，也限制了明史的編纂，讓他們過多關注政府史，而於民間歷史的書寫重視不足，更遑論關注史學理論。明實録與明史學的關係確實密切，筆者正在做《明實録與明代史學流變》的課題。

明末清初的明史建構，整體叙述多於專業化研究。當時的明史建構，主要有兩大動機，一是反思，二是補缺。完美主義建構，就没有問題意識，思想性就差，必然影響作品的深入。當時没有嚴格的學術界，没有嚴格的學術研究，於是，明史的編纂就不可能深入化。出於政治的重新建構，往往只有當代閲讀價值，而缺乏傳世價值。而出於學術的建構，可能當代閲讀者不多，但因越來越精細化，難以被人代替，自然也就越有長久閲讀價值。

如何深化明代史學研究？下面談三點設想：

史源討論可以引入史學史研究。前人編書，缺乏研究，都是材料抄來抄去。現在的編書經驗告訴我們，未經過審問，將别人的東西信手拈來，是會出差錯的。史源分析是討論一部史書學術水準的重要手段，會促使人讀材料讀得更仔細。没有這種解剖，只有作品思想、體裁的整體的介紹，就會顯得空洞。史學史研究之所以没有對歷史學其他二級學科專家産生作用，正在於它的整體介紹，没有對材料水準及來源作深入研究。

建構的分類專門考察。明史建構研究是順時考察，順時考察是整體考察，更有意義，更爲主動。不同時代的書寫，是一個不同内容的選擇過程。不同時代的學者，都有權力加入修訂行列。從本質上説，不同時代同一體裁的明史著作，是版本的升級。傳統的史學史研究，偏重整體考察。目前，分類專門考察，更爲重要。譬如不同明史作品的帝王書寫考察、不同明史作品的分類傳記考察、不同明史作品的外國與四夷傳考察、不同明史作品的女性書寫、不同明史作品的忠孝節義書寫，這樣的分析更爲深入，或許可以拓展出一片新的天地。

加强史料的搜集與彙編。學者較前更看重第一手文獻，有材料才可以重新建構。從現代專業研究角度來看，需要有專業史料彙編。如此積累，研究才會加深。如果讓每一人從頭做起，就有浪費時間之感。電子版《四庫全書》、《四庫全書存目叢書》、《四庫禁燬書叢刊》、《四庫未收書輯刊》、《明清實録》諸大型叢書的出現，將大大提升明代史學研究的水準。筆者曾做過《明代史學編年考》，在這方面作了一些貢獻，但限於當時的時間與條件，現在看來，仍有不足之處，故擬進一步擴編爲《增訂明代史學編年考》。

清儒王心敬太極説之人文思想芻議

汪學群

王心敬生於順治十三年（1656），卒於乾隆三年（1738），字爾緝，陝西鄠縣（今户縣）人，爲諸生時，因督學不以禮相待而憤然離去。早年師從著名理學家李顒，曾受聘於江漢書院，講明正學，從此聲聞茂著，四方學士爭相識其面，名人巨公也不遠千里或致書或造訪，欲延攬爲己所用。如督學朱軾多次造廬問業，總督額倫特、年羹堯也先後以隱逸舉薦，但王心敬並没有前往。清世宗聽説後十分推重。乾隆元年（1736），王心敬舉孝廉方正，以年老多病不赴京，大學士鄂爾泰曾轉達問候，由此可以看出其地位與聲望之高。因王心敬歷康熙、雍正、乾隆三朝，屢召不赴，故時人稱之爲徵君。王心敬雖然歸隱不出，但服膺其師李顒明體達用之學，常懷經世之志，如西北邊疆發生叛亂，他立即致書守備官吏，出謀劃策，十分精詳，而且所言多得到驗證，如文集中《選舉》、《餉兵》、《馬政》、《區田法》、《圃田法》、《井利説》、《井利補説》諸篇，皆可實行。理學名臣陳宏謀爲官陝西時，曾把王心敬之説付諸實踐，獲得很好的收效。

王心敬爲學範圍十分廣泛，從六經、《論語》、《孟子》，到宋明儒周敦頤、程顥、程頤、張載、朱熹、陸九淵、王陽明等人的著作，以及經濟諸家之書，無不潛心講貫，究極根底。但其學術宗旨仍以理學爲指歸，並以心這個範疇來調停諸家。他認爲理學“全體大用，同條共貫，原無偏頗，稍執一即害道。伊川、紫陽道問學之意重，象山、陽明尊德性之旨多，高明沈潛不同，故從入異。要其望道而歸，視心爲主則一也”。[①] 其論學服膺《大學》之“三綱”，即“明明德、新民、止於至善”，嘗謂：“諸儒主靜，識仁窮理，居敬立大本，致良知諸旨，總不出明、新、止至善之範圍。”[②] 他的主要著作有《豐川詩説》、《尚書質疑》、《禮記彙編》、《春秋原經》、《諸儒紀要》等。四庫館臣對其《尚書》、《春秋》的研究評價不高，稱“大抵支離穿鑿，敢爲異論”，而對於其易學著作則給予正面的肯定。[③]

王心敬治《易》，主要著作爲《豐川易説》，共十卷，[④] 對於該書，四庫館臣有這樣的論述：“惟此編推闡易理最爲篤實而明晰”，與其他經的研究如出二手，其易學著作的特色是“明白正大，故其書皆切近人事，於學者深爲有裨。至於互卦之説、老陰老陽始變之説、錯綜之説、卦變之説，皆斥而不信，並《左氏》所載古占法而排之”。[⑤] 標出其書“切近人事”，對《左傳》引

---

① 劉清芝《王徵君先生心敬傳》，錢儀吉《碑傳集》卷一百二十九《理學下》，中華書局1993年版。

② 《清史列傳》卷六十六《儒林傳上一》，中華書局，1987年版。

③ 參見《豐川易説》卷首《豐川易説提要》，《四庫全書》本。

④ 關於此書作於何時，書中並未説明，王心敬致陳實齋信中説：“心敬生平好《易》，而於前代《易》注見者不多，即見者又率覺意見不甚契合，以此近年來專據《十翼》闡經之旨，參會四聖作《易》旨。頗覺《周易》一書，原是四聖人藉象數明人事，教人以寡過之書。”《豐川續集》卷十五《復大宗伯陳實齋先生》，《四庫全書存目叢書》本。此信寫於康熙五十八年（1719），可知此時正在撰寫《豐川易説》，完成的具體時間待考。

⑤ 《豐川易説》卷首《豐川易説提要》。

古占法，以及漢易象數之學持批評態度。此書立論雖然有些偏激，但比起圖書象數之學來，要强之百倍。史傳也稱，其以爲“學《易》要以無大過，是孔子明《易》之切於人身”，揭示了諸聖人作《易》的本旨，可謂“明白正大，切近人事，有裨學者”。① 尤其點出“學《易》要以無大過”、“切於人事”，可謂揭示出王心敬治《易》的宗旨，而“切於人事”這一點，尤其表現在他的太極説之中。

“太極”一詞，源於《繫辭》，宋儒周敦頤據以作《太極圖説》，闡釋太極之説，最爲詳盡，後儒不乏作注作疏，遂演成易學的重要學説。太極説也是王心敬易學的重點，他不僅在自己的易學著作中詳盡地闡釋太極説，在其文集中也有多篇討論太極説。② 他的太極説直接繼承了周敦頤的太極説，結合《周易》從不同角度闡發太極説的人文底蘊，進一步系統完善了太極説作爲人們安身立命的理論依據。

一、太極説的真諦

王心敬認爲太極説的真諦是立人極，確立人之所以爲人的基本道德準則，而立人極又是通過主靜無欲來完成的。

對於太極説，他首先從宇宙本體論和發生論角度展開自己的論述，認爲《繫辭》所説的“《易》有太極”，是指《易》原有太極，以生生爲特色。周敦頤講的“無極而太極”，指的是“太極者，實無聲臭，無方體之可執，本無極也”。③ 太極作爲無極，其特色是“無方體，無聲臭”，似有本體論意義，而太極又以生生爲特色，似有發生論意義。基於這種認識，他描述了太極生萬物的過程：即有太極便有動靜，太極動即陽生，可産生物，太極靜即陰生，可合成物。動未嘗不靜，所謂動極而靜。靜未嘗不動，所謂靜極而動。動極復靜，是動爲靜根，靜極而動，是靜爲動根，一動一靜互爲其根，由此分陰分陽，兩儀既立，陰變陽合，五行由此而産生，五氣布而四時形成。動靜無端，陰陽無始，陰陽自然的功用不可窮盡，也即太極的功用不可窮盡。由此而推論，凡是陰陽成象以生成的，即是天地之德，也是太極爲之德，陰陽聚精以照臨的，即日月之明，也是太極爲之明，陰陽遞嬗以序四時的，即五氣之順布，也是太極爲之序。一句話，天地之所以生成，日月之所以代明，四時之所以錯行，伸而爲神，歸而爲鬼，其吉凶之不爽，皆爲太極所爲。五行其性雖殊，其實不過是一陰陽，陰陽其氣雖異，其實不過是一太極。一切由太極發生，一切又能歸結爲太極，這顯然是把太極當成天地萬物生成的本體與主宰，深化了周敦頤有關太極具有本體和發生意義的思想。④

雖然太極在天地萬物生成中起着如此重要的作用，但王心敬論太極的重點不在這裏，而在於人，也就是説，他更重視周敦頤《太極圖説》的後一部分。那麼人是如何形成的呢？王心敬認爲人是由太極所生，具體而言，由陰陽與五行精妙結合凝成的。他認爲，人與其説由二氣五行所生，不如説由太極所生。人得二氣五行的精華爲最靈秀，説明人性全體太極。表現如下：就生理層面而言，人耳朵能聽，由太極之聰所寄；人眼睛能視，由太極之明所寓；人手能持、足

① 《清史列傳》卷六十六《儒林傳上一》。

② 王心敬論太極説，除《豐川易説》相關部分之外，另有全集中的《太極圖説會意解》、《主靜立極説》、《太極圖説大旨解》、《太極圖説西銘相表裏説》、《太極皇極相爲體用説》等，本文主要根據上述論著來闡釋其太極説。

③ 《豐川全集》卷二十四《太極圖説會意解》。

④ 參見《豐川全集》卷二十四《太極圖説會意解》。

能行，由太極之恭與重所從導。從道德層面來看，仁義禮智非由外鑠，仁即太極盎然之生理，因此當惻隱，雖然想不惻隱也不可能；義即太極截然之裁制，因此當羞惡，雖然想不羞惡也不可能；禮即太極秩然之節度，智即太極炯然之明察，因此當辭讓、當是非，雖然想不辭讓、不是非也不可能。①

接着，他把這種觀點推之於人與人之間，人同得於太極之二五妙合，即使想不視爲同胞也不可能。推之於人與物之間，物與人並育於太極之二五，其變化生生無窮，即使想不吾與也不能。再推之於天地之間，天地之德，太極爲之德即我德；日月之明，太極爲之明即我明；四時之序，鬼神之吉凶，太極爲之序與吉凶，即我序與吉凶。因此我身雖藐小，而我性全體，即太極全體，我性妙用，即太極妙用。總之，人視必明，聽必聰，手必恭，足必重，必然歸結爲太極本聰、本明、本恭、本重。必須立人極，如果人極不立，那就是有負於太極。② 太極成了包括人在内天地萬物的本體，使某物之所以成爲某物的原因及發揮其功能的原動力。

他强調立人極至關重要。人超拔於萬物，爲最靈秀的生物。人生而靜，爲天之性，形生神發，五性感動，便有了欲望，善惡也由此而分。人雖感物而動，而其本體是靜的。聖人知曉由情欲所帶來的利害侵襲，會導致人極不立，那就離禽獸不遠了，因此當務之急在於“立人極”，如他所説：

> 中正仁義，人之極也，人生必人極立而後無愧於立人之道，故立極者立人之道也。然必主靜無欲以立夫中正仁義，使之定而後可無愧於立人之道，何也？人心全體太極也，然是太極也。③

“立人極”實質上就是要確立人應該成爲人的基本道德準則，主要是“中正仁義”，而這又要通過“主靜無欲”的方式來達到。他接着説：

> 蓋中正仁義，吾太極自然之體段，自具之條理，主靜所以還吾太極之體，而妙吾太極之用以立極也。人極立而聖人渾然一太極矣。渾然一太極而天地日月四時鬼神尚能違乎？是則中正仁義真立極之吉道。主靜無欲又中正仁義之要領也。君子雖未至於聖人之自然立極，而勉而修之，擇善而知之，必極其明；固執而行之，必極其篤，致知力行，無一不趨乎中正仁義之途焉。凶悔吝從何致乎？此吉之所由來耳。小人同秉此太極之體，而悖而棄之，終身皆欲動情勝之日，滿腔盡利害相攻之私，所存所發，無一不與中正仁義相反焉。吉何從至乎？此凶之所從致耳。夫吉凶之分，人禽之分也，乃人禽之分，只關於中正仁義之修悖。④

他引《説卦》所謂“立天之道曰陰與陽，立地之道曰柔與剛，立人之道曰仁與義”，以爲講的正是此義。而且“中正仁義”之修悖即是人禽之間的區别，“中正仁義”是人之所以“存順”、“歿寧”（張載語）之道。之所以這樣説，是因爲“存順”爲善生之理，“歿寧”爲善死之理，善知生善知死，也即知曉如何生如何死，才能生的有意義，死的得其所，這是一種完美的人生觀。

---

① 參見《豐川全集》卷二十四《太極圖説會意解》。
② 同上注。
③ 同上注。
④ 同上注。

《周易》的内容雖然十分廣博，但其精華在於太極，因爲太極爲造化的樞紐，品彙的根柢，也爲人生修吉悖凶，善生善死的本原，天地人三才皆統貫於太極。而如何還太極之本體，這就需要“主静無欲”，“主静所以還吾太極之體，而妙吾太極之用以立極也。”“主静無欲，又中正仁義之要領也。”凡此所論揭示“主静無欲”是立人極，或者説是構建人道的立脚點。

立人極，還由於太極離不開“主静無欲”，他進一步强調了“主静無欲”對“立人極”的意義：應當惻隱則惻隱，一惻隱無不惻隱，應當羞惡則羞惡，一羞惡無不羞惡，應當辭讓是非即辭讓是非，一辭讓是非無不辭讓是非，如此便是還我太極之本仁本義本智以立人極。如果不這樣做，則有負於我太極而人極不立，然而非主静立極，何以能使仁義禮智之根植於心而生色。應當盡人性即盡人性，而無有不盡，應當盡物性即盡物性，而無有不盡，己欲立而立人，己欲達而達人。萬物不折，胎卵不毁，如此便是還我太極變化生成之用以立人極，如果不這樣做，則有負於我太極生成之用而人極不立，然而非主静無欲，何以能使仁民愛物之推暨不匱。德必然與天地合，明必然與日月合，行必然與四時合，吉凶必然與鬼神合，才足以還我太極之德明序與吉凶以立人極，如果不這樣做，則有負我太極之分量而人極不立，然而非主静無欲，何以能使天地日月四時鬼神之合同。[①] 這説明仁義禮智四端、盡性（包括盡人性盡物性）、天人合一等諸多“立人極”的要素，都離不開“主静無欲”，在王心敬那裏，“主静無欲”成了“立人極”的不二法門。

與“主静無欲”相關，他還提出“貞静”，正是由於貞静，自然界的萬事萬物才泰然自若。天地的本性是生而静，必須主静無欲，然後萬事萬物才與我性之天則相協，盛德大業充滿我性之本量，因此立極之道不過是全我本來太極之全體大用而已。全我本來之全體大用，也就是主静無欲。他把主静無欲當成人性的本體，這個本體是人應該追求却似乎又永遠達不到的。[②]

王心敬强調主静無欲，實質上是還天賦予人本來的樣子，這裏有一個潛臺詞，那就是他看到人世間物欲的影響。這似乎也是一個悖論，因爲人總是社會的人，一出生就離不開社會，受社會或後天環境的習染似乎是人作爲人應有之義，而主静無欲，要還天賦予人本來的樣子，從理論上説不無道理，但在現實的社會中做到這一點，幾乎是不可能的。所以幾百年來理學家們反覆講主静無欲，其收效甚微。但主静無欲作爲人修養身心的終極目標，是有積極意義的。

二、《太極圖説》與《周易》

周敦頤的《太極圖説》源於《周易》，王心敬把《太極圖説》與《周易》兩書加以比較，以互相發明，他指出：

> 《太極圖説》，蓋周子讀《易》而有見於太極爲萬化生生之本，故特立圖著説，指出立極之處以示人。蓋輔《易》而作，爲勸戒之書也。何言乎示勸也？謂人得太極之真以成性，所以於天地之生爲最靈，若能法聖人中正仁義，主静立極之功則吉，從之而上之，且可望於聖人之聖神功化其宜勉，何如也。何言乎示戒也？凡人與聖人君子同得天地之真以成性，一悖主静立極之道而不能修，不惟聖人之聖神功化不敢望，而凶即從之，至與禽獸相去不

① 參見《豐川全集》卷二十五《主静立極説》。
② 同上注。

> 遠其宜懲。無非太極之義藴推索之以訓世，故曰：大哉《易》也，斯其至矣。然又不是取《易》中太極之義别撰一種道理以示異，其實無非衍《易》之義，發明出原委也。如《易》只言繼善成性，而《圖説》必自太極無極，而細推至無極之真、二五之精、妙合而凝。《易》或言乾乾，言敬義，言艮背，亦無非主静之旨，然未嘗着定此旨，而《圖説》則一言括之，以主静無欲，雖爲説若異，而其理則同，非如釋氏坐禪入定之説也。①

王氏把周敦頤的《太極圖説》視爲輔《易》之作，爲勸戒之書，給予很高的評價。《太極圖説》爲勸戒之書，在於其標出“主静立極”之旨，具體來説，只有主静，才能立人極。《繫辭》所謂的“《易》有太極，是生兩儀，兩儀生四象，四象生八卦，八卦生吉凶，吉凶定大業”一段，指的是推其自來，順之者吉，逆之者凶，是聖人藉陰陽消長之吉凶，教人趨吉避凶。周敦頤“深見得人心原具太極，若能法聖人之主静立極，而修之則吉，(不能則悖之而) 凶，吉凶之分，近取諸身，而即是又無俟觀象玩辭，觀變玩占也。是則《易》之取義，教人從太極所生之數，即觀玩以審吉凶”。② 依太極提出的“主静立極”，强調太極立人極的意義，如何立人極，離不開觀象玩辭，觀變玩占，通過觀玩，審吉凶，知趨避。《太極圖説》也體現這一點，其“取義教人從太極所生而人得以爲性之理，即修悖審吉凶，所謂切身指點也”。③ “主静立極”，是教人在日常生活中知曉恐懼，對於進退行止當身之事有所指點，謹慎小心，避免犯錯誤，達到完善自我，回歸天賦予人本來的樣子。具體而言，《易》以太極教人趨吉避凶，其太極自身包孕天賦予人本性，達到這種或者説回歸這種天性，也就是周敦頤所説的“主静立極”。《太極圖説》標出“主静立極”，抓住《周易》的核心，尤其是《周易》中談心性的内容，更反映“主静立極”之旨。如“繼善成性”是回歸天性的過程，也即“主静立極”，乾卦“終日乾乾，夕惕若厲”，坤卦“敬以直内，義以方外，敬義立而德不孤”，艮卦“艮其背，不獲其身，行其庭，不見其人”等，都講主静 (敬)，以此確立人極，皆體現“主静立極”之旨。

周敦頤的《太極圖説》分兩部分，第一部分主講天地生成萬物包括人的過程，第二部分主講人生成後確立人極的過程，他具體加以對比。

第一部分《太極圖説》自“無極而太極，太極動而生陽，動極而静，静而生陰，静極復動，一動一静，互爲其根，分陰分陽，兩儀立焉。陽變陰合，而生水火木金土，五氣順布，四時行焉。五行一陰陽也，陰陽一太極也。太極本無極也”④ 一段，是推明《繫辭》“《易》有太極，是生兩儀，兩儀生四象，四象生八卦”之義，而且層層剥出脈絡。周敦頤所謂的“無極”一詞，《周易》雖然未有，但却是明太極的“體段”，如此説來，《太極圖説》對《周易》的太極説是有貢獻的，也就是把《周易》所闡述的天地生萬物過程具體化了。

第二部分《太極圖説》自“五行之生也，各一其性。無極之真，二五之精，妙合而凝，乾道成男，坤道成女，二氣交感，化生萬物。萬物生生，而變化無窮焉。惟人也，得其秀而最靈，形既生矣，神發知矣，五性感動，而善惡分，萬事出矣”一段，即推明《繫辭》“一陰一陽之謂道，繼之者善也，成之者性也”之旨，詳細闡發所以“繼之”、“成之”的緣由，究其根本不越“繼善成性”之旨。至於“主静立極”之旨，《周易》雖然未言，然而主静即主仁義之中正，非外仁義而另有一理，因此《周易》講的仁義，而中正自然也就包括在其中了。《太極圖説》言太

① 《豐川全集》卷二十四《太極圖説大旨解》。
② 同上注。
③ 同上注。
④ 《周子全書》卷一《太極圖説》，《萬有文庫》本，北京：商務印書館，1937年版。以下引《太極圖説》均參見此本。

極之道，立人之道，不外於此，主靜也是對易理的發揮。《周易》教人生生之道，主張順應而體健，利用乾惕，《太極圖説》則教人還生之道，主張先逆而後返，利用主靜，角度不同，其宗旨是一致的。至於《太極圖説》中的“聖人與天地合德”，以至“原始要終”，則又援引《繫辭》加以説明。①

王心敬經過仔細比對，得出“仔細看來，《太極圖説》不惟是輔《易》而作，是與《易》互相發明，以示勸戒也”② 的結論，給予周敦頤的《太極圖説》相當高的學術地位。

三、《太極圖説》與《西銘》

王心敬不僅認爲《太極圖説》爲輔《易》之作，而且又把《太極圖説》與《西銘》相互對比，其目的是推衍引申《周易》所包含的人文之理，進一步説明人性、人生等問題，爲其所倡導的安身立命尋找理論根據。

《西銘》(也即《訂頑》) 爲張載的名篇，③ 二程曾給予很高的評價，如程顥説：“《西銘》某得此意，只是須得佗子厚（張載——引者）有如此筆力，佗人無緣做得。孟子以後，未有人及此。得此文字，省多少言語。且教他人讀書，要之仁孝之理備於此。”④ 程頤也説：“横渠之言，有能無失。……若《西銘》一篇，誰説得到此？今以管窺天，固是見北斗，别處雖不得見，然見北斗不可謂不是也。”⑤ 朱熹還爲《西銘》作注，可見服膺之至。王心敬則把它與周敦頤的《太極圖説》加以比較，以爲二書互爲表裏。王氏説：

> 余則妄謂爲《圖説》、《西銘》尤於斯道綱維爲重，而其理亦自相表裏者也。⑥

有何根據？他認爲，《太極圖説》闡述天地人三才之奥，《西銘》揭明奉天之功，二書皆爲道之統宗，地位同等重要。具體比較如下：

《西銘》“乾稱父，坤稱母”，即《太極圖説》“乾道成男，坤道成女”；《西銘》“天地之塞，吾其體”，即《太極圖説》“二五之精，妙合而凝”、“二氣交感，化生萬物，萬物生生，而變化無窮焉”；《西銘》“天地之帥，吾其性”，即《太極圖説》“二五之精，妙合而凝”、“惟人也，得其秀而最靈”；《西銘》“民吾同胞”，即《太極圖説》“乾道成男，坤道成女”；《西銘》“物吾與也”，即《太極圖説》的二氣交感萬物化生，推及民與我同生於乾坤大父母，爲我同胞。物與我同感生於二氣之内則爲“吾與”，由此可知民與我同成於乾坤，即與我同生於天地。代天地統攝

---

① 參見《豐川全集》卷二十四《太極圖説大旨解》。

② 同上注。

③ 《西銘》原爲獨篇，後收入《正蒙·乾稱》第一部分，原文：“乾稱父，坤稱母；予茲藐焉，乃混然中處。故天地之塞，吾其體；天地之帥，吾其性。民吾同胞，物吾與也。大君者，吾父母宗子；其大臣，宗子之家相也。尊高年，所以長其長；慈孤弱，所以幼（其）（吾）幼。聖其合德，賢其秀也。凡天下疲癃殘疾、惸獨鰥寡，皆吾兄弟之顛連而無告者也。於時保之，子之翼也；樂且不憂，純乎孝者也。違日悖德，害仁曰賊；濟惡者不才，其踐形，唯肖者也。知化則善逃其事，窮神則善繼其志。不愧屋漏爲無忝，存心養性爲匪懈。惡旨酒，崇伯子之顧養；育英才，潁封人之錫類。不弛勞而底豫，舜其功也；無所逃而待烹，申生其恭也。體其受而歸全者，參乎！勇於從面順令者，伯奇也。富貴福澤，將厚吾之生也；貧賤憂慼，庸玉女於成也。存，吾順事，没，吾寧也。”《西銘》載於《正蒙·乾稱篇第十七》，《張載集》，北京：中華書局，1978 年版。以下引文均參見於此本。

④ 《程氏遺書》卷第二上《二先生語二上》，上海：上海古籍出版社，2000 年版。

⑤ 《程氏遺書》卷第二十三《伊川先生語九》。

⑥ 《豐川全集》卷二十五《太極圖説西銘相表裏説》。

我的大君，即“吾父母宗子”，而其大臣也即“宗子之家相”。因此“尊高年，所以長其長，慈孤弱，所以幼其吾幼”。《太極圖説》所講的“聖人與天地合德”，與《西銘》“聖其合德”相互發明。如果没有《太極圖説》説的“仁義”、“中正”、“主靜”、“立極”，就無從知曉《西銘》的“聖其合德”。《太極圖説》所謂“君子修之吉”，也與《西銘》“賢其秀也”相互發明。如果没有《太極圖説》“中正”、“仁義”、“君子修之吉”，也就不知《西銘》“賢其秀也”。其他如《西銘》“凡天下疲癃殘疾，惸獨鰥寡，皆吾兄弟之顛連而無告”，又從“同胞”之義中可相推而發明。至《西銘》“於時保之”以下，皆可推人應當體乾父坤母之義，以明孝敬天地之旨。《太極圖説》與《西銘》都從《周易》出發，認同天地或乾坤對生成包括人在内的萬物的意義，二書有共同的思想來源，闡述了相同的價值觀，因此可以相互比較。

王心敬認爲，《太極圖説》與《西銘》雖然都講天地自然，但落脚點仍在人。《太極圖説》説“惟人也，得其秀而最靈”，由此引出應當效法聖人“中正仁義”、“主靜立極”，以盡修吉之道，《太極圖説》這些主張也與《西銘》相互表裏。在這裏，他認爲“主靜無欲”是根柢。基於此，他詳細分析了《太極圖説》與《西銘》皆體現“主靜無欲”的涵義：

> 主静無欲之功，一切處不負乾坤生成之意，一如孝子不負父母生成之道，庶幾與天地合德踐形，惟肖而不至爲乾坤害仁濟惡之子耳。但《圖説》統明三才之道，故言立極之道略，而只以中正仁義、主静立極括之。《西銘》獨推盡人之道，故言事天地之道詳，而歷歷推繼志述事等項以明之，而要之《西銘》工夫之詳皆主静之條理，而《圖説》工夫雖略，實《西銘》工夫之要領。蓋人非主静無欲，必不能盡畏天自保之實功，樂天不憂之實分，必且徇人欲不循天理，違而悖德矣，戕滅天理，自絶本根，賊而害仁矣。長惡不悛，世濟其凶而不材貽恨矣。又何能盡人之性，充人之形，與天地相似而不違哉？一主静而無欲，則心既誠矣。將目非是無與見也，耳非是無與聞也，心非是無與思也。故知之必極其明，知化而如孝子之善繼其志也，窮神而如孝子之善述其事也。行之必求其實，不愧屋漏而如孝子之無忝所生也，存心養性而如孝子之匪懈夙夜也。且無欲自遏欲，始真能主静無欲，焉得不惡旨酒而如孝子顧養，無欲必萬物一體，真能主静無欲，焉得不育英才而如孝子之錫類。天心不順者事天不純也，事天不純者多欲爲累也，主静無欲，則必不弛勞也，安得不取孝子天心底豫之功乎？夭壽貳心者修身之道不誠也，修身不誠者多欲撓心也，主静無欲則夭壽不貳矣，安在非孝子無逃待烹之恭乎。且人惟主静無欲也，則全而生之者，斯全而歸之，勇於盡性者，斯順受其命，必且知富貴福澤於我無加，乃天之大奉乎。我使我之爲善輕也，而如孝子之富貴不驕，知貧賤憂慼於我無損，正天之成就乎我而使我之爲善篤也，而如孝子之貧賤不憂。夫如是也，存則不違天地生我之意，歿則無愧天地生我之理，不亦乾坤之肖子乎。生於乾坤而不愧乾坤之肖子，其爲如孝子之朝聞夕死，得正而斃也。①

“主靜無欲”貫穿於《西銘》始終，《西銘》處處體現“主靜無欲”的思想，《西銘》以天道推人事，其人事種種皆以“主靜無欲”爲立脚點。所謂“主靜無欲”，就是要“立人極”，從心性上下工夫，確立人真正成爲人的基本要素，仁義禮智孝弟諸德才能實施，順生順死，天與人、人與人之間和諧相處，達到萬物一體、天人合一的境界。他認爲，有《西銘》事天之實功，然後《太極圖説》所講主靜立極的條理才能落到實處，有《太極圖説》講的主靜無欲之真宰，然後

① 《豐川全集》卷二十五《太極圖説西銘相表裏説》。

《西銘》倡導的事天地的工夫才能真實，主靜無欲不僅是《太極圖説》的要領，同時也是《西銘》的根本。他通過對“主靜無欲”的分析，進一步深化了《太極圖説》、《西銘》二書不僅並行不悖，而且還相互表裹的主張。

楊時曾寄書其師程頤討論《西銘》，以爲《西銘》“發明聖人微意至深。然而言體而不及用，恐其流遂至於兼愛”。[①] 意思是説，《西銘》只言“民吾同胞，物吾與也”，而不講老吾老以及人之老，幼吾幼以及人之幼，因此有理一而無分殊，只講仁、愛無差等，而無遠近親疏之義，唯恐其陷於墨子兼愛。程頤答云：“《西銘》明理一而分殊，墨氏則二本而無分。分殊之蔽，私勝而失仁；無分之罪，兼愛而無義。分立而推理一，以此私勝之流，仁之方也。無別而述兼愛，至於無父之極，義之賊也。子比而同之，過矣。且謂言體而不及用。彼欲使人推而行之，本爲用也，反謂不及，不亦異乎？”[②] 程頤不贊同楊時把《西銘》與墨子兼愛看成等同的做法，認爲《西銘》體現了“理一分殊”，一般與個別統一，體用結合，而墨子講兼愛，離開個別而空談一般，是一種泛愛，體用分離，没有使愛落到實處。同樣王心敬也不同意楊時的觀點，以爲《西銘》講民物皆吾一體，非泛言並包，承認愛有差等，但通過推恩，也即由吾兄弟推及吾同胞，與兼愛不同。

四、《太極圖説》與《洪範》皇極

王心敬還把《太極圖説》與《洪範》皇極比較。《洪範》爲《尚書》一篇，洪爲大，範爲法，言天地之大法。“皇極”出自《洪範》篇洪範九疇之五，[③] 即“建用皇極”，皇爲大，極爲中。凡立事當用大中之道。他把《太極圖説》與《洪範》皇極加以對比，寫道：

> 《太極圖説》是論太極之實理，洪範皇極是言皇極之功用。言實理則萬物之所肖而生者，本無聲臭，本無方體，有之而即非太極之本體也，故曰太極本無極。言功用則萬物之所象而肖者，合有倫要，合有條理，無之而即非皇極之大用也，故曰皇建其有極。非全乎太極之體，無以立皇極之體；非建乎皇極之用，無以達太極之用。太極、皇極相爲體用，一有一無相爲表裏，不惟並行而不相悖，亦且一體而相爲用也。然體立而後用可行，則所謂有天德者自有王道也，故皇極之斂福錫民，不外中正仁義，而中正仁義實管攝乎主靜無欲，則雖謂太極説爲《洪範》皇極之源淵可矣。[④]

以爲《太極圖説》是講太極之實理，而《洪範》皇極講皇極之功用。實理是體，即“萬物之所肖而生者”，太極所以生物而却“無聲臭”、“無方體”，因此説“太極本無極”。功用是用，此用“有倫要”、“有條理”，因此説“皇建其有極”。太極和皇極兩者雖然特點不同，也可視爲體用關係，即“非全乎太極之體，無以立皇極之體；非建乎皇極之用，無以達太極之用”。在這裏，體有根源意義，用則賦予體現實意義。太極與皇極也可被視爲相互表裏的關係，太極是裏，皇極

① 《楊龜山先生集》卷十六。
② 《伊川先生文集》卷五《答楊時論西銘書》，《二程集》，北京：中華書局，1981年版。
③ 洪範有九疇，即九類大法：“初一曰五行，次二曰敬用五事，次三曰農用八政，次四曰協用五紀，次五曰建用皇極，次六曰乂用三德，次七曰明用稽疑，次八曰念用庶徵，次九曰嚮用五福，威用六極。”見《尚書·洪範》。
④ 《豐川全集》卷二十五《太極皇極相爲體用説》。

是表。皇極的核心是“中正仁義”，“中正仁義”決定於“主靜無欲”，“主靜無欲”出自《太極圖説》，因此他得出《洪範》皇極本於太極的結論。這顯然還是把太極尊奉爲最高的範疇。《洪範皇極》也爲書名，又名《洪範皇極内篇》，南宋蔡沈撰，共五卷。是書雖爲解説《洪範》，實際上是借《洪範》的資料，講其象數之學。以九宫圖解釋洪範九疇，又從《易》數學的觀點，研究河、洛之異同，並將洛書視爲數的本原，提出河偶洛奇之説。又將天地萬物萬事之源歸於數，河偶即爲“數之體”，顯現爲物之形象；洛奇即爲“數之用”，表示爲生化之理。此書不過是《太玄》之支流，變易數爲洪範，以新人耳目而已。王心敬對《洪範》皇極的解釋與蔡沈截然相反。

在宋明理學史上，太極説有過爭論，最經典的莫過於朱熹與陸九淵的太極之辨。王心敬論太極説，不關心其爭論，而側重在發揮太極的人文思想底藴。所論揭示了太極的真諦，是立人極，確立人之所以爲人的基本道德準則，而立人極又是通過主靜無欲來完成的，因此也稱“主靜立極”。他在肯定《太極圖説》源於《周易》的同時，通過對《太極圖説》與《周易》、《西銘》、《洪範》皇極的比較，以爲它們相互發明，深化了以下認識：比較《太極圖説》與《周易》的關係，指出《太極圖説》爲輔《易》之作；比較《太極圖説》與《西銘》的關係，則推演引申《周易》所包含的人文之理，進一步説明人性、人生等問題，爲其所倡導的安身立命尋找理論根據；比較《太極圖説》與《洪範》皇極的關係，則體用結合，把太極的功用推向極致。凡此種種觀點，不僅發展周敦頤太極説所包藴的人文思想，而且也對研究易學中的人道觀起了推動作用。他的太極説在清代易學中是頗具特色的。

寶鑑正反照

——論《紅樓夢》薛蟠的表和裏

孫愛玲

一、引　言

曹雪芹《脂硯齋全評石頭記》第十二回，脂硯齋在曹雪芹的文字底下作了點評，清楚向讀者剖示紅樓夢的閱讀方法和敘述特點①："那道士……從褡褳取出一面鏡子來"，文下脂評是："凡看此書者從此細心體貼方許你看，否則此書哭矣。"指看此書的方法要細心體貼。又"兩面皆可照人"，脂評："此書表裏皆有喻也。"此處指看的時候顧及表裏。又"鏡把上面鑿着風月寶鑑四字"，脂評："明點"，這説明鏡的名稱。因此看《紅樓夢》時要心細，在寶鑑兩面照下脂評説書中表裏都有喻意，可見這寶鑑（正反）兩面和書的表裏是二而一的。

接下來那道士"遞與賈瑞道：'這物出自太虚幻境空靈殿上，警幻仙子所制。'"脂評："言此書原係空虚幻設"，謂此書的布局是空虚幻設。又"……千萬不可照正面，只照他的背面，要緊，要緊!"脂評："觀者記之，不要看這書正面，方是會看。"此指一般人看的時候，會看正面，誰知這正面是空虚幻設，因此看的時候，要看背面或反面，那才算會看。

由此可見，脂硯齋指出《紅樓夢》有兩個叙述層次：表和裏。表是作者直接闡述的，裏則是隱藏的叙述，讀者因此必須細心領會，不可只停留在"表"的層面，而要發掘作品"裏"的一面，這樣才是《紅樓夢》的閱讀方法。霍國玲、紫軍在《脂硯齋全評石頭記·序》也指明《紅樓夢》有表裏兩面，又説《紅樓夢》有五個書名，其一爲《風月寶鑑》，與正反兩面皆可照人的"風月寶鑑"同名，意思是此書有正反兩面。② 因此這表和裏是叙述的方法，也是閱讀的指示。

張新之在《八家評批紅樓夢》則將劃分表裏的叙事手法用來分析紅樓夢的人物，他指出："《紅樓夢》乃此書正名，而開首空空道人因空見色一段文中，有《石頭記》、《情僧録》、《風月寶鑑》、《金陵十二釵》諸名目，而絶無《紅樓夢》三字。即此便是舍形取影，乃作大主意。故凡寫書中人，都從影處着筆"。③他認爲紅樓夢的人物具有形、影的特點，而叙述手法則是舍形取影，只描寫人物的表象（影），人物的真身（形）則隱藏起來。既然如此，我們閱讀《紅樓夢》人物，固然要認識作者直接賦予角色的形象，也要留意他們隱藏在作者叙述以外的特點，這樣才可以正、反並照，形、影兼見。

---

① 馮其庸編，曹雪芹著《脂硯齋全評石頭記》己卯本《序》，上海：上海古籍出版社，1981年版，頁234。這裏讀者看明白賈瑞如何照寶鑑，賈瑞先照道士所説向反面一照，只見一個骷髏立在裏面，嚇了一跳，再照照正面，見鳳姐站在裏面招手叫他。

② 曹雪芹著，霍國玲、紫軍校勘《脂硯齋全評石頭記》，北京：東方出版社，2005年版，頁1011－1012。

③ 見馮其庸撰校《八家評批紅樓夢》，北京：文化藝術出版社，1991年版，頁74。

巴赫金分析複調小説的人物也用作這種劃分表裏叙述手法的補充。他在《陀思妥耶夫斯基的詩學問題》第二章中先區分獨白型小説和複調小説，指出獨白型小説，作者是主體，角色是客體，角色存在於作者視野的世界中，是固定化的，巴赫金説："他（角色）的思想内容範圍已被嚴格限定：他的活動、感受、思考和意識都不超出'他是甚麽'，亦即他作爲現實被規定的形象的範圍：他不能不再是他，也就是不能超越他的性格、典型性和氣質的範圍，否則就會破壞作者對他的獨白型構思。這種形象是在作者在主人公意識外部的一個客觀局界——在作者的世界中建立的。"而作者世界連同他的各種觀點，又以一個外在的穩定立場，即穩定的作者視野爲前提。[①] 因此，在複調型小説中，小説的角色可以超越作者預設的形象，有自己獨特的面貌。

巴赫金又指出，作者對主人公采取的新的藝術立場，是認真實現和徹底貫徹的對話性立場，這種立場確認主人公的獨立性、内心自由、未完成和未決定性。對作者來説，主人公既不是"他"，也不是"我"，而是不折不扣的"你"。主人公是一個非常認真的對話交往的主體，這種對話不是在過去，而是在當前，亦即創作過程中的現在發生的。换句話説，作者已從中擺脱，他高踞於對話之上，仿佛是至高無上和決定一切的；如果是這樣，一場真正的、未完成的對話馬上就會變爲習見於一切獨白型小説的客體性和完成性對象了。[②]

從這裏得到的啓示是，複調小説的角色固然是作者所創造的"表"，但角色本身不是作者的傳聲筒，也不是由作者任意賦予一個既定的或不會轉變的形象，而是可以徹底展開自己内在邏輯性和獨立性的"裏"，與作者有同樣地位。以下我們從這個角度出發，指出薛蟠在叙述過程中，既直接顯示作者所賦予的特點，但也展現自己的獨特性格和特點，甚至脱離了作者所預設的形象。

曹雪芹在《紅樓夢》[③] 寫人物，采用一表和一裏，正反對照的方式，作者藉對話行爲，正面突顯人物的性格特點，但在小説的其他地方，這個人物却以種種方式，掙脱作者所賦予的形象，表現出迥然不同的面貌，令讀者打破既有印象，對人物有嶄新理解。本文便以薛蟠爲例，剖析《紅樓夢》的叙述手法。

二、正照薛蟠爲"呆霸王"，反照其實不呆

涂瀛《紅樓夢論贊·薛蟠贊》説："薛蟠粗枝大葉，風流自喜，而實花柳之門外漢，風月之假斯文，真堪絶倒也。然天真爛漫，純任自然，倫類中復時時有可歌可泣之處，血性中人也，脱亦世之所希者與？晉其爵曰王，假之威曰霸，美之諡曰逸呆，譏之乎？予之也。"[④]説的固是，薛蟠其表威霸，其裏乃王爵。

作者通過門子介紹薛蟠：

> 薛公子，亦係金陵人氏，本是書香繼世之家。只是如今這薛公子幼年喪父，寡母又憐他是個獨根孤種，未免溺愛縱容，遂至老大無成；且家中有百萬之富，現領着内帑錢糧，

① Mikhail Bakhtin, *Problems of Dostoevsky's Poetics Caryl Emerson trans.*, Minneapolis: The University of Minnesota Press, p. 52. 譯文參巴赫金著，佟景韓譯（1996）《巴赫金文論選》，北京：中國社會科學出版社，1996年版，頁63。

② *Problems of Dostoevsky's Poetics*, p. 63. 譯文參《巴赫金文論選》，頁78。

③ 曹雪芹、高鶚（1990）《紅樓夢》，北京：人民文學出版社，1990年版。《紅樓夢》的引文均引自此書。

④ 涂瀛《紅樓夢論贊·薛蟠贊》，收入馮其庸撰校（1991）《八家評批紅樓夢》，頁67。

采辦雜料。(第四回，頁 64)

這裏指薛蟠出身書香繼世之家，作爲一個皇商，背景顯赫，是百萬之富，領着國家的銀兩采辦雜料經營家業，又是家中的獨子，所以“溺愛縱容”。然後又説：

> 雖是皇商，一應經濟世事，全然不知，不過賴祖父之舊情分，户部掛虚名，支領錢糧，其餘事體，自有伙計老家人等措辦。……自薛蟠父親死後，各省中所有的買賣承局，總管，伙計人等，見薛蟠年輕不諳世事，便趁時拐騙起來，京都中幾處生意，漸亦消耗。(第四回，頁 64)

此處説薛蟠的家業主要是靠家中伙計老家人管理，久而久之，買賣承局、總管、伙計人都因他年輕而趁時拐騙。但讀者要反面看，雖是如此，是否薛蟠真的把家業給敗了。

> 薛蟠素聞得都中乃第一繁華之地，正思一游，便趁此機會，一爲送妹待選，二爲望親，三因親自入部銷算舊帳，再計新支。(第四回，頁 65)

薛蟠到京都有三種任務需要完成：一爲響應皇上徵采才人，送妹待選爲公主郡主入學陪侍，充爲才人贊善之職；二爲陪母探親，探望舅舅家和姨媽家；三是親自入國庫銷算舊賬，再計新支。從第三個任務，可見他不是没有分寸之人，一是安排妹妹前途，二是孝心表現，三是與皇帝銷算舊賬，可見皇室對他家采的貨物，辦的工作還滿意，然後再預報新的開支，拿一筆錢出來買辦。這裏是反照他其實能幹。

文章還説他“早已打點下行裝細軟，以及饋送親友各色土物人情等類，正擇日一定起身”(第四回，頁 65)。此處反照他辦事細心，如今舉家主僕進京，帶着母親妹妹女眷，還有一批下人，必須長住下來，如何安頓生意，如何安排起行，用陸路水路，交通住宿等；此外還備下送親友們各色土物人情。賈府和王府是金陵兩大家族，人口衆多，單説賈府，就有寧國府和榮國府，人物有長輩、同輩、丫環、姨娘、下人等，一句話後多少隱起來的事實。

三、正照薛蟠人命官司，反照薛家財勢

作者創造薛蟠作爲進入賈府的棋子，先在外鬧個人命官司，去顛覆賈雨村審案的“公正”。賈雨村到應天府辦的第一起人命官司案，就是因薛蟠而起。

> 那原告道：“被毆死者乃小人之主人。因那日買了一個丫頭，不想是拐子拐來賣的。這拐子先已得了我家的銀子，我家小爺原説第三日方是好日子，再接入門。這拐子便又悄悄的賣與薛家，被我們知道了，去找拿賣主，奪取丫頭。無奈薛家原係金陵一霸，倚財仗勢，衆豪奴將我小主人竟打死了。兇身主僕已皆逃走，無影無踪，只剩了幾個局外之人。小人告了一年的狀，竟無人作主。”(第四回，頁 57)

這薛家原係金陵一霸，那是整個家族的勢力，因此薛家人可以倚財仗勢。原告説小主人被

打死，兇身主僕逃得無影無踪，告了一年的狀，竟無人作主。這兇身主僕就是薛蟠和僕人，雨村聽了大怒，要立刻發簽各地通緝兇手，被門子阻止，小説的敘事除了通過原告説明命案的來龍去脈，又用門子向賈雨村述説薛蟠如何打死馮淵案情，以及英蓮（香菱）遭遇，然後談論趨吉避凶。

門子給雨村看的“護官符”，上面是當地大族名宦之家的諺俗口碑，下面注的是始祖官爵並房次。口碑是“豐年好大雪，珍珠如土金如鐵”。注乃：“紫薇舍人薛公之後，現領内府帑銀行商，共八房分。”(第四回，頁 60)“雪”和“薛”諧音，看到薛家錢財之多如豐年大雪，他家領國庫的錢行商做買賣，是替皇家去賺錢。所以這官司誰敢審，就擱着，雨村到了應天府接了這案，門子獻雨村扶鸞之計，指兇手已死，讓雨村胡亂審了案了事。實在大家都知道薛家財大外還勢大，有舅父王子騰以及賈家兩門官府親戚，反照了薛蟠靠財勢權勢而銷案的黑暗行徑。

四、正照薛蟠養學子，反照賈府龍陽之風

薛蟠作爲薛家的後代不是省油的燈，薛家以探親之名入侵賈府，投靠賈府是正照，寫薛家投奔賈家是“表”，其實在“裏”薛家京中有幾處房舍，自家本有住的，但薛母還堅持投奔賈府，她對薛蟠説：

> 你的意思我却知道，守着舅舅姨爹住着，未免拘緊了你，不如你各自住着，好任意施爲。你既如此，你自去挑所宅子去住，我和你姨娘，姊妹們别了這幾年，却要厮守幾日，我帶了你妹子投你姨娘家去，你道好不好?(第四回，頁 66)

薛蟠原本不想住進賈府，見母親如此説，情知扭不過的，只得依從。賈政安排薛家人住梨香院。

> 誰知自從在此住了不上一月的光景，賈宅族中凡有的子侄，俱已認熟了一半，凡是那些紈袴氣習者，莫不喜與他來往，今日會酒，明日觀花，甚至聚賭嫖娼，漸漸無所不至，引誘的薛蟠比當日更壞了十倍。(第四回，頁 67)

此見薛蟠頗受人歡迎，與小時語言傲慢的性格不同。薛蟠原本不願入賈府，但如今見賈府紈絝子弟的習性，頗合他意，作者敘述賈府子弟“引誘的薛蟠比當日更壞了十倍”。此處寫薛蟠的壞是“表”，輕描淡寫賈府子弟的壞是“裏”；續而寫薛蟠變本加厲，在學堂養起香憐、愛玉、金榮等學子。

> 原來薛蟠自來王夫人處住後，便知有一家學，學中廣有青年子弟，不免偶動龍陽之興，因此也假來上學讀書。……白送些束修與賈代儒，却不曾有一些兒進益，只圖結交些契弟。誰想這學内就有好幾個小學生，圖了薛蟠的銀錢吃穿，被他哄上手的，也不消多記。(第九回，頁 138 - 148)

一次金榮和寶玉、秦鐘在學裏鬧事，得罪了他倆，寶玉要金榮給秦鐘磕頭賠不是方罷休，

金榮回到家中越想越氣，他母親要他忍着：

> 若不是仗着人家，咱們家裏還有力量請的起先生？況且人家學裏，茶也是現成的，飯也是現成的。你這二年在那裏唸書，家裏也省好大的嚼用呢。省出來的，你又愛穿件鮮明衣服。再者，不是因你在那裏唸書，你就認得什麼薛大爺了？那薛大爺一年不給不給，這二年也幫了咱們有七八十兩銀子。（第十回，頁 145）

金榮家靠薛蟠，七八十兩銀子是很多錢，襲人月例也不過是二兩。作者明裏記薛蟠種種作爲，實在反照賈府在王夫人住處，養了許多學子，不但供讀書還供給茶飯養着，也就因此學堂內興起龍陽之風；而賈珍、寶玉、賈蓉、賈薔、賈蘭、賈菌等更是反照的形象。

五、正照薛蟠爲人解困，反照他有生意頭腦

秦氏大殮，賈珍要爲秦可卿找塊壽木，無處尋去，正好薛蟠來吊問，替他解困，賈政阻他都不行。

> 幾副杉木板皆不中用。可巧薛蟠來吊問，因見賈珍尋好板，便説道："我們木店裏有一副板，叫作什麼檣木，出在潢海鐵網山上，作了棺材，萬年不壞。這還是當年先父帶來，原係義忠親王老千歲要的，因他壞了事，就不曾拿去。現在還封在店内，也没有人出價敢買。你若要，就抬來使罷。"賈珍聽説，喜之不盡，即命人抬來。大家看時，只見幫底皆厚八寸，紋若檳榔，味若檀麝，以手扣之，玎璫如金玉。大家都奇異稱讚。賈珍笑問："價值幾何?"薛蟠笑道："拿一千兩銀子來，只怕也没處買去。什麼價不價，賞他們幾兩工錢就是了。"賈珍聽説，忙謝不盡，即命解鋸糊漆。賈政因勸道："此物恐非常人可享者，殮以上等杉木也就是了。"此時賈珍恨不能代秦氏之死，這話如何肯聽。（第十三回，頁 178）

薛蟠記得自家木店裏收了一副板，出在潢海鐵網山上，叫作檣木，作棺材可萬年不壞；可見他知道店裏有甚麽存貨，貨從何得，花色如何，甚至如何與賈珍論價錢。他説那木值千兩，如今什麽價不價，賞幾兩工錢就是。因爲作者在後面安排了賈政勸道："此物恐非常人可享者，殮以上等杉木也就是了。"可見這木的確貴了；但"此時賈珍恨不能代秦氏之死，這話如何肯聽"。這裏薛蟠不但會做生意，而且生意頭腦還十分靈光，把父親時代銷不走的木板趁機給推銷出去。這裏是顯出薛蟠之"裏"，同時作者暗地裏也反照賈珍行爲太過，有爬灰之嫌。

薛蟠平日廣交生意人，别人對他也是蠻捧場的。

> 薛蟠道："只因明兒五月初三日是我的生日，誰知古董行的程日興，他不知那裏尋了來的這麽粗這麽長粉脆的鮮藕，這麽大的大西瓜，這麽長一尾新鮮的鱘魚，這麽大的一個暹羅國進貢的靈柏香熏的暹豬。你説，他這四樣禮可難得不難得？那魚、豬不過貴而難得，這藕和瓜虧他怎麽種出來的。我連忙孝敬了母親，趕着給你們老太太、姨父、姨母送了些去。如今留了些，我要自己吃，恐怕折福，左思右想，除我之外，惟有你（寶玉）還配吃，所以特請你來……"（第二十六回，頁 368）

古董行的程日興，在薛蟠生日前送了這些賀禮：粉藕、大西瓜、鱘魚、暹羅國進貢的熏豬。如果不是平日爲宫内辦古董，和古董商做了許多生意，怎有這等是王爺才能配得的貢物；又見他孝心十足，得了後忙孝敬母親、賈母、王夫人和賈政，此人設想周到。此乃真正的薛蟠，然而作者不說明，讀者應該讀其反面，才知道他不是那麽呆的，讀者應知道其“裏”，即其真實的一面。

六、正照薛蟠數落寶釵，反照他處處無微不至

寶玉被賈政鞭笞，衆人以爲是薛蟠在人面前説的，連寶釵、薛母都認爲和他有關，誣賴了他。

> 薛蟠道：“你只會怨我顧前不顧後，你怎麽不怨寶玉外頭招風惹草的那個樣子！别説多的，只拿前兒琪官的事比給你們聽：那琪官，我們見過十來次的，我並未和他説一句親熱話，怎麽前兒他見了，連姓名還不知道，就把汗巾兒給他了？難道這也是我説的不成？”薛姨媽和寶釵急的説道：“還提這個！可不是爲這個打他呢。可見是你説的了。”……也因正在氣頭上，未曾想話之輕重，便説道：“好妹妹，你不用和我鬧，我早知道你的心了。從先媽和我説，你這金要揀有玉的才可正配，你留了心。見寶玉有那勞什骨子，你自然如今行動護着他。”話未説了，把個寶釵氣怔了。（第三十四回，頁 471－472）

讀者以爲像薛蟠這種人肯定是在外頭招風惹草，其實不然，那真正壞的是寶玉，薛蟠説自己見琪官十來次，並未和他説一句親熱話，寶玉一來連人家姓名還不知道，就把汗巾兒給了人。這裏對薛蟠、對寶玉都是風月寶鑑正反照，薛蟠見戲子没動情，寶玉就動了真情，也不知道那琪官給王爺養着，等人家到府上向賈政要人，賈政受辱，寶玉才招父親笞撻。

薛蟠見母親和寶釵偏袒寶玉，尤其寶釵一直數落他的不是，派定是他説出去的，他爲了壓住她，説寶釵因爲母親曾説要揀有玉才配她有金鎖，如今見寶玉有玉，自然護着他，氣得寶釵哭了。可見他平日注意母親言談，也知道寶釵的心思。後來寶釵原諒了他，他自責説：“如今父親没了，我不能多孝順媽多疼妹妹，反教娘生氣妹妹煩惱，真連個畜牲也不如了。”（第三十五回，頁 475）他又注意到寶釵的項圈需要炸一炸，又道：“妹妹如今也該添補些衣裳了，要甚麽顔色花樣，告訴我。”妹妹的日常需要，他都照顧到，這裏看出薛蟠的直腸子、真性情，同時另一面也反照寶釵的實在居心。可見作者也通過此人反照他人。

湘雲要起海棠詩社作東，寶釵體貼湘雲没有盤纏，爲湘雲預備螃蟹宴客，只見她説：“我和我哥哥説，要幾簍極肥極大的螃蟹來，再往鋪子裏取上幾壇好酒，再備上四五桌果碟，豈不又省事又大家熱鬧了。”（第三十七回，頁 513）湘雲聽了贊她想的周到，稱呼她好姐姐。這薛蟠張羅的螃蟹和酒，不但使她們開成詩社，大家作了菊花詩，賈府上下從老太太到婆子、丫鬟，何止百人，都大快朵頤，後來劉姥姥一算，這一頓螃蟹，够莊稼人過一年了。如果没有薛蟠預備的螃蟹，也没有曹雪芹寫《紅樓夢》著名的螃蟹宴。

七、正照薛蟠爲湘蓮所毆，反照“呆霸王”發憤從商

四十八回話説薛蟠被柳湘蓮打了一頓，爲了面子放不下，要躲一年半載，等人淡忘後再出

來；然而天天在家又不能老裝病，再看自己年紀也大了，不能文不能武，没有一點本領，戥子算盤没拿過，地土風俗不曉得，此處見他有自知之明。聽自己當鋪内攬總張德輝説："今年紙札香料短少，明年必是貴的"，打起學做生意的念頭。

> 薛蟠聽了，心中忖度："我如今挨了打，正難見人，想着要躲個一年半載，又没處去躲。天天裝病，也不是事。况且我長了這麼大，文又不文，武又不武，雖説做買賣，究竟戥子算盤從没拿過，地土風俗遠近道路又不知道，不如也打點幾個本錢，和張德輝逛一年來。賺錢也罷，不賺錢也罷，且躲躲羞去。二則逛逛山水也是好的。"心内主意已定，至酒席散後，便和張德輝説知，命他等一二日一同前往。(第四十八回，頁658)

薛蟠學做生意，發奮圖强，薛姨媽原來不肯，薛蟠爲自己辯護："如今要成人立事，學習着做買賣，又不准我了，叫我怎麼樣呢？我又不是個丫頭，把我關在家裏，何日是個了日？况且那張德輝又是個年高有德的，咱們和他世交，我同他去，怎麼得有舛錯?"(第四十八回，頁659) 説自己不是丫頭，又跟着家中老僕人出去，怎麼有差錯呢？

薛蟠能那麼想，其實比賈府子弟勝百倍。又在曹雪芹的意圖裏，若薛蟠不遠行，香菱無法入大觀園，霍國玲、紫軍指文章構思，惟作者才知：如四十八回薛蟠執意要出外做生意，薛寶釵和薛姨媽將薛蟠打發走，又把家中之事安排妥當，然後寶釵和香菱才同回園中來。庚辰本在此處有一大段夾批：

> 細想香菱之爲人也，根基不讓迎、探，容貌不讓鳳、秦，端雅不讓紈、釵，風流不讓湘、黛，賢惠不讓襲、平，所惜者青年罹禍，命運乖蹇，至爲側室，且雖曾讀書，不能與林、湘輩並馳於海棠之社耳。然此一人豈可不入園哉？故欲令入園，終無可入之隙，籌劃再四，欲令入園，必呆兄遠行後方可。然阿呆兄又如何方可遠行?①

如果薛蟠不出外學做生意，香菱也没得入大觀園。香菱論根基不讓迎、探，論容貌不讓鳳、秦，論端雅不讓紈、釵，論風流不讓湘、黛，論賢惠不讓襲、平，這等人物要使她有機會進入大觀園。

至於薛蟠做生意，也很成功，從他回來後，發貨和宴請伙計，大事周章，頭頭是道，見他爲寶釵預備送給賈府和大觀園各人禮物，他其實是十分細心。

> 薛姨媽同寶釵因問："到底是什麼東西，這樣捆着綁着的?"薛蟠便命叫兩個小厮進來，解了繩子，去了夾板，開了鎖看時，這一箱都是綢緞綾錦洋貨等家常應用之物。薛蟠笑着道："那一箱是給妹妹帶的。"親自來開。母女二人看時，却是些筆、墨、紙、硯、各色箋紙、香袋、香珠、扇子、扇墜、花粉、胭脂等物；外有虎丘帶來的自行人、酒令兒，水銀灌的打筋斗小小子，沙子燈，一出一出的泥人兒的戲，用青紗罩的匣子裝着；又有在虎丘山上泥捏的薛蟠的小像，與薛蟠毫無差錯。(第六十七回，頁949)

薛蟠在外做生意，不忘爲母親和妹妹買回送人的禮物，給賈母一箱是綢緞綾錦洋貨等家常

① 見曹雪芹著，霍國玲、紫軍校勘 (2005)《脂硯齋全評石頭記》，頁13。

應用之物；給妹妹是筆、墨、紙、硯、各色箋紙、香袋、香珠、扇子、扇墜、花粉、胭脂等物，讓她可以分給衆人；可見設想周到，不是甚麽呆公子。

外出行商時，他也爲自已訂下了"桂花夏家"這段姻緣。從寶玉和香菱對話，香菱道："他家本姓夏，非常的富貴。其餘田地不用説，單有幾十頃地獨種桂花，凡這長安城裏城外桂花局俱是他家的，連宫裏一應陳設盆景亦是他家貢奉，因此才有這個渾號。"(第七十九回，頁 1145) 可見這薛蟠爲自已找個門當户對的姑娘，這是作者反照薛蟠的"裏"處。讀者必須看出其"裏"，他實在是有豐厚實力。

八、結　　論

薛蟠一直以來都被看成是無所事事、跋扈、不學無術、呆霸王、花天酒地的負面形象，然而用脂硯齋、涂瀛、張新之等人的評點理念，以表和裏、形和影加以分析，寶鑑正反照之，見他其實有許多可取之處。這是人物跳出了作者的預設，成了如巴赫金所謂的複調現象。

在《紅樓夢》裏面，曹雪芹不但塑造人物，用人物串連故事，他們的話語更成爲情節發展的力量，當所有人物和他們的話語成了作者的客體，就如我們看薛蟠、賈環、趙姨娘、賈蓉、王善保家的、香菱、夏金桂等這些小人物成爲作者在小説中的客體，那作者許多時候用他們的話語，來作爲情節發展的着力點。例如賈環與賈政的對話，影響寶玉被鞭笞；王善保家的與王夫人對話，使得晴雯帶病被趕出去；薛蟠與薛姨媽、寶釵口角，把寶釵的心機暴露。不但如此，作者創造一個人物有正和反，有表和裏，或有形和影的對照，使得任何人物和他的話語都有雙倍效果，這是曹雪芹的獨到之處。

本文以薛蟠爲例，説明人物形象和他的話語在作者刻意用表和裏的手法，用正反照的現象；可見作者描繪角色固然可以前後照應以塑造典型人物，但也可以是多層次的、不一致的，令人物性格不斷發展，也許這才是《紅樓夢》的獨特構思。

當分析寶鑑正反照，不僅同一人互照正反，也看到以此人反照他人，以此事反照他事，以此時反照他時，這是曹雪芹寫《紅樓夢》的手法，是奇書的特色。

從寬鬆到緊縮：1802－1840越南阮朝基督教政策研究*

鄭永常

一、前　言

十六世紀，葡萄牙和西班牙在東南亞建立殖民地後，西方傳教士陸續抵達東亞地區傳教。特別是1557年之後，當葡萄牙人定居澳門以及1574年馬尼拉開埠，這兩個口岸不但成爲中外貿易的基地，同時也是傳教士活動的兩大本營。傳教士不斷從歐洲或經美洲通過馬尼拉或澳門進入中國、日本及其他東亞地區傳教。

在越南，最先記録基督教的消息是1663年（黎景治元年）10月《大越史記》"禁天下學花郎道"一語。[①]據《越史通鑑綱目》的解釋："花郎道爲爺蘇左道。"[②]所謂"花郎"是指《明史》所說的"佛郎機"，是指葡萄牙人或西班牙人。[③]十六至十八世紀，澳門和馬尼拉是東亞區域"爺蘇左道"的輸出中心。當時的"爺蘇教"即基督教（天主教，下同），用"左道"來稱基督教是有貶義的，這是儒家正統思想作祟，儒家之外都是旁門左道。其時越南黎朝（Le Dynasty，1418－1789）政權爲兩大世家鄭氏（Trink Family）與阮氏（Nguyen Family）所把持，其後經歷七次戰爭，才劃灃江爲界，南北分治。北方是鄭氏控制的黎王朝，南方是以順化爲大本營的廣南阮氏（Quang-Nam Nguyen，1600－1777）。

十七世紀中葉，南北分治之局形成後，北方鄭王開始整頓秩序，調查外國客人寓居者，結果發現"初，有花郎國人入居國中，立爲異道，誑惑愚民。鄙夫鄙婦，多信慕之。聽講之場，混雜男女無别。曩，已驅去其人，而書居猶存，弊習未改。至是，復嚴禁之"。[④]這是1663年的記録，也就是説，在這之前，便有驅逐傳教士的行動。潘清簡在《欽定越史通鑑綱目》注釋中，據一本《爺蘇野録》指出基督教是在"黎莊宗元和元年（1533）三月日，洋人名衣泥樞潛來南真之寧疆；群英、膠水之茶縷，以爺蘇左道傳教"。[⑤]若此説是真，那麼基督教傳入越南一世紀後，到1663年才正式教禁。南真在今南定省近海地區，正處於當時葡萄牙人東來的航海交通線上。

---

* 後記：本文曾得國科會專題研究NSC93－2411－H－006－014、成功大學發展國際一流大學及頂尖研究中心計畫D95－3100補助，耑此感謝。

① 陳荊和編校《校合本大越史記全書》（東京：東京大學東洋文化研究所附屬東洋文獻，1986年），頁975。

② 潘清簡等編《欽定越史通鑑綱目》（臺北：國立中央圖書館，1969年），卷33，總頁3012－3013。

③ 張廷玉等撰《明史》（北京：中華書局，1984年），卷323《吕宋》、卷325《佛郎機》，頁8370、8439；另參戴裔煊著《〈明史·佛郎機傳〉箋正》（北京：中國社會科學出版社，1984年），頁1－3。

④ 陳荊和編校《校合本大越史記全書》，頁975。

⑤ 潘清簡等編《欽定越史通鑑綱目》卷33，總頁3014。按：南真縣在今南定省（Nam Dinh）内，參陶維英著，鍾民岩譯《越南歷代疆域》（北京：商務印書館，1973年），頁277－278。而"群英、膠水之茶縷"，則不知其位置。

附圖一 越南北圻地區圖

高春育等撰《大南一統志》(東京日本印度支那研究會，1941年印行)，頁38。

黎朝正和十七年（1696），鄭王再次“申禁天下學花郎道”，而在黎永盛八年（1712），又重申“禁花郎道”的禁令，以上是越南北部黎朝政府在十七至十八世紀對基督教的禁令。而南部順化的廣南阮氏亦實施教禁，黃高啓在《越史要》中提及：“南朝自一千六百三十一年，孝昭帝命：凡教士之寓嘉定者，悉索而逐之。一千六百六十四年，孝哲帝命：凡教士之在陀瀼者，悉捕而誅之。”① 由此可見，教禁在越南，無論是南北政權，都有其傳統政策，因此基督教在越南的傳教活動常遭到阻礙。

雖然“禁花郎道”之聲不斷，可是基督教在越南不但没有絶迹，且越禁越興盛。我們從費賴之（Louis Pfister，1833－1889）神父著作的《在華耶穌會士列傳及書目》和榮振華（Joseph Dehergne，S. J.，1903－1990）《在華耶穌會士列傳及書目補編》兩書中得知，1552－1800年間，在越南（東京和交阯支那）活動的傳教士超過一百人，而且是在十分嚴厲的教禁及仇教環境下進行傳教活動。② 榮振華的《有關資料的綜合統計表》指出：“1800年在交州共有26萬名基督徒，在交阯支那共有5萬名。”③ 也就是説，到了十九世紀初，基督教徒在越南已有三十萬衆。值得一提的是，在1800年時，大部分的基督徒比較集中在“東京”或“交州”，它們都屬北圻地區，以河內爲中心，是黎朝舊勢力的基地；而交阯支那指南圻，以嘉定（柴棍/西貢）爲中心，是廣南阮的勢力範圍及商貿中心；中圻則以順化爲中心，是廣南阮及阮朝的京師所在，却

① 黃高啓撰《越史要》卷3（西貢：維新甲寅版，1914年），頁34。

② 費賴之著，馮承鈞譯《在華耶穌會士列傳及書目》（北京：中華書局，1995年）；榮振華著，耿昇譯《在華耶穌會士列傳及書目補編》（北京：中華書局，1995年），筆者計算曾經到過越南的傳教士，超過一百人以上，實際數據仍未整理出來。

③ 榮振華著，耿昇譯《在華耶穌會士列傳及書目補編》，頁838；大概在1756年，在越南的羅馬教廷代表 Bertrand Reydellet 估計當時約有300 000越南基督徒，詳參 Alexander Barton Woodside, *Vietnam and the Chinese Model: A Comparative Study of Vietnamese and Chinese Government in the First Half of the Nineteenth Century* (Harvard University Press, 1988), p.285。

没有基督徒的數字。①

廣南阮氏於 1777 年爲西山阮所滅後，其裔人阮福映（Nguyen-phuc Anh, r. 1802－1820）輾轉流亡暹羅，得暹羅及傳教士百多禄（Pigneau de Behaine）② 之助，於 1802 年收復失土，並統一全越南。③ 也就是説，阮福映復國，曾得助於傳教士。越南統一後，面對三十萬基督教徒，當時阮福映對基督教的態度和政策如何？爲甚麼到第二任統治者明命帝阮福膽（Nguyen-phuc Dam, r. 1821－1840），却對基督教採取教禁的政策。越南阮朝基督教研究一向被忽視，最先稍有提及的西方學者 John Frank Cady，於 *The Roots of French Imperialism in Eastern Asia* 一書（1954），主要討論在法國侵略東亞過程中法國傳教士的作用。④ 另一位對阮朝政制有權威性研究的學者 Alexander Barton Woodside，於 *Vietnam and The Chinese Model: A Comparative Study of Vietnamese and Chinese Government in the First Half of the Nineteenth Century*（1988）一書，主要是探討越南的政治結構問題，對阮朝基督教政策只稍爲提及。⑤ 此外，最近（2004）出版的一本博士論文，Choi Byung Wook 所著 *Southern Vietnam under the Reign of Minh Mang (1802－1841): Central Policies and Local Response*⑥，有較多篇幅討論明命帝與基督教的關係，不過該書主要討論的還是中央與地方的關係。中文論文方面近年孫建党、王德林合著的《試析越南阮朝明命時的禁教政策及其影響》一文，並没有深入討論阮朝禁教經過。⑦ 以上的前人研究成果，引導本文作更深層和系統性的探索。本文主要是透過《大南寔録》，徹底檢視嘉隆、明命兩朝的相關資料，用以探究阮朝對基督教政策從寬到緊的經過及其成因，目的是系統地呈現阮朝嘉隆、明命時期基督教政策的演變過程。

二、嘉隆帝阮福映對基督教的政策

阮福映在流亡曼谷期間及復國戰爭中，曾得法國傳教士百多禄等獻謀劃策，進行外交活動，甚至效力疆埸。1784 年，百多禄受阮福映囑託，偕阮氏長子阮福景（Nguyen-phuc Kieng, 1780－1801）從暹羅揚帆西航，訪問法國，要求援兵復國。1787 年，雙方達成協議，並簽訂協約。⑧其後

① 筆者案：在十七至十八世紀“交阯支那”一詞是指越南中部而言，十九世紀後漸指越南南部。

② 百多禄（Pigneau de Behaine, Pierre-Joseph-Georges, 1741－1799）天主教教士。1765 年去東南亞，在當時稱爲交阯支那的越南南部創辦神學院。1767 年到緊靠柬埔寨邊界的河仙傳教兩年。後去法屬印度的本地治里（Pondicherry）創辦神學院。1770 年到澳門，編纂《法越辭典》和《越南文教義問答》。1774－1775 年經由柬埔寨回交阯支那，在河仙居住到 1777 年。此後他參與處理國内外各種事務，竭力扶植阮福映上臺。1802 年，阮福映成爲嘉隆皇帝。

③ 鄭永常《論清乾隆安南之役：道義與現實之間》，《成功大學歷史學報》，第 22 號，頁 212、238。

④ John Frank Cady, *The Roots of French Imperialism in Eastern Asia* (Cornell University Press, 1954), pp. 15－17.

⑤ Alexander Barton Woodside, *Vietnam and the Chinese Model: A Comparative Study of Vietnamese and Chinese Government in the First Half of the Nineteenth Century*, pp. 284－289.

⑥ Choi Byung Wook, *Southern Vietnam under the Reign of Minh Mang (1802－1841): Central Policies and Local Response* (Cornell University: Ithaca, New York, 2004), pp. 60－66.

⑦ 孫建黨、王德林合著《試析越南阮朝明命時的禁教政策及其影響》，收入《河南師範大學學報》2001 年第 3 期，頁 67－69。

⑧ 詳參吴鈞著《越南歷史》（臺北：自由僑聲雜誌社，1992 年），頁 196－197。協議内容，大致如下：

一、法國承諾援助阮王福映以兵艦四艘、陸戰隊一千二百名，外加砲兵二百名及 Cafres 非洲土著兵二百五十名，並配定各類武器、彈藥。

二、阮王以割讓會安港（法國名爲 Faifo）及崑崙島給法國爲具體之報答。

三、阮王特讓法國人自由進出其國土從事商業活動。且除法國外，阮王不可另准其他歐洲國家之商人前往貿易。

四、一旦法國在東方地區需要水兵、步兵、糧食及船隻時，阮王務必供足之。

五、計自復國之日，阮王須逐年建造一艘法國原先撥交之同型戰艦，以償還給法國。

按：此約之相關内容，亦可參邵循正著《中法越南關係始末》（石家莊：河北教育出版社，2001 年），頁 17－19。

法國發生大革命，皇室被廢，政府無暇它顧，並没有履約，於是百多禄以私人名義招募傭兵及購買軍器助戰。值得留意的是，條約中没有提及基督教的問題，可見基督教當時根本不是問題，也反映出當時阮福映對傳教士完全信任。

復國戰爭期間，追隨阮福映的“水步營兵不下三萬，海導船八十艘、大戰船三艘、西洋船二艘”。[①] 這裏的西洋船就是百多禄招募下効力於阮福映的西洋艦隊。其中有一位授欽差該奇（指揮官）職銜的法國人幔槐，在一次戰役中殉職，其後阮福映追贈爲“効義功臣輔國上將軍”。阮福映又利用西洋雇傭兵“該隊咣吶嗎、隊長巴吱哆（均西洋人）往姑亞城（果亞）、瑪羅木哥（摩洛加）等處，採買兵器”。[②] 由此可見，阮福映並不排斥西洋人。

阮福映對基督教是尊重和感激的，流亡及復國期間，不但多得主教百多禄的幫助，在其大軍北攻乂安城時，更有“西洋道長，亦驅扇本國道徒，所在蜂起”，幫助統一。[③] 由此可見，阮福映對西洋人，傳教士、本國基督徒等都心存感激。雖然他的祖宗在廣南時期，常有教禁或仇教的行爲，在他執政期間（1802－1820），大抵並没有實行教禁政策。

阮福映在統一全越前，曾因嘉定城某高僧犯罪，下令對佛道寺觀進行整頓，當時大臣們爲高僧開脱，説“僧有真修”，但禮部尚書吴從周向東宮太子阮福景陳説：“佛老之害，甚於楊墨。”[④] 因得太子支持，阮福映決心整頓宗教。其時百多禄受命輔助皇太子，東宮阮福景因受百多禄影響，信仰了基督教，當然支持整頓佛教。阮朝這次對宗教的整頓，只針對佛道，没有累及基督教。但百多禄對於吴從周的“排闢左道，心亦忌之”。[⑤]

值得留意的是，阮福映認定的標準是以實用爲出發。他批評説：“彼有真修，何益於國?”[⑥] 相反，傳教士的實質幫助，對阮福映來説，却是印象深刻。如奇正（將軍）陳大律見百多禄驕倨，密疏批評基督教及百多禄説：“佛老之害甚於楊墨，而爺蘇之害更甚於佛老……自持保護東宮有微勢，志驕傲無所忌憚。今日如此，他日更復何如? 此而不誅，何以爲法?”阮福映密諭陳文律説：“卿有讜言，朕非不諒。但今東征西討，用人一事，最爲要著……姑置之。”[⑦] 可見，阮福映是以傳教士有利於國，對基督教徒採取容忍的態度。

十七世紀初在越南傳教以耶穌會（Society Jesus）會士爲主，1624年，亞歷山大·德·羅德（Alexandre de Rhodes）神父抵達越南中部的會安（Faifo）傳教，1627年，又至越南北部傳教。當時傳教士也開始將基督教義翻譯成越南語（拉丁化越南文字），[⑧] 自此以後，傳教士大都以越南語來傳教。十九世紀後，越南傳教士大都來自巴黎外方傳教會（Paris Foreign Missions），百多禄神父也是巴黎外方傳教會傳教士，由於得到阮福映的默許，傳教士都以洋服飾出現。在越南的洋教士，從耶穌會士到巴黎外方傳教會傳教士，除了在教禁時，爲了掩人耳目而改穿本地服裝外，似乎都穿原來的服飾。這情況與在中國的洋教士不一樣，明清時期在中國的洋教士，爲了取悦讀書人，都喜歡儒者裝扮，以表示與士大夫的親近，透過士大夫的信任在朝廷活動。而越南早期洋教士大都透過貿易或軍事協助，取得領導層的信任而滲透基層社會，進行傳教工

① 張登桂等纂修《大南寔録》第一紀嘉隆朝卷1（東京：慶應義塾大學語言文化研究所/友隣堂出版，1963年），總頁316。
② 同上注，卷5，總頁372；卷6，總頁398。
③ 同上注，卷30，總頁1355。
④ 同上注，卷10，總頁459。
⑤ 同上注。
⑥ 同上注。
⑦ 阮登桂等纂修《大南寔録》之《正編列傳初集》卷16，總頁1189。
⑧ Phan Phat Huon, *The History of the Catholic Church in Vietnam*（《越南教史》）（Long Beach：Vietnamese Redemptorist Mission, 2000），p. 85.

作，與士大夫階層的關係並不深厚。不過，十九世紀後，基督教的信仰已擴張至包括官僚等各階層了。

由於傳教士及西洋人在阮福映復國戰爭期間，扮演著有益於國的角色，所以基督教教徒及傳教士仍受到阮氏朝廷的接納，有其活動空間。百多禄在 1799 年去世時，阮福映賜“贈太子太傅、悲柔郡公，謚忠義。厚禮葬之”。[①] 這是傳教士在越南歷史上得到的最高榮譽。兩年後 (1801)，受百多禄影響的東宫景逝世，年二十二歲。越南基督教徒失去了一位對基督徒非常友善的保護者。

附圖二　百多禄神父像（左）、太子景像（右）

轉引自 Helen West《知性之旅：越南》（臺北：《台英雜誌》，1993 年），頁 52、59。

1802 年，阮福映統一全國，建元嘉隆後，洋人仍然被允許定居，基督教並未被排斥。不過，到了嘉隆三年（1804），阮福映爲了便於統治，推行所謂“化民成俗”，大事整頓風俗習慣及禮儀信仰，因而制定《鄉黨定例》來規範百姓的行爲。其中對基督教亦有所規範：“嗣後……有爺蘇道堂頹壞，宜單申鎮官，方得修補。若新造者並禁。”[②] 由此可見，阮朝接受基督教在越南傳教的事實，但採取限制擴張的措施，凍結教堂數目，以加强管理，當時並没有教禁或仇教的行動。

基本上，嘉隆朝（1802－1819）對國内的洋人傳教士及基督教徒採取容忍的態度，而對外貿易則採取開放政策，如來自瑪王羔（澳門）、吕宋（馬尼拉）及西洋的商船，允許靠岸貿易，但不能上岸居留。[③] 不過，1817 年，富浪沙（法國）船使者第一次求見，却因無國書而被拒絶，可見阮福映維持保守的對外政策。[④] 在阮福映統治時期，曾發生數起叛亂事件，其中有涉及黎朝後裔者，但與基督教徒則無關涉。[⑤] 大致而言，阮朝初期與洋教士和基督徒維持相對和諧的狀

---

① 張登桂等纂修《大南寔録》卷 11，總頁 481。
② 同上注，卷 23，總頁 646。
③ 同上注，卷 24，總頁 659。
④ 同上注，卷 56，總頁 974。
⑤ 同上注，卷 53，總頁 940；卷 54，總頁 954。

態，《大南寔録》甚少有關基督教的報導，由此可見，此時的基督教並未構成問題。嘉隆十八年(1819) 十二月，阮福映逝世，皇太子阮福膽繼位，改元明命。

三、明命帝初年對基督教的態度

明命帝阮福膽登基之時，已經是一位30歲的成年人，深受儒家聖賢書影響，以儒家治國理念作爲追求目標。明命帝剛即位一個多月，便進行一連串改革。他下令“中外各舉賢良方正文學之士……不拘世族寒門”。又“初製給文武大臣關防”、“初置文書房”、“定京外官俸滿候陞候調例”、“罷諸地方薦獻山獸故事”、“定嘉定北城由驛至京遲速賞罰例”、“禁京城内容留無賴小輩及胡言異服者”、“議定國子監規程”、“初置明命通寶”、“禁尚膳賤買市物”等等。① 由此可見，他是一位有理念、有魄力、年輕有爲的統治者。值得留意的是，只有京城内禁“胡言異服者”，而京城以外，似不在禁止之列。而所謂“京城内”，似是指整個中圻而言，這説明爲甚麼1800年越南基督徒只分布在北圻和南圻，而中圻却没有數據。

明命帝對於來自西洋的器物並不討厭，如賞賜大臣們有西洋鏡、西洋書燈、西洋雕刻鍍金刀、金字鎗等，又仿製西洋器物如“製玉鏡車，命武庫依西洋式爲之”、“製給礮手西洋服，以其便於放擊”、“監造西洋様號船”等等。② 可見，明命帝並非一位保守派，或是排外人物。在他登位半年左右，越南發生了一場大瘟症，從平順至廣平都是疫區，由於“循地蔓遍”，死亡人數約四萬多人。除了緊急救治及設壇祁福外，明命帝嘗於宫中齋戒密禱，祈求上蒼保佑，更以“朕不德，上干天和。四方疾疫，皆朕之過”來罪己。大臣説：“疫自西洋來，陛下何必罪己。”明命却回應説：“朕德無闕，外國之災，安能入境?”③ 雖然明命的動作有點矯情，但是他仍然很有理性及分寸，不會把疫症推給西洋國及怪罪西洋人，也算是一位通情達理的統治者。

另一件事，也可看出明命帝的成熟及理性，那就是鴉片引發的問題。由於食鴉片的人增加，出現了“官廢其職，民蕩其業。甚至積羸成痼，損臟傷生”的情況，朝廷“申定鴉片條禁”，不論官民，敢吸吃鴉片或藏匿煮販者，罪判流徙。明命帝當然知道“鴉片鴆毒之物，來自外國游棍”。④ 但他並没有限制對外貿易，也不排斥國内的外國籍官員，也没有對洋傳教士採取行動。

追隨阮福映的法國人阮文勝⑤請求回國時，明命帝説：“雖外國人，已是本朝臣子。果能終守臣節，則千古留名史册，顧不韙歟。若歸西洋，不過一匹夫耳!”⑥ 明命帝雖然不願意與法國或英國建立正式的外交關係，但是貿易仍然是開放的，當時已制定了“諸國來商專條爲商舶書”，⑦ 並設立專門的海貿部門“商舶司”⑧ 來管理外國商貿。

明命帝在位的前七年，並没有觸及宗教問題，唯一引起討論的是他的姑母太長公主阮福玉

① 潘清簡等纂修《大南寔録》第五册之《第二紀明命朝》，總頁1455、1499、1460、1462、1465、1466、1468、1469。
② 同上注，總頁1481、1559、1633。
③ 同上注，卷4，總頁1495-1496。
④ 同上注，卷4，總頁1497-1498。
⑤ 阮文勝原名Chaineau/Chaigneau (沙依諾)，是“龍”字號船主，隨百多禄效忠阮福映而留在阮廷當官。此外，還有阮文振，原名Vannier (瓦尼埃)，是“鳳”字號船主，與黎文稜 (De Forcant)、信先生 (Victor Olivier)、Dayot等近二十多人隨百多禄效忠阮福映。參吴鈞著《越南歷史》，頁197-198；郭振鐸、張笑梅主編《越南通史》(北京：中國人民大學出版社，2001年)，頁559。
⑥ 潘清簡等纂修《大南寔録》卷8，總頁1553。
⑦ 同上注，卷16，總頁1642。
⑧ 同上注，卷19，總頁1674。

琇（阮福映姊姊）過世前，明命親臨探視，公主生前長期奉佛，希望死後“幸無留髮，斂以袈裟衣，九泉之下，斯願足矣”。明命帝頗受感動，欲完公主願望，可是宗室反對説：“陛下治天下，宜崇正道，黜異端，公主所請，不可從。”① 最後，明命帝接受了宗室意見，以傳統禮儀下葬公主。所謂“正道”，就是儒家思想，“異端”是指儒家以外的佛道思想，當然也包括基督教在內。

有一些學者提及1825年，因法艦泰蒂斯號帶來一名叫羅熱洛（Rogerot）的教士在各地傳教，明命帝得知後，就以此爲借口在全國實行教禁。又下令尋找國内教士，全部送到都城順化，令其翻譯西文書籍，使其不能到鄉村傳教。但筆者遍尋這一年《大南寔録》，也找不到任何明命帝對基督教看法的紀録。這可能是史料引用出了問題。②

阮廷最早提及與基督教有關的事，是在明命八年（1827）七月任命西洋人爲通譯之事。《大南寔録》記載：“授西洋人富懷仁爲行人司，正七品通譯。西懷葩、西懷化爲行人司，從七品通譯……合承天照管，禁不得出外授徒傳教。”③ 任命西洋人爲通譯是貿易的需要，及填補追隨阮福映的兩名法國人阮文震及阮文勝退休回國的空缺。④ 明命帝留下三名傳教士爲通譯似是合理的，因爲當時越南仍開放貿易，時有西洋船到訪及呈遞國書等事。從任命書的語氣來判斷，當時並没有整肅基督教的企圖，不准“出外授徒傳教”，是因爲他們當官，如不任官，傳教並不違法。明命帝第一次發表批評基督教的言論，是在明命十三年（1832）五月“陽山社教案”之後。⑤ 也就是説，阮廷針對基督教實行教禁，是在1832年之後。

四、嘉定城“五月十八日夜之變”與基督教

明命帝第一次對基督教採取行動，是在明命十三年（1832）五月，《大南寔録》記載：“承天有陽山社，其民久惑爺蘇邪教，置道堂奉天主，推西洋人潘文京爲道長，相會講誦。事發，府臣悉催之過堂，再三開示，終無一人願出教者。下刑部議。”⑥ 陽山社在承天府香茶縣，⑦ 位於京師以北幾里路程内，地緣比較敏感。其後刑部議決：判首犯舊里長潘文科坐絞，從犯里長陳

---

① 潘清簡等纂修《大南寔録》卷24，總頁1723。

② 孫建黨、王德林合著《試析越南阮朝明命時的禁教政策及其影響》提及“1825年當法艦‘泰蒂斯’號到達越南峴港時，有一名叫羅熱洛（Rogerot）的教士留下來到各地傳教，明命得知後，就以此爲借口在全國禁教，並命地方官嚴查出入海口的外國船隻，同時諭令全國：‘西方之道爲左道，迷惑人心，敗壞風俗，故應嚴禁之，以使吾民信奉正道。’並下令尋找國内教士，全部送到都城順化，令其翻譯西文書籍，使其不能到鄉村傳教”。見頁67。這條史料引自［越］陳重金著，戴可來譯之《越南通史》（北京：商務印書館，1992年），頁342－343。郭振鐸、張笑梅主編之《越南通史》，頁559亦有類似的論述，也是參考陳重金著作。而Choi Byung Wook, *Southern Vietnam under the Reign of Minh Mang (1802－1841): Central Policies and Local Response* 書中（p. 63）也提到同樣事情，不過洋教士名叫Régereau。作者所引用史料是源自Phan Phat Huon, *Viet Nam Giao Su (History of Christianity in Vietnam)* (Saigon: Cuu The Tung Thu, 1965)，書中提及當時嘉定地區很多洋傳教士和基督徒受到總鎮黎文悦（Le Van Duyet）的保護。這位洋教士Régereau被阮廷逮捕後，逃至嘉定，過著正常的生活。筆者以爲這史料的根據也可能來自陳重金（Tran Trong Kim, 1883－1953）的著作。筆者細心翻查《大南寔録》明命六年（1825）正月至十二月（卷31－36，總頁1801－1879），並没有發現相關資料，這一年明命帝並没有針對基督教發表任何意見。不知陳重金是根據什麼史料有此説法。如果真有此事，即逮捕了Régereau，並實行教禁，爲什麼《大南寔録》往後六年都没有基督教相關資料的紀録？假如當時爲了安撫嘉定總鎮黎文悦，恐其叛亂而不申明。那爲什麼黎文悦死後被明命帝清算及黎文𠐤聯同洋教士佔領嘉定城叛亂時，阮廷也没有提及此事？可見1825年開始實行教禁的説法是不成立的。詳參本文第四節明命帝對基督教態度的改變。

③ 潘清簡等纂修《大南寔録》卷47，總頁2041。

④ 法國人阮文震及阮文勝在明命五年（1824）七月已獲准回國。在明命六年（1825）五月前，確定已回國，詳參《大南寔録》，總頁1782、1838。

⑤ 潘清簡等纂修《大南寔録》卷80，總頁2553。

⑥ 同上注。

⑦ 高春育編《大南一統志》（東京：印度支那研究會，1941年），總頁156、169。

文才流放、羽林副隊陳文山革職，並與兵丁十三人加重枷一個月，杖一百，分發廣義、清葩等處爲兵。其餘男女笞杖放回，道長潘文京問絞、教堂撤下。明命帝看完判決書後，稍加開恩，改陳文才充軍，又因潘文京是洋人，故發配承天府當兵，不得外出傳教。①

附圖三 順化承天府京師圖

高春育等撰《大南一統志》(東京日本印度支那研究會，1941年印行)，頁156。

阮朝信仰基督教，自阮福映開國以來已存在，共有教徒三十萬，也是事實。明命帝即位後，亦没有整肅基督教的命令，何以忽然有此作法，著實令人費解。這次行動，並不見得是教禁的前奏。筆者以爲承天府乃京師轄地，復國以來都禁“胡言異服者”，但是隨著基督教的發展以及阮朝的寬鬆政策，基督教向京師宣傳教義，似是順理成章的事。“陽山社教案”突顯了明命帝快要面對基督教問題。

陽山社教案五個月後，即明命十三年(1832)十一月，明命帝十分訝異地收到一份上呈的報告説：“鑾駕衛警、蹕鑾儀等司弁兵，有從爺蘇道者。”這時明命帝才驚覺他已被基督徒包圍了。他大惑不解地説：“爺蘇之教，朕以爲惟愚民爲其所惑，不意在朕左右亦有信之，甚可怪也。”② 明命帝開始對基督教提出嚴厲的批判，他説：

> 爺蘇之教源自西洋人流習，經久蔓延，愚昧小民，多爲煽惑，迷而不悟。試思天堂之説，總屬荒誕無稽，況不敬神明不奉祖先，大違正道。甚至私立講館，聚集多人，誘污婦女，誑取病人目睛，以此悖理傷風，不一而足。誠於法紀有干，此其爲邪術之尤明，有律

① 潘清簡等纂修《大南寔録》卷80，總頁2553-2554。
② 同上注，卷86，總頁2631。

中條禁。①

明命帝對基督教之蔓延已顯得有些擔憂，竟然聽信“誘污婦女，誑取病人目睛”之言而下令：

> 諸省督撫，遍示轄下官軍民庶，從前有業從爺蘇道者，如能感發天良……情願出教者……準免其罪。其道堂、道館飭令毀撤……告誡之後……甘違禁令者，一經發覺，即從重治罪。②

這是一次全國性的教禁行動，也是阮朝開國以來的第一次，當時似乎没有發生特殊的危機事件。不過，值得一提的是，在一年前（明命十二年，1831），明命帝進行一次政制改革，把國初設置的北城總鎮和嘉定總鎮取消，代以分省而治。是次改革已思考了一段時間，在明命七年（1826），當第二任北城總鎮黎質過世後，③明命帝經過五年慎重考慮，改革終於進入議事日程。他强調：

> 皇考世祖高皇帝混一車書，奄有全越。北城十一鎮，地廣事繁，大定後特置專閫（指外駐軍職）大員，並分設列曹，諸鎮之事，悉關之。此特一初權宜設置。仰惟明聖遠圖，原欲再加釐定，第開創伊始，猶有未遑。朕祇紹前庥，適追先志，重念此各地方兵民，詞訟、錢糧、税課，實屬殷繁，必須按轄分司，俾有專責。以及畿北之廣治、廣平、乂安、清葩、寧平等轄，亦宜一體改定，分設規程，則職司不至太繁，事務亦歸妥便。方能垂久無弊，永保億萬年無疆。④

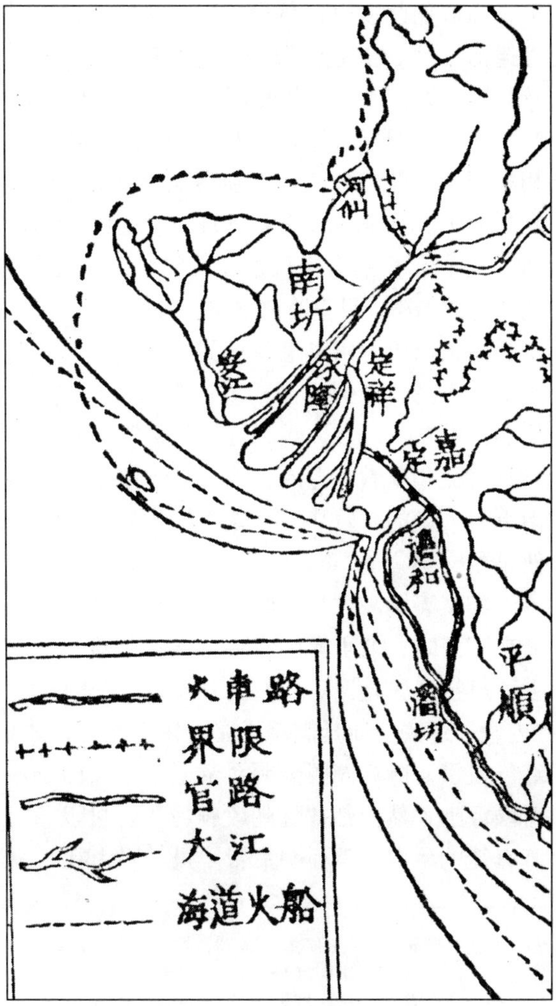

附圖四　南圻六省位置圖

高春育等撰《大南一統志》（東京日本印度支那研究會，1941年印行），頁38。

明命帝集權中央的思維，當然得到朝廷大臣的支持，廷議結果舉出共有十五利，並建議“量地之遠近大小，分轄設官，置督撫、布按、領兵”。由是“分定省轄”。雖然當時的改革並没有提到嘉定總鎮，不過一直任嘉定總鎮的黎文

① 潘清簡等纂修《大南寔録》卷86，總頁2631、2632。
② 同上注，卷86，總頁2632。
③ 同上注，卷24，總頁1288。
④ 同上注，卷76，總頁2485－2486。

悦心知明命帝用意，便在明命十三年（1832）二月上疏請辭說："臣年力衰邁，懇乞告假，並請將城轄，依新制量行分設。"① 明命帝仍勉其供職，本年七月三十日黎文悦病逝，又以阮文桂權領城務，不過同年十月，嘉定總鎮終於分爲六省：即藩安（原嘉定城）、邊和、永隆、定祥、安江、河僊等。由中央派督撫、布政等官治理。②

總鎮制改革是否觸動權力鬥爭，從而揭開"陽山社教案"和"鑾駕衛警弁兵教案"等與基督教有關的嚴重問題，現時没有史料印證。但是，官僚喜歡建奇功以取悦上位者大有人在。當嘉定總鎮黎文悦一死，阮文桂等人便上疏指責他的家中"藏國家信寶及公同印預紙各十張"及"私貯楠木、油木、材板一千七十餘株片"。明命帝難得有此證據，謂内閣曰："黎文悦私役兵丁，採取如此多數，必非一朝一夕所能，在城豈無一人聞見?"③ 下密旨"追按悦私事，羅列人證逮治"。④ 故又追究出"私造船艘、兵器"等情。⑤ 因此，原追隨黎文悦的副衛尉黎文褱"恐罪及，謀作亂，聲言爲悦報仇"。⑥ 由是引起嘉定城"五月十八日夜之變"。⑦

明命十四年（1833）五月下旬，明命帝收到南圻邊和署撫武炯奏報說："藩安（嘉定城，今胡志明市）與諸省，原從城各號倉並船艘、象匹皆爲逆褱所奪。北順逃兵及棍梲輩附賊日衆，聲勢益張。"⑧ 五月十八日入夜，黎文褱率衆起兵，南圻六省省城陸續陷入叛亂者手中。黎文褱自稱"大元帥"，有各軍統領及六部組織，組成完整的政府架構。他發表檄文聲稱："黎氏子孫已起北，約彼内應，以復黎家之業。又故黎文悦彼之恩帥，無干得咎，以此稱兵爲悦復仇。"⑨ 值得留意的是，南圻六省民衆對於黎文褱的反叛，似無抵抗，恰恰相反，他们參與了造反陣營。這表明嘉定人民對於分省而治並不贊成，最特别是"其省轄之學爺蘇者，與投寓清人及光化蠻人，清順、安順、北順逃兵，皆歸附之"。⑩嘉定各類居民視黎文褱爲黎文悦的繼承者，支持造反，包括基督徒和傳教士在内，因爲嘉定總鎮黎文悦長久以來對西洋傳教士和基督徒十分友善，且在南圻有大量的基督徒。⑪ 黎文褱原姓阮佑氏，明命帝以黎文褱有污於天潢公姓，改其姓黎，又稱他是黎文悦猶子。⑫

黎文褱雖説"彼内應，以復黎家之業"。但其實是趁勢起兵，與故黎後人没有直接關係。大概在三月時，北圻寧平省黎朝後裔黎維良、黎維然等自稱"大黎皇孫"成立組織，一時風起雲湧，直捲寧平地區。而宣光保樂土官農文雲亦趁勢反叛，其妹便是黎文褱之妻，因而有所謂"内應"之說。阮廷調派大軍征剿三個月，才把黎維良、黎維然生擒解京凌遲處死，餘黨在山區繼續抗爭。阮朝開國至明命帝十三年（1832），大小叛亂事件十多起，其中亦有黎朝裔人的造反覆國活動，然而都被阮朝政府粉碎。可以肯定地説，早期這些叛亂都與基督徒無關，也看不到基督徒的參與。然而明命帝因爲"陽山社教案"及"鑾駕衛警弁兵教案"，開始執行教禁，迫使

① 潘清簡等纂修《大南寔録》卷 23，總頁 1273、2527。
② 同上注，卷 85，總頁 2616。
③ 同上注，卷 83，總頁 2596。
④ 同上注，卷 23，總頁 1273。
⑤ 同上注，卷 83，總頁 2596。
⑥ 同上注，卷 23，總頁 1273。
⑦ 同上注，卷 104，總頁 2906。
⑧ 同上注，卷 95，總頁 2778。
⑨ 同上注，卷 96，總頁 2788；關於黎文褱的叛亂，亦可參喬瑩懋撰《本朝叛逆列傳》（成泰辛丑版，Saigon：Bo Quoc Giao Duc，1963），頁 60－74。
⑩ 同上注，卷 96，總頁 2788。
⑪ 詳參 Choi Byung Wook，*Southern Vietnam under the Reign of Minh Mang（1802－1841）：Central Policies and Local Response*，pp. 60－66。
⑫ 潘清簡等纂修《大南寔録》卷 98，總頁 2819。

基督教參與黎文褁的叛亂，這是明命帝始料不及的。

由於“材板船艘之案”，明命帝“有旨嚴查”，黎文褁乘勢而起，南圻六省皆追隨叛亂。明命帝除派大軍南下鎮亂外，又在明命十四年（1833）八月改潘安省爲嘉定省，以“復此嘉名”來穩住人心。① 然而當時南圻人心所向，追隨黎文褁，顯然是不願接受由中央派官分省而治的改革。值得留意的是，這次叛亂有西洋傳教士和本國基督徒參與其中，且爲黎文褁通風報信。明命帝指責黎文褁“陰結爺蘇左道，求援於暹”。② 可見，事件背後牽涉到區域國際關係在内。阮軍曾截獲尋求外援的十五名西洋道人，將他們處以腰斬梟首的刑罰。③ 爲了壓抑基督徒的活動，明命帝傳令南圻各將軍、參贊、督撫等據實具奏：

> 爺蘇左道人等，何者從賊，抗拒官兵，當場擒獲並續獲，即正法梟示。其雖現獲，而於逆賊反叛之日，一向别往，今始返回。聽所在總里拏解地方官查明，定擬具奏，何者始終在民，並無從賊。聽總里經引到省，飭令跨過十字木架，驗果真心悔悟，情願出教者，並與免罪，放回安業。④

這條訓示看似寬大，對未參與叛亂的基督徒，給予一條生路，但是迫令虔誠的基督徒跨過十字架以示出教，實是對宗教信仰的迫害。基督徒對當局會更爲反感。明命帝對西洋傳教士介入叛亂耿耿於懷，他下令：“爺蘇道徒從賊，則其中必有西洋道長與賊走入城中，或逸居民間，即查拏解京懲辦。”⑤ 西洋傳教士爲黎文褁借兵暹羅之事一直在進行，而暹羅援軍正從柬埔寨移近越南邊境。

另一方面，由阮朝中央派出的各路水陸大軍陸續開抵，明命十四年（1833）九月，阮廷官軍相繼收復邊和、永隆、安江、河仙、定祥等五省。而黎文褁只能死守在嘉定城中，當時城中除回良、北順兵外，還有“清人、爺蘇道徒約一千上下，從賊死守”。⑥ 明命帝對嘉定城屢攻不下，十分不解，他説：“逆褁固守者，不過回良、北順兵耳！若爺蘇黨類，原是吾民，只以朝廷嚴禁其道，故懷怨而從賊，非甘心與賊死守也。”⑦ 正因爲教禁對基督徒而言，是生死存亡之事，基督徒全力支持叛亂，自有其合理處。官員執行教禁，開始逮捕傳教士，“西洋爺蘇教長西懷英、潘文京前以邪教誘惑愚民，經地方捕解，鎖禁於承天獄室”。又西洋傳教士“西懷化潛居於富義、平定、富安諸省，隱藏圖像，傳授其徒，爲所在拏獲”，⑧ 傳教士與基督徒，頓成驚弓之鳥。雖然朝廷當局收到中外奏報説：“所在兵民，業從爺蘇左道者，多已出教。”⑨ 但這只是地方官員“上有政策，下有對策”的回應通則。事實上，基督徒越來越焦慮不安，竟至叛亂，如北圻乂安省有“爺蘇教人陳名元，糾聚徒黨，謀圖不軌”。⑩

明命十四年十月，負責嘉定軍務的將軍、參贊等收到兵部送來被逮捕的“爺蘇教長西懷英、潘文京等書”，用以勸降嘉定城的基督徒，但是死守嘉定城的“爺蘇教長名猷，即富懷仁，亦強

① 潘清簡等纂修《大南寔録》卷102，總頁2868。
② 同上注，卷102，總頁2878。
③ 同上注，卷102，總頁2878－2879。
④ 同上注，卷103，總頁2891。
⑤ 同上注，卷104，總頁2907。
⑥ 同上注，卷105，總頁2924。
⑦ 同上注，卷107，總頁2952。
⑧ 同上注，卷109，總頁2979。
⑨ 同上注，卷113，總頁3033。
⑩ 同上注，卷108，總頁2956。

辭折辦（辯），終不肯降”。① 城中的基督徒似是以聖戰姿態來保衛嘉定城。將領們又曾兩次利用探子“爺蘇教人胡文戰，入城誘賊”。② 明命帝對於利用探子的做法，不以爲然，認爲：“胡文戰原是外人，若非情意串通，安得往來如此之易?”他進一步指出：“爺蘇之患，不止在嘉定城中，更恐外閒黨與亦或不少矣。”又説：“軍中或有業從爺蘇道者，亦密切訪察，先事防範，免貽意外之虞。”③ 可見嘉定城屢攻不下，基督徒所起的作用不能低估，現時仍未有足够史料可深入討論此事。

阮廷官軍經過三年苦戰，才於明命十六年七月十六日收復嘉定城。④ 入城之日，或擒或斬“凡 1832 犯，無孑遺者”。其中要犯有“爺蘇教長逆酋即富懷仁，副教阮文福”。⑤ 從明命十四年五月十八日至明命十六年七月十六日(1833－1836),整整三年的叛亂，確實有基督教人士參與，而外籍傳教士扮演著重要的外援角色。

明命十四年十二月，阮軍已得知暹羅援軍“兵約萬餘，尚在南榮城”。其中來攻朱篤的有“兵船約兩百艘，每艘約三四十人上下，暹、臘、蠻、獠、清人相雜”。來自河僊來的“約一百五十艘，兵色多是暹、臘、清人、闍婆、爺蘇，大船約一百人、中船五六十人、小船三四十人”。⑥ 當時阮軍曾捕捉“爺蘇人黎文功”，他供稱：“爺蘇教長名順，在暹煽誘暹、臘、清人、闍婆、爺蘇二千餘人在後未至。”又説：“爺蘇教徒，多從賊，潛通消息。”明命帝諭曰：“此不過徒張虛數耳。”⑦ 其後，暹羅援兵被阮軍打敗，帶回“漢民之從爺蘇道男婦老幼約二千餘，又掠獲漢民約三百餘。其從爺蘇道者，居坫闡處，近望閣城（即曼谷，Bangkok)”。⑧ 由此可見，當時南圻地區確有很多基督徒，而西洋傳教士在中南半島活動能力之强，現時仍未有深入研究。

到了明命十六年（1835）四月，嘉定城已危在旦夕，城中陸續有出降者，“至如爺蘇之人，則爲逆猷誑誘，不肯出”。⑨ 事實上，城中基督徒參與了嘉定城的保衛戰，據出降者提供的資料説：

> 至於城上面，别無何處留空可能立脚，其賊黨守把，前面則逆誠率爺蘇人約一百，後面則逆魹率回良、北順人約二百，左面則逆桂率嘉定人約一百五十，右面則逆銘率回良、北順並嘉定人約二百。皆閒以賊目，隨知其前左兩面，每夜逆魹分撥回良、北順巡防，又於牆角多造三棱鐵尖，並拾取震地雷信藥不發者，裝上藥線，堆貯爲備。⑩

所謂“回良、北順”是在北城犯罪後，被發配嘉定充役之人，這是叛亂的主力軍，約四百人；其次是嘉定人 150 人；三是基督徒 100 人，共構成這次叛亂的組合，而外援聯繫主要由基督徒和西洋傳教士擔任。

① 潘清簡等纂修《大南寔録》卷 109，總頁 2972。
② 同上注，卷 109，總頁 2973。
③ 同上注。
④ 同上注，卷 156，總頁 3699。按：陶維英著，鍾民岩譯之《越南歷代邊疆》(北京：商務印書館，1973 年)，頁 283 謂：“藩安省明命十七年後改爲嘉定省，藩安城因戰火破壞，重建後改爲嘉定城。”其實在明命十四年八月，阮廷便將潘安省改爲嘉定省，以穩住人心。參見《大南寔録》卷 102，總頁 2868。
⑤ 同上注，卷 156，總頁 3699－3700。吴鈞《越南歷史》(臺北：自由僑聲雜誌社，1992 年)，頁 222 提及説：“六要犯中，有一法籍神父 Marchand，一華人麥晉佳。”
⑥ 同上注，卷 116，總頁 3083。
⑦ 同上注。
⑧ 同上注，卷 198，總頁 4370。
⑨ 同上注，卷 119，總頁 3609。
⑩ 同上注，卷 154，總頁 3670。

基督徒的行爲反映當時在南圻地區，基督徒是支持黎文褒的叛亂。顯然基督徒對於改制後由中央派出官員直接管轄没有信心，恐懼基督教信仰自由會受儒家官僚排斥，因爲在中圻（京畿所在）確有教禁的行動，基督教徒的擔心不是没有理由。這現象亦可反映出，自阮朝開國以來，因爲黎文悦坐鎮嘉定，對基督教採取寬容政策，因而得到基督徒支持。黎文悦死後，這支持轉移到黎文褒身上。

明命帝對於基督教介入叛亂事，一定心有警覺。他一直在思考如何教化人心，終於在明命十五年（1834）六月，仿清朝聖訓，頒《訓條》於中外，令官員們務必“飭士庶軍人，將此等教條宣讀講明，務使家傳人誦，相規以成，日染月濡，同歸於善”。[①] 在明命十條聖訓中，其七曰“崇學”，便針對基督教提出批評：

> 夫學者所以學爲人，固天下不可一人無學，亦不可一日無學，而其所學尤不可不正。朕願爾兆姓等，務崇正學，講明人倫堯舜之道，孝弟而已。孔孟之教，仁義爲先，是皆所當講也。若夫一切左道異端，勿爲其所誑惑。爺蘇之説，尤爲無理，甚至男女混淆，形同禽獸，煽姦樹黨，自蹈刑誅，此其壞教斁倫，尤不可信。其有業爲所誘，當速改除。凡冠婚喪祭，必循國禮，苟不惑於他岐，自能歸於正道。[②]

也就是説，經過“五月十八日夜之變”後，明命帝對基督教的態度已變得十分情緒，以“男女混淆，形同禽獸”來形容他們的行爲，確是一種文化上的誤會。

五、明命帝展開對基督教的打壓

叛亂平息後，明命帝雖然加强實施禁基督教政策，但並未影響對外貿易。如明命十六年七月有英吉利商船來，得指示“如願商者，要駛往廣南沱灢（會安），可也”。[③] 同年十月，阮朝才規定“嗣後清人即乘清船，方準照例，投入諸海口貿易。如西洋人即乘西洋船，由沱灢海口通商，不得擹入諸海口”。這次條例的規定，是因爲在南圻河仙有清朝商船來貿易，船内載有“紅毛人載新州貨項，並石機鳥鎗、短馬鎗，願入汛商賣”。[④] 紅毛指英國人或荷蘭人，他們來河仙貿易似是經常事，也反映在黎文悦鎮守嘉定時，南圻可自由貿易，相信當時西洋傳教士也可自由出入。現時則規定西洋人只准在會安貿易，一概不准入境留駐。

同年十二月，明命帝對基督教的打壓措施終於出台，由都察院左副都御史潘伯達釐定《禁止西洋邪教條例》，企圖從内外的禁例中，將西洋人拔掉，這樣基督教也就没法生存下去，其措施如下：

> 通國汛分，惟廣南沱灢汛，西洋商船例得通商。咨請於彼船來泊，其汛守員盤詰，船内搭帶者幾人，登記明白，申秉上司，仍聽登岸，近便市肆貿易。嚴加防範，毋使散處人家貿易，事清再點刷，如數逐去放洋，不容一人留駐。如有留駐者，汛守員立即拏解上司，

① 潘清簡等纂修《大南寔録》卷 129，總頁 3293。
② 同上注，卷 129，總頁 3291－3292。
③ 同上注，卷 132，總頁 3346。
④ 同上注，卷 160，總頁 3753－3754。

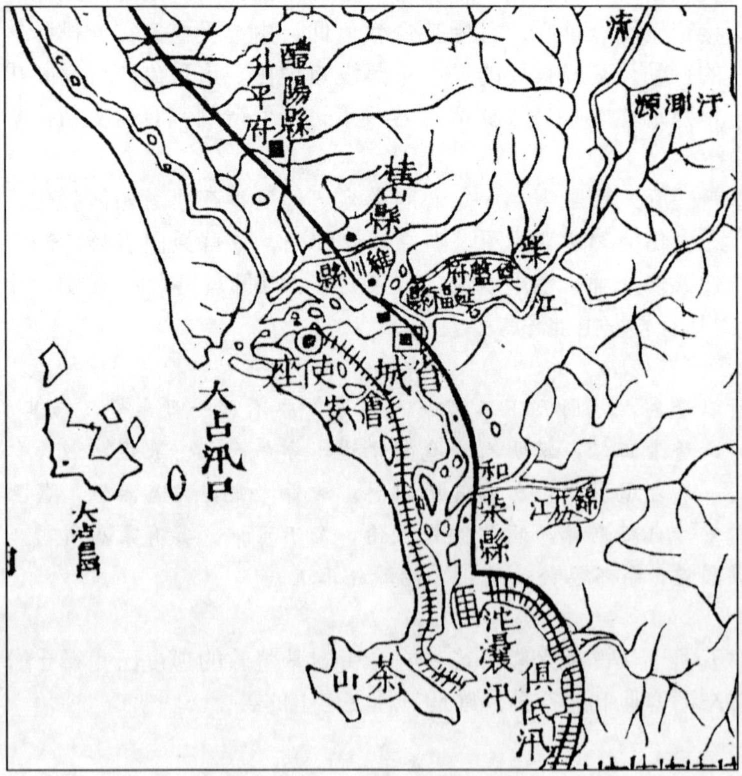

附圖五 廣南沱瀼泛圖

高春育等撰《大南一統志》(東京：日本印度支那研究會，1941年印行)，頁607。

特犯者照境外姦細入境，律問以斬罪。其容隱之人，已犯者之罪，罪之儻，汛員有心故縱，並雖非故縱，而防守不嚴，致彼得以潛隱，覺出與犯同罪，毋須概以失察，輕擬寬減。

諸省汛分，向來西洋商船並不得來往通商，咨請仍前禁止。惟清船來商，諸汛分船內常有西洋道長搭從，及有傭借西洋一二人爲花標者。且西洋人言語衣服，非惟與清人不同，與本國人尤覺迥別，想亦易於稽查，請嗣後各汛分有清船投泊，汛守員親行查察，船內儻有搭載西洋人，即問明來歷，如西洋道長，立拏解官，亦照境外姦細入境，律問以斬罪。如傭借西洋人爲花標，幾人亦須登記明白。其清人聽得登岸往來商賣，西洋人爲花標者，仍留駐船上，殆及回帆，一併逐去出洋。敢有遁隱留駐者，汛守員拏解，亦照境外姦細入境，律擬以斬罪。汛守員用情容留，並查察不嚴，致西洋道長並西洋人得以潛寓者，亦與犯同罪。

凡西洋道長，如有前經潛隱民閒，混相居駐講，由總里（里長）緝拏解官，照以左道異端煽惑人民，律問以死罪。其容隱之人，亦以犯者之罪罪之。所在社村里役失於查察，致彼得以隱寓，覺出，不論有無故縱、隱匿，亦與犯同罪，該副總減一等。如寓在該副總里內，其該副總亦與犯同罪，概不減等。

凡諸地方督撫布按以及府縣，各宜詳加戒飭所屬，凡有西洋人隱寓，嚴加盤詰查拏。若戒飭不嚴，致彼得以容隱，或在轄內何汛分，或在何社村，其所在縣員，請照失察罪，止仗一百，律革職；府員減一等，杖九十；公罪準降三級留。如在兼理縣轄，府員亦革職，

> 概不減等。布按不能申飭，並照不應爲重，律仗八十，公罪準降二級留。督撫減一等，杖七十，公罪準降一級留。①

明命帝對條文感到滿意，諭曰："立法之意，須要盡善而無弊，今既明立條禁，則盤詰之汛守，固不可虛應具文，而奉行不當，或至惹出弊端，亦爲不善。"他傳旨："汛守止須問明來歷，嚴加防範，毋使洋人得以乘閒潛隱留駐，自可杜絕弊端。不得託以盤詰之故，指勒索擾，轉致病商。"②

官僚們對於基督教的中傷亦不遺餘力，副都御史潘伯達就說："其國醫者，於人將死，有刮取其目晒乾，合與阿魏乳香散末，製藥以治痰嗽。"又說："俗傳西洋邪教，常有刮人目睛，並令一男一女同室隔壁以居，日久欲動情生，因而壓殺取水和作餅片，每講道期，遍令人食，使迷其道而不能捨。"又說："與夫從道者男女婚娶期，則其道長將其女入密室，名爲講道，寔則姦汙，誠不可不痛絕而嚴懲也。"③ 而明命帝對"洋道長"的情緒，一直没有平靜下來。明命十七年（1836）三月，他趁清明節改"功臣墓夫"之便，竟謂復國有功的洋教士百多禄"無甚功績"，④ 取消原來墓夫、修墓及香火所需的待遇。又如明命十九年（1838）十月，因討論派員出洋學習外語，而想及其長兄太子景信仰了基督教一事說：

> 卿等獨不記英睿太子之事乎？我皇考開國之初，爲暹所制，託英睿太子於洋人。將回保養，以爲圖存計也。迨嘉定克復，他送之還，太子不肯拜見宗廟，其言語衣服一依彼國體樣，我皇考至是始悔。⑤

由"太子不肯拜見宗廟，其言語衣服一依彼國體樣"來看，在明命帝心底裏，對基督教一直没有好感。登帝位後，沿用嘉隆帝的寬鬆政策，自改南北總鎮爲分省統轄後，事無大小都到眼前來，中央集權就是對基層社會的直接統轄，因而惹來更多管理的問題。

對於禁止基督教一事，執行得並不順利，因爲屢禁不止，事情就多起來。明命十七年（1836）六月，派船到下洲（馬來半島東海岸）公幹，長史陳興和等竟"私帶鴉片、禁物、爺蘇教書"。⑥ 收藏"爺蘇教書"，未知是好奇心抑或信仰，還是奇貨可居，都反映出信教者大有市場。由於政府教禁嚴厲，鋌而走險之徒，誓死反抗者亦有。如明命十八年（1837）九月，"西洋道長高凌泥，以爺蘇邪教潛寓山西扶寧，縣轄串通匪渠，謀圖不軌，自稱僞軍師"。⑦ 山西在河内以北，從"縣轄串通"西洋道長來判斷，縣的長官不但信教，縣民基督徒不在少數，否則很難串通起來。又如"南定（在河内以南）之民，近來雖已向化，而爺蘇道者尚多，一省至二百餘社，不下數萬人"。⑧ 基督徒如此多，而西洋道長却游走於四方傳教。

地方長官對於洋道士游走四方，是否有所縱容，還是逮捕不力？南定、興安兩省是基督教

① 潘清簡等纂修《大南寔録》卷164，總頁3805。
② 同上注，卷164，總頁3805－3806。
③ 同上注，卷164，總頁3804－3805。
④ 同上注，卷167，總頁3851。
⑤ 同上注，卷196，總頁4337。
⑥ 同上注，卷170，總頁3904。
⑦ 同上注，卷184，總頁4130。
⑧ 同上注，卷185，總頁4145。

的大本營,[①] 雖説教禁嚴格執行，教堂解散，但是西洋道長仍然在這裏從事傳教與教學。明命十九年（1838）四月，洋道士互相聯繫的事件被揭發：

> 道長名依號曰無伊那趨〔道號第一〕、名銘號游明姑〔道號第二〕、與名賢號游梯、名望號羝游尼謨，投來南定省轄，誘人傳教。從之者，有稍通道經，習知洋字，各置爲道長、教長，分往諸省，聚徒講讀。自嚴禁既行，其道堂、道館悉撤，彼等皆尋方潛隱。至是，有本國道長鄧廷瑱〔興安僊侶僊州人〕躲居北省，委道徒武文憐齎洋字書往南定，尋訪伊那趨等所在，贈以藥物。[②]

這次武文憐送信送藥給伊那趨，結果被里役逮獲了。總督鄭光卿搜查後，入奏稱“無此等名”，明命帝認爲地方在包庇，故敕令“定安總督鄭光卿，興安巡撫何叔良，俱坐貶”。地方官員對教禁一事，常敷衍了事，而地方父老信教者大有人在。明命帝更聽聞“官府有催令跨十字者，則每社止擇牧童不識道教者數人應命而已。至於鄉老、總里素習是道者，未曾有肯到官”。[③] 這種欺瞞朝廷的伎倆，使明命帝生氣地對不負責任的官員説：

> 爺蘇左道，危害最甚，西洋人等每每潛來我國，因以此術煽誘愚民，暗圖滋事。即如去年山西發出西洋道長高凌泥串匪謀逆一案，明鑑不遠。在所見聞，不謂尚有此輩混迹民間，往來寄信。就中豈無結連黨羽別情，乃不即查拏以淨根株，只據里役率供，希圖銷案。彼道長等，原是欺狡不良，而所在里役或其徒弟，愛黨隱匿，何可輕信。似此關要事體，視同膜外，不知爾等居官，所辦何事乎?[④]

其實信基督教的除人民、鄉里父老、官員以外，還有省屬弁兵都有信教者，如南定省“各奇弁兵，多從爺蘇道者，經飭跨過十字，間有范曰徽、丁達、裴德體等，再三開誘，皆願死從天主，終不肯跨”。[⑤] 對於人民信教者的執迷不悟，明命帝認爲“化民必以其漸，豈可欲其速改，而遽繩之以法乎”。[⑥] 明命帝深信本國人民的“爺蘇教者，原其初心不過偶爲左道所惑，諒彼等天良具在，日久自能覺醒。豈有輕舍父母鄉國，而從異類之理乎”?[⑦] 他完全忽視宗教的影響力，其禁教目的是“專爲除去此等洋人”，他對官員們訓令説：

> 西洋道長煽惑人心，圖謀不軌，國法在所不容。今責令拏捕，專爲除去此等洋人，以

① 明末清初，從澳門坐船出發至東京的傳教士，大都在南定沿海一帶上岸。詳參費賴之著、馮承鈞譯之《在華耶穌會士列傳及書目》一書相關資料。

② 潘清簡等纂修《大南寔録》卷 191，總頁 4260－4261。

③ 同上注，卷 185，總頁 4146。

④ 同上注，卷 191，總頁 4261。

⑤ 同上注，卷 194，總頁 4314。按：信基督教的南定省屬弁兵范曰徽、裴德體等在明命二十年（1839）五月竟離伍上京控訴説：“彼等祖父世受爺蘇道教，去年跨過十字架，乃是省官逼使，非出自真心。兹乞仍守此道，以全爲子之孝，死亦無悔。三法司以聞。”原來去年省督奏稱他們“已誠心出教”。如今却來控訴，令明命帝大惑不解，認爲他們“敢爾離伍京控，此等亂民，豈可復容於世”，因而“令錦衣衛押赴海濱，即將大斧斷腰，投棄於海。同案丁達在省，令再詰問，亦一味不肯出教，併誅之”。而南定督臣“鄭光卿以糊塗入奏，降一級”。並派幹員“廉訪所轄民兵從爺蘇左道，其已經到省情願出教者。果已返邪歸正，抑或勉强非出本心？其尚未赴省自首者，曾否胥相畏法，已漸悔改，抑猶暗裏聚會講習，故態不悛。即據寔密奏，毋得隱諱”。可見他對地方奏報民兵等出教之事已不信任。參《大南寔録》卷 202，總頁 4426。

⑥ 同上注，卷 185，總頁 4146。

⑦ 同上注，卷 114，總頁 3059。

祛民害。爾民人與彼異類，終無干及，或拏獲解官，必有優賞。勿可藏匿寓留，致干重罪。雖前曾誤入其道，玆能情願悔改，跨過十字架，便是真心出教，各即放回生業。使之明白領會，咸知趨避，經不必齊之以刑，而自化矣。①

對於“跨過十字架，便是真心出教”一事，明命帝特別指出：“至於女子婦人，迷惑尤甚。大凡官府有催從道之人，當堂跨十字者，只催夫男，不及婦女，故婦女又無改悔之心。”② 明命帝在訓示官員時，特別指出幾年前“陽春社人從爺蘇道案處絞決，而同道者有一老婦欲以身殉之，雖怵以象打刀劍之威，亦甘願死以見天主，何其迷惑之甚也”。③ 女教徒這種以身殉教的精神，是明命帝所不瞭解的，但對於本國的基督徒，總是以教化爲先。

不過對於西洋傳教士，却一定要捉拿歸案。明命帝爲了捉拿伊那趨，因而下令“乂安、清葩各派管衛一、弁兵五百，分往南定、興安駐防，以資彈壓”。又下令官兵留意洋道士“取路必由廣安，經欽州、廉州，逃回瑪瑤（澳門）”。並傳諭省臣，洋道士“水路經過要處，嚴加盤詰，如見碧眼高鼻的洋子者，執以送官”。④ 經過滴水不漏的追捕，西洋道長伊那趨終於在南定省膠水縣堅牢社被捕，最後是斬首示衆，而武文憐則坐絞。⑤

追殺西洋道長似是明命帝對基督教斬草除根的手段，他没有想用特赦的方式，讓他們離開越南回國。明命十九年（1838）閏四月，在南定膠水縣霞爛社逮獲西洋道長游明姑。又在寧平省金山縣（南定以南），逮捕西洋道長游梯和越籍道長阮伯循等，都處以死刑。⑥ 對於本國的基督教道長，只要“情願出教、跨過十字者，皆省釋。惟一向冥頑不悟者，始誅之”。⑦ 明命二十年（1839）十月，殺了“爺蘇道長丁曰裕、阮文川”，明命二十一年（1840）九月，又殺了爺蘇道長謝德盛等。這些本國傳教士都不願“跨過十字”，“堅心守道”而殉教。⑧ 對於西洋傳教士則殺無赦，仇洋的情緒把明命帝的理性掩蓋了。這些被殺的西洋傳教士，都是數十年前來到越南傳教，當時没有違法，基督教在南北兩圻信徒約三十萬。嘉隆朝，甚至是明命十四年（1833）以前，並没有禁令，忽然雷厲風行，只能説明命帝過於刻薄寡恩而已。他心中明白：

彼等原是洋人，非我族類，年前均搭配商船前來本國，縱能遏之於始，則惡根何自生乎？只緣當次所在，汛守失於盤詰，故他得混迹民間，誑誘愚俗，其來非一日矣。第事屬經久，不須深究。可通諭：凡有洋分諸地方官，各嚴飭所屬汛守。嗣有洋船及本國商船，初來投碇，即就處譏問，如有碧眼高鼻的洋人形樣，立捕解官。再，洋人從前業居本國，如有潛遁出洋者，亦併拏解。⑨

本年四月在南定省發生的爺蘇左道案，所涉及的洋傳教士，伊那趨，游明姑、游梯等已被逮殺，只有瓶游尼謨還在逃亡。同年八月，明命帝下令“設法探拏牴游尼謨，務獲以絶惡荄。再厚懸

① 潘清簡等纂修《大南寔録》卷191，總頁4261。
② 同上注，卷185，總頁4146。
③ 同上注。
④ 同上注，卷191，總頁4261。
⑤ 同上注，卷191，總頁4262。
⑥ 同上注，卷192，總頁4274。
⑦ 同上注，卷192，總頁4275。
⑧ 同上注，卷207，總頁4492；卷217，總頁4678。
⑨ 同上注，卷192，總頁4274－4275。

賞格，自河靜至北圻諸轄，不拘官軍民，庶有能捕獲彼犯送官者，賞錢一千緡，或訴出報拏現獲者，亦從優賞。敢窩留隱匿，與犯同罪”。①

經過一年的追殺，西洋道長瓶游尼謨，仍然逍遥法外，不知蹤影。明命帝認爲都是地方官員辦事不力之故，他説：“彼犯孑身雖微，斷不能遁形於化日光天之下。只是愚民之從其道者，迷而不誤，暗爲引匿容留，而地方官亦不肯認真出力。”否則瓶游尼謨，西洋“異樣的人，高鼻胡鬚，易爲識別，豈能與吾民混迹，而乃許久逃生者呼”？② 爲了加緊緝捕，明命帝幾乎動用全國之力，追捕瓶游尼謨。明命二十年秋八月傳諭：

河靜、乂安、清葩、寧平、河内、興安、海陽、廣安、北寧、太原、山西、興化、宣光、諒山、高平等省督撫布按等，各須不動聲色，仍密委家人子弟或屬省之妥幹謹信者一二人，粧作爺蘇道徒，遍往所轄各社村細心廉訪，務得瓶游尼謨潛隱的處。③

對於曾經叛亂的南圻六省，“人民多有惑從爺蘇左道，年前逆褢煽變其徒黨，與賊附和，暗裏關通，不一而足”。④ 因此，明命帝密諭地方官員查明是否真心“棄邪歸正”：

今諸轄各社村民，其向曾學習爺蘇左道，經奉嚴禁，亦已棄邪歸正。出自真心，抑陽順陰違，潛於幽寂村鳩，私相講道。再，此外更有何民，尚爲邪教所染，聚徒講説，不肯回頭與否？雖日下地方寧帖，此輩決不敢復肆爲非。然絶惡於未盟，亦當探透根源，以杜其積習，有所由來之漸。兹準各派委親信妥人，密行探訪，務得寔狀，密摺以聞。⑤

由此可見，明命帝對人民是不信任的，也反映出基督教在越南歷經幾百年的發展後，已深入民間，不容易被取代。

爲了移風易俗，河靜按察使范士愛建議在“全村全坊原從彼道者，各令立本土神祠，春秋祭祀，仍親往開示，使之曉悟”。⑥ 明命帝接受了他的意見“準至明命二十一年六月底以裏，聽各自新。至如新廟家祠，亦飭令從俗建立。歲辰祭祀，使之奉事先祖，敬信神明，共作太平良民，免爲傍近社村所不齒”。⑦ 顯然，明命帝發覺以死刑恐嚇或講儒家大道理並没有顯著成效，執迷不悟的人所在多有，因此又透過“本土神祠”、“家祠”，以團體壓力來改變人心。另一方面，則以重刑來恐嚇信徒説：

彼爺蘇道長本絶域人，非吾族類，如其道果出於忠君、孝父、順兄、友弟，則學之夫復誰禁？今則其道需十字，多出於不經，全無可取，何乃捨其固有之良心，而從此無稽之邪教乎？借曰：學爺蘇到死後必升天堂，即如爺蘇道長之洋人馬雙，甘心從賊，抗拒官兵，

① 潘清簡等纂修《大南寔録》卷194，總頁4314。
② 同上注，卷203，總頁4441。明命帝的仇洋情緒一直在增加中，但對非傳教的洋人也還有分寸，不致都殺戮。如明命二十一年（1840）五月，越南將數名受雇在氣機船工作的洋人哺移助等，送回下洲（馬來半島東岸）地方。參見《大南寔録》卷213，總頁4597。
③ 同上注，卷203，總頁4441。
④ 同上注，卷203，總頁4441。
⑤ 同上注，卷203，總頁4441－4442。
⑥ 同上注，卷205，總頁4469。
⑦ 同上注，卷205，總頁4470。

死守孤城至於三年之久，一旦城破，萬刀剮碎，肢體横分。又如高凌泥連結刦夥，謀圖不軌，隨即爲人補解，凌遲處死。以至游梯、游明姑之輩，亦皆駢首就戮，慘目驚心，衆所共覩。①

恐嚇當然改變不了信徒的熱情。明命帝警告地方官員説："若既經此番訓諭，而府縣不以此飭示總里，總里不以此開導民人，致出限，猶有陽順陰違、暗中傳道者，必將犯者至於重辟，府縣總里亦各從嚴懲辦，其凜之。"②

明命二十一年（1840）十二月，明命帝逝世於京師順化，享年五十歲。當時中英鴉片戰爭已爆發。他在逝世前兩個月，曾對當時形勢作了一番討論，認爲"夫洋人素以善駛大船飛越重洋誇示諸國，今我軍亦能乘駛，不讓彼長"。③ 可見明命帝當時仍然自信滿滿，清朝徹底戰敗是在明命帝過世之後。也就是説，他對西洋傳教士的情緒，完全不受當時國際局勢的影響。

六、結　　語

越南阮朝前期嘉隆、明命兩朝的基督教政策，從寬鬆到緊縮，有其歷史背景和時代因素，不應隨意指責其因爲儒家思想影響而排斥基督教。④ 如果是，嘉隆帝或明命帝一登帝位便可執行教禁，但他們並没有如此作爲。若説傳教士有恩於阮朝的創建，使嘉隆帝深受感動，於是讓基督教有一寬鬆的活動空間，明命帝的感受，顯然没有這麽强烈，他登位時（1821）已三十歲，是一位成熟的儒家統治者，不過，在1832年以前，他完全没有對基督教採取非理性的行動。這當然不是因爲明命帝對基督教有好感，而是凡存在必有其合理處。明命帝將基督教與佛道同等看待，在没有遇到麻煩時，都存而不論。

由於嘉隆帝對基督教基本採取寬容政策，傳教士的活動没有受到限制。當時越南傳教士和教徒們基本上按照教廷指引來從事宗教活動，對於一些可能被認爲是迷信的行爲，也會徵詢教廷當局的意見。如1783年，教廷傳信部就"基督徒能否參加爲悼念雙親或配偶而舉行的東京地方風俗禮儀"一事，回答東京一位宗座代牧説：

只要鞠躬不是崇拜的行爲，割下頭髮也不是爲了向亡者獻祭，那似乎不應被看作是迷信的行爲。因此只要是能够避免惡表和錯誤，地方上的傳統看上去完全是民間的行爲，就很難認定它是迷信的。⑤

由此可見，當時越南傳教士完全是遵照教廷指引來傳道的，又如1820年，教廷傳信部就有關"基督徒是否應該按照中國禮儀舉行的宴會中向祖先和偶像供奉食品的問題"回答東京教會。⑥

---

① 潘清簡等纂修《大南寔録》卷205，總頁4469－4470。
② 同上注，卷205，總頁4470。
③ 同上注，卷218，總頁4690。
④ 孫建黨、王德林合著《試析越南阮朝明命時的禁教政策及其影響》，《河南師範大學學報》2001年第3期，頁68；又Choi Byung Wook, *Southern Vietnam under the Reign of Minh Mang (1802－1841): Central Policies and Local Response* 指明命帝對基督教的反感來自對祖宗的崇拜、儒家觀念影響及接收錯誤的基督教資訊等（參p.61）。
⑤ 蘇爾、諾爾編，沈保義等譯《中國禮儀之爭：西文文獻一百篇》（上海：上海古籍出版社，2001年），頁132。
⑥ 同上注，頁146。

换言之，在阮朝建國前後，越南教區基本上按照教廷指引進行牧民。

關於禮儀問題，早在1659年教廷便有所討論，至1704年，教廷才作出裁決，從而揭開教廷與中國禮儀之爭的序幕。① 當時越南黎朝早有“申禁天下學花郎道”的政策，其後更變本加厲，全力追殺傳教士。黎朝於1789年結束，越南進入動蕩不安的西山阮（Tay Son Nguyen）時代(1790－1801),至1802年，阮福映復國，建立阮朝，社會才安定下來。在西山阮時期，因軍事衝突與政治動蕩不安，政府對社會的統治力减弱，基督教似得以長足發展。阮福映復國時，得傳教士協助，開國後對基督教採取寬鬆政策，影響所及，明命帝即位時（1820），亦是蕭規曹隨，對基督教的寬鬆政策没有多大改變。阮朝自嘉隆元年至明命十二年（1802－1831），共29年，對基督教的政策，完全不受清朝禮儀之爭影響，阮朝只規定不得建新教堂，没有强迫信徒出教。

明命帝即位之初，應該知道清朝已嚴厲實行教禁，因爲他十分關注中國的政情。除了朝貢使團依期北上外，還不時派船到廣州公幹，並要求出差者報告中國事態。② 當時同受儒家思想影響的東亞國家如中國、日本和朝鮮等，對基督教都採取敵視及教禁行動，③ 只有越南以包容的心態對待洋教士和基督徒，這跟阮福映的政策延續有關。及至明命帝發現基督教發展至京畿禁教地區的陽山社，以及鑾駕衛警和蹕鑾儀兵等竟也有人信仰基督教時，才開始批判基督教。更麻煩的是明命十四年（1833）黎文褒叛亂中，竟有西洋傳教士和基督徒參與，才徹底改變明命帝對基督教的態度，進行全國教禁及追殺西洋傳教士的行動。

這問題的背後，也涉及權力重新分配所面對的矛盾，明命帝進行總鎮制改革，使地方總鎮統轄權回歸朝廷，分省而治，收權中央。這一過程却引致政治不穩定，北城總鎮（北圻）二十多萬基督徒和嘉定總鎮（南圻）六萬多基督徒，對朝廷中央官僚的宗教政策並不信任，而中央官僚對基督徒亦不信任，由於互信不足，猜疑日增，意識形態就成爲排他工具。當時越南朝廷並不如清廷與教廷之間有禮儀方面的爭論，明命帝只是利用世俗的統治權，企圖改變國内基督徒的信仰，實踐他的統治權威而已。

---

① 鄭永常《十七世紀基督教在北圻的發展與挫折：勒魯瓦耶（Abraham le Royer）神父在東京（Tonkin）之見證》，收入成功大學歷史系“第一屆東亞歷史變遷國際學術研討會論文集”。

② 清朝因與梵諦岡有“禮儀之爭”，於1717年全面禁基督教。見《清聖祖仁皇帝實録》（臺北：華聯出版社，1964年）卷277頁716－717之記録：“（康熙五十七年正月至二月）兵部議覆……至於西洋人立堂設教，仍照康熙五十六年（1717）九卿原議禁止，再行嚴飭，均應如所請。”又《清史稿》（北京：中華書局，1974年）卷272《南懷仁》頁10025謂：“方聖祖（康熙）用南懷仁，許奉天主教，仍其國俗，而禁各省立堂入教。是時各省天主堂已三十餘所。雍正間，禁令嚴，盡毁去，但留京師一所，俾西洋人入監者居之。入内地傳教，輒繩以法。”明命帝很關注清廷的變化，在明命元年（1820）五月命“如清採買貨項”（《大南寔録》卷3，總頁1486），這種採買通常是用船到廣州，一方面買貨，一方面搜集情報。同年九月又遣使如清，“王關表言國情，已達使期在邇”（《大南寔録》卷5，總頁1509），這是從廣西鎮南關進入的貢道。

③ 參李元淳等著《韓國史》（臺北：幼獅文化事業公司，1987年），頁253－255；趙建民等著《日本通史》（上海：復旦大學出版社，1989年），頁120－123。

“公堂寶案薪傳遠，流裔遺珍辨鏡新”

——從荷蘭萊頓大學漢學研究院所藏印尼華人“吧國公堂”匾聯碑記與檔案探論移民史實

賴貴三

緣　　起

筆者於 2003 年 8 月 1 日應聘爲荷蘭萊頓大學漢學研究院交換教授，於 2003 年 8 月 4 日（周一），首度瀏覽該院中庭牆面懸掛的印尼雅加達華人“吧國公堂”① 八方木刻匾聯碑記，當時甚覺新奇，仰觀嘆止，引發深入瞭解的興趣。② 此後探知來源去脈，遂堅定考釋研討的決心。2003 年 12 月 4 日（周四），筆者初識廈門大學吴鳳斌教授，③ 12 月 9 日（周二），初次拜訪吴教授於漢學院圖書館二樓的“海外華人檔案室”，相談甚歡，並蒙其展示説明，親睹珍貴的檔案原件，深爲震撼感動。復於 2004 年 1 月 8 日（周四），再度拜訪，又蒙其慨借筆記文獻；費二日力，抄録畢事。遲至 1 月 28 日（周三），對校匾聯碑記原件，始完璧歸趙，並申謝忱。2 月 5 日（周四）元宵節午後，再商借專書二册；至 2 月 10 日（周二）閲竟奉還，是晚於阿姆斯特丹出席蓮華寺“甲申香茗春宴”，開齋清養；至今倏忽五年有餘，吴教授已歸返廈門，偶仍魚雁往返，時相討論，獲益良多。以上爲撰述此文的動機，記此因緣際遇，存以識之。

一、印尼華人“吧國公堂”與檔案歷史源流

“吧國”（吧達維亞）爲十七世紀荷蘭東印度公司的貿易總部，早在十四世紀，已是著名的胡椒出口港，1527 年，改名 Djajakarta；1618 年，荷蘭佔領該地，翌年開港，方改名 Batavia。1945 年印尼獨立後，恢復 Djajakarta 原名，簡化爲 Jakarta，即今雅加達。“吧國公堂”，後稱

---

① 按：“吧國”又名“吧地”，省稱“吧”或“巴”，“吧達維亞”（Batavia，巴大米亞）的簡稱，即今印尼首都雅加達。“吧達維亞”，古名“巽他加拉巴”（Sunda Kalapa），又作順塔、噶喇巴、咬留巴，以地多産椰（Kelapa）得名，參見王大海《海島逸志》，南清河王氏鑄版，刊於王錫祺所輯《小方壺齋輿地叢抄》，臺北：廣文書局，1962 年。

② 後見臺北“國家圖書館”所編之《漢學研究通訊》第 20 卷第 3 期（2001 年 8 月），刊載萊頓漢學院院訊息：“2001 年 5 月 14 日至 6 月 22 日，廈門大學南洋研究所聶德寧博士，歷史系侯真平副教授來本館從事印尼公館檔案研究。”第 21 卷第 1 期（2002 年 2 月）又載：“本院收藏印尼公館檔案中有八塊木製匾額，於 2001 年 9 月懸掛於本院中庭牆上，届時請了許多印尼華僑及有關人士前來參觀，並舉行慶祝酒會。”

③ 吴鳳斌教授，生於 1934 年，北京大學歷史系畢業，專研華僑華人史、南海諸島史與海外華工史，1995－2005 年爲萊頓大學所延聘，並與該校歷史系包樂史（Leonard Blussé）教授合作整理校注“吧城公堂檔案”，已出版專著、合著二十多本。按：包樂史，1946 年生於 Amsterdam，獲萊頓大學漢學與歷史學博士學位。現爲萊頓歷史系專任教授，主講“歐洲與亞洲關係史”，研究範疇包括“東南亞與東亞史”、“海外華僑史”、“印尼華人史”、“華僑貿易”與“殖民地時代貿易與文化”等，著述宏富。

“吧城華人公館”，早在1619年荷蘭東印度公司入侵印尼後，已任命華人甲必丹①管理華人社區内訴訟、婚姻、喪葬、户籍、宗教、建築等事務，自此管理工作趨向規範，而一切處理事務的原始紀録，皆保留下來，成爲一批數量豐富的檔案。現存檔案起自1772年，② 終於1978年，經歷二百多年，國際世界發生天翻地覆、滄海桑田的變化，竟然能在世變日遽之下，基本上完整無缺地保存至今，真是不可思議的奇迹。這批檔案，由萊頓大學包樂史教授交涉獲得，典藏於萊頓大學漢學院圖書館二樓“海外華人檔案室”，匾聯碑記八方則懸掛於該院中庭牆面。然而這批兩百年來上千册的歷史文獻，經烟熏火燎、蟲蠹黴爛，首先必須除蟲殺菌去污、黏貼裝裱分類，再裝訂編號整理，校注研究成書出版實非易事，需要長期的深耕勤耘，才能克竟全功。以下綜合撮録知見材料數種，以供參考。③ 包樂史、吴鳳斌合著《十八世紀末吧達維亞唐人社會》第一章第一節首段，如此説道：

> 簡言之，公堂即同堂公平議事，是唐人議事廳，俗稱爲理事。海外唐人理事自有唐人聚居後就已産生，是唐人謀求生存處理内外事務的自發組織。但公堂不同於海外唐人自己的理事組織，而係在荷蘭東印度公司管轄下並委任唐人首領以唐人律法與習慣處理唐人自己事務的機構。④

吧城公堂及其同堂議事有一形成過程：1619年10月11日，荷蘭東印度公司委任福建同安人蘇鳴崗爲吧城唐人甲必丹。斯時唐人尚少，於其府第理事，門前掛大燈，有兵把守；有特別需要時，則招衆人議事。《開吧歷代史記》⑤（以下簡稱《吧記》）載：1656年，蔡焕玉爲甲大，“請設甲必丹廳，與雷珍蘭⑥議事，辭去把門和兵”。1633年，⑦ 始設雷珍蘭；1639年，增協雷一人，成爲一甲二雷，三人同堂參與理事。1689年，又增設二位雷珍蘭，成爲一甲四雷，共五人同堂理事。至1707年，陳穆觀爲甲大時，再增設二位雷珍蘭，成爲一甲六雷，共七人同堂理事。可知，在1633年，特別是1639年，即已同堂論事，爲公堂同堂議事之始；唯此時尚無公館辦公，皆以甲大私邸爲理事之所。1750年，甲大黄箴觀見王，始設公堂秘書朱葛礁，⑧ 首任黄市鬧，開大傘出入；1766年，再增一位，徐仲奇任之，始有“大朱”、“二朱”之稱；1772年，

---

① 荷文 *Kapitein*，又稱甲必丹大，簡稱甲大、甲，唐人領袖。1931年廢止此制，改由區長代之，而吧城直至1942年，日軍佔領印尼後方廢止。

② 按：目前最早《公案簿》是1787年（乾隆五十二年丁未）。有關《公案簿》釋文刊本，參見包樂史、吴鳳斌、聶德寧、侯真平校注之《公案簿》第一至七册，廈門：廈門大學出版社，2002至2007年。而聶德寧、侯真平二位，自2002年起，即任副主編。

③ 有關吧國公堂創設的歷史源流與意義宗旨，可據以下文獻知悉大體——1791、1861與1893年木刻碑記，陸子明《吧國公堂中懸掛木牌》（《新報 Sinpo》，1939年10月2日）及《吧國公堂沿革記》（《新報 Sinpo》，1939年11月20日），許雲樵（1905－1981）《吧國公堂與華僑史料》（以下簡稱“許文”，刊於新加坡南洋學會編《南洋學報》第11卷第2輯，1955年12月，頁17－22）及《公案簿》第一輯《前言》；以及包樂史、吴鳳斌合著之《吧城公館檔案研究：十八世紀末吧達維亞唐人社會》（廈門：廈門大學出版社，2002年）第一編第一章第一節頁3－17。按：陸子明、許雲樵文俱稱“木牌”，吴鳳斌教授以爲當作“木刻碑記”，本文互用，而以後名爲正。

④ 詳參包樂史、吴鳳斌合著之《吧城公館檔案研究：十八世紀末吧達維亞唐人社會》第一編第一章第一節頁3。並可互參包樂史著，莊國土、吴龍、張曉寧譯之《吧達維亞華人與中荷貿易》（南寧：廣西人民出版社，1997年）頁75－77。

⑤ 詳參許雲樵《開吧歷代史記校注本》，《南洋學報》第9卷第1輯，1953年。所載内容止於黄綿舍任甲大（1791－1800）期間。按：萊頓大學漢學院圖書館典藏《開吧歷代史記》、《吧國公堂藏版“開吧歷代史記”》，此二者爲國内外學人所少見，許氏實未見之。

⑥ 荷文 *Luitenant*，中尉、攝政官，簡稱爲雷。

⑦ 查《公案簿》第1輯頁372注釋2謂：“1678年始設雷珍蘭，以協理甲必丹事務，林時使爲首任雷珍蘭。”時間相差45年，此注查係據許雲樵《開吧歷代史記校注本》“歷代雷珍蘭名氏”排列，恐有誤，待考辨。

⑧ 荷文 *Secretaris*，即秘書、書記。

開始將處理事務記録抄正存案。早期議事紀録没有保存下來，又因遷移遺失，目前《公案簿》始於 1772 年，與首任瑪腰[①]陳永元所移交檔案清册記載相符。

而吧城華人公堂，正式設立於 1742 年（乾隆七年）林明光任甲大時，《吧記》載：新任吧國大王（總督）"伴熊木[②]又買黄鑾光大厝，建甲必丹蜜喳嘮[③]廳，門前竪紅旗竿一枝，每月初一日升旗爲號"。其地在吧城之北，以庭前立大旗，故稱旗竿街（Jalan Tiang Bendera），而竪旗之事始於 1633 年潘明巖任甲大時，其呈文曰："甲大居唐人之長，請竪立旗杆一枝於大門外如和人，[④] 每月初一日升旗一次，凡厝税銀利，俱憑升旗後取討。"《吧記》又載：1690 年，甲大郭郡觀，福建海澄人，建議創辦美色甘[⑤]病厝，收容孤老病殘無依靠者，並設義學以教貧童，是年完工。而荷蘭檔案記載：1747 年 4 月 25 日，公堂向武直迷[⑥]借錢財 164 454.31 文，買下甲大府邸辦公處作爲公館，每年交武直迷 4.5 文租金利息，直到 1791 年方全部付還。

由於原公堂在城北旗竿街，而華人集中居住在城南。1809 年，甲大陳炳郎爲辦事方便，乃就近備一公館，爲日常辦事之所，重大事務及大典仍在城北公堂舉行，自此有公堂與公館之分。高長宗任甲大時，更自費闢建公館；1861 年，瑪腰陳永元集資購得公館，公堂遂南徙中港仔（Jalan Tong Kongan），爲一幢單層房屋，今保存的後期公館建築照片中，可見正門上書"公館""Kong Koan"，堂中設案座，陳列成凹形，覆以桌布，集僚議事，仍額曰公堂，大廳正面懸掛金字行楷匾聯、軸聯及木刻碑記。1955 年，公館遷到老子街（Jalan Laotze），爲二層房屋，門前坐立石獅，二樓陽臺上書"Kong 公館 Koan"。

自 1742 年設立專門房子爲公堂處事之所後，[⑦] 公堂會議大都在公堂内進行，見 1787 年 10 月 31 日、1787 年 11 月 14 日、1787 年 12 月 12 日《公案簿》。但有時也在甲大府中進行，見 1787 年 12 月 30 日、1788 年 1 月 5 日《公案簿》。據 1788 至 1790 年《公案簿》，公堂會議次數爲：1788 年 37 次、1789 年 42 次、1790 年 33 次，平均每年 37.3 次。公堂會議一般每星期三開堂舉行一次，無事則少開，事多則多開。有時也在星期一二四六日舉行，但極少；惟獨没有在星期五開過會，此情況到荷印政府時又有變化。公堂理事會成員由甲必丹、雷珍蘭、朱葛礁、武直迷、達氏、[⑧] 土公[⑨]及區長[⑩]等組成，不同時期有所不同，而主要處理事務有：欠錢欠税糾紛、遺産處理、結婚注册登記、婚姻糾紛、防火防盗、打架辱駡、户口登記管理、唐船蔗廠檢查、寺廟巡察、義學救濟院與寺廟捐款、道路橋樑修建、墳地分配，以及荷蘭政府下達有關案件調查等等。大經濟案、刑事案件則移交荷蘭政法部門處理。處理一般民事糾紛，由甲必丹與雷珍蘭負責審案，朱葛礁作紀録並抄正存案，達氏負責差遣。每次會議以雷珍蘭二人當理事，主持會議，按月依次輪值。《公案簿》中詳細寫明每次辦案時間（中國曆法在前，荷蘭曆法在後）、地點、主持理事者姓名、出堂公堂會議人員、缺席者、原告、被告與見證人姓名，不到者

---

① 荷文 *Majoor*，或作馬腰、嗎腰，在甲必丹制中爲最高的職位。查吧城唐人瑪腰始於陳永元，三寶壟唐人瑪腰始於陳長菁。

② 按："伴熊木"，荷文 *Van Imhoff*，通譯爲"范·英霍夫"。

③ 或作嘧喳嘮，即理事廳，馬來文 *Bichara*、印尼文 *Bicara* 對音，訴訟、審判、商議之意。

④ 和，荷蘭省稱，見於《公案簿》及木刻碑記中。

⑤ 荷文 *Weeskamer*，又作美惜甘、美色甘病厝或養濟院。

⑥ 荷文 *Boedelmeester*，財産管理官，管理救濟院及遺産，又稱"大點"。荷蘭武直迷設立於 1655 年，唐人武直迷設立於 1690 年（康熙二十九年），首任郭郡觀。

⑦ 載見《十八世紀末吧達維亞唐人社會》，頁 16－17。

⑧ 荷文 *Soldaat*，兵卒，公堂差役，始設於 1633 年，首任林連觀。1738 年，甲大連富光（Ni Hoe Kong）請再增設一名。

⑨ 按："土公"爲漢語，源出《星經》，謂建築者，此指塚地建築與管理人；荷文 Begrafenismeesters，始設於 1650 年。吧城最早的土公爲黄石公（1650－1685）、顔經觀（1685－1728）及其長子顔鑾觀（1728－1745）。

⑩ 荷文 *Wijkmeester*，吧城於 1655 年設荷人區長，1685 年設唐人區長。

亦記下備案。審案程式一般由原告申訴案由，被告申辯，見證人作證，公堂列臺進行審問與判決。民事糾紛多由勸解而和息，但一般均經公堂全體會議審理判決。公堂處理民事糾紛按不同案件采用不同方法，大致歸納有以下九種：

> 一、查清事實，分辨真僞。二、勸解和息，以和爲貴。三、減少賠償，兩方分擔。四、責大不該，坐賠不是。五、盟神罰誓。六、拈鬮。七、懲罰。八、押送囚禁。九、上投：（一）有關人命，公堂不得判斷。（二）大盜之情，公堂不得盤問。（三）錢數過多，公堂不理。（四）遺囑遺産，不得擅斷。（五）一方不服，可以上投。（六）船貨未清，揚帆在即。（七）兩船相撞。①

不同時期的公堂所處理的事務範圍與内容有所不同，一般而論，前期所處理的事務較多，後期則越來越少。已經出版的《公案簿》第一輯，自乾隆丁未五十二年九月二十一日（1787 年 10 月 31 日），至乾隆辛亥五十六年正月初六日（1791 年 2 月 8 日），計有：經濟案件（欠貸款、欠藥費、欠船税、欠賭資、欠工錢、生意糾紛、家産糾紛、租賣房屋糾紛等）、婦女婚姻案件、社會治安案件、公堂規章制訂等共五百八十起，僅是鳳毛麟角而已。《公案簿》自 1787 年至 1920 年，用中文記録；1909 年至 1964 年，用馬來文記録；1909 年至 1920 年，兼用中文與馬來文記録。以毛筆中文繁體楷書、行楷、行草乃至草書漢字書寫，時而雜以古今字、異體字、俗字，以及當時通行的簡體字，也有不少閩南語特有的語詞（包括從馬來語來的借詞）；此外，公元紀年與錢幣的書寫，常使用商界通行的蘇州碼②數量詞，公元紀月、紀日則皆使用漢字，所用方言與俗語爲閩南語，部分爲馬來語，有些是半閩南語、半馬來語的混合語，多爲漢語辭典、閩南語辭典、馬來文辭典所無，而且全無標點。因此，此批檔案一旦整理完成出版，將是海外華人社會史研究的大規模學術工程，也是嘉惠學林的盛舉。

二、印尼華人“吧國公堂”歷任理事成員簡録

據吴鳳斌教授抄送資料：開基甲必丹蘇鳴崗，福建同安人，年少時與十數健兒乘舟至爪哇西部萬丹爲商；1619 年轉入吧城，10 月 11 日（或作 12 日）至 1631 年任甲大職，兼東印度公司評政院議員。1636 至 1639 年，在臺灣爲政治顧問。1644 年 4 月 8 日卒，葬吧城望加賴。本節以歷任甲必丹領銜，簡録 1800 年以前歷任理事成員，以備參考。③

（一）甲必丹林明光時期（1742 - 1746）

林明光（Lim Beeng Ko），1742 年爲甲大，但受命於 1743 年 6 月 28 日，直至 1746 年 11 月卒。時有一甲、二雷、二達、一武、三土。

雷珍蘭四人：陳怡老（Tan I Ko），1743 年 6 月 28 日至 1749 年 7 月，後回唐。黄箴觀，

---

① 據《十八世紀末吧達維亞唐人社會》，頁 18 - 35，歸納爲九種。

② 始於蘇州，後爲商界通用，以“一二三”竪或直爲 123，“X”爲 4，“8”爲 5，“亠”爲 6，“亠”爲 7，“亖”爲 8，“久”爲 9，“0”爲 10。

③ 本節依據《十八世紀末吧達維亞唐人社會》，頁 5 - 15；《公案簿》第 1 輯及公堂木刻碑記等相關内容。

1736年9月28日至1740年10月，後入獄釋放無罪，1743年6月28日復任至1746年，後升甲大。楊簡觀（Nio Kan Ko），1734年12月31日至1740年10月，後逃匿，又復位達3年。郭昂（Kwee Gang），從海澄來的新客，經商致富，被選爲雷。

武直迷二人：蘇俊生（Tsou Tsoen Seeng），1742年爲武，1747年升雷。施標觀，1745至1747年。達氏二人：游添觀，1738至1740年10月，1742年復任。何忖觀，1742至1767年；1762年負荷蘭債入獄，出獄爲土公3個月。土公四人：黃聯觀，1745至1758年12月卒，主理東塚。何忖觀，1745年起，主理西塚。蘇全觀，1745年始，主理日本亭。顔鑾觀，1728至1745年。

（二）甲必丹黄箴觀時期（1747－1751）

黄箴觀（Oeij Tsom Ko），自1747年4月21日至1751年10月爲甲大，1752年運柩回唐。時有一甲、二雷、一朱、二達、二武、三土。

雷珍蘭四人：林國使（Lim Koc Ko），1747年5月7日至1748年7月。陳遠生（Tang Wang Seeng），1748年12月10日至1759年卒，頂陳怡老回唐之缺。蘇俊生，1747年4月21日至1751年5月卒。林緝光，1748年7月（或作1749年6月3日）至1756年升甲大。

朱葛礁一人：黄市鬧，爲開基大朱，後升甲大。武直迷二人：黄燕觀，前任1732至1740年，後任1747至1750年。林椿舍，1748至1751年，爲甲大林明光之子。達氏二人：何忖觀，游添觀，見前。土公三人：黄聯觀，蘇全觀，何忖觀，俱見前。

（三）甲必丹黄市鬧時期（1751－1755）

黄市鬧（Oeij Tsji Lauw）爲甲大時，有一甲、四雷、一朱、一達、二武、三土。因欠美色甘錢入獄4年多，1759年出獄後，於1761年回唐。

雷珍蘭五人：林緝光，陳遠生，見前。王榮使（Ong Eng Saaij），1750年12月29日至1754年9月卒。林健老（Lim Kien Ko），1751年6月15日至1764年卒。林釵觀（Lim Theec Ko），1754年11月8日至1763年11月卒。

朱葛礁二人：黄良全，1751年10月至1751年12月。黄冉光，1751至1758年12月卒。達氏一人：何忖觀，見前。武直迷三人：陳疏觀，1751至1754年6月卒。郭賀觀，1753至1755年5月。林初光，1755年5月至1757年6月。土公二人：黄聯觀，蘇全觀，俱同前。

（四）甲必丹林緝光時期（1756－1774）

林緝光（Lim Tijp Ko），自1756年8月27日至1774年12月卒爲甲大，時有一甲、六雷、二朱、二達、二武、二土。1762年，始從前例立六雷。

雷珍蘭十五人：林健老，林釵觀，見前。許芳良（Khouw Hong Liang），漳州人，1756年8月27日至1772年11月卒，爲人豪爽，見《海島逸志》。戴弁觀（Thee Poan Ko），1759年12月18日至1767年，因欠荷蘭債與才副於1766年出逃，1767年抓回入獄死。許燦老（Khouw Tjang Ko），1762年6月10日至1770年6月卒，1772年運柩回唐。盧郎（Louw Nung Ko），1762年6月10日至1770年5月卒。吴文觀（Gouw Boen Ko），1763年12月30日至1765年1

月卒。唐恩觀（Tung Ing Ko），1764年4月6日至1775年1月升甲大。黄衍觀（Oei Hin Ko），1765年2月19日至1775年12月19日。劉成光（Louw Sin Kong），1764年7月5日至1771年11月卒，妻陳長娘後改嫁黄衍觀。鄭隆觀（The Lion Ko），1769年5月26日至1777年7月卒。林德郎（Lim Te Ko），1770年6月23日至1775年7月6日卒。陳彩觀（Tan Tjaij Ko），1769年10月3日至1772年11月卒。王籍觀（Ong Tja Ko），1772年11月17日至1772年12月卒，娶妻3日爲雷，28日暴卒。鄭奢觀（The Tia Ko），1772年12月15日至1775年12月卒。

朱葛礁四人：胡保耀，1758年12月至1769年11月。徐仲奇，1766年至1768年7月卒。林跨祖，1768年7月至1785年12月辭退。林榮祖，1785年12月至1812年4月23日卒，甲大林明光之孫。達氏四人：何忖觀，見前。葉健觀，1762至1766年4月卒。葉華觀，1766年4月至1791年卒，健觀之子。何局觀，1767至1791年卒，何忖觀侄子。

武直迷十二人：施華觀，1757年6月至1760年5月，1760年復任至1768年5月。陳巧郎，1760年5月至1763年9月，因貪財開假票入獄，流放安汶。吴文觀，1763年10月爲武，1763年12月連捷升雷。王懿光，1763年11月至1766年3月。劉成光，1766年3月爲武，1766年7月升雷。吴樹觀，1766年7月至1767年11月卒。吴喜觀，1767年至1770年5月。陳彩觀，1768年至1769年9月升雷。黄（王）郡觀，1771年4月至1772年3月卒。高根觀（Ko Kim Ko），廈門人，1770年5月至1775年12月連任後升雷。胡探觀，1772年3月至1772年5月卒。唐編舍（Tun Pien Ko），1772年6月至1774年6月爲武，1774年6月升雷。土公五人：蘇全觀，黄聯觀，何忖觀，俱見前。許燦觀，見於《吧記》，但無年代。林章成，見於1789年5月20日《公案簿》，因年老告辭。

（五）甲必丹唐恩觀時期（1775－1775）

唐恩觀（Tung Ing Ko），自1775年1月31日至12月19日爲甲大，始有登基大典，乘5嶽8座，執事32對，衆雷伴駕，鼓樂喧天，旌旗花燈，前呼後擁，開道而行，樂極生悲而卒。時有一甲、六雷、二朱、二達、二武、二土。

雷珍蘭七人：黄衍觀，同前，後升甲大。鄭隆觀，林德郎，同前。吴泮水（Gouw Poan Soei），1772年10月2日至1783年11月。鄭奢觀，同前。蔡敦觀，1775年1月31日至1784年11月25日爲雷，後升甲大。王珠生，1775年8月4日爲雷，後升甲大。

朱葛礁二人：林跨祖，同前。林春光（Lim Tjoeng Kong），1769年11月爲朱，1790年10月26日升雷。達氏二人：葉華觀，何局觀，同前。武直迷二人：高根觀，同前。林漢丹（Lim Han Tan），1774年6月至1776年5月升雷。土公二人：蘇全觀，林章成，見前。

（六）甲必丹黄衍觀時期（1775－1784）

黄衍觀（Oeij Hing Ko），[①] 自1775年12月19日至1784年11月卒爲甲大。時有一甲、六雷、二朱、二達、二武、二土。

雷珍蘭八人：鄭隆觀，同前，妻謝進娘後改嫁楊款官。蔡敦觀，王珠生，見前。唐編舍，1775年12月19日至1795年，爲甲大唐恩觀第三子。高根觀，1775年12月29日至1787年9

① 荷蘭檔案作黄恒哥、黄興哥。

月27日卒；另參1787年12月12日《公案簿》雷珍蘭林漢丹與高根觀應得賭馬仔（承包賭税）事條，林漢丹頂缺時間爲1787年10月12日，高根觀於1775年創建明誠書院與南江書院。① 楊款觀（Njo Koang Ko），1777年7月8日至1799年。吳泮水，見前。陳富老（Tan Hoe Lo，又作陳富官），1783年12月2日至1789年11月24日卒。

朱葛礁一人：林春光，見前。達氏二人：葉華觀，何局觀，同前。武直迷四人：陳富老，1775年12月21日至1778年12月1日，升雷見上。高永老，1776年5月至1778年9月。黄綿舍，福建漳浦人，1778年9月至1784年11月25日，後升雷。陳泌生，1783年12月至1790年6月。土公二人：同前。

（七）甲必丹蔡敦觀時期（1784－1790）

蔡敦觀（Swa Toen Ko）爲甲大，自1784年11月26日至1790年6月2日卒。時有一甲、六雷、二朱、二達、二武、三土，及巡察地方馬礁②一名至若干名。

雷珍蘭八人：王珠生，見前。唐編舍，1775年12月19日至1795年。高根觀，楊款觀，陳富老，同前。黄綿舍，1784年11月26日至1791年10月11日爲雷，後升甲大。林漢丹，1787年10月12日至1791年2月3日。黄繼老（Oeij Gee Ko，又作黄繼官），1789年12月22日至1790年10月卒；1790年6月24日娶妾，9月1日起因病未能蒞政，9月底身故。

朱葛礁二人：林春光，1769年11月爲朱，1790年10月升雷。林榮祖，1785年12月任二朱，1790年10月任大朱，直至1812年4月23日卒。達氏三人：葉華觀，何局觀，見前。葉漢彩，見於1789年4月1日《公案簿》。土公五人：林章成，見前。趙百禄，1789年5月20日至1790年7月。何東，1789年5月20日始，爲協理。蔡樂水，至1788年6月止，爲理塚地才副。董成，1788年6月始，爲理塚地才副。上述土公載於1789年6月24日《公案簿》，《吧記》全誤。

武直迷二人：陳泌生，同前。陳水觀，1784－1790年6月。馬礁三人：姚奇，至1788年11月5日年老多病告退，有下丁若干。林羡，1788年12月3日至1789年3月31日告退，有下丁若干。蔡長觀，1789年4月8日至1790年7月。副馬礁二人：林疊老，1789年4月8日至1790年7月。許奎炳，1789年4月8日至1790年7月。

（八）甲必丹王珠生時期（1790－1791）

王珠生（Ong Tjoe Seeng）爲甲大，③ 自1790年6月8日至1791年10月11日卒，時有一甲、六雷、二朱、二達、二武、三土。爲前雷王應使（Ong Eeng Saij，1729年7月8日至1757年）長子。1775年8月4日任雷，1790年6月8日升甲大，辦事以“剛强果斷，嫉惡分明”聞名，整頓社會治安，卓有成效。王大海《海島逸志》卷五“和蘭醫”條，記述其醫治瘡疾情況。

雷珍蘭八人：陳報官（Tan Poo Koo，Tan Po Ko），1790年6月8日至1792年8月。黄繼老，見前。林春光，1790年10月26日至1792年卒。林漢丹，1787年10月12日至1791年2

---

① 詳《十八世紀末吧達維亞唐人社會》，頁85－89，該書云：“唐人的私塾、義學與書院。”

② *Mata* 對音，負責地方巡察工作。

③ 王任甲大後，開始在《公案簿》上實行簽名制度。甲、雷與朱，都簽馬來文；王珠生、唐編官、楊款官，則加簽中文姓名“王珠”、“唐編”、“楊款”。

月3日卒。吴纘緒(Gouw Tjang Sie),1791年2月8日爲雷,1800年12月27日升甲大,爲前雷吴泮水之子。黄綿舍,1784年11月26日爲雷,後升甲大。唐編舍,1784年12月19日至1795年。楊款觀,已見前。

朱葛礁三人:林榮祖,見前。林春光,1769年11月爲朱,升雷見上。吴組綬,吴纘緒弟,1791年2月始,後升武,再升雷。達氏三人:同前。土公三人:楊榮,1790年7月7日至1790年7月28日卒。賴由,1790年7月7日始。盧賽,1790年7月28日始。武直迷二人:陳寬觀(Tan Koan Ko),1790年7月爲武,後升雷。林長生,1790年7月爲武,1792年3月升雷。馬礁七人:楊文章,1790年7月7日至1790年12月。黄三祥,1790年7月7日至1790年12月,爲下丁。黄魁生,1790年7月7日至1790年12月,爲下丁。邱法生,1790年7月7日至1790年12月,爲下丁。王順觀,1790年7月7日至1790年12月,爲下丁。蔡長觀,1790年7月7日至1790年12月,爲下丁。陳學士,1790年12月22日始,有下丁若干名。

(九)甲必丹黄綿舍時期(1791-1800)

黄綿舍(Oeij Bian Kong)爲甲大,自1791年10月11日至1800年告老,時有一甲、六雷、二朱、二達、二武、三土。爲三寶壟甲大黄井(Oeij Tje,黄整)長子,黄井在12年中,從新客升爲甲大。

雷珍蘭十人:吴纘緒,見前,自費組織唐人自衛隊;1800年12月27日至1809年升甲大。林春光,見前。陳炳郎(Tan Peeng Ko),1792年11月13日升雷,1809年10月26日至1810年爲甲大。林長生(Lim Tiang Seeng),1792年3月16日至1811年退位。黄薰觀(Oeij Tam Ko),1795年1月9日至1796年卒。戴弘哥(Tee Hon Ko,戴煌官),1795年1月9日始。吴科觀(Gouw Koo Ko),1798年4月20日至1817年退位。唐編舍,楊款觀,見前。陳寬觀,1791年4月至1792年3月卒,運柩回三寶壟。

朱葛礁二人:吴組綬,至1799年仍在任,參前。林榮祖,見前。達氏三人:許富哥,1791至1793年,大達。許誦哥,1793至1808年,副達。葉漢彩,見前。土公三人:賴由,盧賽,見前。洪益隆,1790年8月4日始。武直迷九人:陳寬觀,林長生,見前。陳炳郎,1791年10月11日爲武,後升雷與甲大,見上。黄薰觀,1792年2月始。戴弘觀,1792年9月始。陳果生,富翁陳順光次子,1799年仍在任。蘇廣生,1799年仍在任,後升雷。李淵泉,後升雷,1811年10月31日卒。林長秀,後升雷。

又據吴鳳斌教授提供資料:1837年始設瑪腰,首任(1837-1865)陳永元,前甲大(1808-1810)陳炳郎之子,1827年爲雷,1829年任甲大,1837年升瑪腰。第二任(1865-1879)陳濬哲,1845年任欽賜雷珍蘭,1861年任甲大,1865年升瑪腰。第三任(1879-1896)李子鳳,1874年爲雷,1877年任甲大,1879年升瑪腰。第四任(1896-1907)趙德和,1886年爲雷,1890年任甲大,1896年升瑪腰;1908-1910年,連福全代理。第五任(1910-1941)許金安,1875年生,1905年爲雷,1908年任甲大,1910年升瑪腰,1941年底日本佔領爪哇後,被捕入獄而死。五位重要瑪腰的繪像,今藏萊頓漢學院圖書館“海外華人檔案室”;其中幾幅水漬漫漶,下緣都有名銜。另有一幅吧城唐人村彩畫,畫框變型略損,而畫面完整,下書“De Chineesche Kamp te Batavia Java”,吴教授説此畫原懸掛於印尼某華僑中學。以上文物皆置於檔案室入門一角,並未懸掛展示。筆者觀覽數次,至今印象深刻,牢記於心。

上述公堂理事人員的産生,按《吧記》1742年載:由吧國大王(即荷蘭總督)“令選才德兼優"唐人任事。而具體實施情況爲個人申請，衆人評議，最後經公班衙[①]審定任命。此衆議内定之制，其後變爲直接指定，特别是甲必丹與雷珍蘭，後來更成爲終身制。同時也有父子襲職、夫妻襲職、兄弟連任的事例，但多是從較低職務做起，然後拔擢提升，但只有殷富之家以及具有較高文化水平者，才能承襲及勝任。武直迷由於管理錢財關係，定期更换，三年一任，但也有二年一任或連任者。此時，閩南漳州、泉州二府人佔吧城人口絶大多數，閩南語成爲社會通用語，公堂理事人員也幾乎清一色是閩南人，名字中多有"舍"、"官"、"老"、"觀"等閩南風俗稱呼。周凱（1779－1837）《廈門志》卷十五《風俗記》"尚"條："閩俗：呼人曰郎，呼公子、公孫曰舍，呼有體面者曰官。訛官爲觀，遂多以觀爲名者。朋友相稱曰老，廈俗亦然。"[②] 又施鴻保（1804－1871）《閩雜記》卷六"觀字"條："興泉漳永等處，凡紳富皆稱爲觀，蓋官字之訛也。"[③] 公堂檔案也都用許多閩南語書寫，如：厝即屋，亞芬即菸草，塗水司即泥水匠，生理即生意，土庫（toko）[④] 即商棧、洋行，水脚即運費，交關即交易，頭路即職業，塗豆即花生，無影即没有，案奪即判決，做字即立契約等等。以上語料如能收集匯整比較，可以作爲福建、印尼與臺灣閩南語社會區域變遷的研究課題。

三、印尼華人"吧國公堂"匾聯碑記校釋

據1791年木刻碑記，可知吧國公堂木牌始設於黄綿舍任甲大時，有關報導首見於華人《新報 Sinpo》刊載陸子明《吧國公堂中懸掛木牌》（1939年10月2日）與《吧國公堂沿革記》(1939年11月20日)；而全文迻録僅見於許雲樵《吧國公堂與華僑史料》，係本文校釋的底本。其小序及引言精簡達雅，可互見前文，兹抄録於下，以備參考：

> 余前校註《開吧歷代史記》一書時，本擬略誌吧國公堂之沿革，並其所懸之木牌，惟以急於殺青，未果。乃者學報需稿，友好復損書相促，勉抽暇草此，無如俗務叢脞，心神阢隉，率爾急就之咎，誠不敢辭，惟祈讀者諒之。
>
> 吧國公堂，俗稱公館，昔日荷人所委派吧城甲必丹視事之所也。甲必丹者，荷語 Kapitein 之對音，華僑領袖也。始於一六一九年蘇鳴崗之受命。迨一六三三年，始立雷珍蘭一人以佐之，並設唐人兵卒一名，名曰"達氏"，以供甲大使喚。一六三九年，增設協雷；一六八九年，又增二雷；一七〇六年，再增二雷，共計六雷。一六八九年，添設武直迷，遺產局董一人，專理孤貧福利，所謂美色甘，三年一任；一六九六年，增設一人以佐之。
>
> 至公堂之設，始於一七四二年，乾隆七年（壬戌），其遺址在今城北之旗竿街，屋宇巍峨，門繪神荼鬱壘，儼然官署，以庭立大纛，故有 Tiang Bendera 之稱。公堂既立，一七五〇年，添設書記一人，名曰朱葛礁，荷語 Secretaris 之對音也，即所謂大朱是；一七六六年，甲大林緝光請增副書記，是為二朱。至瑪腰 Majoor 之設，始自一八三七年，甲大陳永元之陞任，嗣公堂即為瑪腰之公署矣。

---

① 荷文 *Compagnie*，荷蘭東印度公司政府（*Verenigde Oostindische Compagnie*，VOC）的簡稱。
② 詳參周凱《廈門志》，臺北：大通書局，1984年。
③ 詳參施鴻保《閩雜記》，臺北：成文出版社，1983年。
④ 筆者所訪荷蘭中國雜貨店，多名之曰"*toko*"。許雲樵《南洋華語俚語辭典》"新加坡市街華名俗稱"云："閩南稱棧曰土庫，今指外人貨倉及商行。"

我國舊時有“鼎甲”之稱，華僑遂以“甲”為官長之尊稱，雷及武，亦以“甲”視之，而呼甲必丹為“甲大”。如《吧記》一七二六年連元光為武直迷時，有按語云：“一家三甲。”官顯之家，且備銜牌以示顯赫者。

攷《開吧歷代史記》有云：一七四二年，“伴熊木又買黃鑾光大厝，建甲必丹嘧喳嘮廳，門前豎紅旗杆一枝，每月初一日，陞旗為號”。是則旗竿街之公堂，原為黃鑾光之大宅，鑾光始末則不可攷。惟攷《吧記》，一六九〇年，郭郡觀始建美色甘病厝，義學及美色甘嘧喳嘮廳。美色甘病厝即養濟院，義學即明誠書院，嘧喳嘮廳即公堂，惟此公堂屬之養濟院，而非甲必丹之官署。該明誠書院已改建市房，今百打新米蘭（Petak Sembilan）金德院[1]之後部，乃吧城華僑教育之嚆矢。

一八〇九年，陳炳郎任甲大，始就近設一公館，為日常勘案之所，然遇大典，仍赴城北集議，迨高長宗自雷陞甲，乃向政府請得一地，自建公館，一切公務，不復赴城北，舊制遂廢。顧此公館，乃其私產，不過假作公用。迨一八六一年，瑪腰陳永元乃撥公堂積帑八千五百餘盾，向高氏後人購得，即今中港（Tong Kanga）之公堂也。公堂不特為吾僑先賢之遺跡，且保存甚多華僑史料，如《開吧歷代史記》，即公堂所藏之珍貴文獻，前余嘗校註問世。公堂尚懸有木牌五，亦同為研究華僑史者之重要參考資料，爰著錄之以供同好，並略為註釋，以通其訓。

文後附兩張照片，係三寶壟陳聖王祠内，陳長菁任雷之銜牌“庚午年 1809[2] Luitenant 雷珍蘭”以及陳烽烟任媽腰之銜牌“父子媽腰”。[3] 以下校釋以許文爲底本，對勘吴教授筆記，以及筆者的親臨斠讎紀録，以還其本真。

(一)“吧國公堂”匾額楹聯及軸聯

政貴有恒

竊願官清民樂通國歡聲歌化日　　趙璧隋珠希此寶

惟期政簡訟平滿堂和氣引春風　　晉書漢隸作家珍

以上許文並未見録。筆者從“吧國公堂檔案室”所保存的後期黑白照片中，仍可見其正門上書“公館”“Kong Koan”；房内大廳正面懸掛匾額“政貴有恒”，左右懸掛楹聯（如上左），皆木刻黑底行楷金字，並鈐篆記，引首章均爲“龍川”陽文，署篆“王志謙印”陽文、“希明”陰文。王志謙即王甲珠生，傳略見 1791 年木牌。按：“龍川”爲粵東客縣，秦始皇三十三年（214 B.C.）置龍川縣，隋文帝開皇十一年（591）併入河源縣；北宋徽宗宣和三年（1112）改爲雷江縣，南宋高宗紹興元年（1131），復名龍川縣，至今猶在。則王氏恐爲粵東客家移民之後，但吴教授以爲：鴉片戰爭以前，印尼幾無粵客在吧國公堂任職，公堂理事都爲閩南人士，王任甲大在

---

① 乾隆二十年（1755），甲必丹黄市閙，游觀音亭，破題作賦，命曰“金德院”，正殿門聯：“金鼎結祥雲匾開法界，德門呈瑞氣廣布人間。”

② 按：1809 年爲嘉慶十四年己巳，庚午爲翌年。

③ 據林天佑著，陳巽華、李學民合譯之《三寶壟歷史：自三保時代至華人公館的撤銷（1416 - 1931）》（廣州：暨南大學華僑研究所，1984 年）載：陳長菁（福源，1833 年卒）1829 年首任三寶壟媽腰。其子陳烽烟（敬麟，瑞源）繼之（1833 - 1851）。按：許文注 17 云：“木牌之一及之五，蒙吴體仁先生轉託椰城陸子明先生代抄，其他蒙陳育崧先生假抄，並此致謝，倘有傳録之誤，希讀者指正。”可知係輾轉抄得，並非作者親手驗録。

十八世紀末，應爲閩南人；今福建龍海縣係原漳州府龍溪縣與海澄縣，境内有九龍江，省稱“龍江”，“龍川”恐係其别名，存疑待考。匾額下方與楹聯之間懸掛木刻碑記，列舉公堂沿革與歷届甲必丹、雷珍蘭姓名；楹聯左右另懸裱褙軸聯（如上右），不知何人所書，亦未明其下落。

今匾額楹聯懸掛於萊頓漢學院中庭内牆，五方木牌接續其後，保存良好，須仰首觀視，而次序已與許文不同。

（二）“吧國公堂”1791 年木刻碑記①

巴之有甲必丹者，② 自和壹千六百二十年，大明萬曆四十八年，大王然庇直郡③舉　蘇君諱鳴崗為我唐之長，其官銜稱曰和勃祿。是歲請假回廈，謀聘洋商。次年天啟元年，辛酉歲，即轉棹仝所聘之洋舟通商。由是巴島生殖而日以熾，民殷而國富，賴有壹百餘年昇平之秋，稽其牧民甲必丹相承者，計十④有一也。迨乾隆五年，歲次庚申，兵戈倏起，所謂物盛必衰，泰極生否者是也。斯時也玉石俱焚，優劣仝殃，曷可勝言！及壬戌⑤之春，幸兵紛息矣，大王伴欣木⑥乃擢　維翰林公為甲必丹，始設公堂議事。仁心恤民，以教以化，咸臻善道，其遺風以至⑦於今。和壹千七百九十一年，乾隆五十六年，九月十四日，而緜⑧忝居是職。遡昔及今之蒞政者，皆維世道，莫不以民瘼為己任，矧予不敏，敢不益係夫己飢己溺為念哉？至於歷代姓氏及年表，尤當謹誌於不泯，而俾今有所視於昔，抑又後之視今為何如耶？辛亥⑨十月初七日梁峰黄緜記並書。⑩

歷代甲必丹姓氏年表總録：

蘇甲⑪鳴崗，任事十三年八個月，⑫ 聘洋商以裕國。

潘甲明巖，任事七年二個月，⑬ 開水鋸頂港，設照身以利國用。

顔甲二官，任事十二年六個月，⑭ 設寶桌秤亭以代俸⑮祿。

顔二雅甲，巴厘氏，承夫職任事八年一個月。⑯

---

① 許文第一，漢學院序二。黑底紅字，内框金邊，外框深緑底，浮貼髹金祥雲；與下一方（黑底金字，漢學院序一）式樣同款，均爲雕刻上色，非直接書寫。

② 本句引首前有篆章“梁峰”一枚。“梁峰”，即閩南“梁山峰山”之合稱，漳浦别名。原記無標點，每行約 13 至 15 字；擡頭敬禮，依循原式。本文“壹”，許文皆作“一”。

③ 然庇直郡，*Jan Pieter Coen* 對音。下“和勃禄”，荷文 *Hoofd* 對音，即首領之意。

④ “十”，許文作“一”。下“倏起”，誤作“突起”；“必衰”，誤作“又衰”。

⑤ 乾隆七年（1742）。“春”字下，許文漏“幸”字。

⑥ 伴欣木，按：“伴熊木”，荷文 *Van Imhoff*，通譯爲“范·英霍夫”。下“維翰林公”，即林明光。

⑦ 許文“至”下句號，下書“茲”字，不見“於今”二字，作“茲和一千七百九十一年”；經檢核原記碑文，顯然有誤，應作“其遺風以至於今”句，下接“和壹千七百九十一年”。

⑧ 按：原碑記作“緜”，以下並同，而許文作“綿”，即甲大黄綿舍。下“遡”字，許文作“溯”。

⑨ 許文注 3：“此辛亥應為一七九一年，乾隆五十六年，即其受命甲大之初，十月初七去其就職時，尚未及一月。記後所著録歷代甲大姓氏年表，遲至陳永元時代，迨為其後所補入。”時乾隆五十六年十月七日（1791 年 11 月 2 日）。

⑩ 下鈐篆章：“黄長芳印”、“遠聞”。按：黄綿（舍），名長芳，字遠聞。

⑪ 許文誤作“蘇鳴崗甲”。以下每二甲，上下成行，依序而書。

⑫ 許文注 4：“《吧記》作一十一年八月零三日，其卷首附表則作十一年八個月八日，但余計謀，據檔案，鳴崗受命於一六一九年十月十二日，至一六三一年四月八日卒，僅十一年五個月二十七日。”

⑬ 許文注 5：“《吧記》作明嚴受命於一六三一年，卒於一六三七年，僅六年二個月耳。”

⑭ 許文注 6：“二官，《吧記》作受任於一六三七年至一六四八年卒，僅十一年六個月耳。”

⑮ 許文漏“俸”字。下“顔二雅”，“雅”下加“女”字，爲馬來語 *Nyi*、*Nyai* 音譯，妻、妾、太太；許文作“*Njai*”，誤，下“巴厘氏”，爲 *Balis* 之對音。

⑯ 甲大顔二觀妻，許文注 7：“《吧記》載，二雅（“雅”下加“女”字）在位七年十個月。”

蔡甲煥玉，任事十四年八個月，善①治圃放種百蔬。

郭甲郡官，雷陞，任事八年四個月②回鄉，復來巴任武，此為武之始。

林甲敬官，雷陞，任事十一年九個月。③

陳甲穆官，原井里汶甲為雷陞甲，④ 任事二十一年三個月。

郭甲昴官，武陞，任事八年九個月。

郭甲春公，武陞，甲昴長子，繼父職，任事六年三個月。

連甲富公，武陞，任事計三年⑤而巴反。

林甲明公，諱維翰，字耀甫，巴初平任事，計五年一個月。

黃甲箴官，諱大業，字垂侯，⑥ 雷陞，任事六年三個月。

黃甲鈽老，諱奕衢，字吾心，朱為雷，陞甲，朱⑦自此始，任事五年三個月後回鄉。

林甲緝官，諱廷藻，字友蘋，⑧ 雷陞，任事十九年二個月。⑨

唐甲恩官，諱子德，字升聞，雷陞，任事十個月。

黃甲恒官，諱廷芳，字傳香，雷陞，任事八年十一個月。⑩

蔡甲敦官，諱永章，字斐文，安汶甲為雷，陞甲，任事五年六個月。⑪

王甲珠生，諱志謙，字希明，雷陞，⑫ 任事一年五個月。

黃甲綿公，諱長芳，字遠聞，武陞雷⑬陞甲，任事九年二個月，原官致仕。

吳甲纘⑭緒，諱承統，字紹周，雷陞，任事八年九個月二十三日。

陳甲炳郎，號大棟，字其文，武陞雷，陞⑮陞甲，任事計十九年二十日，原職致仕。

欽命甲必丹，陳爗⑯郎，號大楨，字電明，由欽賜雷珍蘭、欽賜甲必丹出身，在任計共二百五十有六日，原職致仕。

李甲東旺，諱廷輝，字興增，雷陞，任事計十個月，原職致仕。

李甲宙官，諱垂統，字振業，雷陞，任事十年九個月，原職致仕。

高甲必丹長宗官，⑰ 號敏亭，字德彰，雷陞甲，任事七年一個月，始營丹戎祀壇及置式厘卑⑱地，原職致仕。

---

① 許文漏“善”字。

② 許文注 8：“《吧記》作郡官在位十八年。”

③ 許文注 9：“《吧記》作敬官在位二十一年八個月。”

④ 許文漏後一“甲”字。下連甲“富公”，許文誤作“富官”。

⑤ 許文作“二年”，其注 10：“《吧記》作連富光，在位三年實誤，一七三八至一七四〇年，僅二年耳。”

⑥ 許文誤作“乘侯”。下“黃甲鈽老”（即黃市鬧），作“市老”；下“奕衢”，誤作“弈衢”。

⑦ “朱”，許文誤作“大”，下句漏“始”字。

⑧ “友蘋”，許文誤作“友茨”，吴教授筆記作“友蘈”。

⑨ 許文注 11：“《吧記》作林緝先，在位二十年。”下甲注 12：“《吧記》作九個月。”

⑩ 許文注 13：“《吧記》作黃衍觀，在位十年。”

⑪ 許文“六”誤作“二”，注 14：“《吧記》作六年。”

⑫ 許文漏此二字。有關王甲任期，注 15：“《吧記》作五個月，此處應誤。”

⑬ “陞雷”二字，許文脱漏，注 16：“《吧記》記事止於一七九四年，於此可見《吧記》完成，應在黃綿為甲大時。”

⑭ “纘”，許文誤作“贊”；其下“雷陞”，與下甲“武陞、雷陞”之“陞、雷”，俱脱漏。

⑮ 按：原碑記作“陞”，依前文推，當作“雷”乃是。

⑯ “爗”，許文誤作“華”字。下“欽賜雷珍蘭欽賜甲必丹”，省作“欽賜雷陞甲”。

⑰ “官”字，許文脱漏，高長宗於 1822 年 12 月 17 日新任甲必丹大。下文“丹戎”，許文作“丹絨”。丹絨買地置義塚事，見公堂第 61206 號《丹戎風水買地日清簿》。又 1846 年 12 月 1 日（三），第 61208 號《丹戎風水茄實（Cash）簿》：“公堂對刻甲必丹牌字，工資去雷 10 盾正。”1847 年 9 月 7 日（三）又記：“公堂對還蔡東山漆歷代甲必丹次序牌，去資 20.826 盾。”

⑱ “卑”，誤作“皮”。下“媽腰”，誤作“瑪”。以下年代標以蘇州碼，以阿拉伯數字表之。

陳甲嗎腰永元舍，號一譽，字賴卿，陞雷珍蘭，和1827年。① 陞甲，和1829年。陞嗎腰，和1837年。和1865年欽賜原職解組，任事三十八年，獎賞金勳牌，並給每月蔭俸②銀一百五十盾。

(三)"吧國公堂"1869年木刻碑記

吧③有　公堂，已二百餘年，由來舊矣，原建城北，繼徙城南，④ 司民牧者，莫不以世道人心為己任，數代承平，盛世休徵，海濱鄒魯之風，庶幾近之。至⑤和1865年，文明躬膺簡命特授　瑪腰之職，自知美錦學製，惟黽勉以步前徽，在座　寅僚十三員，和衷共濟，而以養以教，無非欲培吾民，咸歸於醇厚也。曩者，議事多在私第，亦因就近，而取便易，猶為　公堂未置永遠衙署。茲于和1861年經發　公堂積項，搆置公館⑥一帶房屋。文於蒞任之初，乃為擴易舊制，奐然雅觀；中設案座，集僚議事，額之曰　"公堂"。上自國計，下及輿情，莫不由此而折衷焉。仰見　堂上先　甲黃公建立朱碑，歷載前代首領芳號年表，而今告盈，不得不重建一碑，⑦ 用誌來者於上，俾先後君子同垂休光於不朽云爾！　時和1869年己巳季夏之月

江村陳文明謹撰⑧

歷載首領姓氏芳號於左：

陳瑪腰濬哲甲，諱兆彥，字文明，號勗齋，和1845年欽賜雷，1849年陞任事，1861年陞甲，1865年陞瑪腰。

(四)"吧國公堂"1861年木刻碑記⑨

吧公堂記⑩

夫曰"公堂"何？公者平也，平公察理；堂者同也，同堂論事。情有真偽，事有是非，非經　公堂察論，曷以標其準！⑪ 追溯厥初，迺和1742年，即我　大清乾隆七年，　大王佯熊木命　甲大維翰林公營置一廈為　公堂。吧城之北，箔⑫面通衢，堂高數仞，輪奐備美，庭前建大纛，扉扇繪荼壘，儼然唐官衙之威風云爾。其時匪氛初靖，⑬ 渙然重熙，同堂

---

① 以下任事年代，許文句讀錯誤，其文作："和一八二七年陞甲，和一八二九年陞瑪腰，和一八三九年和一八六五年欽賜原職解組……"

② "並給每月蔭俸"，許文脱誤作"給月薪俸"。

③ 許文作"巴"，"有"字下空一格挪擡，許文未見。

④ 吴鳳斌教授筆記："城北公堂1742年，城南公館始於1809年（私宅），1861年集資購得。"

⑤ 許文脱漏"至"字。

⑥ "搆置公館"，許文作"購置公堂"。下"文"，作"文明"；"舊制"，作"舊製"。下"額"字後，許文又作"顏"，誤。

⑦ "碑"，許文誤作"牌"。下"之月"、"江村"，誤作"之日"、"江春"。

⑧ 下嵌"陳氏"與"隆豐"篆印。按："'隆'字跡模糊不清，或疑爲'陶'字。"唯筆者以爲"隆豐"應爲其字，可與其名"文明"互訓。下"欽賜雷"，許文增書爲"欽賜雷珍蘭"。

⑨ 許文第三，漢學院最末。紅漆書寫，字非雕刻，黑底黑邊，内欄金框爲飾。許文頁19附陳長菁1811年任三寶壟甲大時之銜牌"辛未年1811・*Kapitein* 甲必丹"。陳長菁1829年任嗎腰時之銜牌"己丑年1829・*Majoor* 嗎腰"。下碑記標題，許文未録，每行約20字。

⑩ 按：此四字，許文缺。

⑪ 許文誤作"准"，下"厥初"，漏"厥"字。

⑫ "箔"，許文誤作"簿"。下脱漏"堂"字。

⑬ "靖"，許文誤作"清"。下"重熙"，誤作"市熙"。

論事，一甲二雷，皆當世知名之士，用能政績丕著，民賴以康。厥後，兩黃　甲大先後繼作，則一甲四雷一朱，覺賢才日有盛焉。再傳　甲大林廷藻公授政，遂一甲六雷兩朱，迄今上下百十七年間，計歷　甲大十有二位，典制因因，無所損益。考其蒞政之善，以養以教，無非德禮化民，以能久安而長治也。自我唐人就寓城南，則中港仔①為輻集之衢。

甲大大棟陳大公蒞任，雖就近而備一公館，為日日勘案之所，倘遇開封符印諸大典，及重事大嘧，仍在城北　公堂，舊典猶存。迨　甲大高敏亭公繼職，乃懇　敖文明虛地一區，營築為　公館，察事設嘧，則就其私第，昔者　林公所建之壯麗華美從茲廢矣！幸而新築之堂告成，亦足繼　先公之志，觀其局置，弗類家居，似乎為公而為之；惜乎土木工費暨自②擔支，仍屬私己之業。至和 1861 年，　瑪腰兼理甲必丹大事。

陳永元公③秉領吧政已三十有餘年，悉心籌慮，特以公堂未置為隱憂。適　高敏亭公舍人　欽加甲大高位，卿公登遐，子瓊璘舍承業　公館，將欲變置，爰乃設嘧會議。瑪腰上位，從甲大雷七員，協雷二員，大二兩朱，同聲相應，咸曰此業無歸　公堂，終為後世慮。于是上書　敖文律仁得嘮，陳情懇准發　公堂蓄項八千五百餘盾，以搆買之，④從和 1861 年八月初九日第 2918 號　挨寔嗹書，遵　王上和 1861 年八月初二日第 35 號案奪，已于和 1861 年九月初十日，　叻柔寔低司臺前過名　公堂矣。噫！此舉之成，甚為　公堂幸，亦深為先後進之有位者幸也。　堂上碑載　列位先公，其永奠斯堂乎？我輩寅屬⑤十三員，其長在斯堂乎？猶冀我後君子躋斯堂，而與座者皆廉明愷惻之士，濟濟師師，協贊皇猷，俾　公堂休風日以熾焉可。

附載在座列臺姓氏：

特授瑪腰兼甲必丹陳永元公

甲必丹陳文明公　雷珍蘭黃燦英公　雷珍蘭陳邦畿公

雷珍蘭陳質夫公　雷珍蘭高漢卿公　雷珍蘭鄭勤侯公

雷珍蘭陳澄川公　雷珍蘭高濳明公　欽賜雷珍蘭連德修

雷珍蘭陳仕安公⑥　朱葛礁賴葛峰公　朱葛礁周明志公

咸豐十一年和一千八百六十一年　公堂同識⑦

(五)“吧國公堂”1893 年木刻碑記⑧

公堂者，所以奉公勤民，凡有利於公者，無不諮而謀之，舉而措之，以篤慶壬⑨林也。成於和壹仟捌佰柒拾貳年，初入公堂，兢兢焉，遵我⑩

王道，綏厥嘉師，數年間深蒙

---

① 許文附音 *Tongkangan*。下“敖文明”，許文加注“Government”，即政府。
② “自”，許文脱漏，吴教授筆記作“目”。下“兼理”二字，許文脱漏。
③ “公”，脱漏。下敖文律仁得嘮，附音 Governor General，即總督。“蓄項”下，衍“公”字。
④ 此句脱漏。下作“挨實連”，附文 Resident；“叻柔實低司臺”，附文 *Raad van Justite*，即法院。
⑤ 許文脱漏“屬”字。下“附載”，作“附設”；“姓氏”，誤作“姓名”。
⑥ 按：“雷珍蘭陳仕安公”前面應加“欽賜”二字，不過原木刻碑記並無“欽賜”二字。
⑦ 許文於頁 20 下附陳長菁 1820 年受任農業局委員（*Lid van de Subkommissis van Landbouw*）之銜牌“戊子年窒蘭模”。陳宗淮受任甲大後之銜牌：“三世　甲必丹”，陳氏爲三寶壟第五任瑪腰（1860－1874），因承包鴉片虧本辭職。
⑧ 許文第四，漢學院第三。雕刻黑底金字，内框金邊爲飾，每行約 24 字。
⑨ “王”，許文作“士”。下國字大寫紀年，許文均書以國字簡寫。
⑩ 按：以下“王道”、“恩眷”等處平擡，而未連文者，係依原碑記行款，並非脱行。

恩眷，由雷陞甲。旋於和壹仟捌佰柒拾玖年，即擢瑪腰之任，成益惕然自勵，虎尾春冰，諸事悉同寅僚商榷。最切者，唐人在吧，自城市至各監光，成盡請歸公堂保護，庶無負養恬①矣。義塾之設，成為增廣西序，加延師傅，庶宏敷教誨矣。公堂櫃項前幾不支，成自握篆以來，即為經紀，每年出息，除開常費，即將款項搆買地頭，以充塚地，又收回牛郎沙里地，以歸公堂掌轄。由是年年增息，歲歲贏餘。先將義塾擴充外，旋因完劫寺頹廢難堪，速即差員修理。至如安恤土地廟，棟折榱崩，亦經葺②理完固焉。且也，金德院係吧第一祀典，百餘年來，牆壁傾頹，棟樑蛀蝕，官斯土者尤宜引為己任，亦即差遣屬員盡心經理；凡閱年餘，而輪奐重新，棟宇輝煌矣。前後修理幾次，捐題緣金，不過肆仟捌佰餘盾，而所費約共叁萬陸仟叁佰餘盾，不敷之數，悉藉公堂櫃項，一一填補。夫非以公待公，俾斯民永叨　神佑，同登壽寓福林也乎！公堂自此徙南，幾閱前人經理，亦云美矣。第邇來事務繁多，辦理案牘處，房屋窗櫺，尚形跼蹐，成為後頭擴築一堂，議事辦公，倍加軒豁，前路高築一亭，停車駐馬，亦覺清快，非敢自云美備也，亦庶幾顧名思義，同寅協恭，凡在公堂者，無負此奉公勤民之意爾。差幸成於壹仟捌佰玖拾壹年　恩賜金牌辦理，想為妥叶也。爰將參贊僚友，録記芳名，以共昭師③濟之盛云。

特授瑪腰加賜金牌總理公堂事務李子鳳字成九

欽賜甲必丹黄福章字彬卿　欽賜甲必丹許煥章字絢雲

欽賜甲必丹李亞二字孚卿　欽賜甲必丹陳文貴字衷哉

欽賜甲必丹吳經綸字傳章　欽賜雷珍蘭李子昌字克後

欽賜雷珍蘭陳奬禮字敬修　原任甲必丹連文清字德修④

原任甲必丹陳文丙字啟甫　原任甲必丹張朝福字康侯

原任甲必丹賴長輝字恒升　原任甲必丹沈景坤字順乾

原任甲必丹許耀基字翼謀　原任甲必丹李晉郎字搏九

原任雷珍蘭林元壽字孔静　原任雷珍蘭陳亞誥字旭卿

原任雷珍蘭林元貞字蘊斌　原任雷珍蘭王文信字惇甫

原任朱葛礁鄭宴祥字國瑞　原任朱葛礁徐秉璋字濬明

原任朱葛礁陳開堤字曉塘　現任甲必丹鄭春錫字文慶

現任甲必丹許金寶字藏興　現任甲必丹趙德和字一侯

現任甲必丹劉清祥字繼周　現任雷珍蘭林長輝字煌卿

現任雷珍蘭連福全字疇五　現任雷珍蘭吳鏗然字瑟亭

現任雷珍蘭曾金連字璧卿　現任雷珍蘭林永義字集生

現任雷珍蘭邱春昌字煥階　現任朱葛礁張心正字良夫

現任朱葛礁陳德生字慎堂

大清光緒拾玖年歲次癸巳　月　日

大荷蘭壹仟捌佰玖拾叁年　月　日　吧國公堂李子鳳成九氏立

---

① 作"怗"。下牛郎沙里，注："*Goenoeng Sahari*，即現在鐵門附近。"安恤，附音 *Antjel*。
② "葺"，許文誤作"修"。
③ "師"，許文誤作"斯"。以下除首位外，皆三名排序而下。下"傳章"，許文作"傅章"。
④ 此句許文脱漏未録。下"賴長輝"，誤作"賴長耀"。"鄭春錫"，誤作"鄭春陽"。

(六)“吧國公堂”1918年木刻碑記①

余於庚戌歲，和壹仟玖佰壹拾年，任瑪瑶職，至今玖年矣。自乙巳歲，和壹仟玖佰零伍年初任雷珍蘭，於戊申歲和壹仟玖佰零捌年，陞甲必丹，② 以德薄能鮮之身，奉獻於社會者，先後拾有玖年矣。顧余作居留政府之官吏，實為我③海外同胞之代表，以拾餘年來，惟以至誠之心，上對政府，下對同胞，區區之私，差足自信。若夫順時勢之推移，策群治之進化，心有餘而力不足者，尚多慊然也。當余受任時，適值世界紛擾，在祖國則革命勃興，力除專制，在爪哇則青年憤激，迭起風潮，新舊思想之衝突，岌岌波及社會之安寧矣。余豈好④大喜功，漫肩斯任？奈當此各公僚友，極力勸駕，有不出如蒼生何之語，感激公誼，不顧涼薄。受任以來，殫精竭慮，力為調停，各僚友亦和衷共濟。今日我同胞各安生業，畛域無分，誠足欣幸也。余竊見吧城多無告貧嫗，衣食維艱，爰議撥公款，每月每人賑銀叁盾，所以資體恤也。政府厲行種痘，吏操過⑤激，往往令婦女褫衣道旁，殊不雅觀，有傷風化，即為另設女醫，自行種痘，所以重廉恥而保國體也。華人自祖國或他屬地來吧者，船到海口，不得自由登岸，爰特派人保護維持，俾有賓至如歸之樂。牛郎紗里古塚累累，年久荒廢，露棺暴骨，覩之惻然，議撥公款掩埋，嗣市政局議將該塚遷厝丹絨，其地改建屋宇，俾各色人等，俱得聚居於此。當日開會，俱各贊成，今已成為村落，此庶幾死者得窀穸之安，生者獲安居之慶歟！本埠設保良局，專收無依女孩，以教以養，嘉茲善舉，議撥公款，每月貳佰盾，以期支持長久，使一日⑥貧無告之女嬰，成將來四德俱嫻之賢婦。又牛郎紗里有公堂之空地一所，今已送出為育人醫院，此矜憐殘廢，庶無一人不遂其生也。其他明誠書院荒廢已久，今改建租屋數間，將按月所得租金，為觀音堂供養之費，若牛郎紗里之完劫寺，安恤之大伯公祠，亦修葺完好。此非示人以迷信也，有敬神禮佛之心，⑦ 即有存善去惡之念，吾國禮俗流傳，非一時得以移易也。以上數端，乃余在瑪瑶任與各僚友商議施行者，今撮記大略於此，聊以為紀念云爾。

今將在瑪瑶任時各僚友姓名列左：

特授瑪瑶兼總理公堂事務許金安，字允恭。

欽賜瑪瑶連福全，字疇五。　欽賜甲必丹鄭春錫，字文慶。

欽賜甲必丹趙德順，字存侯。　原任甲必丹莊文德，字輔卿。

原任甲必丹梁輝運，字映堂。　原任雷珍蘭丘亞桓，字燮亭。

原任雷珍蘭廖亞榮，字煜光。

現任甲必丹兼代理瑪瑶李千俊，字秀成。

現任雷珍蘭梁瓚輝，字基祐。　現任雷珍蘭胡先情，字文生。

現任雷珍蘭李新寧，字弼卿。　現任雷珍蘭黃金龍。

① 許文第五，漢學院第四，每行約25字。木刻金字，底赤黑色，邊框紅底，以髹金稻穗桿爲貼飾。其下款署：“廣州市　恒林造　興隆社”。下首句，作“予于庚戌年”，“余”都作“予”。下文所見“瑪瑶”，許文皆作“瑪腰”。

② “自乙巳歲”下，脱文僅書“和一九〇八年，升甲必丹”。

③ “我”，許文作“吾”，後皆同此。下“區區之私”，誤作“區區之心”。

④ 許文脱“好”字。下“不顧涼薄”，誤作“不願涼薄”。

⑤ “過”，許文誤作“至”。下“女醫”，誤作“女婆”。

⑥ “一日”，許文誤作“日一”；不過“使一日”，似不文，疑當作“使此一日”。下“爲觀音堂”，許文誤作“歸觀音堂”。

⑦ “之心”，許文誤作“一心”。下“吾”字，作“我”。

現任雷珍蘭黎純熙，字殷輔。　現任雷珍蘭陳進木。

現任朱葛礁丘紹榮，字顯宗。　現任朱葛礁李新寧，字弼卿。

附載　　　　　　　　補遺：現任雷珍蘭許慶隆，字一治。

歷觀各任瑪瑶，其政績均有勒石，惟趙公德和，鄭公春錫，連公福全闕如也。趙公於丙申歲，和壹仟捌佰玖拾陸年，至戊申歲，和[①]壹仟玖佰零捌年，在任拾貳年，愛國愛民，提公欵以補學校，使子弟教育有資。其後，和壹仟玖佰零捌年至和[②]壹仟玖佰壹拾年，鄭公、連公，先後權理，均能恪修厥職，而連公贊設西塾，普及華童智識，修塚亭以隆祀，新廟貌以壯觀瞻，其功有足多者，今附記於此，亦為前人留不朽耳。

前特授瑪瑶趙公德和在任時之同僚諸公姓名如左：

甲必丹鄭春錫　甲必丹林長輝　甲必丹連福全　甲必丹莊文德

雷珍蘭丘春昌　雷珍蘭許溫惠　雷珍蘭黃景興　雷珍蘭趙德順

雷珍蘭鍾合順　雷珍蘭許金安　雷珍蘭[③]梁輝運　雷珍蘭丘亞桓

雷珍蘭李興廉　雷珍蘭黃文煇

朱葛礁李新寧　朱葛礁[④]連涼水。

前代理瑪瑶連福全任時之同僚諸公姓名如左：

甲必丹連福全　甲必丹[⑤]莊文德　甲必丹趙德順　甲必丹許金安

雷珍蘭梁煇運　雷珍蘭丘亞桓　雷珍蘭黃文煇　雷珍蘭黃文水

朱葛礁李新寧　朱葛礁丘紹榮

大中華民國柒年，歲次戊午　月　日

大和蘭國壹仟玖佰壹拾捌年　月　日　吧國公堂　許金安允恭立

以上許文衍脱釋誤，對校吴鳳斌教授筆記，以及筆者審核原件，應可復原全璧。費了不少篇幅與時力，審理校核"吧國公堂"木牌碑記，從中可以知悉其歷史發展傳承的面向，並能瞭解身處異域的華人，如何建立組織制度，以自我管理的點滴歷程。

結　　論

《吧國華人公堂檔案》是目前研究早期印尼華人最珍貴的第一手資料，也是吧城華人處理自己内部糾紛的歷史記載，内容豐富，涉及華人社會經濟、政治、社會、歷史、法律、宗教等方面。其中，有案可查者最早起自1772年（乾隆三十七年壬辰），而終於1978年；由於公館不斷搬遷，以及年久遺失，目前最早《公案簿》是1787年（乾隆五十二年丁未），計有：《公案簿》、《成婚注册存案簿》、《塚地簿》、《户口簿》、《新客簿》、《寺廟簿》、《金德院簿》、《通告簿》、《通息簿》、《公司簿》、《日清簿》、《總清簿》、《離婚簿》、《種痘簿》、《結婚證書》、《公證書》、《居留許可證》、《工作許可證》、《身份證明書》、《建築許可證》、《會議通知簿》、《習俗手册》以及

① 許文脱漏"和"字，紀年皆用國字簡寫。
② 許文又脱漏"和"字。下"隆祀"，誤作"隆福"。
③ 以下四人，許文均脱漏四人官銜"雷珍蘭"，以下亦同。
④ 許文脱漏"朱葛礁"官銜，以下亦同。
⑤ 以下三人，許文均脱漏"甲必丹"官銜。

《文化教育簿》等凡近千册，記録文字有中文、馬來文與荷蘭文，内容具體豐富，歷時久遠，堪稱現存海外華人檔案之最，提供了一個活生生的印尼華人社會變遷的全幅圖景，真是豐富而寶貴的史料庫。

公堂匾聯一對及木刻碑記五方，易地遠懸於荷蘭萊頓大學漢學院中庭牆面上，既是空間景觀裝飾，也是歷史文物圖像，但因在院師生及往訪賓客，既多游息焉而不察其故，諮詢之亦莫名所以，故筆者孜孜以求教解惑，撰述本文的目的，就是希望公諸於世，讓有心志士都能知曉此一珍貴文物的來龍去脈及其歷史文化意義，並作爲筆者一年游學的實質貢獻與紀念。而此批歷史檔案文物，歷經二百餘年風霜，幸賴有識華僑及域外學者護持，方能保存至今，也將陸續整理出版問世，真是令人欣慰敬佩！然而，文化珍寶因種族政治因素無法保留於原地，而印尼、東南亞華人僑界，以及臺海兩岸政府學界又未能捷足先登，真是可惜遺憾。而筆者因緣身處異邦，又是飄泊的客家子弟，親睹此批歷史文獻，對於海外華僑的處境與艱辛，感同身受，深致慨嘆，懷思不已！文末且録印尼雅加達粤東梅縣客籍黄心怡先生《潛心室吟草》數詩，此稿係得之於黄心怡先生公子文佑，文佑君負笈來臺，就讀於臺灣師範大學國文學系，爲高筆者數級的學長；此稿蒙其複印持贈已二十餘年，時時翻讀吟誦，於古今對照之際，尤增無限之悠思與懷想，爰爲此文作結。①

《清明有感一律》（二十八年作）

佳節年年在異鄉，思親情緒尺難量。年來際遇艱難甚，病後生涯感慨長。
萬里風塵悲作客，幾人衣錦慶還鄉？丹絨山上清明日，多少娘兒哭斷腸？

《感懷三絕》（步伯屏叔祖青山什咏韻）

極目鄉關望斷雲，天南地北海洋分；遙憐故國遭奇劫，遍野哀鴻不忍聞。
大陸茫茫放眼看，烽烟到處寄身難；桃源自昔稱南島，風鶴頻傳也不安。
胡塵横阻路難通，雁杳魚沈落冷宫；翹首天涯心欲碎，慈親遊子一般同。

① 按：本文初稿作於2004年客座荷蘭萊頓大學漢學研究院時，2007年撰述論文發表後微調修改，至2009年再依評審報告增補定稿，始正式刊載。

從《遐邇貫珍》的“喻言一則”到《英華青年》的英譯“中國故事”

——東西文化交流的一個側面

李雄溪

引　言

英華書院（Anglo-Chinese College，Ying Wa College）由英國倫敦傳道會（London Missionary Society）牧師馬禮遜（Robert Morrison，1787－1834）於 1818 年在馬六甲創校，1843 年遷港，是香港最早的西式學校。英華書院與基督教來華傳教的歷史、中西文化交流等有不可分割的關係。英華書院在出版方面，在當時也發揮過重要的影響力。《遐邇貫珍》（*Chinese Serial*）和《英華青年》都是由英華書院印刷的刊物，《遐邇貫珍》第壹號出版於 1853 年，是香港第一份中文月刊；《英華青年》是 1914 年英華書院復校後的學生報。本文透過分析《遐邇貫珍》的“喻言一則”和《英華青年》的英譯“中國故事”，從側面探討香港在上世紀交接時東西文化交流的現象。

《遐邇貫珍》及其所載的“喻言一則”

《遐邇貫珍》於 1853 年 8 月在香港創刊，至 1856 年 5 月出版最後一期，基本以月刊的形式出現，① 關西大學的松浦章教授（まっぅら あそら）、内田慶市教授（ぅちだ けぃぃち）、沈國威教授合編了《遐邇貫珍の研究》，② 是書在 2005 年出版中譯版，題爲《遐邇貫珍——附解題・索引》，③ 除影印英國倫敦大學亞非研究所圖書館藏的《遐邇貫珍》，更附解題、索引及幾篇研究論文，④ 此書對《遐邇貫珍》作了十分詳盡的介紹，給有關的研究，提供了很大的方便。

《遐邇貫珍》第壹期載保定章東耘的《題詞》，當中“有創論遐邇，宏詞貫古今”、“吾儒稽域外，賴爾作南針”之語，可見《遐邇貫珍》的出版，有貫通古今遠近，並讓中國人學習西方知識的目的。

松浦章在《〈遐邇貫珍〉所描述的近代東亞世界》中，把《遐邇貫珍》和《察世俗每月統記

---

① 1854 年正月 1、2 號合刊，1854 年 4 月 3、4 號合刊，1856 年 5 月 4、5 號合刊，共 33 期。

② 《遐邇貫珍の研究》，大阪：關西大學出版部，2004 年 1 月。

③ 《遐邇貫珍——附解題・索引》，上海：上海辭書出版社，2005 年 12 月。

④ 是書的内容，依次包括藤善真澄和周振鶴的“序文”、松浦章《序説：〈遐邇貫珍〉的世界》、松甫章《〈遐邇貫珍〉所描述的近代東亞世界》、内田慶市《談〈遐邇貫珍〉中的伊索寓言——伊索寓言漢譯小史》、沈國威《〈遐邇貫珍〉解題》、沈國威編的索引（凡例，漢字索引、人名・地名索引、語彙索引）、影印本文、内田慶市的“跋”。

傳》、《特選撮要每月統記傳》、《東西洋考每月統記傳》等英國傳教士出版的中文刊物並列，指出“這些雜誌擔負了將西方先進的科學知識用漢語傳入中國的重要功能。雜誌除了這些啓蒙性的知識外，還開始刊登當時中國以及周圍國家的消息和世界新聞”，[①] 可見《遐邇貫珍》的內容十分豐富。除了西方先進科學知識、各國消息和世界新聞，《遐邇貫珍》還刊載了漢譯《伊索寓言》。

内田慶市《談〈遐邇貫珍〉中的伊索寓言——伊索寓言漢譯小史》指出：“歐洲傳教士們把傳播基督教作爲自己的主要目標，爲了布教，他們做出了種種不懈的努力。特别是耶穌會的適應主義是這一努力的集中表現。耶穌會士們學説漢語、穿儒服，努力地去接近中國人的思維方式。例如：他們不惜把描寫基督一生的聖像畫也中國化了。而與‘中國同化’的另一個具體的例子，就是伊索寓言的漢譯。”[②] 一語道破，傳教士用各種方法去接近中國人的思維方式，因此，宣教是最終的目的；《伊索寓言》的漢譯，只是迎合中國人口味的手段。[③]

事實上，寓言故事在中國有十分悠久的歷史，陳蒲青、曹日升認爲“中國古代寓言大概在公元前六世紀便産生了，這和希臘寓言家伊索生活的時代差不多”。[④] 關於中國古代寓言的起源，甚或可以追溯至更早。[⑤] 然而可以肯定的是，春秋戰國是寓言發展的黄金時期，《詩經》、《論語》、《左傳》中已有完整的寓言，到《墨子》、《孟子》、《莊子》、《列子》、《荀子》、《韓非子》、《吕氏春秋》，寓言可謂彬彬大盛。由兩漢以至明清，寓言故事的體裁一直歷久不衰，出現不少甚有價值的作品。寓言一般篇幅短小，透過一個小故事帶出比喻，説明深刻的道理。對讀者來説，寓言易於記憶，可讀性很高。這種特點使寓言能够口耳相傳，廣爲流布，成爲一般人喜愛的文體。

《伊索寓言》的傳入中國，内田慶市有以下的分析：“《伊索寓言》傳入中國的事實，從十九世紀以後來華的新教傳教士的資料也可以得到證實，例如：在 *Chinese Repository*（Vol. Ⅶ No. 8, Dec. 1838）中有以下的記述：Another kind of publication, very acceptable to the Chinese, is the short tale, covering a moral lesson, or reflection, such as the excellent fables of Aesop.（中國人所能接受的其他出版物是具有道德説教等内容的，如伊索寓言這樣的短故事）由此可見，《聖經》和《伊索寓言》是歐洲傳教士們到中國時的必携之物。”[⑥] 根據他的考證，《遐邇貫珍》中所載的喻言一則，就是羅伯聃（Robert Thom, 1807－1846）的中譯《意拾喻言》。[⑦]

《遐邇貫珍》第壹號載《伊娑菩喻言序》，説明喻言的來源和旨要：

> 伊娑菩者，二千五百年前，記厘士國一好僕也，背佗而貌醜，惟具天資，國人憐聰敏，爲之贖身，舉爲大臣，故設此譬喻，以治其國，國人近日理性，尊之爲聖，後奉命至他國，他國之人，妒其才，推墜危崖而死，其書傳於後世，如英吉利、俄羅斯、佛蘭西、吕宋、

---

① 《遐邇貫珍——附解題·索引》，頁 15。

② 同上注，頁 66。

③ 關於《伊索寓言》漢譯的歷史，可參戈寶權《中外文學因緣——戈寶權比較文學論文集》，北京：北京出版社，1992 年 7 月，頁 375－451，另參張錯《附會以教化——〈伊索寓言〉中譯始末》，載《利瑪竇入華及其他》，香港：香港城市大學出版社，2002 年，頁 59－85。

④ 陳蒲清、曹日升《試論中國古代寓言的發展及其特色》，載《求索》1981 年第 4 期，頁 120。

⑤ 關於中國古代寓言的起源，學者提出不同的看法。詳參凝溪《中國寓言文學史》雲南：雲南人民出版社，1992 年第一章《關於中國古代寓言起源的爭論》，頁 22－29。

⑥ 《遐邇貫珍——附解題·索引》，頁 67。

⑦ 同上注，頁 76－81。

西洋諸國，莫不譯以國語，用以啓蒙，要其易明而易記也，此後各號隨時附記一則。[1]

出現於《遐邇貫珍》的伊索寓言，依次如下：

序、豺烹羊（Vol. 1－1，1853.8）
二鼠（Vol. 1－2，1853.9）
獅蚊比藝（Vol. 1－3，1853.10）
鼠妨貓害（Vol. 1－4，1853.11）
狼受犬騙（Vol. 1－5，1853.12）
馬思報鹿仇（Vol. 2－1，1854.1）
雞鬥（Vol. 2－2，1854.2）
孩子打蛤（Vol. 2－3，4，1854.4）
獵户逐兔（Vol. 2－5，1854.5）
驢穿獅皮（Vol. 2－6，1854.6）
鷹龜（Vol. 2－7，1854.7）
束木譬喻（Vol. 2－8，1854.8）
四肢反叛（Vol. 2－9，1854.9）
鴉效鷹能（Vol. 2－10，1854.10）
孩子打蛤（Vol. 2－12，1854.12）
驢犬妒寵（Vol. 3－6，1855.6）
狐鶴相交（Vol. 3－7，1855.7）
束木譬喻（Vol. 3－8，1855.8）[2]

值得注意的是，在這些故事中，往往加入十分濃厚的中國色彩。像“豺烹羊”中的“諺曰：欲加之罪，何患無辭，此也”、[3]“二鼠”的“俗云：寧食開眉粥，不食愁眉飯，此之謂也”、[4]“狼受犬騙”的“吾乃驚弓之鳥”、[5]“馬思報鹿仇”的“靈臺上馬鹿同游”、[6]“雞鬥”中的“螳螂捕蟬，不知黄雀在後”、[7]“孩子打蛤”中的“俗云：無心放炮，玉石俱焚”、[8]“獵户逐兔”的“峨嵋山中有故園”、[9]“束木譬喻”中的“俗語云：唇齒相依，彼此相互輔助，若唇亡齒寒”、[10]“四肢反叛”中的“書曰：無君子，莫治野人；無野人，莫養君子，即此之謂也。又曰：禍起於蕭墻之内，豈不可惜哉”、[11]“鴉效鷹能”中的“嗟呼世人不自量力，而困其身如鴉者，可勝道哉”、[12]

① 《遐邇貫珍——附解題・索引》，頁 711。
② 同上注，頁 77。
③ 同上注，頁 711。
④ 同上注，頁 700。
⑤ 同上注，頁 678。
⑥ 同上注，頁 672。
⑦ 同上注，頁 664。
⑧ 同上注，頁 657。
⑨ 同上注，頁 649。
⑩ 同上注，頁 625。
⑪ 同上注，頁 617。
⑫ 同上注，頁 608。

"狐鶴相交"中的"惡人自有惡人磨，此之謂也"，[1] 皆是。

由是觀之，"喻言一則"的中國化，主要體現在兩方面：第一，經常使用中國的成語或諺語，這種情況又多見於故事後的説理言教部分。第二，將故事發生的地點移植至中國。以上所列的都是這方面的相關例子。此外，這一類强調道德教化的故事，本身就十分配合中國人的思維方式，正如王立明在《〈伊索寓言〉在中國的傳播途徑方式》一文指出："伊索寓言由於它的形象性、通俗性及它所道出生活經驗和教訓，恰與中國人的重形象實際等文化觀念相吻合。因此，接受和傳播起來就較爲容易。"[2] 中國包裝的《伊索寓言》，跟穿著儒服的傳教士，情況就非常類似。

總而言之，在《遐邇貫珍》中出現的"喻言一則"，既具啓蒙作用，又擔負提起讀者興趣的任務，從而進一步達到宣教的目的。

《英華青年》及其所載的英譯"中國故事"

《英華青年》是1914年英華書院在香港復校後的學生報。由校内的中華基督教青年會出版。知見的《英華青年》共四期，出版年份分别爲1919年、1924年、1926年（此期易名《英華月刊》）、1930年，在這前後十年間，正正是五四新文化運動、國民軍北伐、全國統一等重大歷史事件發生的時期，而中國正受到列强的威脅，這幾期《英華青年》的内容，反映了這段時期的歷史變化，[3] 同時充分顯示出當時學生的思想。

周夏明在1919年的《英華青年》第1期的《發刊詞》中説明了《英華青年》創刊的原因：

> 夫國家之最可寶貴者，莫如此莘莘學子。學生之最可寶貴者，莫如此金玉時間之青年。何者？學子所以爲國家異日棟樑之選，而青年者，學子最珍貴之時也。溯自歐風美雨，飄灑亞東，新舊思潮，澎湃蕩漾，思互相融合，以成一種文明偉大之學問。司其責者，舍吾輩青年之學子，其誰屬哉？然成就之道，非大衆同學，交換析賞，觀摩砥礪，不足以資深造，而成其事功也。是以有本校青年會之建立焉。然觀摩砥礪，末由表示也。於是有本雜誌之創辦焉。蓋以會集群賢，文徵衆好，則校中之學藝成績，可得而觀，世界之大勢，與乎本國本港，暨本校之紀聞，可得而覽。加以研經所得，所以發揚上帝之奥理名言。雜以小説諧著文苑等欄，亦頗具娱目騁懷之雅趣。凡此種種，無非出自同學之珠璣文字所駢羅。竊本於以文會友之旨，藉收敬業樂群之效云耳。國家可愛青年可貴，則砥礪觀摩之道，尤可寶也。斯雜誌也，謂之爲吾輩同學切磋學問之表示亦可，謂之爲同學修業之成績亦無不可。[4]

可見創辦《英華青年》的宗旨，是鼓勵同學學習砥礪、關心世界、服務國家。當時學生在西式書院的教育下，對於西方科技和文化應該已有一定的理解，正因如此，也不得不使他們重新檢

① 《遐邇貫珍——附解題·索引》，頁506。
② 王立明《〈伊索寓言〉在中國的傳播途徑方式》，《沈陽師範大學學報》2003年第6期第27卷，頁51。
③ 關於歷史變化對《英華青年》内容的影響，許振興作了詳細的論述。詳參許振興《1919－1930年間香港基督教英文中學出版的學生刊物——〈英華青年〉與〈英華月刊〉的個案研究》（未刊稿）。
④ 《英華青年》(*Ying Wa Student*) 1919年第1期，頁3－4。

視中國文化。沈錫瑚在1924年的"社論"有《對於本誌的希望》一文，道出當時青年人關心國故的心聲，其中談到：

> 文化是我們祖先剩下給我們的無價寶。不知犧牲了幾多的心血，經過了幾多的困難，才能剩下，不過相傳至今，歷時久了，其間演進過那些腐儒弄壞了些。我們做子孫的不能光大祖業，已是可恥得很……然而現在香港的同學，非如腐儒的論調，則醉心於物質的文明，賤視祖國的文化，這般的態度，我固然很爲各①同學惜（案：疑脱一"可"字），但也極爲我國前途危！所以我希望本雜誌極力整理中國文化，作中流之砥柱，挽既倒之狂瀾。②

1924年、1926年兩期的《英華青年》兼收中、英文稿件，其中載有幾則英譯中國故事。由於《英華青年》已不容易得見，③ 玆列舉英譯中國故事原文四則。其中二則刊於1924年7月出版的第一卷第一期：④

A Story from Chinese Literature
The Slaying of Tigers by the Tongs
Translated into English
By Tse San Hon⑤ (謝新漢) Class 3

In the district of Fai Chow (徽州) of the province of Anhwei⑥ (安徽) there was a man whose surname was Tong (唐) who was killed by a tiger not long after his marriage. When his wife gave birth to a son, she said to him, "If you cannot slay tigers you are not my son, and if your descendants are not able to kill tigers they are not my descendants." Therefore from time to time and century to century the Tongs were able to kill tigers.

Ching Tak (旌德), another district in Anhwei, suffered from a tiger. Many hunters tried vainly to kill it. The citizens were in great dread. A certain man said to the officer, "If you do not ask the Tongs of Faichow to help you, you will never be successful."

When the officer heard this, he did according to the man's words. The Tongs chose two of their most skilful men to go. One was an old man, with white beard and hair who was always coughing. The other was a boy of sixteen or seventeen. The officer, seeing them, lost all hope and set dinner before them without showing any respects. Then the old man saw that the officer was discontented he said as he knelt down on one knee, "I was told that the tiger is only a few⑦ miles from here. We would like to catch it first before you give us dinner."

The officer, astonished at his brave words, sent one of his servants to lead them there. When the servant got just to the entrance of the valley he did not venture to proceed any further. The old man laughed coolly and said, "Why are you afraid while I am here?" When they got

---

① 原文誤植作"各爲"。
② 《英華青年》(*Ying Wa Student*) 1924年第1卷第1期，頁4-5。
③ 香港大學圖書館及英華書院分別藏有《英華青年》。
④ 《英華青年》(*Ying Wa Student*) 1924年第1卷第1期，頁13-15。
⑤ 原文误植作"Tse Sax Hon"。
⑥ 原文误植作"Auhwei"。
⑦ 原文误植作"new"。

halfway to the valley the old man looked round for the boy and said, "This beast seems to be still sleeping, you just wake it by shouting." Then the boy imitated the scream of a tiger, where upon the beast actually came from a path of the wood to attack the old man, who held in his hand a short-handled axe which was about eight or nine inches in breadth. He stood straightly and fearlessly with the blade of the axe upward. When the tiger rushed toward him he let his head incline a little bit. No sooner had the tiger leapt above his head than he struck it, and it bled and fell prostrate on the ground. When they looked at it, it was found that from its head down to the tail its body was cut open by the axe.

The old man said that he had spent ten years in exercising his arms, and ten years in training his eye sight. The people tested his eyesight with a feather broom but his eyes would not blink. When they asked some strong men to pull his arms, his arms would not move. Therefore that the Tongs could catch tigers is not absurd; the extraordinary thing was accomplished by practice.

A Chinese Story

The Death of Pang Chuan Beneath This Tree

Translated into English by

Tse San Hon (謝新漢) Class 3

Sun Pin (孫臏) and Pang Chuan (龐涓) were school mates in a school of strategy. The latter became an officer of Wei (魏). As he thought that Sun's strategy was much better than his, he was so jealous of him that he ordered him to be brought to court and have his feet cut off. Just then the king of Tsi① (齊) sent men to carry Sun home secretly from Wei. Tien Chi (田忌), an officer in Tsi, knowing that Sun was exceedingly② skilful in strategy, introduced him to King Wei (王威) of Tsi③.

Wei (魏) sent Pang Chuan to invade Han (韓) and Han appealed to Tsi for aid. King Wei (威王) appointed Tien to be the chief instructor. Tien led the army into Wei in order to save Han. The army encamped in Wei for three days. On the second day the number of his men decreased to fifty thousand from the original number of one hundred thousand, while on the third day only twenty thousand remained. When Pang chuan saw this, he said joyfully, "Hurrah! I know that the soldiers of Tsi④ are afraid of me, for though they have stayed in Wei for three days yet more than half of them have melted away." But it was a mistake, for Sun's men⑤ all lay in ambush. Pang Chuan was blind to the danger and gave chase to them. As they knew that Pang's men would surely come to attack them they cut off the skin of a tree and wrote on it the following characters (龐涓死此樹下) which means that Pang Chuan had died under this tree. Then his archers on both sides of the tree were told to get ready for war and shower arrows at them whenever they saw a light.

① 原文误植作"Tai"。
② 原文误植作"excesdingly"。
③ 同註①。
④ 同上。
⑤ 原文误植作"San's man"。

At length, Pang and his men did actually come. When he saw the white characters on the tree he cast a light on them and saw what was written: suddenly showers of arrows in thousands came upon his men who were thrown into confusion. At last Pang committed suicide.

此外，以下兩則刊於 1926 年 7 月的《英華月刊》。①

A Chinese Story

By Kwong Min Chow (鄺棉洲)

Thousands of years ago there was a poor boy called Hong Hang (匡衡). He was unable to buy any books, but at the same time he was very fond of studying.

In the village there lived a rich man who has possession of many books. Owing to this, Hong Hang offered himself to the rich man as a servant and was quite willing to carry on his work without pay.

Puzzled Confucius

By Wong Kam Ming

Confucius was one day traveling towards the East, when he saw two boys arguing, and he asked them why.

One of them said, "I think when the sun is rising it is nearer to men; and at noon, it is far away from us."

The other said, "I think it is far away when rising, and nearer at noon."

The first argued saying, "When the sun is rising, it looks as big as a wheel, while at noon, it is only as big as a wooden dish or bowl. Don't we say that which is far is small, and that which is near is large?"

The second replied saying, "When the sun is rising, the weather is cool; but as it is at noon, it is as hot as to feel hot water. Don't we say that which is near is hot, and that which is far is cool?"

Confucius could not decide upon this. The two boys laughed and said, "Who says that the fellow from Lu is full of knowledge."

1924 年的兩則中國故事，譯者皆爲謝新漢。第一則是紀昀（1724－1805）《閱微草堂筆記·槐西雜記》中的故事。唐門一老一少因經過長期鍛煉，擅於殺虎，這是説明熟能生巧的道理。第二則見於《史記·孫子吳起列傳》馬陵之戰的故事，寫孫臏料事如神，深明用兵之理，同時側寫善妒者龐涓的悲慘下場。

1926 年的第一則故事譯者是鄺棉洲，内容是《西京雜記》卷二"聞《詩》解頤"中匡衡勤奮不懈，苦學成功的故事。第二則故事的譯者是 Wong Kam Ming（疑即黄金銘），這是《列子·湯問》中的一則寓言，是兩小兒辯日的故事。故事透過兩小兒對太陽遠近的不同看法，道出中國古代對天文已十分注意；透過孔子不能回答小兒的提問，説明聖人亦不是無所不知的

① 《英華月刊》(*The Ying Wa Echo*) 1926 年第 1 期，頁 13。

道理。

這些故事都篇幅短小，却發人深省，帶出教人細味的道理。由此可以反映當時學生希望在一個小園地裏，透過翻譯，再重新認識和肯定中國文化的心態。

小　　結

《遐邇貫珍》、《英華青年》都是英華書院的刊物，兩者的出現時間相差半個世紀。《遐邇貫珍》和《英華青年》的讀者對象和出版目的都有所不同。前者以一般大衆爲讀者對象，出版目的是爲了引進西方的知識和介紹國内外的情況；後者的讀者主要是校内、校外的中學生，出版的目的是讓同學之間可以互相切磋學問，並以關心國家爲鵠的。

有趣的是，兩者都刊載寓言故事。當然，《遐邇貫珍》中的中譯"喻言一則"是爲了幫助傳教；《英華青年》的英譯中國寓言故事，是青年學生反思中國文化的産物，兩者的性質又各有不同。然而，翻譯是溝通兩種文化不可或缺的工作，這樣看來，這些寓言故事透過不同的姿態出現，並非純粹巧合的現象，而是不同時期、不同人士爲東西方文化交流作出努力的記録。而更可以肯定的是，當時香港的英華書院在這方面曾扮演過重要的角色。①

① 參劉紹麟著，梁宏福英譯《與早期英華有關的著作翻譯及出版事業》，《古樹英華》，香港：2001 年 3 月，頁 131－134；另參周佳榮《近代亞洲史上的英華書院》，載《明報月刊》2002 年 12 月，頁 94－95。

西醫東傳史的一個側面：“腦筋”一詞的來歷

陳萬成　羅婉薇

一、“腦氣筋”與“腦筋”

“腦筋”是現代漢語三千個常用詞之一。①《漢語大詞典》釋“腦筋”曰：

> 【腦筋】謂腦神經。指思維器官，亦指思考記憶等能力。②

另有詞條“腦氣筋”，釋云：

> 【腦氣筋】即腦神經。③

下引清譚嗣同《以太説》以爲用例。所謂“腦神經”，《漢語大詞典》云：

> 【腦神經】在人腦顱的底部，由延髓、腦橋、中腦、間腦等發出的神經，共有十二對，支配心臟、胃腸的活動和頸部以上的知覺與運動。④

“腦筋”和“腦氣筋”，都是近代初起的新詞，我們再檢黄河清等所編《近現代漢語新詞詞源詞典》，此書標舉以“詞源考證爲主”，釋“腦氣筋”云：

> 【腦氣筋】腦神經

下引倫敦會（London Missionary Society）來華傳教士合信（Benjamin Hobson，1816 - 1873）《西醫略論》(1857)：

> 西國有人年二十八歲，右臉患單癱。其面肉左活右痿，凡嗅香臭必用左鼻孔，咀嚼食物必用左腦。或食物留右頰，必用食指掠而左之。飲茶則右吻流出，瞌睡則右目半開。時

---

① 此據何克抗、李大魁所編之《現代漢語三千常用詞表》(北京：北京師範大學出版社，1987 年)，頁 75。
② 《漢語大詞典》(上海：漢語大詞典出版社，1997 年)，頁 1358。
③ 同上注。
④ 同上注，頁 1357。

或笑語，左面嫣然，而右面不動。旁觀在右者，聞笑聲而不見笑態，不知聲從何來。此是腦氣筋失却動作之性。①

同書又釋"腦神經"云：

在人體腦顱的底部，由延髓、腦橋、中腦、間腦等發出的神經，共有十二對。（英）cranial nerves。②

這部《詞源詞典》同樣以"腦神經"釋"腦氣筋"，即顱腔内的神經十二對。但不論釋義或考源，《詞源詞典》以及前引的《漢語大詞典》，都並不完全確當。至少"腦筋"與"腦氣筋"兩詞之初起，並不單指"腦神經"。我們只要細檢《近現代漢語詞源詞典》所引用過的《西醫略論》，即知其誤。該書卷中云：

腦有大小兩枚，大腦司覺悟，小腦司動作，由腦直生而下，則爲脊髓，兩腦共生腦氣筋九對，脊髓共生腦氣筋三十一對，合計四十對，如樹分枝，散布百體内外。③

可見《西醫略論》的"腦氣筋"兼指全身神經，並非腦神經（cranial nerves）而已。"腦氣筋"一詞之源出，也並非《西醫略論》，而是合信與陳修園合作的一部醫學譯著《全體新論》(1851)。"腦氣筋"是他們所創的新詞，所以《全體新論·例言》特爲解説：④

是書所稱腦氣筋者，其義有二，一取其源由腦出，二取其主司動作覺悟。

該書第八節《腦爲全體之主論》又云：

腦在至高，爲一身之主，但其氣筋，分派如繩如綫如絲者，總名之曰腦氣筋。纏繞周身，五官百體，皮肉筋骨，臟腑内外，無處不到。⑤

腦氣筋爲全體神經，其義甚明。"腦筋"亦見於同書，同爲合信、陳修園所創，是"腦氣筋"的縮略叫法，⑥ 譬如同節論眼神經云：

展其目以火照之，其瞳人必縮小避光，若斯之類，乃腦筋自能感動以傳其氣力，亦非本人之意也。⑦

---

① 黄河清等編《近現代漢語新詞詞源詞典·凡例》(上海：漢語大詞典出版社，2001年)，頁6、181。
② 同上注，頁181。
③ 合信《西醫略論》(上海：上海仁濟醫館，咸豐七年〔1857〕)，卷中，頁34下。
④ 《全體新論·例言》(廣州：惠愛醫館，咸豐元年〔1851〕)，頁1上。
⑤ 《全體新論》，頁16下。
⑥ "腦筋"一詞，不見於舊典，惟於元明間《回回藥方》(北京：中華書局，2000年）出現過一次（頁442)："腦筋上的皮"。但此"腦筋"應爲"腦經"之誤，蓋同頁下文謂"腦經皮上"、"腦經上的皮"、"勿傷腦經上皮"、"在腦經皮上"等等。關於《回回藥方》，詳下文。又方以智《物理小識》卷三引《主制群徵》之後，按語云："此論以肝心腦筋立論。"此"肝、心、腦、筋"爲四物。
⑦ 《全體新論》，頁20上。

又同節言及"腦氣筋九對……頭七對分二支，一支入耳内司聽聲音"。到了第十一節《耳官妙用論》則云："［耳膜］外咸有腦氣筋絲散鋪其上，乃第七對腦筋之支所由出"。[1]"腦筋"與"腦氣筋"交相爲用，可見"腦筋"實即"腦氣筋"，兩者本無分别。合信在十九世紀傳來了西醫學，包括當時的神經學知識，這方面的論述已多，[2] 無庸複贅。我們感興趣的，反而是"腦氣筋"這個詞還有什麼來歷，是怎樣構造出來的，從中又透露出怎麽樣的西醫學東傳史。

"腦氣筋"和"腦筋"兩個詞雖然是合信自創，但也並非完全無所依傍。十九世紀的前半期，西人普遍以"筋"字譯西文的 nerve（神經）。馬禮遜（Robert Morrison，1782－1834）的 *A Dictionary of the Chinese Language*（*Part III*）（1822）爲今日可見的第一部英漢詞典，其書以"筋"字譯"nerve"，[3] 此後 1841 年裨治文（E. C. Bridgman，1801－1861）的 *A Chinese Chrestomathy in the Canton Dialect* 和 1847 年麥都思（W. H. Medhurst，1796－1857）的 *An English and Chinese Dictionary*，[4] 都同樣以"筋"譯"nerve"。此即合信創譯"腦氣筋"之當時背景。但筋-nerve 對譯，嚴格來説，也不是馬禮遜所始創，當中亦頗涉及遠西神經學説東傳中土的悠長歷史。

二、明末的"筋"説

十九世紀西人以"筋"指稱 nerve（神經），其來源至少可以上溯到明末清初天主教士的譯述。首先，馬禮遜的字典，其《序言》自謂參閱過羅馬天主教士編撰的字典（"Manuscript Dictionaries of the Romish Church"），[5] 至於其他十九世紀的來華西人，他們對明末清初時期的西學譯著是認識的。譬如，曾與合信共事於上海仁濟醫館的 W. Lockhart（1811－1896），他的 *The Medical Missionary in China*（1861）説到合信撰成《全體新論》，就提起他看過耶穌會教士用漢文撰寫的人體解剖書。[6]而當日倫敦會（London Missionary Society）在華的藏書，主要儲於墨海書館，當中就有鄧玉函（Johann Schreck，1576－1630）《泰西人身説概》的鈔本。[7] 因此，馬禮遜等人的翻譯，有的源於明末天主教士的譯述，一點也不稀奇。晚明除了《泰西人身説概》，在華教士用漢文編譯的人體解剖書，至少還有羅雅谷（Giacomo Rho，1593－1638）的

① 《全體新論》，頁 33 上。

② 可參趙璞珊《合信〈西醫五種〉及在華影響》，《近代史研究》總第 62 期，1991 年，頁 67－83；Hugh Shapiro, "Interpreting the Idea of Nerves in Nineteenth-Century China", at www.ihp.sinica.edu.tw/～medicine/ashm/lectures/Shapiro-ft.pdf；何少蓮《西醫東漸與文化調適》（上海：上海古籍出版社，2006 年），頁 241－268。

③ R. Morrison, *A Dictionary of the Chinese Language, in Three Parts* (Macao: East India Company's Press, 1815－1822), part iii, p. 292.

④ E. C. Bridgman, *A Chinese Chrestomathy in the Canton Dialect* (Macao: S. W. Williams, 1841), p. 521; W. Medhurst, *An English and Chinese Dictionary* (Shanghai: Mission Press, 1847), p. 73.

⑤ 可參趙璞珊《合信〈西醫五種〉及在華影響》，《近代史研究》總第 62 期，1991 年，頁 67－83；Hugh Shapiro, "Interpreting the Idea of Nerves in Nineteenth-Century China"; at www.ihp.sinica.edu.tw/～medicine/ashm/lectures/Shapiro-ft. 何少蓮《西醫東漸與文化調適》（上海：上海古籍出版社，2006 年），頁 241－268, Introduction, p. ix。

⑥ W. Lockhart, *The Medical Missionary in China: A Narrative of Twenty Years' Experience* (London: Hurst and Blackett, 1861), p. 157:

> With the exception of a brief treatise on anatomy by some of the Jesuit fathers, illustrated by a few plates, but containing scant information, and that not attractively presented, I am not aware of any other attempt of this kind previously.

⑦ 本篇所用鄧玉函《泰西人身説概》，乃倫敦會所藏鈔本，現歸澳洲國家圖書館所有。該館於 1960 年代購入倫敦會中國部藏書，當中不乏原屬 W. H. Medhurst, W. Lockhart, James Legge 等人的皮藏。其中有一鈔卷題爲 *Catalogue of Chinese Library*，封面有 W. Lockhart 署名，並題有"Shanghai 1852"，中文書題爲"墨海老人藏書目録"，"墨海老人"即麥都思 W. H. Medhurst。從中可見倫敦會在華藏書概略。

《人身圖説》。其他本來並非解剖學專書而又較大量涉及人體解剖的，則有艾儒略（Giulio Aleni，1582－1649）《性學觕述》和湯若望（Johann Adam Schall von Bell，1592－1666）《主制群徵》兩種，這幾部書都是以“筋”指稱神經，同時又都把神經的傳導説成“氣”。神經是西方人體解剖學的大節目，鄧書和羅書都有專節論“筋”，① 在此不煩詳引，只舉出艾、湯兩書的兩個證例：

> 艾儒略《性學觕述》：腦内有二筋通目，而授知覺之氣，與其能視之力。②
> 湯若望《主制群徵》：腦以散動覺之氣，厥用在筋。③

所説的“筋”，指神經無疑。西人以“筋”指神經，從翻譯的角度來説，似乎並非善譯。漢語的“筋”通常指肌腱或骨頭上的韌帶，有時指經絡中的經筋，④ 與西人“神經”的概念，迥然有别。十七世紀的來華西人把“筋”字借來指西醫的“神經”，當然是有特别的緣故。這疑問也不難解答。其實西文指神經的 nervus（拉丁文），其本義原來就是筋腱。比利瑪竇（1552－1610）略早的西醫家 Vesalius（1514－1564），他的名著 *De Humani Corporis Fabrica*（1543）⑤ 談到拉丁文裏指神經的 nervus，其實有三重意義（triplicem nervorum），其一是“骨頭上的韌帶和一部分的肌肉”（ligamentis ossa … et … musculorum portionem），其二指“肌腱和腱膜”（tendines et universas musculorum enervationes），其三指“長體而圓滑……從腦臚和脊椎伸出、自腦傳導覺氣（animal spiritus）、令身體各部分都有覺動能力”的神經（organa videlicet longa，teretia … et calvariam vel dorsi vertebras elabentia，ac demum animalem spiritum a cerebro animalis facultatis fomite ad corporis partes deferentia.）。⑥ 簡言之，nervus 在 Versalius 的時代，也就是利瑪竇的時代，既指神經，亦指肌腱與韌帶。要是更考之遠古，拉丁語 nervus 本來出自希臘語 neuron，其本義即爲筋、線（cord，string），亦指肌腱。古希臘醫家 Herophilus（330/320－260/250 B.C.）首先發現人體神經系統，認爲它的形體有如筋線一樣，於是借用本來指筋線、肌腱的

---

① 鄧玉函《泰西人身説概》卷上有《細筋部》（無頁碼）。羅雅谷《遠西人身圖説》卷上有《論筋》。羅書所謂“筋”，亦即神經。譬如“論諸筋分散”一節云：“所以凡肢以筋本性之德，能知覺利害，凡不和其性者，避之驅之。”（見北京大學圖書館藏民國二十五年趙鳳岐鈔本，上册頁 40 上）此“筋”“能知覺利害”，實指神經。關於《人身圖説》的來歷，可參 Nicolas Standaert，“A Chinese Translation of Ambrose Paré's Anatomy”，*Sino-Western Cultural Relations Journal*，vol. 21（1999），pp. 9－23. N. Standaert 認爲《人身圖説》蓋譯自 Paré（ca. 1510－1590）的 *Anatomie*。

② 艾儒略《性學觕述》，收於《耶穌會羅馬檔案館明清天主教文獻》第 6 册（臺北：臺北利氏學社，2002 年），卷 4，頁 7 上。

③ 湯若望《主制群徵》，《續修四庫全書》第 1296 册，卷上，頁 13 下（總頁 560）。

④ “筋”主要指肌腱、韌帶，當然也有指十二經絡的經筋。參裘沛然等編《中國醫籍大辭典》（上海：上海科學技術出版社，2002 年）；謝觀等編《中國醫學大辭典》（北京：中國醫藥出版社，1994 年），頁 1404；郭藹春等編《黄帝内經詞典》（天津：天津科學技術出版社，1991 年），頁 825。中醫是没有神經系統這樣的觀念，但從臨床經驗接觸到神經的作用而加以描述，這倒是有的。

⑤ Vesalius 的 *Fabrica* 與哥白尼（N. Copernicus 1473－1543）的 *De revolutionibus orbium coelestium* 齊名。M. F. Ashley Montagu，“Vesalius and the Galenists”，收於 E. Ashworth Underwood ed.，*Science，Medicine and History：Essays on the Evolution of Scientific Thought and Medical Practice Written in Honour of Charles Singer*（London：OUP，1953），vol. 1，p. 374：

> It is a remarkable fact that the two books which are conventionally agreed upon by scholars as marking the end of the Middle Ages and the birth of the new spirit of science were published within one week of each other. The first by the Polish canon Nicholaus Copernicus（1473－1543），*De revolutionibus orbium coelestium*，published at Nürnberg on 25 May 1543，when the author was seventy years of age；the second by the Flemish-born physician and anatomist，Andreas Vesalius（1514－1564），*De humani corporis fabrica*，published at Basle on 1 June 1543，when the author was but twenty-eight years of age.

⑥ 所引拉丁文，俱見 Vesalius，A.，*De humani corporis fabrica*（Bruxelles：Culture et Civilisation，1964，Facsimile reproduction of the 1543 ed. published by Joannis Oporini，Basileae），p. 315。

neuron 作爲神經的名稱。[①] 十七世紀傳教士們把 nervus 譯成"筋"，本來是有這樣的背景的。比利瑪竇稍晚的鄧玉函，他的《泰西人身説概》卷上有"骨筋部"（即"韌帶"）、"肉塊筋部"（即"肌腱"）與"細筋部"（即"神經"），這三部的所謂"筋"，正是當日 nervus 所包含的三重意義。

上引 Vesalius 論神經時提到 animalem spiritum（或簡稱 spiritus／spiritum），是由神經自腦中傳導到身體各部位，也很值得注意。此即明末耶穌會教士所謂"氣"，亦即前引艾儒略所謂的知覺之"氣"與湯若望所謂的動覺之"氣"。合信譯"腦氣筋"，有時稱"氣筋"，以"氣"指神經傳導，其源蓋出於此。關於 nervus 譯"筋"與 spiritus 譯"氣"，以及十六七世紀神經學説之譯述與東傳，我們可以再舉出湯若望《主制群徵》［崇禎二年（1629）］一段，然後比對湯譯所本之原文，以爲確證：

> 筋自腦出者六偶，獨一偶踰頸至胸下垂胃口之前，餘悉存頂內導氣於五官，或令之動，或令之覺。又從脊髓出筋三十偶，各有細脈旁分，無膚不及，其與膚接處稍變似膚，始緣以引氣入膚，充滿周身，無弗達矣。筋之體，瓤其裏，皮其表，類於腦，以爲腦與周身連結之要約。[②]

這段話方以智的《物理小識》曾經載録，[③] 朝鮮實學家李瀷（1682－1763）的《星湖僿説》亦曾引用，[④] 十八世紀日醫家大槻玄澤（1757－1827）也提過。[⑤] 可見湯氏的醫説播揚廣遠。我們今天知道《主制群徵》其實是摘譯自耶穌會士 Leonardus Lessius（1554－1623）的 *De Providentia Numinis, & Animi Immortalitate*（1613），試拿湯譯與 Lessius 原文比勘：

> A cerebro sex nervorum paria; quinque quidem paria ad quinque sensuum organa, ut spiritum suppeditent, potissimùm quidem ad sensum; deinde etiam ad motum musculorum capitis: sextum par extra caput protenditur ad musculos aliquos cervicis, laryngis, pectoris, et ad stomachi orificium … [⑥]
>
> （意譯：自腦生出六對神經，其中五對連接五官，傳導覺氣，主要是產生覺知作用，其

① 關於 Herophilus 發現神經系統，以及他對神經系統的描述，參 Heinrich von Staden, *Herophilus: The Art of Medicine in Early Alexandria*（Cambridge: Cambridge University Press, 1989), pp. 159－161, pp. 200－204。另可參 James Longrigg, "Medicine in the Classical World", in Irvine Loudon ed., *Western Medicine*（Oxford: Oxford University press, 1997), pp. 35－36。本篇所稱"希臘"，包括希臘化地區。Herophilus 生於 Chalcedon，位於今日土耳其伊斯坦堡西邊。

② 湯若望《主制群徵》，收於《續修四庫全書》第 1296 册，卷上，頁 13 上-下（總頁 560－561）。

③ 臺灣商務印書館景印《四庫全書》本，卷 3，頁 12 上。

④ 原見李瀷《星湖僿説・西國醫》。關於《主制群徵》之傳入朝鮮，參金斗鍾《韓國醫學史》（探求堂，1993 年），頁 360－62；李元淳《朝鮮西學史研究》（一志社，1996 年二刷），頁 116，147－148。

⑤ 大槻玄澤所見爲方書所引。日本江户幕府因禁西教而大行書禁，對在華天主教士的譯著一概禁絶。詳大庭脩《江户時代による唐船持渡書の研究》（吹田市：關西大學出版部，1967 年）。但方以智書不在其列。大槻所讀到的是方書和王若翰《醫學原始》，參 Yoshida Tadashi（吉田忠）"The works of Johann Adam Schall von Bell in Tokugowa Japan"，收於 Roman Malek ed., *Western Learning and Christianity in China: The Contribution and Impact of Johann Adam Schall von Bell*（Sankt Augustin: Monumenta Serica Institute, 1998), pp. 1127－1128。大槻懷疑方書有誤，蓋當時日人已知西醫學有腦神經十對之説。他的《重訂解剖新書》云："按ズルニ六ハ十ノ誤、蓋シ十對神經ナリ。"（按："六"乃"十"之誤，蓋神經有十對也。）〔轉引自小川鼎三《醫學用語の起り》（東京：東京書籍，1983 年），頁 29。〕

⑥ Leonardus Lessius, *De Providentia Numinis & Animi Immortalitate*, pp. 74－75. Lessius 書與湯譯的關係，參 Adrian Dudink, "The religious works composed by Johann Adam Schall von Bell, especially his *Zhuzhi quanzheng* and his efforts to convert the last Ming emperor"，收於 Roman Malek 前揭書，p. 805－898。Lessius 是十七世紀享負盛名的耶穌會士、大學者，他的著作如 *De Justitia et Jure*, *De Providentia Numinis*, *Hygiasticon* 等，甫一出版，即譯成多種歐洲語言。參 C. Herbermann, *The Catholic Encyclopedia*（NY: Robert Appleton, 1910), vol. 9, pp. 192－193。

次就是運動頭顱的肌肉。第六對神經伸延所及，至頭顱之下，經過頸肌，喉嚨、胸，下達於胃口……)

湯譯頗有刪節，但從中還是看得見“筋”確是 nervus 之譯，“氣”是 spiritus 之譯。只看湯譯一段，就知道西醫學中有關神經的分布、結構、作用等等，確已略傳於中土。成書比它更早的鄧玉函《泰西人身説概》,① 所論神經更爲詳盡，其中的《細筋部》，其主要内容就是把神經的形質（“中無空處，止有氣而無血”）、功用（“其用爲分布覺動之力”）以及顱腔七對腦神經和脊髓的三十對神經如何分布全身的徑路，一一描述出來，好像湯譯提過的“第六對”神經，鄧書云：“第六雙有三枝，其一枝到兩肋根至背，其二枝到喉嚨肉塊之上下，主動爲言語之根，其第三枝到胃及胃口上。”不但談神經分布談得更精詳，連其中一支的作用（言語之根）也交代清楚。這類西學的精覈，晚明的中國是絶對没有的。② 鄧書所論，基本上本於當日歐洲 Vesalius 的解剖學權威著作 *Fabrica*。譬如他把脊神經分爲四個節段，即“頸細筋”七對、“肩細筋”十二對、“腰細筋”五對和“臀細筋”六對，這種劃分大致上相當於今日醫學上的頸（cervical)、胸 (thoracic)、腰（lumbar)、胝（sacral）四個脊髓節段，其實就是始創自 Vesalius。③ 鄧玉函又認爲神經“中無空處”，也是依 Vesalius 的解剖實證，一反古希臘醫家蓋倫（Galen）以來以爲神經是中空管道的舊説。④《泰西人身説概》的進步性，可想而知。總之，十六世紀西學中最先進的人體解剖知識，的確是仗賴耶穌會士的努力而傳來了中土。而十九世紀“腦氣筋”一詞的出現，應該就是在明末天主教士譯述的基礎上改良而來的。

三、《回回藥方》的“筋經”説

“腦氣筋”一詞的由來，我們説是受到明末天主教士譯述的啓導，這是因爲馬禮遜等人確乎參讀過明末天主教士的譯述。但以漢語的“筋”指稱神經系統，還不是以晚明的傳教士爲最早。晚明以前二百多年，出現於元明之間的《回回藥方》已經用過“筋”字來明指神經。譬如其書卷 34 云：

要知筋經原從腦經上生來，故比別經知覺較速。⑤

又卷 12 云：

癱瘓病證，多在頭手之筋，是動魂之器，筋頭是腦，頭是腦之窠。⑥

① 鄧玉函卒於 1630 年，《主制群徵》成書於崇禎九年（1636）。參前頁注⑥Dudink 前揭文頁 813。《人身説概》究爲原著抑翻譯，學界未有定論。參祝平一《身體、靈魂與天主：明末清初西學中的人體生理知識》，《新史學》第 7 卷第 2 期（1996 年)，頁 89－91。

② 《泰西人身説概》卷上《細筋部》; *Fabrica*, pp. 322－352。此“第六雙”，約略相當於現代醫學的舌咽神經（IX)、迷走神經（X)、副神經（XI)。

③ *Fabrica*, pp. 340－350。又參 Arnaldo Benini and Susan Bonar, “Andreas Vesalius: historical perspective”, *Spine*, 21. 11: 1388－1393 (June, 1996)。

④ 參 *Fabrica*, p. 324。

⑤ 宋峴編《回回藥方考釋》下册（北京：中華書局，2000 年)，頁 417。

⑥ 同上注，頁 125。

《回回藥方》的"筋"有時又稱"筋經",此筋源於腦經,能知覺,是癱瘓症候攸關,顯然是指神經。中國醫籍自《素問》以來,都以爲"肝生筋",這裏説"筋經原從腦經上生來",應該是中醫學之外的另一醫説。關於《回回藥方》的性質,論者已多。書以《回回》爲名,指明它是傳自伊斯蘭文化圈的醫籍。其成書在元明之間,前人已有確説。[①]《回回藥方》所説到的神經學説,當然也應該是伊斯蘭的醫學,不過,伊斯蘭醫學的根本,乃承襲古希臘醫學而來,而且是大量采録希臘醫籍的翻譯,[②] 這是治醫史者都知道的。因此《回回藥方》其實又有不少古希臘的醫説,此事已爲當今學者稍作發覆。[③] 我們不妨在此多舉一例,把《回回藥方》與希臘醫學的關係再説明一下。試看卷34《折傷門·兩頷骨脱出》:

> 治法:凡此骨脱出了,必速治入本處,遲則必難,恐生别一等證候。且堅實了欲治甚難,且有腫相連的,連筋肉扯定,因此生長發熱,頭疼極甚,有時間顯出吐黄痰並瀉證候來,第十日必死。[④]

"頷骨脱出"就是古人説的"解頤"。自古有"匡説詩,解人頤"的雅談。[⑤] 但對"解頤"(頷骨脱出)症候的描述,漢籍從來未有如《回回藥方》那麽詳細。《回回藥方》未言出處,但這段話的來歷,其實可以沿著《回回藥方》以前的伊斯蘭醫籍而上溯到公元前有"醫學之父"之稱的希臘醫家 Hippocrates (c? 460 – c? 377 BC):

1. Avicenna (980 – 1037), *Liber Canonis*, Book IV, Fen V, Treatise I, Chapter 7: [⑥]

---

① 宋峴編《回回藥方考釋》上册,宋峴《前言》,頁1-39。另參宋峴《試論〈回回藥方〉産生的年代》,收於西安市伊斯蘭文化研究會編《伊斯蘭文化研究》(銀川:寧夏人民出版社,1998年),頁376-383;湯耿民《〈回回藥方〉學術淵源、作者和著述年代探討》,收於湯耿民編《秘傳傷科方書》(北京:中國中醫藥出版社,1997年),頁74-87。

② 所謂"伊斯蘭醫學",乃指伊斯蘭文化圈内之醫學著述與活動,所涉之人,不必爲伊斯蘭信徒,更不必爲阿拉伯人。E. G. Browne, *Arabian Medicine* (Cambridge: Cambridge University Press, 1962), p. 2: "When we speak of 'Arabian science' or 'Arabian Medicine' we mean that body of scientific or medical doctrine, which is enshrined in books written in the Arabic language, but which for the most part Greek in origin, though with Indian, Persian and Syrian accretions, and only in a small degree the product of the Arabian mind … The translation of the Greek books into Arabic, either directly or through intermediate Syriac versions, was effected for the most part under the enlightened patronage of the early Abbasid Caliphs at Bagdad between the middle of the eighth and ninth centuries of our era by skilful and painstaking scholars who were for the most part neither Arabs nor even Muhammadans, but Syrians, Hebrews or Persians of the Christian, Jewish, or Magian faith." 所言至爲確當。他所説的 Arabic medicine,即本篇之"伊斯蘭醫學"。關於伊斯蘭醫學乃承襲自古希臘的醫學,可參 Manfred Ullmann, *Islamic Medicine* (Edinburgh: Edinburgh University Press, 1997), pp. 7 – 40; Peter E. Pormann, *Medieval Islamic Medicine* (Edinburgh: Edinburgh University Press, 2007), pp. 6 – 40。

③ *Fabrica*, pp. 340 – 350. 又參 Arnaldo Benini and Susan Bonar, "Andreas Vesalius: historical perspective", *Spine*, vol. 21 (11), June, 1996, pp. 1388 -1393;又參宋峴、周素珍《〈回回藥方〉與古希臘醫學》,《西域研究》1994年第2期,頁28-42;宋峴、周素珍《〈回回藥方〉肩部脱臼復位探源》,《回族研究》1994年第1期,頁57-62。

④ 《回回藥方考釋》下册,頁460。

⑤ 宋周密《齊東野語》卷6(北京:中華書局,1997年),頁102:

> 匡衡好學,精力絶人,諸儒爲之語曰:"無説詩,匡鼎來。匡説詩,解人頤。"蓋言其善於講誦,能使人喜而至於解頤也。至今俗諺以人喜過甚者云"兜不上下頦",即其意也。本朝盛度以第二名登第,其父喜甚,頤解而卒。又岐山縣樊紀登第,其父亦以喜而頤脱,有聲如破瓮。按《醫經》云:"喜則氣緩,能令人脱頤。"信非戲語也。
>
> 未知"頤解而卒",是否即《回回藥方》所言症候。

⑥ Avicenna, *Liber Canonis* [translated by Gerard of Cremona, d. 1187] (Venice, 1507, facsimile, Hildesheim: Georg Olms Verlag, 1998), Book IV, Fen V, Treatise I, Chapter 7, p. 459v. 原書 *Kitab al-Quanan fi l-tibb* 爲阿拉伯文,我們没有看到。Gerard 全譯本爲當今西方論 Avicenna 所最常用之本。至於英譯,目前僅有 O. Cameron Gruner 據 Gerard 拉丁文本所譯 *The Canon of Medicine* 第一册 (Book One) 及 Mazhar Shah 據烏爾都語 (Urdu) 譯本所譯第一册 (Book One)。Gruner 所譯,享譽甚隆,可惜略去人體生理解剖部分。後 Laleh Bakhtiar 另編一本,亦名 *The Canon of Medicine*,以 Gruner 所譯爲底本,另配 M. Shah 所譯人體生理解剖部分。本文所引主要爲 Gerard 譯本。如屬 *Liber Canonis* 第一册,則酌用 L. Bakhtiar 之英譯本 (Great Book of the Islamic World, Inc. 1999),以便讀者。

De dislocatione mandibule

Nam facilior reditio eius est illa que est velocior quod si differat indurat et apostemat et extendit lacertos et commovet febres inseparabiles et dolores capitis stantem propter illud quod associatur ei de vehementia tensionis lacertorum, et fortasse fit res prava donec iterficit in decimo.

(意譯:〔下頷骨脫出後〕復位,事必盡速,若延遲治理,即生硬實隆腫,肌肉牽扯,並因此發熱頭痛,久而不退,甚或吐出惡物〔按:指黄痰〕,十日而死。)

2. Albucasis (936 - 1013), *On Surgery and Instruments*, Chapter 24:

If the dislocation [of the lower jaw] be complete and total, it is necessary to set about the reduction of it at once without delay … If the reduction of both sides is hard when it is a simultaneous bilateral dislocation, and there is no return to the proper position, then thereby in many cases fevers and perpetual headaches occur; sometimes the patient's belly is loosened and he vomits actual bile. When you see this, you will know that he is doomed; in most cases in which this happens, death follows in ten days. ①

(意譯:下頷骨全脫出者,須立即還原復位。若兩邊脫出,無從復位,則病者多發熱、頭痛,甚或下瀉,而上吐黄液。凡見此症狀,則大限之期必矣。病者每不出十日而死。)

3. Hippocrates, *On Joints*, p. 257:

If both jaws are dislocated … it is well to reduce these cases as quickly as possible; and the mode of reduction is described as above. If not reduced, there is risk of death from acute fever and deep coma — and there are small evacuations of pure bile; if there is vomiting, it is also unmixed. These patients, then, die about the tenth day. ②

(意譯:下頷骨兩邊脫出……速使之復位。復位法如前述。若不得復位,則病者性命堪虞,其人高熱、昏迷,並排釋少量黄液,若爲嘔吐,所吐之物亦純爲黄液。發病後十日,病者即死。)

Avicenna(拉丁名,阿拉伯原名 Abu' Alí Husayn ibn Síná, 980 - 1037)和 Albucasis(拉丁名,阿拉伯原名 Abū' l-Qāsim Khalaf ibn ʻAbbās al-Zahrāwī, 936 - 1013)都是十世紀伊斯蘭的醫學名家,名冠歐亞,所以他們都另外還有拉丁文的名稱。他們的醫籍在十二世紀譯成拉丁文,流行於歐洲達五百年之久。③ Avicenna 其人,漢文裏是提過的。《回回藥方》依阿拉伯原名提到他,稱"阿不阿里撒納",④ 連明末西人艾儒略談西學也提到他,依拉丁譯名,稱"古賢亞味則納"。⑤

① Albucasis, *On Surgery and Instruments* (Berkeley: University of California Press, 1973), Chapter 24, pp. 788 - 789.

② E. T. Withington ed. and trans., *Hippocrates*, Volume III (Cambridge, Mass.: Harvard University, 1927), *On Joints*, p. 257.

③ 参 Danielle Jacquart, "The influence of Arabic medicine in the medieval West", in R. Rashid ed., *Encyclopaedia of the History of Arabic Science*, iii, (London: Routledge, 1996), pp. 963 - 984。

④ 《回回藥方考釋》下册,卷 30,頁 270。

⑤ 《性學觕述》卷 5,頁 25 下。

可見 Avicenna 是東西醫學交流史上的重要人物。上舉四文互比，Hippocrates 的骨傷説自伊斯蘭醫籍而東傳中土，即已歷歷可見。① 《回回藥方》關於頷骨脱出這段話，可以説就是 Hippocrates 骨傷説的數重轉述。由此而見，《回回藥方》不但是伊斯蘭醫學東傳的證物，其實也是泰西醫説東傳的文獻證據。若要考查《回回藥方》的"筋"説，我們也就不得不轉向遠西以理清其來源。

首先，《回回藥方》用"筋"字指神經，② 我們可以取剛才引用過的 Avicenna《醫典》(*Liber Canonis*) 與之比對。《回回藥方》卷 34《折傷門》云：

> 説凡傷損瘡等在筋上者併治法：凡傷損瘡等在筋上者，要知筋經原從腦經上生來，故比別經知覺較速，因此若有傷損瘡等，覺疼甚，又生筋縮，智識昏亂證候。③

此節可與 Avicenna《醫典》互參：④

> De vulneribus nervorum et que currunt cursu eorum … propter vehementiam sensus eorum et continuitates suam cum cerebro accidunt ex vulneribus dolores vehementes valde et lesiones valde magne sicut spasmus et permixtio rationis …
>
> （意譯：神經損傷及其變化：……神經覺知極强，由腦生出。因此神經如有損傷，即極痛極傷，甚至抽搐並神智迷亂。）

《回回藥方》此節，幾乎就是《醫典》的翻譯。《藥方》中的"筋"與"筋經"，相當於《醫典》的 nervorum（神經），其義指神經，無庸置疑。⑤ 但《回回藥方》的編撰者，以漢語的"筋"字借指神經，竟然與明末的耶穌會士不謀而合，這倒是稍需説明的。伊斯蘭醫學，包括神經學理，基本上是譯取自古希臘的醫説，阿拉伯語用来指神經的名詞 al-ʿaṣab，原本是翻譯希臘文的 neura，它既指筋線，也同時指神經。⑥ 我們細查一下另外一部阿拉伯文撰成，稱爲《王者詞海》(The Rasūlid Hexaglot) 的大辭書，它是一部中亞六種語言的對照詞典（阿拉伯語、波斯語、突厥語、蒙古語、希臘語、阿美尼亞語），編撰地在也門，時代剛好與《回回藥方》約略同時，

---

① 其實《回回藥方》亦屢次提及 Hippocrates，稱"卜忽剌忒"，是按照阿拉伯語譯名 Buqrāt 再音譯。宋峴先生的《回回藥方考釋》上册《前言》（頁 21－22）已論及。《回回藥方》提到 Hippocrates，往往是依《醫典》所言，以下試舉一例，可以補充宋峴之説。《回回藥方》卷 34《折傷門》云（頁 425）：

> 凡是骨全折了……先賢卜忽剌忒是古回回醫人説，若向外折者勝向内裹折。緣向外折，則與筋經相連。
>
> Avicenna：*Liber Canonis*，Liber IIII，Fen. V，Tractatus V，cap. 1 p. 462：
>
> *Et ut declinet fractura ad exteriora secundum quod dixit Hippocrates, melius est quam ut declinet ad interiora, quoniam illud quod occurrit ei de nervis illic est plus quareledit*
>
> （意譯：若是骨全折了……據希波克拉底所説，骨向外折勝於向内折。若然發生，則該處神經甚傷。）
>
> 兩文互爲仿佛。合正文所引觀之，《回回藥方》的《折傷門》多取自《醫典》或與《醫典》極有關係的西域醫書，益爲可信。

② 《回回藥方》用"筋"字，當然還有别的意思，有時指條管狀物。譬如《回回藥方》（頁 444）論鼻骨折云："令其端正的法，是將光銅筋緩放鼻内，到損折處擡折骨，撥使端正。"（頁 406）論傷損云："蓋皮裏一層肉帶屬筋經，其與護腸連筋肉各不相粘，故必縫著，然後可痊。""銅筋"即細幼銅管之類。Albucasis 前引書（頁 346－348）曾言及之。"筋肉"應係骨筋肌肉。但《回回藥方》用"筋經"，例指神經。

③ 《回回藥方考釋》下册，頁 417－418。

④ *Liber Canonis*，Liber IIII，Fen. IV，Tractatus IV，cap. 1，p. 456v.

⑤ "筋經"此詞僅見於《回回藥方》，爲中國傳統醫籍所無，大概是《回回藥方》的作者依中國稱胃經、脾經、肝經等的法子，另造新語，以專指中國向來所無聞的神經系統。

⑥ 希臘語 neura 一詞的醫學含義以及所引起的翻譯混亂，可參 R. K. French，"*De Juvamentis Membrorum* and the Reception of Galenic Physiological Anatomy"，*Isis* 70．1：103 (March 1979)。

在十三至十四世紀之間，其中阿拉伯語 al-ᶜaṣab 與希臘語 neura 並列以爲對譯，其義兩指，正好是一指神經，一指筋腱。① Al-ᶜaṣab 這個詞，兩義兼備，其實是經常見於中世時期的伊斯蘭醫籍，像九世紀醫家 Hunayn ibn Ishàq al-Ibàdi（809－875）的名著《醫藥答問》*Questions on Medicine for Scholars*（*Al Masa'il fi al-tibb lil Muta'aillimin*），以ᶜaṣab 指神經。十世紀一部講營養衛生的小書，Qustà Ibn Lùqà 撰《朝聖衛生》*Risàla fì tadbor sufar al-hajj*（*Medical Regime for the Pilgrims to Mecca*），用ᶜaṣab 指神經，亦指筋腱。時至今日，阿拉伯語 al-ᶜaṣab 還是指生理的"神經"的。②《回回藥方》用漢語的"筋"字指神經，固然是本之於當時的伊斯蘭醫籍，但尋根究源，到底是來自古希臘的醫學，與明末耶穌會士傳來的醫學其實有同一祖源。

"筋"指神經之來歷已明，我們再細看一下《回回藥方》傳來的神經學知識。當今傳本《回回藥方》僅存 4 卷（即目録卷之下、卷之十二、卷之十三、卷之三十四），並無專節論"筋"，但於論中風、癱瘓、骨傷各門時，多已旁及神經，對於神經的源出、分布、作用等等，都有説明。譬如：

1. 頁 125：筋頭是腦，頭是腦之窠。手近著濕腦，筋亦近，有軟……下半身渾身筋硬，因離頭遠。
2. 頁 144：手筋從項筋而生。（按："項筋"即頸椎部位脊髓，兩手大神經即從此伸出。）
3. 頁 188：面皮活筋，生於鼻竅，從頂窠而出。（按："頂窠"即顱腔。）
4. 頁 464：人之生，腦後有白筋二條，下貫脊梁骨節内，若此骨脱出，其筋即擠沓，故死。又凡筋從白筋相生者，遇有擠沓，亦死。……若第一節骨脱出者，死尤速。蓋緣凡人的氣，必倚此筋之伸縮而後能出入，令若擠沓，故速死也。

以上四條，已經談到神經源出於腦，有知覺功能，又有運動功能，有的分布於顱腔之内，有的從脊髓生出，延展到身體各部，等等。這樣的神經學説，對十四世紀的中國人來説，應該是聞所未聞的奇談。這樣的醫説，除了可以在伊斯蘭醫籍中尋出來源，其實還可以追溯到古希臘的醫學。③ 爲免

① 見 Peter B. Golden et al. eds. and trans., *The King's Dictionary: The Rasūlid Hexaglot* (Leiden: Brill, 2000) p. 108。這部詞典的編成，乃是在大蒙帝國多文化、多語言的環境下産生的。参 Thomas T. Allsen, "The Rasūlid Hexaglot in its Eurasian cultural context"，見前揭書頁 25－48。

② 見 Hunayn ibn Ishàq al-Ibàdi (809－875), *Questions on Medicine for Scholars* (Al Masa'il fi al-tibb lil Muta'aillimin) (Paul Ghalioungui trans., Cairo: Al-Ahram Center for Scientific Translations, 1980), pp. 5, 126。又見 Qustà Ibn Lùqà 撰 *Risàla fi tadbor sufar al-hajj* (Medical Regime for the Pilgrims to Mecca) (edited and translated by Gerrit Bos, Leiden: E. J. Brill, 1992), pp. 26－27, pp. 38－39。Bos 譯本附阿拉伯文。現今阿拉伯語ᶜaṣab 有神經之義，参 N. S. Doniach, *The Oxford English-Arabic Dictionary of Current Usage* (Oxford: The Clarendon Press, 1972), p. 811。

③ 就以具有醫學百科全書性質的 Avicenna《醫典》爲例，其書第 1 册論神經云（以下取自 Baktiar 書英譯，頁 46，参注 40。Baktiar 其書僅譯出《醫典》第 1 册〔Liber I〕）：

> Nerves arise from the brain or the spinal cord. They are soft, white, pliant …

論腦神經云（Baktiar, pp. 110－111）：

> The fourth pair [of craninal nerves] originates from the base of the brain in between the forebrain and the hindbrain … The third branch passes through the foramen for the second nerve and supplies the face … The second sub-branch passing through the inner canthus of the eye enters the nose to supply it with sensation.

論"手筋"云（Baktiar, pp. 112－113）：

> There are eight pairs of cervical nerves arising from the spinal cord … Most of the branches of the seventh pair supplies the arm.

所言與《回回藥方》相合，而比之更爲詳明。上引 Bakhtiar 頁 46 一句，Gerard 的譯文爲："*Postea sunt nervi qui sunt corpora quae cerebro orta aut a nucha alba* …"（見 *Liber Canonis*, p. 7）。"*Nucha alba*"與《回回藥方》所謂"白筋"爲近。*Nucha* 原爲阿拉伯語，指脊髓，*alba* 即白色。又参 *Charles Mayo Goss*, "*On Anatomy of Nerves by Galen of Pergamon*", *American Journal of Anatomy*, no. 118, pp. 328－334。

繁瑣，我們只討論其中比較簡單而有代表性的兩條，即第一與第四條，借此以表明古希臘的神經學説輾轉通過伊斯蘭醫學而傳來了中國。

(一) 神經與呼吸功能的關係

《回回醫方》頁 464 云：

> 人之生，腦後有白筋二條，下貫脊梁骨節内，若此骨脱出，其筋即擠沓，故死。又凡筋從白筋相生者，遇有擠沓，亦死。如脖項上轃接的骨脱出，氣不能出入，亦死。若第一節骨脱出者，死尤速。蓋緣凡人的氣，必倚此筋之伸縮而後能出入，令若擠沓，故速死也。

《回回醫方》所説的"白筋"，即 Avicenna《醫典》提過的"nucha alba"① (意即"白筋")，現今醫學稱脊髓 (spinal cord)，脊髓的表面，前正中和後正中都各有深溝一條，把脊髓分成左右對稱的兩半，看起來就像是"白筋二條"。從脊髓的前外側和後外側穿出脊神經，即所謂"筋從白筋相生"，《藥方》談到"脖項上轃接的骨"，此即頸椎，亦即頸髓 (即脊髓的前八個節段) 所在，頸髓是控制胸肌和横膈膜運動的神經之所由出，胸肌伸縮，與横膈膜配合運動，乃成呼吸。此即《藥方》所説"蓋緣凡人的氣，必倚此筋之伸縮而後能出入"。《回回藥方》説"倚此筋之伸縮"，很容易令人以爲是神經 ("筋") 本身的伸縮，但它指出了脊髓神經和呼吸功能的關係，到底是正確的，這樣的學問，當然不是中醫學所本有。Avicenna 的《醫典》談到同樣的話題，即脊梁骨節脱出，有相似的説法：Avicenna, *Liber Canonis*, Liber IIII, Fen. V, Tractatus I, Cap. xxi, p. 461：

> De dislocatione spondilium et separatione earum
>
> Quando spondileo dislocatur dislocatione completa interficit proculdubio … Et si est spondilis prima colli et que sequitur eam privat animal anhelitu et moritur statim: quoniam nervi anhelitus coartantur quare non faciunt operationes suam.
>
> (意譯：脊柱骨移位與脱出——脊柱骨全脱出者，必死無疑。……若是脊柱椎骨第一塊遭壓撞折斷，則氣不能出入，亦即死。此乃由於主使氣出入之神經受擠沓而不能發揮功用之故。)

---

① 就以具有醫學百科全書性質的 Avicenna《醫典》爲例，其書第 1 册論神經云 (以下取自 Baktiar 書英譯，頁 46，參注 40。Baktiar 其書僅譯出《醫典》第 1 册〔Liber I〕)：

> Nerves arise from the brain or the spinal cord. They are soft, white, pliant …

論腦神經云 (Baktiar, pp. 110－111)：

> The fourth pair [of craninal nerves] originates from the base of the brain in between the forebrain and the hindbrain … The third branch passes through the foramen for the second nerve and supplies the face … The second sub-branch passing through the inner canthus of the eye enters the nose to supply it with sensation.

論"手筋"云 (Baktiar, pp. 112－113)：

> There are eight pairs of cervical nerves arising from the spinal cord … Most of the branches of the seventh pair supplies the arm.

所言與《回回藥方》相合，而比之更爲詳明。上引 Bakhtiar 頁 46 一句，Gerard 的譯文爲："*Postea sunt nervi qui sunt corpora quae cerebro orta aut a nucha alba* …"(見 *Liber Canonis*, p. 7)。"*Nucha alba*"與《回回藥方》所謂"白筋"爲近。*Nucha* 原爲阿拉伯語，指脊髓，*alba* 即白色。又參 *Charles Mayo Goss*, "*On Anatomy of Nerves by Galen of Pergamon*", *American Journal of Anatomy*, no. 118, pp. 328－334。

兩節的內容互爲彷彿，《回回藥方》就算不是直接採自《醫典》，也應該是來自與《醫典》極有關係的伊斯蘭醫書。但這樣的神經學說，却原來並非伊斯蘭醫家所首先發明，而是源自更古遠的二世紀希臘大醫家 Galen。Galen 的神經解剖學是他醫學中最精彩的部分，他通過活體解剖，得知脊髓神經與呼吸有關，其《解剖次第》（*On Anatomical Procedures*）詳細説明如何在解剖時切斷脊髓神經，令呼吸終止：①

> Logically the next step would be to make the whole thorax motionless by ligating the nerves that move its muscles … You can immobilize the intercostals muscles through the nerves that reach them from the spinal marrow, as I have described, and then the diaphragm by destroying the origins of the nerves … If you severe it completely between the third and fourth vertebrae, the animal at once ceases to breathe. Not only does the thorax become motionless, but also the whole body below the section. It is clear that if the section be above the second or first vertebra or at the very starting point of the spinal marrow, the animal immediately perishes.
>
> （意譯：下一步即切斷控制胸肌的神經，使胸部停止活動。……神經是從脊髓伸展到肋間的肌肉，你可以破壞神經的源頭（按：即脊髓），令肋間的肌肉以及橫膈膜失去活動能力。如果在脊椎的第三節和第四節之間切斷，動物即立刻停止呼吸，不但胸腹失去活動能力，連切斷點以下的身體亦無法活動。若在脊椎第二節或第一節以上切斷，或在脊髓的起點切斷，則動物必立時死亡。）

Galen 意謂若自脊椎第三、四節之間將神經切斷，則胸腹與横膈膜等立時無法動彈；情況同於《回回藥方》所謂“脖項上榛接的骨脱出，氣不能出入”。若於第一節或第二節切斷，則同於《回回藥方》所説第一節脱出的情況，亦必立斃。Galen 的《解剖次第》，在九世紀被醫家 Hunayn 譯成敘利亞文，不久又陸續有了阿拉伯文譯本，流傳極廣。②《回回藥方》所説的醫理，來源於希臘醫學，於此分明可見。伊斯蘭醫家資取於 Galen 的學説，這是治醫史者所熟知的，無庸細贅。總之，Galen 在神經學上的發現輾轉傳來了中土，此爲一例。

（二）“濕”腦與神經的軟硬

《回回藥方》頁 125 云：

> 筋頭是腦，頭是腦之窠。手近著濕腦，筋亦近，有軟……下半身渾身筋硬，因離

① Galen, *On Anatomical Prodedures*, trans. by Charles Singer (NY: Oxford University Press, 1956), pp. 218 - 221. Galen 的神經解剖學是他的醫學中最精彩的一部分。S. Marketos: “Galen: A pioneer of spine research”, *Spine*, 24. 22: 2358 November 1999: “Galen's description of the distribution of the spinal nerves is one of the most impressive aspects of his anatomical observations … It is noteworthy that 14 centuries later Vesalius, the great anatomist of Renaissance, had little to add to Galen's knowledge regarding the nervous system.”

② 關於 Galen 醫籍的阿拉伯文翻譯，参 Albert Z. Iskandar, “Bibliographical Studies in Medical and Scientific Arabic Works: Galen's fi ‘Amal al-tashriḥ (On Anatomical Procedures), the Alexandrian Book Entitled fi ’L-Tashriḥ ila ’L-muta ‘allimin (On Anatomy for Students), and Rhazes’ Al-Kāfī fi ’L-Ṭibb (The Sufficient Book on Medicine)”, *Oriens*, vol. 25 (1976), pp. 133 - 147。

頭遠。

腦屬"濕性"之説，其實是緣於希臘醫家的"四稟性"説，"四稟性"即燥、濕、熱、寒四類。人體器官，各分屬之，而程度有别，Galen 説：

> Flesh too, is wetter than skin, but in this case also hotter. The spinal cord is wetter but also colder; the brain wetter still; fat wetter again. ①
>
> (意譯：肉之濕性，甚於皮膚，其熱性亦然。脊髓比之於肉，濕寒更甚。腦則比脊髓爲濕，脂膏則又比腦爲濕。)

據此，腦爲濕性，其濕度僅次於人身脂膏。Avicenna《醫典》亦有此説，明言是采自 Galen：

> Humidus vero quod est corpore est flegma, postea sanguis, postea pinguedo, postea adeps, postea cerebrum, postea nucha, postea caro mammillarum et testiculorum, postea pulmo, postea epar, deinde renes, postea musculi, postea cutis et hic quidem est ordo quo Galen disponit ea. ②
>
> (意譯：性濕之物，以痰液爲最，其次爲血、脂、膏、腦、脊髓、胸肉、睾丸、肺、肝、腎、肌、皮。此次序乃依 Galen 所定。)

至於"筋"分軟硬，則視乎離頭腦之遠近，此説亦見於 Galen：

> Moreover, they [按：指 philosophers and physicians] err as to the nature of the nerves. They think that the brain is like them in all its parts, except that some are more, and some less, soft. Through some nerves the brain transmits the power of sensation to the parts below, through others, voluntary movement. It is intelligible that all the nerves should have both these powers, but the soft are more suited for sensation, the hard for movement. ③
>
> (意譯：世之哲人與醫家，於神經多有誤會，以爲腦同於神經，有軟硬兩部，如神經有質軟神經與質硬神經之别。腦傳導知覺力，隨質軟神經而周遍一身，其傳導運動力，亦隨質硬神經而周遍一身。此説其實不然。凡神經俱有以上兩種傳導力，唯質軟神經更宜於傳導知覺，質硬神經更宜於傳導運動而已。)

把神經分成軟硬兩類，軟的神經傳導知覺，硬的神經傳導運動能力，這是 Galen 以前西方醫家的認識。Galen 認爲不然。他主張神經無論軟硬其實都同時具有這兩種能力，只是質軟的神經更宜於傳導知覺，質硬的神經則宜於運動。我們都知道，主知覺的神經，主要就是腦神經中的感官神經，離開頭腦當然不遠。Galen 主張腦神經質軟，此説亦見於他的 *De Nervorum Dissectione*（神經解剖）一書。④ Avicenna《醫典》亦云：

---

① C. Singer, *Galen on Anatomical Procedures* (New York: Oxford University Press, 1956), p. 230.

② *Liber Canonis*, Liber I, Fen. I, Doctrina III, cap. ii, p. 3.

③ C. Singer, *Galen on Anatomical Procedures* (New York: Oxford University Press, 1956), p. 183.

④ 此篇 Charles Mayo Goss 有部分英譯，前文頁 284 注③。

propter ea quod a principio elongati fuerunt oportuit ut sustentarentur superflua affirmatione a musculis fortibus qui eos tegant. … in nervis sensibilibus non quarerit de duricie … ①

（意譯：神經伸延長遠者，表裏堅皮，使之强硬。……神經之主感知者［按：指從腦直接生出的神經］，則未嘗見其質硬。）

遲至十六世紀，Vesalius 還是秉承其説：

Deinde aut propter longiorem vel succinctiorem progressum，nervi aut molliores aut duriores comperiuntur，visus nanque，gustus，et auditus nervi molles sunt，quod brevissimo prorepant intervallo. ②

（意譯：神經伸延向外，長短不同，固有軟硬之别。視覺、味覺、聽覺神經，［從腦］伸延未爲長遠，乃質軟之神經。）

Galen、Avicenna 等並以爲感官神經去腦爲近而質軟，易於感知，主運動的神經去腦較遠而質硬。此與《回回藥方》所謂"筋亦近（濕腦），有軟。……筋硬，固離頭遠"，實爲同一醫説。

從以上兩例可知，《回回藥方》不單是傳來了"回回"的神經學説，而且是把古希臘的神經學説傳來了中國。《回回藥方》雖然極不易讀，其文理近乎活剥生吞之翻譯，但它在中西醫藥文化交流史上的價值，就算未爲"絶後"，也肯定是空前。古希臘醫學東傳中土，《回回藥方》的撰譯是重要的里程碑。從以上論述，可知西醫學東傳史其實非常悠長。只看漢語"筋"字新義的發生，就知道西醫學東傳，不只是大家熟知的明末清初時期以及晚清時期。其實蒙元帝國短短百年之間，也是西醫學滲進中土的重要時代，只是過程稍爲曲折而已。

四、"筋"説在中國社會上的流播

以上論述"筋"（神經）這個詞的來歷，兼及神經學説的東傳，上下五百多年，爲時不謂不長久，但晚清以前，中國人似乎還是普遍地對神經無甚認識，至少中醫學是始終没有吸收過西方的神經學説。③ 李約瑟《中國科技史》（*Science and Civilization in China*）第一册的斷語：

① *Liber Canonis*, p. 18v.

② *De humani corporis fabrica*, *libri septem*, p. 316.

③ 傳統的中醫學並非没有接觸過"神經"這樣的人體器官，對於某些神經作用的現象也並非一無所知，譬如，《靈樞經》卷4："維筋急，從左之右，右目不開，上過右角並蹻脈而行，左絡於右，故傷左角，右足不用，命曰維筋相交。"有人以爲這就是神經椎體束交叉的現象。另外，《道藏》（北京：文物出版社，1996 年）第 18 册有《胎息精微論》，或謂出於宋以前（參朱越利《道藏分類解題》，北京：華夏出版社，1996 年，頁 320），内云："泥丸是土，有兩條脈下徹腎精……腦有二條脈，夾脊降到臍下三寸，是名氣海。"此"二條脈"似是《回回藥方》所説的"白筋二條"。唐末段成式的《酉陽雜俎》也有"兩條白物"之説，其卷 4 有如下一個故事：

李公佐，大曆中在廬州。有書吏王庚請假歸，夜行郭外，忽值引騎呵辟，書吏遽映大樹窺之，且怪此無尊官也。導騎後一人紫衣，儀衛如節使，後有車一乘，方渡水。御者前白："車軥索斷。"紫衣者言："檢簿。"遂見數吏檢簿曰："合取廬州某里張某妻脊筋。"乃書吏之姨也。頃刻吏回，持兩條白物，各長數尺，乃渡水而去。至家，姨尚無恙。經宿，忽患背疼，半日而卒。

這兩條白"脊筋"，恐怕就是脊髓。無論如何，中國人始終没有從以上的各種觀察整合出一套神經系統的觀念，對於"神經"這種人身器官，其源頭（腦）、分布、作用（主覺知與運動）等等，始終没有清楚確切的認識。

“Hardly any Hellenistic influence can be seen in Chinese medicine”（中醫學裏，絶難看見古希臘醫學的影響），① 是公碻之論。“腦筋”説這樣新奇的一種學問，在晚清以前，幾乎完全引不起中醫學的興趣。中國主要的綜合性醫籍，像明朱橚的《普濟方》、清吴謙等奉敕編修的《醫宗金鑑》，甚至是有意突出《素》、《靈》門限的王清任（1768－1831）《醫林改錯》，始終没有實實在在談到“腦筋”。十八世紀末期，日本醫家接觸到西洋的 zenuw（荷蘭語，即神經），乃謂“漢人所未説”。② 明末清初醫家兼天主教徒王宏翰，他著有《醫學原始》，是極少數提到西人“筋”説的中醫書，不過，他的一提，也只是依西教士原書照録，譬如其卷 2 之内容，就是取自艾儒略的《性學牰述》，其中論《鼻官》云：

> 鼻司嗅受物之臭味，以分美惡焉。嗅之具鼻内有二細筋，從腦前公司所至鼻，帶動覺至細之德，通於鼻，使鼻受其聞，其筋末有嫩肉，如乳頭而多竅。③

所説“鼻内有二細筋”，顯然指“嗅神經”。此説是節録自《性學牰述》卷 4《鼻之官》：

> 鼻司嗅，受物之臭味，以分其美惡。……論嗅之具有二細筋之管，從腦至鼻，其筋末有嫩肉，如乳頭而多竅。④

作者依書照搬，究竟有多少領會，我們無法得知。總之，西學的真知卓見，投進了中醫學的汪洋大海中，確乎没有怎麽樣蕩起過漣漪。王宏翰的書在中國幾乎絶迹，⑤ 而清代敕修的醫學百科全書《醫宗金鑑》（1742），醫家奉爲寶典，當中論鼻官也只是提到“鼻屬脾”、“鼻者司嗅之竅”之類，⑥ 絶無“細筋”之説，更遑論艾、王兩書中所提到、經解剖大腦而得知的“嗅球”（Bulbus olfactorius）型體（“筋末有嫩肉，如乳頭而多竅”）。西醫解剖學的精微是經傳教士們傳來了，却只能獨自精彩，寂兮寥兮，中國人似乎是置若罔聞。一直到了晚清，合信的人體解剖學論著《全體新論》出版（1851），海山仙館主人潘仕成於翌年收入《海山仙館叢書》之内，其《弁言》居然説：“西域人運思靈巧，好語精微，其天文算法諸書，久爲中國所收録，而醫學獨未之聞。”西醫學東傳，從上文的論述可知，其精微見於文獻者，至少有五百年以上，而《回回藥方》，甚至明末傳教士譯《人身概説》、《人身圖説》等等，却統統乏人問津，流傳不廣，以致潘仕成有“［西］醫學獨未之聞”之語；即或有讀之者，亦不求甚解，像清大學者俞正燮，其妙論云：

> 西洋羅雅各、龍華民、鄧玉函所譯其國《人身圖説》二卷……此書在中國二百年矣，未有能讀之者，今求其指歸，則中土人肺六葉，彼土四葉；中土人肝七葉，彼土三葉；中土人心七竅，彼土四竅；中土人睾丸二，彼土睾丸四；……藏府不同，故立教不同，其人

① Joseph Needham, *Science and Civilization in China*, vol. 1 (Cambridge: University Press, 1954), p. 219.

② 杉田玄白（1733－1817）《和蘭醫事問答》（1795），收於沼田次郎等所編之《洋學》上册（東京：岩波書店，1976 年），頁 215。杉田另有名著《解剖新書》，乃翻譯西醫書 Johann Adam Kulmus（1689－1745）*Anatomische Tabellen*（1725）而來，漢語“神經”一詞，即杉田所創譯。見《洋學》下册，《解體新書・凡例》頁 214，又小川鼎三《解説》，同書頁 502－503。

③ 王宏翰《醫學原始》，《明清中醫珍善孤本精選》之三（上海：上海科學技術出版社，1989 年），卷 2，頁 145－146。

④ 《性學牰述》卷 4，頁 16 下－17 上。

⑤ 王宏翰《醫學原始》，參本書編者《内容提要》，頁 1。

⑥ 《醫宗金鑑》（《文淵閣四庫全書》本）卷 57，頁 2 上；卷 80，頁 5 下。

好傳教，欲中土人學之，不知中國人自有藏府經絡，其能信天主教者，必中國藏府不全之人。①

其固守如此、自尊如此。像神經學這樣極有意義又極精微的學理，其東傳猶如無傳。東西文化交流史上的這個節段，的確令人深爲困惑，也因此而值得一提。

我們要是反過來看看鄰邦如何對西醫學作出反應，就不能不對中國醫學的冷漠感到驚奇。前文引述過《主制群徵》談“筋”的一段話，方以智的按語僅謂“此論以肝、心、腦、筋立論，是《靈》《素》所未發，故存以備引觸”。② 《主制群徵》這段話，朝鮮的實學家李瀷也引述過，他的領會要深刻透徹得多：

按：此說比中國醫家更覺詳盡，不可沒也。……頭之本在髓曰腦，筋總於腦，周絡皆遍，則腦之爲一身之主可知。筋之力可以運用百體，則其動氣之由乎腦明矣。但添一覺字，與儒家之說不同，然肉連於筋，筋爲肉繫，外物觸肉，肉便惕動者，非筋而何？筋非自覺，有腦故物觸之時，不待思量，便即惕動者，腦之爲也。③

他發揮腦、筋、肉互相牽繫而覺動的關係，透剔精覈，完全抓住了要害。對於湯若望的醫學，他是佩服之至：

鄔若望者，西洋人也，天啓間至中國，善醫……其人長於考究，凡物理之說，皆非華人所及，此必有奇方異材，大益於人生。華人尊信猶未至，不能傳後而泯焉，可異！④

他說“華人尊信猶未至，不能傳後而泯焉”，一語中的，其時乃十八世紀，與二十世紀李約瑟的回顧，不謀而合。中外文化長期接觸之後，中國文化在某些方面似乎是始終無法吸收外人之長，科技史家目前最注意的是天文與數理兩方面。⑤ 本篇舉出人體學的一個小範圍，指出數理、天文之外，傳統中國吸收外來文化，人體學也是一個大盲點。

中國社會普遍接受神經學說，是在合信於 1850 年間，陸續編譯出《全體新論》、《西醫略論》、《内科新説》等等之後，也是晚清文化自尊逐步冰泮瓦解的時期。當時西學正開始如排山倒海一般湧進中國社會，一時間“電學”、“光學”、“重學”、“力學”、“化學”、“全體學”等等，琳琅滿目，遠非明清之交可比，真的是此一時，彼一時也。合信的影響，早有論者及之，也是一個大課題，本篇不擬細論，總之，合信創譯“腦氣筋”一詞後，五十年間，不但談醫學的談到腦筋，連科舉、詩詞這些傳統壁壘也出現了“腦氣筋”，試看：

---

① 《癸巳類稿》卷 14《書人身圖説後》（瀋陽：遼寧教育出版社，2001 年），頁 488－490。
② 臺灣商務印書館景印《四庫全書》本卷 3，頁 12 上。
③ 李瀷《星湖僿説》卷 5 下《西國醫》（漢城：文光書林，1929 年），頁 22 下－23 上。
④ 同上注，頁 21 下。
⑤ 論者以爲域外最爲發達的數理天文學（mathematical astronomy），在傳統中國始終無法紮根滋長。至於西洋數理，於明末清初，影響不惟不巨，但其演繹論理模式對中國傳統數學始終如水過鴨背。可參 J. Needham, *Science and Civilization in China* (New York: Cambridge University Press), vol. 3, pp. 372－382; Toby Huff, *The Rise of Early Modern Science: Islam, China and the West* (Cambridge: Cambridge University Press, 1993), pp. 239－242, pp. 309－311; Nathan Sivin, “Science and Medicine in Imperial China-The State of the Field”, *Journal of Asian Studies*, vol. 47. 1: 41－90 (Feb. 1988)。Sivin 文頁 58：“Although the impact of Euclid's *Elements* on seventeenth-and eighteenth-century Chinese was immediate and great, its deductive structure of argument had very little influence.”

唐宗海《中西匯通醫經精義》(1892) 卷下：西醫言腦筋，主知覺運動。①

王有忠《簡明中西匯參醫學圖説》(1906) 上編：其主百體者有三，一腦髓、一脊髓、一腦筋。②

吴汝綸《與薛南溟》(1901)：小孩須八歲方可入學，太小則讀書識字，易傷腦氣。凡書生多得頭病或風眩或顛狂等疾，皆腦筋受傷之驗也。③

王同愈《栩緣日記》(光緒二十四年〔1898〕十一月初二)：覆生童經古試……考題："腦氣筋功用説"。(光緒二十六年〔1900〕二月二十七日)：蘇詩（按：蘇軾詩）時往來肝閒，牢染於腦氣筋，無可排解。④

譚嗣同《仁學》(1899)：以太之用之至靈而可徵者，于人身爲腦……腦爲有形質之電，是電必爲無形質之腦。人知腦氣筋通五官百骸爲一身，即當知電氣通天地萬物人我爲一身也。是故發一念，誠不誠，十手十目嚴之，出一言，善不善，千里之外應之。⑤

馬君武《〈法蘭西今世史〉譯序》(1902)：英國哲學家斯賓塞曰：社會者，有機之生物類也。吾中國乃老乎？死乎？……至於今日，奄奄黄民，腦筋盡斷，血液石人主・生氣盡絶，勢力盡消。尚何言哉！⑥

章士釗《箴奴隸》(1903)：余東海小子猶復飲恨切齒，疾首痛心，其奈無羞恥、無血氣，無骨節，無腦筋之支那天然奴隸，欣欣然開門揖盜，賣祖宗櫛風沐雨所開化之天府國，甘爲人之羈軛，没齒無怨何也。⑦

這幾個節段都揭示出，"腦筋"一詞不但用於醫學，還成爲科舉考試的命題、詩詞雅謔的戲語、社會政治的象喻。其用於醫學，又不單純是西醫學而已，而是面對西醫强大衝擊不得不反思求變的中醫學，由之而産生的清末民初講中西匯通的新醫派。可知"腦筋"説在短短七十年間，竟然深入人心如此，其緣故與詳細，當需另文考述；不過，從腦筋説的流傳，又可想知晚清短短的七十年，中國文化的遷變實在是何等巨大。晚清劇變，論者已多。但只看腦筋説的流傳，以十九世紀中葉之前的五百年，與其後的五十年相比，中國瞬間巨變，亦可思過半矣。

五、結　語

晚清之譯介西學，影響至爲巨大。合信譯述的西洋人體學，引起了中國知識界的重大回響，其神經學説，深入人心，所撰"腦筋"一詞，更風行全國，成爲現代漢語常用詞之一。本篇不及細論合信其人其書，僅對"腦筋"一詞的來歷，稍爲發覆，以表明西醫術東傳，既悠長而又曲折。

西醫術之廣傳，當初通過伊斯蘭世界而來到了遠東，當中還有一個傳説，見於十二世紀伊斯蘭醫家 Ibn Jami 的一封信，它是寫給伊斯蘭歷史上最偉大的一個蘇丹，也就是抵抗西人十字

① 唐宗海《中西匯通醫經精義》卷下，《續修四庫全書》第 982 册（上海：上海古籍出版社，1995 年），頁 670。
② 王有忠《簡明中西匯參醫學圖説》上編，《續修四庫全書》第 1026 册（上海：上海古籍出版社，1995 年），頁 507。
③ 《吴汝綸全集》第 3 册（合肥：黄山書社，2002 年），頁 368。
④ 顧廷龍編《王同愈集》（上海：上海古籍出版社，1998 年）。
⑤ 譚嗣同《仁學》（臺北：臺灣學生書局，1998 年），頁 10。
⑥ 莫世祥編《馬君武集》（武昌：華中師範大學出版社，1991 年），頁 4。
⑦ 《章士釗全集》第 1 卷（上海：文匯出版社，2000 年），頁 50。

軍而名噪歐亞的 Saladin。他説：

> When Hippocrates saw that the medical art of which his ancestors had been proud was about to perish and be lost … he decided to spread it over the whole earth and to teach it to everyone who was worthy of it.
>
> 希波格拉底斯眼見先賢哲士之偉大醫術漸趨息微，近乎湮没，於是立志宏以揚之，廣傳世界，授予一切可授之人。

Ibn Jami 蓋有感於先賢仁心仁術，益世無窮無量，於是用以曉喻王霸之君。腦筋説之東傳，是乃仁術乎！

附記：

本篇撰寫時幸承耶穌會麥健泰神父（Fr. Thomas McIntyre，S. J.）指教，拉丁文獻難明之處，由是豁然開朗。泰公來華四十年，博學多識，亦利西泰之流亞。謹此銘謝。

本篇是“Late Qing Translations of Western Anatomy and Physiology”的研究報告之一。研究計劃獲香港 RGC 撥款資助（CERG code：HKU 7432/ 06H)，謹此申謝。

穆藕初與西方企業管理之引進

鄭潤培

穆藕初，名湘玥，1876年生於上海。父親是棉花商人。十四歲時爲生活所迫，在一家棉花行中當學徒，十九歲開始萌生願望到西方學習經濟學，以奪回關稅自主之權。直到1909年，他三十四歲那年，在朋友的資助下，才實現這願望，前往美國留學。1912年畢業於伊利諾大學，獲農學學士學位，跟著進入塔克薩斯農工學院，學習植棉及紡織，1914年獲碩士學位。

留學期間，他曾參觀美國現代化農場，對其經營管理方式，生產技術，產銷情況進行分析。他結識了美國科學管理理論的創始人泰羅博士（F. W. Taylor）(1856－1915）及其弟子吉爾培萊（F. B. Gilbreth)，多次探討現代化大生產的科學管理，回國後，他翻譯了泰羅1913年寫的《科學管理原理》（*The Principles of Scientific Management*)，譯名《工廠適用的學理的管理法》。

穆藕初不只關注企業經營管理思想，而且把思想運用在實際事業上。1914年，他籌集資本六十萬，開辦了德大紗廠。他僅花半年時間，便在一個廢棄的廠址上建立起一座新廠，並進行投產。一年之内已有盈餘。1917年籌建厚生紗廠，額定資本一百二十萬兩，實收九十萬兩。經營一年便有盈餘。在紗廠獲利尚好的情況下，穆藕初在短短幾年内，與人合作創辦了豫豐紗廠(1919年，資本二百萬兩，廠址在河南鄭縣)、恒大紗廠（1919年，資本五十萬元，廠址在上海浦東）等。其他事業，也有參加建設，例如維大紡織用品有限公司（1919年)、中華勸工銀行(1921年)、上海華商紗布交易所（1921年)。1928年，應孔祥熙之邀，出任國民政府工商部常務次長。1929年，任農業推廣委員會主任。1943年病逝於重慶。

一般來説，學者對穆藕初引進科學管理，都是抱著正面、肯定的態度。如高俊認爲穆藕初是中國近代最早進行企業管理體制改革的民族企業家，也是在中國傳播西方科學管理學説的第一人，他在管理學、經濟學方面的建樹，至今仍爲人們所推崇。① 張勁濤同意穆氏在中國近代企業的管理上具有重要地位，認爲研究穆氏的思想是有教益的。② 任志安及馬敏均指出，穆氏不但在思想上認識西方管理的重要，還貫徹實踐西方科學管理思想，並且在過程中形成富有中國特色的科學管理思想。③ 科學管理方法的引進，雖然使穆氏名聲鵲起，紗廠的成功創辦，亦歸功於這種新式的管理模式，可是，這模式並没有使穆氏的紗廠保持長久獲利。在社會上，雖然有些大企業如榮家企業等進行了類似的改革，但未能在管理上引起大規模的革新。本文通過分析穆藕初引進科學管理方法成效，藉以探討中國近代企業管理的情況。

---

① 高俊《穆藕初評傳》，上海：上海人民出版社，2007年，頁1。

② 見趙靖編《中國近代民族實業家的經營管理思想》，昆明：雲南人民出版社，1988年。

③ 任志安《中外管理思想比較研究》，貴陽：貴州人民出版社，2002年，頁183；馬敏《商人精神的嬗變——近代中國商人觀念研究》，武昌：華中師範大學出版社，2001年，頁313。

甲、引進科學管理

晚清時期，列强展開軍事及經濟入侵。隨著自强運動的進行，一系列效法西方的新式企業，逐漸在中國建立起來。新式機器及廠房建立之後，主持人要面對的重要問題，便是如何有效率地組織生産。在官辦企業時期，企業的管理方式根本與衙門相同，行政效率極低。主持者往往利用職權，安排親友在内，大家只求一份差事糊口便算，缺乏對辦事機構的責任感，各人營私舞弊，因循推諉。① 例如張之洞籌建漢陽鐵廠時，已明言“員司虚浮、匠役懶惰，爲中國向有之積習”，知道廠内的情況是“廠中所用以少報多，以劣充優，繁瑣難稽”、“廠中員司離工游蕩，匠役虚冒懶惰。百人得八十人之用，一日作半日之工”，所以主張把廠址設在漢陽，便利監察。②

官督商辦及官商合辦形式的企業出現時，企業的成敗與主持者的利害關係較爲緊密，主持者對企業的經營運作較前留心，加上輕工業例如棉紡織業的規模，較官辦時期的重工業爲小，管理較爲容易，所以在企業管理上較前進步。例如以經營棉紡織業著名的大生紗廠，當時已有紗廠的組織規條羅列出來，主要見於《廠約》③ 一文，文中有廠約十六條，清楚列出訂立廠約的理由和紗廠的組織情形。《廠約》實行的時間是由光緒二十三年（1896）張謇定約之時，至光緒三十二年（1906）改組爲止，約中的内容，多取自上海各廠，再加斟酌，配合當地環境而成。除了《廠約》規定外，全廠各車間、各部門都訂有詳細的具體管理章程，共有195條之多，成爲簡單而有效率的組織規條。

這種管理的模式，主要是依賴個人的經驗和傳統的法則，並没有什麽系統性的理論支持，成效亦因人而異，主持者面對新式的生産經營模式，只能在摸索中找尋合適的方法。因此，能够成功的也有，但失敗的更多。而當時企業管理思想所關注的，主要偏重於解決企業經營的外部因素問題，至於如何調整營運計劃、組織結構，以及人事的選任，控制與指導等制度性問題，甚少或全未論及。④ 穆藕初早已看出這個問題，希望引入科學管理來解決，使中國企業可以經營成功。

穆藕初認爲中國實業發展失敗，與管理有關的有三個原因。(1) 總理與事隔膜：總理一缺，往往屬於稍有時望之人，至於此人之於此事，有何學説，有何經驗，能否專心致志以辦此事，均不過問；(2) 用人浮濫：中國人愛排場，重情面，一廠之設，尚未開張交易，而某部若干人，冠冕堂皇，與衙署相伯仲；(3) 苛待工人：間有苛刻之輩，以扣減工人所得爲樂，工人不能樂其業，則惰心生。惰則出貨遲，而成本遂加重。⑤ 根據他的理解與經驗，泰羅的科學管理，正是一個合適的解決途徑。

泰羅是美國古典管理學家，科學管理的創始人。學徒工出身，先後被提拔爲車間管理員、技師、工長、設計室主任和總工程師，對傳統車間操作流程有深刻的瞭解和體驗。他有系統地研究和分析工人的操作方法和動作，逐漸形成其管理體系——科學管理。泰羅管理的原則：

① 張國輝《洋務運動與中国近代企業》，北京：中國社會科學出版社，1984年，頁74－75。

② 《張文襄公全集》，收入《近代中國史料叢刊》。臺北：文海出版社，1966年，奏議卷29，頁20－26，《勘定鍊鐵廠基籌辦廠工暨開採煤鐵事宜摺》光緒十六年十一月初六。卷135，電牘12，頁3，《致上海盛道台》光緒十六年四月初八。

③ 《實業録》卷1，收入張怡祖編《張季子九録》，《近代中國史料叢刊續輯》，臺北：文海出版社，1976年。

④ 劉文賓《近代中國企業管理思想與制度的演變》，“國史館”印行，2001年，頁68－69。

⑤ 趙靖主編《穆藕初文集·中國實業失敗之原因及補救方法》，北京：北京大學出版社，1995年，頁144。

(1) 對被管理者提出科學的操作方法，以便有效利用工具，提高工效。研究被管理者工作時動作的合理性，去除多餘的動作，改善必要動作，並規定出完成每一個單位操作的標準時間，制定出勞動時間定額。(2) 對被管理者進行科學的選擇、培訓和晉升。把合適的被管理者安排在合適的崗位上，並培訓管理者使用標準的操作方法，使之在工作中逐步成長。(3) 制定科學的工藝規程，使工具、機器、材料標準化，並對作業標準化，同時採用文件的形式固定下來。(4) 實行具有激勵性的計件工資報酬制度。對完成和超額完成工作定額的被管理者按較高的工資率計件支付工資。對未能完成定額的被管理者，則按較低的工資率支付工資。(5) 管理和勞動分離。管理者和被管理者在工作中密切合作，以確保工作按標準設計程序進行。

穆藕初引入科學管理思想，可以從兩方面來説，一是通過翻譯及講演來進行推廣，他一方面翻譯泰羅的著作，用文字來推廣這種新式的學理主張，另一方面，利用公開講演的機會，把科學管理思想深入淺出地説明，並且結合中國社會的例子，使聽者易於明白瞭解，樂意進行革新；二是身體力行，把自己瞭解的理論，落實在紗廠的經營管理上，向時人證明科學管理不但可以在中國施行，而且具有很大的成效。

(一) 翻譯及講演

穆藕初回國後，在 1914 年春，便致信泰羅，正式提出將《學理管理法》一書翻譯成中文的設想。泰羅在回信中表示贊同與支持。穆氏努力翻譯期間，同時創辦上海德大紗廠，由於事務繁忙，最後在同事董樂蘇的幫助下完成。最初以連載形式發表於中華書局發行的《中華實業界》1915 年 11 月第 2 卷 12 期至 1916 年 3 月第 3 卷 3 期，題爲《工廠適用原理的管理法》。1916 年 11 月，該書由中華書局出版單行本。他把原著《引言》及《科學管理基本原理》兩章，在譯作中分爲《緒論》、《科學管理法之根源》、《科學管理法之原則》、《學理管理法之實例》與《餘義》五章，各章又分成若干節。書中向中國企業者展示六條管理精義：(1) 工作定額原理，(2) 第一流工人原理，(3) 標準化原理，(4) 差别計件工資制，(5) 精神革命，(6) 行政控制原理。① 對習慣於傳統模式管理的中國企業家來説，這是一件新鮮的事。中國實業界亦因這次引進西方科學管理的新理念和新知識而得到提升。

他經常利用講演的機會，向業界反覆陳述科學管理之要義，希望業界可以多瞭解此種方法，樂意應用於生産建設上。例如 1941 年，他在農本局總理紀念周講述《科學管理與成功要素》，1942 年在農本局總理紀念周開始講述《科學管理》② 等。

(二) 科學管理的實施

中國人辦理實業，多數把注意力集中在籌募資本方面。尤其是晚清時期，中國實業發展正處於起步階段，一般傳統的工商業者，對新式工業生産認識不足，他們把資金投資於實業，看作是借錢生息一般，形成一種“官利”制度。③ 創辦實業者常要花費很多精神在籌集資金方面，感到十分疲累，對於工廠的管理，一般只要求運作正常，生産順利，合乎經濟效益便可，多不

① 唐國良主編《中國現代企業管理的先驅穆藕初》，上海：上海社會科學院出版社，2006 年，頁 16。
② 趙靖主編《穆藕初文集》，頁 554、頁 567。
③ 張忠民《艱難的變遷——近代中國公司制度研究》，上海：上海社會科學院出版社，2002 年，頁 395。

會正面指出管理的重要。例如張謇創辦大生紗廠時，終日在上海四處奔走籌集資金，心力交瘁。他在紗廠成立時，能够有精神列寫出廠約來管理工人，已屬難得。廠務正常運作後，張謇的注意力便集中在企業的經營方面，管理政策的執行，則由各董事負責。

穆藕初則不同，他十四歲時由堂兄介紹，進入一所棉花行工作。在棉花行工作期間，他看到棉花商人各自爲政，不守商業道德，攙水入棉增加重量來欺騙客人，希望政府出來主持，把商業活動納入正軌，[①] 可以説是管理思想的萌發。其後，他轉到江蘇省鐵路公司當警察長，隸屬車務處。路警的工作與鐵路運作連在一起，火車是新式的交通工具，需要精確的管理，尤其是當時的鐵路以單軌爲主，火車運行時間必須準確計算。這種交通運輸的管理方法，中國是缺乏的，他在職期間，不可能没注意到這種新式管理的功效。他雖没有明言路警的工作與日後提倡的科學管理有關，但他在留學期間特别關注管理的學問，多少是受到其工作背景所影響。

他明確説出創辦大規模的工廠，管理方法十分重要。他指出有關管理的書雖然很多，各有獨特見解，但總括而言，主要都是講究如何節省精神、物質、時間而已。爲了把理論實踐出來，他在籌建紗廠時，無論是廠房的安排設計，機器的購置規劃，都由自己動手，一反當時依賴工頭的慣例。[②]

他對科學管理的認識，不是只局限於學理上，而是用具體的例證來支持。在美國塔虎脱農場參觀，使他看到一個把管理理論與現實結合的例子。他把該農場成功的地方分析爲九項因素。一是計謀深遠：各場廠的設立，以及組成的每一部分，都要在數年前預先規劃妥當。二是用人得當：各場廠的部長要由具有專門知識的人才擔任。三是勤於職守：各場廠的部長定時巡視，賞罰分明，工作定時。四是和衷共濟：各場廠的部長各司其事，不侵權，商討時要開誠布公，各抒所見。五是簿記清晰：各部門的收支要部長簽字爲憑，賬目登記要分門别類。六是連帶貿易：生産、運銷之間要有緊密聯繫，並且要配合市場需求。如植棉部售棉花給軋花廠，軋廠以花衣售於紗廠，花核售於油廠，油廠以花子殼售於植棉部，花子餅售於牧牛部等。七是助長周備：即建設有關的周邊事業來幫助發展，如場廠附近設有水、電外，還有學堂、銀行、醫院、郵局等。八是學識充足：使用最新式、最精良的機器，以科學知識處理廠務。九是堅忍不撓：辦事者要專心致志，不會遇挫折退縮。[③] 這些成功的因素，並非全部是專門技術或需要運用一些複雜的理論，其中一些只是基本的管理技巧，所以他説“除農學的知識，固無可勉强外，餘皆吾國人所素知，且曾倡言者也”，過往不成功的原因乃在於“未嘗施之實行，或行之不力之故也”。[④]

他談論中國實業的發展時，已明確指出管理的重要。分析中國實業失敗之原因時，亦提出實業家所最應注意的，是管理方法。[⑤] 他把國民生産力低落的原因，歸納爲三個因素，一是無國民教育，二是無時間研究，三是無管理方法，認爲如果不對全國各廠場的管理作出整頓，每年必定會引致大量的損失。[⑥] 他肯定實業的重要性，認爲優先發展工業，可以有促進農業和商業的作用，工業“能增高農産之代價，助進商業之繁昌，實爲惠農益商，裕民足國之樞紐”。[⑦] 要發展工業，便需創設工廠，而組織工廠有九個要點，分别是：人才、母金、原料、機器、傭工、管

① 趙靖主編《穆藕初文集》，頁11。
② 同上注，頁38－39。
③ 同上注，頁68－70。
④ 同上注。
⑤ 同上注，頁144。
⑥ 同上注，頁149。
⑦ 同上注，頁176。

理、交通、市場、金融。他指出“苟主持得人，管理合法，公司之隆運可以立致”，[①] 明確地突顯了管理的重要性。

當時正值第一次大戰前，經營紗廠大有可爲，使穆藕初有機會把科學管理方法運用在紗廠經營上。第一次大戰爆發，中國市場上的紗布供需失衡，形成中國紗布業發展的黄金時期。例如天津裕元紗廠，1918 年完工，開工生産後四年内便盈利六百萬元；又如天津華新紗廠，1918 年開工時僅有資本二百萬元，1919 年便獲利一百五十萬元。榮氏企業中的申新一廠，在 1919 年實際盈利額亦達一百萬元。[②] 穆氏曾接受西方教育，又與科學管理理論的創立者泰羅交往，這使他有機會把自己重視的科學管理方法，在工廠進行實踐。

穆藕初對科學管理的推動，除了在理論層面介紹之外，還身體力行，投身工業生産，把理論落實。他對科學管理的瞭解和實施，可以從下列組織與人事、生産、財務三方面表現出來。

(1) 組織與人事管理

他對於當時有限公司與無限公司在人事管理的利弊，非常瞭解。認爲主要問題出現在總協理（即總經理）、股東、董事會之間的關係。他指出有限公司由總協理負責發展營業，總協理的工作由股東會考核，受董事會監督。可是，公司制企業組成以後，公司創辦者往往缺乏法制觀念，不嚴格遵守法規法令，以致出現很多弊端，例如人情關係，忽視股力和義務，甚至謀一己之私。[③]

一般股東不明權限，藉著自己的經濟力量，任意安插私人，總協理爲敷衍起見，稍加遷就，同事之間便形成不同黨派，造成内部分裂。由於股東人數衆多，背景各異，總協理很難滿足各股東的要求，部分股東便會因得不到滿足而製造事端，削弱總協理的工作權責，影響工廠的生産運作。無限公司的情況更嚴重，雖然這類公司的股東不多，可是由於股東所負的法律責任相對更大，所以更著重公司的運作，總協理（經理）要時常請命於股東。[④]

董事會雖有監督的功能，可是董事的專長並非在學識方面，而只在經濟力量方面。很多董事根本不認識工廠的組織、營業情況，没有能力負起監督總協理的責任，容易讓總協理有機可乘，從中漁利。總協理的任命，亦出現類似的情形。部分當然具有專門學識，但也有部分只是依靠背後股東的支持，對廠中的生産認識不深，往往過分重視維護背後股東的利益，單憑與個人利害相關的角度來處事，對公司並没有好處。[⑤]

中國當時實業界並不著重人事管理，聘用人員仍採用傳統落後形式。許多工廠聘請員工，不大理會應聘者的工作能力，主要是看關係，有親屬、同鄉等關係的便優先考慮。工頭常藉招攬自己親友同鄉來擴充個人勢力，甚至乘機收錢斂財。這情況下，有才能而没有門路的人，很難有機會進入管理階層，就算進入了，也很難發揮其才幹。

工廠内，工人之間仍然存在一種師徒關係，不過，工廠中的學徒制跟商業的學徒制有些分别，師傅通常具有一定的技術和操作經驗。學徒制是一種和封建禮規相結合的制度，往往形成一種家族式的管理模式。學徒與業師之間，一旦確立師徒關係，便産生從屬企業内部的家族關係，學徒受封建名教束縛，要行拜師禮，交保證金，每年春節或於師傅壽誕要以晚輩名義道賀。[⑥]

---

① 趙靖主編《穆藕初文集·振興實業之程序》，頁 176。
② 嚴中平《中國棉紡織史稿》，北京：科學出版社，1963 年，頁 172。
③ 沈祖煒編《近代中國企業：制度和發展》，上海：上海社會科學院出版社，1999 年，頁 153。
④ 趙靖主編《穆藕初文集》，頁 44 - 45。
⑤ 同上注，頁 44 - 45。
⑥ 沈祖煒編《近代中國企業：制度和發展》，頁 129 - 130。

穆藕初受西式管理的影響，對傳統管理方式十分不滿，認爲有礙工廠的生產和技術提升，於是便在創建德大紗廠時開始進行改革。首先，他以經理兼工程師的身份，深入生產各環節中，直接瞭解生產情況。這樣，他便能把握工頭與工人在各生產部門的工作情形，與及瞭解工人所掌握的技術水平，進一步向他們提出技術水平的要求，從而提高生產質素。

其次，他制定廠規、廠紀來約束工人，將工人由工頭個人控制的情況，變成由嚴格的廠規廠紀來管理，改變工人對工頭的人身依附關係，一定程度沖淡企業的封建色彩。[①] 他親自修訂《德大厚生兩廠服務約則》，包括總則、廠約，以及廠員、告假、賬房、棧房、驗花、物料、車務稽查等約則，共 29 項之多。廠約五條爲："同事宜友愛。辦公宜謹慎。交際宜謙和。治躬宜儉樸。宜力戒吃烟酗酒賭博冶游及一切不名譽之事"，對各車間每個崗位都訂有詳細的要求和獎罰規定[②]。他對雇用工人作出了新的安排，雖然仍允許工頭及工人推薦自己的親友，但這些工人必須通過廠方的考核，合格才可聘用。工頭解雇工人的權力亦受限制，不得任意解雇工人。這樣一來，能够進入廠中當工人的，都有一定的技術水平，而真正有能力的工人，可以避免受到工頭的壓迫，被無理解雇，工頭的管理權力受到抑制。再者，他聘用了大批紡織專業人材任企業工程師和技術人員，由有學歷和知識的內行人進行技術領導，全面提升工廠的技術和管理水平。

他對學徒亦盡力照顧，悉心栽培。例如他設立的棉作試驗場招聘實習生，實習生入場後，他不但制定作息時間，還爲學徒書寫條幅："秉燭中夜宜勤讀，聞雞起舞鍾筋骨；冀爾青年當先勉，勢成大器爲民族"，鼓勵青年求學奮進。中國著名經濟學家方顯廷便曾在試驗場實習，後來得到穆氏資助，考入南洋模範中學，打好日後發展的根基。[③]

他十分重視勞資雙方的關係，認爲雙方的關係是相輔相成。他指出豫豐紗廠位處交通不大方便的內陸地區，而可以在短短一年內完成建廠，是得力於勞資雙方的配合。他説過：對待工人一律平等，須知無工人無以興實業，彼此實相依爲命，不可須臾距離。資本家須隨時注意工人使用勞力之程度、方法及其飲食起居與衛生。[④]

(2) 生產管理

勞動力是生產要素之一，穆藕初十分重視勞動者的生產效率，認爲可以通過獎勵來提高工人的生產效率。他主張通過特別工資來提升工人的生產力，估計只要增加十分之五的工資，工人便可出力一倍，可以花最少的費用而得到最大的生產效益。他以一間廠六百工人，一個月工作二十五天來計算，如果工人生產力增加一倍，一月可多得 15 000 額外工作單位，一年便有 180 000 額外工作單位。[⑤]

工資是紗廠的主要開支之一。他認爲工資的釐定，一方面要配合社會生活水平，另一方面要視工人的工作能力而定。如果工人的工作能力和責任心强，資方自然樂於增加工資。他認爲上海熟手工人的工資，五年內由每日 2 角 4 分升至 3 角是合理，不同意湖南女工提出的增加工資要求，認爲他們雖然由湖南來江蘇工作，可是工作能力及責任心都未被其他人肯定，故不應斤斤計較，每月 8 元已是合理的工資了。[⑥] 他嚴格控制工資成本，對工人不合理的提高工資要求，

① 趙靖編《中國近代民族實業家的經營管理思想》，頁 144。
② 唐國良主編《中國現代企業管理的先驅穆藕初》，頁 28。
③ 穆家修、柳和城、穆偉傑編著《穆藕初年譜》，上海：上海古籍出版社，2006 年，頁 124。
④ 同上注，頁 190。
⑤ 趙靖主編《穆藕初文集》，頁 150。
⑥ 同上注，頁 259。

果斷處理。例如1919年厚生紗廠發生要求增加工資引發罷工事件，他把滋事的六名女工立即開除，並在《申報》發表聲明，澄清因罷工而出現捕房彈壓的傳聞，穩定人心，盡快恢復生產。①

紗廠的生產時間，當然以全日運作，最具效益。可是，工人的工作時間，究竟以多少爲宜，當時有不同的意見。穆藕初具有科學管理的知識，可以從學理上説出紗廠工人以工作十二小時爲最合適。他指出主張工作八小時的人，是不明白紗廠的運作。紗機開車之後，除落紗時要停機外，一般是日夜運轉不停，工人只是從旁監視，間中把斷紗接上，休息時間多，並非十二小時不停工作。如果限制工作時間，不但工人收入减少，整體棉紗的生產量減少，市場更易被英美等國的產品佔據。②

產品的質量與數量的記録，本來是十分重要而必須的資料，可是當時一般工廠却忽視這些記録。當時的工廠，因爲經理及董事等不一定瞭解生産過程，所以多依賴工頭負責實際管理事務。這些工頭，文化水平既低，又不懂得保存工廠生產的有關資料，廠方不知道生產的棉紗準確的質量和產量，所以很難作長遠規劃。穆藕初爲落實科學管理，設廠初期便創制各種報告表格，詳細記録生產過程和產品的品質③，從而掌握廠中的生產情況。

原料方面，穆藕初明言原料是組織工廠的要點之一，指出“工業中所最重要者，厥惟原料。棉質不改良，紗布競爭，難於取勝”。④ 他指出華商紗廠，一般紡紗的支數較低。他經營的德大厚生紗廠，可以生產質數較高的三十二支及四十二支紗線。可是，紡紗的原料須從美國進口，中國的棉花纖維不適合紡細紗之用，但進口美國棉花却因爲使用數量不多，未能向美國產地直接訂購，以致產品略遜於日本，加上日本進口棉花不用納税，而華商進口棉花則要繳納正税，使中國的細紗生產難以發展，所以他主張各界合力，改良原料。他花了五年時間，引入美棉，著手改良中國棉質，可惜收效不大。⑤

穆藕初在美國參觀塔虎脱農場後，分析這農場成功的因素時，特別指出辦好周邊事業如銀行、醫院對生產有幫助。他回國後，把這個概念落實到建立紗廠上，提出注意衛生問題和醫藥問題。衛生方面，他主張工廠要做到空氣流通，陽光充足，時常收拾潔淨，不讓塵垢堆積，而他的工廠亦能做到參觀者對衛生情況滿意。醫藥方面，廠方能在每年夏秋時期向工人延醫給藥，並且聯絡同仁醫院，如工人患病，隨時送去診治，醫藥費由廠方提供。此外，廠方還有一些政策配合。例如：工人如有不測，廠方定下撫恤的方法，此外，還有工人儲蓄獎勵、工人子女義務教育、工人勤務獎金等。⑥ 這些政策，增加了工人對廠方的歸屬感，使他們更投入工作。

生產方面，穆藕初對紗廠管理用下列方法：(1) 力求減少廢花。他計算過，每擔花市值銀三十兩，而廢花每擔值錢四、五兩，換言之，每出廢花一擔，紗廠便損失銀二十五、六兩。一年來算，工作三百天，便損失七千八百兩之多。(2) 力求廠中各人都盡職。工廠生產是由很多環節聯繫起來，各環節有各自的任務，管理者要悉心研究種種獎懲辦法，使每一環節的人都能盡職。(3) 力求全廠收拾潔淨，以免令人精神廢弛。他指出紡織廠中大小機器日夜開動，塵屑漫空，稍不注意，便不可收拾。(4) 力求工人自覺愛護機器設備，避免損壞浪費。⑦ 他創辦的紗廠都以這些方法來管理。

---

① 穆家修、柳和城、穆偉傑編著《穆藕初年譜》，頁146-147。
② 趙靖主編《穆藕初文集》，頁260。
③ 同上注，頁39。
④ 同上注，頁176。
⑤ 同上注，頁275；穆家修、柳和城、穆偉傑編著《穆藕初年譜》，頁148。
⑥ 同上注，頁262。
⑦ 同上注，頁86-87。

(3) 財務管理

當時的民族企業財務管理水平不高，一般採用傳統的單式會計記帳法。好的企業有一本有關原料採購、產品銷售的流水帳，差的企業幾乎没有什麼帳目可言。資金運用上往往是家、廠不分，廠的盈利可隨意用作消費支出。廠與廠之間的資金也時常互相挪用，常有將公積金當股息，紅利分光吃清的現象。

穆藕初在自己紗廠中進行財務管理的改革。一是引入西方的複式記帳方式，以糾正傳統單式記帳之弊。不過，考慮到傳統習慣，仍保留了單式記帳方式作爲補充，兩者配合運用。二是建立健全財務統計系統，爲會計核算提供可靠而充足的原始資料。考慮到工頭多爲文盲，根本不會也没有習慣對日常生產狀況進行分析，他親自設計了許多有關生產進度、原料消耗及產品數量等方面的統計表格，力求簡單易用，並教導工頭如何填寫，要求工頭逐日填報。①

乙、推行科學管理的影響

穆藕初運用科學管理，成功經營紗廠，他建立的德大紗廠，其生產設施配置，更成爲業界的模範，出產的寶塔牌棉紗，在 1916 年北京商品陳列所舉辦的品質比賽中名列第一。但由於當時中國正處於歐戰後的繁榮階段，正值民族資本發展的黄金期，獲利可觀，其他經營者對體制管理不大理會，没有感到改革的必要，故没有動力來實施科學管理。到了 1922 年以後，國内市場環境轉變，競爭加劇，民族企業才認識到“如欲避免工業失敗之危險，則我國廠家之内部組織必須改良”,②“新添之機，固即採用，原有舊機，亦多力謀改進”,③“他如原料與製成品之標準化，已在提倡，適宜之工廠會計制度，業經設置，而工業管理之科學化，亦見實行”④，科學管理的影響力才漸漸顯現出來。部分企業開始嘗試實施科學管理，以提高經營效率，改善勞資關係，激發勞工的積極性來加强競爭力。而中國工商管理協會的成立，顯示科學管理日受重視，並且有助於中國工商管理的革新，以及中國管理思想的發展。

(一) 管理體制革新

1924 年，榮家企業的申新三廠，任用有專長技術人員爲骨幹，取代舊有的工頭，開始施行管理體制的變更，聘任前大中華總技師汪孚禮爲工程師，加上一批紡織業學校畢業生如樓震旦、余鐘祥等，仿照日本紡織廠制度，對工人進行科學管理，使工人的勞動强度增加。⑤ 雖然舊工頭十分抗拒，認爲有損自己的利益，甚至發生工頭帶領工人毆打新職員事件，但廠主榮德生仍支持保留科學管理法，指出紗廠在改革後，各項原料消耗減少，生產額增加，當解決了工頭問題後，決定把政策由申新三廠推展到榮氏其他工廠。⑥

1927 年，項康元經營的康元製罐廠，亦實施科學管理，以增加生產、消除耗費、改良出品、

① 趙靖主編《穆藕初文集》，頁 6431－6642。
② 陳真、姚洛合编《中國近代工業史資料》第 1 輯，北京：三聯書店，1956 年，頁 75。
③ 同上注，頁 285。
④ 同上注，頁 75。
⑤ 上海大學、江南大學“樂農史料”整理研究小组選編《榮德生與企業經營管理榮家企業史料》下册，上海：上海古籍出版社，2004 年，頁 674。
⑥ 上海社會科學院經濟研究所編《榮家企業史料》上册，上海：上海人民出版社，1962 年，頁 162。

分配工作爲達成目標的四大綱要。爲了實現此一綱要，則有辦理預算、成本統計、改良設備、分析工作與工作標準、改良行政、改善勞資關係、改良出品、發展營業等精切具體計劃。計劃分三個階段，按部就班推行，獲得良好效果，被譽爲採用科學管理法的典範。其他如薛壽宣經營的永泰絲廠及翟克恭的上海華生電器製造廠，亦陸續實施科學管理法。①

（二）中國工商管理協會的創立

中國工商管理協會成立於1930年6月，設有理財、人事、經營、會計、事務、廠務、技術、法制等八個專門委員會。該協會的主要任務是：(1) 徵集關於科學管理及合理化問題之研究資料；(2) 討論發表並實施改良工商管理之方法。該會由國民政府工商部倡導，結合實業界及工商管理專家共同組成，以研究科學管理法，增進生產效率，實現民生主義爲宗旨，出版《中國工商管理協會叢刊》和發行《工商管理月刊》來宣揚科學管理理論，喚起國人注意。②

通過該協會的推廣宣傳，政府的支持和鼓勵，中國較大規模的企業，或多或少推行了科學管理。傳統工人組織，亦開始接受，不再持有全面反對的態度。國民政府在同一年召開的全國工商會議，通過"提倡科學管理法以期達到實業合理化方案"，內容主要是：(1) 由工商部通令各省市政府，召集工商領袖組織中國工商管理協會分會，研究科學管理法實施方案；(2) 由工商部下令各業各廠，就可能範圍規定工作標準，對於超過標準的工人，按期給予獎金；(3) 由全國工商會議發表宣言，一致贊助科學管理方法之研究及實施。③ 由此可見中國工商管理協會的重要性，以及當局對科學管理的重視。

（三）中國管理思想的發展

清末的實業家，雖然知道管理的重要，但仍未意識到管理與企業成敗之關係，到穆氏引入科學管理，大家才開始注意。例如他指出實業界適用人才，可分爲甲乙兩種，甲是科學人才，乙是管理人才。兩者缺一，都會引致事業失敗。如果兩種人才互相配合，便可以立於不敗之地。④ 在他的宣揚下，當時的實業家，才逐漸認識到管理爲企業經營重要之一環，使中國管理思想加快發展。

范旭東曾經分析中國與日本生產能力高下有別的原因，認爲："以中國和日本的紗廠來比，日本人辦的廠子總比中國人辦的强一些，這中間就有個管理的問題。"⑤ 他創辦的永利化學工業公司經營成功，運作順利後，便作出改革，把組織因時制宜地作出改變，由總經理整理創辦以來的組織規則，參考舊習慣及工業成規，編成新的管理章程。不論廠店以及附設機關，都歸在統一章程之下管理，使同人行動有軌道可循，避免受中國"人亡政息"的傳統影響，⑥ 可說是落實應用科學管理方法的一個例子。

又如在1930年創辦大成紡織染公司的劉大鈞，在八年之內把工業擴張八倍，成爲民族工業

---

① 劉文賓《近代中國企業管理思想與制度的演變》，頁90。
② 同上注，頁91。
③ 同上注，頁92。
④ 趙靖主編《穆藕初文集·學理的管理法自序》，頁219。
⑤ 中國人民政治協商會議全國委員會文史資料研究委員會編《文史資料選輯》第80輯，北京：文史資料出版社，1982年，頁42。
⑥ 張同義《范旭東傳》，长沙：湖南人民出版社，1987年，頁171。

的一個奇迹。他曾經說過："懂經營管理，又懂技術，是一等人才；懂經營管理，不懂技術，是二等人才；懂技術，不懂經營管理，是三等人才。"① 足見時人對經營管理之注重。

一些相關的論著研究，亦在此時相繼增加。例如王雲五出國考察，參觀過四、五十家工廠，訪問過不少實業領袖、團體，加上大量學理資料和個人經驗，出版《科學管理法的原則》及《工商管理一瞥》。又如盧作孚在 1945 年出版《工商管理》一書，對組織、人事、財務、物料、會計、統計、計劃、預算等方面的管理，都有精闢的闡述，爲中國的科學管理，作出很大的貢獻。②

丙、推行科學管理的局限

科學管理雖然對工廠的生產有助，可以提升整體生產效率。不過，限於當時的社會環境和企業文化，科學管理的推行受到一定的限制。以穆氏建立的工廠爲例，更容易看出問題所在。1915 年穆藕初建立的德大紗廠，在 1924 年停産，1925 年榮德生的申新公司以 65 萬元購買，改稱申新五廠。1917 年建立的厚生紗廠，在 1922 年穆氏也因經營不善，出現虧蝕而辭職。1920 年在河南鄭州建立的豫豐紗廠，也由中國銀行天津分行在 1933 年收購接管。如果連推動科學管理的先驅都解決不了這些阻力，其他人就更難落實科學管理的方法。

(一) 股東方面

最大的管理阻力來自股東。穆藕初亦承認股東之間經常因爲經濟問題、用人問題而發生衝突。這些衝突，穆氏很難置身事外，對穆氏的管理威信自然會帶來影響。例如：穆氏當時身爲協理，股東江君與貝潤生君聘請李迪先君爲協理取代他，③ 但事前並没有通知他，亦没有詢問他的意見，兩股東决定人選後才通知他。只因江君與貝潤生君兩股東合共已佔股份四分之三，穆氏無力反對，而且這位李迪先君更在不久之前被穆氏開除，現在股東却重新聘用來取代穆氏職位。股東這種行爲，没有得到全體董事授權，也没有得到穆氏的同意，④ 可見平常管理困難之處，可知股東對穆氏的支持有限，與穆氏的關係並不十分和諧。

(二) 管理技巧方面

科學管理的理論雖然合乎紗廠生産的安排，但除了機器生産外，人事的管理亦十分重要。由於中國傳統人際關係複雜，所以處理人事問題，比處理生産問題更需要一些技巧。可是，從穆藕初自己説出的例子來看，可以發現他處理人事紛爭的技巧不足。他指出李迪先君是由股東介紹來廠學習紡織，逐漸升至紗部主任，但對紡織工務"仍茫如也"。顯然他明知李迪先君的技術水平欠佳，只是爲了股東情面，於是讓李迪先君升至管理階層。此外，有些股東對李迪先君

---

① 中國人民政治協商會議全國委員會文史資料研究委員會編《工商經濟史料叢刊》第 3 輯。北京：文史資料出版社，1983—1984 年，頁 154。

② 劉文賓《近代中國企業管理思想與制度的演變》，頁 92－93。

③ 原文用"季君"代替李迪先，用"蘇君"代替貝潤生，見穆家修、柳和城、穆偉傑編著《穆藕初年譜》，頁 304。

④ 趙靖主編《穆藕初文集》，頁 60－61。

的工作不滿意，經常在穆氏面前批評，並要求開除李迪先君。穆氏却不開除他，只把他的工作與布部主任對調。原意只是想保留李迪先君的工作，可是却引起李迪先君的誤會，以爲穆氏受了布部主任的挑撥，結果使兩部門意見不合。這顯然是穆氏犯了管理上溝通不足的錯誤，才產生這種情況。穆氏解決兩部門紛爭的辦法，是把兩人辭退，但兩人工作上並無犯錯，只因意見之爭而被辭退，處理實有可商榷之處。①

(三) 工人方面

穆藕初不滿意工頭制，進行改革後，限制工頭解雇工人的權力，使工頭不得任意解雇工人。希望能够進入廠中當工人的，都有一定的技術水平，而真正有能力的工人，可以避免受工頭壓迫以及被無理解雇。他聘用了大批紡織專家，使廠内的生産技術提升。穆氏的措施在當時是成功的，可是，把這種方法再向外推廣時，便遇上很大的阻力。

穆氏實踐科學管理雖然取得成效後，但其他廠却不一定立即成功。以榮家企業中的申新三廠爲例，廠方聘請了幾位著名的紡織工程師來指揮生産，又聘請技術學院畢業的技術人員負責生産工作，並雇用一班文化水平較高的職員取代舊工頭制下的管理人員。由於改革過急，發生工頭挑動工人毆打、驅逐技術人員的事件。榮家被迫讓步，採用工程師與工頭混合制，把機器效率較低的美式紡機交新派技術人員管理，把機器效率較高的英式紡機交給舊派工頭管理，到了三十年代，才完成從工頭制向工程師制的改革。②

結　語

穆藕初把西方的科學管理方法引進中國，使當時中國實業家紛紛試行。企業在應用這種理論，跟隨穆氏模式進行管理時，有些成功，有些却没有成效。總括來説，能够取得滿意效果的，一般都具備下列五項條件：(1) 企業經營者科學管理意識强烈。(2) 注重在職工中加强宣傳教育。(3) 科學管理目標明確。(4) 把中國傳統道德融入科學管理之中。(5) 改善工人福利待遇。③ 如果没有注意到上述數項，没有注意到傳統文化特點，只是盲目應用科學管理方法，結果只會招致失敗。

穆氏雖然推行科學管理方法取得成效，生産之紗線膾炙人口，並在産品質素比賽中獲得第一，可是，他經營的工廠没多久便停滯不前，比不上獨斷獨行，家族色彩濃厚的榮氏企業（榮德生、榮宗敬)。市場變化太快，當然是其中的原因之一：第一次世界大戰結束後，外國貨品再次向華大量傾銷，中國産品面臨的競爭壓力大增，而穆氏訂購的機器遲到，坐失良機，又遇上皖直戰爭，使生産受阻。他應付不了經營環境的轉變，確是一個重要的失敗因素。

另外的原因是穆藕初缺乏經營實業的經驗。他只是對科學管理的學理有認識，至於如何把理論落實應用，仍是邊做邊學，没有前人的經驗做依據，本身亦缺乏相關創業經驗。如何經營，維持工廠的生意，單靠科學管理並不足够。例如他在 1920 年起以大規模舉債來擴展已開辦的德

① 趙靖主編《穆藕初文集》，頁 60－61。
② 沈祖煒編《近代中國企業：制度和發展》，頁 182－183、187。
③ 同上注，頁 188。

大、厚生二廠，又幾次擴大豫豐紗廠的建設規模，使企業因負債過多而失去穩健的基礎。[①] 顯然是資金管理上出現問題。

穆氏雖然長於工廠管理，但以理論爲先，而在實行及機器配置上，則仍有不足之處。民國14年，榮氏企業購入由穆藕初創辦的德大紗廠，改爲申新紡織第五廠。在巡視廠房的時候，對部分廠内設施指出“原有機器配置，尚未完備……工人分配、地面排置等，均不經濟。”[②] 穆氏創辦的厚生紗廠，亦被榮家企業收購，改爲申新第六紡織公司，總工程師汪孚禮指出厚生紗廠的失敗，在“每有一度之改革，動需數萬金。前者尚有可生之利，視同廢物，棄而不用；後者認爲有大利可圖之新具，又似無精通此道之專家以善用，結果亦徒有其名，而不得其實”。[③] 可見管理理論與實際施工落實之間，仍有改善的地方。

穆氏爲社會所做的事和建設，數量很多，顯得急於求成。他在1916年創辦厚生紗廠開始，六、七年間，接連創辦與參與創辦五家紡織廠，在短時間内籌建太多的工廠，雖然顯示出創業的魄力和才能，但也顯露了急於求成的缺點。急速擴張的結果，使穆氏感到精神困乏，難於照顧。[④] 例如他在豫豐紗廠籌建成功後，一睡四十八小時，醫生診治爲用腦過度。經過幾年創設紡織廠，他亦承認“時間與精神，因一事業與他事業繁複關係上，逐日消耗者，亦不在小數”。[⑤] 股東們對穆氏所做的亦不理解，他們認爲穆氏擔任太多社會職務，使前來厚生批發所找穆氏的人太多，有時甚至出現吹笛拍曲的應酬場面，感到穆氏不務正業。[⑥] 這情況下，科學管理缺乏合適的人來推行和領導，企業的發展自會停滯，甚至引致經營失敗。

穆氏未能對工廠資金營運加强管理，使廠内出現虧空情況，適逢時局變化太劇，亦是造成失敗的原因。穆氏擔任經理，只著重生産工作。他的胞兄穆杼齋擔任總經理，負責資金營運。由於杼齋自己創辦棉花交易所，虧空了數十萬，總會計私人做投機買賣，又虧空了數十萬元，加上訂購美國棉花，由於到貨延遲太久，外匯高升，又虧空了數十萬，三者合計達一百多萬元，超過了德大紗廠的資本總額。原來倚靠各錢莊的信用放款勉强維持，到了軍閥内戰，銀根奇緊的時候，就無法維持而破産了。[⑦]

此外，中外文化上的差異亦對穆氏運用科學管理造成一定的阻力。泰羅的科學管理的根本目的是謀求最高效率，管理者與被管理者達到共同富裕的基礎，實現高工資和低勞動成本的和諧統一，擴大再生産的發展。要達到最高工作效率的重要手段是用科學化的、標準化的管理方法代替傳統的經驗管理。[⑧] 這種管理方式，由於强調精確化和程序化，被管理者很難感受到人文氣息的關懷，而當時的管理思想却十分重視人治，無論從籌資建廠、原料供應到招募工人，鄉土情誼等人事因素自所難免，要進行標準化、科學化的改革，一定會觸及這些人的利益，産生社會矛盾，科學管理的成效自然減低。

總括來説，穆藕初在中國建工廠，推行科學管理，凡事盡心盡力，與他個人的性格：堅持信念，自强不息，珍視機遇，擇善而從，淡泊名利，識見弘遠，有很大的關係，[⑨] 雖有不足及失誤

---

① 趙靖主編《穆藕初文集》，頁683。
② 上海大學、江南大學“樂農史料”整理研究小組選編《榮德生與企業經營管理榮家企業史料》，上册，頁364。
③ 同上注，頁374。
④ 趙靖主編《穆藕初文集》，頁683。
⑤ 同上注，頁60。
⑥ 唐國良主編《中國現代企業管理的先驅穆藕初》，頁31。
⑦ 穆家修、柳和城、穆偉傑編著《穆藕初年譜》，頁331。
⑧ 任志安《中外管理思想比較研究》，頁41，頁257。
⑨ 高俊《穆藕初評傳》，頁239－240。

之處，而所創辦的事業，亦未能長期保持，但他引入科學管理方法，並且身體力行，通過創辦紗廠，以實際例子讓時人認識新的管理方法，對中國企業的管理思想及生產方法的革新，貢獻很大，是中國近代史上一個不能被忽視的人物。

西學東來與黄人《普通百科新大辭典》的編纂*

龔　敏

一、前　　言

黄人（1866－1913），字摩西，原名振元，字慕庵，一字慕韓，江蘇省昭文縣滸浦鎮問村人。1901年始任職於東吴大學，爲該校創校國文教習，1913年農曆9月病逝於蘇州齊門瘋人院。① 黄人在東吴大學任教的十三年間，曾編著《中國文學史》、《小説小話》、《普通百科新大辭典》、《國朝文匯》、《大獄記》、《文科大辭典》、② 《東亞文化史》、《中國哲學史》③ 等書籍。在黄人衆多的學術編著中，《小説小話》因曾被阿英（1900－1977）《晚清文學叢抄・小説戲曲研究卷》、魯迅（1881－1936）《小説舊聞抄》等書籍轉相引録，而廣爲學界所知。其餘著作，因早年流通未廣，知者既少，更遑論研究了。④ 近年來，隨着《黄人》、《黄人集》等詩詞文集的整理出版，⑤ 以及文學史學史研究熱潮的掀起，學界着手研究黄人及其著述的論著日增，其中以《中國文學

---

* 作者按：本論文於香港大學中文學院成立八十周年舉辦之"東西方研究國際學術研討會"中宣讀。會議期間，承蒙復旦大學歷史學系鄒振環教授不吝指正，提供許多寶貴的意見與材料，使論文在材料與論述上得以比較完備，在此對鄒教授的指正，謹致以衷心感謝。

① 關於黄人生平之研究，可參王永健《"蘇州奇人"黄摩西評傳》第一章《黄摩西的生平研究》（蘇州：蘇州大學出版社，2000年3月），頁1－50；龔敏《黄人及其〈小説小話〉之研究》第二章《黄人之生平、文學創作及其學術編著》（濟南：齊魯書社，2006年5月），頁13－26。

② 關於黄人學術論著的考述，詳參龔敏《黄人及其〈小説小話〉之研究》第二章，頁62－72。黄人編纂《文科大辭典》一説，始見鄭逸梅《國學扶輪社、秋星出版社的史料》一文記述："該書1911年5月前後出版，由黄摩西編輯……'詞典'一詞由《文科大辭典》開始，並以詞匯作釋意對象……全書非常草率。國學扶輪社同時還出版也由黄摩西編的《普通百科大辭典》。兩部書同時還以'上海詞典公司'名義出版。這兩部書書名頁均題'詞典'，而封面題簽均題'辭典'"。原載上海書店《古舊書訊》（1984年第1期），收入《出版史料・舊文重刊》（2004年第2期），頁127，注文3。此外，汪家熔曾對《文科大辭典》作了初步的研究，可參氏著《近代出版人的文化追求》第六章（南寧：廣西教育出版社，2003年6月），頁216－222。

③ 詳見徐允修《東吴六志・志瑣言》，蘇州：刊書印書社，鉛印本，1926年版，引見孫景堯《首部〈中國文學史〉中的比較研究》，《復旦學報》（社會科學版）1990年第6期，頁85；王永健《"蘇州奇人"黄摩西評傳》，頁206；黄鈞達《中國近代文學家黄人研究綜述》，《文教資料》1997年第5期，頁57；黄鈞達《曾祖父黄摩西行述》，引見錢仲聯主編《清詩紀事》二十一（南京：江蘇古籍出版社，1989年7月），頁14804。此處孫、王、黄三人所述，大抵皆據徐氏《東吴六志》的記載而來。徐允修與黄人爲東吴大學同事，《東吴六志》係根據當時耳聞目睹之事記述，應當有所根據，不致有誤。然而，黄人編著的《東亞文化史》、《中國哲學史》二書，至今仍未有發現，有待繼續追查。

④ 關於黄人著作的論述，最早由錢仲聯《辛亥革命時期進步文學家黄人》一文述及，詳參《夢苕庵清代文學論集》（濟南：齊魯書社，1983年9月），頁108。

⑤ 詳見湯哲聲、涂小馬編著《黄人》（北京：中國文史出版社，1998年6月）；江慶柏、曹培根整理《黄人集》（上海：上海文化出版社，2001年8月）。

史》、《小説小話》的研究成果最爲豐碩。[①] 相對而言，《普通百科新大辭典》的研究冷冷清清，僅有三五學人撰寫論文，[②] 究其原因，或與此書刊行年代久遠，大量散佚，各地圖書館鮮有收

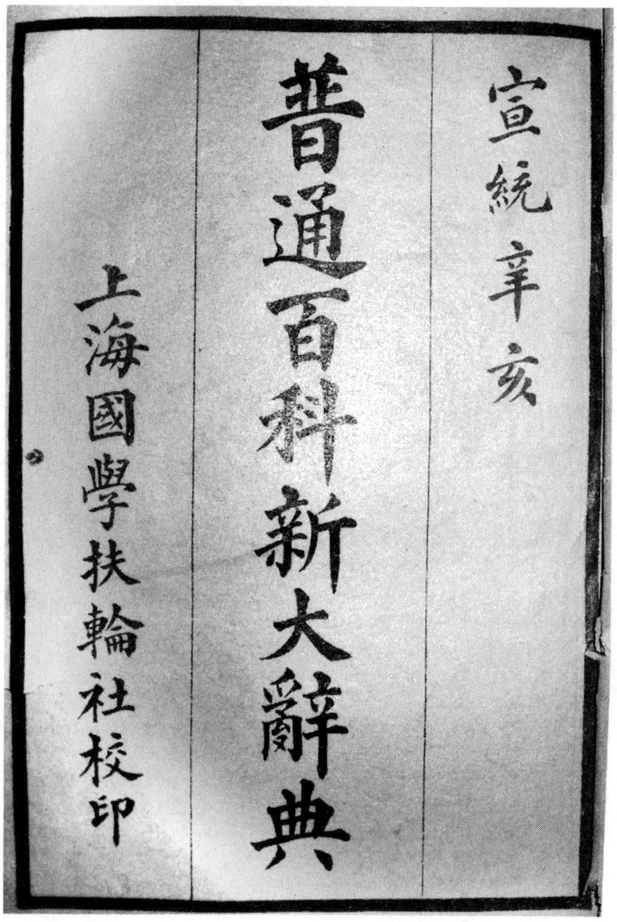

圖一 《普通百科新大辭典目録册封面》

① 詳見黄霖《中國文學史學史上的里程碑——略論黄人的〈中國文學史〉》，《復旦學報》（社會科學版）1990 年第 6 期，頁 78－84；王永健《中國文學史的開山之作——黄摩西所著中國首部〈中國文學史〉》，臺灣《中國書目季刊》，第 29 卷第 1 期（1995 年 6 月），頁 13－26；王永健《"蘇州奇人"黄摩西評傳》，同上頁注①；高樹海《中國文學史初創期的"南黄北林"論》，《淮陰師範學院學報》第 23 卷（2001 年 1 月），頁 115－119；陳桂聲《〈禹會塗山記〉考索（外三種）》，《明清小説研究》，2002 年第 3 期，頁 230－237；徐斯年《黄摩西的〈中國文學史〉》，《魯迅研究月刊》第 12 期（2005 年），頁 23－32；龔敏《黄人〈中國文學史·明人章回小説〉考論》，《巢湖學院學報》第 7 卷第 4 期（2005 年），頁 86－91；龔敏《黄人及其〈小説小話〉之研究》，同上頁注①。

② 鍾少華《清末百科全書初探》，原載香港中文大學《中國文化研究所學報》18 卷（1987 年），收入《進取集——鍾少華文存》（北京：中國國際廣播出版社，1998 年 6 月），頁 118－119；周振鶴《黄人所著之〈普通百科新大詞典〉》，《隨無涯之旅》（北京：三聯書店，1996 年 11 月），頁 230－236；鍾少華《人類知識的新工具——中日近代百科全書研究》（北京：北京圖書館出版社，1996 年 12 月），頁 73、91、195－196；李迪、郭世榮《中國現代第一部百科全書——〈普通百科新大詞典〉》，《辭書研究》，2002 年第 3 期，頁 122－126；李迪、郭世榮《清末〈普通百科新大辭典〉及其學術價值》，《中國科技史料》第 24 卷，2003 年第 1 期，頁 47－57；陳平原《晚清辭書視野中的"文學"——以黄人的編纂活動爲中心》，《北京大學學報》（哲學社會科學版）第 44 卷，2007 年 3 月第 2 期，頁 59－74。〔德〕米列娜（Milena Dolezelova）《一部近代中國的百科全書：未完成的中西文化之橋》，《北京大學學報》（哲學社會科學版）第 44 卷，2007 年 3 月第 2 期，頁 75－84。

藏，或即使有庋藏，但塵封一角，未見天日，以致學者無從着手進行研究。①

在目前數篇研究《普通百科新大辭典》的論文中，對於黄人及其編纂的《普通百科新大辭典》與晚清西學之間的關係論述較少。緣此，筆者藉香港大學中文學院成立八十周年舉辦“東西方研究國際學術研討會”的機會，從西學東來與黄人的接受新知、黄人與國學扶輪社之間的關係、《普通百科新大辭典》體現的西學等三方面，探討黄人對於西學的接受與傳播，以期就正於與會的各位專家學者。

二、西學東來與黄人的接受新知

梁啓超在《清代學術概論》中説：

> “鴉片戰役”以後，志士扼腕切齒，引爲大辱奇戚，思所以自湔拔，經世致用觀念之復活，炎炎不可抑。又海禁既開，所謂“西學”者逐漸輸入，始則工藝，次則政制。②

1840年“鴉片戰爭”後，朝野士人爲之憤慨，面對西方的科學與民主，在悲痛之餘，不得不沉著思考國家民族新的出路，於是乃有“師夷長技以制夷”、③“中學爲體，西學爲用”④ 等指導性思想的産生。數十年間，這兩種指導性的思想成爲國民向西方學習、取經的唯一方向：遣派留學生赴英法等國，學習日本、西洋語言，翻譯西方科學論著及政治小説，以及設辦學堂、報紙等等方案與措施，成爲朝野士人共同努力的目標。

然而，出生於江南村鎮的黄人，没有顯著的家世，没有先進思想的導師，他與當時許多讀書人一樣，仍然自幼在傳統的科舉壓力下背誦經史、課習詩文，以考取功名、爲民請命爲目標，西學東來與“師夷制夷”的思想，還未曾對他産生即時性的影響。光緒二十一年（1895），黄人以三十而立之齡，隻身寓居蘇州，“得交吴瞿庵、金松岑、吴湖帆、范烟橋等人”。⑤ 自此以後，他往返蘇州、上海等地，開始了長達十八年對西學的接觸、學習和傳播。

創辦報紙，是黄人早期受西學影響的明證。光緒二十六年（1900）春，黄人與黄謙齋（炳元）、龐獨笑（樹松）籌資在蘇州合辦《獨立報》。《獨立報》爲當時蘇州第一份報紙⑥，黄人任總編輯，而年僅十九歲的龐樹松任經理，館址設“盤門外日租界的清暘地”，以避清廷查緝。然

① 2004年冬，筆者訪問黄摩西後裔黄鈞達先生，黄先生所示家藏《普通百科新大辭典》亦爲殘本，可見此書全本存世不多。又，據李迪、郭世榮《清末〈普通百科新大辭典〉及其學術價值》一文説：“目前，我們所知收藏該書的單位有：中國國家圖書館和内蒙古師範大學科學史與科技管理系資料室。”（頁51）〔德〕米列娜（Milena Dolezelova）《一部近代中國的百科全書：未完成的中西文化之橋》一文，又提及加拿大多倫多大學圖書館、德國海德堡大學圖書館亦藏有《普通百科新大辭典》（頁78）。此外，承蒙復旦大學歷史學系鄒振環教授告知：周振鶴教授藏有兩套，復旦大學圖書館藏有一套，北京鍾少華先生藏有一套。又計筆者所藏一套，則目前知見存世全本《普通百科新大辭典》有九套。

② 引見氏著書（北京：商務印書館，1947年2月），頁117。

③ 見魏源《海國圖志・序》（臺北：成文出版社影印清道光古微堂本，1967年9月）。

④ 梁啓超《清代學術概論》曰：“甲午喪師，舉國震動，疾首扼言‘維新變法’。而疆吏若李鴻章、張之洞輩，亦稍稍和之。而其流行語，則有所謂‘中學爲體，西學爲用’者；張之洞最樂道之，而舉國以爲至言。”（頁160－161）

⑤ 參見鄭逸梅《人壽室憶往録・南社時人黄摩西》，《大成》第145期（1985年），頁36。

⑥ 中國古代固有邸報、朝報，但是僅作爲朝廷公布政事的載體，對象爲朝臣與士大夫。從形式、内容、宗旨，以及閲讀對象來説，都與近代的報紙有着本質上的不同。可參宋原放、李白堅《中國出版史》（北京：中國書籍出版社，1991年6月），頁218－220。

而在八個月後，終被蘇州知府彦秀查禁①。雖然，《獨立報》已經散佚，無從考查當時報章刊登的文字與評論，但是其受西方報刊的影響，是不容置疑的事實。②

《獨立報》遭受查禁，對黄人來説，却是“塞翁失馬”，因爲在光緒二十七年（1901）春，他旋即受聘美國教會在蘇州創辦的東吴大學（Soochow University），任職國學教習（教授），並獲校方特别建築教習房爲宿舍，③ 足見其深受校董部董事長林樂知（Young J. Allen，1836－1907）、校長孫樂文（David Lanrence Anderson）的器重與賞識。林樂知是晚清時期著名的傳教士，1859年底奉派來華，前後在華生活、傳教長達四十七年。林氏在華期間，曾任方言館英文教習、翻譯館譯員，創辦中西書院，從事辦報、譯著等事務，較著名的譯著有《中西關係略論》、《中東戰紀本末》、《文學興國策》，又主編《教會新報》、《萬國公報》，在介紹、評論西方科學、政治、社會、教育、民生等問題上，對國人具有一定的啓蒙意義。④ 林樂知與孫樂文賞識黄人並聘其爲國文教習，應該與黄人曾主編過《獨立報》，在接受、推廣普及西學的理念上，與他們比較接近有關。況且，東吴大學設址蘇州，聘請一位願意接受西學並且具有辦報經驗的當地讀書人，對於東吴大學的發展與宣傳，應該具有一定的功效。

黄人接受、學習西方文化，還體現在他改换名字與學習日、英語文兩方面。黄人，本名振元，字慕庵，一字慕韓。他改名黄人字摩西，應該是在任教東吴大學之初。⑤ 摩西，英文爲Moses，此乃黄人“取猶太教祖摩西之名以自號”，其意蓋爲“以覺世牖民爲己任”，⑥ 名字的由來，自然是取自《聖經》的《出埃及記》。⑦ 黄人以“猶太教祖摩西”自況，未免稍嫌狂傲，但却真實地反映了他身處晚清政局之精神焦慮與内心願境。

黄人何時開始學習英、日語文，確切時間已不能詳考，從他在光緒三十年（1904）至三十二年（1906）獨自譯著日人末廣鐵腸（1849－1896）的《啞旅行》，以及日人押川春浪（1876－1914）的《銀山女王》來看，他應該在光緒三十年（1904）前便開始學習日文，至1904年已能獨立翻譯日人小説，可見其日文根基良好。黄人在《友人索贈諸聯》的“寶書搜真丹卧墨，玉友武佉盧梵蒼”一聯後，有附記曰：“吴氏昆仲書室用，時正習東、西字。”⑧ 所謂“東、西字”，當係指英、日文字而言。此外，據黄鈞達先生説：“（黄人）自學日文與英文，訂閲《東方雜誌》等書刊，進一步接觸瞭解世界。編者藏有黄人當年用過的英漢、日漢辭典、書

① 詳參金惠風《蘇州第一報》，《傳媒觀察》（1994年5月），頁40；《“蘇州奇人”黄摩西評傳》，頁6；黄鈞達編著《黄人生平與研究·黄人年譜》（2005年6月自印本），頁27。

② 熊月之在《西學東漸與晚清社會》第九章説：“晚清報刊是傳播西學的重要媒介。無論是傳教士辦的《教會新報》、《益聞録》，外國商人辦的《申報》、《新聞報》，還是中國知識份子辦的《時務報》、《民報》……都介紹了不少的西學知識。可以毫不誇張地説，在晚清，幾乎没有什麽報刊不與西學傳播有關。”（上海：上海人民出版社，1994年8月），頁392。雖然熊氏此處没有論及黄人主編的《獨立報》，但是黄人在光緒二十四年（1898）已有長篇《元旦日蝕詩》指斥恭親王、榮禄、慈禧諸人，足見其對時政之不滿。詳見《黄人集》頁188－190；《黄人及其〈小説小話〉之研究》，頁31－35。黄人等創辦的《獨立報》是一份具有評論、諷刺時政，以及介紹西學的時代特點的報紙，其辦報精神受到西學之影響，應無疑義。

③ 陳旭輪《關於黄摩西》云：“摩西於清末主講東吴大學講座，校長美人林樂知、孫樂文，先後均甚器重激賞之，東吴今日之有教習房，第一座即爲摩西先生而特建者。”原載《文史》半月刊第1期，上海：文史社（1944年11月），引自《黄人生平與研究》，頁98－99。

④ 關於林樂知在華期間的事務，參見《西學東漸與晚清社會》第九章、第十六章，頁392－417、614－637。

⑤ 詳見《黄人及其〈小説小話〉之研究》第一章，頁13，注文1。

⑥ 參見錢仲聯《〈“蘇州奇人”黄摩西評傳〉序》，《“蘇州奇人”黄摩西評傳》，頁2。

⑦ 米列娜（Milena Dolezelova）《一部近代中國的百科全書：未完成的中西文化之橋》一文，却根據《普通百科新大辭典》署名“黄人摩西”，解讀爲“意思是‘一個希望與西方接觸的黄種人’”，頁79。黄人是一個願意接受西學的學者，這是没有疑問的。但是如果細讀黄人的詩詞文集，便可發現他常常積極批評晚清的混亂政局及政治人物，具有强烈的民族意識。因此，米列娜對“黄人摩西”作出的解讀，似乎對黄人還停留在表層的認知，無法體現黄人字摩西的真正涵意。

⑧ 見《黄人集》，頁206。

刊等資料。"[1] 又云:

編者曾整理發現一本黄人學習使用過的日文版《世界語辭匯》(明治 39 年 10 月, 日本東京育音舍發行), 上有黄人學習手迹。[2]

從黄鈞達家藏黄人昔日使用英、日辭典等工具書來看, 黄人對於外語能力的學習與掌握, 非常積極。光緒三十三年 (1907) 冬十至十一月, 黄人還在東吴大學《學桴》刊物發表《動物新論·生物界》譯文一篇, 内容主要是譯述生物在繁衍過程中, 所要面對的天然競爭, 文末並署"譯者識",[3] 可見此篇文字亦是黄人獨自完成的翻譯。

三、黄人與國學扶輪社之間的關係

黄人三十歲 (1895) 才寓居蘇州, 初以賣文自給, 在短短十餘年間, 憑着自身的努力, 廣泛接觸西學, 創辦報紙, 學習英、日語言, 受聘教會大學國文教習, 翻譯小説與生物理論等等, 凡此都爲他編纂《普通百科新大辭典》作好個人内在的準備。然而,《普通百科新大辭典》的完成, 還得力於外在因素, 此即是黄人與國學扶輪社之間的密切關係。[4]

黄人在《普通百科新大辭典·序》中説:

故國學扶輪社主人沈粹芬君發心欲編詞典, 漫以相屬。而鄙人亦遂忘其譾陋, 毅然擔任而不辭也……本社既具此饋貧之熱心, 不惜築台購駿, 鄙人亦樂爲應運之先導, 自居篝火鳴狐。宣統三年正月昭文黄人摩西。[5]

此《序》撰成於 1911 年正月, 文中交待辭典之編纂, 是受到"發心欲編辭典"的"國學扶輪社主人沈粹芬"之託請。《序》中又説"本社"云云,[6] 則黄人與國學扶輪社之間是否存在某種關係呢? 編纂詞典真的是沈粹芬 (1882－1939) 的"發心"嗎?

鄭逸梅 (1895－1992)《國學扶輪社出版幾種巨著》一文云:"清末民初, 上海有個出版機構, 名國學扶輪社, 是吴興王均卿和山陰沈知方等主持的。"[7] 鄭氏此處述及國學扶輪社是由王均卿 (文濡) 和沈知方 (粹芬)"等主持的", 從語句中的"等"字, 可以猜想國學扶輪社的創辦, 很可能還有别人參與其中。然而, 這個人又是誰呢? 陳旭輪 (1898－1960) 在《關於黄摩西》一文中曾説, 黄人"又與吴興王均卿 (文濡) 先生創國學扶輪社於海上, 刊行爲清帝所禁

---

① 《黄人生平與研究·黄人年譜》, 頁 32。
② 同上注, 頁 40。
③ 見《"蘇州奇人"黄摩西評傳》, 頁 12;《黄人集》, 頁 298－301。
④ 陳平原在《晚清辭書視野中的"文學"——以黄人的編纂活動爲中心》一文中指出:"黄人是否國學扶輪社的創辦人、有没有直接介入其經營活動, 歷來衆説紛紜。没有確鑿的史料, 黄氏的自述又相當模糊……但無論如何, 黄人與國學扶輪社的關係非同尋常, 單看其正式刊行的三部大書——《國朝文匯》、《普通百科新大辭典》、《中國文學史》——都是由國學扶輪社出版, 便可見一斑。"《北京大學學報》(哲學社會科學版) 第 44 卷第 2 期, (2007 年 3 月), 頁 64。
⑤ 詳見黄人編輯《普通百科新大辭典》, 上海: 上海國學扶輪社校印, 宣統辛亥 (1911) 六月再版。爲便行文, 凡正文引録《普通百科新大辭典》文字, 僅標明某集某畫某條, 不另出注。
⑥ 黄人在《國朝文匯·序》也説:"此本社所以有《國朝文匯》之選輯也。"見《黄人集》, 頁 292。
⑦ 詳見《文苑花絮》(北京: 中華書局, 2005 年 7 月), 頁 269。

之詩文集，與章太炎、劉申叔所創之國粹學報社，作桴鼓之應”。[①] 陳氏曾任東吴大學歷史系教授，與凌敬言（1904－1959）、浦江清（1904－1957）、錢穆（1895－1990）等近代學人交厚，爲曾樸（1872－1935）、吴梅（1884－1939）、金松岑（1873－1947）、金叔遠、黄炳元（謙齋）、張鴻（1867－1941）等人之後輩，曾修讀吴梅開設的“詞學通論”課程，耳聞黄摩西事頗多。因此，陳氏的記述應當可信。從陳氏這段文字的記載，以及《普通百科新大辭典·序》所謂“本社”的自稱來看，國學扶輪社當是由黄人、沈粹芬、王均卿等人合力創辦。

沈粹芬，即沈知方，原名芝芳，浙江紹興人。年少時入紹興奎照樓書坊當學徒，1900年，受夏瑞芳賞識，招入商務印書館。1913年至1917年任職中華書局，期間又與友人合辦國學扶輪社、古書流通處、啓明書店等。1917年又創辦世界書局，1921年任總經理。[②] 王文濡，原名均卿，别署學界閒民、新舊廢物等，浙江吴興人，南社社友。曾任國學扶輪社、文明書局、進步書局、中華書局編輯，先後主編《香艷叢書》、《説庫》、《筆記小説大觀》等書。[③]

黄人何時與沈知方、王文濡合辦國學扶輪社，已不可確考。然而，從沈知方的經歷來看，國學扶輪社是他任職商務印書館期間（1900－1913）創辦的。[④] 因此，有學者指出，沈知方在任職商務印書館期間，藉職位之便，乘機竊取商務印書館的出版機密，搶先出版圖書，以圖利於自行組織創辦的國學扶輪社：

> 1908年商務印書館開始編纂《辭源》……沈知方是商務印書館的重要中層干部，《辭源》編撰一兩年後，他陸續瞭解了情況。他估計即將問世的詞典銷路必旺，於是與人合組了“國學扶輪社”，請黄摩西主持編纂一部以詞匯爲主的詞書搶先出版。
>
> 沈知方雖然知道《辭源》在編（當時還没有起這個名），對具體情況却不太清楚，所以並不能告訴黄摩西《辭源》的具體要領。黄摩西僅僅從辭藻的觀念理解，因爲要趕時間，也毫不加以研究，遂將《駢字類編》略作取捨，變更詞匯排列方法，名爲《文科大辭典》，在1911年冬搶先出版。因爲質量粗糙，未能在市場中站住脚。[⑤]

從上引文字來看，是沈知方先有搶先出版“詞書”的計劃，再約請黄人、王文濡合組國學扶輪社，由黄人負責《文科大辭典》的編纂工作。然而，沈知方竊取商業機密之事，似乎只屬流言，未必屬實。[⑥] 如果沈知方的動機是爲了在商務印書館之前搶佔詞書市場，則僅僅“將《駢字類編》略作取捨，變更詞匯排列方法”的《文科大辭典》，以黄人的才氣與學識，斷不至拖延到三年後才編纂完成，然後交由國學扶輪社“搶先出版”吧？

---

① 引見《黄人生平與研究》，頁102。

② 關於沈知方的生平，可參王建輝《沈知方：冒險和投資兼備的出版家》，《出版廣角》2001年第6期，頁68－69；吕蓓蕾《洋場書業經營怪才沈知方》，《上海檔案》2001年第5期，頁56－57；鄧詠秋《“才氣閎寬”的出版家沈知方》，《編輯學刊》2003年第6期，頁48－50。

③ 關於王文濡生平，可參董乃斌《王文濡簡論》，《漳州師範學院學報》（哲學社會科學版）2001年第1期（總第38期），頁30－33。

④ 黄人早在清宣統元年（1909）七月撰寫《國朝文匯·序》時，便已説：“此本社所以有《國朝文匯》之選輯也。”見《黄人集》，頁292。該書爲黄人與沈粹芬等人始自“戊申（1908）之春”編纂，成於“庚戌（1910）之穐”，後來由國學扶輪社出版。見沈粹芬《國朝文匯·序》，載沈粹芬等輯《清文匯》（北京：北京出版社，1996年3月）。黄人《國朝文匯·序》所謂的“本社”，當指國學扶輪社而言。準此，則國學扶輪社的創辦時間，至少可以推前至光緒三十四年戊申（1908），甚至更前。

⑤ 參見汪家熔《近代出版人的文化追求》，頁216。又見氏撰《還談近代出版人的文化追求》，《中國編輯》2004年第2期，頁73。

⑥ 汪家熔論述沈知方事迹時，未見相關文獻的徵引，恐只係採自傳聞，不足徵信。見《近代出版人的文化追求》，頁216。

其次，早在“戊申（1908）之春”，沈知方與黄人已有編纂《國朝文匯》的計劃，並準備於“庚戌（1910）之穐”完成，[1] 可見創辦國學扶輪社的目的，並不是爲了編纂《文科大辭典》。

第三，作爲出版商人的沈知方，雖以利益爲重，但既能招攬黄人、王文濡等合作創辦出版社，可見彼此在實際的金錢利益以外，一定還有一些文化、教育等理念上的契合，決不致於純粹考慮在一部詞書上作短視的投機。從黄人生前印行《國朝文匯》、《普通百科新大辭典》，以及於其身後由王文濡在 1926 年代爲印行《中國文學史》等大部書籍，即可見國學扶輪社的創辦，並不是沈知方個人的謀私行徑。

從《文科大辭典》的出版時間來看，或許是黄人在編纂《普通百科新大辭典》之後，再以餘力完成，所以存在許多缺失疏漏之處。[2]《普通百科新大辭典》於 1911 年 5 月出版，6 月再版，7 月三版，序中説“國學扶輪社主人沈粹芬君發心欲編詞典，漫以相屬”，又説“一更葛裘”，則該書是以一年時間編纂而成。[3] 黄人“心力交瘁”地耗費一年時間完成《普通百科新大辭典》後，自無餘力再編纂另一部辭典。然而，在沈知方敦請下，乃勉力以數月時間“將《駢字類編》略作取捨”，草率地編成《文科大辭典》，並匆忙地在 1911 年冬天出版，企圖在《普通百科新大辭典》良好銷售成績的影響下，進一步搶佔辭典類圖書市場，可惜這樣的構想與意圖，並未獲讀者的支持。

四、《普通百科新大辭典》體現的西學

黄人編纂的《普通百科新大辭典》與《文科大辭典》連接先後出版，但是質量却有天壤之别，《文科大辭典》的市場購買率很差，而《普通百科新大辭典》却一版再版三版。細究其中緣由，除了兩部書存在質量的差别外，恐怕還與《普通百科新大辭典》涵概大量西學知識，而《文科新大辭典》則僅“是一部古代類書内容，用近代詞典方式排列”[4] 有關。《普通百科新大辭典》内容分政治、教育、格致、實業四大類，其中政治分十三門、教育分二十門、格致分二十五門、實業分八門，合共六十六門。正文收詞條一萬一千六百四十五條，補遺二百二十條，合共一萬一千八百六十五條，全書約一百二十萬字。以當時的情況來看，“如此廣録博采，詳細考證，需要相當開闊的學術視野。單憑這，説編者趣味廣泛、學識淵博，一點都不過份”。[5]

該部辭典以《普通百科新大辭典》命名，反映了黄人急於向國人介紹西學。之所以稱爲“普通”，目的是要盡量簡明扼要地闡釋辭條，使普通民衆能够容易閱讀、接受來自西方的新知。黄人在《凡例》中曾針對“普通”説解，如第九條曰：

> 博物及製造名詞範圍最廣，本書志在普通，勢難詳載，惟舉重要及奇特者，若要求全，有專門詞典在。

第十七條曰：

---

① 見沈粹芬《國朝文匯・序》，沈粹芬等輯見《清文匯》。
② 見《近代出版人的文化追求》，頁 216－221。
③ 參見陳平原《晚清辭書視野中的“文學”——以黄人的編纂活動爲中心》，頁 72。
④ 見《近代出版人的文化追求》，頁 217。
⑤ 參見陳平原《晚清辭書視野中的“文學”——以黄人的編纂活動爲中心》，頁 61。

圖二　《普通百科新大辭典》酉集

本書雖供普通之用，而調查各種專門書籍有千餘種之多，挈壺滄海，操斤鄧林，勺水片材，不敢苟也。

《本書之特色》第十二條又針對閱讀層次曰：

此書大致合於中學程度，而亦有闌入高深及下可通俗者，所爲普通也。

十三條又曰：

此書限於體例及字數時間，誠不敢云奄有衆長，但案頭置一編，則或可舉一反三，而收數十種普通教科書之益。教員可用，學子可用，稍通文義者亦無不可用。

根據以上引録的《普通百科新大辭典》《凡例》與《本書之特色》等四條文字，又可以將“普通”析别爲兩個層面，一是普通人士，二是普通知識。《普通百科新大辭典》的目的是從千餘種專門書籍中擷取“重要及奇特”的新知，介紹給當時的普通民衆，包含中學程度的學生，兼及教員與稍通文義者。《凡例》第十條曰：“且學界諸君，舊學必多根柢……故本書於本國學術詞類，僅采大綱……”可見《辭典》是以介紹西學爲主，而以“本國學術”爲副。

此外，稱爲“百科新大辭典”，是因爲全書參考了一千餘種“專門書籍”，分爲六十六門，收納中西詞條一萬一千八百六十五條，兼顧中西科學與文化知識。黄人在《凡例》第一條明言：“本書蒐輯一切學語調查、種種專門學書籍爲基礎，中外兼賅，百科並蓄，以適用於教員考檢，學子自修爲宗旨。”晚清西學廣泛傳播，《普通百科新大辭典》的編纂具有强烈的針對性。爲了顧及當時教員、學子急需瞭解、學習西學，爲了使該書適用於考檢與自修，《普通百科新大辭典》還"附列西國原文以供考核"，於此不能不稱讚作爲編纂者的黄人思慮十分周詳。因此，曾有學者從"門類較齊全"、"内容新穎"、"釋文簡明扼要"等三個特點進行論述，稱譽《普通百科新大辭典》是"中國現代第一部百科全書"。① 儘管《普通百科新大辭典》未必盡然符合現代"百科全書（encyclopaedia）"的規範，但它兼有自然科學與文化兩大領域，確實是"晚清百科全書中編寫得最成功的一部"② 百科辭典。

《普通百科新大辭典》中西並蓄，尤以西方各種學科的介紹最爲繁富，涵蓋文化與科學兩個層面。③ 如西部十三畫"達爾文進化説 Darwin 進化説"條曰：

> 達爾文闡明生物進化原理之學説。其大旨，謂凡生物者，因某原因而起特殊之變化，不獨遺傳於子孫，且累積年月，漸漸增其變化之度。其變化亦無一定方向，但競爭生存，而爲最宜之變化者，則蕃殖而至於成一新種。反之，不適於生活上之變化者，則全不能生存，而至絶滅。今日世界所存之生物，皆自然淘汰之結果，爲適宜於生活之變化，而留傳者也。要之凡種類之成形而存於世者，皆由自然淘汰與漸次變化而來也。

達爾文（Charles Robert Darwin，1809－1882）於 1895 年出版《物種起源》（*The Origin of Species by Means of Natural Selection*），提出生物進化的學説，影響了科學、社會、宗教、文化、教育等各個層面。《普通百科新大辭典》以一百多字簡明扼要地將達爾文的進化學説理論，正確、清楚地作解説，實屬不易。

又如子部二畫"力學 Dynamics"條曰：

> 物理學之一分科，又稱重學，論物體之運動及作用於物體之力。就作用於静止物體之力，而研究之曰"静力學"。就作用於運動物體之力，而研究之曰"動力學"。僅論運動者曰"運動學"。因論究物體之如何，又分質點力學、剛體力學、流體力學、彈體力學等。

《普通百科新大辭典》雖然未就力學的歷史發展作一概説，但是針對力學的解釋以及分類，作了詳細的説明。在近一百年前，作爲一個未曾出國留學的文史學者，能够將此一學科作淺顯明白的解説，已屬難能可貴了。④

五、結　　語

其實，黄人的《中國文學史》、《小説小話》等著述，在不同層次上，都體現了他受到西學

① 參見李迪、郭世榮《中國現代第一部百科全書——普通百科新大詞典》，頁 122－126。

② 參見〔德〕米列娜（Milena Dolezelova）《一部近代中國的百科全書：未完成的中西文化之橋》，頁 78。

③ 此處所謂的西方，實包含日本在内。日本自"明治維新"學習西方後，清末民初已屬列强之一。而清末國内士人，往往透過日本譯著認識西方的科學與民主，黄人亦然。因此，《普通百科新大辭典》亦有將日本的歷史人物、地理等列入詞條。

④ 黄人未曾出國，西學知識均於國内學得。又，署名黄人編輯的《普通百科新大辭典》，其實並非出自其一人之力。黄人在序中説："於是招馬鄭之彦，探佉梵之秘，析理分肌，州居别部。"所謂"招馬鄭之彦"云云，即組織有識之士，共同商討、編輯、撰寫辭典。然而，黄人當時招集哪些人士參與，則不得而知了。雖然此條文字未必由黄人撰寫，但黄人既爲主編，則一切撰寫之詞條，必經其過目修改，而《普通百科新大辭典》又僅署黄人名字，所以論文仍將書中詞條歸屬爲他個人的撰寫，故於此稱他爲"一個未曾出國留學的文史學者"。

的影響。本論文以其最具代表性的《普通百科新大辭典》爲例，從黄人接觸、學習西學新知，創辦國學扶輪社，編纂《普通百科新大辭典》等三方面進行論述，探討他在西學東來的巨潮下，如何適應新時代的來臨，積極肩負起啓蒙者與傳播者的重任。周振鶴先生曾評價《普通百科新大辭典》曰：

> 要之，《普通百科新大辭典》無論在中國辭典編纂史上或者在語言學以至科技史的研究方面都有其不可忽視的價值，可惜長時間以來，這部辭典已經湮没不彰，以是作此小文，特爲表出，冀望引起同好之注意。①

周氏從語言學、科技史兩方面對《普通百科新大辭典》作出正面的評價，並"冀望引起同好之注意"，繼續投入研究。近年來，隨着研究領域的拓展與中西學術的交流，研究《普通百科新大辭典》的論文已漸有增加，可以説是對周氏呼籲的一種積極回應。

然而，從晚清西學傳播史的角度來看，長期以來，學界在研究論述晚清西學東漸的啓蒙與傳播的時候，多注目於嚴復（1854－1921）、林紓（1852－1924）、梁啓超（1873－1929）等人的貢獻，而忽略了黄人的積極參與以及他在傳播西學方面所付出的努力。究其原因，實與黄人身處蘇州一隅，身後蕭條，著述大量散佚有關。其實，晚清政治、社會、教育混亂，許多有識之士都或多或少地參與了這場文化啓蒙與傳播運動。1911 年，由國學扶輪社出版黄人編輯的《普通百科新大辭典》，正體現作爲南方一隅的詩人、學者、出版人——黄人，是如何在西學東進的大潮流下，積極接觸、學習西學新知，並勇於承擔傳播西學的使命，以期唤醒國人。從《普通百科新大辭典》在短短三個月内，連續一版再版三版的情形來看，黄人的努力在當時獲得了一定的肯定與支持。

在黄人相關著述日漸重現的今天，對於他的認識與研究也需要相應地有所增加，還原他在歷史上的位置，彰顯他在近代文化史上的貢獻。正因如此，學界在撰寫與晚清西學相關的論述時，應該將黄人加入啓蒙者、傳播者的行列，不應再忽視他在文化方面的努力、成果與價值。

① 參見《黄人所著之〈普通百科新大辭典〉》，《隨無涯之旅》，頁 236。

梁啓超的中西文化觀及其在中國近代思想史上的位置

王昌偉

一、前　言

這三十年來，有一個名詞在國内受到無比的尊敬；無論懂與不懂的人，無論守舊者和維新者，都不敢公然對它表示輕視。那個名詞就是“科學”。“科學”受到幾乎全國一致崇信，究竟有無價值，那是另一問題。我們至少可以説，自從中國講變法維新以來，没有一個自命爲新人物的人敢公然非議“科學”。直到民國八、九年（1919－1920），梁任公先生發表他的《歐游心影録》，科學才在中國文字裏正式宣告“破産”。①

以下是胡適爲一本收録1923年爆發的所謂“科學與人生觀論戰”（或“科玄論戰”）的論戰文章的集子所寫的序文中的一段文字。在這段文字之後，胡適大篇幅地引用了梁啓超《歐游心影録》中的文字，以證明：

> 自從《歐游心影録》發表之後，科學在中國的尊嚴就遠不如從前了。一般不曾出國門的老先生很高興地喊着：“歐洲科學破産了！梁任公這樣説的。”我們不能説梁先生的話和今年“同善社”、“悟善社”的風行有什麽直接的關係；但我們不能不説梁先生的話在國内確曾替反科學的勢力助長不少的威風。梁先生的聲望，梁先生那枝“筆鋒常帶情感”的健筆，那都能使他的讀者容易感受他的言論的影響。何況國中還有張君勱先生一流人，打着柏格森、倭鏗、歐立克……的旗號，繼續起來替梁先生推波助瀾呢？②

很顯然，在胡適看來，雖然思想界一直存在反科學的勢力，但都不成氣候。而這一場關於科學是否萬能的大論戰的爆發，以及五四時期守舊分子對“科學”展開大規模的攻擊，實際上是受到梁啓超在《歐游心影録》中宣布“科學破産”的鼓舞。因此，胡適要爲科學辯護，自然就把矛頭指向梁啓超。

胡適對梁啓超在當時所發揮的影響力的認知，顯然和目前學術界的認知有一定的差距。過去學術界對五四運動的研究，主要是著重於此運動反傳統與追求科學與民主的主調。隨著研究的深入，近來學者開始關注過去較少涉及的人物與思潮，使我們充分認識到五四的多元性，但同時，對這時期的一些重要人物的研究仍然不足，梁啓超即是一例。以往的研究主要集中探討

---

① 胡適《科學與人生觀序》，亞東圖書館編《科學與人生觀》（上海：亞東圖書館，1925年），頁2－3。

② 同上注，頁6－7。

梁啓超在戊戌變法時期的作用，以及他在1900年代初所闡述的“新民”思想。一般而言，我們都習慣把五四時期的梁啓超看成是一過時，甚至落後的人物，認爲他在當時所扮演的角色是微不足道的。即使是研究梁啓超思想的權威學者張灝先生，雖然肯定梁氏一生的政治活動都没有妨礙他各方面的思想活力，但也認爲梁在1907年以後“再未能獲得二十世紀最初一段時期所取得的那種在思想界的支配地位”。因此，張先生的書對梁啓超思想的勾勒就止於1907年。①

的確，梁啓超在1907年以後，基本上不再是思想界最衆望所歸的領袖人物。到了五四時期，梁啓超作爲最“先進”的知識分子的地位，更被胡適、陳獨秀等人所取代。儘管如此，根據前引胡適所言，可知梁啓超在當時的影響力仍是不容忽視的，否則胡適就没有必要如此高調地以梁氏作爲攻擊的對象。

那梁啓超究竟是哪方面的觀點對五四時期的思想界産生了不容忽視的影響？根據胡適的看法，梁啓超對科學的質疑是當時最響亮的聲音，這無疑是正確的。梁啓超的科學觀，其實是他的東西文化觀的一部分。本文旨在從思想史的角度，梳理梁啓超從新民時期到歐游之後對中西文化的界定的轉變，並試圖證明，雖然梁啓超在五四時期的基本觀點和影響長期受到忽略，他實際上是開啓了一條新的思路，迫使當時的知識分子正視以傳統/現代、落後/進步的框架來區分中西文化的局限性，並對此展開廣泛的討論。少了梁啓超的參與，五四及以後的中國思想界肯定會是另一幅景象。

要證明這一點，我們首先需要扼要地討論一下梁啓超在鼎盛時期的文化觀及其對中國近代思想界的深遠影響。

二、“新民”時期梁啓超的文化觀

1898年，梁啓超在戊戌變法失敗後流亡日本。其後十年，是梁氏思想最活躍的一段時期。1902－1904年間他在《新民叢報》陸續發表的一系列文章，系統地闡述了他的新民思想，《新民叢報》成爲當時中國知識分子思考“中國之出路”及相關問題的必讀之物。關於梁氏的新民思想，學術界已有詳盡的討論，這裏只簡單地分析幾個和本文有關的重點。

首先，這個時期梁啓超最令人側目的，是他那具有强烈國族主義的論述。所謂“新民”，依照梁啓超的説法，就是“取《大學》‘新民’之義，以爲欲維新吾國，當先維新吾民”。② 可見，這時期梁氏的各種文化建設，都是以“維新吾國”爲最終目的。基於此，梁氏反對其師康有爲的帶有世界主義色彩的大同論述，認爲當今的世界局勢，各民族國家之間的競爭是既定的事實。更何況，唯有競爭，才能帶來進步，追求世界大同，不僅是不切實際的幻想，還會阻礙中國的進步。張灝先生很精確地指出，梁氏的新民思想，從維護民族國家利益的角度説，是屬於集體主義的；從强調競爭，適者生存的角度説，是進化論的。③

從新民的角度出發，梁啓超對如何看待中西文化提出了一種類似折衷的看法：

新民云者，非欲吾民盡棄其舊以從人也。新之義有二：一曰淬厲其所本有而新之；二曰

① 張灝著，崔志海、葛夫平譯《梁啓超與中國思想的過渡，1890－1907》(南京：江蘇人民出版社，1995年)，頁210。
② 《本報告白》，《新民叢報》號1 (1902年2月8日)。
③ 《梁啓超與中國思想的過渡，1890－1907》，頁108。

> 採捕其所本無而新之。二者缺一，時乃無功……吾所謂新民者，必非如心醉西風者流，蔑棄吾數千年之道德、學術、風俗，以求伍他人。亦非如墨守故紙者流，謂僅抱此數千年之道德、學術、風俗，遂足以立於大地也。①

梁啓超試圖説明他的立場與盲目崇洋和頑固守舊者都有所不同，似乎中西文化都有各自的優缺點，關鍵只是如何去蕪存菁。但仔細分析，這兩種文化在他心目中其實是有高下之分的。梁氏的這種觀念具體表現在有關"公德"與"私德"的討論中。"公德指的是那些促進群體凝聚力的道德價值觀；私德是指有助於個人道德完善的那些道德價值觀。對一個群體的凝聚力來説，最必不可少的自然是公德，但私德也十分重要，因爲一個群體的總體素質最終取決於該群體個別成員的素質。因此，梁認爲私德絶非只是個人問題，它的首要價值仍在於有助於群體的集體利益。"②

在梁啓超看來，中國文化的獨特之處，在於對私德重視遠比對公德爲多：

> 我國民所最缺者，公德其一端也……吾中國道德之發達，不可謂不早。雖然，偏於私德，而公德殆闕如。試觀《論語》、《孟子》諸書，吾國民之木鐸，而道德所從出者也。其中所教，私德居十之九，而公德不及其一焉。③

公德不發達的結果，導致"吾中國人之無國家思想也"。④ 而國家思想之有無，實是梁啓超判斷一種文化爲高級抑或低級的最重要標準：

> 人群之初級也，有部民而無國民。由部民而進爲國民，此文野所由分也。部民與國民之異安在？曰：群族而居，自成風俗者，謂之部民。有國家思想，能自布政治者，謂之國民。天下未有無國民而可以成國者也。⑤

一個社會無國家思想，即使有群體生活，仍是一部民社會，只能算是"人群之初級"，唯有能從部民進化爲國民，才算是從一野蠻社會過渡到一文明社會。因此，雖然中國道德之發達不可謂不早，然由於偏於私德，國家思想不彰，按照梁啓超的標準，仍只能算是一初級之社會。"從西方的國家倫理學的觀點來看，中國道德體系的缺陷更爲明顯……梁因此宣稱，根據西方道德標準的判斷，傳統的中國道德只在倫理範圍有很好的發展，在社會和國家倫理方面，傳統道德被證明有嚴重的缺陷。爲改變傳統中國倫理對私德的偏重，中國最急需的是公德或民德。梁認爲，他的任務是指出這些民德的内容，並由此爲後來的中國人塑造一個新的人格理想。"⑥

因此，不論梁啓超的原意是否爲通過折衷中西文化的方式爲現代中國創造一種能適應當前世界趨勢的新文化，經他詮釋的兩種文化，顯然有高下之分，而其中最易爲人所接受的訊息，就是中國要擺脱野蠻，成就一文明社會，就必須參考西方文化的先進之處，並徹底改造自己的

---

① 梁啓超《新民説》(臺北：臺灣中華書局，1959年)，頁5－6。
② 《梁啓超與中國思想的過渡，1890－1907》，頁107－108。
③ 《新民説》，頁12。
④ 同上注，頁18。
⑤ 同上注，頁16。
⑥ 《梁啓超與中國思想的過渡，1890－1907》，頁109－110。

文化。例如，梁啓超在一篇寫於 1902 年有關禁止早婚的文章就强调：

> 凡愈野蠻之人，其婚姻愈早，愈文明之人，其婚嫁愈遲……劣者速熟，優者晚成，而優劣之數，常與婚媾之遲早成比例。印度人結婚最早，十五而生子者以爲常，而其衰落亦特速焉。歐洲人結婚最遲，三十未娶者以爲常，而其民族强健，老而益壯。中國日本人之結婚，遲於印度而早於歐洲，故其成熟衰老之期限，亦在兩者之間，故欲觀民族文野之程度，亦在於婚媾而已。①

從婚媾的早遲判斷一個民族的野蠻與文明程度，顯示的是一種直線的思考：印度人最野蠻，歐洲人最文明，而中國人與日本人則處於兩者之間。梁啓超不認爲同一類文化習俗（婚姻）在不同民族中所表現的不同形態（早與遲），是存在本質上的差別的。换言之，這時期梁啓超基本的觀點是，人類文化儘管可以被分爲許多種，但實際上，這許多種不同的文化形態，不過是文明處於不同階段的顯現。只要一個民族進化到另一個階段，它就能够擁有另一些民族較爲先進的民族文化。既然中國文明落後於西方，中國就可以，也有必要把西方的文化移植到中國（如接受西方遲婚的習俗）。毫無疑問，儘管“全盤西化”不是梁氏的主張，但他如此評價中西文化，顯然是開了“五四”新文化運動反傳統的先河。鄭師渠認爲，歐游前梁啓超的文化取向是一致的，這無疑是很有見地的看法。②當然，我們可以進一步指出，梁氏以進化論爲基礎的文化觀，實際上爲五四新文化運動奠定了理論的基調。

但是，歐游後的梁啓超，對中西文化却有了截然不同的看法。鄭師渠在另一篇文章中，詳細闡述了歐戰後梁啓超對中西文化的反思。他認爲，梁氏這時期顯示一種文化自覺，要求對一切價值進行重新的估定，包括對中西文化的優劣重新思考。③那所謂的“自覺”和“重新估定”，究竟是指哪些方面？

三、歐游的反思

梁啓超於 1918 年 10 月赴歐考察，爲期一年多。他把這期間的所見所聞撰寫成一篇篇文章，在 1920 年以《歐游心影録》的名稱陸續發表於北京的《晨報》和上海的《時務新報》上。這時期，正是五四新文化運動發展的關鍵時期。歐戰的爆發與中國代表在巴黎和會上所遭遇到的失敗，不能不使知識分子重新思考過去對西方文明所抱持的態度。正如毛澤東後來反思的那樣：

> 自從 1840 年鴉片戰爭失敗那時起，先進的中國人，經過千辛萬苦，向西方國家尋找真理。洪秀全、康有爲、嚴復和孫中山，代表了在中國共産黨出世以前向西方尋找真理的一派人物。那時，求進步的中國人，只要是西方的新道理，甚麼書也看。向日本、英國、美國、法國、德國派遣留學生之多，達到了驚人的程度。國内廢科舉，興學校，好像雨後春筍，努力學習西方。我自己在青年時期，學的也是這些東西。這些是西方資産階級民主主

① 梁啓超《禁早婚議》，《飲冰室合集》文集七（北京：中華書局，1989 年），頁 107。
② 鄭師渠《梁啓超與新文化運動》，《近代史研究》2005 年第 2 期，頁 1 - 4。
③ 鄭師渠《歐戰後梁啓超的文化自覺》，《北京師範大學學報》（社會科學版）2006 年第 3 期，頁 49 - 59。

義的文化，即所謂新學，包括那時的社會學説和自然科學，和中國封建主義的文化即所謂舊學是對立的。學了這些新學的人們，在很長的時期内産生了一種信心，認爲這些很可以救中國，除了舊學派，新學派自己表示懷疑的很少。要救國，只有維新，要維新，只有學外國。那時的外國只有西方資本主義國家是進步的，它們成功地建設了資産階級的現代國家。日本人向西方學習有成效，中國人也想向日本人學。在那時的中國人看來，俄國是落後的，很少人想學俄國。這就是十九世紀四十年代至二十世紀初期中國人學習外國的情形。

帝國主義的侵略打破了中國人學西學的迷夢。很奇怪，爲甚麽先生老是侵略學生呢？中國人向西方學得很不少，但是行不通，理想總是不能實現。多次奮鬥，包括辛亥革命那樣全國規模的運動，都失敗了。國家的情况一天一天壞，環境迫使人們活不下去。懷疑産生了，增長了，發展了。第一次世界大戰震動了全世界。俄國人舉行了十月革命，創立了世界上第一個社會主義國家。過去蘊藏在地下爲外國人所看不見的偉大的俄國無産階級和勞動人民的革命精力，在列寧、斯大林領導之下，像火山一樣突然爆發出來了，中國人和全人類對俄國人都另眼相看了。這時，也只是在這時，中國人從思想到生活，才出現了一個嶄新的時期。中國人找到了馬克思列寧主義這個放之四海而皆準的普遍真理，中國的面目就起了變化了。①

毛澤東很生動地敘述了中國人接受馬列主義的思想背景：對“西方”的質疑促使中國人轉而向俄國尋求答案。當然，當時不是每個中國人都選擇共産主義式的社會革命，但毫無疑問，對“西方”的質疑已經被醒目地提到知識分子的議程上來。梁啓超的《歐游心影録》，正因爲觸及知識分子心中最關心的問題而受到廣泛的關注。

記得一位美國有名的新聞記者賽蒙氏和我閑談……他問我：“你回到中國幹甚麽事，是否要把西洋文明帶些回去？”我説：“這個自然。”他嘆一口氣説：“唉！可憐。西洋文明已經破産了。”我問他：“你回到美國去幹甚麽？”他説：“我回去就關起大門老等，等你們把中國文明輸進來救拔我們。”我初聽見這種話，還當他是有心奚落我，後來到處聽慣了，才知道他們許多先覺之士，著實懷抱無限憂危，總覺得他們那些物質文明，是製造社會險象的種子，倒不如這世外桃源的中國，還有辦法。這就是説歐洲多數人心理的一斑了。②

這段著名的對話傳神地反映了梁啓超在目睹遭歐戰破壞的西方世界之後心態的轉變。和當時的許多知識分子一樣，梁啓超開始對西方啓蒙運動以來大力提倡的理性主義、科學萬能論等感到憂慮，促使他對現代性進行深刻的反省。③雖然經常引起批評者的誤解，但梁啓超其實並非真認爲西洋文明已經破産了，他甚至認爲：“現在歐洲人日日大聲疾呼，説世界末日，説文明破産，不管他説的是否過當，就這一點憂危之心，便是他蘇生的左券。”④

無論如何，梁啓超對當今的西洋文明需要改變這一點是無絲毫懷疑的。問題是，要怎麽改變，改變些甚麽？許多學者都注意到梁氏設想的是一種調和的策略，試圖以東方文明的長處補救當代西洋文明的缺陷。具體而言，梁氏認爲當代西方追求的主要是物質的富足，是一種物質

① 毛澤東《論人民民主專政》，《毛澤東選集》（北京：人民出版社，1991年），頁1470－1471。
② 梁啓超《歐游心影録》（香港：三達出版公司），頁28－29。
③ 鄭師渠《梁啓超與新文化運動》，頁4－8。
④ 梁啓超《歐游心影録》，頁41。

文明，而以“三聖”（孔老墨）思想與中國化的佛教爲首的中國文明，追求的却是“心物調和”，是“求理想與實用一致”。最近西方思想家爲了糾正近代以來唯物派把高尚的理想拋棄的弊端，汲汲於尋求“把理想納到實際裏頭”的方法，由此産生了實用哲學、創化哲學等，但路還没真正走通，這正是中國能爲世界文明作出貢獻的地方，也是中國對全世界所應負起的責任。於是梁氏以充滿激情的筆調向中國的青年發出呼籲：

> 我們可愛的青年啊，立正，開步走。大海對岸那邊有好幾萬萬人，愁著物質文明破産，哀哀欲絶的喊救命，等著你來超拔他哩。我們在天的祖宗三大聖和許多前輩，眼巴巴盼望你完成他的事業，正拿他的精神來加佑你哩。①

當五四新文化運動的主將們在呼籲青年廢除中國文化，擁抱西方文化的同時，梁啓超却鼓勵青年把中國文化發揚光大，無怪乎會被當成是一保守，甚至反動的人物。但如果我們不爲西方文化與中國文化貼上新/舊、進步/落後或高級/低級等對立的標簽，那我們對梁氏的評價自會有所不同。實際上，梁氏在這個時期，也已經基本上放棄了以進化論爲基礎而嘗試對中西兩種文化作出高低優劣的判斷。對五四時期的梁氏來説，中國文化不再是一種人類社會處於文明初期的表現，西洋文化也不再是比中國更爲先進的人類社會的産物。

在這個認識的基礎上，梁啓超把中西文化放置於同一平臺上加以剖析並加以貫通。他認爲歐洲現代文化的發展，實得益於對思想解放、自由批評的追求。雖然中國古代這方面的思想不發達，但並不表示中國文化没有這個因子：

> “曾經聖人手，議論安敢到。”這是韓昌黎極無聊的一句話，聖人做學問，便已不是如此。孔子教人擇善而從，不經一番擇，何由知得他是善？只這個擇字，便是思想解放的關目。②

梁啓超從“擇”此一字推斷出中國不乏思想自由的傳統。有了思想自由的精神，世界上的任何學説，無論出自東方或西方，無論是古代的或現代化的，都必須經過人們的一番審擇才能立足。倘若把一種學説當作金科玉律，不許人們討論批評，那只會把社會的創造力完全抹煞，阻礙社會前進。因此，充分發揮各人的自由意志，是保證人類社會進步的不二法門。③

此外，對進化論的否定，也促使梁啓超重新思考科學的定律是否能應用到人類社會的問題：

> 這些唯物派的哲學家，託庇科學宇下建立一種純物質的純機械的人生觀。把一切内部生活外部生活，都歸到物質運動的“必然法則”之下。這種法則，其實可以叫做一種變相的運命前定説。不過舊派的前定説，説運命是由八字裏帶來或是由上帝注定，這新派的前定説，説運命是由科學的法則完全支配。所憑藉的論據雖然不同，結論却是一樣。④

人類社會受必然法則支配之説在科學旗幟的護佑下大行其道，導致人類有自由意志的觀念

① 梁啓超《歐游心影録》，頁 67－72。
② 同上注，頁 48。
③ 同上注，頁 48。
④ 同上注，頁 20。

受到前所未有的挑戰，連帶地，道德觀念也會被破壞殆盡：

> 意志既不能自由，還有什麽善惡的責任？我爲善不過那“必然法則”的輪子推著我動，我爲惡也不過那“必然法則”的輪子推著我動，和我有什麽相干？這不是道德標準應如何變遷的問題，真是道德這件東西能否存在的問題了。①

梁啓超敏鋭地觀察到，把人類社會的一切納入科學的定律中去解釋，必然會導致道德觀念的喪失。顯然，除了第一次世界大戰，中國國内正如火如荼地進行著的新文化運動對科學的崇拜，以及對傳統道德觀念的破壞，也同時刺激梁啓超重新審視他過去所持有的，帶有社會達爾文主義色彩的觀點。他也自然而然摒棄强調適者生存的物競天擇的觀念，轉而强調人類社會互助的重要性，呼籲國人秉持與他國互助的精神，建設一種“世界主義的國家”：

> 怎麽叫做“世界主義的國家”？國是要愛的，不能拿頑固偏狹的舊思想，當是愛國，因爲今世國家，不是這樣能够發達出來。我們的愛國，一面不能知有國家而不知有個人，一面不能知有國家而不知有世界。我們是要託庇在這國家底下，將國内各個人的天賦能力，盡量發揮，向世界人類全體文明大大的有所貢獻。②

所以所謂“世界主義的國家”，仍然具有强烈的國族意識，也要求個人爲群體謀求最大的福利，但與新民時期不同的是，梁氏此時是把人類全體文明的利益放在首位，而要實現人類全體的利益，中國人有其特殊的使命，因爲中國文化除了前面所提到的“心物調和”的特點外，還具備“知不可而爲”與“爲而不有”的精神：

> “知不可而爲”主義與“爲而不有”主義和近世歐美通行的功利主義根本反對。功利主義對於每做一件事之先必要問：“爲什麽？”胡適中國哲學史大綱上講墨子的哲學，就是要問爲什麽。“爲而不有”主義便爽快的答到：“不爲什麽。”功利主義對於每做一件事之後，必要問：“有什麽效果？”“知不可而爲”主義便答道：“不管他有没有效果”。③

所謂“知不可而爲”主義與“爲而不有”主義，根據梁啓超的説法，本存在於中國古聖先哲，尤其是孔子的思想中。梁啓超特别指出，這樣説不是爲了詆毁功利主義，而且這兩種主義也許就是造成中國物質文明不能進步的障礙，但他仍然相信它們在人類精神生活上有絶大的價值，“我們應該發明他，享用他”，並發揚光大，“推之於全世界”。④ 因此，從對現代性的核心價值如功利主義的反思出發，梁啓超找到了中國文化能够爲人類全體文明作出貢獻的契機。顯然，梁啓超的世界主義，須以國族認同爲基礎，這也就是爲什麽梁氏在晚年致力參與胡適所發起的整理國故運動。⑤

綜上所述，“五四”時期的梁啓超在放棄了進化論的觀點後，一方面試圖以“自由意志”、

---

① 梁啓超《歐游心影録》，頁 21。
② 同上注，頁 39。
③ 梁啓超《“知不可而爲”主義與“爲而不有”主義》，《飲冰室合集》文集三十七，頁 60。此文發表於 1921 年。
④ 同上注，頁 61、68。
⑤ 鄭師渠《梁啓超與新文化運動》，頁 22 - 33。

“思想解放”貫通中西文化，創造出一新文明，另一方面則設法説明這個新文明如何能够促進世界和平與進步。因此，這個時期梁啓超的文化觀，同時具備對自由意志與世界主義的倡導。這兩種理念，都由五四及以後不同的知識分子群體以不同的方式展開進一步的論述。具體而言，關於自由意志的討論，是以對“科學萬能論”的質疑的姿態，在 1923 年的“科學與人生觀”論戰中達到高峰的。至於帶有國族色彩的世界主義的理念，則在五四後由接受馬列主義的知識分子開始倡導。

四、五四時期思想界關於自由意志與世界主義的討論

1923 年 2 月 14 日，張君勱在清華大學發表了題爲《人生觀》的演講，從不同的角度論證科學對人生觀無能爲力。張君勱的好友丁文江，一位著名的地質學家，立刻在《努力周報》發表文章駁斥張君勱。他堅決認爲科學能够解決人生的所有問題，並且以戲謔的語氣稱張君勱爲“玄學鬼”。這兩篇文章相繼發表後，學界和思想界的名流如梁啓超、胡適、任叔永、章演存、王星拱、唐鉞、瞿菊農、孫伏園、張東蓀、林宰平、吴稚暉等人紛紛加入戰圍，形成一場大混戰。當年年底亞東圖書館把參戰的大部分文章收集起來，編成一部書，由陳獨秀和胡適作序，書名爲《科學與人生觀》。但論戰在此書出版後還延續了相當長的一段時間。據筆者粗略的統計，參戰的文章總數字在三十萬左右，參戰的人數大約有二十多位，爲當時文化界的一大盛事，這就是中國近代史上著名的“科學與人生觀論戰”。

論戰的文章所涉及的問題固然千頭萬緒，一不留神就會有紛亂難明之感，但在一開始，當張君勱把科學與人生觀對立起來的時候，他的目的不外是要强調人類社會與自我是不由自然界的定律所支配的：

一、科學爲客觀的，人生觀爲主觀的。科學之最大標準，即在客觀的效力。
二、科學爲論理方法所支配，人生觀則起於直覺。
三、科學可一一分析方法入手，而人生觀則爲綜合的。
四、科學爲因果律所支配，而人生觀爲自由意志的。
五、科學起於對象之相同現象，而人生觀起於人格之單一性。①

姑且不論這種把科學與人生觀對立起來的方式是否合理，張君勱的意思是很明確的。人作爲個體，其思想觀念，以及行動的意志，都是完全自主，不受任何定律支配的。因此，一個人對自己的人生，有完全的自主權，但也須負起全部的責任。顯而易見，這與前述梁啓超的觀點如出一轍。張君勱是梁啓超歐游的夥伴之一，我們雖不能肯定地説張氏的思想是受梁氏啓發的，但梁氏對自由意志的闡釋顯然因爲切中當時許多人所共同關心的課題而引起不小的回響，因此新文化運動的主將如胡適等人都把矛頭指向他。

科學與人生觀論戰爆發之後，以進化論之類的科學定律解釋人生與中西文化問題的思考模式受到了强有力的挑戰。胡適在 1927 年出版的一本書的結尾一段，就反映了他對這個現象的觀察：

① 張君勱《人生觀》，《科學與人生觀》（上海：亞東圖書館編，1925 年），頁 4－8。

> 但近年以來，國中學者大有傾向陸、王的趨勢了。有提倡“内心生活”的，有高談“良知哲學”的，有提倡“唯識論”的，有用“直覺”說仁的，有主張“唯情哲學”的。倭鏗（Eucken）與柏格森（Bergson）都作了陸、王的援兵。①

這股新思潮的出現，雖不至於能把新文化運動的反傳統基調徹底否定，但簡單的反傳統觀念——即把中國文化視爲落後保守的，把西方文化視爲先進的，因此中國要生存，必然得無條件接受西方文化——顯然已經不像過去一樣顯得那麽理所當然了。此時知識分子要提倡科學，就不能簡單地把科學與西方文化等同起來，這使得他們必須重新界定科學與文化的關係。當時的許多知識分子都在思考這個問題，其中，馬克思主義者的階級鬥爭觀點引起最多人的注意。當時，中國共産黨的理論家鄧中夏在試圖爲科學與人生觀論戰進行總結時，就把參與者按照階級分爲三派：一是東方文化派，以梁啓超、張君勱、張東蓀、梁漱溟、章行嚴等人爲代表；一是科學方法派，以胡適、丁文江、楊銓爲代表；一是唯物史觀派，以陳獨秀、李大釗爲代表：

> 東方文化派可説是代表農業手工業的封建思想（或稱宗法思想），科學方法派可説是代表新式工業的資産階級思想，唯物史觀派可説是代表新式工業的無産階級思想，這些思想都不是偶然發生的，都有他們的背景。可是社會是進化的，老實説，社會經濟的組織是進化的，封建制度必被資本制打翻，資本制必被共産制打翻，那麽我們可以斷定，封建思想必被資産階級思想征服，資産階級思想必被無産階級思想征服，這是社會進化與思想進化的鐵則……可是在現在中國新式産業尚未充分發達的時候，勞資兩階級尚有携手聯合向封建階級進攻的必要；换過來説，就是代表勞資兩階級思想的科學方法派和唯物史觀派，尚有携手聯合向代表封建思想的東方文化派進攻的必要。②

且不論“封建思想”這類評斷是否公允，鄧中夏的確敏鋭地觀察到，梁啓超在這場論戰中所起的作用，是共産黨人必須認真回應的，因爲梁對科學的質疑，直接對以“科學”爲論的唯物史觀形成了强有力的挑戰。鄧中夏把梁的思想歸類爲某個階級，實際上是要説明，儘管梁是反科學的，但他的思想行爲，仍然可以用“科學”的理論（唯物史觀）來解釋。因此，不管個人願不願意，要爲中國尋求出路，唯有遵循科學的“鐵則”，根據唯物史觀對人類社會發展歷程的剖析，規劃自己的行動。

同時，這套人類社會發展的“鐵則”是放諸四海皆準的。衆所周知，唯物史觀把人類社會分成從低級到高級的五個階段，而這五個階段，是任何文明（不管是中國或西方）都要經歷的。同時，雖然不同的文明在經歷不同階段時存在時間上先後的差别，共産主義社會仍然是所有的文明最終必然會到達的階段。爲了這一天的到來，全世界的無産階級必須聯合起來推動革命。五四時期中國主要的馬克思主義者，毫無保留地接受了這套世界主義的論述，他們的企圖心是要和其他國家的共産黨聯合起來，一起建立一共産主義的世界。張君勱在論及爲何陳獨秀等共産黨人會選擇加入科學與人生觀論戰時就説：

① 胡適《戴東原的哲學》（上海：商務印書館，1927 年），頁 196－197。

② 鄧中夏《中國現在的思想界》，見蔡尚思主編《中國現代思想史資料簡編》第二卷（杭州：浙江人民出版社，1982 年），頁 175－176。

乃生當今日，而猶守馬氏之言若聖經賢傳如陳獨秀者，豈爲求真哉？亦曰政制之手段耳！墨司哥之訓令耳。①

關於這一點，陳獨秀也直認不諱：

吾當正告張先生：我是一個共産主義者，當然應該服從墨司哥共産國際之訓令，這件事可以公開的告訴普天下人而毫無慚愧與隱痛。②

雖然如此，中國的共産主義運動，在發展的初始階段，就出現與共産國際不一致的論調。一些重要的共産黨員深信，因爲中國特殊的國情，中國在移植馬列主義時，需要進行一些適當的改造。最明顯的例子，莫過於以毛澤東對農民階級革命潛能的重視。誠如史華慈所説，毛發表於 1927 年的《湖南農民運動考察報告》，是對整個共産國際路線反對依賴農民階級來主導革命的正統觀點的含蓄攻擊。③更爲重要的是，毛澤東思想中，帶有强烈的國族主義色彩：

國際主義者的共産黨員，是否可以同時又是一个愛國主義者呢？我們認为不但是可以的，而且是應該的……中國是被侵略的國家。因此，中國共産黨人必須將愛國主義和國際主義結合起来。我們是國際主義者，我們又是愛國主義者，我們的口號是爲保衛祖國反对侵略者而戰。對於我們，失敗主義是罪惡，爭取抗日勝利是責無旁貸的。因爲只有爲著保衛祖國而戰才能打敗侵略者，使民族得到解放。只有民族得到解放，才有使無産階級和勞動人民得到解放的可能。中國勝利了，侵略中國的帝國主義者被打倒了，同時也就是幫助了外國的人民。因此，愛國主義就是國際主義在民族解放戰爭中的實施……今天的中國是歷史的中國之一發展；我們是馬克思主義的歷史主義者，我們不應該割斷歷史，從孔夫子到孫中山，我們應該給以總結，我們要承繼這一份珍貴的遺産。承繼遺産，轉過來就變爲方法，對於指導當前的偉大的運動，是有著重要的幫助的。共産黨員是國際主義的馬克思主義者，但馬克思主義必須通過民族形式才能實現。没有抽象的馬克思主義這種東西，只有具體的馬克思主義……把國際主義的内容和民族形式分離起来，是一點也不懂國際主義的人們的做法，我们則要把二者緊密地结合起来。④

民族解放戰爭是政治與軍事問題，而繼承孔夫子到孫中山的珍貴遺産，則是文化問題。顯然，毛澤東要强調的是中國共産黨員雖然應該具備國際主義的眼光和胸懷，他們仍然不能忘記作爲“中國人”的這個身份，而只有尊重“中國人”的身份，才有可能真正爲全人類謀求幸福。儘管毛澤東所處的歷史環境和梁啓超很不一樣，但毛澤東思想最終的勝利，説明以國族主義爲基礎的世界主義在當時的中國是一非常吸引人的論述，從這個意義上説，梁啓超在《歐游心影録》中呼籲中國青年以自身的文化爲全人類做出貢獻，實可以説是走在時代思想的前端。

① 張君勱《人生觀之論戰・序》，見張君勱著、程文熙編《中西印哲學文集》下（臺北：學生書局，1981 年），頁 991。
② 陳獨秀《答張君勱與梁任公》，見陳獨秀《陳獨秀文章選編》中册（北京：三聯書局，1984 年），頁 490。
③ 本傑明.I. 史華慈著，陳維譯《中國的共産主義與毛澤東的崛起》（北京：中國人民大學出版社，2006 年），頁 65－70。
④ 毛澤東《中國共産黨在民族戰爭中的地位》，《毛澤東集》（東京：北望社，1970－1972 年），第 6 卷，頁 259－261。此文發表於 1938 年。

五、結　　論

從戊戌變法到五四運動到馬克思主義的迅速傳播，梁啓超都是見證者與參與者，但目前學者一般只强調梁氏在戊戌變法時期的領導作用，而忽略他其實在以後的一些重要的文化論爭中也扮演舉足輕重的角色。值得注意的是，梁氏的思想從戊戌變法到五四時期有一重大的轉變。在戊戌變法時期，梁氏基本上是以進化論的觀點看待中西文化，從公德的不發達推斷出中國文化是處於一比西方文化低級的階段，因此作爲一個民族國家，中國只有向西方看齊才能生存。雖然全盤否定中國文化或反傳統並非梁氏的原意，但他的文化論述顯然直接影響了五四時期新文化運動的領袖人物。

到了“五四”時期，梁啓超歐游歸來後，基本上放棄了以進化論的觀點衡量不同文化的優劣，轉而强調中西文化各有所長，並致力在兩種文化之間尋求一會通點。在經過一番探索之後，他認爲，中西文化會通之契機，就建立在所謂的“自由意志”上。唯有發揮個人的自由意志，才有辦法擺脱以科學定律解釋人類社會發展的思維，避免信奉科學萬能的人以社會達爾文主義强調物競天擇的生存原則，摧毁國際間的互助與合作。梁氏此時的論述雖仍帶有强烈的國族色彩，但他最關心的，已不是中國是否能在列强環視的國際環境中生存，而是如何輸出中國文化，爲全人類尋求最大的福祉。

梁啓超對自由意志的追求以及帶有國族主義的世界主義傾向的文化論述，在當時顯然是許多人共同關心的課題。科學與人生觀論戰的爆發，可以説是思想界對一些梁氏在《歐游心影録》中揭示的問題的具體回應。論戰以後，以達爾文的進化論解釋人類社會發展的論述慢慢被思想界捨棄，同時更多人開始投入對所謂“玄學”的研究中，當代新儒家作爲一種思潮，在很大程度上正是因應這股新氣象興起的。在這種情況下，要“科學”地解釋人類社會的發展，就得另尋出路。馬克思主義在五四以後逐漸受到重視，和梁啓超對進化論的挑戰似乎也不無關係。此外，後來某些中國的馬克思主義者如毛澤東主張結合民族主義與國際主義，和梁啓超的世界主義論述也有許多相似之處。

對中國文化與特殊性的自信，以及對自由意志所能發揮的創造力的設想，後來以一種奇異的方式在毛澤東思想中合流，[①] 並爲中國歷史的發展帶來令人始料不及的轉折，不過這並不是當初梁啓超所能預見的。

① 有關毛澤東的唯意志論，見莫里斯·邁斯納著，杜蒲、李玉玲譯《毛澤東的中國及後毛澤東的中國》（成都：四川人民出版社，1992 年），頁 55 – 61。

從知識結構轉移看梁啓超思想的內核價值與深層變化

周昌龍

一、前　　言

梁啓超（任公，1873－1929）思想在表象上極其複雜，甚至自相矛盾，① 這是其思想的內核統一價值一直難被確實認知，也是讓相關論題一直注滿活力的原因。從李文蓀（Joseph R. Levenson）、張朋園等學者的開創性研究開始，梁啓超研究的重點就被放在國家個人和東西文化等對立性問題上，之後，張灝、黃宗智、狹間直樹等中外學者大致上都沿着梁氏思想的對立矛盾此一思考維度出發，集焦於梁氏政治觀文化觀的探討，② 對論題的學術視野發揮了相當大的左右力，後續研究不論贊同與否，都很少能逸出此一"集體/個人"或"東方/西方"對立的討論範圍，形成了一套梁啓超研究的範式話語。吾人對梁啓超作爲中國近代東西方學術文化沖激中領導性思想家之理解，受惠於上述研究固極多，然不免也受到了一些限制，特別是對任公思想的內核統一價值及其深層變化，較易忽略。

本文嘗試從梁啓超思想內部道德和知識兩個結構性因素的移動，分析梁氏思想的深層變化，以及其中始終統一的內核價值。理性知識，尤其是近代西方具科學系統性的新知識，是梁任公畢生的追求，也是梁氏在中國近代思想文化結構轉移上的一大努力目標；但與此同時，任公生命中却又另有一種超理性的終極關懷，即道德安頓和儒學傳統中"平天下"（大同之學）的要求。這使得他和陳獨秀、胡適等純任理性的新文化運動領導人不免枘鑿，更招淺薄者致以退化落伍之譏。知識與道德這兩股力量，一在心官一在心宰，基本上都在人身上周流不息，原難分割先後。不過，隨着客觀事勢與主觀關懷並不一致的轉移，會互有隱顯消長。這互移並非東西風彼此壓倒的簡單關係，而是剛柔化合的辨證關係。是這種辨證發展，導致梁氏思想一方面起着深層變化，一方面仍有統一的內在核心價值可尋，由早期而晚期，雖複雜而條理固在，驥圖可索。

---

① 李澤厚對梁啓超思想複雜性的説明可以作爲代表。他説："社會解體的迅速，政治鬥爭的劇烈，新舊觀念的交錯，使人們思想經常處在動蕩、變化和不平衡狀態中。……同一人物，思想和行爲的這一部分已經很開通很進步了，另一方面或另一部分却很保守很落後。政治思想是先進的，世界觀可能仍是唯心主義；文藝學術觀點可能是資産階級的，而政治主張却依舊是封建主義。如此等等，不一而足，構成了中國近代思想一幅極爲錯雜矛盾的情景。"見《梁啓超王國維簡論》，收入氏著《中國近代思想史論》（北京：人民出版社，1979 年），頁 421。

② 參見 Joseph R. Levenson, *Liang Ch'i-ch'ao and the Mind of Modern China* (Cambridge: Harvard University Press, 1953)；張朋園《梁啓超與清季革命》（臺北：中研院近代史研究所專刊，1964 年）；Hao Chang, *Liang Ch'i-ch'ao and Intellectual Transition in China, 1890－1907* (Cambridge: Harvard University Press, 1971)；Philip C. Huang, *Liang Ch'i-ch'ao and Modern Chinese Liberalism* (Seattle: University of Washington Press, 1972)；狹間直樹編《梁啓超·明治日本·西方》（日本京都大學人文科學研究所共同研究報告，北京：社會科學文獻出版社，2001 年）。

在梁啓超思想的發展上，道德並不完全離開知識而單獨形成一種宋儒所謂非關見聞的德性之知。對梁氏而言，道德與知識模型（modes of knowledge）有關，二者是互爲影響的有機結構：當知識主義居優勢時，任公思想體系内的道德觀，亦以科學倫理學的表式出現，成爲如《論公德》諸説中的文化心理道德説；而當知識無法單獨安頓生命時，道德乃成超越理性之上的德性本原，知識主結構亦從尋找客觀事實的説明式（describing）模型，轉向發掘事物意義的解釋性（explaining）模型。因此，討論梁啓超思想中道德與知識的互動關係，首先須明瞭任公思想體系中這兩種知識模型的互移變化，這是學界以前並未注意到的。此外，梁氏的知識和道德結構固皆各自涵有中西兩種文化資源，然在知識方面，梁氏着意要向中國輸入的是西方近代的科學系統性知識，即在描述有其自身經歷參與的《中國近三百年學術史》時，其著作風格仍是就各種專業學科作科學客觀描述的，與錢穆《中國近三百年學術史》這部同名著作時據思想内在理路作主觀詮釋者不同。[①] 在道德領域，梁氏除在一段時間高揭文化主義的新民公德外，在需要安頓自家生命時所説的道德，乃指以陸王心學爲主的"吾祖宗遺傳固有之舊道德"。[②] 因此，知識和道德兩領域之消長，必然又牽涉到東西方文化之交涉，此讀者自可判斷。

知識史（History of Knowledge）的研究包括學校、教育機制、知識傳播管道等制度方面的探求，以及知識分類、思想模型（modes of thought）等對知識體系本身的分析研究。西方學者根據自身歷史，在知識體系上先劃分兩大體系，即宗教知識和俗世知識。有學者估計，這兩個體系歷時二百年，始完成各自的獨立性。[③]在我國，具有左右思想文化意義的知識體系建構，不在宗教與俗世的對立，而在經学本位和史學本位的换代。前者重在意義詮釋，雖非宗教，但神聖的意味充斥，接近精神和道德取向的生活。經學中心主義和宋明理學的正統派，大抵屬於此一體系。後者着重事實説明，堅執理智，在一定程度上具有去神聖化的傾向，較容易接受科學。本文分析梁啓超知識模型及知識與道德的關係，大致根據這樣兩個模組。

在與西方近代科學接觸之前，中國傳統學術中，其實也一直存在着兩種不同的知識模型，一種是反思内省式的，找尋人天之間的意義聯繫，是關注道德意義的知識；一種是外在介入式的，找尋人事物理的實存秩序，是追尋客觀條理的知識。通過歷史中介，這兩種模型互相摩蕩又自我裂變，以多種姿貌反覆出現：如微言大義對訓詁典章（或經義對經解），尊德性道問學，德性之知聞見之知，經史之爭，今古文之爭等。具體内涵當然各不相同，深層結構則各各關聯。西方科學輸入後，兩種結構的頡頏摩擦並未停止，反而更受激蕩，彼此各引外力奥援，縱横波瀾，更形壯潤。在近代西方哲學中，自然科學與精神科學（人文科學）從緊張對立到試圖對話，比中國學界此疆彼界的情形進步不少。與哈貝馬斯（Jurgen Habermas, 1929－ ）同爲批判理論代表的德國名學者艾培爾（Karl-Otto Apel, 1922－ ），提出知識人類學的構想，以别於"科學"的認知心理學和知識社會學，企圖溝通自然科學規律"説明"的（describing）和人文科學意義"解釋"的（explaining）兩種知識立場，[④] 其情形應可資比較。本文對知識模型的闡明，主要即借用艾培爾氏的論述架構，結合中國學術史實際歷程而成。

---

① 這當然只是從大體而言，再客觀的科學研究亦不免帶有主觀成分，而賓四先生一代史學大師，雖因個人文化感情而經常對國族文化價值作肯定性的主觀詮解，而自有相對客觀的史學訓練在。這個問題，下文會有更多討論。

② 梁啓超《新民説》第十八節《論私德》，載《飲冰室合集》（北京：中華書局，1989 年），《專集》之四（以下引梁啓超原文，除特别聲明外，皆用合集本，簡稱《文集》或《專集》），頁 132。

③ Gunther Lottes, "Reform Universities in the Age of Enlightenment", paper for "University and Enlightenment: Historical Perspectives on Higher Education in China and the World", organized by Hong Kong Baptist University, April 28, 2006.

④ Karl-Otto Apel, *Toward A Transformation of Philosophy* (London: Boutledge & Kegan Paul Ltd, 1980). See especially Chapter 2.

在中國近代史上，清代考據學的興起和清末西方近代科學輸入，是三百年間接踵兩次發生的知識結構改變。這兩種結構在當時並不被視爲衝突，反而在“科學方法”這個口號下统一了。梁啓超一代作如是觀，胡適一代亦復如是。梁啓超按照其主觀理解，結合了中國的考據“科學”和西方的自然科學，這兩種“科學”原有的同質性和異質性便也同時進入了梁啓超爲自己和國家民族所建構的觀念系统中，在“科學”的名義下巍然共存，這當然會産生很多問題。而另一方面，傳統上與經學（包含理學此一階段）孿生的、不管是在清學或考據學名義下都一直保有的道德、義理和中國獨特的“平天下”（聖王的理想秩序）理想，却因經學變成“科學”，而被逐出“科學”門牆，甚至站到了科學知識的對立面，從而令包括梁啓超在内的許多知識分子在熱烈擁抱“科學”時，内心却産生不安和緊張。很多梁啓超及同時代知識分子思想上所呈現的矛盾和變化，其實都可以從這個角度獲得理解。

梁啓超的學術是考據學出身，十三歲“始知有段王訓詁之學，大好之，漸有棄帖括之志”，十五歲入學海堂，“季課大考，四季皆第一，自有學海堂以來，自文廷式外，卓如一人而已”,①則當時於訓詁考據，確有所好。師從康有爲（1858－1927）之後，其學乃改以公羊經學、陸王心學爲主，而“並及史學、西學之梗概”,② 戊戌後逃亡日本，始大受西學影响，宣稱倍根（Francis Bacon，1561－1626）是“近代文明初祖”,③ 對其膜拜有加。而與此同時，其早年所接受的考據學訓練，又在科學名義下，重新回到其知識主軸，認爲“吾中國近三百年來所謂考證之學”，其價值與倍根提倡歸納法一樣，“饒有科學精神”,④ 自謂從此絶口不談僞經，與康有爲的公羊經學正式分道揚鑣。然而，也是從這時候開始，梁啓超在道德倫理問題上有了極大焦慮，除提倡以陸王心學爲主軸的私德、以之與現代國家國民必具之公德相輔之外，並開始一連串的傳統道德衛護工作，包括編纂《節本明儒學案》和《德育鑑》，發表對科學文明感到失望的言論等，從而蒙上保守、退步之名。一直到晚年發表《儒家哲學》等著作，重新建構自家的儒學思想體系，任公這段在公與私、知識與道德之間掙扎徘徊的心路歷程，仍未得到圓滿安頓。

二、梁啓超思想中的兩種知識模型

首先，我們得通過中國學術本身的發展歷程，分析梁任公思想深層結構中長期存在的兩種知識模型。梁啓超十七歲拜入康門，從推重訓詁詞章的學海堂高材生，變成南海門人，自謂“生平知有學自玆始”。康有爲在光緒二十四年（1898）末寫的《自編年譜》中，追述陳千秋（1870－1895）、梁啓超初入門時，其教學方法爲：

> 乃告之以孔子改制之意，仁道合群之原，破棄考據舊學之無用，禮吉（按：千秋字）恍然悟……凡論今古天下奇偉之説，諸經真僞之故，聞則信而證之。既而告以堯舜三代之文明，皆孔子所託，聞則信而證之。既而告以人（按：人當爲程字之誤，成玄英疏：程，赤蟲之名）生馬，馬生人，人自猿猴變出，則信而證之……又告以大地界中三世，後此大同之

① 分見《三十自述》,《文集》之十一，頁 16；以及丁文江、趙豐田編《梁啓超年譜長編》（上海：上海人民出版社，1983年），頁 22。

② 《三十自述》,《文集》之十一，頁 18。

③ 《近世文明初祖二大家之學説》,《文集》之十三。

④ 《論中國學術思想變遷之大勢》,“近世之學術”,《文集》之七，頁 86－87。

世，復有三統，則信而證之。[①]

康氏這裏所述的教學次第，顯然不是依照循序漸進的教學法原理，而是按主觀認定的學術重要性排序，由孔子改制、而僞經、而託古、而及進化論與公羊的三世進化。由於康有爲在叙述自身學術年代問題上通常並不可靠，他這裏所述的可能也不是長興講學時的真正情況，這只要和現存南海門人相關記載對照便知。但也由此得知，在康氏自己的主觀認知中，其最得意的學術發明，實爲以孔子改制説改造今文家的公羊學，以此作爲鼓吹清廷變法的依據；再以改制説爲中心，指重視文本與典章依據的古文經爲僞造，古史爲僞託，將入清以來日漸典章化和史學化的經解式經學，又還原爲董仲舒時代可依政治需要詮釋增補、用以經世立國的經義或經説式的經學。雖然有人指出，經解式和史學化的經學，其實一開始時也是爲意識形態服務，所以用力考證“人心惟危”等語出於僞書，直搗宋學的根本之地。[②] 但不可否認，以考據爲主要方法和態度的經解式或史學化的經史之學，通過歸納尋找實事實物之規律，所關懷的命題又都在經驗可測的範圍内，社會學的傾向重於形上學，“説明”的成份多於“解釋”，所重的畢竟不是意識形態而是知識學問，用清儒自己的話來説，是用學統取代道統，中心問題在一個學字。因此，經解和經義，史學化和經本位化這兩種不同的治學觀，牽涉的不只是所謂今古文之爭的經學内部門户問題，它其實是更根本的學術思想中知識模型的差異問題。

顧炎武（1613－1682）在清初帶動一種新學風，以聲韻、訓詁、曆算、典章名物考據等實證知識，還原經典所載的事實，再從事實中尋求客觀存在的工具真理。顧炎武“古之理學，經學也”，和後來戴震（東原，1724－1777）“故訓明則古經明，古經明則賢人聖人之理義明”，這兩個學術史上著名的新命題，都是在這種新知識背景下出現的。經學在這裏被視爲經驗學問的存在，它不擁有先天的真理，也没有平治天下的微言大義，一言以蔽之，它是“實學”，而非“虚論”或“虚理”。其後章學誠（1738－1801）提出“六經皆史”説，謂“古之所謂經，乃三代盛時典章法度見於政教行事之實，而非聖人有意作爲文字以傳後世也”。[③] 將經學知識史學化。清末章炳麟（太炎，1868－1936）匯合實證知識和六經皆史這兩條經學理解途徑，謂六經“今之經典，古之官書，其用在考迹異同，而不在尋求義理。故孔子删定六經，與太史公、班孟堅輩，初無高下，其書既爲記事之書，其學惟爲客觀之學”。[④] 否定經書中的義理性，謂經學純爲客觀之學，可説是這派經學觀最徹底最簡扼的總結，而其論述所針對的，恰是康有爲認爲經學是主觀創作而非過往陳迹，凡“孔門後學皆有推補之權”的詮釋性認知態度。

章學誠評論戴震學術時，將這種規律説明的學風遠溯至朱熹（1130－1200）的“道問學”，謂“實自朱子道問學而得之，故戒人以鑿空言理”，[⑤] 乾嘉學風的近代繼承者胡適和傅斯年，[⑥] 也都附和這種看法。荒木見悟指朱熹的理論體系，有一種“契合客觀性事物的普遍妥當的實踐性態度”，[⑦] 指的都是一種以可驗證的客觀事物爲説明對象、尋找其客觀規律的治學風格。單從客觀驗證對象和實證態度二者而言，從朱子的格物到清儒的訓詁名物之學，確實帶有社會學態

① 康有爲《自編年譜》，見《康南海先生遺著匯刊》第二十二册，頁 22。
② 余英時《清代思想史的一個新解釋》，見氏著《歷史與思想》（臺北：聯經出版公司，2003 年）。
③ 章學誠《文史通義》（香港：太平書局，1973 年）内篇一《經解上》，頁 29。
④ 章太炎《諸子學略説》，載《國粹學報》丙午（1906）年第八、九號。
⑤ 《文史通義》内篇二《朱陸》附《書朱陸篇後》，頁 58。
⑥ 胡適《戴東原的哲學》，見《胡適作品集》32（臺北：遠流出版公司，1992 年）。傅斯年《性命古訓辨證》（中研院歷史語言研究所單刊乙種之五）。
⑦ 荒木見悟著，杜勤、舒志田等譯《佛教與儒教》（鄭州：中州古籍出版社，2005 年），頁 188。

度和歸納法的精神，和通過意義詮釋以求微言大義或聖人之心的經本位傳統不同。當然，科學所要求的，遠不是只有歸納法，而即從歸納而言，中國的“道問學”傳统，缺少了近代科學賴以成立的觀察、解釋、實驗這一套基礎方法，① 很難單獨開出近代科學。又或者如傅柯（Michel Foucault，1926－1984）所言，用文字處理的學科，難免爲意識形態所滲透，所以至多只能算是半科學。② 這都是毋庸諱言的事。但根據艾培爾等人更具現代性的説法，科學不是將自然還給自然，而是先要在科學世界中産生統一的解釋話語，再依靠對自然的工具性干預來實現提問的可能性。如果是這樣，則科學又離不開解釋，自然和人文之間，距離並非那麽遥遠。③ 因此，清儒在人文領域中進行傾向實證的研究工作，不論是否曾發生自然科學的實效，都並不影響廣義之考據學作爲一種實證式新知識結構的價值。就知識角度而言，清學主流顯示了一些嶄新的價值，包括承認器中可以見出道（朱熹仍否認這點），器因此有獨立研究價值（反對者稱爲玩物喪志或破碎害道），也因此可以産生各類學術的專科發展。傅斯年創設歷史語言研究所時宣稱：

> 現代的歷史學研究，已經成了一個各種科學的方法之匯集。地質、地理、考古、生物、氣象、天文等學，無一不供給研究歷史問題者之工具。④

以乾嘉學者治經的方法和工具而言，假使我們將傅斯年上述文字中的現代歷史學研究一語，换上清儒考據學一詞，在語意表述上依然可以是天衣無縫的。

清代公羊學立足於一種不同的知識模型上，這種模型，非僅爲客觀求知而存在，基本上，它是爲兼合道德或義理的知識追求而存在的。到漢代之前，公羊家的傳承都是依賴口傳，經文是一套符碼，在微言的形式下隱藏大義，需用“存大體、玩經文”的方式加以詮釋。經的意義在其義理内涵，而不在典章制度或事實記録，甚至不在文字的書面意義。缺少了義理，則煌煌聖經如《春秋》者，都不免斷爛朝報之譏。晚清公羊學復興之後，從劉逢禄（1776－1829）、王闓運（1832－1916）、廖平（1852－1932）到康有爲，都堅持《春秋》是“經”非“史”的經本位立場，重義理而輕文字事實。用現代語言學的觀點來説，這或許是將語言置留在封閉的内部意義領域内，不使流瀉到客觀世界去，語言變成只具意義（meaning）作用，不起指涉(reference）作用的狀態。一直到梁啓超時，仍然沿承此經史之爭的論題，强調“《春秋》之所重者在義，而不在事與文也”，⑤ 竭力維護經義説的立場。

經本位論者的中心理念其實是：六經兼有“治國”和“教世”兩重意義，今文學家皮錫瑞(1850－1908）將之合起來稱爲“治世”，⑥ 和近代政教分離後政治上所謂的治理不同。治理是政治管理，行政權分離於教育權；治世是以“維世立教”爲政治，以一種先於個人意志而存在的道德秩序爲政教之共同目的，行政只是爲實現此目的的手段。所謂《春秋》爲禮義之大宗，所謂《春秋》以道名分，都説明經本位主義者對這種先個人意志道德秩序的重視。經解派或史學派有一種將神聖意志世俗化的傾向，與西方近代的進路相同。戴震血氣心知的理，章學誠三人居室的道，阮元相人偶的仁，都否認有先驗形上秩序的存在，立足於經驗現實之立場至爲明顯。

① 關於西方近代科學成立的原因和基礎，可參考 Herbert Butterfield, *The Origins of Modern Science* (New York: The Free Press, 1968), Revised Edition。

② Michel Foucault, *Archeology of Knowledge* (New York: Harper & Row, 1972), Eng. Trans. by A. M. Sheridan Smith.

③ Karl-Otto Apel, *Toward A Transformation of Philosophy*, Chapter 2, Section 1.

④ 傅斯年《歷史語言研究所工作之旨趣》，《史語所集刊》第1本第1分，1928年10月。

⑤ 《讀春秋界説》，《文集》之三，頁16。

⑥ 皮錫瑞《經學歷史》（香港：中華書局，1973年）第一節，頁26－27。

既是經驗中的知識，分科别類的治學觀念乃不可少，政治與教育離析，知識與道德離析，道德亦與宗教離析。對經本位論者而言，這絶非“維世立教”之道。蕭公權説龔自珍“走了漢學的曲折道路，重新發現通向倫理與政治問題思考的大道，同時，不附和漢學之人大致接受或摹仿程朱理學中的信條”,[①] 其説至碻。康有爲和早年梁啓超在經義中尋求的，是和龔自珍一樣的“通向倫理與政治問題思考的大道”，亦即《大學》“平天下”之最高理想。治的前提是教，治與教因此適用同一套用微言大義建構的萬世準則，政治不失去教化的理想性，教化恰好是政治的養成。儒學在這個論述下獲得了治與教不分，亦即義理和治理合一的王道經世思想，而且兼有時間上之永恒性（萬世）和空間上之普遍性（天下），確可滿足經本位論者維世立教之理想。

政教分離自是近代西方政治、宗教、教育各界都堅守的一個大原則，回過頭來看經本位論這種乾坤未鑿的論述，很容易作出負面判斷。傅偉勳教授曾批評中國未能針對人性與政治的現實，提倡“最低限度的法治倫理”（minima moralia），爲民主自由的政治制度鋪下理論基礎。[②] 這批評代表了一種“科學”政治學的立場，以承認卑之無高論的現實爲前提，將理想擱置不論。經本位論意念中的“天下”，本來不是只有形式的意義，亦即它不是專指某一特定場域空間，也没有空間限制，它的範圍借用《中庸》的説法，是“天之所覆，地之所載，日月所照，霜露所墜”，馮友蘭指這是一種抽象意義，並補充説：“將來如果發現别的星球上有人……雖不是地之所載，天下的抽象意義也可以包括它”。[③] 這個觀察是不錯的，但還須補充一點：除了其他星球空間之外，尚須加上任何世劫的時間。“天下”是指一種四海皆準、百世不惑的普遍性，其中準則規範的意義遠大於空間測量的意義，《春秋》“大一统”思想，及《大學》“平天下”理念，都是這種天下觀最貼切的説明。平天下不止是要管理國家事務，更是要普遍施行王道準則，兼含着政與教，當然不能純任知識。這樣的認知不是對名與物作分析驗證，而是孟子所説的“以意逆志”，或者用梁啓超在當時的話來説，叫作“烟士披里純”（inspiration）。這樣的認知方式，目的不在追求宇宙中的客觀事實，而是帶着點現代詮釋學派的影子，要在客觀事物中尋求更高級的“真實”。康有爲的公羊學，就是通過政與教的最終合一，而達成致太平、大一统的一套經世學問，以此又稱爲大同之學。戊戌之前的梁啓超，乃大同之學的熱心鼓吹者。

三、戊戌前梁啓超的精英政治理念

康有爲維新變法本有實務和學術兩部分。在實務上他主張引入西藝和某種程度的西政，被當時保守派士人視爲“盡變西法”；在學術上他談孔子改制和大同之學，則非西方所有。更重要的是：雖然他在《上清帝書》中大談知識、教育革新，説“鄉塾童學，讀史、識字、測算、繪圖、天文、地理、光電、化重、聲汽之學校不設，則根柢不立”,[④] 似乎已覺察到知識結構轉變之重要性，但在自己所辦的人才培育中心——萬木草堂，對其高第弟子講授的，公羊三世之外，僅是“教以陸王心學，而並及史學、西學之梗概”。[⑤] 對知識結構又並未意圖作全面而根本之改

① 蕭公權著，汪榮祖譯《康有爲思想研究》（臺北：聯經出版公司，1988年），頁130。

② 傅偉勳《從西方哲學到禪佛教》（北京：生活·讀書·新知三聯書店，1989年），頁420。

③ 馮友蘭《三松堂自序》（臺北：谷風出版社，1987年），頁290。

④ 康有爲《上清帝第四書》，見湯志鈞編《康有爲政論集》上册（北京：中華書局，1981年），頁154。

⑤ 《三十自述》，《文集》之十一，頁17。又稍後亦在萬木草堂的任公胞弟梁啓勛晚年回憶説，學生聽康有爲講“學術源流”的課，自修《春秋公羊傳》、《春秋繁露》等典籍及各家所譯西書。每半月呈繳一次功課簿。見梁啓勛《萬木草堂回憶》，《文史資料選輯》第25輯（北京：中華書局，1981年）。

變。梁啓超在學術上與康有爲分途後，曾暗示其師其實對西學所知有限，謂其學説主要出自"天縱"，《南海康先生傳》評介康氏哲學云：

> 先生者，天稟之哲學家也。不通西文，不解西書，而惟以其聰明思想之所及，出乎天天，入乎人人，無所憑藉，無所襲取，以自成一家之哲學，而往往與泰西諸哲相暗合。①

以任公對其師之感情之認知，而乃在傳記中公然指陳，被衆多守舊士大夫目爲盡變西學的康有爲，原來"不解西書"，其學説皆出天稟，與西方哲學相通者純屬"暗合"，大大改變康有爲在當時作爲新學領袖的形象。以此更知康有爲學説中心在孔子改制，在三世進化，在大同太平，亦即其知識構成主要仍是中國本身經義經説式的，故曰："學者學孔子而已……凡爲孔子之學者，皆當學經學也……孔子雖有六經，而大道萃於《春秋》。"② 這樣的學孔子，其目的顯然不在客觀地講求典章制度等政治社會設計之精義，而在用主觀的"不忍人之心"，追求已知的、既定的、一元化的價值，"曲成萬物，範圍萬世"，③ 目的在平天下，而不在建立現代國家。梁啓超爲同門徐勤《春秋夷狄辨》作序時説："孔子作春秋，治天下也，非治一國也；治萬世也，非治一時也"，④ 可爲明證。在此情況下，西學僅是康學的門面，而客觀認知、重視歸納的知識結構，顯亦非其學術所能容納者。梁啓超承康有爲之意所寫的《讀書分月課程》中，對中西學功課是這樣分配的：

> 經學專求大義，删除瑣碎……史學大半在證經，亦經學也。其餘者則緩求之耳。子學通其流派，知其宗旨，專讀先秦諸家……西學所舉數種，爲書不過二十本。⑤

可知萬木草堂所講的學問，先撇開德性修養不談，在知識上，仍是以經義爲主，史子皆經學之附庸，西學確是只具梗概而已。⑥ 當時翻譯之西書稀少，當然是客觀事實，但只要有心，並不是不能補救的，王國維在羅振玉所辦的東文學社修習日文，自奠西方哲學基礎，即爲顯例。問題仍在心態上。研究梁啓超在當時的論述，他確實已經知道西方科學知識比中國傳统學術精密扎實，他因此大爲感慨："今以西人聲光化電農礦工商諸學，與吾中國考據詞章帖括家言相較，其所知之簡與繁，相去幾何矣！"⑦ 但在其價值核心，他仍然堅持着中學優先，而中學又以經學爲核心。他在介紹西學入門書時説："今日非西學不興之爲患，而中學將亡之爲患"，⑧ 在其所主持的湖南時務學堂，他立的學約也規定：

---

① 《南海康先生傳》第七章，《文集》之六，頁 71。

② 康有爲《桂學答問》，《康有爲全集》二。

③ 同上注。康有爲用作講學的講義中，尚存有以《春秋》爲萬國公法之條目，名《春秋萬國公法補正表》，其所謂西學，恐怕有不少是這類附合式的"康學"。見康有爲《萬木草堂講義》，《康有爲全集》二，頁 574。當然，以《春秋》説萬國公法，康氏之前，郭嵩燾、鄭觀應等皆已爲之，見田濤，《國際法輸入與晚清中國》（濟南：濟南出版社，2001 年）。

④ 《春秋中國夷狄辨序》，《文集》之二，頁 48。

⑤ 《讀書分月課程》，《專集》之六十九，頁 4。

⑥ 按《長興學記》分科圖表所載，康門學術設計分學綱與學科，學綱（志道據德依仁游藝）中無一語及西學，學科中將數學、格致學歸入考據，列經史等學之後。見翦伯贊編《戊戌變法》四，頁 13。王先明《近代新學》（北京：商務印書館，2000 年）一書，立專章討論萬木草堂與時務學堂之新學，結論亦云："雖然教人購西書、讀西文，但其學術文化的主體部分都難以歸屬爲西學，而只能歸屬於中學"（頁 145）。

⑦ 《西學書目表序例》，《文集》之一，頁 122。

⑧ 同上注，頁 126。

> 使學者於中國經史大義，悉已通徹，根柢既植，然後以其餘日肆力於西籍，夫如是，乃可謂之學。①

這種中學經學根柢論的觀念，也充分表現在其變法思想中。在備受士林讚譽、從而奠定其輿論界驕子地位的《變法通議》中，他這樣界定六經與西學之間的主輔地位：

> 中國不思自强則已，苟猶思之，其必自興政學始。宜以六經諸子爲經，而以西人公理公法之書輔之，以求治天下之道。②

在同一著作中的另一處，他將這層意思發揮得更清楚：

> 居今日之天下，而欲參西法以救中國，又必非徒通西文、肄西籍，遂可從事也；必其人固嘗邃於經術，熟於史，明於律，習於天下郡國利病，於吾中國所以治天下之道，靡不挈樞振領而深知其意。③

可知在戊戌東渡之前，梁啓超的思想乃以明大義的經學即“三世之義”爲中心，宗旨則在“平天下”或“治天下”，方法爲根據孔子六經的精神、參酌中國的時勢制法變法，“必使薄海內外，知孔子爲制法之聖，信六經爲經世之書”，④ 在其知識體系中，西學或科學所佔分量極輕，僅居輔助地位，與科學方法有一定關連的考據學，本來是任公的開山學問，這時也被當成破碎害道而擱置一旁，他說：“國朝……置經義於不問，而務求之於字句之間”，强調“古人通經，皆以致用，故曰不爲章句，舉大義而已”。⑤ 梁啓超在《三十自述》中，對初會乃師的情景有生動描述，雖事隔十二年，當時“冷水澆背，當頭一棒，一旦盡失其故壘”之神情狀態，歷歷如在目前。故此一時期之梁啓超，信守康派公羊學或大同學，欲以孔子改制之精神平天下。教人爲學“一當知孔子之爲教主，二當知六經皆孔子所作”；⑥“言經學必以《春秋》爲本”，“言《春秋》尤以公羊爲歸”，⑦ 是一個不折不扣的經本位論者。

上面已經證明，以公羊學和大同學模式呈現的儒家經典，是梁啓超此一時期主要之知識結構，從這種結構產生的政治學，⑧ 便是平天下的政治學，是從上而下政教合一的精英政治。精英分子一方面建構服公理合時勢的政治制度，一方面發揮教育教化功能，將社會群衆帶向一已知的、既定的、合乎聖人之道的理想目標。代議政治或現代國家公民等觀念，跟這個知識結構有相當程度的衝突，要轉型過渡，也要付出很大努力，而康梁在當時，並未致力於此。我們於是

① 《湖南時務學堂學約》，《文集》之二，頁 25。
② 《變法通議・學校餘論》，《文集》之一，頁 63。
③ 《變法通議・論譯書》，《文集》之一，頁 65。梁啓超在時務學堂當然也會讓學生接觸一點自然科學，《學約》第五條“窮理”即爲科學教育之設計，其辦法是：“窮理之功課，每剛日諸生在堂上讀書，功課畢，由教習隨舉目前事理，或西書格致淺理數條以問之，使精思以對，對既遍，教習乃將所以然之理揭示之。”剛日即奇日，則是隔天上課，時數也許還不少，但在當時之政教理論上却並不居核心價值地位。
④ 《復劉古愚山長書》，《文集》之三，頁 14。
⑤ 《讀書分月課程》，《專集》之六十九，頁 2。
⑥ 《西學書目表後序》，《文集》之一，頁 126。
⑦ 《讀書分月課程》，《專集》之六十九，頁 1。
⑧ 對梁啓超而言，學是政的根源，他說：“凡一切政皆出於學，則政與學不能分”。見《西學書目表序例》，《文集》之一，頁 123。《西學書目表》光緒二十二年（1894）上海時務報館印行，收入北京圖書館藏《質學叢書》第八至九册。

瞭解，梁啓超在戊戌前强調："今日而開議院，取亂之道也。"① 這當中除了進化論的理由之外，其實還有一層更深的結構：在歷史關鍵時刻領導維新運動的康梁，在知識體系上其實依然是經學經義式的，他們不止要富强，還要建構"公理"，進入大同，也就是平天下。政治不止是專業管理和非人格化的典章制度，它是一整套的道德、倫理、教化、管治體系。民衆顯然不能抱着天賦人權轉成的投票權就變成行使主權的公民，他們首先要通過健全的教化程序，化入"天下"這個符合公理的體系。梁啓超在這時期的一篇作品，清楚説明了他將天下置於國群之上的思維模式，他説：

> 抑吾聞之，有國群，有天下群。泰西之治，以其施之國群則至矣，以其施之天下群則猶未也。……《春秋》曰：太平之世，天下遠近大小曰一……其斯爲天下群者哉！②

抱有這種平天下理念的知識分子當然不限於今文經學家，通常彼視爲古史學家的王國維，解釋周代在政治上的典範式成就時就説：

> 周之所以綱紀天下，其旨則在納上下於道德，而合天子、諸侯、卿大夫、士、庶民，以成一道德之團體。

又説：

> 古之所謂國家者，非徒政治之樞機，亦道德之樞機也。使天子、諸侯、大夫、士各奉其制度、典禮，以親親、尊尊、賢賢、明男女之别於上，而民風化於下，此之謂治，反是則謂之亂。故天子、諸侯、卿大夫、士者，民之表也；制度典禮者，道德之器也；周人爲政之精髓實存於此。③

就史論史，王國維在這裏所作的，其實不是史的叙述説明，而是經的意義詮釋，他在史實研究中帶入了平天下的道德政治理想，將之寄託於儒家文化開拓時期的周朝。他所説的"治"，其前提條件是"使天子、諸侯、大夫、士各奉其制度、典禮，以親親、尊尊、賢賢、明男女之别於上，而民風化於下"，與本文前面所述皮錫瑞爲"治世"所提的條件，如出一轍。柳詒徵在《國史要義》中對王國維上述見解特别提出討論，錢穆又對翼謀先生此一注意深爲讚嘆。④ 蓋王、柳、錢三家，雖均以史學名家，其價值深處却都有濃厚的經本位意識，與所謂科學史學者不同。事實上，受儒家傳统薰陶的知識分子，多多少少都懷抱着合天下成一道德團體的政治理念，亦即本文所説平天下的理念，但在血統上，古文經學家和史學家，可能就没有今文經學家和理學家來得純粹了。

懷着精英分子平天下的理念，民衆在接受融入天下秩序的教化之前，自不能有議會政治。嚴復强調的要先啓民智、新民德、鼓民力，是當時一個重要命題。梁啓超基本上與嚴復有同樣

① 《古議院考》，《文集》之一，頁 96。
② 《説群序》，《文集》之二，頁 4。
③ 王國維《殷周制度論》，見《觀堂集林》卷十。
④ 柳詒徵所述，見氏著《國史要義·史義篇》（收入《民國叢書》）。錢穆對柳詒徵的激賞，見其《中國學術思想論叢》（臺北：素書樓文教基金會，2000 年）第九輯《柳詒徵》一文。

的想法，在《古議院考》一文中，他先言明泰西各國强大之原因，即在於設議院，但同時却又提出“今日而開議院，取亂之道也”的顧慮，表示“凡國必風氣已開，文學已盛，民智已成，乃可設議院”，在平天下的教化與大同的民主之間，一個必須的連繫是：“議院以學校爲本”，① 離開學校之教，則議院之政便成爲不可能。被許爲一時名作的《變法通議》，全篇皆在談廣義的教育問題，並歸結爲“欲求新政，必興學校”，以之爲變法本原，② 宗旨灼然可見。此固然符合現代政治學普遍教育便利普遍參與之理論，惟現代政治學僅視教育爲一環節，不致提升至本原地位。③ 此地位之獲致，不得不推原於平天下之儒家理念。

而且，梁啓超提出“議院以學校爲本”此一因果關係理論，其主要着眼點並不在普及教育，而是在精英教育。他在“欲求新政，必興學校”之下申論道：“然師學不講，教習乏人，能育才乎？科舉不改，聰明之士，皆務習帖括，以取富貴，趨舍異路，能俯就乎？”所以他由此引出了變法的另一個本原，就是改官制。以官制不改，學成無所用，則“興學如不興”。④ 可見任公之興學育才種種變法大計，針對的主要不是普及教育（當然不是説他全未措意），而是學成後可以任官報國的精英人才，於是，民權問題便又成爲紳權與官智的問題，議院能否運作，直接原因不在平民階級之普遍參與，而在士紳階級之精英參與。他説：

> 權者生於智者也……今日欲伸民權，必以廣民智爲第一義……欲興民權，宜先興紳權……必當復古意采西法重鄉權矣……欲用紳士，必先教紳士，教之惟何？惟一歸於學會而已……今日欲開民智開紳智，而假手於官力者，尚不知凡幾也。故開官智又爲萬事之起點。⑤

民衆需要被教育，因此，儘管在理論上民權高於一切，在現實中，却是學校先於議院，紳權先於民權，這是梁啓超從其經義式知識體系得出的思想觀點。從長興受學到戊戌變法，這種精英分子堅持政教一元、從上而下治平天下的理念，一直是梁啓超思考的主要模式。

這也解釋了上文所提及的，梁啓超既然已知西人聲光化電農礦工商諸學較中國傳统學術複雜扎實，却爲何不在自己主持的時務學堂實施以新知識教學的問題。蓋對此一階段的梁啓超而言，學有政學藝學二等，而“今日之學校，當以政學爲主義，以藝學爲附庸”，⑥ 這當然是因爲學校是培育精英領導人才的，所以必須以“政學”爲學問頭腦，他引用日本經驗説：

> 泰西諸國，首重政治學院……日本效之，變法則獨先學校，學校則獨重政治。此所以不三十年而崛起於東瀛也。⑦

變法獨先學校，學校獨重政治二語，揭出了梁啓超以經學經義知識體系思考平天下問題的底蕴，同時也别忘記，任公此處雖以泰西政治學院爲例，他所説的政學，在這裏並不是純指西方的政治學。任公自己曾爲政學内容作過説明，他説：

① 《古議院考》，《文集》之一，頁96。
② 《變法通議·論變法不知本原之害》，《文集》之一，頁9。
③ 可參閲 Daniel Lerner, *The Passing of Traditional Society* (New York: The Free Press, 1958)。
④ 《變法通議·論變法不知本原之害》，《文集》之一，頁9。
⑤ 《論湖南應辦之事》，《文集》之三，頁43-45。
⑥ 《與林迪臣太守書》，《文集》之三，頁2。
⑦ 同上注。

中國不思自强則已，苟猶思之，其必自興政學始。宜以六經諸子爲經，而以西人公理公法之書輔之，以求治天下之道。[①]

很清楚，政學者以六經及所附屬的諸子爲核心内容，以西人公理公法之書爲輔助，而變法之成敗，根本實繫於斯。在此設計中，經學、政學、學校、變法，四者一線貫串，此線索就是平天下。霍布士（Thomas Hobbes，1588－1679）將人類知識分爲政治知識和科學知識兩大類，彼此不能軒輊且須相輔，[②] 梁啓超在東渡之後頗受霍布士政治哲學影響，但在此一階段，他顯然尚未接觸西方有關知識類别的學説，其知識模型中僅有政治知識而無科學知識，其政治觀念亦是傳統經義式的而非現代政治學式的。

四、流亡日本時期的科學與自由觀

戊戌政變後，梁啓超流亡日本，他自修日文，廣泛接觸西方學術之後，知識模型起了明顯變化，以致對康有爲的學説必須作出别擇。《南海康先生傳》對這個過程有所捕捉：

瀏覽泰西學説以後，所受者頗繁雜，自有所别擇，於先生前者考察各義，蓋不能無異同。[③]

别擇當然是多方面的，但梁啓超在自己的敍述中，却以“僞經”和“改制”問題作第一義，説自己“自三十以後，已絶口不談僞經，亦不甚談改制”，[④] 三十歲是在日本流亡的第三年，爲其知識學術上之分水嶺，而以不談僞經和改制爲標誌。更耐人尋味的是，上文曾提到康有爲在《自編年譜》中，自述萬木草堂之教學内容，以“孔子改制之意，仁道合群之原”，即其太平大同之學，爲首要綱領。而梁啓超《三十自述》中追憶師門教學，却説“先生乃教以陸王心學，而並及史學西學之梗概”，隻字不提僞經改制、太平大同，其中消息，已彰彰在目。兹仍先從學術論述入手，發掘梁啓超此一階段之知識模型移轉情形。

在戊戌之前，梁啓超對清代主流學術殊無好感，認爲那都是“籍注蟲魚，旋賈、馬、許、鄭之胯下”的餖飣瑣屑，和八股帖括一樣，不但無用，抑且害道，是荀學之專制流毒，違反孟子太平民主之道，[⑤] 其言極似今之所謂新儒家者。到 1902－1904 年發表《論中國學術思想變遷之大勢》時，乃下一轉語云：

夫本朝考據學之支離破碎，汩殁性靈，此吾儕十年來所排斥不遺餘力者也。雖然，平心論之，其研究之方法，實有不能不指爲學界進化之一徵兆者。（自注：然不用諸開而用諸

① 《變法通議·學校餘論》，《文集》之一，頁 63。
② 參閲 Leo Strauss, *The Political Philosophy of Hobbes: Its Basis and Genesis* (Chicago: The University of Chicago Press, 1963), “Introdution”。
③ 《南海康先生傳》，《文集》之六，頁 69。
④ 《清代學術概論》，《專集》之三十四，頁 63。同書又曰“啓超治僞經時，復不慊於其師之武斷，後遂置不復道”（頁 61）。
⑤ 參看《西學書目表序例》、《西學書目表後序》、《讀孟子界説》等文。

閉，不用諸實而用諸虚。)①

則任公赴日後，雖似仍不滿於清學主流之内容，却許其治學方法爲學界之進化，無形中即承認古文經學之考據學方法實優於今文經學之微言大義。造成這種轉變的原因，是梁啓超這時已在知識結構上作出大幅調整，宣稱："虚理非不可貴，然必藉實驗而後得其真"，② 已從重義理"解釋"的知識轉向重事實"説明"的知識。他認爲西方近代學術的發展，多得力於歸納法和論理學的全面應用，掃除武斷，重視經驗實證，以此推斷，任公最早優而爲之，却因接受公羊學而一度放棄的清代考據學，自有其存在價值。任公曰：

> 言泰西近代文明進步之原動力者，必推倍根，以其創歸納論理學，掃武斷之弊，凡論一事，闡一理，必經積累試驗，然後下斷案也。審如是也，則吾中國近三百年來所謂考證之學，其價值固自有不可誣者，何也？以其由演繹的而進於歸納的也。③

梁啓超這裏對演繹法的認識頗爲粗疏，不過在同一年所寫的《近世文明初祖二大家之學説》一文，他可以清楚道出倍根和笛卡兒的不同，並將二家置於近代科學同樣地位。庫恩（Thomas Kuhn）"科學革命的結構"理論這時尚未問世，我們似不必苛責任公對科學學的無知。文中傳達的一個重要訊息是：梁啓超儒學論述的改變，並非傳統學術架構内的所謂經今古文之爭，也不是簡單的保守與進步之爭，它是在知識結構上先從經本位論通往廣義的西方近代科學，從"科學"中找回清學主流的價值，再構成新的儒學論述。層層辨證，曲曲轉進。李文蓀承韋伯餘緒，將中國近代與西方接觸的進程區分爲語彙變遷（vocabulary change）和語言變遷（language change）兩個階程，謂前者僅豐富了原文化的外表"語彙"，與文化規範本身無關，後者則外來知識替换了原文化的"語言"系統，形成重大社會變遷。④ 這個分析，是典型的西方刺激——中國回應説模式，基本上忽視了中國除單純反應之外，還可以從傳統中再生創化的力量。梁啓超現象所顯示的，即是這樣一種傳統與現代往復激磨的創化力。

另一個同樣有趣的例子，是梁啓超對荀子態度的改變。在抱持經義説的時期，梁啓超曾對荀學大加撻伐，認爲是二千年來專制政治和僞學流行的罪魁禍首，接受西方科學之後，他將荀子《解蔽》篇中大清明之心與科學發明的智慧結合，無形中就以科學爲中介肯定了荀子，他説：

> 人誰不見蘋果之墜地？而因以悟重力之原理者，惟有一奈端……海灘之殭石，漁者所淘餘，潮雨所狼藉，而達爾文於此中悟進化之大理焉。故學莫要於善觀。善觀者觀滴水而知大海，觀一指而知全身，不以其所已知蔽其所未知，而常以其所已知推其所未知，是之謂慧觀。⑤

---

① 《論中國學術思想變遷之大勢》，《文集》之七，頁 87。按：此文前六章發表於 1902 年 3－12 月，第七章發表於 1904 年 9、10、12 月。

② 《格致學沿革考略》，《文集》之十一。

③ 《論中國學術思想變遷之大勢》，《文集》之七，頁 86。有日本學者認爲，梁啓超重新肯定清代考證學，甚至在《清代學術概論》中視之爲中國文藝復興，乃是受了井上哲次郎《日本古學派之哲學》影響。這當然可備一説。但正如本文論證的，考據學原是梁氏的本業，他並不須受日本學者影響始去肯定這種學問的價值，再者，一開始時，梁啓超是用科學知識，而非文藝復興來肯定清學。

④ Joseph R. Levenson, *Confucian China and Its Modern Fate: A Trilogy* (Berkeley: University of California Press, 1966), p. 156.

⑤ 《自由書・慧觀》，《專集》之二，頁 47－48。

所謂不以已知蔽所未知，即荀子“不以所已藏害所將受”，所謂觀滴水而知大海，即荀子“坐於室而見四海”，所謂慧觀，亦即荀子的“疏觀萬物而知其情”。任公以荀子知識論接合西方科學的用心，不難尋撥。

關於梁啓超在留日期間的思想養成，日本學者已作了很多研究，① 明治政效所加於梁氏的影響，研究成果亦豐碩，② 這裏先不討論。從儒學論述上可以看出，在把科學觀念引入清學主流之後，梁啓超對經學的性質有了新的看法。雖然他偶然仍會冒出“《春秋》，經也，非史也”的話，③ 提醒大家《春秋》是孔子改制的政見，但多數場合，他已經將經看成一種民族的文化特質，代替了以前所説的經義。錢賓四先生將中國文化特質詮寫成完善的合理的，這基本上是一種經義式的對歷史的詮釋；牟宗三先生的工作也殊途同歸，雖然他們均未鑽研經學。離開經義而以“科學”眼光看待任一民族之文化，這文化在客觀上每每有不如人意處，在特定歷史情境下更是如此。經義轉成文化之後，梁啓超對儒學在現代的適應性産生了極大的焦慮感，不但自己想創出新思想衝破羅網，還打算糾集同門共同造反，妙的是，他竟將這種“造反”的訊息，以真理商榷的姿態，向南海一一報告，他寫信給康有爲説：

> 弟子以爲欲救今日之中國，莫急於以新學説變其思想，然初時不可不有所破壞。孔學之不適於新世界者多矣，而更提倡保之，是北行南轅也……弟子欲以抉破羅網，造出新思想自任，故極思衝決此範圍……頃與樹園、慧儒、覺頓、默庵等，思以數年之功著一大書，揭孔教之缺點，而是正之。④

懷着這種焦慮尋找新思想，由經義向“科學”轉進，以文化特質爲線索，梁啓超客觀地找出了東西方文化的根本不同，認爲一重仁政，一重自由。他説：“中國先哲言仁政，泰西近儒倡自由，此兩者其形質同而精神迥異。”⑤ 仁政是自上而下的統治模式，又是内省的模式，没有界定國民地位，也没有設定權限，因此，習慣在仁政下生活的人民，其實是習慣於放棄自己的自由權。⑥ 梁漱溟一直都反對權利思想，强調權利會破壞倫理和諧，任公則認此爲儒教的最大缺失。他指責説：

> 儒教之政治思想，有自相矛盾一事，則君民權限不分明是也……儒教之所最缺點者，在專爲君説法，而不爲民説法。⑦

這樣，任公便必須對儒學平天下模式中長期缺席的國民、權利、自由等新的概念，作一番

---

① 参閲宫村治雄《梁啓超の西洋思想家論-その“東學”との關連において》，《中國——社會與文化》第5号（1990年6月）；别府淳夫《梁啓超におけろ西洋と傳統》，《倫理學》第2号；土屋英雄《梁啓超的“西洋”攝取與權利-自由論》，收入狹間直樹所編之《梁啓超・明治日本・西方》（北京：社會科學文獻出版社，2001年）。

② 可参閲王秀華《梁啓超與日本明治維新》，《日本研究》1986年第2期；周佳榮《梁啓超與日本明治思潮》，《清華大學學報》1990年5卷2期；高力克《福澤褕吉與梁啓超近代化思想比較》，《歷史研究》1992年第2期。

③ 《新史學》，《文集》之九，頁26。梁啓超在這裏提出這個問題，與其説他仍在緬懷經學，不如説是在努力切割經學和史學，以免史學中再帶有經學痕迹。任公提倡新史學的一個主要目的亦在此。

④ 1902年4月致康有爲信，《梁啓超全集》（北京：北京出版社）第20卷《社交書信》，頁5936。

⑤ 《論政府與人民之權限》，《文集》之十，頁5。

⑥ 梁啓超説：“大出吾仁以仁人者，雖非侵人自由，而待仁於人者，則是放棄自由也。”見《新民説》第八節，《專集》之四，頁35。

⑦ 《論中國學術思想變遷之大勢》，頁54－55。

引入和論述的工夫。在進入這部分的討論之前，吾人必須謹記：第一，梁啓超引入這些理論時，並非以此爲純粹的哲學或政治學知識，而是用於經世實務。王國維曾批評説："庚辛（1900，1901）以還，各種雜誌接踵而起，其執筆者非喜事之學生，則亡命之逋臣也。此等雜誌，本不知學問爲何物，而但有政治上之目的。"[①] 謂不知學問當是意氣之見，但謂其係政治的而非學術的目的，則固屬當時實情。第二。梁啓超對這些新概念並非作獨立而平行的個别引入，而係作一組補充儒教缺失的相關政治理念引入，此觀上引批評儒教之文可知，故所擷取的，對任公而言，都可相輔相成，而非矛盾，亦即其引入的自由主義思想，並不認爲與國家主義思想相扞格。任公在同一時期有《十種德性相反相成》之作，爲這種看法的最佳説法。當然，後人根據客觀事實，還是可以批評梁啓超思想體系上的模糊或矛盾，但在作這種批評時，對任公的作法，似宜先有同情之理解。

自由的重要性及其長久在中國政治思想中缺席的情形，嚴復早梁啓超七年已言之。[②] 嚴復的自由概念從表面"家法"看來似沿承英美系的穆勒（John Stuart Mill, 1806 - 1873），實則來源極其繁雜，余已另有專文論析，此處不贅。[③] 梁啓超自由概念的譜系相對而言比較清晰，主要乃來自歐陸盧梭（Jean J. Rousseau, 1712 - 1778）、康德（Immanuel Kant, 1724 - 1804）系統，當然，在"家法"上也非那麼嚴謹，這部分已有相當多的討論，[④] 不再贅述，僅從與本文題旨相關的角度予以分析。

以賽・柏林（Isaiah Berlin）這樣描述康德和盧梭的政治自由主義：對康德來説，人必須生是自由的，才可以行使意志向善或向惡，否則，無論是因爲自然性或理性導人行善，都没有什麼好讚美的。因此自由就是自主，如果我自己受到力不克制的内力或外力所控制，我就是不自由的。换言之，只有當我可以自由選擇的時候，我才具備義務與責任，才是道德能動者。道德與政治規範之本源因此不得外在於我，否則我就是不自由的，不能根據理性作出選擇。這一來，人的任何價值都必須是自己對自己的服從，否則就是他主，就是奴役。盧梭思想在很多論題上與康德存有差異，但在自我服從這一點上，兩家若合符節。盧梭用這樣一種論式解決了自由和服從之間的矛盾：我服從法律，但我是自由的，因爲法律是根據我的意志來制定的。所以説，在一個國家内，每個人都是立法者、治者，也都是守法者、被治者。[⑤]

讀《自由書》、《盧梭學案》、《近代第一大哲康德》等作品，可以確認梁啓超的自由概念大致上是從這條思路來的，即通過自主（自治）、義務、主權、立法者等要素掌握自由的核心理論，所謂"人人各以自主之權而行其自由德義，實爲立國之本"，[⑥] 以自由（自主）合群的新理念，取代了康有爲所鼓吹的"仁道合群"。在太平大同之學中，國家融入天下，個體融入普遍，一切具體客觀的差異性均不復存在，主權問題當然也不成爲問題；但由自主個人組成群體時，"群"的内涵已從無差别的天下群轉移爲個别特殊的國群，梁啓超曾説明這二者的差别，而以儒學平天下觀點的缺失爲其樞紐：

---

① 王國維《論近年之學術界》，《王國維遺書》第三册（上海：上海古籍書店，1983 年），頁 523。

② 嚴復《論世變之亟》，《嚴復集》（北京：中華書局，1986 年）第一册，頁 2 - 3。此文於光緒二十一年正月初十至十一日（1895 年 2 月 4 - 5 日）發表於天津《直報》。

③ 可參考拙著《嚴復自由觀的三層意義》，《漢學研究》第 13 卷第 1 期（1995 年 6 月），頁 43 - 59。

④ 可參閱黄克武《梁啓超與康德》，《近代史研究集刊》第 30 期（1998 年 12 月），頁 101 - 146。

⑤ 以賽亞・伯林《浪漫主義革命：現代思想史的一個危機》，收入達巍等編《消極自由有什麼錯》（北京：文化藝術出版社，2001 年），頁 10 - 11。

⑥ 《霍布士學案》，《文集》之六，頁 92。又梁啓超在致康有爲信上曾斟酌將自由用自主或自治兩個翻譯名詞來代替，覺得自治一詞應是更好的譯法，見 1900 年 4 月 1 日信，《梁啓超全集》第 20 卷。

中國儒者動曰平天下、治天下。其尤高尚者如江都《繁露》之篇，横渠《西銘》之作，視國家爲渺小之一物而不屑措意。究其極也，所謂國家以上之一大團體，豈嘗因此等微妙之空言而有所補益，而國家則滋益衰矣。①

"天下"充滿道德感與神聖性，但只是一種烏託邦空言；國家如荀子和霍布士所説的，乃起於不得已，是人爲的而非神聖的，於是主權、權限、及權限賦予的個體自由等，便是必須釐清的課題。梁啓超在留日早期的論述中特别提到自由和君臣權限問題，認爲是儒教一大缺失，其原因即在此。

這樣大致可以排出梁啓超所重視的政治觀念之順序：一、國家或國民主權，二、君民或群我權限，三、個體自由。各觀念在梁啓超政治思想上的重要性略如其順序，但無所偏廢。如單據第一觀念，自容易得出梁氏有集體主義傾向之結論，惟如此則勢將無法安頓第三觀念與第二觀念之一部分，即未窺全豹。至於國家主權與個體自由之間存在的矛盾，在任公則有其自圓之道，蓋任公目的乃在"創造一新思想"，以"揭破孔教"，初無意在西方成説中作單一體系之忠實接受。

先言國家與主權問題。梁啓超與康有爲在思想上分途的一條主要界線，即在梁啓超知識模型從"解釋"普遍意義的天下，轉向"説明"個别實體的國家，對康有爲的大同學完全失去興趣，而以國家爲人類競爭歷史中"最上之團體"，也是"私愛之本位，博愛之極點"。② 國家積民而成，這是梁啓超所説的也是常被研究者引用的一個定義，③ 積民而成，不是傳統民貴君輕的仁政思想，而是以盧梭"契約論"爲本的近代政治思想，在理論上先預設了"全體之人民各伸其共有之自由，又各服其自集之權力"這樣一個前提。④ 尤須留意的是，在梁啓超的觀念中，積成國家的民並不是個私的自然人，而是"國民"。前者被梁啓超認定只是部民，尚在野蠻狀態，當然不會構成國家。國民本身是一個集合名詞，所謂"國民者一定不動之全體"，"爲法律上之一人格"等是。⑤ 既是國民，則在國家中必有共同利益，雖"多數人共謀其私而大公出焉"，⑥ 所以值得憂慮的不是私利，而是主權歸屬，主權無論在君（政府）或在民（私人）都容易出現問題，惟一的解決之道就是主權屬於國民全體，亦即屬於國家。在《盧梭學案》中，梁啓超有時説國家主權，有時又説國民主權者，以此。至於國家和國民是否仍有不同指涉？梁啓超不認爲需要再作分析。他只説："有國民即有國家，無國家亦無國民，二者實同物而異名耳。"⑦ 所以作此認知，是因爲任公的主權説不完全是一種政治學觀念，它同時是一種道德觀念。在强烈的道德要求下，國民的生活意義不在各營其私（這固是權利，但無"意義"），而在共營一個"有意識的"國家（但不見得就是集體主義），這點，留至本文第五節再來討論。

國家構成的先設條件是每個國民都必須是自主的自由人，這個邏輯，解決了民智和民權孰先孰後的難題。東渡以前，梁啓超的想法和康有爲、嚴復一樣，認爲民權政治雖好，但在民智未開之前，未可遽予提倡。有了"科學"的政治學作依據，梁啓超遂起而與康有爲對權與智孰先的問題進行激辯：

夫子謂今日但當言開民智，不當言興民權，弟子見此二語，不禁訝其與張之洞之言，

① 《新民説》第六節，頁 20。
② 同上注，頁 17。
③ 《新民説》，《專集》之一，頁 I。又，《愛國論》，《文集》之三，頁 73。
④ 《國家思想變遷異同論》，《文集》之六，頁 15。
⑤ 《政治學大家伯倫知理之學説》，《文集》之十三，頁 68。
⑥ 《論立法權》，《文集》之九，頁 106。
⑦ 《政治學大家伯倫知理之學説》，《文集》之十三，頁 72。

甚相類也。夫不興民權則民智烏可得開哉！其腦質之思想，受數千年古學所束縛，曾不敢有一線之走開，雖盡授以外國學問，一切普通學皆充入其記性之中，終不過如機器切成之人形，毫無發生氣象……故今日而知民智之爲急，則捨自由無他道矣。①

以前梁啓超有權生於智的言論，其言曰：“權者生於智者也。有一分之智，即有一分之權。”②將這些話和東渡以後説法作一比較，其改變非常明顯。權生於智有着公羊三世學説的背景，要求先開民智，才能引入民權，謂政治進階當隨人民程度而定，不可躐等。權先於智則着眼於去除權威束縛，建立自由主體，以便在法權上建構現代國家。自主、自由，然後有民權，民權先於民智，這條公式，形成了梁啓超的權利思想，即：自由必須成爲一種能够牢牢把持，絶不退讓的權，所謂“爲民者而不務各伸其權，是之謂自棄其身”。③ 中國前此惟在上位者有自由權，今則在下位者亦有自由權，兩强相遇，然後政府與人民乃得各守其權限，合作而不相侵。

權限釐定後，個人所謂消極自由（negative liberty）的自由才能受到保障。梁啓超也一樣提出英美式“有限政府”（limited government）的自由主張：“凡人民之行事有侵他人之自由者，則政府干涉之；苟非爾者，則一任人民之自由，政府宜勿過問也。”④又説：“政府之權限，惟在保護國民之自由權，”⑤ 又以此立場論立法權之必在民曰：“衆人操其（立法）權，則所立之法必利衆人……即使有聖君哲相以代民謀，其必不能如民之自謀之尤周密而詳善，有斷然也。”⑥ 足證任公對英美穆勒、斯賓塞（Herbert Spencer, 1820 - 1903）一系消極自由主義之理論重點，非不瞭解。當然，就任公之整體思想而言，消極自由位階一直在形成國民主權和公民權利的自主（自治）自由之下，前者是人的生活方式，後者是人的根本價值，或者，用前文所述知識的兩種模型來説，前者是“説明”的自由，涉及的是規律，後者是“解釋”的自由，涉及的是意義。這在任公任何一個思想階段均無例外，並非劇變，但這也只是一個優先順序問題，若謂任公不重視消極自由及立法保護此自由之重要性，則非事實。

五、道德意識與具意識的國家

1903年，梁啓超應美洲保皇會之邀赴美游歷，從2月到12月，周游期間，深覺“共和國民應有之資格，我同胞雖一不具”，遂“自美國來而夢俄羅斯”，宣布二十世紀爲恢復干涉之時代，“以最愛自由之美國，亦不得不驟改其方針集權中央”，⑦之後，他更發表《開明專制論》，約以三十年爲過渡期，以强人方式帶領民衆走入憲政階段，《答飛生書》曰：“民之能自新者，上也；其不能，則干涉以新之而已。”⑧ 此爲光緒二十九至三十二年間（1903 - 1906），梁啓超被視爲集

① 1900年4月1日致康有爲信，《梁啓超全集》第20卷，頁5932。
② 《論湖南應辦之事》，《文集》之三，頁43。
③ 《商會議》，《文集》之四。
④ 《論政府與人民之權限》，《文集》之十，頁3。
⑤ 《霍布士學案》，《文集》之六，頁93。
⑥ 《論立法權》，《文集》之九，頁106。
⑦ 《政治學大家伯倫知理之學説》，《文集》之十三，頁89。
⑧ 《文集》將此書繫於光緒二十八年（1902），然按《新民叢報》，此書發表於40、41号之“飲冰室自由書”欄，出版日爲1903年11月2日，同期所發表者，尚有《論私德》之第二部分。據李國俊考訂，《叢報》第38 - 39合號，40 - 41合號，及46 - 48期等，實際出版均在梁啓超自美返日之後，其中40 - 41號是1904年2月16日補印。見李國俊《梁啓超著述繫年》（上海：復旦大學出版社，1986年），頁80。

體主義思想的言論，至光緒三十三年（1907）發表《政聞社宣言書》時，則已回到君主無責任的虚君立憲主張，此後在宣統年間發表的《憲政淺説》系列作品，大致都維護着這個立場。歐戰後梁啓超寫了《歐游心影録》，在這部被視爲文化保守主義代表作的大書中，任公其實也反對德國國家主義，説“因爲國家主義發達得過於偏畸，人民個性差不多被國家吞滅了，所以碰着英法美等個性最發展的國民，到底抵敵不過”。① 可見他的文化保守主義和集體主義之間，也無必然關係，只是一般人想當然地自加混淆而已。然則，在 1903 - 1906 那幾年中，梁啓超何以在個體與群體組合的順序中更爲突出了群體的優先性，以致在外表上發生一種所謂集體主義之印象，是思想前後不一致的矛盾變化，還是整體思想辨證式的轉化？

梁啓超自接受自由主義思想以來，一直都以自主或自治作爲自由最核心最根本之定義，此在上文已有説明。如此往積極面發展，自由就是“自知其本性，而不受箝制於他人”，堅執主權，不受奴役；往消極面引伸，自由如果不是“真能治自己”，②則不配享有自由，在留日早期寫的《論政府與人民之權限》中即云：“其民之德未能自治……當是時也，政府之權限不可不强且大”，由此可知，主張國家主義和開明專制，可説是早就伏根在其自主自由概念中的邏輯消極發展，並非横空飛來的矛盾變異。

然而，上文曾説明梁啓超已經意識到，民智低落不應是限制民權的藉口，故在民之自治與政府權限關係上不應再形成一個思想循環，這又何以自解？這可從任公這一時期的政治理想性和道德焦慮感來理解。

當儒家經典被理解成只是文化特質之後，以這些經典爲中心而形成的道德，也同時受到“科學”倫理學眼光的審視。將五倫與日本新編倫理學教科書的倫理觀比較，則儒家傳統倫理獨重家庭，對國家、社會等更廣泛的人際關係均未重視，似乎“舊倫理所重者，則私人對一私人之事也；新倫理所重者，則一私人對一團體之事也”，③ 相較之下，其失顯然。故梁啓超説：

> 中國自詡禮義之邦，宜若倫理之學無所求於外，其實不然，中國之所謂倫理者，其範圍甚狹，未足以盡此學之蘊也。④

爲了讓道德倫理更符合社會學要求，梁啓超覺得有必要提倡一種新道德，其成績便是 1902 年在《新民説》名下一系列有關公德的論述，包括《論公德》、《論國家思想》、《論進取冒險》、《論權利思想》、《論進步》、《論合群》等。這部分著作加上同一時期的《自由書》，成爲梁啓超當時鼓動新思潮執輿論界牛耳的代表作，黄遵憲給梁啓超的信上説：

> 已布之説，若《公德》、若《自由》……此半年中，中國四五十家之報，無一非助公之舌戰，拾公之牙慧者，乃至新譯之名詞，杜撰之語言，大吏之奏摺，試官之題目，亦剿襲而用之。⑤

---

① 《歐游心影録節録》，五、“盡性主義”，《專集》之二十三，頁 24。
② 1900 年 4 月 1 日致康有爲書，《梁啓超全集》第 20 卷。
③ 《新民説》第五節“論公德”，《專集》之四，頁 12。
④ 《東籍月旦》，《文集》之四，頁 85。梁啓超在這裏是用科學性倫理學的觀點來審視傳統上道德性的倫理，這在當時日本是一種時髦的做法。王國維在 1902 年譯出元良勇次郎的《倫理學》，討論的是情緒、感覺、思慮運動、正義之觀念、善惡之標準等問題，是典型的從科學心理學理解倫理的做法。其書由王國維主持的《教育世界》印行，收在《哲學叢書》初集，北京圖書館藏梁啓超《東籍月旦》第一章即介紹日本倫理學的著譯，是瞭解科學倫理學流行情形的極好材料。
⑤ 《梁啓超年譜長編》，頁 171。

雖然在言論界取得了非凡成績，在政治行動上他也成爲地位僅次於康有爲的維新運動第二號人物，梁啓超内心却總覺得尚有田地未打叠乾淨，那就是長年伴隨他的道德感。①

任公家鄉新會本是陳白沙故鄉，任公自述萬木草堂受學情形，亦皆以陸王心學冠首，戊戌後，任公在日本奔走救國，知識結構開始轉向“科學”式的客觀物化論證模式，士大夫平天下的理念，爲國民史觀國家主義所取代。這時候，他内心却萌生了前一時期未曾有的道德焦慮感。1900 年 3 月，他致書康有爲，報告自己在學識和道德之間消長的反省：

> 弟子日間偶讀《曾文正公家書》，猛然自省，覺得不如彼者甚多，覺得近年以來學識雖稍進，而道心則日淺，似此斷不足以任大事。因追省去年十月十一月間上先生各書，種種愆戾，無地自容。因内觀自省，覺妄念穢念，充積方寸，究其極，總自不誠不敬生來。②

同一時間，對同門葉覺、麥孟華等人，亦自省云：

> 自覺數年以來，外學頗進，而去道日遠，隨處與曾文正比較，覺不如遠甚。今之少年，喜謗前輩，覺得自己偌大本領，其實全是虚僞，不適於用，真可大懼。養心立身之道斷斷不可不講……近設日記，以曾文正之法，凡身過、口過、意過皆記之，而每日記意過，乃至十分之上，甚矣，其墮落之可畏也。弟自此洗心滌慮，願别爲一人。不敢有迂視講學之心，不敢有輕視前輩之意，惟欲復爲長興時之功課而已……我輩現在處當哀之時，有一毫之肆慢，則是一落千丈。主敬一關，實不可不刻刻提起。孺、曼、孝三弟，頗與兄同病，願亦同藥之也。③

觀梁啓超之自白，其道德焦慮實起於外學和道心之間的對立，也就是科學系統性知識和德性道德的衝突。④ 萬木草堂傳授的大同學，着重經義詮釋，可與“仁道合群”的陸王心學結合，在談經世興太平的同時，並不會脱離道德。一旦經學變成文化特質，詮釋轉爲説明，仁被注釋爲“相人偶”，仁道合群成爲自由人之間的契約合群之後，道心的道德遂也退位，科學倫理學的新倫理，成爲新民的新德——公德，道心的道德和經義的經學同時遭受急凍，士大夫在結構巨變下趨向兩極化：有人試圖把道德責任一併交付給科學，要到科學中尋找道德，變成吴稚暉、丁文江輩的唯科學主義；有人則要將知識置入良知，要求良知自我坎陷開出科學民主，稱爲道德理想主義，戰火至今未熄。梁啓超未正式進入任何一座壁壘，他意識到科學的獨立性，也擺脱不了道德主義帶來的焦慮感；對梁啓超而言，科學與道德是不能互相統屬而具有辨證關係的存在，他思想中的往來掙扎，根源在此。

公德説將道德變成了利群的工具，可以因環境需要而改變價值，所謂“道德之立，所以利

---

① 張朋園也早注意到，1903 年至 1904 年間，梁啓超在精神上陷入極度空虚痛苦，曾致書康有爲、蔣智由、黄遵憲等師友訴説。張先生推論，那是因爲“放棄了革命（指結束與孫中山之間的合作關係），在未找到另一條救國的途徑之前，其暗淡徬徨是必然的”。見張朋園《梁啓超與清季革命》，頁 177－181。

② 1900 年 3 月 24 日致康有爲，《梁啓超全集》第 20 卷，頁 5928。

③ 1900 年 4 月 21 日致葉湘南、麥孺博、麥曼宣、羅孝高，《梁啓超全集》第 20 卷，頁 5933。

④ 科學作爲一個觀念，永遠可以有不同的意涵。梁啓超及當時很多知識分子都從實證科學的立場去瞭解，這樣，科學與人性主體，便容易成爲對立的概念。這種情況，其實很像胡塞爾（Edmund Husserl, 1859－1938）對歐洲科學危機的批評。胡塞爾説：“在十九世紀後半葉，現代人讓自己整個世界觀受到實證科學的支配，並迷惑於實證科學造就的繁榮，這特殊的現象意味着，現代人漫不經心地抹去了那些對人真正重要的事，只見現實的科學造出了只見現實的人。”見胡塞爾《歐洲科學危機和超驗現象學》第一部分（中譯本，上海：上海譯文出版社，1988 年），頁 5－6。

群也。故因其群文野之差等，而其所適宜之道德，亦往往不同”。① 一望而知，這種“科學”的相對主義道德觀，與梁啓超更早時接受並成爲其精神支柱的心學道德觀，是有滄海巫山之嘆的。勉强地，梁啓超用德之本原和德之條理的二分法來處理這個差異，説隨其群之進步以爲比例差的只是德之條理，“其本原固亘萬古而無變者也”。② 至於這個本原是什麽？梁啓超當時並不作説明。訪美回日後，梁啓超作出了一個驚人舉動，他終止了《新民説》系列中有關公德的論述，代之以闡揚陸王心學的“私德”，並在“吾祖宗遺傳固有之舊道德”裏重新發現了與倫理不同的道德，他説：“道德可以包倫理，倫理不可以盡道德。倫理者，或因於時勢而稍變其解釋；道德則放諸四海而皆準。”③ 這樣在“科學”的倫理和心學的道德之間作出區分之後，他對前一時期指爲不足的中國倫理，也得出了可令自已釋懷的解釋：“故謂中國言倫理有缺點則可；謂中國言道德有缺點則不可。”④ 道德與科學之間的緊張拔河暫告結束，任公在亘古不變的道德中找回了安頓性命之所。

隨後，梁啓超編纂《德育鑑》，發表節抄及加評點的《節本明儒學案》等，形成一場對他自己有意義的道德重整運動。《德育鑑》説：“科學之上，不可不更有身心之學以爲之原。”⑤《節本明儒學案・例言》説：“道學與科學界線最當分明。道學者，受用之學也，自得而無待於外者也，通古今中外而無二者也；科學者，應用之學也，藉辨論積累而始成者也，隨社會文明程度而變化者也。”⑥ 在科學之上又再安置一個身心本原，本原通古今中外而恒一不變。不只如此，梁啓超這時更將倫理學、哲學、心理學等科學系統知識一律劃入“心的科學”範圍，認爲與“物的科學”一樣都屬科學，而非道學。即在陸王心學中，他也把性命理氣太極陰陽等理論探討，“或探造物之原理，或語心體之現象”的内容，即後世哲學學者所謂宇宙論、本體論、心性論等論説，也都視爲心的科學，與治心治身的道德不屬同一範圍。⑦ 這樣，梁啓超直接掌握陽明知行合一之旨，强調“雖謂天下只有一個行可也”，⑧ 像他所推崇的江右王學一樣，特重“致良知”的致字。道德不是一門學科，也不是一種知識，它是知識上面安心立命的心性本原，但並不高於知識，而是與知識並行而互不干擾。

然而，梁啓超的道德關懷又不限於内在道德修養，它一直和平天下的政教合一理想緊密相連，也一直在影響他的國家主義論述。⑨ 早在討論康德哲學時，他已經注意到“康氏良心説與國家論者之主權説絶相類”，良心與主權，都是絶對的、無上的、命令的，“服從主權，則個人對於國家之責任所從出；服從良心，則軀殼之我對於真我之責任所從出也”。⑩ 在梁啓超看來，作爲個人之主權者的國家和作爲軀殼我之主權者的真我，異名而同源。他解釋康德“物自身”的

① 《論公德》，《專集》之四，頁 14。
② 同上注，頁 15 自注。
③ 同上注，頁 132 自注。
④ 同上注，頁 132 自注。
⑤ 《德育鑑》，《專集》之二十六，頁 23。
⑥ 筆者處有兩種《節本明儒學案》藏本影件，一爲新民社第一次印行本，香港中文大學圖書館藏，封面有“黄梨洲先生元著飲冰室主人節抄”字樣；一爲《飲冰室叢書》第六種本，香港大學馮平山圖書館藏，封面有“啓超自署”字樣。引文見“節本例言”，頁 1。
⑦ 同上注，頁 2。
⑧ 《德育鑑》，《專集》之二十六，頁 38。
⑨ 梁啓超之國家主義論述是個極其複雜的問題，沈松橋已在這部分作了一番澄清工作，見氏著《國權與民權：晚清的國民論述》，《歷史語言研究所集刊》第 73 本第 4 分（2002 年 12 月）。此外，也可參閲張佛泉《梁啓超國家觀念之形成》，《政治學報》第 1 期（1971 年）。本文所論，仍限於與儒學論述有關者。
⑩ 《近世第一大哲康德之學説》，《文集》之十三，頁 62。梁啓超對康德的瞭解，主要通過日本中江兆民《理學沿革史》（東京，1886 年），中江氏此書譯自 Alfred Fouillee, *Histoire de la philosophie*（巴黎，1875 年），翻譯所據底本爲 1879 年第二版。

觀念，説吾人於下等生命——物之現象之外，更有高等生命——物之本質者在，此本質即爲超然立於時間空間之外的真我。然後，他認爲康德的真我是人人各自有一真我，不如佛説之爲完美。佛説真我實爲大我：一切衆生皆同此體，無分别相。①對所謂大我，梁啓超在闡揚荀子政治學説時有充分説明：

> 荀子所謂義也，亦謂之普通性，亦謂之大我。此大我之普通性，即人類所以能結爲團體之原因也。（自注：筧博士言國家社會之最高原因根於自我之自由活動，其所謂自我者，謂人類共通之大我也，與佛學之華嚴性海相合。）②

個體的本質乃是超越不變的真我，真我即是無差别的性海或良知良心，亦即是構成群體之大我，如梁啓超説的“吾輩皆死，吾輩皆不死。死者吾輩之個體也，不死者吾輩之群體也”。③國家在這裏與道德主體合爲一體，帶着濃厚的理想色彩，康德哲學也和佛學、陸王心學混融一片，難以析解。④ 一度，梁啓超在科學知識模型導向下，將國家理解爲“推原國家之所以立，亦不外爲人民保安全謀安全耳”，⑤ 與斯賓塞（Herbert Spencer，1820－1903）政府僅須維持警察權的有限政府論調相似。道德主體與國家主權在觀念上合一之後，這樣僅以滿足生活現象爲目的的國家，“以國家爲公司”，顯然不是他所向往的。他要求國家有“意識”，批評共和政體説：“共和政體之最缺點者，使其政府如一機器然，循軌自動，幾無復有活潑之意識行乎其間”，所以“爲國民謀普通之利益則有餘，謀高尚之幸福則不足”。⑥ 高尚幸福指如文學、哲學美術等高尚事業，皆與道德審美等精神存在有關。任公之一度趨向國家主義，顯然不單是個政治層面的選擇，而實與其精神人格之深層結構有關。至於何謂國家之“意識”？任公提供的答案是：“固有之立國心”，或“族粹”。他借用伯倫知理（Johann Kaspar Blunschli，1808－1881）之言曰：

> 凡一民族既有其固有之立國心，能實行之勢力，欲實行之志氣，然後可以創立國家……以保存族粹爲第一義。⑦

然則什麼是中國固有的立國心？什麼是族粹？任公直到晚年才在儒學傳統中找出了答案。在1922年寫作的《中國政治思想史》中，梁啓超提出“倫理的政治”概念，作爲中國政治思想的特色，説“此制行之三千年，至今不變。我民族所以能蕃殖而健全者，亦食其賜焉”。任公推論，因爲以倫理作政治核心，所以儒家政治思想與歐美近代流行的幾種思想，出發點乃全異，“彼輩獎勵人情之析類而相嫉，吾儕利導人性之合類而相親。彼輩所謂國家主義者，以極褊狹的愛國心爲神聖，異國則視爲異類”，任公認爲，這曾經讓他耗竭心血，奔走呼號的國家主義和愛國心，是中國族粹所無法認同的，因爲“以吾儕誦法孔子之中國人觀之，所謂社會道德者，最

---

① 《近世第一大哲康德之學説》，《文集》之十三，頁59。
② 《中國法理學發達史論》，《文集》之十五，頁47。
③ 《余之死生觀》，《文集》之十七，頁8。
④ 賀麟在《五十年來的中國哲學》（此書在1947年以《當代中國哲學》爲名出版，重版時改爲今名）一書中，嘲諷梁啓超用不太懂的佛學，附會更不懂的康德，這批評本身是知解取向的，而梁啓超這裏是在作道德内省，兩者取向不同。
⑤ 《商會議》，《文集》之四，頁6。
⑥ 《政治學大家伯倫知理之學説》，《文集》之十三，頁80。
⑦ 同上注，頁72。

少亦當以不相離嫉爲原則，同類意識，只有日求擴大，而斷不容獎勵此意識之隔斷及縮小”。①

晚年的梁啓超，重新認可仁學及平天下之理念，他强調，仁之極，則全人類情義利患之於我躬，若電之相通相震，“信乎！以天下爲一家，中國爲一人，非意之也”。② 對於國家主義與平天下這兩組不同的政治概念，他也作了如下申述：

> 中國人自有文化以來，始終未嘗認國家爲人類最高團體，其政治論常以全人類爲其對象，故目的在平天下，而國家不過與家族同爲組成天下之一階段。③

這是任公理想中“有意識的”國家政治，早年平天下的知識模型，到此作了有條件的回歸。雖然如此，梁啓超却又非簡單的退回原點，這時的他既非狹猛的國粹論者，亦非天真的世界主義者。他擁抱天下境界，只因他不承認公司式的國家可以滿足人類崇高的理想，而並非反對現代國家的建立。事實上，爲了有效建立現代國家，任公還不惜求助於集體主義，適量引入强制力量以收整齊劃一之功。1919 年，梁啓超偕張君邁等游歐，經過南洋時，即感嘆八百五十萬南洋華僑，和國内四萬萬人一樣，都不會建設國家。④ 其原因，一方面固然是國人知有家而不知有國、視國事爲閑事的習性，另一方面，也是缺乏了一種能令國民“整齊嚴肅”的力量，即國家或國民的主體性未能發揮。以儒法兩家的政治思想來説，梁啓超很清楚自己在理想層面的選擇，他强調儒家以“活的動的生機的唯心的人生觀爲立脚點”，其政治論因此歸宿於“仁治主義”或“人治主義”；法家以“死的静的機械的唯物的人生觀爲立脚點”，政治論便歸宿於“法治主義”即“物治主義”。任公説：“兩家孰優孰劣？以吾儕觀之，蓋不煩言而決也”。問題是，儒家的理念都得預設一個大同、天下、性善的前提，在“吾儕既不能絶對的主張性善説”之前，則以“客觀的物準整齊而劃一之，安得不謂爲持之有故，言之成理?”所以，雖然“吾儕斷不肯承認機械的社會組織爲善美，然今後社會日趨擴大複雜，又爲不可逃避之事實”，法家型整齊劃一的法治物治手段，對現代國家之建立亦爲一有效手段，需要的補救之道是，要使“個性中心的仁的社會能與時勢並進而時時實現”，⑤ 俾國家能不失去天下之理想，而能兼有形式和意識。

從霍布士開始的近代“科學”政治學有一個基本觀念：國家是人爲而非自然的，在國家秩序之前，也没有什麽先驗的形上秩序，它只是因爲人本身的自私和恐懼心理，相約而組成一個求生存的團體。後來雖然洛克（John Locke，1632 - 1667）系和盧梭系的政治思想發展大相徑庭，但在這“近代性”的本質上則均可相通。儘管霍布士在“人的權利”論點上遠不如其他諸家重要，但在掌握“自然權利”，强調人本身就是全部法律、秩序和義務之起源這一點上，則有其首創性。⑥ 通過康德，梁啓超不但掌握了西方近代政治學上人本身是法律秩序起源的論點，並從康德的良心主體接通陽明學的良知和華嚴宗之性海，構成民族“固有之立國心”，並由此再重新踏上儒學論述中平天下之境界。可以説，在 1903 年發表《論私德》之後，梁啓超大致上已經穩定了此後思想的發展走向，即是要建立有民德有天下懷抱的現代國家，不變的德——大同，和符合政治學原理的以現代知識建立的國家摶合爲一，企圖藉此解決因東西方文化或道德與知識衝

① 《先秦政治思想史》，《專集》之五十，頁 38。
② 同上注，頁 72 - 73。
③ 同上注，頁 2。
④ 《歐游心影録節録》，二、“南洋所感”。《專集》之二十三，頁 40。
⑤ 《先秦政治思想史》，《專集》之五十，頁 153 - 154，184。
⑥ Leo Strauss, *The Political Philosophy of Hobbes: Its Basis and Genesis* (Chicago: The University of Chicago Press, 1963), “Introdution”.

突而帶來的長期思想危機。

六、結　　論

梁啓超晚年在其總結性著作《儒家哲學》中，將自己的學術師承定位爲“粤學”，説這派學術特色遠承戴震，考訂訓詁與儒術義理並重；近接陳澧（蘭甫，1810－1882）、朱次琦（九江，1807－1882），調和漢宋。“程朱的儒學固然喜歡，考據學亦有興趣”。表示自己接受陳、朱兩先生的教訓，更由陳、朱推到創辦學海堂的阮元（1764－1849），由阮元推到戴震。强調戴震表面上雖然反對程朱，實際上與程朱走的是一條路，清代正統程朱學派完全擁護朱學，對朝廷功令步趨惟謹的陸隴其不算正統，戴東原才是正統。① 這裏，我們看到梁啓超將自己重新放回了學海堂的學統，讓自己融匯傳統與現代的新知識體系，能够在儒學論述中予以定位。這個儒學，已不是傳統的漢宋或今古文門户所得規範，而是將經史、諸子、道學、佛學以及西方學術一爐共冶的文化綜合體，在《清代學術概論》中，任公稱之爲中華國學。在此全新的國學視野中，梁啓超繼續抱持規律説明的知識模型，立足於“科學”，但是，通過對戴東原式朱子義理學的繼承，加上陳蘭甫、朱九江一系的漢宋調和，更主要的，是通過對陽明學作生命價值式的擁抱，梁啓超展現了他在儒學論述上兼蓄科學知識和道德生命的强大包容力，雖然在包容底下的理論都還不是那麽精微深刻。

錢賓四先生提出過一個梁啓超刻意與胡適作學術競爭的假設，爲學界所津津樂道，胡適自己也有這種感覺。這個假説幾乎完全集焦於清代學術研究一隅，未及討論中華國學整體。以儒學論述而言，梁啓超與胡適基本上並不在同一個論域裏，自亦無競爭之可言。在《清代學術概論》中，梁啓超把胡適放在徽學績溪胡氏譜系中，視胡適爲考據學派之殿軍，雖是弄錯了胡適的族譜，但其在儒學論述中將胡適定位於漢學考據學後殿的意思也很清楚。任公自己的定位則是新粤學，重點在將兩種知識模型作平行溝通，維持不偏道德亦不偏知識的人生哲學立場。將此論述延伸到科玄之爭，任公的立場就很清楚，他不反智，也不反對科學，而是要在機械的規律上加入意義詮釋作爲人生的潤滑劑，要求學子“刻刻在學校學科學，刻刻提醒良知”，②希望在儒家學術的近代發展中提倡這種學風，貫徹自己“科學之上不可不更有身心之學以爲之原”的學術與人生理念。

這樣的調和論如不小心處理，很容易變成折衷派。梁啓超調和思想的價值，除了其新粤學觀念具有學術史的新意之外，還在於它有一種在科學和道學之間辨證發展的結構。梁啓超思想固然也呈現出階段性的發展，但各階段之間並非起滅關係，而是往復關係，往復也不是循環，不是回到原點，而是在正反激蕩中呈螺旋狀辨證向前。無論在哪一個階段，梁啓超思想都有表面變化，然在深層價值中，則從未停止過鼓吹思想解放和自立自主，這一條主線貫穿他的一生，也聯繫了科學和道學兩個領域。任公爲思想解放所下的定義是：“不許一毫先入爲主的意見束縛自己”，③ 這一方面是針對知識而言，不受舊思想束縛，也不受新思想束縛，獨立判斷，實事求是；一方面也是針對德性而言，要解除社會環境纏繞，也要解除自身形體的纏繞。梁啓超發現，

① 《儒家哲學》，《專集》之一百三，頁 66－67。
② 《德育鑑》，《專集》之廿六，頁 39。
③ 《歐游心影録節録》，《專集》之二十三，頁 27。

德性與知識，雖然在方法上有日損和日益的不同，最後目的，却都是要突顯真我。真我既是自主道德的本體，也是國家的主體，這樣，梁啓超心目中的國家必然以獨立自主的個人爲基石，而個人則只能在構成“有意識的國家”（相對於公司式的國家）之後，其主體性及與之相應的全部權利，才獲完整顯現。梁啓超之所以能够一邊宣揚個人主義的自由解放，一邊又鼓吹傾向國家主義的整齊劃一，其深層原因即在此。

根據韋伯影響深廣的理論，以工具理性爲導向的現代文明，終將取人文精神之儒教文明而代之。不難瞭解，這理論的基本立足點，是傳統——現代二元對立之思考模式。梁啓超思想的進程却顯示，二元對立模式雖曾一度在其思想中發生影響，却没有成爲最終選擇。在“科學”（指科學實證主義、公司管理式的國家、心理學的倫理等）單行道造成生命安頓上的焦慮不安之後，中國知識分子一直在找尋能與科學並行的安心立命之道。梁啓超的努力，無疑是這篇上下求索史詩中極具代表性的一章。

席勒美學對於王國維“境界”論的影響

鄭芳雄

一、引　言

清末文學思想家王國維的《人間詞話》寫於光緒三十三年（1907），距今整整一個世紀。這篇不大不小的論文，融合了西方美學理論和中國傳統詩詞觀，啓開近代中國文學評論的先例。王氏早年即接受西方美學哲學、美育思想，用以評論中國小説《紅樓夢》之美學及倫理上之價值，暢談《叔本華之哲學及教育學説》及《孔子之美育主義》、《教育之宗旨》等等，闡述文學與教育之關係，並以新穎的論點整治中國詞學。其獨樹一幟的“境界”説，構成《人間詞話》立論之基調，成爲過去百年來中國詩人和思想家當中，最早吸取西方理論、從事文學批評工作者。百年後的今天談論他的詞論，具有紀念價值。

王氏的“境界説”受到西方美學的啓迪有多深？對這個問題，後世評論家研究焦點多集中在康德、叔本華哲學之於王氏的影響，很少注意到德國古典詩人席勒（Friedrich Schiller, 1759-1805）的美學思想，及其與王國維詩論的關係。早期文評界論及“境界”的淵源時，多半根據叔本華的“靜觀”或尼采的“日神精神”，來詮釋“境界”的内涵，這並非追本溯源的作法。“日神精神”中有關“幻象”的觀念，並非尼采原創，而是他借用席勒審美“表象”（Schein）所引申的詮釋。王氏早年確實以介紹康德、叔本華的哲學及美學爲主。基於這個事實，佛雛——近幾年來研究王國維詩學學者當中較有成就者——統計王氏論述康、叔甚至尼采文章數目，遠超過引介席勒的文章數，因而認爲席對王國維的影響“不宜誇大”。[①] 之所以有此論斷，可能是發現有關於席勒的資料太遲。佛雛後來在他著作的修訂版裏加入席勒《論美書信》（*Kallias Briefe über die Schönheit*）中的論點，以“形式之形式”論述王氏之“古雅”説，[②] 論點就比較具有説服力。可惜他晚年已來不及用此立論角度重新釐清“境界”説，一改之前以叔本華“直觀之理念”詮釋王氏“境界”所下的定論。嚴格講，康、叔、席對王氏詩學的影響，軒輊難分，王氏既然憧憬席勒美育的倫理觀甚於康德的道德“嚴厲主義”（Rigorismus），不僅肯定席勒“游戲衝動”（Spieltrieb）之對於叔本華美學及尼采之以藝術實踐道德的影響力，而且在闡述“古雅”（席勒稱之爲 Anmut）、“眩惑”（席勒稱爲 Reiz）之美學概念，以及《人間詞話》中“境界”、“寫境”、“造境”等觀念時，也都運用到席勒的文本。整體而言，在王國維的詩論裏，幾乎處處都有席勒的影子。

---

① 佛雛《王國維詩學研究》（第二版），北京：北京大學出版社，1999 年，頁 345。
② 同上注，頁 333。

本論文嘗試根據席勒原文論述，比較王氏詞話中的相關論點，藉以釐清席勒美學之於王國維“境界”論的影響關係，主旨在於說明，王國維的“境界”概念，並非引自尼采的詮釋，而是直接得自席勒有關“審美表象”(ästhetischer Schein) 的文本中的説詞，當然也同時融入了王氏個人對中國詩詞的詮釋。“寫境”與“造境”之意涵，反映席勒《論素樸詩與感傷詩》中的説法；“境界”的含意及其相關詞論，也涉及《論美書簡》(*Kallias, oder über die Schönheit*) 第一封信及《審美教育書簡》中的相關論點。這位清末史學家兼哲學家和詩人的氣質，與德國詩人席勒之兼史學教授和美學家極爲相近，王國維談到他最感貼心的詩詞，多借重詩人席勒的美學文本，較少就教於哲人的純哲學詮釋。

《人間詞話》這篇詩論，早期臺灣“國學”界誤以爲是王國維在《紅樓夢評論》之後“脱離西方理論之拘限以後之作品”,① 往往從妙喻、神韻、佛家“淨土”等傳統詩話思維，解釋“境界”一詞，這種詮釋方式固然順應王國維以德國美學哲學釐清中國傳統詩學論述的方向，拓展互文 (Intertext) 的詮釋空間，譬如以佛家六根唯識的角度，認爲“境界”一詞涵蓋詩人靜觀、表象所及的視野，似乎暗合王氏《紅樓夢評論》中所反映的佛道禪思想。臺灣學界最早注意到康德及席勒美學之影響力者爲葉嘉瑩，她提到，席勒“游戲本能”作爲藝術造形之起步的説法，曾爲王國維所引用,② 但葉教授並未注意到席勒美學與“境界”論的關係。而最早將王氏“古雅”的概念與“境界”説相提並論，始於1979年林玫儀的一篇博士論文，她用“第二形式”的美，解釋“境界”的含義，頗能彰顯“境界”一詞所涵蓋的美學意義。她指出：“按照王氏的説法，第一形式之美存在於自然中，只能感受，非藉助第二形式之表現則無法單獨存在，所以一般批評多半就第二形式而言”,③ 雖然都没有提到席勒，但已經暗指“境界”乃形式之形式所營造的“幻象”(Schein)，這其中已隱含席勒的美學思想了。

然而最近中國大陸發表的相關論文，論點似乎太偏重叔本華哲學的影響力，甚至“境界”一詞的含意，仍用叔氏的“直觀的理念”來詮釋，而將“境界”大而化之地定義爲“叔本華理念在文學中的真切對應物”,④ 導致像“造境”與“寫境”、“理想”與“現實”解釋欠缺周延。甚至無法跟“天才之游戲”、“古雅”、“優美”等審美概念掛勾，這是忽略席勒美學的詮釋角度所致。

根據王國維自述，其治學歷程乃由哲學轉向詩學，在他發表《人間詞話》之前，已深入涉獵德國美學哲學，他的境界論大部分是在這個美學理論的基礎上發展出來的。從其“天才的游戲”、“古雅”、審美“第二形式”、“華胥之國”等美學概念的提出，到“造境”、“寫境”等境界論點之闡述，是從美學理論延伸到詩詞創作論的批評實踐，前後都有鮮明的脈絡可循。而這些概念和論點，却大部分反映席勒有關“游戲衝動”論以及《論人的審美教育》、《論優雅與尊嚴》、《論素樸詩與感傷詩》著作中的美學思想。這其中意涵的關聯性如何，本文將針對王氏境界論的觀點、相關的美學概念，及其所涉及的思想背景，作深入分析，用以説明席勒美學對王氏“境界”論之影響關係。

① 參見葉嘉瑩《〈人間詞話〉中批評之理論與實踐》，載於氏著《王國維及其文學批評》，臺北：源流出版社，1982年，頁212。

② 同上注，頁273。

③ 林玫儀《人間詞話之理論體系》，載於《人間詞話・導讀》。臺北：大鴻圖書有限公司，1986年，頁27。

④ 王攸欣《選擇、接受與疏離——王國維接受叔本華，朱光潛接受克羅齊——美學比較研究》。北京：生活、讀書、新知三聯書店，1999年，頁92。

二、王國維與席勒的關係

談王國維境界論的美學淵源，不能不先瞭解他接觸、吸納席勒美學之過程。王氏涉獵西方美學思想的進程，是先由康德及叔本華哲學入手，殆無疑義。然值得注意的是，王氏在引介康、叔二人的倫理學和美學的文章當中，經常提到敬爾列爾或希爾列爾（即席勒），並採用其理論作更詳細、更貼切自己思想的補充説明。這些比較性的論述，比起後來談《孔子的美育主義》、《論哲學家與美術家之天職》、《教育小言》、《論教育之宗旨》等有關席勒的部分，固然來得簡短，有時僅寥寥數語帶過，但都特別肯定席勒美學對叔本華及後世的影響力，譬如王氏談到叔本華的美學指出："而天才之觀美也，乃不沾沾於此（注：這個"此"指的是充足理由之原則）。此説雖本於希爾列爾（Schiller）之游戲衝動説，然其爲叔氏美學上重要之思想無可疑也。"① 這類比較性的申論，以及表達他自己詩論的文章，在在説明論述者在鑽研康、叔哲學的同時，確實讀過席勒的談論美學的文本，以及其對康德倫理學的批判，這些都有助他瞭解德國唯心主義哲人與詩人之間的互動關係，這方面所累積的豐富專業知識，及其從中所磨練出來的敏鋭判斷，再加上其"感情苦多，而知力苦寡"的詩人氣質，導致王氏後來拋開"可愛而不可信"的哲學，而走詩學和詩詞創作之路，而這條由哲學思維到文學創作、由理念到實踐之路，也正是席勒當年所走過的。

王國維與席勒，皆性好沉思，故皆喜愛康德哲學。然席勒中晚年，與歌德深交，由哲學完全轉向文學，甚至主張藉由美育及詩學創作彌補康德的道德自律，這些主張對於王國維的啓發是不容忽視的。在席勒所著《論優雅與尊嚴》（"Über Anmut und Würde"，1793）一文中，席勒固然肯定康德倫理學的終極目標，然却不苟同後者將道德情感（性善）排除在其完全基於理性自律的倫理體系之外，也爲自己美學的建構鋪路，故撰寫《論人的審美教育書簡》（"Über die ästhetische Erziehung des Menschen"），冀望藉美學感受（興善）彌補嚴厲的道德倫理中情感的空缺，以詩學美學作爲平衡理性與感性（自然性）之間的橋樑，目的在陶冶出一個不必受到强制接受理性的"絶對命令"（kategorischer Imperativ），而是具有"對義務的喜悦"（Neigung zur Pflicht）、凡事出於天性氣質（Natur）的自由行爲，展現出"隨心所欲不逾矩"的完美人格。

因此在席勒上述兩篇美學著作，包括另一篇《素樸詩與感傷詩》在内，皆提到"美的心靈"（die schöne Seele），席勒"美育"的主張，包括"美的心靈"一詞及其觀念，王國維早在1904年發表的《孔子之美育主義》（《教育世界》第69期）就做了引伸："如汗德（即康德）之嚴肅論中，氣質②與義務對立猶非道德上之最高理想。最高理想存於'美麗的心'（beautiful soul）。其爲性質也，高尚純潔，不知有内界之爭鬥，而唯樂於守道德之法則。此性質爲可由美育得之"。王氏這篇《孔子之美育主義》一文，寫在《汗德像贊》贊頌文（1903年，後收入《靜安文集續編》）發表後，而同年又撰寫《論教育之宗旨》（1903年載於《教育世界》第56號）、《教育偶感四則》、《教育小言十二則》等篇。當中常提到"美育學"，他説："美育者，一面使人之感情發達，以美完美之域，一面又爲德育與知育之手段。"③ 後來他在1906年著手撰述《人間詞話

① 王國維《叔本華與尼采》，《王觀堂先生文集》第五册，臺北：文華出版公司，1968年，頁1765。

② "氣質"在席勒《論優雅與尊嚴》一文中作"Instinkt"或"Naturtriebe"，指"自然的本能"。見Schiller："Über Anmut und Würde"，"in *Werke und Briefe*" Frankfurt a. M.：Deutscher Klassiker，1992，vol. 8，pp. 370－371。

③ 引自《靜安文集》，見《王觀堂先生全集》第五册，頁1769。

甲稿》時，亦發表《教育家之席爾列爾》，除引介席勒生平之外，還概括性地闡述這位德國古典詩人的美育主張。追求審美教育的理想，可能是王氏由哲學轉向詩學的原因之一。

由上述可知，王氏研讀康德美學和倫理學的同時，不但借助於叔本華哲學及其《對康德哲學的批判》（附在《意志與表象的世界》書末），而且還借重席勒對康德美學和倫理學的批評和補充。因此，研究王國維的詩學和美學，不能不先瞭解叔本華的哲學，而叔氏《意志與表象的世界》一書，又融入不少席勒和歌德的觀點，牽涉到萬法歸一的世界觀、審美直觀的部分，常引用歌德的作品；而牽涉到美學、倫理學的部分，又常引用席勒的論述。關於後者的影響關係，王國維也提到了，因此，早在 1904 年，王氏在美學論述中引介康、叔哲學的同時，就另外撰寫《德國文豪格代（歌德）、希爾列爾（席勒）合傳》（《教育世界》70 期）、《格代之家庭》（《教育世界》80、82 兩期），而在這之前，他已發表《孔子之美育主義》（《教育世界》69 期）專文，特別以孔子“興於詩，成於禮”的說法，符合席勒審美教育的理念：將審美觀照所引起的美感，融入道德的喜悦（Neigung zur Pflicht），把“美”當作道德行爲的“最高境界”，以一顆“美麗的心”實踐完滿的人性（menschliche Vollkommenheit）。王氏標出此一美育的最高理想，目的在批評康德道德自律、純理性的絶對命令（kategorischer Imperativ）之將道德情感排除在外的倫理觀，故在《孔子之美育主義》一文中，他說：“汗德（康德）之嚴肅論中，氣質與義務對立就非道德上的最高理想。”因此我們可以推測，美育的理想可能是吸引王國維由哲學轉向詩詞文學的關鍵之一。

叔本華《意志與表象的世界》一書，王氏自稱已讀過四遍（見《三十自述》），因此他借用叔氏“走出生活之欲的靜觀”美學評論《紅樓夢》是可以理解的。然叔氏的論點却常引用席勒有關審美表象的説法。因此王氏的《紅樓夢評論》有些觀念源自席勒。譬如他說：“夫自然界之物無不與吾人有利害關係，縱非直接亦必間接相關係者也，苟吾人而能忘物與我之關係而觀物，則夫自然界之山明水媚，鳥飛花落，故無往而非華胥之國，極樂之土也。”① 這個“華胥之國，極樂之土”的意涵，無疑出自席勒在《審美教育書簡》（1793）第 27 信中所說的“游戲和表象(Schein，或譯爲“假象”）的歡樂王國。在這個王國裏，審美的創造衝動讓人卸去了一切關係的枷鎖”（das fröhliche Reich des Spiels und des Scheins, worin er dem Menschen die Fesseln aller Verhältnisse abnimmt)。② 這個“假象的快樂王國”，席勒又稱“假象的美麗王國”，是藉由“審美游戲衝動”（ästhetischer Spieltrieb）或“審美創造衝動”（ästhetischer Bildungstrieb）建立起來的。③ 王國維在《人間詞話》裏也說：“詩人視一切外物，皆游戲之材料也。”材料係指審美的“第一形式”，它以宏壯或優美的形式存於内心或自然界，是詩人感受的真情真景。而他所指的“境界”，則是透過“造境”或“寫境”所建構出來的文字假象（Schein）。王氏爲了要進一步闡述“壯美”的概念，還從《意志與表象的世界》論述，引用歌德（格代）的詩句：“凡人生中足以使人悲者，於美術中則吾人樂而觀之。”④ （原文：Was im Leben uns verdrießt, / Man im Bilde gern genießt.）

王氏譯文第二句用“美術”迻譯 das Bild（象）一字，並非正確的譯法，而是將原文“圖象”之含義作了廣泛的引申。有關源自席勒的“形式中的形式”，也就是審美的第一和第二形

① 王國維《紅樓夢評論》，《王觀堂先生文集》第五册，頁 1633。

② 引自 Friedrich Schiller, “Über die ästhetische Erziehung des Menschen”, in *Werke und Briefe*. vol. 8. p. 673。參見席勒著，馮至、范大燦譯《審美教育書簡》，臺北：淑馨出版社，1989 年，頁 110。

③ 同上注。

④ 《王觀堂先生文集》第五册，頁 1635。

式，王國維在《論古雅在美學中的地位》(1907) 一文裏，作了相當詳細的論述。

叔本華早年曾受邀擔任歌德自然科學（尤其是光學）的助理，深入瞭解歌德"形象學"、萬物一體的自然哲學、及其觀物（Anschauung）表象（Schein）的美學觀，並引入他的美學哲學。叔氏哲學既然是王國維通往康德哲學之鑰，應有助於他瞭解德國哲學和詩學之間的互動關係，對於德國詩人與哲人之聯手建立他們的文化國，以及文學之影響教育（席勒的美育説），應不無留下深刻印象。因此王氏常慨嘆："生百政治家不如生一大文學家，何則？政治家與國民以物質上之利益，而文學家與以精神上之利益……而國民之所恃以爲立命者，若政治家之遺澤，决不能如此廣且遠。"① 王氏的用意無非闡述文學對國民的教育貢獻，甚至認爲它在"無固定宗教"的中國社會可以取代宗教。這種觀點乃得自席勒"審美教育"的啓迪，故王氏的結論是："近世希痕林（注：德國哲學家 Schelling）、敬爾列爾（席勒）等之重美育學，實非偶然也。要之，美育者，一面使人之感情發達，以美完美之域，一面又爲德育與知育之手段。"②

這種審美靜觀和美育思想，經過席勒和歌德的倡導，已成爲德國古典文學的理想，這種理想乃著眼於社會政治的改造，它承襲席勒撰寫《論審美教育書簡》(*Über ästhetische Erziehung des Menschen*) 所秉持的訴求：鑑於法國大革命演變成的暴民亂象，有必要倡導審美教育，以改造社會人心，以非革命的手段達到革命的目的。（席勒）像當時所有的德國詩人和思想家一樣，把法國的政治革命轉變成思想上的改革。尤其歌德和席勒身爲宫廷詩人帶動文學教育，應當很切合王國維的保皇改革的心態。王氏效忠末代皇帝，面對清末戊戌政變的殘局，無非冀望引進西學，力圖學術文化維新，以適應社會變革。因此，他基於席勒美育哲學的相同使命感，撰述《文學教育》、《論哲學家與美術家的天職》等文。

詩人兼具哲人的才華，這是王國維與席勒的共同氣質，而由哲學走向文學，也是兩人共同的心路歷程。這在席勒而言，受到摯友歌德的影響居多，而王國維則多半受到席勒美育精神的感召。兩人處於相同的矛盾心態：王國維在《三十自序》描述道："近日之嗜好，所以漸由哲學而移於文學，而欲於其中求直接之慰藉也。要之，余之性質欲爲哲學家，則感情苦多，而知力苦少；欲爲詩人，則又苦感情寡而理性多。"此種徘徊於哲學與文學的矛盾心態，以及身兼詩人與哲人的煩惱，無異道出當年席勒之自白："當我進行哲學思考時，詩人的情感佔了上風，當我想作詩時，我的哲學精神又佔了上風。"③ 兩人雖隔一個世紀，然游走於文學與哲學的性格則一。而在兩人言語措辭極爲類似的情况下，我們雖不敢相信王國維所表達的詩人煩惱是東施效顰，但兩人徘徊於哲人與詩人的氣質則一。筆者迄今尚未掌握足够的相關資料以資考證。假如王氏當初確實已跨過語言、文化的隔閡，讀過席勒與歌德之間的書信，有意摹擬他的語氣，而興共識之嘆，則其潛心研究席勒美學文本之功力，實不容小覷。

王氏興趣之移於文學，自稱乃由"填詞成功是也"。詩人一旦擺脱冷俊枯燥的哲理分析，天才的創作立即綻放出生命的新枝緑葉。像新作《苕華詞》雖不及百首，但他自詡"自南宋以後，除一二人外，尚未有能及余者"。這種創作的信心絶非哲學苦思所能企及，正如他所説"因填詞之成功而有志於戲曲"，於是 1908 年完成《曲録》初稿，同時發表《人間詞話》，隔兩年著其成名的《宋元戲曲史》。他跟哲學分手後的這一連串的著述表現，似乎反映歌德——他心目中最偉大的德國詩人——對席勒的評述："席勒對哲學的傾向損害了他的詩，因爲這種傾向使他把理念

① 王國維《教育偶感四則》，見《王觀堂先生全集》第五册，頁 1760 - 1761。
② 同上注，頁 1769。
③ 席勒 1794 年 8 月 31 日致歌德信。譯自 *Briefwechsel zwischen Schiller und Goethe*. Hrsg. von Manfred Beetz. München: Carl Hanser, 1990, p. 19。

看得高於一切自然。實際上。這樣也就消滅了自然。在他看來，凡是他能想到的，就一定能實現，不管它是符合自然還是反對自然。看到這樣一個天賦極高的人枉費心機，爲哲學研究所困，真叫人難受。”[①] 王國維撰《德國文豪格代、希爾列爾合傳》一文，介紹兩位詩人十幾年之合作無間，互勉互勵地爲文藝創作奮力，直到席勒之死（1805）。如果王氏當年有像歌德這麼一位詩人朋友，攜手共赴“審美假象”的“華胥之國”，恐不至走上自沉的絶路。

三、“古雅”與“眩惑”

王氏撰寫《人間詞話》的同一年（1907），可能受到席勒美學的影響，自創“古雅”一詞的概念，有别於“優美”與“壯美”（即：宏壯，das Erhabene），而將“優美”與“壯美”稱爲第一形式，而此一“存於形式之對稱變化及調和”之“古雅”美稱爲第二形式。《古雅在美學中的地位》（1907）一文云：“一切之美皆形式之美也。就美之自身言之，則一切優美皆存於形式之對稱變化及調和，至宏壯之對象，汗德（康德）雖謂之‘無形式’，然以此種無形式能喚起宏壯之情故，謂之形式之一種無不可也。就美之種類言之，則建築、雕刻、音樂之美之存於形式固不俟論，及圖畫、詩歌之美之存於材質之意義者，亦以此等材質適於喚起美情故，故亦得視爲一種之形式焉……凡屬於美之對象者，皆形式而非材質也，而一切形式之美，又不可無他形式以表之，爲經過此第二形式，斯美者愈增其美，而吾人之所謂古雅即此第二種形式，即形式之無優美與宏壯之屬性者，亦因此第二形式故，而得一種獨立之價值，故古雅者可謂之形式之美之形式之美也。”[②] 據此，審美游戲之過程一旦達到“古雅”之境，可説已形成了審美表象（Schein）和藝術造型，在詩詞上可視之爲“境界”的展現。由此觀之，《古雅》的論點爲後來詞話中的“境界”概念提供了相當有力的注解。

學界一般評論者認爲，“古雅”乃王氏自創的美學概念，於康、叔，席勒美學之外獨樹一幟的説法。然而我們如果從席勒的龐雜的美學著作，抽出一小部分來對照，不難發現其中雷同之處。席勒認爲，“在一部真正的藝術作品中，内容不應起任何作用，起作用的應是形式，因爲只有通過形式才會對人的整體發生作用，而通過内容只會對個别的力發生作用。不管内容是多麼高尚和廣泛，它對我們的精神都起有限作用，只有形式才會給人以審美自由。因此，藝術大師的真正藝術秘密，就在於他用形式來消除材料，材料本身越動人，越是難以駕馭，越是有誘惑力，材料越是自行其是地顯現他的作用”[③] 席勒在其美學名著《論優雅與尊嚴》（*Über Anmut und Würde*），將美（Schönheit）的本質區分爲“優雅”（Anmut）與“優美”（Grazie），而追溯到希臘神話的美神維納斯身上所配的腰帶，美神被賦予一條擁有神力的腰帶才能顯出魅力，由此腰帶所象徵的美的本質，照席勒的説法，是由自由統馭的一種優游自在的美，這種美融合了自然所賦予的軀殼美，和心靈所賦予的“游戲美”（Schönheit des Spiels）。這同時是完美人格或美麗心靈的自由展現。王國維提倡“天才游戲”説，更標榜“美麗心靈”，作爲美學與倫理學的最高境界。他的“古雅”一詞的概念，可能結合“優雅”（Anmut）和古典文學的“素樸”（naiv）意涵，因爲席勒在《素樸詩與感傷詩》一書中將摹仿自然的寫實詩風，歸類於歌德及古

① 愛克曼著，吴象嬰、潘岳、肖芸譯《歌德談話録》，上海：上海社會科學院出版社，2001年，頁35。
② 《王觀堂先生全集》，同上注，頁1832－1833。
③ 席勒著，馮至、范大燦譯《審美教育書簡》臺北：淑馨，1989年，頁110。

典詩人的表現手法，有別於追求自然理想而造境的感傷詩——也就是包括他自己的文風在内的現代詩。這方面王氏在後來的《人間詞話》也續作引伸。

另外一個王氏的詞語“眩惑”，用以標示有別於“優美”與“壯美”之外的審美特性，學界評論者也認爲是“古雅”之外的另一新創的概念。[①] 然筆者發現，此一概念也是源自席勒的美學論述。爲比較王、席論及“優美”（Anmut）、“壯美”（das Erhabene）及“眩惑”（Reiz）的先後順序，筆者先引一段《紅樓夢評論》說詞，王氏解説何謂“優美”與“壯美”之後說：“美術中之與二者（即優美與壯美）相反者，名曰眩惑。夫優美與壯美，皆使吾人離生活之欲，而入於純粹之知識者，若美術中而有眩惑之原質乎，則又使吾人自純粹之知識，出而復歸於生活之域。如粔妝蜜餌，《招魂》、《啓》、《發》之所陳；玉體横陳，周昉仇英之所繪，《西廂記》之酬柬，《牡丹亭》之驚夢，伶元之傳飛燕，楊慎之贗秘辛，徒諷一而勸百，欲止沸而益新……故眩惑之於美，如甘之於辛，火之於水，不相並立者也。吾人欲以眩惑之快樂醫人世之苦痛，是猶欲斷航而至海，入幽谷而求明。”王氏的“眩惑”應源自席勒，席氏稱之爲 Reiz（可譯爲“刺激”），“眩惑”是較爲誇大的譯法。席氏對 Reiz 這個概念所詮釋的内涵，其整個陳述的順序及其醒世説教的語調，顯示他的文本曾被王氏解讀過，對王氏具有某種程度的啓發。席勒先是長篇大論地闡述“優美（Anmut）是美麗心靈的表現，尊嚴（Würde）是崇高思想的表現”，之後，才提到“刺激”（即王氏的“眩惑”）：“在刺激（Reiz）中（不是愛情的刺激，而是性欲的刺激，即拉丁文的 stimulus），感性質料擺在感官面前，感性質料允諾感官從需要中解脱出來，即得到快感，因而感官力圖與感性事物協調，並產生欲望，這是一種使感官緊張，反而使精神鬆弛的感情。”[②]

兩段文字相較，類似的内容與措辭顯示，王氏確實讀過席勒的這篇文本，絶對不是如評論家所言，炒作二手文獻而已，王氏的陳述中有較多的設喻引伸，都是席勒論點的運用與發揮。

四、王氏“游戲之材料”與席勒“審美之境界”

《人間詞話删稿》末段云：“詩人視一切外物，皆游戲之材料也。”[③] 其表達審美游戲的觀念，反映王氏之前一貫的看法，認爲“一切之美皆形式之美”、“文學爲天才游戲之事業”。[④] 從表面上看，這些“游戲”論的觀點似乎未直接涉及他的境界論，但如果我們細加觀察考究《人間詞話》裏的立論用詞，不難發現，頗多談到如何“觀”物、如何“寫”物，以及詩人如何將人生世相放在某一距離之外，俾便營造詩的“境界”等等觀點，却都引伸自席勒的審美游戲論。王氏所謂“天才游戲”就是詩人創作、塑造審美“形式”之游戲，其“材料”就是人生的境遇和感受，方法就是“走出生活之欲”而觀之、“游戲”之。故他説“詩人對於宇宙人生，須入乎其内，又須出乎其外。入乎其内，故能寫之，出乎其外，故能觀之，入乎其内，故有生氣，出乎其外，故有高致”，又説：“詩人必有輕視外物之意，故能以奴僕命風月，又必有重視外物之意，故能與花鳥共憂樂”，[⑤] 這是詩人運用文字假象，精神與外物相交通的游戲。這種論調很適合用來説明他在《孔子之美育主義》（1904 年刊載於《教育世界》69 期）一文裏介紹席勒美學所説

---

① 陳元暉《王國維與叔本華哲學》，北京：中國社會科學出版社，1981 年，頁 59。

② 譯自席勒《論優雅與尊嚴》。Friedrich Schiller, “Über Anmut und Würde”, *Werke und Briefe*. vol. 8. p. 388.

③ 參見王國維著，林玫儀導讀《人間詞話》，臺北：大鴻圖書有限公司，1986 年，頁 86。

④ 《文學小言》第二節，同上注，頁 1840。

⑤ 引自《人間詞話卷上》，見《王國維先生三種》（臺北：國民出版社，1954 年），同上，頁 42。

“於物質之境界中，人受制於天然之勢力，於審美之境界則遠離之”，這前後的說詞，都是可以相互詮釋、印證的，因此我們可以斷言，《人間詞話》中所謂的“境界”，指的是審美形式和文字表象的形式。其觀點溯自席勒美學的“游戲衝動”論。

審美游戲論固然源自康德，但是，將“美”視之爲感性的“游戲衝動（本能）”與理性的“形式衝動（本能）”(Formtrieb）融合醞釀出來的產物，而將之整合爲審美教育的最高理想——“美麗的心靈”，是席勒美學倫理學與美學政治、教育學的主要訴求，這個訴求是對康德哲學——只服從理性的絶對命令而將感性排除在外的道德嚴厲主義（Rigorismus）——的批評與補充，譬如他說：“在康德的道德哲學中，義務的觀念表述得相當嚴厲，把所有的優美女神(Grazien）都給嚇退了，而且很容易誘使薄弱的理智走上僧侶禁欲主義的黑暗道路，去尋求道德的圓滿性。”① 其中引申的精闢、龐雜的論點，都載於席勒 1793 年以後，也就是康德《判斷力批判》(1791）發表後的兩三年間所撰寫的美學論著：《論優雅與尊嚴》、《論人的審美教育書信》等，而康德後來認同席勒的某些觀點②，不僅讓席勒感到欣慰，也加强王國維引介的興趣。

王氏在上述的《孔子之美育主義》一文介紹席勒的美育說：“泰西自雅里大德勒(Aristoteles）以後，皆以美育爲德育之助，至近世謔夫志培利、赫啓孫等皆從之。及德意志之大詩人希爾列爾（Schiller）出，而大成其説，爲人日與美相接，則其感情日益高，而暴慢鄙悖之心自益遠。故美術者科學與道德之生産地也。又謂審美之境界乃不關利害之境界，故氣質之欲滅，而道德之欲得由之生。故審美之境界乃物質之境界與道德之境界之津樑也。於物質之境界中，人受制於天然之勢力，於審美之境界則遠離之，於道德之境界則統御之（席氏《論人類美育之書簡》)。”（1904 年載於《教育世界》69 期）這篇文字使王國維成爲中國近代美學史上提倡美育、介紹席勒美育思想的第一人。

文中所謂“審美之境界”、“氣質之欲滅，道德之欲得由之生”等語，皆出自席氏《美育書簡》。王氏所謂“氣質”，指的是生命物質。按席勒的説法，人的發展要經過“物質狀態、審美狀態和道德狀態”三個階段，因此，“文明的最重要任務之一，是使人在他純粹的物質生活中也接受形式③的支配，使人在美的王國所能够達到的範圍内成爲審美的人，因爲道德狀態只能從審美狀態中發展而來……有審美心境的人，只要他願意，他的判斷和行動就普遍有效，自然會給人方便，使他從粗糙的物質走向美”。④ 是故，審美的游戲衝動（自由意識）即是居中的“津梁”，介於科學的知性與道德的意志之間，它可以把人從“物質之境界”提升到“道德之境界”。此處所謂的“道德”，也就是人的“精神”力量。席勒認爲，人之所以成爲人，正因爲他没有停滯在純自然造成他的那種樣子。他具有能力，可以通過理性，走回先前自然帶他走過的路，可以把强制的産物改造成爲自由選擇的産物，可以把物質的必然升華爲道德的必然（見第三

① 譯自席勒《論優雅與尊嚴》。Friedrich Schiller, *Über Anmut und Würde.*，頁 367。

② 康德面對席勒的質疑，曾正式提出回應，以化解他倫理學的思想所帶來的危機，均刊載於《在理性界限内的宗教》(“*Religion innerhalb der Grenzen der blossen Vernunft*”）及《萬物之終結》(*Das Ende aller Dinge*, 1794 年 6 月刊於《柏林月刊》*Berliner Monatsschrift*）兩篇論文。兹譯介前一篇篇首之措辭：“席勒教授先生在他論道德的‘優雅與尊嚴’之精妙論文中（Thalia, 1993, 第三期），反對這種表述義務的方式，那是因爲他似乎帶有一種僧侶式的心情。但是，既然我們的重要原則上意見一致，則只要我們能使彼此相互瞭解，我也能够承認在這點上我們的意見一致”。參見 Immanuel Kant：“Religion innerhalb der Grenzen der bloßen Vernunft”, in：*Metaphysik der Sitten*. Hrsg. Von Wilhelm Weischedel.（Werkausgabe vol. 8, Frankfurt a. M, 2003), p. 669.

③ 此處“形式”指“形式本能（衝動)”，與“感性本能（衝動)”同屬於人性中自然含有的兩種對立的本能（衝動)。見第 14 信。席勒《審美教育書簡》(本文作《論人的美育書簡》)。頁 69－71。原文請參閱 Schiller, “Über die ästhetische Erziehung des Menschen”, *Werke und Briefe*. vol. 8. pp. 606－609.

④ 見《審美教育書簡》第 23 信。同上注，頁 115。

封信)。

席勒以希臘美神身上所配的腰帶的魅力爲象徵，認爲“優雅”(Anmut)有别於靜態的人體結構美，[①] 是産生於主體的“游戲之美”(Schönheit des Spiels)，是透過自由醖釀出來的形象，是一種“自由率性之形象的美”(Schönheit der Gestalt unter dem Einfluss der Freiheit)。這定義裏頭强調“自由”氣氛之下的自由自在(自然)。此處的“在自由氣氛下”(Unter dem Einfluss der Freiheit)，固然强調游戲之美的自由自在本質和審美主體的自由意識，但它也同時影射盧梭的“社會契約”(民約論)中統治者與被統治者之間的默契，引申爲理性與感性、精神與自然之間互不脅迫的勢力(自由)。隱含警惕兩方勢力的失衡。一旦失衡，就個人而言，將造成人性的偏頗——不是成爲純粹被感性所支配的“野人”(Wilder)，就是成爲被純粹理性所支配的“蠻人”(Barbar)；就社會而言，導致法國大革命前後君權專制(Monarchie)和暴民政治(Ochlokratie)——前者指統治理性的專横，後者指民主感性的泛濫。席勒透過這個“優雅”定義，冀望在感性與理性之間搭起橋樑，[②] 把人從業已被“理性與感性的二元論”所支解的心態中解救出來，以便恢復人的統一性與整體性。這就是席勒美學理論的主要訴求。

隨著興趣之轉向詩學，王國維開始頻繁引述席勒的“游戲衝動”説的論點，在《人間嗜好之研究》(1907)嘗云：“希爾列爾(Schiller)既爲兒童之游戲存於用剩餘之勢力矣，文學美術不過成人之精神的游戲，故其淵源之存於剩餘之勢力，無可疑也。”這種“游戲”論無疑是引述席勒的“游戲衝動(Spieltrieb)”的説法，其中含有審美教育和詩學美學的雙重意義，故以兒童之游戲設喻，也别於康德闡論詩學的游戲説：“詩用它自己隨意創造的形象[③]來游戲，並不是用這個來欺騙人，因爲它自己聲明它的所爲只是游戲，但理解力可以利用這種游戲來達到目的。”[④] 後來叔本華借用席勒“游戲存於剩餘勢力”的説法，將其引申爲“純粹藝術存於多餘(Überfluss)的認知力，就是人服膺於生存之欲外，游刃有餘的認知力”，[⑤] 用以解釋藝術的内在本質。王國維所引述有關“文學游戲存於剩餘之勢力”觀點，先由美育的角度出發，在傾向於文學創作與鑑賞。在《文學小言》(1907)裏又説：“文學者乃人生於生存競爭之餘，爲欲望所驅使，發洩其儲蓄剩餘之勢力之游戲也”，歸納爲“文學天才游戲之事業”，[⑥] 一直到《人間詞話》，他又説：“詩人視外物，皆游戲之材料也。”

叔本華與王國維把“盈餘”和過剩精力的觀念加入審美游戲的理論，是借用席勒補充康德美學的另一説法，在《美育書簡》第27封信裏，他説：“單單滿足自然和需要所需的東西，已不能使人感到滿足，他還要求有剩餘。當然，最初只是要求物質的剩餘，以便使欲望看不見自己的局限，以便確保享受能超出眼前需要的範圍；但是，不久他就要求在物質剩餘之外還要有審美的附加物，以便也能滿足形式衝動的要求。”[⑦] 也只有審美游戲，才能在“令人恐懼的自然力的王國和神聖的法律王國之間”建立起“一個第三種王國，及歡樂的游戲和假象的王國，在

① 康德把人體的結構美(architektonische Schönheit)當作美的理想表現。而人的構造美的形體應反映道德的表現。參見《判斷力批判》第17節(*Kritik der Urteilskraft*)，§ 17.

② 按康德原先的構想，他闡論美學的《判斷力批判》一書，可視爲《純粹理性批判》與《實踐理性批判》之間的橋樑，因爲他在認知與實踐重扮演溝通的角色。

③ “形象”原文爲“Schein”，也有譯作“假象”。

④ 譯自康德《判斷力批判》原文。Immanuel Kant, *Kritik der Urteilskraft*. Hrsg. von Wilhelm Weischedel (Frankfurt a. M.: Suhrkamp, 1995), pp. 265 – 266.

⑤ 譯自《意志與表象的世界》原文見 Arthur Schopenh auer, *Die Welt als Wille and Vorstellung* (Sämtliche Werke. Stuttgart/Frankfurt a. M.: Cotta-Insel, 1960), vol Ⅰ, p. 270。

⑥ 《文學小言》,《王國維先生全集》第五册，頁1840。

⑦ 席勒《審美教育書簡》，第27信，頁144。

這個王國裏，它使人類擺脱關係網的一切束縛，把人從一切物質與精神的强迫中解脱出來”。[①] 透過審美游戲，席勒確實建造出一個美學假象的烏託邦，在這烏託邦裏，“通過自由給予自由”，“平等的理想得到實現”，而社會得以和諧。席勒美育最後理想無非要藉此非革命的手段達到革命的目的，因此他與歌德有共同默契，以法國大革命後雅克賓黨暴民政治爲戒，反對武力革命。在《美育書簡》最後一封信裏，他向讀者提問：“這個美的假象王國到哪裏去找?”然後自下結論：“它存於任何一個高尚的心靈中。”[②] 這話也同時顯露當時德國詩人作家對政治現實的無奈，只能遁入唯美的文字表象（Schein）世界，去尋求心靈的慰藉。王國維身處清末政治之亂局，不思革命，仍維持保皇心態，他之逃往文學，不僅如他所説：“欲於其中求直接之慰藉也”，同時仿效席勒，[③] 欲藉審美教育，教化人心。故嘗言：“生百政治家不如生一大文學家”，如此自我期許。

按席勒“美的游戲”的説法，人在一切狀態中，“正是游戲而且只有游戲才能使人成爲完全的人，使人的雙重天性[④]一下子發揮出來……説到底，只有當人是完全意義上的人，他才游戲；只有當人游戲時，他才完全是人”。[⑤] 這種游戲是同時擺脱來自感性的物質和理性的道德强制的自由活動，蓋感性衝動的對象是廣義的生活，而形式衝動（理性）的對象是本義和轉義的形象(Gestalt)，也就是廣義的美，因此，游戲衝動融合了感性衝動和形式衝動，是實質與形式、偶然與必然、主體與客體的統一，這樣的統一使人性臻於圓滿完成。故王國維在《紅樓夢評論》裏説：“美學上最終之目的與倫理學上最終之目的合”，[⑥] 豈止倫理學，與教育、宗教之目的也是相通的。這論調席勒早在1793年就提出，後來叔本華、尼采繼續闡述，仍跳不出席勒的影子。

五、詞話之“境界”與審美第二形式

王國維以境界論詩，至《人間詞話》達到最高潮，這篇在學校膾炙人口之中國詞論教本，針對詩詞的内在本質，及其創作技巧與賞析批評，提出新穎的看法。總共六十四則的詞論，其形式囿於中國詩話傳統，論述架構也談不上精密有系統，因此批評家認爲，這是王國維“運用自已的思想見解，嘗試將某些西方思想中的重要概念融匯到中國舊有的傳統批評”[⑦] 的一篇論文。當然，“概念”重要與否，應由詩論作者來認定，只要他認爲切合他的論點就行。至於所謂“西方思想”，其實並没那麽廣泛，充其量只限於上述德國古典美學的一些論點，而内容應該只限於詩論觀點之運用。這是一篇詩詞創作實踐論，有别於《紅樓夢評論》之美學談論意志（生活之欲）解脱的主題，王國維不可能在這傳統詩話的形式架構下大談美學哲學。

由於王氏在《詞話》裏對“境界”一詞未下明確的定義，過去爭論點也在於“境界”一詞的概念，及所謂“造境”、“寫境”的説法。《詞話》裏到底引進什麽樣的“西方思想”? 追問這

① 此段譯文引自朱光潛《西方美學史》下卷。臺北縣：漢京文化事業有限公司，1982年，頁107。
② 席勒《審美教育書簡》，第27信，同上注，頁150。
③ 席勒（Friedrich Schiller，1759－1805），德國大詩人，晚年（1794年後）與歌德結爲密友，一同任職於威瑪（Weimar）親王府，擔任宫廷劇院總監，其生命最後十年内，創作甚豐，包括每年撰寫一至二部戲劇，皆爲古典名劇，激發歌德不少創作靈感，使歌德“再度成爲詩人”(歌德感念之語)。
④ 指人性中的感性衝動和形式衝動。
⑤ 席勒《審美教育書簡》，第15信，頁76－77。
⑥ 《王觀堂先生全集》第五册，頁1653。
⑦ 葉嘉瑩《王國維及其文學批評》，《王觀堂先生全集》第五册，頁212。

個問題，學界尤其研究西方美學與王氏詩論之影響關係的評論者，往往從叔本華的意志論和純粹靜觀的“觀物”角度談論“境界”，致使這篇談論詩詞創作技巧的《詞話》論，蒙上一層空泛的意志救贖形而上學的陰影，而且多半引用王國維在《紅樓夢評論》所提的論點，即連以立論縝密著稱的評論家佛雛亦不例外，他論及造境、寫境之“合乎自然”與“鄰於理想”時，頗爲牽强地指出“擺脱意志的束縛，忘掉自已的存在，而‘自由’地進入審美靜觀之中，以此‘觀物’、‘觀我’，構成審美靜觀的純粹主體（自然化）”，並引王氏轉述叔本華的“天才論”説：“天才只不過是最完全的最完全的客觀”、“真正之天才，於美之欲想外，更伴以非常之巧力。彼於個別之物中認全體之理念，遂解自然之囁嚅言語而代之”等語，① 用以説明“叔氏的這段論述把藝術作品中‘自然’與‘理想’的統一，放在‘理念’的基礎上”（見同上）。

王攸欣承襲佛雛的説法，更大而化之地替王國維的“境界”下定義：“（境界是）叔本華理念在文學作品中的真切對應物。”② 這類論點説服力之薄弱，在於它把王國維淵博的美學和詩學思想壓縮在叔本華哲學的模子裏，倒不如讓王國維自已現身説法，較能探源溯本：“天才之觀美也，乃不沾沾於此，此説本於席爾列爾（即 Schiller）之游戲衝動説，然其爲叔氏美學上重要之思想無可疑也。”③ 王氏在《紅樓夢評論》所引用的叔本華的天才論和靜觀理念，無關“境界”論的宏旨。原因很簡單，王國維評論《紅樓夢》拒絶意志、出家之主題，與《人間詞話》之論詩詞創作技巧，是屬於完全不同的論述領域，前者是哲學的，後者是從純文學角度談論詩詞結構技巧和意境的；前者屬美學、倫理學的闡述，後者屬實踐意境表達的功夫。就以王國維和席勒皆兼詩人、哲學家的共同性而言，在《人間詞話》談到他最感貼心的詩詞，運用席勒的詩學理論，不會太離譜。談論到他本行的詩詞，他不可能就教於不擅作詩的康德和叔本華。

前章談到王國維在闡述“古雅”和“眩惑”時，以及在《文學小言》等幾篇文章裏，已多處動用到席勒談論美學的文本。而這些文本也很巧妙地融入王國維的思想，運用到《詞話》的境界論。筆者在大學時代即酷愛叔本華及尼采之書，身爲《紅》迷，當時不僅讀過《紅樓夢評論》，國文課也熟讀《人間詞話》。④ 後來在研究日耳曼文學的過程中，比較席勒美學理論與“詞話”中的内容及措辭之後，筆者認爲，就西方美學之影響層面而言，唯有用席勒的《論美書簡》（*Kallias, oder über die Schönheit*, 1793）中的第一封信，⑤ 及《論素樸詩與感傷詩》（*Über naive und sentimentalische Dichtung*）中的《感傷詩人》（“Die sentimentalischen Dichter”）一節所陳述的論點，最能解釋王國維“境界”説的含義及其詞論的内容。甚至王氏有關“優美”，“宏壯”的觀點，也部分借用席氏《優雅與尊嚴》中對於相關概念的説法。換句話説，中國詩詞舉例部分除外的“境界”論述部分，其思想及理論基礎可能源自上述席勒這兩篇文本：一封信、一篇美學論文。

爲對照方便起見，兹先摘録《詞話》前兩則有關“境界”的論述：

> 一、詞以境界爲最上，有境界則自成高格，自有名句。
>
> 二、有造境，有寫境，此理想與寫實二派之所由分。然二者頗難分别：因大詩人所造之

① 以上諸段引語，皆摘自佛雛《王國維詩學研究》，頁 203。

② 王攸欣《選擇、接受與疏離——王國維接受叔本華，朱光潛接受克羅齋——美學比較研究》，北京：生活、讀書、新知三聯書店，1999 年，頁 92。

③ 王國維《叔本華與尼采》，《王觀堂先生文集》第五册，頁 1765。

④ 與《苕華詞》一併載於當時國文課所推薦的讀本《王國維先生三種》，臺北：國民出版社，1960 年。

⑤ 即席勒於 1793 年 1 月 25 日致摯友克爾訥（Körner）的書信。

境，必合乎自然；所寫之境，亦必鄰於理想故也。

第二則王氏“造境與寫境”的說法，顯然沿用席勒《論素樸詩與感傷詩》中的論調，即天才詩人之表現方式有二：素樸詩人摹仿現實（合乎自然），而感傷詩人則表現理想（鄰於理想）。席勒對於“素樸”詩與“感傷”詩的概念，從文學史的觀點來看，界定了“古典”與“浪漫”、“古代”與“現代”文學的不同特性，促成德國自史雷格（F. Schlegel）以後浪漫主義思潮的發展。按席勒所闡述的“摹仿現實和表現理想”，原是用來標示他與歌德各擁不同的詩人氣質，以及兩人文學創作方式的差異，他說：“在自然的素樸狀態中，由於人以自己的一切能力作爲一個和諧的統一體在運作，因而他的全部天性（注：原文爲 Natur，即自然）都完全表現在現實中，所以詩人就必定盡可能完美地摹仿現實（Nachahmung des Wirklichen）；相反，在文明的狀態中，由於人的全部天性（Natur）的和諧變成只是一個觀念（Idee），所以詩人勢必把現實提高到理想，換句話說，就是表達理想，這是詩的天才藉以表達自己的僅有的兩種可能的方式。它們顯然是極不相同的，但是有一個更高的概念，可以把它們融合一起，而且毫不奇怪，這個概念與人性的觀念是一致的。”①

席勒認爲，在古代希臘，人的天性（自然）還没有遭到分裂，他是一個整體統一的人，他與自然關係是和諧的，現實與理想是相符合的，對詩人而言，現實、自然不假外求。詩人的任務，是“盡可能完美地摹仿現實（自然）”。至於近代的文明人，他已失去自然，現實和理想處於矛盾狀態，“自然”成爲他所向往的理想，因而詩人的任務就不是摹仿自然，而是“表達理想”、“塑造理想”，這就是《詞話》中所說的“造境”。這兩種詩人表現方式，原是席勒用來表達他自己“感傷的”（sentimentalisch）與歌德“素樸的”（naiv）不同寫作風格。②

席勒在《論素樸詩與感傷詩》一文裏又舉例說明，古代素樸詩人的主觀，與其所描寫的客觀自然（現實）是一致的，因此他只要以客觀的、寫實的態度來描寫即可；而感傷詩人，常對所追求的理想現實，表達主觀的態度，他是以對客觀事物的反思作爲基礎的，因此他必須“造境”。席勒說：“古代詩人打動我們的是自然，是感覺的真實，是活生生的當前現實；近代詩人却是透過觀念的媒介來打動我們。”③ 針對古代詩人的主觀，與他所描寫的客觀現實的一致性，王國維似乎在席勒的陳述之外，又加入一些個人的見解：“古人爲詞，寫有我之境者多，然未始不能寫無我之境，此在豪傑之士能自樹立爾。”④

在席勒看來，素樸詩人與客觀自然一致，滿足於模仿自然，所以他的創作力是建立在有限的事物上，題材的處理只限於單純的感受領域。這一點王國維深具同感，故《詞話》云：“客觀之詩人不可不多閱世，閱世愈深，則材料愈豐富，愈變化，‘水滸傳’、‘紅樓夢’之作者是也。主觀之詩人不必多閱世，閱世愈淺，則性情愈真，李後主是也。”⑤ 這一點似乎用來反映及補充席勒的看法。素樸詩人在題材的處理上選擇較有限，有必要藉增廣人生閱歷來擴充。因此王氏引晏、歐之詞所標定的人生三境界的第一境云：“獨上高樓，望盡天涯路”，就是指詩人必須飽覽人生世相之意。在描寫的具體和素樸方面，古代素樸詩人固然勝過近代感傷詩人，但在表現

① 譯自席勒《論素樸詩與感傷詩》。Schiller, “Über naive und sentimentalische Dichtung”, in *Werke und Briefe*. vol. 8, p. 734. 譯文參考席勒著，張玉能譯《秀美與尊嚴》，北京：新華書店，1996 年，頁 284－285。

② 參見 1794 年 8 月 23 日席勒致歌德的信函。

③ 譯自 Schiller, “Über naive und sentimentalische Dichtung”, Ebd. p. 735。

④ 王國維《人間詞話》，《王國維先生三種》，臺北：國民出版社，1960 年，頁 31。

⑤ 同上注，頁 33。

内容的豐富和描寫感性、精神的無限上，感傷詩人則超過素樸詩人。

從第一則文字來看，“境界”指的是王國維所說的美的第二形式（即美的重現形式），就是所謂的“形式之形式”，王氏稱之爲“古雅”，席勒稱之爲“優雅”（Anmut）。爲方便對照席、王兩人的論述文字的一致性，此處再引王氏的説詞：“一切之美皆形式之美也，就美之自身言之，則一切優美，皆存於形式之對稱變化及調和，至宏壯之對象，汗德（Kant，康德）雖謂之無形式，然以此種無形式之形式能喚起宏壯之情，故謂之形式之一種無不可也，就美術之種類言之，則建築雕刻音樂之美也，存於形式固不俟論，即圖畫、詩歌之美之兼存於材質之意義者，亦以此等材質適於喚起美情故，故亦得視爲一種之形式焉。釋迦與馬利亞莊嚴圓滿之相，吾人亦得離其材質之意義，而感無限之快樂，生無限之欽仰……凡屬於美之對象者，皆形式而非材質也，而一切形式之美又不可無他形式以表之，惟經過此第二之形式，斯美者愈增其美，而吾人之所謂古雅，即此第二種之形式……故古雅者可謂之形式美之形式美也。”① 王氏此種“美之第二種形式”，是指詩人、藝術家面對美的自然素材——包括感情之客觀化（美的第一形式），喚起美情最合適之形式（第二形式）以表達之，這就是他所謂的境界。他又説“古雅之存於藝術而不存於自然，以自然但經過第一形式。而藝術則必就自然中固有之某形式，或所自創之新形式，而以第二形式表出之”。②

這種“境界”（第二形式）乃源於席勒所建立的美的概念，他在《論美書簡》第一信裏説：“我確信，美只是一種形式的形式。我們稱作美的素材的東西，只能是已經賦予形式的素材。完善性是素材的形式。美與此相反，是此一完善性的形式。因此完善性與美的關係如同素材與形式的關係。”③ 席勒在同一信裏又説：“如果美克服了它的對象的自然邏輯性（logische Natur），在其中就可閃現出美的最大光輝”（darin zeigt sich die Schönheit in ihrem höchsten Glanz）。一首詩、一件藝術品，其“材料必須消融在形式裏”，這就是王氏所説“藝術必就自然中固有之某形式，或所自創造之新形式，而以第二形式表出之”，此即藝術之“境界”，也是它的“一種獨特之價值”。所謂“已經賦予形式的素材”，是指擺脱該素材的“邏輯性”，而使之成爲一種自由觀照的形式。這就是王氏所講“離其材質之意義”而觀之。也基於這種“克服”素材，“離”其材質的精神，他在《人間詞話》又説：

> 詩人對於宇宙人生，須入乎其内，又須出乎其外，入乎其内，故能寫之，出乎其外，故能觀之。
>
> 詩人必有輕外物之意，故能以奴僕命風月。④

能“入”，故能真切感知事物的内在真相，能“出”，故能將事物放在一定距離之外來觀照（美感第一形式），才能作客觀的表象（審美第二形式）。是故“美之第二種形式”，是指詩人、藝術家面對美的自然素材——包括感情之客觀化（美的第一形式），喚起美情最合適之形式（第二形式）以表達之。文字表象（媒介）乃詩人藉以“消融”、“克制”人生材質的能力，在純粹靜觀中，將自己化爲“宇宙眼”（Weltauge），達到整個人生世相的認知，故王氏引用晏、歐之詞，構設出詩人創作的三個境界云：

---

① 《古雅之在美學上的地位》，《王觀堂先生全集》第五册，臺北：國民出版社，頁 1832－1833。
② 同上注。
③ 譯自席勒《論美書簡》：Schiller, “Kallias, oder über die Schönheit”. *Werke und Briefe*. vol. 8, 1992, p. 278.
④ 《人間詞話》，《王國維先生三種》，臺北：國民出版社，頁 41－42。

古今之成大事業大學問者，必經過三種之境界：“昨夜西風凋碧樹，獨上高樓，望盡天涯路”，此第一境也。“衣帶漸寬終不悔，爲伊消得人憔悴”，此第二境也。“衆裏尋他千百度，回頭驀見那人，正在燈火闌珊處”，此第三境也。①

第一境爲拓展人生閱歷、尋找遼闊人生世相素材、體驗“真景物，真情感”的階段，這就是王國維與席勒所説的第一形式，第二境爲以文字表象（Schein）克制素材、使之消融於形式而須努力琢磨歷練的階段，也就是爲推敲一個字，捻斷三根鬚的階段。第三境達到王氏所説“第二形式，斯美者愈增其美”、“故古雅者，可謂形式美之形式美也”，也就是慧眼豁然貫通，以美之形式達到真正的認知，以審美第二形式的表象（Schein）克服自然中“真景物真情感”的階段。正如上文席勒所説：“如果美克服了它的對象的自然邏輯性（logische Natur），在其中就可閃現出美的最大光輝。”而席勒這個“美的最大光輝”，王氏却有感而發地借用“燈火闌珊”之意境來表達，其“境界”之妙喻非大詩人不能爲也。

我們對上面席、王有關“形式的形式”、“第二形式”之概念作了比較之後，從王氏把詩詞文章之修爲（文字表象所達到的境界）視爲“洞明世事”的大事業、大學問來看，可見他這個“境界”，運用了席勒的“美是形式的形式”，也就是席勒在其美學理論常用的“假象”（Schein，也有譯爲“幻象”），指的是詩詞或藝術的表象，將人生經驗的素材，轉化爲可用以認知的形式對象。這個“第二形式”，王氏認爲勝過“壯美”，視之爲的“古雅”之美——席勒稱爲“優雅”（Anmut）——也就是用作詩詞表達之象的“境界”。因此，“境界論”是他直接引自席勒有關“審美表象”（ästhetischer Schein）、“審美教育”、“優雅與尊嚴”的思想，並加入自己的詮釋的一套詩詞美學論。他所用的是席勒的第一手文本資料。

後世評論家只根據叔本華的“靜觀”或尼采的“日神精神”來説明西方美學對於“境界”概念的影響，而忽略席勒美學的影響層面。中國評論家張本楠引述尼采的“日神精神”，用以説明“境界”的本質，却未有隻字提到席勒美學。其實尼采《悲劇的誕生》的“日神精神”及其“幻象的幻象”，包括他“把經驗世界視爲‘幻象’，把審美世界視爲‘第二幻象’”② 的説法，並非尼采原創，而是他借用席勒美學“表象”（Schein）所引申的詮釋。尼采所謂的“幻象”和“第二幻象”，席勒在《審美教育書簡》（尤其在第 27 信）裏已詳細闡述過。所謂“第二幻象”就是上文所提的席勒之“形式的形式”，王氏稱之爲“第二形式”，“境界”論是從中引伸出來的。王氏在幾篇介紹尼采的文章裏都未論及“幻象”（Schein）——本文譯爲審美“表象”或“顯像”，有時依上下文的意思也跟著用“假象”，朱光潛在《西方美學史》譯作“形象顯現”，③頗能表達 Schein 的原意，只是這麼冗長的動名詞，措辭不够順暢。總而言之，王國維評述席勒美學所採用的文本資料，比尼采所引用的詮釋更爲廣闊，而論述面更加周延。《人間詞話》只提到“尼采謂一切文學，余愛以血書者”，④ 用以肯定詩人之“真性情”、“真情感”，皆僅涉及審美的“第一形式”而已。

尼采在其《悲劇的誕生》中的藝術救贖論裏，常引用席勒的美學觀點，甚至在以拉斐爾的畫，闡述其藝術表象（Schein）所引發的提升效果時，也仿照席勒《論素樸詩與感傷詩》中的説

① 《人間詞話》，《王國維先生三種》，臺北：國民出版社，頁 35。
② 見張本楠博士論文《王國維美學思想研究》，臺北：文津，1990 年，頁 189－201。
③ 見朱光潛《西方美學史》下卷，臺北：漢京文化事業，1982 年，頁 107。
④ 《王國維先生三種》，臺北：漢京文化事業，頁 34。

法，稱古典畫家拉斐爾爲“素樸的藝術家”（naiver Künstler）①。他認爲，當人們觀賞他的畫(形象顯現）時，“從這個表象（Schein）升起一個新的幻象般的（visionhaft）顯象世界(Scheinwelt)，宛如一陣神餐的芳香，那些囿於第一個表象的人，是看不見新的幻象世界的任何東西的——那是一道閃閃發亮的光，飄在毫無痛苦的純粹快樂中，顯現自透徹明亮的靜觀”。②這段話在描寫叔本華筆下“純粹靜觀”的宇宙眼（Weltauge）的認知力，却影射上文席勒的措辭：“美克服了它的對象的自然邏輯性（logische Natur)，在其中就可閃現出美的最大光輝”，也就是王國維從中所悟得的“回頭驀見那人，正在燈火闌珊處”之境界。這種境界不是感官所能碰觸到的場景和感受，而是文字表象的幻象。這就是歌德詩所云：“Was im Leben uns verdrießt，／Man im Bilde gern genießt.”中的“Bild”（像或圖畫），如上文所言，王國維引用時譯爲“人生中令人悲者，吾人於美術中樂而觀之”，以“美術”譯“像”，無非取審美造型之意，也是席勒所謂擺脱現實生活利害關係的“假象”（Schein)，是表達所觀賞之象（第一形式）的藝術或詩詞中之“象”（第二形式)。

六、結　論

如上所述，本節作了如下結論：王國維在《人間詞話》裏説“能寫真景物、真感情者，謂之有境界，否則謂之無境界”。批評界往往根據這段話，將“境界”誤解爲：有真情真景的“真切的感受”③，誤以爲“境界”兼指“景物”和“情意”，可以“合稱之爲‘意境’”④，而忽略了關鍵在“寫”字。有了真景物、真感情並不就能“寫”得出來。之所以不能寫，那是因爲囿於經驗世界的自然表象，缺乏營造“幻象”的靈光，只能“入”，而不能“出”。正如上文尼采所説：“那些囿於第一個表象的人，是看不見新的幻象世界的任何東西的——那是一道閃閃發亮的光。”

這個幻象照席勒的説法，是真景物、真感情的客體形象顯像。那是詩人作爲觀賞主體與他所觀賞的客體之間的心物交流而在其靈感中所閃現的像。能捕捉此像，乃境界之所由生。故《人間詞話》描寫詩人心中如何呈現“境界”説：“夫境界之呈於吾心而現於外物者，皆須臾之物。唯詩人能於此須臾之物，鐫諸不朽之文字，使讀者自得之，遂覺詩人之言，字字爲我心中所欲言，而非我之所能自言，此大詩人也。”佛雛懷疑王國維此一觀點得自席勒，⑤ 可能透過叔本華轉述。席勒1801年3月27日致歌德信上説：“一個人只要能把他的感覺的狀况置於一個客體之中，而這個客體又迫使我轉入那種感覺的狀況，因而對我產生生動活潑的影響，我就把他稱之爲一位詩人、一個創作者”，又説“他們（指非詩人）什麽東西也創造不出來，從主體通向客體的道路，對他們來説是緊緊關閉的，而恰好是這一步造就了詩人。”⑥ 因此，哪怕感情再怎麽豐富，景物再怎麽真實，若果不能把它置於客體，讓它化爲形式，讓它顯像，則不會有詩的

① Friedrich Nietzsche, *Die Geburt der Tragödie*. Werke in drei Werken. München: Carl Hanser, 1963, vol. 1. § 4, p. 33.

② 譯自同上。亦請參閲張本楠的譯文《王國維美學思想研究》，頁190。

③ 張本楠《王國維美學思想研究》，頁167。

④ 葉嘉瑩《〈人間詞話〉中批評之理論與實踐》，載於其本人所著《王國維及其文學批評》，臺北：源流，1982年。

⑤ 佛雛《王國維與席勒美學》，見《王國維詩學研究》（第二版），北京：北京大學出版社，1999年，頁334。

⑥ 引自上注，頁333－334，佛雛的譯句頗能準確重現原文内容：“Jeden, der im Stande ist, seinen Empfindungszustand in ein Object zu legen, so, daß dieses Object mich nöthigt, in jenen Empfindungszustand überzugehen, folglich lebendig auf mich wirkt, heiße ich einen Poeten, einen Macher.” „Sie können nichts machen, ihnen ist der Weg vom Subject zum Object verschlossen, aber eben dieser Schritt macht mir den Poeten. “參見《席勒與歌德來往書信》（*Briefwechsel zwischen Schiller und Goethe* Hrsg. von Manfred Beetz. [München: Carl Hanser, 1990]).

境界。

《石頭記》之所以有境界，因爲它用大荒山上那塊石頭的杜撰故事，寫出情僧（寶玉）的真情；之所以有境界，因爲作者能建構“太虛幻境”的假象來演紅樓的真相，所謂“假作真時真亦假，無爲有處有還無”既是曹雪芹的人生哲理，也表達了席勒和王國維的美學認知：真景物、真感情只是可供審美觀賞的對象，是美的第一形式，也是上節末段歌德詩裏所指的人生世相的“像”（Bild）。照席勒的講法，它必須擺脱素材（注：在此指人生之像）的邏輯性，[①] 换上王國維的説法，它必須“離其材質的意義”[②] 而觀之，才能消融到文字表象（第二形式）裏，才能形成“境界”，然後被寫出來。正如上文王氏所説：“人受制於天然之勢力，於審美之境界則遠離之”，在《詞話》裏又説：“詩人對於宇宙人生，須入乎其内，又須出乎其外。”總之，真景物、真感情屬於必須由“美”（第二形式）來克服的“對象的自然邏輯性（logische Natur)”。是故，“落日照大旗，馬鳴風蕭蕭”的文字表象（假象），寫出千軍萬馬的場景，但已經不是經驗世界裏“千軍萬馬”的真景物；“淚眼問花花不語，亂紅飛過秋千去”、“可堪孤館閉春寒，杜鵑聲裏斜陽暮”，這些詩詞幻象（文字表象），寫出那觸景令人痛徹心扉的孤零景象，但已經不是經驗世界的真景物，也不是當初真景物所勾起的真感情。换以後現代解構主義的説詞而言，事物原不可言説，它一旦書寫成文字，便已乖離事物的本相（Selbstpräsenz)，同理，《道德經》曰：“道，可道，非常道；名，可名，非常名。”尤其詩詞藝術之造型，純屬符號媒介，是審美認知的形式。

藝術之所以稱爲藝術，因爲它不是自然的東西，而自然的東西也無法以自然的狀態來表達。一串葡萄的静物寫生，之所以看來比真正的葡萄還真，在於它能以“審美第二形式”的假象，認知第一形式（葡萄）的真相。同理，詩詞境界和“鏡中花”、“水中月”的隱喻一樣，皆屬於已超越時、空，“克服自然邏輯”的文字表象，屬於永恒存在的顯像（Schein）世界，是真景物、真感情的“顯像”——王國維稱之爲“境界”，存在於藝術“華胥之國”，也對應了席勒所説的“游戲和形象顯現的歡樂王國”（das fröhliche Reich des Spiels und des Scheins)。

① 譯自席勒《論美書簡》：Schiller, “Kallias, oder über die Schönheit”. *Werke und Briefe*. vol. 8: p. 278, 1992。

② 《古雅之在美學上的地位》，《王觀堂先生全集》第五册，臺北：國民出版社，頁1832－1833。

“魯迅與尼采”研究之歷史與發展（1918－2007）

張釗貽

魯迅（周樹人，1881－1936）與德國哲學家尼采（Friedrich W. Nietzsche，1844－1900）的聯繫，是中外魯迅研究的熱點之一，也是中外思想史上一個很值得注意的問題。由於魯迅在中國知識分子心目中的地位和影響，“魯迅與尼采”的問題跟中國現、當代思想史上一些重要思潮的起伏和變化有密切關係，因此，這個問題也能够反映中國現、當代思潮及社會文化的變遷。有關著作汗牛充棟，迄今未見衰歇。本文試圖就筆者所知見的著述，勾勒一個發展的輪廓，雖然難免掛一漏萬，却可以反映出中國現、當代思想史的一個側面。對於中國以外的研究，本文也包括在内，一方面是爲了體現這個研究題目發展的全貌，另一方面，這些研究大部分已在中國得到介紹和翻譯，而他們之得到譯介，或要到某一時期才得到譯介，或産生一定影響，或完全没有得到回應，這些現象也能够從另一個側面體現中國當代思潮的發展和狀况。

一

早在“五四”時期，傅斯年（1896－1950）便發現《狂人日記》（1918）中尼采的聲音，① 後來又有人察覺到《熱風》(1925) 跟尼采風格相似，並因此稱魯迅爲“中國的尼采”。② 魯迅自己也承認他的小説和雜文受過尼采的影響，③ 並樂於幫助和支持具有尼采氣質的年輕文化人如高長虹（1902－1949?）和徐詩荃（1909－2000）。④ 其實，魯迅早在二十世紀初留學日本時，便跟當時文化先進之士如王國維（1877－1927）和章太炎（1868－1936）等一起，承接了尼采的第一浪文化衝擊波，配合中國當時的政治革命和現代化進程，提出以反抗詩人和特立獨行的文化評論人爲首的文學運動，以“改造國民性”。這些都在《文化偏至論》（1908）和《摩羅詩力説》(1908) 等文章中留下了印記。這些不爭的事實一直都不成問題，因爲“五四”新文化運動本身便藉助過尼采的“重估一切價值”(Umwertung aller Werte)，⑤ 陳獨秀（1879－1942）和李大釗(1889－1927) 都推崇過尼采，許多“五四”作家、評論家例如郭沫若（1892－1978）、茅盾（沈

① 見其在1919年《新潮》上發表的《一段瘋話》及《隨感録（四）》，載中國社會科學院文學研究所魯迅研究室編《1913－1983魯迅研究學術論著資料匯編》第一卷，北京：中國文聯出版社，1985年，頁8－13。此書以下簡稱爲《論著資料匯編》。

② 《魯迅全集》卷3，北京：人民文學出版社，1981年，頁258。

③ 《魯迅全集》卷4，頁168；卷6，頁238。

④ 李霽野《魯迅先生與未名社》，北京：人民文學出版社，1984年，頁228；趙家璧《編輯生涯憶魯迅》，北京：人民文學出版社，1981年，頁81－94。

⑤ 胡適《〈新潮〉的意義》，《新青年》卷7第1期（1919），頁6。胡適用的英譯是：“transvaluation of all values”。

雁冰,1896-1981)、田漢(1898-1968)、徐志摩(1896-1931)等都推介過尼采,或受過尼采影響。總之,尼采是思想和個性解放的代表,是當時進步與前進潮流的重要精神資源之一。然而,尼采却是個很具爭議性的人物。這可能就是"魯迅與尼采"之所以成爲研究熱點的主要原因之一。尼采的爭議性體現在"温和"(gentle,或譯善良)與"强横"(tough,或譯暴虐)兩種對立的解讀。

按照布林頓(Crane Brinton,1898-1968)對尼采在西方影響的總結,在第二次世界大戰結束前的尼采追隨者,大概可以分爲"温和"和"强横"兩派。[①] 所謂"温和"派,主要是指那些對當時社會、宗教、道德、文化等持批判態度的文化人,他們不少是作家、藝術家,包括自由主義、女權主義、無政府主義、社會主義等思潮的同情者或追隨者,他們儘管傾向不同,但反對各種形式的專制以及追求個性解放等目標則是相近的,並不約而同地從尼采著作中得到啓發和支持。而所謂"强横"派,則指那些雖然也不滿現狀,但不顧弱小及弱勢社群利益,崇尚暴力,傾向强權及强人專制統治的人,他們之中也有少數是作家、藝術家、思想家,不少是種族主義、反猶主義、法西斯主義、國家社會主義等的同情者或追隨者,他們也從尼采著作中找出片言隻語,按字面解釋爲支持他們的論據。值得注意的是,後來左翼陣營對尼采的評論,基本上是依照"强横"派對尼采的解釋,不同的只是,凡是右翼"强横"派加以鼓吹歌頌的,左派則加以抨擊反對而已。這種尼采的反對者在價值觀上與"强横"派雖然根本不同,但在理解尼采這個問題上却屬於"强横"派,所以筆者把他們也歸入"强横"一派。

"温和"和"强横"這兩類截然對立的影響,尼采在世時已經存在。但影響主要局限於德語國家零星的個人和小團體之中,直至1888年勃蘭兑斯(George Brandes,1842-1927)在丹麥哥本哈根講授尼采的思想,影響才得到擴大。經勃蘭兑斯的過濾,"温和"的一派成了主流,並形成尼采世界性影響的第一浪潮。而魯迅所接受的尼采,也是勃蘭兑斯的"温和"的尼采。[②] 尼采逝世及第一次世界大戰期間,一方面由於德國本身"强横"派的鼓吹,另一方面由於英、美習慣於經驗實證和機械唯物論的論者,也按字面解釋尼采的一些話,得出"强横"的結論,但這些批評相對於"温和"的潮流,衝擊還不算太大。然而,二十世紀二、三十年代開始,由於法西斯主義在歐洲的興起,"温和"與"强横"的對立鬥爭便出現逆轉。

"温和"與"强横"的此消彼長,固然是影響魯迅尼采研究的國際思潮大環境,而中國國內思潮的轉變,也促使論者對魯迅尼采問題態度的轉變。"五四"運動從反傳統的個性解放,到組織政黨以集團的方式推行社會革命,自有其理論的邏輯自然發展。[③] "五四"運動歸根到底是中國自救及追求獨立與富强的歷史過程的其中一環。個性解放和個人自由也離不開一個健全的社會,而在當時軍閥割據以及列强劃分勢力範圍控制中國的歷史條件下,要建設這樣一個健全的社會,首先要進行社會革命和政治革命,所以"五四"後中國共産黨能够成立,以及孫中山模仿蘇聯建立具有明確社會改革綱領的國民黨,實際上有一定思潮轉變的基礎,從"五四"乃至"鴉片戰爭"以來救國的思想發展歷史的角度看,則也是一種邏輯發展的自然結果。[④] 然而,個性解放顯然與政黨集團鬥爭所强調的紀律很難相容,而前者的鼓吹者尼采,在"五四"新文化

---

① Crane Brinton, *Nietzsche*, Cambridge, Mass.: Havard University Press (1941), pp. 184ff.

② 詳見《早期魯迅的尼采考》,《學人》1996年4月第9期,頁259-293。

③ 例如郭沫若曾譯過《查拉圖斯特拉如是説》前半部,但到了1926年便覺得"尼采已經老早離開了我的意識中心了"(《郭沫若全集·文學編》卷12,頁287;另參考頁184)。

④ 參考Chow Tse-tsung, *The May Fourth Movement*, Cambridge, Mass.: Harvard University Press, 1960, pp. 359-361.

運動的後期逐漸不爲人重視，也就有一定的内在原因，再加上“强横”派尼采信徒在歐洲的崛起，尼采在中國人心目中的形象也就開始改變。魯迅本人雖然逐步認識到辛亥革命只推翻滿清王權的不足，逐步認識到需要社會革命來補課，但從思想革命到社會革命的轉變，却相對比較晚，要到 1926 年“三・一八”慘案才使他徹底改變，再到 1927 年“四・一二”國民黨清黨，才促使魯迅“轉向”。[①] 魯迅並沒有否定尼采。但在這樣的歷史背景下，“魯迅與尼采”却成了一個突出而亟待解決的問題。

二

1930 年“中國左翼作家聯盟”的成立，原來是“中國的尼采”魯迅被推爲盟主，變成中國左翼文壇領袖。與此同時，“强横”的尼采一派，隨着法西斯主義在歐洲的興起而逐步擴大影響，尼采日益被視爲法西斯思想先驅。自 1931 年開始，德國納粹黨便稱尼采是他們的哲學家。[②] 這兩種政治上截然相反的發展方向，使得魯迅與尼采的聯繫成了一個極需解決的嚴重理論問題。瞿秋白（1899－1935）作爲中共領導人兼理論家，是對這個難題設法提出一個馬克思列寧主義解釋的第一人，他在《魯迅雜感選集序言》(1933) 中説：

> 魯迅當時的思想基礎，是尼采的“重個人非物質”的學説。這種學説在歐洲已經是資産階級反動的反映，他們要用超人的名義，最“先進”的英雄和賢哲的名義，去抵制新興階級的集體的進取和改革，説一切群衆其實都是守舊的，阻礙進步的“庸衆”。可是，魯迅在當時的傾向尼采主義，却反映着别種社會關係。固然，這種個性主義，是一般知識分子的資産階級性的幻想。然而……客觀上在當時還有相當的革命意義。[③]

瞿秋白把魯迅思想發展劃分前後兩階段，來解決進步的魯迅與反動的尼采的矛盾，雖然他的分析爲左翼評論界定了調，影響久遠，但到後來還是引起了爭論。爭論的原因，歸根到底是他的分析存在含糊之處。他一方面肯定了魯迅受尼采的影響，但另一方面又似乎説魯迅曲解誤會了尼采，因此所謂影響也只是“僞影響”(false influence)。更重要的是，瞿秋白此一含糊之處，其實是來自他對尼采更含糊的看法：尼采是反動的，但他的反動性却基於對特定歷史環境的具體分析，若具體歷史環境不同，則尼采是否反動就要重新估計。换言之，尼采本質上並非反動。

瞿秋白的含糊態度多少是前述兩股尼采潮流激蕩的回響。前面已經談過，“温和”的尼采通過勃蘭兑斯冲出德國，促成二十世紀初世界性的尼采熱，尤其在文化界影響很大，相對而言，“强横”派的影響範圍就小得多而且晚得多，要到第一次世界大戰結束後才有較大的發展，但在文化界仍然没有多大市場。瞿秋白作爲一個作家、文學評論家和翻譯家，廣泛涉獵世界文學，多少會間接接觸到“温和”的尼采，例如，他翻譯的高爾基（Maxim Gorky，1868－1936）就受

---

① 參考 Chiu-yee Cheung, *Lu Xun: The Chinese "Gentle" Nietzsche*, Peter Lang, Fankfurt am Main (2001), pp. 124－228.

② 參考 Steven E. Aschheim, *The Nietzsche Legacy in Germany 1890－1990*, Berkeley: University of California Press (1992), pp. 234－241。

③ 《魯迅雜感選集序言》，載《論著資料匯編》1933 年第 1 卷，頁 821。

過尼采的影響，[1] 其實不單是高爾基，二十世紀初歐洲整整一代進步的知識分子，都多少受過尼采積極影響的洗禮。瞿秋白傾向歐陸進步文學和文學浪漫主義，也是尼采影響的傳統、基礎和催化劑。另一方面，瞿秋白作爲一個共産黨黨員，投身政治鬥爭，也不可避免地受到統治二十世紀三十年代的斯大林僵硬的馬克思學説的制約，因而只能對尼采作出"强横"的解釋而加以批判，於是"温和"與"强横"尼采的衝突，在瞿秋白筆下便變成了進步的魯迅與反動的尼采的矛盾。到了二十世紀三十年代，由於國民黨仿傚納粹黨，推行法西斯式的統治手段和政策，[2] 加上抗戰開始，國際上社會主義跟法西斯主義陣營的矛盾日趨尖鋭，瞿秋白的含糊與矛盾之處便變得更加敏感。

1939年部分左翼文人在上海孤島創辦了《魯迅風》，就在創刊第一期上，唐弢（1913－1992）提出了魯迅與尼采的問題。他説："魯迅是由嵇康的憤世，尼采的超人，配合着進化論，進而至於階級革命論的。"[3] 唐弢基本上是接過瞿秋白的話稍加改變，但他没有清楚區分前後期的不同，也没有談尼采"反動性"，因此顯得比瞿秋白的觀點"温和"。到了第十七期，巴人（王任叔，1901－1972）比較了魯迅與高爾基，指出高爾基也受尼采影響，並認爲"他們都從尼采的個性主義，發展爲社會的歷史主義者"的"馬克思主義者"，但巴人還進一步認爲，"初期魯迅是以尼采思想爲血肉的"，又説《文化偏至論》"無疑與尼采思想有血緣的"。所謂"血肉"和"血緣"，自然不是一般表面或形式上的聯繫。巴人還認爲，"魯迅作品中受尼采思想的影響最明顯的，便是《野草》。而在作風上，也跟《查拉圖屈拉如是説》有相同處。"尤其值得一提的是，巴人的尼采觀比瞿秋白和唐弢又進一步的"温和"，他指出：

> 尼采的哲學，一般人是稱爲超人哲學的。其實更適切的説，他是强調個性主義，主張意志即是權力的。因之，在他具體的表現上，他反對平庸，反抗現實，主張打破現狀。[4]

這些提法跟典型的、以尼采《查拉圖斯特拉如是説》和《不合時宜的思想》爲基礎的"温和"尼采論是相一致的。雖然如此，巴人跟唐弢一樣，還是明顯地沿用瞿秋白的論點，同樣認爲魯迅思想有前後期之分，後期是馬克思主義者，只是側重有所不同，例如强調前期的積極作用，少談魯迅後期的轉變。如果説，瞿秋白的説法包含了"温和"與"强横"的尼采的衝突，那麽唐弢尤其是巴人的説法，可以説是發揮和突出了瞿秋白"温和"的那部分。

唐弢和巴人的這些提法，立即遭到洛蝕文（王元化，1920－2008）的抨擊，洛蝕文在探討魯迅與尼采問題的專論《魯迅與尼采》（1939）中，[5] 批評唐弢和巴人歪曲了瞿秋白見解，"把尼采主義和魯迅前期思想放在平行地位"。洛蝕文認爲後者跟前者的觀點是不同的。不過他根據的是

---

① 見 Mary Louise Loe, "Gorky and Nietzsche" in Bernice G. Rosenthal ed., *Nietzsche in Russia*, Princeton: Princeton University Press, 1986, pp. 251－273。1918年，高爾基出版過一本批評蘇聯社會文化現象的雜文集，題目就用的是尼采的《不合時宜的思想》(*Unzeitgemässe Betrachtungen*)，此文集一直被禁，直至1988年才重見天日。此書國内有朱希渝譯本（南京：江蘇人民出版社，1998年）。

② William C. Kirby, *Germany and Republican China*, Stanford: Stanford University Press, 1984, pp. 152－185.

③ 《魯迅的雜文》，載《論著資料匯編》第2卷，頁1069。

④ 《魯迅與高爾基》，載《論著資料匯編》第2卷，頁1099－1101。

⑤ 《論著資料匯編》第2卷，頁1189－1202。

一些蘇聯正統馬列論者的著述,① 把尼采哲學定性爲反動貴族封建主義和法西斯主義思想，然後再利用瞿秋白“强横”的部分，根本上否定了魯迅與尼采的聯繫。洛蝕文的論述得到不少進步文化人的接受，例如歐陽凡海（方海春，1912－1970）的《魯迅的書》中專門有一節《尼采主義與豫才》，主要講尼采如何反動；王士菁的《魯迅傳》也是强調尼采代表種族主義、法西斯思想，徹底否定兩人有任何相同之處。② 王士菁等的徹底態度，很可能是對“戰國策派”作出的反應。“戰國策派”出現於1940年至1942年間，以陳詮（1903－1969）和林同濟（1906－1980）爲首，一面鼓吹尼采，一面鼓吹“國家至上，民族至上”，明顯帶有法西斯主義色彩和“强横”尼采傾向。③

除了“温和”與“强横”衝突這條主線，二十世紀三、四十年代還有兩篇探討魯迅尼采的文章值得注意：一是張震歐的《魯迅與尼采》(1938)，這是第一篇談魯迅與尼采的專文，裏面根據魯迅尼采的著作，指出了兩者的幾點相似，但發表在廣州一份不是很著名的刊物《黄花崗》，長期没人知道。④ 另一篇是孫伏園（1894－1966）的《魯迅先生逝世五周年雜感二則》(1941)，記述了劉半農（1891－1934）贈魯迅的聯語“託尼學説，魏晉文章”以及魯迅讚賞尼采的話。⑤

在中華人民共和國成立的前十七年，中國魯迅研究者如果不能回避“魯迅與尼采”的問題，大抵就采用有所側重的瞿秋白的定論，即表面上遵循瞿秋白的含糊論點，實際上沿襲洛蝕文的“强横”解釋。及至“文革”，連瞿秋白也成批判對象，他對魯迅尼采的分析，更成主要罪狀之一。有趣的是，批判者一如洛蝕文對唐弢和巴人的批評一樣，强調尼采的反動，根本否定兩者的任何聯繫，結論是瞿秋白歪曲了魯迅的思想。⑥ 如果説瞿秋白的分析包含了“温和”與“强横”的尼采的衝突，而洛蝕文突出了“强横”的部分，那麽，瞿秋白的遭批判可以説是“强横”尼采的一統天下、絶對勝利了。

三

瞿秋白、唐弢和巴人的“温和”觀點，並没有斷絶，而由曹聚仁（1900－1972）繼承了下來。

中華人民共和國成立後，曹聚仁去香港居住。他公開的原因之一，是立志要寫《魯迅評傳》，當時是否把魯迅尼采的問題考慮在内，不得而知，但這個問題顯然是其魯研論中相當突出的一點。曹聚仁認爲，魯迅在《我們現在應該怎麽做父親》一文中表達的自然進化倫理觀，既是赫胥黎的説法，“也正是尼采的説法”，而且其中生命發展的觀點，亦即尼采“權力意志”的觀點。⑦ 跟巴人一樣，曹聚仁也認爲“魯迅一生的作品中，《野草》是最好的一種，也可以説是

---

① 例如凱迪（L. Kajt）的《尼采與法西斯主義》（“Nicseanstvo i fasizm”, *Pod znamenem marksizma*, Vol. XVII, No. 5, Moskva, 1938），申谷譯，《理論與現實》第1卷第1期，重慶，1939年4月，頁90－96；勃倫蒂涅爾（B. M. Bernadiner）著，段洛夫譯《尼采哲學與法西斯主義批判》(*Filosofija Nicse i fasizm*, Moskva, 1934)，潮鋒出版社，1938年。

②《魯迅的書》，桂林：文獻出版社，1942年5月，頁75－76；《魯迅傳》，上海：新知書店，1948年1月，頁253－255。

③ 參考重慶師範學院中文系編《國統區文藝資料叢編“戰國策”》(一)，1979年10月。

④《論著資料匯編》第3卷，頁907－910。

⑤ 同上注，頁700。

⑥ 例如汪毅夫《關於魯迅前後期思想的轉變——駁瞿秋白在〈魯迅雜感選集序言〉中對魯迅的歪曲》，國家出版事業管理局版本圖書館研究室編《魯迅思想研究資料》(上)，頁177－182；唐弢《關於魯迅思想發展的問題》，《魯迅研究年刊》(1975－1976)，頁247－257。

⑦《魯迅評傳》，香港新文化出版社，1961年，頁271－272。原文誤作叔本華。

最接近尼采思想的”。①

但他也比唐弢和巴人有進一步“温和”之處，主要在提出馬克思主義與尼采思想兼收並容的觀點。曹聚仁認爲：“馬克思學説之進入他的思想界，依然和託尼學説並存，他並不如一般思想家那麽入主出奴的。”② 又説：“魯迅的思想，本來是兼容託爾斯泰的泛愛主義與尼采的超人學説的……後來，他又在超人學説與馬克思社會主義之間，兼收並容。”③ 不過，曹聚仁的魯迅尼采論也多少帶點瞿秋白的内在矛盾。他雖然説魯迅對馬克思與尼采“兼收並容”，但他也似乎認爲兩者存在矛盾。不只一次地特別舉出劉半農“魏晉文章，託尼學説”的對聯來説明這一點，④ 但在另一處又認爲魯迅對兩者一樣對待，⑤ 還説：“我以爲魯迅的觀察深刻，與眼光遠大，並不由於接受了唯物史觀的論據，而由於他的科學頭腦以及尼采超人哲學的思想。”⑥ 曹聚仁似乎認爲尼采比馬克思主義對魯迅影響更大更重要，也就是“温和”的尼采佔主導。儘管曹聚仁的魯迅尼采論是從瞿秋白《魯迅雜感選集序言》中演化而來，但他的結論不可能爲國内論者所接受也是意料中事。⑦

在海外，日本的尾上兼英（Onoye Kanehide）在二十世紀五、六十年代先後發表了兩篇關於魯迅進化論和尼采的文章，雖然跟中國學者一樣，認爲尼采是消極反動的，而魯迅所受的影響也只限於前期，但不同意中國學者的觀點，指出魯迅的進化論實來源自尼采，所以魯迅開始接受尼采，然後産生矛盾，最後加以克服。其中認爲《野草》開始體現魯迅與尼采世界觀的不同，却跟國内的看法頗不一樣。⑧ 七十年代又有瀧田夏樹《魯迅與超人》；⑨ 同時，伊藤虎丸（Itō Toramaru，1927－2003）開始探討在日本明治時代的文化背景下，魯迅對尼采的接受，研究得比較深入，但因他一些主要研究完成於八十年代，所以稍後才作重點介紹。捷克的高力克（Marián Gálik）是國外首先探討尼采在中國的學者，1972 年，他在《尼采在中國（1918－1925）》也探討了魯迅與尼采的問題。⑩ 高力克認爲，魯迅在中國作家中是最注意研究尼采的，又認爲魯迅在《中國新文學大系小説二集序》並没有認爲尼采是虚無主義者（這跟中國學者的觀點完全相反），並比較了魯迅和尼采筆下的“狂人”。

四

“文革”結束後，中國學術界空前活躍，打破不少學術“禁區”，其中包括魯迅與尼采的問題。魯迅與尼采研究的發展甚爲蓬勃，頭緒紛繁，越到後來就越難梳理。爲論述方便起見，本

① 《魯迅年譜》，香港：三育圖書，1970 年，頁 169－170。
② 《魯迅評傳》，頁 236。
③ 《魯迅年譜》，頁 164。
④ 同上注，頁 171。
⑤ 《魯迅評傳》，頁 111。原文作“也不一定把看得比馬克思主義託尼學説……”。
⑥ 同上注，頁 173。
⑦ 徐文門、孔範今《如何對待馬克思主義對魯迅的影響——〈魯迅評傳〉剖析之一》，《濟寧師專學報》1986 年第 3 期，頁 2－10。
⑧ 《魯迅と二ーチェ》，《日本中國學會報》13（1961），頁 102－116；《進化論と二ーチェ》，載《現代中國文學論集》（二），平凡社，1963 年。按：爲編輯印刷方便，正文所用日文均盡量用中文代替。
⑨ 滝田夏樹《魯迅と超人》，《氷英広教授還暦記念論文集：二ーチェの周辺》，朝日出版社，1972 年，頁 493－511。
⑩ “Nietzsche in China (1918－1925)”, *Nachrichten der Gesellschaft für Natur-und Völkerkunde Ostasiens*, 110 (Hamburg, 1972), pp. 5－47. 還有 *Milestones in Sino-Western Literary Confrontation (1898－1979)* (Harrassowitz, Wiesbaden, 1986), pp. 19－41.

文初步把這個新時期的研究發展劃分爲三個階段或部分：(1) 解禁後的解讀熱潮（1977 年至二十世紀八十年代中）；(2) 文學、美學比較的深入（二十世紀八十年代中開始）；(3) 學理的探討與新的共識（二十世紀九十年代開始）。三者其實互有重叠，二與三説成兩股潮流也可；而解讀熱潮過後，解讀也不是完全停止。但每一階段大體仍以某一潮流爲主。所以這個三分法以時段爲主，又以類别爲輔，這樣分期雖然並非盡善，到底能够多少反映出時代學術思想的脈絡。對於國外的研究，則按時段加入論述。

第一階段的熱潮（1977 年至二十世紀八十年代中），主要是解釋和評價，側重思想方面。

1977 年至少出了三篇文章：李永壽的《如何看待魯迅初期受尼采影響問題》、張華的《魯迅與尼采》及陸耀東的《試談魯迅評尼采》。① 這三篇文章即使强調了尼采的反動和魯迅的誤解(也就是堅持“强横”尼采的解讀)，在當時已是難得的突破。1980 年繼續出現好幾篇文章，比較引人注意的是樂黛雲的《尼采與中國現代文學》，② 認爲魯迅並非整體地研究和接受尼采；雖不同意“託尼學説”的講法，但認爲“掊物質張靈明，任個人排衆數”是以尼采思想爲根據的。雖然魯迅後期跟尼采徹底决裂，但不排除他仍運用尼采的一些表述方式。最重要的是，文章認爲尼采對魯迅思想影響主要是積極的。另一篇徐允明的《尼采哲學與魯迅前期思想》也提出一些很有意思的觀點，例如，認爲魯迅“不惡野人”是要以“野人”的勁頭反帝反封建，其實正跟尼采的原意差不多，雖然徐允明認爲尼采是要恢復野蠻的奴隸制。文中關於唯意志論與辛亥革命、魯迅“别立新宗”與“渺茫”等論述，以及“精神界之戰士”與“超人”及章太炎的影響關係，也很有啓發性。③ 1980 年 10 月 19 日瞿秋白平反之後，討論就更開放而熱烈。其中李育中的《魯迅與尼采關係探究》和張正吾的《魯迅早期尼采觀探索》反駁了洛蝕文的論點，認爲洛蝕文歪曲了瞿秋白的意思。④

這段期間用力最勤的是武漢大學的唐達暉和陸耀東。1977 年陸耀東發表《試談魯迅評尼采》，1979 年唐達暉寫成《魯迅前期思想與尼采》。⑤ 這兩篇較早的文章雖然認定尼采是法西斯主義的先驅，但不乏深刻的見解，例如唐達暉引述郭沫若謂魯迅當時通過浪漫主義接近尼采，指出這跟批判資産階級政治文化有聯繫，就抓住了當時的時代脈絡，點中要害。1981 年，兩人又分别爲《魯迅研究百題》撰寫了《魯迅是怎樣對待尼采的》（陸耀東）和《關於〈蘇魯支語録〉》(唐達暉)，⑥ 又合作寫成《論魯迅與尼采》，詳細列舉了幾乎所有魯迅接受尼采以及兩者相似的地方，包括思想、作品和文風。作品除《野草》還有《傷逝》、《孤獨者》及一些雜文，思想則有進化論、反偶像和個人主義，等等，是一篇相當全面的力作。尤其值得注意的是，對尼采的評價有了彈性，雖然仍然定性反動，但認爲尼采充滿矛盾，可以讓人各取所需；魯迅與尼采思想主要傾向和體系毫不相近，但局部具體問題則“不無相近之處”。⑦ 但在當時所能接受的

---

① 分别載《南開大學學報》(社科版) 1977 年第 6 期，頁 40 – 43；《破與立》1978 年第 1 期，頁 33 – 39；94 – 114。

② 《北京大學學報》1980 年第 3 期（6 月)，頁 20 – 33。後收入多種文集。除了徐允明和樂黛雲，還有孫席珍《魯迅先生怎樣教導我們的》，回憶了魯迅“批尼采”，載《魯迅誕辰百年紀念集》，長沙：湖南人民出版社，1980 年，頁 99 – 101。

③ 《文學評論叢刊》第 6 輯（1980 年 8 月)，頁 210 – 247。李澤厚《略論魯迅思想發展》對章太炎、魯迅、尼采也有很精闢的論述，《魯迅研究集刊》第 1 輯（1979 年 4 月)，頁 31 – 61。

④ 兩篇文章初載廣東魯迅研究小組編《魯迅誕生百年文集》，廣州：1981 年，内部發行，頁 138 – 170，171 – 189。張正吾的文章另見《中山大學學報》1981 年第 3 期，頁 81 – 88；李育中的文章後來選入廣東魯迅研究小組及廣東魯迅研究學會編《我們心目中的魯迅》，廣州：花城出版社，1988 年 3 月，頁 127 – 145。

⑤ 初刊《武漢大學學報》(社科版) 1979 年第 5 期，頁 26 – 35。全文經修訂後選入《論魯迅前期思想》，天津人民出版社，1980 年 3 月，頁 115 – 151。

⑥ 《魯迅研究百題》，長沙：湖南人民出版社，1981 年，頁 165 – 180。

⑦ 《魯迅研究》第 5 輯（1981 年 12 月)，頁 158 – 188。

範圍内論述得最細緻、最有説服力的，首推社科院錢碧湘的《魯迅與尼采哲學》，[①] 该文承認魯迅早期受尼采影響，甚至1927年後還有影響的痕迹，但魯迅後來發現了尼采消極的因素，終於克服了這些影響。總之，"中國最早從思想上真正接受尼采哲學影響的人是魯迅；中國第一個從思想上真正對尼采哲學進行深刻批判的也是魯迅"。

然而，錢碧湘的結論是建立在尼采是個反動哲學家這個基礎上的，如果這個基礎動搖了，她的結論自然就要修訂，而這就是前面提到的李育中《魯迅與尼采關係探究》一文最值得注意的地方。李育中不但否定洛蝕文以"强横"的尼采觀取代瞿秋白的説法，還通過自己閲讀尼采的心得，質疑尼采與納粹的關係，含蓄地爲尼采平反。李育中稱得上是在中國建國後爲尼采平反的第一人，比周國平還要早。可惜他的觀點没有爲别的論者所接納。不過，跟李育中有近似想法的論者也不是没有。1983年，郭志今發表《魯迅早期對尼采學説的利用和改造》，[②] 在認真閲讀徐詩荃譯的《尼采自傳》的基礎上，指出魯迅接受尼采的"進化論"，而尼采不是社會達爾文主義者，並認爲魯迅的個人主義採用了尼采的"超人"學説，而尼采的"超人"學説是對人生採取積極態度，有理想，肯上進。郭志今認爲，儘管尼采跟法西斯主義扯在一起，但他的哲學可以引向一個完全不同的方向。在這個新的方向中，郭志今比較了尼采的"權力意志"和魯迅的"主觀戰鬥精神"，跟李育中的看法不謀而合。同年還有許國璋的《魯迅在日本留學時期與西方文學的接觸和他的哲學探索》，作者顯然瞭解英語世界在第二次大戰後對尼采的重新評價，認爲納粹用尼采爲"神道設教"與魯迅無關。作者知道英譯"超人"從"superman"改成"overman"，也應該知道這譯文變化背後的解讀變遷，所以没有把"超人"理解爲法西斯主義先驅，而是理解爲"思想上勝過現時代的人"，認爲魯迅喜歡尼采的"超人"是因爲他"敢於爭天抗俗"，給他一種静觀，一種峭拔，一種哲學通脱。

張夢陽在《略論尼采的"超人"哲學在文化巨人崛起過程中的心理作用》中表示對樂黛雲、陸耀東、唐達暉、錢碧湘等力作，"首肯其主要論點之外，還有餘意未盡之感，覺得關於尼采的超人哲學對魯迅等文化巨人的積極影響似乎還應該正視得更膽大一些，肯定得更充分些"。甚至提出"應不應該提倡新型的馬克思主義的'超人'學説"的問題。[③]

對尼采基本上持否定態度的文章仍有不少。王富仁《尼采與魯迅前期思想》對"任個人，排衆數"積極意義有深入的探討，指出魯迅用尼采"超人"只是先覺者的代名詞，而馬克思主義也不否定少數先覺者的作用。又認爲"排衆數"並非是排民衆，但認爲尼采學説實質是扼殺個性，摧殘人性，魯迅早期吸收了尼采的毒素。[④] 時萌的《託尼學説　魏晉文章》、趙曉笛、趙晶晶的《尼采超人學説和魯迅的進化論》和魏延年的《前期的魯迅與尼采"超人"思想》都認爲尼采"超人"與魯迅的個性解放本質對立，[⑤] 時萌認爲魯迅思想難以用"託尼學説"來概括；魏延年認爲魯迅"掊物質""任個人"是根據進化論和個性解放，而不是尼采的"超人"思想。同時也有文章堅持洛蝕文的觀點。[⑥]

---

① 《中國社會科學》第14輯，1982年，頁113－130。

② 載《魯迅研究論文集》，浙江文藝出版社，1983年7月，頁65－92。

③ 《聊城師院學報》1985年第2期，頁30－36。

④ 《文學評論叢刊》第17輯，1983年7月，頁260－287。

⑤ 《文藝論叢》第19輯，1984年1月，頁203－231；《文藝論叢》第20輯，1985年6月，頁236－247；《遼寧師院學報》1981年第5期，頁9－15。

⑥ 例如蒙樹宏《論魯迅和尼采的本質區别》，《魯迅研究文叢》第1輯，1980年3月，頁251－260；張琢《魯迅前期（包括早期）思想研究中的幾個問題的探討》，《魯迅研究》第2輯，1981年2月，頁162－176。有一篇史志謹的《淺議尼采道德觀與魯迅道德觀的關係》，載《文科月刊》1988年第8期，頁21－23，未見，内容不詳。

此外，彭定安探討了摩羅詩人與尼采的超人。① 許懷中也從文藝潮流的角度談了魯迅與尼采。② 還有趙家璧《魯迅・梵澄・尼采》憶述魯迅如何熱情鼓勵和幫助徐梵澄翻譯尼采的著作。徐梵澄《星花舊影》則回憶了魯迅的幫助和對尼采的推許。③

若要總結這個階段的研究，至少有兩點可説取得很大的進展。首先是打破禁區；其次是比較實事求是。尼采對魯迅早期的影響，諸如早期的個人主義、“五四”的進化論、《狂人日記》及《野草》等等，已逐漸爲主流意見所接受，雖然對尼采的理解仍以“强横”爲主，大多數仍强調魯迅與尼采不同，但認爲有積極影響的已不乏人，不過，也只能限於早期而已。而二十世紀三、四十年代洛蝕文等人的觀點不再是主流，也是重要的變化。不過 1981 年具權威性的《魯迅全集》，當中卷一對尼采的注釋仍采納洛蝕文等人的説法，把尼采當成反動哲學家，魯迅誤解了他，後來改變看法。

就在中國魯研界對魯迅尼采問題討論高潮過後，文化思想界却開始了第四次“尼采熱”，其熱度足以爲尼采平反。④ 然而中國這次“尼采熱”對魯研界似乎影響不大，⑤ 八十年代末到底有一些文章比較“温和”，最值得注意的是 1988 年唐弢爲汪暉《反抗絶望》寫的序。⑥ 這篇題爲《一個應該大寫的文學主體——魯迅》的序，大部分篇幅其實是就魯迅尼采問題爲自己“翻案”，指差不多五十年前洛蝕文歪曲了他的原意。唐弢認爲，魯迅從尼采處攝取進化論至少當時是積極的；影響不等於全盤照搬；魯迅主要將尼采當成詩人或文學家來介紹。又認爲“魯迅愛好尼采有許多客觀條件，從個人氣質説，從内在的心理狀態説，我以爲也同樣存在着可以接受尼采某些思想的禀賦”。魯迅思想的浪漫主義的成分，自幼養成獨立思考，不爲現有成規所囿，所以在日本時喜歡尼采，是“不言而喻”的。唐弢還指出，不應無視魯迅對尼采前後有變化，但“過分强調這種變化也可能背離事實”，魯迅後期的雜文，文體風格上便仍有尼采的影子。雖然只是文體，但“作爲像尼采或者魯迅那樣著名的文體家對文明批評和社會批評采取的形式，却仍然是值得注意的問題。”將魯迅後期接受尼采的思想和形式的積極影響説得很婉轉。由於唐弢大談魯迅尼采，所以他提出“應該大寫”，似乎可以理解爲大寫這個題目。

此外，還有夏志厚的《尼采對魯迅的影響》，認爲“魯迅從來都没有全盤肯定或否定過尼采，前期的肯定中有懷疑，有否定；後期的否定中則依然有肯定，有借鑒。”“很難想像，抽去了尼采的影響，魯迅將會以怎樣一種面目出現在中國現代文學史上。”⑦ 廣東社科院李苹的《同途殊歸的魯迅與尼采——魯迅接受和揚棄尼采的原因探析》，基本上接受了“平反”了的尼采，在這個基礎上探討魯迅對尼采的揚棄的原因，他舉出的例子是具體的愛國與抽象的愛人類、執著與脱離現實、謙遜與狂妄，等等。⑧

---

① 彭定安《魯迅評傳》，長沙：湖南人民出版社，1982 年 7 月。有一節《摩羅詩人與尼采哲學》。

② 許懷中《魯迅與文藝思潮流派》，長沙：湖南人民出版社，1985 年 7 月，頁 142 - 148。

③ 《魯迅研究資料》第 11 輯，1983 年 1 月，頁 147 - 174 。

④ 見 David A. Kelly, "The Highest Chinadom: Nietzsche and the Chinese Mind, 1907 - 1989", in Graham Parkes (ed.), *Nietzsche and Asian Thought*, Chicago: The University of Chicago Press, 1991, pp. 151 - 174.

⑤ 例如王金苗《魯迅與尼采》，《紹興魯迅研究專刊》第 7 輯，1988 年 1 月，頁 13 - 16。

⑥ 《一個應該大寫的文章主題》，《社會科學輯刊》1989 年第 2/3 期合刊（5 月），頁 233 - 239。

⑦ 《中國比較文學》1989 年第 2 期（12 月），頁 42 - 47。

⑧ 《江漢論壇》1989 年第 9 期，頁 67 - 72。

五

在這段期間，國外也有一個小小魯迅尼采研究熱潮，不過基本上是"温和"尼采的解讀。這個小小的熱潮，由於中國對外的改革開放，大部分都得到譯介。

1980年德國魏格琳（Susanne Weigelin-Schwiedrzik）的《魯迅與希望原理：魯迅對赫胥黎及尼采理論的接受》探討了作爲希望原理的魯迅的進化論和尼采的理論。① 所謂希望原理，是德國馬克思主義哲學家布洛赫（Ernst Bloch，1885－1977）的一個哲學命題，簡而言之就是不滿現狀，不斷要求改進，其進步性不言而喻。在澳洲，則有陳順妍（Mabel Lee）和戴凱利（David Kelly）。戴凱利在1981年澳洲國立大學紀念魯迅誕生一百周年的研討會上提交了《魯迅與尼采》的論文（但後來修改在學報上發表時，題目改成《尼采在中國》），② 談及尼采和魯迅都批評中國國民性，指出尼采之所以能够爲魯迅接受，是由於他的道德文化批判以及論述表達的方式跟中國傳統有一致的地方。陳順妍《從莊子到尼采：論魯迅的個人主義》，是她比較系統地探討魯迅與尼采的文章，利用了西方比較莊子和尼采的研究成果，指出莊子對魯迅與尼采的契合可能起到的作用。③ 筆者也發表了一篇《魯迅與尼采：1927年後的影響和契合》。④ 在日本，除伊藤虎丸的著述外，也出現幾篇值得注意的文章，包括川上哲正的《魯迅尼采初探》及中國何乃英的《魯迅與尼采》，⑤ 川上哲正的文章是綜述日本魯迅尼采研究的情况，對爲了排除魯迅身上尼采影響而"醜化"尼采，或擔心尼采危險性而扭曲魯迅與尼采的關係的論説，提出批評。還有山口惠三（Yamaguchi Keizō）《魯迅譯查拉圖斯特拉前言的過程》，認爲魯迅的白話譯文主要參考了生田長江（Ikuta Chō kō）的日譯。⑥ 1989年，當時在瑞士的馮鐵（Raoul D. Findeisen）也寫了一篇涉及魯迅尼采的文章。⑦

這裏應該專門談一談伊藤虎丸的研究。伊藤虎丸在1973年開始發表研究魯迅與尼采的研究

---

① "Lu Xun und das Prinzip Hoffnung — Eine Untersuchung seiner Rezeption der Theorien von Huxley und Nietzsches", *Bochumer Jahrbuch zur Ostasienforschung*, 3: pp. 414－431 (1980). 魏格琳還有一篇比較《野草》與《查拉圖斯特拉如是説》的文章（"Das Leben im Schein als Ziel: Lu Xuns *Wilde Gräser* und Nietzsches *Also sprach Zarathustra*", 1995－1999），但似乎尚未正式出版。

② "Nietzsche in China — Influence and Affinity", *Papers on Far Eastern History*, 27: 143－172 (March 1983).

③ "From Chuang-tzu to Nietzsche: On the Individualism of Lu Hsün", *Journal of the Oriental Society of Australia* 17: 21－38 (1985)。此外，《五四：中國知識分子拿來主義的象徵》也可以算在内（"May Fourth: Symbol of Bring-it-here-ism for Chinese Intellectuals", *Papers on Far Eastern History*, 41: 77－96 [1990]）。她近年還寫了兩篇文章：《論尼采與中國現代文學：從魯迅到高行健》及《查拉圖斯特拉的"塑像"：五四文學與尼采和魯迅的利用》，但已經不是專門探討魯迅："On Nietzsche and Modern Chinese Literature: From Lu Xun (1881－1936) to Gao Xingjian (b. 1940)", *Literature and Aesthetics: The Journal of the Sydney Society of Literature and Aesthetics* (November 2002), pp. 23－43; "Zarathustra's 'Statue': May Fourth Literature and the Appropriation of Nietzsche and Lu Xun", David Brook and Brian Kiernan, eds, *Running Wild: Essays, Fictions and Memoirs Presented to Michael Wilding* (Sydney & New Delhi: Sydney Association for Studies in Society & Culture Series, Manohar, 2004), pp. 129－143。

④ Chiu-yee Cheung, "Lu Hsün and Nietzsche: Influence and Affinity After 1927", *The Journal of the Oriental Society of Australia*, XVIII/XIX (1986－1987), pp. 3－25.

⑤ 川上哲正《魯迅へそしてニーチェへ—はじめの問い》、何乃英《魯迅とニーチェ》，原載《魯迅の會會報》第7期，1983年8月，頁330－336，337－341。川上哲正的文章有中譯，《魯迅研究》第10輯，1987年4月，頁404－412。

⑥ 《魯迅訳シアラトウスト序説の成立》，《比較文學研究》48（1985年10月），頁142－151。山口惠三還估計魯迅可能參考了 Naumann 四卷本的 *Zarathustra-Commentar*，但很遺憾没提出證據。

⑦ "Die Last der Kultur. Vier Fallstudien zur chinesischen Nietzsche-Rezeption", *Minima Sinica*, 2: 1－42 (1989 December); 1: 1－40 (1990 June). 這篇文章後來大加刪節以英文另行發表："The Burden of Culture: Glimpses at the Literary Reception of Nietzsche in China", *Asian and African Studies*, 6. 1: 76－91 (1997)。

成果，第一篇題爲《關於魯迅對尼采思想的接受》，後來出版了兩本研究魯迅的專著《魯迅與終末論——近代現實主義的成立》（1975）及《魯迅與日本人》（1983），[①] 裏面都有研究魯迅尼采的章節，這些章節和一些有關散篇都譯載在《魯迅、創造社與明治文學》一書，[②]《魯迅與日本人》全書更有中譯，[③] 其中有關魯迅與尼采的論述較以前的論著更清晰嚴謹。伊藤虎丸的主要貢獻，是介紹了尼采在日本傳播的情况，例如關於高山樗牛（Takayama Chogyū，1871－1902）和登張竹風（Tobari Chikufū，1873－1955）的觀點，以及魯迅接受尼采的特定歷史文化環境，例如日本“政治青年”向“文學青年”的演變。伊藤虎丸特别探討了魯迅在追求現代化過程中的“回心”，認爲魯迅從尼采個人主義中得到强調人的精神的啓示，“想通過徹底否定傳統來求得民族精神的復興”。伊藤虎丸的研究其實也是對日本現代文化的檢討，其實帶有很强的現實使命感。所以有些地方，如比較魯迅與内村鑒三，對魯迅尼采的問題便没有什麽關係。

筆者也是研究魯迅與尼采的，有關筆者研究的心路歷程，已見於其他文章，可以從略。[④] 這裏主要是事實的介紹。筆者在二十世紀八十年代開始發表魯迅與尼采的論文，後來結集成《尼采與魯迅思想發展》一書在香港出版，[⑤] 其中《進化論與超人的矛盾——論“五四”時期尼采對魯迅的影響》及《魯迅與尼采：1927年後的影響和契合》曾在國内發表。[⑥] 這本小書主要是提供考夫曼（Walter Kaufmann，1921－1980）非法西斯的尼采，在這個基礎上論述尼采對魯迅各個思想階段的積極影響，又從一些西方馬克思主義結合尼采學説的事例，説明曹聚仁所謂“馬列尼采，兼收並容”的現象，在歷史上和理論上也不是没有先例。

六

第二階段或部分，從二十世紀八十年代中開始，可能由於熱潮過後，自然冷却，更可能是受1983年年底“清除精神污染”運動的影響，對社會有壞影響的“極端個人主義”的尼采思想，自然少談爲宜，所以雖然得到唐弢提倡“應該大寫”，文章數量却明顯減少，而且重點轉移到文學、美學方面。

魯迅研究者中對尼采與魯迅小説探討得較好的，首推馮光廉《魯迅小説研究》（其中第十四章爲尼采與魯迅小説的專章）。[⑦] 馮光廉認爲過去的研究者强調了魯迅與尼采的異，淡化他們的同，“漠視”“尼采精神對魯迅人格的持久的影響”，爲了匡正這種偏頗，着重探討他們相近之處，及尼采影響積極的一面，並“將視點轉移到魯迅小説中來，主要從中探討尼采精神對魯迅人格建構的影響”。馮光廉把魯迅小説人物歸納爲庸衆、歷史中間物和超人，並認爲魯迅對庸衆的看法受尼采影響，而這個尼采影響有積極意義。尼采的進化論和個性主義“參與了魯迅偉大的人格精神的鑄造”，使他的小説“呈現出一種與同時代作家很不一樣的悲凉、孤獨、冷峻與決

① 伊藤虎丸《魯迅と終末論——近代リアリズモの成立》，龍渓書舍，1975年；《魯迅と日本人》，朝日新聞社，1983年。

② 北京大學出版社，1995年2月，爲省篇幅，散篇原出處不具列。

③ 李冬木譯《魯迅與日本人——亞洲的近代與“個”的思想》，石家莊：河北教育出版社，2001年。

④ 《沉迷魯迅尼采二十年》，《讀書》2002年第7期，頁136－144。

⑤ 《尼采與魯迅思想發展》，香港：青文書屋，1987年。

⑥ 前者載《魯迅研究資料》第17輯，1986年9月，頁327－334；後者載胡軍譯《當代英語世界魯迅研究》，南昌：江西人民出版社，1993年12月，頁315－333。另還有兩節《從另一角度看尼采的思想》及《論尼采與魯迅思想發展》，見《魯迅研究動態》1985年第2期，頁25－33。

⑦ 《魯迅小説研究》，天津人民出版社，1989年，頁324－342。

絶的精神特質"。魯迅小説的抒情與批判風格的結合，也跟尼采的影響有關。

繼續探討這個問題而比較突出的，有閔抗生和程致中，他們也偏重文學方面。程致中在1989年開始寫了四篇關於魯迅與尼采的文章，其中兩篇專門談魯迅的小説，但1989年後中斷了一段時間。① 閔抗生在1986年開始發表文章，陸續有二十多篇，後來結集爲《魯迅的創作與尼采的箴言》，② 其中一篇專論尼采；一篇魯迅與尼采的綜合比較；兩篇比較尼采與《狂人日記》；20篇比較《查拉圖斯特拉如是説》與《野草》。閔抗生多年反覆閱讀尼采著作，比較研究做得很細，例如對魯迅的棗樹和尼采筆下的樹的形象的比較，實在令人佩服。③ 尤其是指出《愉快之學》中象徵"超人"的樹，跟象徵魯迅自己和"精神界之戰士"的棗樹非常相似，没有仔細閱讀尼采著作是很難注意到的。不過，閔抗生也許對此書太投入，真有點像尼采所謂"血寫的書"，因此解讀亦並非没有可商榷之處，例如對同情與羞耻的理解，④ 角度似乎稍有偏差。

尼采與《野草》這個題目一直很受研究者青睞，王本朝的《詩化哲學——魯迅〈野草〉與尼采〈查拉斯圖拉如是説〉之比較》，⑤ 及王立世《從〈野草〉看魯迅對尼采的理解與吸收》，⑥ 都注意到尼采研究的新動態，並直接從尼采著作中得出自己的見解。新近還有魯雪莉的《漫漫荒蕪路——從文化哲學視角分析魯迅〈過客〉與尼采〈查拉圖斯特拉如是説〉之異同》。⑦ 小説方面，這期間譯介了高力克的《魯迅的吶喊與迦爾洵、安特萊夫和尼采的創造性對抗》。⑧ 對於文藝方面較全面的比較，有筆者的《碎片、發狂、永遠重複的夢魇——從現代性和現代主義看魯迅與尼采文藝上的契合》。⑨ 這類文章還有不少，可惜大都發表在一些比較偏僻的學報，很多只見篇目。⑩

七

第三階段（或部分），是魯迅尼采研究學理化的發展。這個階段的特點是在選題上傾向學術性、尖端化，論述的語言和方法上也傾向學術性。

1990年，伊藤虎丸的《魯迅早期的尼采觀與明治文學》譯介在《文學評論》第1期。這篇

---

① 《論魯迅與尼采》，《安慶師院學報》1989年第2期（2月），頁49－56；《魯迅的"立人"思想和尼采學説》，《魯迅研究資料》第22輯，1989年10月，頁137－157；《魯迅前期小説中的尼采影響》，《人文雜誌》1989年第5期（9月），頁102－106；《魯迅前期小説與尼采》，《河南師範大學學報》1989年第12期，頁48－52。

② 《魯迅的創作與尼采的箴言》，西安：陝西人民出版社，1996年9月。關於這本書的評介，見胡健《〈野草〉研究的新境界——簡評閩抗生〈魯迅的創作與尼采的箴言〉》，《上海魯迅研究》2000年10月第11輯，頁212－215；張夢陽《中國魯迅學通史》下，廣州：廣東教育出版社，2002年12月，頁145－146。

③ 《魯迅的創作與尼采的箴言》，頁225－226。

④ 同上注，頁165－166。

⑤ 《湖北大學學報》1990年1月第1期（1月），頁72－77，82。

⑥ 《山西大學師範學院學報》1991年第3卷第4期，頁98－102。

⑦ 《"魯迅：跨文化對話"國際學術研討會論文集》，大象出版社，2006年。

⑧ 《魯迅研究動態》1989年第1及第2期，頁61－67；31－47。

⑨ 見《"魯迅：跨文化對話"國際學術研討會論文集》。

⑩ 關於《野草》，檀柯《輪回、意志與解救——比較〈過客〉和〈查拉圖斯特拉如是説〉》，《社會科學論壇》2004年第20期；趙山奎、馬嘯《魯迅的〈過客〉與尼采》，《阜陽師範學院學報》2006年第1期；陳蘊賢《從〈秋夜〉看尼采對魯迅的影響》，《黎明職業大學學報》2002年第2期。關於小説，有肖莉《論尼采〈察拉圖斯忒拉的序言〉對魯迅〈狂人日記〉的影響》，《湘潭師範學院學報》2006年第3期；蔣毅、陶宣《尼采思想對魯迅小説人物形象塑造的影響》，《重慶工學院學報》2006年第3期。關於美學比較，有張華的《魯迅與尼采悲劇觀比較》（《中國礦業大學學報》2006年第3期）及《兩種歷史文化語境下的追問——魯迅、尼采的兩場美學批評之比較》（《蘇州科技學院學報》2005年第4期）。以上文章，均採自北京萬方數據網站（http://www.wanfangdata.com.cn/），出版資料不全。

文章當時在國家一級刊物上發表，是具有一定象徵意義的。第一，它表明學術研究相對自由得到保證，不受1989年政治社會動蕩影響；第二，它也標誌了魯迅尼采研究向學理方向的發展。這段期間最值得注意的是，1991年江澤民在魯迅誕生110周年紀念大會的講話中，明確説魯迅曾經受尼采影響，① 實事求是地把過去一切否定魯迅與尼采聯繫的種種説法變成歷史。

在專注學理的氛圍下，魯迅尼采及宗教文化問題，頗引起研究者的興趣，先後有高旭東的《魯迅、尼采與孔子、耶穌》、② 劉福勤的《尼采的反基督對魯迅倫理觀的影響》③ 和哈迎飛的《魯迅、尼采與佛教》。④ 高旭東認爲魯迅和尼采都是他們激烈批判的儒家和基督教的產物。哈迎飛認爲尼采和佛教給魯迅相反的影響，使魯迅"在冷與熱、進與退中保持適當的張力"，還指出徐梵澄、高長虹不僅是尼采迷，也酷愛佛經。

潘世聖的《魯迅的思想構築與明治日本思想文化界流行走向的結構關係》，⑤ 韓國李珠魯的《魯迅與近代思想——圍遶尼采思想的接受》，⑥ 均對明治時代尼采傳播又提供了一些新材料。李珠魯還探討了魯迅引述尼采的準確性，不過李珠魯重複了趙瑞蕻一些值得商榷的意見，例如，趙瑞蕻以爲魯迅《摩羅詩力説》開頭譯引《查拉圖斯特拉如是説》的話"新生之作"，是歪曲了尼采"新民族的興起"的原意，⑦ 但查《摩羅詩力説》開頭談的正是民族文化精神的興衰，並非"意味着精神界戰士的新生"，魯迅那句古文從《摩羅詩力説》的上下文來看，也可以理解爲民族的新生。

姚錫佩的《現代西方哲學在魯迅藏書和創作中的反映》雖然不是專談魯迅尼采，但却是魯迅尼采研究者所必須參考的文章，因這篇文章除了列舉魯迅有關尼采的藏書及其版本外，還提到一些書，裏面有對尼采的評論，例如有一本德文的哲學史小册子就有一節談尼采，⑧ 魯迅後期買的舍斯託夫（Lev Shestov, 1866－1938）的日文文集，裏面也有舍斯託夫著名的兩篇文章，《論託爾斯泰與尼采》及《論妥斯陀也夫斯基與尼采》等等。⑨

學理探討之外，也有從魯迅思想史角度進行探討的。汪毅夫在《魯迅對尼采個人主義的保全和規範——〈1902－1909：魯迅與新思潮〉》中，⑩ 指出魯迅將尼采的個人主義跟進化論結合起來，又將尼采跟極端個人主義區别開來，用"立人"、"立國"來保全和規範爲尼采的個人主義；後又有《"嵇康的忿世，尼采的超人，配合着進化論"——魯迅留日時期思想之整體觀》，⑪

---

① 上海魯迅紀念館編《魯迅先生誕辰一百一十周年紀念論文集》，上海：百家出版社，1993年2月，頁2。

② 《魯迅研究月刊》1991年第4期，頁4－10。

③ 《魯迅研究月刊》1995年第5期及第6期，頁15－22；24－33。

④ 《魯迅研究月刊》2001年第1期，頁20－27。

⑤ 《魯迅研究月刊》2002年第4期，頁4－14。

⑥ 《中國現代文學研究叢刊》2005年第1期，頁167－183。

⑦ 趙瑞蕻《〈摩落詩力説〉注釋·今譯·解説》，天津人民出版社，1982年4月，頁18。尼采引文出自《查拉圖斯特拉如是説》卷3第12章，該章有譯作《新榜與舊榜》（Von alten und neuen Tafeln），正如趙瑞蕻指出，"Tafeln"譯作"榜"不妥，但趙認爲應譯作"墓碑"，《魯迅全集》中《摩羅詩力説》的注釋也採用趙的翻譯，實誤；李珠魯作"目録版"，則比"榜"差更遠矣。其實"Tafeln"是古時用來刻寫的石板，《查拉圖斯特拉如是説》有意模仿影射《聖經》，而《新榜與舊榜》講"善與惡"的律例，顯然影射《聖經·出埃及記》上帝用手指寫給摩西的兩塊戒令石板（Tafeln des Zeugnisse），一般認爲這兩塊石板上面寫的就是"十戒"，一些詞典將摩西"十戒"石板譯作坐落地上固定的石碑，實誤。"Zeugnisse"譯自"'edut"，相當於古時中東地區一個更權威的上主給地方領主制定條約中的條款。中文《聖經》譯做"法板"。參考 *The New Jerusalem Bible*, [London: Dardon, Longman & Todd, 1985], pp. 113, 122；得維遜等著，李玉珍等譯：《〈聖經〉新釋》，香港：證道出版社，1976年8月，頁83，94。另外，W. Wiley Richards 認爲新舊石板指的是《新約》和《舊約》，誤，因第二節提到新舊石板都是用衆數，而第三節則出現一塊新石板，所以新舊石板不可能特指《新約》和《舊約》（W. Wiley Richards, *The* Bible *and Christian Traditions: Keys to Understanding the Allegorical Subplot of Nietzsche's* Zarathustra, [New York: Peter Lang, 1990], p. 245. Cf Z, III, 12; PN: 310－311）。

⑧ Friedrich Traugott, *Geschichte der Philosophie dargestellt in ihrem Haupsystem* [Berlin: H. Hillger (n. d.)].

⑨ 《魯迅研究月刊》1994年第10期及第11期，頁4－15，4－12。

⑩ 《魯迅研究月刊》1991年第10期，頁44－49。

⑪ 《魯迅研究月刊》1996年第3期，頁15－19。

發揮唐弢"嵇康的忿世，尼采的超人，配合着進化論"的觀點。唐弢的《魯迅傳》的第十章《多元影響：進化論和尼采思想》，① 指出魯迅從未否認自己曾受尼采影響，後期雖對尼采有進一步比較客觀的認識，但没有全盤否定他。唐弢還指出，尼采在二十世紀前期影響很大，没有讀過他的著作也可以受他影響。

冒鍵的《站在時代巔峰的精神巨子：怪杰瘋子狂人——叔本華、尼采、魯迅風貌比較》找出他們共同的狂人氣質、悽苦孤獨的心靈，以及多疑、悲觀、憤世嫉俗等"個性怪癖"。② 李克的《前期魯迅的"寂寞"與尼采的"孤獨"》認爲魯迅與尼采的孤獨雖然相同，但産生的原因不同，表現也不同；③ 後又有《魯迅接受尼采哲學的原因探析》，指出魯迅接受尼采跟他"立人"的任務有密切關係，是要塑造一批"超人"，想庸衆宣戰，挑戰傳統，批判資本主義物質至上，還主張個性；但自然也有保留，如不用"權力意志"的概念，後期對尼采更多微詞等等；但又認爲魯迅的"硬骨頭"精神體現了尼采的"超人"。崔寶國的《"超人"與"立人"——論魯迅思想與作品中的個性主義》雖然認爲魯迅個性主義中的"超人"不是尼采的超人哲學，但認爲魯迅的個性主義迄今仍有積極意義。④ 類似探討魯迅思想的文章還有一些，可惜目前只看到摘要。⑤

有些探討很具時代特色。例如肖曉玲和譚培文的《阿Q的精神勝利法和查拉斯圖拉的權力意志》，⑥ 這是一個很好的題目，而作者提出精神勝利法跟"權力意志"有相似的地方，是很值得再深入挖掘下去的。但文章認爲尼采"權力意志"包含"市場觀念"和"競爭意志"，"是市場經濟中每一個活動主體比先具備的精神素質"，雖然體現並符合中國經濟發展的潮流，但就未免有點黑色幽默了。

尼采在中國的"平反"，在這個階段得到比較多的反映。孫美麟的《異代同響　殊域和鳴——淺談嵇康、尼采對前期魯迅的影響》，⑦ 吸收了陳鼓應（也就是考夫曼）"平反"了的尼采，認爲魯迅對尼采是自覺的攫取，首先是"超人"，其次是徹底反傳統。魯迅對尼采並無誤解。但又認爲尼采"不惜以犧牲庸衆來换取一、二天才的出現"，與魯迅"有本質的不同"。曾促進過尼采"平反"的李瀿，在《尼采論》一書中談及魯迅尼采時，雖然認爲尼采對魯迅影響積極，但"就主要傾向和思想體系來看，尼采與魯迅有着本質的區别，但就具體問題上的具體觀點而言，他們兩人又有許多相似之處"⑧。程致中在《尋找精神家園中》瞭解尼采長期遭誤解和歪曲，認爲"尼采哲學的對象是人，根本上是一種人生哲學"，"魯迅當時'醉心於尼采'，還有感情上的共鳴因素"，即他們不爲世人所瞭解的孤獨。然而，作者又認爲魯迅的"超人"跟尼采的學説有"本質的不同"，"五四"後加深對尼采的懷疑，"馬克思主義幫助魯迅清算了尼采學説中的消極因素"；雖然魯迅後期没有完全否定尼采，但"後期魯迅對尼采學説體系整體性否定，並不妨礙他對尼采學説的某些積極因素有所肯定，有所借鑒。"跟李瀿的見解差不多，似乎已是一種新的"共識"。如果這算是一種"共識"，則尼采在中國的"平反"，看來也只是"脱帽右派"，至少在魯迅問題上是如此。

---

① 《魯迅研究月刊》1992年第9期，頁49－55。
② 同上注，1996年第2期，頁16－21。
③ 同上注，1997年第2期，頁9－15。
④ 《寧夏大學學報》1996年第4期（10月），頁26－34。
⑤ 在Shvoong網上（http://ch.shvoong.com/）看到一些文章摘要，但出版資料均不全：黄漢清《魯迅與尼采》，《中國文化研究》（1999年5月28日）；黄懷軍《淺析青年魯迅對尼采"超人"説的誤讀》，《中國文學研究》，2000年1月30日；劉妍《魯迅前期思想中的進化論與超人説》，《首都師範大學學報》，2003年1月1日。
⑥ 《衡陽師專學報》1994年第3期，頁61－66。
⑦ 《安順師專學報》1990年第1期，頁26－30。
⑧ 李瀿《尼采論》，杭州：浙江教育出版社，2003年4月。

八

在國外，有幾位攻讀博士學位的中國學者，差不多同時選了尼采與中國的課題，其中自然涉及魯迅與尼采。最早的應是殷克琪（1951－1991）1991年的《尼采與中國現代文學》，原爲德國慕尼黑大學博士論文，[①] 作者用力最勤，資料翔實，可惜完成後便因用功過度去世，後從德文譯出在國內發表。1993年李潔的《尼采的“末人”形象在魯迅那兒》，主要是比較魯迅批判的中國“國民性”和尼采的“末人”，但一半以上篇幅其實是談尼采在中國。這篇博士論文曾在瑞士巴塞爾出版，於1997年仍以德文在中國出版。[②] 另又有美國水牛大學（紐約州立大學）博士邵立新的《尼采在中國》。[③] 南京的成芳（杜建成）也出了一本《尼采在中國》，[④] 雖然不是博士論文，人也不在國外，但水平並不遜色。

筆者的博士論文《論魯迅與尼采》則是專門探討魯迅與尼采，於1994年通過後，曾將他們的思想更深層次契合的問題（《魯迅與尼采“反現代性”的契合》），及魯迅所接受的尼采的源流演變及當時歷史文化背景等問題（《魯迅早期尼采考》），整理成文章在國內轉載或發表。[⑤] 這兩篇文章都涉及伊藤虎丸探討過的問題，但由於讀者對象不同，所以在介紹日本尼采傳播的情況，尤其是“美的生活”論戰比較詳細，側重也有不同。至於“反現代性”的問題，伊藤虎丸認爲魯迅接受尼采的是“現代”的個人主義，而不是“反現代”的思想。筆者覺得與其否定魯迅有“反現代”思想，不如用文化和實用兩種“現代性”的衝突去解釋會更清楚，而且對魯迅日後的思想發展的探討也很有啓發性。其後，2000年還寫了一篇《中國魯迅研究者的尼采：接受“溫和”尼采的曲折道路》。[⑥] 2001年筆者的博士論文修訂出版，改題爲《魯迅：中國“溫和”的尼采》，[⑦] 全書分導言、第一章尼采到東方的旅程、第二章重估奴隸價值、第三章尼采反政治的精神激進主義、第四章魯迅永恒的“國民性”改造、第五章魯迅作品中的尼采成分、結束語：中國新文化不安穩的方向。個別章節有中文版。[⑧]

結束語

《魯迅：中國“溫和”的尼采》的題目表明，這是一本以“溫和”尼采爲基礎來解釋魯迅尼采關係的著作。魯迅是“中國‘溫和’的尼采”這個説法，並非要把魯迅説成是尼采亦步亦趨

① 殷克琪著，洪天富譯《尼采與中國現代文學》，南京大學出版社，2000年3月。

② *Nietzsches Gestalt des "letzten Menschen" bei Luxun*，北京：今日中國出版社，1997年1月。

③ *Nietzsche in China*, Peter Lang, New York, 1999. 此書頗爲單薄，只有146頁，不及成芳《尼采在中國》的三分之一。裏面有些很有趣的觀點，如追溯毛澤東早期對唯意志論的接觸，認爲“好好學習，天天向上”包含了尼采影響。

④ 成芳《尼采在中國》，南京出版社，1993年4月。

⑤ 原載香港《二十一世紀》，1992年6月號，頁91－96；《學人》第9輯，1996年4月，頁259－293。《魯迅研究月刊》均有轉載，見1996年第6期，頁4－9；1997年第6期，頁4－18。

⑥ "The Nietzsche of Chinese Lu Xun Scholars: A Zigzag Road of the Reception of the 'Gentle' Nietzsche", in *Sino-German Relations since 1800: Multidisciplinary Explorations*, Frankfurt am Main: Peter Lang (2000), pp. 167－85.

⑦ *Lu Xun: The Chinese "Gentle" Nietzsche*, Frankfurt am Main: Peter Lang, 2001.

⑧《否定的否定：魯迅與尼采對文化傳統的繼承和發揚》，載《魯迅的世界　世界的魯迅》，呼和浩特：遠方出版社，2002年，頁541－562；胡瑞紅譯《一個“頹廢”“超人”的戀愛觀》，《廣東魯迅研究》2003年第4期，頁47－56。

的門徒，或是簡單的A等於B。[①]“影響”從來不等於全盤照搬，只有墨守業已過時的比較文學機械論影響論的論者，硬把“影響”理解爲完全異質的外來入侵，才會做出這樣的理解。所謂魯迅是“中國的尼采”，是指魯迅是在中國這個環境中產生出來的、跟尼采相當的人物，或者說，他們在各自的歷史文化範圍裏，佔着相似的地位和起着相似的作用。爲什麽要這樣説呢？因爲他們相通、相似的地方，其中有的是影響、傳播、接受的結果，其中過程複雜，有直接，有間接，並牽涉雙方的傳統和當時的文化思潮；但這些相通、相似的地方，有時也與影響無關，而只是牽涉人性和人類社會更根本的共同問題等等。這些現象若簡單地用“接受”、“利用和改造”等術語，以回避或取代“影響”一詞，還是解決不了問題的。

更重要的是，比較是爲了尋求跨越地域及時代局限的共同規律。“温和”的尼采只是一種爲個性自由和文化解放而鬥爭的人文傳統和現代思潮的代稱。魯迅與尼采雖出現在不同時代和不同地域，却代表了這種傳統和思潮。從“温和”的尼采走向魯迅，會走得很近。反之亦然。換言之，他們只是同一種傳統與思潮在各自時代和地域中的產物。通過跟尼采的比較，可以展現魯迅思想精神在當今世界依然具有的魅力和活力。如果魯迅還代表着一種文化的方向，他這種融合了現代西方和傳統中國“積極力量”的“温和”尼采方向，一方面把尼采引進中國，另一方面也把中國推向世界。在這個意義上，魯迅的方向已不僅僅是中國文化的一種方向，而是全世界文化的一種方向了。

不過，中國“魯迅與尼采”研究在新時期第三階段體現的“新共識”，似乎不會同意上述“温和”的觀點。這個“新共識”的基本觀點和態度，其實早在1981年便由陸耀東和唐達暉提出，不同的只是此時已瞭解到尼采曾遭歪曲和誤解的事實，但這些事實似乎對魯迅尼采的探討也没有太大的觸動。其實“新共識”所帶來的問題，比它要解決的問題還要多。例如，爲什麽“根本上是一種人生哲學”的尼采學説，一跟魯迅比較起來便會變得如此消極，必須由馬克思主義來消毒、“清算”呢？尼采哲學的“整體”是什麽意思？是否要魯迅全盤照搬才算接受？魯迅接受的積極與消極的影響究竟佔尼采學説“整體”什麽位置、多少份量？被歪曲的尼采、魯迅接受的尼采、尼采著作體現的學説這三者之間，究竟是什麽關係？在討論他們之間的“本質不同”之前，是否需要交代清楚這三者的關係呢？而“本質不同”的“質”又究竟是指什麽呢？這些應該是學術性的問題，但也可能已經超出學術研究的範圍。

2005年人民文學出版社出版新的《魯迅全集》，當中卷一對尼采的注釋，保留1981版的文字，只删掉以下一段：“他極端敵視無產階級的社會主義革命運動，甚至連資產階級的民主也堅決反對。他的理論反映了十九世紀後半期壟斷資產階級的願望和要求，後來成爲德國法西斯主義的理論根據。”其餘一字不改，基本上仍堅持魯迅誤解尼采，强調魯迅後來改變對尼采的看法，很大程度上仍然堅持洛蝕文等人的“强横”説法。作爲解釋魯迅的權威出版機構，其立場和態度自然是有代表性的，不過其影響力恐怕已今非昔比。要想把魯迅繼續封存在一種蓋棺論定之中，大概已經不再可能。

未來的“魯迅與尼采”研究會不會有新的局面呢？隨着中國改革開放，隨着學理得到繼續

---

① 這是寇志明的理解，儘管本書《導言》中已作解釋。寇志明《〈魯迅：中國“温和”的尼采〉感言》，《魯迅研究月刊》2006年第2期，頁91－93；其英文書評見 *The China Quarterly*（《中國季刊》），No. 181（March 2005），pp. 197－199。查《魯迅研究月刊》譯載的版本跟《中國季刊》的版本不同。順帶一提，寇志明對本書把現代性分爲兩種視而不見，對晚清“反清復明”的民族主義思潮毫不瞭解，只抓住書中魯迅對明遺民“民族的忠誠和屈辱很有同感”一句，斷定筆者把魯迅説成是“反現代”的“明末遺民”，實在莫名其妙。有關晚清“反清復明”的民族主義思潮，參考 李新主編《中華民國史》第1編上，北京：中華書局，1981年9月，頁127－128，211，288；金冲及、胡繩武《辛亥革命史稿》第1卷，上海：上海人民出版社，1980年7月，頁330－332。

的重視和發展，應該會有更深入的探討，而由於魯迅與尼采是中外現當代思潮繞不開的人物，肯定還會受研究者和思想界的青睞，而“魯迅與尼采”的問題，肯定還將會繼續反映中國思想的新動向和新面貌。

茅盾作品中的“歐化”表達

陳家駿

一

歐化對現代漢語的影響很大。我們甚至可以這麽説，歐化對於現代漢語而言，幾乎是避無可避。謝耀基在《現代漢語歐化語法概論》一書中，即言簡意賅地指出：

> 自五四新文學運動以來，從文言到當時的舊白話，再從當時的舊白話規範到現在的新白話，短短數十年之間，文法的變遷，比之從漢至清，有過之而無不及；而漢語語法結構規律的變化和發展，就受了歐西語言很大的影響。①

茅盾本身便認爲，歐化其實也是漢語進步的一種表現。他曾明確指出，“語體文”是種通俗的語言，更是借鑒西方文學表達的一種十分精細的文字表達。② 套用茅盾所用的感性的話，即白話文其實也是一種美麗的文字表達。③“語體文”即“白話文”，也是上述引言中，謝耀基所說的“新白話”。

茅盾認爲，中國人要發表思想，甚至是宣泄情感，便要學習白話；而作爲書面語的文言是過時的語言，以口語爲基礎的白話，才是進步的語言。④ 因此，他認爲白話文用來做論文、寫小説等，决不遜色於文言。⑤ 茅盾的這一看法，與當時中國其他知名的新文化學者的看法相同；如胡適在當時便認爲歐化是使中國文字在表達上，變得精密的一種方法和手段。⑥ 這裏所謂的精密，從陳望道的一段分析，即能讓我們洞悉這問題的本質：

---

① 謝耀基《現代漢語歐化語法概論》（香港：光明圖書公司，1990 年），頁 1。

② 參見茅盾《雜感——美不美》，見《茅盾文藝雜論集》上集（上海：上海文藝出版社，1981 年），頁 162。“五四”作家爲何有意利用及提倡歐化表達，除了當時文言與人們的口語距離越來越大外，另一原因乃是爲了改變中國古典小説在寫作手法上傾向於概括性的問題。反觀現代白話小説，因受西方寫作概念影響，無論對生活、人物或心理的描寫，都比較注重精細描寫；也因此，五四作家在白話叙事能力上，要求不斷强化；在寫作上，表達更是力求縝密。參張衛中《漢語與漢語文學》（北京：文化藝術出版社，2006 年），頁 26－45。歐化的句式，無論是主語的增加，或是複雜的定語，或是關聯詞的多用等，在在説明“五四”作家用心之所在。關於歐化句式的種種，可參謝耀基《現代漢語歐化語法概論》一書。

③ 參見茅盾《雜感——美不美》，見《茅盾文藝雜論集》，頁 162。

④ 參見茅盾《雜感一》，見同上注，頁 140－143。

⑤ 參見茅盾《進一步退兩步》，見同上注，頁 170－171。

⑥ 當時的中國對這一問題多持同一看法。韓立群指出，胡適在當時即認爲歐化不但對中文没有壞處，反而令中文表達更細密深邃。有關内容，可參考韓立群《中國語文革命：現代語文觀及其實踐》（北京：中央編譯出版社，2003 年），頁 22－23。

> 這種語文合一的文體正在日益擴展它的應用範圍，正在日益充實它的成分，經常從民間，從古代，從外國，吸收好的有用的成分來豐富自己的。而人民大衆也經常從這種文體中吸收有用的成分來使自己的語言更精煉，更普通，逐漸形成爲廣大人民傳情達意的共同語，成爲一種新型的普通話。①

由此可見，當時文人對於歐化的看法，除了認爲歐化表達令書寫語言更接近當時人們的口語，可以更爲普及化之外，還希望能在新文學的創作及表達上，或對生活，或對人物形象，或對人物情感甚至其個性，都能做到更爲精細、細緻的描摹。②

二

今日重新披閱現代作家或學者用“語體文”寫的文章，不難發現其中有許多洋腔洋調的表達。③ 在白話文創始初期，許多作家的文字都有比較明顯的歐化現象，而這也早已是不爭之實。④ 若從當時仍屬現代漢語過渡的時代來看這問題，茅盾作品中出現一些貌似怪兀的歐化表達，在我們今天現代漢語比較成熟的年代看來，自然感到奇異生疏，不足爲奇。

雖然茅盾正面肯定歐化，不過還是認爲過多的歐化，並無法有效推行白話文，也因此力言要努力改善文句，盡量去除表達裏過多的歐化毛病。⑤ 因爲不同的人對歐化的接受程度不同，受歐化的影響自有不同；根據這一點來看，歐化其實也應看作是作家個人的風格甄别。

茅盾在文字表達上，一如他自己所説，除了求精密，還力求文字表達更爲接近人們的口語；更重要的是，還要合乎中文的表達。進言之，茅盾不一味在表達上求怪異，也不是爲了與衆不同而刻意出現不符合中文用語習慣的句式。如茅盾作品中曾經出現仿自英語結構助詞叠用的表達現象，可是茅盾終究只用上一兩回，最後還是因爲這用法與中文的用語習慣不符而舍棄不用。這裏就此現象稍作説明。英語名詞副詞化，一般是要通過“形化”才能實現，如“History”（名

---

① 陳望道《修辭學發凡》(上海：上海教育出版社，2001年)，頁38-39。

② 參張衛中《漢語與漢語文學》，頁26-45。

③ 且看以下所舉的例子：

例1 到處流露出一些國慶的味道。

例2 他們拿過臉盆、毛巾、牙刷來裝配成一組。

例3 他在鎮壓自己的悲哀。

例4 然而省外的革命運動逐次鎮定了，重慶的獨立也遭了失敗……

王紹新從茅盾作品中摘取上引諸例，加以説明：“初看起來，這些句子類乎留學生的病句，遣詞命意與通常的語言習慣及詞書解釋相左。”有關問題，可參王紹新《課餘叢稿》(北京：北京語言文化大學出版社，2000年)，頁332。這其實也是當時許多作家在用語上的問題。

④ “語體文”的歐化問題，在茅盾時代確實引起過爭論。Edward Gunn在論著中清楚揭示這一點。他還引録瞿秋白批評茅盾作品中歐化現象的一段話：“Qu's commentary on this construction reads: I ask you, is this more beautiful? Not necessarily. If literature is to be an artistic product for the masses of common people to listen to, then this sort of Europeanization when recited aloud is just extremely ugly Chinese without a trace of beauty in it.”（見Edward Gunn, *Rewriting Chinese: Style and Innovation in Twentieth-Century Chinese Prose* [Stanford: Stanford University Press, 1991], p. 9.）瞿秋白之所以有這樣的批評，固然有其政治因素，却在在説明當時還是有些人對漢語中的歐化現象不盡讚同。其實，就是在今日，許多人對歐化也不一定完全讚同，如謝耀基在其著作中即表示，歐化可以分“善”、“惡”兩種（參謝耀基《現代漢語歐化語法概論》頁104-113）。由此可見，批評歐化不好，主要是從語用的角度分析，若從修辭的角度探討，不難發現，歐化確實能營造陌生化，有其修辭特點。關於這方面的問題，可參王希杰《修辭學導論》（杭州：浙江教育出版社，2000年)，頁290-296。

⑤ 茅盾《文藝大衆化問題》，見《茅盾文藝雜論集》下集，頁696。

詞）可變成"Historical"（形容詞）或"Historically"（副詞）。茅盾在《中國新文學大系小説一集導言》中便有如下的表達：

例 1　冷静地諦視人生。客觀的地，寫實的地，描寫着灰色的卑瑣人生的，是葉紹鈞。①

此外，在茅盾散文《故鄉雜記》也出現過這樣的表達：

例 2　這一聲叫賣雖然是職業的地響亮而且震耳……

（《文集》卷 9 頁 136）

研究這現象的學者楊亦鳴認爲，這可能是出於日文的表達。因爲不諳英語而精通日語的魯迅先生，便曾多次使用這類疊用的結構助詞，而這顯然不似一般人所理解的，是屬於英語的表達法。②

總而言之，不論源自何處，這樣的表達既不符合中文的表達方法，也讓人覺得叠床架屋，更不見得就能表達得更爲清楚、具體。其實，屬於意合法的漢語，本來不必爲了强調詞性而如此刻意爲之。若是今天，例 1 可換做"客觀並寫實地描寫着灰色的卑瑣的人生的，是葉紹均"。或不用倒裝句，而直接寫成："葉紹均客觀並寫實地描寫着灰色的卑瑣的人生。"亦無不可，同樣可以爲人們所接受。例 2 也大可寫成："這一聲震耳的叫賣是職業性的響亮"，或許更易讓人接受。

易言之，茅盾是個冷静的作家，固然力求表達能更缜密、細緻，却又十分小心謹慎，致力於講求用語的規範；也因此，茅盾作品中屬於"變異"的用例，相對而言，便顯得較少。本文僅從以下"很"、"是"和"們"的用法，一窺茅盾用語上的歐化特點。

三、"很"字的特殊用法

在古漢語裏，"很"與"狠"同義，用作形容詞；並不像今日漢語，擁有充當程度副詞的功能。③ 資料顯示，《紅樓夢》裏已出現"很"字充當程度副詞的用法，如："老太太主意很好，何必問我。"④ 經過檢查，筆者發現，《紅樓夢》裏充當副詞的"很"字，用法雖符合規範，却並不十分普及。筆者從《紅樓夢》的前 7 回裏，總共才發現只有 3 處地方使用"很"。⑤ 可見，當時

① 見趙家璧主編《中國新文學大系》卷 3（香港：香港文學研究社，1963 年），頁 886。

② 有關論述，可參楊亦鳴《關於魯迅作品中結構助詞叠用的問題》一文，見楊亦鳴《語言的神經機制與語言理論研究》（上海：學林出版社，2003 年），頁 212－216。

③ 翻查楊伯峻和何樂士合著的《古漢語語法及其發展》（北京：語文出版社，1992 年），並没有紀録"很"字充當副詞的用例。此外，許仰民《古漢語語法新編》（鄭州：河南大學出版社，2001 年），也未見提及。可見"很"在古漢語還没擁有副詞的功能。反倒是在古典白話文學，如《紅樓夢》裏，可以看到"很"字充當副詞的用例。

④ 此一例子乃轉引自商務印書館辭書研究中心編之《古今漢語詞典》（北京：商務印書館，2000 年），頁 570。

⑤ 例 1：寶玉道："好祖宗，我就在碧紗橱外的床上很妥當，何必又出來鬧的祖宗不得安静。"（《紅樓夢》第 4 回）
例 2：人怎麽説，他也添幾句文話兒説一遍。可倒殷勤得很，三四個人一日輪流着倒有四五遍來看脉。他們大家商量着立個方子……（《紅樓夢》第 7 回）
例 3：引用建蓮子七粒去心紅棗二枚。賈蓉看了，説："高明得很。還要請教先生，這病與性命終久有妨無妨？"（《紅樓夢》第 7 回）

對"很"的用法，範圍不免稍嫌狹窄。

到了"五四"時候，"很"字充當程度副詞的使用頻率逐步提高。魯迅在作品中也用"很"字，雖不及"頗"來的多，但其中大多用法還算符合現代漢語的使用習慣；不過，有些顯然是有意突出而造出的怪異例子，也時可見及。① 與魯迅不同的是，茅盾常用"很"，用時在許多地方與英文的"really"有極爲明顯相似之處。若與現代漢語的規範用法相比，茅盾的這種用法，益見其中奇特之處，不能不提。② 請看：

例 1　有一位批評家說我很受屠格涅夫的影響……

（《談我的研究》/《散文》第 3 集頁 34）

例 2　黄阿祥自己是綢機上混飯的，他很知道他手裏這種綢再擱一個梅天就會變成"爛東西"……

（《多角關係》/《文集》卷 4 頁 64）

例 3　女郎的打扮很摩擬上海的"新裝"，可是在她們身上，人造絲織品已經驅逐了蘇緞杭紡。

（《故鄉雜記》/《文集》卷 9 頁 152）

例 4　老荆悄悄溜走，此能够人叢裏擠過去的時候，大概是很吃了幾下冷拳。

（《路》/《文集》卷 2 頁 298）

以上例句中的"很"字，即使去掉，依然不損我們對篇章文字的理解。如例 1 可以這麼說，"有一位批評家説我受屠格涅夫的影響"；或是改成"有一位批評家説我受屠格涅夫的影響很大"，也許較爲符合我們今日的用法；話雖如此，這樣的句子讀來還是讓人覺得洋腔洋調。

再如例 2 的"他很知道他手裏這種綢再擱一個梅天就會變成'爛東西'"。其實句中的"很"可以删除；或以"清楚"二字代"很"，變成"他清楚知道他手裏這種綢再擱一個梅天便會變成'爛東西'"，讀來語氣更具强調的色彩。

茅盾如此廣用"很"，意圖也相當清楚，他似乎是想學習英語"very""really"的表達句式。因此，這類"很"字句受歐化的影響，痕迹甚爲鮮明。如"很"與"受……影響"可直接譯成英文："really influenced"或"greatly influenced"，以表示程度上的加强。同樣的，例 2 的"很知道"，亦可以翻譯成"really know"或"surely know"；例 3 的"很摹擬"和例 4 的"很吃了幾下冷拳"，也都可以分别翻譯成"really learnt from"或"really suffered from"。

上述例子雖都與現代漢語有所不同，但不能不提的是，茅盾這類用法，有些配搭却完全符合現代漢語的規範，讀來完全不讓人感到陌生：

---

① 參林師萬菁《論魯迅修辭：從技巧到規律》（新加坡：萬里書局，1986 年），頁 180－183。

② 吕叔湘《現代漢語八百詞》就對"很"字用法清晰地列出，計有三種用法特點：(1) 用在形容詞前面，以表示程度的提高，如説"很好"，"很幸福"，"很仔細"等；(2) 用在助詞或動詞短語前面，表示程度高，如説"很應該"，"很敢言"，"很能戰鬥"等；(3) 用在"不……"前，如説"很不好"，"很不壞"。話雖如此，但在許多時候，"很"不能修飾形容詞生動形式，如不説"很紅紅的"或"很白花花的"；有些助動詞也不能受"很"修飾，如不説"很要寫"、"很該做"等；有些動詞也不能受"很"修飾，如不説"很講"、"很傷"等，帶賓語的動賓短語却可以受"很"修飾，如"很講道理"、"很傷我的心"。參吕叔湘《現代漢語八百詞》（北京：商務印書館，1991 年），頁 233－234。正文所舉有關茅盾使用的帶"很"的句子，都有悖吕先生所説的用法規律。

例 1　總之，很費了一番心血，然而終於沒有成功。

（《談我的研究》/《散文》第 3 集頁 31）

例 2　他到現在還記得很明白的是五六年起那在土地廟的香市中看見一隻常常會笑的猴子，一口的牙齒多麼的白！

（《子夜》/《文集》卷 3 頁 167）

例 3　很稀很大的雨點子，打得她"家"的竹門吵吵地響。

（《子夜》/《文集》卷 3 頁 381）

例 4　李麻子看見桂長林並沒提出辦法來，就趕快搶着説，很得意地伸開了兩隻大手掌，吐上一口唾沫……

（《子夜》/《文集》卷 3 頁 373）

以上所舉的例子，便十分符合規範。可看出茅盾使用"很"時，是"變異"和"規範"用法交替使用。若從語法角度來談論，更可清楚看到茅盾喜以"很"來代替"頗"、"蠻"等詞，固然是有"規範"的用意，其實也可以看作是個人的偏好，是個人的用語特色。此外，相較之下，他使用"很"時，也可以是爲了突顯不同的程度，增强"强調"的語感色彩而特意爲之。

此外，另一值得一提的是，茅盾也常用"很"＋"不"＋"形容詞"或"不"＋"很"＋"形容詞"這兩種用語方式。如從現代漢語的角度來看這些句子，讓人甚感怪兀。依照今天的用語習慣，我們雖然也可用"不"與"很"配搭；不過，更常用的是"不"＋"很"＋"形容詞"這樣的句式，以表示負面的意思；如説"不很高興"，指"不開心"。這裏的"不很"便有"稍微有一點"或"却又不完全是"的意思。若説"很不高興"，無論語氣或程度，都有所加强。可見"很不"與"不很"，兩者在程度上實有所差別。從以下的例句，或多或少可看出茅盾爲了表現出兩者之間的細微差別，有時用"不"＋"很"，有時用"很"＋"不"：

例 1　費小鬍子復又坐下，仍舊笑嘻嘻地説，可是那語調中就有對於曾滄海的盤問很不痛苦的味道。

（《子夜》/《文集》卷 3 頁 64）

例 2　他那飛快地旋轉的思想的輪子，似乎也不很聽從他意志的支配。

（《子夜》/《文集》卷 3 頁 364）

例 3　李玉亭不很認識這些人……

（《子夜》/《文集》卷 3 頁 281）

例 4　她當真有點不耐煩，特别是因爲她不很聽得懂蔡真她們那許多"公式"和"術語"……

（《子夜》/《文集》卷 3 頁 393）

例 5　然而他們的精神都很不差。

（《春蠶》/《文集》卷 7 頁 285）

例 1 和例 2，讓人覺得怪兀。如例 1，"很不痛苦的味道"，不免讀來拗口。例 2 的"不很聽從"也是如此。例 3 和例 4 較爲符合今日的用語習慣。雖是如此，若從增强語氣效果這一點來看，茅盾的目的顯然達到了。

這裏要闡明的一點是，深受外國文學影響的茅盾，似是想打開"很"字在古典白話文學那樣狹窄的使用範圍，試圖借"很"字句的活用，以開拓其用法。今日看來，影響雖不深遠，但在研究茅盾的用語配搭的時候，仍值得我們注意。

四、“是”字句

黃維樑曾在《純正的中文》裏斥責今日“是”字句的濫用。他認爲中文的“是”字句，可能是從英語的“verb to be”的變用而來。他更力言，“是”字句的頻繁使用，是由於“是”已成了人們口頭用語。因此，他十分反對“是”字的過度使用：

> 不少人把“是”當成萬能俠。我認爲是好的，但必須有限度。萬能俠要分辨是非，千萬不可助紂爲虐，把好好的“這個戲好看”這類句子變成“這個戲是好看”，加一字事少，但污染中文事大。①

且不論這“這個戲是好看”與“這個戲好看”之間是否存有不同的修辭特色；這樣的表達，確實歐化至極。謝耀基在《現代漢語歐化語法概論》一書，也已證明“是”字的頻繁使用，確實是歐化下産生的用語方式。②

英文爲了加强説話語氣，會説“It is”，或“You are”。③ 换成中文，這樣起着强調作用的句子，自然可由“是”字代勞。④ 茅盾作品中“是”字句的使用，便常有這一特點。最爲明顯的是以下各例中的“是”字，無論語調語氣，皆具有强化作用：

例 1　他們是慢慢地走一會兒，坐一會兒，再走，再坐，再去。

（《在公園裏》/《文集》卷 9 頁 35）

例 2　他是焦急地盼望着趙伯韜和杜竹齋的電話。

（《子夜》/《文集》卷 3 頁 183）

例 3　廠裏是静寂下去了，車間裏關了電燈。

（《子夜》/《文集》卷 3 頁 380）

例 4　據説是正當大軍全師而退的時候，有些搗亂份子煽動前線的士兵繼續堅守……

（《漢奸》/《文集》卷 9 頁 116）

若把上述例子中的“是”字抽掉，應可看出其中差異：

例 1.1　他們全慢慢地走一會兒，坐一會兒，再走，再坐，再去。

例 2.1　他焦急地盼望着趙伯韜和杜竹齋的電話。

---

① 參見黃維樑《清通與多姿——中文語法修辭論集》（香港：香港文化事業有限公司，1981 年），頁 18－19。

② 參謝耀基《現代漢語歐化語法概論》，頁 99－103。

③ 同上注。

④ 關於“是”字句的討論，多集中於其歷史發展與句法結構，至於“是”字句的修辭特點，有關論述比較匱乏。詳參林師萬菁《論“是”字句的幾種修辭作用》一文，見林萬菁《語言文字論集》（新加坡：新加坡國立大學中文系漢學研究中心，1996 年），頁 61－83。

例 3.1 廠裏靜寂下去了，車間裏關了電燈。

例 4.1 據説正當大軍全師而退的時候，有些搗亂份子煽動前線的士兵繼續堅守……

例 1.1、2.1、3.1、4.1 去掉“是”之後，變成一般的陳述句，語意清楚，符合語法，特別强調的作用却因而消失。

茅盾的某些“是”字句，與英語的“… that is …”或“… which is …”相當接近。英語句子爲了加强某特定内容而被分成兩部分，如“It is … that is …”這樣的句式；句子分開，突出所要强調的部分，因此又稱爲“强調句”或“分裂句”（cleft sentence）。[①] 這樣的表達方式，在中文中並不常見。在茅盾的作品中，他把許多句子强行拆開，在所要强調的句子前加一“是”字，便和英語的“分裂句”所要突出語義重點的作法，具有異曲同工之妙，值得我们重視。以下列舉 6 例，加以説明：

例 1 這幾句簡短的話，是用了强烈的同情的聲浪説出來的……

（《色盲》/《文集》卷 7 頁 68）

例 2 眼光是會説話的，青年華突然悟到了瘦男子爲什麽這麽惴惴，忍不住仰臉狂笑起來。

（《喜劇》/《文集》卷 7 頁 162）

例 3 肚子裏早就咕咕地叫，這是比什麽都急迫。

（《喜劇》/《文集》卷 7 頁 164）

例 4 虚心的艱苦的學習，是必需的！

（《我們這文壇》/《文集》卷 9 頁 60）

例 5 ……而且是誰奪了他的爸爸媽媽去，他是永久不能忘記的。

（《大鼻子的故事》/《文集》卷 8 頁 47）

例 6 因爲那伙“彎舌頭”也吃過張剥皮的虧，今番偷樹，是報仇。

（《殘冬》/《全集》卷 8 頁 370）

上引諸例，其實都可轉换成單句。茅盾特意拆開，變成許多分句，無論在語氣，或在語感上，都起着强調的意味。“是”在這裏，自自然然地成了突出此句的標誌，有不可或缺的地位。如例 1 的“是”，强調説話人語氣的感情色彩。例 2 本來是：青年華從瘦男子會説話的眼睛知道他爲什麽會惴惴不安……。可是一旦變成“眼睛是會説話的……”，即突出青年華從眼前人眼中閃爍的眼神看出端倪。例 3 和例 4 的“是”，更是强調意味十足。例 3 突出吃東西醫肚子是當下至爲迫切的事。例 4 指出要成功，虚心艱苦地學習是一定要有的。例 5 若换成單句，如説“他不會忘記父母是給誰害死的”，“是”字的强調作用便不復存在；分化成兩個句子，第二句突出“他不會忘記”，語義上的强調意味自然彰顯。例 6 的“是報仇”這一句話，其實也可以變成完整的一句，無須剖成小句。我們從這裏看到茅盾有意將句子拆開，以突顯主題，説明那是爲了“報仇”而偷樹。

① 詳參 Jack C. Richards 等主編，*Longman Dictionary of Language Teaching & Applied Linguistics*（Hong Kong：Addison Wesley Longman China Limited，1998），pp. 66－67。林萬菁認爲從英語的分裂句，應可反證“是”字句的“强調”功能。林萬菁《語言文字論集》，頁 68。

茅盾除了利用“是”作爲標誌的重要部分，還常用“拈連”手法，將“是”字反覆使用，盡顯修辭效果：

例 1　這是藐視的冷笑，也是得意的冷笑，是勝利者的冷笑，也是失敗者的冷笑。

(《一個女性》/《全集》卷 8 頁 66)

此外，茅盾亦喜利用“是”字句作爲句子的開頭，刻意强調的味道也愈加濃。兹舉數例加以分析：

例 1　是兒子的聲音。

(《趙先生想不通》/《文集》卷 8 頁 5)

例 2　是他的“看低”看錯了麼？

(《趙先生想不通》/《文集》卷 8 頁 8)

例 3　是這個問題她很希望什麼人來和她談一下。

(《虹》/《文集》卷 2 頁 153)

例 4　她發現自己嘴唇上有一抹冷雋的微笑。是頗有嘲諷意義的微笑。

(《無題》/《文集》卷 8 頁 223)

上述幾個例子都以“是”開頭。如譯成英語，幾乎無須更動句子成分，即可直譯。從修辭的角度看，上述例子有一共通特點，就是“是”字句的强調意味十分顯著。若去掉“是”，非但句式會改變，連語義也跟着起變化。且看以下經過修改的句子：

例 1.1　他聽出了兒子的聲音。

例 2.1　難道他當真看錯了嗎？(他真的看錯了嗎？)

例 3.1　她希望有人可以與她一起討論這問題。

更改後的例 1.1 不得不加上主語，可是這麼一來，却少了原句所要傳達的吃驚、訝異等情感色彩。例 2.1 比起原句反問時所力求呈現的力度和强度，也遜色得多。例 3.1 固然比較符合中文的表達方式，但語氣較原句的强調作用也要差一些。

有時，茅盾也寫了一些怪異至極的句子。兹録於下，作爲補充：

例 1　迎接他下車的，是又一陣暴雨。

(《子夜》/《文集》卷 3 頁 210)

例 2　而且是一把抓住在美國佬的手裏，第二道威斯計劃怕是難免罷？

(《子夜》/《文集》卷 3 頁 209)

例 3　他下意識地伸手隔衣服摸一摸襯衣口袋裏那一疊票子。方方的，硬硬的，是在那裏，一點兒不假。

(《報施》/《全集》卷 8 頁 309)

這類句式茅盾用得不多，實不必特别强調。不過，這裏要重申的是，茅盾已從根本上認識了“是”的强調功能特點，這些刻意加工的句子雖然流行不起來，可是，“是”字句的强調特點却已受到大家的注意。今日許多小説作品中，爲强調而刻意使用帶“是”的句子，時可見及。

五、“們”的使用

英文有“Plural”和“Singular”之分，衆所皆知。不過，中文並不如此刻意區分。“五四”時候，顯然是爲了更精確地表明物體的數量，“們”字便適逢其時，受到大家的歡迎與使用。茅盾在推動白話文的時候，自然也受到影響，他常常借“們”以刻意强調物體的數量。① 無獨有偶，當時其他作家，也是如此，一再借用“們”以表示數量，結果造出許多讓人甚覺怪兀的詞語，魯迅便是極佳的例子。②

今天的“們”字的用法，只是指“多數”，可是從茅盾作品中找到的例子，對於一些不需要加“們”以顯示數量的物體，茅盾也如此使用。他的這一用法，在今日相當少見，而他的目的也十分明顯，是有意突顯數量。

以下摘録了一些茅盾用“們”字的較爲怪兀的例子：

例 1 行李們的主人依然不理，但是“非主人們”可着急了，有四五個聲音同時喊道……

（《蘇嘉路上》/《文集》卷 9 頁 286）

例 2 列車們，連上海來的也在内，都黑黝黝地依次靠着，等候放行。

（《蘇嘉路上》/《文集》卷 9 頁 288）

例 3 烏桕樹們是農民的慈母……

（《水藻行》/《文集》卷 8 頁 145）

例 4 他也像狗們似的伏在地上……

（《大鼻子的故事》/《文集》卷 8 頁 43）

例 5 和蛆蟲們嘔氣……

（《一個女性》/《全集》卷 8 頁 77）

對於一般物體，我們都不説“們”，只有在指人或生物的複數時才有此用法。“行李”的複數通常是不説“們”的，只會在“行李”之前加上表數量的詞“許多”或是實數的多少。同樣，“車輛”的複數亦無須用“們”；而用於人的“們”，有時也要因情況而定，有人説，“您”後不需用“們”，因“您”只是尊稱，不必强調人數。③ 話説來可圈可點，但却清楚地讓我們看到，茅盾等作家在表達上求文字的精確，取表達的易懂，都下足心力。而茅盾作品中會出現這樣的表達，自是受到時代局限。

經時代的推移，白話文日益普及，也日益成熟。今天再來看茅盾在“們”字的使用上，固然有些“變異”特點，但大多符合今天的用法。不過，話雖如此，這裏還要特別指出一點，

① 參謝耀基《現代漢語歐化語法概論》，頁 50 - 55。
② 參林師萬菁《論魯迅修辭：從技巧到規律》，頁 176 - 180。
③ 參見趙德賢《再説“您們”》，見《咬文嚼字》1999 年第 7 期，頁 28。

即茅盾常借“們”以突出人物數量，用得多了，有時不免讓人讀後覺得語句囉嗦。玆舉例如下：

例 1　在兵們中間，他們顯得十分拘束，而且垂頭喪氣很苦惱。

(《故鄉雜記》/《文集》卷 9 頁 146)

例 2　活人們是到處跑的。

(《創作的準備》/《散文》第 4 集頁 426)

例 3　張女士這才覺到是被誤會了，而且更厲害地被游客們誤會。

(《曇》/《全集》卷 8 頁 158)

例 4　神們全都嚇得變了色。

(《神的滅亡》/《文集》卷 7 頁 151)

例 5　他現在滿店的貨物都已經稱爲“國貨”，買主們也都是“國貨、國貨”地說着，就拿走了。

(《林家鋪子》/《文集》卷 7 頁 214)

例 6　由保甲長們傳出消息，漢奸們已經在大街小巷都作下了暗號，而這些暗號是有軍事作用的。

(《手的故事》/《文集》卷 8 頁 106)

例 7　以後是他歷試西洋大文豪們各種各樣寫作習慣的時期。

(《有志者》/《文集》卷 8 頁 176)

例 8　老百姓們一時無暇顧及。老百姓們親眼看見的，是新貼的那些眼藥廠廣告全數被撕去了。

(《手的故事》/《文集》卷 8 頁 113)

例 9　只有過男子們來仰望她的顏色，萬料不到今天是反其道。男人們是那麼的不配抬舉罷？可又不盡然。

(《虹》/《全集》卷 2 頁 193)

上述例句，固然在用法和語義上都没有錯，但今日一般不會如此刻意强調複數，所以讀來讓人甚感怪異。

例 1 的“兵們”讀來就讓人感覺殊異。現代漢語一般不會這麽説，或者説成“兵士們”較能讓人接受。前面説“一般不會這麽説”，不過，茅盾當時處於白話文萌芽階段，受古文用字精簡的影響，因此以“兵”代“兵士”，出現“兵們”這樣的構詞，也就不足爲奇；這實是一種中西合璧的用法。例 2 的“活人們”也讓人感覺怪異，即使不加“們”字，語義已很清楚。這句話裏的“活人”，指的是“大家”，抑或是“現在還活着的人”。茅盾故意説“活人們”，其中雙關的特點，顯而易見。例 3 的“游客們”也稍嫌拖沓，因爲根據上下文，已知游客不止一位，應該不必强調。可是“們”的使用，便標示出游客之衆及其喧鬧，語氣多少含有“不勝其煩”的味道。例 4 的“神們”也用得突兀。對於多位“神祇”，我們今日説“衆神”或“諸神”，而不會像茅盾説“神們”。邏輯上，説“神們”在語義上固然可以接受，但也需要照顧用語習慣。正因爲這用法不符合人們的用語習慣，於是便顯得怪異。“神們”一詞，在茅盾的作品中並不止見於一處，散文《蘇嘉路上》也可見到這樣的表達：

例 4.1 圓渾渾的，像是神們頂上的光圈……

（《蘇嘉路上》/《文集》卷 9 頁 284）

或許，茅盾可能是基於無神論調，特意從語義上，將“神”與凡人等同。“們”字如此頻頻使用，茅盾希望借英語在數量上準確，來彌補中文向來不求標明事物數量的不足，是有其明確的意義。

例 5 的“買主們”其實也不必特別標明，大可説“許多買主”或“衆顧客”，不過前者是今日現代漢語的表達方式，後者則稍嫌文言了些，所以茅盾使用“們”字，迷信其可用來作爲標誌一切複數的概念。這其實是茅盾受歐化影響的另一例證。

例 6 和例 7 的“們”都是用來表概數。因爲今日並没人這麽使用，所以讀來讓人甚感訝異。“漢奸們”、“文豪們”的“們”字，大可删去。[①]

下列例子，取自茅盾短篇小説《秋收》，可再次審視茅盾喜歡用“們”來闡明人數之衆。根據現代漢語的一般寫法，這些“們”字也不一定非用不可。請看：

例 1 村子裏“出去”的人們都回來了。

（《秋收》/《全集》卷 8 頁 351）

例 2 他發覺鎮上的老爺們也不像“老爺”……而且因爲他們老爺太乏……

（《秋收》/《全集》卷 8 頁 358）

例 3 可是紳士們和商人們還没議定那“方便之門”應該怎麽一個開法，……

（《秋收》/《全集》卷 8 頁 358）

例 4 這天上午，老通寶和阿四他們就像守着一個没有希望的病人似的在迂頭下埂頭上來來回回打磨旋。

（《秋收》/《全集》卷 8 頁 364）

所以選擇《秋收》這篇小説，主要是因爲這篇小説寫成的時間較晚，而白話文在這時候，在茅盾的手裏，已達到一個更高的水平。所以相比之下，這篇小説中“們”的用法，都符合規範。

綜上所述，茅盾使用“們”固然是因爲受歐化影響，但有時也是爲了具體説明事項，這與茅盾一貫喜在細節方面力求具體、準確的做法不相違背。

六

總的來説，由於當時還是白話文創建伊始，茅盾作品中的語言出現不太符合現代漢語的習慣用法，實在無可厚非，其中或多或少披露出作家寫作上的風格特色。

從這些先輩作家的表達看今日漢語的發展，讓人有更多的體會。正是這些先輩作家的勇於嘗試，漢語才會發展爲今日的現代漢語。若從寫作的角度探析，不難看出茅盾是爲了達致細膩

---

① 參見邢福義《再談“們”的表數詞語並用的現象》，見李霁林主編《二十世紀現代漢語語法八大家——邢福義選集》（長春：東北師範大學出版社，2003 年），頁 50 - 53。

而歐化;[①] 雖然如此，在不斷的實驗和體驗中，茅盾還是努力向規範的表達靠攏，創造一種能爲大衆所接受的語言。[②] 茅盾所寫的許多名篇，其中雖然出現了一些較爲歐化，也較爲怪異的表達，但也只能說是受到時代的局限及影響，應無損其作品的成就。

① 茅盾曾倡導用西方自然主義的方法補救中國小說，他明確指出“自然主義小說”“最大的好處是真實與細緻。一個動作，可以有分析地描寫出來，細膩嚴密，没有絲毫不合情理之處。”參茅盾《自然主義與中國現代小說》，見賈亭、紀恩選編《茅盾散文》第三集（北京：中國廣播電視出版社，1995 年），頁 76。由此可見，茅盾學習西方小說的內容結構，與此同時，也學習西方的表達方式，目的是力求表述得更精確、細緻。在行文中出現歐化表達，其實也可能是特意爲之，以求達臻效果。詳細內容，可參本文。張衛中研究“五四”時候的“白話文”，也認識到這一特點，他說：“‘五四’以後漢語要學習的是西方那種繁複、精密傳達信息的方法，並非學習西文的句式本身。漢語只要得到那種細膩、曲折的描寫功能，並非一定要因襲西文的句式。”（張衛中《漢語與漢語文學》，頁 108。）這一“借用”，對於西方句式的種種特點，如定語的加長等用語特點，自然也無可避免地移植到中文，致使中文變得“歐化”。從另一個角度看，這也是“五四”作家在盡可能地嘗試及實驗，漢語的句式，若加入西式的表達，能在文學的表達上，達到何種效果，而讀者又能接受到什麼程度。這就是爲何張衛中會說：“‘五四’時期許多作家對改造語言的可能性寄予了過高的期望，因此句式的歐化成了許多的人的追求，甚至出現了一些完全背離漢語語法、佶屈聱牙的句子。”（張衛中《漢語與漢語文學》，頁 108。）話雖如此，筆者覺得茅盾的歐化表達，除了上述所言，更多時候，他在創作表達上孜孜矻矻，力求表達不致變得過於“怪異”，或過於違背用語者習慣，他是有意識地努力向規範靠攏。

② 相關問題，可詳參張衛中《漢語與漢語文學》頁 2－14。

二十世紀初《新著國語文法》的“西體中用”

謝耀基

一、二十世紀初的漢語語法學與《新著國語文法》

西學東漸，中國語法學在十九世紀有劃時代的進展。先是有外國人寫的中國文法著作刊行，如馬士曼《中國言法》(Joshua Marshman, *Elements of Chinese Grammar*, 1814)、雷慕沙《漢文啓蒙》(Abel Remusat, *Elemens de la Grammaire Chinoise*, 1822)、儒蓮《漢文指南》(Stanislas Julien, *Syntaxe nouvelle de la Langue Chinoise*, 1866)、甲柏連孜《漢文經緯》(Georg von der Gabelentz, *Chinesische Grammatik*, 1881)，繼而有本國人馬建忠《馬氏文通》(1898) 的出版。在這之前，遠至先秦，中國不少文獻資料，雖然已有涉及語法概念和語法分析，但都零碎不成系統，而且局限於研究虛字，用訓詁方法考釋。《馬氏文通》乘拉丁語語法傳入之際，擺脱傳統語文學的束縛，開創體系，講述漢語語法，標誌着中國學者對漢語語法學作出系統研究的第一步。不過，它以古文爲研究對象，模仿拉丁語語法，偏重詞法。後來者，如來裕恂《漢文典》(1902)、章士釗《中等國文典》(1907)、戴克敏《國文典》(1912)、吴明浩《中學文法要略》(1917) 等，亦一貫以古文爲研究對象，雖對《馬氏文通》有若干修正，但仍以襲用其體系爲主。此即陳承澤所謂:“自有《馬氏文通》以來，研究國文法者，往往不能脱模仿之窠臼。”①

二十世紀初，白話文取代文言文，已成大勢所趨。1911 年辛亥革命以前，許多種通俗白話報已在各地流行。1916 年，國語研究會在北京成立，宣傳國語統一、言文一致，標誌着國語運動大規模的正式開展。1919 年，由教育部成立的國語統一籌備會，公布全面推行國語。國語運動與新文學運動聯成一線。白話文法跟音韻、文字、詞彙等，同是國語研究和教學不可或缺的項目。爲了改革語文、普及教育以提高民衆知識水平，振興國家民族，當時社會對語法工作已有兩個急切需要：一、從研究説，要能抓緊本國語言文字特性，博稽實例，匯集舊説，對白話文結構規律作有系統的分析、説明；二、從教學説，自 1917 年全國教育會決議改用白話文編寫小學課本，1920 年教育部通令改小學國文科爲國語科，白話文法的教學以及所需教材，上至師範培訓教師，下至中小學甚至各地語文講習班教授學生，都來得十分迫切。

《新著國語文法》(1924) 就在這樣的情勢下刊行。該書由黎錦熙 (1890－1978) 自 1914 年起所編寫的《國文文法系統表》等幾種稿本及國語文法課講稿整理、加工而成，對當時“白話文有文無法”的批評作出有力回擊，可説是中國第一部比較有系統而且全面講述白話文法的專

① 陳承澤《國文法草創》(北京：商務印書館，1982 年新 1 版)，頁 11－12。

著，在漢語語法學史上佔有重要地位。林玉山說："從'五四'到抗戰期間，出版的'國語文法'有二十多種，但都没有突破《新著國語文法》的體系。篇幅短、語言材料也不豐富，没有什麽影響。"① 講述白話文法，雖有早於《新著國語文法》出版的，如李直《國語文法》(1920)、陳浚介《白話文文法綱要》(1920)、楊樹達《中國語法綱要》(1920)、王應偉《實用國語文法》(1920－1921)、許地山《語體文法大綱》(1921)，但内容或較爲粗疏簡略，未成系統，或仍以詞法爲主，未有突破；相對來説，都不及全書分二十章、共二十多萬字的《新著國語文法》宏富、完整。至於其他語法專著，其中有能比較注意漢語特點而提出理論的，如陳承澤《國文法草創》(1922)、金兆梓《國文法之研究》(1922)，也有同《新著國語文法》般依據英語語法體系寫的，如劉復《中國文法通論》(1920)，但都主要以文言爲對象，例證俱爲文言，不切合民衆當時需要，以致流傳不廣，影響不大。《新著國語文法》則突破《馬氏文通》偏重講述詞類的局面，特重句法，提倡句本位、圖解法，同時兼顧理論研究和教學實踐的需要，以白話文用例力求揭示白話文的結構規律，比較全面而有系統地以其豐富的内容、緊密的組織，初步建立起一個語法體系來。出版後，即廣爲學校採用，八、九年間，銷量已近二萬。隨後跟從其句本位語法理論之作，亦爲數不少，如黄潔如《文法與作文》(1930)、孫起孟《詞和句》(1936)。直至五十年代，誠如黎澤渝所説，"黎氏《文法》及據以編制的課本幾乎成爲全國通行的語法教材，1956 年教育部制訂《暫擬漢語教學語法系統》，仍以'句本位'爲重要的理論基礎"。②《新著國語文法》可説是現代漢語語法學奠基之作，在二十世紀初的白話文法著作中，無疑最具規模、地位、影響力和代表性。

二、模仿？求新？

對於中國語法學的發展，論者一般都把由《馬氏文通》面世至文法革新論潮興起的三四十年，劃分爲"初創時期"(1898－1937)，認爲此期的特點就是"移中就西"的模仿。③ 事實上，在這個初創時期，學者因限於對漢語語法的認識，以及要應付分析、講授白話文法的急切需要，對漢語語法的析述，難免要取法於外。黎錦熙在《國語研究調查之進行計劃書》(1917) 便有這樣的表述：

> 關於文法者……定詞性之系統：依舊法分實字、虚字爲兩大類，復參酌歐西及日本文法，分別詞品，製成精確之系統表。④

畢竟，漢語語法學還是只在起步的階段，白話文法更乏前人著作可作參考。在當時情勢下，乘着西方語法理論傳入中國，仿用西學體系便來得"自然而然"，也可説是解決問題最方便快捷的途徑。語言學者參照甚至搬用西方語法理論、架構，是最能"事半功倍"表述白話文的語法規律出來的。當時編寫語法書的，對此並不避忌。正如黎錦熙後來所説，"一般中國文法書中所用

① 林玉山《漢語語法學史》(長沙：湖南教育出版社，1983 年)，頁 85－86。
② 黎澤渝《前言》，載黎錦熙《新著國語文法》(長沙：湖南教育出版社，2007 年)，頁 4。
③ 參龔千炎《中國語法學史·緒論》(修訂本)(北京：語文出版社，1997 年)，頁 3。
④ 黎錦熙《國語研究調查之進行計劃書》，載黎錦熙編《國語學講義》(下篇)(上海：商務印書館，1921 年第 7 版)，頁 43。

的文法術語和詞品語句的分析，也實在是拉丁文法的面目，而且大多數是英語文法的面目”。[①] 在語法研究的取向上，他在《國語文法表解》(1922) 就有這樣的一段自白：

> 我草訂這表的經過，最初大體是以英文法爲根據（参照《馬氏文通》的地方也有，但很少），不合的便别創條例。繼而覺得詞類中複音複字的詞很要緊……所以對於複字詞類的組合，想歸納一種條理和許多公式出來，並且提倡“聯書”，使文字的寫法，漸能合於語言的實際。這時候頗以德文法作根據，因複字的詞類，涉及語句，全部語法便都帶有德文法的色彩。……到了現在，又被美國最流行的圖解法（Diagram）所動，覺得全部文法的體例，要以單句作中心……[②]

黎錦熙雖然未嘗留學海外，但自幼已有機會接觸西學，治學涉獵中西古今。一如當時衆多有識之士借助西學救國革新，他亦着意吸取西方語言學説，以幫助自己在語言文字方面的改革和教學工作，增加振興、普及教育以及開發民智的成效。因此，他表述漢語語法所用的方法和體例，除了參考《馬氏文通》外，先後就受過英、德、美等外語影響。若以語法理論、架構來説，黎氏仿照英語語法最多，也至爲明顯。民國初年，學校教學英語，納斯菲爾德的《納氏英文法》(*Nesfield's English Grammar*) 相當流行。代表黎氏早期語法體系的《新著國語文法》，對此亦最多參照。例如，語法術語名詞的漢英對照，通書可見，其中語法單位及其術語名稱，如詞 (word)、短語 (phrase)、子句 (clause)、句 (sentence)，都一一有英語對應。語法描寫的對象，同樣以句子和詞作爲主要單位；句法的分析重點是句子成分和詞位，詞法的分析重點是詞類。至於有關名目、定義、分類等，都脱胎自英語語法。例如，句法中的“六成分”（主語、述語、賓語、補足語、形附、副附），除了補足語中的賓足外，其餘都跟英語的句子成分相當。詞法中的“九詞類”（名、代名、動、形容、副、介、連、助、嘆），除了不取英語的冠詞而同《馬氏文通》般另立助詞外，其餘都跟英語的詞類對應；此外，雖然不設冠詞，但對不定數詞“些”、量詞“個”等却又表示可以説爲冠詞，始終要與英語冠詞拉上關係。黎錦熙後來曾説：“《新著國語文法》的英文法面貌頗濃厚，頗猙獰。”[③] 這無論是當時受到抨擊而要作出的回應，還是真心的自我批評，《新著國語文法》模仿英語語法的痕迹確實清楚易見。

不過，在批評黎錦熙模仿、借用西學時，也應該肯定他創新之處。黎氏語法的“西體中用”，對外語並非全盤接受，而是在模仿中也有求變求新，以配合漢語本身的特性。例如，黎錦熙提出實體詞（名詞、代名詞）在句中的“七位”（主位、呼位、賓位、領位、同位、副位、補位），便是根據劉勰“位”的説法，旁參《馬氏文通》“凡名代諸字在句讀中所序之位曰次”的“次”，取法英語的“格”(case) 而成的。黎氏注意到漢語組詞造句偏於結構、略於形態，語序變化可以造成種種句法形式，因此，他不照搬《馬氏文通》的“三次”（主次和賓次、正次和偏次、前次和同次），而别出心裁，創立七位，其中補位和副位更是英語所無。他大力提倡的句本位、圖解法，在理論的借用和教學的應用上，更表現了黎氏語法“西體中用”的情況和特色。

---

① 黎錦熙《國語新文字論》，載黎錦熙《文字改革論叢》(北京：文字改革出版社，1957 年)，頁 85。
② 黎錦熙《國語文法表解》，載《教育雜誌》，1922 年第 14 卷第 1 號，頁 1 - 2。
③ 黎錦熙《新著國語文法》(2007 年)，《今序 (1951 年)》，頁 15。

三、"研習文法的新潮"——句本位

句本位是黎錦熙語法理論的核心，也是其語法體系的樞紐。句本位的概念，黎氏早在《國語文法表解》(1922) 就提出來了。他説：

> 因爲詞類要從句子裏的位置看出來，它本身的形體上並沒有什麽表示，這是中國語法文法的特徵；所以就單詞的品性分類，在中國的語法，尤屬茫無把握；就使分得十分清楚，在語法的應用上，也没有什麽關係……所以此後率性以句法爲主，從綜合的關係中，看出分析的成分……乃是從作用上分别，比那單從詞的本位上去分别的，明確得多了。①

吕叔湘指出：

> 我國最早的講漢語語法的書《馬氏文通》是以詞類爲綱的，十卷裏邊只有一卷"論句讀"，許多句法問題都分散在各個詞類裏講。"五四"以後出現的語法書，從《新著國語文法》起，都以句法爲主幹。這重點的轉移不是偶然，是受了國外語法著作的影響。②

印歐語形態變化繁複，講述語法自然以詞法爲主；近代英語形態變化相對變得簡單，講述語法，便重視句子結構的分析。這種把句法提到較重要地位的語法著作傳入中國，對漢語語法産生了影響。黎錦熙在《"句本位"的文法和圖解法》(1924) 開首説："諸君知道近來研習文法的新潮麽？簡單説，就可叫做'句本位'的文法。"③ 這重視句法的"新潮"便是在二十世紀初由國外傳入的。不過，在跟從新潮時，黎錦熙還注意到漢語本身的特性。漢語的詞缺乏内部形態變化，不像印歐語裏詞有格、數、位、時、態等種種形態變化，講起詞法，便離不開詞的定義、分類和一般用法。因此，他提出"由句入詞"的句本位理論：

> 摹仿從前西文 Grammar 的"詞類本位"的文法組織，非打破不可了：僅就九品詞類，分别彙集一些法式和例證，弄成九個各不相關的單位，是文法書最不自然的組織，是研究文法最不自然的進程。先就句子底研究，嫻習詞類在句中各部分的種種位置和職權，然後繼續地研究詞類底細目；這乃是極自然的事。④

黎錦熙認定詞類本位的缺點，於是另闢蹊徑，從句子入手。《新著國語文法》全書的重心在第三章"單句的成分和圖解法"，其他如實體詞的七位（變式的句法）、主要成分的省略、單句的複成分、附加成分的後附、包孕複句、等立複句等，都有專章細述；這樣專談句法的體制，是當時語法書的一種創新。黎氏後期編著的《漢語語法十八課》(1953)，有十五課專講句法，

---

① 黎錦熙《國語文法表解》，頁 1。
② 吕叔湘《漢語語法分析問題》(北京：商務印書館，1979 年)，頁 61。
③ 黎錦熙《"句本位"的文法和圖解法》，《晨報副鐫》，1924 年 2 月 2 日，版 1。按：此文後載入《新著國語文法》爲《引論》部分内容。
④ 黎錦熙《"句本位"的文法和圖解法》，版 1。

到最後一課才談到詞類，替詞類系統作個簡單總結，更清楚表示了由句法主導的教學程式。他相信，由句入詞，從句法掌握詞類，對學習母語語法的人來説，是直接、自然、實用、有效得多的。他這樣着重句子，跟《馬氏文通》着重詞類，在最後一章才談句法，格局上其實都各有所偏。他的句本位，是把一切的語法分析，交由句子決定，如句成分的劃分、詞的位次、詞的分類等，全都依附於句，所以常被批評爲過於偏重句法成分，忽視了詞類的特點，弄得詞類泛轉。不過，黎氏對漢語的識見比馬建忠可説進了一步。他認識到中外語言的本質不同："國語的用詞組句，偏重結構，略於形態"，"漢語是'分析語'，在語法上的形態變化，不在'詞式'(頭尾增加，也由複合)，而在'詞序'(組織位次，排列前後)，所以漢語的基本規律在句法"。① 因此，他着意以句法爲綱，詞類爲目："首先要講造句法，這是和西洋語法不同的地方。造句法是漢語語法的核心"；② "先理會綜合的宏綱（句子），再從事於分析的細目（詞類)。不但'宏綱具舉'而後能'細目畢張'，並且詞類底區分，有些要由詞類在句中的功用而決定"。③ 黎氏的句本位肯定了句法功能標準的重要性。它不特把句子跟詞類聯繫起來，也把句子跟段落篇章聯上："'句本位'的文法，退而'分析'，便是詞類底細目；進而'綜合'，便成段落篇章底大觀。"④ 句本位以句法爲中心，上承章法，下推詞法。從系統組織和語言運用的角度來看，無論是進行語法分析還是語法教學，句本位是有其優點的。

四、"圖解法是漢語語法特別需要的"

句本位語法以句子爲中心，分析句子結構是主要的任務。正確分析句子結構，對於語言的理解和運用，有重要的作用。在語法教學中，要學生掌握句子的分析是不可或缺的。所謂"工欲善其事，必先利其器"，教學上若有"利器"相助，自然事半功倍。黎錦熙自二十年代起，大力提倡的便是圖解法。⑤ 他相信，利用了這種工具，便能形象地、如實地畫出漢語的語法特徵來，加强了學習的效能。他説：

> 圖解法底用處，在於使學者直接地敏活地一眼看清複句中各分句底功用、分句中各短語底功用、短語中各詞類底功用。畫圖析句，或主或從，關係明確；何位何職，功用了然。……它能鞭策學生對於文句作委曲深邃的探究；它能領着學生和各種困難臉對臉兒地碰着，使不能不對於句中諸點努力地下判斷，而不容有"囫圇吞棗"之餘地。⑥

圖解具有形象性、直觀性，幾根線條、幾種符號，就能把一個句子裏大小不等的組成部分的各種關係顯示出來。黎錦熙相信，若多用圖解法，就易於把别人表達出來的思想理解得正確

① 黎錦熙《學習蘇聯"現代俄語教學大綱"試擬的"現代漢語"教學大綱》，載黎錦熙《中國文字與語言》(中)（北京：五十年代出版社，1953年)，頁71。
② 黎錦熙、劉世儒編著《漢語語法十八課》(1957年重訂本)（北京：商務印書館，1958年第13版)，頁1。
③ 黎錦熙《新著國語文法·引論》(2007年)，頁1。
④ 黎錦熙《"句本位"的文法和圖解法》，版1。
⑤《新著國語文法》不算是最早提及圖解的語法書，許地山的《語體文法大綱》，比它早三年出版，便已刊有圖表法，不過，許書的圖表法僅作附録，相當簡單，若論宣傳、運用、影響以及圖解的理論、法式等，在二十世紀初、中期還是以黎錦熙所提的圖解法最具代表性。
⑥ 黎錦熙《新著國語文法·引論》(上海：商務印書館，1932年訂正第8版)，頁4。

些，自己有所疑也易於明白些。使用圖解法，由於必須要先理解句子的結構才可以圖解，故此便可以用它來查驗對句子真正理解的程度，也可用來幫助把對複雜句子結構的理解清楚地傳達出來。他指出："圖解法的產生，正是爲着要革新過去那種'死的解剖'和死的'分類'的語法教學。"① 可是，不少人就批評他所提的圖解法，只不過是模擬外國的，是模仿英文的 diagram 而來的。民國初年，在學校流行使用的《納氏英文法》，已有簡單的分解圖格，黎氏應該有所參考。他後來採用了美國人里特（A. Reed）在詞下面和句子成分之間劃線方式的圖解法。② 不過，這並不表示黎氏所用的圖解法，只是一種機械式的模仿。他的圖解意念雖來自外語，但圖解方式却是自創的，所用線號、線位趨於精細，變化繁多而複雜；用途也由原先只表明句子中各種成分的職務和關係，以及實體詞所在之位，到後來同時表明句法結構的語序，甚至變式句、省略句、緊縮句、複成分和複句結構等。他把外語的圖解法加以改造，創新地、普遍地應用在分析漢語上，實現了漢語語法分析的圖表化。圖解法的提出，是本於它能有助漢語語法教學的信念，有實際的需要和作用。這也是由於黎錦熙認定漢語語法有偏重結構的特點：

> 國語底用詞組句，偏重結構，略於形態；詞兒底形式既不像西文那麼多變，若非多用圖解法，那思想表達的文法關係定多疑莫能明……③
>
> 圖解法是漢語語法特別需要的，因爲漢語是各詞孤立的"分析語"，全靠詞的排列來表達意思，這"語序"一經圖解，就把組織規律明白清楚地擺在眼前。④
>
> 其實，相反的，英文法才不需要圖解呢！印歐一系語文的語法都不需要圖解，因爲他們是綜合語，文字拼法上就有了根尾變化的語式（即詞的語法形態），何必還靠圖解來表明詞位排列的語序（即句法的結構成分）呢？⑤

漢語語法分析重點若不在詞的形態而在句子的結構，那麽，利用圖解法來教漢語語法，比用來教印歐語，應該更有效用。圖解法既然是要用來分析漢語，那就不宜依照西方文法家所用的成式，而是要有所改動、變化，以配合分析漢語句子的需要。黎錦熙曾自言其圖解法，"除了一長横兩短竪之外，實在都是自創的規矩，跟英文法的圖解方式並不相同"，⑥ 而"就圖解辨別詞品"的方法，更是《新著國語文法》所特創的。⑦ 他把圖解法應用於分析漢語，倡導之功，應予肯定。還值得注意的是，圖解法緊密地聯繫着句法分析方法。《新著國語文法》奠立了運用緊縮原則來確定句子中心詞的句子成分分析法，這對區辨句子的主幹和枝葉，確有很大的幫助。

---

① 黎錦熙《關於語法體系的批評與自我批評》，《中國語文》1958 年 12 月號，頁 563。

② 《新著國語文法》初版時，於"普通圖解法"外，還提出一種"樹枝式圖解法"。這種樹枝式圖解法是根據 Norman Foerster 的 *Sentences and Thinking* 的成法做出來的，不過較原書只注意到樹幹和大小枝就來得細緻一些：一小枝、一丫叉、一蓓蕾都象徵了句中的詞或短語。黎錦熙認爲句子的構造不應像機械似的，而是像有機物一樣向上生長。因此，最好用樹來象徵一個構造精巧的句子：句子中主要的思想是樹的主幹，從屬思想是大枝，以下再分的從屬思想是小枝，如此類推。黎氏這種樹枝式圖解法雖仍見於《新著國語文法》最後修訂本，但未見他再有特別提起和應用（參黎錦熙《新著國語文法》〔1932 年〕，頁 276－282）。

③ 黎錦熙《新著國語文法·引論》（2007 年），頁 4。

④ 黎錦熙《中國語法教程》（上册）（天津：大衆書店，1953 年第 2 版），頁 121。

⑤ 黎錦熙《〈中國語法五要——對於新著國語文法〉的自我批評與批評》，《光明日報》1951 年 8 月 18 日，版 2。

⑥ 黎錦熙《新著國語文法》（2007 年），《今序（1951 年）》，頁 15。

⑦ 黎錦熙《新著國語文法》（1932 年），頁 29。

五、“成功的借鑒”——語法理論與教學的“一體兩用”

《新著國語文法》在二十世紀初是別樹一幟的，在當時普遍跟從《馬氏文通》詞類本位的風氣底下，具有破、立的意義。論者有謂它偏重句法研究並且以現代漢語的語法結構作爲研究對象，比較重視語法教學和語法的實踐，是一種重大的革新和進步。① 不過，嚴格地説，句本位理論雖然由黎錦熙率先提倡，用於漢語語法分析和教學，突破了《馬氏文通》仍沿用中國傳統語文學詞類本位的體制，但基本上是黎氏從當時傳入中國的英語語法書裏借用過來的。因此，從一個角度説，漢語句本位語法是黎錦熙奠立、發揚的；從另一個角度看，則只是黎氏順應“近來研習文法的新潮”的一個模仿。至於由早期句本位理論帶出來的“依句辨詞，離句無品”和詞隨句轉類，前人未有就此倡導，但這種泛轉，跟《馬氏文通》主張“字無定義，故無定類。而欲知其類，當先知上下之文義何如耳”以及詞依義定類、隨義轉類，② 都是同樣忽視了詞類本身的語法特點。又如圖解法，由黎氏大力提倡，原本就是在美國中小學廣爲流傳和應用的，在二十世紀初傳入中國，“是歐美文法界近來很通行、很切實用的新法子”。③ 從這個角度看，圖解法系統地應用於句子結構分析，黎錦熙有開拓之功，但這其實是仿照外語的，圖解概念並非由他構思所得。不過，若説到圖解的法式和應用，却又見出黎氏語法體系的獨特性來；從這個角度看，他的圖解法可説是一種創新的、應用於漢語語法教學和分析的工具。

龔千炎説：“一部中國語法學史，實際上也就是不斷向漢語特點回歸的歷史。”④ 論者也有謂漢語語法學是在探求漢語語法特點的艱難歷程中成長起來的，並且隨着漢語語法特點的不斷發展而豐富和完善起來。⑤ 我們知道，研究漢語，應該不要忽視它與其他語言的共性，也不要忽視它的個性，“如果只强調一面，語法這門科學就建立不起來”。⑥早期的學者何嘗不知？馬建忠説：“因西文已有之規矩，於經籍中求其所同所不同者”，⑦ 黎錦熙説：“一脚踢開拉丁文法而欲另建中華文法者，是‘迷其所同’也；一手把住拉丁文法而遂挪作中華文法者，是又‘失其所以異’也”；⑧ 可見他們本身都意識到中西語言的法則是有同有異的。不過，求同即使不難，尋異却非容易。馬建忠認定“各國皆有本國之葛郎瑪，大旨相似”，⑨ 觀察得到的還是略於個性；高名凱早期提出“漢語没有詞類分别”，⑩ 却是過於偏重漢語缺乏詞形變化的個性。找出漢語特點，建立真正的漢語語法體系，一直是語法學家的目標。早期的學者限於對漢語個性認識不足，往往套用外國語法學的分析結果，而非借鑑它的分析方法。結果，在外國語言的框架裏，無論怎樣着意尋異，也始終走不出西方語言學的羈絆。二十世紀初的《新著國語文法》，借用英語語法來描寫漢語，它的句本位理論，雖然較馬建忠挪用拉丁語語法的詞類本位理論進了一步，但

① 參濮之珍《中國語言學史》（上海：上海古籍出版社，1987年），頁482。
② 馬建忠《馬氏文通》（北京：商務印書館，1983年新1版），頁23－24。
③ 黎錦熙《新著國語文法》（1932年），頁29。
④ 龔千炎《漢語特點與中國語法學的研究》，《漢語學習》1988年第6期，頁2。
⑤ 參王明華、王維成《漢語語法特點研究述評》，《語文導報》1987年第8期，頁51。
⑥ 曹伯韓《對於漢語語法研究的幾點意見》（上），《中國語文》1953年10月號，頁4。
⑦ 馬建忠《馬氏文通·後序》，頁13。
⑧ 黎錦熙《比較文法》（1957年校訂本）《原序（1933年）》（北京：科學出版社，1958年新1版），頁3。
⑨ 馬建忠《馬氏文通·例言》，頁15。
⑩ 高名凱《關於漢語的詞類分别》，載《中國語文》編輯部編《漢語的詞類問題》（第一集）（北京：中華書局，1955年），頁52。

所表述的，還是避免不了共性多、個性少，模仿多、創立少。

《新著國語文法》在二十世紀二三十年代是獨當一面的。正因如此，隨着漢語語法學的發展和國外語法理論的傳入，它往往成爲討論和批評的主要對象。三四十年代興起的文法革新論潮，提出"根據中國文法事實，借鏡外來新知，參照前人成説，以科學的方法謹嚴的態度締造中國文法體系"，[①] 自然不滿意《新著國語文法》模仿西洋文法教科書體系；五十年代，批評黎氏語法理論的聲音尤爲激烈，致使黎錦熙要作不少回應。批評者往往説他機械地模仿英語語法，甚至有認爲他把中國文法嵌進外國文法的模子裏面去，損害了中國文法上的特殊性。[②] 這難怪後來黎澤渝要着意指出黎錦熙"對英文文法的態度是結合漢語特點'外爲中用'，是借鑒而不是模仿"；[③] "參照英語語法時，並非生吞活剥、機械照搬，而是多所變化，'化西爲中'，爲我所用，雖然也有少量的簡單比附，導致窒礙難通，却瑕不掩瑜，總體上屬於成功的借鑒"。[④]《新著國語文法》的語法理論，"前期"模仿英語語法之處着實不少，無須否定。但説"前期"，是因爲它自1924年至1959年，由作者修訂删補，前後多達二十四版，當中説法已有頗大的調整。黎錦熙曾聲明對此書的品評，要以1955年二十二版及以後各版爲準，"1955年版才是解放後的正式修訂本，内容體系和重要詞句有些大不相同"。[⑤] 例如，句本位的句法，就由句子的組織法擴展爲短語、句子的組織法；對於詞類與句法的關係，便放棄了詞"離句無品"的説法，由"凡詞，依句辨品，離句無品"修訂爲"凡詞，依靠結構，顯示品類"。[⑥]《新著國語文法》後期吸收了美國結構主義語法理論，它的"西體中用"，隨着理論内容的調整，也起了變化。

二十世紀初，以現代英語爲研究對象，以句法爲重心的傳統語法傳入中國。黎錦熙參照的《納氏英文法》，便是這樣的一類語法教本。《新著國語文法》講述規範性語法，用於教學，是五十年代之前中國傳統語法的一個主要代表。它以意義、邏輯作爲分析語法的標準，[⑦] 用意義來劃分實詞，以施事、受事來確定主語和賓語。吕叔湘説："傳統語法在一定程度上利用意義，可是對於如何利用，又如何控制，没有很好的論述，這是它在理論方面的弱點。"[⑧] 五十年代，美國結構主義語法理論在中國廣泛流傳，跟從者重視結構分析，當然對《新著國語文法》以意義、邏輯爲標準的分析有更多批評。不過，語法的研究和分析，始終不可與語義割裂；況且漢語有意合的特性，語義因素更有其重要性。黎錦熙後期由原先使用的詞彙意義和句子成分標準，增加了語法意義、語序和詞的組合功能等標準。這些調整，也反映了黎氏語法體系對西方語言學的持續吸收。

總括來説，五十年代，語法學的理論體系和教學體系才有比較明確的分界。在這以前，講述語法的，其體系大多是一而爲二，或二而爲一的。《新著國語文法》並不例外，而且可謂一個典型例子。它"一體兩用"，即一個體系，既描述語法理論，也用作教學實踐。黎錦熙大力提倡的句本位，是理論的核心，也是教學的法式；從句子到詞類，不特是由句法統率詞法的理論分

---

① 陳望道等《中國文法革新論叢·序言》（北京：商務印書館，1987年新1版），頁7。

② 參廖庶謙《口語文法》（北京：三聯書店，1950年第4版），頁5。

③ 黎澤渝《黎錦熙與漢語語法學》，《徐州師範學院學報》（哲學社會科學版）1982年第2期，頁108。

④ 黎澤渝《前言》，載黎錦熙《新著國語文法》（2007年），頁5。

⑤ 黎錦熙《黎錦熙先生致本刊編輯部的信》，《中國語文》1958年10月號，頁454。

⑥ 黎錦熙在1954年十九版的《新著國語文法》改説"凡詞，依靠句形，顯示品類"，在1959年二十四版再改爲"凡詞，依靠結構，顯示品類"。

⑦ 例如，黎錦熙早期主要以意義作爲判别句子的根據，認爲單句要能表示"一個完全意思"，從邏輯的完整性來説，就要包括有"一種事物"和"述説它的動作，或情形，或性質、種類"；結構是跟意義對應著的，因此，單句就一定要有主語、述語（謂語），"二者缺一，就不成句了"。（參黎錦熙《新著國語文法》〔1932年〕，頁14。）

⑧ 吕叔湘《漢語語法分析問題》，頁12。

析，也是由句入詞的教學程序。二十年代至四十年代，學者認識到的漢語特點，主要是缺乏形態變化，以及語序和虛詞是重要的語法手段。這對於當時以意義來作主要分析標準，以句本位、圖解法來作語法分析與教學的《新著國語文法》來説，就最配合不過了。這段時期，《新著國語文法》至爲通行，影響最大，這應該是由於它一方面能够把語法理論和教學實踐結合起來，另一方面又照應到當時探究所得的漢語特點，在最大程度上發揮了“西體中用”的效果，幫助解決了當時社會對白話文語法教學和研究的迫切需要。

簡論桑格夫人節育觀對中國“多子多福”觀的衝擊

何泉達

激蕩與回望

這是一個激蕩的時代，因爲這個時代滿是發展和挑戰。

在華夏，“自康熙五十年（1711）以後，滋生人丁，永不加賦”① 的誥令頒示，迄乾隆五十六年（1791）會計天下“大小男婦”，中間跨越八十載，中國人口數目從誥令頒示當年的二千四百六十二萬一千三百二十四人，② 猛增至會計天下户口時的三億零四百三十五萬四千一百十人。③ 增長率爲 12.36 倍。如此快的增長速度，導致農民脱離土地成爲流民，人口相對過多的問題越來越嚴重，於是有了著名的洪亮吉人口論。

在歐洲，约從 1750 年起，打破了人口長期穩定在 1 億至 1.2 億的格局後，人口增長率迅速提高，到 1800 年，增加到 1.8 億至 1.9 億。④ 隨後，整個歐洲人口增長率再次提高，以致密度達每平方公里 18.7 人。而當時，亞洲每平方公里是 14 人，非洲和美洲每平方公里不到 5 人。由人口過多造成的糧食危機、物價上漲、工資下降和失業折磨等問題日益突出，於是有了馬爾薩斯人口論。

同是人口過多的問題，同是破解難題的人口理論，但因造成人口過多的背景不同，所以解題的路徑亦不同。

在中國，清王朝（1644－1911）在康熙平定三藩後，出現了康乾盛世，由於長期承平，因此人口繁茂，然而芸芸衆生賴以生存的田畝，却“多歸縉紳豪富之家”，小民得者無幾，⑤ 所以洪亮吉的人口論大抵以抑制兼併和移民墾田爲旨趣。

在歐洲，十八世紀三十年代開始的産業革命歷經百年磨礪，基本完成從工廠手工業到大機器工業的過渡，資本有機構成相應提高，工人大量失業，形成資本主義的相對過多人口，所以以馬爾薩斯人口論的視野相比較自然經濟狀態下的洪亮吉理路，更顯開闊，甚至不忌諱災難對抑制人口過多的直接意義。

正是上述不同背景下産生同一個人口過多問題，引出不同的解題路徑，從而演繹出日後面對節育問題時兩種文化觀之衝擊。

---

① 《皇朝文獻通考》卷一九《户口考・一》

② 《清聖祖實録》卷二四八。

③ 同上注，卷一三九三。

④ ［意］卡洛・M・奇波拉主編《歐洲經濟史》第 3 卷，北京：商務印書館，1989 年，頁 19。

⑤ 《聖祖仁皇帝聖訓》卷四五《飭臣工三》。

爲了更清晰認識衝擊的深層意蘊，似需回望早期這兩種人口論之精粹。

洪亮吉（1746－1809）字君直，一字稚存，號北江，晚號更生居士。陽湖（今江蘇常州）人。乾隆五十五年（1790）進士，授翰林院編修，充國史館編纂官。後督貴州學政。嘉慶元年（1796）回京供職，以越職言事獲罪，充軍伊犁。五年赦還，從此家居撰述至終。著有《卷施閣詩文集》、《附鮚軒詩集》、《更生齋詩文集》、《北江詩話》及《春秋左傳詁》。四十八歲（1793）時，著《意言》二十篇，他的人口思想主要見於二十篇中的《治平》、《生計》兩篇。兹擇其大要如下：

一、闡發人口的增長趨勢

洪氏説：“人未有不樂爲治平之民者也，人未有不樂爲治平既久之民者也。治平至百餘年，可謂久矣。然言其户口，則視三十年以前增五倍焉；視六十年以前增十倍焉；視百年，百數十年以前，不啻增二十倍焉。”①

二、指出人口增長與生産和生活資料的短缺成正比發展

洪氏舉例説：“試以一家計之。高曾之時，有屋十間，有田一頃，身一人，娶婦後不過二人。以二人居屋十間，食田一頃，寬然有餘矣。以一人生三計之，至子之世，而父子四人各娶婦，即有八人，八人即不能無傭作之助，是不下十人矣。以十人而居屋十間，食田一頃，吾知其居僅僅足，食亦僅僅足也。子又生孫，孫又娶婦，其間衰老者或有代謝，然已不下二十餘人。以二十餘人而居屋十間，食田一頃，即量腹而食，度足而居，吾以知其必不敷矣。又自此而曾焉，自此而玄焉，視高曾時口已不下五六十倍，是高曾時爲一户者，至曾玄時不分至十户不止。其間有户口消落之家，即有丁男繁衍之族，勢亦足以相敵。”②

三、强調人口增速快於生産及生活資料的增速

洪氏説：“高曾之時，隙地未盡辟，閑廛未盡居也，然亦不過增一倍而止矣，或增三倍、五倍而止矣。而户口則增至十倍、二十倍。是田與屋之數常處其不足，而户與口之數常處其有餘也。”③

四、提示人口過剩的社會原因

洪氏説：“又況有兼併之家，一人據百人之屋，一户佔百户之田，何怪乎遭風雨、霜露、饑寒、顛踣而死者之比比乎。”④

① 《卷施閣文集》卷一《意言·治平》。
② 同上注。
③ 同上注。
④ 同上注。

五、辨析人口過多導致民生艱難與社會動亂的關聯

洪氏説：按五十年以前物價計算，當時一人食力約可養十人，而“今則不然，爲農者十倍於前而田不加增，爲商賈者十倍於前而貨不加增，爲士者十倍於前而傭書授徒之館不加增”，“何况户口既十倍於前，則游手好閑者更數十倍於前，此數十倍之游手好閑者，遇有水旱疾疫，其不能束手以待斃也明矣”①。

六、提示破解人口過剩難題的兩種方法

洪氏説：一是以“水旱疾疫，即天地調劑之法”解題，但“民之遭水旱疾疫而不幸者不過十之一二”，就是説此舉於事可補的力度甚微。因此，他强調推行第二種方法，即“君相調劑之法”。洪亮吉認爲，統治者應該“使野無閑田，民無剩力，疆土之新闢者，移種民以居之；賦稅之繁重者，酌今昔而減之；禁其浮靡，抑其兼併，遇有水旱疾疫，則開倉稟悉府庫以賑之”。②

綜上六要，可見在大明（1368－1644）與大清鼎革之前之後的朝野，在那些仍埋頭故紙堆中皓首窮經的知識人裏，洪亮吉無疑是異數。即便早於他 154 年就先在《農政全書》裏提出“生人之率，大抵三十年而加一倍”③ 觀點的徐光啓（1562－1633），亦因缺乏邏輯表述而在人口理論問題上難望洪亮吉的項背。

晚於洪亮吉 5 年發表人口理論的英國人口學家和政治經濟學家託馬斯·羅伯特·馬爾薩斯（Thomas Robert Malthus，1766－1834）④，1766 年 2 月誕生於英格蘭一個土地貴族家庭。1784 年入讀劍橋大學耶穌學院，1798 年皈依英國教會，出任牧師。1805 年任黑利伯裏學院歷史和政治經濟學教授。1819 年當選爲皇家學會會員。他的人口理論最初以《論影響於社會改良前途的人口原理，並論葛德文、孔多塞和其他作家的推測》爲題，於 1798 年在奥爾伯裏教區匿名發表。1803 年以真名出版第 2 版時，將原先 5 萬多字的小册子擴展爲逾 20 萬字的著作，並改書名爲《人口原理，或關於其過去及現在對人類幸福影響的見解；以及有關我們將來消除或減輕由此而引起的災難前景的研究》，簡稱《人口原理》。《人口原理》以兩個假設爲前提：

(1) 食物爲人類生存所必須；

(2) 人的性本能幾乎無法限制。

基於這兩個假設，馬爾薩斯提出下列觀點：人口是按幾何級數增加，而食物只是按算術級數增加，因此食物供應量的增加永遠趕不上人口的增加。

馬爾薩斯斷言，人口的繁殖，超過生活資料的增長，是任何社會都存在的“自然規律”。他由此推論：人類必須控制人口的增長，否則，貧窮是人類不可改變的命運。

馬爾薩斯認爲，防止人口增長過快的方法，在歷史上有兩種：

(1) 積極性抑制，如饑荒、災害、疾病、戰爭等；

(2) 預防性抑制，如禁欲、晚婚、不結婚等。

十分清楚，將洪亮吉和馬爾薩斯的人口理論互爲交迭，在絶對人口過多論以及人口增殖速

---

① 《卷施閣文集》卷一《意言·生計》。

② 同上注，卷一《意言·治平》。

③ 《農政全書》卷四《田制·扈先生井田考》。

④ 本文所涉馬爾薩斯經歷及其理論，均源於北京商務印書館於 1992 年出版的馬爾薩斯《人口原理》。該書由朱泱等翻譯。

度快於生產、生活資料增長方面的認知，兩者交合；但在提供破解方略方面，則分道揚鑣。

洪亮吉的“天地調劑之法”，只是客觀指出水旱疾疫對減少人口的作用，既不强調，也不讚揚這種作用；他的“君相調劑法”，則在通過行政措施改善百姓生活狀況，從而緩解人口與生產、生活資料間日益嚴重的矛盾，頗具改良色彩。因此，洪亮吉的理路，總體上情感有餘。

馬爾薩斯的“積極性抑制”，强調和讚揚饑荒、災害、疾病、戰爭等災難對抑制人口的積極意義；他的“預防性抑制”，則冀望挑戰生理常態後，可帶來人口增長下降的效果。因此，馬爾薩斯的理路，總體上理性過度。

但無論洪亮吉的情感有餘，抑或馬爾薩斯的理性過度，都是以抽象的人口規律來代替歷史的人口規律，因此注定這兩位人口理論先驅的理路，在現實面前捉襟見肘，因爲“每一種特殊的、歷史的生產方式都有其特殊的、歷史的起作用的人口規律。抽象的人口規律只存在於歷史上還没有受過人干涉的動植物界”。①

然而，恰是洪亮吉與馬爾薩斯的不足，使後人在先輩墾闢草萊的基礎上，能相對輕鬆地前行與踐行。

桑格夫人就是匯入這支前行與踐行者隊伍中的一員。

桑格夫人其人其事

當歐洲走出黑暗中世紀，迎來第一縷資本主義曙光，馬克思和恩格斯就對資本主義生產方式高速度發展生產力的優勢給予充分肯定，他們在《共產黨宣言》中動情寫道：

> 資產階級爭得自己的階級統治地位還不到一百年，它所造成的生產力却比過去世世代代總共造成的生產力還要大，還要多。自然力的征服，機器的採用，化學在工農業中的應用，輪船的行駛，鐵路的通行，電報的往返，大陸一洲一洲的墾殖，河川的通航，彷佛用法術從地底下呼喚出來的大量人口——試問在過去哪一個世紀能够料想到竟有這様大的生產力潛伏在社會勞動裏面呢?②

正是資本主義生產方式的這種優勢，映照出以“農桑爲本”的大清③在產生洪亮吉人口理論之後，思想界蹣跚不前的窘狀。而這種窘狀折射出的一個鮮明標誌是，馬爾薩斯人口論在異域經過激烈褒貶的交鋒之後，它的追隨者確立起新馬爾薩斯主義。因此，從某種意義上説，在資本主義生產方式下，思想的生產似乎也快於自然經濟狀態下的生產。

與馬爾薩斯人口論的原旨理論之最大區别，新馬爾薩斯主義不讚成馬爾薩斯的禁欲説，提倡用避孕方法來節育。這種理論後來也有將揭杆人的名字逐一標榜而被昵稱爲普萊斯（Francis Place，1771－1854）主義、卡萊爾（Richard Carlile，1790－1843）主義、德萊斯代爾（Ceorge Drysdale，1825－1904）主義等。

十九世紀七十年代之後，這也主義，那也主義，通稱新馬爾薩斯主義的林林總總的人口學

① 《馬克思恩格斯全集》第23卷，北京：人民出版社，1972年，頁692。
② 同上注，第4卷，1958年，頁471。
③ 《皇清文穎》卷二三《策問・山西鄉試策問三道》。

説，在資本主義國家開始盛行。爲擴大影響，奉行"主義"的人兒，或成立同盟，或出版著作，或掀起一個又一個節制生育的運動。在 1910 - 1920 年間，在美國，與女權主義者和社會主義者相結合的那場風風火火的節制生育運動中，錘煉出舉世公認的節育運動領袖 —— 瑪格麗特·桑格（Margaret Sanger，1883 - 1966，舊譯爲山格夫人、山額夫人、珊格爾夫人等）。

就是這位桑格夫人，於是次運動甫止，即於 1921 年，創辦了"美國節制生育聯盟（ABCL American Birth Control League）"①。1922 年 4 月，更遠涉重洋，來到中國，將發展於美洲新大陸的節育理論，傳播到亞細亞的古老大地。

桑格夫人原名瑪格麗特·路易絲·希金斯（Margaret Louise Higgins），1879 年 9 月 14 日②誕生於紐約市科寧鎮一個擁有十一個子女的中產者家庭。父親是位精於石材雕刻而又非常有思想的社會黨人，他的政治態度和激進思想，對日後的桑格有重大影響；③ 母親賢惠而善生産，於短暫的四十歲人生中，竟然懷孕 18 次。

桑格夫人在衆多兄弟姊妹中排行第六。在她的記憶裏，母親每次妊娠，都損傷了本已孱弱的身軀。母親的早逝，使她萌生從醫的志向，她試圖以此拯救像她母親那樣悲苦的女性。所幸得到姐姐幫助，她於 1900 年進入 White Plains 醫院學習護理。之後在貧困的紐約市下東區（即曼哈頓島第十四大街以南和鮑威利以東區域）從事護士職業。1902 年，與建築師威廉·桑格（William Sanger）成婚。

婚後第十載，即 1912 年發生的一件事，影響了桑格夫人後來的人生。

這年某天，工作中的她親眼目睹卡車司機之妻珊迪·薩克斯（Thandie Sax）因墮胎死亡的慘象。晚上，桑格夫人在床上輾轉反側。

一場痛苦思辨過後，她沉重寫道："太陽升起來了，陽光反射在屋頂上，這也是我的生活中新的一天的黎明。…… 我決心去尋找罪惡的根源，爲改變那些痛苦像天空一樣無邊的母親們的命運而做些什麽。"④ 並於 1914 年至 1916 年創造了"計劃生育"一詞。

"計劃生育"，英語是 family planning，原指男性或女性採用避孕方法而達到計劃生育的目的。桑格夫人認爲，每個婦女都有權計劃其家庭人口之多少。

合上筆記，桑格夫人目標明確地投入"一種爲婦女解放而獻身的事業"，因此，薩克斯太太的悲慘命運，"不僅是瑪格麗特·桑格一生中的一個重要轉折點，也標誌著美國節育運動的開端"，因爲在當時的美國，遭此厄運的婦女並非卡車司機太太一人，據估計，"當時的美國每年大約有 200 萬人非法流産，許多婦女因此喪生。還有25 000人死於分娩，另外一些婦女則經受不了接連懷孕的痛苦，走上自殺的道路"。⑤

值得一提，桑格夫人所主張的節育，不是簡單避免痛苦的墮胎，而是利用當時已知的種種科學避孕方法限制生育。這種限制，廣義上包括禁止患遺傳疾病的育齡母親生育，患心臟病、肺病或正在做苦工的婦女暫時節育，23 歲以下女子因身心尚未完全發育而應節育等。她説："節制生育，完全是爲了消滅不健康者，或者説是爲了防止身心有缺陷的人出生。"⑥

---

① 這個組織幾起幾落，最終命名爲美國計劃父母聯合會（Planned Parenthood Federation of America）。

② 桑格夫人曾一度將妹妹的出生日期虚報爲自己生日，所以很多中文書籍涉及她的出生日，都寫作 1883 年，但據 1880 年的人口普查記録，1879 年 9 月 14 日才是桑格夫人真實的出生日。

③ Ellen Chesler, *Woman of Valor: Margaret Sanger and the Birth Control Movement in America* New York: Doubleday, 1993, pp. 22 - 32.

④ 艾爾弗雷德·克諾夫《婦女與美國歷程》，紐約：1984 年，頁 364。

⑤ 多蘿西·沃德爾《節育運動的先驅——瑪格麗特·桑格》，《美國公共衛生雜誌》，1980 年 6 月號。

⑥ 瑪格麗特·桑格《婦女與新種族》，紐約：1920 年，頁 36。

應該指出，桑格夫人不像新馬爾薩斯主義者那樣，僅僅關注人口問題，她是一位傑出的女權主義者和同情社會下層民衆的社會活動家。在她看來，男女應該平等，而一個婦女在擁有和掌握自己的身體之前，不能稱自己爲自由人。敢於自主地避孕，是婦女掌握自己身體的重要標誌，因爲作爲一個自由人，每個婦女都有權計劃自己家庭人口的多少。

顯而易見，桑格夫人是集女權主義、社會改良主義以及人口學説於一體。正如她本人所説："我的產兒限制運動不是立於馬氏人口學之基礎，不是爲抑制人口之增加，是爲預防母子可怕的浪費的緣故。是爲……生了小孩很多的家庭，幾千貧婦悲痛的求救。"① 由此可見，桑格夫人的節育理論，首先是以女性的解放爲立足點。

從來大事業、大成就都非一帆風順。只有歷經坎坷，不畏艱險的堅韌者纔有可能到達光輝頂點。桑格夫人的事業、她所取得的成就也不例外。

這位美國計劃生育創始人事業發軔伊始，正值美國女權運動高漲之時。

所謂女權運動，掀起之初，主要局限於白人中產階級婦女。它源於廢奴運動，早期與反奴隸制運動及南北戰爭前的其他進步運動緊密聯合，具有激進傾向。南北戰爭結束，當選舉權擴大到奴隸身上而還没有擴大到婦女身上時，女權運動便與黑人運動脱離。爾後的數十年，種族主義和反移民情緒遍及美國中產階級，女權運動乘勢將注意力集中於爭取婦女選舉權。這時，雖然女權運動中還有其他流派堅持把女權主義與激進觀點相聯繫，但激進觀點已不能成爲女權運動主流。計劃生育就是這股不入女權運動主流的激進觀點。

説計劃生育觀點激進，是因爲此説直接涉及避孕。而避孕，不僅被當時的紐約警察當局認爲有傷風化，還被視爲異端邪説。悲哀的是，在當時，多數美國人也認爲女人本能没有性欲，因此没有性的享樂權。换句話説，對性與婚姻等問題的理解，當時的美國社會還停留在維多利亞時代（1839－1901）的觀念，亦即社會爲女子塑造的理想模式是美麗而嫻靜的淑女。故此，當桑格夫人在 1914 年發行《婦女的叛逆》(*Women Rebel*) 月刊，提出要爭取阻止懷孕的權利，以及於 1916 年在布魯克林建立世界上第一個節育指導所（Contraceptive advice station）時，無怪乎遭遇了牢獄之災。

不過，自曆書翻開十九世紀九十年代這一葉，美國社會掀起的一股享樂浪潮，已直迫二十世紀。其時，不少女性對傳統觀念逐漸反叛，一些社會主義者、無政府主義者等團體亦開始廣泛討論性改革問題。

當然，在嘈嘈切切錯雜談中，不乏個别無政府主義者鼓吹無原則的性享受；也有以追求性快感爲樂，以喪失倫理道德的性自由爲榮的女性，在風潮乍起之時，曾作過度張揚。但這不是桑格夫人提倡計劃生育的初衷（當然，這也不應是無政府主義女權主義者的初衷，如最著名的愛瑪高德曼［Emma Goldman，1869－1940］積極傳播《婦女的叛逆》以及正面宣傳避孕方法，强調控制生育，就是例證），桑格夫人的旨趣是，營造以責任與義務爲基礎，在完整家庭中的健康的性生活。她斥責"婦女之爲性的奴隸焉久矣…… 男子向以温順纖弱爲婦女當然之地位，婦女亦甘受之"② 的社會病態，强調"節制生育運動，就是從性偏見和禁忌中解放思想"。③ 因此，桑格夫人是在以節育爲前提下倡導一種全新的健康的性觀念。所以當桑格夫人遭受迫害時，"紐約的社會輿論很快轉向對她支持的一方，公衆也在她的周圍團結起來。《評論畫刊》進行的民意

① 瑪格麗特·桑格著，祁森焕譯《生育制限的過去現在和將來》，《晨報副刊》，1922 年 4 月 24 日。
② 瑪格麗特·桑格著，陳海澄譯《節育主義》，北京：商務印書館，1925 年，頁 1－2。
③ 瑪格麗特·桑格《文明之樞紐》，紐約：1922 年，頁 224。

測驗表明：97%的人讚成節育"[①]。她的牢獄之災隨之消失。

由於桑格夫人熟悉社會底層，因此她不僅積極傳播節育主張，而且身體力行地踐行節育手段。她說："我們要以科學的避孕方法來使之不孕，並不是等受孕以後再來墮胎，或是等生下來了再殺嬰。"[②] 爲此，她與姐姐於1916年率先開辦了美國的，也是舉世無雙的第一家節育診所後，又去法國學習有關避孕藥物的知識，返回美國時帶了子宫託、子宫帽和避孕套等避孕工具。後來，又籌建了美國第一家生産子宫帽的公司。

桑格夫人之所以不做誇誇其談的論説家，而脚踏實地地踐行自己的主張，是因爲在她看來，"科學的節育不僅促進理智的計劃生育，而且能更好地培養人類本能情感交流所産生的生命"，[③] 能將性生活過程所體現的"情愛之火花，生活之動機，以及互愛之誠，强毅之體，一一灌注於新生命"[④]。

桑格夫人還對普及科學節育手段的遠景充滿希望，她説，"此時之人類，將另有一番新氣象"。[⑤]

在獻身節育運動的過程中，桑格夫人陸續出版了《母親須知》(1917)、《婦女與新種族》(1920)、《文明之樞紐》(1922)、《節育運動的國際情况》(1925)、《人口過剩問題》(1926)、《我爲節制生育而戰鬥的經歷》(1931)及《瑪格麗特·桑格自傳》(1938)等著作，並在生前留下一句名言：

> 生育過多，會增加人類的痛苦。[⑥]

不孝有三，無後爲大

在異域轟轟烈烈拉開計劃生育運動的大幕時，古老中國也在醞釀風潮，它的始作俑者是北京同文館裏那位美國長老會的來華傳教士丁韙良(William Alexander Parsons, Martin, 1827–1916)。

丁氏於1850年到中國，初在寧波傳教10年。1863年定居北京後，在同文館教英語。1867年，同文館開設"富國策"課程，他又執教於斯，講授美國經濟學家福塞特(H. Funcert)所著 *A Manual of Political Economy*(《政治經濟學手册》)。後來該書由同文館英文班畢業生、清廷譯書纂修官汪鳳藻(1851–1918)翻譯，再經丁氏校訂後，於1880年以《富國策》書名出版。

《富國策》用一定篇幅介紹了被譯爲《民數論》的馬爾薩斯《人口原理》。此書在當時影響甚大，出過不少版本，又被一些報刊摘要轉載。1896年，清廷軍機處章京陳熾(1855–1900)將此書重新翻譯，在梁啓超(1873–1929)主持筆政的《時務報》上連載。

既有教書育人在前，又有社會輿論烘託在後，馬爾薩斯人口論的種子，終於順理成章地萌芽了。

---

① 多蘿西·沃德爾《節育運動的先驅——瑪格麗特·桑格》，《美國公共衛生雜誌》，1980年6月號。
② 瑪格麗特·桑格著，胡適之譯《生育制裁的什麼與怎樣》，《晨報副刊》，1922年4月25日。
③ M·肯尼迪《美國的節育運動 —— 瑪格麗特·桑格的生涯》，耶魯大學，1970年，頁134。
④ 瑪格麗特·桑格著，陳海澄譯《節育主義》，商務印書館，1925年，頁31。
⑤ 同上注。
⑥ 伊凡譯《山額夫人及其節育運動》，《中華醫學雜誌》第22卷第6期。

1906年10月,《東方雜誌》3卷9號，發表了留學美國加里福尼亞大學的商科學生章宗元(1878-?)所撰的《論古今生計界之競爭》一文。這顯然是馬爾薩斯人口論春風化雨的結果。章文稱中國窮人的貧困是“不節忍”所致，而富人的財富是“慎於婚配”、“節制情欲”的結果，所論比馬爾薩斯更有過之。

矯枉往往過正，然而十分無奈的是，章宗元輩的呼叫，仿佛空谷裏的一陣回音，響聲過後，平靜依舊，類如桑格夫人式的效果，在古老中國不見有賡續。不過，這不等於淵深不能起漣漪。曾經置身迎拒桑格夫人節育思想論戰中的陳望道留有一言：當時的封建衛道士對生育本身，“都裝滿了一肚子不純的思想，以生育爲一樁大羞恥的事，只許大家在秘密裏進行”。① 這就是說，所謂的平靜，僅表象而已，底下裏正湧動一股激流，因此時不時也泛起些許浪花，例如在桑格夫人訪華後應運而生的北京“中華生育制裁協會”、蘇州“中華節育研究社”以及十日一刊的《現代婦女》，更有《婦女評論》、《學燈》這類上海著名報紙之副刊和《婦女雜誌》在1922年集中版面討論桑格夫人及其節育觀所引發的種種課題，但就計劃生育而言，總没有形成破竹之勢。之所以如此，一個重要原因應是孟子(約公元前372-前289)“不孝有三，無後爲大”之祖訓在發威。孟子説：

> 不孝有三，無後爲大。舜不告而娶，爲無後也，君子以爲猶告也。②

這裏，孟子强調了“孝”。

“孝”,《説文》解作“善事父母”；字體結構上爲“老”、下爲“子”，表“子承老”之意。③就是説：父母在，子女須依禮的準則孝敬；父母殁，子女須依禮的準則安葬和祭祀。試想，若“不娶無子”,④ 絶了後嗣，那麽，將由誰來踐行孝敬、安葬和祭祀這套禮制？

因此，在古老中國，最高榮耀無疑是“天錫之福，子孫滿堂”。⑤

當然，這種榮耀不僅是社會的傾向性思維，而且自古以來，就以禮與法的相濟形式予以制度上的鞏固。孔子説：“五刑之屬三千，而罪莫大於不孝”⑥，即爲明證。特别自李唐以降，歷宋、元、明、清，各朝均將“不孝”定爲“十惡”之一以後，無子嗣更遭社會詈詬，譬如兩人口角，最毒一句咒駡無過“斷子絶孫”，此詈一出，被咒者通常會暴跳如雷。因此，章宗元輩儘管以驚世駭俗之詞張揚“馬氏學家”的人口論，⑦ 試圖藉以呼喚節育的風雨，但終無良效。

行文至此，有一點須指出，與馬爾薩斯人口理論相似的思想，在中國古已有之。只是所用語言、表述邏輯不盡相同而已。⑧

不過，以此徵引人滿爲患意識在中國古已有之尚可，若説由此引申中國節育思想也是古已

① 陳望道《生育節制問題》，上海《民國日報》副刊《婦女評論》第39期，1922年5月3日。
② 《孟子注疏》卷七下《離婁章句上》。
③ 《説文解字》卷八上。
④ 《孟子注疏》卷七下《離婁章句上》之趙岐注。
⑤ 《龜巢稿》卷一五《祭章·祭妻文》。
⑥ 《孝經注疏》卷六《五刑章》。
⑦ 章宗元《論古今生計界之競爭》,《東方雜誌》第3卷第9號，1906年10月。
⑧ 有先秦時人文字爲證：一、管仲(?-前645年)朦朧提出人滿爲患概念，他説：“地大而不爲，命曰土滿；人衆而不理，命曰人滿。”(《管子》卷九《霸言》)二、商鞅(約前390-前338)意識到人類的自身生産與物質資料生産存在矛盾，他説：“地狹而民衆者，民勝其地；地廣而民少者，地勝其民。”(《商子》卷二《算地》)三、韓非(約前280-前233)涉言人口增長速度超過生活資料增長速度，他説：“古者丈夫不耕，草木之實足食也；婦女不織，禽獸之皮足衣也。不事力而養足，人民少而財有餘，故民不爭。是以厚賞不行，重罰不用，而民自治。今人有五子不爲多，子又有五子，大父未死而有二十五孫。是以人民衆而貨財寡，事力勞而供養薄，故民爭，雖倍賞累罰而不免於亂。”(《韓非子》卷一九《五蠹》)

有之，則全然不對。因爲先賢的人滿爲患説，並非著意於、也難以啓發出近代意義的節育思想。它所標誌的，是中國的先哲在遥遠的過去，從社會現實中已觸摸到人口過多的問題。至於科學的節育觀，動搖"不孝有三，無后爲大"的玉條，是難以被認知的。即使在晚清人口思想領域掀起波瀾的汪士鐸，雖超越前人，提出了晚婚晚育、實行計劃生育、禁止多胎生育、藥物避孕等在當時科學技術水平和時代背景下可説非常另類的措施，① 也因"無後爲大"壁壘之堅固，而不見實際的收效。

節育觀與多子多福觀的衝撞

横看困擾中國數千年的人口過多的難題，可謂高低錯落，跌宕起伏。及至近代中國初夜，雖經洪亮吉發蒙，汪士鐸力解，而呈破局態勢。但洪、汪的策對種種，並没有著眼於萌動行爲人的自主意識，或者唤醒民衆的覺悟，因此，諸多設計中的强力儘管藴含合理内核，却不蜕自然經濟舊體制的底色。他們在這個尚以血緣宗法爲紐帶的自然經濟體内疾力搏擊，恰似大澤焚而不能熱，河漢冱而不能寒，無從也無法收到他們理想中的碩果。

然而，在舊體制内研究以謀解决人口過多此一懸案之理路，到了近世，終與舊體制外破解相類難題的理路相契合，女權思想的萌生，即爲一例。明清以來，女性在家庭謀生方面發揮愈來愈重要的作用，規範女性"四德"的傳統，於是發生變異。這一點在《明清以來蘇州社會史碑刻資料集》中有一通墓誌銘能作很好的證明。該銘文叙述一女子陳氏生平時如是説："嘗謂婦之相婦，其德有四：順、貞、慈、儉"，"惟儉則生財"。② 這就是説，善於理財乃至生財，是婦德之一。恩格斯有句名言，一切社會變遷的終極原因，"不應當在有關的時代的哲學中去尋找，而應當在有關的時代的經濟學中去尋找"。③ 在資本主義萌芽的中國，女子的社會地位將要發生變化。因此，舊體制外的元素一旦破壁進入，兩者相交景象可以想見。

這事發生在1922年初。

當時擔任北京大學總務長的蔣夢麟（1886－1964）適在美國，得悉身爲美國節制生育聯盟主席的桑格夫人，2月從美國啓程赴倫敦主持第五次國際生育節制大會途中，將繞道日本作宣傳節育運動之演講。蔣氏有感中國人口衆多，晚清以來，龔自珍（1792－1841）、④ 薛福成（1838－1894）、⑤

① 汪士鐸（1802－1889）初名鏊，字振庵，改字晉侯，别字梅村，號悔翁，學者稱梅村先生。江寧（今南京）人。道光二十年（1840）舉人。咸豐二年（1852），做館高郵知州魏源府，助纂《海國圖志》。九年，赴湖北胡林翼巡撫幕府，商榷政治得失。同治三年（1864）歸里，修葺金沙井老屋，杜門却掃，頤情墳典。生平著述七十餘種，數十萬言。他的人口思想，主要集中於所著《乙卯隨筆》、《丙辰備遺録》，合稱《汪悔翁乙丙日記》裏。汪士鐸極力反對"每十五六皆嫁娶"、"十六皆抱子"、"三十即抱孫"的生育觀，主張"女子二十五而嫁，男子三十而娶"。爲了使人口大量减少，又主張制定種種"以威斷多殺爲主，有言仁慈不嗜殺者立斬"的條例，如"男子有子而續娶，婦人有子而再嫁，犯皆斬立决"等，並大量推廣溺嬰尤其溺女嬰方法。又禁止鰥夫、寡婦再婚，以及"天下貧者、以力相尚者、不才者，皆不得娶"；"聾、瘠、廢者亦不得娶"。還主張"廣施不生育之方藥"和各種斷胎冷藥進行避孕或絶育，鼓勵人們外出經商，使男女不同室，獎勵人們出家當僧尼等，以此减少人口出生率。顯見汪士鐸的許多控制人口的手段十分極端，但剔除野蠻的糟粕，内裏不乏合理的成分。

② 《潘員卿室陳碩人墓誌銘》，《明清以來蘇州社會史碑刻資料集》，蘇州：蘇州大學出版社，1998年，頁54。

③ 《馬克思恩格斯全集》第19卷，北京：人民出版社，1963年，頁228。

④ 早在1820年，龔自珍在《西域置行省議》中提出設行省於新疆，把江西、福建"種烟草之奸民"和八旗子弟中的一部分移到新疆墾荒種地，以舒緩内地人口壓力。

⑤ 1889年，以通曉洋務著稱的薛福成，被委命出使英法意比四國欽差大臣後，通過對資本主義國家實地考察，提出了移民國外、發展資本主義生産等建議以解决人口過剩。

梁啓超 [①]均曾遂提議桑格夫人順道訪問中國。得到首肯，蔣夢麟即刻電告國内。於是，時任北大“北方風俗調查會”主任的張競生和時任北大教務長的胡適（1891－1962）聯名向桑格夫人發出邀請。

張競生是哪方神聖？今人知之頗寡。殊不知這位張某，是當年掀風起雲的健將。

張競生（1888－1970），幼名江流，學名公室，因受達爾文“物競天擇，適者生存”思想影響，改名兢生，廣東饒平人。同盟會會員。1912 年，首批 25 位公費赴法留學生中的榜首，就讀於巴黎大學，獲文學學士學位，1919 年，獲里昂大學哲學博士學位。

由於留法日久，张氏濡染於當地節育風氣甚深，1920 年甫歸國，便向廣東督軍陳炯明推介桑格夫人的節育主張。不意遭冷遇，且在汕頭宣傳節育時，“大受社會的咒駡”。[②] 張競生甚是慨然。1921 年，受蔡元培眷顧，執教鞭於北大哲學系，1922 年，被委邀請桑格夫人訪華，遂令他爲之一振，但這没有改變這位留法博士對國人顢頇所持有的鄙夷，因此在桑格夫人離境後，仍留下内心不平的文字：

> 不一年間美國山格夫人來華提倡同一論調，前駡我的報紙者竟一變而爲歡迎山格夫人的主張了。[③]

桑格夫人離開日本，取道朝鮮進入中國東北。4 月 14 日到達北京，下榻北京飯店。18 日，《北京大學日刊》刊出邀請桑格夫人講演啓事，版面置於頭版頭條，全文如次：

> 無限制的生育，使人口之增加超過教養的能力，小之可致一身一家之貧窶，大之實爲世界文化與和平之一大危機。西洋自馬爾圖斯（今譯馬爾薩斯—筆者注）以來，學者多有提倡“生育制裁”（Birth-Control）之論者，但社會習於成見，往往認此事爲不道德。實則與其生而不能養，與其生而殺之以貧病，何如預爲制裁而不生之爲愈乎？美國女士山格夫人（Mrs. Margaret Sanger）爲提倡“生育制裁”最力的人，八年以來，爲此事入獄數次。至最近一年中始能成立“生育制裁協會”（The Birth-Control League），讚成者已有五萬人之多。此次山格夫人到日本講演，便道來中國游歷。本校特請夫人於本月十九日（星期三）下午四時在第三院大禮堂講演《生育制裁的什麼與怎樣》，由胡適之教授擔任譯述。此啓。

這則落款蔡元培的北大校長啓事，讀來頗不一般。其不一般處有三：

(1) 將是否“生育制裁”，不局限於“一身一家”生計，而與“世界文化與和平”並論；

(2) 明確表示，把“生育制裁”視作“不道德”者，是囿於社會“成見”，因此不足取；

(3) 啓事還把“生育制裁”目光投向人口的“養”上，碰觸到優生優育問題。

綜此三點，充分表明啓事人是進步人口觀的支持者。

當筆者翻開 1922 年 4 月 19 日的胡適日記，裏面不僅有這則啓事全文，文下又清楚寫明：“上面是我擬的啓事。”[④] 胡適日記讓我們得知啓事爲胡適所起草，作爲新文化運動主將之一，他

---

① 梁啓超在《農會報序》、《史記貨殖列傳今議》諸文中，主張以發展生産來解決人口壓力，並把政治上的“自立”作爲發展生産和解決人口問題的前提。

② 張競生《美的社會組織法》，北京：北新書局，1925 年，頁 105（注釋）。

③ 同上注。

④ 《胡適的日記》1922 年 4 月 19 日，北京：中華書局，1985 年，頁 324。

當時與張競生一樣，不僅持進步人口觀，而且是“很興高彩烈”① 的傳布人。

當然，就生育節制、人口控制或優生學方面的看法，胡適没有爲世人留下更多文字，但他是“生育制裁”的支持者，這點不容置疑，且在“受一般冷血人的刺激”後，態度更積極，誠如他在日記中所寫，“故更高興了”。② 演講會後由前清華大學校長、時任北京中孚銀行董事兼經理的周詒春（1883 - 1958）作東，胡適參與宴請桑格夫人的席間，呈現“大家談的仍是生育制裁的問題”③ 之場景，正足以資證。

這樣，從總務長到教務長，從校長到教授，在對待桑格夫人節育觀上所持立場相同。據此一斑，北大自策動五四運動以來，仍無愧作爲新文化運動的堡壘。所以 19 日下午，北大三院出現煞似車水馬龍之景况，就不足爲奇。當時“聽者約二千人”，④“聽講的人滿坑滿谷，四壁有站著的，窗口有爬著的，甚至把北大三院的窗户桌儿都要擠壞了”。⑤

是次演講，桑格夫人開場伊始，就提出節制生育的必要性、必然性，認爲“生育制裁的問題，是新社會哲學中的一個中心問題，是精神和文化的要求的表徵，不只是經濟上的問題”，“如果世界各國都没有‘生育節制’的政策，便都不能算是文明國”。⑥ 接著，桑格夫人較詳細傳授了西方的幾種節育方式。事後，胡適評價桑格夫人説：“他的演説力甚好。女子演説甚少他這樣的有條理層次。”⑦

桑格夫人的演講稿後來刊於 4 月 25 日《晨報副刊》，同時刊出桑格夫人與胡適、張競生的合影。演講之後，夫人還與記者、教授及協和醫校的護士等召開座談會，討論在中國怎樣開展節育。

結束北京之行後，桑格夫人經漢口、南京，直抵上海。4 月 30 日，應江蘇省教育會、中華職業教育社及家庭日新會邀請，到上海職業教育館作“生育節制的重要和方法”的演講，聽講者達 700 餘人。由於桑格夫人在演講中，詳述男女交媾的性生理反映，在表達具體節育方法時，又太過直率，以致擔任翻譯的大夏大學教授俞慶棠（1897 - 1949），雖剛從美國學成歸來，也不免臉紅而難於啓口，以致不得不轉請一位男醫生續任翻譯。⑧

過後，時任上海大學副校長的邵力子（1881 - 1967）對此一插曲不無惆悵，他嘆曰：

> 桑格夫人的演説，傳譯的女士不敢終其詞，著名的報館，要用“中略”二字。⑨

但一些深受封建禮教影響的守舊人士，却跟邵力子不一樣，他們直詈桑格夫人“本身就是一個不正當的東西”，是“在本國站不住脚的女流氓”。⑩

其實，對節育觀的牴牾不只局限於沉迷封建禮教的羔羊，即使在接受過新式教育的智者中也不乏其人。例如金陵大學農學院 1927 年的應届畢業生張履鸞（1903 -?），對當時較爲流行的節育主張也持强烈反對態度。他認爲：“在現在的中國，談節育尚非其時。第一，在中國生活程

---

① 《胡適的日記》1922 年 4 月 15 日，中華書局出版社，1985 年，頁 318。
② 同上注。
③ 同上注，1922 年 4 月 20 日，中華書局出版社，1985 年，頁 324。
④ 同上注，1922 年 4 月 19 日，中華書局出版社，1985 年，頁 324。
⑤ 陳東原《中國婦女生活史》，臺灣：商務印書館，1994 年，頁 408。
⑥ 桑格夫人《生育制裁的什麼與怎樣》，《晨報副刊》，1922 年 4 月 25 日。
⑦ 《胡適的日記》1922 年 4 月 19 日，中華書局出版社，1985 年，頁 324。
⑧ 陳海澄《會見山額夫人以後底雜記》，上海《時事新報》副刊《學燈》，1922 年 5 月。
⑨ 邵力子《生育節制釋疑》，見《邵力子文集》，北京：中華書局，1985 年，頁 698。
⑩ 見英《避孕的利害》，《家庭周刊》第 120 期。

度低，人民知識文化低，醫藥衛生毫不講求，就是少養幾個孩子，死亡率未必能減低，壽命未必能延長，結果人口定然會大大的減少，正是給人家以殖民可能的機會。第二，中國人口已到靜止狀態，退一步説，就是增加得很快，也與世人無多大的危險，由於中國人民向來是愛好和平的民族。第三，天然的富源，還待開發，容納較多的人口，可無問題。"

張履鸞又憂慮萬分地説：

> 我們人口質的方面既不如人，量的方面，此時已不增加，而又來加以人工的限制，恐怕我們民族的前途，有步印第安人後塵的一日。①

有意義的是，青年張履鸞的這一説，竟在當時特具代表性。而這一代表性意見是在桑格夫人已離開中國五年後出現的，据此蠡測，桑格夫人的節育觀東漸，當初所承受抵拒力之强，可以想見。

當然，一次在素有得風氣之先傳統的上海進行的演講，因爲談及性心理和生殖器官構造，以及講解如何操作諸如子宫帽之類的節育用品，而引出翻譯者中途易人，這似乎只是細節，於整體無妨演講本身的最終圓滿。然而察視社會情態，再透過會場細節，反映的却是東西方兩種文化觀的衝撞。

一種是對人類性行爲表現坦然，並且對性行爲將産生的生育後果，預作理性的前置控制。一種是對性行爲的諱莫如深，直到 1922 年，江蘇省議員仍有禁止男女同校的提案，認爲男女同校，"小則誘和啓釁，大則爭妒殺身，不一二年，必見迭出"②，風氣之保守，從中可窺見一斑。

上述東方文化觀對性行爲的言論表達，似乎凸顯謹嚴與鄭重，仿佛一派正人君子狀，將兩性交媾視作一件十分沉重的生存行爲。但在現實社會中，人們因籠罩於"無後爲大"的禮教中，社會因此歆羡妻妾成群，對由此産生的生育後果，聽憑其自然，甚至推波助瀾。所謂禁男女同校，期以防微杜漸性行爲的萌動云云，充其量是在"非禮勿視，非禮勿聽，非禮勿言，非禮勿動"的"克己復禮"③ 之綺羅綾縠上，裁一方遮羞雲錦罷了。

毋庸贅言，正因爲這些捍格之力的頑固存在，桑格夫人的演講被本能地予以抗衡。而那些嘰喳喙爭，其要義無非有三：

一、"天生蒸民，有物有則"，只有聽天由命，則種族昌盛④

持此觀點者强調二義：1. "男女交合之結果而受胎，乃循乎自然之法則，以人爲限制之，則生理上，將受神經過敏之疾病。"⑤ 2. "生育是人生應盡的一種義務，也是結爲夫婦的一種目的，倘使限制生育，不啻叫人不必去盡那義務，不必求這目的。"⑥

---

① 張履鸞《江寧縣 481 家人口調查的研究》，參見中國社會學社編輯《中國人口問題》，上海：世界書局，1932 年，頁 342。
② 高山《該替人類抱愧的事》，《現代婦女》，1922 年 12 月 16 日 (1)。
③ 《論語注疏》卷一二《顔淵》。
④ 許仕廉《人口論綱要》，北京：中華書局，1934 年，頁 219。
⑤ 邵飄萍《避妊問題之研究》，《婦女雜誌》第 6 期第 5 號。
⑥ 《限制生育之我見（上）》，《申報》189－379 (1)。

二、國之本在民，人口蕃盛，爲國之祥；人口衰落，爲國之災①

持此觀點者，以精通程朱理學、博涉百家學説著稱的安徽省立第二師範學校校長胡晉接的講演辭最具典型，他説：

> 最新潮流之結果，果如何乎。吾一推究之，不禁毛髮森然，不寒而慄。蓋其結果，乃一極凶之現象，即“家破種滅國亡”是也。……而又有山額夫人之制育方法，制育藥品，以爲其助緣。此種新文化，如不能普及，則亦幸耳。多普及一人，即滅此一人之種。多普及一家，即滅此一家之種。若真普及全國，恐五千年之黄帝子孫，從此絶矣。②

三、鼓勵不正當的性關係，只能使亂倫之風四起，娼妓充斥街頭 ③

持此觀點者以爲，“行了産兒制限於貞操定有危險”，“其危害不僅及於已婚婦女，於處女寡婦等，皆可任意妄爲，無所忌憚，大足以壞風化”。④ 因爲掌握了制限手段，不再需要冒打胎風險，不正當的性關係“得在無痕迹無危難中過去，那將更無忌避，風化凌夷而人道的光明也幾乎熄滅”，⑤ “人們將陷爲刹那的快樂底奴隸，在正常的配偶間，足以釀成人性的墮落，在非正常的配偶間，且足以釀成不倫的行爲”⑥。致使“社會風紀益陷不倫”。⑦

應該説，上述三點對桑格夫人演講的抨擊，並非一無可取，尤其第三點。

謂予不信，可以張競生於1926年季春，出版《性史》之後一段經歷作一小注。

尚在北大講授美學的張競生授課之餘，對英國性科學研究權威靄理士（Henry Havelock Ellis 1859－1939）的多卷本《性心理學研究録》産生濃厚興趣，在研讀之後，擬仿其體例撰一部多卷本的中國《性史》，於是通過報紙徵集有關性經歷的自述，並將來稿在是年編輯成第一集出版。不想此書銷路極好。老報人郁慕俠在《上海鱗爪》中記録當時出版盛況説：“出版不多時，竟能轟動一時，購書人不以爲價昂。疊次再版，共印了五萬多册，一概賣完。後來要買《性史》的人，居然有錢没處買，竟至輾轉訪求，或者登報徵覓的也很多，其吸引力大，可想而知了。”⑧ 書商們一看奇貨可居，便紛紛冠以張競生編著之名，借題發揮地出版淫亂下流之作達十數種之多，致使張某與“臍下三寸作家”相類並列而無法再在北大安身。

隨著避孕手段的普及，道德淪喪之虞不可謂不存在。但即使如此，自桑格夫人訪華後，“計劃生育與性教育開始傳播”，避孕工具開始引進，畢竟有了開端，⑨ 且一發而不可收。之所以會如此，用當時人的話説，是因爲“空言的反對，結果是敵不過實際上的需要。生育節制終於近來比先前流行了。這雖然不能用數字來證明，但從出賣節育器和藥品的地方之多和講節育法的

---

① 許仕廉《人口論綱要》，頁220。
② 轉引自魯迅《新的薔薇》注8。見《魯迅全集》第3卷，人民文學出版社，1981年，頁295。
③ 許仕廉《人口論綱要》，頁219。
④ 邵飄萍《避妊問題之研究》，《婦女雜誌》第6期第5號。
⑤ 陳望道《生育節制問題》，上海《民國日報》副刊《婦女評論》第39期，1922年5月3日。
⑥ 夏丏尊《生殖的節制——歡迎桑格夫人來華》，《婦女評論》第38期。
⑦ 陳兼善《優生學和幾個性的問題》，《民鐸雜誌》第5卷第4號。
⑧ 《上海鱗爪·張競生的〈性史〉》，上海：上海書店出版社，1998年，頁47。
⑨ 林語堂《中國人》，杭州：浙江人民出版社，1988年，頁145。

書籍的流行上可以窺見一斑”。① 而此一趨勢，就連反節育論者陳碧雲也不得不承認：“婦女節制生育運動在現社會裏幾乎成爲一種普遍的潮流，而且常爲一般所謂新時代的婦女視爲一種新理論而奉行著。許多社會學家、經濟學家乃至宗教家，又都各自找尋許多理論和事實作爲這一運動之理論的根據。”②

在現實生活中，人們司空見慣一種現象：當對抗雙方相持不下時，只要有微小的第三方力量加入任何一方，相持局面就會立即被打破。

縱觀中國，在生育問題上，一向以多子多福爲最高境界，所謂“天地之大德曰生”。③ 但陳獨秀（1879－1942）等輩在桑格夫人訪華之前六年已吹響“倫理的覺悟，爲吾人之最後覺悟之最後覺悟”④ 的號角，並敬告青年“以科學與人權並重”，認爲要掙脱“奴隸之羈絆，以完其自主自由之人格”⑤，其後又經“五四”運動的激蕩，新的生育觀乘新文化運動的勁風，著眼於啓蒙行爲中人的自主意識，意識到婚姻的真義，不局限於生兒育女，而在其產生無窮盡的精神快樂，所以對男女交媾敢於有限地坦然，敢於大膽面對節育。但這種舉動在“無後爲大”鐵幕裏抗衡舊傳統，畢竟力量有限，於是形成新舊觀念之牴牾。

瑪格麗特·桑格到訪中國，無疑給牴牾雙方中的新興力量一方增加了砝碼，致使積重難返的舊生育觀在實踐意義上遭遇到挑戰。

當然，生育觀的轉變是一個長期而緩慢的歷程，但桑格夫人的宣傳，顯然給這個歷程增加了速度。這之後，北平婦嬰保健會、上海節育研究社、中華婦女節制協會等有關婦女生育的機構相繼成立。不同文化背景下形成的文化結晶互相碰撞，結果爲社會帶來進步。

作者附記：

拙文《簡論桑格夫人節育觀對中國“多子多福”觀的衝擊》，乃乘興之作，不意竟被《東西方研究》採用。由於其他文債的關係，我一直未能分出精力多作琢磨。

日前，《東西方研究》主編單周堯教授以電郵賜告論文集已届最後校對階段，並詢拙文“人口過剩”一語是否以改作“人口過多”爲宜。這是一個極好的意見。

馬克思在《黑格爾法哲學批判導言》中對禁錮人們思想的宗教作批判時，有下列著名的言辭：“對宗教的批判最後歸結爲人是人的最高本質這樣一個學説，從而也歸結爲這樣一條絶對命令：必須推翻那些使人成爲受屈辱、被奴役、被遺棄和被蔑視的東西的一切關係”。

這裏，馬克思對“人”顯然給予極其高度的關注，他在同一篇文章中説：“人的根本就是人本身。”馬克思所言“人本身”，我想應該理解爲人的權力。

一個現實的人，如果失去了人的權力，那麼“受屈辱、被奴役、被遺棄和被蔑視”的事件，隨時可能發生。

拙文中“人口過剩”一語，雖無絲毫冒犯人的權力之意，但“過剩”二字，有多餘之意，這就在無意識中涉嫌對人的某些群體有所歧視。

周堯教授建議改“過剩”爲“過多”，一字之異，却有天壤之别，可見周堯教授文思深邃慎密。在此謹附數言，以表對周堯教授的致謝，對自己失誤的糾正。

何泉達　2011 年 9 月 20 日

---

① 克士《生育節制打胎和兒童公育》，《東方雜誌》31 卷第 21 號。
② 陳碧雲《現代婦女節育運動的剖析》，《東方雜誌》30 卷第 15 號。
③ 《周易注》卷八《繫辭下》。
④ 陳獨秀《吾人最後之覺悟》，《新青年》創刊號，1916 年 9 月。
⑤ 陳獨秀《敬告青年》，《青年雜誌》創刊號，1915 年 9 月。

西方漢學家筆下的東方彈弦樂器

——文化交融的痕迹與傳統樂器譯名的西化和漢化

洪　濤

引　言

本文所討論的彈弦樂器名稱，以中國彈弦樂器爲主，由於其中包括中亞和日本的樂器，因此文章以“東方彈弦樂器”爲題。本文所討論之譯例，以個人平素蒐集者爲限，重視譯例的代表性，却不做大規模的統計。這是必須首先説明的。

琴棋書畫很能代表具文化素質的傳統中國生活方式。四者居首的琴，也泛指音樂。孫立群《中國古代的士人生活》一文，舉出不少士人愛琴的事例，他認爲琴是中國古代士人生活中最重要的樂器，撫琴聽曲是表達和感受情感的重要方式。①

中國文學作品中，人物彈奏弦樂器如琴、瑟之類，往往代表比較高雅的生活方式。琴瑟在文學作品中頗爲常見，如在詩作中，《詩經》第一首即有“琴瑟友之”之句，《小雅》中又有“鼓瑟鼓琴”；在散文中，有《論語》記曾點“鼓瑟希，鏗爾，舍瑟而作。”在小説中，有“武侯彈琴退仲達”等故事。事實上，稍涉中國文化的人，大概都會聽過俞伯牙和鍾子期的故事（《列子·湯問》），多半也聽過三國時代魏國嵇康（224－263）“廣陵散絶”的故事，甚至能够背誦李商隱（約 813－858）《錦瑟》篇“錦瑟無端五十弦……”。② 以上種種故事、名篇，都反映士人生活高雅的一面。③

另一方面，在市井細民那兒，音樂却不是高雅生活的一部分，而是謀生的工具，例如，古代女子彈琵琶賣唱討生活，白居易（772－846）《琵琶行》就寫到這一面；④戲曲中有高明（1306－1359）《琵琶記》；⑤ 又如《金瓶梅》寫潘金蓮和其他妓女彈琵琶娱賓；再如《紅樓夢》寫説書的女先兒開講時需用弦子（第五十四回）。除此以外，中國小説也描寫了一些特殊的外來

---

① 孫立群《中國古代的士人生活》（北京：商務印書館，2003 年），頁 201。

② 筆者閲讀所見，譯者之中，頗多以 Zither 來翻譯“瑟”。詳見下文論《楚辭》部分。但“琴”同樣也翻譯成 zither，如歐陽修《三琴記》，Ronald Egan 譯爲 The Three Zithers，見於 Victor H. Mair ed., *The Columbia Anthology of Traditional Chinese Literature*（New York: Columbia University Press, 1994）, p. 589.

③ 也有人持異議，如蘇軾著有《雜書琴事》十三則，其中一則説：“琴非雅聲，世以琴爲雅聲，過矣！琴，正古之鄭衛耳。今世所謂鄭衛，皆乃胡部，非復中華之聲。自天寶中，坐、立部與胡部合，自爾莫能辨者。”他指出琴曲和民間音樂鄭衛之音的聯繫，以及民族文化交流與琴曲的影響。

④ 1920 年，Arther Waley 有論文 Notes on the “Lute-Girl's Song”（論《琵琶行》）在 *The New China Review*（《新中國評論》）1920 年第 2 卷刊出，見於頁 591－597。我們注意到他用 lute 來翻譯“琵琶”。其後，用 lute 來翻譯者甚多，如 Rewi Alley 譯爲 Song of the Lute. 參看 Rewi Alley trans., *Bai Juyi: 200 Selected Poems*.（Beijing: New World Press, 1983）, p. 232.

⑤ 《琵琶記》的英譯本有 Jean Mulligan trans., *The Lute: Kao Ming's P'i-p'a chi*（New York: Columbia University Press, 1980）。《琵琶记》另有一個漢英對照版稱爲 *The Story of the Lute*（北京：新世界出版社，1999 年）。

樂器，如《金瓶梅詞話》所寫的胡博詞兒、扠兒難："這婦人每日打發武大出門，只在簾下磕瓜子兒，一徑把那一對小金蓮做露出來，勾引的這顆人，日逐在門前彈胡博詞、扠兒難〔雞〕，口裏油似滑言語，無般不說出來。"（第一回）①

雖然彈弦樂器在中國古典文學作品中只是衆多日常器物的一種，却給翻譯家帶來不少困難。很多漢學家翻譯東方彈弦樂器名稱時，往往用西方的樂器名稱來取代，例如中國的古琴和琵琶都被譯成 lute。② 翻譯家這種做法，其實是一種歸化手段（domestication），如果語境不清，讀者不容易瞭解到底古人在演奏東方的樂器還是西方的樂器。在 lute 前面加一個修飾語 Chinese，成爲 Chinese lute，似乎能將指涉範圍縮窄至中國，使讀者知道不是洋樂器。但是，到底 Chinese lute 是古琴，抑或是琵琶，學術界各行其是。③ 至於胡博詞、扠兒難（雞）的問題，筆者認爲可以用"溯源法"來翻譯（詳下文）。溯源法不是用漢語拼音詞，却也可以歸入異化翻譯（foreignization）之類。④

琴、瑟與歸化翻譯

在中國古典小説中，《三國演義》反映了琴在士人生活中佔有一席位，如第三十五回"玄德南漳遇隱淪　單福新野遇英主"寫劉備（玄德）逃避蔡瑁追殺，直奔南漳水鏡先生處，"忽聞琴聲甚美"，側耳聽之，水鏡先生出迎説："琴韻清幽，音中忽起高抗之調，必有英雄竊聽。"⑤ 此句下有古人的評語："先生耳中又聽出一玄德。"⑥ 看來琴音竟具靈性，而操琴者更是高明，能聞音而知人。及至第九十五回，更有"武侯彈琴退仲達"的奇事，可謂樂器勝過兵器。

Brewitt-Taylor（鄧羅）如此翻譯"武侯彈琴退仲達"：K'ung Ming's Lute Repulses Ssuma. ⑦

我們却認爲孔明的"琴"，並不是外形呈橢圓，面平背駝，需要抱持彈奏的那種 lute。《三國演義》的琴，應該是横放的古琴。試看：劉備逃難進入水鏡先生之門：玄德見架上滿堆書卷，窗外盛栽松竹，横琴於石床之上。⑧ 最後這句顯示《三國演義》的琴是横放的。

另一位譯者羅慕士（Moss Roberts）則把"武侯彈琴退仲達"翻譯成 Strumming His Lute, Kongming Drives Off Sima⑨ 他同樣是以 lute 來對應"琴"，但羅慕士譯本的小説正文却見 zither⑩，

---

① 《金瓶梅詞話》（東京：大安株式會社，1963 年），頁 24。關於此句之校讀，詳下文。此外，《金瓶梅》第 34 回又有一例：那韓二先告道："小的哥是買賣人，常不在家住的，小男幼女，被街坊這幾個光棍，要便彈打胡博詞兒，坐在門首，胡歌野調，夜晚打磚，百般欺負。"

② 例如 John Turner (1909 – 1971) 將"窈窕淑女，琴瑟友之"翻譯成：A modest sweet maid/Lute and harp invite. 參看 J. Turner, *A Golden Treasury of Chinese Poetry* (Hong Kong: Chinese University of Hong Kong, 1976), p. 33.

③ 高羅佩稱"琴"爲 Chinese Lute，這是廣爲人知的事。然而，Chinese Lute 也用來指别的樂器，如 John Myers, *The Way of the Pipa: Structure and Imagery in Chinese Lute Music* (Kent, Ohio: Kent State University Press, 1992), p. 7。其實，一看這書的書名，就知道 Chinese Lute 指 pipa。同樣稱琵琶爲 Chinese Lute 的，還有下列一書：Curt Sachs (1881 – 1959), *The History of Musical Instruments* (London: Dent, 1968), p. 189.

④ 歸化和異化都是譯學常用語，詳參 Mark Shuttleworth & Moira Cowie, *Dictionary of Translation Studies* (Manchester: St. Jerome Publishing, 1997)，本文不再費辭解説。

⑤ 《三國演義》（北京：人民文學出版社，1979 年），頁 307。

⑥ 同上注，頁 430。

⑦ C. H. Brewitt-Taylor trans., *San Kuo, or, Romance of the Three Kingdoms* (Shanghai: Kelly & Walsh, 1925), Vol. 2, pp. 365, 372.

⑧ 《三國演義》，頁 307。

⑨ Moss Robert trans., *Three Kingdoms: A Historical Novel* (Beijing: Foreign Languages Press, 1994), p. 1137.

⑩ 同上注，p. 1146.

用來翻譯書中所寫“引二小童携琴一張，於城上敵樓前，憑欄而坐，焚香操琴。”① 諸葛孔明用空城計智退司馬懿後，後人有詩讚曰：“瑶琴三尺勝雄師，諸葛西城退敵時。……”羅慕士譯爲：

> A zither three spans long subdued a puissant host
> When Liang dismissed his foe at Xicheng town. ②

可見羅慕士對孔明的“琴”，並没有一貫的譯法。在回目中，他用 lute；在小説内文中，他用 zither。其實，在内文他也有用 lute 的時候。例如，孔明隱居之時，已經與琴爲伴。孔明之弟諸葛均描述孔明：“或駕小舟游於江湖之中，或訪僧道於山嶺之上，或尋朋友於村落之間，或樂琴棋於洞府之内。”③ 末句羅慕士用 lute 來翻譯“琴”(p. 444)。單看譯文，讀者可能以爲孔明彈奏 lute 和 zither 兩種樂器，其實原文都是“琴”。

沙博理（Sidney Shapiro）《水滸傳》英譯本第二回、J. H. Jackson《水滸傳》英譯第一回、④ 詹納爾（W. J. F. Jenner）和余國藩（Anthony Yu）的《西游記》英譯第十回、⑤ 楊憲益和戴乃迭《紅樓夢》英譯本第五回、第二十二回、第二十三回，也都用 lute 來翻譯原文的“琴”。⑥ 霍克思（David Hawkes）的 *The Story of the Stone* 偶亦用 lute，但用 *qin* 的時候更多。⑦

爲什麽這麽多翻譯家都用 lute 來翻譯“琴”？筆者懷疑漢學家高羅佩（Robert H van Gulik, 1910－1967）的影響可能起了作用。高羅佩撰有專書 *The Lore of the Chinese Lute*，他對於如何翻譯中國的“琴”曾有一番議論：

> It is quite true that the shape of the psaltery (a cither) resembles that of the Chinese *ch'in*, while our Western lute rather resembles the Chinese pear-shaped mandolin, the *p'i-p'a*. In my opinion, however, the shape of an Oriental musical instrument should not constitute the first consideration when selecting an English equivalent; the spirit of the music produced by an instrument and the place it occupies in the culture of its native country are as important factors as its shape and structure. This point holds true especially in the case of the Chinese *ch'in*, which occupies so unique a position in antique and modern Chinese

---

① 《三國演義》，頁 823。

② Moss Roberts trans., *Three Kingdoms*, p. 1147.

③ 《三國演義》，頁 327。

④ Sidney Shapiro trans., *Outlaws of the Marsh* (Beijing: Foreign Languages Press, 1993), p. 17. 濤按，該書第一版是 1980 年出版，1993 年重印。另參 J. H. Jackson trans., *Water Margin* (Hong Kong: Commercial Press, 1963), p. 2.

⑤ W. J. F. Jenner trans., *Journey to the West* (Beijing: Foreign Languages Press, 1990), vol. 1, p. 175; Anthony C. Yu trans. & ed., *The Journey to the West* (Chicago: University of Chicago Press, 1977－1983), vol. 1, p. 218.

⑥ 《紅樓夢》第二十一回：“擢亂六律，鑠絶竽瑟，塞瞽曠之耳，而天下始人含其聰矣；……”楊譯本用“lute”來翻譯“瑟”：Confuse the musical scales, break harps and lutes, stop the ears of good musicians, and all men under heaven will learn to hear for themselves. 見於 Yang Hsien-yi and Gladys Yang trans., *A Dream of Red Mansions* (Peking: Foreign Languages Press, 1978), vol. 1, p. 302。霍克思則用 zithers，參看 *The Story of the Stone* (Harmondsworth: Penguin Book Ltd., 1973), p. 421。濤按：楊憲益本人不能算是西方漢學家，但楊譯本是楊憲益和戴乃迭合譯的，而戴乃迭原籍是英國。

⑦ 例如 *The Story of the Stone* (Harmondsworth: Penguin Book Ltd., 1973)，第 3 册，第 29 頁：… a very accomplished young lady who excelled in everything she turned her hand to, whether it was performing on the *qin* or playing Go or painting or … 又，第 37 頁：She took a number of *qin*-playing scenes like the famous one from *The Western Chamber* and the scene in which Miao-chang plays the *qin* in *The Jade Hairpin* …. 另外，英國漢學家 Crammer Byny (1872－1913) 編譯有 *A Lute of Jade* (London: Murray, 1911)。當時，漢學界似乎流行用 lute，較少見到 *qin*, *pipa* 等拼音詞語。

life. In selecting "lute" as translation of *ch'in*, my object was to convey to the general reader something of the cultural significance of this instrument and its music. Since the word "lute" is associated by Westerners with poetry and refined enjoyment, it adequately suggests the atmosphere that surrounds the *ch'in*, while "psaltery", on the other hand, suggests an instrument doomed to obsolescence since many centuries; moreover many readers would have been unfamiliar with this terms. ①

這段話提到兩點：第一，他認爲讀者未必熟悉 *ch'in*；第二，lute 的文化地位，可與"琴"相提並論。高羅佩選擇在書名上用 lute，但該詞前面加上一個修飾語 Chinese，而且有一個副題 an essay in Ch'in ideology，顯示論題是 Ch'in。② 到了 1969 年出新修訂本時，這書的書名修改成：*The Lore of the Chinese Lute: An Essay in the Ideology of the Ch'in*。③再過三年，另有一部英語專著 Liang Ming-Yüeh（梁銘越），*The Chinese Ch'in: Its History and Music* ④没有跟隨高羅佩的做法。⑤ 其後，譯家翻譯中國的"琴"，未必用 lute，例如《梅安琴譜》的英譯：*A Chinese Zither Tutor: the Mei-an chìn-pù*, translated with commentary by Fredric Lieberman (Hong Kong: Hong Kong University Press, 1983).

琴，相傳爲公元前伏羲所創，初僅五弦，周時增爲七弦。根據古書記載，尚有九絃之中琴與二十七絃之大琴，但傳世之琴，均爲七弦。⑥

晚近（新千年），琴的漢語拼音詞 *qin* 已日漸流行。⑦ 舊式拼法 k'in 或 ch'in 均已顯得過時。Achilles Fang（方志彤）在龐德（Ezra Pound）的 *The Classic Anthology Defined by Confucius*⑧ 中曾用 k'in 表示"琴"："Of the two kinds of lute, the k'in has seven strings and the se twenty-five."（p. xi）此外，趙元任（1892－1982）及其女兒 Rulan Chao Pian 用 chyn。⑨ 這 k'in, chyn 都是拼音詞，現在幾已絶迹。此外，zither 在形制上與中國的古琴較爲相近，因此，近來也有不少漢學家用 zither 來代表琴。⑩

至於 lute，漢語稱"魯特琴"，起源於阿拉伯世界，約在 9－10 世紀間經由回教徒傳入歐洲，

① Robert H. van Gulik, *The Lore of the Chinese Lute: An Essay in Ch'in Ideology of the Ch'in* (Tokyo and Rutland: Tuttle, 1969), p. ix, n. 5. 這本書的初版是 R. H. van Gulik, *The Lore of the Chinese Lute: an Essay in Ch'in Ideology* (Tokyo: Sophia University, 1940)，序言也有一段話解釋爲何選用"lute"。參看 Preface, p. ii。其後，A. C. Graham 譯《列子・湯問》"伯牙善鼓琴"，也就用 a good lute-player。

② 這是 1940 年的事。再過一年，高羅佩又出版 *Hsi K'ang and his Poetical Essay on the Lute* (Tokyo: Monumenta Nipponica, 1941)，即《嵇康及其琴賦》。

③ 同樣用 Chinese Lute 者，可參看 Maeno Naoaki, *Chinese Literature* (Tokyo: Centre for East Asian Cultural Studies, 1975)。用 Chinese Lute 稱"琴"，非高羅佩首創，但高羅佩之書屬音樂專著，也許影響力較大。

④ Liang Ming-Yüeh, *The Chinese Ch'in: Its History and Music* ([San Francisco, Calif.]: Chinese National Music Association, San Francisco Conservatory of Music, 1972).

⑤ 同上注。

⑥ 梁在平《中國樂器大綱》（臺北：中華國樂會，1970 年），頁 29。

⑦ 例如 Alan R. Thrasher, *Chinese Musical Instruments* (New York: Oxford University Press, 2000)。

⑧ Ezra Pound trans., *The Classic Anthology Defined by Confucius* (Cambridge: Harvard University Press, 1954).

⑨ Rulan Chao Pian, *Sonq Dynasty Musical Sources and Their Interpretation* (Hong Kong: Chinese University Press, 2003), p. ix. 按，Rulan Chao Pian 是趙元任之長女趙如蘭，其夫姓卞（Pian）。其書遵從趙元任所發明之拼音，故書名用 sonq，琴也用 chyn。參看 Chao Yuen Ren, *Mandarin Primer: an Intensive Course in Spoken Chinese* (Cambridge: Harvard University Press, 1948).

⑩ 例如奚如谷（Stephen H. West）和伊維德（Wilt L. Idema）：*The Moon and the Zither: The Story of the Western Wing* (Berkeley: University of California Press, 1991)。第 147 頁謂 The gifts sent by Oriole include another instrument of love, the zither. … A zither, then, becomes a token of sexual love. 但是，内文的"琴童"，譯文却是 Lute Boy (p. 174)。又如 Ronald Egan 譯歐陽修《三琴記》，見上引文。

是文藝復興時期歐洲最風靡的家庭獨奏樂器。

香港大學圖書館將高羅佩 *The Lore of the Chinese Lute* 的主題（subject）定爲 *pi pa*（琵琶）。此分類或承襲自別處，而其源頭疑受高羅佩書名誤導。另外，美國國會圖書館將該書的主題定爲 *lute*，修訂本改爲 *qin*。① 這似乎反映了近年來翻譯界漢化譯法（sinicization）較爲流行。

中國文學作品中往往“琴瑟”並稱，例如《詩經》第一首就有“琴瑟友之”之句。② 值得注意的是《楚辭》甚少提及“琴”，而“瑟”則屢見。《楚辭·九歌·東皇太一》有：“揚枹兮拊鼓，疏緩節兮安歌，陳竽瑟兮浩倡。”③《東君》：“緪瑟兮交鼓，簫鐘兮瑶簴，鳴篪兮吹竽，思靈保兮賢姱。”《遠游》：“使湘靈鼓瑟兮，令海若舞馮夷。”《招魂》：“竽瑟狂會，搷鳴鼓些。……鏗鍾搖簴，揳梓瑟些。”④《楚辭》多寫到“瑟”，這是頗令人感到意外的，因爲，按照項陽《中國弓弦樂器史》所述：“作爲琴，從目前來看，先秦時期的出土文物更多集中於兩湖地區，即楚文化的範圍之內。”⑤ 宇文所安（Stephen Owen）或用 harp，或用 zither 來翻譯《楚辭》中的“瑟”。⑥

《論語》記載孔子不滿子路：“由之瑟奚爲於丘之門?”⑦ 同一章又記曾點“鼓瑟希，鏗爾，舍瑟而作”。James Legge（理雅各，1815－1897）把“瑟”譯成 lute，實屬權宜之譯，因瑟與 lute 形制不同。他翻譯《詩經》中的“琴瑟”，同樣用這個 lute。⑧ 寫到瑟的名篇，尚有李商隱的“錦瑟無端五十弦……”，千古傳誦。⑨ 相傳瑟初爲五十弦，後改爲二十五弦，今制仍之。每弦設柱，僅發一音，按宫商角徵羽之五聲音階次序，計有五組音域，音量頗洪。⑩

有謂：瑟民間罕傳，只用於宫廷雅樂。⑪ 關於瑟，可參熊朋來（1246－1323）《瑟譜》6 卷。⑫ 高羅佩指自漢朝以來，文獻中很少提及瑟的獨奏。但是，我們却發現說部之中倒是有“鼓瑟”之例，例如《三國演義》第二十九回“昔交州刺史張津，聽信邪教，鼓瑟焚香，常以紅帕裹

---

① 據香港大學圖書館的紀録（2007 年夏天查看）。又，2007 年筆者查看國會圖書館的資料，發現該書的主題屬 Lute。1969 年版，主題改爲 Qin (Musical instrument)。

② Arther Waley 的譯文：With great zithern and little we hearten her. 見於 *The Book of Songs*. Translated by Arthur Waley (New York: Grove Press, 1960), p. 81.

③ Arthur Waley 和 David Hawkes, Geoffrey R. Waters 都譯爲 zither. Arther Waley, *The Nine Songs, A Study of Shamanism in Ancient China* (London: G. Allen and Unwin, 1955) p. 23; David Hawkes, *Ch'u Tz'u: The Songs of the South* (Oxford: Oxford University Press, 1959), p. 36; Geoffrey R. Waters, *Three Elegies of Ch'u: An Introduction to the Traditional Interpretation of the Ch'u Tz'u* (Madison: University of Wisconsin Press, 1985), p. 70. 楊憲益、戴乃迭譯爲 citherns。參看楊、戴二人的 *Selected Elegies of the State of Chu* (Beijing: Foreign Languages Press, 2001), p. 35。

④ 楊憲益和戴乃迭將《招魂》的“瑟”譯爲 lyres. 見 *Selected Elegies of the State of Chu* (Beijing: Foreign Languages Press, 2001), p. 159, p. 161.

⑤ 項陽《中國弓弦樂器史》(北京：國際文化出版公司，1999 年)，頁 76。趙逵夫《屈騷探幽》(成都：巴蜀書社，2004 年)，第 205 頁討論《楚辭》時提到曾侯乙墓出土物中有“琴”。另，《楚辭補注》卷十七《九思·悼亂》篇有“玩琴書兮游戲，迫中國兮迮陿”之語。《九思》爲王逸作品。

⑥《東君》“緪瑟兮交鼓”，宇文所安翻譯成 Harps tightly strung, the drums alternating. 見於 Stephen Owen ed. and trans., *An Anthology of Chinese Literature: Beginnings to 1911* (New York: W. W. Norton, 1996), p. 159。《東皇太一》篇的“瑟”，他却用 zithers。參看同書第 156 頁。Waley 則用 zither 譯《東皇太一》中的“瑟”，用 zithern-strings 譯《東君》的“瑟”。霍克思的《楚辭》英譯都用 zither。

⑦ Arthur Waley 用 zithern 來翻譯“瑟”。James Legge 則譯爲“What has the lute of Yu to do in my door?” 見 James Legge trans., *The Chinese Classics* (Hong Kong: Hong Kong University Press, 1960), vol. 1, p. 242.

⑧ James Legge trans., *The Chinese Classics: The She King or The Book of Poetry* (Hong Kong: Hong Kong University Press, 1960), p. 4.

⑨ A. C. Graham 譯爲 The Patterned Lute, 見 A. C. Graham trans., *Poems of the late T'ang* (Harmondsworth: Penguin, 1977), p. 169。

⑩ 梁在平《中國樂器大綱》(臺北：中華國樂會，1970 年)，頁 31。

⑪ 楊金鼎主編《中國文化史詞典》(杭州：浙江古籍出版社，1987 年)，頁 683。劉瑞禎編繪《古今中外樂器圖典》(北京：人民美術出版社，1995 年)，頁 108。

⑫ 熊朋來《瑟譜》(上海：上海古籍出版社，1987 年)。

頭……"[①]Brewitt-Taylor（鄧羅）用 beating drums, twanging lyres 來翻譯。[②] 此外，《西游記》第七回，天庭收伏孫悟空，舉行慶祝大會："各坐座位，走斝傳觴，簪花鼓瑟，果好會也。"[③] 詹納爾（Jenner）譯爲 "played the lyre"。[④] 以上兩例，譯者都以 lyre 來翻 "瑟"。此外，《紅樓夢》楊譯本亦間以 lyre 譯原文的 "琴"。[⑤]

Lyre，漢語稱 "里拉"，是古希臘的弦樂器，與中國的瑟（或琴），並沒有多少相同之處。[⑥] 據 *Instruments in the History of Western Music* 一書，里拉的來源不甚清楚。[⑦] 按照 *The Oxford Companion to Musical Instruments* 的説明，lyre 自中世紀初，在西方幾乎絶迹，但在非洲仍爲常見樂器，如蘇丹、埃塞俄比亞、肯雅等地。[⑧]

除 lyre 外，譯者也用 harp 來翻譯 "瑟"。上引宇文所安的譯文就是一例，此外，還有 Witter Bynner（1881－1968）用 harp 來翻譯 "錦瑟"，李商隱筆下的 "錦瑟無端五十弦"，變成 I wonder why my inlaid harp has fifty strings。[⑨] 李端的《聽箏》，Bynner 同樣用 the harp 來翻譯。[⑩] 另一位著名譯者 John Turner（唐安石，1909－1971）將 "窈窕淑女，琴瑟友之" 翻譯成：A modest sweet maid/Lute and harp invite。[⑪] Burton Watson（華茲生）的譯法却是倒過來：Harp and lute make friends with her。[⑫] 宇文所安（Stephen Owen）和王紅公（Kenneth Rexroth）也用 harp 譯 "琴"。[⑬]

Harp，漢語稱 "豎琴"，其形制與 "瑟" 相去甚遠，harp 一般有弧形頸部，或稱爲 "梁"（neck）。[⑭] 估計譯者將 harp 用作彈撥樂器的通稱。

高羅佩主張用 cither 來翻譯 "瑟" 和 "箏"，用 lute 來翻譯 "琴"。他認爲琴、箏在形制上較接近 the Western cither[⑮]（1969：ix）。筆者對高羅佩的説法頗感懷疑，因 cither 外形也近於西方的 guitar（據筆者所看到的 cither 圖片）。實際上，《牛津英語辭典》（OED）已有 se 條，足爲譯家的另一選擇。

---

① 《三國演義》，頁 255。

② Brewitt-Taylor, *San Kuo*, p. 305.

③ 《西游記》（北京：人民文學出版社，1989 年），頁 84。

④ W. J. F. Jenner trans., *Journey to the West* (Beijing: Foreign Languages Press, 1990), p. 126. 余國藩譯爲 playing the zither. (Vol. 1, p. 176.)

⑤ Yang Hsien-yi and Gladys Yang trans., *A Dream of Red Mansions*, vol. 1, pp. 238, 242.

⑥ 参看 *The Lore of the Chinese Lute: An Essay in Ch'in Ideology of the Ch'in*, p. viii.

⑦ Karl Geiringer, *Instruments in the History of Western Music* (New York: Oxford University Press, 1978), p. 46.

⑧ Anthony Baines, *The Oxford Companion to Musical Instruments* (Oxford; New York: Oxford University Press, 1992).

⑨ Witter Bynner, *The Chinese Translations* (New York: Farrar, Straus, Giroux, 1978), p. 125.

⑩ 同上注，p. 132。

⑪ 参看 J. Turner, *A Golden Treasury of Chinese Poetry* (Hong Kong: Chinese University of Hong Kong, 1976), p. 209。

⑫ Burton Watson trans., & ed., *The Columbia Book of Chinese Poetry: from Early Times to the Thirteenth Century* (New York: Columbia University Press, 1984), p. 18.

⑬ Stephen Owen trans. & ed., *An Anthology of Chinese Literature: Beginnings to 1911* (New York: W. W. Norton, 1996), p. 275. 王紅公譯文，参看 John Minford and Joseph S. M. Lau ed., *Classical Chinese Literature: an Anthology of Translations* (New York: Columbia University Press; Hong Kong: Chinese University Press, 2000), p. 966.

⑭ J. D. Frodsham 用 harp 來翻譯 "箜篌"。参看 J. D. Frodsham trans., *Goddesses, Ghosts, and Demons: the Collected Poems of Li He* (790－816) (London: Anvil Press Poetry, 1983), p. 3.

⑮ Robert H. van Gulik, *The Lore of Chinese Lute*, p. ix.

箏、琵琶與漢化翻譯

上文已提出過，操琴是士人的風雅之事，但在民間藝人那兒，弦樂器琵琶與箏都是謀生工具，如《金瓶梅》中的潘金蓮和白玉蓮爲了服侍大户，“金蓮學琵琶，玉蓮學箏”①。以下是 Egerton 和 Roy 兩家英譯：

> It was decided that she should play the lute and Jade Lotus the guitar. ②
>
> Chin-lien concentrated on the *p'i-p'a* and Yu-lien on the *cheng*, or psaltery. ③

Egerton 以 the guitar 來譯白玉蓮所學的“箏”，其性質近似以 the lute 譯“琴”。Guitar，當今漢語是“吉他”，是西方很流行的樂器。另一位《金瓶梅》譯者 David Roy 的譯法是 the *cheng*, or psaltery。其中，*cheng* 是“箏”的譯音（按現行的漢語拼音多作 *zheng*），④ 而 psaltery 意爲“古代弦樂器”，在 Roy 的譯文中有釋義的作用，可解釋那個拼音詞大體上是一種什麼樂器。但 psaltery 此種樂器畢竟是歐洲之物。*The Oxford Companion to Musical Instruments* 作如下説明：Stringed instrument much used in the Middle Ages and early Renaissance, yet no original example has survived ⑤. 這樣看來，當今的普通讀者能否想象 psaltery 是何形狀？這就不易估計了。

箏，戰國以前就流行於秦國。李斯（？-前 208）《諫逐客書》：“夫擊瓮叩缶，彈箏搏髀，而歌呼嗚嗚快耳者，真秦之聲也；鄭衛桑間，韶虞武象者，異國之樂也。今棄擊瓮而就鄭衛，退彈箏而取韶虞，若是者何也？”⑥ 可見李斯將彈箏視爲國俗。項陽《中國弓弦樂器史》指箏比瑟小得多，無論長度與寬度均如此。⑦ 瑟一般有 25 弦，而箏的弦數較少。學者謂箏由瑟演變而來，故又名小瑟。⑧

《紅樓夢》第五回寫到“舞女們答應了，便輕敲檀板，款按銀箏。聽他歌道：開闢鴻濛……”霍克思的翻譯是：… accompanied by the sedate twang of the *zheng*'s silver strings and by the voice of a singer. ⑨楊憲益和戴乃迭的翻譯則爲：Lightly striking their sandalwood castanets and softly plucking their silver lyres …⑩

---

① 陶慕寧校注《金瓶梅詞話》（北京：人民文學出版社，2000 年），頁 11。

② Clement Egerton trans., *The Golden Lotuo: A Translation* (London: Kegan Paul, 1955), vol. 1, p. 25.

③ “品竹彈絲，又會一手琵琶。”芮效衛譯爲：perform on woodwind and string instruments, her favourite among which was the *p'i-p'a*, or balloon guitar. 見 David Roy, *Jinpingmei cihua* (Princeton: Princeton University Press, 1993), vol. 1, p. 260。

④ 箏，舊譯爲 *cheng*，見於 T. C. Lai, Robert Mok, *Jade Flute: the Story of Chinese Music* (Hong Kong: Hongkong Book Centre, 1981), p. 118。

⑤ Anthony Baines, *The Oxford Companion to Musical Instruments*, p. 272.

⑥《史記》（北京：中華書局，1959 年），頁 2543－2544。《諫逐客書》有翟理斯的英譯，見於 Herbert A. Giles ed., *Gems of Chinese literature* (New York: Paragon Book Reprint Corp; Dover Pub., 1965), pp. 52－54。但 Giles 跳過“彈箏搏髀”，没有翻譯。

⑦ 項陽《中國弓弦樂器史》，頁 78。

⑧ 梁在平《中國樂器大綱》，頁 31。

⑨ Hawkes, *The Story of the Stone*, vol. 1, p. 139.

⑩ 以 lyre 譯“箏”，早有先例，如“何處哀箏隨急管”，A. C. Graham 譯爲 Where is it, the sad lyre which followed the quick flute? 見 A. C. Graham trans., *Poems of the late T'ang* (Harmondsworth: Penguin, 1977), p. 151。

可見,《紅樓夢》霍、楊兩家英譯之中,楊譯本採用歸化翻譯,David Hawkes 用音譯詞 *zheng*。論其手法,Hawkes 實與 David Roy 相同(Roy 用 *cheng*),只是拼寫有異。David Roy 的譯本後出,反而用較舊的拼寫法。

我們再來看"琵琶"的英語翻譯。琵琶又稱"批把",最早見載於漢代劉熙《釋名・釋樂器》:"批把本出於胡中,馬上所鼓也。推手前曰批,引手却曰把,象其鼓時,因以爲名也。"① 當代語言學家認爲琵琶自西域傳來,最可能是伊蘭語 barbat 的音譯。② Mitchell Clark 指琵琶遠祖爲魯特琴:It belongs to the large family of short-neck lutes that spans Eurasia, having descended from the same West Asian ancestor as the European lute。③ 是否如此,學者之間頗有爭議,莫衷一是。④ 一般認爲秦琵琶是國人創造,曲項琵琶才是傳自外國(說詳下文)。

關於琵琶的源流,南朝梁・沈约(441－513年)等《宋書・樂志一》:"傅玄《琵琶賦》曰:'漢遣烏孫公主嫁昆彌,念其行路思慕,故使工人裁箏、築,爲馬上之樂。欲從方俗語,故名曰琵琶。'"⑤ 詩聖杜甫有詩句咏王昭君:"千載琵琶作胡語,分明怨恨曲中論。"(《咏懷古迹五首》之三)昭君的琵琶,應該不是後世所稱的"曲項琵琶"(詳下文)。

南北朝時,通過絲綢之路與西域進行文化交流,曲項琵琶由波斯(今伊朗)經今新疆傳入我國。⑥ 曲項琵琶梨形、曲項、四弦、横抱用撥子彈奏。這種琵琶原叫"烏德"(ud),後經龜兹(Kuchan)傳入中原。⑦ 烏德,傳到西方後漸漸演變成 guitar、mandolin、lute 等樂器。而傳入中國後是另外一種面貌。曲項琵琶盛行於北朝,並在公元6世紀上半葉傳到南方長江流域一帶。唐朝,琵琶非常流行,例如:岑參有詩句"凉州七里十萬家,胡人半解彈琵琶"。又如,敦煌莫高窟112窟的"反彈琵琶圖"描述了邊舞邊彈的高超技藝。再如,唐代詩人白居易的《琵琶行》描寫細膩,傳誦千古。⑧(《水滸傳》即有:"白傅高風世莫加,畫船秋水聽琵琶"之句。⑨)

明清小說中也寫到彈奏琵琶。例如《西游記》第三十回寫到魔王陡發凶心,伸開簸箕大手,把一個彈琵琶的女子,抓將過來,扢咋的把頭咬了一口。嚇得那十七個宫娥,没命的前後亂跑亂藏,你看那:宫娥悚懼,彩女忙驚。宫娥悚懼,一似雨打芙蓉籠夜雨;彩女忙驚,就如風吹芍藥舞春風。摔碎琵琶顧命,跌傷琴瑟逃生。⑩

W. J. F. Jenner(詹納爾)用 lute 來翻譯這兩個"琵琶"。⑪ 這做法和 Egerton 同一機杼。⑫ Anthony Yu(余國藩)則譯爲 *p'i-p'a*,⑬ 並有注釋:a lutelike musical instructment with four

① 《漢小學四種》(成都:巴蜀書社,2001年),頁1539。
② 史有爲《異文化的使者》(長春:吉林教育出版社,1991年),頁61。
③ Mitchell Clark, *Sounds of the Silk Road: Musical Instruments of Asia* (Boston, Mass.: MFA Publications, 2005), p. 32.
④ 韓淑德、張之年《中國琵琶史稿》(臺北:丹青圖書有限公司,1987年)引張世彬《中國音樂史論述稿》。
⑤ 南朝梁・沈約《宋書》(北京:中華書局,1974年),頁556。
⑥ 《隋書》卷十四《志第九・音樂》中:"先是周武帝時,有龜兹人曰蘇衹婆,從突厥皇后入國,善胡琵琶。聽其所奏,一均之中間有七聲。"語見魏徵(580－643)《隋書》(北京:中華書局,1973年),頁345。
⑦ T. C. Lai, Robert Mok, *Jade Flute: the Story of Chinese Music*, p. 132. John Myers, *The Way of the Pipa: Structure and Imagery in Chinese Lute Music*, p. 8. Myers 謂唐朝之前,此地已有各種琵琶。
⑧ Witter Bynner 譯《琵琶行》爲"The Song of a Guitar",見於 R. C. Trevelyan ed., *From the Chinese* (Oxford: Oxford University Press, 1945), p. 45. Burton Watson 譯爲"Song of the Lute"(1984),見於 John Minford and Joseph S. M. Lau eds., *Classical Chinese Literature: An Anthology of Translations* (New York: Columbia University Press; Hong Kong: Chinese University Press, 2000)。濤按,Watson 的做法與 Waley 相同。另參 Dore Levy, *Chinese Narrative Poetry: The Late Han through T'ang Dynasties* (Durham [N. C.]: Duke University Press, 1988), p. 133.
⑨ 《水滸傳》(北京:人民文學出版社,1989年),頁517。
⑩ 《西游記》(北京:人民文學出版社,1989年),頁381。
⑪ Jenner. pp. 555, 556.
⑫ 另外,L. Cranmer-Byny, *A Lute of Jade* (London: Murray, 1911) 把白居易《琵琶行》譯爲"The Lute Girl"(p. 74)。
⑬ Anthony Yu, *The Journey to the West*, vol. 2 (p. 70, p. 71).

strings. [①]其後，David Roy 翻譯《金瓶梅》時，也是用 *p'ip'a*。[②]

在漢語世界，"琴" 和 "琵琶" 的外形差異頗大，但我們却看到，譯本中，都用 lute 來取代。

據專家的研究，琵琶和 lute 確有淵源：林謙三（Hoyashi Kenzō）稱琵琶有 "漢魏式琵琶" 和 "伊朗式琵琶" 兩種。後者傳自西方，後世稱之爲琵琶的是後者，有四弦四柱。

林謙三指出，中國的琵琶和阿拉伯的 ud，原都是從伊朗的一種樂器派生出來的東西二支。[③]在阿拉伯的一支，十世紀時變成了五弦，後來成了歐洲的 lute 之祖。在中國的唐宋琵琶，則依然是四弦四柱。[④] 林謙三的 "伊朗式琵琶"，料即我們上文所説的 "曲項琵琶"。又，*The Oxford Companion to Musical Instruments* 稱 *pipa* 爲 Chinese lute。[⑤]

上面，我們已經提及：有的譯者把 "琵琶" 譯成 lute，有的把 "琴" 譯成 lute。以筆者之見，把 "琵琶" 譯成 lute，主要因爲兩者有歷史淵源，形制方面亦有相似處。不過，近年來論者表述 "琵琶" 時，較多用 *pipa*。另一個折衷的做法是 David Hawkes 所用的 "並列法"。《紅樓夢》第五十四回（舊 2.682）的琵琶，霍譯：a *pipa* lute。這個做法既能保持中國色彩（pipa），也不難理解（較多讀者知道 lute 的外形），應屬不俗的做法。T. C. Lai（賴恬昌），Robert Mok 的 *Jade Flute: the Story of Chinese Music*（Hong Kong：Hongkong Book Centre，1981）則 *pipa* 和 lute 並用，這似乎顯示了該書兩位作者意見不一，或者認爲二譯並可。[⑥]

關於 *pipa* 的外國淵源，*Jade Flute: the Story of Chinese Music* 第 132－133 頁有介紹，可以參看。該書指琵琶與佛教差不多同時傳入中國。

琴、箏、琵琶，晚近的譯者較常用漢語拼音詞語來對譯。拼音詞對西方讀者來説，可能比較不好懂，所以 Anthony Yu（余國藩）在正文中使用 *p'i-p'a* 過後，又用注脚解釋道：a lutelike musical instrument with four strings。[⑦] 此外，David Roy（芮效衛）在首次用 *p'i-p'a* 後，也在文中加注。如 "又會一手琵琶"，芮效衛譯爲："… her favourite among which was the *p'i-p'a*, or balloon guitar."[⑧] 這種做法與上文提到的 "並列法" 異曲同工，因爲 balloon guitar 的作用就是解釋性的。

近年來，翻譯中的漢化（sinicization）之風日漸流行。漢化的手段一般是用漢語拼音，因此，在西方讀者眼中，也就是異化（foreignization）。隨著漢語拼音詞在英語書刊中的頻繁使用，相信能明白漢語拼音詞的讀者將會越來越多。不過，下面討論的兩個罕見例子，恐怕就不是拼音詞能應付過去的了。

胡博詞兒、扠兒雞：溯源與異化翻譯

"胡博詞兒"、"扠兒雞" 在中國文學作品中很罕見。筆者經眼之説部不少，僅見《金瓶梅詞

① Anthony Yu, *The Journey to the West*, p. 424.
② David Roy, *Jinpingmei cihua*, vol. 1, p. 155.
③ *Oxford Companion to Musical Intruments* 也同此説，見 p. 164。
④ 林謙三撰，錢稻孫譯《東亞樂器考》（北京：人民音樂出版社，1962 年），頁 257。
⑤ Anthony Baines, *The Oxford Companion to Musical Instruments*, p. 263.
⑥ 該書的正文由 Robert Mok 撰寫，詩歌翻譯出自 T. C. Lai之手。該書正文用 pipa，但第 144 頁《琵琶行》英譯却是 Song of the Lute.
⑦ Anthony Yu, *The Journey to the West*, p. 424.
⑧ David Roy, *Jinpingmei cihua*, vol. 1, p. 26. 查 OED，拼音詞 *pipa* 在十九世紀中葉已經有人在用。

話》有其例：這婦人每日打發武大出門，只在簾下磕瓜子兒，一徑把那一對小金蓮做露出來，勾引這伙人，日逐在門前彈胡博詞兒、扠兒雞，口裏油似滑言語，無般不説出來[①]。繡像本只有“胡博詞兒”，無“扠兒雞”。[②]

我們試看翻譯家如何處理“胡博詞”。 Clement Egerton 據《金瓶梅》的繡像本翻譯：“浮浪子弟日逐在門前彈胡博詞，撒謎語，叫唱……”那句，他翻譯爲 There was a constant stream of courtiers before the gate, who spoke in riddles and called out such remarks as … [③]

我們仔細分析，即可以看出 Egerton 的翻譯根本就没有彈奏樂器的意思，更遑論“彈胡博詞”。第三十四回“胡博詞”又再出現，Egerton 同樣没有翻譯。[④] 芮效衛（Roy）據詞話本翻譯，“彈胡博詞兒、扠兒雞”在他的筆下變成以下兩種樂器：Strumming guitars and ukulele，[⑤] 他把“胡博詞”翻譯成 guitar。這看來是權宜的譯法。Roy 本人對“胡博詞”的來歷有所説明，他在注釋中解釋道：The word that I have rendered as “guitar” is *hu-po-tz'u* in Chinese. It is a transliteration of a foreign term and occurs in Chinese texts in a wide variety of orthographies. The instrument was introduced into China from Central Asia as early as the T'ang dynasty (618 – 907) and is described in terms that make it sound something like a guitar or banjo. [⑥]芮效衛指這種樂器是唐朝時由中亞傳入。

芮效衛所説的“a wide variety of orthographies”，我們可從《萬曆野獲編》得到解釋。明沈德符《萬曆野獲編》卷二十五“詞曲・俚語”云：“今樂器中，有四弦長項圓鼙者，北人最善彈之，俗名‘琥珀槌’，而京師及邊塞人又呼‘胡博詞’，予心疑其非，後偶與教坊老妓談及，曰此名‘渾不是’，蓋以狀似箜篌，似三弦，似瑟琵，似阮，似胡琴，而實皆非，故以爲名。本虜中馬上所彈者。予乃信以爲然。及查正統年間賜迤北瓦剌可汗諸物中，有所謂‘虎撥思’者，蓋即此物。而《元史》中又稱‘火不思’，始知‘渾不是’之説亦訛耳。”[⑦] 據此條，“胡博詞”和“火不思”同類。

我們再查“火不思”。《元史》謂“火不思”：“制如琵琶，直頸，無品，有小槽，圓腹如半瓶榼，以皮爲面，四弦，皮絣同一孤柱。”[⑧]

《清史稿》志卷第七十六“宴樂・蒙古樂”云：“火不思，似琵琶而瘦，四絃，桐柄，刳其下半爲槽，冒以蟒皮。曲首鑿空納絃，四軸綰之，俱在右。弦自山口至柱長一尺七寸七分四釐。”[⑨]

我們還可以從文獻中略窺明朝各地彈奏此樂器的情況。《明英宗實録》卷 185 記載瓦剌首領“也先每宰馬設宴，必先奉上皇酒，自彈虎撥思兒唱曲。衆達子齊聲和之”。[⑩] 明人袁彬《北征事迹》有相同的記載：“自彈虎撥思兒唱曲。”[⑪] 方以智（1611 – 1671）《通雅》卷三十“音樂”條：

---

① 陶慕寧校注《金瓶梅詞話》（北京：人民文學出版社，2008 年），頁 13。

② 《新刻繡像批評金瓶梅》第一回：“浮浪子弟日逐在門前彈胡博詞，撒謎語，叫唱……”參看齊烟、汝梅校點《新刻繡像批評金瓶梅》（香港・濟南：三聯書店・齊魯書社，1990），頁 21。

③ Clement Egerton trans., *The Golden Lotus: a Translation, from the Chinese Original, of the Novel Chin Ping Mei*, p. 27.

④ Clement Egerton trans., *Jinpingmei cihua*, vol. 2, p. 91.

⑤ David Roy, *Jinpingmei cihua*, vol. 1, p. 29.

⑥ David Roy, *Jinpingmei cihua*, vol. 1, p. 472.

⑦ 沈德符《萬曆野獲編》（北京：中華書局，1959 年），頁 650 – 651。

⑧ 宋濂等《元史》卷七十一志第二十二《禮樂五・宴樂之器》（北京：中華書局，1976 年），頁 1772。

⑨ 趙爾巽等《清史稿》（北京：中華書局，1977 年），頁 3002。

⑩ 黄彰健校勘，中研院歷史語言研究所校印《明實録》第四册（臺北：中研院歷史語言研究所，1984），頁 3295。

⑪ 袁彬《北征事迹》（上海：上海古籍出版社，1995 年），頁 152。

"火不思即今之琥珀詞也。……智見今山、陜、中州皆彈琥珀詞，其制似之，蓋渾不似之轉語也。"①

"火不思"的形制，可參閲劉瑞禎（1952－ ）《古今中外樂器圖典》（北京：人民美術出版社，1995）一書第88頁，第151頁。《中國少數民族樂器志》一書"火不思"條下附有音譯詞"虎撥思"、"琥珀詞"、"好比斯"、"渾不似"等，皆指流行於甘肅、内蒙及雲南地區的民間樂器。

芮效衛用 guitar 來翻譯"胡博詞"，這是"歸化翻譯"（domestication）。我們認爲"胡博詞"當即 qobuz 或 qūpūz 的轉譯。關於 qobuz 這類樂器，讀者可參看日本學者林謙三（1899－?）《東アジア楽器考》(《東亞樂器考》）第三章"弦樂器"第十三節。② 胡博詞與 guitar 在形制上頗有差别。如（一）槽形不同：胡博詞連頸的部分是有棱角的；（二）軫的排列法不同：胡博詞的軫只在一邊；（三）張皮不同：胡博詞一邊蒙皮。

胡博詞或即火不思，而火不思，按古人的意思，形制上近於琵琶：《元史・禮樂志》説："制如琵琶"；《大清會典圖録》説："似琵琶而瘦"。筆者認爲"似琵琶而瘦"説得比較準確，因爲那共鳴箱確實比一般的琵琶瘦小。因此，如果爲了方便英語讀者理解，我們或可考慮用 pipa 而綴以修飾語來翻譯"胡博詞"。

據伯希和（Paul Pelliot，1978－1945）的考證，箜篌相當於突厥語 qobuz 或 qūpūz 之音譯。③此説學術界尚有存疑。又，語言學家指柯爾克孜族"庫木孜琴"與火不思可能均來自阿拉伯。④蒙古族則有彈撥樂器"和必斯"。⑤ 疑"庫木孜琴"、"和必斯"皆與胡博詞同源。又，蒙古族人莫爾吉胡稱 homos，hobus，Khobus，Kobuz，Qubuz，Khomuz 等，皆"火不思"的變體。⑥

至於"扠兒難〔雞〕"問題，芮效衛解釋：The word that I have rendered as "ukulele" is a *ch'a-er h nan* in Chinese; its meaning is uncertain. It may either stand for the name of a tune or be another transliteration of the name of a foreign musical instrument. I have opted for the latter explanation without any particular conviction. The same term recurs in the abbreviated form *ch'a-erh* together with *hu-po-tz'u* in a similar context in chapter 34. In the same chapter the term *hu-po-t'zu* occurs yet again, followed by the term *p'i-p'a*, the name of a well-known musical instrument. This has led me to translate it as I have. See *Chin P'ing Mei tz'u-hua*, vol. 2, ch. 34, p. 6b, 1. 11; and p. 13a, 1. 11; and p. 13a, 1. 11. ⑦ 他指"扠兒難"含義不明，疑爲琵琶之類的樂器，所以譯成"ukulele"。

芮效衛（Roy）説的 *ch'a-erh nan*，在《金瓶梅詞話》漢語原文中爲"扠兒難"。《金瓶梅詞話》的梅節重校本和白維國・卜鍵校注本皆徑改爲"扠兒機"。爲什麽"難"改爲"機"字？梅節《金瓶梅詞話校讀記》解釋："難"或爲"雞"之形誤，諧"機"。⑧"扠兒機"的"機"字，或可省去，例如《金瓶梅詞話》第三十四回："那韓二先告道：小的哥是買賣人，常不在家去的。小男幼女，被街坊這幾個光棍，要便彈打胡博詞、扠兒，坐在門首，胡歌野調，夜晚打磚，

① 方以智著，侯外廬主編《方以智全書》(上海：上海古籍出版社，1988年)，頁945。
② 林謙三撰，錢稻孫譯《東亞樂器考》(北京：人民音樂出版社，1962年)，頁238。關於此問題，另可參方齡貴《古典戲曲外來語考釋詞典》(上海：漢語大詞典出版社；昆明：雲南大學出版社，2001年)，頁298－301。
③ Paul Pelliot, "Le 箜篌 K'ong-Heou et le Qobuz"，載於羽田亨（1882－1955）編《内藤博士還曆祝賀支那學論叢》（京都：弘文堂書房，1926年)，頁207－210。
④ 史有爲《漢語外來詞》(北京：商務印書館，2000年)，頁88。
⑤ 史有爲《異文化的使者》(長春：吉林教育出版社，1991年)，頁151。
⑥ 莫爾吉朋《火不思尋證》，見《音樂藝術》2005年第1期，頁112。
⑦ David Roy, *Jinpingmei cihua*, vol. 1, p. 472.
⑧ 梅節校勘《金瓶梅詞話校讀記》(北京：北京圖書館出版社，2004年)，頁15。

百般欺負。”[①]繡像本第三十四回此處無“扠兒”。

筆者相信，《金瓶梅詞話》第一回的“扠兒難”是“扠兒雞”之誤，其源語爲 saz。Saz 在漢語文獻中有不同的音譯詞，我們可以找到“叉兒機”，例如明張岱（1597－約 1685）《陶庵夢憶》卷四“兗州閲武”條：“樂奏馬上，三弦、胡撥、琥珀詞、四上兒、密失叉兒機、僸佅兜離，罔不畢集。”[②] 劉侗（1593－1636）、于奕正（1597－1636）《帝京景物略》：“樂則鼓吹、雜耍、弦索。鼓吹則橘律陽、撼東山、海青、十番；雜耍則隊舞、細舞、筒子、筋斗、蹬罎、蹬梯；弦索則套數、小曲、數落、打碟子；其器則胡撥四、土兒密失、乂兒機等。”[③] 其中“乂”當即别書中的“叉”。方以智（1611－1671）《通雅》卷三十“音樂”云：“火不思即今之琥珀詞也。智見今山、陜、中州皆彈琥珀詞，其制似之，蓋渾不似之轉語也。……今京師有吴撥四、土兒密失、叉兒機等。”[④]

Saz 的形制：音箱（共鳴箱）呈梨形，有長頸。具體外形，讀者可參看 Laurence Picken 的 *Folk Musical Instruments of Turkey* ，該書有多幅圖片，甚至刊登了 X－光照片（pp. 208－209 之間有插頁和插圖）。Picken 説明 saz 的原義是指一般樂器，後來已特指一種長頸的琴：Notwithstanding the original meaning of “musical instrument in general”, the word saz is now so commonly applied to the larger, long-necked, fretted lutes in popular use …該書並指出 saz 的分類甚多：Within the general group of saz, different size-categories are distinguished, but no single classification is generally accepted. 其中，體型最大的稱爲 *divan sazi* （audience-hall saz）和 *meydan sazi* （＝public-square saz）。[⑤] Laurence Picken 對 saz 的介紹很詳細，值得參看。此外，《牛津英語詞典》（OED）也有 saz 條。

漢語文獻中提及 saz 的並不多見，筆者只看到周菁葆《絲綢之路的音樂文化》（烏魯木齊：新疆人民出版社，1987）一書收録 The Azerbaijan “Saz”（該書圖版編號第 60）。另外，*The Oxford Companion to Musical Instruments* 指這種樂器還見於土耳其、高加索、伊朗北部、波斯尼亞、阿爾巴尼亞等具有回教音樂傳統的國家和地區。

英語書籍中，也記録了近東地區有人彈 saz，例如 Tim Slessor 所撰 *First Overland: the Story of the Oxford and Cambridge Far Eastern Expedition* 第四章“Near East”記載：“Umtaz played his saz and sang. It was an instrument like an Elizabethan mandolin, and gave a strumming, jangling accompaniment to the folk-songs …”[⑥]

芮效衛把“扠兒雞”譯成 ukulele。Ukulele 即尤克里里琴（夏威夷的四弦樂器）。這種琴也不是夏威夷原有：The ukulele derives from the cavaquinho type of small guitar introduced in the late 19th century, by Portuguese immigrants, into the Hawaiian Islands, where it gained its

---

① 陶慕寧校注《金瓶梅詞話》，頁 438。David Roy, *Jinpingmei cihua* , vol. 2, p. 291.

② 張岱撰，彌松頤校注《陶庵夢憶》（杭州：西湖書社，1982 年），頁 44。按，該書以清咸豐初南海伍崇曜校刊《粤雅堂叢書》第二集《陶庵夢憶》八卷本爲底本校點。濤按，此句之句讀，或有可商之處：“四上兒、密失叉兒機”，疑應作“四土兒、密失、叉兒機”。馬榮興點校本作“四上兒、密失、乂兒機”。參看張岱撰、馬興榮點校《陶庵夢憶》（上海：上海古籍出版社，1982 年），頁 31。

③ 劉侗、于奕正著，孫小力校注《帝京景物略》（上海：上海古籍出版社，2001 年），頁 88。按，該書注釋指：土兒密失，或譯爲“都哩默色”，蒙古語“土兒”意爲式樣，“密失”意爲器械。

④ 方以智《通雅》此條，疑應作：吴撥、四土兒、密失、叉兒機。“四土兒”或即 sitar 或 setar，“密失”或即 miz-mar 之省略音譯，或爲 mizhar/mazhar。濤按，此句之校讀，筆者參考了友人朱偉光的意見。

⑤ Laurence Picken, *Folk Musical Instruments of Turkey* (London; New York: Oxford University Press, 1975), p. 209.

⑥ Tim Slessor, *First Overland: the Story of the Oxford and Cambridge Far Eastern Expedition* (London: Harrap, [1957]), p. 48.

name, lit. "little flea"。①以芮效衛之賅博，估計他是知道胡博詞與 guitar，扠兒機與 ukulele 在形制上頗有差別。他這樣翻譯，相信是考慮到讀者領受（reception）的問題：guitar 和 ukulele 西方讀者容易理解，而 qobuz 和 saz 到底是什麼，知道的人恐怕不很多。②

我們相信讀者一般較熟悉 guitar，但 ukulele 則未必人人熟悉。查 ukulele 遠比 guitar 細小。*The Oxford Companion to Musical Instruments* 解釋 ukulele 說：Popular four-stringed small relative of the guitar, half this in size, with rear tuning pegs and 12 frets, and strummed with the nails and fingertips (p. 355). 華語世界曾有一個樂隊名爲優客李林，其名稱乃沿自 ukulele。優客李林 1991 年出版首張專輯，台、港、新馬與大陸等華語世界一度極爲流行。Ukulele 因此爲不少東方人所認識。

弦子、三味線的傳播

胡博詞是三弦彈撥樂器，這令我們想起霍克思（David Hawkes）《紅樓夢》譯本中的 samisen。這個詞源自日語，由霍克思轉入英語的《紅樓夢》世界。③

《紅樓夢》五十四回："賈母命他們坐了，將弦子琵琶遞過去。"（舊行本，第二册，第 682 頁）④ 霍克思譯"弦子琵琶"爲：a *pipa* lute and a three stringed "samisen" guitar。⑤

弦子，舊小説中或寫作"絃子"。大安株式會社本《金瓶梅詞話》第八十一回："翟謙看見迎春、玉簫兩個都生的好模樣兒，一個會箏，一個會絃子，都不上十七八歲，進入府中伏侍老太太。"⑥ 中國南方評彈等説唱和昆曲京劇伴奏，北方大鼓書等説唱伴奏，都用三弦。三弦有分三弦和大三弦，據《中國少數民族樂器志》，"弦子，即大三弦"。⑦

霍譯的 a *pipa* lute，應相當於原文的"琵琶"，而 a three stringed "samisen" guitar，當即原文的"弦子"。爲什麼霍克思會將"弦子"翻譯成 samisen?

原來，Samisen，即日語"三味線"，另一較流行的拼寫法爲 shamisen。伊藤漱平的日譯本《石頭記》中卷（1969 年版）頁 204 就用上"三味線"這詞。相傳三味線的前身爲中國的三弦，形制亦相似。⑧ 此外，三味線也用作説唱伴奏，這一特點可能也是霍克思考慮過的。事實上，日語 sam 已經是"三"的意思，無需在前加 three stringed。但霍克思應該是考慮到英語讀者未必能懂 samisen，所以加上 three stringed 作前置修飾語。其後，又綴以 guitar，這樣就能爲英語讀者顯示三弦的外形。

實際上，三味線的外形與今天我們所看到的 guitar 並不是十分相似。我們相信，guitar 在這

---

① Anthony Baines, ed., *The Oxford Companion to Musical Instruments*, p. 356.

② 關於芮效衛的翻譯，可參閱洪濤論《〈金瓶梅詞話〉的雙關語和跨文化翻譯問題》，載於羅選民主編《文化批評與翻譯研究》（北京：外文出版社出版，2005 年），頁 251－261。洪濤《〈金瓶梅詞話〉中雙關語、戲謔語、葷笑話的作用及其英譯問題》，載於《金瓶梅文化研究（第五輯）》（北京：群言出版社，2007 年），頁 345－365。

③ 按，霍克思在英譯本序言中注明他參考過伊藤漱平的日譯本《紅樓夢》。關於霍克思譯本中的外來語，請參看洪濤《〈紅樓夢〉英譯與東西方文化、語言》，載於《紅樓夢學刊》總第 91 輯，2001 年第 4 輯，頁 291－306。

④ 《紅樓夢》舊行本指曹雪芹、高鶚《紅樓夢》（北京：人民文學出版社，1964 年）。

⑤ David Hawkes, *The Story of the Stone: A Chinese Novel* (Harmondsworth: Penguin, 1973), vol. 3, p. 28.

⑥ 《金瓶梅詞話》，頁 16。按，大安本據日本日光山輪王寺慈眼堂所藏本，與德山毛利氏棲息堂所藏本兩部明萬曆刊本補配完整影印。齊烟、汝梅校點：《新刻繡像批評金瓶梅》（香港・濟南：三聯書店・齊魯書社，1990 年），頁 1180。

⑦ 袁炳昌、毛繼增主編《中國少數民族樂器志》（北京：新世界出版社，1986 年），頁 220。

⑧ William P. Malm, *Traditional Japanese Music and Musical Instruments* (Tokyo; New York: Kodansha International, 2000), p. 213.

裏有表示樂器範疇的作用。

三味線前身是否中國的三弦？Jay Keister 所撰 *Shaped by Japanese Music: Kikuoka Hiroaki and Nagauta Shamisen in Tokyo* 指三味線沿自中國的三弦和沖繩的 sanshin (Okinawa *sanshin*)。[①] 另外，*Sounds of the Silk Road: Musical Instruments of Asia* 一書論及三味線時如此説：It is derived from the Chinese *sanxian*; in fact an alternate name for the shamisen is *sangen* - the Japanese pronounciation of the Chinese name, meaning "three-strings" [②](緣自三弦，在日本别名爲"三根"，三條弦線之意)。*Japanese Musical Instruments* 一書指此物或是十六世紀時由中國傳入日本。[③] 三弦本身，疑亦非中土故有，而係源自中亞。*Sounds of the Silk Road* 第三十四頁説是十四世紀時傳到中國：The *sanxain* itself has an obscure history and was probably introduced into China about the fourteenth century from Central Asia. 不過，《中國樂器圖志》指三弦相傳是秦代流行於民間的彈弦樂器演變而來。[④] 歷史文獻記載不够清楚，故難有確論。

結語：形制差異與時代誤置問題

我們發現，翻譯中國彈弦樂器名稱時，譯者用歸化手段的案例很多。[⑤] 我們相信譯者是爲了便利讀者理解才採用歸化手段，這樣一來，西方的樂器名稱就權充東方樂器名稱。[⑥] 值得注意的是，翻譯界没有統一的譯法，如"琴"或譯成 lute，或譯成 lyre，或譯成 zither，或譯成 guitar。看來，對這個問題的處理，有些翻譯家顯得漫無準則。

《紅樓夢》楊、戴譯本尤爲典型：琴，譯爲 lute, lyre；瑟，譯爲 lute；箏，譯爲 lyre；琵琶，譯爲 lute。可見，一個 lute，分别指琴，瑟，琵琶。一個 lyre，分别指琴、箏。另一方面，在其他譯本中，guitar 也分别被譯者用來代指箏、胡博詞、琴、琵琶。[⑦] 上文，我們也看到孔明的"琴"，在譯本中就變成了 lute 和 zither，以致孔明像是彈奏兩種樂器。

這種不一貫、不統一的做法，足以引起閱讀上、理解上的混亂。英譯集的編者也無奈地需要注明甲譯者筆下的 zither 相當於乙譯者筆下的 lute。[⑧]

譯者本身恐怕也多少有點困惑，例如 Jean Mulligan 曾提及這種游移不定的局面：I have adopted the translation "lute" for the *p'i-p'a* from previous translations. A small stringed instrument, the *p'i-p'a* is now most commonly translated as "guitar" or "balloon guitar"。[⑨] 莫東

---

① Jay Keister, *Shaped by Japanese Music: Kikuoka Hiroaki and Nagauta Shamisen in Tokyo* (New York; London: Routledge, 2004), p. 16.

② Mitchell Clark, *Sounds of the Silk Road: Musical Instruments of Asia Musical Instruments of Asia* (Boston, Mass.: MFA Publications, 2005), p. 54.

③ Hugh de Ferranti, *Japanese Musical Instruments* (Oxford; New York: Oxford University Press, 2000), p. 88.

④ 劉東升、胡傳藩、胡彦久編著《中國樂器圖志》(北京：輕工業出版社，1987 年)，頁 212。

⑤ 關於翻譯中的歸化和異化問題，筆者也有一文論及，見洪濤《〈紅樓夢〉譯評與期望規範、解構主義翻譯觀》，載於《紅樓夢學刊》2006 年第 6 輯 (2006 年 11 月 15 日)，頁 238 - 265。

⑥ 也有一些學者將歸化上升到"文化霸權"的層面，例如 Lawrence Venuti, *The Translator's Invisibility: a History of Translation* (London: Routledge, 1995)。

⑦ W. Bynner 將《琵琶行》譯成 The Songs of a Guitar, 見 Witter Bynner, *The Chinese Translations* (New York: Farrar, Straus, Giroux, 1978), p. 12. 此外，還有同類的例子，如 The Poem of the Guitar, 見於 Soame Jenyns trans., *A Further Selection from the Three Hundred Poems of the T'ang Dynasty* (London: Murray, 1944), p. 46。

⑧ John Minford and Joseph S. M. Lau eds., *Classical Chinese Literature: an Anthology of Translations* (New York: Columbia University Press; Hong Kong: Chinese University Press, 2000), p. 923.

⑨ Jean Mulligan trans., *The Lute: Kao Ming's P'i-p'a chi* (New York: Columbia University Press, 1980), p. 27.

一是的情況，於此可略窺一斑。Jean Mulligan 本人既將《琵琶記》書名譯成 *The Lute*，於是書中出現的“琴瑟塵埋”，只好譯成 Our *ch'in* and *se* a re covered with dust，①因 lute 已不宜再用來對應“琴瑟”了。

另一方面，用歸化手法來翻譯東方樂器名稱，實有商榷的餘地。除了東西方樂器形制不同外，還有一個時代誤置（anachronism）的問題。例如，Marcel Granet 將“琴瑟”翻成“guitars，luths”，而 E. D. Edwards 轉譯成 Guitars and lutes should welcome her。② 又，高本漢（Bernhard Karlgren，1889－1978）將“琴瑟友之”譯爲：guitars and lutes befriend her：hail her as a friend。③ 龐德（Ezra Pound）也如此做。筆者認爲，用 guitar 來翻譯“琴”，實屬時代誤置（anachronism）：《詩經》的年代，尚未有 guitar，OED 所録最早的 guitar 句例出自 1621 年，而 *The Guitar and its Music: From the Renaissance to the Classical Era* 一書（2002）則溯源至十六世紀。其次，琴瑟在《詩經》時，恐怕只屬貴族階層，與 guitar 的普及不一樣。④ 另一方面，我們查檢其他譯本，就發現用 lute 來翻譯“琴”者頗多。以時代而論，lute 也不是《詩經》時代應該有的。一般而言，lute 這個詞主要是中世紀（約 395－1500）到巴羅克時期在歐洲使用的一類古樂器的總稱。⑤

有一些譯法避過了翻譯方面的時代誤置和樂器形制差異的問題，例如 Pearl Buck（1892－1973）的 *All Men are Brothers* 把“（彈）琴”譯爲 to blow on an instrument。⑥ 又如 Wai-lim Yip（葉維廉）翻譯“琴瑟友之”爲：With music to befriend her。⑦ 當然，instrument，music 顯得語義過於寬泛，因爲 instrument/music 涵蓋面甚大。保守一點的做法是：He'd like to wed her, the *qin* and *se* playing. 並加上注釋：Two traditional Chinese musical instruments，rather like the zither；the former has seven strings and the latter twenty-five strings。⑧ 這是楊憲益、戴乃迭夫婦的做法，不過楊、戴也搖擺不定（上文已有例證）。這充分顯示譯者左右爲難的處境。

事實上，上文所舉譯例中，如 lute 和 harp 等詞，也可能是譯者用作撥弦樂器的通稱，如 *Instruments in the History of Western Music* 指出：“harpa” or “hearpe” might have been used at that time for any plucked instrument，⑨ 問題是這樣一來，各種弦樂器的殊相無法顯示，倡導“文化翻譯”的學者勢必難容此種做法。

漢化詞語如拼音詞的運用，近年已成大勢。如果譯家擔心讀者不曉樂器（拼音化）的形制，

---

① *The Lute: Kao Ming's P'i-p'a chi*, p. 80. 原文見於高明撰，錢南揚校注《琵琶記》（北京：中華書局，1965 年），頁 52。

② Marcel Granet, *Festivals and Songs of Ancient China*. Translated by E. D. Edwards (London: Routledge, 1932), p. 107.

③ Bernhard Karlgren trans., *The Book of Odes* (Stockholm: Museum of Far Eastern Antiquities, 1950), p. 2.《小雅・鹿鳴》的“鼓瑟鼓琴”，高本漢用 we play the lute, we play the guitar 來翻譯，見其書頁 105。

④ 曹礎基主編《先秦文學集疑》（廣州：廣東高等教育出版社，1988 年），頁 265。

⑤ 樂器的錯配（以甲代乙）現象，或屬無傷大雅。但也有人感到經不起推敲，難以接受。筆者在網上看到一段評論，可作本文的旁證：“港臺片有一個常見的錯誤，就是琴箏不分。有時候說的是琴，音樂也是琴，演員彈的却是箏；有時候演員面前放的是琴，音樂却是箏；最搞笑的是有一部片子，琴放反了，演員還彈的特來勁。至於指法就更別提了。華視版紅樓夢也有這個問題，我特别注意了一下。黛玉彈的有時候是箏，有時候是琴，但音樂永遠是箏！箏也有問題，弦太多，古時的箏没那麼多弦，而且音色太亮，明顯是現在流行的鋼絲弦，古時的箏用的是絲或腸衣，音色不可能那麼亮。高續中黛玉撫琴，妙玉與寶玉聽琴的情節被該〔改〕成了黛玉彈箏，且不說以黛玉的身份是應該彈琴還是彈箏，有趣的是妙玉對寶玉説的却是琴。也不知道是編導搞錯了還是妙玉不懂裝懂。對於這種常識性的錯誤，若是娛樂片，笑一笑也就罷了。但這是《紅樓夢》啊。這種錯誤絶對無法接受！犯這種錯誤只能讓人覺得片子是在附庸風雅，太没文化，太没品位！”

⑥ Pearl Buck trans., *All Men are Brothers* (New York: Heritage Press, 1948), p. 19.

⑦ Wai-lim Yip ed. & trans., *Chinese Poetry: an Anthology of Major Modes and Genres*. (Durham: Duke University Press, 1997), p. 35.

⑧ 楊憲益，戴乃迭等譯《詩經》（北京：外文出版社，2001 年），頁 6。

⑨ Karl Geiringer, *Instruments in the History of Western Music* (New York: Oxford University Press, 1978), p. 48.

實可附加“文内注釋”，如華兹生（Burton Watson）譯《琵琶行》時用 a *p'ip'a* lute。[①] 那 lute，就是解釋，這一做法，David Hawkes，David Roy 都有運用。另一方法是在譯本中附上插圖，例如，羅慕士《三國演義》譯本的插圖顯示孔明那 zither 是横放在腹前的。[②] 這對譯本讀者不無小助。[③]

① Burton Watson ed. & trans. *The Columbia Book of Chinese Poetry: From Early Times to the Thirteenth Century* (New York: Columbia University Press, 1984), p. 249.

② Moss Robert, *Three Kingdoms*, p. 1139.

③ 本文僅屬初步探索。較大規模的調查、研討，筆者另文交待。

飲食文化的形成與時空發展過程

——以廣東菜系爲例

梁國常

一、前　　言

自有人類以來，飲食就與人類脱離不了關係，飲食不僅提供人類肉體生命的需要，同時也使人類精神生命獲得滿足。飲食加工是人類産生飲食文化的開始，人類精神生命存在不斷超越的需求，使飲食也不斷的更新，並轉化成各種文化，舊有或現有的文化相互交融滲透擴散，而産生新的文化。由於飲食的生産與再生産，使得飲食具有濃厚的文化性質。

飲食有一個最爲顯著的特點，即爲基礎上受到自然環境的制約，此一特色尤其體現於食材的種類上；而烹調技藝的高低往往與歷史文化深淺有一定程度的關聯，烹調技藝是文化歷史過程淬煉的成就。飲食文化的形成與發展，是在地理環境的基礎上，人類飲食活動經由社會文化長期作用下所致。在生産力低下的情況，地理條件起較大制約作用，隨著生産力的提高，以及人類改造自然能力不斷增强，地理條件只提供可能性，人類對地理環境具有選擇能力。至於影響飲食文化的社會因素，可包括内部與外部兩種，在較爲封閉的社會，生産技術因素所起的作用較大；而較爲進步的社會，民族文化的交流融合活躍，外部因素所起的作用即較大。以外部因素而言，飲食文化的空間傳播方式，可分爲擴散與移轉兩類型，飲食文化自一個核心地區向外擴散，並侵入其他核心地區的領域，優勢的飲食文化具有較强的滲透能力，進入其他領域影響原來的飲食文化特質，産生質變的作用，而形成新的飲食文化。在飲食文化的空間移轉方面，爲透過戰爭、人口移動等形式，將原來飲食文化帶到另一個新地區，與原來分布地區不相連，成爲一種孤立的分布現象。一個地區的發展程度愈高，愈能接受外來飲食文化的植入，飲食風味變得多樣化。

飲食系統的變化，其内部的改變，在文明的過程上當有一定的階段性演化，惟外部刺激往往是促成飲食系統内部調整的關鍵因素，以廣東菜來説，嶺南地區自秦以來即爲開放系統，所受外來刺激不僅來自中原地區，國際化的步調更早在兩千多年前就開始，經歷長時間的内部與外部兩種力量交互作用的結果，廣東菜吸收不同元素，擷取精華，融合升華至更高層次，在本土菜餚基礎上，揉合中、西方的飲食特質與烹調技巧，不斷推陳出新，塑造色香味俱全的獨特風味。

在此一全球時代裏，全球化（globalization）與本土化（localization）兩股力量相遇，食材的來源更爲廣泛，烹調技藝的流動更便捷，隨著人們飲食習慣的改變，漸能接納來自不同國家、民族的不同菜餚口味，有些國家甚至將異國風味本土化，發展成適合本國人口味的異國菜餚。此外，在不同外來風味與本土風味的遭遇過程中，烹調技藝較優者每每能吸收其他風味精華，而加以創新，形成新風格的口味。菜餚所選用食材及烹調方式，在不同時代反映其時代意義，例如清人入關，受多姿多采的中原飲食影響，致使飲食習慣大大改變，除維持關外嗜食豬肉及野味的習慣外，又大量增加漢族食品。而今日各國的地方菜餚，若干程度上反映了全球化觸角的入侵，促使人們的生活方式起了革命性的變化。

不同的時空背景，有不同的飲食文化形成，飲食文化的研究，不能只從飲食與文化兩方面進行，應從區域地理研究角度作綜合性的探討，本研究的目的爲針對飲食文化的形成與發展，從地理學人地關係的觀點，探討特定區域内地理環境與人類飲食活動在歷史過程作用下的互動，以瞭解飲食文化形成與發展的機制，並掌握一個地區飲食文化的獨特性。

二、飲食文化與人地關係的探討

飲食是人類生存的基本需求，是心理和生理行爲的原動力。飲食文化是指人類有關飲食活動所產生的各種文化現象，而這些現象的發生就在地表空間上。長期以來，地理環境與人類活動的關係，是地理學者所關注的主題；人面對環境的態度，究竟是人類活動受地理環境所制約，抑或人類對環境具有主導的宰制能力，隨着人類歷史過程對地理環境的客觀作用和人類主體能動性的認知發展，在不同階段出現不同的理論，各家看法不一。針對人地相互作用及影響的理論概括，出現人地關係理論。飲食文化是人類在特定區域内長期飲食活動的成果，爲人與地相互作用下所形成，無疑通過人地關係理論，對於此一地理現象的形成，可提供一個合理的解釋。

有關人地關係的理論，此處爲方便討論起見，只就地理環境決定論（environmental determinism）與可能論（possibilism）加以説明分析。① 首先以環境決定論來説，可遠溯至希臘時代大哲學家亞里斯多德（Aristotle, 384－322 B. C.），他認爲："世界的氣候地帶（寒冷帶、温帶和炎熱地帶）決定了全球的可居住性。"② 地理環境決定人類活動學説最具代表性的領導人物爲德國地理學家雷次兒（F. Ratzel, 1844－1904），他所著的《人類地理學》一書，主張人是環境的產物，認爲人和生物一樣，他們的分布和發展完全受環境嚴格的控制。③ 而美國學者漢丁頓（Ellsworth Hungtington, 1876－1947），在其《氣候與文明》一書中，强調氣候對人類文明起決定性作用，認爲一個民族，不管是古代還是現代，若無氣候促進因素，就不能達到文明的頂峰。④ 歸納上述學者的看法，主張自然環境制約人類活動，尤以氣候對人生的影響最爲深刻，氣候不但決定了人類的居住環境，更是決定人類文明發展的關鍵因素。至於飲食文化的研究方面，人類飲食活動與地理環境關係密切，在二十世紀六十年代以前，決定論一直是飲食文化發展研究的主導理論，尤其地理環境決定論，認爲人類飲食文化的形成是由他們所處地理生態環境決定的，人類飲食文化差别就是適應這種地理環境的產物。⑤ 人類所處的地理環境，是食料供應的來源，不同的氣候條件作用下，所栽培的作物或飼養的牲畜種類即有所差異；人類依循地理環境的控制，生產相關的食料，然後加以利用處理。因此，地理環境一方面通過物質資料生產方

① 有關人地關係的理論，陳慧琳歸納指出，除地理環境決定論、可能論外，其他尚有適應論、生態論、文化景觀論、生產關係決定論和唯意志論、環境感知論、文化決定論、天人合一觀等理論。見陳慧琳《人文地理學》（北京：科學出版社，2003年），頁10－15。

② 柴彦威等譯《人文地理學詞典》（北京：商務印書館，2005年），頁189。

③ 謝覺民《人文地理筆談：自然・文化・人地關係》（北京：科學出版社，1999年），頁18。

④ 陳慧琳《人文地理學》（北京：科學出版社，2003年），頁11。

⑤ 李自然《生態文化與人：滿族傳統飲食文化研究》（北京：民族出版社，2002年），頁13。

式影響人類社會上層建築，一方面直接影響民族性格，造成文明的差異。[①] 飲食文化的差異，是民族性的體現，也反映地理環境對人類的制約作用。環境決定論强調環境的決定力量，許多學者認爲環境決定論的因果關係過於簡單，太過武斷，忽視社會文化及生產力爲社會發展的推動力量。

雷次兒的環境決定論備受批判質疑，此時有關人地關係的認識，出現了以法國白蘭士（Paul Vidal de la Blache，1845－1918）爲首的可能論（possibilism），他認爲不能單純以自然地理條件來考慮對人類活動的直接影響，而必須結合社會因素來考慮。[②] 自然環境包藏了多數的可能性，而可能性的利用完全依存於人類的選擇。[③] 而他的學生白吕納（Jean Bruna，1898－1930）更指出："自然是固定的，人文是無定的。"[④] "環境雖然足以影響人類的活動，但人類也有操縱與征服環境的能力"。人與地兩者的關係，隨時代而變，人類對自然環境具有選擇能力，選擇能力來自"心理因素"。[⑤] 人的心理驅動力是形成空間決策的關鍵因子。總括而言，可能論的觀點認爲，自然環境對人類種種的可能反應，提供許多機會，而且人類有充分自由去選擇其反應方式。在飲食文化的研究上，二十世紀中、後期也出現了環境可能論的論述，認爲在飲食文化形成與發展過程中，地理環境只是提供一種可能而不是最終決定因素，即自然環境對食物獲取技術的主要類型只起限制作用，不起決定作用，任何飲食文化特質的變遷，都是生存危機所致。[⑥] 隨着人口增加，導致糧食資源不足以供養大量的人口，人類才會改變食料的獲取方式。可能論否定地理環境對於人類具有絶對的控制力，而主張環境對人類的影響只具可能性，强調人的能動性，人地關係並非絶對，而爲相對。由於過分强調人的選擇能力，所謂"心理因素"的論點難免陷於抽象的意志力決定一切活動的謬誤。

從決定論與可能論的比較分析來看，如果認爲人類是自然環境下的產物，則完全抹殺人類社會發展、生產技術進步的成就。事實上，飲食文化的差異常表現出與不同文化、社會發展階段、生產技術水準的關聯性，地理環境決定論的論點實難以揭示人類歷史的價值性。兩相比較，可能論較決定論更接近問題的核心，能針對問題作出較正確合理的解釋。環境不應是決定人類社會的控制因子，没有人類的介入，地理環境不會改變，地理環境提供人類活動的舞台，人類利用地理環境所提供的物質材料，去創造社會文明，這是人類識覺（perception）環境自身能動性的表現。飲食文化的差異，常因社會發展、不同文化、不同生產技術而相應出現差異性。地理環境對人類的控制，不是絶對的"必然"，而是相對的"或然"，在不同社會發展階段而有所差異，如生產力及技術條件較低的社會，受地理環境的制約較大，愈是文明進步的社會，其生產力及技術水準相對提高，愈能擺脱地理環境的支配，因此，地理環境的制約，視社會文化而有差異，並不起決定作用。地理環境賦予人類賴以生存的空間，並非爲完全控制人類社會發展的絶對地理條件，一方面人類對地理環境加以適應，另一方面由於社會文化的發展，人類對地理環境也具有選擇能力。在技術生產力條件下，能作出若干改造環境的可能性。因此，"人"一方面是"自然"的產物、"環境"的產物，但另一方面却是對"自然"的改造、對"環境"的改造中建設自己的"文化"的。[⑦]

---

① 藍勇《中國歷史地理學》（北京：高等教育出版社，2006年），頁26。
② 謝覺民《人文地理筆談：自然・文化・人地關係》（北京：科學出版社，1999年），頁19。
③ 陳國章、石再添等《人文地理學通論》（臺北：台灣師範大學，1971年），頁17。
④ 謝覺民《人文地理筆談：自然・文化・人地關係》（北京：科學出版社，1999年），頁19。
⑤ 陳慧琳《人文地理學》（北京：科學出版社，2003年），頁11。
⑥ 杜杉杉譯《文化的變異》（遼寧：人民出版社，1988年），頁173－178。
⑦ 許明、花見《文化發展論》（北京：北京大學出版社，2005年），頁193。

飲食文化的形成與發展，李自然認爲受到生態環境、社會文化、個體三要素的制約，任何一種飲食文化特質都是三者互動的結果。[①] 在“文化”的構成中，“人”是最爲重要的因素；在文化發展的動因中，“人”自然也是最爲重要的基本動因，人對於文化的參與和創造既包括主動的理性參與，也包括被動的或者受制於本能性的支配。[②] 李自然認爲文化個體是飲食文化傳承的載體，也是飲食文化傳播與接受的關鍵因素。[③] 不過，就“人”的本質論，馬克思（K. Marx, 1818－1883）指出“不是單個人所有的抽象物，在其現實性上，它是一切社會關係的總和”。[④] 其實，文化個體的互動，在宏觀上仍表現爲群體的互動，社會發展是經由群體共同推動，而非個體單獨的角色影響。飲食文化的形成與發展，是人類以地理環境作基礎，通過歷史過程的社會發展所創造和積累的飲食文化成果。

三、嶺南的地理環境與飲食資源

嶺南是指南嶺山系以南地區，包括廣東、海南島及廣西部分。南嶺自西向東爲越城嶺、都龐嶺、萌渚嶺、騎田嶺、大庾嶺，横亘於粵北和湘、贛南部，綿延1 000多公里。本區地勢北高南低，西高東低，山地多呈東北—西南走向，地表切割破碎，出現老年期地形特徵。

廣東境内主要由長期侵蝕殘留的渾圓形丘陵山地所組成，高度一般在400米左右，全省70%爲坡度10°以下低平丘陵，谷地寬廣，丘陵間有局部盆地及河谷平原分布。而廣西境内，地形上屬盆地形狀，石灰岩地形分布甚廣，約佔該省54%以上，峰林、溶蝕窪地交錯，多溶蝕洞穴及伏流分布。

本區平原狹小，主要爲河谷平原及河口沖積平原，由珠江沖積而成的珠江三角洲，爲本區最大平原，面積11 000平方公里，地勢低平，土壤肥沃，河道紛歧，是我國南部最重要農業生産地帶；東部的韓江三角洲，爲本區第二大平原，面積1 200平方公里，同具土質良好、灌溉便利等有利農業條件；此外，沿海散布更爲狹小的海濱平原。嶺南地區水系特别發達，具有水量豐富、水位穩定及含沙量小等優點，全區以珠江水系爲主體，由北江、西江、東江匯流而成，是我國南部最大河川，流域面積廣達452 000多平方公里；其中以西江爲最長，全長2 197公里。至於雷州半島一帶，河流短小，多獨流入海。而東部則以韓江爲主，長325公里，獨流注入潮州灣。本區瀕臨南海，海岸線曲折，海岸線總長達8 400多公里，灣澳衆多，島嶼星羅棋布。

在氣候方面，因面向遼闊的海洋，深受季風環流的控制，南部沿海及海南島屬熱帶季風氣候，終年溽暑，一月均温在18℃以上；而以北地區皆屬副熱帶季風氣候，年均温高，夏長冬暖，雨量豐沛。本區高温多雨，日照充足，生長季長；從有效積温言之，本區日均温≧10℃，積温一般在6 000℃以上，海南島更達9 000℃以上，熱量資源極爲豐富，動植物種類繁多，自然景觀多樣生動。

嶺南地勢較爲低平，自然景觀的垂直分異並不明顯，而地面水平帶的地帶性遞變則非常顯著，[⑤] 自北向南隨着熱量增加，自然景觀由副熱帶遞變爲熱帶愈形明顯。冬季雖然偶有寒潮過

① 李自然《生態文化與人：滿族傳統飲食文化研究》（北京：民族出版社，2002年），頁26。
② 許明、花見《文化發展論》（北京：北京大學出版社，2005年），頁196。
③ 李自然《生態文化與人：滿族傳統飲食文化研究》（北京：民族出版社，2002年），頁24－25。
④ 許明、花見《文化發展論》（北京：北京大學出版社，2005年），頁197。
⑤ 任美鍔《中國自然地理綱要》（北京：商務印書館，1985年），頁248。

境，低温只是暫時的現象，對整個自然景觀的分布與發展並不起決定性的影響。在農業發展方面，水稻是本區主要的糧食作物，以雙季連作稻爲主，遍布於三角洲、河谷平原及丘陵坡地，部分地區可種三季稻。經濟作物以甘蔗種植面積及產量居全國首位，其中以珠江三角洲爲最大生產中心。本區又爲熱帶、副熱帶水果重要產區，產量居全國首位，以柑橘、香蕉、菠蘿、荔枝產量最大，有“嶺南四大名果”美譽，其他如芒果、龍眼、檸檬、楊桃、柚子、菠蘿蜜、木瓜等水果，許多都可以入饌。漁業生產以海洋漁業爲主，爲我國重要的海洋漁業基地，水產生物多達500多種，主要魚類有池魚、沙丁魚、金線魚、蛇鯔等，其他海產有蝦、蟹、貝、海參、海藻等；濱海地帶海水養殖業發達，主要養殖牡蠣、貽貝、鰻魚。而淡水漁產以養殖業爲主，主要分布在廣東一帶。

嶺南境内可獵、可耕、可漁，山珍、海味，糧食、蔬菜水果等種種食料，應有盡有，爲嶺南的飲食文化發展提供了豐厚的物質基礎，嶺南飲食文化正是嶺南的農業文化與海洋文化交融產生和發展的。[①] 優良的自然環境和地理位置，造就本區食料供應的豐富多樣性，成爲嶺南飲食文化發展的基石。

四、嶺南飲食文化的時空發展過程

地理環境的利用與社會文化經濟發展具有極大的關聯性，在相同的地理環境，處於不同的社會文化條件下，人類活動所創造的成果即有差別。“飲食文化是人們繞着進食這一行爲而產生的系列範圍，是特定的生態背景和歷史人文環境相互結合的產物”，[②] 地理環境是文化創造的自然基礎，[③] 在特定區域的自然生態環境，人類的飲食活動經由長時期歷史文化作用，生產再生產，逐漸形成一地區獨特的飲食文化。

嶺南地區地理環境優越，得山海之利。飲食文化的發展上，不但食料的供應豐富、種類繁多，兼得中外文化的交融滋養，而且隨着嶺南的社會經濟文化發展而自成一格，具有濃厚的地方特色。嶺南飲食文化發展經歷下列各個階段：

(一) 原始時期

嶺南地區爲我國古代百越族居住所在，早在八千年前，先民已懂得使用陶器炊具，進入陶烹的熟食時代，由於陶器炊具的出現，先民始有可能講究飲食烹調；因此，陶器的生產是人類飲食文化發展上的重要里程碑。嶺南的陶器炊具、食具出現雖較中原爲晚，惟本區的印紋硬陶也有四五千年的歷史，與北方相較，已表現顯著的地域特徵。

小結：

火的運用，帶來熟食，也擴大先民的食料來源；而陶器炊具的出現，標誌着先民已經懂得以不同方式烹調食物，飲食文化的發展，向前邁進一大步。

---

① 張磊等《嶺南文化志》，載《中華文化通志》（上海：人民出版社，1998年），頁345。

② 李自然《生態文化與人：滿族傳統飲食文化研究》（北京：民族出版社，2002年），頁3。

③ 姚偉鈞《長江流域飲食文化初探》，《第六屆中國飲食文化學術研討會論文集》（臺北：中國飲食文化基金會，2000年），頁302。

(二) 萌芽發育期 (先秦至秦漢時期)

嶺南地區飲食文化受中原影響，溯自戰國末年，秦國攻滅楚國，趁機南征百越，派遣尉屠雎率領五十萬大軍分五路兵南下，將中原的飲食習慣及烹調技藝傳到嶺南。秦初開始於嶺南設置南海、桂林、象郡，先後三次從中原移民五十萬，開啓中原經營嶺南的先聲，使嶺南接受中原飲食文化的强大影響。秦末天下大亂，趙佗割據嶺南，建立南越國，移民不斷湧來，爲中原文化與南越文化交融打下了初步基礎，及至漢武帝時，南越歸併漢朝，分設九郡，從此嶺南和中原連成一氣。飲食方面，從 1983 年發掘的西漢初南越王墓發現魚脊骨及介殼類水產品，可見南下漢人也能接受嶺南人喜食海鮮的習慣；嶺南飲食文化不斷吸取中原飲食文化的養分，例如“炮豚”是周代“八珍”中的一道兼採烤、炸、炖三種烹調方法的菜餚，屬中原飲食文化風格，而漢代桓寬《鹽鐵論・散不足》篇所記載的著名美食烤乳豬，即爲源於嶺南的風味菜餚，是師法“炮豚”的改良式烹調技法，不但皮脆肉嫩，而且入口即化，有“化皮乳豬”之稱，這是嶺南飲食文化吸取中原飲食文化的具體表現。而嶺南食物也不斷北運中原，影響北方的飲食結構，[①] 在同化中原移民飲食習慣的同時，嶺南也保留及發展了自身飲食文化的特色。

小結：

嶺南飲食文化原落後於中原，秦代因戰爭和移民將中原的飲食習慣、烹調技藝帶到嶺南。其後由於嶺南的飲食文化特質（culture trait）爲南來中原人士所接受，嶺南人轉而同化中原漢人的飲食習慣，又藉着中原飲食文化特質的介入，吸收融合爲嶺南飲食文化，並加以發展。

(三) 成型時期 (唐宋時期)

經過前一時期中原飲食文化的刺激與融合，唐代時嶺南飲食文化的基本特徵孕育形成。政經中心一向爲長安，盛唐以後，中國的政治、經濟重心分離，經濟重心逐漸轉移到江淮一帶，而當時嶺南的番禺（廣州）已發展爲國際貿易大港，聯結江淮與廣州的需求增大，遂有大庾嶺通道的修築，[②] 大大加速了嶺南開發的步伐，人才與財貨得以流通，嶺南受中原文化的薰染更深，風俗習慣爲之改變。宋代時由於北方戰亂，南下移民也加速了嶺南的開發，廣州對外貿易方面，設有市舶司，掌管“番貨海舶征榷貿易之事”，貿易額佔全國 80%左右。隋唐宋時期中國形成九大糧區，[③] 其中也包括嶺南在内，由此可見嶺南經濟發展的地位。宋代時隨着商品經濟的發展，打破了坊市分隔的界限，[④] 又增加了夜市，飲食業於是更加興旺；嶺南的飲食文化，因城市經濟的發達而發展起來，而經長時期與中原飲食文化交流融合之後，嶺南的飲食格局與特點逐漸趨於完善與穩定，流傳後世而自成一流派。

---

① 漢武帝時，南越歸併漢朝後，曾在長安移植嶺南果樹未能成功；其後嶺南佳果成爲特殊貢品，如《後漢書・和帝紀》所載：“舊南海獻龍眼、荔枝，十里一置，五里一候，奔騰阻險，死者繼路”，足見北方對嶺南食物的喜愛及需求。

② 唐玄宗開元 17 年，宰相張九齡修築大庾嶺道。

③ 九大糧區，在秦嶺以北有關中平原、華北平原和松遼平原；在秦嶺以南有淮南、江南、嶺南、鄂南（即雲夢平原）、陝南（即漢中盆地）、劍南（劍閣以南，即四川盆地）等。參見林乃燊《飲食志》，載《中華文化通志》（上海：人民出版社，1998 年），頁 94。

④ 唐代的坊（即住宅區）和市分別隔開，各有門禁。坊門晨啓夜閉，日中鳴鼓開市，日落鳴鐘收市。及至宋代開始打破坊市分隔界限。從唐代到宋代，隨著商品經濟的發展，中國的城市治理從封閉式轉變爲開放式。

據唐劉恂的《嶺表録異》記述,[①] 此一時期的嶺南飲食文化已發展出若干特色，形成了一定的格局與形式，主要特點包括：

1. 保留原始人食生及以石烙物的古風：食魚生、蝦生，以石板烤肉，後來演化爲嶺南風味的燒臘。
2. 保留古人食雜習慣：嗜食蛇、蟲、鼠之類，食料龐雜。
3. 以烹調河鮮及海鮮見長：普遍食用魚、蝦、蟹、貝類等數十種水産。
4. 巧妙利用不同的調料及烹調方法，烹製風味菜餚：已懂得煮、炙、炸、缶、甑、炒、膾、燒、煎、拌等烹調法，也懂得使用五味醬料、薑、葱、韭、椒、桂等各種調料。
5. 嗜飲濃羹與先羹後菜的進食方式：以慢火熬濃湯，飯前先進湯羹。

廣東菜系的格局在唐宋定型以後，直至今日，仍保有這些具特色的飲食文化傳統形式。

小結：

外部社會因素的刺激，對飲食文化的形成與發展極爲重要。一個飲食文化系統如已積蓄了相當發展能量，它就擁有良好的吸收與轉化能力，當受到外來刺激的時候，它會加以吸收，另一方面則保留優質的飲食文化特質，文化涵化促使外來刺激被吸收同化融入自身的飲食文化。

中國古代的物質文明，到了唐代達到高峰，飲食業隨之發達，及至宋代，經濟迅速發展，商品性農副産品和食品供應豐足，都市的飲食業日趨繁華，宋代在飲食文化的發展承前啓後，爲明、清地方菜系的形成奠定基礎。[②] 嶺南的飲食文化格局，在唐宋兩代成型，並發展出獨具地方特色的烹調技藝與菜餚。

(四) 飲食文化發展的升華時期 (明清至民國)

唐宋以後，隨着經濟重心的南移，糧食的需求增加，嶺南的水利建設也加速發展，重點在修築海堤及河堤，以防海水倒灌和河水氾濫成災，而沿海的沖積平原，因地勢低窪，常有洪澇水患，諸如珠江三角洲、韓江三角洲、鑑江三角洲等地，嶺南人都圍墾出成片的良田及魚塘，其中又以珠江三角洲面積爲最大。明代中葉以後，珠江三角洲大舉開發，農田面積不斷擴增，廣泛施行冬種雜糧及增加種植更多不同農作物，實現一年三熟制，廣東的農業後來居上；農業的興盛，爲嶺南飲食文化的發展提供了豐厚的物質基礎。此外，明萬曆以後，作爲中國對外聯絡港口的廣州，對外貿易快速成長。在外貿的刺激下，嶺南農業逐漸邁向商品經濟的發展，隨着市場的繁榮，帶動飲食業和食品製造業的成長，也爲嶺南飲食活動拓展更多食料來源，例如輸入玉米、馬鈴薯、向日葵、菠蘿、木瓜等。同時，由於生活水準的提高，消費能力增加，再加上商業交往造成流動人口增加，爲嶺南飲食文化的發展增添了内部動力，蓄積更多能量。清代“食在廣州”的美譽已聞名全國，民國時期，廣州飲食業更爲興旺，而鄰近的香港華洋交流頻繁，貿易迅速成長，飲食業日趨蓬勃，近百年來，更發展成爲粤菜的主流，烹調技藝兼採中西方精華，嶺南飲食文化的發展於是進入全盛時代，嶺南飲食文化無論質與量的提升，均達空前的水準。

綜觀嶺南飲食文化，一直在文化的激蕩交融中成長；明清以來，更在中西飲食文化的大交融中邁入全盛時期。在飲食文化的傳播上，嶺南不斷大量引進中外飲食文化精華，並加以吸收，

① 劉恂《嶺表録異》(上海：上海古籍出版社，1993年)。
② 姚偉鈞《宫廷飲食：玉盤珍饈值萬錢》(臺北：文津出版社，1997年)，頁121。

鴉片戰爭前，廣州已是通商口岸，有許多江南菜館，粤菜汲其所長，揚州炒飯就是其中之一。[①] 而旅居海外的粤籍華人，又將學到的焗、扒、吉列、沙律等西菜烹調技法帶入，使粤菜的烹調更富變化。此外，又透過擴散或移轉方式向外傳播。早自宋、元兩代，即有華人到海外經商或外移謀生，近百年來，移民海外熱潮一波又一波，尤以廣東人最多，將廣東的飲食文化傳播到海外，據估計海外華人菜館約有 16 萬家，半數爲粤菜館，可見廣東飲食文化對海外的影響；而在國内，主要是通過社會經濟活動的交流，富有特色的粤菜於是影響其他菜系。就以上海來説，開埠之初，洋行買辦多是粤人，粤幫商人大批資金也隨着轉來上海。粤菜館於清末即已進入上海，最初多設在虹口四川北路一帶，二十世紀二十年代時，粤幫菜的酒家已遍及全市。[②] 粤菜隨商業活動而傳入大都會。

小結：

廣東飲食文化系統的蜕變與新生，是由内部和外部兩股力量交互作用所致。隨着農業的發展，城市經濟繁榮，以及嶺南地區相對於中原之戰亂頻仍，社會生活較爲穩定，對飲食的要求於是相對提升；至於對外貿易方面，據《漢書・地理志》記載，在公元前二世紀末到公元前一世紀初漢武帝時，已形成以廣州爲集散地的一條古老海上絲路可通不程國（今斯里蘭卡）。[③] 唐代廣州遠洋航線是空前的，《廣州通海夷道》中詳細記述了海上絲綢之路的路線，“從廣州啓程，途經東南亞、印度洋、波斯灣、東非、地中海沿岸等 100 多個國家和地區，是當時世界最長的國際航線，這一‘世界紀録’，保持了八九百年，直到公元十六世紀中葉方爲歐洲人開闢東方航道時打破”。[④] 而近代又與西方文明接觸較早，輸入外國食材、調料，全球化的步調促使廣東菜在選料上既講究又多變化，烹調技藝兼採西方特色。廣東飲食文化在本身深厚的基礎上融合升華，豐富了粤菜的内涵。此外，廣東人向來“重商”，喜出外謀生及移民海外，廣東飲食文化藉着擴散與移轉等傳播方式，散播到國内其他地區及國外任何角落去。

五、廣東飲食文化的成長機制與體系

廣東菜歷經長時間的文化碰撞與交融，體現了嶺南飲食文化的主要内容和特徵。嶺南飲食文化的發展，在原始時期雖較中原落後，自秦代開發嶺南開始，兩千多年來，秦、漢、東吴、西晉，南朝的宋、齊、梁、陳，以及唐、宋、元、明、清各代，中原人士因戰亂、謫徙、經商、移民等種種原因，一波又一波的落籍嶺南，使得嶺南與中原的飲食一次又一次交融。而廣州向爲嶺南經濟、政治、文化、交通的中心，又是中國最古老的國際貿易大港，與國外通商交往已有兩千多年的歷史；同時，歷代也有不少外國人士定居廣州，[⑤] 傳入很多外國食料、調料及烹調習慣。

地方菜餚若干程度反映了不同時代全球化觸角的入侵，例如中國以前菜餚的品味只有辛香而無辣味，辣椒的傳入不過是近二三百年的事。廣東菜的國際化早在兩千多年前就已進行，近

① 逯耀東《肚大能容》（北京：三聯書店，2002 年），頁 160。
② 同上注，頁 46。
③ 張磊等《嶺南文化志》，載《中華文化通志》（上海：人民出版社，1998 年），頁 190。
④ 龔伯洪《廣府文化源流》（廣東：高等教育出版社，1999 年），頁 43。
⑤ 廣州與外國接觸由來已久，唐代廣州城西即設置番坊，聚集大批來自中亞、西亞的阿拉伯商人。見李孝聰《中國區域歷史地理》（北京：北京大學出版社，2004 年），頁 378。

代與西方接觸早，對外通商交流頻繁，除大量引進各國食料及調料，更擷取其他風味精華，廣東菜在保持傳統風味的本土基礎上，博採其他菜系精華，又吸收西方菜餚的烹調技巧，創新爲“中菜西做”、“西菜中做”或“中西合璧”的特殊烹調方式，① 使廣東菜具有多元性與多樣性的內涵，此一地方特色的形成，是菜系發展經歷長時期充實增益的具體成果。

飲食文化系統的成長，歷經兼容並蓄的過程，一方面將外部優質的元素吸納保留，刺激系統內的元素作因應調整，達到一個動態的平衡狀態。早期中原飲食文化具優勢的文化特質，擴散滲透力較强，使嶺南飲食內容及烹調技藝産生質變，爲嶺南飲食文化發展的重要推動力。嶺南地理位置條件優越，不僅是農業文化與海洋文化的交匯場所，也是中原文化與嶺南地域文化碰撞交融之地，此外，又是中西文化交流接軌的場域，反映在飲食文化的重要特徵爲與中原文化或海洋文化風味結合的食品甚爲豐富。② 廣東菜系以選料廣博、講究烹調技藝著稱，與其特殊的文化背景有密切的關聯性，“嶺南地域文化（原型文化）最大的特點，就是具備了吸收外來文化的潛質”，③ 故能自成風格。嶺南飲食文化自始就具有高度的融合性與外向性，接受外來飲食文化特質的刺激，並將這些文化特質吸收融合於系統內，整合出別具獨特性的地方菜系。

廣東境內廣府、潮州、客家三個民系的形成，是由於秦以來中原人士先後分不同途徑進入嶺南地區與土著文化融合的結果。秦漢、三國時期，中原人士越過五嶺遷入，主要分布於珠江三角洲及粵北、粵西等地，本區以廣州（番禺）爲中心，古漢語與南越語言融合而形成廣州方言，是爲廣府民系。大體上使用廣州方言的地區，包括珠江三角洲、港、澳、粵北、粵西、桂東、桂南及海南島北部，都屬廣州菜文化圈。潮州古屬閩地，秦代劃入南海郡；漢武帝統一閩粵，將閩越族的主要部分遷至江淮一帶，而留在閩南的閩越人，其中一部分西遷，與南越人、中原人士融合，成爲一個閩潮民系。西晉末年八王之亂，內地一支移民向贛江和閩江流域遷移，及至南宋、南明時期，又有一支遷於東江和北江的山區，稱爲“客家”。廣東菜系三個地方風味的碰撞和交融，是由於唐宋以後，中國經濟中心南移，加速對華南地區的開發，隨着華南商品經濟和對外貿易發展，商旅往來頻繁，促進墟鎮的繁榮及飲食業的興旺；又因南宋、南明國勢衰弱，戰事蔓延華南，促使南北交流。因此，商業發展和戰爭避亂打破廣府、潮州、客家的地緣隔閡，促進三個地方風味的交流融合；粵菜大系的形成，約在明清之世。④ 廣東菜系即爲以廣府菜爲主體，結合東江的客家菜及潮汕地區的風味而成。茲就廣東菜系的廣府菜、潮州菜、客家菜三個地方風味説明如下：

（一）廣州菜

又稱廣府菜，爲粵菜正宗。廣州菜在秦漢時已見基調，唐代廣州人已能掌握火候，使用不同的烹調方式，並懂得運用多種配料調味，明清時期，繼續吸收中外菜餚的精華，並向外傳播。廣州菜口味注重清、鮮、滑、爽、脆、嫩，調料獨到，以水産、野味及種類豐富的蔬菜瓜果入饌，選料博雜。

---

① 廣東菜的特色爲善仿創新，常有令人意想不到的口味出現。例如，叉燒酥，爲以叉燒作餡的西式烘焙酥餅，屬於中菜西做的方式；而中式牛扒，實爲以醬汁醃過的中式煎牛扒，屬西菜中做的烹調；至於芝士焗龍蝦伊麵，即爲以芝士（cheese）焗烤龍蝦，再拌炒煮熟的廣東特有伊麵，口感奇佳，回味無窮，屬中西合璧的烹調方式。

② 餃子始於華北，而廣東蝦餃則將粉皮改爲澄麵，肉餡改用鮮蝦和嫩筍，以小籠蒸熟，晶瑩剔透，清爽可口。蝦餃是陸味體系與海味體系的結合。

③ 陸元鼎《嶺南人文 · 性格 · 建築》（北京：中國建築工業出版社，2005 年），頁 33。

④ 見林乃燊《飲食志》，載《中華文化通志》（上海：人民出版社，1998 年），頁 104。

（二）潮州菜

又稱潮汕菜，潮州菜餚饌風格與閩菜有接近之處，兼具廣州菜特色，宴席上菜方式非爲“先湯後菜”，而是先上拼盤，席間再穿插一道湯。擅烹海鮮，菜多湯汁，擅製肉丸，又多醃製鹹菜，口味清純鮮甜，喜用魚露和蜆介等調料。

（三）客家菜

又稱東江菜，客家人長期居住山區，遠離海洋，較能完整保留中原飲食習慣，繼承北方菜餚的烹調方法。客家菜的基調爲突出主料，而不太注重配料，用油較重，口味亦濃，擅長烹製禽畜，有所謂“無肉不成宴”之説，多高熱量蛋白質菜餚爲其特色。

一個菜系每每由幾種不同的地方風味結合，在菜系的發展上，一個菜系所在的區域中若有著名都會存在，商業交流活動頻繁，飲食消費需求高，構成這個菜系的其他不同地方風味，就會向都會區集中，漸漸融合成此一菜系的特殊風味，並向外傳播發展。廣州與香港即爲著名的例子。兩千多年來，廣州一直是嶺南政經發展的核心，清代“食在廣州”之名達到極盛時期，廣州發展爲廣東境内三大地方風味的匯聚中心。近百年來，由於香港地理位置優越，政治地位特殊，經濟發展繁榮，吸引了大量人口，都市急速成長，已超越並取代廣州在粵菜的主導地位；而今日國際性大都會的香港，不僅在廣東菜的既有基礎上繼續發揚光大，更進一步融合中國各地菜系與國外不同烹調技藝的精華，不斷推陳出新，創出粵菜的新風味。

綜上所述，嶺南地區飲食文化之形成與發展，乃以本土菜餚爲基礎，經過長時期與外來飲食文化碰撞交融，不斷吸收其他地方菜餚的優點及特色，以提升本土菜餚的素質，又將蓄積淬煉的飲食文化特質向外輸出傳播。在全球時代裏，本土化與全球化兩股力量不斷交融，進一步豐富了廣東菜系的多元性與多樣性内涵。

六、結　　論

本文從人地關係的角度，探討嶺南地理環境與人類飲食活動在歷史過程中的互動，以瞭解廣東菜系的形成與發展，得到如下幾項結論：

（一）社會文化對飲食文化的發展影響極大，尤其是外來刺激，更爲重要的關鍵因素。嶺南地處邊陲，遠離中國政治經濟中心，惟因歷代南下移民帶來北方飲食文化，使嶺南飲食文化産生質變；廣東菜系的格局，經唐宋時期的定型，及至近代，更升華發展成獨具特色的菜餚，這是由於不斷接受外來刺激，並内化提升的結果。

（二）飲食文化的交流融合，是促成地方菜系發展的主要原因。廣東菜餚在傳統基礎上，廣泛吸收其他地方風味的精華，不斷創新變化，積累爲廣東菜與衆不同的特質，可見文化交流融合，滋潤了飲食文化的成長。

（三）宋代商品經濟的發展，打破了坊市分隔的界線，並增加夜市活動，使飲食業興旺蓬勃。由此可見，商品經濟是飲食業發展的主要動力，富商巨賈的消費能力强，對飲食文化質、量的提升，起了相當程度的作用。

(四) 廣州地處中國南部的門户地位，向爲對外貿易國際大港，嶺南爲農業文化與海洋文化、中原文化與嶺南地域文化，中西文化碰撞交流融合的場所。廣州得地理位置之利，兼容並蓄其他地方菜系與西方菜餚的特色，故廣州菜發展爲粵菜正宗。而鄰近的香港，是著名的國際性都市，商業活動頻繁，進一步發揚粵菜的烹調技藝，成爲今日粵菜的領導。

(五) 嶺南地區在兩千多年來長期對外接觸交流的過程中，廣東菜系若干程度反映全球化觸角的痕迹，並表現在食料、調料的多樣化及烹調技藝的創新變化，積累出豐厚的廣東菜内涵，又在此一本土菜餚的基礎上，不斷生出新的飲食文化；廣東菜於是呈現出本土化與全球化兩股力量融合而產生的飲食文化成果。

二十世紀文學理論：中國與西方

黄維樑

一、西方文論在中國

中國自古即與西方作文化交流，交流中互有影響。十九世紀的鴉片戰爭，中國慘敗，暴露了國弱民貧的窘境。自此衆多知識分子認爲中國文化、社會落後，所謂中西文化交流，主要乃是中國人向西方學習，乃是西方的文化流向中國，中國嚴重地入超，出現了文化赤字。二十世紀伊始，中國的青年學子，大舉留學西方。1911－1929 年間，利用庚子賠款留美的中國學生就有1 279人，此外，還有略受資助的留美自費生 475 人。中國青年浩蕩向西征，與此同時，西潮滚滚湧入中國。由基督教團體創辦的聖約翰大學、東吴大學、嶺南大學、金陵大學、燕京大學等先後在大江南北成立，課程等各種制度、思想的西化，不問可知。[①] 1896 年由中國人自己興辦的北洋大學堂（其前身爲中西學堂），從成立之日起，“完全仿照美國哈佛大學、耶魯大學的課程編排、講授内容，聘美國公理會牧師丁嘉立（Charles D. Tenney）博士出任總教習，負責管理學堂”。[②] 這真是魯迅所説“拿來主義”的最佳例證。二十世紀是西方文學、文化主義紛紛而立、紛紛呈現（所謂 isms）的時代，中國的文學研究者自然也引進這些主義——大量地，義無反顧地。温儒敏在其《中國現代文學批評史》[③] 中重點論述了十個中國批評家的理論及其實際批評，這十人無一不“拿來”西方的文學理論。以下援引温氏之言，讓我們重温這一章西方文論在中國的“接受史”。

王國維“借用外來理論方法以求打破傳統批評思維模式”，借來的包括亞里士多德的悲劇“洗滌”説、叔本華的“解脱痛苦”説、康德的“美在形式”説。（頁 5，6，13）

周作人非常佩服英國性心理學家藹理斯（Havelock Ellis）的學説，如“情緒的體操”，介紹並引用其觀點。（頁 44）

成仿吾對基友（J. M. Guyau）和格羅塞（Ernst Crosse）的藝術論都非常重視，時加引用；對前者的《社會藝術論》尤其“心悦誠服”。（頁 54，55）

梁實秋師從美國的新人文主義者白璧德（Irving Babbitt），闡釋並徵引其學説，對亞里士多德的“排泄滌除”説和阿諾德（Matthew Arnold）的“試金石”説也如此。（頁 70，80，83）

茅盾在其早期的論文中，一再援引法國學者泰納（Hippolyte Taine）的“三因素”説，以

---

① 參考沈福偉《中西文化交流史》（上海：上海人民出版社，2006 年），頁 524。

② 同上注，頁 478。

③ 温著於 1993 年由北京大學出版社出版。爲省篇幅，以下引文頁碼附於每段之末。

此來論述寫實主義作品，並作爲衡量作品的標準；後來則傾向於馬克思主義文論，其論徐志摩、冰心等文，明顯受到“唯物辯證法創作方法”觀念的影響。(頁 104，113)

李健吾推崇印象主義諸批評家，受法郎士（Anatole France）的影響尤深，一再引用其説法：好的批評家叙述的是“他的靈魂在傑作之間的奇遇”。(頁 131)

馮雪峰服膺於馬克思的“唯物辯證法創作方法”，他評論丁玲的小説《水》，即是此法的實踐。他主張“革命的現實主義”，其評論都貫穿着他“對馬克思主義批評的思考”。（頁 158，165)

周揚同樣是馬克思主義批評家，對美國左翼作家辛克萊（Lewis Sinclair）也很推重，首肯其“一切藝術是宣傳”的思想。(頁 181)

胡風也是信仰馬克思主義的批評家，强調作家作品“對於現世人生鬥爭所能給予的意義”；他的“許多評論的基本框架都屬於社會——歷史的批評”。(頁 240)

朱光潛的“直接的理論源頭包括康德、叔本華、尼采，一直到克羅齊（Benedetto Croce）的所謂形式派美學”；它“幾乎是抱着難於抑制的興奮從這位意大利人［克羅齊］這裏搬運了很多東西”。(頁 251，253)

上述十家之外，温儒敏在“其他幾位特色批評家”中，論及沈從文、梁宗岱、李長之、唐湜等人，他們也無不或多或少從西方“拿來”一些理論。

筆者“坐享其成”，引述温氏的書，以見中國批評家所受的西方影響。繼續“坐享其成”地引述。黄曼君主編的《中國 20 世紀文學理論批評史》,① 其至 1949 年爲止的“現代”部分，論述不爲温著所涵括的批評家如魯迅、蔡元培、陳獨秀、李大釗、瞿秋白、毛澤東等，也都受到馬克思主義等西方文論的影響。

莊錫華的《中國現代文論家論》② 一書論及不爲温、黄二書所包羅的邵荃麟、何其芳。他們何曾逆西潮之流，何嘗不馬首是瞻——依從馬克思主義的文論?

1949 年之後，即是二十世紀的後半期，中國的批評家仍然多以西方的文論爲馬首；不過，已不一定以馬克思爲首的馬首了。香港、臺灣，然後是大陸，在崇洋、改革開放的一波又一波浩蕩大潮流中，很多中國文學研究者，都向西方文論取經。上引黄曼君主編的《中國 20 世紀文學理論批評史》下半部，以及古遠清的《中國當代文學理論批評史：1949－1989 大陸部分》③ 述説了“龍的傳人”以西方爲馬首的梗概，就舉了不少學人受影響的例子。二十世紀五十年代起，海峽兩岸三地先後引入並運用西方的精神分析批評、英美新批評、現象學批評、神話—原型批評、西方馬克思主義批評、結構主義批評、解釋學批評、接受美學與讀者反應批評、解構主義批評、女性主義批評、新歷史主義批評、後殖民主義批評等理論，西潮如錢塘江大潮，簡直可把崇洋趨新的弄潮兒捲走。這裏列舉的十二種理論，正是陳厚誠、王寧主編的《西方當代文學批評在中國》④ 一書所涵蓋的。臺灣的《中外文學》、《當代》，大陸的《南方文壇》，大概是近三

① 黄著於 2002 年由北京中國文聯出版社出版。

② 莊著於 2006 年由北京光明日報出版社出版。

③ 古著於 2005 年由濟南山東文藝出版社出版。關於西方文論之進入中國，還可參考下列二書：Bonnie McDougall, *The Introduction of Western Critical Theories into China 1919－1925* (Tokyo: Centre for East Asian Cultural Studies, 1971)；Marian Galik, *The Genesis of Modern Chinese Literary Criticism, 1917－1930* (London: Veda-Curron Press, 1980)。Galik 的書討論的中國現代批評家有胡適、周作人、陳獨秀、郭沫若、成仿吾、郁達夫、鄧中夏、惲代英、蔣光赤、錢杏邨、茅盾、瞿秋白、魯迅、梁實秋、馮乃超等。Galik 認爲胡適對短篇小説所下的定義，可能受了 Clayton Hamilton 和 Brander Matthews 所界定的短篇小説意義的影響（頁 13)。胡適在美國讀書時，Hamilton 任教於耶魯大學。

④ 陳、王所編書於 2000 年由天津百花文藝出版社出版。

數十年來最努力介紹、運用西方新理論的文學、文化刊物。

二十世紀西方的種種文論，有其各領風騷的盛況，盛況維持得最長久的文論之一，是女性主義。陳惠芬、馬元曦《當代中國女性文學文化批評文選》[①] 一書的“推薦閱讀書目”，列出了45本大陸和臺灣出版的相關專著。《海南師範大學學報》的一個主要欄目是“女性文學”，其2007年第2期的《西方女性主義理論在中國的傳播和影響》一文，附錄了兩份書目。其一是二十世紀八十年代初以來國人譯介女性主義理論的書籍，一共有44本；其二是大陸女性主義理論主要研究著作，一共有——數目之大使人驚訝的——196本。

“洋爲中用”成爲大潮流、主旋律，不論這西潮是清是濁，會不會嗆人甚至溺死人。二十世紀西方文論百川爭流，自有其多姿與壯美之處，讓中華的文學研究者得益，開拓視野，增加批評的資源，有非常豐富的收穫，但其流弊也不少。以深奥複雜的論述來表達普通觀點甚至淺白道理（所謂 the elaboration of the obvious）者，或作“語不驚人死不休”論者，甚爲常見。錢鍾書説西方的一些文論家頗有“把術語搬來搬去，而研究原地不動”的情形；夏志清則曾埋怨結構主義（structuralism）的理論，比中學時讀的代數、幾何還要艱深。[②] 美國也有對文化上的同宗提出批評。道格拉斯·布殊（Douglas Bush）數十年前已嚴加斥責文論的“假科學”陳述，對其詰屈聱牙的行文大加針砭。[③] 艾伯拉穆斯（M. H. Abrams）對“一切詮釋都是錯誤的詮釋”的解構主義（deconstruction）論調十分反感，斥其作爲是自殺式（suicidal）行徑。懷恩·布扶（Wayne Booth）爲《批評探索》（*Critical Inquiry*）刊登的論文，愈來愈叫人看不懂，使人擲卷三嘆。[④] 1996年上演的騷哥惡作劇（Sokal Hoax），正是對“以艱深文飾淺陋”與“以艱深包裝謬誤”的辛辣諷刺。[⑤]

然而，衆多中華文論界的弄潮兒，學習、援引這些艱深甚至謬誤不通的文論，樂此不疲——或者説，苦此不疲。前幾年，一位中年教授説：“我從前搞過心理分析研究，現在它已過時，我已轉而投入當前流行的文化研究了。”[⑥] 另一位中年教授曾寫論文評論臺灣“三十本文學經典”之一，他的論文被批評爲內容十之八九講西方理論，講該經典作品的不到十之一、二。他主持的一個當代文學研討會，提交的論文，被批評爲“論文的焦點大都集中在現代主義、父權、流亡、後殖民、族群、省籍、女性主義等時髦議題上，西方文學理論是主體，而文本倒成了客體”。[⑦] 一位後中年教授曾在某研討會上公開説：“我近來甚感困惑，我做了三數十年的散文研究，現在不知道該往哪裏走。我叫研究生介紹西方文論的書給我看，以趕上潮流，可是我讀來讀去讀不懂。研究生交給我的論文我也讀不懂。真是苦事啊！”[⑧] 嘆文論之路艱險兮，他仍將上下而求索。趨向後現代主義、後殖民主義文論的中華學者爲數衆多，中年甚至後中年的教授紛紛成爲“後學”。另外，一位年輕的教授曾説：有人説讀我的中國散文研究論文讀不懂，我却

---

① 陳、馬所編書於2007年由桂林廣西師範大學出版。

② 錢氏語見其1980年致筆者的信件；句子的英文爲 Technical terms are pushed to and fro, but the investigation stands still。夏志清説法見臺北純文學版《人的文學》，頁126－127；此書也有1998年遼寧教育出版社的版本，可參看。

③ 見 Douglas Bush 在1963年的《文學史與文學批評》（Literary History and Literary Criticism）一文。又：1977年 Hilton Kramer 在《紐約時報》撰文，砲轟耶魯四人幫，説他們玩弄華而不實、胡鬧（pompous and nonsensical）的理論。

④ 見《批評探索》該期頁352。布扶此文原題爲“To: All Who Care about the Future of Criticism”。布扶曾長期任教於芝加哥大學，爲《批評探索》創刊編委之一，是名著《小説修辭學》之作者，目前是芝大的榮休教授。

⑤ Sokal 大陸譯爲索卡爾。蔡仲等譯的《索卡爾事件與科學大戰》（南京大學出版社，2000年）一書，即述論此事。臺灣也出版了關於這事件的專著。又：筆者《期待文學强人》（香港：當代文藝出版社，2004年）一書中《唉，艱難文論》一文也述及此事，可參閲。

⑥ 參《唉，艱難文論》一文。

⑦ 引自香港出版的《香江文壇》2004年1月號，頁44。

⑧ 參《唉，艱難文論》。

要這樣寫，這樣“艱難處理”，非如此，就不能在研究上有成果。①

對於西方當代文論，有人樂此不疲，有人苦此而疲，更有人照單全收。有一位中華學者，服膺後現代主義理論。“傑出”的後現代大師杰姆遜（Fredric Jameson）告訴我們，後現代社會的某些徵狀是焦慮，是顛覆；後現代的藝術是：在音樂廳裏，“鋼琴家”上臺演奏蓋奇（John Cage）的作品，他在鋼琴上呼呼彭彭亂按，發出一陣噪音，然後停頓、靜默。臺下聽衆疑惑不安。突然間，鋼琴家又是亂彈一陣，然後又是沉默。聽衆又是疑惑不安。又來一陣噪音，作品就這樣奏完了。這就是後現代藝術！這位中華學者對杰姆遜的説法並不疑惑，且奉之如神明。杰姆遜又説當代人看電影已經不重視情節了，“因爲一切情節只不過是爲打鬥和科技鏡頭作鋪墊而已，人們只注目於所謂鏡頭的精華”。這位中華學者對此説也深信不疑，並加上脚注説：“不是嗎，在北京，許多人花費七八美元去看一場名不經傳的電影，就是爲了能一睹隨片附送的《星球大戰》的預告片”。筆者去過北京多次，耳聞目睹所得，北京人似乎没有這樣多的打鬥迷、特技迷，更没有豪氣到這樣一擲七八塊美金。近年的電影《天下無賊》和電視劇《漢武大帝》都叫座，韓國的電視劇《大長今》更風靡兩岸三地；它們都没有什麽打鬥和特技，而且以非常“古典”的亞里士多德所强調的故事情節取勝。然則，我們是“前現代”社會的人了。② 中國古代文論專家黄霖，就曾爲當代一些西化學者在文論、文評方面的牽强附會、削足適履而感嘆。③ 中華學者如此近乎盲目地崇洋，不無文化自卑感作祟的因素。

二、中國文論在西方

二十世紀西方文論在中華學術界獲得禮遇、厚待，構成這樣一章熱烈而有時荒謬的接受史。中國古今文論在西方呢？我們只看到冷遇和忽視。

二十世紀西方的重要批評家或文論家，如艾略特（T. S. Eliot）、佛萊（Northrop Frye）、威禮克（Rene Wellek）、艾伯拉穆斯（M. H. Abrams）、布扶（Wayne Booth）、伊高頓（Terry Eagleton）等等，或者一般的文論學者如霍洛步（Robert C. Holub），其著作全不見中國古今文論的片言只字：古代的劉勰或金聖嘆，二十世紀的朱光潛或錢鍾書，完全無踪無影；没有“賦比興”、“興觀群怨”，更無“神思”、“知音”、“情采”、“通變”。隨便舉例，如在 T. S. Eliot, *The Use of Poetry and the Use of Criticism* (London, Faber and Faber, 1933); Paul Hernadi, *What Is Criticism?* (Bloomington, Indiana University Press, 1981); Robert C. Holub, *Reception Theory: A Critical Introduction* (New York, Methuen, 1984) 諸書裏，中國古今文論全部缺席、啞然“失語”，因爲他們完全没有徵引。個别西方文論家不識或忽視中國古今文論，西方學者集體編寫的文論辭典一類書籍，則若非同樣忽視，就是予以冷處理，或不當的處理。下面舉出幾本書，並對其相關内容加以評論。

(1) Leonard Orr, ed., *A Dictionary of Critical Theory* (New York: Greenwood Press, 1991).

(2) Alex Preminger, ed., *Princeton Encyclopedia of Poetry and Poetics* (New Jersey:

---

① 參《唉，艱難文論》。
② 後現代主義的“故事”，請參閲拙文《兩岸三地“惡性西化”舉隅》，刊於香港《文學研究》2006 年 3 月出版的創刊號。
③ 黄霖的話見其爲《20 世紀中國古代文學研究史》（上海：東方出版中心，2006 年）寫的《總前言》，頁 8。

Princeton University Press, 1965, 1974, 1993).

(3) Michael Groden and Martin Kreiswirth, ed., *The Johns Hopkins Guide to Literary Theory and Criticism* (Baltimore and London: The Johns Hopkins University Press, 1994).

(4) Theresa Enos, ed., *Encyclopedia of Rhetoric and Composition: Communication from Ancient times to the Information Age* (New York: Garland Publishing, Inc., 1996).

(5) Chris Murray, ed., *Literary Critics and Criticism* (London and Chicago: Fitzroy Dearborn Publishers, 1999).

(6) Julian Wolfreys, et al., eds., *The Continuum Encyclopedia of Modern Criticism and Theory* (New York: Continuum, 2002).

(7) M. H. Abrams and Geoffrey G. Harpham, ed., *A Glossary of Literary Terms* (New York: Thomson Wadsworth, 2005).

(8) Wolfreys, Rubbins and Womack, ed., *Key Concepts in Literary Theory* (Edinburg: Edinburg University Press, 2006).

上述（1）《批評理論辭典》一書中，是有中國詞條的，但收的二十多個詞條，都是二十世紀五、六十年代那些與當時政治關連的詞語，如“庸俗社會學”、“百花齊放，百家爭鳴”。毛澤東、郭沫若、茅盾、陸定一是該辭典認可的文論家；毛氏出現了六次。其索引部分把日文的kyojitsu誤作中文詞彙。

上述（2）《普林斯頓詩歌詩學百科全書》先後有三個版本。兩個舊版本只有一個中國詞條，就是Chinese poetry（中國詩歌）；1993年的新版本增加了Chinese poetics（中國詩學）一條。

上述（3）《J. 霍普金斯文學理論和批評指引》只有Chinese theory and criticism（中國理論與批評）一個條目。這本指引的L字母裏有J Lacan, FR Leavis, GE Lessing, Longinus, G Lucacs, Lyotard，甚至有小説家D. H. Lawrence，就是没有Liu Xie（劉勰）、Lu Ji（陸機），當然更没有James J. Y. Liu（劉若愚）。

上述（4）《修辭與作文百科全書：古代至信息時代的傳播》關於中國的有Chinese rhetoric（中國修辭學）和Confucius（孔子）兩個條目，前者佔一頁半，後者四分三頁，加起來篇幅不及西塞羅（M. T. Cicero, 106－43 B. C.）之多：東方古國兩個條目共佔2.25頁，“西”方則“霸”佔了2.75頁。

上述（5）《文學批評家和批評》有Chinese literary theory（中國文學理論）和陸機、劉勰、胡適共四個詞條。

二十世紀下半葉的情形，大概如上述（1）至（5）所表示。進入二十一世紀——不少中國人、亞洲人興高采烈地預期的“中國人的世紀”、“亞洲人的世紀”，這類文論辭典的中國詞條數量應該“大躍進”了吧？不然。（6）、（7）、（8）三書即《Continuum現代批評理論百科全書》、《文學術語辭典》和《文學理論關鍵概念》，完全不涉及中國文論。艾伯拉穆斯在學術界德高望重，其成名作*The Mirror and the Lamp*（《鏡與燈》）有中譯本，爲衆多中國學者所識。這個2005年最新的第八版《辭典》，却依然只有西方，而没有東方——他不買中國的帳！

這裏對上述諸書再略加評述。(2)《普林斯頓詩歌詩學百科全書》的“中國詩學”詞條，由Richard Lynn（林理彰）執筆，文長約2 500字。林氏略述中國歷代重要文論著作，分析其觀點，然後用了全文三分之二篇幅介紹劉若愚的六種理論説。劉氏六論説乃從艾伯拉穆斯的四論説發展而來，用以概説中國歷代種種文論内容。劉氏六論説自有其貢獻，林氏爲劉氏學生，傳老師之“芬芳”(杜甫詩句“晚有弟子傳芬芳”),既彰理,也可能隱情(隱含師生之情)。林氏對魏晉六朝的中國文論黄金時期着墨不多,使讀者看不到《文心雕龍》和《詩品》等書的重大價值,頗爲可惜。

(5)《文學批評家和批評》有四個中國文論的詞條。一是通論性的 Chinese literary theory (中國文學理論),篇幅大概是《普百》Chinese poetics 那條的三倍。這第一條上半部講的是古代文論,頗爲平穩扼要;下半部講的却不是現代文論,而是現代文學,簡直文不對題。另外三條分别是陸機、劉勰、胡適。在世界文論組織(WTO 即 World Theory Organization;此乃筆者據 World Trade Organization 戲擬)中,有中國文論家的席位了;陸、劉、胡這份名單,大體上也可接受。劉勰這一條中,對《文心雕龍》的介紹,則有可議處。

(3)《J. 霍普金斯文學理論和批評指引》的“中國理論與批評”詞條分爲三部分:(a) 前現代的詩歌理論,(b) 前現代的小説和戲劇理論,(c) 二十世紀,分由三人執筆。這個詞條佔了 14 頁,主編者不吝嗇於篇幅,又顧及小説和戲劇理論,可謂得體。二十世紀部分有瞿秋白、胡風、毛澤東等,而没有朱光潛、錢鍾書等,更不涉及臺灣、香港、海外的文論家,是其不足處。“前現代的詩歌理論”部分的論述,問題很多。題目中只有詩歌而没有散文,不妥;這部分論及的《文心雕龍》,就兼及詩文多種體裁。這部分執筆者 Steven Van Zoeren(范佐倫)對中國古代文論的批評,並不中肯。舉例而言,范佐倫下面的三個論點,都是犯駁之論:

(Ⅰ)中國古代文學批評的語言是用典故的(allusive)、用比喻的(metaphorical)語言;批評家極愛用關鍵詞(key terms),而同時對界定這些詞條的問題幾乎全無興趣。

(Ⅱ)中國古代極少“全面的、完整的理論著作(full-scale, intergral works of theory)”;它們的存在是例外。“在中文中,没有一個詞嚴格地和‘理論’(theory)相應。”

(Ⅲ)除了《文心雕龍》之外,大體的情形是:“中國古代没有全長的、標準長度的(full-length)文學理論和批評著作。”

中國古代的文論篇章,行文時固然用比喻也用典故;然而,孔子説的“《詩》三百,一言以蔽之,曰思無邪”、“《詩》可以興觀群怨”以及歷代喜用的“言有盡而意無窮”等等,何比喻、典故之有?(Ⅱ)(Ⅲ)所述,也與事實不符。中國傳統文論有其籠統含糊、印象式、感悟式之處,但這絶非全部。在某些西方漢學家眼中,中國古代的文論以至其他思想著作,是不重分析、缺乏體系的。文論傑構《文心雕龍》有分析有分類有體系,在他們眼中,成爲了異數;他們且認爲是因爲劉勰受了印度佛教“三藏”中“論”的影響才這樣有體系的。范氏似乎持有上述觀點,雖然他並没有説《文心雕龍》因爲受佛教影響才有體系。Victor Mair(梅維恒)和 Stephen Owen(宇文所安)則認爲若非以佛教的“論”(sastra)爲模型,則没有這樣的一本《文心雕龍》。① 梅和宇文之論,與較他們早的范文瀾、饒宗頤、楊明照、馬宏山之論,有近似之處。其實,中國先秦兩漢的典籍,多有有分析、有分類、有體系、論證嚴密之作。方元珍、龔鵬程對范、饒等《文心雕龍》必定受佛教影響之説,已嚴予批評;這裏,筆者對方、龔的論證作一補充並發出呼籲:讀讀《管子》、《吕氏春秋》、《淮南子》、《史記》等古書吧,劉勰必以“論”(sastra)爲宗才有《文心雕龍》之説,可自我解構了。張少康對《文心雕龍》與佛教思想關係

---

① 參閲 Zong-qi Cai(蔡宗齊), ed., *A Chinese Literary Mind: Culture, Creativity and Rhetoric in Wenxin Diaolong* (Stanford: Stanford University Press, 2001) 頁 13, 79-81。又:此書頁 13、14 提出了問題:像《文心雕龍》那樣嚴謹而有體系的文論著作,爲什麼後世不再出現?爲什麼在清朝以前它幾乎藉藉無聞?編著者認爲應該有學者對這兩個問題作出解答。其實,龔鵬程已嘗試解答了,見下頁注①。

的論述，則較爲中肯，可參看。[①]

二十世紀中西文論的交流，根據上述種種事實看來，只是單向之流，而非雙向之交流。漢學家是有研究中國文論的，但只限於狹窄的學術圈子；在西方的文學學術界、文學界、文化界，基本上没有人知道什麽是《毛詩序》、《文心雕龍》、《滄浪詩話》；誰是劉勰、錢鍾書——在美國教書、以英文著作的劉若愚是誰，也不知道；不知道什麽是興觀群怨、賦比興，更遑論意境和風骨了。

三、發揚中國文論，讓雕龍成爲飛龍

面對龐大的文論赤字，自許爲泱泱大國的文論學者，在當前中國經濟高速發展、孔子學院在世界各國如春笋冒起的年代，應該有什麽作爲呢？大概就是翻譯中國文論，向西方輸出吧！這樣的作爲是對的。不過，在此之前，或與此同時，中國學者應該繼續研究中國文論，對它作現代的詮釋，並把理論應用於實際的作品析評。中國的文學研究者，必須先重視、詮釋並應用中國的文論，證明它饒有價值和成效，而且成爲一種風氣，然後向外國輸出，才可能有預期的效果。當然，中國經濟繼續增長、國力更强大的時候，中國文化包括文論，自然成爲更多西方人注意、學習的對象，那時輸出文論是自然而然的事了。

十多年來大陸學者常常談論中國古代文論的“現代轉換”，其用意與目的，和剛才説的詮釋、應用以至輸出中國文論並無不同。中國古代文論確然有其可轉换、可轉化、可採用之處。體大慮周、高明而中庸的《文心雕龍》被公認爲中國古代文論的傑構，最宜優先成爲重新詮釋、現代應用、向外輸出的文學理論。筆者近年嘗試通過與西方文論比較，重新詮釋它；嘗試以中西文論合璧的方式，以《文心雕龍》爲基礎，建立一具中國特色的文論體系，此體系具有大同性，有普世的價值；嘗試把它的理論，用於對古今中外作品的實際批評。[②] 簡要地説，這個具中國特色的文論體系——筆者又稱之爲“情采通變體系”——内容如下：

一、情采

(1) 詩言志

(A) 文學的定義及其起源

(B) 自然、社會、時代對作者情志的影響

(C) 作品之情思與作品所寫人事物的關係
(即主題與題材的關係)

(2) 聖賢書辭，總稱文章，非采而何

(A) “采”法自然，動植皆文

(B) 采・辭采・修辭技巧（參看下面“剖情析采”）

(a) 作品的布局謀篇　　(b) 作品的遣詞造句

---

① 參閲方元珍《文心雕龍與佛教關係之考辨》(臺北：文史哲出版社，1987年）一書，以及龔鵬程《文學批評的視野》(臺北：大安出版社，1990年）中《〈文心雕龍〉的價值與結構問題》一文。關於張少康的見解，請參閲張著《文心與書畫樂論》(北京：北京大學出版社，2006年）書中相關文章。

② 近年筆者發表的《文心雕龍》論文，關於其理論體系以及理論應用的約有10篇，包括《重新發現中國古代文化的功用——用〈文心雕龍〉六觀法評析白先勇的〈骨灰〉》(收於黄維樑《中國古典文論新探》，北京：北京大學出版社，1996年)；《以〈文心雕龍〉爲基礎建構中國文學理論體系》(2006年10月14－16日南京大學、臺灣中央大學、香港中文大學合辦“兩岸三地人文社會論壇・中國文學與文化的傳統及變革・學術研討會”論文)；《請劉勰來評論韓劇〈大長今〉》(2007年8月16－17日上海復旦大學中國古代文學及文論國際學術研討會論文)。

(3) 情者文之經，辭者理之緯

(A) 内容思想（情）、形式技巧（采）的配合

(B) 情與采的主次問題（附論想象［神思］的作用）

二、情采、風格、文類

(1) 才、氣、學、習影響作品的情采

構成作品的風格

(2) 風格的分類

(3) 不同文體（文類）與情采的關係

(4) 文體的分類

三、剖情析采（實際批評）

(1) 文情難鑑，知音難逢

(A) 披文入情的困難　　(B) 讀者反應仁智不同

(2) 平理若衡，照辭如鏡：理想的批評態度

(3)"六觀"中的"四觀"

(A) 觀位體　　(B) 觀事義　　(C) 觀置辭　　(D) 觀宫商

四、通變（通過比較，實際析評不同作家作品的情采）

(1)"六觀"中的"二觀"

(A) 觀奇正　　(B) 觀通變

(2) 通變・演變・文學史・比較文學

(A) 時運交移，質文代變：影響文學演變的因素

(B) 文律運周，日新其業：文學史

(C) 分類文學史

(D) 比較文學

五、文之爲德也大矣（文學的功用）

(1) 光采玄聖，炳耀仁孝：文學對國家社會的貢獻

(2) 騰聲飛實，製作而已：文學的個人價值

中西文化相同相通之處甚多，歌德和錢鍾書是中西兩個大賢，前者説德國民族和中國民族的思想感情生活方式都一樣；後者説"東海西海，心理攸同"。當代學者張隆溪在反對中西文化簡單二元化、對立化之際，認爲二者乃"同工異曲"。① 中西文化實在是大同的，其基本原理、核心價值殊無二致；因爲如此，二者的交流、彼此的影響才有可能。害人是罪惡，助人是美德；這是普世公認的。如果有一種文化主張害人是美德，助人是罪惡，那麽，其他文化怎麽與之交流？文化迥然不同，則不相爲謀！文學有感情有思想，詩人往往有豐富的想象，常常用比喻；這也是普世公認的。如果有一種文化主張文學没有感情思想，詩人不必有想象力，不能用比喻，那麽，其他文化怎樣與之交流？文論迥然不同，則不相爲謀！

正因爲大同，正因爲有普世價值，文化的交流才有可能；文論的輸入、輸出，以及中西互補、中西合璧才有可能。二十世紀中國文論大大地入超，爲求平衡赤字，我們應努力把中國文論向西方輸出。要這樣做，可從中國古代文論的重新詮釋和現代應用開始。我們應優先考慮《文心雕龍》，讓雕龍成爲飛龍。

① 可參閲張氏近著《同工異曲：跨文化閲讀的啓示》（南京：江蘇教育出版社，2006年）一書。

“觀點”（Point of View）概念的跨語境應用

——兼談中西方小説批評傳統差異[①]

陳 樂　柯思仁

在今天中文領域的文學批評活動中，我們無法回避這樣一個現實問題：現有的批評工具（概念及理論）多來自西方。運用西方批評概念處理中文文本，這一跨語境應用可能造成各個層面的隔閡與錯位，而更爲重要的是，其中首先暗含一個合法性問題：批評概念脱離自身的源流，被用來分析另一傳統的文學現象，這一過程看上去只是工具性的借用，但事實上，圍遶概念的指認、區分、闡釋及評判等批評動作都連帶着概念源初語境中的價值判斷。由此，使用西方概念，其背後的文學觀念、價值標準與中文文本之間的適用程度首先需要檢討，但在眼下的批評實踐中，這一步驟却常常被忽視。本文試以“觀點”（point of view）概念的跨語境應用爲具體範例，來探討 point of view 這個小説形式技巧概念所暗含的西方文學現代性觀念，如何隨着概念在中國的輸入和使用，影響了中國“小説革命”論述的建構，並進而左右了中國現代文學批評對傳統“小説”的評判。通過反思這一狀況，本文意在指出，批評概念的跨語境應用，實際上跨越了批評行爲背後的文學、文化傳統，跨越了中西方不同的審美趣味、閱讀喜好，乃至世界觀念，雖然我們無法回避使用西方傳統的批評概念、方法、理論，但面對中文文本，西方“觀點”下的高低評判，尤需謹慎。

觀點？還是視角？

西方概念的引入，首要工作便是翻譯。對 point of view 的翻譯，在大陸學術界最常見的是“視角”、“視點”，從使用頻率來看，“視角”更爲常用。但是，按照字面直譯，point of view 應該翻譯成“觀點”，英文原意並没有“角”的意思。事實上，“五四”時期（1915－1927）最早的譯介，清華小説研究社 1921 年出版的《短篇小説作法》就把這個詞譯爲“觀察點”，[②] 張舍我的《小説作法大要》、[③] 陳穆如的《小説原理》、[④] 夏丏尊與劉薰宇的《文章作法》，[⑤] 也都用了這一譯法。當然不可否認，早期譯著同樣出現了“述法”、“視域”、“視點”、“叙述角”等各種術語譯名，在不同論者的描述中，它們的所指對象、分類方法都不盡相同。這一混亂的局面與西方

---

① 本文爲新加坡南洋理工大學中華語言文化中心研究計劃“文學與文化概念研究及其在中文文本中的運用”的研究成果。

② 清華小説研究社編《短篇小説作法》（北京：共和印刷局，1921 年），轉引自嚴家炎編《二十世紀中國小説理論資料》第二卷（北京：北京大學出版社，1997 年），頁 132－133。

③ 張舍我《小説作法大要》，載《申報・自由談》，1921 年 8 月 7 日。

④ 陳穆如《小説原理》（上海：中華書局，1931 年）。

⑤ 夏丏尊、劉薰宇《文章作法》（上海：開明書店，1926 年），頁 42－51。

理論本身的繁雜有關，可以説，“五四”時期的翻譯，幾乎與西方“觀點”理論的發展同步，而西方理論界的討論同樣存在許多“家族相似”的姐妹概念，比如 Jean Pouillon 所説的 vision; Georges Blin 的 restrictions of field; Cleanth Brook 和 Robert Warren 的 focus of narration 等等，更爲大衆化的代名詞是 perspective、angle of vision。①

可以猜測，現在學術界通用的“視角”最初對應的並不是 point of view，而是 perspective 或 angle of vision，儘管後來有關“小説視角”的討論實際上指的就是 point of view。但問題是，這並不單純是不同譯法的問題，point of view 和 perspective，觀點和視角，可能是兩個不同的概念。

按照現在的理解，point of view 應該是指叙述者在文本中的觀察點，故事就是從這個觀察點被呈現的。所以 point of view 與觀看者的角色、位置、狀態有關。按“看的位置”、“看到多少”，可分爲全知觀點 omniscient point of view——以全知叙述者的觀點叙事；客觀觀點 objective point of view——以外部觀察者的觀點叙事；有限觀點 limited point of view——以故事中一個或幾個人物的觀點叙事。按“誰在看”，可以有“女性觀點”、“孩童觀點”等，另外也可以與人稱有關，“第一人稱叙述”觀點等等。② 追溯 perspective 一詞的使用脈絡，在它被借用到文學批評領域之前，較早與光線的折射和人的視覺感受有關，其後又被用來特指繪畫中的“透視”手法，畫家能够通過“透視”的方式在二維平面上再現三維的物體和距離關係，製造出立體空間的視覺效果。由此詞源推敲，perspective 的意義側重便與 point of view 有所不同，它較側重於觀看的角度、媒介和方式，而非觀看者的位置狀態，它關心的是看的動作，而不是動作的主人。同樣的，與 perspective 對應的“視角”一詞，在中文裏的一些用法也體現出相似的側重，譬如有“偷窺視角”、“俯瞰視角”、“仰望視角”；還可以引申爲“文化視角”、“審美視角”、“歷史視角”…… 不同的標準産生不同類别的視角，但它們都指向看的動作本身，以觀看的角度或方式來加以區分。可以説，“視角”是一個比“觀點”更大的概念，使用範圍也更爲寬泛，但“觀點”的針對性更强，也更具有主動權，因爲同一個人可以有許多觀看的角度，也就是説，一個觀點可以有許多種視角。因此，從“視角”和“觀點”的意義差異來看，我們可以説“門縫裏看人，把人看扁了”是個視角問題；“狗眼看人低”則是一個觀點問題。如果不把這兩個概念局限於小説文本的範圍，它們的不同在一些運用特殊技巧的文本裏體現得更爲明顯。比如，楊德昌的電影作品《一一》中，有一個性格内向的小男孩洋洋，他喜歡用相機拍下别人的後背，因爲他想讓别人看到他們自己看不到的一面。無論是洋洋的相機鏡頭，還是電影的攝像鏡頭，當它們對準别人的後背時，截取的是一個背後世界的獨特“視角”，而同時那也是一種“孩童觀點”，因爲電影是通過洋洋的相機或眼睛觀看世界的。

在比較了英文的相關概念之後，我們認爲翻譯 point of view，“觀點”比當前常用的“視角”更爲貼切。事實上，作爲批評概念的“觀點”（觀——點，觀看的位置）正是我們日常用語中的“觀點”（看法、態度）一詞的本義，後者在日常的反覆使用中已成了一個“死的隱喻”：我們太過熟悉“觀點”的隱喻義，却遺忘了其字面本身的意義。由此取“觀點”來對應 point of view 概念的另一層效果，正來自於兩詞都内含帶有隱喻關係的雙重意義，觀看位置的不同導致觀點（看法、態度）的不同，兩層涵義之間既有溝通又有張力。

① 相關概念梳理見 Gérard Genette, *Narrative Discourse: An Essay in Method*, translated by Jane E. Lewin (Ithaca, N. Y.: Cornell University Press, 1980), pp. 188 - 189。

② 事實上，目前常用的以人稱來劃分觀點的做法是值得商榷的，觀點是指叙述者的觀點，而叙述人稱是指被叙述者的人稱，當叙述者和被叙述者並不重叠時，人稱的所指就會産生歧義，比如“第三人稱全知觀點”。

觀點：從傳統到現代

追溯"觀點"概念的産生淵源，西方對這一敘事技巧的發現，可説是現代小説觀念形成過程中的産物。古希臘 Homer（荷馬）史詩以降的敘事傳統裏，敘述者往往有着絶對的權威，無所不知，任意描述，不僅控制着人物的言行、情緒、感覺，也控制着讀者的閲讀理解，因爲對讀者來説，"他"的聲音和眼光是不容置疑也不用質疑的。到了十九世紀下半葉，受 Gustave Flaubert（福樓拜）作品的啓發，作家和評論家的趣味開始發生變化，認爲敘述者收斂姿態"客觀"地呈現(showing)故事，比直接講述(telling)故事更符合人們的生活經驗，同時也更有技巧，更具有藝術性。在這樣的氛圍中，Henry James 的小説創作讓人們耳目一新，而"觀點"也因此凸現爲一個值得研究的問題。Henry James 的小説往往以某個人物的眼光爲觀點，通篇保持固定不變。這種後來被稱爲有限觀點的手法，在當時被視爲現代小説的標誌性技巧之一，標誌着小説創作脱離全知觀點的傳統，從講述故事到呈現故事的轉變。不單單是創作實踐，Henry James 亦在小説的前言後語裏闡釋這種獨特的觀點運用，没有現成的概念可用，他只能靠一些複雜的描述來指代它，比如稱之爲"通過單一意識(single consciousness)進行的敘述方式"。①

Percy Lubbock 1921 年所寫的《小説技巧》(*The Craft of Fiction*)算是最早系統研究觀點問題的著作之一，在提出界定"觀點"概念的基礎上，他受到 Henry James 的影響，推崇敘述者身處於故事内部的敘述方式。② René Wellek 和 Auotin Warren 在《文學理論》(*Theory of Literature*)中同樣强調"小説的本質在於全知全能小説家自願從小説中消失，取而代之的是一個受控制的觀點出現"。③ 可以説，正是在那些後來被稱爲 Jamesian 的追隨者的努力下，一套觀點理論的經典法則逐漸形成，要點包括：推崇以人物爲主的有限觀點替代傳統的全知觀點敘述；强調觀點固定，即在一部作品中，一旦選擇某個人物的觀點，就不可變换；反對作者介入作品發言、評論；强調敘述的"客觀性"(objectivity)等等。概而言之，他們主張通過有限觀點的運用來約束敘述者的權力，以"客觀"的方式呈現故事，讓讀者自己去理解、感受、評價作品。

正統一旦確立，便逐步專斷僵化。1961 年，Wayne C. Booth 出版《小説修辭學》(*The Rhetoric of Fiction*)，重新檢視這一脈理論源流，並指出其中的缺陷：小説創作不可能絶對客觀。他批評當時普遍將"呈現"故事的方式置於"講述"故事之上的風氣，認爲這種評判標準有脱離文本之嫌。④ 同樣，E. M. Forster 也指出，批評家們爲小説創作找到了自己的技巧元素——"觀點"，但對它過度緊張了。他不滿程式化地運用有限觀點，偏好觀點轉换(shifting viewpoint)的手法，認爲它能使作品具有擴大或縮小感知範圍的能力，而那與我們感知生活的方式有相似之處。⑤

如果説在西方理論界，全知觀點和有限、固定觀點一度被貼上傳統與現代的標籤，其間的轉變被賦予文學現代化的象徵意義，那麽當"觀點"概念被引進到中文語境時，這一公式和詮

① Henry James, "Preface", in *The Ambassadors* (Oxford & New York: Oxford University Press, 1998), pp. xxix－xlvii.

② Percy Lubbock, *The Craft of Fiction* (London: Jonathan Cape, 1960).

③ René Wellek and Austin Warren, *Theory of Literature* (Harmondsworth: Penguin, 1980), p. 223.

④ Wayne C. Booth, "Distance and Point-of-View: An Essay in Classification", in Michael J. Hoffman and Patrick D. Murphy ed., *Essentials of the Theory of Fiction*, 2nd edition (Durham: Duke University Press, 1996), pp. 117－118.

⑤ E. M. Forster, *Aspects of the Novel* (London: Hodder & Stoughton in association with Edward Arnold, 1993), p. 55.

釋也都被照單全收。清華小説研究社的《短篇小説作法》在介紹“觀察點”概念的同時，就强調小説家應該“在決定自身之視域以後，才好下筆”，而“作者既已決定一種觀察點，此後自然應該把同一的態度貫徹全篇”。編者推崇“第三身稱述法”，認爲那是“最普通、最容易，而最穩當的，作者幾乎完全隱於背景之後，不示真面目”。① 夏丏尊1925年發表的重要論文《論記叙文中作者的地位並評現今小説界的文學》，堅持“記叙文應以不露作者面目爲正宗”，② 在次年出版的《文章作法》裏，同樣表明“叙事文底觀察點不應變更，使文氣一致而不散慢冗繁”。③ 可以説，相似的主張在“五四”及之後的論述中屢屢出現，它們連同交相呼應的創作實踐鞏固了西方闡釋内含的“觀點”進化論，即預設了某種“觀點”運用（如“有限觀點”、“固定觀點”）是好的，是現代的，優越於傳統（全知觀點）。在今天看來，這一論斷的影響並不局限於“五四”，很長一段時間内，它參與建構着中國文學史的現代性論述。

晚清至“五四”中國小説叙事觀點上的轉變，已被學界細緻地梳理過。無論是文言小説中的“記言者”（像《聊齋誌異》裏的“異史氏”），還是白話小説中的“説書者”（如《紅樓夢》以“列位看官”開場），中國傳統小説中的叙述者大多佔據着全知全能的叙述位置。到二十世紀初，“新小説”家們通過翻譯小説逐步領悟有限觀點的技巧，逐步出現了自我抒情類型的第一人稱叙述（如蘇曼殊的《斷鴻零雁記》），以及較晚的第三人稱有限觀點叙述（如劉鶚《老殘游記》、吴研人《上海游驂録》等）。“五四”時期，作家們更直接引進西方小説觀點理論，創作上的模仿和借鑑也逐步“正宗”，第一人稱的抒情式叙述被大量採用，而第三人稱叙述中的有限觀點人物也不再扮演“新小説”中的旁觀者、記録者角色，擔當了故事中的行動主體。④

概括這樣一條小説史脈絡，是爲了説明在西方翻譯作品和觀點理論的影響下，中國小説叙述觀點發生的變化，被現有的許多文學史話語賦予了小説革命的歷史意義，它被看成中國小説現代化過程的組成部分，也就是説，從擺脱全知觀點叙述模式到有限觀點的“純正”運用，從觀點的游移到固定，中國小説被認爲完成了 Henry James 式的轉變，完成了從傳統到現代的轉變。陳平原就曾以“没有宣言的革命”來定位晚清到“五四”中國小説叙事模式上的轉變，而叙事角度（觀點）是所有革命性的轉變中轉變幅度最大的。突破全知模式的有限觀點叙事和叙事觀點的統一，都可説是中國小説“脱去舊套”的標誌。⑤ 由此，有限“觀點”的運用，在類似的論述中，不再是爲了達到某種藝術效果而選擇的叙事技巧，而成爲中國小説發展史中的界碑，有論者這樣感嘆：“限制觀點的運用終於在晚清出現跳躍式的進展，創作技巧開始對舊有小説型態發揮根本性的衝擊，時人也在接觸新型態小説的過程中，緩慢而無形地調整既有的小説觀。”⑥

從叙事觀點、叙事模式等文本面貌的轉變來探討中國小説觀念的轉變，進而涉及“小説現代化”的問題，這可説是相關研究的主導思路。陳平原的《中國小説叙事模式的轉變》開篇就提問“什麽叫‘小説現代化’？……‘小説現代化’是個歷史概念還是個價值尺度？”⑦ 書中並未給出明確答案，但從他的“革命”定位看來，其價值傾向不言而喻。可是問題就在這裏，當“現代”不只是一個時間標記，而成爲一種絶對價值時，這種“現代意識”觀照下的文學批評側

---

① 清華小説研究社編《短篇小説作法》（北京：共和印刷局，1921年），轉引自嚴家炎編《二十世紀中國小説理論資料》第二卷（北京：北京大學出版社，1997年），頁132－133。

② 夏丏尊《論記叙文中作者的地位並評現今小説界的文字》，載《立達季刊》第1卷第1號，1925年。

③ 夏丏尊、劉薰宇《文章作法》（上海：開明書店，1926年），頁42－51。

④ 陳平原《中國小説叙事模式的轉變》（北京：北京大學出版社，2003年），頁62－99。

⑤ 同上注，頁13、31、85。

⑥ 黄錦珠《晚清時期小説觀念之轉變》（臺北：文史哲出版社，1995年），頁361。

⑦ 陳平原《中國小説叙事模式的轉變》，頁1。

重的便是歷史意義而非藝術價值，晚清"新小説"犧牲效果的"觀點"技巧探索也因此具有特殊的地位。然而需要反思的是，在價值上佔據優勢的這種"現代"，却是生成於西方傳統内部而與我們自身傳統斷裂的外來標準。"觀點"概念在西方出現並引導的小説技巧和觀念的現代化，是一個在其傳統基礎上有序漸變的過程。從 Flaubert 到 Henry James，現代意識首先醞釀於創作中，來自小説家的現代生活感受，以及對作者權力、讀者角色、客觀再現等創作問題的反省。同時在"觀點"理論的正統論調僵化之後，其内部又能加以調整和反撥。而反觀中國的情形，傳統小説的創作體系内部並未産生自發轉變的力量，而"觀點"概念的引進，却移植來了凌駕於傳統之上的進化論觀念，它産生了更深刻更持久的影響，佔據着我們的批評話語。

不僅僅是"觀點"，西方批評概念的輸入，在總體上構成了中國現代批評話語與小説傳統之間的尷尬關係，傳統在借來的標尺之下總不那麼符合"規範"。比如，"中國的傳統小説較偏重於説故事，而較忽略於營造情節，比較在意裏面寫些'什麼'事件，而比較不在意'怎麼寫出'這些事件"。① 這樣的批評依照的是"情節"、"叙事"等概念的西方闡釋，而下面這一段具有代表性的權威論述則在根本上凸現了"小説"概念本身與中國傳統"小説"樣式之間的巨大裂隙：

> 但筆記體終究不是嚴格意義上的小説，對人物形象、故事情節等因素幾乎是不加考慮的。文言小説向筆記體靠攏，就文學意義來説毋寧是一種後退。②

對於筆記體"小説"的否定，顯然基於對中心詞"小説"意義的嚴格界定。而以該小説概念背後的西方現代小説觀來約束中國的"小説"樣式，其合法性則需檢討。

另一種傳統

回避西方觀點的進化論眼光，回到中國小説傳統本身，我們可以發現在西方概念輸入之前，這一傳統對於"觀點"概念的認識並非白紙一張，若不以西方標準來衡量，這些創作和批評都自成特色。金聖嘆有言："蓋天下之書誠欲藏之名山，傳之後人，即無有不精嚴者。何謂之精嚴？字有字法，句有句法，章有章法，部有部法是也。"③ 這裏的"法"便是自成一體的另一種傳統。從唐傳奇到明清筆記小説，中國古代文言小説不乏運用有限觀點的例子，但就長篇白話作品而言，全知觀點配合運用頻繁轉换的有限觀點，可説是中國傳統的"觀點"技法。批評界常借用描述中國畫的術語稱之爲"散點透視"，不同於西洋畫的"焦點透視"。

這一技法特色，在金聖嘆、毛宗崗、張竹坡、脂硯齋等等的小説評點中，都成爲值得一批的文本現象，而他們最感興趣的往往是從全知觀點轉换到"某人眼中"的文字部分。《紅樓夢》第六回：

> 上了正房臺磯，小丫頭打起猩紅氈簾，才入堂屋，只聞一陣香撲了臉來，竟不辨是何氣味，身子如在雲端裏一般。滿屋中之物都耀眼争光的，使人頭懸目眩。劉姥姥此時惟點

① 黄錦珠《晚清時期小説觀念之轉變》，頁 352。

② 章培恒、駱玉明主編《中國文學史》(下卷)(上海：復旦大學出版社，1996 年)，頁 564。

③ 金聖嘆《第五才子書序三》；施耐庵著，金聖嘆批評，劉一舟校點《水滸傳》(上)(濟南：齊魯書社，1991 年)，頁 11-12。

> 頭咂嘴念佛而已。於是來至東邊這間屋内，乃是賈璉的女兒大姐兒睡覺之所。平兒站在炕沿邊，打量了劉姥姥兩眼，只得問個好讓坐。劉姥姥見平兒遍身綾羅，插金帶銀，花容玉貌的，便當是鳳姐兒了。才要稱姑奶奶，忽見周瑞家的稱他是平姑娘，又見平兒趕着周瑞家的稱周大娘，方知不過是個有些體面的丫頭了。

全知觀點交待劉姥姥進榮國府的大致情形，同時又不時調節到劉姥姥的觀點中來呈現榮國府裏的人和事，全景與細節相補充，靈活自如。脂硯齋夾批"是劉姥姥鼻中"；"是劉姥姥身子"；"是劉姥姥頭目"；"從劉姥姥心中目中略一寫，非平兒正傳"……早已看清了"有限全知觀點"叙述進退之間的妙處。又比如，《水滸傳》第九回寫陸虞侯串通管營、差撥密謀一節，開頭寫道："忽一日，李小二正在門前安排菜蔬下飯，只見……，看時……"金聖嘆評批："'看時'二字妙，是李小二眼中事"；① "爲閣子背後聽説話，只得生出李小二"，② 稱讚以李小二"眼中"寫密謀的策略，更點出"生出李小二"，即取其觀點人物的專門功能。除"眼中"之外，"口中、耳中、鼻中、心中、意中……"都是評點派關注的觀點内容，在他們看來，某一人物聽到的、感知到的、心中所想的都代表了觀點的轉换。

在金聖嘆、毛宗崗的一些評點中，我們會發現他們將原文的全知觀點段落刻意修改成有限觀點，目的就是爲了强調觀點轉换的文本功能，並配合提出自己的概念。比如，毛宗崗修改《三國演義》第四十八回，寫魏、吴交兵，"却説周瑜引衆將立於山頂，遥望江北……"並加批語："文聘之敗，又在周瑜眼中望見。叙法變换。……曹軍折旗，却在周瑜眼中望見。叙法變换。"③ "叙法變换"，應與"觀點轉换"同義。另有金聖嘆修改《水滸傳》"宋江怒殺閻婆惜"一段，容與堂本第二十一回原文如下：

> （閻婆惜）正在樓上自言自語，只聽得樓下呀地門響。婆子問道："是誰?"宋江道："是我。"婆子道："我説早哩，押司却不信，要去。原來早了又回來。且再和姐姐睡一睡，到天明去。"宋江也不回話，一徑奔上樓來。那婆娘聽得是宋江回來，慌忙把鑾帶、刀子、招文袋，一發卷做一塊，藏在被裏，緊緊地靠了床裏壁，只做齁齁假睡着。④

在這段全知觀點叙述中有三個人物，分處不同位置，閻婆惜在樓上，閻婆在樓下，宋江在門口，經金聖嘆修改之後，便成了：

> （閻婆惜）正在樓上自言自語，只聽得樓下呀地門響。床上問道："是誰?"門前道："是我。"床上道："我説早哩，押司却不信，要去。原來早了又回來。且再和姐姐睡一睡，到天明去。"這邊也不回話，一徑已上樓來。
>
> 那婆娘聽得是宋江了，慌忙把鑾帶、刀子、招文袋，一發捲做一塊，藏在被裏，紐過身，靠了床裏壁，只做齁齁假睡着。⑤

---

① 施耐庵著，金聖嘆批評，劉一舟校點《水滸傳》(上)，頁206。
② 同上注，頁205，注釋（一）眉批。
③ 羅貫中著，毛宗崗批評，齊煙校點《三國演義》(上)（濟南：齊魯書社，1991年），頁598。
④ 施耐庵、羅貫中著《水滸傳》(上海：上海文藝出版社，1996年)，頁276。
⑤ 施耐庵著，金聖嘆批評，劉一舟校點《水滸傳》(上)，頁396。

以各人的位置替換人名，全知觀點便被改成了以閻婆惜的聽覺爲介的有限觀點，這一改，從閻婆惜警覺地細聽一直到"聽得是宋江"，製造了戲劇效果。更重要的是金聖嘆另加入批語："（只聽得）三字妙絶。不更從宋江邊走來，却竟從婆娘邊聽去，神妙之筆"……"一片都是聽出來的，有影燈漏月之妙。"[①]"影燈漏月"，可説是金聖嘆對觀點轉换概念的一種比喻。如果説"燈"比喻能照遍屋内的全知觀點，那麽"影燈"即遮住燈光，切斷光源，轉而藉用漏入屋内的月光來觀察，這"漏月"無疑比擬有限觀點，一線月光之下，只能看到部分的情形。

總體看來，小説評點派推崇的與其説是單純固定地運用有限觀點，倒不如説是全知叙述下不斷切换到不同人物的有限觀點，即所謂"散點透視"。其功能評點者亦有談及，比如金聖嘆批前面李小二一段："一個，小二看來是軍官；一個，小二看來是走卒。先看他跟着，却又看他一齊坐下。寫得狐疑之極，妙妙。"[②]叙述受制於觀點人物的身份意識，從李小二的"狐疑"便能産生懸念和戲劇效果。而另外脂硯齋批《紅樓夢》第三回寶玉眼中所見之黛玉："不寫衣裙妝飾，正是寶玉眼中不屑之物，故不曾看見。黛玉之舉止容貌，亦是寶玉眼中看，心中評；若不是寶玉，斷不能知黛玉終是何等品貌。"[③]可見，以人物的有限觀點引介其他人物出場，實爲一箭雙鵰的寫法，既刻畫了被看者的形象，也凸顯了觀看者的品性特徵。不過，這些好處仍需與全知觀點搭配使用，全知與有限觀點間的轉换，或者不同人物間的觀點轉换，才是古代評點者内心認同的技巧。

什麽是好的觀點?

對於"觀點"概念來説，中國式的實踐、詮釋與西方體系化的理論發展有否高下之分？還是回到 Aristotle 的提示：只有希望産生某種效果，某種觀點才是好的或壞的。[④]觀點的優劣只與文本效果有關，只與文本個體有關，傳統與現代、中國與西方的對立區分都是人爲塗抹的價值色彩。

成之（吕思勉）發表於 1914 年的《小説叢話》就回避了常見的中西之分的切入點，而按照叙事的繁簡將小説區分爲複雜小説和單獨小説：

> 單獨小説，以描寫一人一事爲主；複雜小説則反之。單獨小説，可用自叙式；複雜小説，多用他叙式。蓋一則只須述一方面之感情理想，一則須兼包多方面之感情理想也。複雜小説，篇幅多長；單獨小説，篇幅多短。複雜小説，同時叙述多方面之情形，而又須設法，使此各個獨立之事實，互相聯結，成一大事，故材料須弘富，組織須精密，撰著較難。單獨小説，只述一人一事，偶有所觸，便可振筆疾書。……

根據他進一步的描述，自叙式與他叙式之分則關乎小説叙事的主客觀之殊："主觀的，著書之

① 施耐庵著，金聖嘆批評，劉一舟校點《水滸傳》（上），頁 396。
② 同上注，頁 206。
③ 曹雪芹著，黄霖校理《紅樓夢：脂硯齋評批》，頁 64，注釋（一）甲戌本眉批。
④ "If such and such an effect is desired, then such and such points of view will be good or bad", in Aristotle, *Poetics*, quoted from Wayne C. Booth, *The Rhetoric of Fiction*, "Distance and Point-of-View: An Essay in Classification", in Michael J. Hoffman and Patrick D. Murphy ed., *Essentials of the Theory of Fiction*, 2nd edition, p. 118.

人，恒在書中；客觀的，則著書之人，恒在書外，故亦可謂之自叙式（Auto-biographic）及他叙式（Biographic）也。"① 可以説，這一區分類似於西方理論中故事内觀點和外觀點的提法，撇開其準確度和合理性不論，這段論述的可取之處在於，它回到了文本叙事的問題本身，將叙事的内容、形態、要求的差異放在首位，而正是它們在根本上決定了觀點及其他叙事技巧的選用。

從各個方面闡述複雜小説與單獨小説差異的同時，成之同樣做出結論："歐美小説，較之中國小説，多爲單獨的，此其所以不如中國小説之受人歡迎也。"像這樣揚中抑西的評判在晚清的"小説叢話"中並不佔少數。② 如果不站在"現代"的立場認定其爲未進化的小説觀念，這樣的態度正是小説家在西方觀點理論傳入之前，從文本的比較出發作出的判斷，其中包含的審美趣味和文化心理正來自於中國的傳統。所以説，選擇怎樣的觀點進行叙事與不同文化傳統的喜好有關。從話本演化而來的中國"小説"自然帶有説書人的口氣，但問題是它也正契合着讀者、聽書人的角色想象和心理期待。有限觀點在西方被推崇，同樣與現代性發展以來人們對理性、客觀真理的追崇有關，與個人與世界的求知態度有關。有意思的是，從成之的論述，我們可以發現他所描述的客觀叙事，與西方有限"觀點"叙事所追求的"客觀性"概念恰恰相反。如果説成之所謂的"客觀"是指叙述者在故事外的他叙式，那麽全知觀點正是一個"客觀"的位置，而西方小説家眼中能産生"客觀"效果的有限觀點却是主觀的。由此看來，"主觀"、"客觀"、"真實"……這些概念在不同的傳統中有着迥異的詮釋和偏好，那麽在跨語境的理解中，我們怎能輕易地定誰爲"正宗"？批評概念的跨語境應用面臨的正是這樣的尷尬處境，概念和文本，生長於不同的文學傳統。因此，當我們運用西方的批評概念來詮釋、評判中文文本時，檢討"觀點"——"觀看的位置"便尤爲重要。我們以"誰的觀點"切入文本，以怎樣的"觀點"進行批評，在我們眼下從事的文學批評活動中，都是需要不斷自我提醒的問題。

---

① 成之《小説叢話》，載《中華小説界》第1年，第3-8期。引自陳平原、夏曉虹編《二十世紀中國小説理論資料》第一卷（北京：北京大學出版社，1997年），頁442-444。

② 曼殊、俠人等等都持相似意見，參考《小説叢話》，連載於《新小説》第11、13號，轉引自陳平原、夏曉虹編《二十世紀中國小説理論資料》第一卷，頁88-89，92-93。

世界性的同步

——二十世紀四十年代中國現代主義詩歌

蕭　映

從整體意義上研究二十世紀四十年代中國現代主義詩歌，把它置放在"四十年代"和"現代主義"經緯交織的網絡上，我們可以得到如下結論：二十世紀四十年代中國現代主義詩歌標誌着中國現代主義詩歌的成熟。這種成熟體現在以下四個方面：一、出現了一批自覺性的詩人群；二、産生了一些代表性的詩作；三、提出了一套啓發性的詩論；四、確立了世界性現代主義詩潮的分支地位。

一、自覺性的詩人群

二十世紀四十年代出現了一批自覺創作現代主義詩歌的詩人，以"西南聯大詩人群"和《中國新詩》詩人群爲中堅力量。

"西南聯大詩人群"之被命名，主要得力於杜運燮（1918－2002）、張同道（1965－　）編選的《西南聯大現代詩鈔》。這部詩鈔收録自1937年至1948年間"西南聯大"師生的現代詩作300多首，其中教師6人，學生18人。主要包括以下詩人：卞之琳（1910－2000）、馮至(1905－1993)、穆旦（1918－1977）、杜運燮、王佐良（1916－1995）、葉華（1918－1970）、楊周翰（1915－1989）、鄭敏（1920－　）、袁可嘉（1921－　）等。

"西南聯大詩人群"之被"發現"，至少有三方面的重要意義：

1. 它體現了中國現代主義詩歌的延續性。《西南聯大現代詩鈔》收録的詩歌自1937年始，而二十年代的"現代詩派"剛好在此時結束了它的高峰期。《西南聯大現代詩鈔》止於1948年，正好是《中國新詩》創辦之時。再加上幾位四十年代重要的現代主義詩人之間的串連：卞之琳、馮至、穆旦、杜運燮、鄭敏、袁可嘉等，中國現代主義詩歌的一脈相承由此可見。詩歌的發展有如海浪，一個浪頭將止，另一個浪頭即起，在這一起一伏之間，有些重要的東西得到傳承。

2. 它體現了中國現代主義詩歌的自覺性。"西南聯大"匯集了一批當時中國著名的學者和詩人。在聯大執教的老師中，就有沈從文（1902－1988）、馮至、聞一多（1899－1946）、朱自清（1898－1948）、陳夢家（1911－1966）、卞之琳、李廣田（1906－1968）、楊振聲（1890－1956）等。可以説四十年代在"西南聯大"雲集了中國新詩各階段的主要代表詩人。這些詩人，一方面以自己的詩作和詩論爲中國新詩的發展作出了巨大的貢獻，另一方面又熱情地爲年輕的學子們指引着方向。聞一多在四十年代中期編輯了中國現代新詩選集《現代詩抄》，共收66位詩人的作品，其中收入了"西南聯大"師生共12人的詩作。馮至1941年寫出了中國現代主義詩歌的傑作《十四行集》，並於1942年由桂林明日社出版發行，這部詩集在"西南聯大"轟動一時，並影響深遠。聞一多和馮至也都是學生詩歌社團的積極扶持者。當時在“西南聯大”有許多詩社和文藝社，聚集着衆多詩歌愛好者，四十年代幾位著名的青年詩人都是在這個搖籃裏成長起來的。詩人穆旦，當學生時是“南湖詩社”的主要成員，後來留校任助教時,又先後參加了“南荒社”、“冬青社”的活動。杜運燮是“冬青社”的主要成員；袁可嘉是“耕耘社”的骨幹分子。

當時在“西南聯大”還有一位教師，對中國現代主義詩歌的發展起到了重要而不可替代的作用，他就是英國著名的現代主義詩人燕卜蓀（William Empson，1906－1984）。當時的“西南聯大”外文系學生，後來的英美文學專家周珏良先生（1916－1992）在一篇回憶穆旦的文章中寫道：“在清華大學和西南聯大我們都在外國語文系，首先接觸的是英國浪漫派詩人，然後在西南聯大受到英國燕卜蓀先生的教導，接觸到現代派的詩人如葉芝（W. B. Yeats，1865－1939）、艾略特（T. S. Eliot，1888－1965）、奥登（W. H. Auden，1907－1973）乃至更年輕的狄蘭・託馬斯（Dylan Thomas，1914－1953）等人的作品和近代西方的文論。……我也記得我們從燕卜蓀先生處借到威爾遜（Edmund Wilson，1895－1972）的《愛克斯爾的城堡》和艾略特的文集《聖木》，才知道什麼叫現代派，大開眼界，時常一起談論。”① 在四十年代的“西南聯大”，在世界性的現代主義詩潮的大背景下，在學問和詩才並舉的老師們的直接影響下，一群思想活躍、朝氣蓬勃的青年詩人以先鋒的姿態真誠地展示心靈的探險，追求一種更深刻、更内在、更凝重的藝術。

3. 它體現了中國現代主義詩歌的成熟性。細讀《西南聯大現代詩鈔》，不能説所有詩作都是嚴格意義上的現代主義詩歌，但從數量上看，仍是現代主義詩歌佔主導地位。最重要的是這些詩歌的藝術起點相當高，取得的成就不僅僅是開拓性的，也是標誌性的。中國現代主義詩歌的代表作幾乎都是在聯大時期寫作和發表的：如卞之琳的《十年詩草：1930－1939》於 1942 年出版，馮至的《十四行集》於 1942 年出版，穆旦的《探險隊》於 1945 年出版，杜運燮的《詩四十首》於 1946 年出版等。可以説“西南聯大詩人群”確立了中國現代主義詩歌的基本形態。

1937 年至 1946 年的西南聯大，有着當時中國最民主自由的學術氛圍，有着一大批學貫中西的學者，有着中國新詩史上各個階段有代表性的詩人，有着一些思想活躍的文學社團，有着一大群熱愛“現代風”的詩歌愛好者，有着比較便利的文學刊物支持，因此中國現代主義詩歌在這裏發展壯大是歷史的必然。

《中國新詩》詩人群是指當時在《中國新詩》上發表詩作的一群現代主義詩人，主要包括卞之琳、馮至、穆旦、杜運燮、鄭敏、袁可嘉、陳敬容（1917－1989)、唐湜（1920－2004)、唐祈（1902－1990)、杭約赫（1917－1995)、辛笛（1912－2004）等，以“九葉”詩人爲中堅力量。

《中國新詩》詩人群的意義在於：

1. 以《中國新詩》爲主要陣地，具有自覺鮮明的流派特徵。《中國新詩》的辦刊特色呈現爲“辯證的深思的邏輯與挑剔的多少有點 Cynicism 式的自覺的生活批評……陌生而鋒利健康的文字……正對現實的悲慘的悲劇精神，‘處之絶地而後生’，想由新生的陣痛裏獲得勃起的力量的意圖”② 等等，也正是現代主義詩歌的主要特色。

2.《中國新詩》詩人群不僅具有創作上的自覺，而且具有理論上的自覺，這正是在“西南聯大詩人群”自覺創作基礎上的一個進步。《中國新詩》上有“詩論”、“詩人研究”專欄，四十年代一些重要的現代主義詩歌理論都發表在這個刊物上：如《我們呼喚》（代序)、《論風格》（唐

① 杜運燮（1918－2002）等編《一個民族已經起來》，南京：江蘇人民出版社，1987 年，頁 19－20。

② 王聖思（1947－ ）選編《“九葉詩人”評論資料選》，上海：華東師大出版社，1996 年，頁 6。

湜)(載於第一集《時間與旗》)、《穆旦論》(連載於第三集《收穫期》和第四集《生命被審判》)、《關於詩的幾條隨感與偶譯》(載於第五集《最初的蜜》)等等。還有袁可嘉、唐湜、陳敬容等發表在其他刊物上的理論性文章。他們自覺地從理論高度上去把握中國現代主義詩歌的發展並指導着創作的實踐。

西南聯大詩人群和《中國新詩》詩人群幾乎囊括了四十年代主要的現代主義詩人,由以上的分析,也可以看出這兩個詩人群的某些內在聯繫。卞之琳和馮至始終是這兩個詩人群的導師,穆旦、杜運燮、鄭敏等是這兩個詩人群的中堅力量。從時間跨度上來看,西南聯大詩人群主要是從四十年代前期到中期,而《中國新詩》詩人群主要是從四十年代中期到後期。這從一個側面表明了四十年代中國現代主義詩歌的持續發展。

二、代表性的詩作

大批成熟作品的出現標誌了一個時代文學的成熟。在世界性的現代主義詩潮中,瓦雷里(Paul Valery, 1871-1945)的《海濱墓園》、里爾克(R. M. Rilke, 1875-1926)的《杜伊諾哀歌》、艾略特的《荒原》和葉芝的《在學童中間》都展示了現代主義詩歌探索的卓越超群,並以其大師的氣度引導了世界範圍的現代主義詩歌運動。

在中國二十世紀四十年代,同樣產生了一批具有代表性的現代主義詩作,從數量上來看,並不弱於其他類型的詩歌創作。特別在四十年代中後期更呈現出一種繁榮、豐收的態勢。當時,除了《中國新詩》這個主要陣地,經常刊載現代主義詩歌的刊物有:香港的《大公報·星期文藝副刊》;天津的《益世報·文學周刊》、《大公報·星期文藝副刊》;上海的《文學雜誌》、《文藝復興》、《文學叢刊》、《文匯報·筆會副刊》、《詩創造》等等。四十年代出版的現代主義詩集計有:卞之琳《慰勞信集》(1940)、《十年詩草》(1942),馮至《十四行集》(1942),穆旦《探險隊》(1945)、《穆旦詩集(1939-1945)》(1947)、《旗》(1948),杜運燮《詩四十首》(1946),辛笛《手掌集》(1947),唐湜《騷動的城》(1947),陳敬容《交響集》(1947)、《盈盈集》(1948),杭約赫《噩夢録》(1947)、《火燒的城》(1948)、《復活的土地》(1949),唐祈《詩第一册》(1948)、《英雄的草原》(1948),鄭敏《詩集 1942-1947》(1949)等。

1. 馮至《十四行集》

在這一大片似星辰般閃爍的詩集中,最具輝煌意義的詩集應是馮至的《十四行集》。在中國現代主義詩歌史上,《十四行集》標誌着詩與哲學的結合,標誌着現實與藝術的結合,標誌着中西文化觀的結合,標誌着中西詩藝的結合,標誌着中國現代主義詩歌的成熟。《十四行集》是一部詩集,却真切地體現了一種生命哲學。在這部由 27 首十四行詩組成的詩集中,我們可以深刻地領悟到詩人馮至對於生命的形而上的整體性哲學思考。他對人類和我們民族的內在生活領域的探索,對於時代"介入"而超越的沉思,對宇宙、自然充滿神啓的感悟,對人類存在本質的探尋都達到了一種哲學的高度。他是一個"從敏鋭的感覺出發,在日常的境界裏體味出精微的哲理的詩人",① 他寫出了中國新詩史上前所未有的"沉思的詩"。

馮至的《十四行集》達到了中西文化的有機融合。就《十四行集》而言,從傳統文化上主要表現爲明顯的道家思想及儒者之風,對精神生命的重視和對社會現實的關注。從西方文化來

① 朱自清(1898-1948)《新詩雜話》,北京:三聯書店,1984 年,頁 24。

看，主要從個體生命體驗出發，思索人類命運與宇宙的關係，表現爲對個體存在的極大關注。馮至以獨到的眼光發現了西方文化中具有現代性和生命力的部分，並以之與中國傳統文化溝通、交流，從而達到一種融合發展，這種融合就像一個聚焦鏡，聚合了中西兩種文化“射線”，折射出的却是一種新的光線。馮至以《十四行集》詮釋了這種“新的光線”，影響了整整一代中國詩人的文化選擇，二十世紀四十年代的一批現代主義詩人，特别是“西南聯大”的一群學子深深得益於這種“新的光線”。

馮至的《十四行集》也達到了中西詩藝的完美結合。第一，這是中國新詩史上唯一一部全由十四行詩組成的具有整體性意義的現代主義詩集。第二，這是中國十四行詩由模仿吸收直至創新發展成功的標誌。馮至的《十四行集》由模仿吸收到創新發展，在自由和限制中尋求統一，從而使十四行詩具有中國化的特色，爲中國新詩的發展開闢了一條新路。第三，這是中國古典律詩與西方格律體詩融合發展的標誌。馮至的《十四行集》，内容和形式完美結合，構成了中國現代主義詩歌史上至今無人企及的高峰，影響了整整一代現代主義詩人的詩歌探求，是中國現代主義詩歌史上的里程碑式的作品。

2. 卞之琳《慰勞信集》

卞之琳《慰勞信集》——“在爲廣大人民而寫方面給我們提供了方向性啓示”。[①]《慰勞信集》寫於 1938 年 11 月到 1939 年 11 月間，是詩人卞之琳新詩格律論的代表詩集。二十世紀四十年代的中國社會現實，“生存的和詩藝的”正是當時詩歌寫作所面臨的雙重考驗。在此種特定的社會背景下的詩歌寫作，既需要一種道德的力量，也需要一種美學的力量，“生存的和詩藝的”考驗正來自這二者之間的現實相關性。卞之琳的《慰勞信集》以其詩意的目光表達了對現實生存的深厚關懷，同時，詩歌自身也通過這種關懷而獲得生命的力量。

《慰勞信集》的創作特點主要表現在以下三方面：(一) 基本上都是格律體。其中《一位政治部主任》、《〈論持久戰〉的著者》、《一位“集團軍”總司令》、《空軍戰士》都是十四行體。(二) 加强並突出了以“頓”爲中心的詩行結構方式，即詩行音數雖不一，頓數却一致；韵式較爲靈活、寬泛。(三) 大量運用口語化句子，讀起來琅琅上口。

《慰勞信集》既是對詩人自身的現實職責的呼籲，也是對現實生活的詩意抒寫。卞之琳按照現實中人們所不熟悉的邏輯發覺各種現實質料的獨特詩意，然後在自已的新邏輯中展示出它們共同營造的詩美效果，同時又與時代的現實苦難和革命熱情形成深層次的對應和契合。因此，《慰勞信集》既不像傳統叙事詩的那種過於細緻詳實的鋪叙，也不像宣傳鼓動詩的那種過於熱情激切的夸張，這種詩歌試驗對於中國的“政治抒情詩”的“現代性轉變”起到了重要作用。

3. 穆旦詩作

穆旦的《神魔之爭》(1941) 是中國現代主義詩歌史上最早的詩劇，它在世界性的同步意義上表現出開創性。《詩八首》(1942) 是“在中國的漫長詩史上也是從未見過”[②] 的情詩。穆旦詩歌的超越性，就在於在他所處的時代拓展了詩歌的現代性。“穆旦把新詩帶到了中國文學發展的前區。”[③] 這個前區即是“新詩的現代化”。

王佐良評價穆旦的詩作《春》時説過：“不止是所謂虛實結合，而是出現了新的思辨，新的形象，總的效果則是感性化，肉體化，這才出現了‘我們二十歲緊閉的肉體’和‘呵，光，影，

① 袁可嘉（1921－ ）等編《卞之琳與詩藝術》，石家莊：河北教育出版社，1990 年，頁 89。
② 杜運燮等編《一個民族已經起來》，南京：江蘇人民出版社，1987 年，頁 5。
③ 杜運燮、周與良、李方、張同道、余世存編《豐富和豐富的痛苦》，北京：北京師範大學出版社，頁 4。

聲，色，都已經赤裸，/痛苦着，等待伸入新的組合’那樣的名句——絶難在中國過去的詩裏找到的名句，從而使《春》截然不同於千百首一般傷春咏懷之類的作品。”[1] 用肉體的感覺與新穎的思辨來代替傳統的模糊不清的詩意，這正是穆旦的創新。穆旦的詩以理念爲想象的中心，思維跳躍的可能性增大，詩的容量增大，較好地表達了生活的哲理，表現出他那一代人獨特的歷史經驗。

穆旦詩歌的現代性包括他的辯證觀念。唐湜在《搏求者穆旦》中分析：“他的詩常常有一個辯證的發展過程，一個由外而内，由廣而深，由泛而實的過程；而他的思想與詩的意象裏也最多生命的辯證的對立、衝擊與躍動……他也許是中國詩人裏較少絶對意識而又較多辯證觀念的一個，而可貴的還是他的自覺性的敏鋭。”[2] 穆旦的詩以寫矛盾和對立爲主，最能表現他的詩歌的辯證觀念的莫過於《詩八首》，《詩八首》在情感上表現的是你我“相同和相同溶爲怠倦，/在差别間又凝固着陌生”[3] 的辯證的愛情觀，結構上表現的是短暫與永恒的辯證關係。

穆旦詩歌的現代性也包括現代詩劇的運用。西方現代詩歌以現代詩劇清晰呈現出對現代人生、文化的綜合，把詩歌置放在戲劇性場景中，避免正面抒情，讓特定環境中人物的行爲來闡明主題，再加上場景的烘託、暗示、對比等手法，現實描寫與戲劇情緒的結合，抽象思維與敏鋭感覺的渾然不分，人物情感和思想發掘都要比傳統的寫法更爲深刻。穆旦的《神魔之爭》、《隱現》正是這類代表性的詩作。“現代文化的日趨複雜，現代人生的日趨豐富，直線的運動顯然已不足應付這個奇異的現代世界”，由此而産生了抒情方式的變化“必須放棄原來的直線傾瀉而採取曲線的戲劇的發展”，[4] 袁可嘉的這一評價揭示了穆旦詩作抒情方式的現代性。

穆旦對中國新詩的現代性方面的貢獻還表現於詩歌意象的刷新。穆旦的詩歌以大量的現代生活意象入詩，並注重意象的理性化，把意象作爲傳達人生經驗的象徵性載體。他詩中的都市意象：城市的回旋的舞、鋼筋鐵骨的神、一條一條揚長的大街；他詩中的醜怪意象：蛆蟲、白骨、墳墓等等都將中國新詩的意象體系引向了更廣闊的天地。

4. 杜運燮《滇緬公路》

杜運燮的《滇緬公路》(1942) 具有中國現代史詩的雛形，是“現代史詩”的最初“努力”，朱自清高度評價此詩，並由此提出中國“現代史詩”的期待與召唤。[5] 在他之後，穆旦寫了《神魔之爭》、《森林之魅》、《隱現》；唐祈寫了《時間與旗》；杭約赫寫了《復活的土地》；莫洛寫了《渡運河》等，這些詩作都是在《滇緬公路》基礎上的拓展。“現代史詩”的創作在當時是一種世界性的現代主義詩歌趨向，艾略特的《荒原》便是“現代史詩”的經典之作，“史詩”意識的現代性正體現在它綜合的廣度和深度上。唐湜評價説：“年輕的杜運燮是目下不可忽略的最深沉最有‘現代味’的詩人之一。一般説來，中國的詩壇似乎還滯留在浪漫主義的階段上，杜運燮却是少數例外的一個。詩在他手裏更年輕、大方了，更新鮮也更活潑了，創造力隨着豐富的想象也更向前躍進了。”[6] 詩人努力探索新鮮的書寫方式，參與到仍在延續的新詩生成的歷史過程之中，通過新的開拓豐富了現代詩歌的圖景。

---

① 杜運燮、袁可嘉、周與良編《一個民族已經起來》，頁 4。
② 唐湜 (1920－2004)《新意度集》，北京：三聯書店，1990 年，頁 91。
③ 李方 (1965－) 編《穆旦詩全集》，北京：中國文學出版社，1996 年，頁 148。
④ 袁可嘉《論新詩的現代化》，北京：三聯書店，1988 年，頁 47。
⑤ 朱自清《新詩雜話》，北京：三聯書店，1984 年，頁 62。
⑥ 唐湜《新意度集》，北京：三聯書店，1990 年，頁 56。

三、啓發性的詩論

理論和創作並重是四十年代中國現代主義詩歌成熟的標誌之一。從中國現代主義詩歌史的整體發展來看，四十年代的現代主義詩論在和創作的結合上達到了一個前所未有的高度。三十年代《現代》詩群已經刻意於理論和實踐的並重，梁宗岱（1903－1983）的《詩與真》致力於象徵主義詩學研究，廢名（1901－1967）致力於現代詩歌的解讀和闡釋，戴望舒（1905－1950）的《詩論零札》也對現代主義詩歌有片斷論述，但不免幼稚。四十年代的現代主義詩論，無論從質的方面還是從量的方面來看，它的成熟是不亞於同時代的詩歌創作的。四十年代出版了三部有重要影響的詩論專著：李廣田《詩的藝術》、馮文炳（1901－1967）《談新詩》、朱自清《新詩雜話》。還有一些當時尚未能結集出版但產生了重要影響的詩論文章，如袁可嘉、唐湜、陳敬容等的詩論。這些詩論精確地評價了四十年代主要的現代主義詩人及其代表詩作，綜合地指出了四十年代中國現代主義詩歌的流派特徵，系統地構建了“新詩現代化”的詩學體系。

二十世紀四十年代中國現代主義詩論具有兩方面的特點：一是集中性。這種集中性主要表現在兩方面：一方面是指從事現代主義詩論的評論家比較集中，主要是四十年代前期西南聯大的幾位著名學者兼詩人和四十年代中後期“《中國新詩》詩人群”的幾位青年詩人兼評論家。另一方面是指發表現代主義詩論文章的刊物比較集中，主要有昆明的《文聚》、香港的《大公報·星期文藝副刊》、天津的《益世報·文學周刊》和《大公報·星期文藝副刊》、上海的《文學雜誌》和《文藝復興》以及《詩創造》和《中國新詩》。二是系統性。這種系統性主要是指從對某些現代主義詩人的具有現代特質的代表詩作的賞析和評價到系統地歸納和總結現代主義詩歌的特徵和方向的漸進過程。

1. 李廣田的詩論

李廣田的詩論專著《詩的藝術》由開明書店於1944年12月初版，1946年再版。書中包括5篇文章：《論新詩的內容與形式》、《詩的藝術——論卞之琳的〈十年詩草〉》、《沉思的詩：論馮至的〈十四行集〉》、《詩人的聲音：論方敬的〈雨景〉與〈聲音〉》、《樹的比喻——給青年詩人的一封信》。從整體上看，李廣田《詩的藝術》一書重在詩人個案研究，主要從解詩的角度出發，雖有所歸納，但缺乏系統。但全書也有一個較明顯的中心意旨：“其給時代以針砭處就在反散文化、反無形式。”① 這也是這部批評著作最重要的貢獻所在。

2. 朱自清的詩論

朱自清的《新詩雜話》於1947年由作家書屋出版，包括15篇文章。其中有8篇文章談到卞之琳的詩作：《序》、《解詩》、《詩與感覺》、《抗戰與詩》、《真詩》、《朗讀與詩》、《詩的形式》、《詩韵》，其中《詩與感覺》主要評價了卞之琳詩歌感覺的現代性。有4篇文章談到馮至的詩作：《詩與感覺》、《詩與哲理》、《朗讀與詩》、《詩的形式》，其中，《詩與哲理》一文專論馮至詩歌的哲理性。朱自清指出卞之琳的《距離的組織》中的時空聯想是一種解放，一種自由，指出卞之琳、馮至等詩人在日常生活裏發現了詩，讚許了年輕的現代主義詩人杜運燮的《滇緬公路》對“現代史詩”的努力，通過翻譯麥克里希的《詩與公衆世界》，介紹了世界現代詩的新方向。在

① 梁理森（1935－ ）编《李廣田研究專集》，昆明：雲南人民出版社，1985年，頁477。

這部詩論中，朱自清提出了“中國新詩的現代化”方向，並肯定了一些現代主義詩人在這個方向上的努力。朱自清在《詩與建國》一文中寫道：“我們需要促進中國現代化的詩。有了歌咏現代化的詩，便表示我們一般生活也在現代化；那麽，現代化才是一個諧和，才可加速的進展。另一方面，我們也需要中國詩的現代化，新詩的現代化；這將使新詩更富厚些。”①

3. 唐湜的詩論

唐湜的詩論文章主要寫於二十世紀四十年代後期（1946－1949），其中較重要的文章有《論意象》、《論意象的凝定》、《詩的新生代》、《搏求者穆旦》、《沉思者——讀馮至〈十四行集〉》、《嚴肅的星辰們》，均於1946至1949年間在一些詩歌刊物和報紙副刊上刊發，如《詩創造》、《中國新詩》、《大公報》、《春秋》、《文藝復興》等等。

從詩歌理論方面來看，唐湜以“經驗説”和“意象論”來構建新詩現代化的詩學體系。“經驗説”是西方現代主義詩歌理論的支柱，艾略特的“非個性化”理論、里爾克的“詩是經驗”都是這種理論的個性化表述。“意象論”是唐湜詩論的核心，它建立在中國古典意象論、龐德意象主義理論和現代主義詩人葉芝、瓦雷里詩論綜合的基礎上並有所超越。在唐湜看來，意象是“最清醒的意志（Mind）與最虔誠的靈魂（Heart）互爲表裏的凝合”，② 他十分强調意象在現代詩情元素中的重要地位，並非常具體而精確地描述了意象的生成和凝定過程。他更自覺地以“意象論”來評價中國現代主義詩歌，通過對馮至、穆旦、杜運燮、鄭敏、辛笛等詩人詩作的分析，他不但肯定了他們的詩作各自具有的現代主義特徵，而且發現了他們共同具有的現代美學追求，從而獨具慧眼地指出了中國現代主義詩歌的流派特徵。

從四十年代現代主義詩論整體發展過程來看，唐湜的詩論起到了重要的連接作用。這種連接性表現在：一方面，他繼承了李廣田、朱自清的解詩基礎上的點評風格，對四十年代比較重要的現代主義詩人都有專論；另一方面，他又具有與後期的袁可嘉類似的現代主義詩論體系。從詩論的風格來看，他以散文隨筆的方式來寫評論，類似於朱自清的“雜話”，但也不缺乏嚴密的邏輯推理和透徹的理論分析，從而與袁可嘉的詩論有共同之處。

4. 袁可嘉的詩論

袁可嘉發表詩論主要是在1946年冬到1948年底這一段時間，他以“論新詩的現代化”爲總標題，寫了一系列評論文章，先後在天津《益世報·文學周刊》、《大公報·星期文藝副刊》，上海《大公報》、《文學雜誌》、《詩創造》、《中國新詩》等報刊上發表。

袁可嘉詩論主要包括以下四方面：（一）界定了中國現代主義詩歌的概念：“現代化的詩是辯證的（作曲線行進），包含的（包含可能融入詩中的種種經驗），戲劇的（從矛盾到和諧），複雜的（因此有時也就是晦澀的），創造的（‘詩是象徵的行爲’），有機的，現代的。”③（二）總結了四十年代現代主義詩歌的主要特徵。“現代詩歌是現實、象徵、玄學的新的綜合傳統”；④“現實表現於對當前世界人生的緊密把握，象徵表現於暗示含蓄，玄學則表現於敏感多思、感情、意志的强烈結合及機智的不時流露”；力避平鋪直叙和熱情宣泄，深刻的主觀通過冷静的客觀釋放能量；思維多聯繫跳躍，打破叙體通常遵循的時空自然秩序，代之以詩的藝術邏輯；⑤ 語言結構複雜，屬於現代口語與書面語的融合，在審美上不追求和諧委婉，對於常用字詞加以特殊的排

① 朱自清《新詩雜話》，北京：三聯書店，1984年，頁45。
② 唐湜《新意度集》，頁13。
③ 袁可嘉《論新詩現代化》，北京：三聯書店，1988年，頁43。
④ 同上注，頁4。
⑤ 同上注，頁7。

列組合，產生出人意外的效果。(三) 提出了“新詩現代化”的發展方向，並指出實現這個方向的多元化途徑，其中最主要的途徑是新詩戲劇化。(四) 建立了一定的現代批評規範。

袁可嘉提出的“新詩現代化”理論是其現代主義詩論最具特色之處。這主要表現在它的繼承性和超越性。“新詩現代化”發端於“五四”時期，四十年代由朱自清提出了“我們也需要中國詩的現代化，新詩的現代化”① 的口號，袁可嘉以“新詩現代化”爲總標題的一系列詩論正是對“五四”傳統的繼承與發展，也是對朱自清的“新詩現代化”口號的具體化、體系化。其超越性在於他以“新詩現代化”體系直接與歐美現代主義詩潮接軌，融合了艾略特的“非個性化”和“客觀對應物”理論以及里爾克、奧登關於現代詩表現日常生活的理論等等，構建了中國的新詩現代化體系。

二十世紀四十年代中國現代主義詩論基本上是在西方現代主義詩歌理論的基礎上建立起來的，同時也融合了中國古典詩論和新詩理論的優秀傳統。它所具有的集中性、系統性、自覺性對四十年代的中國現代主義詩歌產生了重要影響，並推動了中國新詩的發展。它的局限性在於：雖然强調唱出自己的聲音，但在構建詩學體系時，實際上在很大程度上依賴了西方現代主義詩論的模式，但這種詩學試圖帶來中國現代詩歌整體思維方式的根本變革的努力是不容忽視的。

四、世界性的同步

二十世紀四十年代中國現代主義詩歌是在世界性的後期象徵主義詩潮的大背景下產生並發展的。以上從自覺性的詩人群、代表性的詩作和啓發性的詩論三方面論述了這個時期中國現代主義詩歌所具有的成熟品格，同時也指出了中國現代主義詩歌的流派性質，它屬於後期象徵主義詩歌的一個重要分支。

後期象徵主義詩歌盛行於二十世紀二十年代至四十年代，影響範圍包括法、英、美、奧、意、西、俄、拉美和東方的一些國家。二十世紀二十年代盛極一時，成爲世界範圍内影響最大的一個現代詩歌流派。代表作家有：法國詩人瓦雷裏、奧地利詩人里爾克、英國詩人艾略特、愛爾蘭詩人葉芝等。二十世紀三十年代是後期象徵主義詩歌的鼎盛期，三十年代較有代表性的是英國“粉紅色詩人群”和意大利的“隱逸派”。四十年代，後期象徵主義詩歌已接近尾聲，這時期意大利的隱逸派仍在詩壇佔據重要地位。

應當確認，在世界範圍内，它的另外一個重要分支就是二十世紀四十年代中國現代主義詩歌。這時期的中國現代主義詩歌產生了馮至、卞之琳、穆旦等代表詩人，出版了《十四行集》、《慰勞信集》和《探險隊》等代表詩集，還有一批自覺的詩人創作群和比較系統的詩論研究。因此，二十世紀四十年代的中國現代主義詩歌延續了後期象徵主義詩歌的世界性發展，並顯示了一個輝煌的尾聲。

作爲後期象徵主義詩歌的一個分支，四十年代的中國現代主義詩歌自然具有較明顯的流派特徵。但是由於不同的國家和時代背景以及不同的詩歌傳統，中國現代主義詩歌具有更爲鮮明的個性色彩。這種個性色彩一方面對世界性的後期象徵主義詩歌的發展和完善作出了獨特的貢獻，另一方面也顯示了中國現代主義詩歌的成熟。

---

① 朱自清《新詩雜話》，北京：三聯書店，1984 年，頁 45。

1. 選擇性的接受

二十世紀四十年代的中國，大部分時間都處在戰爭、内亂和騷動之中。戰爭一方面使中華民族的一部分人在奮起，在艱難中戰鬥；另一方面，在更廣大的區域内，精神頹弱、經濟貧困和社會腐敗以最放大的形式顯現出來。民族危難之際，也正是歷史的轉折之機，舊的秩序已然被拋棄，新的規範却未能及時運作，古老的中國只能在充滿暴力、欺詐和腐敗的無序狀態下蹣跚前進，在痛苦的"蜕變"中走向新生。這種時代背景使得四十年代的中國詩人的思索帶有濃重的現代意識特徵：對永恒人生的焦慮感，對現實生活的荒誕感，自我内省和自我搏鬥等等。"現代主義在它還没有成爲我們的唯一風格的時候，就已經成了用作品最全面地表現現代意識、創造現代經驗的本質的運動。它或許不是唯一的潮流，但它是主流。它就像浪漫主義那樣，在一個世紀一元伊始的時候，在對思想進行深刻的再估價、在社會和意識發生變動的時期，應運而生，並越來越成爲最偉大作家的中堅分子的感情、美學觀及思想的主宰，成爲最敏感的那些讀者的最主要的最合適的夢想。它就像浪漫主義那樣，是利用人們對思想意識的大規模的重新評價和他們對往昔的藝術的强烈不滿情緒而發起的一場革命運動——這場運動是國際性的，它已經匯入了西方傳統的主流，它的標誌是大量的基本觀念、形式和價值觀從一國湧進另一國，擴散開來。"① 王富仁（1941－ ）在《中國現代主義文學論》一文中分析説："四十年代的青年知識分子必須面對這個龐大的、分裂的世界進行選擇。……他們必須依靠自己的心靈直接感受這個世界，一切略帶明確的東西都是在困惑、迷惘、痛苦、焦躁之中建立起來的……在困惑中選擇，在痛苦中追求，在迷惘中思考，在絶望中反抗，在重壓下掙扎，在圍困中突圍的現代主義色彩，成了這個時期青年文學家文學作品的普遍色彩。"② 這應當是四十年代中國詩人接受西方現代主義詩歌的主要内因。

外在的契機在於世界性的現代主義詩歌的交流和傳播。"九葉"詩人之一的鄭敏曾回憶説："在四十年代，雖然戰爭成爲每個人生活中主要的一面，國際文學交流並没有停止，在某種程度上也許比三十年代更普通。四十年代在西方是世紀初誕生的西方現代主義走向高峰的時代，到中國來訪問的學者和詩人帶來他們對二十世紀詩的美學的理論創新。在清華大學和西南聯大講課的燕卜蓀教授，訪問中國的英國詩人奥登是這種詩歌交流的重要使者。"③ 威廉・燕卜蓀，英國著名的現代主義詩人和詩論家，二十世紀三十年代即以《含混的七種類型》（又譯《復義七型》或《朦朧的七種類型》）聞名英美詩壇，他在抗戰初期來到中國，先後在北京大學和西南聯大外文系任教。曾是西南聯大外文系學生的王佐良在回憶穆旦的文章中寫道："穆旦和他的朋友們不止是通過書本受到了西方現代派的影響。他們的老師當中，就有現代派，例如馮至和卞之琳。還有一位從英國來的威廉・燕卜蓀，更是直接爲他們開課講授英國當代詩歌。燕卜蓀是'超前式'的詩人和新鋭的批評家。……在他的影響下，一群詩人和一整代英國文學學者成長起來了。……他們跟着燕卜蓀讀艾略特的《普魯弗洛克》，讀奥登的《西班牙》和寫於中國戰場的十四行，又讀狄侖・託瑪斯的'神啓式'詩，他們的眼睛打開了——原來可以有這樣的新題材和新寫法！"④ 著名的英國現代主義詩人奥登在1938年到中國訪問，並寫了十四行組詩《戰時在中國作》，後來由卞之琳選譯部分發表，這對於中國現代詩壇的影響是可想而知的。王佐良在回

---

① 麥爾科姆・布雷特勃萊（Malcolm Bradbury，1932－ ），詹姆士・麥克法蘭（James Mcfarlane，1920－ ），《現代主義的稱謂和性質》，《現代主義文學研究》（上），中國社會科學出版社，1989年，頁216。
② 王富仁（1941－ ）《中國現代主義文學論》，載《文藝理論》1997年1期，頁158。
③ 杜運燮等編《一個民族已經起來》，南京：江蘇人民出版社，1987年，頁40。
④ 杜運燮等編《豐富和豐富的痛苦》，北京：北京師範大學出版社，1997年，頁3－4。

憶文章寫道："但是我們更喜歡奥登。……（他）寫下了若干首頗令我們心折的十四行詩。"① 兩個著名的西方現代主義詩人來到中國，並把當時在西方世界盛極一時的現代主義詩歌介紹給中國的詩人們，這給四十年代的中國詩壇帶來了重要的影響。

此外，還有中國學者自覺而大力的介紹。在四十年代的衆多文學刊物上，經常刊載翻譯和介紹後期象徵主義詩歌各方面發展的文章。粗略的統計有：杜運燮的《海外文訊》（刊於《明日文藝》第一期，1943.5）分析奥登的"臨床的"詩藝方法，並引入"輕鬆詩"的概念；趙瑞蕻(1915－2005）的《回憶詩人燕卜蓀先生》（刊於《時與潮文藝》一卷二期，1943.5.15）談到艾略特和奥登的現代主義特徵；1944年，吴興華（1921－1966）譯《黎爾克詩選》，由中德學會出版，他又在5卷2期的《中德學誌》上發表論文《黎爾克的詩》。楊周翰的《奥登——詩壇的頑童》（刊於《時與潮文藝》四卷一期，1945.9.15）是較早地系統性地評價奥登的文章；袁水拍(1916－1982）譯史彭德（Stephen Spender，1909－1979）的《反抗中的詩人》、《現代詩歌中的感性》（收入1946年出版的《詩與詩論》）；陳敬容譯史彭德的《近代英國詩一瞥》、里爾克的《少女的祈禱及其他》（五首）（刊於《詩創造》"翻譯專號"，1948.4），里爾克的《詩七章》（刊於《中國新詩》第二集，1948.7）；卞之琳譯奥登詩五首《戰時在中國作》（刊於《中國新詩》第二集，1948.7），袁可嘉《託·斯·艾略特研究》（書評）（刊於天津《大公報·星期文藝》1948.5.23）等等。這些對西方象徵主義的介紹可以理出三種方向。第一種方向是對艾略特以及受艾略特影響在三十年代崛起的奥登、史彭德等英國現代詩人的介紹。第二種方向是對里爾克的介紹。馮至《十四行集》的發表標誌着里爾克對中國影響的真正實績，也從此奠定了里爾克在中國二十世紀四十年代詩歌發展史上的牢固地位。第三種方向是對二十年代以來一再譯介的法國象徵派詩人的重新關注。

2. 創新性的融合

四十年代的中國現代主義詩人們面臨着雙重矛盾：一是新詩的審美本質與社會本質的矛盾，二是新詩的民族化與現代化的矛盾。處在現實危機和文化危機的交織之中，他們清醒而自覺地堅持變革意識，堅持文化結構的多元性和自主性，對詩歌營養的吸收，表現出一種虛心接納，兼收並蓄的開放性和包容性，在繼承中國民族文化傳統的同時，大量接受西方現代主義文化的滲透，因而既創造了把握時代脈動的社會價值，又以創新的現代主義詩藝强化了新詩的審美價值，使社會價值和審美價值達到了完美的統一。這使得四十年代的現代主義詩歌既具有後期象徵主義詩歌的整體特徵，又具有較鮮明的個性特徵。同時，矯正了中國現代主義詩歌在象牙塔裏鳴唱的風貌，從而在中國現代主義詩歌發展史上，超越了以往階段的現代主義詩歌，具有了成熟品質。

中國現代主義詩歌自1925年起，發展到三十年代末，已具備了一定的規模，並取得了一些有突破性的成就。但是，在對中外文學傳統的繼承和創新方面，他們具有一種模式化的弊病，因而中國現代主義詩歌並未得到充分的發展。這種弊病主要表現在：一方面他們囿於當時對現代主義的認識限制，忽略了對文化現代性内核的深切體認和把握，另一方面，他們始終没有爲捍衛現代化方向作出切實有效的富有建設性的努力，因而他們的創作具有一種模仿的空泛性和表面化。四十年代的現代主義詩人們有力地匡正了這種弊病。他們在深刻體認現代主義精神的基礎上，自覺地確定"新詩現代化"的發展方向，在詩歌的思維方式、感覺方式和表達方式上進行了新的成功嘗試，並因這種努力，使中國現代主義詩歌獲得成熟品質。

① 杜運燮等編《一個民族已經起來》，頁2。

二十世紀四十年代中國現代主義詩歌所具有的後期象徵主義詩歌的整體特徵主要體現爲以下三個方面：(一) 堅持現代詩的獨立品格，確定“詩是經驗”的内質。(二) 開拓詩學主題，將自審意識、生命意識和深層心理探索引進中國現代主義詩歌中，從糾結纏繞的矛盾體中，體驗並表達生命的各個側面與内質。(三) 吸收了艾略特的非個人化理論、奥登的自由聯想、里爾克的沉思靜觀、葉芝的象徵和現實的結合等主要的現代主義詩藝方法。但正如王佐良所言：“西歐的現代主義詩歌給中國的詩創作帶來了新風格新音樂，但並不能爲所欲爲，因爲它面對的是處在戰爭與革命的環境裏的中國詩人，他們對未來的公正社會有憧憬，而他們背後則是世界文學裏一個歷史悠長、最有韌力的古典詩歌傳統。”① 詩人、學者、雜文作家樓栖寫道：“生爲中國的作家，生命像行駛在激流中的木船，不在‘政治’和‘生活’的兩個石礁上碰得焦頭爛額，已是一件幸運的事。”② 這從一個側面説明，四十年代的中國現代主義詩人們生活在現實危機和詩歌危機的交織之中，這是有别於西方後期象徵主義詩人們的，他們更多的是哲學危機和詩歌危機的交織。後期象徵主義詩歌具有非理性主義的深厚背景，表現在詩作中的多是一種對宇宙、人生的形而上的思考，甚至是一種超感覺、超現實的具有宗教色彩的哲理顯示。而現實危機和文化危機的交織，使得四十年代的中國詩人在激烈的内心搏鬥和殘酷的現實鬥爭的糾纏中承受撕裂的痛苦，他們没有太多時間和精力作玄學式的思考和冷靜的自省，而是在堅持理性和良心的原則下，將自我投入到現實的巨網上，將個體命運融入民族命運。因而四十年代中國現代主義詩歌力倡象徵、玄學和現實的綜合，現實性是其突出特質。穆旦的《讚美》、《森林之魅》，杜運燮的《滇緬公路》、《追物價的人》，鄭敏的《呵，中國》，唐祈的《女犯監獄》，辛笛的《風景》，杭約赫的《復活的土地》，唐湜的《騷動的城》等等，都是這類現實色彩和政治特徵交織的詩作。卞之琳的《慰勞信集》公開宣稱是響應現實的號召而作，以純粹著稱的馮至的《十四行集》也彌漫着杜甫式的悲天憫人的現實情懷。因爲哲學危機，後期象徵主義詩歌集體呈現了一種喪失終極信仰的悲觀精神，其代表性詩作《荒原》、《杜伊諾哀歌》等等，幾乎是這種悲觀精神的整體顯現。而處在殘酷的現實危機中的中國現代主義詩人却擁有一個不可動搖的情結——對民族未來的堅定信念。穆旦以雄渾的聲音高唱：“我要以一切擁抱你，你，/我到處看見的人民呵，/在耻辱裏生活的人民，佝僂的人民，/我要以帶血的手和你們——擁抱。/因爲一個民族已經起來。”(《讚美》)③ 杜運燮的《滇緬公路》洋溢着一種剛强和豪氣：“放聲歌唱吧，接近勝利的人民，/新的路給我們新的希望。而就是他們，/（還帶着沉重的枷鎖而任人播弄）/給我們明朗的信念，光明閃爍在眼前。”④ 陳敬容寫道：“在不斷的燃燒裏，/我用眼睛，用我的心/向每一個明天望。”(《向明天望》)⑤

二十世紀四十年代中國現代主義詩歌勾畫出中國與西方現代主義的交叠之處，並從多重文化相遇中追溯了這種跨國路線的形成——地區和全球之間的同步性和歷史關聯，勾畫了一個相當複雜的“中國現代主義詩歌”的運行軌道和表述。它有助於考察後期象徵主義作爲一個有着自身衍化的内在規律的文學運動的完整性和沿承性。

由於二十世紀四十年代中國現代主義詩歌和西方現代主義詩歌密切相關，因此，二者之間

① 王佐良（1916－1995）《中國新詩中的現代主義——一個回顧》，載《文藝研究》1983年4期，頁36。

② 姜振昌（1950－ ）等編《破霧與待旦——抗戰和解放戰爭時期國統區雜文選》，北京：文化藝術出版社，1996年，頁233。

③ 李方編《穆旦詩全集》，北京：中國文學出版社，1996年，頁134。

④ 杜運燮、張同道編選《西南聯大現代詩鈔》，北京：中國文學出版社，1997年，頁214。

⑤ 陳敬容（1917－1989）《陳敬容選集》，成都：四川人民出版社，1983年，頁114。

既有相似性也有相異性。當相似性被强調之時，我們認識到一種跨國界的現代主義；這種現代主義爲世界性的現代文化的存在提供了可能性。當相異性被强調之時，中國現代主義詩歌提供了一些不同於西方現代主義的現代性經驗和叙述，而又更加深入自己的現實和傳統，它加入了整個文學的精神循環，但又會獲得它自身不容取代的意義。

上海淪陷時期女作家小説中的文化撞擊

余婉兒

淪陷時期的上海，創作和出版受到嚴密監控，不能寫抗日和宣傳左翼意識形態的作品，主流男性作家紛紛撤離，造就了一個異常的時空，讓一群新進女作家有一展才華的機會。張愛玲(1920－1995)、蘇青（1914－1982)、① 施濟美（1920－1968)、② 潘柳黛（1922－2001)、③ 湯雪華、④ 程育真（1921－?)⑤ 等女作家，就是在主流文學衰弱的文壇冒起，得以嶄露頭角，開展一個特殊的表述世界，發表了一批具時代和地域個性的小説。

女作家小説叙述的現場，主要是中西文化混雜的上海。自 1845 年開始，上海的租界歷史正式開始，外國商人大量來滬經商和移民。外國的器物、制度和文化隨著政治和經濟的侵略進入上海。西方專業知識和人材的移入，使上海在短期内步向現代化，迅速成爲中國迎接歐風美雨的前哨站，一個中西文化交流、衝突和融合的交匯點。本文就以這群女作家於 1942 至 1945 年間，在上海發表的小説作研究對象，⑥ 以文化撞擊爲切入口分析小説文本。文化囊括了整個人類社會生活，包括了人類現實的行爲和構成行爲原因的抽象的價值、信念以及世界觀，⑦ 即人類進行生活和活動的種種類型和形式，他們所創造的物質和精神價值。本文論述時，將從物質和精神等不同方面展示中西文化交流碰撞的情況，整體審視女作家小説所呈現中西文化交鋒後，出現的並置、雜糅、矛盾與交融的思考，並由此體現小説中對精神世界的追求及家國情懷的轉折抒述。

---

① 蘇青，原名馮和儀，蘇青是筆名，另有筆名馮允莊，浙江寧波人。婚後仍繼續在南京中央大學外文系上課，直至懷孕停學。産女受歧視，在《論語》(1935 年 6 月 16 日）發表了一篇《生男與育女》，以後不斷寫作，題材集中在男女、婚姻、家庭、性等話題。

② 施濟美，小名梅子，曾用筆名方洋、梅寄詩等，浙江紹興人。生於北平，十五歲入滬就讀培明女子中學，1939 年考入東吴大學經濟系。1942 年畢業，在上海淪陷艱苦清貧的生活中，仍執著創作，是“東吴女作家”的首要人物。小説多以戀愛爲題材，文筆清麗、情思凄艷，蜚聲當時文壇。

③ 潘柳黛，生於北京旗人家庭，畢業於女子師範學校。十八歲隻身南下在南京報館工作，由繕稿員晉升爲採訪記者，後往日本大阪“每日新聞社”工作十九個月，其後回上海，成爲著名記者。當時與張愛玲、蘇青和關露並稱爲“上海四大女作家”。1950 年往香港，從事電影編劇及電影宣傳工作，最著名的是編《不了情》劇本和插曲。七、八十年代在報章專欄寫作，以“南宫夫人信箱”、“你我她”和“婦人之言”最受讀者喜愛。1992 年移居澳洲，2001 年 10 月 30 日病逝。

④ 湯雪華，原名計中原，後隨養父改名爲湯鍾元，筆名還有湯仙華、中原、張珞等，爲胡山源（1897－1988）寄女，就讀湖郡女校，因東吴大學與湖郡女校同一教會，故與就讀東吴大學的楊琇珍、施濟美、程育真、俞昭明、鄭家瑷等，被稱爲“東吴女作家”。

⑤ 程育真，著名鴛鴦蝴蝶派偵探小説作家程小青（1893－1976）之女，虔誠基督徒，作品常出現有關禮讚宗教和音樂藝術的元素，多寫人類博愛與犧牲的高尚行爲。

⑥ 本論文研究的女作家包括張愛玲、蘇青、施濟美、潘柳黛、程育真、湯雪華、俞昭明、鄭家瑷、汪麗玲、楊琇珍、陳以淡、邢禾麗、張憬、吴克勤、周鍊霞、曾文强、燕雪雯、嚴文娟、李宗善和練元秀 20 位。

⑦ （美）威廉・A・哈維蘭著，瞿鐵鵬、張鈺譯《文化人類學》(上海：上海社會科學院出版社，2006 年)，頁 36。

一、西方文化的並置

1. 物質空間：西化的生活氣息

租界制度的設置，使上海超越中國其他城市，形成了五方匯聚、華洋雜處的國際化背景。羅茲．墨菲（Murphey Rhoads，1919－ ）曾評價上海説：

> 就在這個城市，中國第一次接受和吸收了十九世紀歐洲的涉外法權、炮艦外交、外國租界和侵略精神的經驗教訓。就在這個城市，勝過任何其他地方，理性的、重視法規的、科學的、工業發達的、效率高的、閉關自守的中國——兩種文明走在一起來了。①

由於政治經濟的特殊形勢，上海承接著外國物質、制度上的文明，本土文化與外來文化並存。李歐梵（1942－ ）指上海是充塞著外國貨和外國名字的“勇敢新世界”②。西方文化的痕迹在淪陷時期女作家小説中比比皆是，《聖瓊娜的黄昏》、③《聖保羅教堂的晨鐘》④ 等小説標題已體現了上海西化的風姿。不但人物名字是保羅、⑤ 彼得、⑥ George、⑦ Rebecca，⑧ 貓兒狗兒也有白菩拉、瑪格麗特、⑨ Happy⑩ 等外國名字。小説中插入不少英語詞語：

> 嘹亮的“Commencement Song”激起我們偉大的願望，束起紅緞帶的文憑加給了我們真誠的微笑。⑪
>
> 那是 Traumerei 一支誘人心靈燃人熱情的哀曲。⑫
>
> 現在，他才想起了琪是一個毫無持家經驗的十足道地的 Child-wife。⑬

漢語叙述中混入英語，反映著人物所受的西式教育和語言環境。咖啡是經常出現的飲料，吃的東西是 salad、⑭ soft gingerbread⑮ 等西點。看的書是 *Twenty One-Act Play*、*Thursday Evening*，⑯

① （美）羅兹·墨菲著，上海社會科學院歷史研究所編譯《上海——現代中國的鑰匙》（上海：上海人民出版社，1982 年），頁 1。
② 李歐梵著，毛尖譯《上海摩登》（香港：牛津出版社，2000 年），頁 18。
③ 施濟美《聖瓊娜的黄昏》（1－2，連載），《幸福》，1 年 1 期（1946 年 4 月），頁 86－95；1 年 2 期（1946 年 7 月），頁 89－100。後以篇名《三年》載於《鳳儀園》（上海：上海大衆出版社，1947 年）頁 103－135。
④ 楊琇珍《聖保羅教堂的晨鐘》，《萬象》，2 年 1 期（1942 年 7 月），頁 63－72。
⑤ 施濟美《畢業考試的插曲》，《萬歲》，3 期（1943 年 2 月），頁 7－12，載《鳳儀園》，頁 307－314。
⑥ 程育真《生的禮讚》，《大衆》，1944 年 5 月號，頁 73－76。
⑦ 施濟美《三年》，《鳳儀園》，頁 103－135。
⑧ 程育真《同情》，《大衆》，1944 年 1 月號，頁 81－84。
⑨ 施濟美《十二金釵》，《鳳儀園》，頁 224－279。
⑩ 施濟美《小不點》，《鳳儀園》，頁 56－68。
⑪ 湯雪華《三脚香爐》，《朦朧》（上海：日新出版社，1947 年），頁 13。
⑫ 程育真《夜禱》，《小説月報》，總 27 期，2 卷 5 期（1942 年 12 月），頁 111。
⑬ 邢禾麗《睡蓮》，《萬象》，2 年 3 期（再）（1943 年 1 月），頁 97。
⑭ 鄭家瑷《前夕》，《號角聲裏》（上海：大明書局，1949 年），頁 79。
⑮ 吴克勤《科學夫人》，《萬象》，2 年 1 期（1942 年 7 月），頁 83－89。
⑯ 鄭家瑷《前夕》，《號角聲裏》（上海：大明書局，1949 年），頁 74。

電影是"Gone with the wind"、[①] "魂斷藍橋",唱的歌是"Long long ago",[②] 聽的是貝多芬瓦格涅的交響樂,[③] 説的故事是"沙樂美"、"黛絲姑娘"。[④]

鄭家瑷《逝去的晴天》[⑤] 呈現的法租界,充滿外國情調,主角慶祝聖誕節、舉行西式舞會、演奏西洋樂器,絶對是外國化的生活模式。人物的家居布置也充滿西洋味:

> 屋内是一間華麗的客廳:綉簾,油畫,古瓶,玻璃櫃,蠟燭台……一切的陳設,很有西洋味。[⑥]
>
> 壁爐上放著一本厚厚的聖經,左邊是西式的裝飾品。中間布置最美觀的花綢套的沙發,牆角是一隻新式的鋼琴,琴邊上有一支金黄色的燭架。牆壁上掛滿了基督教的畫片與風景水彩畫,地上鋪著厚厚的毯子。伊請我坐下,又叫傭人送上一杯熱咖啡。[⑦]

咖啡館、牛奶店、電影院、舞場、旅館、百貨公司、車站、車廂等,是小説人物活動的空間。日常約會消閑就是這些西化的消費場所,張愛玲《紅玫瑰與白玫瑰》、[⑧] 《年青的時候》、[⑨] 練元秀《決鬥》[⑩] 等男女主角約會,不是看電影便是到有音樂的西洋茶食店或咖啡館;吴克勤《愛的製造者》[⑪] 的沈先覺失戀,朋友也是帶他往館子喝酒和往戲院看戲解悶;潘柳黛《退職夫人自傳》[⑫] 的柳思瓊,差不多每天在咖啡館喝下午茶,並與後來成爲丈夫的阿乘在此邂逅和約會。

汪麗玲《糜爛》[⑬] 的人物沉醉於舞場的糜爛生活以致荒廢學業,舞場成了不道德和生活墮落的標記。但在《花凋》、[⑭]《結婚十年》、[⑮]《秦湘流》[⑯] 中,舞場只是一般約會的交際場所。潘柳黛的《魅戀》[⑰] 的舞場更深具意味:

> 那時舞池都移置在露天,所謂夜花園的情致確是冶麗的。没有月亮的晚上,四周黑黑的,只有一塊舞池像個盆子一樣給燈光襯託著,人在光亮的盆子裏起舞,很容易使我想起好萊塢歌舞片的豪華鏡頭。[⑱]

小説呈現的舞場,是一個講究情調、充滿光與影的消費空間,是好萊塢歌舞片的模擬,它吸引

---

① 施濟美《野草》,《紫羅蘭》,創刊號(1943 年 4 月),頁 56 - 63。
② 張愛玲《金鎖記》,載金宏達、于青編《張愛玲文集》卷 2(合肥:安徽文藝出版社,1995 年),頁 121;施濟美《南園之戀》,《春秋》,1 年 7 期(1944 年 4 月),頁 122 - 127。
③ 張愛玲《封鎖》,《張愛玲文集》卷 1,頁 100。
④ 施濟美《南園之戀》,《春秋》,1 年 7 期(1944 年 4 月),頁 122 - 127。
⑤ 鄭家瑷《逝去的晴天》,《號角聲裏》,頁 43 - 61。
⑥ 楊琇珍《廬山之霧》,載譚正璧編《當代女作家小説選》(上海:太平書局,1944 年),頁 102。
⑦ 程育真《野眺的收穫》,《樂觀》,10 期(1942 年 2 月),頁 107。
⑧ 張愛玲《紅玫瑰與白玫瑰》,《張愛玲文集》卷 2,頁 125 - 163。
⑨ 張愛玲《年青的時候》,《張愛玲文集》卷 1,頁 121 - 133。
⑩ 練元秀《決鬥》,《紫羅蘭》,5 期(1943 年 8 月),頁 104 - 105。
⑪ 吴克勤《愛的製造者》,《萬歲》,3 期(1943 年 2 月),頁 3 - 6。
⑫ 潘柳黛《退職夫人自傳》(上海:新奇出版社,1949 年)。
⑬ 汪麗玲《糜爛》,《大衆》,1944 年 2 月號(1944 年 2 月),頁 100 - 106。
⑭ 張愛玲《花凋》,《張愛玲文集》卷 1,頁 134 - 150。
⑮ 蘇青《結婚十年》,《蘇青文集》(上海:上海書店出版社,1997 年),上册,頁 141。
⑯ 施濟美《秦湘流》,《鳳儀園》,頁 84 - 95。
⑰ 潘柳黛《魅戀》(1 - 46,連載未完),《力報》,1944 年 10 月 20 日- 11 月 8 日,11 月 14 日- 12 月 10 日,版 3。
⑱ 潘柳黛《魅戀》,《力報》,1944 年 11 月 29 日,頁 3。

人的地方就是這種與世界接軌，來自西方的想像。真實的舞場與虛構的好萊塢，體現了人物的生活與電影的影像互爲鏡像的關係，現實的與電影虛構的生活混在一起。張愛玲喜歡把現實人物和虛擬的電影人生互相指涉，《多少恨》① 的女主角虞家茵出場時是在電影院前等候朋友，暗示了小說人物的命運，利用電影與現實生活的真僞虛擬，使小說想像的空間擴大。張愛玲小說與電影的關係，如蒙太奇的剪接手法、景物的取角、色彩的運用等，1943 年傅雷（1908－1966）的評論已開始分析，② 當代李歐梵、吴福輝等也曾有具體的論述。③

電影在女作家筆下實是一道亮麗風景，它固是人物消閑的方式，小說更探索了電影與人物不同面向的關係。張憬《原野的靈火》④ 中，惠女士看完“魂斷藍橋”，腦海中就盤旋著對電影內容、情節和人物性格的評議，她對電影的批判，不但表現了她的性格和心理特徵，電影更成爲她的啓導者。她從電影的分析和反思的過程中，發現自已具有超越他人的智慧和思想深度，“有了一種人生至高的哲學”，⑤ 這成了她其後主導、操控李哲情感的鋪墊。這敘述展示了電影在消閑生活以外的位置，它能與人建立對話溝通關係，不但以友善、世俗的方式提供精神上的娱樂消閑，且能鍛煉人物的思維，給人物提供了批判觀照的參照系。潘柳黛《退職夫人自傳》也透露了電影對真實生活的影響，阿乘模仿電影的情節，不斷以精神操縱的方式折磨、虐待妻子思瓊。

在女作家筆下植滿斑駁的西化痕迹，畫面上除了器物外，外國人也成了小說塑造異國風貌的裝飾品：

> 飯店的茶座上，只有三五個顧客談天。靠門的地方，坐著一個中年的西洋女人吃麵條。⑥
>
> 這個花園裏好像没有人居住著，只見那個中年的印度守門人，常在側門内進出，守門的妻子是個高大的黑婆子，永遠披著泛了色的長紗巾。⑦

從這些片斷可見，《陰暗之窗》高度集中繪製了上海華洋雲集和移民麕聚的城市藍圖。小說中“我”應好友麗泰之邀，從北方來到她座落在上海法租界的家，那裏可以看到印度的守門人、難相處的猶太人、歐籍的鋼琴教授、廣東人，這些全非“本土”人士，簡直是一個人種陳列館，展露了上海移民城市的本色，突顯了不同文化並置的狀態。

城市象徵了西方文明，居住在城市的人因“流動”的特性而有機會聚在一起，彼此没有宗族的血緣關係，往往是一種偶然的相遇。女作家的小說展現了都市這種偶然性，許多故事就在

---

① 張愛玲《多少恨》，《張愛玲文集》卷 2，頁 265。

② 傅雷以“迅雨”的筆名於 1944 年 5 月《萬象》雜誌上發表《論張愛玲的小說》，論及《金鎖記》用了“節略法”，就是“電影的手法：空間與時間，模模糊糊淡下去了，又隱隱約約浮上來了”。參考傅雷《論張愛玲的小說》，載靜思編《張愛玲與蘇青》，頁 168－169。

③ 李歐梵《不了情——張愛玲和電影》，載楊澤編《閱讀張愛玲國際研討會論文集》（臺北：麥田出版股份有限公司，1999 年），頁 367；有關張愛玲小說與電影的關係，尚可參考 Lee, Leo Ou-fan, “Eileen Chang and Cinema”, *Journal of Modern Literature in Chinese*, Vol. 2 No. 2 (Jan., 1999), pp. 37－60。吴福輝曾就張愛玲的《傳奇》作抽樣調查，發現就是其中 16 段文字已有 91 處用了有色彩的詞匯，可見其色彩運用之頻繁。參考吴福輝《新市民傳奇：海派小說文體與大衆文化姿態》，《東方論壇》，1994 年 4 期（1994 年），頁 9－10。

④ 張憬《原野的靈火》，《當代女作家小說選》，頁 295－318。

⑤ 同上注，頁 297。

⑥ 鄭家瑷《陰暗之窗》，《號角聲裏》，頁 105。

⑦ 同上注，頁 89。

移動和流動的空間中發生。練元秀的《紫》、① 程育真的《夢痕》② 寫男女偶遇引起了才子佳人的遺憾。邢禾麗《歧途》③ 中男女情感的開始是在公共汽車站。施濟美《雨》④ 中的徐遠聲是在車站偶遇惠蝶而暗生情愫。這些故事都是以車站爲場景，車站是由一個空間前往另一個空間的起點，是流動不居的都市特徵。李宗善的《喜相逢》⑤ 寫故人的街頭重逢，深具都市氣息。"連著一個星期我幾乎每天遇見那個行人"，⑥ 李栩在每天上班的途中重遇小學同學文遠傑，她在這交遇上追憶失去的童年和友情。小説表達了忙碌的都市生活中記憶的遺忘，"大都市間一日的周轉廝混，早又將那偶然飄起的懷念趕得乾乾淨淨，一日平凡的生活又匆匆地過去了"。⑦ 都市高速的生活節奏、忙碌的活動、巨大的流動性，跟鄉間那種世世代代與同一群人同處一隅的生活模式極度不同。在程育真《無意的邂逅》⑧ 中，車廂的偶然邂逅引致鄭琪對陌生少女的迷戀、追尋，以致失落。他與少女無數次擦身而過，却無緣相交，這種緣分的作弄，瀰漫著都市裏人心疏離的遺憾，流露了人與人間的鴻溝難以逾越的嘆惜。這些書寫展現了都市流浪者和邂逅事件，使小説具有西方都市的精神面貌。

2. 精神空間：基督教文化的渲染

女作家小説中有關基督教元素的展陳非常突出，成爲小説的特殊風景。基督教信仰是西方文化傳統重要的組成部分，它在四十年代的上海已經發展多年，建立了穩健基礎。上海女作家大部分接受過基督教學校的教育，或身爲基督徒。⑨ 她們的小説文本呈現了基督教的氣息，在四十年代烽烟處處、精神疲累、物質供應緊張、生活艱苦、物欲横流中開闢了一個寧靜的角落。其中程育真、楊琇珍、湯雪華、施濟美的小説表述的基督教色彩最濃。

滲透在小説的基督教元素和材料，展現了不同姿態和含義。有營造氣氛、塑造人物的，也有些指向一種理想境界的追求，顯示了宗教作爲抗拒凡塵俗世的利器的意義。

(1) 基督教元素的運用：神聖氛圍的塑造

程育真、楊琇珍等作家的小説，每每把基督教的人文景觀作爲客觀的文化現象去表達。小説中出現的教堂、十字架、基督教題材的繪畫和相片等等意象，塑造了一種神聖的氛圍。除了視覺的形象外，特别偏向强調聽覺的觸感刺激，那教堂的鐘聲、聖歌、聖樂，構築了一個超乎世俗的神靈境界，讓人對宗教產生嚮往和感悟。人物就在這種超凡脱俗的氣氛下展開活動，呼應著美善、真誠、高潔等形象的塑造，那些有異於凡塵俗世的言行便具有説服力，增加小説感染和動人的力量。

邢禾麗《空課》⑩ 的學院校園内有"十九世紀英國式赤色尖頂的教堂，屹立在寬曠的草坪中央"，⑪ 交代了人物富宗教氣息的生長環境。"緋色的晚霞斜抹在黯藍色教堂的背後，鑲金的十字

---

① 練元秀《紫》(上、下，連載)，《紫羅蘭》，11 期 (1944 年 2 月)，頁 107 - 117；12 期 (1944 年 4 月)，頁 115 - 125。
② 程育真《夢痕》，《潮流叢刊》，創刊號 1 號 (1944 年 6 月)，頁 25 - 31。
③ 邢禾麗《歧途》，《萬象》，1 年 9 期 (1942 年 3 月)，頁 195 - 200。
④ 施濟美 (發表時以"方洋"爲作者名)《雨》(未完)，《今日婦女》，創刊號 (1946 年 4 月)，頁 23 - 27。
⑤ 李宗善《喜相逢》，《大衆》，1945 年 7 月號 (1945 年 7 月)，頁 30 - 33。
⑥ 同上注，頁 30。
⑦ 同上注。
⑧ 程育真《無意的邂逅》，《中藝》，3 期 (1943 年 4 月)，頁 46 - 48。
⑨ 女作家與基督教有不同的關係，施濟美、楊琇珍、程育真、俞昭明、鄭家瑷、邢禾麗等曾就讀東吴大學，張愛玲就讀於聖瑪麗書院，東吴大學、聖瑪麗書院都是教會主辦的學校。湯雪華的養父是牧師，程育真更是虔誠的基督教徒。參考陳青生《年輪：四十年代後半期的上海文學》(上海：上海人民出版社，2002 年)；胡山源《文壇管窺——和我有過來往的文人》(上海：上海古籍出版社，2000 年)，頁 259 - 270；陶嵐影《閑話小姐作家》，《春秋》1 卷 8 期 (1944 年 3 月)，頁 100。
⑩ 邢禾麗《空課》，《萬象》，1 年 11 期 (1942 年 9 月)，頁 138 - 141。
⑪ 同上注，頁 138。

架正浴在殷紅的光輝中，反映出絢爛的色彩”,① 程育真《星星之火》就在瀰漫著聖潔色澤的氣氛中展開叙述。實際上，小説描述的只是一個欠缺互信，因誤解造成的不完滿的愛情故事。除了教堂的取景外，小説内容與宗教没有任何關係，作家却有意在場景設計上爲小説髹上基督教色澤。小説人物浩然和逸雲的琴聲伴隨教堂的剪影出現，描寫浩然彈出的琴音也跟基督教扯上關係，反覆把樂聲描述爲“像教堂裏連續擊打的曉鐘”,② 可見程育真在創作時對於基督教文化表述的心理傾向。

張愛玲的作品少有宗教意味，然而也喜用基督教的事物作喻象，如“聖母像裏的金黄”、③“耶教徒式的愉悦”、④“她温柔的頭髮聖母似地垂在臉上”、⑤“似乎都不在上帝心上，只是耳旁風”。⑥ 張愛玲在《殷寶灔送花樓會》中利用“遠近的禮拜堂裏敲著昏昏的鐘”⑦ 反照了寶灔的内心世界，展示了寶灔相信自己可以跟老師羅潛之繼續維持精神上的戀愛，以她的魅力去拯救那沉淪的男子。這個有禮拜堂、有鐘聲的神聖場所，實是她内心的鏡象，此刻她對自己的人格表現了一種跋扈的自信。鄭家瑷《逝去的晴天》也是以“山崗上隱隱傳來夜禱的鐘聲”⑧ 去襯託一個爲他人犧牲的愛情悲劇。宗教色彩的殖入，使人物沾上了聖潔的光華。

《聖歌》中，“夏静雲望着臺上的鏡架，一張耶穌在客西馬尼山祈禱的照相，手腕靈活地寫好一封不使崇宣失望的回信”,⑨ 基督畫像在這裏象徵了支援、愛心和智慧，是静雲傳播關愛的力量。《夜禱》中，“少女静默在燭光前合掌夜禱”⑩ 的照片，提醒她須擺脱情欲的困擾，避免破壞他人家庭的幸福。莊嚴神聖的畫像扮演了道德提醒者的角色，宗教産生了强烈的道德力量，發揮著挽救人性沉淪的威力。

除了鋪排和拼貼基督教象徵形象外，作家更會直接從基督教信仰中取材，運用了聖經的詞彙和典故，例如《三脚香爐》的“我彷彿亞當夏娃偷吃了生命的禁果，被上帝從可愛的‘伊甸園’中逐出來了!”⑪ 湯雪華以聖經故事典故作喻體，表述了生命中不同階段的遭遇，人物的遭際抹上一層宗教想像，使“我”負載的生活和情感擔子變得更沉重和絶望。程育真《贖罪記》⑫ 重寫《新約聖經》中耶穌的犧牲和救贖過程，以文學化的手段重演基督的故事，是一種直接傳播基督教信息的策略。比較《贖罪記》與《新約聖經》的内容，小説删削了十二門徒中的猶大出賣耶穌的不義部分，只寫了耶穌愛世人的行事和犧牲。這是極有意味的省略，反映了作家在取材上棄惡揚善的刻意安排。另如《亞當的子孫》、⑬《創世紀》⑭ 運用聖經的詞彙作篇名，《聖保羅教堂的晨鐘》、《聖母曲》⑮ 明顯以基督教的符號命名。這都清晰地展現了基督教文化在小説

① 程育真《星星之火》,《萬象》,1年11期(1942年5月),頁109。
② 同上注，頁110。小説其他地方仍不時提及“像教堂的曉鐘”(頁114)。
③ 張愛玲《年青的時候》,《張愛玲文集》卷2,頁123。
④ 張愛玲《花凋》,《張愛玲文集》卷1,頁144。
⑤ 張愛玲《殷寶灔送花樓會》,《張愛玲文集》卷1,頁157。
⑥ 張愛玲《桂花蒸阿小悲秋》,《張愛玲文集》卷1,頁174。
⑦ 張愛玲《殷寶灔送花樓會》,《張愛玲文集》卷1,頁158。
⑧ 鄭家瑷《逝去的晴天》,《號角聲裏》,頁46。
⑨ 程育真《聖歌》,《小説月報》,總30期,3卷6期(1943年3月),頁87。
⑩ 程育真《夜禱》,《小説月報》,總27期,3卷3期(1942年12月),頁116。
⑪ 湯雪華《三脚香爐》,《朦朧》(上海：日新出版社，1947年),頁15。
⑫ 程育真《贖罪記》,《小説月報》,總32期，5月號(1943年5月),頁78-83。
⑬ 湯雪華《亞當的子孫》(1-6,連載),《紫羅蘭》,13期(1944年5月),頁155-167;14期(1944年6月),頁157-168;15期(1944年8月),頁110-119;16期(1944年9月),頁107-119;17期(1944年11月),頁111-120;18期(1945年3月),頁108-120。
⑭ 張愛玲《創世紀》,《張愛玲文集》卷2,頁221-264。
⑮ 程育真《聖母曲》,《小説月報》,總17期，2卷5號(1942年2月),頁104-108。

中的痕迹，小説也由此增加了弦外之音，並透視了西方宗教知識和信仰，對作家在思想意識和創作構思上具不同程度的影響。

(2) 基督教精神的禮讚

《聖歌》、《遺憾》① 等小説，借助牧師或傳道人的講道，直接傳遞基督教義理。這類小説傳教意味太濃、表達方式過於直接，不耐咀嚼。另有一些以文學形象塑造表現基督教情懷的作品較耐人尋味，主要從人物的具體行動和人生況味去體現基督教的精神。《同情》② 展現了百特利孤兒院院長林道亮牧師和妻子義人的行爲。《生的禮讚》③ 透過牧師兒子捨己救人的精神呈現了"生的真諦，生的意義"，由兒子身體力行，真正完成了牧師口傳"因信稱義"的義理，並讓牧師重新思考和體認基督信仰的真義。

施濟美《愛的勝利》描述大衛犧牲自己，救活一個對父親及自己充滿宿恨的好朋友的故事，表達了愛可以化解和消弭仇恨。小説描述受重傷的德禄出場時，各人都圍在他身旁，爲他的傷勢焦慮，其中就有大衛，當時"他像一個悲天憫人的傳教士一樣"，④ 體弱的大衛爲化解仇恨，願意輸血給德禄，最後因而離世。爲了愛，大衛甘願奉獻自己的一切，以具體實際的犧牲行爲完成了一次人格完善的旅程，充分體現了基督愛的行爲。

女作家小説以愛情爲主要書寫内容，特多犧牲模式的愛情，燕雪雯《海上的孤帆》、⑤ 施濟美《悲劇和喜劇》⑥ 寫的都是爲成全一個親愛的人而放棄個人愛情的故事。這種放棄，固有犧牲成分，但還只是停留在俗世層面的考慮。其中有些小説借助世俗的愛情模式追尋超乎世俗的情感，表現了濃厚的宗教情愫。小説所强調的犧牲，不是因爲親情或工作需要。《三年》寫的雖也是犧牲調子的愛情，塑造的人物形象却刻意傳達其基督教況味，"她聖母型的臉上有著不可思議的表情"⑦ 是對司徒藍蝶的描寫，她不僅有"聖母型"的外觀，她以後的行事確能體現出聖母的犧牲和博愛精神。爲了成全病重的黎萼的愛情，她樂意捨棄與柳翔的關係，並背上忘情負義之名。將愛化爲一種超越世俗關係的愛，體現了男女之愛、親情之愛都是偏狹的，以博愛精神傳播愛意，締造真善美的世界。這些具有宗教品格的女性，抹掉了社會功利色調，超越情欲樊籬，有濃重的犧牲和獻身意味。

女作家對宗教情愫孜孜不倦的表達，固然基於個人信仰或基督教教育背景，實也與她們對塵世的體察相關。小説展露了一個充滿各種罪惡、個人欲望横流和人性軟弱的空間，基督教的精神成爲擺脱和抗拒人間俗世罪惡的力量和聲音。

> 粉紅色的信紙，嬌羞的粉臉，迷惑的媚眼，情欲的誘，在沙侖心中撒下了罪惡的種子，他忘記了自己是個教徒。⑧

這是一個物欲横流、人性墮落的罪惡世界。程育真《音樂家的悲歌》中，身爲基督徒的音樂家麥沙侖，本有美好幸福的家庭，但在名成利就時，受到鋪天蓋地而來的情欲誘惑而失陷，最後

① 程育真《遺憾》，《紫羅蘭》，2 期（1943 年 5 月），頁 81－88。
② 程育真《同情》，《大衆》，1944 年 1 月號（1944 年 1 月），頁 81－84。
③ 程育真《生的禮讚》，《大衆》，1944 年 5 月號（1944 年 5 月），頁 73－76。
④ 施濟美《愛的勝利》，《鳳儀園》，頁 21。
⑤ 燕雪雯《海上的孤帆》，《當代女作家小説選》，頁 319－338。
⑥ 施濟美《悲劇和喜劇》，《鳳儀園》，頁 188－202。
⑦ 施濟美《三年》，《鳳儀園》，頁 111。
⑧ 程育真《音樂家的悲歌》，《當代女作家小説選》，頁 144。

他抛棄妻兒，突然失蹤，過著沉淪流浪的日子。而兒子歐文，能堅守聖潔的生活，終於成爲一個出色的音樂家，與沙侖的生命形成强烈的對比。

欲望不但戕害人的生命，也使人心靈受創。《笑》[1] 中年輕的丹珊，内心充滿怨懟和憤恨，失去歡樂和笑容，"覺得這個世界没有真正的愛，没有情義；人心變得兇惡；社會日趨墮落"、"貪愛錢財用不正當的行爲去破壞大衆的幸福"。[2] 無論是自然美景、藝術和人間情愛，皆不能治癒她嚴重的精神創傷，她對人完全失去信心，只祈求神的重罰早臨人世。後來繪畫老師不斷以基督信仰啓迪她，並爲她畫了一幅有笑容的畫像，使她從畫像中感受到聖經上所説的"黑夜已深，白晝將至"的情景，她開始相信她會重展笑顔，内心的傷痕因而逐漸消失。小説明顯地指出救贖的希望不能在凡塵中找尋，拯救人心和精神的力量來自宗教，只有信仰才可以令人物重拾在極度失望中失去的快樂和希望，重塑青春的人生和美好的世界。

基督教在中國傳遞了崇高的犧牲、偉大的寬恕和平等博愛的精神，[3] 程育真、施濟美等女作家利用基督教精神轉化和升華人性，表達了永恒的愛情。小説傳達了宗教的慰藉和道德意義，並讓人物超越世俗的誘惑，實現對生命的救贖。小説中有關拯救意義的表述較深入地書寫了宗教的精神意藴，在硝烟迷漫、人心虚僞險惡、人性軟弱墮落的困境中，人物面對不可預知的未來無所適從，作家强調一種精神的救援和追求，爲人性開拓了一方淨土，雖並非關注到生命彼岸的問題，却期望以宗教去安撫現世的苦難人生，是對浮華世界的一種抗拒。

二、異質文化的碰撞

女作家小説呈現了一個吸納了許多西方事物的世界，但欠缺選擇的吸收，不一定是健康的發展，小説除寫了西方文化進入了人物生活和信仰外，也展示了中西文化的生硬拼湊、不和諧的景象，並對中西異質文化撞擊時出現的誤讀、矛盾、共融等作不同思考。

1. 文化誤讀

張愛玲小説突出表現了中西文化混雜的荒誕，《沉香屑　第一爐香》中梁太太的大屋在立體化的西式布置中保留著中國特色：

> 有幾件雅俗共賞的中國擺設，爐台上陳列著翡翠鼻烟壺與象牙觀音像，沙發前圍著斑竹小屏風，可是這一點東方色彩的存在，顯然是看在外國朋友們的面上。英國人老遠的來看看中國，不能不給點中國給他們瞧瞧。[4]

中西混雜的事物是刻意保留的結果，《鴻鸞禧》[5] 的婚禮大堂，在西式的廳堂中布滿了中國的擺設，"廣大的廳堂裏立著朱紅大柱，盤著青緑的龍；黑玻璃壁龕裏坐著的小金佛，外國老太太的東方，全部在這裏了"。[6] 潘柳黛的《魅戀》，也表達了中國傳統是擺出來給洋人看的觀念，"西

---

① 程育真《笑》，《紫羅蘭》，7 期（1943 年 10 月），頁 62 - 67。
② 同上注，頁 66。
③ 許正林《中國現代文學與基督教文化》，《文學評論》，1999 年 2 期（1999 年 3 月），頁 124。
④ 張愛玲《第一爐香》，《張愛玲文集》卷 2，頁 2。
⑤ 張愛玲《鴻鸞禧》，《張愛玲文集》卷 1，頁 213 - 225。
⑥ 同上注，頁 222。

洋人到上海來，在郵船中已神往於南屋的古趣——是古中國特有的一種典雅的趣味”。[①] 作家洞察了中西器物的混雜世界，實出於不同文化間彼此的獵奇貪新。《桂花蒸　阿小悲秋》中外國人哥兒達的房間雜亂無章地充塞著中國的枝枝葉葉，人物日常生活的空間填充著中西文化元素相互摻雜的元素。[②] 所謂的東方色彩，是西方人眼中的形象，作家在敘述過程中不無揶揄，這類中西並置是一些不倫不類的組合，不能體現真正的文化精神和神髓。

趨騖外國文化成爲時尚，張愛玲《封鎖》的吴翠遠“聽無線電向來不聽申曲滑稽京戲甚麽的，而專聽貝多芬瓦格涅的交響樂，聽不懂也要聽”，[③] 她因没有留洋而受同事和學生輕視；《琉璃瓦》[④] 的琤琤嫌未婚夫不是留洋的；這都是弱小民族的自卑心理作祟所造成的價值觀混亂的反映。《自高與自卑》透過對比表達了這現象，育真接到外國人麗培珈的名片後，會“滿不在乎地把卡片向袋中一塞”，[⑤] 對她而言，“識得一個異國女郎並非是一件榮幸得了不得的事”，[⑥] 顯示她對華人洋人一視同仁的態度，但同事殷菁却羨慕她能輕易地認識到外國朋友。在華洋混雜的上海，這種崇洋的心理比比皆是，媚外崇洋是一種極端的文化誤讀。寫得最誇張的是《瑪莉馬》，[⑦] 施濟美以調侃的筆調，把那種盲目崇洋的行徑挖挑出來，充滿漫畫意味：

> 瑪莉馬對於外國的一切，不止是迷信，簡直熱戀，瘋狂的熱戀，“月亮是外國的好”，固然是天經地義，其實就連灰塵和螞蟻在瑪莉馬的心目中也是舶來品勝似國貨。[⑧]

人物往往不斷以認同西方來標誌個人的新派身份，完全否定了本身的文化。

《年青的時候》的潘汝良厭惡中國式的東西，父親飯後吃油炸花生下酒、母親聽紹興戲、庸脂俗粉的姐姐與一群髒而慵懶的弟妹都令他厭惡。他認爲喝酒要在高尚的酒吧中，他不喜歡紹興戲，他喜歡明朗、輕快的爵士樂。紹興戲代表的是中國過去、安穩的世界，咖啡、爵士樂代表西方健康、科學、光亮的文明世界。他學醫是因爲那些明亮的儀器使他有西化、科學而没有中國的感覺。他對屬於傳統的、中國的一切皆反感，對現代的、西方的則傾慕，他想像的西方世界是爍亮文明的，“他所認識的外國人是電影明星與香烟廣告俊俏大方的模特兒”，[⑨] 後來他遇上俄國女子沁西亞，認爲自己愛上了她，凡此種種，就是出於他對西方世界盲目的想像和崇拜。他希望透過學醫、認識沁西亞等方式，與過去的世界劃清界線，期待著未來的是一個與傳統毫不相干的空間。其後，他在真正的、有血有肉的沁西亞身上，看到外國的“真相”，原來西方也可能是骯髒、落後、陰暗的，[⑩] 並不是他想像的那回事，他隱隱然發現了自己對外國的誤解。其實對外國的錯誤理解是因爲潘汝良從一個虛擬的世界開始，他心目中的西方和文明是由廣告、電影中來，人物生活在一個文化虛擬的現代化世界中，就易被這些虛構的文化訊息誤導。從另一個角度看，他後來從沁西亞身上發現的真相也不是西方的全部。這足以反映在中西文化交匯

---

① 潘柳黛《魅戀》(1-46，連載未完)，《力報》，1944年10月20日-11月8日，11月14日-12月10日，頁3。
② 張愛玲《桂花蒸阿小悲秋》，《張愛玲文集》卷1，頁180。
③ 張愛玲《封鎖》，《張愛玲文集》卷1，頁100。
④ 張愛玲《琉璃瓦》，《張愛玲文集》卷1，頁109。
⑤ 程育真《自高與自卑》，《紫羅蘭》，9期(1943年12月)，頁64。
⑥ 同上注。
⑦ 施濟美《瑪莉馬》，《鳳儀園》，頁180-187。
⑧ 同上注，頁185。
⑨ 張愛玲《年青的時候》，《張愛玲文集》卷1，頁121。
⑩ 對潘汝良而言，沁西亞可説是西方的代表，但其後他對西方的想像却在沁西亞身上漸漸破滅，令他不忍再去接觸。這可由潘汝良在沁西亞的婚禮及後來他去探訪患病的她時的觀察，去印證他對“西方”真相的前後不同的理解。

的上海，由於認識事物的渠道片面化，出現了多重文化誤讀的情況。這些有關西方世界認識的叙述，深入反映了中西文化的矛盾。

2. 異質文化矛盾、衝突與共融

小説的西方人物形象，除了讓場景具外國化元素點綴外，也成爲小説表達文化碰撞的展示場。外國人、混血兒的出現，不僅爲小説的背景抹上異域色彩，他們對小説的推進産生特定意義。部分小説更以外國人、混血兒爲書寫主體，明顯反映了外國人的形象已真正進入作家的視野，並參與小説的創作和上海的書寫，這是較深層體現中西文化混雜的現象。小説中出現了不少混血兒、旅居中國的外國人、受外國教育的中國人，這些人物都是邊緣人，不受一元化的傳統禮教限制和束縛，讓小説突破一元化的觀察視點，具邊緣思考的特色，這正是文化碰撞的表現。

張愛玲《紅玫瑰與白玫瑰》中的艾許太太本"是英國人，嫁了個雜種人，因此處處留心，英國得格外道地"，[①] 小説透過佟振保的觀點傳達了雜種外國人的悲哀，他們的混雜文化讓他們不能理直氣壯地在本國或中國生存。在振保面前，艾許太太可以外國人優越種族的身份自居，但她的配偶是一個雜種英國人，姻親血裔的不純粹，影響了她的社會和國際位置。她的女兒更因混血兒的邊緣身份變得處境尷尬和難堪。振保指她是"地位全然没有準的雜種姑娘"，[②] 在擇偶上較一般人困難。"振保對於雜種姑娘本來比較有研究"，[③] 其實有研究的不是振保而是張愛玲。張愛玲許多小説都顯示了她對血裔上的混血兒或文化上的混血兒的探究興趣，除了《紅玫瑰與白玫瑰》外，在《沉香屑　第一爐香》、《傾城之戀》、《連環套》[④] 中，張愛玲都特别染筆寫混血兒的尷尬處境，使混血人物成爲文化衝突或碰撞的典型場所，透過這些人物，更能反映文化混雜的情境，藉此探討了文化身份認同的危機和文化衝突。

《沉香屑　第一爐香》中的喬其喬就是一個宗譜極爲複雜的混血兒，他的同母異父妹妹吉婕指他"雜種的男孩子們，再好的也是脾氣有點陰沉沉，帶點丫頭氣"，[⑤] 他難以確定自己的文化身份。吉婕向女主角薇龍透露了自己的處境：

> 我自己也是雜種人，我就吃了這個苦。你看，我們的可能的對象全是些雜種的男孩子。中國人不行，因爲我們受的外國式教育，跟純粹的中國人攙不來。外國人也不行！這兒的白種人哪一個不是種族觀念極深的？這就使他本人肯了，他們的社會也不答應。誰娶了個東方人，這一輩子的事業就完了。[⑥]

小説透過吉婕的自白，清楚交代了混血兒在華洋雜處的社會中文化身份混雜和邊緣化處境，身上存在著來自不同文化的矛盾，任何一種文化都難以認同。"雜種人"[⑦] 無根的悲哀，使喬琪喬、范柳原的情欲路途變得異常和崎嶇。《傾城之戀》的范柳原以華僑身份在外國生活了多年，無根的流浪使他放浪形骸，轉而對中國文化萌生一份戀戀不捨之情，所以欲在中國化的白流蘇身上

① 張愛玲《紅玫瑰與白玫瑰》，《張愛玲文集》卷2，頁145。
② 同上注，頁146。
③ 同上注，頁145。
④ 張愛玲《連環套》，《張愛玲文集》卷2，頁164－220。
⑤ 張愛玲《第一爐香》，《張愛玲文集》卷2，頁25。
⑥ 同上注。
⑦ 這裏指的"雜種人"包括血裔上和文化上的混血兒，除一般種族意義的混血兒外，受異國文化教育的中國人、旅居中國的外國人也可歸作這一類。

尋找圓夢的可能，由此掀起一場劇烈的情感之爭。在柳原和流蘇身上，正展示了中西文化的直接撞擊。柳原在英國成長，深受西方文化影響，在他身上負載的是不斷求變的西方文化思想，他重視的是戀愛而不是婚姻，故他只想過與流蘇姘居。而流蘇生活在中國傳統家族文化中，她追求的是安穩的家庭生活，對她而言，只有家庭而沒有愛情的觀念，故柳原明確的指斥她是“以爲婚姻就是長期的賣淫”。[①] 他期望從流蘇身上得到的是“真心”，然而流蘇只是想在柳原身上得到日後生活的依靠。他們的矛盾就在此，柳原不會那麽糊塗，“花了錢娶一個對我毫無感情的人來管束我”，[②] 在柳原和流蘇的婚戀觀上，充分顯示了中西文化不變與變、靜與動的兩種不同特性。

除了混血兒成爲作家探討文化衝突的展示場外，車站、車廂也是文化交流的一個展示場。在《自高與自卑》程育真突顯了種族的衝突，寫了中國人與外國人在日常生活接觸時産生的磨擦：

> 正當車子駛近時，忽然從我背後擠出一個身體很肥胖的外國太太；瞧出她的測度程度也不下於我。
>
> 車子正好停在我面前，照理我是站在門前的第一個，可是外國老太無禮地用力軋到我面前。我不作聲，等到賣票在打開門的一剎那，我有意用足踏在老太太的足尖上。[③]

女性叙述者（育真）與外國老太太爭上車，她的無禮和粗暴，可以視爲對外國人歧視和自負自高的態度的不滿和反抗，是叙述者面對外國人輕蔑、侮慢的仇視、抗議的心態和行爲。車廂裏，坐在育真身旁的外國女子麗培珈利用黑眼鏡的玻璃倒影化妝，又向育真借鏡子，育真認爲“外國人真怪相”。[④] 其後，麗培珈主動結識坐在身旁的育真，並邀請育真到她家探訪。她應邀探訪剛相識的外國女友麗培珈，遭到麗培珈丈夫奥倫傲慢的對待，她以她鋭利的辭鋒挫折這個外國人的鋭氣，使他隱隱然受辱，這是一次種族角力。麗培珈邀請她再訪時，她想到的是“忍耐一次已經够受了。誰希罕這種外國朋友?”[⑤] 育真意識到國家荏弱所受的種族壓迫，她深深地感到所受的恥辱和歧視，她唯一的反抗行爲就是以個人的力量向一個“强者”報復，以口舌的針鋒相對挫洋人鋭氣。這個呈强的過程看來可笑和幼稚，然而也反映了一般市民對外國人的仇視態度，這種文化的衝突是直接而裸露的。

車廂是一個移動的空間，乘客利用它可以由一個地點到達另一個地點，可説是不同空間中的空間，正是一個“溝通”和“交流”的工具，有過渡、暫時性和偶然性的特質。另一方面，電車、汽車、火車是現代化的交通工具，代表了文明、進步，是西方的産物，代表了西方，故車廂可視爲一個文化交流的場域。中國人身份的叙述者育真與外國女子麗培珈在車廂的偶遇，可以作爲一個文化交流和碰撞的想像。特别是在上車前育真與外國太太爭執的情節，更落實了小説對文化對峙的思考。車廂成了一個文化思考的空間，具有交流和反思的隱喻意義。

文化不能真正的交媾，往往是由於誤解造成。中西的角力在《桂花蒸　阿小悲秋》的哥兒達和阿小之間變成一種對峙關係，表達了彼此的誤解。哥兒達總是懷疑阿小佔他的便宜，以猜

---

① 張愛玲《傾城之戀》，《張愛玲文集》卷 2，頁 72。
② 同上注。
③ 程育真《自高與自卑》，《紫羅蘭》，9 期（1943 年 12 月），頁 62。
④ 同上注，頁 63。
⑤ 同上注，頁 71。

疑的眼光去觀察阿小，懷疑她工作偷懶，懷疑她私自取用他的東西。而阿小以中國傭人的身份透視一個外國僱主的小奸小壞、骯髒和行爲不檢的古怪可笑，她向同鄉小姊妹評點他言行的不是，並深切地瞭解到外國人的處境，知道他在上海取得的社會和工作位置遠比他在外國優勝。阿小就以一種隱私揭露和論述的方式挑戰哥兒達對她的懷疑，在阿小的言説中，暴露了哥兒達的猥褻和卑微，剥奪了他作爲西方人，更是西方人僱主的尊嚴。

小説關注外國人身處中國土地上所體現的邊緣身份，也是作家對西方的一種解讀和想像，甚至有挑戰成分。《年青的時候》叙述了爲戀愛而戀愛，爲結婚而結婚的悲哀。漂亮的俄國女子沁西亞要在上海找一個俄國人結婚，她只能找到一個“俄國下級巡官”，一個“浮躁的黄頭髮小伙子”,[①] 她再没有更好的機會。《連環套》寫霓喜先後遇上印度人雅赫雅．倫姆健和美國人湯姆生的故事，固然是女性的流浪悲劇，但也可看作是異族交往的故事，在這個叙述中，張愛玲把外國人的神秘和神聖剥奪，顯露了他們猥瑣和卑下的人格。

小説以不同方式挑戰西方的文明，訕笑西洋文化。對基督教人事的揶揄和嘲諷是其中一種方式。《沉香屑　第一爐香》的梁太太得知微龍已成爲她“弄人”工具後，她“彎下腰來，鄭重地在薇龍的額角上吻了一下，便走出去了。她這個充滿天主教的戲劇化氣氛的舉動，似乎没有給予薇龍任何影響”。[②] 本來這個宗教中親吻的儀式代表關愛、代表祝福，但這裏却表現爲梁太太對薇龍構陷成功的印記，實在是一個極大的諷刺。《罪的工價》[③] 中，窮途末路的李貴被迫鋌而走險，往東泰貨棧偷東西，結果被處死。小教堂的牧師，只會在屍體上劃上十字，引用《聖經》説“罪的工價乃是死”,[④] 並不體會李貴爲生活所迫的犯罪因由，也没有關懷李貴留下的經濟無依的妻子和失去父親的可憐孩子。基督教基本精神是仁愛和寬恕，即使它有懲罰，認爲人該爲自己不義的行爲負責任和贖罪，但犯罪的人已就刑，也算是對個人罪行作了補償，他遺下的家人親人該得到憐憫、撫恤和輔助。神職人員作爲宗教信仰的代言人和精神的使者，更該責無旁貸，但那牧師只做了一個没有意義的“劃上十字”動作，毫無矜憐之心，没有爲一群孤苦無告的賤民留下救贖。小説以這個細節諷刺了神職人員缺乏愛德，嘲諷他們的迂腐、虚僞和冷酷，他們只是在動作上模仿基督，却没有基督愛的精神。《連環套》中那些修道院的尼姑是一些自以爲具有高尚道德情操的人，其實只是一些喜愛佔便宜、好管閑事、搬弄是非的人物。小説對神職人員的揶揄頗多，但並没有表示對宗教本身的質詢和懷疑。

除了直接從混血兒和旅居中國的外國人身上反映中西文化的矛盾外，也有小説關注如何解决華洋雜處産生的矛盾和種族衝突的問題。程育真《野眺的收穫》中的叙述者我（珍妮）在曬台上野眺，認識了“對面屋子裏的一位五十多歲的外國老太太”[⑤] 和她的女兒羅賽琳．哈佛蘭，其後更協助哈佛蘭重建自信，追求幸福，建立了一段深厚的異國友誼。小説有這麽的一段叙述：

> 雖然在種族方面我們都無形地分著界限，但友誼的同情與安慰幫助是絲毫没有劃分的。[⑥]
>
> 顯然哈佛蘭對於我給伊的忠誠，真情，與幫助，深深地感到愉快，因此我們之間是須

① 張愛玲《年青的時候》,《張愛玲文集》卷 1，頁 132。
② 張愛玲《第一爐香》,《張愛玲文集》卷 2，頁 40。
③ 湯雪華《罪的工價》,《紫羅蘭》，5 期（1943 年 8 月），頁 21－37。
④ 同上注，頁 37。
⑤ 程育真《野眺的收穫》,《樂觀》，10 期（1942 年 2 月），頁 106。
⑥ 同上注，頁 112。

> 史不可分開了。我們已打破了種族觀念的鴻溝，也不再有甚麽異邦的歧視了。[①]

小説思考了種族交往的可能，指出超越國界種族的友誼可以填平不同種族的鴻溝，使彼此放下種族的擔子，不再有歧視，直接論及種族衝突和共融的問題。在不斷經歷外國勢力分佔和統馭的上海，中國人與外國人的關係極爲複雜。叙述者簡單地用人與人間的關懷與友愛去解決這糾纏了千絲萬縷的問題，實際上没有經過有深度的思考和分析，頗爲膚淺。只以平常的友誼去消弭種族間的阻隔，解決種族問題，顯得原始而幼稚，但也明確地表達了女作家對種族問題的關注和她的良好意願，這是平常的世俗人生中一種簡單樸素的想法，展示的是一般市民大衆的心聲。

張愛玲在《傾城之戀》中，也曾探索文化共融的可能。受西方文化影響的柳原與在中國傳統環境中生活的流蘇，在婚戀觀上有極大的差異，無法取得愛情上的共識。柳原曾説過要陪流蘇到馬來西亞，那是一個原始大自然，他相信回到自然後，流蘇可與她身處的社會分隔，她或許可以放下原有的文化擔子，就可能有“真心”。最後他們就是因爲一場戰爭而結婚，正正因爲戰爭把原有的文明中斷，於是他們才可以卸下各自的文化包袱。小説的“完美”結局，好像指出不同文化可以共融，但實際上，這共融的代價却很高，須把原來的文化全然毁滅，和諧才可出現。基本上，小説家對這共融是悲觀的。

三、價值觀念的撞擊和固守

張愛玲的小説最擅長鋪陳物質與精神文化間的緊張與不平衡。她固然勾勒了物質方面雜陳呈現的虚飾、不和諧，甚至滑稽的情况，更能直指人物的精神世界的中西文化混雜的荒誕。《茉莉香片》網球場是曬大烟的地方；[②]《留情》楊宅内整套的西式傢具以至冰箱、電話，與烟鋪並排在一起，而模仿法國沙龍氛圍的客廳，却用作搓麻將和男女放肆調情的場所，楊太太享受著西方的物質文明，過的仍是中國舊式太太的依賴生活。[③] 住在高層公寓生活現代化的知識分子許峰儀，却迷信風水。[④] 人物物質生活是西化的，精神却仍是傳統和中國化的。《鴻鸞禧》中留美回國的婁囂伯，他洋派的生活想像表現在下班回家後翻看“老爺”雜誌的廣告，伴著“四玫瑰”牌的威士忌、晶瑩的黄酒和玻璃杯，還有散置桌上的玫瑰花，而實際上他真正的生活是另一番景緻：

> 囂伯伸手到沙發邊的圓桌上去拿他的茶，一眼看見桌面的玻璃下壓著的一隻玫瑰紅鞋面，平金的花朵在燈光下閃爍著。[⑤]

雜誌上光滑華美的廣告和浸淫著中國氣息的日常生活，二者情調和氣氛互不相容，却又是真實的存在。張愛玲以玻璃下的玫瑰紅鞋面象徵了中國式的生活底藴，與桌面上象徵西方文化的玫

---

① 程育真《野眺的收穫》，《樂觀》，10 期（1942 年 2 月），頁 113。
② 張愛玲《茉莉香片》，《張愛玲文集》卷 1，頁 48。
③ 張愛玲《留情》，《張愛玲文集》卷 1，頁 200 及 207。
④ 張愛玲《心經》，《張愛玲文集》卷 1，頁 68。
⑤ 張愛玲《鴻鸞禧》，《張愛玲文集》卷 1，頁 217。

瑰花對照，人物實際的生活跨越了中西古今兩個世界，兩個世界以一種不協調和有點荒謬的姿態存在，相互滲雜交疊在一起。湯雪華在《神秘的髮網》① 中諷刺曾接受多年西方文化洗禮的龍克成，嘲笑多年的西方教育，只令他培養了沉迷酒色的興趣、欺騙女性的能力和條件。這些文化的混血兒只能以外國留學生的優越文化身份，隨意玩弄中國的女性。小説這一筆勾劃了在上海的西方文明只表現在最膚淺的層次上，而中國人從外國摭拾到的只是西方文化的渣滓。這些細節盡寫了中西和新舊文化的混雜和矛盾，顯示了西方的文化只存於物質化的層面，而精神上依然保留著傳統中國式的内蘊。

小説敘寫人物精神文化領域保守表現最突出的是婚姻觀和宗教信仰。小説中許多婚禮場面點染了西方色彩，典型的如《結婚十年》蘇懷青的婚禮，“坐了花轎上青年會去行文明結婚禮”，② 這些中西合璧的情況並非個別事件。湯雪華《喜酒》③ 的婚禮也是中西混雜的場面：“新姆媽坐著花轎來了！大廳上咪咪嗎嗎吹打起來。新姆媽打扮得真美麗，披著紗，捧著花，像個仙人。”④ 伴隨著中式的吹奏樂，穿婚紗坐花轎的新娘，説盡了中西文化雜揉的實況。張愛玲《金鎖記》長安訂婚過程，是先由人介紹，在飯店見面，然後相親，“女家也回了禮，文房四寶雖然免了，却用新式的絲絨文具盒來代替，又添上了一隻手表。”⑤ 一切傳統的儀式並没有在西化的禮節安排下取消，只是一種妥協性的轉換。而西化的婚姻儀式並不代表現代婚姻的價值觀念，《留情》⑥ 中的淳於敦鳳是姨太太身份，却可以在牆上堂而皇之地掛上結婚證書。婚禮背後仍是一整套的傳統文化思想，注重的是傳統婚姻對家族的利益和女性從一而終的習俗觀念，決定婚姻關係的是“天理人情、三綱五常”。汪麗玲《婚事》中“敏的媽媽曾幾次要殉節”，⑦ 蘇青《續結婚十年》的母親勸阻不了懷青離婚，就力勸離婚的懷青不要再婚。《紅玫瑰與白玫瑰》的王嬌蕊離婚的身份不能見容於社會規範，留學英國的佟振保雖然也愛她，却絶不會冒著失去社會認同的危險而娶離婚的嬌蕊，他寧願娶一個自己不愛但身世清白，即未婚的白烟鸝。《傾城之戀》白流蘇離了婚却仍被男家邀回，以未亡人身份爲前夫奔喪，她的家人也脅逼著她回去爲離婚的丈夫守寡。表面上是西方的學校制度，蘇青《小脚金字塔》、⑧ 汪麗玲《婚事》的新式女子學校實際上鼓吹的仍是舊道德，教的仍是《烈女傳》。

在愛情婚姻關係上，女性往往表達了對男性不貞的忍讓，保留了男性有權三妻四妾的意識形態。張愛玲盡寫了男性可以名正言順娶姨太太，鄭先生“有錢的時候在外面生孩子，没錢的時候在家裏生孩子”，⑨ 且理直氣壯地説“做老子的一個姨太太都養活不起”。⑩《留情》的米晶堯的原配妻子仍在生，却可以正式跟淳於敦鳳結婚，還把結婚證書配了框子堂煌的掛在墻上。⑪《結婚十年》的懷青，受西方教育，也多次接受丈夫外騖的行爲，且企圖忍受徒具虛名的婚姻，委曲求全以維持一個完整的家庭。另一方面，懷青對貞節觀念有文明的理解，知道“貞操對女人真個又有甚麽相干？一個靠賣淫來養活孩子的女人，在我看來是最偉大的神聖的聰明人中的

① 湯雪華《神秘的髮網》，《大衆》，1945年3、4月合册（1945年4月），頁66。
② 蘇青《結婚十年》，《蘇青文集》（上海：上海書店出版社，1997年），頁37。
③ 湯雪華《喜酒》，《春秋》，2年5期（1945年5月），頁83-89。
④ 同上注，頁89。
⑤ 張愛玲《金鎖記》，《張愛玲文集》卷2，頁117。
⑥ 張愛玲《留情》，《張愛玲文集》卷1，頁193-212。
⑦ 汪麗玲《婚事》（1-4，連載），《大衆》，1944年4月號（1944年4月），頁100。
⑧ 蘇青《小脚金字塔》，《蘇青文集》下册，頁212-217。
⑨ 張愛玲《花凋》，頁135。
⑩ 同上注，頁148。
⑪ 張愛玲《留情》，《張愛玲文集》卷1，頁193。

一個"。[①] 但她始終無法在行爲上完全擺脱傳統道德觀念對女性的禁錮，她保留了極强的道德責任感，與應其民的愛情關係没有正式展開，在作了一次精神上的愛情漫游後，她以將爲人母爲由，毅然放棄了與應其民的愛情。她與其他男性的情愛或性愛關係，是在離婚後才展開的。但她的丈夫崇賢與表嫂瑞仙的曖昧關係却可以公然在衆人面前出現，與胡麗英的婚外情也可以公開，而不受社會制裁。崇賢不用掩飾他的越軌行爲，但懷青却因爲任教小學的女同事辭職後，只剩下她與男校長共事，怕閑話而辭職，被迫回去她欲擺脱的少奶奶生活中。蘇青在《結婚十年》中，對女性人物性愛生活的謹慎處理，正是爲了减少傳統道德觀念的論斷與批判，緩和因爲女性主動提出離婚而與男性社會决裂的書寫策略。[②]

另一方面，雖然西方教育已進入中國，不少女性已可接受教育，然而"女子無才便是德"的傳統戒律仍限制著小説中的女性。張愛玲《傾城之戀》的白流蘇礙於家族名望高與所受教育低，不能外出找到一份合適的工作。《創世紀》的瀠珠遭遇也相似，她要尋求獨立自主的蹊徑，却礙於没落的名門家族的身份，外出工作要偷偷摸摸，無論是學業、工作、交友、愛情和婚姻，都没有自由抉擇的可能，充分表達了女性在新舊交替時期的困境。《結婚十年》的懷青外出工作不到兩個月，已給公公婆婆以家庭需要爲由，把她召回家中。懷青知道丈夫不喜歡她有"大志"，也不願意她向上學好，"他似乎很不高興我儼然學者的樣子在家中看報看書。他願意我故作懶孩子脾氣，只好玩，愛打扮，好向他撒嬌。"[③] 她在丈夫不在家時，便翻出他那些有關法律和社會科學的書籍看，還寫閱讀筆記。他知道後，對妻子的好學不但不欣賞，還以冷嘲熱諷的語氣稱她爲"女狀元"。在丈夫心中，她只能够幫他改改考卷，却不容許她獨立追求學問。其後，丈夫更"把書橱門鎖上"。懷青第一次投稿成功，感到非常快樂，用賺來的五元稿費買了叉燒和酒回家跟丈夫慶祝，但崇賢的表現却是"冷冰冰地，把那本雜誌往别處一丢看也不高興看。"[④] 家中的傭人尚且爲她的投稿成功而高興，但丈夫的反應却是奇異地冷淡和不正常，這揭露了男性不能接受跟他一起的女性有知識和學問，只想她扮演一個他們心目中要求的無知小女子。

重男輕女的傳統觀念，爲女性築起一個狹窄低矮的天地。《花凋》的鄭先生，不讓女兒接受教育的機會，"女兒的大學文憑是最狂妄的奢侈品"[⑤]，没有學識，没有發展機會，"爲門第所限，鄭家的女兒不能當店員，女打字員，做'女結婚員'是她們唯一的出路"。[⑥] 最後鄭家小女兒川嫦得到下列的待遇：

> 墳前添了個白大理石的天使，垂著頭，合著手，脚底下環繞著一群小天使。上上下下十來雙白色的石頭眼睛。在石頭的縫裏，翻飛著白石的頭髮，白石的裙褶子，露出一身健壯的肉，乳白的肉凍子，冰凉的。[⑦]

這片墓地滿溢異國情調，外來文化成爲傳統中國人一種時麾的裝點，在這墓地上透露了上海務新好奇、蕪雜的文化氣息。然而墓中的女子，一生都活在一個保守的遺老家庭、傳統的文化中，最後却以一個西式的墓碑記載她中國化的壓抑的一生，實是極大的反諷，這更深層説明了異質

① 蘇青《結婚十年》，《蘇青文集》（上海：上海書店出版社，1997 年），頁 201。
② 孟悦、戴錦華《浮出歷史地表——中國現代女性文學研究》（臺北：時報文化出版企業有限公司，1993 年），頁 312－313。
③ 蘇青《結婚十年》，《蘇青文集》（上海：上海书店出版社，1997 年），頁 134。
④ 同上注，頁 137。
⑤ 同上注。
⑥ 同上注。
⑦ 同上注，頁 134。

文化撞擊的表現。

"新舊合璧"是當時生存境況，無論是家庭生活方式、婚姻習俗、婚姻制度、家庭結構及人物的觀念心理等都是既新且舊的。在方興未艾的文化交替的時代，新舊兩極的習俗和審美觀念互相滲雜，形成不倫不類的人生世相。劉乃慈分析《結婚十年》時就指出這種深層的撞擊：

> 一個半自由戀愛下"中西合璧"的婚禮形式帶出一對接受新式高級教育的知識分子夫婦的婚姻生活；妻子面臨丈夫外遇和經濟拮据的雙重困局，不但堅持寫稿賺錢並且忍受丈夫的外遇行爲。①

接受過新式教育的女性，已能在經濟上獨立，面對丈夫的不忠行爲，仍難以擺脱婚姻"從一而終"的保守思想。在中西融匯、新舊嬗遞的轉折時刻，城市人在吸收了西方文明的同時，仍未擺脱傳統中國和鄉土中國的桎梏，文化意識紛繁，人物生存的處境展現了中西駁雜並存的狀況。"新"只表現在器物的層面，接受的是物質的文明，而制度和觀念主要仍是"舊"的，没有真正的改變。可見這新式和西方的文明只是表面的，用以粉飾生活的點綴品，深層次的思想和價值觀的更新，根本未能滲入原有的文化肌理中。

在宗教信仰上，也顯露了中西文化表裏不一的矛盾。邢禾麗《上帝的信徒》② 寫的是一個崇拜禮儀過程中的人事。季大娘因爲"吃教"有好處而出席了百來次禮拜，並在傳道員極力慫恿下正式受了"洗禮"，但她不僅不知禮拜中所唱的是甚麽詩，也聽不懂牧師說的道理是甚麽，更認爲他講道理不及觀音得道的故事精采。在牧師講道期間，她想的是兩個星期前在病重的婆婆手上取走金戒指的事，她正醉心計劃以後如何利用這枚戒指做"黑貨"賺錢。③ 及至她要捐錢回報上帝時，她只是"空手進空手出"，④ 假裝把錢放進捐獻袋内，信徒這種對上帝蒙騙和欺詐的舉止，實是宗教信仰的一大諷刺。諷刺的是教徒的曚昧和僞善，特别是在經濟水平差距大的社會，宗教以一種物質性的支援方式傳教，根本不是以教義和信仰精神感動人，結果却正正違反了宗教導人向善的宗旨。

在《亞當的子孫》中，有關基督徒皈信的理由也有嘲諷。閔太太篤信基督教，表面理由是"上帝給我安慰"，⑤ 其實主要是閔先生與一個年輕尼姑有染，於是她發誓不再進寺廟，由信奉佛教轉爲信基督教，以此面對丈夫另有新歡的困局。她在教會中的活動也只爲沽名釣譽。王本朝指出宗教信仰是一種流行性的生活方式，"滿足了人的物質生活願望和需求"，⑥ 在閔太太身上，顯示了宗教並非真正的信仰，只是人物轉换一種生活樣式。

四、曲筆下的家國情懷與精神家園

由外國人物形象的描繪和基督教元素的書寫，可以體現女作家在淪陷時期上海創作的環境

① 劉乃慈《海派文學的自内解殖》，《問學集》（臺北：淡江大學中國文學研究所，2000 年），10 集，頁 43。
② 邢禾麗《上帝的信徒》，載譚正璧編《當代女作家小説選》，頁 153－158。
③ 同上注，頁 157。
④ 同上注，頁 157－158。
⑤ 湯雪華《亞當的子孫》(4)，《紫羅蘭》，16 期（1944 年 9 月），頁 110。
⑥ 王本朝《20 世紀中國文學與基督教文化》（合肥：安徽教育出版社，2000 年），頁 7。

限制和抗衡策略。

爲了通過日本的文化審查制度，在淪陷時期的上海發表作品，必須避開左翼意識形態及抗日的寫作。當時能發表和出版的作品，往往是遠離政治的。家國情懷等敏感話題，只能以一種含蓄方式反映。仔細推敲女作家的小説文本，每能尋索到政治的隱晦表述。這些小説表面上是不談政治，論述的是日常生活空間，展示著一個世俗和庸常的世界，但暗地裏仍存在著呼應時代的聲音。小説並没有直接指出日本在上海的侵略行爲和嚴峻的政治打壓，但小説對不同人物的言行的描摹，已迂回曲折地顯示了時局的不靖和對亂世的思考。

仔細分析女作家小説筆下外國人的形象，實可找出她們傳遞的家國時代的信息。女作家小説中的外國人，固有倨傲自負者，但更多的只是小奸小壞，不像民初作品中那種凶悍侵略者的定型描寫，他們擁有平常人的人格，且更多是身處難堪境遇或苦難中。《霏微園的來賓》① 中，教容淡薇畫畫的勞萊教授"居住在異國，年邁而孤寂"，在鄭家瑷筆下顯露了老教授在異鄉中流離顛沛的悲哀。

小説又寫了許多受到政治迫害或影響而流浪上海的外國人，特別是猶太人和俄羅斯人寫得最多。施濟美《藍天使》② 的阮引芬在買藍大衣途中看到的景物是"車子經過禮拜堂門前，那兒正立著一個年老的俄羅斯流浪者"，③《三年》中的柳翔與司徒藍蝶，在街燈初明的路上散步，看到一群俄羅斯的男男女女帶著醉意在唱、在笑、在跳舞狂歡，透露了他們流浪者的鄉愁。④ 在小説背景上添加了這些流浪的異鄉人，瀰漫著壓抑、低沉的思緒，强烈顯現著一種對前路茫茫、無所歸依的悲哀。本來，小説人物都是高高興興的去購買衣物或赴約的，敘述中却加上這些惶惶不可終日的人物的描繪，確是值得深思的。

施濟美《流浪者》、⑤ 湯雪華《南丁格蘭的像前》⑥ 都是以這種流離失所的亡國異鄉人爲敘述對象。《流浪者》寫旅居中國的外國人流徙他鄉的悲哀，本來愉快的家庭，因戰亂家人分散世界各地，他孤身在中國，在除夕夜受邀在一個中國家庭中分沾部分的歡樂。《南丁格蘭的像前》寫流落中國的猶太人受到日軍逼迫的苦難。對猶太人和俄羅斯人流浪和受壓迫生活的反覆書寫，可視爲一種"借他人杯酒澆自己塊壘"的動作。小説中對這種失去家園的異族人民的描繪，反映了法西斯主義對弱小民族的侵迫，也可説是對中國遭受日本侵略的事實的一種轉折映照，折射了上海在日本政治勢力下所受的逼迫。程育真《野眺的收穫》的哈佛蘭，更因爲遭逢滬戰，彈片帶走了她的大姆指和食指，令她的右手失去功能，她因此而自卑，離開心愛的情人喬治。⑦ 旅居上海的哈佛蘭因爲戰爭而失去幸福，那居住在上海的中國人的命運就不言而喻了。

另一方面，小説中蘸染的基督教色彩，書寫的不是宗教和人欲的矛盾衝突，多是對基督教的禮讚，主要是透過愛情模式的敘述，刻劃了女性完美的心靈、崇高的人格、絢麗的理想，以此表達宗教性的情感、體驗、情緒和觀念。小説申述了作家精神世界的追求，在人生態度上有强烈的宗教情懷。女作家在小説中展示了她們以基督精神、愛的哲學，灌溉和滋潤著乾枯和苦澀的亂世，努力尋找安放靈魂的淨土的態度。在紛擾無著的現實塵世，戰亂頻仍，個體生命無法掌握，這種對宗教情操追求的書寫，顯示了一種對精神世界的依戀和皈依。小説中散布著教

① 鄭家瑷《霏微園的來賓》，《號角聲裏》，頁 109－129。
② 施濟美《藍天使》，《鳳儀園》，頁 78－83。
③ 同上注，頁 79。
④ 施濟美《三年》，《鳳儀園》（上海：上海大衆出版社，1947 年），頁 118。
⑤ 施濟美《流浪者》，《中藝》，2 期（1943 年 2 月），頁 1－4。
⑥ 湯雪華《南丁格蘭的像前》，《春秋》，4 年 1 期（1947 年 4 月），頁 40－45。
⑦ 程育真《野眺的收穫》，《樂觀》，10 期（1942 年 2 月），頁 106。

堂、十字架、鐘聲、聖歌等形形式式的光與影，編織了一片和平與寧靜，具有神聖意義的天地，這種情境正與都市中五光十色、璀燦斑斕的霓虹燈和靡靡之音的世俗生活相抗衡，也是紛擾亂世的一種拯救，對欲望和苦難世界的離棄，表達了精神世界的追尋，流露了一種現世情感的升華，擺脱沉淪命運的一種掙扎。

女作家有關基督教意識的小説强調愛的信仰對人生的意義，這類小説的結構模式往往是人獲得愛的啓示後得到拯救和精神的復活。張愛玲曾分析基督教在中國文學的影響力：

> 女作家們很快就抓到了禮拜堂晚鐘與跪在牀前做禱告的抒情的美。流行雜誌上小説裏常常有個女主角建立孤兒院來紀念她過去的愛人。這些故事該是有興趣的，因爲它們代表了一般受過教育的妻與母親的靈的飛翔。①

這段話頗爲尖刻地評論了當時女作家作品的特徵，既指出基督教在文學上的簡單化形式，也表達了基督教文化在四十年代的形象和對現代化生活的影響。小説中出現的基督教意識，並不代表人物深刻的宗教體驗，但正如王本朝所説："無論他們表達的深刻與膚淺，完整與簡單，都因有了基督教的指涉，而有了文學意義和語言形式的變化"。② 宗教與文學的共同特徵是"運用幻想去虛構一個美好的世界，以滿足人類永不安寧的精神渴求"。③ 在女作家小説中可以看到一個由宗教構築的想像天地，突破了日常生活的視野。

結　語

女作家小説内容大量鋪陳了充滿西方文化符號的事物，反映了中西文化並置雜陳、新舊交替的異質狀況。小説展示了中西文化碰撞下的思考，一方面呈現了接受、共融的一面，也顯示了接受中的荒誕和誇飾，更深入探索了表面共融，實際上却是千差萬别，兩種文化不斷地在暗地裏交鋒的狀況。上海，只是一個在奇特境遇中發展出來，有異於中國其他區域的城市，然而，文化接受的土壤並不深厚，在這裏，中西方價值觀互不相同的文化因子蕪雜地拼湊在一起，未能構成一個完整、健全的文化有機體。市民生活物質層面上的西化，並没有真正動摇他們牢固的傳統思想和價值觀。

有論者指出女作家作品的宗教情緒在三十年代至七十年代是"落潮與斷裂時期"，④ 但仔細檢視淪陷時期上海女作家的小説，發現部分作品表達的基督教意識頗爲濃厚。冠有"海派"之名的上海小説，一向被視爲世俗化的代表，是庸俗、媚俗的代名詞，作品只會輾轉停留在人世間的飲食男女等庸常生活需要上。然而，從本文論述的小説所展露的宗教色彩，能看到作家借助宗教的感照，讓小説出現向上超升的精神特徵，表達了高尚的人格道德、博愛精神，溢出世俗化、沉淪化的表述泥淖。小説展示的這個特色，實有助重新思考一般論者對上海小説"欠缺神聖"的定論。淪陷時期上海女作家的小説世界，實擺動於神聖與世俗之間。

表面上，小説題材主要是婚姻愛情的書寫，不直接介入國家民族的大叙事，與政治保持距

① 張愛玲《中國人的宗教》，《張愛玲文集》卷4，頁123。
② 施濟美《藍天使》，《鳳儀園》，頁9。
③ 蔡毅、尹相如《幻想的太陽——民族宗教與文學》(昆明：雲南人民出版社，1992年)，頁3。
④ 吴玉杰《中國現當代女作家的宗教情緒對女性文學的影響》，《遼寧大學學報》，1995年1期，總131期，頁29。

離。然而，在叙述過程中充滿基督精神的烏託邦追求、流離失所的外國人的悲哀，這可説是一種迂回的寫作策略。細察小説文本，實可見部分作家爲逃避文化檢查制度，借著委婉的方式，以曲筆呈現在異族侵凌下國家民族的苦難、個人承受的時代傷痛。

魚尾獅混體文化象徵與意象初探：以兩首新華、新英詩歌爲例

胡月寶

前　言

新加坡特點有三：(一) 前爲英殖民地，具有 150 餘年的被殖民歷史 (1819－1963)；(二) 位居東南亞，佔據着東西方交通的重要樞紐；(三) 具有多元種族的移民社會結構。此一歷史、地理和社會背景促使西方現代文明的生存和發展在新加坡的殖民過程顯得直接而迅速。1965 年建國以後，確立國家認同意識、建立社會新秩序、發展經濟以及建設國家的任務都顯得急迫。於是，一場由西方文明掛帥，以英國語言、政治、法律等體制爲基礎的語言文化再殖民工程迅速展開。這場語言文化再殖民工程，也就是西方現代文明、東方傳統文化與新崛起的本土混體意識相互交接的過程。政治學、社會學、史學、文學分別從不同角度來感知、記録、描寫、審視之。在本文中，筆者將從文學出發，以具有地標意義的魚尾獅系列創作中最具代表性的兩首詩歌：英文詩 *Ulysses by the Merlion*《魚尾獅旁的尤利西斯》和華文詩《魚尾獅》爲例，同時結合有關這兩首詩的一些重要文學評論，深入剖析魚尾獅混體意象在新加坡英、中社會文化語境中的深層意涵。

一、"魚尾獅"題材詩歌之創作背景：東西方語言文化混雜的社會語境

(一) 二十世紀七十至八十年代當代知識分子的語言文化背景

二戰以來直到八十年代，新加坡知識分子基本上分列兩大陣營：西方語言文化圈與東方語言文化圈。以下，筆者引用語言教育中的語言圈的概念，來闡明東方和西方文化與新加坡知識分子的關係：

在英語語言圈裏，新加坡隸屬"第二圈"(The outer circle)，因着前殖民地因素，承繼了英語和英國文化、政治、法律、社會傳統。在華語同心圈裏，新加坡位於中圈，也就是海外華人區，因着移民因素承繼了源於中華傳統語言、文化、傳統和價值觀。本文中的兩位作者：印華混血詩人 Edwin Thumboo (唐愛文，1933－　) 和梁鉞 (1950－　) 分別代表着這兩大文化圈：畢業自馬來亞大學 (新加坡大學前身) 的唐愛文代表着在英語同心圈的中圈，乃在本地接受西方文明熏陶的知識分子；畢業自南洋大學的梁鉞則代表着在華語同心圈第二層，是在本地接受華

文傳統文化教育的知識分子。

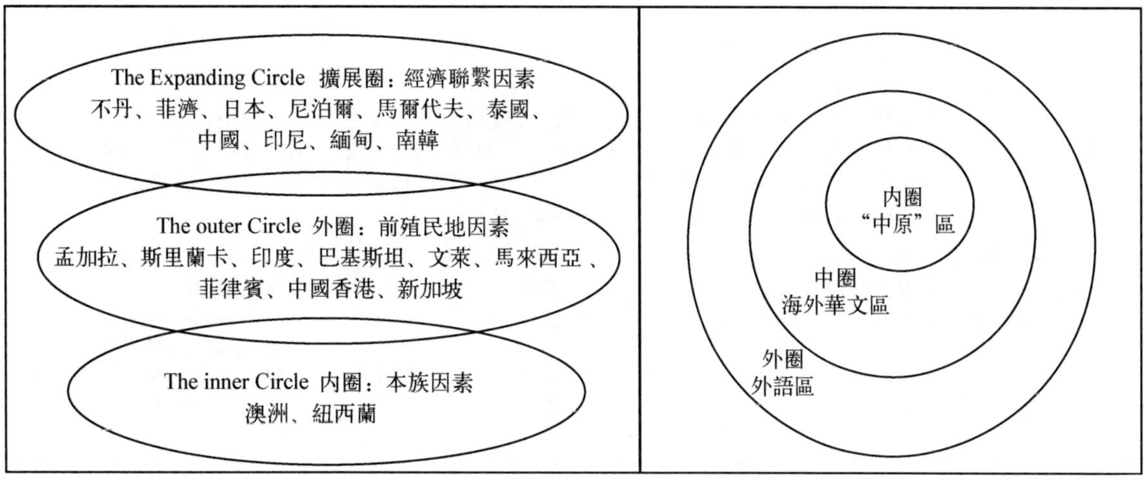

圖一　世界英語[①]與華語語言圈[②]

(二) 作者背景與回應東西方文化的模式

本土歷史學者李元瑾（1947－　）曾根據二戰前後海峽華人的教育、生活背景，將知識分子歸納爲三類，並整理出新華知識分子在東西方文化的匯流與撞擊下，回應時代的三種定式：邱菽元（1874－1941）模式、林文慶（1869－1957）模式、宋旺相（1871－1941）模式，李認爲這三種模式“全面而深刻地反映了在東西方對立與整合下，新華社會的分裂與合作，新華文化的分歧與匯流”。[③] 以下，筆者以李元瑾的三種模式爲基型，根據時代的新變化加以調整，用以歸納二戰前後在本土出生的知識分子模式：

表一：七十、八十年代新加坡本土知識份子的三種改良模式

項　目＼模　式	邱菽元改良模式	宋旺相改良模式	林文慶改良模式
出生地	本土	本土	本土
教育背景	以中文教育爲主	以英文教育爲主	雙語教育
社會層面	只在自己的社群組織中活動。	只在自己的社群組織中活動。	能跨越兩大社群，杰出者成爲兩邊的領袖和溝通人。

---

① Wah Kam Ho & Ruth Y L Wong, Introduction: Language Policies and Language Education in East Asia, *Language Policies and Language Education, The Impact in East Asian Countries in the Next Decade* (Singapore: Eastern Universities Press, 2004), pp. 6－7.

② 吴英成（1951－　）《全球華語的崛起與挑戰》，見張愛東主編《中華文化的當代解讀與教學》（新加坡：新加坡國立教育學院亞洲語言文化學部、玲子傳媒世人有限公司，2007 年），頁 108。

③ 李元瑾《東西文化的轉機與新華知識分子的三種回應：邱菽元、林文慶、宋旺相的比較研究》（新加坡：新加坡國立大學中文系、八方文化企業公司聯合出版，2001 年），頁 376－377。

续 表

模式 / 項目	邱菽元改良模式	宋旺相改良模式	林文慶改良模式
文化層面	雙重傳統： 在呼籲維持中華傳統語言文化的基調下，關心本土文化和教育課題，尤其是華族傳統文化和華文教育。	雙重傳統： 在强調以英語、西方文化的主軸下，關心本土文化和教育課題，尤其積極推動英文教育。	雙重傳統： 强調維持東方傳統與西方現代文明的平衡發展。
政治層面	效忠新加坡	效忠新加坡	效忠新加坡
知識分子代表群	主要來自畢業於南洋大學的作者群。	主要來自畢業於馬來西亞/新加坡大學的作者群。	主要來自在本地區或中國大陸及港臺接受傳統華文教育，後來到西方國家深造的作家群。

根據此表，英文詩人唐愛文在傳統英校接受教育，接受西方文化和教育的洗禮，沉浸於西方文化，積累了靠攏西方的情感，很接近“固守和褒揚西方文化；對東方文化的認知和認同相對有限”① 的宋旺相，可歸爲“宋旺相改良模式”。自獨立以來，二戰以後的新馬兩地的領導權操在受英文教育、宋旺相模式下的精英知識分子手裏，“受英文教育的國家主義者的確扮演一種有益的角色”，②“宋旺相改良模式”下的英文知識分子享受着相對崇高的政治與社會地位，對國家政治、經濟、教育、文化等均有一定的影響力。

華文詩人梁鉞畢業自南洋大學，在傳統華校接受教育，深受中華語言文化的影響，在情感上傾向靠攏東方傳統語言文化，在面對西方文化的基本態度是“作爲一個中華文化的耕耘者和傳播者，從國家和民族立場去詮釋西方文化”；③ 可歸爲“邱菽元改良模式”。相對於“宋旺相改良模式”下的知識分子，“邱菽元改良模式”知識分子因爲華語文地位被邊緣化而處於焦慮的困境之中。

兩位詩人是分別來自英語語言圈和華語語言圈的知識分子，“只在自己的社群組織中活動”，其論述的根本特色是在同一國家、不同教育、文化價值觀下各自表述。雖則如此，唐與梁的共同點是他們都是“類知識分子”（Quasi-intellectuals），④ 負有傳播文化、教育大衆的公共/域職責（Public Responsibility）。他們對自己的社會職責有强烈自覺，深切關注國家社會的建設與發展，⑤ 在創作上將公域題材視爲“不可回避的主題”（inescapable themes⑥）。唐愛文的公域詩歌（Public poem）受到本地區的高度重視與肯定，被評論學者譽爲愛國主義（nationalistic）詩歌，而他也因此被推崇爲愛國詩人（a poet of the nation），乃至於獲得新加坡詩歌之父（Father of

① 李元瑾《東西文化的轉機與新華知識分子的三種回應：邱菽元、林文慶、宋旺相的比較研究》，頁358。
② 新加坡聯合早報編《李光耀40年政論選》（新加坡：新加坡報業控股華文報集團出版，1993年），頁368。
③ 李元瑾《東西文化的轉機與新華知識分子的三種回應：邱菽元、林文慶、宋旺相的比較研究》，頁357。
④ “類知識分子，quasi-intellectuals，包括教師、記者、演員等，將知識和理念傳播給大衆。一般民衆受到知識分子意識形態上的宰制現象，葛蘭西（Gramsci）（馬克思主義）稱爲‘文化霸權’（Cultural Hegemony）”。杰夫瑞.C. 亞歷山大《分析性的爭辯：瞭解文化相對的自主性》，Jeffrey C. Alexandra，Steven Seidman 主編，古佳艷、李紀舍等譯《文化與社會》（臺北：立緒文化事業有限公司，2002年），頁3。
⑤ Chitra Sankaran，*Edwin Thumboo*（*1933－*）(Http://www.liteneyc.com).
⑥ 同上注。

Singapore Poetry)① 的榮譽。相對於唐愛文，年輕詩人梁鉞在新華文學中雖然没能得到類似唐的“歷史地位”，他同樣也是一個“實用論”的創作者。② 不同的是，唐愛文的詩主要是喚起對“國家從誕生、新興發展，最後蛻變成爲一個欣欣向榮的國際化中心”之意識；③ 而梁鉞則是“針對社會文化開刀，往往‘文以載道’，詩中的説明力，企圖對社會思想要有所詮釋，批判與影響”。④

（三）七十、八十年代國家語言政策劣化了華語文和華文知識分子位置

獨立以來，新加坡政府在務實的治國綱領下，將英語定調爲國家的共同語，⑤ 爲政治、經濟、社會與教育的主要媒介語；英語從此成爲强勢語言。相反地，華語文則受到沉重的打擊，面臨急速式微的命運：1975 年以後，華校出現“因經濟發展所帶來的一種無法避免”⑥ 的衰退趨勢；1978 年，具有東南亞華文語言文化堡壘意義的南洋大學被令與新加坡大學合併；1981 年中小學全面實施以英語爲第一語、母語爲第二語的教育政策；1987 年以後，華校全面被取代。⑦ 這一系列接踵而來的語言政策嚴重打擊了華文知識分子，也讓他們對母族語言文化的存亡產生了深重的憂患意識。八十年代以後，新華文學頻頻爲華語文奏起挽歌，新華文學因此從七十年代建國時期的萌芽階段，在尚未茁壯之前，就迅速跌入衰退期。⑧

（四）小結

唐愛文於 1979 年發表《魚尾獅旁的尤利西斯》。那年，正好也是正當盛年的唐氏任新加坡國立大學英文系正教授，事業與權力即將開始攀上巔峰之際。梁鉞的《魚尾獅》發表於 1984 年，那年，比唐愛文年輕 17 年，被王潤華歸類爲“實用論”者的梁鉞尚屬滿腔熱血、等待報國申志的青年。從社會文化語境上來比較，來自英語世界的精英分子，屬於“宋旺相改良模式”的唐愛文所經驗到的是英語强勢、國家新興的時代，並以確立國家主體意識，塑造統一的國民意識爲要務。至於“邱菽元改良模式”下的梁鉞所經驗到的遠比唐愛文更多更重，複雜而且是激烈衝突的：一方面是新興國家的蓬勃發展，另一方面却面臨着所認同並投注深刻情感的本族語言文化，在國家建設的重要命題下飽受蹂躪、被迫犧牲的集體命運。在國家建設、西方現代霸權文明、東方弱勢傳統之間的撕扯之下，夾在這三者之間的個人身份危機，讓年輕詩人不得不反覆内省。

---

① Chitra Sankaran, *Edwin Thumboo* (*1933 –*) (Http: //www. liteneyc. com).

② 王潤華《從新華文學到世界華文文學·我讀梁鉞、寒川、思思〈山山皆秀色〉三種不同顔色的詩》（新加坡：潮州八邑會館文教委員會出版社，1994 年），頁 221。

③ Chitra Sankaran, *Edwin Thumboo* (*1933 –*) (Http: //www. liteneyc. com).

④ 王潤華《從新華文學到世界華文文學·我讀梁鉞、寒川、思思〈山山皆秀色〉三種不同顔色的詩》（新加坡：潮州八邑會館文教委員會出版社，1994 年），頁 221。

⑤ 新加坡聯合早報編《李光耀回憶録：1965 – 2000》（新加坡：新加坡聯合早報出版，1998 年），頁 169 – 181。

⑥ 新加坡聯合早報編《李光耀 40 年政論選》，頁 416。

⑦ 同上注。

⑧ 此一觀點，乃作者從八十年代以後，新華文學裏普遍存在死亡意象總結而來，筆者將另外撰文論述。

二、東西方文化交互影響下的本土文本:《魚尾獅旁的尤利西斯》與《魚尾獅》之對比閱讀

(一) 詩歌的象徵

1. “魚尾獅”之共同象徵與其内在意涵

1.1 魚尾獅的本土傳統象徵

魚尾獅是一尊身高7米,獅頭魚身,口中噴水的塑像;由新加坡旅游促進局委任著名雕塑家林浪新鑄成。於1971年起,屹立於新加坡河口。此一塑像原本就被賦予作爲新加坡的國家象徵的使命。首先,從新加坡本土歷史意義上來説:獅頭源於11世紀印尼廖内王國(現印尼廖内群島)王子山尼拉烏他瑪因海上風暴而登陸淡馬錫(新加坡的古名之一),並在島上發現雄獅的傳説。獅子在馬來民族傳統中,也是具備權力、祥瑞、尊貴的王族象徵。再説魚身,一則標誌着海洋對位處東西方海上交通樞紐的新加坡之重大意義,二則也具有民族傳説中神秘、尊貴意義。整體而言,魚尾獅象徵着新加坡人對國家的美好期待。在新加坡旅游局的促銷之下,魚尾獅逐漸成爲世人熟悉的國家符號①。

1.2 “魚尾獅”文學題材與文化象徵

象徵,乃重要的修辭手法之一,在詩歌創作中運用得極爲廣泛。詩之所以能言志抒情,主要通過象徵和意象來表達。象徵在詩歌中有兩種方法:一、在題目上重點突出;二、在詩歌中暗藏。第一種方法更是詩人喜歡運用的:“古今中外不少是個作品的題目就含有豐富的象徵意味……”;②《魚尾獅旁的尤利西斯》(爲行文便利,以下簡稱爲:英詩《尤》)的作者唐愛文和《魚尾獅》(簡稱爲:華詩《魚》)的作者梁鉞也不例外,在以魚尾獅爲創作題材時,都將這一象徵直接嵌入題目中。

在詩歌修辭學上,有關象徵的討論博大精深,於此不再贅述。簡言之,象徵是一個“道具”、“符號”和這個道具、符號所“代表的别的事物”的一種關係;③ 也就是通過“具體的個别的形象”來概括更普遍、更豐富、更複雜甚至抽象的社會内容。象徵可分爲“私人象徵”和“共同象徵”兩類,在本文所討論的兩首本土詩歌,英詩《尤》和華詩《魚》裏,原是一個人造形象,是旅游促銷上的“道具”。不過,它在被詩人重複、持續地使用④之後,最後升格爲一種公域符號,一個被認爲共同象徵(accepted symbols),⑤ 可以與“龍鳳、人體鷹、人頭蛇、日神的駿馬”⑥ 等意象齊名的民族、國家象徵符號。⑦

“魚尾獅”這個符號能指(signifier)在兩首詩内的所指(signified),既有共同意義,也有

---

① Chitra Sankaran, *Edwin Thumboo* (*1933 -*) (Http: //www. liteneyc. com).

② 古遠清、孫光萱合著《詩歌修辭學》(臺北:五南圖書出版公司,1997年),頁270。

③ 勒内·韋勒克、奥斯汀·沃倫著,劉象愚、邢培明等譯《文學理論》(南京:江蘇教育出版社,2006年),頁214。

④ 除了本文所討論的兩首詩,魚尾獅形象也常出現在其他本土詩人的創作中。例如華文詩人賀蘭寧《魚尾獅》、英文女詩人Lee Tzu Pheng的*Ulysses to the Merlion*等,可見魚尾獅已是本土文學中的一個共同象徵。

⑤ 古遠清、孫光萱合著《詩歌修辭學》,頁278。

⑥ Edwin Thumboo, *Ulyssesses by the Merlion* (Singapore: Heinemann Education Books, 1979), p. 31.

⑦ 根據勒内·韋勒克的説法,“象徵”與“意象”和“隱喻”之間的關係是“象徵具有重複與持續的意義。一個‘意象’可以被轉换成一個隱喻,但如果它作爲呈現於再現不斷重複,那就變成了一個象徵,甚至是一個象徵系統的一部分”。詳見勒内·韋勒克、奥斯汀·沃倫著,劉象愚、邢培明等譯《文學理論》,頁214-215。

不同内涵。魚尾獅被公認爲國家社會的共同象徵；但英語語言圈和華語語言圈裏的知識分子由於感受和知覺經驗迥異，於是把不同感受和知覺經驗投射到魚尾獅身上。因此，兩首詩雖然同時指向同一個象徵符號，其實質内涵仍存在極大差異。

(1) 魚尾獅的現代本土文化象徵意義

若從共同點去發掘，兩首詩其實都賦予魚尾獅嶄新的文化意涵，即現代新加坡國家意識的認同：

Despite unequal ways（雖然方式不同）
Together they mutate，（他們一起改變自己）
Explore the edges of harmony，（探索和諧的邊緣）
Search for a centre；（尋找一個共同的中心）

Ulysses by the Merlion《魚尾獅旁的尤利西斯》

我忍不住去探望你，
忍不住要對你垂泪。
因爲啊，因爲歷史的門檻外，
我也是魚尾獅，
也有一肚子的苦水要吐，
兩眶決堤的泪要流

《魚尾獅》

兩首詩中的魚尾獅都已從原有的地標意義升華爲具有現代意義的國家象徵、本土文化象徵。詩人們爲魚尾獅注入了嶄新的本土文化意涵，不約而同地爲原本植根於本土的魚尾獅注入具有新加坡經驗的現代性。英詩《尤》提出了魚尾獅就是現代新加坡，“他們一起改變自己……尋找一個共同的中心”；華詩《魚》則進一步將之人格化，“在歷史的門檻外，我也是魚尾獅”；魚尾獅就是新加坡人，我也就是魚尾獅，兩者是異形同體。這一來，新加坡魚尾獅神話的本土性傳統内涵因此獲得突破。在現代性的統攝下，魚尾獅在這兩首詩中成爲擁有實質意義之新興國家的象徵，也是現代新加坡的公域象徵。這一象徵是地理的、歷史的，也是文化的特殊新加坡經驗：東西方文化在新加坡本土上經過焦慮、碰撞、衝突過程後所提煉出來的魚尾獅符號，具有“魚身”和“獅頭”這兩種混雜本質（Hybridized Nature）特色。

(2)“魚尾獅”文化象徵中的東西方雙重文化特徵

既然新加坡是位居東南亞的前英屬殖民地小島國，本土文化裏的“混雜特徵”可説是先天性的。這種混雜性特徵一向受到學者關注。周策縱（1916－2007）便曾將之總結爲“雙重文化傳統”：

新加坡四大語文的文學都各自有自己的文學傳統，如馬來文學繼承印尼、馬來西亞的文學傳統，淡米爾文學帶着印度文學傳統，英文擁抱英國文學，華文文學的傳統又來自中國，但它們之間互相交流，加上新加坡的經驗，各種文學本身除了繼承原來的語文與種族學傳統，又形成一種“本土文學傳統”（Native Literary Tradition）。這種“雙重傳統”（Double Traditions），使新加坡後殖民文學更緊緊地與新加坡社會與政治歷史結合在一起。[①]

① 王潤華《魚尾獅與橡膠樹：新加坡後殖民文學解讀》，《華文後殖民文學：本土多元文化的思考》（臺北：文史哲出版社，2001年），頁116。

後來，王潤華（1941－ ）根據周策縱“雙重傳統”論點，進一步補充説明：

> 魚尾獅説明了新加坡經驗的特殊性：東西方文化交流，又具有亞洲文化的複雜性。①

學者在討論到這種雙重傳統的影響時，往往比較偏向於討論本族文化的危機問題：“大多數東方國家都面臨雙重傳統的處境，一方面是西方文明的衝擊，另一方面是本民族文化的瓦解危機。”② 這種弱勢文化心態在新華文學中表現得極其透徹，而且是一種個別族群的文化集體徵候群。在本文中，筆者不打算重複這種文化的悲觀論調。相反的，筆者希望從雙重文化傳統所可能創造出來的文化象徵，即“混雜體文化”誕生後的外在形象與内在意涵來討論。新加坡新英詩歌和新華詩歌在同一共時時空，不同文化語境下産生了“魚尾獅”混雜體文化意象，也正好就是最適合討論“混雜體文化”的例子。

(2.1) 本土文化象徵中的西方文化傳統

首先，英詩《尤》從西方文明角度出發，站在遼闊的世界幅員上，以第一人稱“我”：尤利西斯這一探險家的身份，參與了“神話”式的海陸兩栖動物形象“凝結着海鹽的鬃毛、多鱗、完美的魚尾”③ 的創造。然後，再以功成身退的帝國主義視角來凝視、欣賞這個屬於“他們的共同、和諧、美夢般”的烏託邦境界。英詩《尤》的基調是積極、樂觀、前進的，其心靈歷程偏向“追求、獲得、肯定”的正面意義。

英詩《尤》中有兩個形象：尤利西斯爲主體，魚尾獅爲客體。尤利西斯是西方文學中的經典人物原型。在詩中，不管尤利西斯是一個“能站在一個具有悠長歷史和豐富經驗的高點，來評價這個新興城市國家的獨立的、公正的、中立的西方智者”（雅斯敏·古納爾拉兹尼 Yasmine Gooneratne，1935－ ），④ 是詩人自己（柯爾巴爾·星 Kirpal Singh，1949－ ），⑤ 還是英國殖民官員萊佛士的化身（王潤華），⑥ 他都是西方文化的代表。至於在他“凝視”下的魚尾獅，是由西方文化所創造出來的，從無到有的産物：新加坡。這個産物以西方文化爲本位，保留部分東方傳統。在詩中，魚尾獅是一個人們“預想不到”、令人驚喜的“神話”，是一個“改變了原來的神，把種族記憶保存在祈禱、笑聲和女人的服飾姿態”後所换來的“和諧邊緣”，是一個“共同的中心”，一個充滿“燦爛又美麗的祖父美好的夢”的“遠景”，一個值得“發揚光大的，眼前的世界”。

(2.2) 本土文化象徵中的東方傳統

有異於英詩《尤》的西方視角，華詩《魚》直接從東方本土角度切入，以本土“魚尾獅”族人第一人稱“我”和第二人稱“你”的角度展開對話，通過激烈的設問進行自我身份的内省。身份（Identity）在當代文化論述中本來就是一個備受矚目與討論的議題；⑦ 但是，華詩《魚》

---

① 王潤華《華文後殖民文學：本土多元文化的思考》，《魚尾獅與橡膠樹：新加坡後殖民文學解讀》，頁116－117。

② 饒芃子《世界華文文學的新視野》（北京：中國社會科學出版社，2005年），頁13。

③ 王潤華翻譯《魚尾獅旁的尤利西斯》，《華文後殖民文學：本土多元文化的思考》（臺北：文史哲出版社，2001年），頁100－103。

④ Chitra Sankaran, *Edwin Thumboo (1933－)*.

⑤ Kirpal Singh, "Toward a Singapore Classic: Edwin Thumboo's 'Ulysses by the Merlion'", in Mohammad A. Quayam and Peter Nichs eds, *Singaporean Literature in English: A Critical Reader* (Serdang: Universiti Putra Malaysia Press, 2002), pp. 290－298.

⑥ 王潤華《華文後殖民文學：中國、東南亞的個案研究》（臺北：文史哲出版社，2001年），頁80。

⑦ 例如廖咸浩《在解構與解體之間徘徊——臺灣現代小説中“中國身份的演變”》，張京媛編《後殖民理論與文化認同》（臺北：麥田出版社，1998年），頁193。

在此一課題上最大的突破是：身份的討論不再局限於文化尋根的後殖民論述，也已經脱離“身份被解體或被解構”① 的危機階段，而是已然進入“新身份認同”的省察階段。梁鉞筆下的魚尾獅，雖然也是東西方文化交融後的新産物，却是一個荒謬的海陸混體物種，是東西失據的“二不像”：是“無腿不能縱横千山萬嶺之上”、“無鰓（你）就不能遨游四海三洋之下”，只能“呆立在前面是海，後面是陸的栅欄裏”、“什麽也不是，什麽也不像”的“荒謬組合”——“魚獅交配的怪胎”。② 於是，“我”，作爲新加坡人的焦慮感油然而生：“我也是魚尾獅”，我爲自己可能被迫“在歷史的門檻外”，無法縱横千山、不能遨游三洋而感到深深焦灼：“也有一肚子的苦水要吐，兩眶决堤的泪要流……”。這種在國家硬體與軟體建設工程如火如荼展開之際，自己却被排斥、被邊緣化的焦慮是集體的經驗，也是新加坡英文精英階層之外，華族社群的共同心理感受。梁鉞認爲，東西方文化混體的結果不是一加一等於二的優勢，相反地，却是固有文化被抽空，新文化又無法真正移植過來的零狀態。

綜上所述，七十、八十年代的新加坡本土文學雖然在對東西方文化混雜的態度有所不同，並創造出同詞異義的文化象徵：一是充滿希望的新國家、新文化物種；一是充滿憂患意識的文化怪胎。不過，他們却都認同“魚尾獅”作爲新加坡本土混雜體文化載體。這也正是新加坡英文和華文文學必須被視爲獨立的國家文學而非英國、中國海外文學的分支之關鍵元素。

（二）詩歌的意象

意象，指的是融入主觀情思的客觀物象，或世界主客觀物象表現出來的主觀情意。③ 意象，是同屬心理學和文學研究的術語，是“過去的感受與知覺經驗”。④ 自中國“五四”運動以降，以“陸地”的意象來象徵東方、“海洋”的意象來象徵西方，⑤ 便成爲文學中的一種表現手法。臺灣學者吕怡菁曾將此兩種象徵進行過深入闡釋，進一步賦予了陸地和海洋在空間和時間的現代意義。吕認爲：河（陸）的空間意義在於“河”是家國種族的代稱；海的空間意義在於“海”是邁向“世界”的通路，是“他者”的意義。⑥ 河（陸）的時間意義在於“河”（陸）爲通向“過去”的時間隧道，是依戀與羞愧的傳統省思；海的時間意義却是“海”望向未來，希望與迷惘的糾結（“文化虚位”、“價值迷失”；也是指向社會的進步）。⑦ 無獨有偶，英詩《尤》和華詩《魚》也創造了類似的文化意象。

1. 英詩《尤》中繁盛的海洋意象與西方文化傳統

首先，英文和華文文學評論，如雅斯敏·古納爾拉兹尼（Yasmine Gooneratne）和王潤華⑧ 都認爲英詩《尤》是以西方視點來叙事的。在詩歌裏，象徵西方殖民主義的意象就是海洋。筆者檢視的結果發現，不管在量或在質上，唐愛文都偏向重視海洋意象的運用：

---

① 例如廖咸浩《在解構與解體之間徘徊——臺灣現代小説中“中國身份的演變”》，張京媛編《後殖民理論與文化認同》（臺北：麥田出版社，1998 年），頁 193。

② 梁鉞《茶如是説》（新加坡：七洋出版社，1984 年），頁 31。

③ 袁行霈《中國古典詩歌的意象》，參袁行霈《中國詩歌藝術研究》（北京：北京大學出版社，1987 年），頁 63。

④ 勒内·韋勒克、奥斯汀·沃倫著，劉象愚、邢培明等譯《文學理論》，頁 211。

⑤ “從‘五四’時期開始，在中國文學中，海洋是西方文明與思潮的象徵。”參吕怡菁《文化尋根與歷史定位——現代詩中的海洋文化軌迹》（臺北：文津出版社，2006 年），頁 3。

⑥ 吕怡菁《文化尋根與歷史定位——現代詩中的海洋文化軌迹》，頁 15 - 26。

⑦ 同上注，頁 42。

⑧ 詳見 Chitra Sankaran, *Edwin Thumboo*（*1933 -* ）與王潤華《華文後殖民文學：中國、東南亞的個案研究》。

表二:《魚尾獅旁的尤利西斯》詩中的海洋與陸地意象對比

意　象　類　別	次　　數
海洋意象組合	
1. waters/sea（海、海峽）	5
2. Islands（島嶼）	2
3. Promontory（海角/岬）	1
4. salt-maned（海鹽凝結着的鬃毛）、Scaly（多鱗）、wondrous tail（出色的尾巴）、Half-fish（半魚）	1
5. Bounty of these seas（豐盛的海産）	1
陸地的意象	
1. Lion 獅	2
2. Half-beast 獸	1
3. Land 陸地	1

其次，唐愛文的“海洋”擁有取之不盡、用之不完的資源（bounty of these seas），是足以讓百姓安居的：

Peoples settled here,（各族人民在這裏定居）
Brought to this island（從海洋）
The bounty of the seas,（帶來豐盛的海産）
Built towers topless and Illium's.（建築了許多像伊農式的無頂樓塔）
　　They make, they serve,（他們製造，他們工作）
　　They buy, they sell.（他們買，他們賣）

Ulysses by the Merlion《魚尾獅旁的尤利西斯》①

在英詩《尤》裏，“海洋”這一意象蘊藏着多層含義，象徵着優越、强勢的西方文明。

第三，除了大量運用海洋意象，賦予海洋豐富的蘊涵之外，唐愛文在以詩的語言藝術重新塑造魚尾獅時，更是格外强調凸現出魚尾獅的“海洋”性。魚尾獅雖是半獸半魚的形象，在唐愛文眼中，它是“Powerful creature of land and sea（威力無窮的陸‘海’動物)”，是“lion of the sea（‘海’的獅子)”，它的長相特徵是“Salt-maned, scaly, wondrous of tail（海鹽凝結着的鬃毛、魚鱗遍身、完美出色的魚尾)”。

第四，海洋意象的功能並不只是用來描寫魚尾獅這一符號，它們在詩歌的布局上更是遼闊海洋裏的島嶼，是遠行的旅者（古代的西方智者、近代的殖民主義者、當代的作者）所將行經的遼闊空地圖之暗喻。也爲混體新文化物種“魚尾獅”開創遼闊開放的遨游空間②：現代的、西

① Chitra Sankaran, *Edwin Thumboo*（*1933－*）(Http://www.liteneyc.com).
② 博埃默著，盛寧譯《殖民與後殖民文學》(香港：牛津大學出版社，1998年)，頁24。

方的文明世界。

筆者以爲，在質和量上多層次運用海洋意象的組合，絶非偶然，而是下意識、有目的的：英詩《尤》裏的豐富海洋意象所指向的，就是西方文化傳統。

2. 華詩《魚》海陸失據的“栅欄”、“門檻”與東方傳統的窘境

與英詩《尤》盡情凸顯繁盛的海洋意象，對陸地却描述不多的寫作手法不同，華詩《魚》同時運用以陸地爲東方文化、以海洋爲西方文化的象徵手法。在《魚》詩裏，魚尾獅後有“千山萬嶺”的遼闊腹地，後有“四海三洋”的遨游空間。儘管如此，詩人却在陸地與海洋之間架設了“栅欄”。此二意象宣告了魚尾獅的窘境：無腿也無鰓的魚尾獅儘管“前面是海，後面是陸”但却只能呆立“在栅欄裏”、“歷史的門檻外”，進退失據。既無法回到可供依戀的過去/傳統(陸)，只能乾望着前方的“未來”/“世界”(海)。失落和渴望糾結着的痛苦在這一詩句中表現得很深刻。梁鉞看到再建設本土文化的深層困境，與唐愛文簡單地通過“改變自己的神”、“把種族的傳統回憶保存在祈禱裏、笑聲中和女人的服飾與迎客的姿態上”就可以順利完成的本土性建設過程不同。梁氏的警告是捨棄東方文化傳統、一面倒地投向西方文明的懷抱極有可能會帶來另一種“什麽也不是，什麽也不能”的生存危機。

總括之，兩位詩人對魚尾獅混體意象的解讀角度不同：唐氏從象徵西方的海洋裏攝取養分，從再造新生命的積極視角，從遠距離方向來描寫魚尾獅混體意象；梁鉞則從東、西方失據的混體危機、從近距離的觀察：“無腿”、“無鰓”來描寫之。

3.“他者的凝視”[①] 與“自我的省視”下的魚尾獅意象

3.1 尤利西斯的凝視

英詩《尤》中前後出現兩個主語：“I(我)”和“They(他們)”。前半段的“我”是尤利西斯，後半段的“他們”是魚尾獅。按後殖民文學學者博埃默(1961－)的説法，此乃殖民主義叙事文學的特色之一：“他者的凝視”。這也就是歐洲人所採取的統攝俯臨觀察角度。[②] 英《尤》詩因此受到嚴厲批評，因爲英詩《尤》中“我”，即尤利西斯/詩人自己/探尋者在詩歌建設新祖國的詩節裏突然消失了。唐選擇了將叙述主體“尤利西斯”抽離出來，改變了原先的叙述主語“I(我)”，改而以“they(他們)”作爲叙述的主語。本土英文文學評論家柯爾巴爾(Kirpal)批評英詩《尤》出現本質性的斷裂，詩人和詩中的“他們”之間的距離感因此產生，詩人和讀者之間的溝通也因此出現間斷：“他們/人民把燦爛又美麗的祖父美好的夢，放進新的遠景中，讓它繼續發揚光大，充滿眼前的世界的時候，作者呢？他是否也這麽做了呢？他去了哪裏？”[③] 筆者認爲，唐愛文將主語由“我”轉爲“他們”，不選擇與人民站在一起，而選擇一種居高臨下的遠距離凝視，除了是王潤華所認爲的，是受了“殖民主義話語”[④] 的影響，呼應了筆者於上文所述的“海洋是他者”的意象之外，也反映出精英主義分子刻意抽離的高姿態。而這種姿態，也導致了英詩《尤》無法成爲一部真正新加坡“經典”文學(A Singapore Classic)。[⑤]

3.2 魚尾獅的自我審視

相對而言，在華詩《尤》中，不管魚尾獅的形象如何荒謬、處境如何困難、身份危機如何

---

① 博埃默著，盛寧譯《殖民與後殖民文學》(香港：牛津大學出版社，1998年)，頁78。

② 同上注，頁24。

③ Kirpal Singh, Toward a Singapore Classic: Edwin Thumboo's "Ulysses by the Merlion", *Singaporean Literature in English: A Critical Reader*, pp. 290－298.

④ 王潤華《華文後殖民文學：中國、東南亞的個案研究》，頁82。

⑤ Kirpal Singh, Toward a Singapore Classic: Edwin Thumboo's "Ulysses by the Merlion", *Singaporean Literature in English: A Critical Reader*, pp. 290－298.

深重，梁鉞始終强調，這是“你”和“我”之間的共同問題。詩人在結構上採取“你”、“我”對話的回環結構，[①] 從問“你”開始，質疑“你”的内涵，最後繞回到“我”的身上，揭示“我就是你”，“我也是魚尾獅”，“你”“我”合爲一體，讓魚尾獅鮮明的本土文化意象顯得特别突出。梁鉞將新加坡人的命運緊緊與本土結合的做法，提升了本土的身份危機、文化危機主題。

綜上所述，英詩《尤》把家園的建設問題視爲“他者/他們”的問題，這與華詩《魚》的“你和我”之間共同的身份危機問題有着本質性的區分：華詩《魚》比英詩《尤》的本土意識更清晰，而更濃烈。

4. “魚尾獅”混雜式詩歌意象之當代文化意義

當“陸地”象徵東方、“海洋”象徵西方的文學意象逐漸定格成爲一種世界性的文化象徵意義之後，“個人與群體關係産生了重大的變化，即個人的命運和國族的前途不僅緊緊地捆繫在一起；個人、家國與世界的整體關係也得到全新的綜合定位”。[②] 在新加坡，東、西方文化融合之下的産物：魚尾獅混體文化意象。不論它是否能一如唐愛文所預言的，成爲與龍鳳、人體鷹、人頭蛇、日神的駿馬等文化象徵一樣永垂不朽，但是，它很可能是世界當代文學中的新文化意象之一。

至於這個海陸混體文化意象的評價，梁鉞的看法與唐愛文迥異。在兩種不同觀察的背後，也就隱藏着不同的“個人、家國與世界的整體關係和全新的綜合定位”。

4.1　魚尾獅混體文化意象是值得謳歌的

唐氏借着尤利西斯的獨白，給予魚尾獅高度評價，認爲“鬃毛凝結着鹽，多鱗，帶着奇妙的魚尾，雄赳赳的，堅持的海陸雄獅”是由西方文明所創造出來的“神話”。在强大的西方現代文明的支援下，他們（魚尾獅族）（毫不猶豫地、自覺地）改變了自己的“神”、“改變自己”（傳統、語言、文化……），（僅）把種族的傳統回憶保存在祈禱裏、笑聲中和女人的服飾與迎客的姿態上。目的就是一個更遠大的理想：“探索和諧的邊緣、尋找一個共同的中心”，“把燦爛又美麗的祖父美好的夢放進新的遠景中，讓它繼續發揚光大，充滿眼前的世界”。如今，站在二十一世紀的今天，我們回顧唐愛文於 1979 年所寫下的這首叙事詩，我們看到詩中的“神話”落實了：新加坡井然有序與高效率的社會體制、多元却和諧的社會結構、富裕並安居樂業的社會生活成爲不少國家艷羡的成果。這種成果被認爲是“（新加坡）因爲吸收了東西方與亞洲各種文化的優點，才能産生（成功）的新加坡經驗與新加坡模式”[③]。從這個角度來看，這首没有移民悲劇的英詩[④]《尤》被譽爲新加坡的史詩，被雕刻在新加坡河口的魚尾獅公園裏，享受國家級的史詩地位，並非偶然。在唐愛文的觀點中，獨立以後强調後殖民文化的混雜多種性（Hybridized nature）是一種值得謳歌的優點。

4.2　魚尾獅混體文化意象内部的强烈焦慮

魚尾獅混體意象果真有如唐愛文所預見的這般樂觀？華文詩人梁鉞隔着五年的時空爲唐愛文和英語精英界中的衮衮諸公擺下了一記警鐘，甚至唱起“我也是魚尾獅”的時代挽歌：

說你是獅吧
你却無腿，無腿你就不能

① 林文欽《現代詩鑒賞教學研究》（臺北：春暉出版社，2002 年），頁 297。
② 吕怡菁《文化尋根與歷史定位——現代詩中的海洋文化軌迹》，頁 43。
③ 王潤華《華文後殖民文學：中國、東南亞的個案研究》，頁 84。
④ 同上注，頁 80。

縱横千山萬嶺之上
説你是魚吧
你却無鰓，無鰓你就不能
遨游四海三洋之下
甚至，你也不是一隻蛙
不能兩栖水陸之間

《魚尾獅》

梁鉞在一開篇採取設問的修辭格喚起我們對魚尾獅形象的關注。[①] 然後，以凝重、嚴肅的反詰語氣，通過肯定句加反問語氣與魚尾獅展開“對話”，利用兩段、各四句整齊的排比句，[②] 將焦距定格在魚尾獅的“無腿和無鰓”上。詩人以它們爲利劍，刺破了唐愛文的魚尾獅神話。在梁鉞提醒下，我們才警覺到，魚尾獅原來無腿也無鰓，空有海陸兩栖的外形却没有海陸兩栖的生存引擎——矯健的腿和靈活的魚鰓。無腿不能成爲雄獅，空有縱横千山萬嶺之上的雄心，却不能奔馳；無鰓不能化作游魚，懷抱遨游四海三洋之夢却不能入水。在詩人的警告下，我們才驚醒過來，原來，西方與東方混體的魚尾獅是失敗的，不過就是“前面是海，後面是陸，你呆立在栅欄裏”的“魚獅交配的怪胎”！王潤華認爲，“腿”和“鰓”的隱喻正是東方和西方文化精髓。這頭無腿無鰓的魚尾獅直接指向新加坡人：身爲黄皮膚的華人，却没有中華思想文化的内涵，甚至不懂華文，接受英文教育，却没有西方優秀文化的涵養，只學到個人主義自私的缺點。[③]

最後，詩歌以痛苦哭喊爲結尾，留下了久久不散的時代哀嚎：

我忍不住去探望你
忍不住要對你垂泪
因爲啊，因爲歷史的門檻外
我也是魚尾獅
也有一肚子的苦水要吐
兩眶決堤的泪要流

如果我們簡單地將“我也是魚尾獅，也有一肚子的苦水要吐，兩眶決堤的泪要流”這聲聲哀嚎歸納爲東方傳統、華語言文化所發出的，那將淪於單一思維的表面論述。以下，筆者將結合九十年代以後的新加坡英語圈新生代：真正的“魚尾獅”混體族人（1965 年以後出生）的切身經驗和話語來檢視“我也是魚尾獅”的吊詭困境。英文小説作者陳慧慧（Hwee Hwee Tan，1974－　）爲其第二本小説 *Mammon Inc*[④]（《財神股份有限公司》）中的主角，一個牛津大學畢業生設計了一場就業考驗：“必須改變姐妹和好朋友的新加坡特徵以迎合牛津人的口味”以换取一份優差時，通過描述主角的心理掙扎帶出了新加坡年輕知識分子的文化憂患意識：“……別誤

① “設問的修辭格，通過自問自答或自問不答的形式以引起讀者積極思考的修辭方式”。參周亞生《古代詩歌修辭》（北京：語文出版社，1995 年），頁 105。

② “同範圍同性質的事象用了組織相似的句法逐一表出的，名叫排比”。參陳望道《修辭學發凡》（上海：上海教育出版社，2001 年），頁 207。按陳望道的定義，《魚尾獅》開篇的兩段重複應用“説你……吧，你却……；無……你就不能……”來直接點出魚尾獅的困境，屬於“排比”修辭格。

③ 王潤華《華文後殖民文學：中國、東南亞的個案研究》，頁 87。

④ Hwee Hwee Tan, *Mammon Inc* (London: Michael Joseph, 2001).

會，我並不排斥西方文化。美國人按美國人的方式生活是再自然不過的。但是，問題是，當新加坡人嘗試用美國人的方式生活時（聽美國音樂），却是如此低劣、虛假，就像劣質的仿冒品一樣。因爲，它們不屬於我們的土地、我們的歷史，我們自己。"① 爲了凸顯身份認同需要，陳慧慧也在小說裏應用了新加坡式英語。"雙語運用反映了他們（小説中的兩個人物）的文化混雜性，而這種混雜性讓陳慧慧將東方主義和西方主義並列在一起，並以它們來描寫人物在典型新加坡人固有的偏見與對白人的刻板印象中的困境。"②

4.3 英詩《尤》與華詩《魚》在當代混體文化論述上的比較

"宋旺相模式"和"邱菽園模式"思維在各自表述的語言空間裏分別塑造了不同實質內涵的魚尾獅混體意象，對新加坡人發出了同中有異的信息：

(1) 英詩《尤》立論於表層的國家統一、種族和諧的命題上來討論東西方文化的融合，而華詩《魚》則從社會文化內在的深層結構關係上討論本土新加坡人在東西方文化之間進退失據的困境。

(2) 英詩《尤》中的魚尾獅混體意象是在西强東弱的高度上期待向西方"探尋、獲得、肯定"而得來的樂觀；華詩《魚》則立足東微西盛的低谷裏"探尋、失落、質疑"後歸結出的焦慮。由於凝視和審視角度的不同，也更能凸顯了當代魚尾獅混體文化內在的矛盾與衝突。

(3) 英詩《尤》雖被奉爲跨時代的史詩，但華詩《魚》所透視到的混體文化窘迫處境除了是跨時代，更是跨語言圈，甚至是跨族群的。就這一點，是精心設計的英詩《尤》所不及的。

三、結語：魚尾獅混體文化象徵與意象之本土意義

本文立足於東西方文化激烈撞擊着的二十世紀七十、八十年代的新加坡，以新加坡獨有的"魚尾獅"象徵和意象爲課題，對比閱讀、分析新華詩歌《魚尾獅》和新英詩歌《魚尾獅旁的尤利西斯》；從中檢視東、西方兩種文化在本土澆灌的結果。探討發現：一、魚尾獅的國家圖騰意義在文學文本中進一步升華爲文化象徵與意象，代表着新加坡混合了東西方雙重文化傳統的混體特徵。這種具有本土意義的新混體文化意象同時擁有東、西方以及本土雙重傳統，也在强大的國家意識下普遍得到認同。二、七十與八十年代裏的兩種新加坡知識分子："邱菽園改良模式"和"宋旺相改良模式"主要是在各自的社群組織中表述觀點，其觀點因爲各自文化經驗的影響而有所不同：前者傾向於站在西方文化的立場來規劃本土社會文化工程，英文詩人唐愛文與他的文本《魚尾獅旁的尤利西斯》便是最佳例證；後者雖然在東微西盛的時代轉型期中產生身份危機，但其本土意識仍比英語知識分子來得更扎實，例如梁鉞和其詩作《魚尾獅》。三、英詩《尤》立論於表層的國家統一、種族和諧的命題上來討論東西方文化的融合，而華詩《魚》則從社會文化內在的深層結構關係上討論本土新加坡人在東西方文化之間進退失據的困境，因此英詩《尤》中的魚尾獅混體意象是在西强東弱的高度上期待向西方"探尋、獲得、肯定"而得來的樂觀；華詩《魚》則立足東微西盛的低谷裏"探尋、失落、質疑"後歸結出的焦慮。四、由於採取了有別於英詩《尤》的凝視角度，華詩《魚》的自我審視凸顯了當代魚尾獅混體文化內在的矛盾與衝突。因此，英詩《尤》雖被奉爲跨時代的史詩，但華詩《魚》所透視到的混體文

① Tamara S. Wagner, *Occidentalism in Singaporean Fiction* (Http//www. scholars. nus. edu. sg).
② 同上注。

化窘迫處境除了是跨時代更是跨語言圈甚至是跨族群的。

附録：

一、*Ulysses by the Merlion*《魚尾獅旁的尤利西斯》

1. 英文原詩 *Ulysses by the Merlion*（收録於 Edwin Thumboo, *Ulysses by the Merlion*, p. 31）。

I have sailed many waters,
Skirted islands of fire, emerged
From bouts with Circe
Who loved the squeal of pigs;
Passed Scylla and Charybdis,
Moved seven years with Calypso
Heaved in battle against the gods.
Beneath it all
I kept faith with Ithaca, travelled,
Travelled and travelled,
Suffering much, enjoying a little;
Met strange people singing
New myths, made myths myself.
But this lion of the sea
Salt-maned, scaly, wondrous of tail,
Touched with power, insistent
On this brief promontory,
　　Puzzles.
Nothing, nothing in my days
Foreshadowed this
Half-beast, half-fish,
This powerful creature of land and sea.

Peoples settled here,
Brought to this island
The bounty of the seas,
Built towers topless and Illium's.
They make, they serve,
They buy, they sell.

Despite unequal ways
Together they mutate,
Explore the edges of harmony,
Search for a centre;

Have some memory of their race
In Prayer, laughter, the way
Their women dress and greet.
They hold the bright, the beautiful,
Good ancestral dreams
Within new visions,
So shining, urgent,
Full of what is now.

Perhaps having dealt in things,
Surfeited on them.
Their spirits yearn again for images,
Adding to the dragon, phoenix,
Garuda, naga, those horses, of the sun
This lion of the sea,
This image of themselves.

2. 譯文《魚尾獅旁的尤利西斯》
(王潤華翻譯，收録於王潤華《華文後殖民文學：本土多元文化的思考》，頁 100－103。)

我漂洋過海，
穿過火島，
跟女妖精西姬搏鬥，
拒絶讓她把我變成一群豬，
航過充滿迷人歌聲的色試娜與茶利蒂海峽
我與嘉莉蘇在島上住了七年，
掀起與衆神的戰鬥。
而我心底
依然想着故鄉伊迪嘉。
航行，航行
受盡苦難，毫無樂趣
所遇到的異鄉人都在歌唱
新的神話：而我也在製造自己的神話

可是這隻海獅
鬃毛凝結着鹽，多鱗，帶着奇怪（奇妙）的魚尾
雄赳赳的，堅持的
站立在海邊
　　像一個謎。

在我的時代，沒有任何
　　預兆顯示
這頭半獸半魚
是海陸雄獅

各族人民在這裏定居
從海洋
帶來豐盛的海產
建築了許多像伊農式的無頂樓塔
　　他們製造，他們工作
　　他們買，他們賣

雖然方式不同
他們一起改變自己
探索和諧的邊緣
尋找一個共同的中心
把他們的神也改變了
種族的傳統回憶保存在
祈禱裏、笑聲中和女人的服飾與迎客的姿態上

他們把燦爛又美麗的祖父美好的夢
放進新的遠景中
讓它繼續發揚光大
充滿眼前的世界

在擁太過多的物質之後，
心靈開始渴望其他人的意象，
在龍鳳、人體鷹、人頭蛇
日神的駿馬外，
這頭海獅
就是他們要尋找的意象。

二、梁鉞《魚尾獅》(收録於梁鉞《茶如是説》，頁 31)

説你是獅吧
你却無腿，無腿你就不能
縱横千山萬嶺之上
説你是魚吧
你却無鰓，無鰓你就不能
遨游四海三洋之下

甚至，你也不是一隻蛙
不能兩栖水陸之間

前面是海，後面是陸
你呆立在栅欄裏
什麼也不是
什麼也不像
不論天真的人們如何
讚賞你，如何美化你
終究，你是荒謬的組合
魚獅交配的怪胎

我忍不住去探望你
忍不住要對你垂泪
因爲啊，因爲歷史的門檻外
我也是魚尾獅
也有一肚子的苦水要吐
兩眶決堤的泪要流

星·光

——詩人之思與宗教符號

陳惠英

引 言

對於語言的研究，近代的新見不少。海德格（或譯作海德格爾，Martin Heidegger，1889－1976）在《語言的本性》一文中再三囑咐詩人要傾聽“語言”對他説的話，而不是自己滔滔不絶地對“語言”進行訓導。海德格所指的“語言”是一種潛存的無聲的語言，也可以説是人和自然的律動。他强調説一個爲膨脹了的自己所阻塞的詩人是不能聽到這種神奇的律動的聲音。①因此，海德格説詩語是神或生命的寓所。② 抒情的詩語尤其具備這種特質。劉光耀《詩學與時間——神學詩學導論》③ 提到詩歌講“煉字”、“煉句”，並指出這個“煉”字當然有使之“簡潔”、“凝煉”、“精煉”的意思，而這層意思一向爲詩論家、詩學家所關注。劉氏説詩學家未曾關注的是“煉”實與“意”相關。就抒情詩來説，抒情的“自語”使詩歌成爲獨語的場所，而這種“自語”的絶對性，有如上帝的説話，由不得他者插話。④ 因此，詩歌的講求精煉，源於抒情詩語言的獨特要求，有如上帝（詩語是神或生命的寓所）的自語，同時與詩人的“意”相通。

凝煉詩人的意，反照詩人的心理，這種語言與心理的聯繫，可以透過現代的符號學研究予以探索。本文有意從表現詩人的“意”的沉思爲起點，檢視數首現代詩作，以見詩人沉思過程與宗教相涉，並從星與光符號探究詩人沉思過程的變化。

宗教與符號：沉思·光與暗

光明，智慧之意。⑤ 有光的地方，即可看見——事物給呈現出來。由是生出瞭解、明悟。《聖經》中的《創世紀》第一章提及天地萬物的創造以光與黑暗爲創造的符號，亦有相類的意思：

---

① 參看鄭敏《詩歌與哲學是近鄰：結構——解構詩論》（北京：北京大學出版社，1999年），頁271。
② 同上注，頁272。
③ 參看劉光耀《詩學與時間——神學詩學導論》（上海：上海三聯書店，2005年）。
④ 同上注，頁59－61。
⑤ 光明，術語，自瑩謂之光，照物謂之明。有二用，一者破暗，二者現法。佛之光明者，智慧之相也。《探玄記》三曰：“光明亦二義。一是照闇義；二是現法義。”《往生論注》下曰：“佛光明，是智慧相也。”參看丁福保編《佛學大辭典》（上海：上海書店出版社，1991年），頁998。

在起初天主創造了天地。大地還是混沌空虛，深淵上還是一團黑暗，天主的神在水面上運行。天主説："有光!"就有了光。天主見光好，就將光與黑暗分開。天主稱光爲"晝"，稱黑暗爲"夜"。過了晚上，過了早晨，這是第一天。①

如上所述，光爲智慧相，可以解釋爲"照暗"、"現法"。一生一滅。於這樣的時刻，呈現了悟的過程。海德格稱詩語是神與生命的寓所，其中便包含了詩人的了悟過程。光與暗的相應關係，使詩的含義更爲豐富。現代詩人黄國彬（1946－　）《微茫秒忽》寫的是作詩狀態，正是以光、星光爲喻：

創作的過程，也是步罡踏斗、在星際回舞的活動。在大黑暗中，作者也像諸葛亮和王羲之，全神貫注，不理會流星以怎樣驚人的高速掠過鬢角；也無暇俯首，看漩渦狀星雲在脚下静轉時，抹出多壯觀的大弧。因爲，這時候，他的魂魄早已飛出凡竅，不受聲音的干擾……這一刻，他一直等待的微茫，那深獲神寵的光胚，就會隱隱在太初的純黑中出現。這一刻，他的凡軀就會走入光陣……②

王良和（1963－　）於1999年的"香港文學國際研討會"③上宣讀的論文《如山韞玉，如玉含光——論黄國彬的心理定勢兼析〈聽陳蕾士的琴箏〉》，提及黄國彬詩的"聖光"。是次研討會論文結集爲《活潑紛繁的香港文學——一九九九年香港文學國際研討會論文集》（上、下册），於2000年出版。④王良和以"聖光體系"論析黄國彬詩，認爲不由此破譯黄氏詩作，也就不容易從詩人的創作意識作解讀的導引。王良和以爲："詩人以聖光作爲自體生命的終極歸宿和藝術上的最高境界，形成創作上的聖光心理定勢，强烈影響詩歌的方向。"⑤詩人自覺創作過程一如造物主創造天地，光是創造之始，有了光，天地萬物因此形成。《微茫秒忽》的詩作便常見星與光。像《有這樣的一個早晨》寫的是日常生活中出現奇異的天象："奔走相告間咄咄稱奇，／不相信天窗之上的屋瓦，／終於有一顆瑩潔的啓明，／從水平線之下帶來澎湃的金光。／當他們知道，夜氣是真的消散了……"⑥在日常的早晨竟然出現似《創世紀》中出現的景象，世界給黑夜支配，幸好有燦爛金光出現，大地回復生機。這仿如《聖經》故事的景象是詩人特有的聯想。

此類獨特的聯想，並無實有的邏輯聯繫，這種書寫有若自語式的言説。一如"上帝那絶對者的言説"，因"上帝是絶對者，故是一位自語者"。⑦在自語狀態中，詩人看似不依邏輯，忽略常態句式的語言，述説的各種事物倏忽呈現，事物間並没有明顯的關連。

《有這樣的一個早晨》寫的是第一度光出現的奇觀，亦是絶對的自語式的呈現。《空房間的回聲》寫的雖是惜别，流露的是對於舊地方的留戀以及對新生活的期盼，但詩人同樣述及光，視光爲美好、合理的景況：

① 筆者以今稱天主教的《聖經》爲樣本。參看思高聖經學會譯釋《聖經》（香港：思高聖經學會，1999年），創1：頁1－20。
② 參看黄國彬《微茫秒忽》（香港：天琴出版社，1993年），《序》，頁2。
③ "香港文學國際研討會"由香港中文大學新亞書院及香港藝術發展局合辦，1999年4月15－17日於香港中文大學召開。
④ 黄維樑主編《活潑紛繁的香港文學——一九九九年香港文學國際研討會論文集》（上、下册）（香港：香港中文大學，2000年）。王良和論文見於上册，頁242－265。
⑤ 參看王良和《如山韞玉，如玉含光——論黄國彬的心理定勢兼析〈聽陳蕾士的琴箏〉》的"論文提要"，載黄維樑主編《活潑紛繁的香港文學——一九九九年香港文學國際研討會論文集》（上册），頁242。
⑥ 參看黄國彬《微茫秒忽》，頁88。
⑦ 參看劉光耀《詩學與時間——神學詩學導論》，頁59－60。

當我滿頭白髮，腰背龍鍾，
想起一些善良的人，
想起一座城市，
曾讓天地的第一線光芒
流入我柔嫩的眼睛，
並在秦中黔黷、巴峽不通時
供我棲止，讓我成長，
認知，獨立思考，接觸到
許多美好的事物，而無須捲入狂暴；……①

詩人常以光象徵美好事物，寄予希望，另一本詩集《雪魄》，亦見相類的寫法，如《半山黎明》：

枕著放亮的鳥聲，
我是一條綠水草，
靜聽柔軟的銀漪
流入黎明的金玻璃。
玻璃深處，澄澈的光脈
潺湲過一綢紫色的風。
紫色的風是你的柔髮，
無聲飄過黎明的金梳。②

同樣寫及黎明的《以黎明洗衣》，也寫及光：

你在黑夜獨行，
走過幽靈之窩。
一群魅影把你包圍，
以地獄的瘴氣
染污了你潔白的衣袖
你懷著鄙夷和憤怒，
叱咤間躍入黎明，
以滔滔的金光洗衣。③

上述詩作或以感恩之心寫天地的開始，或寫及曾遇到的黑暗，最後均以光作抵禦，以寄寓希望，因而懷有感恩之心。詩中流露的是詩人對於現世生活的不滿，每遇到不靖的時刻，詩人想像自己遁入微茫天地間，並升上高天，甚或化成一陣風（罡風），避開喧嘩。《蟲鳴鴉噪的時刻》一

① 參看黃國彬《微茫秒忽》，頁 84。
② 參看黃國彬《雪魄》（香港：香江出版有限公司，1998 年），頁 50。
③ 同上注，頁 72。

詩，寫的正是這樣的景象：

> 萬蟲爭鳴，千鴉競噪時，
> 你要沉默如種子；
> 像山海容忍喧嘩
> 冷冷地等噪音結束；
> 像誕生前的雷電，
> 深隱在山嶽之內……①

其後，詩人的想望超然物外，最終，奇異的景象超越了現實，詩人如風地橫掃不靖的事物：

> 像雷電，從山嶽
> 躍入廣濶無邊的天空，
> 在罡風之上奔騰。②

詩人這種帶有宗教情感的奇想，見於採用宗教元素的詩作。《微茫秒忽》中以《聖經》故事爲藍本的詩作便有《禱詞》、③《猶大》;④ 以佛教符號出現的如《雨天游萬佛寺》、⑤《到達金頂前》,⑥ 前者寫雨中萬佛寺的靜穆，後者寫及風雲色變之際，頃間自己有如一尊金雕像："雲霧之原，把我如一尊金色的雕像承託",⑦ 於微茫秒忽之際，詩人亦如其他詩作中所呈現的景象，一時間升上高天，神游物外，自己亦化成如金身的佛："然而這時，你只會看見/ 我的臉頰和頭髮閃著金光，/ 眼中亮起很遠很遠的一顆星；/ 却不會聽見我昂然長嘯了。/ 因爲這時，我已置身於水晶之天/ 立於悲喜和驚怖之上。"⑧

從詩作得知詩人以抒情手法寫及的縱使是日常事物，亦附以宗教情感，其中尤以神游物外之際所見的"視像"，最是與具宗教意味的景象相近。詩中所見是種種超越現實的境界。詩中的我或疾走如風，或示衆如神、如造物者。這種景象可以視爲詩人對現世的逃避與對抗，以神妙之思遠離塵世，在有如神明的領域內，得一時的安穩。這種内化的情景，是抒情詩特有的心理狀態。"收視内聽" / "收心内視"⑨ ——眼前的世界隱去，只餘詩人的内視世界。在内視世界中，詩人待言説的不是理知世界的事物，而是有若音樂的流動與綿延，承載的不是先後有序的事件，相反地，是起伏不定有如錯落的音符。這種音樂般的合譜，是抒情語言的面貌。

---

① 參看黄國彬《微茫秒忽》，頁 76。
② 同上注，頁 77。
③ 同上注，頁 52 - 53。
④ 同上注，頁 105 - 108。
⑤ 同上注，頁 19 - 20。
⑥ 同上注，頁 98 - 101。
⑦ 同上注，頁 101。
⑧ 同上注。
⑨ 所謂"收視内聽"，指的是一種特殊的心理狀態：當通往所指的路被阻斷之際，"看"便不再可能了，可看的東西被遮蔽了，不可"'看'見"了；當出現人們周圍的只有音響形象的時候，"聽"自然地被喚醒。這種情形又稱"收心内視"，"收心"指不再尋求能指之所指，以及與所指概念相關的外部世界；顯然，這也就是"收視"的意思：把"視力""收藏"、"收放"起來，把眼睛"閉"（收閉）起來，不往"外"看。"内視"則指專注於能指的音響形象，詢問、尋索聲音之内所蘊藏的奥秘；顯然，這也就是内聽的含義了。抒情詩語自身創造了可聽的聲音，並規定和要求著能聽的耳朵，不論對詩人還是讀者，"眼睛"都是用不著的……參看劉光耀《詩學與時間——神學詩學導論》，頁 76。

漢詩從《今文尚書》的《堯典》誕生時就被認爲是一種由音樂來調諧的文種。“歌永言”有著詩用來吟誦，延長語言的意思；“聲依永”指的是聲音的高低抑揚和詩歌語言相配合。要解讀詩人的作品，尤其是抒情詩一類的創作，可以從音樂流動以及心理態勢等方向探索其中脈絡。

宗教符號：光與風景

詩人就眼見的風景書寫永恒之思，不一定以宗教的常見事物爲題材。葉維廉（1937－　）詩作著重美學探討，其中不乏對生命的思考。

葉氏曾在臺灣大學外文系畢業，先後在美國愛荷華大學及普林斯頓大學修讀碩士及博士學位，長期居於海外。他的詩作不少涉及風景的描述，“他是學者、游子、現代主義的旗手、記者、散文家；而縱使他具有多重身份，仍一直與時代、地域、運動血脈相連”。[①] 他著名的詩作《賦格》（*Fugue*）（1960）寫的是遠古歷史，神話傳説，以及現代人的困思。詩作的多種意象，相互撞擊，有著異常豐富的層次。詩人以風景的種種變化寄託所思，詩之一的末句“我們且看風景去”，[②] 既是總結，也是開展。“其一”以後的兩節是繁富奇異的意象，間以“我們游過”、[③]“我們一再經歷”，[④] 使詩行於一種游歷觀景的景況下展開。他的《西班牙 Castilian 風景——給 Claudio 和 Elifie》是一首標明寫風景的詩。[⑤] 此詩與《賦格》（*Fugue*）不一樣，詩人以現實的風景寫及永恒的事物。其中的光既讓景物呈現，亦附有深層意義。

詩作共分三節，詩中的第一節，寫的是午後的景物：

所有的門
　　都關上
所有的車
　　都歇下
午後
微微蠕動的
是
落落的羊群

然後
晶光
橫

① 羅登堡（Jerome Rothenberg）指出葉維廉三十多年來，一直努力保持詩歌的生命力，推陳出新，並認爲他是“一流的作家和真正的文人”。參考羅登堡（Jerome Rothenberg）著，杜良譯《葉維廉的風景》，《當代》（臺北）第 102 期，1994 年 10 月出版，頁 72。此文是羅登堡爲葉維廉的英文詩集所寫的序文。該詩集名爲 *Between Landscapes: Poems by Wai-lim Yip*（《在風景之間》）（Sante Fe：Penny-whistle Press，1994）。

② 參看葉維廉《三十年詩》（臺北：東大圖書公司，1987 年），頁 55。

③ 同上注，頁 59。

④ 同上注。

⑤ 筆者曾以此詩爲例，説明現代詩的景的特質。參看陳惠英《現代詩“景”的符號——經驗、記憶、時間、空間》，《臺灣師範大學學報》，47（2），2002 年，頁 105－120。

野
黄草
接
天

萬傾
顫抖的
茫然裏
幾條褚色的線
刻出
一二
粗糙剥落的農莊

若有
若無的
教堂的尖塔
憑
　　虚
御
　　風
而不知
那深沉的時間
何所止

唯一的松林外
那火車斷斷續續的
輪轉
彷佛是
亞拉伯
彎刀霍霍的馬隊
向那中世紀的
古城 Avila①

此節一共四十行的詩句，寫的是西班牙的風景——Castilian 風景蘊含西班牙地形特徵。西班牙以歌達拉馬山脈（Guadarrama Mountains）區分爲二，名爲新 Castile (New Castile) 和舊 Castile (Old Castile)。羅馬帝國軍隊曾先後入侵，詩中提到的古城 Avila 即爲當時（十二世紀）戰爭所在。② 詩中寫及午後的風景—— “午後”（所有的門/ 都關上/ 所有的車/ 都歇下)、“晶光”（晶

① 葉維廉《葉維廉自選集》(臺北：黎明文化事業股份有限公司，1975 年)，頁 199 - 209。
② 參看 Perrott Phillips, *Spain* (London：Octopus Books Ltd., 1982 年)，頁 10。

光/ 横/ 野)，再現的是有著時間記認的風景。一片午後的陽光，照耀著野外，一切都看得很清楚，“所有的門”與“所有的車”都在靜止的狀態。詩中觀看的角度是廣闊的，可以包含一切的事物——“看”的是“所有”。“看”也就是“瞭解”(覺)。不是實存世界的“看”，而是與“收視內聽”接近的內視。因爲“所有”在靜止狀態(門是由室內到達室外的通道，現在關上了；“車”是由一個地方通往另一個地方的交通工具，現在停下來了；反映出“所有”事物是靜止的)。這樣的風景便顯得不尋常。

在靜止的風景中，只有羊群在蠕動，羊群並不是一大群而是數量少的、疏落的(落落的羊群)，詩中的景物由極靜到緩慢的移動，在這裏，“然後”是個關鍵詞。“然後”在時間的範疇内是指過去或未來。① “看”的改變亦由“然後”開始——“然後/ 晶光/ 横/ 野”、“黄草/ 接/ 天”，呈現的是開闊的事物。由“所有”的靜止到無所不包的“横/ 野”。“接/ 天”則是一大片澄黄的野草，由是“晶光”與“黄草”，使本來緊閉的、靜止的空間變得寬廣而充滿活力。

葉維廉十分關注現代詩的語言，他認爲現代詩應努力學習中國詩“同時呈現的手法”。② 舊詩重視“抓住現象在一瞬間的顯現(epiphany)，而其對現象的觀察，由於是用了鳥瞰式的類似水銀燈投射的方式，其結果往往是一種靜態的均衡”。③ 葉氏認爲中國舊詩未能處理的是在紛擾無常的現實中人的處境。葉氏此詩寫及的風景有著中國舊詩的“同時呈現”與“類似水銀燈投射”的情景，詩中的“光”，是轉换的關鍵。“晶光”的“光”使一切存在。“教堂”的“若有”、“若無”，以及與“虚”、“風”相應，便顯得别具深意。這與前述黄國彬詩作的光，有相近的地方。光是某種超然的事物，其存在使原有的事物變得不一樣。

宗教符號的指向：自省

現代詩人講求個性的獨立與反省精神，這在與宗教相涉的時刻尤其明顯。阿藍(鄧阿藍，本名鄧文耀，1946－)的《蒲台島二首》(海前的廟宇及螺形的石旁)，④ 有著不少相對元素，其中便包括黑暗與光的對比。

《蒲台島二首》是頗長的詩，這在香港現代詩作中是較少見的。第一首共一〇八行；第二首減半，五十四行；兩首合共一六二行。這兩首詩同寫於 1979 年。限於篇幅，只討論第一首。第一首詩近似的數個詩行，有著明顯的聯繫：

我在香燭前回過頭來(第十四行)
我在浪聲中仰起頭來(第四十七行)
我在風凉裏垂下頭來(第五十五行)
我在浮影前(第六十五行)
我繞過張曬的破網(第七十四行)
我呼吸到海的氣息(第八十八行)

---

① 參看 Tuan Yi-fu(段義孚)著，潘桂成譯《經驗透視中的空間和地方》(*Space and Place: The Perspective of Experience*)(臺北：國立編譯館，1999 年)，頁 119。
② 參看葉維廉《秩序的生長》(臺北：時報文化出版企業有限公司，1986 年)，頁 226。
③ 同上注，頁 226。
④ 筆者曾就此詩寫過一篇分析《讀詩》，刊於《文學世紀》3：3，2003.3，頁 54－56。

我在浪聲中（第九十七行）[1]

上述七行以“我”起首的詩句，是詩中的思考點，以詩中“我”爲關鍵。把上述詩行抽選出來連續閱讀的結果，呈現的是詩中“我”的一組行動，從“在香燭前回過頭來”到“我在浪聲中仰起頭來”，是平視到仰看的變化，其中相距三十多個詩行。以下的“在風凉裏垂下頭來”是俯向，與上句的仰頭，相距不超過十行，是比較快速的變化。以下從“我在浮影前”到近於結尾的“我在浪聲中”，相距的詩行相當平均，不超過十數行。這組詩行是平行的，不俯向，也不仰向，似乎變化不大，但其中又有著細微的變化，這是值得注意的。

現在先看看在第一個“我”出現之前的相對元素：

中龕檯的塵積
沉默著一面鏡子
褪色懸掛著燭光
微幌手影的移近
海映朦朧中
水波爍浮著島邊
海風緩緩地觸手
自水涯邊沿移行
經過石滑間
在鏡壁的冷硬前
逐漸逐漸靜止
鏡海裏飄進岸烟
游移著一群浮影
我在香燭前回過頭來[2]

上述的“中龕櫃”的陳設充滿象徵。龕櫃原是敬神禮佛的儀具，但上面已布滿塵埃。龕櫃前的“一面鏡子”與“燭光”却把有關廟宇（神祇的居所）的內外古今連起來：鏡子是反照的（不真實的），也是現在的、平行的；燭光則是時間流逝的過程，是縱向的。詩中的“我”停留在廟宇內已有好一段時間，他所見的“微幌手影”和感受“海風緩緩地觸手”，是鏡子與燭光兩者作用而生的影像。就在這樣的時刻中，“鏡海裏飄進岸烟/ 游移著一群浮影/我在香燭前回過頭來”，很顯然的是鏡中的反照讓“我”回過頭來，他要看清楚反照的真象。這裏有著內外、古今的相對。現在再看看從第一個“我”到第二個“我”出現的詩行之間有著甚麼變化、相對的元素。

兩詩行之間相距三十二行。詩中的“我”回過頭來所見的是“陽光”（廟前飄過陽光進來[3]）、“廟祝”在説話（飄著廟祝的説話[4]）、“游人”（游人們聆聽著[5]）、“祭檯下一座廢鐘”、[6]

---

[1] 參看鄧阿藍《蒲台島二首》，載錢雅婷編《十人詩選》（香港：青文書屋，1998年），頁74－77。
[2] 同上注，頁74。
[3] 同上注。
[4] 同上注。
[5] 同上注。
[6] 同上注，頁75。

“籤支”（一支竹籤沙啞出筒邊/ 跌過一道窗光/ 揚起占語的灰燼下/ 落成更沉啞的聲音[1]），以及“燭水”（燭水淌流著檯上/ 從火影中掙扎出來/ 像流向朝海的廟外[2]）……詩中的“我”在兩層的思考間不斷發現，他重新回過頭來看見廢鐘和求籤舉措而領略其中的破落和沉啞，在第二次出現的思考點“我在浪聲中仰起頭來”[3] 時，詩中的“我”似乎已有所決定，他仰頭向天，面向更闊大的天空。

詩的後部分，詩中“我”的思考更見清晰。他看到的不同事物都有了新的角度：廟裏的風鈴已“失去細碎的音聲”，[4] 他再三思量：“我在風涼裏垂下頭來”，[5] 有風的時刻不應該這樣溜過。他慢慢地移向有光的地方：“我在浮影前”，[6] 走到外面去；“我繞過張曬的破網”……“我呼吸到海的氣息”，[7] 近海的地方充滿聲色，他看到的是充滿生趣的現實世界，他想像漁舟的漆髹下的故事：

銹錨減退了多少蒼老
水底下多少沉重拉起
船浪再次旋渦起來
回響金屬的擊喚
船具操動著手影
汗水緩流波光的閃爍
沿粗臂上流著潮紋
滴流往海邊去[8]

這組詩行的節奏較急促，似是因爲重新的發現而興奮，種種今昔、可見和不可見的聯想間的對比，勾劃出對生活的熱誠的冀盼，由是詩中的“我”終處身在“浪聲”中，他完完全全的走出廟外，即使回過頭來向廟内張望，看到的只是拿著燒香的老婦，“一步一步跨過斜光/ 尾隨濛烟繚繞入廟内”。[9]

“光”在這裏是喻體。老婦一步一步朝廟内走去，“我”反而退出來，有光的地方才是真實的世界。與前述兩首詩作的例子不同，“光”在這裏指的是光明、清晰的現實世界，非超然的存有。詩人的自省，使他遠離神祇塑像，朝室外陽光走去。

這首詩或許可用抒情詩的“現在性”[10] 加以解釋。只有此在的特性，詩人才會在時間之流中，貫通今古，浮想聯翩。王良和曾經提及詩歌這種文類，“往往由一刹那的感受或一個觀點通

---

① 參看鄧阿藍《蒲台島二首》，載錢雅婷編《十人詩選》，頁 75。
② 同上注。
③ 同上注。
④ 同上注。
⑤ 同上注，頁 76。
⑥ 同上注。
⑦ 同上注，頁 76－77。
⑧ 同上注，頁 76。
⑨ 同上注，頁 77。
⑩ 參看劉光耀《詩學與時間——神學詩學導論》，頁 82－83。劉氏引述論者查常平的話：“查常平先生説得何其之好，‘現在的現在性’在於‘現在的在上性’……人與動物在時間綿延意識上的差別僅在於動物的時間意識取決於自己動物性本能的需要，人却在自己外在時間之上追尋時間的起源、歷史的動因。”（引自查常平《日本歷史的邏輯》［成都：四川人民出版社，1995 年］，頁 6）對於人，“現在”之義應爲“現下的存在”、“現在之在”、“在於現下”或“在於當現”。它意味著存在進入時間（現在），並從而使時間（現在）獲得了在性。

過種種意象、聯想、叙述來開展，加厚内容”。[①] 通過種種意象、聯想、叙述以開展刹那感受或豐富觀點，指的是凝神於當下種種。只有在“純一”、“陶然”的狀態中，人的存在始會變得“詩意”。[②]

結　語

海德格再三囑咐詩人要傾聽“語言”對他説的話，而不是自己滔滔不絶地對“語言”進行訓導。人因語言而存在（“唯語言才使人能够成爲一個作爲人而存有的生命體”［Only speech enables man to be the living being he is a man］[③]），海德格以爲語言即語言本身，“語言説”，即語言内的詩意因素足以是尋索的全部：

> 我們現在在詩歌中尋找語言之説。所以我們所尋找的東西就在所説的詩意因素（das Dichterische）之中。[④]

詩中的語言，包括一再出現的意象，包括符號。這些均可視爲潛存無聲的語言，也許亦可以解釋爲詩人的沉思。在轉换變化的過程中，詩人之思足以構成詩的魅力。就引述的三首詩作所見，詩人在沉思的關鍵時刻，或“收視内聽”，刹那處身於有如天上的環境，光照萬丈，如神出現，一切變得不一樣；或以光爲依歸，一步一步向前走去。光的“符號”特性，雖兼具不同意涵，但同樣反映詩人沉潛曲折的思考過程。

本文嘗試從現代詩人的作品，尋索詩人之思與乎宗教情感相關的脈絡，詩中顯而易見的符號如光與暗的對照、對於如永恒星光的想望與追求、對於神祇的懷疑，多元顯示現代詩與思（沉思、静默、默想）的關連；而與宗教相關連的符號，又引發出存在的思考。這種思考透現詩與神的相涉（詩語是神或生命的寓所）。詩人在時間之流中，抒情地以獨語方式陳述當下的包括過去與未來的瞬間。詩人之思呈現人存在的“詩意”，其中不乏東西方文化分殊的元素。本文未及妥善處理的問題尚多，期諸日後補充。

---

① 參看王良和《如山韞玉，如玉含光——論黄國彬的心理定勢兼析〈聽陳蕾士的琴箏〉》，載黄維樑主編《活潑紛繁的香港文學——一九九九年香港文學國際研討會論文集》（上册），頁 261。

② 參看劉光耀《詩學與時間——神學詩學導論》頁 96 引海德格爾（海德格，Martin Heidegger，1889－1976）語。劉氏説：這正是“詩意”。當你看到山間鬱鬱葱葱的古木俯臨碧緑的流溪，有花瓣默然自水上漂過，你豈不説“多有詩意啊！”這裏有詩意，因有純一的生機、安謐，讓你陶然沉浸其間。……當人自身的同一性在那裏被找到、令人陶醉地朗然顯現，從而使人的同一性得到了成全或完成，那裏就有著詩意了！

③ 參看馬丁·海德格（Martin Heidegger）著，孫周興譯《走向語言之途》（臺北：《時報文化》，1993 年），頁 1。英譯可參看 Martin Heidegger (translations and Introduction by Albert Hofstadter), *Poetry*, *Language*, *Thought*, New York: Harper & Row, Publishers, 1971, p. 189。

④ 參看馬丁·海德格（Martin Heidegger）《走向語言之途》，頁 8。

論東西文化發展的時差：以羅門“燈屋”的美學思想爲例

區仲桃

東西文化自有緊密交流以後似乎很難再把兩者作清楚的劃分。其中現代主義文學在西方和在中國的發展情況正好説明了問題。許多評論認爲臺灣現代主義詩歌是對西方的一種模仿。仿佛臺灣現代主義詩歌跟西方現代主義涇渭分明，有真假之分。事實當然並不是這樣簡單直接的。以研究臺灣現代主義詩人羅門的美學思想爲例，他的詩作、詩歌理論及居所“燈屋”所展現出來的矛盾正正反映了東西文化的不同是在於階段而不是本質。① 有關臺灣現代主義詩人羅門的研究，便是一個闡述中國跟西方文化由於發展步伐的差異構成相互對照的例子：通過分析羅門詩作、詩歌理論及居所“燈屋”的矛盾，從而把啓蒙運動的問題説明得更清楚。

羅門在中國文學史上被界定爲現代主義詩人。這個劃分不但將羅門跟西方現代主義扯上關係，亦把啓蒙運動的内容注入到有關羅門的討論中，因爲二十世紀的現代主義正是十八世紀啓蒙運動的産物。現代主義影響的範疇十分廣泛，計有文學、繪畫、建築等等。其中不同領域對啓蒙運動的反應亦有分别。以現代主義文學爲例，它便是對啓蒙理念的一種反叛，作家、詩人在作品中集中批判由啓蒙運動催生出來的現代性。另一方面，現代主義建築表面看來却是對啓蒙時期渴望光明這種美學理想的一種實踐，因爲現代主義建築是指那些透明、充滿光線的房子。現代主義文學及建築屬於不同的範疇，一直以來甚少被放在一起討論。② 然而，現代主義文學和現代主義建築的關係真的如表面上看到的那樣南轅北轍嗎？羅門的詩作及居所“燈屋”把現代主義建築及文學結合起來並配合詩人的美學理想，製造了一個同時探討、比較兩個現代主義領域的需要。討論結果除了加深對羅門創作的認識外，亦令我們對啓蒙理念的内容進行反思，其中包括以下四點值得注意的地方。

首先，羅門的詩歌、裝置藝術、詩學理想並不是完全一致的。詩人的詩歌對他的美學理想“燈屋”的描述充滿矛盾。這正正反映了充滿光線的光亮房子背後亦會令人産生不安。這點帶出了第二個話題：現代主義文學和現代主義建築看來對啓蒙理念的反應並不一樣，但實際上兩者跟

---

① 這部分内容參考了何兆武的部分意見。何兆武“不同意東西文化的劃分方法”，他認爲“那實質上是階段的不同。學術作爲真理，本質上無所謂中西之分……”，見《上學記》（北京：三聯書店，2007 年），頁 268。我對何氏的意見有以下補充：在東西文化得以較廣泛交流以前，兩者的劃分還是可以的，但自進入現代以後，東西文化交流緊密，正如何兆武所説，兩種文化的本質已没有多大分别，只有階段的不同。有關臺灣現代主義詩歌是模仿西方的論述，可參考龔鵬程的《臺灣文學在臺灣》（臺北：駱駝出版社，1997 年）及吕正惠的《戰後臺灣文學經驗》（臺北：新地文學出版社，1995 年）。

② Anthony Vidler, *The Architectural Uncanny: Essays in the Modern Unhomely* (Cambridge, Mass.: MIT Press, 1992). Vidler 是較少數同時討論文學及建築的學者，只是 Vidler 主要由建築的角度出發，集中研究現代主義建築的美學，對現代主義文學並没有作深入的探討，更没有把兩個不同領域的現代主義作比較。此外，值得注意的還有 Edward Winters, *Aesthetics & Architecture* (London: Continuum International Publishing Group, 2007). Winters 在“Part I: Theory of Architecture”的“Modernism”部分，除了指出現代主義是啓蒙運動的産物外，亦提到現代主義文學和現代主義建築對啓蒙運動理念的反應各有不同。

啓蒙理念的關係都是十分密切的。啓蒙運動的美學理想除了追求光明、進步的一支外，應該還有長期被壓抑下去的“怪異”，兩種美學是同時存在的。此外，追根究底“怪異”這種美學跟家的本質有莫大的關係。家的本質是矛盾的，它同時由兩組對立的元素“令人有在家的感覺”（*Homely/Heimlich*）及“令人害怕的東西”（*Unhomely/Unheimlich*）組成。換言之，没有“怪異”便不可能有温暖的家。最後一個值得思考的話題是：爲什麽羅門的作品會在東西文化交流中起到一種類似對照的作用呢？由於篇幅所限，只能對上述複雜的話題作簡單的探討。這篇短文主要分爲兩大部分。其中一部分會先説明啓蒙運動的兩種美學——“光明”和“怪異”。然後再集中討論一向被壓抑的“怪異”及它跟家的本質的關係。① 另一部分將透過對羅門的作品（詩歌、居所“燈屋”及美學思想）的討論，對照上述有關啓蒙運動複雜性的探討。當然，到底爲什麽羅門半個多世紀的創作能對西方過去數百年的發展起一種對照的作用呢？論文的最後部分亦會嘗試解答這個問題。

啓蒙運動美學

啓蒙運動的内容十分複雜，不容易下定義。例如由它生發出來的美學思想並不單是一般認爲的理性追求；理性以外還有長期被壓抑的“怪異”。此外，表面看來現代主義文學是對現代性的一種反撥；現代主義建築則實踐了啓蒙運動的理念。然而實際情況又不完全是這樣。這種認爲啓蒙運動複雜難以下定義的論調自十八世紀以來從來没有停過，直至二十世紀八十年代評論界才出現較統一的説法。歐特芸（D. Outram）總結道：“啓蒙運動是一種渴望。它希望人類的事情由理性而不是由信仰、迷信等主導。這種思想認爲人類理性的力量可以改變社會令到個體從習俗的枷鎖或專制的權力中解放出來。這一切之所以得以成立全賴一種以科學爲主的世界觀而不是宗教或傳統。”② 從以上簡單的歸納中，可以看到啓蒙運動的出現對宗教信仰帶來一定的打擊。信仰在啓蒙運動出現前起了很大的作用。按照羅理（N. Royle）的説法，信仰有助控制“怪異”。當宗教勢力遭到削弱，“怪異”便由此産生。③ 换言之，由啓蒙運動生發出來的美學思想不單有由理性衍生出來的一支，還應該包括由“怪異”發展出來的另一支。然而，啓蒙運動一直以來都仿佛只跟光明所象徵的理性扯上關係。以“啓蒙”這個詞爲例，在西歐文字中全跟光明有關。④ 這種發展方向與最早提出“啓蒙”概念的德國藝術家朱道維其（Daniel Chodowiecki）並不吻合。“啓蒙”首次出現時是朱道維其一幅畫作的題目。畫中有三位在清晨中趕路的旅人正迎著晨光向目的地進發。朱道維其解釋道畫中有由沼澤及異教徒燒祭品時所做成的烟霧，但畫家相信太陽會繼續向上升，烟霧不會構成障礙。⑤ 朱道維其的解説用象徵（陽光象徵理性；烟霧象徵宗教信仰）帶出了理性及宗教信仰此消彼長而不是你死我活的關係。

---

① 有關“怪異”跟家的本質的關係，可參考拙作 *Modernist Aesthetics in Taiwanese Poetry since the 1950s*（Leiden：Brill，2008）第二章。

② 有關啓蒙運動的複雜性，可參考 Dorinda Outram，*The Enlightenment*（Cambridge：Cambridge University Press，1995），其中第一章特别重要。還有 Theodor Adorno and Max Horkheirmer，*Dialectic of Enlightenment*（Stanford，Calif. ：Stanford University Press，2002）。

③ Nicholas Royle，*The Uncanny*（Manchester：Manchester University Press，2003），p. 21.

④ 除了英文的“Enlightenment”外，法文的“*Lumieres*”，意大利文的“*Illuminismo*”等詞都跟光明有關。Ulrich Im Hof，*The Enlightenment*（Oxford：Blackwell Publishers Inc.，1997），pp. 4 - 6.

⑤ Im Hof，*The Enlightenment*，p. 3.

弗洛伊德是少數最早討論“怪異”這種在啓蒙運動中長期被壓抑下來的美學的人。[①] 他的論文《怪異理論》（*The Uncanny*）發表於 1919 年，[②] 正是西方現代主義發展得如火如荼的時期。這點時間上的巧合並不是偶然的，因爲現代主義正是啓蒙運動的產物。現代主義是對現代性的一種反應，而現代性是由啓蒙運動發展出來的一套提倡理性、科學技術及不斷進步的理念。現代性充分藉著人們身處的空間譬如現代城市及家等體現出來。當現代城市變得愈來愈物質化，啓蒙運動的價值受到質疑。城市在他們眼中變得“怪異”。[③]除了城市以外，“怪異”的家亦是現代性的副產品。韋特拉（Anthony Vidler）指出啓蒙運動夢想一種理性及透明的空間。這種理想空間被現代主義者作烏託邦式的繼承。結果，爲了實現這種空間，從一開始便沾上麻煩，因爲它是建基於一種變化無常的美學思想及焦慮的心理之上的。[④] 那些現代主義的玻璃建築令到居住在裏面的人們產生“怪異”及不安的感覺。韋特拉對啓蒙運動的評論清楚指出了這種美學思想的複雜性。一種建基於把複雜概念簡單化的美學思想，正如韋特拉指出是注定有問題的，而且放在建築空間裏來看，問題更爲明顯。例如啓蒙時期嚮往理性及透明的空間是建基於把恐懼或那些能引起恐懼的黑暗空間壓抑下去。[⑤] 啓蒙時期其中一個關注是要把光明投射進黑暗及那些混亂的意念及精神裏去。然而，當這種意念一旦落實到建築裏，黑暗空間不是被壓抑下去那麼簡單，而是被剷除。一所房子失去了供隱藏秘密的空間，亦即是失去了“令人有在家的感覺”。

怪　　異

弗洛伊德在《怪異理論》（*The Uncanny*）中詳細説明了“令人有在家的感覺”（Homely/Heimlich）及“怪異”（Unhomely/Unheimlich）的關係。他追溯“令人有在家的感覺”的定義至 1860 年出版的丹尼爾·桑德爾斯（Daniel Sanders）的《德語詞典》及 1877 年出版的《格林詞典》（*Grimm's Dictionary*）。弗洛伊德認爲“令人有在家的感覺”是一組模糊的詞。一方面它指那些熟悉及令人愉快的東西；另一方面它指那些隱匿起來不被人看到的事物。簡單來説，“令人有在家的感覺”這組詞從一開始便跟“怪異”有關。弗洛伊德引用謝林（Schelling）的意見，進一步解説“令人有在家的感覺”及“怪異”（没有在家的感覺）兩者的關係。根據謝林的解釋，“怪異”是指一切應該被隱藏及維持在秘密狀態但却曝了光的東西。弗洛伊德對謝林的詮釋做了進一步的説明。他認爲“怪異”並不是指一些新的或陌生的東西，而是一些早已存在心裏，但經過一連串壓抑，最後變得陌生化的事物。這些“怪異”的東西本應維持隱匿的狀態，但却曝了光。[⑥] 雖然弗洛伊德成功地引用壓抑理論來説明東西怎樣被隱藏，但他並没有闡述謝林這樣

① “怪異”（uncanny）又有譯作“令人害怕的東西”，“令人没有在家的感覺”。這篇論文將三者共用。

② 弗洛伊德的“*The Uncanny*”，又譯作《論“令人害怕的”東西》，弗洛伊德著，見孫愷祥譯《論創造力與無意識》（北京：中國展望出版社，1987 年），頁 123－162。

③ 有關現代性跟啓蒙運動的關係，參考李歐梵《晚清文化·文學與現代性》，《中國現代文學與現代性十講》（上海：復旦大學出版社，2003 年），頁 2－3。至於現代主義跟現代性的關係，見 Matei Calinescu, *Five Faces of Modernity* (Durham: Duke University Press, 1987), pp. 41－6. 現代城市、怪異跟現代主義的關係，見 Richard Lehan, *The City in Literature* (Berkeley: University of California Press, 1998), p. 5 及第五章。

④ Anthony Vidler, *Warped Space: Art, Architecture, and Anxiety in Modern Culture* (Cambridge, Mass.: MIT Press, 1992), p. 3. 有關啓蒙時期透明空間的發展之詳細内容，可以參考 Stephen Kern 的 *The Culture of Time and Space: 1880－1918* (Cambridge, Mass.: Harvard University Press, 1996).

⑤ Anthony Vidler, *Warped Space*, p. 3.

⑥ Sigmund Freud, "The Uncanny", *The Standard Edition of the Complete Psychological Works of Sigmund Freud.* Trans. James Strachey et al. Vol. XVII (London: The Hogarth Press, 1964), pp. 224－225.

給“怪異”下定義的原因。

韋特拉對“怪異”的起源作了進一步的探討，並且斷言“怪異”的起源是跟宗教、哲學及詩的起源有關。韋特拉認同謝林的意見，並宣稱荷馬式的崇高是建基於對“怪異”的壓抑。[①] 正如謝林指出，希臘產生出一個荷馬的原因是古代希臘被一股“怪異”力量操控著，而這種力量其實是一種原始的恐懼。[②] 荷馬式的崇高是由“怪異”自然發展出來的。結果，黑暗及隱藏的力量被崇高壓抑下來，被貶成爲一些不可思議的事情。[③] 事實上，若要清楚瞭解謝林對怪異起源的解釋，我們必須知道博克（Burke）有關崇高的意念。在他的美學著作《論崇高與美兩種觀念的根源》（*A Philosophical Enquiry into the Origin of Our Ideas of the Sublime and Beautiful*）中，博克清楚指出恐懼是崇高的根源：任何一切可以構成痛楚及危險的意念，換言之那些可怕或跟可怕相關的事情都是崇高的源頭。[④] 這樣說來，假如沒有恐怖的話，崇高便變得不可能。同樣道理，若失去了可以隱藏或埋藏秘密的隱蔽空間，溫暖的家亦變得沒有可能，因爲那些應該維持隱匿狀態的東西被曝了光的話，家便變成“怪異”。這種恐懼在前啓蒙時期基本上是不存在的。那時無論宗教的力量或是建築的理念都克制著原始的恐懼，令它們不會曝光。啓蒙時期倡導科學、光明等理念嚴重打擊宗教，令那些長期被隱藏起來的東西有被暴露的危機。然而啓蒙時期的建築技術始終未能追上思想的發展，建築師没有合適的技術及物料去建設光明或透明的空間。這種局限可以從啓蒙時期的建築師博理（Etienne - Louis Boullee）那裏得到證實。當十八世紀的建築大師都選擇回歸古典時，博理透過繪畫實現了興建光明空間的理想。值得注意的是博理大部分具幻想力的建築物都只能在紙上出現，他那些最後得已建成的都屬於一般的作品。當時的建築技術只讓博理建造出黑暗而没有光明的空間來。我們可以用博理那幅《牛頓紀念碑》的圖爲例。圖中那些厚牆只能制造黑暗空間，至於光明只能靠碑内那個掛在中間的火球做成（圖一）。興建一座光明及透明的空間這個夢想直到十九世紀才得以實現。1851 年帕思頓（Joseph Paxton）用鐵枝及玻璃在倫敦海頓公園（Hyde Park）起了一座水晶皇宫（圖二）。這座貌似温室的展覽館實在是現代主義透明風格的先驅。及至經改良的混凝土出現，透明空間才正式誕生，柯比意（Le Corbusier）才可以建造充滿光及空氣的房子（圖三），但正如上文已提到，這種透明的空間會令本來已隱藏好的黑暗不得不暴露出來。換言之，家的本質失去了

圖一 牛頓紀念碑

① Anthony Vidler, *The Architectural Uncanny: Essays in the Modern Unhomely* (Cambridge, Mass.: MIT Press, 1992), p. 26.

② 弗洛伊德在《怪異理論》這篇文章中指出，“怪異”觸及殘留在我們身上的那些泛靈信仰的精神活動（p. 241）。他進一步說明“怪異”跟這種原始信仰的關係：讓我們把怪異跟那些全能的思想聯繫起來，例如可以即時達成願望、有引起傷害的秘密能力、想像令死者死而復生等。以上種種情況正確無誤地引發怪異的感覺。我們或者應該說，我們的原始祖先曾經相信這些可能性是現實的種種，並且相信它們實際上會發生。今天我們不再相信這些想法，我們克服了這些思想模式，但我們對於新的信仰並不肯定，而這些舊的思想仍然存在我們内心深處，時常等候著得到肯定。只要我們生活上一些事情確實發生了，而且跟那些舊的、被遺棄的信仰相吻合，怪異的感覺隨即產生（pp. 247 - 248）。

③ Anthony Vidler, *The Architectural Uncanny*, p. 27.

④ Edmund Burke, *A Philosophical Enquiry into the Origin of our Ideas of the Sublime and Beautiful* (Oxford: Oxford University Press, 1990), p. 36.

平衡。當這種理念具體地引入到建築方面，並在現代主義時期得到落實時，“怪異”房子便由此產生。

圖二　水晶皇宫

圖三　Villa Savoye

羅門的美學思想

中國的發展及國情毫無疑問是跟西方的有所不同。然而由於原始恐懼是一種具普遍性的現象，相信古代中國人亦曾面對這種懼怕。雖然在中國文化裏並没有複雜的宗教或荷馬式的崇高，但中國人也發展出多種哲學來減低他們那種恐懼。儒家思想是其中最重要的一支。自十九世紀以來，儒學面對很多嚴峻的挑戰，它在二十世紀特别是文革期間幾乎完全被推倒。1949 年以後，馬克思主義取代了儒家思想的地位，在中國大陸成爲主導性的思想。五十年代被放逐到臺灣的現代主義詩人，他們無論在物質上或精神上的避難所都受到巨大的威脅。國民黨政府退守臺灣後，大力提倡“戰鬥文藝”以便宣傳反共的意識形態。此外，國民黨政府堅持自己是中國傳統文化的守護者。中國傳統文化的價值、藝術等被正式頌揚。國民黨政府對中國傳統保護的決心可以從“中華文化復興運動”中顯示出來。蔣介石嘗試透過這個活動來維護民族的遺産。雖然當權者盡了很大的努力去跟中國傳統接軌，但被放逐的人處於一種漂流的狀態。古代中國離他們很遠；真實的世界又變得破碎。剩下來的只有主觀世界最爲確定。[①] 結果這些被放逐的作家對西方現代主義産生了興趣，因爲兩者的感受十分接近。這些被放逐的作家選擇轉向内心世界跟外在的世界保持距離。[②] 换言之，這些臺灣現代主義詩人同時失去了他們文化傳統及精神上的家。除此以外，這些被放逐的中國人在臺灣是名符其實的無家可歸，國共内戰並没有一下子結束。事實上就算他們幸運地租住了房子，也許要經常忍受搬遷的苦惱。上述的種種因素都構成了從大陸到臺灣去的人無法在臺灣找到一個舒適的家或渴望找到一個舒適的家的原因。雖然構成臺灣現代主義詩人産生“怪異”感覺的原因跟西方那些詩人不同，但他們感受到的情緒都是相類似的。在衆多詩人中，羅門的詩歌跟居所最能具體説明“怪異”跟家的本質的關係及啓蒙理想的種種問題。

① Hsiau A-chin, *Contemporary Taiwanese Cultural Nationalism* (London: Routledge, 2000), pp. 52 – 66.

② Hsiau 在 *Contemporary Taiwanese Cultural Nationalism* 中詳細解釋了外省人跟中國傳統的關係。其中“Postwar Linguistic Problems, Literary development, and the Debate on Hsiang-tu Literature”那章最爲重要。

羅門的詩歌按内容可再細分爲城市詩、戰爭詩、自然詩、“燈屋”系列等，其中他的城市詩充分反映了現代主義詩歌對啓蒙運動産生出來的現代性的一種反撥。① 然而，這些作品只佔了羅門所有創作中的其中一部分。羅門在他的詩學理論“第三自然螺旋架構”中清楚指出城市文明令人厭惡，他的理想是“燈屋”的世界（圖四）。詩人把這種理想落實到他的日常生活環境中，他在家裏做了大大小小三十多盞燈，名爲“燈屋”。當所有燈都開著時，就是一所光亮房子，跟啓蒙運動對光明的追求不謀而合，只是這種追求不但没有强化渴望光明、理性的美學思想，反而把“怪異”從壓抑中釋放出來。

圖四　燈屋

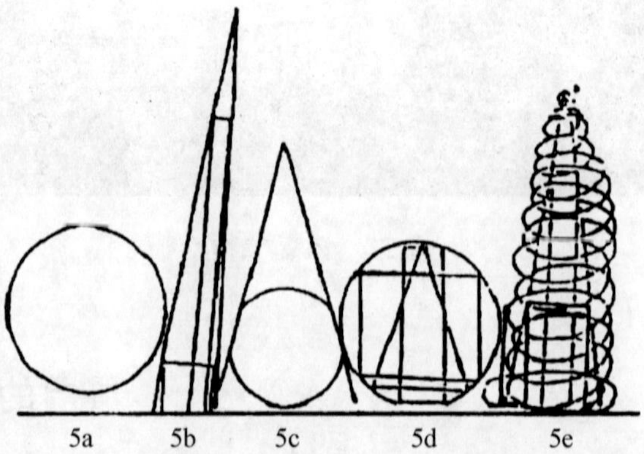

圖五　第三自然螺旋架構

羅門所有的創作——詩、裝置藝術等都跟他的“第三自然螺旋架構”詩學理論有關。所謂“第三自然”實際上是指向詩人及藝術家的理想世界。詩人及藝術家努力超越外在的世界，那個真正的世界，例如郊外及大自然（羅門稱作“第一自然”）、城市（“第二自然”）最終進入超凡的美的境界，即“第三自然”。林耀德在他那篇《360度層疊空間——論羅門的意識造型》中準確地指出羅門的“詩觀中最重要的一項特色，就是將抽象思維落實在意象和幾何構造的喻意上”。② 例如羅門在“第三自然螺旋架構”中用圓圈去象徵“第一自然”——大自然郊外的空間（圖5e）。羅門指出早期工業革命帶來城市化，破壞了大自然環境。在他的解説圖中，羅門把圓圈畫在三角形内用以表達這種情況（圖5c）。當城市建設至某一個階段，城市化所帶來生活上的種種問題開始浮現。在這種情形下，城市居民開始緬懷已失去的“第一自然”。羅門把所有代表城市文明的元素例如三角形、正方形及長方形等放在圓形内，借此來表達上述的情況（圖5d）。由於人們没法回到過去及返回“第一自然”的環境中，所以他們嘗試超越令人失望的生活空間，而詩人及藝術家選擇通過他們的作品來到達那片詩意的空間。③

羅門創造“燈屋”的原因，跟他的美學理想有密切的關係。詩人認爲現代世界中城市化帶來急速生活節奏的轉變，這一切都與公共交通工具的發明有關。結果，“生存的時間量度增大，空間縮小”。④ 詩人看出這些有關時空的轉變帶來混亂的時空概念：過去、現在及未來都被壓縮在一起，“造成現代人對時空的觀念特别感到漠然”。⑤ 羅門進一步指出，“現代詩人爲要掙脱悲

① 羅門的詩歌分類可參考羅門《羅門創作大系》（臺北：文史哲出版社，1995年）卷一至卷十。
② 林耀德《羅門論》（臺北：師大書苑有限公司，1990年），頁3。
③ 羅門《羅門論文集》（臺北：文史哲出版社，1995年），頁95－113。
④ 同上注，頁93。
⑤ 同上注，頁80。

劇性的宿命論對生存的封鎖，以便從有限的、窒息的、封閉的與陰暗的現實層面打開出口，使內在精神得到無限的活動與超越，便也自然地對超現實與抽象的世界沉迷與神往了”。[①] 然而，詩人猜想“人類尤其是藝術家的精神，極難長期活動在一個没有碑界與扶欄的抽象世界裏；當‘內在’進行著一連串的没有邊際的逃奔、追索與流浪之後，心靈難免要在不可抑制的困累感中，自然地想望著一個有拉環、把柄與有依靠的具像世界，以便將流動不定的自我帶住與穩固住”。[②] 結果，羅門創作了“燈屋”去抵抗那些轉變。值得注意的是羅門描繪的城市是黑暗及不道德的，這正正跟他創作的理想世界“燈屋”造成强烈的對比。城市跟“燈屋”這組二元對立的關係和下列三組二元對立——黑暗空間跟光明空間、“令人有在家的感覺的”跟“怪異”、崇高跟恐怖——的關係都十分相似，是一種共存的關係。換言之，那個看似光明及透明的空間實際上是包含著黑暗空間的。

怪異房子

羅門的詩歌跟他的詩學理論及“燈屋”裝置藝術最大的分別是他並没有對光明作完全肯定，特別是在他那些有關“燈屋”、“光明”或“透明”的詩歌中，詩人隱約帶出了絶對光明是不可行的信息。這點對光明的懷疑説明了羅門的美學理想存在矛盾的同時，亦具體反映了啓蒙運動中對光亮房子的追求所帶來的問題。羅門透過一系列有關“燈屋”的詩作著力塑造一個理想的透明空間——“第三自然”。這片光亮、透明的空間最早出現在《第九日的底流》這首長詩中：

> 鑽石針劃出螺旋塔/所有的建築物都自目中離去……/我的心境美如典雅的織品置入你的透明/啞不作聲地似雪景閃動在冬日的流光裏[③]

在上述引文中，羅門用了四行去説明他的“第三自然螺旋架構”。鑽石針觸到的唱片是圓形的，象徵“第一自然”。由“第一自然”進入“第二自然”，觸目所及都是建築物，建築物令人聯想到城市化。詩人極力擺脱都市的空間，建築物在眼前消失，最後進入了“第三自然”，即“第三自然螺旋架構”中塔的頂端。羅門想像塔的頂端是一片透明的空間，十分寧靜及美麗。

到底在透明的空間内有什麽東西呢？羅門在《光的建築》這首詩中作了進一步的説明：

> 它不是只停在那裏/隔音擋灰的玻璃大廈/而是一不斷燃燒發光的/動體……/在純粹的光之旅中/透明的光境裏/它正升華成那座/可容進整個天空的/水晶大廈……/至於永恒什麽時候會來/叫詩與藝術站在光裏等[④]

在這首詩裏，羅門把透明空間比作一座水晶大廈。雖然它類似一座玻璃大廈，但水晶大廈畢竟跟普通的現代辦公室大廈不同。它包含了整個天空。此外，永恒、詩歌及藝術住進了這個光明的空間。事實上，這個透明的空間並不單止跟美麗及詩歌有關，而且還包括蓉子及大自然。例

① 羅門《羅門論文集》，頁 81。
② 同上注，頁 88。
③ 羅門《羅門創作大系》卷四（臺北：文史哲出版社，1995 年），頁 43－44。
④ 羅門《羅門短詩選》（北京：中國社會科學出版社，1995 年），頁 210－211。

如在《湖之歌——給蓉子》中那片透明的空間代表蓉子及大自然：

坐在凝眸中/你是自光中流出的透明/也是在透明中流動的/那面鏡①

引文中的“你”同時可以指向一個湖及蓉子。詩的題目《湖之歌》暗示“你”指向那個湖。然而，由於詩的副題是“給蓉子”，所以那個“你”亦可以解作蓉子。在這種情形下，大自然及蓉子同時亦跟透明的空間有關。簡言之，透明空間可以是指羅門喜歡的人及事。

羅門認爲螺旋塔上那片透明的空間是超越一切人類活動及建築的。雖然詩人的家位於臺北鬧市，但當他把所有窗門關閉，“燈屋”便把他跟現實的世界隔絕：

門窗緊閉示以堅然的拒絶/帘幕垂下完成出美的孤立/外面是消失在遠方的風/裏邊像波流涉及岸/全然絶緣後的觸及/是驟然在空氣中誕生的鐘之聲　電之光/這一塊純美的空間②

圖六　燈屋内的窗

在《螺旋形之戀》這首詩的開首兩行中，詩人告訴我們他如何把自已跟外面的世界隔絕。其中的秘密是把窗保持關閉（圖六）。只要把窗關閉，外面的一切便會消失得無影無蹤。幻想的“第三自然”隨即出現，那裏充滿鐘聲和光。羅門住在自已的幻想中，並想像“燈屋”是世界上最純粹的地方。除了在現實生活中的有限運作外，即提供兩位詩人一處居住、工作及休息的地方外，“燈屋”亦是一件藝術品或是一處想像的空間用來保護他們，令他們不受外界的紛擾及時間的洪流影響。

“燈屋”這片純美的空間並不是没有問題的。羅門一方面告訴我們他會經常關起窗，在“燈屋”這片透明空間中找到“在家的感覺”；另一方面，詩人又想打開窗。然而，當他嘗試打開窗時，羅門却發現自己被鎖在透明的空間裏。這樣看來，那片透明的空間跟“令人有在家的感覺”（*heimlich*）這個詞的詞義十分相似，它同樣包含矛盾的意思。例如在《窗》這首詩中，羅門暗示了透明空間的問題：

猛力一推雙手如流/總是千山萬水/總是回不來的眼睛/遥望裏/你被望成千翼之鳥/棄天空而去　你已不在翅膀上/聆聽裏/你被聽成千孔之笛/音道深如望向往昔的凝目/猛力一推　竟被反鎖在走不出去/的透明裏③

在詩的開首部分，詩人指出他被外面的自然景觀吸引。全詩十一行，羅門用了九行來告訴我們他如何喜愛大自然風光。目光被大自然的景物吸引著，不願意收回來。看著大自然，好像比鳥

① 羅門《羅門短詩選》，頁237。
② 羅門《羅門創作大系》卷五（臺北：文史哲出版社，1995年），頁135－136。
③ 羅門《羅門短詩選》，頁10。

還要自由自在；聽著大自然的天籟，大自然仿佛變成了笛子。羅門筆下的大自然可以有兩個解釋：真實的大自然跟“第三自然”理想世界中的風景。[①]以上的描述應該是指“第三自然”理想世界中的風景，因爲在接下來的第九句詩中，羅門告訴我們“第三自然”理想世界中的風景令他回想起以往的大自然景色。然而，眼前美好的一切不是没有問題的，因爲羅門最後竟然被“透明”鎖著。“透明”在詩人的詩歌世界裏正正是指“燈屋”的理想世界。

羅門没有告訴我們被反鎖在“透明”裏到底是什麽意思，但本雅明（Walter Benjamin）對居住藝術的解説幫助我們理解“透明”其實是給古代居住藝術敲打的喪鐘。所謂古代居住藝術實質是指安全感。本雅明指出，在這個時代轉捩點留下的印記中寫明了喪鐘已爲舊式的居住模式（一種以安全感佔優的居住模式）敲響。哲埃狄安（Giedion）、孟德爾遜（Mendelsohn）、柯比意把人類居住的地方變成一處所有幻想力量、空氣和光波的過渡性的空間，所有都可以在透明這個符號下找到。[②] 羅門提到的“透明”跟本雅明指出的有類似的地方。“透明”這個詞是指二十世紀初出現的玻璃建築。正如韋特拉認爲“現代性一直被……透明這個神話纏繞著”，而這個意念充分反映在柯比意的建築中。柯的建築最明顯的特色是在於它的國際性的透明建築物料、空間的滲透、無處不在的空氣、燈光和物質的運動。[③] 本雅明認爲現代建築破壞了舊建築提供給我們那種安全感。建築師畢尼（Adolf Behne）抱有跟本雅明相同的看法。畢尼於 1918 年指出歐洲人恐怕玻璃建築會帶來不舒服這點是對的，因爲歐洲人一定會被剥奪了那種温暖的感覺。[④] 換言之，住在玻璃房子裏會令人産生“怪異”的感覺。

“燈屋”正如它的字面意義一樣，是到處都布滿了燈光，這種特色令我們聯想到現代主義式的透明。若現代主義式的透明破壞了早期建築帶來的安全感的話，“燈屋”的光亮毫無疑問令羅門的家失去那種舒適、安全的感覺。怪異的感覺由此而生。事實上，“燈屋”的雙重功能亦做成了怪異的産生。正如弗洛伊德指出，當想像及現實的分界消失，怪異的效果便會容易産生。例如一些本來是屬於想像的東西，但在我們面前以真實的形態出現。“燈屋”便屬於這樣的例子，它到底是屬於想像的還是現實的東西實在難以説得清。一方面，“燈屋”是一處詩學的空間；另一方面，它是一個客廳、一個飯廳。除此以外，蓉子亦是住在“燈屋”内。由於蓉子的詩學理念跟羅門不同，所以對羅門來説，“燈屋”是一件藝術品或想像空間，但對蓉子來説，它却是一個住所。正如蓉子指出，羅門是一個擁抱現代城市及現代文明的人。二十世紀城市生活是他詩學的靈感，因爲羅門的詩歌集中批判今天的城市生活。相反，蓉子的靈感泉源是來自大自然及鄉間人那種純真的性格。在這種情形下，長期住在混亂的城市中無疑令蓉子的創作能力減低。由此可見，蓉子及羅門的詩學是有一定的分别的。[⑤] 羅門亦注意到爲了維持“燈屋”的理想狀態，蓉子一定要犧牲她的興趣。例如蓉子喜愛花，但花跟“燈屋”的意念並不吻合，所以女詩人只把花放在睡房中。[⑥] 換言之，蓉子在燈屋的存在提醒了羅門他是活在現實的世界中。

雖然羅門嘗試通過創造“燈屋”來抗拒外在世界的急速轉變及混亂的生活，但他好像從一開始便意識到“燈屋”或那片透明的空間其實包含了“怪異”的感覺或黑暗的空間。在羅門早期的一首詩《光　穿著黑色的睡衣》中，詩人清楚帶出光明及黑暗兩者矛盾的關係來：

① Au Chung-to and Tom Rendall, *The Collected Poems of Lomen: A Bilingual Edition* (Taipei: The Liberal Arts Press, 2006), p. 202.
② Anthony Vidler, *The Architectural Uncanny*, p. 217.
③ 同上注。
④ Kenneth Frampton, *Modern Architecture: A Critical History* (London: Thames and Hudson Ltd., 1997), p. 117.
⑤ 蓉子《蓉子散文選》（北京：中國社會科學出版社，1995 年），頁 40。
⑥ 羅門《羅門創作大系》（臺北：文史哲出版社，1995 年）卷十，頁 90。

> 紫羅蘭色的圓燈罩下　光流著/藍玉的圓空下　光流著/邱吉爾的圓禮帽下　光流著……/而在圓形的墳墓下　連作爲天堂支柱的牧師/也終生抱怨光穿著黑色的睡衣[①]

羅門在這首短詩中指出光是在不同的、美麗的圓形下流動的。例如“圓燈罩”、“圓空”及“圓禮帽”等。然而，詩人亦不忘告訴我們光明是經常穿著黑色的睡衣，即光明與黑暗的關係是你中有我、我中有你的。

對　照

羅門的詩歌、美學思想跟“燈屋”的矛盾其實正是啓蒙運動複雜性的一個縮影。羅門作爲一個臺灣現代主義詩人，但透過分析他的詩歌、“燈屋”及美學思想，竟然能够把啓蒙時期產生的問題具體地顯現出來，雖然並不是詩人的原意，但也不完全是巧合。啓蒙時期倡導的現代性影響所及，無論從時間及空間（地域）來看，牽連都是深且廣的，很多問題在當時未能料到，亦未有凸顯出來。直到二十世紀初，問題才一一浮現。它們首先在西方出現，但影響範圍之廣，中國亦受到波及。西方現代主義作家首先感受到現代性帶來的問題，但他們並没有對這種發現進行反思。現代主義者花更多時間來追憶失落的過去。换言之，現代主義者對現代性甚至是現代主義的本質並不太理解。對現代性本質作較深入探討的是後現代主義者。後現代主義理論家如李歐塔（Jean-Francois Lyotard）等把現代性及現代主義的問題追溯到啓蒙時期的理念。結果，後現代主義者在理解和對現代主義認知的情況下接受二十世紀初的巨變。[②] 中國大陸無論從現代性還是現代主義方面來説，都比西方出現得較晚。臺灣現代主義更加要等到六十年代才出現。這中間的時差，令到臺灣現代主義從一開始便跟西方的有所不同。羅門在美學思想及詩歌方面受到後現代主義較多的影響，這點是他跟一衆臺灣現代主義詩人最明顯的分别。詩人的作品中包含了後現代主義理論提倡的相對性、不穩定性及多義性等。以“燈屋”這個美學理想爲例，那種光明中包含著黑暗，黑暗的空間包含著光明的意念便充滿相對色彩。也許更重要的是羅門對現代性的反思，令他没有如大部分現代主義作家一般沉醉於過去，詩人選擇建構一個理想世界，但又絶對不是空中樓閣，因爲他的“燈屋”亦充滿了矛盾。如此説來，羅門對現代性的反應是結合了現代主義跟後現代主義者的態度，這正是通過羅門的作品能對啓蒙理念作出概括性闡述的原因。然而，這並不是説詩人有意識地利用自己的作品來説明啓蒙運動的種種問題。[③] 這種對照關係之所以形成，當然不是純粹巧合，但亦有很大部分是偶然。

最後值得注意的，是對照不分賓主關係，這點不禁令人反思過去在探討中國大陸及臺灣現代主義過程中，西方跟東方主次分明的關係。假如現代性如哈貝馬斯（Jurgen Habermas）所説是一個未完成的工作的話，[④] 也許這裏可以作一個新的詮釋：我們對啓蒙理念、現代性、現代主義，以及中國大陸及臺灣現代主義的研究，也是一項未完成的工作。

---

① 羅門《羅門創作大系》卷四，頁92。

② Tim Woods, *Beginning Modernism* (Manchester: Manchester University Press, 1999), pp. 8 - 9.

③ 在撰寫這篇論文的過程中，曾透過電話跟羅門談過啓蒙運動跟其作品的關係，詩人似感到意外。

④ Jurgen Habermas, “Modernity — An Incomplete Project”, in Peter Brooker ed., *Modernism/Postmodernism* (New York: Longman Group, 1992), pp. 125 - 138.

陳染《另一隻耳朵的敲擊聲》之孤獨感研究：以西方精神分析爲理論建構

史　言

一、引　　言

在中國當代文壇，陳染（1962－　）是爲數不多的堅持個人化寫作的作家之一，她大膽細膩地描摹了女性自身獨特的經驗和體驗，具有强烈的女性自我意識。陳染以其敏悟、善思創造了一個深邃複雜、頗具女性魅力的藝術世界，展示了女性自我繁複曲折的内心，在這個世界裏，彌漫著無邊無際的孤獨氣息，這給陳染的小説帶來了獨特的聲音。① 孤獨感既代表了陳染的創作心境，也成爲陳染小説的一個重要旋律。作家自言："10餘年來，我在中國文學主流之外的邊緣小道上吃力行走，孤獨是自然而然的。"② 本文選取《另一隻耳朵的敲擊聲》③ 爲研究對象，嘗試對文本中表現出來的孤獨感作一探討。

二、故 事 梗 概

《另一隻耳朵的敲擊聲》是一部刻意宣諭女性獨立身份的作品，以炫目的方式表達了女性的焦慮和精神的壓抑。小説共分7個小節，每小節各自冠以標題：1. 寡婦門，在門栓後；2. 絶命的日曆簿；3. 女人像頭髮般紛亂；4. 向日葵驚叫；5. 殘垣自語；6. 從石棺中蘇醒；7. 哭泣的潘笛。故事的線索是，女主角黛二丟失及找尋日曆簿，事件涉及了黛二母親、伊墮人、大樹枝等人物形象。母親長期以來的窺視、身邊男性的卑瑣無能、女友的不可信賴，使黛二内心充斥著緊張、無助和彷徨，在反抗不公正傳統的同時，她也承受著更加深重的無奈與孤獨。故事以黛二的逃亡作結局，以此傳達了女性意識深層巨大的痛苦。與陳染絶大部分作品一樣，《另一隻耳朵的敲擊聲》通過女主人公對孤獨的深刻體驗和感悟，表現了現代女性對自身生存意義的探究和追求，從而揭示現代女性的精神困境和孤獨感。

---

① 崔桓、管衛中《獨唱的詩人——陳染的個人化寫作解讀之一》，《社科縱横》1998年1期，頁55－58。
② 轉引自楊敏《論陳染小説創作的孤獨意識》，《華中理工大學學報》（社會科學版）1997年2期，頁93。
③ 陳染《另一隻耳朵的敲擊聲》，《凡牆都是門》（北京：華藝出版社，1996年）。

三、孤獨感——與生俱來

文明時代人類社會發展異化（alienation）程度的加深早在十九世紀就被卡爾·馬克思（Karl Marx，1818－1883）所洞察。所謂異化即是指“人的非人化”，① 這給人類精神帶來巨大的危機，孤獨感隨即成爲當今時代的通病。二十世紀世界文學中孤獨感的描述已成爲諸多作家創作的母題，最爲著名的有加西亞·馬爾克斯(García Márquez Gabriel，1928－ ）的《百年孤獨》（*One Hundred Years of Solitude*）、弗蘭茨·卡夫卡（Franz Kafka，1883－1924）的《孤獨三部曲》（*The Solitude Trilogy*）等。

陳染强烈的女性自我意識集中表現在女性的孤獨。雖然她所書寫的這種個人化的生命感受不一定具有深厚的歷史文化内涵，却立足於人性的提升、完善和女性成長與解放這一女性主義理想的立場上，是有普遍性和深刻性的。② 美國聖安東尼奥德克薩斯大學健康科學中心的桑德拉·盧珂絲（Sandra Loucks）指出，孤獨感作爲人類社會進程中異化的一種表現形式，是人類普遍經歷的一種痛苦的情感經驗，人所共有。③ 鑒於此，我們將從孤獨感的産生入手，對文本進行分析。

（一）“搖籃”與“鄉愁”

日本文學家、心理學家箱崎總一（HAKOZAKI Sōichi，1928－ ）在《孤獨心態的超越》④一書中認爲：“孤獨的産生，並不限於一個人因不能合群而被摒棄於團體之外，或是一個學生因在升學考試中失敗而幽悶獨處時才會感覺到的。孤獨的情緒會以各種不同的姿態，在各種不同的場合中存在。因此，世界上的每個人，都不可能避免孤獨的感覺……就好像一個在沙漠中孑然獨存的人一樣，真正的孤獨會在你日常生活的無形沙漠中成長、滋蔓。”⑤ 孤獨感與生俱來，“它可以説從一個人出生開始，就一直隨伴著，正如影之隨行，亦步亦趨，終其一生，是永遠也不能擺脱的一種心理感受”。⑥

1. 船的搖籃作用

孤獨感的與生俱來可以用奥託·蘭卡（Otto Rank，1884－1939）出生受傷和回歸母體的理論來解釋。奥託·蘭卡是弗洛伊德（Sigmund Freud，1856－1939）的弟子，他認爲在母親分娩的過程，嬰兒受到恐懼和痛苦的震蕩，出生創傷於是成爲所有心理因素的根源，與創傷一起産生的，就是回歸母體天堂的願望。⑦ 蘭卡進一步認爲，“母體（乘載嬰兒的子宫）其實是人類産

① 楊敏《論陳染小説創作的孤獨意識》，《華中理工大學報》（社會科學版）1997年2期，頁93；管衛中《獨唱的陳染》，《社科縱横》1998年5期，頁51－58。

② 曹燕雲《陳染：孤獨感覺中的女性形象》，《中山大學學報論叢》24卷2期（2004年），頁196；吴寧寧《藍色舞者的孤獨飛翔——陳染小説創作中的生命“殘缺”意識》，《佳木斯大學社會科學學報》第22卷6期（2004年11月），頁70－73。

③ Sandra Loucks，“Loneliness，Affect，and Self-Concept：Construct Validity of the Bradley Loneliness Scale”，*Journal of Personality Assessment* 44，2：142（1980）；黄河《孤獨的陌生人——試論陳染小説〈私人生活〉的個人化》，《佳木斯大學社會科學學報》第22卷1期，2004年2月，頁59－60。

④ 箱崎總一著，何逸塵譯《孤獨感的超越》（臺北：巨流圖書公司，1981年）。

⑤ 同上注，頁3。

⑥ 同上注。

⑦ 巴赫金（Mikhail M. Bakhtin，1895－1975）著，汪浩譯《佛洛伊德主義述評》（*Freudism*，瀋陽：遼寧人民出版社，1987年），頁92－96。

生鄉愁的原因，嬰兒是浮於羊水中的”，“船”的意象往往“具有的搖籃作用，是喚起無意識的鄉愁的原因”。①

陳染在《另一隻耳朵的敲擊聲》開篇寫道：

> 我的心從没有家鄉，像我紛亂空洞的胸口内部某一處脱離我肢體的地方，無所歸屬。在我身體的這個故鄉，我永遠坐在那隻浮飄水上的木筏一樣的沙發裏，或者斜倚在那張波浪的水床之上。
>
> 我的船！
>
> 我的神游之槳！②

這裏，“漂浮水上的木筏”、“我的船”，以及第 7 節提到的“梵古的花園”，還有諸多暖色調的用詞，如“綿延的黄絮”、“殷紅”的葡萄酒、“火焰般”的顔色，③ 均可聯想到母體“子宫”的意象。精神上的“鄉愁”，直接造成黛二的孤獨意識。

2. 强烈的“鄉愁”意識

陳染小説孤獨感的營造幾乎都與“家”、“故鄉”、“它鄉”、“歸宿”等概念有關，女主角也往往是女性心路歷程上的漂泊者。强烈的“鄉愁”意識使她們在流浪而無著落的心靈之旅中獨自承受著巨大的孤獨和缺失，彷佛失去了彼岸和方向，但儘管道路如“繩索”，④ 她們却又堅持尋求一塊屬於自己的“精神家園”。⑤ 於是主人公離家出走的情形反覆再現：“我將獨自漫游”，⑥“我將不再有家”；⑦“故鄉是它鄉，總在尋找，思念著遠處不知在哪的模糊不清的家鄉”（《凡牆都是門》⑧）；“我將開始茫茫黑夜漫游了”（《空的窗》⑨）。她們缺少歸依感，由此只能導致一個直接的結果：“在現代發達的文明社會中，人與人之間，尤其是性别之間難以逾越的鴻溝所造成的孤獨感無所不在。”⑩ 可見，陳染的“鄉愁”意識，已經超越了單純的“懷鄉”的局限，而是對故鄉在哪裏的深層次思考。《另一隻耳朵的敲擊聲》最後一節女主人公黛二的自述道出了作者的心聲：

> 我要離開，我要離開老地方，我要回到老地方。我永遠都陷在“離開”這個帝王般統佔我一生的字眼裏。這一種離開，不是逃避，而是爲了長久回憶，爲了守住孤獨，和繼續

① 中國古典文學裏可找到不少例證，有機會或可詳加論述。如杜甫（712－770）的懷鄉主題作品，“舟”、“船”形象便至關重要，“孤舟一繫故園深”（《秋興八首・玉露凋傷楓樹林》）；“老病有孤舟”（《登嶽陽樓》）等千古名句，均是借一隻小船在故園之中蕩漾的希望來抒發對故鄉的懷念，並且往往是與孤獨相連（“孤舟”的“孤”字便是體現）。上述詩句見楊倫《杜詩鏡詮》（上海：上海古籍出版社，1980 年），頁 643，952。參黎活仁（1950－ ）《海、母愛與自戀：冰心的“前俄狄浦斯階段”分析》，《中國現代文學國際研討會論文集：民族國家論述——從晚清、“五四”到日據時代臺灣新文學》（臺北：木川印刷有限公司，1995 年），頁 222。

② 陳染《另一隻耳朵的敲擊聲》，頁 29。

③ 同上注，頁 75。

④ 陳曉明《無限的女性心理學：陳染略論》，《小説評論》1996 年 3 期，頁 71。

⑤ 黄樹紅、張偉平《孤獨的探索者——試論陳染小説的女性形象》，《廣東教育學院學報》24 卷 3 期（2004 年 8 月），頁 64。

⑥ 陳染《另一隻耳朵的敲擊聲》，頁 76。

⑦ 同上注。

⑧ 陳染《凡牆都是門》，《凡牆都是門》，頁 22。

⑨ 陳染《空的窗》，《凡牆都是門》，頁 108。

⑩ 黄樹紅、張偉平《孤獨的探索者》，頁 66。另參魏穎《“嫦娥奔月”神話在陳染女性書寫中的當代變形》，《中國文學研究》2003 年第 4 期，頁 104－107。

上路尋找那不存在的家鄉……①

(二)"高孤獨"的追求

上段引文裏，陳染力圖"守住"的"孤獨"，是孤獨感的一種高級型態即"高孤獨"。箱崎總一將孤獨感從本質上劃分爲兩種不同的型態，即"低孤獨"和"高孤獨"。其著作《孤獨心態的超越》中有如下的論述：

> 孤獨在本質上有兩種型態，那就是"低孤獨"和"高孤獨"。"低孤獨"會使人有一種拘束、局限的感覺，令你有寂寞、凄苦、困頓而又排遣不了的情緒和感觸。"高孤獨"是人們爲了達成某一較高層面的生活目標，必須要暫時擺脱塵俗中的紛擾，使能超然獨處，以充實智慧，發掘靈性而著意保持的一種情操。
>
> 由此不難理解，"低孤獨"是在你不情願之時所産生，使你感到痛苦而急於擺脱的心理狀態。"高孤獨"則是你主動積極地追尋，你要用敏鋭的感觸去捕捉、用縝密的思維去創造的一種心理狀態。②

通過"低孤獨"和"高孤獨"兩個層面，我們不難理解陳染筆下的女性對孤獨的矛盾態度：在陷入異化現實中人際困境的"低孤獨"時，她們"尋找真愛，尋找痛苦的分擔者"；③ 同時，她們又"堅決摒棄功利之愛而逃回自我，建立個人精神領域的强大帝國"，④ 她們的痛苦正在於未能超越"低孤獨"而達到"高孤獨"。

陳染迄今爲止的小説作品中，僅有《空的窗》一篇賦予了女主角——每天清晨開窗眺望遠方的盲女——"高孤獨"的特質：她用心靈尋找光明，在面對黑暗與光亮這個既相悖又貫通的生命雙刃劍時，顯示出巨大的勇氣。這是一個"高孤獨"者，生命中的光亮擊退了生命中的黑暗，她不再爲"低孤獨"苦惱、困惑，在超越現實之際達到了自由的境界。⑤

(三)"精神分裂"與"冥想型"性格

陳染筆下的絶大多數女性爲了擺脱外在異化現實的束縛，追尋自我獨立與尊嚴，而陷入孤獨之境，即表現爲對"低孤獨"的逃避和對"高孤獨"的追求。她們嚮往"擁有一些不被別人注意和妨礙的自由，保持思考的姿勢，站在人群之外，眺望人的内心"。⑥ 然而，對獨自天地的渴求往往使她們沉湎於終日的冥想，喪失了外部行動的能力，飽受自我分裂與異化的煎熬。《另一隻耳朵的敲擊聲》便可看出此傾向，女主角黛二小姐明顯是具有"精神分裂"性格和"冥想型"性格的人。她的理性冥想與主觀欲求、身體行爲相背離，在自我實現的同時自我毁滅，最

① 陳染《另一隻耳朵的敲擊聲》，頁 75。
② 箱崎總一著，何逸塵譯《孤獨感的超越》，頁 3-4。
③ 楊敏《論陳染小説創作的孤獨意識》，《華中理工大學學報》(社會科學版) 1997 年 2 期，頁 96。
④ 同上注，頁 96。
⑤ 陳駿濤《寂寥和不安分的文學探索——陳染小説三題》，《文學評論》1992 年第 6 期，頁 29；李潔《一份獨立女性生存體驗的自陳——試析陳染作品〈凡牆都是門〉》，《伊犁師範學院學報》2002 年第 3 期，頁 28-31。
⑥ 楊敏《論陳染小説創作的孤獨意識》，《華中理工大學學報》(社會科學版) 1997 年 2 期，頁 96；朱霞《孤獨人生的意義——陳染小説解讀》，《商洛師範專科學校學報》第 15 卷 1 期 (2001 年 3 月)，頁55-57。

終導致一片虚無與絶望。

1. 從克列基馬式性格分類法到德魯兹“精神分裂”

德國精神科病理學家克列基馬（Ernst Kretschmer，1888－1964）開創“依據人的體型所配合的”性格分類法，將人的性格按它們本質上的歧義區分成下列四類：1. 高瘦型的人是分裂性格；2. 癡肥型的人是躁鬱型的性格；3. 肌肉質健壯型的人是癲癇的性格；4. 發育不全型的人是神經質性格。[①] 其中，“高瘦型的人是分裂性格”可以與文本中的黛二相吻合。

陳染筆下的女主人公，幾乎都具有容貌纖麗、清秀的特點，黛二也不例外。《另一隻耳朵的敲擊聲》中，黛二的外貌完全是通過他人的描繪展現在讀者面前：

> 黛二是個年輕的瘦女人，手背上四條可愛的骨縫深深地陷進去，赫然醒目。……如今滿街都是肉感的那一類女孩，這越發顯得黛二不合時尚。[②]（大樹枝）
>
> ……她瘦削的肩曾在我的臂中激烈不安地抖動。[③]（伊墮人）
>
> ……她很美，也很柔弱。[④]（黛二母親）
>
> 我只能隔著門縫看到她瘦弱的身影，彎垂在書桌上寫字……[⑤]（黛二母親）

黛二隱藏於“高瘦型”外貌之下的分裂性格在文本中也有多方面的體現。首先是通過黛二的自白：

> 我的腦中永遠是紛亂的局部，我龐大的思維與心理從來都是通過局部的幻像進行伸展。我無限地熱愛著一些局部，包括人體之外的世界上被多數人冷落或遺棄的局部……我用獨特的辦法拒絶整體，只消閉上眼睛，讓幻想的簾幕永遠垂掛。
>
> 一個人就是一個理論，一本書。打開，你才會穿透外皮，看到一個由碎裂而紛亂的局部組裝起來的女人，是多麼的分裂，多麼的絶望。[⑥]
>
> 不拒絶精神的挑戰，正如同不拒絶肉體的墮落。
>
> 自我實現也自我毀滅，兩隻互相悖離職人於死地的手槍同聲在世界上空叫喊。[⑦]
>
> 我的困境也正在於此：我是分析者，同時又是被分析者。
>
> 我永遠是一邊自虐般砌著自己的牆壁，一邊享受著毀壞自己牆角的愉快。
>
> 破壞自己，令人興奮！[⑧]
>
> 我和我的身體已多年無法和睦相處，我與我心靈可以安睡的那個隱廬，它們的距離同歲月的流逝一起拉長。[⑨]

其次是從他人或第三者的視角，如：

---

① 箱崎總一著，何逸塵譯《孤獨感的超越》，頁 23。
② 陳染《另一隻耳朵的敲擊聲》，頁 45。
③ 同上注，頁 57。
④ 同上注，頁 66。
⑤ 同上注。
⑥ 同上注，頁 34。
⑦ 同上注，頁 36。
⑧ 同上注，頁 38。
⑨ 同上注，頁 57。

> 黛二是個矛盾重重的女子，她既要解放了的現代女性的感官體驗欲求，直接純粹的身體行爲；同時又無法擺脱深埋骨中的古典性的沉思冥想。她向著彼岸的聖界和此岸的感性，同時邁出她分裂的雙腿。[①]（大樹枝）
>
> 那個使她的精神安謐的歸宿，那個令她嚮往的素衣粗食的女人庵堂生活，只能存在於她夢想裏，她的肉體只能存活於現代化的物質文明之中。
>
> 精神與肉體多年來各行其是，無法溝通，一種分裂與自相詆毁並存一體。[②]

陳染對黛二從外貌到性格的分裂特徵所作的多角度描述，完全是一種精神病的表象，即布洛伊勒（Eugen Bleuler，1857－1939）説的“大腦分裂”（split brain）或容格（Carl Gustav Jung，1875－1961）口中的“精神分裂症”（schizophrenia）。[③] 那麽，作者借此所想表達的真正意圖到底是什麽？或許我們可以借用德魯兹的“精神分裂”這個概念來分析一下。

德魯兹（Gilles Deleuze，1925－1995）認爲“精神分裂症”有特殊的意義。他在1972年與神經科醫生加塔利（Felix Guattari，1930－1992）合著了《反俄狄浦斯：資本主義和神經分裂症》（*Anti-Oedipus: Capitalism and Schizophrenia*），以俄狄浦斯象徵資本主義制度，其中將“精神分裂症”歸於“精神變態”的範疇。“精神分裂症”患者活在自己的世界裏，對知覺世界中“不許”、“禁止”等聲音置若罔聞，是對知覺世界的一種抗衡。而知覺世界中“不許”、“禁止”等警告多是來自律法，或曰俄狄浦斯情結中的父親，“精神分裂症”患者抗衡知覺世界，實際上是對俄狄浦斯情結的揚棄。因此，在德魯兹看來，“精神分裂症”患者是抗衡現實世界的英雄。[④]

《另一隻耳朵的敲擊聲》中，充斥著黛二與現實世界的對抗。她“從來都喜歡禁忌的事物，譬如男女群居，欲望與藝術的審美同時完成”；[⑤]“穿黑衣，怪衣”、“有秃頭欲”；[⑥] 喜歡諸多“她的母親終生也説不出口的”辭彙，如“操”、“婊子”、“幹”、“獨自”、“秃樹”、“妓院”、“荒原”、“大烟”、“鬼”、“兩肋插刀”、“再見”等。[⑦] 陳染試圖借女主人公與現實世界近似變態的對抗行爲，展現個人對生命殘缺的體驗，以及種種孤獨、虚無、絶望乃至靈魂的漂泊之感。[⑧]

2.“冥想型”性格

對前面提到的克列基馬式的性格分類法，英美的精神科醫生並不拘泥於此，而認爲將原本極複雜的性格，僅僅分成四類，是很牽强的。他們主張順著生活和感情所接近的常軌和人性的趨向來作分類。以下是他們就性格上容易趨向孤獨的性格所作的分類：1. 立即反抗型；2. 不擇手段型；3. 心情多變型；4. 評論型；5. 冥想型；6. 牢騷型；7. 個人主義型；8. 斤斤計較型；9. 狂熱信仰型；10. 頑固不化型；11. 溺愛小動物型；12. 自我愛慕傾向型。這些都是與孤獨感息息相關的性格[⑨]。

---

① 陳染《另一隻耳朵的敲擊聲》，頁54。
② 同上注，頁69。
③ Robert H. Hopcke，蔣韜譯《導讀榮格》（*A Guided Tour of The Collected Works of C. G. Jung*）（臺北：立緒文化事業有限公司，1997年），頁142－145。
④ 羅貴祥《德勒兹》（香港：海嘯出版事業有限公司，1997年），頁81－108；筱原資明（SHINOHARA Motoaki，1950－ ）《德魯兹——游牧民》（石家莊：河北教育出版社，2001年），頁86－104。
⑤ 陳染《另一隻耳朵的敲擊聲》，頁30。
⑥ 同上注，頁35。
⑦ 同上注，頁36。
⑧ 孟繁華《憂鬱的荒原：女性漂泊的心路秘史》，《當代作家評論》1996年第3期，頁60。
⑨ 箱崎總一著，何逸塵譯《孤獨感的超越》，頁23－24。

箱崎總一在《孤獨心態的超越》中論述冥想型性格有以下的特點：1. 盡力避免和人交往而讓自己獨個兒沉湎在獨立的思考中；2. 不會使感情輕易地表露出來；3. 就人際關係來説，他不願和旁人競爭；4. 也很討厭具有決定性勝負的游戲，因爲那種游戲對勝負的判定太肯定，太明顯了。這種“冥想型”性格的人，在性格分類中，是屬於孤獨性最高的類型。①

黛二將自己封閉在房間，關窗鎖門，緊閉窗簾，與外界隔絶，在 P 城的家中如此，在倫敦的住宅亦然。這完全符合上述的第 1 點。關於“冥想”，文本第 1 節黛二就有這樣飽含神往之情的自述：

> 再譬如冥想：
> 抽象很美，就會在夢中凉滑的舌尖上垂掛一隻搖墜的乳房，李子般幽幽芳香；
> 觸摸無底的心像内涵，如目光觸及深邃而光輝的文字語碼，就會散射一陣高潮般的怦然心動；
> 井田樣的稿紙是舞臺，文字是臉孔，世界就會大得無邊。②

她對母親長期以來的屈從，對“大樹枝”謊言的妥協，對伊墮人的依賴，又顯示出不願與旁人競爭的心態。

可見，黛二的性格是十分複雜和矛盾的，就像小説第 4 節“伊墮人獨白”中所言“在黛二小姐身上糾纏著一股自相矛盾、彼此衝撞的矛盾氣息”，③ 她“是一個多麽矛盾的統一體啊……”④

四、孤獨的個體——陌生的“狗”

黛二性格之複雜、矛盾，還不僅限於前面討論的幾點。“狗”的形象在文本《另一隻耳朵的敲擊聲》中多次提及，下面我們將對此進行孤獨感方面的探討。

(一)“狗”的自我稱謂

日本早期象徵主義詩人萩原朔太郎（HAGIHARA Sakutarō，1886－1942）在他的詩集《向月亮狂吠》中有一章詩篇《陌生的小狗》：

> 有一隻陌生的小狗跟隨著我！
> 那是一頭骯髒的，跛著後脚的殘廢的狗。
> 你會説，誰能知道我將走向何方？
> 我寂寞凄清地走經道路的一角，投影在一幢小公寓的籬笆上，隨風搖蕩。

① 箱崎總一著，何逸塵譯《孤獨感的超越》，頁 28。
② 陳染《另一隻耳朵的敲擊聲》，頁 30。
③ 同上注，頁 56。
④ 同上注，頁 63；劉衛東《選擇孤獨與崇拜自我——論陳染、林白的“私人化寫作”》，《研究生論壇》1999 年第 4 期，頁 53－55。

在路旁一片蔭凉的空地上，一片片枯萎了的樹葉在隨風飄舞。

你又在喃喃地默念著，我將要走向何方！

月亮像有生命似的潛伺在我過路的前方，

然而，在我背後那片荒凉的空地上，

那一隻骯髒的、陌生的小狗，細小的尾巴尖端，却拖在地面上跟蹤著我。

它到底要追隨我到何處？

這隻不知名的陌生野狗，一直跟著我！

在骯髒的地面上，它的尾巴一直垂拖著，

那是一直跟在我身後拖著跛脚的病狗。

在遥遠的另一邊，它像是憂心忡忡，向著淒清凉月吠叫一聲，那一支浸沉在酸楚中的不幸的狗！①

萩原朔太郎將自己的感觸，幻化成陌生的、衰弱的、寂寞的一隻小狗，來形容自己的孤獨感覺，有如莫可奈何，茫然無助的吠月的病狗。陳染筆下的黛二，同樣是把自己的孤獨感灌注於“狗”的自我稱謂中，在黛二的心裏，“狗”是自己的代名詞：

我在城堡裏是一隻珍貴的名牌狗，我渾身塗滿同樣沉默的麥黄色——拒絶的顔色。②

我又變成一條負疚的狗立在母親床前，内心有一聲驚雷鬱滯多年無法炸響。③

我從這塊日曆簿的遺失地出發，憑著感覺，像一條嗅覺靈敏的狗那樣向“獵物”尋去。④

男人們在觀賞我時，從來只看到我的外貌，像觀賞一隻名牌的長毛狗。我就是一條狗，在舞臺表演、一任自己的本質一絲絲被聚光燈吸走、抽空。⑤

“我的身份再清楚不過了，我只是一條供人觀賞的狗！”⑥

除了由黛二親口交待這一點之外，作者通過其他人的視角和第三人稱的評論也多次重複著“狗”這一隱含著孤獨感的意象：

然後，她會累了，疲倦不堪，又是活著回家，如一條無法野生的珍貴的家狗，卧到她自己的軟床上去睡覺。⑦

黛二忽然掉轉頭，吃吃地自己笑了起來。説：“你看我們倆像什麽？不過是兩隻四腿動物，我在剛剛完事的佔有物身旁喘息。”⑧（大樹枝）

她真像一隻美麗而珍貴的母狗，在我的胸部舔來舔去。⑨（大樹枝）

① 箱崎總一著，何逸塵譯《孤獨感的超越》，頁6－7。
② 陳染《另一隻耳朵的敲擊聲》，頁31。
③ 同上注，頁32。
④ 同上注，頁42。
⑤ 同上注，頁56。
⑥ 同上注，頁73。
⑦ 同上注，頁33。
⑧ 同上注，頁50。
⑨ 同上注，頁52。

> 她聽到一個男人的嗓音從紙頁上翩翩地飄出來，哼著一隻輕鬆的愛情歌曲，像親近一隻母狗那樣親近黛二……[①]

黛二對自己以“狗”、“母狗”稱呼，除了含有孤獨的成分之外，還具有與孤獨感密切相關的“受虐”性格傾向。同時，我們也可以在文本中找到與“受虐”性格相對的“施虐”性格具有者——黛二母親。

（二）受虐、施虐傾向與焦慮意識

1. 弗洛姆的“不健康的性格傾向”

埃利希·弗羅姆（Erich Fromm，1900－1980）是二十世紀著名的心理學家、社會學家和哲學家，人本主義精神分析學説的創始人。弗羅姆學説的核心是：現代人的困境與出路。在《逃避自由》（*Escape from Freedom*，1941）中，弗羅姆提出性格類型理論，將人在社會化過程中所形成的不健康的性格傾向分爲：受虐（masochism）傾向、施虐（sadism）傾向、破壞（destructiveness）傾向與迎合（automation conformity）傾向，健康的性格傾向屬自發性（spontaneity）。[②]

a. 受虐傾向者——黛二

受虐傾向的人深感自卑、軟弱無力和無足輕重。不由自主地輕視自己、貶損自己，甚至自我傷害和自我折磨，成天進行自我譴責和自我批評。似乎這樣就可以克服孤立無援和微不足道之感。

黛二的受虐心態在文本中有兩處明顯的指示，第一處是黛二自己坦白“自虐般砌著自己的牆壁”，[③]第二處是借第 4 節“伊墮人獨白”講出，“這個自虐的令人心碎的小暴君！”[④] 這種指示與我們前面討論的“狗”的自我稱謂緊密聯繫，後者是對前者的充分證明。此外，“黛二不在乎做一個自食其力的婊子！……在人群裏角逐，她永遠都只能是一個可笑的逃跑者和失敗者。……她只求能當上一個她認爲可以去做的婊子就已經可以感到安慰、安全地活下去[⑤]”也是例證。

b. 施虐傾向者——黛二母親

弗羅姆同時指出，施虐傾向是與受虐傾向相對立的傾向，有三種類型，其中第一種類型是：强迫他人依賴自己，對他人擁有絶對的無限的統治權，把他人當工具使用，把他人視爲泥瓦匠手中的泥土，任意擺布、任意宰割。施虐者一旦要失去受虐者，就會感到軟弱無力。這種施虐傾向的性格常常表現出對他人異乎尋常的關心和愛護，常常表現爲慈愛。[⑥] 施虐者往往用“愛”來解釋對他人的統治。好像説“我太愛你了，我不能丢下你不管”，實際上“只因爲統治了你，我才愛你”。他可以提供一切，但有一樣東西必須除外，這就是：自由和獨立的權利。這種情況最常見於父母與子女的關係中。父母往往用一種自然的關心、照顧和愛護來掩蓋對子女的控制。

---

① 陳染《另一隻耳朵的敲擊聲》，頁 70。
② 郭永玉《孤立無援的現代人——弗羅姆的人本精神分析》（武漢：湖北教育出版社，1999 年），頁 155。
③ 陳染《另一隻耳朵的敲擊聲》，頁 56。
④ 同上注，頁 57。
⑤ 同上注，頁 69。
⑥ 郭永玉《孤立無援的現代人》，頁 156；土居健郎著，王煒、范作申、陳暉譯《依賴心理結構》（濟南：濟南出版社，1991 年）。

子女有如關在金色籠子中的鳥，有吃有喝，應有盡有，就是不能飛出這個籠子。孩子長大成人，就懷著雙重恐懼：一是害怕籠子外面的世界，同時也害怕愛。因爲對他而言，愛就意味著被關在籠子裏，意味著堵塞了通向自由之路。① 弗羅姆引用巴爾札克（Honoré de Balzac，1799－1850）《幻滅》（*Illusions Perdues*）中的兩個形象——年輕人吕西安和僞裝爲神甫的囚犯卡洛·埃雷拉——來説明這仁慈的施虐傾向。②

黛二母親便是一個“仁慈的”施虐傾向性格的具有者。她無時無刻不在監視和窺探著女兒的一舉一動，黛二是她“唯一的果實”，③ 是她“疲憊生活的唯一支撑”。④ 黛二母親懼怕步步近逼的死亡，但她堅信“我對黛二的愛，到死也會繼續”。⑤《另一隻耳朵的敲擊聲》第5節，黛二母親發出了内心深處的叫喊：“黛二她活著是我的，死了也是我的……”⑥ 這是她施虐傾向的充分暴露。黛二知道，“她永遠得做母親的‘好孩子’”。⑦

c. 受虐、施虐者的孤獨

施虐傾向和受虐傾向一樣，都是爲了避免孤獨和分離而依賴他人。弗羅姆認爲，施虐和受虐的根源都在於人的處境，都是爲了幫助人擺脱不堪忍受的孤獨感和無能爲力之感。具有這種性格特徵的人總是陷入一種孤立無援的恐怖之中，但這種感受通常是潛意識的，往往被自以爲高明和了不起的表現所補償，所掩蓋。⑧ 黛二母女都深深爲孤獨困擾，《另一隻耳朵的敲擊聲》結尾以黛二的口吻稱母親爲“遠方孤獨的母親”，⑨ 暗示了受虐傾向的黛二與施虐傾向的母親之間一種互相依賴的“共生”關係。

2. 焦慮意識與女性的“殺母”困難

英國著名心理學家、兒童精神病理學家約翰·波爾比（John Bowlby，1907－1990）認爲感情聯結的角色，特别是母親與子女之間的感情關係在病態焦慮的形成上有著重要的影響。⑩ 母愛阻止女兒成長，陳染在展示這一矛盾時，心情是很複雜的。一方面對母親充滿了同情，另一方面也看到了這種母愛殘忍的一面，它勢必扼殺子女的個性，對逐漸走向成熟的女性來説尤甚⑪。就如同文本中的黛二，在這種無邊無盡的母愛籠罩下，陷入深深的焦慮，像她自己所説的那樣，“我的母親就在隔壁的房間，目光盯住我火一樣灼熱憂慮。我四周的牆壁永遠驚醒著站立，被她的某種擔心和提防，焦慮得無法睡去”。⑫

這種複雜的焦慮意識源自一種女性的“殺母”困難。法國思想家、精神分析學家、巴黎第七大學教授克里斯託娃（Julia Kristeva，1941－　）在她的《被感知的時間——普魯斯特與文學體驗》（*Time and Sense: Proust and the Experience of Literature*）中，透視了構成自己理論關鍵的諸多重要主題。日本學者西川直子（NISHIKAWA Naoko，1942－　）將其總結爲七大主題系列，最重要的就是與母親的融合·分離關係的各種形式——有對母親的亂倫的熱愛，有殺

① 郭永玉《孤立無援的現代人》，頁157。
② 同上注，頁158。
③ 陳染《另一隻耳朵的敲擊聲》，頁66。
④ 同上注。
⑤ 同上注，頁67。
⑥ 同上注，頁68。
⑦ 同上注，頁65。
⑧ 郭永玉《孤立無援的現代人》，頁160。
⑨ 陳染《另一隻耳朵的敲擊聲》，頁76。
⑩ K. T. Strongman著，游恒山譯《情緒心理學》（*The Psychology of Emotion*，臺灣：五南圖書出版有限公司，1996年），頁316。
⑪ 黄樹紅、張偉平《孤獨的探索者》，頁65；黄健《陳染文本中的焦慮意識》，《黑龍江社會科學》2004年4期，頁85－88。
⑫ 陳染《另一隻耳朵的敲擊聲》，頁31。

母、母親之死，有母親的喪與罪責感，有對母親的侵犯以及升華。① 克里斯託娃認爲，女兒是擁有與母親相同的性的女性，對她們來説，"母親的身體與母親的自我的採納是更直接的，使殺母衝動向帶來死亡的母親這一形象進行反轉的這種轉移即使不是不可能的，也是非常困難的"。② 結果"自我對母親懷有的憎惡，没有對外行使，而被封閉在自我之中，没有憎惡，只有在内部破裂的感覺"。③

這一點在《另一隻耳朵的敲擊聲》，表現爲黛二對母親的負疚情結。請看下文：

> 用一分鐘時間，去换讓她睡個好覺這件事，我從來不會拒絶。這是我永恒的責任與愛的負疚。④
>
> 我又變成一條負疚的狗立在母親床前……⑤
>
> 母親，是我永恒的負疚情結。多麼害怕有一天，我的母親用死來讓我負疚而死。⑥

對於母親來説，黛二的成長意味著遠離與背叛；對黛二來説，母親的監控則成了作爲女兒懷著永恒的負疚情結抗拒的最親密却又最遥遠的愛。隨著故事情節的發展，這一矛盾最終達到了激化的頂點：

> 她（黛二）的鞋子像附了魂，帶著她的腿，一個箭步竄過去，嘩啦一聲打開房門。……黛二的母親剛好立在門外，她的滄桑有力的一隻手正懸在半空……⑦

面對"殺母"的困難所造成的内心的焦慮，黛二最終選擇了逃避，"落荒而逃，遠離 P 城"。⑧ 然而，她的逃跑，並没有最終擺脱這種焦慮以及隨之而來的孤獨、鄉愁與心靈的空虛，"所有的故事都將重新開始，永無結局"。⑨

五、孤獨的群體——香烟與女性

承接上文我們提到的"焦慮意識"，波爾比曾表示，"有兩類的行爲特别與主觀情感的焦慮有關：逃避行爲和依附行爲。逃避是突然的、陌生的事件所造成的結果；依附則是發生在'配對連結'的成員被彼此分離時"。⑩《另一隻耳朵的敲擊聲》女主角與母親之間受虐和施虐的"共生"關係、黛二的逃跑，完全可以與波爾比提出的"依附行爲"、"逃避行爲"分别對應，可見

① 西川直子著，王青、陳虎譯《克里斯託娃——多元邏輯》（石家莊：河北教育出版社，2002 年），頁 332；黄百剛《池莉與陳染"女性成長故事"之比較——兼談新世紀女性主義文學的發展》，《鄖陽師範高等專科學校學報》第 22 卷 4 期（2002 年 8 月），頁 93－97。

② 西川直子著，王青、陳虎譯《克里斯託娃——多元邏輯》，頁 295。

③ 同上注。

④ 陳染《另一隻耳朵的敲擊聲》，頁 31。

⑤ 同上注，頁 32。

⑥ 同上注，頁 33。

⑦ 同上注，頁 72。

⑧ 同上注，頁 74。

⑨ 同上注。

⑩ K. T. Strongman 著，游恒山譯《情緒心理學》，p. 316.

陳染對“焦慮”這一主題之重視。對此，前面已有相關討論，不多贅述。下面這一部分，我們將對由“焦慮”引出的某些與孤獨感有聯繫的問題作深一層的研討。

(一) 香烟的二元對立

香烟的二元對立性，首先表現於吸烟時尼古丁産生的兩種不同的生理效應，它們互相配合産生作用：剛開始融入血液的時候，尼古丁突然地、通常也是戲劇性地使脈搏加快並使血壓升高；緊接著，尼古丁又使脈搏和血壓的變化慢了下來，産生一種明顯的放鬆感。① 從生理上來説，不論什麽時候，當人感到焦慮時，抽一支香烟，藉此得到的緩解和撫慰是不言而喻的。文本中具有反叛意義的女性形象——黛二——與香烟可以説是形影不離。對此，我們作以下幾方面的分析。

1. 焦慮與戰爭

前面我們説過，陳染在女性的“焦慮”這一主題上可謂頗費筆墨，當然，她也没有忽視香烟對焦慮的舒緩作用，並且將香烟作爲刻畫人物時的重要道具。

根據海德格爾（Martin Heidegger, 1889 - 1976）的觀點，焦慮指向不確定的目標對象，與恐懼的不同之處恰在於：恐懼是一個人面對已經出現的、可以確定的可怕事物時的逃避性的心理反應；而之所以有焦慮，則是因爲他對將要發生的事情根本無法預知，“焦慮感就是不知道正在焦慮的東西是什麽”。② 香烟首先“將焦慮感轉變成對即將來臨的事物的恐懼，焦慮感就消失了，自己變得脆弱渺小，對自己的‘存在’毫無自信。這種恐懼感給‘他們’以寧靜。既然死亡是生命必然的結局，將生存的不確定的焦慮轉换爲像死亡一樣寧靜的恐懼使‘他們’覺得更舒適”。③ 這一點對戰爭中的兵士來説更加明顯，這就是在衆多戰爭題材的作品（不僅限於文學作品）中，香烟成爲軍人之友的原因。

《另一隻耳朵的敲擊聲》中，黛二與黛二母親之間的矛盾便有著“戰爭”的隱喻。小説第1節明確提出了“黛二和母親十幾年來綿延無盡的戰爭”④ 的説法，後文的“偵探”與“反偵探”也是戰爭中常用的術語。存在主義哲學之父、丹麥的克爾凱戈爾（Soren Aabye Kierkegaard, 1813 - 1855）曾指出，軟弱者更易於焦慮。⑤ 黛二在母親面前軟弱無力，她只能借助一根接一根的吸烟來緩解和麻痹與母親這場無休止的“戰爭”中的焦慮感。在文本裏，黛二對香烟的依賴大多仍是借他人之眼來描述的：

> 她斜靠在我的沙發裏，一支支吸烟。⑥（大樹枝）
> ……她其實只坐在沙發上一動不動，吸著烟，眉頭微蹙。⑦（大樹枝）
> 她只是一支接一支吸烟，烟圈在寂静的空氣中張滿一隻隻青灰的嘴。她的頭顱微微揚

---

① 理查·克萊恩著，樂曉飛譯《香烟——一個人類癖習的文化研究》（*Cigarettes Are Sublime*，北京：中國社會科學出版社，1999年），頁211 - 213。
② 同上注，頁210。
③ 同上注，頁211。
④ 陳染《另一隻耳朵的敲擊聲》，頁33。
⑤ 楊大春《沉淪與拯救——克爾凱戈爾的精神哲學研究》（北京：人民出版社，1995年），頁165。
⑥ 陳染《另一隻耳朵的敲擊聲》，頁45。
⑦ 同上注，頁49。

起，烟頭一亮一暗。[①]（伊墮人）

黛二終日坐在房中……我只能隔著門縫看到她……倚靠在沙發裏吸烟。[②]（黛二母親）

點上一支烟，深深靠進沙發裏，回憶伊墮人和大樹枝的臉孔。[③]

在極度恐懼和焦慮的時刻，香烟是黛二給予自己的小小禮物，幫助她保持鎮定，使她重新獲得自己，獲得給予的自由和攻擊的能力。香烟將黛二的精神從此時此地的孤獨無助提升到某種更高的境界——站在某種更高的位置俯視周遭的一切。

2. 焦慮的孤獨感意義

我們花費了較多的篇幅討論"焦慮"這個話題，不僅是因爲其在陳染文本中佔據重要的席位，更主要的，實在是因爲"焦慮"與"孤獨感"二者千絲萬縷的關係。

(a) 克爾凱戈爾論焦慮與孤獨

前文引用的克爾凱戈爾關於焦慮的思想是在宗教意義上展開的，他把焦慮和基督教的"罪"的觀念聯繫起來考察，認爲罪的産生恰恰因爲焦慮的心境。根據《聖經》(*The Holy Bible*)，上帝最初創造了亞當，爲了消除他的孤獨，上帝才創造了夏娃，但夏娃只是亞當的重複，因爲夏娃乃亞當的一根肋骨做成的。蛇很狡猾，它利用了人的焦慮，首先誘惑女人，因爲女人作爲男人的派生物是很軟弱的，而越軟弱者越焦慮。通過夏娃，亞當也被誘惑了。蛇利用他們的軟弱和焦慮使他們吃了智慧果，從而違背了神的禁令，因此罪在他們身上産生了。[④] 按照克爾凱戈爾，黛二的焦慮意識最初源自她的孤獨心態（作爲一個女人，她是亞當的派生物，同樣具有亞當的孤獨），由於這種與生俱來的孤獨感使黛二負罪並不斷墮落。

黛二生活的墮落，文本也是通過香烟來表現的。香烟可以消磨時間。法國十九世紀最著名的現代派詩人波德賴爾（Charles Baudelaire，1821－1861）曾寫道，女人"用吸烟來消磨時間，帶著東方人聽天由命的消極"。[⑤] 這與黛二"無聊就是生活的力量"[⑥] 的信念相吻合。另外，文本第 2 節，反覆提及的那隻"老小姐"牌掛鐘，多少年如一日地每隔半小時就當地一響，並有一位"老小姐"從裏面走出來説一句"偉大的事業在等待著你"，[⑦] 令黛二覺得"自己像没活過似的"[⑧]。這與波德賴爾的看法又一次不謀而合。波德賴爾在《時鐘》(*The Clock*) 裏，對鐘錶發出的囈語般的死亡暗示深感震驚："香烟消磨的正是用時鐘計算的時間，也就是對生命的一種刻板的、機械性的度量單位。時鐘所記録的時刻不僅是一連串的'現在'，而且是一種減少死亡前所餘秒數的死亡預警"。[⑨]

(b) 弗洛伊德論焦慮與孤獨

奥地利心理學家、精神病學家弗洛伊德（Sigmund Freud，1856－1939）對原始的"出生焦慮"（birth-anxiety）的情境在其《精神分析引論新編》(*New Introductory Lectures on Psychoanalysis*) 第四章"焦慮與本能生活"有專門的論述。他對蘭卡的"出生受傷"學説基本

① 陳染《另一隻耳朵的敲擊聲》，頁 55。
② 同上注，頁 66。
③ 同上注，頁 70。
④ 楊大春著，《沉淪與拯救——克爾凱戈爾的精神哲學研究》，頁 171。
⑤ 理查·克萊恩著，樂曉飛譯《香烟——一個人類痼習的文化研究》，頁 33。
⑥ 陳染《另一隻耳朵的敲擊聲》，頁 41。
⑦ 同上注，頁 39。
⑧ 同上注，頁 40。
⑨ 理查·克萊恩著，樂曉飛譯《香烟——一個人類痼習的文化研究》，頁 13。

持贊同態度。書中寫道："奧託·蘭克（Otto Rank）對於精神分析本曾有許多有價值的貢獻，對於出生及和母親分離一事的注意也大有功績。……出生的焦慮經驗爲其後各種危險情境的原型（prototype）。"①

"出生的焦慮經驗"與"孤獨感的與生俱來"由蘭卡的"出生受傷"理論達到了共通。另外，我們前文提到，與出生創傷一起産生的，就是回歸母體天堂的願望。這一點又可以跟弗洛伊德"死亡本能"（death-instinct）形成互文。弗洛伊德在《超越快樂的法則》（*Beyond the Pleasure Principle*）中稱"死亡本能"是快樂法則的前提條件，它將肌體間斷地釋放出的各種雜亂的情緒調節成循環往復的可以預知的形態。②"死亡本能"涵蓋消極的經歷、痛苦的感覺和死亡的體驗，這些都可以約束衝動。③回到文本《另一隻耳朵的敲擊聲》，這種"約束衝動"的作用，以及與焦慮、孤獨感的互文關係，都彙集在"香烟"這一神奇的事物上。吸烟使黛二可以舒適地享受香烟帶來的死亡的永恒寧靜，一種片刻的回歸母體的滿足，安全感在烟頭熄滅之前驅走了孤獨。黛二借著吸一支烟而吞食一定量的尼古丁（有害健康的毒素），肌體加速了自身的死亡，用這種屬於她掌握範圍内的死亡方式替代了原本完全不受她控制的進程。④黛二"寧願以確定的方式去死，也不願以不可忍受的方式活著"。⑤從這一角度看，吸烟對黛二來説，是一個真正的"没有操縱者的物件的奇妙自殺事件"，⑥是"一種蓄意的自我慢殺"，⑦是"某種結束的象徵"。⑧

關於香烟與陳染文本中彌漫的死亡氣氛，我們在後文還將聯繫空間的理論作更多的闡釋，現在暫時告一段落，而轉入探討香烟對陳染表達女性解放意識的重要作用，以及她所面臨的孤獨的挑戰。

（二）菲勒斯的欠缺與卡門的魔性

1. 羅蘭·巴特"象徵代碼"

羅蘭·巴特（Roland Barthes，1915－1980）所創立的符號論（semiologie），是二十世紀五、六十年代西方社會科學和人文科學發展中的一件大事。⑨根據史蒂文·科恩（Steven Cohan）和林達·夏爾斯（Linda M. Shires）《講故事：對敘事虚構作品的理論分析》（*Telling Stories: A Theoretical Analysis of Narrative Fiction*）一書第五章的概括，"代碼"是一種法則，訊息由此傳達轉換成爲另一可以辨認的意義，例如職業服裝、交通訊號（紅緑燈）、宴會上的禮儀。⑩羅蘭·巴特在《S/Z》中把巴爾紮克的中篇小説《薩拉辛》（*Sarrasine*）分解成561個閱讀段（lexia），逐段進行分析，並且分别歸諸於五種"代碼"，⑪分别是：1. 行動（proairetic）代碼，2. 義素（semic）代碼，3. 詮釋（hermeneutic）代碼，4. 象徵（symbolic）代碼，5. 指涉

① 弗洛伊德著，高覺敷譯《精神分析引論新編》（北京：商務印書館，1987年），頁69。
② 理查·克萊恩著，樂曉飛譯《香烟——一個人類痼習的文化研究》，頁212。
③ 同上注。
④ 同上注。
⑤ 同上注。
⑥ 陳染《另一隻耳朵的敲擊聲》，頁41。
⑦ 同上注，頁57。
⑧ 同上注，頁41。
⑨ 高宣揚《後現代論》3章4節（臺北：五南圖書出版有限公司，1999年）。
⑩ 史蒂文·科恩（Steven Cohan）、林達·夏爾斯（Linda M. Shires）著，張方譯《講故事：對敘事虚構作品的理論分析》（*Telling Stories: A Theoretical Analysis of Narrative Fiction*，臺北：駱駝出版社，1997年），頁126。
⑪ 趙毅衡《符號學文學論文集》（天津：百花文藝出版社，2004年），頁550。

(reference) 代碼。其中“象徵代碼”可歸納爲 7 個重點，部分特點可在篇幅不長的《另一隻耳朵的敲擊聲》中找到相關例證，如象徵代碼的特徵 4 和特徵 5 分別是：象徵代碼存在性別的差異，譬如男/女的“男人”，有著“人類”或“人”的意義；巴特以精神分析學定義男性/女性，男性＝菲勒斯 (phallus，即生殖器)，菲勒斯在拉康 (Jacques Lacan，1901－) 相當於父權、權力，相對而言，女性因没有菲勒斯而呈現欠缺。①

《另一隻耳朵的敲擊聲》中，香烟便是一個“象徵代碼”。黛二對香烟明顯有菲勒斯 (男性生殖器) 的指代，並且菲勒斯的意象在文本不止一次出現：

> 一根雪白的香烟——纖秀的陰莖替代品，初叼在我饑渴的唇中，玫瑰色芬芳在齒間穿梭閃爍。②
>
> 門栓是一隻修長的陰莖……③
>
> 我害怕人群，森林般茂盛的人群猶如拔地而起的秃山和瘋長的陽具，令我懷有無以名狀的恐懼。④

從香烟到菲勒斯的想像，並不是陳染的獨創。美國康奈爾大學的法國文學教授克萊恩 (Richard Klein) 在《香烟——一個人類痼習的文化研究》(*Cigarettes are Sublime*) 一書第三章《香烟超凡》中借魯米斯 (Charles F. Lummis)《我的香烟》一詩，寫道：

> 魯米斯之所以要强調他詠唱的是“我的”香烟，或許正是因爲他下意識地把香烟聯想成了陰莖——這個“著名的”難以得到的“私有物”，許多男人爲它花費了一生，不僅是要擁有它 (爲了確保擁有它)，他們甚至企圖把自己變成它——一根陰莖。“香烟與陽具”……鮑嘉飾演的瑞克——電影《卡薩布蘭卡》中那個不停吸烟的“漢子”——就和他的香烟合而爲一了。⑤

一定意義上，“香烟”象徵了男性生殖器。這是女性解放道路上的一大障礙，同時也是對爲何“許多世紀以來，吸烟被視爲是男人的特權，男性一直禁止和拒絶接受女性抽烟⑥”的一種解釋。

2. 從《香烟頌》到《卡門》

然而，關於香烟，這裏還有一個與“菲勒斯”恰好相反的隱喻，又一次證明了香烟的“二元對立”特質。法國象徵主義詩人、“自由體詩”創始人之一的拉弗格 (Jules Laforgue，1860－1887) 曾在 1881 年寫過一首《香烟頌》(*The Cigarette*)，其中一再重複的最早的一個隱喻，便是把香烟比喻爲美麗而危險的女人，或“漂亮輕佻的年輕女人”，或“輕佻的年輕女縫紉工”，或是“波希米亞女人”。讚美香烟就像製作一束“惡之花”(*The Flowers of Evil*)。⑦

香烟使女人變成一束“惡之花”，最典型的例子莫過於梅里美 (Prosper Merimee，1803－

---

① 史蒂文·科恩、林達·夏爾斯著，張方譯《講故事：對敘事虛構作品的理論分析》，頁 137－140。
② 陳染《另一隻耳朵的敲擊聲》，頁 30。
③ 同上注，頁 34。
④ 同上注，頁 36。
⑤ 理查·克萊恩著，樂曉飛譯《香烟——一個人類痼習的文化研究》，頁 83－84。
⑥ 同上注，頁 238。
⑦ 同上注，頁 29。

1870）的小説和比才（Georges Bizet，1838 - 1875）的同名歌劇《卡門》（*Carmen*）的女主角——一個人所熟知的文學人物，一個吉普賽姑娘。在比才的歌劇裏她成爲大膽、神秘、艷麗、野性的化身。她愛上了西班牙士兵唐·何塞（Don Jose），最後又背叛了他，並且毫不懼怕死亡的威脅。她一出場就帶著不祥的驚人美貌，嘴裏叼著一支香烟，面對舊時代人們對婦女吸烟的敵視而毫不在意。她喜歡女人應該憎惡的東西，這便暴露了卡門的背叛性格——她想得到女人不該希望得到的歡樂，她想成爲自己歡樂的主人。她的香烟成爲這個反叛女性用來作爲追求自由的象徵。於是，香烟從始至終爲卡門的個人自由而燃燒。①

卡門的魔性——一種不祥的攝人心魄的美麗——在陳染筆下的黛二身上得到了充分體現。文本第3節，大樹枝完全無法抵擋黛二的誘惑，吸烟時的黛二在他眼裏“流光溢彩、灼熱撩人”，②“具有一股無法抵抗的誘惑力”。③ 對大樹枝來説，這是抽烟女人帶來的極度肉欲的興奮。兩人之間毫無愛情可言的性行爲，在黛二看來就像吸烟，只是爲了消遣，以消磨一段無聊難耐的時光。

除了黛二，小説另一個現代女性形象伊墮人也是一個忠實的吸烟者。她身上同樣具有“卡門的魔性”，比之黛二似乎有過之而無不及。二人初次見面時，小説這樣寫道：

> 伊墮人爲黛二倒茶水時，短短的一小截烟頭夾在食指與中指間……黛二焦慮緊張地盯住那截烟頭，紅火星就要燒到她的手指了。她難道不知道？抑或來自一股其他什麽力量而引發的自虐精神？
>
> 伊墮人終於被黛二僵直的眼神吸引到她自己的手指上。她用力吸了一口，然後用指尖輕輕一彈，烟蒂就一個弧度掉落在茶几中間的烟灰缸裏，瞬間熄滅。④

這一點，甚至給讀者造成了兩人合二爲一的錯覺。第4節更通過“黛二獨白”向讀者進行提示：“我只能説，伊墮人，你是我的前世，我的守護神。”⑤ 所不同的，伊墮人吸烟時的那種“靜觀、冷僻而病態的美”，⑥ 小説不是通過男性來表現的，而是通過描述黛二的感受來揭示：

> 烟霧使伊的臉孔漸漸模糊不清，這種模糊不清終於使黛二有勇氣直視伊美麗而滄桑的臉孔。……黛二看到她美得觸目驚心，石頭也會發出驚叫。伊墮人掩埋在光線黯淡的陰影裏，倚著沙發扶手一動不動，輪廓優雅而神秘。她那夾著香烟的彎彎的細手指十分纖美而有力。……⑦

3. 陳染的女性解放意識與孤獨感

陳染借“香烟”對女性解放意識的隱含提示可以通過一則廣告語進行破解：“走過遥遠路途，你來了”（You've come a long way, baby——香烟廣告語）。⑧ 這句廣告語，説明了女性吸烟

---

① 理查德·克萊恩著，樂曉飛譯《香烟——一個人類癖習的文化研究》，頁6。
② 陳染《另一隻耳朵的敲擊聲》，頁46。
③ 同上注，頁49。
④ 同上注，頁58。
⑤ 同上注，頁55。
⑥ 同上注，頁43。
⑦ 同上注，頁62。
⑧ 理查·克萊恩著，樂曉飛譯《香烟——一個人類癖習的文化研究》，頁84。

所代表的女性解放的意義重大的一步：贏得吸烟的權利。這則廣告將女性解放比喻爲一個遥遠的路程，切實觸到了女性内心的深處，她們從歷史和她們自己的經歷中都體會了太多的歧視，尤其是長久以來對她們吸烟的歧視和反對。吸烟作爲一個男人與一個女人之間私下的對抗，象徵了女性決心反抗被男性決定自己的命運，不願意在男人的呼吸裏呼吸。“她每吸一口烟都是在告訴他，她決心擁有自由的完全屬於自己的呼吸”。①《另一隻耳朵的敲擊聲》第3節從大樹枝的視角，兩次提到黛二默默地吸烟：

> 她斜靠在我的沙發裏，一支支吸烟。②
> 她其實只坐在沙發上一動不動，吸著烟，眉頭微蹙。③

陳染刻意令作爲男性的“大樹枝”這一人物形象遠離“烟火”，在黛二面前成爲一個無能和徹底的失敗者。這是陳染對其筆下男性形象慣有的一種諷刺。④ 如伊墮人所説：“告訴你，黛二，没有男人肯於要你，因爲你的内心與我一樣，同他們一樣强大有力，他們恐懼我們，避之唯恐不及。若我們不在一起，你將永遠孤獨，你的心將永無對手……”⑤

香烟所反映的，是陳染在女性解放道路上孤獨感的矛盾性。正如克萊恩所説，“只要和香烟有關，事情就不那麽簡單。香烟在許多方面都是二元對立的不斷重複”。⑥ 面對香烟所代表的强大的菲勒斯中心（phallocentric），陳染筆下的女性處於孤獨、苦悶的包圍之中，不得不選擇邊緣性的生存策略。世界在她們看來，是一個充滿欲望、孤獨、病態的社會，她們對一切質疑，對一切不抱希望，虚化男性而達到驅逐菲勒斯的目的，⑦ 就像大樹枝在黛二眼裏只是一隻矯健的雄性動物一樣。與此同時，她們意識到作爲女性保持自我人格獨立的重要，試圖改變現狀超越自我。然而，由於她們的心理世界無法轉移成外在現實，令理想與現實悖離，加深了女性自身的矛盾。比如説吸烟在一定意義上證明了女性人格的獨立和自我的價值，但這種獨立並没有給她們帶來凱旋之感。她們在孤立無援的時候深切感到，作爲個人的力量，還没强大到支撑自己，不能在較高層面上獨自承擔一切，因而只能徘徊在現實和理想的邊緣，承受巨大的孤獨，這是割裂社會生活關係必然要付出的代價。⑧

在現實世界裏，陳染所追求的孤獨只能是一個少數人的神話，一定程度上反映著她對女性定位的迷惘。陳染筆下的孤獨感作爲建構一個與男性世界相對的女性世界的起點，尋找兩性關係的最終去向，成爲陳染不得不追問的終極命題。兩性之間的關係“決不是簡單的對立”，“失去男性呼應的女性世界是對人性的泯滅”。⑨

---

① 理查·克萊恩著，樂曉飛譯《香烟——一個人類痼習的文化研究》，頁176－194。另參宋旭紅《生活在塵世邊緣的一個高貴而孤獨的群體——陳染筆下的女性生存方式和生存價值分析》，《婦女學苑》，1997年4月，頁34－36。
② 陳染《另一隻耳朵的敲擊聲》，頁45。
③ 同上注，頁49。
④ 陳平《聖殿的坍塌——陳染對父權制神話的解構》，《邢臺學院學報》第18卷2期（2003年6月），頁32－34；胡穎華《淺析陳染小説中的父親形象》，《新余高專學報》第9卷4期，2004年8月，頁28－29。
⑤ 陳染《另一隻耳朵的敲擊聲》，頁63。
⑥ 理查·克萊恩著，樂曉飛譯《香烟——一個人類痼習的文化研究》，頁33。
⑦ 陳國和《陳染小説：孤寂、執著的女性探索》，《咸寧師專學報》21卷1期（2001年2月），頁59。
⑧ 曹燕雲《陳染：孤獨感覺中的女性形象》，《中山大學學報論叢》24卷2期，頁197。
⑨ 嚴昕、嚴冰《在逃離中走向孤獨——解讀陳染小説中的孤獨意識》，《南平師專學報》23卷1期（2004年1月），頁80。

六、空間與孤獨——死亡作爲歸宿

我們通過前兩個章節，對孤獨感進行了“個體”和“群體”兩方面的分析。女主角黛二作爲個體孤獨感的典型代表，集中體現了陳染所力圖表達的女性群體的孤獨感意義，儘管有偏頗之處，但一定程度上叩擊了當今女性主義的時代之音。陳染作品的思想內容在反映女性自主意識和自身“真正的存在”等問題時，其對死亡的描述和思考是有意識的、自覺的。可以説，陳染小説裏死亡意識、自殺主題的反覆出現，使她的作品“拓展到更廣闊、更深遠的領域，在更高層次上體現了一個作家的思想境界”。① 下面，我們由文本的空間描寫入手，結合巴什拉“空間詩學”和存在主義的某些論述，探討陳染小説中的死亡意識和孤獨感的聯繫。

（一）封閉的房間與遺失的日曆簿

加斯東·巴什拉（Gaston Bachelard，1884－1963）是法國二十世紀著名科學哲學家，法國新認識論創始人、詩學理論家和詩人。巴什拉在《空間詩學》（*The Poetics of Space*）第六章《角落》和第七章《微型》裏論述了“微型空間”的理論。認爲即便是微小的空間，也擁有獨特的世界。巴什拉研究了壁櫥、小箱子、巢、貝殻、角落和一般微型模型。“無論多麼雜亂的房屋中都有仿佛享受特權性秩序那樣的壁櫥。又如整齊疊放的床單啦，哪裏有什麼啦，總是有受到管理的細小秩序”。②

正如巴什拉所言，“角落是這樣的藏身處，他讓我們確認一種存有的初始特質：靜定感。這是一處讓我的靜定感確切無虞、臨近顯現的地方。角落像是半個箱子，一半圍牆、一半門户。……身體因而以爲當我們託庇於角落時就可以隱藏得萬無一失。陰影成爲牆堵，家私築成圍欄，掛飾託出整片屋頂。……存有者……在一艘船的隱蔽角落裏幻想這樣的居所”。③ 角落是已經封閉的空間嗎？這是我們希望藏身的場所，雖説没有完全封閉，但是對於想像力來説，它仍然是孤獨的封閉空間。角落是爲我們提供堅定感覺的避難所。當有些不快或者感到孤獨時，人們背後就會出現角落。這個角落一半是牆壁，一半是箱子。④

這一點，小箱子的心理學更明確，因爲它是隱藏物品的秘密場所。日本學者金森修（KANAMORI Osamu，1954－ ）概括巴什拉“微型空間”時寫道，“這是能够凝聚和容納任何秘密的不可思議的空間。當關閉小箱子時，它就參與到普通事物的秩序中，成爲公共事物聯繫中的一員。例如，它在桌子上，它在房間中。……當小箱子打開時，公共的外部世界就消失了，之後就只有新奇和驚愕表現出來”。⑤

《另一隻耳朵的敲擊聲》中，黛二的房間永遠都是“緊閉門扇，輕手輕脚地將窗簾的縫角拉嚴”，⑥ 黛二稱之爲“隱蔽靜僻的寓所”。⑦ 在這個封閉的房間中，黛二一方面逃避著孤獨，形成

---

① 姚麗芳《論陳染的死亡意識》，《丹東師專學報》23卷2期，2001年6月，頁6。
② 金森修著，武青艷、包國光譯《巴什拉——科學與詩》（石家莊：河北教育出版社，2002年），頁234。
③ 巴什拉著，龔桌軍、王靜慧譯《空間詩學》（臺北：張老師文化事業股份有限公司，2003年），頁224－225。
④ 同上注，頁235。
⑤ 同上注，頁234。
⑥ 陳染《另一隻耳朵的敲擊聲》，頁30。
⑦ 同上注，頁40。

“自閉的心理”,[1] 在自閉中找尋安全的感覺；另一方面，她也是一個“囚徒”,“被囚禁在自己思想和某一種殘缺裏”。[2]

黛二的日曆簿可以看成是“小箱子的微型空間”，因爲它是“隱藏物品的秘密場所”，第 2 節寫道：

> 日曆簿上記載了她太多的秘密，她感到她的一部分私人生活已經隨著它的自殺舉動，悄悄地、秘密地轉移到一個未知的人手中。[3]

文本其他地方也有“微型空間”的諸多象徵，下面簡單列一表格，以作統計：

列表一

微型空間	舉　　例	頁　數
沙　發	我（黛二）永遠坐在那隻浮漂水上的木筏一樣的沙發裏……	29
	她（黛二）斜靠在我（大樹枝）的沙發裏，一支支吸烟。	45
	她（黛二）其實只坐在沙發上一動不動，吸著烟，眉頭微蹙。	49
	伊墮人退回到自己的沙發裏，神態忽然變得格外低沉。……悒悶、孤獨，無所寄託。	60
	伊墮人似乎站立不住，跌坐在沙發裏。	63
	點上一支烟，深深靠進沙發裏，回憶伊墮人和大樹枝的臉孔。	70
抽　屜	黛二迅急轉身，檢查她所有的抽屜。鎖著和未鎖的抽屜一律打開，拉出，它們立刻像一隻隻舌頭伸向她。	70
床　角	我（黛二）縮在床角再也不肯下來。	37
保險箱	黛二盼望在她僵緊的身體崩潰之前，……把她的心和身體安放在這個無人打擾的保險箱裏，爲她遮擋恐怖的人群，使他實現她夢寐以求的隱居幽閉的生活。	68
烟灰缸	她（伊墮人）用力吸了一口，……烟蒂就一個弧度掉落在茶几中間的烟灰缸裏，瞬間熄滅。	58
	我（黛二）把烟缸端起來讓母親看。我早已把烟缸裏滿滿的烟蒂倒掉，爲了不露痕迹，爲了不顯示得刻意的修飾整理，我特地在倒掉滿滿的烟灰後，留下一個烟蒂和一支香烟所能擁有的那麽多的烟灰。	72
珍　珠	在一片龐大的瓦礫堆下，透過死亡般的黑色，黛二看到只有伊墮人的房間，像一顆珍珠，在她失明的眼中，熠熠生輝。	65

（二）擁抱死亡的夢

1. 憂鬱質者的夢

關於四元素詩學的構想，巴什拉在《水的夢》（*Water and Dream*）的序言有這樣的說法：

---

① 陳染《另一隻耳朵的敲擊聲》，頁 56。
② 同上注，頁 57。
③ 同上注，頁 42。

古代一部叫做《長生術》的書，曾經把物質四要素（即四元素）與器官四氣質（或稱氣質學説，膽汁質、多血質、粘液質、憂鬱質）作一有機的整合：膽汁質者的夢，多是與火、火災、戰爭、殺人有關；多血質者與鳥的飛翔、競爭、飲宴、音樂會等事情有關；粘液質者的夢與湖水、大河、泛濫等事情有關；憂鬱質者的夢與埋葬、墓、幽靈、逃亡等悲慘的事情有關。這些不同氣質的人所作的夢，與性格相近的物質元素（火、土、水、空氣）相應，四元素詩學就是要從物質去解釋夢，因此他自己的方法界定爲物質主義的精神分析學。①

《另一隻耳朵的敲擊聲》中，黛二的夢顯示出她"憂鬱質者"的氣質特徵：

> 夢中的時辰好像是天朦朦亮，我聽到窸窸窣窣的聲音，房門忽悠悶開，一團陰影晃晃搖搖滑進來。然後我便有一種冰凉的手指輕輕滑過臉頰的感覺。我猛地睜開眼，一個女人形的身體從頭頂披著一塊垂至腰際的大黑布俯身站在我的床前，貼近我的臉孔，她的很長的冰條手指正懸在我的眼睛上方……我失真走形地驚叫起來，從脚底一直凉到頭頂。……我暈暈乎乎就隨伊墮人到了她的房間。……我悄悄而神秘的對她説，告訴旁屋那女人，我再也不去那屋了。②

幽靈一般的陰影在夢中給黛二籠上死亡的氣息，第 6 節更以"從石棺中蘇醒"作爲標題，使"墳墓"的意象更爲鮮明。

2. 恩培多克勒情結

透過"微型空間"反映出的自閉心理和黛二的夢境，我們可以看出文本中彌漫著濃厚的死亡氣息，尤其是黛二"自殺"的意念和死的欲望多次重複：

> 從十三層樓的我的視窗跳下去的欲望狠狠地抓住我。③
>
> 街上人們搖搖悠悠的影子與五彩繽紛的城市景觀，夢一樣從她身邊凉凉穿過，她腦子裏滿滿地想著活下去的理由。④
>
> 死亡經常纏繞在我的頸間，成爲我的精神脱離肉體獨立成活的氧氣。⑤
>
> 這是一個没有操縱者的物件的奇妙自殺事件。
> 這是某種結束的象徵。⑥
>
> 忽然黛二失聲尖叫："我要死！"⑦

黛二的死亡意識屬於一種恩培多克勒情結，是對外部世界"戚戚之聲裏埋伏著太多的世事炎凉"⑧ 的厭棄。巴什拉《火的精神分析》（*The Psychoanalysis of Fire*）⑨ 第二章《火與遐想》

---

① 伊莉莎白·迪瓦恩（Elizabeth Devine）著，賀仁麟譯《20 世紀思想家辭典：生平·著作·評論》（*Thinkers of the Twentieth Century: A Bibliographical and Critical Dictionary*，上海：上海人民出版社，1996 年），頁 25－26。
② 陳染《另一隻耳朵的敲擊聲》，頁 37。
③ 同上注，頁 31。
④ 同上注，頁 33。
⑤ 同上注，頁 35。
⑥ 同上注，頁 41。
⑦ 同上注，頁 74。
⑧ 同上注，頁 44。
⑨ 巴什拉著，杜小真、顧嘉琛譯《火的精神分析》（北京：三聯書店，1992 年）。

對恩培多克勒情結進行了分析，即是一種對火的崇拜以及生的本能和死的本能結合在一起的情緒。主要有以下幾點：1. 爐火前的遐想及爐中火，火在訴説，在飛舞，在唱歌；2. 火讓人產生變化的欲望、加快時間的欲望、使整個生命告終、了結的欲望，死亡；3. 柴火堆的召喚，絶望的愛情表現爲對柴火燃盡的渴望。① 通常是以“飛蛾撲火”的意象表達對烈焰、火山的向往，而從冷酷無情的世界中得以超脱。

這一點可以跟我們前面分析的“香烟”相聯繫。令黛二心神安寧的“房間”可以説總是彌漫著小小的一點火星中散發出來的烟霧：

> 吸烟，青黛色的霧雲在我的房間裏愛情一般致命。②
>
> 房間裏一時沉默無聲，只有香烟隨著那一閃一滅的烟頭，發出尖細的嘶嘶聲。③
>
> 烟霧使伊的臉孔漸漸模糊不清，這種模糊不清終於使黛二有勇氣直視伊美麗而滄桑的臉孔。④
>
> 透過昏黯的烟霧，黛二看到房門彷佛在搖晃……⑤

結合空間理論，吸烟爲黛二創造了另一個時空，她將自己置身於尋常時空之外的烟霧繚繞的空氣裏，似乎這灰色的烟霧可以延緩夢想的消失。黛二用呼出的烟填滿房間，將自己周圍的空間塞得滿滿的，像一個子宫，温暖而安全，她恍若入眠，暫時逃避了無邊的困擾，她感到自己已經死了並且來到了天堂。這是潛意識裏回歸母體的表現，是對“熱”的追求，是一種“恩培多克勒情結”。同時，用呼出的烟填滿房間，也是佔有房間的容積及其表面和角落的一種方式，在烟霧中黛二便可以將“空間圈定起來，並隨意變换分割”，⑥ 這是一種無憂無慮的自由。

與黛二的房間形成鮮明對比的便是黛二母親統治下的陰冷、森嚴的“城堡”，以及惡夢中“冰條手指”⑦ 等意象。這些是黛二的“房間”以外寒冷世界的象徵。黛二長久以來借不停吸烟所想體味的正是一種焚身以火的慢性自殺中的快感，是對香烟帶來的極樂園之幻象的迷戀，正如文本中伊墮人對黛二的評價，“她那常年的遠離沸沸揚揚的外部世界，這簡直是一種蓄意的自我慢殺，一種預謀地向著生存的無限性的自我切斷”。⑧ 擁抱死亡，便成爲了黛二對抗孤獨的最後武器。

3. 死亡與存在主義

黛二擁抱死亡的自殺情結，準確地説，是對“低孤獨”的對抗，不僅如此，更表現了女性對“高孤獨”的追求。

從存在主義的立場出發，死亡是對現實生活的否定。海德格爾認爲，真正的存在，必須對自我、對我在有真正的體驗，但是這種存在總是受到現實生活中周圍事物的干擾。因此，真正的存在只有在完全孤立的具體存在中才能體現出來。而在平時不可能實現“真正存在”的個人，

---

① 巴什拉著，杜小真、顧嘉琛譯《火的精神分析》，頁 15 - 23。
② 陳染《另一隻耳朵的敲擊聲》，頁 30。
③ 同上注，頁 59。
④ 同上注，頁 62。
⑤ 同上注，頁 71。
⑥ 理查·克萊恩著，樂曉飛譯《香烟——一個人類痼習的文化研究》，頁 108。
⑦ 陳染《另一隻耳朵的敲擊聲》，頁 37。
⑧ 同上注，頁 57。另參鄭崇選《孤獨的生存體驗　執著的精神追求——陳染創作論》，《廣西師範大學學報》2000 年 1 期，頁 111。

在死亡面前恰成爲自我孤立的了，達到了純粹的“我在”。死亡否定現實生活，否定“非真正的存在”，是通向“真正存在”的道路。[①]

死亡是不可替代的，其“唯一性”決定了對每個死去的人來説，都是“我的死”。“我的死”又意味著什麼呢？那就是：“我在這個世界上的那種受人擺布、受自然界限制的‘非存在’宣告結束；而‘非存在’的結束，就爲我的‘真正的存在’開始創造了先决條件。”[②] 只有當一個人把自己的“非存在”徹底毁滅，他才能真正地從現實生活中超越，才有可能得到“真正的存在”。這與“高孤獨”的追求何其相似。

黛二强烈的自殺意念，證明了她認識到自己的現實生活是“非真正的存在”。她意識到她的生活的“非人性”極不可忍受。許多試圖自殺的人常常會説：“我忍受不了這種非人的生活”，“我厭惡這種生活”。[③] 像他們一樣，黛二内心的吶喊甚至更爲强烈：“那無法擺脱的游魂般纏繞的絶望，那毫無靈性的刻板的生活……早已厭倦！”[④] 以黛二爲代表的女性形象，她們在極端痛苦、壓抑、絶望的情況下産生對死亡的嚮往，試圖以自殺了結生命，使自己從痛苦的内心矛盾中解放出來，這是與世界較量、提出抗議的一種方式，是堅持自己信仰的表現，同時更是一種對孤獨、冷漠、厭倦的生活的否定，對不完美的甚至骯髒的世界喊“不”，以及對自身真正的存在價值的證明。[⑤]

七、結　　語

陳染在很多場合曾公開表示過受到西方女權主義、精神分析和後現代主義等觀念的影響，對此她並不避諱。[⑥] 這一點通過我們對《另一隻耳朵的敲擊聲》孤獨感的分析，可以得到充分的證明。有評論者認爲，“《另一隻耳朵的敲擊聲》是陳染至今最爲複雜的作品，它爲我們的解讀提供了相當豐富的内容，或者説，它包含了迄今爲止女性主義文學最先鋒的内容。在藝術上它又混然天成，並無先入爲主的概念化印痕，它顯示了陳染作爲小説家的成熟[⑦]”。這無疑得益於小説對孤獨感成功的描摹。不單單是《另一隻耳朵的敲擊聲》，陳染筆下的女性世界處處充斥著孤獨的氣氛，她的小説所塑造的絶大多數女性形象在以獨立的姿態尋找自己精神家園的同時，也飽受著心靈的創傷，以及孤獨所帶來的對生命的失望。然而，正是這種將孤獨作爲一種來自心理深層的驅動力，使陳染避開了文壇的火熱場面而勤奮不怠地創作，並永無止境地進行著自己及先輩作家没有做過的探索和嘗試。[⑧]

---

① 高宣揚《存在主義概説》(香港：天地圖書有限公司，1986年)，頁74－75。

② 同上注，頁76。

③ 同上注，頁77。

④ 陳染《另一隻耳朵的敲擊聲》，頁62。

⑤ 吴紅光、熊華勇《陳染孤獨之原因論析》，《襄樊學院學報》第24卷6期，2003年11月，頁57－62。

⑥ 李鴻《是門，又是牆——陳染小説模式機制》，《内蒙古民族大學學報》(社會科學版)，第29卷第3期，2003年，頁635。

⑦ 孟繁華《憂鬱的荒源：女性漂泊的心路秘史》，《當代作家評論》1996年第3期，頁60。

⑧ 楊敏《論陳染小説創作的孤獨意識》，《華中理工大學學報》(社會科學版) 1997年2期，頁96；李月華《在清寂的邊角小道獨自漫走——我看陳染》，《嘉興學院學報》第14卷，2002年11月，頁165－167；汪登存《孤獨的貴族——讀陳染的〈聲聲斷斷〉》，《當代文壇》2001年第2期，頁50－51。

《崑曲演唱理論叢書》成書的啓示

余　丹　古兆申

研究及翻譯出版計劃的目的

這個研究項目的構思比較特别。受到聯合國教科文組織在 2001 年五月將中國崑曲列爲“人類口傳非實物文化遺産傑作”的啓發，眼看中國大陸、臺灣和歐美多處都對崑曲的承傳和推廣加大力度，我們在香港也想貢獻一點微力，遂想到利用現成的條件，開始一項較少人願意做的事：選取崑曲的曲唱理論加以譯介，從中凸顯漢語演唱美學的特色和紋理。古兆申研習崑曲藝術、主持崑曲研習班有年，累積了不少心得，我也願意利用我對中譯英方法和方向的掌握，構想一種比較新穎的文獻出版形式，因此決定合作編一套叢書，腹稿爲六種著作：

一　魏良輔《曲律》(明代)

二　王驥德《方諸館曲律》(明代)

三　沈寵綏《度曲須知》(明代)

四　徐大椿《樂府傳聲》(清代)

五　吴　梅《顧曲麈談》(二十世紀)

六　王季烈《螾廬曲談》(二十世紀)

最後選定頭四本，即明清兩代的四本古籍。我們希望藉介紹這四家之言，爲漢語演唱美學理出一個體系，從故紙堆中找出古人思考的精華，用現代語文呈示出來，並加入英語對照，使中外讀者都能讀懂。我們編纂這套叢書，研究重點並非一般文獻考訂及文義注解，而是從演唱實踐的可行性及有效性出發，希望研究的結果能有助於曲唱的教與學，及爲曲唱藝術的欣賞提供輔助知識。

翻譯過程中的一些體會

叢書研究及翻譯出版計劃的目的已見前述。本文主要想談談翻譯和注釋過程中的一些體會。大概有以下幾個方面：

(一) 本計劃翻譯的對象是演唱藝術理論的古代文獻。這類文獻必然有許多專技名詞出現，專技名詞的翻譯，是其中一項頗大的挑戰。且不説這類專技名詞在英語中有没有對應的詞彙合用，就是對其概念的正確理解也有相當難度。尤其是文獻是用古漢語寫成的，古人所用專技名詞，往往無嚴格清晰的定義，一詞多義或一義多詞的情況也時時會出現。因此如要準確地譯出這類專技名詞，必須有深入、全面的研究基礎配合。我們的翻譯，是研究先行，盡可能涉獵相關文獻，以求對這類專技名詞有通盤的理解，然後執筆試譯，經多次修改而定。但仍不敢説這是最好的譯法。若有更深入的研究指正其誤，應馬上加以修訂。

我們的感想是：此種涉及專技的理論文獻翻譯，必須有相關研究爲後盾。

（二）深一層瞭解翻譯，其實並不只是簡單地從一種語言轉換爲另一種語言；而是從一種思維方式轉换爲另一種思維方式。即就漢語而言，古代漢語 —— 所謂“文言文”—— 所反映的思維方式，跟現代漢語 ——所謂“白話文”或“語體文”——所反映的思維方式，也有所不同。文言文簡練、含蓄，宜於表現文學意念；但語多歧義，主語、賓語、介詞多省略，所指對象不清，對科學理念的表述就不太有利了。中國古人對知識的攝取，重視直觀的領悟，故古代漢語所提供的思維方式也似乎可以自足。現代中國人自五四新文化運動以來，經歷了一世紀的西化，對科學性有相當的追求；現代漢語吸收了歐洲語系科學性的表述方式，對概念或理念的表述，無疑是更爲優勝，這也影響了現、當代人的思維習慣。

我們在進行英譯之前，先把文言轉譯爲語體，固有方便現代漢語讀者閱讀之意；且經過這一層語譯，可把古代漢語的表述方式變得更靠近英語的表述方式。這時，我們再來進行英譯，無疑會更容易。

（三）現代漢語儘管已有一定程度的歐化，畢竟和古代漢語血肉相連，仍保留一定的文言成份（多少視作者的喜好而定）。這對保持漢語的特色無疑非常重要，傳統慣用的直覺領悟思維方式也可以一定程度保留下來。但若涉及科學性的概念或理念表述，這仍然是一個缺點，在英譯時也構成障礙。遇到這種情況，我們便得更深入地去研究原文以增進瞭解。只有更深入、清晰地瞭解原文，我們才有可能準確地把它轉換爲英語的表述方式，使習慣英語思維方式的人易於理解。

這種經驗，使我們覺得：翻譯與譯材的相互研究，實在有一種互動的關係；研究可促進翻譯的準確性，翻譯也可以推進研究的深度。

（四）最理想的譯文，也不可能逐字逐句相對應準確譯出而又能保留原文的文采風格。文學作品的翻譯應向這個理想靠攏；理論文章則不必一定拘執於此。理論文章的翻譯，目的在原理的表述，太著重譯文與原文的對應關係和文采風格，有時反而不能把原理表述透徹。我們的譯文，包括語譯和英譯大體上都採取對應譯法，但並不拘執於此。譯文不能透徹表述的，我們用注釋加以補充。注釋不只爲直接讀原文的讀者而設，譯文讀者也可從中得到更完整、深入的瞭解。在需要時，我們還會把注釋的内容，溶入譯文之中，以增加其可讀性。

我們的看法是：翻譯理論性文獻，注釋的補充是不可缺少的。

譯法舉例

總序和四篇導讀介紹了這四本著作的特色和崑曲曲唱的歷史發展脈絡。現再按内容次序引一些例子作編餘的補充，以突出成書過程中體味到的心得。

魏良輔《曲律》第一條“色”字的理解

《曲律》第一條：“擇具最難，聲色豈能兼備？但得沙喉響潤，發於丹田者，自能耐久。若發口拗劣，尖粗沉鬱，自非質料，勿枉費力。”

此處我們注釋如下：“‘具’指才具、條件。擇具，謂選擇唱者的演唱條件。‘聲’指發聲；‘色’指音色。有論者理解爲‘美色’之‘色’，顯然不妥。因《曲律》討論的是清唱，並不講演唱者的外貌。再者，下文提到‘沙喉響潤’，正是指音色而言。‘沙喉’指不純浄、帶沙音的嗓子。”

據此，這幾句語譯爲：“選擇具有演唱條件的人最困難，一般人豈能兼具發聲的技巧與優美的音色？響潤的沙喉，氣發丹田即能持久演唱。”英譯是：“Selecting singers with the right qualities is extremely difficult. How can the average person possess both singing skills and a voice with good colour? In the case of a singer who has a rich, loud but hoarse voice, as long as he can make his breath rise from below the diaphragm (the *dan-tian*), he will be able to sustain singing at length.”

魏氏《曲律》十八條，討論雖簡短，但脈絡清楚，而且涵蓋頗廣。由最基本的唱曲條件説起，第一條聲色，第二條運氣發聲，第三條五音（樂音）四聲（字音），第四條腔之長短過渡，第五條板眼，第六條曲牌之理趣，再及第八條論不帶表演鑼鼓的清唱，次序井然，而並無提過唱者須有姿色。

其後再提南北曲結構韻味之别、欣賞曲唱之著眼處、樂器伴奏之法度，甚至聽曲者應有之講究，也是著重修爲和修養。第十七條呼應第一條：“聽曲不可喧嘩，聽其吐字、板眼、過腔得宜，方可辨其工拙。不可以喉音清亮，便爲擊節稱賞。大抵矩度既正，巧由熟生，非假師傳，實關天授。”語譯是：“聽曲時不可喧嘩，要聽唱者的吐字、板眼、過腔是否得宜，才可分辨其藝術的高下。不可單憑唱者喉音清亮，就爲之擊節讚賞。一般而言，正確的規範是最基本的，至於由熟練而達到巧妙的境界，那便與天賦有關，並非老師可傳授了。”也是强調正確學習方法的重要。

看過包含“聲色”詞理的第一條及全部十八條的論述綱要，却謂魏氏在全書之始即開宗明義列出發聲的能力與“姿色”難以兼備，是看不到魏氏認爲發聲的能力與“音色”同樣難求。魏氏不闡釋音色之美在此處能起什麽作用，因音色之美是天生的。但歌人如能發聲響潤，即使音色不美（沙喉），仍算難得。如果連發出字音與樂音也做得不好（發口拗劣、尖粗沉鬱），就絶非學唱材料了。

王驥德《方諸館曲律·論須識字》篇

本篇首段：“識字之法，須先習反切。蓋四方土音不同，其呼字亦異，故須本之中州，而中州之音，復以土音呼之，字仍不正。惟反切能該天下之音。”語譯：“要認識字音，必須先學習反切。因爲地方口音各有不同，字音讀來亦有分别，因此須以中州音韻爲本。然而，中州音韻，若按地方口音讀出，字音依然是不正確的。只有反切能讀出通行天下的正確字音。”

這裏“識字之法”不是指一般的讀書識字，而是如注釋所説，指“辨字義並識字音”。因中國漢字有一字兩音或多音者，不同音往往義亦有異。故“識字”在演唱上的要求有三：其一，要知道某曲中之某字在曲文中之義；其二，由其義取正確之讀音；其三，要知道該字應讀的聲調。同一字，聲調不同，其義亦有别。在中文裏，“識字音”與“識字義”固然是相互關聯的，而在曲唱裏，二者之關係更密不可割。

“識字”英譯爲 identifying words (*zi*)，即“認得出”某字之義及根據反切之法“認得出”

其讀音。各地的方言口音（“四方土音”）蕪雜，所以應奉“中州之音”（元時河南洛陽開封一帶語音）爲標準。全世界都有地方語和標準語發音差別很大的情況，中國幅員廣大，自更當然，英文用 dialects 和 standard pronunciations of *zi* 是讀者最易明白的寫法。漢語的方塊字有形音義，與英語文法的 word 不盡相同，故特寫作 word (*zi*)，顯示是中國的字，反切寫作 *fan-qie*，再加注，也是同一道理。此段英譯做了三個注：其一“識字”，其二“反切”，其三“中州音”，都有特殊的中國文化背景。

沈寵綏《度曲須知·收音問答》篇

本篇中段：“曰：‘凡字音始出，各有機微之端，似有如無，俄呈忽隱，於“蕭”字則似“西”音；於“江”字則似“幾”音，於“尤”字則似“奚”音。此一點鋒鋩，乃字頭也’。緜字頭輕輕吐出，漸轉字腹，徐歸字尾。其間從微達著，鶴膝蜂腰，顛落擺宕，真如明珠走盤，晶瑩圓轉，絶無穨濁偏歪之疵矣。”

此段解釋吐字可分三階段：字頭、字腹、字尾，比反切只舉字頭與字尾更準確更科學。採用這方法咬字，不但可使每個字的咬吐得以完整，在曲唱中延長每個字的唱法時採用這方法，更可把字的整體形態呈現得更爲清楚無缺。原文形象化地描寫唱者吐字、改變口形、再改變口形而收字的三個階段，用“鋒鋩”之尖比喻字初露時之鋭利，和“明珠”之圓比喻字作結時之飽滿，形象鮮明，是可讀性很高的好文章。

此段語譯和英譯標字音用了不同方法。語譯完全仿照原文：“我説：‘每一個字剛剛出音，都各有細微的分别，似有還無，忽隱忽現。“蕭”字出口似“西”音；“江”字出口似“幾”音，“尤”字出口似“奚”音。這一點鋒鋩，便是字頭了。’”英譯面對不太熟諳中文的讀者，需要在文中引出所標音的漢字，繼而用國際音標顯示其讀音：“I replied, ‘Each *zi*, when it is released from the singer's mouth, has a fine tip that emerges briefly and is just faintly discernible. The tip of the *zi* 蕭 [siau] sounds like the *zi* 西 [si], the tip of the *zi* 江 [tɕiaŋ] sounds like the *zi* 幾 [tɕi], and the tip of the *zi* 尤 [iou] sounds like the *zi* 奚 [çi]. This sharp tip is in fact the head of the *zi*'.”全書有多處講述字的讀音，需要標記字的聲母韻母，我們都用國際音標而不用漢語拼音。漢語拼音則用於中國人名地名等專有名詞。

徐大椿《樂府傳聲》第四篇《聲各有形》

首段：“凡物有氣必有形，惟聲無形。然聲亦必有氣以出之，故聲亦有聲之形。其形惟何？大、小、闊、狹、長、短、尖、鈍、粗、細、圓、扁、斜、正之類是也。……惟口訣得傳，則字形宛肖。”

次段：“其口訣大端，雖不外開、齊、撮、合、喉、舌、齒、牙、唇，而細分之則無盡。有張口者，有半張者；有閉口者，有半閉者；有先張後閉者，有先閉後張者；有喉出唇收者，有喉出舌收者；有全喉全舌者，有半喉半舌者。以上諸條，互相出入，不可勝計。其外又有落腮、穿齒、穿牙、覆唇、挺舌、透鼻、過鼻，種種諸法，不可枚舉。總在將此字識真念準，審其字聲從口中何處著力，則知此字必如何念法方確，即知其形於長短闊狹之内居何等矣。然後人之聽之，無不知其爲何字，雖絲竹雜和，不能奪而亂之矣。此千古未發之微義也。”

此篇寫人口所發的聲音與發聲的口法的關係，次段更列舉口腔中各個發聲部位及口形，並加以細微區分。作者以文字説明引領唱者，讓其忖摩自己口腔内的發音部位及模擬發各種音的口形。由於原文簡潔而形象化，語譯不須改動詞彙，只把句形略事調整，就能表達相同的意思。但英譯中如何表達發聲的口形和動作，則需要頗多斟酌：用字要淺但準確，句構要緊湊，用介詞要細心區别，因此“落腮”譯爲 dropping the gums，“穿齒”譯爲 going through the jaws，“穿牙”譯爲 going through the teeth，“覆唇”譯爲 smacking the lips，“挺舌”譯爲 stiffening up the tongue，“透鼻”譯爲 going through the nose，“過鼻”譯爲 going past the nose。最重要的是：譯文要能使唱者具體感覺到每個動作是怎樣做的，從而掌握口腔内的發音部位並做出正確的發音口形。爲要達到這效果，譯者自不免要自行忖摩試演一番，以求絲毫不差地重現原文所説的動作。這就是説，只有根據真實，才能譯得準確。

徐大椿《樂府傳聲》第二十三篇《斷腔》

此篇首段：“南曲之唱，以連爲主。北曲之唱，以斷爲主：不特句斷字斷，即一字之斷，亦有斷腔，且一腔之中，又有幾斷者。惟能斷，則神情方顯，此北曲第一喫緊之處也。”

語譯：“南曲唱法，以連爲主要特點，北曲唱法，却以斷爲主要特點：不但每句斷，每字斷，一個字的唱法中，也會有斷腔，一句唱腔中，還會有唱斷幾次的。惟其能唱斷，才能把神情顯出來，這是北曲唱法第一個最要緊的地方。”原文裏的“腔”，語譯爲“唱腔”，意思清楚了。

此段的英譯是“The singing of Southern *Qu* is mainly *legato*, while sharp breaks are a dominant feature in the singing of Northern *Qu*. In Northern *Qu*, not only do phrases and *zi* end with sharp breaks; even as a *zi* is being sung its melodious progression can also be broken up sharply several times. Precisely because of such sharp breaks in the phrasing, the spirit of the singing is shown up, and this is the feature that requires the strictest handling in Northern *Qu*.”“腔”字的英譯用了解釋譯法，因爲腔是指隨著旋律起伏拖長字句或單字而唱的樂句。英語談唱歌，也説音、句、節、段，但英語的字（word）由音節（syllables）構成，唱英語歌時會把字的音節對應嵌入樂句的音符裏，而較少像中國人唱曲的“拖腔”——把某個單字由頭至腹拖長來唱，隨樂句的旋律運轉。因此“腔”（名詞）不應簡單地譯爲 phrase，稱爲 sung phrase 較貼合。又：“連”譯爲 legato，是借用了一個西方音樂術語，指把一組樂音連著唱或奏，而不是中斷。但“連”的反面“斷”，則没有譯爲 legato 的相反詞 staccato，而寫作 breaks，因爲嚴格地説，staccato 的效果與“斷”不一樣。

語譯和英譯裏專門技術名詞的處理：以“丹田”一詞爲例

把古文轉爲語體，字數會增加，因往往要把字數較少的古代詞彙改寫爲字數較多的現代詞彙，使之口語化，並補充主語、連詞等，使邏輯明確。遇到原文中有古文的專門術語時，如判斷語譯不一定用術語才能準確道出語意，就可把術語改爲明白清楚的白話詞彙。但如認爲術語不能改寫，就必須保留。

有些詞彙雖源於遠古，但今天仍有生命，不須因其古形古貌而改寫，因爲今天我們在專門性討論中仍需要用到很多這類詞彙，不能回避它們，日常談話時，也可能用它們作直接指陳。例如《曲律》第一條中之“丹田”，談歌唱、醫學、氣功、武術都會提到，是有具體意思而相當普及的一個詞，因此語譯没有把它改寫，只作了注釋。英譯則把它解釋了，並附音譯，寫作 the diaphragm (the *dan-tian*)，同時加注釋。通過這樣處理，這個源於中國且早已傳到日韓等地的專門詞，便寫進英文裏了。隨著資訊跨國界的流傳，互聯網的發達，"丹田"的拼音形式 *dan-tian* 也會流傳於英語世界。維基網上百科（Wikipedia）有英文"Dantian"條，附有參考書目，更列出多條網上搜索連線。[①]由此可見，專門詞蘊涵著中國文化的精粹，是漢語詞彙的精華，在語譯和英譯裏不宜改寫，而應適當地保存它們的原詞、原音、原義。

在二十一世紀，中國與外國將越益頻密地在各方面接軌，漢語裏會滲入大量外語詞，重要的漢語詞（特別是專門詞、術語）也會進入英法俄西等外語中，且大大得力於漢語的（拉丁）拼音化，因拼音的漢語詞易於收入外語詞典，成爲外語中的新詞，把其源於漢語的詞義帶進外國人的認知領域。本書英譯中，用 *Ci* 譯"詞"、用 *Qu* 譯"曲"、用 *zi* 譯"字"、用 *qiang* 譯"腔"、用 *fan-qie* 譯"反切"、用 *yin*、*yang* 譯"陰、陽"、用 *gong*、*shang*、*jue*、*zhi*、*yu* 譯"宫、商、角、徵、羽"、用 *gong chi* notation 譯"工尺譜"、用 *wu-tou* 譯"務頭"（均見書末的"詞語對照表" Glossary of Special Terms），正是要把這些專門詞寫成能嵌進外語中的拼音詞，順應這個人趨勢。

書首引言

除了四家著作外，還想一提書首所引四句話的處理。

編輯工作完成時，我們選了《書經・虞書》中的"詩言志，歌永言，聲依永，律和聲"四句，放在全書首頁。這四句話含義博大精深，正是本書論述的精粹。《書經》年代遠比本書所輯曲論爲早，所以不是這四句話總結了曲論，而是曲論體現了這四句話。在總論裏，我們這樣說：

> 儒家經典或經典的闡釋者，都重視聲樂多於器樂："詩言其志也，歌詠其聲也，舞動其容也。三者本於心，然後樂器從之。"[②] ……早在先秦時代，儒家已注意到詩歌與語言，語言與音樂的關係，並發現有規律可循："詩言志，歌永言，聲依永，律和聲。"[③] 但具體的規律如何，在儒家的經典中並未有進一步的論述。直到南朝的聲韻學家沈約才發現其中的奥秘……[④]

英文總論意思與中文相同："The superiority of vocal music over instrumental music is clearly emphasized in the Confucian classics and their annotations and commentaries: '*Poetry speaks of ideas; singing prolongs its sounds; dance animates its images. All three originate from the heart, and then the musical instruments follow.*'[⑤]… Very early in Chinese history, in the era of pre-Qin, Confucian scholars were already examining the close relationship between poetry and language and between language and music, suggesting that there were certain patterns to be seen therein: '*Poetry speaks of ideas; singing prolongs the sounds of speech; the sounds*

---

① 如：Seiki tanden, The Three Dantian, Hara and Seika Tanden, Haragei. Jing (TCM), *Pushing hands*（即李安導演的電影《推手》), Aikido, Tai Chi Chuan, Meditation, Mindfulness, Misogi, Kiai。

② 見《樂記》。

③ 見《書經・虞書》。

④ 見《總論：絲不如竹，竹不如肉——崑曲演唱的審美觀》，《崑曲演唱理論叢書》第一卷，牛津大學出版社，2007 年，xiii 至 xxv 頁。

⑤ 見 the *Book of Music*.

of singing follow prolonged speech sounds; musical pitches temper the sounds of singing. '① Such patterns, however, were not further discussed in the Confucian classics, and the question was not picked up again until the Southern Dynasties when Shen Yue, the great phonologist, attempted to explain the secret as follows …"②

《樂記》云:“詩言其志也，歌詠其聲也，舞動其容也。三者本於心，然後樂器從之。”清楚指出詩句、歌聲、舞姿都是由人的内心啓動，故英文裏用了 poetry 作主語，後兩句再用 its 延伸 poetry 的意思，使三者 (poetry, singing, dance) 構成三角關係。

《書經》四句“詩言志，歌永言，聲依永，律和聲”意思更複雜。由於前面已明言詩、歌、舞三者的三角關係，故這四句也應理解爲環環相扣的，何況四句句形相同，説是三言詩也不爲過，且第一句和第二句都有“言”字，第二句和第三句都有“永”字，第三句和第四句都有“聲”字，可見這環環相扣的緊密。

兩段引文的首句意思相同，故英文也用了完全相同的寫法。《書經》四句中，“言”字在首句作動詞，在次句作名詞，均可解作“説話、語言”。

兩段的次句也是同一意思。“永”通“詠”，是延長之意，有“長言曰詠”的説法。唱曲時往往把字音拉長來唱，成爲“腔”，因此兩處的英文都寫爲 sounds of speech 被 prolong 爲 singing。

《書經》第三句與《樂記》不同了。主語是“聲”(歌聲)，從另一個角度解釋前面第二句的意思，即歌聲依著延長的語言而唱。英文仍用 prolong 一字形容 sounds of speech。

《書經》第四句以“律”字爲主語。法度森嚴的樂律發揮積極作用，使歌聲得到諧調，曲調及唱腔得到規範。很多論介中國古代音樂的英文著作都把“律”稱作 pitch，此處英譯亦隨之。西方音樂傳統裏 pitch 指音高及音域，不同的 pitch 統領不同的調，各有其音高標準和音距組合，代表不同的調性和韻味。樂曲中音高(調性)的選擇和音高長度、張力、密度的表現是十分關鍵的。此處把“律”譯爲 pitches，狹義可指音樂中的各調，也可概括指音樂的形態結構。没有譯爲 rules 或 laws，因恐帶有太多權威意味。至於“和”字，此處是動詞，指諧和，也暗含“調校淬煉使純和”之意，英譯用動詞 temper 譯“和”，因樂律有淬煉協調歌聲而致和的作用。西方巴洛克派作曲家巴赫 (J. S. Bach, 1685 - 1750) 有鍵盤作品集名爲 *The Well-Tempered Clavier*，中文稱爲《十二平均律鍵盤曲集》，講求在鍵盤樂器上掌握高低各調中對位化和聲的格律，tempered 即此意。

全書首頁“詩言志，歌永言，聲依永，律和聲”，英譯爲“*Poetry speaks of ideas; singing prolongs the sounds of speech; the sounds of singing follow prolonged speech sounds; musical pitches temper the sounds of singing*”。由第一句至第四句，主語由“詩”至“歌”至“聲”至“律”，討論點由文字轉移到音樂，層次井然。英文也用了四個不同的主語，把這層層相扣的論述整體展示出來。這四句包含著我們選輯曲論的精粹，但不在曲論選段中，故尚未有語譯，現補譯如下:

詩以語言表達心意;
歌唱是語言的延長;

① 見 the *Shu Jing*.
② 見 Introduction: "The Supremacy of the Singing Voice - Aesthetic Judgment in Kun Qu Singing", Vol. 1, pp. xxvii - lii.

歌聲依延長的語言而唱；

樂律與歌聲相和協。

將古人深邃的意念轉寫爲今人能够明白的意思，的確不易！

《崑曲演唱理論叢書》成書對我們的啓示

中國曲唱藝術博大精深，我們所做的工作，只能觸及一點點，但很有意義。

書的每一個環節都是值得做的。它們緊密相扣，都有助於曲唱知識的發揚和普及。把古籍譯成語體文，是早已有的做法。掌握得好，能使古籍再度發揮生命力。

英譯的原則是盡量準確，不爲行文漂亮而犧牲原文的意思。正視原文所藴藏的複雜意思，盡量用英文的表達方式重現出來，不惜用較多的字數，也要表達得周全。盡可能採納英譯漢典的一般用語，也選擇性地採用西方音樂語詞。遇到源於中國古代的專門技術名詞時，爲求保持原詞、原音、原義，寧願創鑄漢語拼音詞，也不用勉强模擬的寫法。

附録：成書後專家的評語

“這是一部全面深入研究崑曲演唱理論的著作，注譯嚴謹，字字落實，毫無含糊之處。”——《崑劇發展史》作者劉致中教授

“導讀部份寫得很好，内容深入淺出，抓住核心問題作了通俗的解釋。”——《中國崑曲大辭典》及《二十世紀前期崑曲研究》作者吴新雷教授

“這是一部真正重要的著作……論述鋪排得非常細緻，英文寫得很流暢，典雅而帶有古風。注解和名詞對照表很有用。”——香港中文大學音樂系韋慈鵬（Larry Witzleben）教授

“這部著作對西方學界研究中國戲曲及戲劇，將可提供實際的貢獻。從學術觀點來看，其導讀及注解均基於細緻的研究。更重要的是，從其中可確定研究者本身亦爲崑曲的唱習者，他們在演唱及伴奏方面的經驗，爲他們的注解及翻譯工作做了很好的裝備。”——新加坡大學中文系容世誠教授

曉雲法師的繪畫藝術與國際文化交流

陳娟珠

旅歐期間，游雲山女士拜訪著名教授哲學家海得格（Martin Heidegger），談及對人類心靈培養禪行的問題。1953 年，曾會晤諾貝爾獎得主司道亭教授（P. E. Dr. Hermann Staudinger），她曾有一幅新作，畫題《蓮花與葡萄》，即是與海得格、天主教幾位研究佛教和禪宗的神學教授，及旅歐學者蕭師毅等談論之後而完成的。中國之“蓮花”和西方之“葡萄”，乃東西文化融會的象徵，作畫者以此作呼籲世界和平的寓意。游女士的畫展曾在德國佛萊堡大學（Freiburg i. Br.）舉辦，佛萊堡民衆報題稱頌此畫展是“中國惠贈西方的禮物”。①

法師深感東方文化、儒佛思想對培育人材之重要，呼籲國人重視發揚五千年之中華文化、二千年之佛教精神。她每年應邀出席國際會議，在國際文教領域中致力擴展我國在世界上之影響力。每年舉辦清凉藝展（已歷三十四届），藝通於道，寓教於畫，其作品内含中國哲學與佛學意藴，意境深遠，發人深省。清凉藝展，早年曾在美、德、加、法、意及東南亞各國展出，享譽國際。臺灣藝術大學校長黄光男先生説：曉雲法師洞識生活禪機，發人深思的藝術，正是中國人文之美與宗教情操的一種偉大融合，足以彰顯二十世紀中西思潮互動交融之際中國哲人維護與發揚中華文化精神的志業。

本文研究曉雲法師的繪畫藝術及其國際文化交流事蹟，以下爲本文之大綱：

一、曉雲法師的繪畫藝術與中華文化

二、曉雲法師的繪畫藝術與印度文化

三、曉雲法師的繪畫藝術與西方文化

四、曉雲法師與國際佛教藝術文化

五、結語

一、曉雲法師的繪畫藝術與中華文化

(一) 曉雲法師簡介

曉雲法師原名游雲山，幼受儒家教育，熟讀四書、五經。長而依止佛門，深入佛法。其思想儒佛兼備，嘗與漢學大師饒宗頤先生及錢穆、程兆熊、唐君毅諸先生論道爲友，是我國當代

---

① 西德 Köln 畫展時，《科隆生活雜誌》稱讚中國女畫家游雲山，最了不起的是，成功地將禪、道與儒家的深義融匯於作品中。見曉雲法師《畫藝環宇》，臺北：原泉出版社，1989 年 5 月再版，頁 138。

著名的宗教家、藝術家及教育家。曉雲法師從事文教藝術逾半個世紀，並深入儒佛思想，配合生活教育，以美育浄化人心，有助社會安寧。

香港時期（1929－1967）

師事嶺南畫祖高劍父大師（1879—1951），曾創辦“文風韻苑”。中日戰爭期間，加入後方文化工作，戰後旅游至印度泰戈爾大學，研究畫藝並教授中國畫論。回到香港，任教寶覺學校，並創立雲門學園，以文學藝術融匯儒佛思想。四年後，爲了多瞭解世界文化教育，於是開始環宇周行。

1955年環宇周行前一月，舉行雲門師友聯合畫展於香港聖約翰堂畫廊，以紀念高劍父先生冥壽。合中西繪畫優點，本是嶺南派的基本畫風，法師之繪畫，極受高劍父先生影響，而在師承之中，又有所創新。法師的畫作集合儒、道、佛三家思想，形成個人獨特的風格，同時將早年修習禪宗佛典之心得蘊涵其内，可謂禪心融於畫意。1952年，法師與新亞書院董事長趙冰大律師、唐君毅教授創辦原泉出版社，發行《原泉月刊》，自任主編。創刊辭曰：“斷煩惱而修悲智莫尚乎佛；由仁義以行教化莫尚乎儒。”雜誌内容以文學、藝術融匯儒佛思想，提倡以儒佛文化浄化人生社會，1959年，於香港創辦雲門學園、佛教文化藝術協會，興辦徙置區天台學校（讓大陸難民兒童就讀），以及慧仁、慧泉、慧人小學和慧海英文中學。

1958年冬，結束環宇周行後，返回僑居地香港，住沙田慈航浄苑，隨後依止倓虛大師易服出家，往大嶼山昂平掩方便關，從此更潛心佛法。同時首度在電台主持佛教文化講座，發揚佛教文化精義。

1962年前後，仍時常上大嶼山東岸，並購買郊區土地設雲光園，以便利雲門青年聚會之用。又在東涌創辦蓮華夜校，爲文盲農民子女施行教育。

總括居留香港可分爲三個時段：求學時代1929年起，結束印度之旅回僑居地1951年起，以及環宇周行後1958年起，直至1967年應邀來臺講學爲止。

臺灣時期（1967－2004）

1967年，曉雲法師由文化大學創辦人張曉峰先生邀請來臺，擔任佛教文化研究所所長，暨哲學、藝術研究所教授。爲了培育佛教中堅人才，融文化、藝術於佛法之研究。每年舉辦“清凉藝展”，期以佛教藝術、書畫創作，化世俗熱惱人心爲清凉，曾遠赴德國、比利時、美國、星馬、古晉及中國大陸展出。法師本人曾參加國際性學術會議二十八次，發表論文涵蓋佛教教育、藝術及般若與天台等類别，在在顯現法師學養之精深與博大。

法師秉持“藝通乎道，道與藝合”之藝術創作理念，認爲提倡東方哲理（儒釋道）治心之學，智慧慈悲之善法，導正人心，則必從教育文化之引領，她一再强調佛教文化之亟應提倡。曉雲法師爲華梵大學創辦人，提倡覺之教育，並以“人文與科技融匯，智慧與慈悲相生”爲創校宗旨。

在臺灣創辦並主持“國際佛教教育研討會”，增强國内外專家學者及青年學人對東方文化精華與佛教教育的重視與研究，迄今已第十五届。

（二）嶺南女畫傑——向世界藝術迎頭趕上去

法師二十二歲時，於香港中環孔雀廳第一次舉行個人畫展，其畫藝造詣已引起藝術界的重視。高劍父大師曾鼓勵她“向世界藝術迎頭趕上去”。法師深得高氏心傳，其畫藝精湛，筆鋒有神；詩情禪意洋溢，蘊含人生哲理，故有嶺南女畫傑之盛譽。曾於廣州市創辦文風藝苑。1946年作東南行，任教廣西龍州國立華僑第三中學一年，旋即取道出鎮南關，沿越南、高棉，應邀於法新聞處舉行個展。後由堤岸到高棉，隨同巴黎東方歷史博物館考察隊，前往世界奇景吴哥窟，描寫豐富的佛教雕刻史迹，續經新加坡、馬來西亞各地，再由檳城乘輪到印度加爾各答，巡禮佛迹。

1947年10月，法師由西貢到新加坡，當地華人美術研究會假道南學校舉行歡迎會，邀請游雲山女史作“中國藝術游於藝”演講。師在新加坡弘宣佛法，並强調現今時代應多提倡人文思想。①

師孤身行旅，藉展畫而得以文會友。1948年元旦畫展展出116幅，並應南華女師校長楊瑞福之請，即席揮毫。之後到馬來西亞吉隆坡，雪蘭莪婦女會組織招待會並主辦游雲山畫家個展。《中國日報》刊登作品照片，評論云：“中外人士咸感敬佩，游女士作品非凡雋逸。”復應邀舉行畫展於檳城領事館。

二、曉雲法師的繪畫藝術與印度文化

（一）印度時期

1948年，師再從檳城乘輪船到印度加爾各答，隨即進入先地尼克坦（Sahtinihetah），在泰戈爾大學（Tagore University）隨名藝術家難陀婆藪（Bose，Nandalal，1882－1966）研究印度藝術。該大學美術學院聘爲研究員，任客座教授，教中國畫學。潛心佛教藝術之研究，特精色彩之調配，形成獨立的風格。對印度佛教藝術有深入的實地考察體驗與研究，著有《印度藝術》（已三版）、《中國畫話》二書。有關佛教藝術之創作，尤其致力阿姜塔（Ajanta）石窟壁畫之臨摹，有《佛子乞法圖》等作品。其間曾上喜瑪拉雅山寫《雪藏之家》大橫披之創作，更是享譽海内外。

1949年，全印美術協會於新德里博物館（New Delhi Museum）主辦游雲山女畫家個展，羅家倫大使、西孟總督拉奎氏主持開幕，印總統尼赫魯先生蒞臨參觀。同年又於加爾各答藝術館舉行畫展；其後再於孟買博物館（Bombay Museum）及馬達拉斯博物館（Madras Museum）舉行畫展，由南印度畫家協會及市立博物館聯合主辦。師並曾參觀各大博物館，例如新德里博物館、加爾各答博物館、孟買及馬達拉斯博物館等，又參訪阿羅頻多修道院（Aurobindo Ashram）。師朝禮佛陀聖地，因受東方文化薰陶，而得到無上智慧。唐君毅教授於《印度藝術・序》中說：

> 法師在藝術方面的成就是多方面的，舉凡詩詞，歌詞，書法，繪畫，無不精到。曉雲法師早習中國之佛教藝術……遍游印度之名山古寺，於其建築，雕刻，繪畫習玩摩研既久，而有所會心，有所肯定。②

① 曉雲法師《東西南行散記》，臺北：原泉出版社，1998年，頁155。
② 唐君毅《印度藝術・序言》，刊於曉雲法師《印度藝術》，臺北：原泉出版社，1998年10月三版，頁2。

回港後，從事印度藝術與國畫之研究，享譽極隆，仍負責印度畫藝東來之介紹與研究，爲中印藝術交流之重要工作者。[①] 自 1955 年起，爲觀摹世界文化、藝術，環宇周行，諳述參考勝迹歷三十餘國。

林淑媛教授《健筆凌雲萬里情——論曉雲法師游記散文的成就》云：

> 足迹遍及五大洲，並且留下豐富的文字心聲者，當推華梵大學創辦者曉雲法師。[②]

法師期以禪畫藝術，引發潛德幽光，薪傳智慧的火炬，其畫藝在師承中自求創新。[③]

(二) 森林大學——在泰戈爾大學 (Tagore University) 之研究與講學

法師曾述説她會晤藝術大師阿邦寧 (Tagore, Abanindranath)，及向其大弟子美術學院院長難陀婆藪學習，意義深重。

難陀婆藪不僅是藝術家，且是宗教家，1924 年和泰戈爾一起訪問中國。一生創作上萬件作品，包括油畫、水彩畫、壁畫、版畫、素描等，是孟加拉畫派的主要畫家。

泰戈爾大學中國學院之寬敞樓間，書櫥上滿滿的盛載著中國史籍。法師曾於盛暑中，埋頭檢閱，趺坐在清凉光潔的地上，於唐史、宋史、漢書等古籍中，尋覓前人的足迹；構圖五十幅，介紹中國歷史人物（由美術學院院長難陀婆藪引介，定期展出於印度之全國美術協會)，自盤古、伏羲、孔、孟等至聖，至宋明清時代之詩人畫家，摘其超卓者之事迹，左圖右史，中英文附述，以便讀者領悟其中深義。

法師回顧："在佛國先地尼克坦 (Santiniketan) 披著印度之‘沙麗’而講授並示範中國繪畫方法。"

首先，由"恒河之曉"畫幅發端，展開她在印度泰戈爾大學執教期間的"佛國"行止。由阿姜塔壁畫的臨摹感慕，到恒河岸獨步，疏星曉月的沉思，從而窺知她在宗教情操深化之後，走向學術教育的行願背景。

當年，雲山居印執教的泰戈爾大學，就是以"詩哲"美譽聞名世界文壇的泰戈爾 (Rabindranath Tagare) 所創辦的國際大學。泰戈爾是東方第一個諾貝爾文學獎得主。

旅美著名文學家程明琤在文中記述[④]：

> 泰戈爾堅信中國人文智慧和道德傳統。他在訪華之後，爲促進中印文化交流，特於國際大學中增設中國學院，聘請中國文化人前往開講執教。
>
> 訪華後的泰戈爾，對中國命運不斷地表達關懷。他於 1941 年逝世之前的數月中，仍不斷以中國爲念，在一封祝願函中，他一再慇懃寄語："……我相信，本世紀之內，中國……會完成一項特殊使命，這將對亞洲和世界有特殊的意義。"[⑤] 當時，中國仍處於抗日戰爭的

---

① 吕壽琨《藝海行脚的游雲山》，香港《華僑日報》1955 年 10 月 10 日，轉載於曉雲法師《島嶼歲月》，臺北：原泉出版社，1998 年三版，頁 156。

② 林淑媛《健筆凌雲萬里情——論曉雲法師游記散文的成就》，《第十二屆國際佛教育文化研討會論文專輯》，2002 年 7 月。

③ 蘇啓明主編《曉覺禪心——曉雲法師書畫集》，臺北：歷史博物館，1998 年 6 月。

④ 程明琤《曉覺禪心——曉雲法師書畫集》，臺北：歷史博物館，1998 年 6 月，頁 17-18。

⑤ 程明琤《中外文化交流雜誌》，1994 年 1 月，頁 39。

洶濤中。而印度，也尚未從英國殖民地統轄中解挣獨立。但泰戈爾對東方人文轉捩世界文明的信念，至死不移。他心目中的東方，就是中國和印度。能够認知那樣的遠見的人，可説極少。雲山是這極少數之一。

雲山居印時，距泰戈爾逝世不過五年之久，執教期間，曾默默負起中印文化交流的使命。一方面，佛窟摹畫，觀照投注宗教藝術之美。另一方面，燈下埋首，勤閲史册，將中華聖賢藝文人物的行儀風姿，詮釋撰描而成五十畫幅，巡回展出於印度各大學及博物館。展畫觀游之餘，深切感念到："……東方兩文明古國含蘊的内在靈光。"……這種内在靈光，也就是泰戈爾所體認的人文智慧。

旅印前後五年，因時局的變更，雲山賦歸僑居地香港。除了從事教學文化藝術的活動外，進一步籌劃向西方參修游學的寰宇周行，藉著旅途寫畫展畫的機緣，來拓展藝術視野，並比較各國文教風物。也透過畫展創作幅面所潛①的東方人文思想，來感悟啓觀畫的西方人士，對泰戈爾期於中國人在人文"指導意義"上的"特殊使命"，個别地作出挑負與承諾。

（三）繪畫藝術

兹選曉雲導師的部分禪畫略述如下：

1. 畫名：《雪藏之家》

華梵大學文物館正中央，掛著一幅《雪藏之家》大畫，這是法師未出家前，深入喜馬拉雅山的畫作。法師强忍著零下二十幾度冰冷徹骨的酷寒，耗時數月，才成就了這幅曠世奇作。女畫家站在喜瑪拉雅山前描寫冰雪者，她是第一人。她將堅强的意念，淋漓盡致地展現於畫作之中。"上大吉嶺守候雲霞初開得見喜瑪拉雅山峰，寫雪藏之景。陽光一照雲霧四散繞雪峰，雪光電光一閃，忽又風雪飛暴，於是坐在大吉嶺瞭望台上朝朝等候約達二十餘日，始見得雪藏之全景，帶著許多寫生册，滿懷歡喜回到新德里。"②

印度紗本：水墨

釋文：歲月流光，人生如幻，回溯1948年秋壯志豪情，登大吉嶺，每於晨間上瞭望臺，面對雲封霧掩雪藏之家，而終於一朝曉霞輝照，得見峰巒，速寫數十幀，携歸先地尼克坦泰戈爾大學畫室，準備精心巨製，然苦無紙絹以供揮灑，籌思之際，忽憶沙麗（DHODI）薄紗可供作畫，於是筆墨酣酬，耗時數月，此中甘苦，完成之日，畫室門開，藝術學院公告，謂爲校園盛事，承難陀婆藪院長之嘉許，並介紹展於新德里全印美術協會。華梵人文科技學院文物館新址特展，爰書以紀藝術生涯之影塵，於大侖天台山中。乙亥秋季　曉雲山人

2. 畫名：《恒河之曉》

"昔游天竺，行散恒河之濱時，見虔誠修士静立，水净沙明之際，或晨光熹微，暮色蒼茫時分，頓感宇宙間無限深沉，絶非語言文字可徵内藴者。乙未（1955）年秋燈深夜"

雲山女史在泰戈爾大學執教期間，曾往世界聞名的阿姜塔（Ajanta）佛窟；作爲期月餘的研究臨摹。曾以恒河清曉爲題意，繪作畫品。畫中女子，河岸獨行，清曉長天，日曦映紅，撒出恒河千古。女子搭肩的白"沙麗"，飄曳拂風。

---

① 編者按："潛"後似奪"藏"字。

② 曉雲法師《東西南行散記》，臺北：原泉出版社，1999年，頁240。

3. 畫名：《早禱》

印度紗本：水墨設色

曉雲法師於 1948 年留印度先地尼克坦之泰戈爾大學，每念世事無常，人生何寄，爲深化宗教情操寄寓畫中，遂成《早禱》一幀。

畫面中“人世相安，萬物得所”的禱情，一方面是佛家的同體大悲，另方面也是儒家成仁成物的天地情懷。雲山寫於天竺，時在戊子。

釋文：大地平沉後，疏星曉月前，因君寄消息，佛亦在人邊。

注釋：時時日日虔誠祝禱，大地衆生，多結佛緣，慧命開拓，充滿悲情，如是禱告。[①]

在曉月疏星的空濛中隱約獨立的女子，似乎不像在祈禱，却有一種透脱的專誠和凝注。讓人想從她背影的婉約神秘中，一探她泯我的悲情。這種悲情在曉雲山人五九畫齡回顧展專輯中，尋到注解：

> 《早禱》一畫，令人省思到宗教情操的深化，不祇在於神靈的膜拜，也不在於出世的超然，而是在於處身人世的悲願。印度人的種種宗教活動的表現，是一往而前的信託——不容置疑的終極信仰。而《早禱》中的宗教情操，則是一種日後行願創學的奠基精神。因此，雲山自言[②]“《早禱》寫成之後，内心猶似未盡，深覺宗教無學術不明其智……”於是，《早禱》一畫後，雲山繼而寫成一幅《尋解》，以作爲引伸呼應。[③]

4. 畫名：《尋解》

印度紗本：水墨設色

鈐印：游於藝　游雲山

釋文：1948 年冬，每於行散中或孤坐窗前尋思生命真諦，藉宗教情操有所安頓（宗教無學術，不能明其理，學術無宗教，不够深純）。

1949 年於泰戈爾大學繼《早禱》而作《尋解》，此是對藝術與人生的遠景翹企，且不只流連於宗教之趣求，不是棄智任情的宗教情緒，而是智信的尋求解答的探討，這是思想的開拓。

程明琤在文中記述[④]：

> 《尋解》畫面上，陡嶺崇山，木茂花繁。高處攀登的學子，一步一階，背負的是疊疊重典。入山的攀行，無疑象徵了知識寶山的掘智慧。而静習潛修的，又豈止是古佛書？更多有先賢書。在中國，大乘佛教和儒、道哲學，原是相輔相成。雲山生於華夏文化，依於佛門“般若”（妙智慧），勵志求知，日後的“華梵”思想，於此可窺端倪。

三、曉雲法師的繪畫藝術與西方文化

由考察世界各國文教藝術，兼事沿途畫展及風物寫生，並藉東西文化的比較觀，來奠定東

① 游雲山《泉聲》，臺北：原泉出版社，1999 年，頁 89。
② 曉雲法師《曉雲山人五九畫齡回顧展專輯》，頁 98。
③ 同上注，頁 97。
④ 程明琤《畫想和行願——曉雲山的藝術和人生》。

方人文信念。

陳清香評論：

> 曉雲法師在寰宇周行以中國水墨畫法所畫《西班牙廢墟》、《葡京故宮》、《塞納河畔》、《康橋一景》、《馬來西亞》、《泰戈爾大學校景》等等，便是打破中國畫舊有的觀念與功能，承襲了嶺南畫派折衷中西，融會古今的新觀念。
>
> 綜觀曉雲法師七十餘年的繪畫生涯，從早年的閨秀畫家到後半生的僧侶畫家，其風格是有別的，早年的畫繼承了較多嶺南派的作風，能融合中西画之所長，且憑藉其素描的好基礎，畫人物，畫景物得以比例精準，遠近合乎透視原理，雖以毛筆爲畫具，但加上了彩色顏料，又使用了暈染法，高光法，所畫盡是外國景物，因此，從畫面中除了令人感受到一股濃濃的異國風味外，且不時的透露出閨秀畫家的溫柔婉約。①

（一）環宇周行舉辦畫展

法師素懷“讀萬卷書行萬里路”之行願，曾許願不僅奉獻佛教教育文化工作，並希望爲佛教興辦大學。她環宇周行三十餘國，考察世界著名教育文化機構；所到之處，同時舉辦畫展，以宣揚中國文化藝術。不論在何處，不論何種膚色、種族的人，對她那寓意深遠的畫，都會有深刻的體認，各地報紙皆以大篇幅介紹她的人與畫，佳評如潮，使得各地中國人都與有榮焉，而外國人對法師的畫所以讚美備至，主要因爲它表現出中國悠久的文化精神、至深的哲理與奧妙的禪機。

（二）日本、美國及羅馬畫展

1955 年 8 月 24 日，在東京舉行畫展。

此外，三藩市美術學院爲雲山女史舉辦雲門畫展。该年初冬，在華盛頓佐治城大學舉行畫展。

1956 年，於華盛頓中國文化學院及華美協進社中國大廈舉行畫展，並參觀各大學及圖書館、藝術博物館。

1957 年，在巴黎由東風出版社畫廊主辦畫展。

此外，又於羅馬舉行畫展。資深音樂家黄友棣說：

> 我初抵羅馬，1958 年 2 月的農曆元旦，杜寶晉主教等人陪同訪問梵諦岡，參觀教廷博物院，同行的貴賓便是蜚聲海外的女畫家游雲山；當時她在羅馬的東方學院舉行個人畫展，甚獲佳評。她與我談及運用藝術教育導正社會風氣的設計，其高遠見解，使我敬佩。②

法師在美、法、比利時等地居留了一段時間，直接瞭解各著名大學與教育有密切關係的種種歷史與設備。繞了地球一圈，從北美到東美，從西歐到北歐，經歷三十餘國。在環宇周行的

① 陳清香《曉雲法師畫風的源流》，臺北：文津圖書公司，2004 年 6 月，頁 185－186。
② 黄友棣《樂風泱泱》，臺北：東大圖書公司，1991 年。

三年當中，不論到各大學博物館或宗教修道院，法師總是抱著爲文化教育付出貢獻的崇高理念，所以時常有機關政要爲法師籌備畫展，這實有助於訪問的行程。當時還得到有名的書法家、畫家、政治家、教育家（如高劍父、梁寒操、唐君毅等）具函推崇介紹，所以到法京、美京時都受到大使館、領事館的招待與協助。

（三）德國畫展——中國惠贈西方的禮物

1957 年冬天，西德佛萊堡大學聖約翰學會舉辦雲山女史雲門畫展，佛萊堡市長、湯若望會學長及留德學者蕭師毅教授、1953 年諾貝爾獎得主司道亭教授 Dr. Hermann Staudinger 等參觀畫展，雲山女史與他們會晤，談論近三百年中西藝術之交流。旅歐期間，與許多著名教授結交，如二十世紀最爲人稱道的哲學家海得格 Martin Heidegger，他曾於 1957 年與曉雲法師在德國佛萊堡會晤，① 並談及對人類心靈培養禪行的問題。

> 負責在德國"雲山畫展"的籌劃人，是長居德國達二十年之久的蕭師毅教授。他在畫展後撰寫《中國惠贈西方的禮物》一文，就觀畫者交談感論的聞議，慨然指稱："中國文化的優點，却不是一般外人所能想的……"不過，蕭教授所指"一般外人"，固因無知而無以想像中國文化的優點，但一旦接觸瞭解後，則驚慕有加。他在文中繼續體察的感嘆是："一部份的歐洲人，對中國文化幾乎是無條件地崇拜的。"這一部分的歐洲人，還可以上溯到十八、十九世紀的文豪大哲，如歌德、如萊比尼兹、如伏爾泰。②

佛萊堡民衆報題稱頌游女士的畫展是"中國惠贈西方的禮物"。西德 Köln 畫展時，《科隆生活雜誌》(1958 年 7 月 13 日）稱讚説：中國女畫家游雲山，最了不起的是，成功的將禪、道與儒家的深義融匯於作品中。此外，當時旅居西德的蕭師毅教授讚揚説："她畫中的若有若無，引人入勝之處，並不是技術，而是哲學、宗教和文學詩詞陶練後的啓示，如果王維再世，對她的作品一定也會撚鬚微笑的。"西方世界不曾見過如此動人的畫，藉著法師的畫作，他們對歷史悠久的神秘古中國，總算開始有了正確的認識。在佛萊堡大學（Freiburg University）的成功書畫個展，使她得以書畫展作爲橋樑，與各方人士見面交往，所以在德國停留較久，並曾探訪海德格（Martin H），得他贈送一部精要小書，天主教副會長則送花道賀。德國萊茵河畔醫院 Bcese 院長因見到畫中有蓮花、有竹子，即設法託人尋覓竹子數枝，種於萊茵河畔之花園。

程明琤紀述：雲山周行寰宇，共歷時三載，遍迹二十七個國家。她沿途寫生繪録，可由人物風情和建築期型，見出行中的不同點站。不過，其間大部分作品仍屬於自然景觀。她筆下的自然景觀，其實也是人文心觀。異國風光，透過她的筆觸剪裁詮譯，呈現了獨特的面貌。

（四）參訪希臘古文明

"古月一彎"，是寫希臘靜夜，海天穆然中，弦月光色，銹成希臘文明的斷蝕千古（古希臘

---

① 周春塘《蓮華與葡萄》，《中央日報》副刊，2001 年 11 月 12 日。
② 程明琤《畫想和行願——曉雲山的藝術與人生》，頁 18。

文明已蛻轉爲基督文明)。

參訪希臘古文明荷馬出生地及舊雅典柏拉圖的荷園，尤其在愛琴海岸寫生，以及由希臘教育部主辦畫展，均盛況一時。

(五) 人文之美

當年，雲山女史寰宇周行展畫，兼事沿途寫生，曾感慨記思："異國風物，頗感新奇，作品亦頗豐收，然不若東方文化深度氣氛。"[①] 這種"深度"是源於文化所涵蘊潛藏的宇宙觀生命觀。

程明琤教授論法師的畫藝：曉雲山（曉雲法師藝名）的藝術作品，幅面上不僅是可以眼觀的風景、人物或物件，也是可以由心靈觀照的詩境和哲理。例如：一幅十分簡單的日用茶壺，雖可看作是純粹筆墨或色彩的圖像造型。但若兼讀幅面詩文，便可透入主題"到頭終是一堆泥"的象外消息：時空浩瀚，人生器物，流遷無常。"因"（料泥）生而"緣"（工技）起，壺成用益；"因"毀而"緣"滅，物消人訣。於此，惕悟成、住、壞、空的佛門"因緣法"。於此，簡單的畫面，有了豐富的蘊涵，是十一世紀波斯奧瑪伽音的詩意。

作爲一個佛門藝術家，曉雲山的繪作中，佛理禪思，是隨手可拈的題材。"風雨中共説無生話"的構圖中，兩個禪者，雨蓑相接，聚首懇談，無視前方雨驟風斜。人生行途中，可以肩挑，可以手提，可以擔當濟渡行願的大使命。

《風雨近晴明》這幅畫，雖有寄寓老子"飄風不終朝，驟雨不終日"此一道家思想的通透灑脱，但實指"時代艱難，終有否極泰來之在望"，可見關懷時世之切。而"三人行"、"凌霄氣節"等之旨意，實乃儒家思想中的日用人倫及精神人格。

茲選曉雲導師的部分禪畫，略述如下：

1. 一探靜中消息[②] (1955)

最早的作品當爲寰宇周行途中（時約四十五歲）寫於法國的"一探靜中消息"。一禪人獨坐於畫中左下角，左上角有一鳥正展雙翼而飛，右面則爲一片水墨淡彩寫成的山崖；三者位置經營恰當，尤以左面大多留白，充分發揮了"邊角"空間藝術微妙之處。[③]

2. 生命之雄 The magnificence and grandeur of life (1957)

1957 年仲夏夜，畫於美國紐約之鎮河畔旅舍，當時寂然内思此行乃生命之雄也。上山容易，下山難；上山安穩，能再下山化度衆生，確是需有雄健心行實踐。

3. 别有洞天 Sailing to the paradise of wisdom (1957)

一洞水深雲靜處，别開天地者人間。

天地寥廓爲自渡者别有洞天。自渡己而渡人，此又天地中之大天地也。

此爲昔年旅法京之作。

---

① 曉雲法師《曉雲山人五九畫齡回顧展專輯》，頁 10。

② 曾展於德國佛萊堡大學 Freiburg i. Br.，佛萊堡民衆報題稱頌游女士的畫展是"中國惠贈西方的禮物"。西德 Köln 畫展時，《科隆生活雜誌》(1958 年 7 月 13 日）稱讚中國女畫家游雲山，最了不起的是，成功的將禪、道與儒家的深義融匯於作品中。見曉雲法師《畫藝環宇》頁 138 及《環宇周行散記》頁 354。此畫見於《曉覺禪心——曉雲法師書畫集》。臺北：歷史博物館，1998 年 6 月。

③ 釋仁朗：《肩擔行李耽風月——敬頌曉雲山人七一畫齡回顧展》，《曉雲山人七一畫齡回顧展專輯》，臺北：原泉出版社，2000 年 4 月，頁 21。釋仁朗，前引文。

(六) 雲山女史蛻爲曉雲法師

寰宇周行之後，雲山人生大開後繼而大合。歸來心志已定，在香港依倓虛大師，剃度出家，成爲天台宗門下第一位女弟子，雲山女史蛻爲曉雲法師。經過寰宇周行的歷練，更堅定個人的毅力與精神，一切忍耐與辛勞，皆爲增進對世界文化教育精神之瞭解，提供日後創辦華梵大學極多參考。

陳清香評論：

> 法師七十餘年的藝術生涯，早年作品繼承了嶺南派風格，融東西之長，藉素描基礎，技法比例精確，以透視技巧展現暈染法與高光法，繪外國景物。畫風返至傳統文人畫，以文人畫布局和宣染來用筆，創作出禪修的境界。他的佛影圖，挹取了印度阿姜塔石窟壁畫的精華，融合了宋元以降的禪林故事，展現了東晉慧遠的佛影境界。①

四、曉雲法師與國際佛教藝術文化

法師所領導的佛教文化研究所，在學術活動方面，舉辦過一系列專題講座，由法師本人主講，或另邀佛學專家、學者作專題演講；同時亦注重學術交流，不僅在國內，而且和國際佛教組織保持聯繫，世界各國佛教團體及法師、學者到校訪問者甚多，有來自美、歐、澳、亞幾十個國家的人士，法師也曾應邀出席三十次國際會議。兹擇要述之：

1969 年，出席馬來西亞吉隆坡東姑廳隆重舉行的“第九屆世界佛教友誼會”，由泰國頻披公主主持。十一月，應聯合國教科文組織邀請，赴錫蘭可倫坡出席“世界佛教藝術專家會議”。

1971 年，出席澳洲坎培拉大學召開之第二十八屆東方學者會議，發表論文《佛教文化之基本要素》。1976 年，應邀出席韓國漢城東國大學主辦之“世界佛教學術會議”。1978 年，應邀出席美國哥倫比亞大學第一屆國際佛學會議，並發表論文《般若思想與中國禪》，會後赴美、加、德、荷、比利時等國訪問演講。1980 年六月，應邀出席美國夏威夷大學舉辦之“東西宗教交流會議”，發表論文《現代佛教精神及其風範》；八月，出席加拿大曼尼託巴大學舉行之“第三屆國際佛學會議暨第十四屆世界宗教史學會議”，發表論文《般若思想在中國之發展》。1981 年，應邀出席美國威斯康辛大學舉行之“第四屆國際佛學會議”；華梵研究所亦舉辦“第一屆國際佛教教育研討會”。1982 年，出席英國牛津大學赫福學院召開之“第五屆國際佛學會議”，發表論文《佛陀之自然教育論》；同一年，清凉藝展於美國加州羅斯蓋特博物館展出。1983 年，出席於日本東京、京都召開之“第六屆國際佛學會議”。1985 年，應邀出席在義大利波隆那大學聖道明尼哥修道院召開之“第七屆國際佛學會議”。1986 年，應邀出席由臺灣漢學研究資料中心主辦、“中央”圖書館及中國文化大學敦煌學會協辦的“敦煌學國際研討會”。1987 年，出席美國加州柏克萊大學舉行之“第八屆國際佛學會議”。

---

① 陳清香《曉雲法師畫風的源流》，《臺灣佛教美術的傳承與發展》，文津出版社，2005 年 4 月。編者按：此段引文與陳氏原文頗有出入。又，“宣染”應作“渲染”。

程明琤説①：

法師逐年舉辦“清凉畫展”，爲社會挹注清流，也爲佛畫（現代經變圖）、禪畫續接更創活的新頁。

然後，華梵佛學研究所的立案成辦，創始了獨立的宗教學術機構。順此而往，便是國際佛教教育研討會的歷届舉辦（已前後共十五届），羅致了東西各國學者參與論辯。於是宗旨引伸；而有華梵人文科技學院的擴創，期以人文引領科技。接著就是東方人文思想研究所的增設，進一步强調東方人文爲未來世界導向的思想力量。

1989年，接受美國佛學研究會委託，承辦第九届“國際佛學會議”，假“中央”圖書館召開，出席及列席会議的有十八個國家百餘位學者，共提交論文六十四篇。此會議深受國內外人士矚目，對於提升中國佛教之國際地位，促進學術交流，有莫大的幫助。

瑞典學者連哈德教授（Prof. Siegfried Lienhard）於閉幕典禮致詞説：

曉雲法師不只在宗教教育上有極大成就，在藝術上的造詣也是不容忽視的。1992年當我參觀華梵文物館時，對於曉雲法師精湛的畫藝與揉合中國、印度佛教傳統畫風的作品，深感讚嘆！我相信由於曉雲法師數十年的努力，華梵將成爲臺灣（中、印）佛學、藝術的研究重鎮。②

1987年，創辦華梵工學院，今已正名爲華梵大學，爲中國佛教史拓展新一頁。以華梵爲校名者，意在彰顯創校宗旨，提倡儒家之倫理道德及佛家之悲智精神，以爲“東方文藝復興”之先導。

1993年1月28日東方人文思想研究所籌備之初，漢學大師饒宗頤教授應創辦人曉雲法師邀請，蒞臨主講“鳩摩羅什與敦煌卷子”，並主持“人文思想教育座談會”。教授與法師討論創所理念與宗旨，認爲以華梵人文研究爲發展方向，實是正確而明智之舉，並强調東方人文思想研究所宜以佛學爲基礎，來探討人文思想教育。③

教授與曉雲法師是志同道合的好友，從文、哲、古琴的琴藝、書畫到佛學禪法，時有切磋。宗頤教授曾惠贈許多書畫墨寶予創辦人，珍貴無比。

1999年，華梵大學創校十周年，教授親題“追琢其章濬哲其相，十載育材聞於三（四）方”④ 以爲賀。2000年4月，先生爲《曉雲山人七十一畫齡回顧展專輯》題詞，号有《尋山到水源》⑤ 選堂大師（即饒教授）與曉雲法師合作畫，曉雲法師寫瀑選堂補高士等等。

1974年，創清凉藝展紀念佛誕，首届展出於臺灣省立博物館，開現代佛教藝術創作之新頁，展出内容有禪畫、清凉、現代經變圖。導師的禪畫每年在“清凉藝展”中展出，第一届至第四届皆假臺北省立博物館展出，此後曾假華岡博物館、陽明山華梵佛學研究所、華岡佛教文化研究所與華梵大學展出，並應邀於台中省立博物館、新竹社教館、高雄市文化中心、臺北國父紀

① 程明琤《畫想和行願——曉雲山的藝術與人生》，頁21。
② 連哈德（Siegfried Lienhard），《第九届國際佛教教育研討會》，臺北縣：華梵大學，1999年7月。
③ 陳娟珠《學界消息》，載《漢學研究通訊》第14卷第2期，臺北：漢學研究中心，1995年6月，頁131。
④ 馬遜等《覺之教育・華梵大學創校十周年校慶特刊》，臺北縣：華梵大學，1999年10月。
⑤ 曉雲法師《曉雲山人七十一畫齡回顧展專輯》，臺北：原泉出版社，2000年4月，頁26。

念館、歷史博物館及湖南長沙嶽麓山寺展出。師的禪畫在世界很多國家展出，除美、德、日、西班牙、巴黎外，還應邀至歐洲比利時布魯塞爾文淵閣乾隆畫廊、荷蘭阿姆斯特丹荷華協會、德國西柏林沙洛登堡市政大廈國民畫廊、美國加州羅蓋斯特（Los Gatos Museum）博物館、新加坡菩提學校、古晉佛教居士林及沙巴亞庇普陀寺等地展出。是亦爲中國文化藝術宣揚於海外之文化活動，對文化藝術交流，深具實質上的貢獻。1983 年冬，爲籌創佛教大學，師於新加坡菩提學校、古晉佛教居士林舉行義展。1988 年五月，於臺灣省立博物館舉辦佛教文物特展與曉雲山人五九畫齡回顧展；此外，清凉藝展亦於高雄中正文化中心臺灣文物館展出。1993 年，清凉藝展應邀至湖南長沙嶽麓山寺展出，促進海峽兩岸文化藝術之交流。1994 年，第二十屆清凉藝展暨曉雲山人六四畫齡回顧展，於國父紀念館中山畫廊展出。歷史博物館曾於 1998 年舉辦“曉覺禪心——曉雲法師書畫展”，並出版《曉覺禪心書畫集》。1999 年，又在音樂廳文化藝廊、高雄市中正文化中心，及台南社教館展出，深獲民衆與海峽兩岸各界人士之讚賞。

2004 年 4 月 17 日至 22 日，應台中市文化局之邀，於台中市文化中心大敦藝廊舉辦“曉覺禪心——曉雲山人書畫藝展”。展出之曉雲法師菁華畫作共八十三幅，包括早期、中期、晚期的作品，含寫生、禪畫，以及現代經變圖等。同時爲配合此次畫展，於 4 月 21 日由華梵大學美術系主辦，在台中市文化中心簡報室舉辦“曉覺禪心　曉雲山人——藝文哲思研討會”，發表論文十二篇。

高雄中正文化中心及台南社教館於 2008 年三月及四月舉辦“曉雲法師歲寒三友禪畫展”。2009 年，由荷蘭藝術學者陳依鴻（I Hong Tan）策劃，於阿姆斯特丹（Tropenmuseum in Amsterdam）舉辦“曉雲導師禪畫藝術展”。經由國際漢學大師饒宗頤教授的推薦，廣東博物館也希望舉辦曉雲導師的禪畫展。中國社會科學院世界宗教研究所研究員孫波教授也希望將來能在北京展示曉雲導師的禪畫。

五、結　　語

曉雲法師師承嶺南畫派開山祖師高劍父先生，爲嶺南派的第二代，在嶺南畫派的基礎上，加以深化及發展，透過其獨特的暈染與敷色技法，將生活禪機以發人深思之藝術面貌顯示，爲社會挹注一股净化心靈的清流，其影響可謂廣大而深遠，足爲當代畫家追求新畫風之典範。

曉雲法師的禪畫，注重畫題，多以禪詩入畫，禪句爲題，主要表現禪境，引發人生深義，禪心畫意兩不分，禪境心境成一體。其畫作獨特的暈染與敷色技法，藝與道合，以禪意入畫的禪畫風格，在國內近代美術史上罕見。這種“詩畫同源，藝與道合”的畫風，更能對海内外美術與哲學教育、研究與文化創新有所助益。

程明琤記述中國人文之美對未來世界藝壇的影響説：

> 十九世紀中葉以後，西方强權思想日張，而中國，政經力量却每況愈下。西方美學心理的度量衡，是難免受時代趨勢所影響的。中國政經的弱勢，也不免使人錯覺成文化弱勢，忽視了對中國深闊的人文傳統來作探索尋解。徒然堵絶了可供取鑑、啓發、吸收的精神養份和資源。這是西方的不幸。否則，西方兩次世界大戰後造成的心靈絶迫，或可受到滋潤。
>
> 目前，中國的政經力量，逐漸展現了壯峙，文化優勢也應有不容忽視的重估基礎。尤其是當西方藝術因長期缺乏“意義”；而走向形式主義極端時際，有著豐富人文蘊涵的中國

藝術如曉雲山繪畫，必可預期它對未來世界藝壇的啓明和影響。

在二十世紀步向盡頭的時際，全世界都有一種精神道德價值重估復振的渴望。"地球村"式的科技資訊捷用中，對未來人類福址或禍患的取向，全在於背後操作的"人格"。以道德情操爲基礎的東方人文，必將日漸顯示出重要性。①

中國社會科學院研究員孫波先生②指出：

法師常常是藝術與哲學通論，佛教與儒家並説，中西印三大文化源流兼評，然其指歸，却如九流歸海，要在人之内覺。

當年，雲山女史寰宇周行展畫，兼事沿途寫生。曾感慨記思："異國風物，頗感新奇，作品亦頗豐收，然不若東方文化深度氣氛。"③ 這種"深度"是源於東方文化所涵蘊潛藏的特定宇宙觀、生命觀。

程明琤教授評論説④：

曉雲山雖是佛門中人，宗教情操深化了她的藝術美感，但她究竟仍是一個藝術家，藝術的敏鋭觸角，擴大了她的人生境界。而且，不管她是"佛門人"或"藝術家"，終極上，她是一個中國文化人。……曉雲山藝術繪作中，兼融了中國文化形態中儒、釋、道的精神内涵。

1997年12月29日，在一次文化獎頒獎典禮上，蕭萬長先生讚嘆曉雲法師佛學造詣高深，精通儒學，獻身佛學教育凡三十年，更是一位傑出的藝術家，畫藝精湛，名聲早就傳揚於海内外，大師的偉大成就，實爲中華民族之至寶。曉雲法師曾游歷世界30餘國考察文化藝術，曾舉辦數十次畫展於世界各大博物館，以藝術弘揚中華文化，爲一傑出的文化人，其對中國、印度、西方國家等的文化貢獻，是值得肯定的。

致　謝

欣逢香港大學中文學院八十周年慶，舉辦"東西方研究國際學術研討會"，深具意義，是以不辭淺陋，勉就近年所得有關曉雲法師的繪畫藝術與東西文化交流有關者，排比成篇，行文倉促，疏漏難免，尚祈方家有以教正。

① 程明琤《畫想和行願——曉雲山的藝術與人生》，頁22－23，21。
② 孫波《美育先導，儒佛相彰》，《華梵大學創辦人曉雲法師思想行誼研討會暨第十三屆國際佛教教育文化研討會會後論文集》，臺北：華梵大學，2007年10月。
③ 曉雲法師《曉雲山人五九畫齡回顧展專輯》，臺北：原泉出版社，頁10。
④ 程明琤《畫想和行願——曉雲山的藝術與人生》，頁220。

Hegel's and Karl Marx's Construct of China

Adrian Hsia

Karl Marx had begun as a Hegelian and became the founder of Marxism. China is one of the few countries left in the world which still upholds Marxism as its official ideology. What position does China have in Hegel's and subsequently in Marx's world view or rather eschatology? The proposed paper will address this point by showing the cause and effect of our self-centred cultures, using Eurocentrism as an example. We shall present the historical context of the two philosophers and then analyze the motivations and parameters of their construct, so that the internal logic becomes apparent: from the given cultural background, through the personal intention of the thinkers to the resulting ideological construct in which their concepts of China are placed. It would seem that the less one-sided a construction is, the closer it corresponds to reality.

Until well into the 17th century, the historical concept of the world in Europe was based on the Bible. It was even used to calculate the age of creation. A shift began slowly after the Age of Discovery, the transition to Humanism, and especially after the Jesuits made the Chinese historical chronicles known in Europe. However, even though the process of secularization was already well on its way, the European culture remained Christian, be it of Catholic or Protestant orientation. When Leibniz (1649 – 1716) joined the Jesuits of the China Mission to propagate the Chinese emperor Kangxi as the enlightened monarch, he was hoping, in vain, that the French king Louis XIV (1638 – 1715) would adopt Kangxi's religious tolerance and stop persecuting the Huguenots. That Europe remained basically Christian can be seen from the fact that Christian Wolff (1679 – 1754) was exiled from Prussia in 1723, because he highlighted the perceived atheist Confucian moral teachings at the University in Halle as a model for Europe. With the development of the era of Enlightenment, a marriage of Christian fundamentals and Eurocentric views took place. The next step was the introduction of racial theories in favour of Europe. Carl Linnaeus (1707 – 1778), a devout Christian, first published his celebrated *Systema Naturae* in 1735. Beginning with the 12th edition of 1766, he expanded his work to include *Homo sapiens*. ① In the edition of a year later, his racial theory was clearly formulated. According to him, beside some "monstrous races", there were four regular ones: the choleric Native Americans (reddish and aggressive), the phlegmatic Africans (black and negligent), the melancholic Asians (yellow,

① Cf. *Meyers grosses Taschenlexikon* (Mannheim/Wien/Zürich: Meyers Lexikonverlag, 1981), vol. 13, p. 163.

inflexible, and avaricious), and the sanguine Europeans (pale, muscular, clever, and inventive).① It should be noted that it was an age of physical theology. All scientific findings were perceived to confirm the divinely created nature.

As early as 1748 the infamous quote of David Hume (1711 – 1776) was pronounced: "I am apt to suspect the Negroes and in general all other species of men (for there are four or five kinds) to be naturally inferior to the whites. There never was a civilized nation of any other complexion than white …"② As James Beattie (1735 – 1803) suspected, this served as "some excuse for servitude".③ We know that well into the 19th century, the slave trade and slave labor were the order of the day. The superiority of the white race was echoed by Immanuel Kant (1724 –1804) in his treatise "Observations on the Feeling of the Beautiful and Sublime" (1764) and again "On the Different Races of Man" (1775).④ After Hume, Linnaeus, and Kant, the valorization of complexion became entrenched firmly, until recently, in the Western mind. Up to this day, it is still latently prevalent in the subconscious of many. Within this context, it is interesting to note that the perceived complexion of the Chinese changed from white for northerners and dark for southerners in the 17th century to Meerschaum in the 18th and to yellow in the 19th century. Nowadays, many Chinese still consider this fictitious construct of racial theory as science and believe in their yellow complexion. Perhaps they are not aware that yellow is considered inferior to white.

The underlying theory of this paper is that all cultures are self-centered, because human beings, like other living beings, are biologically programmed to survive and to multiply by advancing their own interests. *Homo sapiens*, being the only beings capable of advanced culture, are more greedy as well as more deviant and inventive in their drive to satisfy their natural and perceived needs. Consequently, they build on and expand the natural instinct to construct a self-centered world order to satisfy, to safeguard, to promote, and to enhance their interests. These perceived interests can develop and change depending on circumstances, time, and space. They can even be contradictory at different times. Thus people as group members are kind or cruel, gentle or aggressive, moral or immoral as required by their material or spiritual needs. They can make war or peace, they can even create double standards to further their own interests. By the same token, interest groups and alliances may be formed or dissolved. Other peoples may be exploited, subjugated, or slaughtered, or helped. Theories and even theologies are created to justify and embellish the actions taken. Thus various kinds of eschatology were born. Both the crusades and the jihads are parts of the same phenomenon, as well as the perspectives of the

---

① *Systema naturae per regna tria naturae*, 1767, p. 29. This book can be read online: http://books.google.com/books?id=Ix0AAAAAQAAJ&printsec=titlepage#PPA29, M1.

② Quoted from Emmanuel Chukwudi Eze ed., *Race and the Enlightenment: A Reader* (Cambridge, Mass: Blackwell, 1997), p. 33. The quote continues thus: "… not even any individual eminent either in action or speculation. No ingenious manufacturers amongst them, no arts, no sciences. On the other hand, the most rude and barbarous of the whites, such as the ancient Germans, the present Tartars, have still something eminent about them, in their valour, of government, or some other particular. Such a uniform and constant difference could not happen, in many countries and ages if nature had not made an original distinction between these breeds of men."

③ Excerpted in Eze ed., *Race of the Enlightenment*, p. 35.

④ Ibid., pp. 8 – 58, and 38 – 48 respectively.

ancient Greeks and Chinese to consider automatically all peoples but themselves barbarians. Here we are concerned with a more contemporary variation, the Eurocentrism especially advanced by G. W. F. Hegel (1770 – 1831) and Karl Marx (1818 – 1883).

In their quest for truth, post-renaissance scientists and philosophers were pre-occupied with reconciling the traditional faith with the new physical sciences and the newly emerged reason. The physical world was, of course, created by God, and reason was determined by divine revelation. On this threshold to modernity, China entered the horizon of Europe and was open for interpretation. Leibniz, the celebrated Sinophile, had some kind words for China. He even believed that *yin* and *yang* of *Yijing* were precursors of his binary numbers,① thus proving in his mind that the ancient Chinese knew of the creation of the world by God. ② Nevertheless he was convinced that the Chinese could only (re-) enter the state of real morality and intelligence once they had (re-) accepted Christianity. For most philosophers after Leibniz, such as Immanuel Kant, China was considered pagan and the Chinese were, therefore, denied the possibility of becoming enlightened. Thus the Chinese could be dexterous artisans, but never scientists, nor could they become truly moral beings. This was the true spirit of Eurocentrism.

Hegel shared the sentiment of Kant that China was unable to develop any further. It had no choice but to remain stationary. He secularized the Christian eschatology and used it as a model to construct the absolute superiority of European culture from his conception of the development of world history. This moved geographically from location to location and from culture to culture until it reached Europe where it developed itself fully. We should keep in mind that Hegel equated the "content of Christian religion" with the "content of the true philosophy". ③ He also said that the state was the perfection of religious worship. ④ It was a new way of combining history, philosophy, and religion as a unity, forming a new Eurocentric perspective. Between the years 1822 and 1831, the year of his death, he lectured on the philosophy of history. The lectures were published as *Vorlesungen über die Philosophie der Geschichte* posthumously in 1837 under the editorship of Eduard Gans. ⑤ As is well known, Hegel conceives in these lectures four stages of development. After excluding Upper Asia and Siberia from the scheme as being unhistorical, Hegel asserts that history began with "China and the Mongols" where "moral laws were treated

① Leibniz believed that *yin* was equivalent to "nothing", represented by the number zero, while *yang* was equivalent to "God", represented by the number one. In *Yijing*, these two numbers are represented by two broken lines and one unbroken line respectively.

② Cf. Rita Widmeyer, *Leibniz' metaphysiches Weltmodell interkulturell gelesen* (Nordhausen: Traugott Bautz, 2008), especially the chapter on "Leibniz' Perspektive auf China", pp. 105 – 120.

③ He wrote: "Der Inhalt der christlichen Religion als der Höchsten Entwicklungsstufe der Religion überhaupt fällt ganz und gar zusammen mit dem Inhalt der wahren Philosophie". The English translation would be: The content of the Christian religion as the highest stage of development of all religions is the same as the content of true philosophy. Quoted from Franz Wiedmann, *Georg Wilhelm Friedrich Hegel in Selbstzeugnissen und Bilddokumenten* (Hamburg: Rowohlt, 1972), p. 84, in which Wiedmann opines, "Die ganze Philosphie is nichts anderes als der Beweis der Wahrheit, um die sich das Christentum dreht …" (The whole philosophy is nothing other than the proof of the truth which the Christianity is all about).

④ "Erst der Staat is der vollendete Gottesdienst" The English translation: "Only the state is the perfected (religious) service." Quoted from Franz Wiedmann, p. 84.

⑤ Karl Hegel published a corrected edition in 1840. A new edition of four volumes with additional materials was edited by Georg Lasson as *Vorlesungen über die Philosophie der Weltgeschichte* (Leipzig: Felix Meiner, 1917 – 1920).

as legislative enactments". [①] Already in the introduction, Hegel concludes that in "this Spiritual Empire no secular political life can be developed" (Hegel 113). The second stage is India, in which, according to Hegel, people are stripped of "proper individuality". After "the immovable unity of China" and the "wild and turbulent unrest of India", the world spirit moves to Persia where the theocracy appears as a monarchy. It is only here we can detect traces of the world spirit, even though "of a purely natural kind" (114) which appears as light. Hegel then concludes that "Persia forms the external transition to Greek life; the internal, mental transition is mediated by Egypt" (115). Since both China and India are not connected with Ancient Greece, they also made no impact on the History of the World. Hegel presents his reasoning this way:

> Early do we see China advancing to the condition in which it is found at this time; for as the contrast between objective existence and subjective freedom of movement in it is still wanting, every change is excluded, and the fixedness of a character which recurs perpetually, takes the place of what we should call the truly historical. China and India lie, as it were, still outside the World's History. (116)

The keyword is subjectivity, which Hegel, a Protestant, also associates with Catholicism. Thus the Oriental peoples (i. e. Chinese, Indians, Persians, Semites, and Egyptians) share some traits with the Catholics. Their worlds are, in varying degrees, substantial in the Hegelian sense; consequently, the "Substantial [Positive] in its moral aspect, rules therefore, not as the moral disposition of the Subject, but as the despotism of the Sovereign" (116).

Thus the Chinese do not have subjective, but only objective morality, which Hegel perceives as moral despotism. The total lack of subjectivity makes the Chinese a kind of living automaton. With this parameter as the starting point, it is small wonder that Hegel concludes "that everything which belongs to Spirit — unconstrained morality, in practice and theory, Heart, inward Religion, Science and Art" (138) is alien to China. Therefore, the Chinese know no personal reflection and individual will; everybody follows the dictate of "the Universal Will" blindly (120). Even if somebody deviates, he does not (because he is, by Hegel's definition, not capable) do so out of his own free will; therefore, all punishments applied to the deviation can only be external. In the whole of China, only one person has a limited degree of subjectivity, i. e., the emperor. He is perceived as a kind of Caesaro-Pope, for he is the temporal and the (substantial) spiritual ruler. As Hegel puts it, he is the patriarch and "the chief both in religious affairs and in sciences" (123). However, even in this exalted position, the emperor "has little room for the exercise of his individual will", because he has to follow ancient tradition of the empire. Thus as a temporal ruler, the Chinese emperor also has little freedom. As chief of the

---

① See the introductory part of "die orientalische Welt". I am using the text reproduced in: Adrian Hsia ed., *Deutsche Denker über China* (Frankfurt: Insel, 1985), pp. 155 – 188. As long as feasible, I use the translation by J. Sibree published in New York, Dover Publications, Inc., 1956. Here I am quoting from p. 112f.

Chinese state-religion, he does not fare better. First of all, the Chinese religion does not deserve to be called so. Hegel reasoned, of course, entirely from the Protestant perspective:

> Chinese religion, therefore, cannot be what we call religion. For to us religion means the retirement of the Spirit within itself, in contemplating its essential nature, its inmost Being. In these spheres, then, man is withdrawn from his relation to the State, and betaking himself to this retirement, is able to release himself from the power of secular government. But in China religion has not risen to this grade … (131)

In addition, this state-religion is entirely substantial, "that is, dependent on objects of nature, of which the most exalted is the material heaven" (132). Hegel insists on the material nature of the Chinese heaven, because to equate heaven with God is "beyond the scope of Chinese Thought", as this religion still retains "that primitive element of magical influence over nature" (132). Thus the only person in China, i. e., the emperor, who may have self-cognizance and subjective will, also remains an object of substantiality.

Up to this point, we may say that Hegel disapproves of the Chinese practice from his conviction that Protestantism be the only true religion. Then he lets his imagination run wild. Speaking of the worship of "Genii", "disgusting idols" (133) that can be installed and disposed of by the emperor as a "Mandarin", Hegel argues:

> The Genii have innumerable temples (in Pekin① nearly 10, 000) to which a multitude of priests and innocents are attached. These "Bonzes" lived unmarried, and in all cases of distress are applied by the Chinese for counsel … The Bonzes are soothsayers and exorcists: for the Chinese are given up to boundless superstitions. (133)

The reason for this is, of course, predictable: "This arises from the want of subjective independence, and presupposes the very opposite of freedom of Spirit" (133). In the same vein, Hegel faults the Chinese practice of Feng Shui,② which is, as we know, gaining popularity in the Western world. By the same token, he calls *Yijing* (also written as *I Ching*) the "*Book of Fates*", which is usually translated nowadays as the "*Book of Changes*". Hegel ignores, of course, the human factor as the free agent in this system, for according to him, the Chinese can only follow dictates.

It is not our intention to correct Hegel's views on China which were, of course, a mixture of fact and fiction, born out of Protestant perception and projection. Our intention is to show the parameter of perception of a fully developed Eurocentrism so as to understand the philosopher's concept of China and the reason behind his construct. If we take Hegel's description of the cult of Genii at its face value, then we have to assume that there are thousands of bonzes who serve the

① This was the older spelling derived from French.

② Literally, the two words mean "wind" and "water" and imply a harmonious environment.

Genii. However, probably only Buddhist monks are meant, because Hegel mentions that "Lord Macartney's embassy was … quartered in a temple" (133), which was a Buddhist one. In this connection, we realize that Hegel had no better understanding of Buddhism than Kant and Herder, despite the discovery of the spiritual India by the German Romantic movement. For Hegel, Buddha is the embodiment of "pure Nothing" (131); it is another sign of the Chinese "contempt for individuality, for personal existence, as the highest perfection" (131). Like Kant before him, Hegel believed the "Pope" of Buddhism to be Dalai Lama. He also has nothing but contempt for the "Tao-Tse", the practitioners of religious Taoism, although he only knew the following about them:

> They believe, for instance, that he who is acquainted with Reason [i. e., Tao], possesses an instrument of universal power, which may be regarded as all-powerful, and which communicates a supernatural might; so that the possessor is enabled by it to exalt himself to Heaven, and is not subject to death (much the same as the universal Elixir of Life once talked of among us). (136)

It seems that Hegel does not know that there is philosophical Taoism, for he identifies Lao Zi (Lao Tse or Lao Tzu) and his book *Daode Jing* (Hegel's spelling is "*Tao-te-King*") only with the "TaoTse", a priest of religious Taoism. As for Confucius and his works, Hegel expresses his opinion in one word: mediocrity (136). In this simple way all the three principal tenets of Chinese culture are dealt with.

Hegel uses a curious example to demonstrate the deficiency of the Chinese politico-religious administration with "the emperor in the centre, around which everything turns" (127), while the mandarins knew only duty without inner honour. The event he chooses as his example is the tragic end of the last emperor of the Ming dynasty which caught the imagination of Europeans in the latter half of the 17th century. Several novels and dramas were produced based on the Chinese occurrence. ① Hegel probably knew the popularity of this event in Europe of the 17th century, but he did not bother to re-check the details, so that he gives an account which hardly supports his thesis. He recounts:

> In the instance of the revolution that occurred in the middle of the seventeenth century, the last emperor of the dynasty was very amiable and honourable; but through the mildness of his character, the reins of government were relaxed, and disturbances naturally ensued. The rebels called the Manchus into the country. The Emperor killed himself to avoid falling into the hands of his enemies, and with his blood wrote on the border of his daughter's robe a few words, in which he complained bitterly of the injustice of his subjects. A Mandarin, who

① On these literary products in Europe, see Adrian Hsia, *Chinesia: The European Construction of China in the Literature of the 17th and 18th Centuries* (Tübingen: Niemeyer, 1998), especially the chapters on "History as Fiction …" and "The Chinesian Vision …".

> was with him, buried him, and then killed himself on his grave. The Empress and her attendants followed the example. The last prince of the imperial house, who was besieged in a distant province, fell into the hands of the enemy and was put to death. All the other attendant Mandarins died a voluntary death. (127)

This is an instance of history made simple. We can only affirm that there was a revolution or revolt, and the emperor committed suicide when the rebels were entering the imperial city. However, the rebels did not call in the Manchus; on the contrary, these were called in to dispel the rebels. The emperor did not write with his blood on the border of his daughter's robe, but of his own robe. He did not blame his subjects, but his own misrule and he asked his subjects be spared. No Mandarin was with him, but a eunuch did hang himself not far from the emperor without burying him. The empress and her attendants did not follow the example of the emperor; they had killed themselves before him. It seems that Hegel wrote the above from memory; he did not check the details. Here we pause to ask what the episode is supposed to prove. Hegel thinks it proves that it is not the Mandarins' "own conscience, their own honour, which keeps the offices of government up to their duty, but an external mandate and the severe sanctions by which it is supported" (127) . But how is the thesis proven? It is supposed to be self-evident, so it seems, because there was a revolution, and neither the emperor nor the mandarins could stop it. The conclusion seems to be a bit simple; it will only convince those who need no convincing. This example certainly demonstrates the power of subjective will as opposed to objective proof.

Comparing the part at the beginning of the chapter in which he gives certain statistics and a brief account of China's geography and history with his opinionated description of the multiple deficiencies of the Chinese nation and culture, we cannot help but notice the increasing scarcity of details and sloppiness of research. It suggests that Hegel considered his thesis was already a foregone conclusion and no further tangible proofs were necessary. We shall examine two more items, namely Hegel's views on Chinese jurisprudence and the Chinese language to see how he approached these areas. In the first instance, Hegel comes immediately to the point:

> Passing from the administration to the Jurisprudence of China … in virtue of the principle of patriarchal government … All legal relations are definitely settled by rules: free sentiment — the moral standpoint generally — is thereby thoroughly obliterated. (127－128)

Here Hegel seems to imply that in China codified law (rules) seems to stand above "free sentiment" . However, he does not clarify the relation between this sentiment and crime, because even an unintentionally committed crime does not make it a "free sentiment" and thus moral. The second point which Hegel raises is familiar and therefore easier to understand. It concerns "the legal externality of the family relations, which becomes almost slavery" (128) . The result is that "everyone has the power of selling himself and his children" . In this point, nobody can fault Hegel's view. Everybody is glad that slavery, be it of our children or those of the others, is a thing of the past. ① Hegel's third point is the corporal punishment to which every reasonable being would object, but which all countries had in their history. As far as China is concerned, Hegel entertains a strange opinion. He believes that the Chinese do not mind being punished corporally because their sense of honour has not yet developed. Hegel was convinced that he was right; no argument or proof could have convinced him otherwise. The last objection of Hegel's to Chinese jurisprudence is that it supposedly makes no distinction between intended and accidental crime. He cites killings of Chinese by English sailors as an example. It seems that Hegel did not know that there were several forms of death penalty, in China as well as in Europe. At that time, a lost life had to be repaid by a life. In the case of an accidental killing, the execution would be swift and painless. However, Hegel also cited other examples such as a crime against the emperor. In this case, not only the actual offender, but all his kin would forfeit their lives. This is no doubt a barbaric practice, but does it prove that the Chinese have no inner feeling of honour?

When Hegel discusses Chinese language, he proves himself a victim of his own subjectivity. He thinks that the lack of interest in scientific theory is related to the Chinese script. He assumes that because a "free, ideal, spiritual kingdom has" (134) no place in China, it did not need to develop a phonetic system of alphabets. However, Hegel not only faults the Chinese script, but also the spoken language. He finds the Chinese language "very imperfect" (135) because the script and the pronunciation are, in his view, not related at all. We can, of course, again comment on the superficial knowledge of Hegel, but it serves no purpose, because he was convinced of the defective or rather undeveloped intellect of the Chinese. Because of the non-existence of the Spirit in China, the Chinese did not develop a language, both spoken and written, like the Europeans. Similarly, sciences, philosophy, reason, in fact, the whole Chinese culture did not develop beyond the substantial stage. Even Chinese historiography, despite the venerable age of the country, is in the most primitive stage: "History among the Chinese comprehends the bare and definite facts, without any opinion or reasoning upon them" (135) .

According to Hegel, the Chinese have a penchant to commit suicide. His fascination with this point probably led him to recount the episode of the end of the Ming dynasty, as everybody seems to have killed themselves indiscriminately. Hegel thinks that Chinese have an extremely vindictive nature. However, instead of killing the enemy, they avenge their perceived injuries by killing themselves, because Hegel believes that Chinese laws ordain the strictest investigation and subject the victim's enemies to torture. The culprit who caused the suicide and his family, according to Hegel, will be executed. In addition, the surviving family of the suicide may obtain the property of the opponent. In such a country, there must be more suicides than homicides. However, China, as in most countries in the world, has had considerably more homicides than suicides. Hegel, of course, did not bother to explain such a trifle, a mere objective fact. In his full subjectivity, he believes that in China "all subjective freedom and moral concernment with an

① Unfortunately the exploitation of children, women, and perhaps also men, is still extant.

action are ignored" (130) . He also laments that in the penal code of China, the punishment of crimes is the same for higher and lower classes. This is just more evidence of the debased nature of the Chinese: before the law, all Chinese, whether higher or lower class, slave or master, are equally degraded.

Finally, Hegel comes to the conclusion regarding the national character of the Chinese:

> As no honour exists, and no one has an individual right in respect of others, the consciousness of debasement predominates, and this easily passes into that of utter abandonment. With this abandonment is connected the great immorality of the Chinese. They are notorious for deceiving wherever they can. Friend deceives friend, and no one resents the attempt of deception on the part of another, if the deceit has not succeeded in its object, or comes to the knowledge of the person sought to be defrauded. Their frauds are most astutely and craftily performed, so that Europeans have to be painfully cautious in dealing with them. (131)

Hardly a decade after Hegel's death, the cautious Europeans began the First Opium War. By Hegel's way of reasoning, the Chinese would not mind being corrupted and defeated.

Hegel did have something positive to say about the Chinese. To wit:

> The Chinese have as a general characteristic, a remarkable skill in imitation, which is exercised not merely in daily life, but also in art. They have not succeeded in representing the beautiful, as beautiful; for in their painting, perspective and shadow are wanting. And although a Chinese painter copies European pictures … correctly … the Exalted, the Ideal and Beautiful is not the domain of his art and skill. (137)

If the best trait of the Chinese is not good enough to acquire the spirit of the Europeans, then the vice versa, according to Hegel, is also true. He argues:

> … the Europeans, just because of their intelligence, have not yet been able to imitate the superficial and perfectly natural cleverness of the Chinese. Their preparation of varnishes, their working of metals, and especially their art of casting them extremely thin — their porcelain manufacture and many other things, have not yet been completely mastered by Europeans. (138)

From the 18th to the 19th century, the economic base developed in great strides. The Chinese self-perception as the Celestial Empire (I call this Sinocentrism), which was still possible in the 17th century, had become a self-delusion towards the end of the 18th century. The forceful entry of the British Admiral George Anson in the forties was one of the first signs of the shifting of history. The embassy of Lord Macartney towards the end of the same century, which Hegel mentions in the chapter on China, became the watershed of the new era. When the Dutch sent embassies from Batavia to China in the 17th century, they prostrated before the Chinese emperor as any other tribute bearer, because China was indeed a formidable empire at that time. However, Macartney was the ambassador of the self-styled strongest country in the world. It may seem to be conceited, but in the course of the 19th century, especially towards the end, it did become indisputably the strongest empire in the world, while the opposite was true for China.

Karl Marx must be seen against this background in which the industrial revolution energized the capitalistic development to new heights. The world of the spirit had to yield gradually to materialism. Consequently, Marx's focus was on the development of private property and the concentration of capital led by Europe. During his life time, the British Empire was, both in economical and military terms, the superpower of the world, while China was, in Marx's words, the place of ultra-reaction and ultra-conservatism, in relation to capitalism in Europe. Altogether, Marx wrote 17 articles on China for the *New York Daily Tribune*. This number constitutes about 3.5% of all articles which Marx wrote for the paper between 1851 - 1862. It should be noted that Marx was not primarily interested in China, but in the dealings of the Empire, which, because of the opium trade, included those with China. The first article appeared on June 14, 1853, and his last was published on February 14, 1860. A good number of the articles are concerned with the Second Opium War. In the course of these 6 years, Marx increasingly left his original perception that China was merely a country of Asiatic production methods and productive forces. The historical role of such countries was to be conquered and exploited so that their capital can eventually catch up with the development in Europe. The final goal was to reach the utopia of classless society, a kind of earthly paradise of all nations. ① However, the events of the Second Opium War disgusted him to such an extent that, without changing his theory, he reversed his position on China and condemned the scandalous policies of Lord Palmerston, the Prime Minister of the British Empire, most vehemently.

In the above, we have seen how Hegel judged China according to his world view which combined, in a new way, religion, philosophy, and history and transformed them to form the World Spirit. On the other hand, he was deeply aware that the British Empire had become the dominating factor of the present world and adopted its perspective entirely in its dealings with India which he, as he did with China, put outside the domains of real history. His insistence on the importance of subjectivity made his world view entirely subjective. His only objective was to prove with his "Philosophie der Geschichte" (philosophy of history) that Christian Europe was the pinnacle of the world, and the Prussian state was the top of this pinnacle. ② Karl Marx was different, even though his theory is also eschatological. However, religion and subjectivity are

① This is the other major difference between the ideologies of Hegel and Marx. Hegel's World Spirit strips itself step by step of all natural elements, thus leaving the Oriental cultures peoples in perpetual limbo to become the pure spirit in Germanic Europe, while Marx's theories based on economics go the opposite way. Capitalism develops at the expense of the weak, be it a social class or an entire nation, towards an all inclusive utopia of total equality.

② We are reminded of what we wrote above: that Hegel equated the "content of Christian religion" with the "content of the true philosophy" and that the state was the perfection of religious worship.

excluded therein. Friedrich Engels summarized Marxism, for example, as the fruition of German philosophy, French socialism, and English economics. That means that China was not automatically downgraded out of religious (religion was the opium of the people) and subjective reasons. However, traditions die hard. In his first article on China in 1853, written for and published by the *New York Daily Tribune*, Marx echoed an old perception of the previous century:

> Complete isolation was the prime condition of the preservation of Old China. That isolation having come to a violent end by the medium of England, dissolution must follow as surely as that of any mummy carefully preserved in a hermetically sealed coffin, whenever it is brought into contact with the open air. ①

The keyword is "mummy" . In 1785, Johann Gottfried Herder (1744 - 1803) compared China to an embalmed mummy painted with hieroglyphs and wrapped in silk. ② For a century or so, this became the unofficial emblem of China in German discourses.

We intend to examine two aspects of Marx's construct of China. The first task is to determine the general position of China within the framework of his eschatological ideology. Then we will examine how he interpreted the First (1839 - 1842) and Second (1856 - 1860) Opium Wars. In his earlier years, Karl Marx had been a Hegelian of the left; and we know that Hegel upgraded Herder's Volksgeist, the spirit of a people, to Weltgeist, the world spirit, and downgraded nature in the process. As we have seen above, everything associated with this Hegelian "substantiality" (his synonym for nature) is in the most primitive phase of development. China was, therefore, a country of "patriarchal despotism" and the Chinese, as substantial subjects, have no consciousness whatsoever. Consequently, they know no reflection, subjectivity and inner freedom; they live under the dictatorship of moral codes. ③ Therefore, the system could also be called "moral despotism" . In the realm of religion, Hegel distinguishes three phases of lineal development, the natural, artificial, and revealed religions. Because the Chinese are in a substantial state and their superior being is *tian* (heaven), they are adherents of a natural religion. Therefore, the Chinese worship a supreme being only as a natural phenomenon without any spiritual qualities. The world spirit only comes to its full potential in the Christian Germanic world in which the substantiality in every form is overcome. The pure spirit, having come to its full self-realization, reigns. In the course of the journey of the spirit to itself, all Asian nations, including China, will be subjugated by Europe. ④

Karl Marx's ideology is based on private property. The world must go through the stage of

① Karl Marx, "Revolution in China and in Europe", published as an editorial on June 14, 1853, quoted from Dona Torr ed., *Marx on China 1853 - 1860* (London Lawrence & Wishart, 1951), p. 4.

② The major China-discourses of German thinkers can be found in Adrian Hsia ed., *Deutsche Denker über China* (Frankfurt, Insel, 1985) . I would like to thank Helmut Martin again for his encouragement to carry out this book project.

③ Cf. Hegel's *Philosophie der Geschichte*, G. Larson ed., vol. 2 (orientalische Welt) (Leipzig, 1923), pp. 272 - 275.

④ Cf. "… es ist das notwendige Schicksal der asiatischen Reiche, den Europäern unterworfen zu sein, und China wird auch einmal diesem Schicksal sich fügen müssen." Hegel, *Philosophie der Geschichte* (Frankfurt, 1970), p. 179.

private ownership in order to reach a classless society, which is the pinnacle of development, a kind of earthly paradise. Even though the theory results from European social development, the goal is not ethnocentric and capitalism is only an intermediate phase which also has to be overcome; Marx's perception of China is different. According to him, Oriental despotism is based on village communities. Each village is self-sufficient to a certain extent, and with its superfluous products, it barters for what it cannot produce. Only rarely can it produce so much that it engages in commercial trading. In this pre-capitalistic state, the means of production are communal, and it does take care of its own needs, with the exception of public work on a large scale such as the regulation of water resources. Here the despot enters the picture and becomes the ultimate owner of everything because he owns the resources. Because of this lack of private ownership, the peasants do not have the dynamism to improve their lot and they subsist in a state of vegetation. Thus, they cannot develop their village communities into capitalist economies. They have to be taken over by European capitalism in order to overcome the static eternity of their semi-civilized and semi-barbarian civilization. It is the only way for Asia to develop. On China, Marx says specifically:

> When our European reactionaries, who shall soon have to escape through Asia, finally reach the Chinese Wall, standing before the gates which lead to ultra-reaction and ultra-conservatism, who knows if they would not see the sign: République chinoise. Liberté, Egalité, Fraternité. ①

As with Hegel, China, India, and the whole Oriental world stands at the bottom rung of the eschatological order. The difference between the idealistic and materialistic philosopher is that for Marx, Europe, though leading, has yet to advance to the final stage. Because capitalism is both a necessary phase of progress and a despicable one, his position towards it is ambiguous, or rather, dialectical. He praises and condemns European capitalism at the same time. On one hand, Asia needs to be exploited by capitalism in order to emerge from its quasi-vegetative state; on the other hand, he accuses Europe of aggression and hypocrisy. It forces all others to adopt its way of production and thus creates a new world in its own image. ② But this aggression is also an act of salvation for the Asian countries, including China.

That was Karl Marx's construction on the theoretical or abstract level. His perception of China was modified to suit his essentially Eurocentric eschatology. The Asiatics (we say Asian nowadays) or Orientals are the Others. However, on the concrete level, Karl Marx can be quite different. In this regard, he reminds us much more of Herder than of Hegel. Despite Herder's

---

① The following is the German original: "Wenn unsere europäischen Reaktionäre auf ihrer demnächst bevorstehenden Flucht durch Asien endlich an der chinesischen Mauer ankommen, an den Pforten, die zu dem Hort der Urreaktion und des Urkonservatismus führen, wer weiß, ob sie nicht darauf die Überschrift lesen: République chinoise. Liberté, Egalité, Fraternité." Franz Mehring ed., *Aus dem literarischen Nachlaß von Karl Marx, Friedrich Engels und Ferdinand Lassalle* (Stuttgart, 1902), vol. 3, p. 445. The wording seems to suggest an ambivalent attitude towards China and Europe.

② Karl Marx and Friedrich Engels, *Manifest der kommunistischen Partei* (Berlin, 1967), p. 47.

tirade against China,① he believed that she was right to limit her contact with the Dutch, the Russians, and the Jesuits, i. e. , the Europeans, in view of the atrocities perpetrated by them in the East Indies, the Pacific Islands, and North Asia. However, he insisted that China sold "millions of pounds of disenergizing tea" to corrupt Europe. Karl Marx, writing after the Opium Wars, knew better. While he used the same stereotypic epithets such as the mummy and half-civilized people to describe China and the Chinese, he abhorred the narcotic traffic of the British establishment which waged war to force China to open its ports for a so-called "free trade", the main commodity of which was British-Indian opium.

As a matter of fact, Marx did not pay much attention to China. As a foreign correspondent of the American newspaper *New York Daily Tribune* between 1851 and 1862, he altogether published only 17 articles② on China out of a total of 487. Furthermore, he wrote these 17 articles③ as a part of his reportage on English affairs. Karl Marx was not, of course, an average correspondent. He did not interview any of the politicians of his time; his information came mostly from published sources such as government reports. He also had no patience for gossips, but went straight to the heart of the matter. It has been remarked he had a marked distaste for Lord Palmerston, the Prime Minister of England during that time. Perhaps this helped him to avoid a pro-government attitude so that he could examine English affairs, including its imperialistic policies, with a detached and discerning eye. This objectivity was noticed by the American newspaper which used 165 of the published articles as its own editorial or leading article. Of the 17 articles dealing with China, 8 were published as editorials of the *New York Daily Tribune*. Incidentally, this paper was considered "the most respected and influential newspaper in the United States"④ with a circulation of over a quarter million copies. That was around the middle of the 19th century. The editorial policy favoured Fourierism⑤ and the paper was a leading advocate of the prohibition of slavery. How, and if, the political stance of the newspaper influenced Marx's articles, cannot be determined with any certainty. We only know that Marx himself considered the newspaper to represent "the industrial bourgeoisie of America", as he wrote to Engels in 1853. ⑥ In any case, it is a fact that Marx was foreign correspondent of such a newspaper which even published a large number of his articles as editorials. This alone is proof that the articles are more realistic than ideological.

The first article by Marx was published June 14, 1853, and is entitled "Revolution in China

① Cf. the first chapter of Book Eleven of Herder's *Ideen zur Philosophie der Geschichte der Menschheit*, written in 1785 – 1786. The full text can be found in Adrian Hsia ed. , *Deutsche Denker über China*, pp. 117 – 134.

② It might be an interesting historical footnote to note that Marx received two English pounds for each of these 17 articles. For details, see Charles Blitzer's "Introduction" to Henry M. Christman ed. , *The American Journalism of Marx and Engels: A Selection from the New York Daily Tribune* (New York: The New American Library, Inc. , 1966), p. xxi.

③ These are collected by Dona Torr in a volume entitled *Marx on China: 1853 –1860* (London: Lawrence & Wishart, 1951) . As a matter of fact, Marx wrote 16 while Engels wrote one of the articles.

④ See Charles Blitzer's "Introduction", p. xvii.

⑤ Charles Fourier (1772 – 1837) advocated utopian socialism which should be realized through establishing *familist res* (an autarchic community of about 300 households) and autonomous *phalant res*. He had a following in the United States.

⑥ Quoted in Charles Blitzer's "Introduction", p. xviii.

and in Europe". The Chinese revolution in question was the Taiping Rebellion,① which had, according to Marx, "unquestionably been afforded by the English cannon forcing upon China that soporific drug called opium". ② In the same article he also judged China to be a disintegrating mummy when coming in contact with the civilized world. Literally he said that the "history had first to make this whole people drunk before it could rouse them out of their hereditary stupidity."③ These opinions reflected the prevalent sentiments of that time towards China. He predicted, because of the revolutionary movement in China, the opium trade would be affected, which would in its turn affect the tea trade which would then diminish the income of the British Government and merchants alike. This contraction of the market would lead to an economic crisis in Europe, which would in turn cause a revolution in Europe. As this prediction did not come true, Marx lost interest in Chinese events for over three years until the occurrence of the so-called "Case of the Lorcha Arrow". This article was published on January 23, 1857, a full three and half years after the first one. As the incident marked the beginning of the Second Opium War, the narcotic trade reclaimed his attention. His first reports④ were on the actual occurrence in China and the political aftermath in London. Marx waited for roughly one and a half years before he dealt with the roots of the opium trade. That implies that he did research before committing his findings to writing.

In September 1858, he published two articles (nos. 9 and 10) in which he deconstructed the myth of free trade claimed by the United Kingdom. In article no. 9 published on September 20, 1858, he gave a brief, but clear, review of the history of the British narcotic trade. Marx wrote that prior to 1767, the annual import of British-Indian opium to China was up to 200 chests of 133 lbs each. The trade was legal and the drug was imported for medical uses. Then in 1773, "Colonel Watson and Vice-President Wheeler"⑤ advocated the British East India Company's "entering upon the opium traffic with China". Thus the trade by armed vessels and the opium smuggling into China began. A change came about towards the end of the 18th century. Marx wrote:

> About 1798 the East India Company ceased to be direct exporters of opium, but they became its producer. The opium monopoly was established in India … In 1800, the import into China had reached the number of 2, 000 chests … while the Chinese Emperor … prohibited at once the import of the poison by the foreigner and its consumption by the natives, the East India company was rapidly converting the cultivation of opium in India, and its

① It is difficult to summarize this rebellion in a few words. Hong Xiuchuan, after having failed his first state examination, initiated a revolutionary movement by borrowing some tenets from Christianity and linked them with Chinese concerns. When Marx wrote the first article, the Taiping Heavenly Kingdom was freshly proclaimed. Among other things, it proscribed the use of opium and prescribed the total equality of the sexes.

② Dona Torr ed., *Marx on China*, 1f.

③ Ibid., p. 3.

④ Article nos. 2 – 7, published between January and June of 1857. Article no. 8 ("Persia-China") was written by Friedrich Engels.

⑤ Dona Torr ed., *Marx on China*, p. 54.

> contraband sale to China, into internal parts of its own financial system. ①

Even though Marx did not say so expressly, one cannot help but sense a change from contempt to sympathy on his part. Although China was still considered by him to be "vegetating in the teeth of time", ② it seemed now, however, to be an irony of fate that "while the semi-barbarian stood on the principle of morality, the civilized opposed to him", ③ forcing the opium trade on him.

Marx had established that the British East India Company had stationed a vessel as an opium depot "at Whampoa, the anchorage for the port of Canton". In the following article, he described the opium smuggled "into the Empire from the English storeships anchored at Whampoa". Later, the depot was changed to the island of Lin-Tin, and Marx concluded:

> Thanks to the greater facilities thus afforded, the opium trade increased during the ten years from 1824 to 1834 from 12,639 to 21,785 chests. ④

With 133 lbs. a chest, the import amounted to 2,897,405 lbs. In 1834, the Honourable East India Company was "transformed from a mercantile into a merely government establishment", and the opium trade flourished further. According to Marx, by the year 1837, 39,000 chests of opium, valued at $25,000,000, were successfully smuggled into China. The silver drain caused by this illegal narcotic trade became critical; the only solution seemed to be the legalization of the opium import. Marx calculated that with an import duty of 25%, the revenue would have been considerable. However, the Chinese court resisted the temptation. Instead, it tried to proscribe the opium trade and enforced its ban, which "culminated in Commissioner Lin's arrival at Canton, and the confiscation and destruction by his orders, of the smuggled opium, affording the pretext for the first Anglo-Chinese war". ⑤ After the war, as Marx confirmed, "the opium trade has practically enjoyed perfect impunity". In the year 1856, the Anglo-Indian Government could draw one sixth of its revenue from its opium monopoly. Marx exposed the hypocrisy of the British Government even further. He wrote:

> In its imperial capacity it affects to be a thorough stranger to the contraband opium trade … Yet, in its Indian capacity, it forces the opium cultivation upon Bengal … compels one part of the Indian to engage in the poppy culture; entices another part into the same by dint of money advances; keeps the wholesale manufacture of the deleterious drug a close monopoly in its hands … ⑥

① Dona Torr ed., *Marx on China*, p. 55.

② If one compares the use of contemptuous names given to the Chinese in his articles of this period to Engels' single article, it is obvious that Engels used racial slurs much more often than Marx. It is also apparent that the use of such terms by Marx was decreasing.

③ Dona Torr ed., *Marx on China*, p. 55.

④ Ibid., p. 57.

⑤ Ibid., p. 58.

⑥ Ibid., p. 58.

Then it prepared the raw opium according to the Chinese taste, had it transported to Calcutta, and auctioned it off to the traders. Marx estimated that the production cost of a chest of Opium to the Government was approximately 250 rupees and it fetched a price between 1 210 to 1 600 rupees at the auction. In addition, "the same Government, to this hour, enters into express profit and loss accounts with the merchants and shippers … in the … poisoning of an empire" . ① Karl Marx had succeeded in exposing the British Empire as the narco-superpower of the epoch, camouflaging its acts with "Christianity-canting and civilization-mongering" .

After having clarified Marx's position on the First Opium War, finding out his attitude towards the Second Opium War② would be straightforward enough, even though he stopped writing about the British dealings with China before the Anglo-French forces sacked Peking and burned down the summer palace called Yuan Ming Yuan. The war began with the Lorcha Arrow incident about which Marx wrote in his second article on China. From the very beginning, he laid the blame on the British Consul Parkes, Sir John Bowring, Chief Superintendent of Trade, the British Admiral Seymour, and the British Prime Minister Lord Palmerston. ③ Marx also reported on the "Parliamentary Debates on the Chinese Hostilities" which constituted his third article on China. His American readers were also informed that after an intensive debate of 4 nights, a vote of censure was passed by the Parliament (263 votes for and 147 votes against the censure), thereupon Palmerston "punishes the Commons by sending them home" . ④ In addition, Marx wrote of Palmerston's dictatorship and suggested that he should be made "personally responsible for the 'massacre of the innocents'" . ⑤ Marx also used the terms "the Chinese massacre" as well as "the Cantonese massacre" for the destruction of some forts and parts of the city by British cannons. He traced the present (1856) bombardment of Canton to a letter Lord Palmerston had sent as Foreign Secretary in 1849 to the British Plenipotentiary at Hong Kong, stating, as it were, the official policy: "The British Government well knows that if occasion required it, British military force would be able to destroy the town of Canton, not leaving one single house standing, and could thus inflict the most signal chastisement upon the people of that city. "⑥ In his further reports on the development, he continued to take Lord Palmerston to task. He quoted the premier's official justification as it was reported in the London press on March 21, 1857, which he refuted. No given reason or excuse, Marx stated, was good enough for the waging of "this most unrighteous war" . He continued: "The unoffending citizens and peaceful tradesmen of Canton have been slaughtered, their habitation battered to the ground, and claims of humanity

---

① Dona Torr ed. , *Marx on China* , p. 59.

② For a detailed study of this war, see J. Y. Wong, *Deadly Dreams: Opium , Imperialism, and the Arrow War (1856 –1860) in China* (Cambridge: Cambridge University Press, 1998) .

③ The bare facts of the incident were: Chinese authorities had arrested some Chinese smugglers on board the vessel Arrow which had been registered in Hong Kong. A string of protests led to the bombardment of public buildings in Canton and the burning of the western part of the city. The British knew that the registration had expired before the incident … Cf. "the Summary of events" prepared by Dona Torr ed. , *Marx in China* , p. xxii, and the first three chapters of J. Y. Wong's *Deadly Dreams* , pp. 1 – 152.

④ See the fourth article by Karl Marx, "Defeat of the Palmerston Ministry", in Dona Torr ed. , *Marx on China* , p. 25.

⑤ Ibid. , p. 29.

⑥ Marx quoted the letter from *The Times* , February 27, 1857.

violated, on the flimsy pretence that 'English life and property are endangered by the aggressive acts of the Chinese!'"① Marx also accused the British press of not reporting on "the outrageous violation … daily practiced by foreigners living in China under British protection!" And he listed a few of these non-reported violations: "We hear nothing of the illicit opium trade … we hear nothing of the constant bribery of sub-officials … we hear nothing of the wrongs inflicted 'even unto death' upon misguided and bonded emigrants sold to worse than slavery on the coast of Peru, and into Cuban bondage …"② Therefore, Marx concluded, "the English people at home, who look no further than the grocer's where they buy their tea, are prepared to swallow all the misrepresentations which the Ministry and the Press choose to thrust down the public throat". ③ In this regard, Marx was not entirely fair to the English Press. Not all papers took the side of the Government; the *Morning Chronicle*, for example, published on January 8, 1857 that "it certainly was unworthy of the dignity of a great nation pretending to lead civilization, to attain such an object through pretexts so miserable …"④ *The Spectator*, in the issue of January 17, 1857, agreed that the British action placed "us in a false position before the Chinese, in the eye of reason, and according to the letter of the public law". *The Daily News*, on January 2, 1857, went even further and condemned the bombardment as "a reckless and wanton waste of human life at the shrine of a false etiquette and mistaken policy". ⑤ The deadliest attack probably came from *Punch* which, on January 24, 1857, published a scathing satire on the whole affair.

However, it seems that no Westerner was as exasperated by the whole incident as Karl Marx. Once, when quoting a letter of the British Consul Parker addressed to Governor Yeh, in which the Consul laid the whole blame on China and claimed that the "the American Government is sensible that the English are in the right, and does choose to cooperate with them". ⑥ Because the Chinese answer to this letter was not available in English, Marx answered it for Governor Yeh in his article by insisting that the "true cause of the present and former difficulties between the Chinese and the English was and is … the unwillingness of the Chinese authorities to allow their subjects to be poisoned with opium for the pecuniary benefit of the British … (England and France should join the Chinese) to put an end to this wicked traffic". ⑦ England and France, of course, did not listen to Karl Marx. Their joined forces entered Peking, sacked the city and the imperial palace, and fired Yuan Ming Yuan, the summer palace which was partly built by the Jesuit missionaries. As we have remarked before, Karl Marx terminated his reports on the British actions concerning China before the final stage of the Second Opium War. His last article was published on February 14, 1860, and Peking surrendered to Anglo-French forces in September and the Summer Palace was burned down in October 1860, the same month as the

① Dona Torr ed., *Marx on China*, p. 38.
② Ibid., p. 39.
③ Ibid.
④ Quoted in Wong, *Deadly Dreams*, p. 159.
⑤ Ibid., p. 160.
⑥ Quoted in *Marx on China*, p. 42. Parker later had to resign his office when the U. S. Government disavowed having made such a pledge.
⑦ Ibid., p. 42f.

final Treaty was signed.

It is remarkable that Marx increasingly forgot his position regarding Asiatic production methods and productive forces and how the Asiatic countries had to be conquered and exploited in order to catch up with universal history, which is otherwise so important in his ideology. He became utterly disgusted by the *Realpolitik* as practised by the British Government of that time. His intrinsic antipathy towards the Chinese "mummy" gradually shifted to sympathy. Nevertheless, the sentiment was not strong enough to change his ideology, which would have made it less Eurocentric and definitely less dated in our sense. That he did not do so was perhaps symptomatic of the Zeitgeist, because British politics and public opinion reacted against the Opium Wars in a similar way. Palmerston was censured in Parliament, and some newspapers found the British undertakings in China unworthy, but Palmerston could dissolve Parliament and be re-elected. The Second Opium War was consequently waged to a successful end for the British Empire. There was never an apology or official statement of regret regarding the British narcotic trade, the waging of a war to promote it, the atrocities and massacres committed under the pretext of civilizing China. Instead, the Opium War was given another name: the China War. It implies that the United Kingdom had succeeded in forcing China to accept Western countries as equals. The other factors were swept under the historical carpet.

History and theories exercise mutual impact on each other. However, no perception or theory of historical development can be eternal. The ideal state as propagated by Hegel's theory of World History, namely Prussia, became obsolete about a century ago. The paradise on earth as envisioned by Karl Marx never materialised. Karl Marx was followed in the mapping of Eurocentrism by Max Weber who combined Hegel and Marx with his marriage of Protestant ethics and the development of capitalism. With the re-introduction of the religious element, the non-European and non-Christian countries such as China and India were again downgraded to the lowest rungs of human and historical development. It is perhaps an irony of history that these two countries are now generally projected as the two largest economies of the present century.

At the beginning of the essay, we have said that a culture's self-centeredness is a natural phenomenon. It is all too human to create a world view based on self-centred perspectives and projections. Such a subjectively conceived world order may correspond to the Zeitgeist, the spirit of the time, of that culture. Perceptions and assumed truths resulting from a subjective world order are only valid within that culture. Time changes, and so do the different components of that culture and its resulting world order. However, religion as divine revelation seems to be the most powerful component and has the longest life span. Consequently, Hegel's world view did not allow any exception or doubt. Christian Europe must be the pinnacle of development. This parameter both defined and confined his world view. Karl Marx, however, was different. Christianity was not a concern for him. He repeated the conventional contempt for the Chinese prevalent at his time without any religious conviction. After he learned of the narcotic trade and the imperialistic practices of the Empire, his sympathy shifted. The necessary evil en route to the classless society was too excessive for his taste. He denounced it. We should note that he was not emotionally attached to Prussia, the British Empire, and to Christianity. However, as he had little interest in China in its own merit, the change of sympathy did not bring any tangible results. When Max Weber (1864 – 1920) came along and combined the divine with capitalism, resulting in a kind of theologically based (i. e., protestant ethics) social theory (i. e., capitalism), China had to undergo another Eurocentric analysis with predictable results. As a culture dominated by Confucian paganism, as Weber understood China, its people could never handle capital and the country's economy could never prosper. But this is a different story and deserves a separate study.

Deep China: A Travelling Metaphor

Douglas Kerr

When Archibald Little, Fellow of the Royal Geographical Society, wrote a book about his latest travels in China, he joked in the Preface that he might have entitled it *A Walking Tour of the Tibetan Border*. This would have placed the book generically, and on the shelves of English bookstores, alongside homely and reassuring volumes with titles like *A Gentleman's Walking Tour of Dartmoor*, *A Walking Tour round Ireland in 1865*, or *A Walking Tour in the Scottish Highlands.* ① Instead, however, he called his book *Mount Omi and Beyond.* The "beyond" of the title indicates his itinerary, which took him and his companions on a journey first to Emei (Omi) mountain in Sichuan, and then westwards towards Tibet. The word interests me here as the name for a quality which I will call ulteriority — beyondness — which is never far away in the accounts of Western travel writers about China, and which is also, I will argue, a powerful metaphor in the way that Western people in general thought about China in the nineteenth and twentieth centuries, and still do. ②

Little's allusion to "a walking tour" was a joke: his own journey was no holiday excursion, but often exhausting and sometimes dangerous. Here is a fairly typical passage from his travel journal. The date is 23rd August 1897.

> Shortly afterwards we entered a wild uninhabited glen, up which we ascended steadily, following the course of a stream which meandered down it. Near the head of the glen we turned off to the left and commenced to ascend the side by a steep zigzag path which brought us to a cottage called Shan Chiao (mountain foot), where we halted for a few moments to collect our train in the fog. The country and the weather reminded us not a little of the mountains of Killarney. From here on we continued the ascent up an interminable and abominably steep zigzag path that seemed to go on and on forever in the clouds, until at last we halted in a cottage 50 feet below the top of the pass, a resting-place for porters, who use this road to carry goods — mainly salt — from Kiating to Fulin. Here we boiled our

---

① Simon Butler ed., *A Gentleman's Walking Tour of Dartmoor, 1864*, (Exeter: Devon Books, 1986); W. W. Barry, *A Walking Tour round Ireland in 1865, By an Englishman* (London: Richard Bentley, 1867); W. H. Menmuir, *A Walking Tour in the Scottish Highlands* (Edinburgh: n. p., 1912).

② The ulteriority of Archibald Little's title had a precedent in another China travel narrative recently published — Isabella Bird Bishop's *The Yangtze Valley and Beyond, 1899* (London: Virago Press, 1985).

thermometer and found ourselves to be 9,400 feet above the sea …①

Students of travel writing will recognize a number of familiar tropes here, including the way the foreign landscape is drawn back and managed by triangulation with familiar reference points, linguistic and topographical — the idiom of "glen" and "cottage", the normative European geography (Killarney in Ireland in this case); the positivist disciplining of a potentially alarming Oriental prospect by measurement — and incidentally also the interesting detail that height above sea level was determined by boiling the thermometer. In these ways the writing goes about its business of processing and ordering a foreign experience. But still at the centre of the experience is something that resists these tactics of mastery, and the resort to measurement literally follows an admission of the immeasurable. The "ascent up an interminable and abominably steep zigzag path that seemed to go on and on forever in the clouds" is something like a nightmare of ulteriority, not dissipated by the light of positivist day radiated from Little's robust modality. Interminable, abominable, it resists closure. Halting at a reassuring cottage will not bring an end to it, any more than his earlier ascent of Mount Omi vouchsafed him any discovery other than the sight of "the illimitable western mountains beyond", the journey that faced him. ② The path leads to another path, beyond the mountain there is always another mountain. Little's walking tour has taken him to deep China, recessive, immeasurable, and sublime.

The idea of Asian enormity has a genealogy going back to classical times. The Western imagination of the Orient has always been characterized, and tested, by hyperbolic uncountability — the fabled treasures of the East, its huge distances, its epical disasters, above all its enormous populations. ③ Many of the most vivid or mythic moments of modern Asian history conjure images of great numbers of people — Hiroshima, the partition of India, the Cultural Revolution: these are above all episodes of a mass history. But this embodiment of Asia in daunting numbers is at least as old as the Persian expeditionary force under Xerxes which crossed the Hellespont into Europe in 480 BC, and was estimated by Herodotus to number two million six hundred and forty-one thousand six hundred and ten, a numeral so hopeless in its exactitude as to resemble nothing more than a prayer. For Europeans, Persia was the first embodiment of a terrifying Eastern depth, not only a depth in numbers of people but also in the apparently limitless expanse of territory over which the Persian monarchs ruled, a hardly conceivable excess of empire which in a later generation Alexander dreamed of mastering (and in doing so ceased to be a European ruler, and became an Asiatic one).

In modern times, not Persia but India became for most in Europe the Asian paradigm, and India was the great geographical embodiment of that excessive depth that became associated with the idea of the sublime. A fascinating and well-explored example is that of Edmund Burke, the great English theorist of the sublime as well as a statesman who was closely involved in the

① Archibald John Little, *Mount Omi and Beyond* (London: Heinemann, 1901), p. 135.

② Ibid., p. 103.

③ For an extended discussion of this point, see Douglas Kerr, *Eastern Figures: Orient and Empire in British Writing* (Hong Kong: Hong Kong University Press, 2008), pp. 53 - 78.

national political debate about the East India Bill in 1783 and the long process of the impeachment of Warren Hastings which began in 1786. ① To the author of *A Philosophical Enquiry into the Origin of our Ideas of the Sublime and Beautiful* (1757), India itself, in its vastness and remoteness, was a prime example of sublimity. The sublime is the topography of the beyond. India's geographical scope was astonishing ("The passion caused by the great and sublime in *nature*, when those causes operate most powerfully, is Astonishment");② its cultures and histories too seemed so diverse and obscure as to make Indian people virtually beyond management, or comprehension, or even representation.

> All this vast mass, composed of so many orders and classes of men, is again infinitely diversified by manners, by religion, by hereditary employment, through all their possible combinations. This renders the handling of India a matter in a high degree critical and delicate. But oh! It has been handled rudely indeed!③

"In place of the popular vision of an exotic India excessively available to traversal and description", says Sara Suleri, "Burke offers an alternative reading in which the subject of India breaks each attempt to put it to an inventory" . ④ In Burke's discourse we can see a struggle between a desire to account for India, and a recognition that India's unfathomable depths make it unaccountable, infinite; and this has something in common with Archibald Little and his attempts to subject the Chinese landscape to the protocols of inventory and measurement (in other words to realism), while acknowledging that its proliferation of distance and strangeness, its endless depth, makes it beyond measure.

Asia was sublime for Thomas De Quincey too, at least by Burke's definition which had identified the experience of sublimity with the idea of pain, danger, and the fearful stimulation of the instinct of self-preservation in the subject, and consequently of powerful passions that "fill the mind with strong emotions of horror" . ⑤ It is clear from a famous passage in De Quincey's *Confessions of an English Opium Eater* (1822) that he was especially worried about China, with its notoriously swollen population — three hundred and thirty-three million inhabitants were claimed for the Chinese empire, though De Quincey gamely declared that he did not believe it could have more than a hundred million. ⑥ But really Asia's size was beyond imagining; the

① See Sara Suleri, *The Rhetoric of English India* (Chicago: University of Chicago Press, 1992), pp. 25 – 48.

② Edmund Burke, *A Philosophical Enquiry into the Origin of our Ideas of the Sublime and Beautiful and Other Pre-Revolutionary Writings*, ed. David Womersley (Harmondsworth: Penguin, 1998), p. 101.

③ Edmund Burke, "Speech on Mr. Fox's East-India Bill", *The Works of Edmund Burke*, vol. 2 (London: Dent, 1911), pp. 182 –183. See Sara Suleri, *The Rhetoric of English India*, p. 27.

④ Sara Suleri, *The Rhetoric of English India*, p. 26.

⑤ Edmund Burke, *A Philosophical Enquiry*, p. 86.

⑥ Nigel Leask, *British Romantic Writers and the East* (Cambridge: Cambridge University Press, 1993), p. 228. By the time De Quincey died in 1859, the Chinese population had risen to between 400 and 450 million. See Judith Banister, *China's Changing Population* (Stanford: Stanford University Press, 1987), pp. 3 – 4. For De Quincey's overwhelming fears about the East — and the East End — see John Barrell, *The Infections of Thomas De Quincey: A Psychopathology of Imperialism* (New Haven: Yale University Press, 1991).

continent was a "great *officina gentium*", a people factory. "Man is a weed in those regions. The vast empires, also, into which the enormous population of Asia has always been cast, give a further sublimity to the feelings associated with all oriental names or images."① For De Quincey, China in particular was sublime not only in the size of its teeming populations, but also in its vast territorial reach, and in the almost unimaginable depths of its antiquity; all these parameters of China's alterity were simply beyond him, adding up to a sublimity that was to remain a source of horror for him, a nightmare. He did not manage to accomplish the second step in Kant's narrative of the sublime, in which the potentially threatening experience can become a source of delight, when the mind detaches itself from the phenomenal world to contemplate itself, and "feels itself elevated in its own estimate of itself on finding all the might of the imagination still unequal to its ideas".② This detachment however was not easily available to the excitable De Quincey, nor presumably to poor Archibald Little, toiling up his interminable Chinese path in the clouds. De Quincey's China is too big for him: there is too much of it; it literally makes him sick. As for Archibald Little, he is embarked on a journey to Mount Omi and Beyond, a journey in which there is no knowable destination, a *telos* which can never be completed. "Beyond" is not a reachable destination, nobody ever gets there, and the best he can do is to press on as far as he can until he has to turn back. His journey is a *mise-en-abîme*, and can culminate only in the abyss of deep China.

It is worth stressing these qualities of unknowability and excess — of ulteriority — if only because the way we have tended to think in modern times about Western perceptions of the world in the nineteenth and twentieth century has been too often coloured by a simple idea of knowledge/power. In a discourse of Orientalism, Western expertise about the East was the other side of the coin of Western control of the East: empire and information served and enabled each other to the point of identity. This has been such a powerful paradigm that it has sometimes obscured the opposite turn, equally manifest in the historical record, when representatives of the imperializing powers, both official and unofficial, own up to ignorance and incapacity, an inability or in certain cases an unwillingness to plumb the depths they have undertaken to sound. The deep orient may be the site of resistance, or it may just be the acknowledgement of an intractable ulteriority that cannot be penetrated and made accessible. This is why I suggest it would be useful to take account of the idea of deep China as a serviceable figure, corrective to the widespread metaphor that coloured Western thinking about China in the nineteenth century and later, that of a triumphant and cumulative *opening*. China was a closed society, market, and culture; to many in the West it seemed obvious that it needed to be opened, as Japan had so successfully been, to trade, travel, ideas and faiths. Military and missionary intervention were techniques of opening, and so were treaty ports. China's door was to be opened, or forced if necessary; and there were people on the other side of that door who were struggling to open it

① Thomas De Quincey, *Confessions of an English Opium Eater*, *The Collected Writings of Thomas De Quincey*, ed. David Masson, 14 vols (Edinburgh: Adam and Charles Black, 1889-1890) vol. 3, p. 442.

② Immanuel Kant, *The Critique of Judgement*, trans. James Creed Meredith (Oxford: Clarendon Press, 1952), p. 105.

too. The language of opening, however, was in a sense a misleading metaphor. Once the door was open, what lay beyond?

Imperial and commercial intervention begins at coasts or frontiers, and moves inward into the "hinterland". The word has its origin in the language of Bismarckian diplomacy and entered English from German at the beginning of the decade that was to see Archibald Little's journey into the mountainous depths of western China, and Isabella Bird Bishop's to the Yangtze Valley and beyond: it is almost a history in itself of late nineteenth-century European exploration, encroachment and land-grab. Its first citation in the *Oxford English Dictionary* is from the *Spectator*, 19th July 1890: "The delimitation of the Hinterland behind Tunis and Algiers." Its second citation, from the *Daily News* of 12th June 1891, reports Lord Salisbury's recognition of "the very modern doctrine of the hinterland, which he expounds as meaning that 'those who possess the coast also possess the plain which is watered by the rivers that run to the coast'". To describe a place as hinterland might already be to make a territorial claim on it. By 1902, J. A. Hobson, the great critic of imperialism, could denounce "a whole sliding scale of terms from 'hinterland' and 'sphere of interest' to 'effective occupation' and 'annexation'" as illustrations of a diplomatic phraseology "devised for purposes of concealment and encroachment".① Hinterland is the "back country" or interior, that uncertain territory that recedes away from the known and possessed. Hinterland extends "our" sphere of property and knowledge and security, but extends beyond it, and is always to some extent disputed.

The writing of travellers played its part in reporting on the Chinese hinterland, and in this it might be expected to supply the geographical and ethnographic knowledge required as a foundation for commercial activity and political incursion. This is the model of travel and ethnographic writing influentially proposed by Mary Louise Pratt. There is plenty of evidence of travel writing serving, sometimes quite deliberately, the project of "opening" China. Isabella Bird Bishop, for example, in *The Yangtze Valley and Beyond*, declared herself "a believer in the justice and expediency of the 'Open Door' policy", having frankly acknowledged that her motive for writing about China was to be found in "the extreme importance of increasing by every means the knowledge of, and interest in, China and its people".② She frequently matched the deed to the word of this policy of opening; for example, arriving at the last government post at Li-fan in Sichuan where officials tried to prevent her proceeding further on her journey, on the grounds of the dangers of the route, she foiled attempts to shut her in — literally — first at the door of the inn and then at the city gate, and swept on in her chair, headed for the great beyond.③ As traveller and travel writer, she was a missionary in the cause of opening China to inspection and use. But travel writing plays another role too. It was never just a question of imperialistic travellers ramping across China and climbing every mountain to subject all they saw to a monarchical survey and lay claim to it.④ Often the vaunted imperial gaze, usually taken as a trope

① J. A. Hobson, *Imperialism: A Study* (London: James Nisbet, 1902), p. 219.

② Isabella Bird Bishop, *The Yangtze Valley and Beyond*, pp. 527, viii.

③ Ibid., p. 387 - 388.

④ See Mary Louise Pratt, *Imperial Eyes: Travel Writing and Transculturation* (London: Routledge, 1992), pp. 201 - 208.

of complacent possession, is contemplating something it will never know and cannot represent, something that always escapes into its own life beyond, into ulteriority; or else the traveller, like Archibald Little, is reporting back on some "interminable and abominably steep zigzag path that seemed to go on and on forever in the clouds" . The bulletins filed by Western travellers on deep China were by no means all triumphant gestures of mastery, and often, not surprisingly, it was the more knowledgeable reporters who were also the more modest — like Elizabeth Kemp, who scaled Emei mountain a few years after Little, but resorted to a metaphor of depth to set a limit on her own knowledge of the country.

> People *may* describe with success the soul of a people, provided it is sufficiently near the surface, but the foreigner who has known and loved China for a lifetime would be the first to repudiate the possibility of doing this in the case of China. ①

Here we can see the idea of deep China reappearing as a psychological trope: the soul of China is too far below the surface, beyond the reach — or actually beyond the powers of representation — of even the most knowledgeable.

So while the metaphor of opening in writing about China is most often a sign of the writer's endorsement of European ambitions and policies of penetration and predation, the metaphor of ulteriority is more likely to signal a more cautious and modest kind of Orientalism (Orientalism none the less), in which an account of China's vast hinterland does not automatically entail a claim to possession or mastery — either the political mastery of "the Powers", or the intellectual mastery Kant claimed as the reward for successful contemplation of the sublime — but instead a respectful or prudent recognition of the limits of European knowledge/power, the ability of China always to present the enquirer with an excess of itself, to baffle or delight or overawe. ②

In the writing of Agnes Smedley, who reported on China between 1928 and 1940, travelling extensively in the country, we can watch an interesting and lively interaction between these two master tropes, opening and ulteriority, the trope of "into" and the trope of "beyond" . ③ Whether arriving overland, by sea or by air, travellers make first contact at a frontier, a space to be passed through before access is obtained to the hinterland and the country itself. It seems natural to think of these liminal spaces — stations, airports, customs posts — as doorways, beyond which stretches the interior. Agnes Smedley entered China when she crossed the Soviet-Manchurian border in December 1928, moving on first to Beijing and then Nanjing, before settling for several years in Shanghai. As China's economic powerhouse and most populous city, Shanghai had some title to be considered the heart of the country, and was a good choice of

---

① E. G. Kemp, *The Face of China* (London: Chatto and Windus, 1909), p. vii.

② To set in opposition these tropes of opening and ulteriority is not to claim that they exhaust the options available to Western knowledge/power, nor is it, as I hope the case of Agnes Smedley will make clear, to suggest that the tropes necessarily repel each other and are mutually exclusive.

③ For a fuller account of Smedley's writing, see Douglas Kerr, "Agnes Smedley: The Fellow-Traveler's Tales", in Douglas Kerr and Julia Kuehn eds. , *A Century of Travels in China: Critical Essays on Travel Writing from the 1840s to the 1940s*, (Hong Kong: Hong Kong University Press, 2007), pp. 163 - 176.

headquarters for a foreign correspondent who wanted to know what was going on — and wanted to report, as the contemporary cliché has it, "in depth" . But though she lived there for some five years, and relished the city's lively intellectual life and cosmopolitan connections (she became a friend of Soong Ching-ling and of Lu Xun among many others), she does not speak warmly of the place in her writings. The reason for this antipathy is clear. She did not find Shanghai deep enough.

There are two dimensions to this. First, she considered the Shanghai style superficial — the fashions, the jazz clubs, the conspicuous consumption, the foreign concessions, the gossip and intrigue which gave the city its notoriety, and which expressed its international character; such manifestations seemed to her puritan eye vacuous and irresponsible considering the exacting crisis through which the nation was passing. Related to this is a sense that Shanghai — at least since the suppression of the Communists in 1927 — was not authentically Chinese, and the real life of the country was taking place elsewhere. There is a discourse of authenticity here which is very familiar in travel writing (where writers often promise to reveal the "real" place, as opposed to the superficial perceptions of the tourist), but in Smedley depth is measured in political terms. Most of the time she lived in the city she was writing about what was going on in the interior, in deep China where the revolution was struggling to survive. The book *Chinese Destinies: Sketches of Present-Day China* (1933), begins in Shanghai but is soon roaming all over the country, from Mukden (Shenyang) to Macau. The next book, *China's Red Army Marches* (1934), was written in Shanghai,[①] but its subject is the Jiangxi Soviet, which she had not visited, relying instead on the reports brought out to her by communist informants.[②]

Real life in China was taking place not in the cosmopolitan glamour of Shanghai, as far as she was concerned, but in the struggles of workers and peasants for livelihood and justice, a world of experience to which the foreign reporters, diplomats and travellers doing the rounds of parties in the foreign concessions and treaty ports, had little or no access.[③] And in turn, that authentic heartland turns out to have a hinterland of its own, in the revolution. In 1936, experiencing "a pervasive sense of isolation and near-paranoia about political persecution",[④] she moved from Shanghai to Xi'an, a move inward, but one that still did not take her where she really wanted to go. At last the invitation to Yan'an came, and she made the difficult winter

---

① The book was finished during Smedley's stay in Moscow and Leningrad, 1933 – 1934. See Agnes Smedley, *Battle Hymn of China* (London: Gollancz, 1944), p. 93.

② The process is described romantically by Anna Louise Strong in an account whose source must be Smedley herself. "They were stories brought to her stealthily, often by night, by people on whose head a price was placed. Her own life was frequently in danger; her very closeness to the Chinese Red Armies prevented her for many years from visiting them, since she was constantly watched." Anna Louise Strong, "Introduction", Agnes Smedley, *China Fights Back: An American Woman with the Eighth Route Army*, Left Book Club edition (London: Gollancz, 1938), p. 11. The metaphor of depth in such passages often takes the form of "under cover" or "underground" activities and networks.

③ A colony, just as much as a treaty port, suffered, in Smedley's critical view, from inauthenticity and superficiality and encouraged the same qualities in its visitors. "The Americans who blew through Hong Kong were distinctive. Breezy, self-confident, virile, some were quite capable of making a three or four weeks' trip to China, then writing a couple of books." Agnes Smedley, *Battle Hymn of China*, p. 361.

④ Janice R. Mackinnon and Stephen Mackinnon, *Agnes Smedley: The Life and Times of an American Radical* (Berkeley & Los Angeles: University of California Press, 1988), p. 163.

journey to the Communist headquarters, where she would spend months talking to the revolutionary leadership and sending dispatches to explain and justify to the outside world what was being done and planned in Yan'an. She seemed to have arrived at last in deep China. (Even the topography of the place seemed to confirm this, many of the dwellings in Yan'an being actually in caves.) Yan'an reminded her of the American West of her childhood, but, as she wrote to a friend: "Never in Shanghai or America could I live so freely or so happily."① Gaining admission to this sequestered sanctum (as only the fourth foreigner to be allowed into the communist base) was a triumph of opening, though the reformers and foreigners who advocated opening up China had seen the process as enabling a flow of knowledge inwards to the benighted country, whereas the cybernetic project of Smedley's penetration of Yan'an was to get knowledge out, so that the rest of the world might understand what was being done in the Chinese Revolution.

Yan'an in turn, however, was not the terminus of deep China. Though living cheek by jowl with the revolutionaries, she was denied the authentication of membership of the Chinese Communist Party; in due course, she was informed she must leave Yan'an: she would be more useful elsewhere. But in any case, there was a further recession in depth to be negotiated. Every penetration discloses another ulteriority. Beyond or beneath the superficial life of cities was the authentic life of the people. Beyond the life of the people was the revolution. And beyond the revolution was the revolutionary army, the essence of China and its inward life. "In them was a simple grandeur as fundamental and as undemonstrative as the earth. They belonged to China. They *were* China."② Living among the soldiers, first for three months with the Eighth Route Army and later for some eighteen months with the Fourth Army in the Yangtse valley, Smedley felt she had finally and properly arrived in deep China. There is a tremendous exhilaration in her writing about them. "I wanted to follow, to go where they led, to be with these men of destiny."③

Yet even now, there was a further dimension, beyond her vision, which she could intuit but could never know. She felt she belonged with the peasant soldiers. "When I was with them", she told Christopher Isherwood when they met in Hangkou in 1938, "for the first time I felt at one with the universe".④ Isherwood, though he admired her, found this sort of thing rather ridiculous, yet she could not have been more serious; for her, to be in deep China with these soldiers was also a kind of *nostos*, a homecoming. Yet the thought was also already self-defeating, a reminder of her own distance and alterity, for if deep China was anyone's home it was not hers. In the end she was neither a peasant nor a soldier, nor of course a Chinese; she was a foreigner, an onlooker, and a privileged one.

I, who had had food this day, realized that I can never know fully the meaning, the essence

① Quoted in Mackinnon and Mackinnon, *Agnes Smedley*, p. 193.
② Agnes Smedley, *Battle Hymn of China*, p. 131.
③ Agnes Smedley, *China Fights Back*, p. 141.
④ W. H. Auden and Christopher Isherwood, *Journey to a War*, revised edition (London: Faber, 1973), p. 156.

> of the Chinese struggle for liberation which lies embedded in the hearts of these workers and peasants. I am still an onlooker and my position is privileged. I will always have food though these men hunger. I will have clothing and a warm bed though they freeze. They will fight and many of them will lie on frozen battlefields. I will be an onlooker. I watched them blend with the darkness of the street; they still sang. And I hungered for the spark of vision that would enable me to see into their minds and hearts and picture their convictions about the great struggle for which they give more than their lives. ①

This passage is full of the language of impenetrable depth (essence, embedded, hearts) and ulteriority. It moves from a longing to see and know, to a poignant admission of blindness and ignorance, as the Chinese soldiers recede away from the observer's gaze into the darkness, with only their song remaining in the air. Just as for Archibald Little labouring along his steep mountain path that seemed to go on and on forever, Agnes Smedley too had to acknowledge that for those who seek to know China there is always something beyond, and in this case it was the inner frontier which proved beyond her, the experiential gap that still separated her, and always would, from the people she sought to know. It was a version of the anthropological dilemma: her very status as an observer made invisible what she most wanted to see. "I remain a teller of tales, a writer of things through which I have not lived. The real story of China can be told only by the Chinese workers and peasants themselves. Today that is impossible."②

Agnes Smedley did more than just about any other modern traveller in her efforts to find deep China and inhabit it. The strange intermittent melancholy of her writing, a form of romantic irony that stares across the gulf between world and word, the lived experience and the written witness, testifies nonetheless to her acceptance that, in the end, deep China is not on the map and for mimetic purposes, does not exist. The trope of opening is always liable to be deconstructed by the trope of ulteriority — or to put it differently, as Alexander Pope had done two centuries before, invoking a European geography, "The increasing prospect tires our wandering eyes, /Hills peep o'er hills, and Alps on Alps arise!"③ Agnes Smedley would assent to the description of deep China as sublime, ultimately unopenable. The perception however does not fill her with Kantian horror, nor with an aggressive determination to unlock, inventory and master it, but with the sadness of ulteriority, an acceptance of limits in the face of what will always lie beyond.

① Agnes Smedley, *China Fights Back*, p. 123.
② Ibid., p. 158.
③ Alexander Pope, *An Essay on Criticism*, pp. 231 – 232.

The Sino-French Connection and World War One

Paul J Bailey

During World War One nearly 140,000 Chinese labourers (mainly from the northern province of Shandong) were recruited by the British and French governments to perform a variety of war-related work—in transportation, munitions production, and equipment maintenance and repair—to solve the labour shortage in France as well as to replace British dockworkers in France so that they could be transferred to combat duties. Such Chinese workers constituted an important element of the huge numbers of non-western labour mobilised by Britain and France in World War One, most of which was drawn from their colonies; thus, for example, Britain recruited 48,000 Indians and 21,000 black South Africans, while France recruited nearly 79,000 Algerians, 50,000 Vietnamese, and over 35,000 Moroccans. ① At the same time, Czarist Russia between 1915 and 1917 recruited up to 100,000 Chinese workers—most of whom, again, came from Shandong—to work on the Murmansk railroad in northern Russia and in the oil fields at Baku and coal mines of the Donets basin in southern Russia. ②

In addition to sanctioning the British and French recruitment of Chinese labour in 1916–1918, the Chinese government in Beijing itself formally declared war on Germany in August 1917 (the only concrete consequence of which was the sequestration of German property and shipping in China). Together, these two acts earned China the right to attend the Versailles Peace Conference at the end of the war. China's participation in the conference, in effect,

---

* I would like to thank Professor C. Y. Sin, who invited me to give a paper (on which this article is based) at the International Conference on East-West Studies organised by the School of Chinese, University of Hong Kong from the 5–7 October 2007.

① G. Cross, "Toward Social Peace and Prosperity: The Politics of Immigration in France During the Era of the First World War", *French Historical Studies* 11.4: 615–616 (Autumn 1980); M. Summerskill, *China at the Western Front* (London: Michael Summerskill, 1982), p. 163; G. Cross, *Immigrant Workers in Industrial France* (Philadelphia: Temple University Press, 1983), pp. 35–36; J. Horne, "Immigrant Workers During World War One", *French Historical Studies* 14.1: 59 (Spring 1985).

② Li Yongchang 李永暢, "Zhongguo jindai fu E huagong shulun" 中國近代赴俄華工述論 (An account of Chinese workers in Russia during the modern period), *Jindaishi yanjiu* 近代史研究, 3: 225 (1987); He Ping 何蘋, "Eguo yuandong diqu huagong wenti zhi chutan" 俄國遠東地區華工問題之初探 (A preliminary exploration of the Chinese worker question in the Russian Far East), *Haiwai huaren yanjiu*, 3: 97–98 (1995). The large number of Shandong natives amongst those recruited in the Russian Far East was not surprising, given the fact that since the end of the nineteenth century thousands of adult men from the provinces of Shandong and Hebei had seasonally migrated to Manchuria (leaving in the spring and returning at Chinese New Year) as contract labourers. On the nature and impact of this annual migration movement (a key strategy to ensure family economic survival back home), see T. Gottschang & D. Lary, *Swallows and Settlers: The Great Migration from North China to Manchuria* (Ann Arbor: University of Michigan Press, 2000).

symbolised *for the first time in the modern era* the western powers' acquiescence in China's membership of the international community following a century of repeated humiliations at the hands of western powers (and latterly Japan) determined to enhance their economic, commercial and territorial privileges in the country. In many ways China had become by the early twentieth century—in the later words of Mao Zedong—a "semi-colony" (*ban zhimindi* 半殖民地), the "victim" of an informal imperialism by means of which the privileges held by foreigners and their governments in China impinged on the country's sovereignty and limited its freedom of action. Such a "colonial" status was ironically demonstrated during the French recruitment of Chinese labour in 1916 - 1917; Chinese workers were categorised *together* with workers from the French colonies in North Africa and Indochina and placed under the administrative supervision of the Colonial Labour Service (*Service d'organisation des travailleurs coloniaux*).

Chinese hopes in 1919 for a new era of international relations in which China would be treated as an equal ultimately foundered on the rocks of *realpolitik*, as the Versailles Peace Treaty neither compelled Japan to return to China the leasehold territory of Jiaozhou (Shandong province) that it had seized from Germany in 1914, nor amended in any substantial way the unequal treaty system in China. China's only concrete gains from its contribution to the allied cause in World War One were the postponement of Boxer indemnity payments for five years and a slight increase allowed in import tariff levels. Decisions taken by the big powers at Versailles thus seemed to confirm China's subaltern status as the helpless (and hapless) victim of western and Japanese imperialism—further demonstrated by the fact that the anti-Chinese immigrant legislation so prevalent in the US, Canada, Australia and New Zealand before World War One continued unchecked after 1918. ① Not surprisingly, despite the grandiose statement made several years after Versailles by T. Z. Tyau (a legal adviser to the Chinese delegation at the League of Nations Assembly) that the "honourable" role played by Chinese workers in World War One had prompted so much gratitude from the public and governments of Britain and France that "the world may be almost said to be lying at the Chinese labourer's feet", ② the story of Chinese indentured labour in World War One France has slipped into a historical black hole. In the West such a situation can be explained by the conventionally Eurocentric approach often adopted by historians of World War One, ③ and in China because the recruitment of Chinese labour in World War One represents simply a minor and shameful episode in the longer history of western exploitation of China in the nineteenth and twentieth centuries, and therefore does not merit any

① For information on anti-Chinese immigration legislation before and after World War One in the US, Canada, Australia and New Zealand, see L. Pan ed., *The Encyclopedia of the Chinese Overseas* (Cambridge, Mass.: Harvard University Press, 1999), pp. 234 - 239, 261 - 266, 274 - 275, 286 - 288.

② T. Z. (Min-ch'ien) Tyau, *China Awakened* (New York: Macmillan, 1922), pp. 225 - 226.

③ For example, in two recent works on the mobilisation of labour and society during World War One, there is virtually no reference at all to indentured Chinese labourers (or indeed to any overseas workers recruited from British and French colonies in Africa, South Asia, and Southeast Asia). See J. Horne, *Labour at War: France and Britain 1914 - 1918* (Oxford: Clarendon Press, 1991); and J. Horne ed., *State, Society and Mobilisation in Europe During the First World War* (Cambridge: Cambridge University Press, 1997).

in-depth study. The episode has also been completely overshadowed in post-1949 Chinese scholarship by the greater attention paid to Chinese work-study *students* in France during the immediate post-WWI period, especially as future Communist party leaders such as Zhou Enlai and Deng Xiaoping were among their number; such a phenomenon also characterizes French-language scholarship to a certain extent. ① Finally, the role played by Chinese workers during World War One is accorded only the briefest of mentions in classic English-language accounts of the May Fourth movement (generally perceived as marking the beginnings of a mass nationalism in China stimulated by anger with the decisions taken by the big powers at Versailles) and the origins of the Chinese labour movement, ② or in more recent general histories of modern China. ③ Interestingly, however, an interest has been shown in the Chinese workers amongst French *official* circles in recent years, as part of a larger agenda celebrating the contemporary Chinese ethnic community in France. Thus in November 1988, at a ceremony attended by the French Minister of Transport and Communications representing President Mitterand, a plaque was officially unveiled in Paris (near the Gare de Lyon) to commemorate the contribution of Chinese workers to the allied war effort in 1914 - 1918. ④

The episode, however (quite apart from its significance in the wider history of Chinese labour migration), illuminates in very interesting and intriguing ways Sino-French mutual perceptions and cultural interaction during the first two decades of the twentieth century. Such interaction, and the fact that Chinese politicians and intellectuals were *active participants* in the recruitment—and that they invested the project with their *own* political, social and cultural agenda—impels us to view China as a more autonomous actor on the world stage at this time than has hitherto been assumed in the general histories of modern China that have drawn the picture of a *passive* victim of western imperialism. Such participation clearly distinguished the World War One recruitment of Chinese labour from the unregulated and illegal "coolie" trade of the nineteenth century, during which approximately 500,000 Chinese were recruited to work on

① A new study of Chinese work-study students in France, for example, makes no reference to Chinese workers already in the country. See N. Wang, *Emigration et Politique: Les Etudiants-Ouvriers en France 1919 - 1925* (Paris: Les Indes Savantes, 2002). The neglect of Chinese contract labour in French-language scholarship contrasts curiously with rich research that has been carried out on the role played by black workers and military conscripts from French West Africa during World War One. See, for example, M. Michel, *L'Appel à l'Afrique: Contributions et Réactions à l'Effort de Guerre en A. O. F.* (*1914 - 1918*) (Paris: Publications de la Sorbonne, 1982). On the Chinese work-study movement, see P. Bailey, "The Chinese Work-Study Movement in France", *China Quarterly* 115: 441 - 461 (September 1988).

② Chow Tse-tsung, *The May Fourth Movement: Intellectual Revolution in Modern China* (Cambridge, Mass: Harvard University Press, 1960), pp. 37 - 40; J. Chesneaux, *The Chinese Labor Movement 1919 - 1927* (Stanford: Stanford University Press, 1968), pp. 138 - 140.

③ See, for example, J. Spence, *The Search for Modern China* (New York: W. W. Norton, 1999, 2nd edition), pp. 286 - 287. Spence bases his account entirely on M. Summerskill, *China on the Western Front* (London: Michael Summerskill, 1982), a non-scholarly and rather superficial work based only on a few English-language sources.

④ The plaque notes that some of these workers settled permanently in France and established "in the neighbourhood of the Gare de Lyon the first Chinese community in France" . This is strictly not true. The first Chinese migrants to France (mostly hawkers and peddlers by trade) arrived at the turn of the century, travelling to Europe via the Trans-Siberian railroad. Many of them were Zhejiang natives selling carved green soapstone (from the province's Qingtian county) or artificial flowers.

sugar plantations in Peru, Cuba and British Guiana.① The trade was illegal because the ruling Qing dynasty had officially proscribed emigration in 1712 (reflecting a traditional fear that migrants were potential troublemakers who might participate in rebellion or engage in piracy along China's coastal regions). Yet between 1847 and 1873 (when the trade was formally ended) Chinese indentured labourers were recruited (often forcibly or through deception) by foreign agencies in the treaty ports (not subject to Chinese jurisdiction because of extraterritoriality) and their Chinese collaborators. The appalling conditions and treatment suffered by these labourers finally convinced the dynasty that strict official supervision of recruitment practices and conditions had to be implemented.② As early as 1866 (in response to the British and French demand in 1860 that the right of Chinese subjects to emigrate be recognized by the Qing dynasty), the Qing government actually drafted regulations on the recruitment of Chinese indentured labour; these regulations would have limited the term of indenture to five years and guaranteed free passage home after expiry of the contract.③ Although the British and French governments refused to recognize the validity of these regulations at the time, they served as the basis for both the British recruitment of Chinese labour to work in the gold mines of the Transvaal in South Africa (1904 – 1906)④ and, especially, the British and French recruitment of Chinese workers for war-related work in France (1916 – 1918), by which time it was accepted by British and French recruiters that, firstly, the text of the indenture had to be published in the Chinese press (thus guaranteeing transparency) and had to specify duration, wage rates and the number of working hours; secondly, indentured labourers had the right to receive free medical assistance and paid passage home after their contracts had expired; and, thirdly, Chinese inspectors were to be present at Chinese embarkation ports and in France to oversee the labourers' welfare.⑤ Significantly, also, although during the nineteenth century Chinese indentured workers ("coolies") had been contemptuously refereed to as *zhuzai* 豬仔 ("swine", "pigs") in official Chinese documents, by the early twentieth century they were referred to as

① D. Northrup, *Indentured Labour in the Age of Imperialism 1834 – 1920* (Cambridge: Cambridge University Press, 1995), pp. 25, 37, 38, 61; L. Pan ed., *The Encyclopedia of the Chinese Overseas*, pp. 98 – 99, 248 – 250, 254. In 1854 Chinese indentured labourers were also recruited for the French Caribbean colonies of Martinique and Guadeloupe. *Centre d'Archives d'Outre-Mer* (Aix-en-Provence): Fonds Ministériels/Généralités, Carton 126, Dossier 1097. Interestingly, a note from the French Foreign Ministry to the Ministry of Marine and Colonies in 1863 suggested that Chinese (and their families) from central Chinese provinces might also be recruited to cultivate cotton and cereals in France's *African* colonies. *Centre d'Archives d'Outre-Mer*: Fonds Ministériels/Généralités, Carton 130, Dossier 1125.

② It should be pointed out that "coolies" were not mere passive victims of the trade. In 1857 the *Anais*, a ship carrying Chinese indentured labourers to Cuba was discovered wrecked off the Chinese southeastern coast near Macao. Apparently, the "coolies" had mutinied, killing all officers and seamen on board, and had tried to steer the ship back to the Guangdong coast. After running aground near Macao, the "coolies" all dispersed and returned to their homes. *Centre d'Archives d'Outre-Mer*: Fonds Ministériels/Généralités, Carton 126, Dossier 1097.

③ Yen Ching-hwang, *Coolies and Mandarins: China's Protection of Overseas Chinese During the Late Ch'ing 1851 – 1911* (Singapore: Singapore University Press, 1985), pp. 32 – 71, 102 – 111.

④ On the early twentieth century recruitment of Chinese labourers to work in South Africa, see P. Richardson, *Chinese Mine Labour in the Transvaal* (London: Macmillan, 1982); and Li Anshan 李安山, *Feizhou huaqiao huaren shi* 非洲華僑華人史 (A History of Chinese Overseas in Africa) (Beijing: Zhongguo huaqiao chubanshe, 2000), pp. 108 – 116, 121 – 123.

⑤ For the recruitment of Chinese labour in both South Africa and France contract arrangements also provided for the implementation of an "allotment" system, whereby a portion of the labourers' wages could be used for the support of families back home.

Huagong 華工 (Chinese workers).

Two main Chinese constituencies were involved in the support for the recruitment of Chinese labour in World War One France. The first included government and official elites in Beijing, who responded enthusiastically to the initial French request for Chinese labour in 1915 in order to enhance China's standing at a future peace conference. In fact, President Yuan Shikai—in order to forestall the Japanese takeover of Germany's concession area in Shandong province (Japan had declared war on Germany as Britain's ally) — had proposed, without success, China's *military* participation in the war on the side of the entente powers as soon as the war had begun. On two further occasions, in 1915 and 1917, the Chinese government in Beijing proposed sending troops to the Dardanelles and the Western Front respectively. ① It is interesting to note, however, that although the British and United States' governments were not especially keen on the proposals (mainly for logistical and financial reasons, but also because of a general lack of confidence in the fighting potential of Chinese soldiers), the French government and military command decidedly *were* enthusiastic about the prospect; joint proposals drawn up by the French and Chinese governments in the spring of 1918 (before the definitive shelving of any such plan for Chinese military participation in March 1918) would have provided for the financing of a Chinese expeditionary force comprising 43 battalions (1,543 officers and 44,900 troops) and additional special units such as "police contingents", "sanitation brigades" and "communications teams" . ② For Chinese government officials, China's potential military and labour contribution to the war were seen as important symbols of the country's commitment to world peace, hence earning the right to be *treated as an international equal.* The specifically *political* use that the Chinese government made at this time of Chinese labour overseas intriguingly anticipates the approach of the new communist government after 1949, when, for example, the People's Republic agreed in the late 1960s to finance and help build—with the aid of 15,000 Chinese workers and technicians—the TanZam (Tanzania-Zambia) Railroad. As far as Beijing was concerned, this dramatic gesture of international aid was meant to be a symbol of China's political commitment to the non-aligned world (and Afro-Asian solidarity in particular). ③ Just as in 1916 - 1918, therefore, the Chinese worker was to symbolise China's active commitment to interaction with the rest of the world.

More significantly, however, a second Chinese constituency comprised a group of Francophile intellectuals and educators who cultivated extensive links with both Chinese political figures and French official and intellectual circles. Since the early years of the twentieth century,

---

① T. La Fargue, *China and the World War* (Stanford: Stanford University Press, 1937), pp. 83 - 84; M. Chi, *China Diplomacy 1914 - 1918* (Cambridge, Mass: East Asian Research Center, Harvard University, 1970), pp. 20, 72, 129 - 130; Lo Hui-min ed., *The Correspondence of G. E. Morrison* (Cambridge: Cambridge University Press, 1976) vol. 2, pp. 559 - 561.

② *Archives de la Service Historique de l'Armée de Terre*: Fonds Clemenceau, 6N 130 (Rapports des Attachés Militaires).

③ Work began on the railroad in 1968 and was completed by the mid-1970s. At a banquet in Beijing for Tanzanian president, Julius Nyerere, in 1974, premier Zhou Enlai addressed the question as to why China had been so generous in its aid. "China is a socialist country", he declared, "and it is our bounden internationalist duty to sympathise with and support the revolutionary struggles of the people of other countries" . See M. Bailey, "Tanzania and China", *African Affairs* 74. 294 (January 1975), p. 48.

in fact, this Chinese Francophile "lobby" had been energetically promoting Sino-French cultural relations and the importance of Chinese overseas study in France. The most prominent member of this group was Li Shizeng (李石曾 1881–1973), the son of a Qing court official who had gone to France in 1902 as an "embassy student". While there he enrolled in the Ecole Pratique d'Agriculture in Montargis (just outside Paris) and later, in 1905, studied chemistry and biology at the Institut Pasteur in Paris. Other members of this Francophile lobby included anti-Qing activists and future prominent figures of the Guomindang in the 1920s — Cai Yuanpei (蔡元培 1868–1940), Wu Zhihui (吴稚暉 1864–1953), and Zhang Jingjiang (張靜江 1877–1950) — all of whom were in France at the same time as Li. Li Shizeng became a fervent admirer of French culture and often contrasted the "worthy" ideals of the French secular republic, which he identified as "freedom", "creativity" and "pacifism", with the apparently more "brutal" German ideals of "autocracy", "utilitarianism" and "militarism". Li was especially attracted to the utopian thought of Charles Fourier (1772–1837), which he described as the philosophy of a "mutual assistance society" (*xieshe zhuyi* 協社主義) that replaced individual or group dominance and competition with harmony,① and, in particular, the ideas of the French geographer and anarchist, Elisée Reclus (1830–1905).② Li translated Reclus' six-volume work, *L'Homme et la Terre* (Man and Earth) into Chinese and many of Reclus'/ ideas found an echo in Li's own preoccupations and concerns. Reclus' faith, for example, in the power of science and education to dissolve all social prejudice and his stress on gradual and evolutionary change in the creation of a new society inspired Li's promotion of worker education and the ideal of work-study, which for Li would contribute to the elimination of all distinctions between intellectual and worker and the emergence of a radically new society. Li was equally influenced by Reclus' vision of a society that comprised self-sufficient but mutually supporting associations that would ultimately lead to the "federative republic of the entire world".③

While in Paris Li built up a wide network of contacts with French politicians and intellectuals (including Paul Reclus, the nephew of Elisée Reclus), as well as helping to publish a Chinese-language anarchist journal *Xin shiji* 新世紀 (New Century). Between June 1907 and May 1910, 121 issues of the journal were published. In addition to attacking the backwardness and corruption of the Qing monarchy and condemning traditional institutions such as the family (even

---

① *Lü'Ou zazhi* 旅歐雜誌 (Journal of Chinese Students in Europe), nos. 8 (1 December, 1916), 9 (15 December, 1916), 10 (1 January, 1917), 12 (1 February, 1917). On Charles Fourier, see D. Zeldin, *The Educational Ideas of Charles Fourier 1772–1837* (London: Cass, 1969).

② The influence of Elisée Reclus on Li Shizeng is generally overlooked in earlier studies of Chinese anarchism such as R. Scalapino & G. Yu, *The Chinese Anarchist Movement* (Berkeley: Center for Chinese Studies, 1961) or M. Bernal, *Chinese Socialism to 1907* (Ithaca: Cornell University Press, 1976), and is mentioned only fleetingly in more recent studies. See, for example, A. Dirlik, *Anarchism in the Chinese Revolution* (Berkeley: University of California Press, 1991), pp. 25, 81, 94.

③ M. Fleming, *The Anarchist Way to Socialism: Elisee Reclus and Nineteenth Century European Anarchism* (London: Croom Helm, 1979), pp. 70–71. Writing in 1960, Li was to note that the greatest "truth" (*daoli* 道理) he had discovered while in France was the principle of "federation" (*lianhe* 聯合), a principle he thought France embodied in its championing of the European Economic Community on the one hand, and its desire to form an economic association with Francophone African states on the other. *Shizeng biji* 石曾筆記 (Notes from Li Shizeng) (Taibei 臺北: Zhongguo guoji wenzi xuekanshe 中国国際文字學刊社, 1961), pp. 105–108.

proposing that marriage be abolished), [1] the journal published articles on western anarchists such as Bakunin and Kropotkin (Li himself translated Kropotkin's *Mutual Aid*). In contrast to the other Chinese anarchist group that emerged at this time in Tokyo, however, Li Shizeng and other members of the Francophile "lobby" did *not* advocate a return to an idealised rural past uncorrupted by modern life but instead, like Reclus and Kropotkin, extolled the benefits of science and education. Li also opened a night school for the Chinese workers he had recruited from his native district of Gaoyang in Zhili (Hebei) after 1908 to work in the beancurd factory he had opened in Garenne-Colombes near Paris as part of his project to encourage European consumption of beancurd (in 1912 he published a pamphlet in French that championed its medicinal virtues). [2] In Li's view, France was a republic *par excellence*, free of what he perceived as the "baneful" influences of monarchy and religion — and thus an ideal environment in which to work and study. In 1912, on his return to China, he founded the Association for Frugal Study in France (*liuFa jianxuehui* 留法儉學會), which helped send nearly 100 Chinese students to France before the outbreak of World War One. [3] In the same year Cai Yuanpei, who had become the first Minister of Education in the new Chinese Republic, asserted that the French revolutionary ideals of freedom, equality and universal brotherhood were *comparable* to such Confucian values as *ren* 仁 (sense of compassion, humaneness). [4]

The French intellectuals and politicians with whom Li Shizeng and other members of the Francophile lobby came into contact were equally admiring of China; their inclination to *link* the traditions of French and Chinese cultures represented, in effect, a unique aspect of general western attitudes towards China in the late nineteenth and early twentieth centuries. Of course, in many ways French diplomats and officials at home and in China shared the same assumptions of western superiority and the imperative of the western "civilising mission" as their British, American or German counterparts. However, there were two strands in French thinking that set it apart. Firstly, it was assumed France's relations with China were fundamentally different from those of other western countries because they were not underpinned by greed or blatant self-interest but rather by an altruistic and disinterested concern to both provide enlightenment and *to interact with other cultures*. Secondly, and perhaps more significantly, France was portrayed as the one European country that could act as an *effective mediator* between China and the West, not only because France was more sensitive to, and appreciative of, Chinese culture but also because in many ways *French and Chinese cultures had much in common*. Subscribers to these views included socialist politicians such as Marius Moutet and Edouard Heriot, scholar-politicians such as Paul Painlevé, and prominent academics such as the historian Alphonse Aulard. This

① "Hui jia tan" 毁家談 (A discussion concerning the abolition of the family), *Xin shiji* no. 82 (1909).

② Li Shizeng, *Le soja: sa culture, ses usages alimentaires, thérapeutiques, agtricoles, et industrielles* (Paris: Augustin Challand, 1912). Li maintained that beancurd could help alleviate diabetes and cure arthritis. Excerpts from the pamphlet were distributed two years earlier at the Universal Exhibition in Bruxelles.

③ For more details on Li Shizeng's activities in France, see P. Bailey, "The Sino-French Connection", in D. Goodman ed., *China and the West: Ideas and Activists* (Manchester: Manchester University Press, 1990), pp. 74 – 78.

④ Cai Yuanpei 蔡元培, "Duiyu jiaoyu fangzhen zhi yijian" 對於教育方針之意見 (My ideas on the direction of education), in *Cai Yuanpei wenji* (Selected Writings of Cai Yuanpei) (Hong Kong: Wenxue yanjiushe 文學研究社, n. d.), pp. 20 – 27.

modern French approach towards China drew on a long tradition of cultural and intellectual relativism in France that dated from the sixteenth century; one extraordinary example of this was the thought of Regis-Evariste Huc (1814 - 1860), a Lazarist missionary in China whose book *L'Empire Chinois* (The Chinese Empire) *integrated* current French concerns with Chinese historical experience, with the result that cross-cultural comparisons in the book often flattered the Chinese, as much as the French, side. Thus, in referring to utopian socialist ideas then currently being discussed in France, Huc argued that such ideas had first been aired in China centuries before; furthermore, he wryly noted, whereas contemporary French socialists merely debated the merits of welfare policies for the poor, such policies (e. g. the fixing of prices, provision of state agricultural loans at low interest, and redistribution of the land tax burden in favour of the less well-off) had been implemented centuries before in China by the eleventh century statesman Wang Anshi (王安石 1021 - 1086) as part of his programme of economic reform. ①

What gave urgency to the French insistence in the late nineteenth and early twentieth centuries that France's role in China was uniquely different from that of other western powers was an increasing fear that China was inexorably falling under the sway of Anglo-Saxon cultural influence, a consequence of Britain's predominant economic presence in China. In their effort to counter such influence, French officials, politicians, intellectuals and scholars sought to emphasise a *complementarity* between French and Chinese cultures. Thus in its respect for learning, secularism, *joie de vivre*, and aversion to war, French culture was seen to complement the humanist values of Confucius. Even the central role of the family in Chinese society found an echo in the Frenchman's respect for family life. Thus as the president of the Franco-Chinese Friendship Association (*Association amicale franco-chinoise*), Georges Dubail (a former minister to China), noted in 1907:

> The Chinese and French are profound and wise philosophers; they are equally good family men (*bons pères de famille*), prudent businessmen, and faithful associates. ②

The idea that the French and Chinese characters were alike in their proclivity for hard work, down-to-earth wisdom, and practice of family virtues was reiterated in 1911 by another president of the Association, Georges Ducrocq:

> Of all the foreigners who are in China, there are few more capable of adapting to China's way of life than the Frenchman. Like us, the Chinese take a delight in family life; like us, they have an appetite for work and a moralistic turn of mind, a practical wisdom for daily life …

① For more on this, see P. Bailey, "Voltaire and Confucius: French Attitudes Towards China in the Early Twentieth Century", *History of European Ideas* 14. 6: 817 - 837 (1992).

② *Bulletin de l'Association Amicale Franco-Chinoise* 1. 1: 17 - 18 (July 1907). Founded in 1907, the Association was one of a number of scholarly and semi-official organisations established at this time in France to promote Franco-Chinese cultural relations.

that you will find in Confucius as in La Fontaine. ①

For Ducrocq, *only France* could play the intermediary role between the West and China precisely because of the cultural affinity the two countries shared. It would be hard to imagine a British (or an American for that matter) diplomat or scholar of the time describing Sino-British (or Sino-American) relations in quite the same way.

Li Shizeng and others of the Francophile "lobby", not surprisingly, welcomed the prospect of France's recruitment of Chinese labour in 1916 as part of their larger cultural and social agenda. He confidently predicted that enormous benefits would accrue to China, as Chinese labourers in France would form the vanguard of an educated workforce contributing to the diffusion of industrial skills and the reform of society on their return. While in France, Li claimed, Chinese workers would become truly "civilised", divesting themselves of their "backward" and "unseemly" habits and customs. ② He also helped establish the Sino-French Education Association (*HuaFa jiaoyuhui* 華法教育會) in 1916 with prominent French intellectuals such as Alphonse Aulard as an umbrella organisation to promote both an expansion of Sino-French cultural relations and part-time education in France for the soon-to-be arriving Chinese workers. At the opening meeting of the Association (co-chaired by Aulard and Cai Yuanpei), the affinities between Chinese and French cultures were again highlighted; Aulard, for example, echoed Cai Yuanpei's earlier observation in 1912 by remarking that the humanist philosophy of Confucius *anticipated* the ideals of the French Revolution. ③ Li was still referring to the mutual admiration France and China had for each other's culture nearly a decade later. In a journal article published in 1925, Li declared that Voltaire's praise of China in the eighteenth century as a humanist paradise *par excellence* had been reciprocated by early twentieth century Chinese revolutionaries who had derived inspiration from the thought of Montesquieu and Rousseau. ④ On the other hand, Louis Grillet, a military official in charge of a French government mission to China in 1918 seeking to enhance France's cultural influence in the country, confidently proclaimed:

> The Chinese is a philosopher, poet and artist, and it is for this reason one can say that he is the Frenchman of the Far East. ⑤

Significantly, however, *actual* French attitudes towards the indentured Chinese workers during

① *Bulletin de l'Association Amicale Franco-Chinoise* 3.3 (July 1911).

② *Lü'Ou jiaoyu yundong* 旅歐教育運動 (The Educational Movement in Europe) (Tours: n. p., 1916), pp. 82 - 83. For another article Li wrote on the same theme in 1917, see *Li Shizeng xiansheng wenji* 李石曾先生文集 (Collected Writings of Li Shizeng) (Taibei: "Zhongyang" weiyuanhui dangshi weiyuanhui "中央" 委員會黨史委員會, 1980), vol. 1, pp. 220 - 225.

③ The text of Aulard's speech (translated into Chinese) is in *FuFa qingong jianxue yundong shiliao* 赴法勤工儉學運動史料 (*Historical Materials on the Diligent Work and Frugal Study Movement in France*) (Beijing: Beijing chubanshe 北京出版社, 1979 - 1981), vol. 1, pp. 202 - 203.

④ Li Shizeng, "Zhongfa jiaoyu wenti" 中法教育問題 (The question of Sino-French education), *ZhongFa daxue banyuekan* 中法大學半月刊, 1: 5 - 6 (1925).

⑤ *Archives du Ministère des Affaires Etrangères* , E - 28 - 1/6.

World War One, especially amongst officials and employers, undermined and belied the grandiose Gallic rhetoric of Sino-French cultural affinity so prevalent amongst politicians, diplomats, scholars and businessmen … Mention has already been made of the fact that Chinese workers recruited by the French government were rather unceremoniously lumped together with conscripted workers from France's colonies and placed under the administrative supervision of the Colonial Labour Service. In the eyes of French official authorities (as well as their British counterparts) Chinese workers were often referred to condescendingly as either "childlike" or "malleable" . Paradoxically, however, French authorities often exhibited an underlying fear of a "loss of face" when dealing with Chinese workers, a concern that revealed more about French feelings of insecurity than anything else. Instructions from the Colonial Labour Service to potential French employers of Chinese workers in September 1916 perfectly illustrated this French obsession with "face":

> The Chinese have considerable self-pride (*amour-propre*), and it is therefore appropriate to treat them with kindness, and give them a reward, however minimal, every time they do something well. An act of brutality will bring the opposite of what is intended, since anyone giving in to anger will lose all credibility in their eyes …· It is imperative that employers, foremen, etc, realise that in the view of the Chinese, to give in to an external manifestation of anger is proof of an inability to control oneself and thus (in the eyes of the Chinese) to remain a barbarian. ①

Since western observations of the Chinese "character" in the nineteenth and twentieth centuries often focused (and still do) on the significant role of "face" in Chinese personal interactions, this French concern with "face" ironically provided another example of "cultural affinity" between the two countries (although not an example that French observers at the time would necessarily have thought of).

Furthermore, because indentured Chinese workers did not, in fact, behave in ways expected of them (i. e. to be "docile", "passive", "hardworking"), by 1918 French employers had become increasingly hostile to the idea of employing them. Chinese workers often protested against breaches of their contracts, the dangerous nature of their work, and the harsh treatment they sometimes received. In some cases Chinese workers, such as those at a munitions plant in St. Louis de Rhône (near Arles) simply walked off the job when refused overtime pay and headed for the port of Marseille. At dockyards such as St. Nazaire French employers continually criticised Chinese workers as "lazy troublemakers" who refused to unload coal because they considered such a task unsafe (and not part of their contract). In some cases disputes between Chinese workers and French soldiers (as happened in Rouen in March 1918) could lead to violence. ② Dissatisfaction with the "unruly" Chinese workers had reached such a fever pitch by

① *Archives de la Service Historique de l'Armée de Terre*: Fonds Clemenceau, 6N 149 ("Mission de recrutement des ouvriers chinois").

② *Archives Nationales*: F14 1131 ("Main-d'oeuvre exotique").

1918 that the Ministry of War was describing them as "undesirables" . At the end of the war meetings held by representatives of the Ministry of War, Ministry of Justice and local army commands actually discussed complaints sent in from local communities (especially from the Somme region and the Pas de Calais) about the Chinese workers in their midst. Such complaints referred to crimes "of all sorts" and suggested that in certain villages local people no longer "felt safe" and were contemplating quitting their village unless the Chinese workers were withdrawn. ①

The story of Chinese indentured labour in World War One France ended in disappointment and recrimination. As previously mentioned, the Versailles Peace Treaty ultimately confirmed China's status as a minor player on the world stage and still having to accept sovereignty-undermining foreign privilege in the country itself. The hostility towards Chinese workers by French employers and local communities, moreover, exposed the hypocrisy of French rhetoric that boasted of a "special relationship" between China and France (there is an interesting parallel here with the sorry plight of Chinese immigrants in the United States during the late nineteenth and early twentieth centuries set against the context of an American discourse that also boasted of a "special relationship" between the US and China based on the former's "genuine" desire to "help" and "assist" the latter).

Furthermore, the ambitious plans of the Chinese Francophile lobby (of which Chinese indentured labour in France would have constituted an element) to strengthen and expand Sino-French cultural relations never came to fruition. In a 1922 article, for example, Li Shizeng made an impassioned plea for the increase of French cultural and educational influence in China, insisting that in its breadth of scholarship (referring to the scientific accomplishments of Descartes, Lavoisier, Lamarck and Pasteur) and genius (referring to the thought of Rousseau, Voltaire, Fourier and Reclus as the pioneers of "humanist" philosophy) France was the most appropriate model for China to emulate; furthermore, just as Cai Yuanpei had done ten years earlier, Li compared the Confucian notions of *ren* 仁, *yi* 義 (righteousness), and *shu* 恕 (forbearance) with the French republican ideals of fraternity, liberty and equality. ② In particular, Li suggested (as did Cai Yuanpei in the same year)③ that China adopt the French university district system as a means to ensure the independence and autonomy of education (the country would be divided into education districts in which university authorities would administer primary and secondary schools, while a higher level educational council at the centre would curtail the power of the Education Minister). At the same time, Li insisted that an expansion of French cultural influence would effectively prevent Anglo-Saxon culture from swamping China (if English achieved a monopoly, Li warned, China would be cut off from other countries). Such an assumption clearly motivated the efforts of French officials, educators and publishers themselves

① *Archives de la Service Historique de l'Armée de Terre*: 7N 2289 ("Affaires britanniques/travailleurs chinois").

② Li Shizeng, "Faguo jiaoyu yu wo guo jiaoyu qiantu zhi guanxi" 法國教育與我國教育前途之關係 (The relationship between French education and our country's education), in *Li Shizeng xiansheng wenji* 1: 231 – 236.

③ Cai Yuanpei, "Jiaoyu duli yi" 教育獨立議 (Proposal for the independence of education), in Gao Pingshu 高平叔 ed., *Cai Yuanpei jiaoyu wenxuan* 蔡元培教育文選 (Selected writings of Cai Yuanpei on education) (Beijing: Renmin jiaoyu chubanshe 人民教育出版社, 1980), pp. 145 – 148.

at this time to enhance French cultural influence in China. In 1918, for example, the *Comité fédéral des oeuvres sino-françaises* (Federal Committee of Sino-French Scholarly Endeavours) was founded in Beijing to campaign for the introduction of French-language instruction in all higher and secondary schools in China and promote the sale of cheap French books to compete with English publications. ① The secretary of the Committee in 1918 echoed the observation of French commentators earlier on in the century when he argued that whereas increasing Anglo-Saxon influence *threatened* China's cultural independence, French culture did not present such a threat because it was more humanistic and liberal, and less impelled by a desire to dominate others. ②

The hopes of Li Shizeng and Cai Yuanpei were never fulfilled. A brief and ultimately abortive attempt was made in 1927 to implement the French educational model with the establishment of a University Council (大學院) as the first step in the creation of a university district system. Such an initiative, however, soon fell victim to an increasingly strident nationalism amongst Guomindang ideologues that insisted education had to be controlled and directed by the party through a highly centralised Education Ministry. ③ At a time also when the nationalist revolution of the 1920s was aimed as much against foreign imperialism (including that of France) as it was against indigenous militarists, talk of forming close cultural ties with an imperialist power seemed inappropriate, if not treasonous. ④

In conclusion, however, two little-known events in the wake of World War One, provide further food for thought and suggest an intriguing alternative way of viewing Sino-western relations during this period. In September 1919, while Chinese Foreign Minister Lu Chengxiang (1871 - 1949) was in France attending the Versailles Peace Conference, he met French President Raymond Poincaré; as a gesture of support for an impoverished France and to demonstrate China's "civilised" commitment to education, Lu donated 50,000 francs on behalf of the Chinese government to help restore school facilities in war-shattered Verdun. ⑤ One year later, in 1920, when Paul Painlevé visited China to confer on President Xu Shichang an honorary D. Litt. degree on behalf of the University of Paris, he was in turn offered 100,000 francs as a Chinese contribution to the newly created Higher Institute of Chinese Studies (*Institut des hautes études chinoises*) in Paris (with the clear aim of enhancing interest in Chinese culture in France). Even though China may indeed have been a "semi-colony" during the first decades of the twentieth century, aspects of what I call the "Sino-French connection" at this time indicate that interaction could proceed *in two directions.*

---

① *La Politique de Pékin*, nos. 31 (4 August, 1918), 32 (11 August, 1918), 43 (27 October, 1918), 44 (3 November, 1918); J. Bouchot, "Le livre français", *La Chine*, 4: 296 - 304 (October 1921).

② *La Politique de Pékin*, 45: 705 - 708 (10 November, 1918).

③ A. Linden, "Politics and Education in Nationalist China: The Case of the University Council 1927 - 1928", *Journal of Asian Studies* 27.4 : 773 - 776 (August 1968).

④ Ironically, it was to be the Chinese Communist party, which Li Shizeng and Cai Yuanpei so implacably opposed, that supported the forging of close educational and cultural links with a foreign country deemed worthy of emulation. That, however, was at a very different time (the 1950s) and involved quite a different country—the Soviet Union.

⑤ *La Politique de Pékin* (7 September, 1919).

Chen Hengzhe and the Transformative Uses of History: Some Comments on her Affiliations and her *Short History of the European Renaissance*

Denise Gimpel

The present paper takes as its starting point a text written by Chen Hengzhe (陳衡哲 1890 - 1976), China's first female professor at Beida (1920) and published in 1930 by Shanghai's Commercial Press as part of the series Wanyou wenku (萬有文庫) edited by Wang Yunwu (王雲五). ① Her *Short History of the European Renaissance* (歐洲文藝復興小史) has not been studied in any detail to date, but this little book that comprises some fifty pages of text and illustrations provides a convenient point of entry into the discussion of a number of issues: cultural translation, intellectual networks in the early 20th century, the role of foreign-educated students in China, to name but a few. Not only has this little book been understudied to date, the same applies to its author: Interest in Chen Hengzhe has largely been linked with her literary production, her relationship with Hu Shi (胡適 1891 - 1962) and her autobiographical writings. ② However her roles and position outside and inside China—as an interpreter of the West for China and as an interpreter of China for the outside world—certainly warrant detailed investigation.

Chen Hengzhe's *Short History of the European Renaissance* could be analysed in a number of ways—for instance as one that illustrates changing language registers in Chinese writing; as a text that documents changes in Chinese historiography; as a document within a study of changing Chinese school textbooks. Chen's earlier history textbook, *A History of the West* (西洋史) has,

---

① For this paper I have consulted an edition published in 1940.

② Chen Hengzhe's autobiographical writings have recently been translated into Chinese *in toto*. Individual chapters had been published earlier in *Dongfang zazhi*, for instance, but the original text was written under the title *Autobiography of a Chinese Young Girl*. The text of 189 pages has no place or date of publication, but the Foreword is dated 1935. I am very grateful to the librarians of Vassar College, especially Barbara A. Durniak, for making this text available to me. For the Chinese translation, see Feng Jin 馮進, *Chen Hengzhe zaonian zizhuan* 陳衡哲早年自傳, Hefei 合肥: Anhui jiaoyu chubanshe 安徽教育出版社, 2006. A recent Ph. D. thesis has dealt with Chen's life and works. Although the author claims to provide a new study of the many facets of Chen's life and outstanding achievements, there is really no new information offered here. Nor does the author offer any analysis of her material. It is, however, a good overview of the available Chinese secondary literature to date. See Tan Xiaojie 談曉潔, 勇於造名的女學者——陳衡哲生平及思想研究, 博士學位論文, 上海師範大學, 2005. For a discussion of her and her writing during the period she was in the United States, see Michel Hockx, "Mad Women and Mad Men: Interliterary Contact in Early Republican Literature" in Raoul D. Findeisen and Robert Gassmann eds., *Autumn Floods: Essays in Honour of Marián Gálik* (Bern: Peter Lang, 1998), pp. 307 - 322. This essay also has a good overview of literature about Chen Hengzhe.

for instance, been celebrated as one of the first works on Western history to have been the product of a Chinese historian doing original research and as a feminist history.① Despite her constant inclusion in the "feminist" camp, I shall not be dealing at any length with such issues in this article. In fact, her comments on and thoughts about women were not particularly creative, imaginative or progressive at this time and one cannot help but conclude that she has been forced into a feminist mould purely and simply because she was a woman. Here I shall read her *Short History of the European Renaissance* as one element in a project of cultural translation and global inclusion that issued from a meeting between East and West and as a testament to the trajectory of an individual woman who can be taken as a prime example of an individual from the East who met the West and took some of it back home and tried to relocate it within her own culture. Chen Hengzhe was not alone in this project. Her life and her text also illustrate that she was part of network of urban intellectuals, most of whom had studied in the United States in the early years of the 20th century and who shared the desire to translate China into a country that subscribed to values, ideas, modes of thought and modes of being and social organisation that these intellectuals deemed globally or universally applicable.

It is worth stating clearly at this point that Chen Hengzhe's *Short History of the European Renaissance* of 1930 was not a translation of any particular Western book or books. This means that it is not a matter of assessing linguistic equivalences within two or more texts. I have chosen to analyse it as a translation project of a slightly different nature. On the textual and content level, it was to replace traditional Chinese views of history and modes of writing history. It was a translation of old views of history into something she considered worthy of a modern world. It was a re-location of the vantage point from which to view historical developments and an example of new organisational principles for historical narratives. It could thus translate the rather gloomy outlook for China, caught as it was in a period of instability and violence, into an outlook that recognised the potential for China's future development. On a very different level, it also provided, through Chen's own person and through her own example and statements, concrete documentation and encouragement for new trajectories for Chinese women. Chen Hengzhe had translated herself into something largely unforeseen in the traditional Chinese world and had gained a position of national authority and high prestige. Not only was she China's first female professor in a relatively new subject area (Western history), she was also a representative of China at meetings of the Institute of Pacific Relations between 1927 and 1933. In other words, she constituted an authoritative voice both within and without China. She interpreted the history

---

① He Chenggang 何成剛 and Zhang Anli 張安利, "Yibu 'daiyou chuangzuode yexinde' lishi jiaokeshu — Chen Hengzhe zhushu xiyangshi jiaokeshu tese shuping" "一部'帶有創作的野心的'歷史教科書——陳衡哲著述西洋史教科書特色述評", *Zhongxue lishi jiaoxue cankao* 中學歷史教學參考 (*History Teaching in Middle School*), 11: 15 - 18 (2004). The authors stress that this book was not a translation of any earlier Western work on Western history; it was an original Chinese contribution to the study of non-Chinese history. However, close examination of the text would doubtlessly show that it is a similar project of cultural translation to the one outlined in the present paper for her *Short History of the European Renaissance*. Chen's *History of the West* has also just been republished in a number of editions. See, for instance, Chen Hengzhe, *Xiyangshi* 西洋史 (Beijing 北京: Dongfang chubanshe 東方出版社, 2007). This new edition is part of a series of "Classics of Scholarship of the Republican Era". It was originally published in two volumes: vol. 1 in 1924; vol. 2 in 1926.

and development of the outside world to national Chinese organisations and she interpreted China, its development and history to the outside world.

Her *Short History of the European Renaissance* can be read as a move to construct and introduce a new paradigm for the mental visions of young Chinese and for the progress of China as a whole. Moreover, Chen's "meeting" with the West and her presentation of its history and development was predicated on a belief in something universal, something higher than local concerns. In her history of a purely Western phenomenon, the European Renaissance, Chen was clearly speaking of China. She was demonstrating her belief that China could enter what she perceived as the realm of world history and its laws. China was to learn how it could *include itself* in the world.

This process of translating self and others was a complex one and took place within a context that I will term *transformative space*. This transformative space can be envisaged as the place of tension where different cultures interact and where new personal and national visions are conceived and cemented. On the one hand, this was a *physical space*, the space that Chen occupied both during and *because of* her six years of study in the United States and that constituted a location for comparison and inspiration. But it was also a productive *mental space*: like any individual setting out for a lengthy stay abroad, Chen took with her ideas and pre-conceptions both about where she came from and where she was going to. Her studies and her contacts in the United States modified these pre-conceptions and cemented them into a new view of the workings of the world and of China's place in it. Chen Hengzhe, in a sense, was a migrant: she migrated to America and then back to China and this double migration had a profound effect upon her both intellectually and personally. On the topic of the migrant, Salman Rushdie has observed that "the migrant is not simply transformed by his act; he also transforms his new world. Migrants may well become mutants, but it is out of such hybridization that newness can emerge". ① Chen Hengzhe's translation projection can be conceived as the "hybridization" of Chinese history writing. She may not have transformed the world in which she was, after all, a temporary migrant (America), but her experiences there transformed her and her thinking in many ways and encouraged her and others to attempt to introduce "newness" into China while still incorporating remnants of China's past into the hybrid product.

This transformative space of activity and of creative friction and stimulus also ultimately provided Chen not only with new intellectual vistas; it transformed her position in China. The accumulation of knowledge deemed "universal" (i.e. the kind of knowledge provided by powerful countries) enabled her to gain new authority. It enabled her to translate herself from just another female in China into a national authority. The weight of her knowledge and the status she gained as someone with firsthand knowledge of the West and with a diploma to show for it, moreover, provided her with a position as China's first professor of Western history at the prestigious University of Beijing. Adding even more weight to her position were the individuals

① See Salman Rushdie, "John Berger" in *Imaginary Homelands: Essays and Criticism 1981–1991* (London: Granta Books, 1992), pp. 209–212, 210.

and activities she was associated with. These ranged from poet and literary historian Hu Shi, chemist and husband-to-be Ren Hongjun (任鴻雋 1886 – 1961) to leading educator Cai Yuanpei (蔡元培 1868 – 1940) and engineer, educationalist and political activist Yang Xingfo (楊杏佛 1893 – 1933). ① This immense cultural clout also placed her in a position to write state-sanctioned textbooks on Western history aimed at a new generation of Chinese students.

To demonstrate the effects of the transformative space in which Chen was located, in the following I shall first place her in the context of her times and discuss her personal trajectory and her associates and subsequently summarise and analyse the salient features of her *Short History of the European Renaissance* and her relocation of Chinese history in universal trends.

The Context

Chen Hengzhe (or Sophia H. Chen Zen as she was known to her American friends) left China on August 15th 1914 on the S. S. China together with "over one hundred boy students from Tsing Hua College and fourteen girl students, nine of whom belonged to the Tsing Hua scholarship group." ② Some twenty years later, when she wrote her *Autobiography of a Chinese Young Girl*, she recorded this event as a momentous one in China's history, as momentous for China as the outbreak of the First World War for Europe:

> It was significant that just as the world was waiting to be affected by the changes to be brought about by this tremendous armed conflict, China was also preparing for fundamental change in her national life through the sending of her young girls by the government for the first time. For these young girls were not sent abroad to make military or political contacts with the western countries, as many young men as well as special commissioners had been sent for previously; but they were asked to study the cultural side of the western nations. ③

It is in this manner that a "young Chinese girl" sets out into the wide world and a self-determined future. It was a journey that, in her own words, led to "an intangible yet strong alliance" between East and West "not on the soil of the war-creating spheres but right within the hearts of the peoples". ④

Her analysis of the significance of her trip is sentimental to say the least. One might even go as far as to call it hysterical: after all, exciting as this voyage must have been, this is just one

① All these individuals, especially those involved in the natural sciences, were of course also deeply implicated in the project to bring "universal" knowledge to China. For brief summaries of the major events in the lives of Hu, Ren, Cai and Yang, see Chen Yutang 陳玉堂 ed., *Zhongguo jinxiandai renwu minghao dacidian* 中國近現代人物名號大辭典, (Hangzhou 杭州: Zhejiang guji chubanshe 浙江古籍出版社, 1996), pp. 654, 170, 929 and 268.

② *Autobiography of a Chinese Young Girl*, pp. 187 – 188.

③ Ibid., p. 188.

④ Ibid.

Chinese girl of fourteen who makes a trip to America in search of a different education. Judging from the material available to us, her trip made no mark on anyone apart from those close to her in classrooms and associations, yet it clearly made a mark on her and the organisation and interpretation of her life trajectory *after the events*. The trip became a significant event in the development of China, a significant event in the public attitude to young women and a significant influence on China's place in the world. This interpretation is characteristic of her sense of mission during her studies and in the writing of her *Short History of the European Renaissance*.

In his comments on biographical and autobiographical writings, Brian Roberts observes that "the recollection of past events is inextricably connected with people's current life and its place in the group and wider surroundings". ① And it is in this context that we should understand Chen's construction of the narrative of the purpose and results of her voyage: from the moment she arrived in the United States and even more so since returning to China, Chen's life had been inextricably linked with a number of elite urban intellectuals whose aim it was to bring China into the world as they saw it, to draw China, its people and its institutions into the realm of universally applicable processes.

One of the early examples of these activities was the founding of the Science Society by Chinese students in America. In 1914 a group of students at Cornell University established an informal Science Society that was to become, one year later, the Chinese Scientific Society. Its mouthpiece was the journal *Kexue* 科學 (Science) that had been launched in January of the same year. ② That this was an attempt to align China with what its supporters understood as global processes is clear from the editorial of the first issue. "It is science, and only science, that will revive the forest of learning in China and provide the salvation of the masses"③ according to the inaugural statement. A further article in the first issue by Ren Hongjun explained why China did not possess any science and what this meant for the country. ④ The editor-in-chief, Yang Xingfo (楊杏佛 1893 – 1933) explicitly related the founding of the Science Society to globally/universally pertinent processes when he wrote that " [a]ll civilized countries have established scientific societies to promote learning" . ⑤ However, the students behind this journal⑥ not only felt that China was in need of a different kind of scholarship, both in content and approach in order to join the ranks of the civilized nations, they also saw a need for a new mode of presentation. Thus, from the beginning, *Kexue* adopted Western-style punctuation and was probably the first in the history of Chinese journals to do so. Ren Hongjun, a founding member, felt that the Chinese

---

① Brian Roberts, *Biographical Research* (Buckingham: Open University Press, 2002), p. 104.

② For a reproduction of the title page of the journal, see Fan Hongye 樊洪業 and Zhang Jiuchun 張久春 eds. , *Kexue jiuguo zhi meng: Ren Hongjun wencun* 科學救國之夢, 任鴻雋文存 (The Ideal of a Patriotic Scientist: The Collected Works of H. C. Zen [1886 – 1961]) (Shanghai: Shanghai kejijiaoyu chubanshe, 上海科技教育出版社, 2002), p. 15.

③ "*Kexue* fakanci" 科學發刊詞 (Inaugural statement of *Kexue*) reproduced in ibid. , pp. 14 – 18, p. 18. This translation is taken from Wang Zuoyue, "Saving China Through Science", p. 302.

④ The article with the title "Shuo Zhongguo wu kexue zhi yuanyin 說中國無科學之原因" is reprinted in *Ren Honjun wencun*, pp. 19 – 23.

⑤ Cited in Wang Zuoyue, "Saving China Through Science", p. 301.

⑥ The nine founding members included seven Boxer and two non-Boxer fellows (Ren Hongjun and Yang Xingfo).

needed quotation marks in particular. ① This is, in itself, a remarkable development since it points to the recognition of the worth of the individual statement (quoting one person's opinion or findings) as valuable and legitimate as opposed to citations from the (Chinese) Classics as a source of legitimation and as the ultimate orthodoxy. ② Thus, the members of the society clearly felt, a national-cultural frame of reference for textual work was being replaced by one with "universal" characteristics.

It was not only science majors who were present at the meetings of the Science Society. In fact the issue of punctuation had been brought up by a young (Boxer Indemnity) student who was to become one of China's leading thinkers and writers, Hu Shi, who had initially chosen to study agriculture in America, but he soon turned to philosophy. The history major Chen Hengzhe was also present.

The link between the humanities and the natural sciences was, in any case, a very close one at this time. No matter what the students were studying, their aim was to "save China", to introduce at all levels of society the scientific spirit that they felt their countrymen and women lacked. ③ Thus the chemist Ren Hongjun writing in *Kexue* in 1917 linked the cultural and political conservatism of China with a lack of progress. ④ In 1922 the biologist Bing Zhi (秉志 1886 - 1965) ⑤ could speak on the connection between biology and women's education, taking the education of women as a must and their training in biology as a prerequisite for the eradication of superstition. Likewise the meteorologist Zhu Kezhen (竺可桢 1890 - 1974) criticized the unscientific methods for dealing with problematic weather conditions. Instead of praying for rain or slaughtering animals, the proper way to deal with "disastrous droughts or floods is to prepare for them before they come, by reforestation, by water conservancy, and by the establishment of a large number of meteorological stations". ⑥ Cultural habits were again interpreted and presented as impeding development. In the 1930s Hu Shi wrote of the difference between Western scientists who had worked with natural phenomena and Chinese scientists who had worked with books and words. The result was, according to Hu, that the Chinese "created three hundred years of book learning" while the West "created a new science and a new world". ⑦

These scholars are clearly not only trying to spread new ideas from the natural sciences; their knowledge is directly linked to social progress and change that is conceived as linear and leading to improvement, to a place amongst the "civilized countries". Ren Hongjun also made

① Fan Hongye, "The Association Between Ren Hongjun and Hu Shi", *Chinese Studies in History* 37. 3: 3 - 33, 9 (Spring 2004).

② Chinese had always had a means of identifying statements as quotations. However exact references were never given since the educated reader would recognize the references. References to orthodox classical authorities were often prefaced with statements such as "The *Book of Odes* says" or "The Master [Confucius] said".

③ For a discussion of a similar project through popular literature, see Denise Gimpel, *Lost Voices of Modernity* (Honolulu: University of Hawai'i Press, 2001), especially Chapter 2.

④ Cited in Fan Hongye, "The Association Between Ren Hongjun and Hu Shi", p. 18.

⑤ For a very brief summary of the life and activities of Bing Zhi, see Chen Yutang ed., *Zhongguo jinxiandai renwu minghao dacidian*, p. 587.

⑥ Wang Zuoyue, "Saving China Through Science", pp. 307 - 308.

⑦ See Hu Shih, *The Chinese Renaissance* (Chicago: Chicago University Press, 1934), pp. 70 - 71.

this clear when he linked advanced knowledge of the material world with an advanced "view of life" . Science, he felt, could affect the way people viewed and organized life and he saw proof of this in the course of history: the way people viewed life in the Middle Ages was quite different from the way it was now viewed in the light of the theory of evolution. This was evident in social progress,① the social progress displayed in *other* parts of the world. A change in spirit, attitude and mode of learning, acting and writing in China would make similar progress possible in China. In fact, it seems that these scholars thought that such change would come inevitably with the changes they put forth: they had found the translation formula and could now catapult China into the laws of the "modern" universe. These lessons of history and the scientific view of life were taken up by Ren Hongjun's wife, Chen Hengzhe, in her school textbooks for history commissioned for the textbook series of the powerful Commercial Press of Shanghai under the auspices of another ex-student in the United States, He Bingsong (何炳松 1890 - 1946). ②

Chen Hengzhe and her associates not only presented and represented the global/universal towards their countrymen and women through their activities and writings, they also presented and represented China in the global arena. On four occasions between 1927 and 1933 Chen Hengzhe represented China at the meetings of the Institute of Pacific Relations. This institute was an important one. ③ It dated back to 1919 and a YMCA conference in Honolulu that aimed at starting roundtable discussions with "prominent individuals" from the region. It is an Institute that has been characterized as "the source of Asian and Pacific Studies movement" of the 20th century. ④ Paul Hooper's description and analysis of the institute's activities includes the rather surprising information that the volume of essays edited by Chen as a result of the Institute's roundtable meeting in Kyoto in 1929, the *Symposium on Chinese Culture*,⑤ was still being used as a university text in America in the 1980s!⑥ The meeting in Japan and the later publication of the *Symposium* were linked with one of the institute's ten major research areas and study projects: "Social and Cultural Relations."⑦ Moreover, the contributors to the *Symposium on Chinese Culture* read very much like a Who's Who of the Science Society and of students who had

① Fan Hongye, "The Association Between Ren Hongjun and Hu Shi", pp. 19 - 20. See also Hu Shi's comments on the problems involved in the fact that " [t]he Chinese view of life has never encountered science face-to-face!" Hu Shi, "Kexue yu renshengguan xu" (Preface to science and the view of life), cited in Wang Zuoyue, "Saving China Through Science", pp. 308 - 309.

② See Q. Edward Wang, *Inventing China Through History*, pp. 70 - 73. Like so many after him, He Bingsong returned home to a position at the centre of knowledge dissemination. After going back to China in 1917, he was, among other things, inspector of schools in Zhejiang province, professor of history at Beijing University, head of the English department at Beijing Higher Normal School. In 1924 he headed the committee for the history sections of the Commercial Press's encyclopaedia. From 1927 he was responsible for the influential education journal *Jiaoyu zazhi*. Hu Shi's career is sufficiently well known; Ren Hongjun was later to become a leading figure in almost all scientific circles in Republican and, to some extent, Communist China; Yang Xingfo had an active career in education, politics and publishing.

③ For a fascinating summary of the history and the significance of this Institute, see Paul F. Hooper, "The Institute of Pacific Relations and the Origins of Asian Pacific Studies", *Pacific Affairs*, 61. 1: 98 - 121 (Spring, 1988).

④ *Ibid.*, p. 99.

⑤ Sophia H. Chen Zen ed., *Symposium on Chinese Culture* (New York: Paragon Books, 1969). The book was originally published in 1931.

⑥ Hooper, "The Institute of Pacific Relations", p. 106.

⑦ See Hooper, "The Institute of Pacific Relations", pp. 104, 106.

studied abroad, either in America or Britain. The names are familiar by now: Hu Shi wrote on religion, philosophy and literature, Ren Hongjun on science. Bing Zhi contributed a chapter on biological science. The book ends with Chen Hengzhe's article on "Summary of China's Cultural Problems". As the detailed list of contributors at the beginning shows, all of them occupied high positions in either government or education. Again, this book written at the end of the twenties and the beginning of the thirties ties in with the trajectory she had constructed for her trip to America in her *Autobiography of a Chinese Young Girl*: social and cultural relations and understanding were central, the hearts of people were to be united in "an intangible yet strong alliance". ①

Thus in her time, Chen Hengzhe belonged to a network that wrote and spoke with the voice of authority for "Young China" . This is, in fact, quite the way she presented herself in a report she composed after the visit of her Vassar history teacher, Miss Ellery, in September 1923. ② In this report, she proudly announces that she had intended to arrange for Miss Ellery to meet "the various representatives of young China" and that she "could not have succeeded better" . ③ All of the members of the outing and the reception she describes had a revolutionary or reform background, and she tellingly lists their names at the end of the report together with the foreign universities they had studied at. Apart from Mr Wang, who is recorded as "One of the heroes of the Chinese Revolutions [sic!], and is popularly worshipped by the nation, not so much for his achievements as for his noble personality and unstained career", and a Miss Tsao, a student at a school in Hangzhou, all of the members of the party have prominent positions in Chinese society. They are on the editorial staff of the Commercial Press; they are presidents of educational associations or colleges; they head banks or they are writers. They had almost all studied at prestigious universities in the United States or Europe. ④ Chen was particularly disappointed that she could not take Miss Ellery to the major educational centres of the country—Beijing and Nanjing—and that they were meeting at Shanghai, which she described as a "commercial port [that] is likely to interest my teacher in history least" . ⑤

Between leaving China and returning to a respected job and position in China, in 6 short years, Chen Hengzhe had gone from being a girl who sought a wider education to a national authority on Western history. Her cultural capital as an authority stemmed on the one hand from her studies in America and on the other from those with whom she was associated. Her exalted position at Beida—a young woman of 30 years as a full-blown professor appointed by one of the most respected men and educationalists of the time, Cai Yuanpei —more than anything gave her the absolute right to publish textbook treatments of Western history. She, presumably, can be seen as an embodiment of the new times that were coming upon China: a celebration of the

① *Autobiography of a Chinese Young Girl*, p. 188.

② I am extremely grateful to the Special Collections Assistant at Vassar, Dean M. Rogers, for providing me with a copy of Chen's essay "Miss Ellery's Visit to China" (1923). This is a typewritten and hand-paginated manuscript to which 12 photographs are appended.

③ "Miss Ellery's Visit to China", p. 3.

④ *Ibid.*, pp. 4, 5.

⑤ *Ibid.*, p. 1.

young, the educated, cosmopolitan, the female. This is, in fact, an aspect of herself that she emphasizes in her autobiographical writings where she insists that she "creates her own destiny" (造命) instead of accepting it (安命) or blaming it [for her misfortunes] (怨命). ①

A Short History of the European Renaissance

If Chen Hengzhe's old history teacher from Vassar might have found Shanghai rather uninspiring, she would, however, no doubt have taken a keen interest in her pupil's textbook on the European Renaissance. The work of returned historians such as He Bingsong has been called an attempt to turn "Chinese historiography from a passive act of preservation into an active pursuit of historical consciousness". ② This is true of Chen Henzhe's *Short History of the European Renaissance*. Evolutionary theory and the idea of progress in history replaced the glorification of past golden ages or, as Jerome Grieder has it, the sense of "urgency and optimism" that characterized reform-minded scholars of the time replaced the Confucian penchant for "renovation" with the idea of "innovation". ③ History was now required to be linked with science, with universal laws and with the present.

Chen Hengzhe's *Short History of the European Renaissance* is an excellent example of this process. Here involvement with the Science Society and her history studies coalesced to provide readers with a new analysis that could open their eyes to Europe's past and China's future. The booklet opens with a preface (序) of two pages, which is dated May 1925, and is followed by an eight-page "General Introduction" (總論). This in turn is followed by sections which treat five separate aspects of the European Renaissance: "The Revival of Studies of Antiquity" (古學的復興 11 pp.); "The Birth of Vernacular Literature" (方言文學的産生 6 pp.); "The Rise of the Arts" (藝術的興起 10 pp. of which three contain illustrations); "The Rise of Science" (科學的興起 4 pp.); "Development of Intellectual Tools" (知識工具的進步 2 pp.). Finally there is a conclusion of ten pages.

In the Preface Chen makes it clear why she is writing this little book. It is both to augment her previous publication on Western history④ and to "whet people's appetites". They should wish to know more about this period of Western history which she characterizes as the wellspring of modern Western culture (西方近代文化的總淵源). ⑤

① Chen Hengzhe, "Wo youshi qiuxue de jingguo" 我幼時求學的經過, *Zhuanji wenxue* 傳記文學 26. 4: 88 (1975). In the English version of her autobiography, she herself translates the terms, which she says originated from her Third Uncle, as having a "complacent attitude" (安命), "rebellious attitude" (怨命) and "creative attitude" (造命). See *Autobiography of a Young Chinese Girl*, p. 50. "Rebellious" seems to be a slightly unfortunate translation on Chen's part, since she almost invariably depicts herself and her attitude to traditional expectations of her life trajectory as somewhat rebellious and insists that, even at the age of 13, she set out on a "journey of [her] own choice" and "discovered" herself. See *Autobiography of a Young Chinese Girl*, p. 47.

② Wang, *Inventing China Through History*, p. 26.

③ See Jerome B. Grieder, *Intellectuals and the State in Modern China: A Narrative History* (New York: The Free Press, 1981), pp. 18, 25.

④ She had published her *History of the West* (*Xiyangshi* 西洋史) in 1926.

⑤ Chen Hengzhe, *Ouzhou wenyi fuxing xiaoshi* 歐洲文藝復興小史 (Shanghai: Shangwu yinshu guan 商務印書館, 1939), p. 1. The two pages of the preface are paginated separately from the rest of the text.

The "General Introduction" defines the Renaissance as one of the major turning points in European culture, a source of modern culture, the midpoint between the Middle Ages and modern times, an era that may have begun long ago but whose influence lives on today. It was both rebirth and new birth, a rebirth of Greek and Roman culture and their outlooks on life (人生觀), but also, at the outset, a revival of studies of antiquity (復古). However it was also the vanguard or herald of modern European culture (歐洲近古文化的先鋒). Chen offers a number of reasons for this Renaissance. Firstly it was a return to a concern with this-worldly issues (入世) rather than the other-worldly (出世) ones that had occupied the people of the Middle Ages. This in itself, she comments, was a sign of a return to order after the chaos and insecurity of the Middle Ages. Secondly, the Renaissance was the rebirth of individuality, what historians have called "the appearance of man" (人的發現). There then follows an explanation of why the Renaissance first arose in Northern Italy.

If we now very briefly summarize what Chen Hengzhe had to say about her five aspects of the Renaissance, we gain the following picture: The revival of classical scholarship comes with the rise of humanism (人文主義) and an interest in the here and now that puts man at the centre of the universe (p. 12). The revival of classical studies (attributed to Petrarch) is not without an element of danger according to Chen. However, one can avoid such danger: If one does not emphasize the *spirit* of the ancients (i. e. their focus on the other-worldly and their unwillingness to take their destinies into their own hands), the revival of classical studies can, at one and the same time, become what she calls "a shortcut to a new culture" (新文化的一條近路 p. 12). The effects of this development are summarized as 1. sowing the seeds of a spirit of investigation; 2. the development of textual criticism; 3. the correction of textual errors in old texts; 4. the setting up of libraries and academies; 5. the reform of education, which now becomes systematic and is concerned with the spiritual and physical development of young people in order to make useful citizens out of them (p. 17); and finally the rise of women scholars (p. 18) who were thus able to interact freely with men (他們頗能與男子自由交際). The beauty of this "vanguard of women's liberation" (解放的先鋒), in Chen's words, was that it came from within the women. It neither issued from men nor did women expect men to take on the responsibility for their liberation. Here it is interesting to note that this is a kind of leitmotif that she tends to repeat when discussing the situation of women and their emancipation. The formulation here is almost identical to that of her discussion in her 1924 *History of the West*. ①

In the section on the rise of literatures in the vernacular, Chen expressly compares Latin to the classical language of official documents in China (官牘文字 p. 20) and the revival of classical scholarship in Europe to the *guwen* (古文) movement of the Tang dynasty (618 - 906) and the vernacular movement (which she terms "*fangyan*" (方言)) to the *baihua* (白話) movement of her present. In her discussion of science, she characterizes the Renaissance as the revival of the

① See He and Zhang "Yibu 'daiyou chuangzuode yexinde' lishi jiaokeshu", pp. 16, 17. In her essay, "The Chinese Woman in the Modern World" of 1934, Chen also stresses "independence" . Here she does not just mean that women should be independent of men, but that they should take their own decisions, so that they may become world citizens and modern women. See Sophia H. Chen, *The Chinese Woman and Four Other Essays* (Shanghai, 1934).

true human spirit, a spirit that rejects the limits of superstition and religion that had misled it previously (教會以迷信引導人類 p. 38) and relies on reason.

Finally, Chen discusses the "tools of knowledge". Here she emphasizes the invention of print as a fundamental factor in the modern movement for people's rights (印刷術的發明，乃是近世民權運動的一個根本原因). This invention, she writes, had led to the democratisation of knowledge (知識普及 p. 43). She also cannot resist mentioning that the invention had originated in China and had been passed on to Europeans by the Arabs. This final remark, of course, places China fairly and squarely within the natural development of world history. It suggests that China had been an important actor in the development of world culture and could thus re-enter the process and develop accordingly.

The concern with a Chinese national renaissance had long been central to Chen Hengzhe's historical agenda as had the manner in which China could, through this renaissance, become part and parcel of the world. She underscores this in the closing words of her *History of the West*, and it is here that science, history, globalization and world development go hand in hand. In her understanding of the history of "cultural Europe", a term that includes "Europeanized America", ① the greatest effect of the development of science since the Renaissance had been the globalization (literally "worldization" *shijiehua* 世界化) of European history, making European culture the common property of the world. ② She does not ignore the negative sides of scientific progress, which she sees in the rise of nationalism and imperialism, but she shows herself to be a true believer in internationalism. And, she warns, it will be the fight between nationalism and internationalism that will seal the fate of mankind in the future. ③

It is clearly her intention to make sure that Chinese readers are aware of this "common property of the world" so that, as the introductory remarks state, they can gauge the workings of the contemporary Chinese situation. It is also clear that, for her, the history of the world hinges on the important era of the European Renaissance. ④ Thus she devoted a special little volume to it.

Relocating China

Chen Hengzhe described her history teacher, Miss Ellery, as someone "whose special gift, as we all know, is to open people's intellectual box, so to speak, and let its contents flow out in

① See He and Zhang, "Yibu 'daiyou chuangzuode yexinde' lishi jiaokeshu", p. 7.

② *Ibid.*, p. 363.

③ *Ibid.*

④ Renaissance, of course, was altogether an important term at the time. China was to be renewed and refurbished with a viable orthodoxy. See also Hu Shi's series of lectures on China from the 1930s collected under the title *The Chinese Renaissance*. The preface to the collection of lectures states that the title of the publication was "selected by him expressly to characterize the nature of the cultural transformation described". See Hu, *The Chinese Renaissance*, p. vii. The Renaissance, however, was also seen as a starting point for new orthodoxy by an activist with very different aims: Mao Zedong, in his "Manifesto on the Founding of the *Xiang River Review*" of 1919, also went back to this point in Western history to find a universal starting point for the liberation of thought. See the translation in Stuart R. Schram, *Mao's Road to Power: Revolutionary Writings 1912–1949*, vol. 1, The Pre-Marxist period, 1912–1920 (Armonk, New York: M. E. Sharpe, 1992), p. 318.

beautiful abundance". [①] And maybe we can take this rather poetic description and apply it to the textbook Chen had written on the European Renaissance, for her text not only seems to want to "open people's intellectual box" to the universal laws of history; it also wants to show that May Fourth issues were at the centre of *any* renewal of culture not only in China. Chen is, if you will, opening her readers' eyes to a relocation of China in the process of world history. China was to be understood as no longer lagging behind by definition. It had every possibility of travelling the same road to modernity as all other countries had taken. The lesson was clear: proper scholarship that does not look to the past (or the beyond) for its inspiration or direction but relies on reason, scientific insights, new textual and linguistic registers and the work of both men and women leads a culture out of the fog of the past and into the clear light of day and a promise of a bright future. These were, of course, issues at the very heart of the Science Society.

Chen's textbook very cleverly interweaves May Fourth issues with the path of history and its universal principles. On numerous occasions in the text, Chen introduces her readers to what, for the sake of simplification, I will call "laws of history". These suggest to the reader that the developments she has traced through European history—and we note that in covering almost all the countries of Europe in her textbook, Chen made the scope of this history very broad—are applicable to other places (i. e. China, where similar developments can be discerned). Thus, for instance, a revival and reconsideration of one's own ancient culture is depicted by Chen as the natural beginning of a new culture. As she puts it, "very soon new sprouts begin to form on old roots, and the new is ushered in" (p. 2). She says this is a common phenomenon when a new culture is born. Later she speaks of this revival of Classical Studies as a possible "shortcut to a new culture" (p. 12) as long as one rejects the mode of thinking that rules the past and concentrated instead on humanism and the spirit of individuality.

Another "natural law" that Chen illustrates using the example of the course of the European Renaissance is the revival of the true human spirit. This, according to her, is the spirit that rejects the superstition with which religion had (mis) guided humanity in the past (p. 38), and it is the spirit that is able to rely on its reason. Reason, she explains, is a faculty of the human being that may be stymied for a while, but cannot be kept down forever (p. 38).

Finally, in the conclusion to her text, she refers to the fact that there are three periods in the life of any important event. She had previously demonstrated these three phases for the European Renaissance and now she summarizes them as a rule of thumb in history. The first, she says is the beginnings when the first sprouts of the event begin to be peek through but are not yet truly visible(發蒙抽枝含苞未吐之時 p. 48) and she follows this observation with the comment: This is what we call the period of budding(我們便叫他做萌芽時代 pp. 48 - 49). The second phase is when flowers and leaves are rich and visible and the fruits are taking shape. Chen comments that this is what we call the period of blossoming(我們便叫他做全盛時代 p. 49). And finally, there is the period when the leaves have fallen and the fruit ripe. According to Chen Hengzhe, this is

① Chen, "Miss Ellery's Visit to China", p. 3.

what we call the period of decline (我們便叫他做衰敗時代 p. 49).

These three historical periods of budding, blossoming and decline or what she terms "san dai" (三代) is doubtless not a direct reference to the original "Three Periods" of ancient Chinese history (Xia, Shang and Zhou) and the sense of an inherent development to a highpoint in Chinese culture—the flowering of the Zhou dynasty—to which a moral society should return. However it is quite definitely a reference to a vocabulary with positive connotations in Chinese cultural memory. The new highpoint of development for China is to be achieved by joining in with the "natural" workings of the world. Here we clearly see the hybridization of knowledge in which a very Chinese frame is placed around historical developments that stem from outside China: positively connoted Chinese concepts (the three ages or periods) are identified with three universal (i. e. "proven" through Western developments to strength) trends in historical processes. On a more pedestrian note, however, what we have here is a rule of thumb, something simple that students can learn and something that they can apply to all events and developments in history. The formulaic repetition of "This is what we call …" underlines the general applicability of the rule.

The impression of a rule underlying historical and national development is further confirmed if we take into consideration the language in which Chen very often couches her descriptions and explanations. Along with the many inevitable metaphors of light and darkness, Chen, true to her affiliations with the Science Society and in the spirit of the age,① employs the language of the natural sciences and of the inevitability of seasonal change and growth and decline. She likens historical phenomena to the natural growth of sprouts, to the blossoming of trees, to the ripening of fruit and the falling of leaves, all at the right season.② It is an affirmation of the complementary trajectories of the natural world and its inhabitants as recorded by systematic science. It is a Darwinist history, if you will, and one that ties in well with developments in historical thinking in those universities where Chen and her fellow students had gone to study. It shows the influence of the *New History* that was coming out of Columbia University at the time and was being introduced to China through the translations of He Bingsong.③ Again we find an amalgam of evolutionary theory and the idea of progress in history. The "sandai" refer to a development from the present to the future and a new strength. There is no wish to return to putative past glories. As well as tracing the changes of the past, history pointed out the correct

① It is impossible to list the vast number of writers of this era who made use of biological or "scientific" metaphors to show the universality of their new ideas. Two particularly central examples are Chen Duxiu's "Call to Youth" (敬告青年) of 1915 and Mao Zedong's "Study of Physical Education" (體育之研究) of 1917. Both articles were published in the journal *New Youth* (新青年).

② This is a common trait in Chen's writings. In her "The Chinese Woman in a Modern World", she likens Chinese women to an age-old tree that has been growing for many hundreds of years but has not had access to the right amount of sun and water. See, for instance, Sophia H. Chen, *The Chinese Woman and Four Other Essays*, pp. 16 – 17.

③ See Q. Edward Wang, *Inventing China Through History*. pp. 70 – 73. It is tempting to see a very close link between He and Chen Hengzhe. He had also studied at New York's Columbia University. He had read history. Later he taught at the Beijing University, and from 1924 he was in charge of the history section at the editorial offices of the Commercial Press. Perhaps he even commissioned her textbook work. For a short summary of He's life, see Chen Yutang ed., *Zhongguo jinxiandai renwu minghao dacidian*, p. 381.

trajectory of the future. It is the past of Europe — those countries and cultures that had tapped into natural laws, had established scientific societies, had clear modes of textual presentation (punctuation) and had come out of the dark and into the light of reason — that is being made to speak to the present of China in the vocabulary of the May Fourth era. This history was fully in accord with the interests and activities of the Science Society.

And behind the principles clearly set out by Chen Hengzhe in her *Short History of the European Renaissance*, students could easily recognize developments in China that were mirroring those described for the European Renaissance. All the major issues of their age were those which, according to Chen Hengzhe, were central to the Renaissance era. We can quickly list them: the centrality of the individual and humanistic tendencies; the scientific spirit that overcame the superstition of the previous ages; the importance of increasing the general knowledge of the population and the development of education and media; the significance of literature in national languages, i. e. the importance of national literatures in the development of strong nations; the centrality of female emancipation and the possibility for women to mix freely with men in society. Even these few points sound like a very brief résumé of the May Fourth agenda and would no doubt have been received as such by the young people for whom the text was meant. Chen Hengzhe's *Short History of the European Renaissance* was at one and the same time an introduction to the various aspects of the Renaissance and a plotting of the place of China in the workings of world history; it was a reinforcing of an agenda that Chen Hengzhe shared with those like-minded representatives of "Young China" she had taken to meet her former history teacher, Miss Ellery in 1923, and it was a promise of better things to come for the future and an example of a hybrid mode of thought that would and should strengthen China.

Conclusion

Chen Hengzhe's *Short History of the European Renaissance* speaks with a voice of cultural authority to its readership. It was the work of a woman who had gone out into the world to find education and who had returned to China with the qualifications and the symbolic capital to pass on her knowledge to what was considered a most sensitive area of the new China: the education of its youth. Her new knowledge was brought home and passed on to young people through school textbooks. This was how they were to learn about Europe—a place that had risen to strength and a new creativeness through the cathartic experience of the Renaissance. This was where they were to rethink China, a place that was to be put on the road to national salvation and where, to use Chen's own imagery, the seeds of European-like progress had already sprouted (science and democracy, humanistic spirit, gender equality, a new literature) and could now be watered and tended through an awareness of the laws of history that China, thus far, had ignored.

Chen Hengzhe, moreover, spoke with the voice of someone who had been consecrated by the movement for a new culture in China and its organs (for instance, the *Chinese Students' Quarterly*, and *Xin qingnian* 新青年)① and its spokespeople and as someone who represented China to the outside world. This is adequately demonstrated in her participation in the meetings of the Institute of Pacific Relations. Her 1929 involvement in Kyoto also led to her editorship of the *Symposium on Chinese Culture*. In the final section of the book, Chen's "Summary of China's Cultural Problems" reiterates her concern with the significance of European experiences and their meaning for China. According to her, China is not in a position of isolation or separated from European progress absolutely. It is separated merely by a time divide. It needs to go through the kinds of upheaval that modernized the West (Renaissance, Industrial Revolution) to be rejuvenated. ② The essential condition for improvement or development in all areas of life is, according to her, a change in mentality. ③ History, she says, "compels one to feel optimistic in the face of this great chaotic state" of China, but still there is danger and China needs "wise guidance". ④ What better "wise guidance" was there at that time, one feels tempted to ask, than from those who had experienced the realities of the West firsthand but who also knew the realities of China? From those who had entered the physical and intellectual transformative space that was offered by their meeting with the West and could amalgamate their knowledge into a new approach to the world? That their wisdom may not have been as great as they themselves imagined is not what is to be debated here. May Fourth intellectuals, if nothing else, were almost always greatly convinced of the rightness of the solutions to China's problems that they had gleaned from their "studies" of the West. Typically, in the editorial foreword to the *Symposium on Chinese Culture* of 1931, Chen Hengzhe makes a point of stating that the "honourable authors" who had contributed to the volume held opinions which "individually or collectively carry great weight in the intellectual world of China". ⑤

In conclusion I think that we can say that Chen Hengzhe's translation project was a success. She had, indeed, utilized her own personal transformative space and translated herself into a nationally and internationally recognized authority on China. She had also aligned this private space to the space in which China could also transform itself into a "modern" nation. She had, through her education and her networks, achieved a position of authority from which she could claim the right and the ability to explain both the West's past and to point to China's future, to offer "wise guidance" in the redefining (translation) of the way forward for her country on the basis of apparently universal historical forces.

Interestingly enough, Chen's approach to China's global inclusion and ability to enter into the mechanism of global development is being mirrored in some historical works again today. In a recent (2005) series of three "readers on the spirit of humanism" (人文精神系列讀本) discussing

① See Hockx, "Mad Women and Mad Men".

② Sophia H. Chen Zen ed., *Symposium on Chinese Culture*, pp. 306, 310.

③ Ibid., p. 311.

④ Ibid., p. 315.

⑤ Ibid., "Editorial Foreword", no pagination.

Hu Shi, Lu Xun and Chen Duxiu,[①] the general editor of the series, Wu Guangyuan (吴光遠), in his introduction to each of the books, emphasises that China may have not been developmentally ready for the "first enlightenment" in the Europe, but it surely will not miss the second one. The first he characterises as "modern humanism that aimed at summoning people's rationality" (近代人文主義是以喚醒人的理性爲目標); the second he characterises as "contemporary humanism that aims at summoning a spirit of humanism" (現代人文主義是以喚醒人文精神爲目標).[②] He assures the readers that today's youth (新青年) is working hard at this enlightenment project which will bring China into the global developments that have enabled the spirit of humanism in the West. These young people "hold high the great flag of the humanistic spirit just as the earlier New Culture Movement had held high the banner of 'democracy' and 'science'." They will lead the Chinese people to inclusion into a world that involves respect for humanity, the feelings, rights, dignity and independence of the individual and the whole of humanity.[③] Once again, it seems, Europe's developmental stages are being held up as a universal model that can, should and will be applied to China. As in the case of Chen Hengzhe's *Short History of the European Renaissance*, history is being used to show the Chinese readership how their country can "universalise" and it is being used as a promise that it can. It may strike one as a pity that, almost eighty years later, the same aim to board a particularly Western train and to make a particularly Western journey is still offered as a relevant trajectory for China.

① The three titles are: Hu Wensheng 胡文生, *Going West to Study—Approaching Hu Shi* (向西方學習——走近胡適); Liu Yongmou 劉永謀, Wang Xingbin 王興彬, *Alerting the Chinese People—Approaching Chen Duxiu* (警醒中國人——走近陳獨秀); Yan Yugang 閻玉剛, *Transforming the Citizens—Approaching Lu Xun* (改造國民性——走近魯迅), all published by the same press in Beijing (zhongguo shehui chubanshe 中國社會出版社) and in 2005.

② See the "General Introduction" (總序) to the series, p. 5.

③ *Ibid.*, p. 6.

A Pioneering Comparatist and the Architectonics of Zong Baihua's Aesthetics

Francis K. H. So

Slighted for a long time after the May Fourth period Zong Baihua (宗白華 1897 - 1986) is occasionally remembered as a poet of modern poetry (*Xinshi* 新詩) and a devotee of aesthetics. Though a little early on Cai Yuanpei (蔡元培 1868 - 1940) had spearheaded the promotion of art education and aesthetics, it was really Zong Baihua who lays the cornerstone of introducing aesthetics just about the debut of the May Fourth Movement in 1918. Trained in the traditional manner of instruction as well as the new mode of schooling, Zong was well-versed in classical Chinese studies with an innovative mind on creating something new, something novel and something poetic. He holds on to an intimate feeling for the Chinese language, classical learning, cultural subtlety and its ties to modern living when he develops his discourses. As a poet convicted to promote aesthetics, he writes for several decades to consolidate well-rounded, elucidative, and perceptive ideas and concepts. Unlike some of his literary peers trained in the old school who tended to be laconic in defining, reasoning and describing, Zong endeavors to build up a systematic and logically persuasive mode to explicate propositions that are free from being elliptical and ambiguous. When wrestling with exposition and arguments the old school of Chinese thinking habitually falls prey to cataloguing rather than illuminating ideas. Thus, notwithstanding its linguistic succinctness, classical Chinese often entails more wordiness than necessary when cataloguing expositions and arguments. Yet, unlike his peers, Zong does not catalogue though he revels in exhibiting the erudition of a traditional literatus who is expected to be acquainted with various fields of arts and letters. For that matter, Zong Baihua tends to sketch out the historical background critically while providing coherent steps of inference to present a well-rounded case of explication. In the course of which he distinguishes himself from many of his contemporaries with an unusual clarity of thought, making his propositions of aesthetics intelligible and enjoyable. Meanwhile, because of his learning in western studies, when analyzing a Chinese topic, he customarily provides spontaneous and pertinent western examples to contrast the singular face of what he has lined up for discussion. These cited western examples are not meant to superficially parallel the Chinese counterparts, gratify his vanity or demonstrate the kind of impact they exert on Chinese culture for which the May Fourth era was eager to acknowledge. They help explain and illustrate the unique features of Chinese artistic thinking and the cultural context that condition and enrich them. Inevitably, when treating a seemingly traditional topic he offers a glimpse of the otherness if not a different angle to view the subject matter under discussion. With frequent yet significant glimpses on the origins, later developments, techniques and strategies of an entirely different tradition, i. e. , the western tradition, to compare and contrast the Chinese paradigm, Zong Baihua's thinking is by no means unilateral. With his conspicuous broadening the scope and dimension of the Chinese discourse, sensitizing its intricacy with foreign counterparts, he never claims himself to be a comparatist when he started to build up his proposition on aesthetics in the beginning of 1920 through the 1950s. Yet he has aptly proved himself to be an unsung hero of early practitioner, specifically a China-West comparatist. A fellow poet and comparatist actually praises him to be one of the most admirable comparatists in the past 50 years. ① Zong's understanding of culture belongs to that of the conventional type of refined culture rather than the currently fashionable topics of cultural studies with a bent on political concerns. Aesthetics to him encompasses the following six domains of dealing with things beautiful: (1) the objective conditions of beautiful feelings, (2) the subjective conditions of beautiful feelings, (3) study of natural beauty and beauty of creative art, (4) study of the origins and evolution of human arts, (5) characteristics of art talents and the process of their artistic creation, and (6) issues of art education. ② Clearly, his aesthetics is not solely the rational, theoretical or the empirical though these aspects are all to be accommodated. On the other hand, convention to him signifies whatever values and sentiments that have been preserved by and withstood the test of history. Lasting conventions that have evolved to merge with tradition are to be distinguished from stubborn resistance to changes or mere indicators of stereotypes. The proper way to understand tradition is to streamline it with the living culture or Mother Nature that serves as a criterion for art criticism but in no case shall tradition be treated as something fossilized. It is this sense of the living tradition and its linkage to the sublime memory of eras of yore that incite him to begin writing poetry in the new style (新詩) as explained in one of his essays. ③ Inevitably, the domain of poetry and its creation, like other forms of art, are to deal with aesthetics. But during Zong's development of his discourse, never has he intended to make the attempt an elitist game though his materials may belong to the so-called refined culture. There is no intention to provoke class consciousness or entertain such a proposition in his works. Beyond the appearance of the classy art objects, he is interested in exploring how life functions in society and how that aesthetic mood can be learned and appreciated. There is a built-in sense of romantic idealism in his thinking though it is ingrained in the typical Chinese ethical value of pragmatism.

① Yang Mu 楊牧, "Zong Baihua di meixue yü Gede 宗白華的美學與歌德 (The aesthetics of Zong Baihua and Goethe)", Qin Xianci 秦賢次 ed. *Meixue di sanbu* I 美學的散步 I, 4th ed. (Taipei: Hongfan 洪範, 1987), p. 8.

② Zong Baihua 宗白華, "meixue yu yishu luetan 美學與藝術略談 (A Sketch Talk on Aesthetics and Art)", *Zong Baihua quanji* 宗白華全集, 4 vols. (Hefei: Anhui jiaoyu chubanshe 安徽教育出版社, 1996), V. 1, p. 188.

③ "Wo he shi 我和詩 (Poetry and I)", *Zong Baihua quanji*, v. 2, p. 155.

Critical Approach to Aesthetics based on Life's Experience

Late in his teens, having started to study English for a couple of years, Zong Baihua strenuously learned the German language and through this linguistic medium he furthers his understanding of Western culture, both the classical and the modern. By studying German, Zong comes in close contact with Kant, Schopenhauer, Goethe and other philosophers who influence his subsequent worldview, thinking pattern and vision of life. The intricacy and complexity of Kant incites him to be deep thinking, analytical, synthetic, explicatory and multidimensional; yet the Kantian mode of inquiry affects him little to cause his linguistic expression abstruse. Unlike many of his peers of the time who may treat classical Chinese studies with a historian's eye and style, Zong knows that though he cannot avoid having recourse to literary history or painting history, he is determined to be an explicator and a case study developer. Without the *noblesse oblige* of doing history, however, he begins with identifying obscure or rather *déjà vu* technical terms of arts and proceeds to scrutinize the sometimes ineffable ideas and turns them into intelligible and explicable concepts. The latter recognition is actually a reinforcement of the former with exemplary illustration and full intention to position its historical value. In that sense, his concepts, both literary and aesthetic, constitute useful tools with which to help delineate and explicate phenomena that previously may be intangible to pinpoint or interpret. Unlike Kant who is fond of using an overarching frame to do analyses and critiques, Zong adopts a dissimilar approach. Occasionally, however, he does formulate his arguments à la Kant, e. g., his essay "On the Outlook of Life"① to link up art with something larger than life. On the other hand, connecting the cosmos with aims of human life is a Daoist approach to contemplate on the void as evidenced in the writings of Laozi and Zhuangzi. ② All things artistic and beautiful have to be grounded on people's life to evince aesthetics which forms the premise of Zong Baihua's subsequent propositions. On that basis, he dwells on the artistic phenomenon that is culturally specific; elaborates its artistic context, the techniques with which the specific art is produced and the strategy to approach such an art form before deducing his critical idiom of abstract ideas. The same principle applies to one particular article of his published in 1932 introducing and interpreting Goethe's novel *Die Leiden des jungen Werthers*③ that tells the agony, suppression and bonded feelings of a young man who sequentially experiences a life of tranquility, happiness, passion and desperation. In Zong's term, the distressful life of Werther makes up a piteous poem and a touching melody of aestheticism. With these artistic idioms positioned as the signifier Zong develops and illuminates the intangible aspects of the signified in question. In other words, he

① "Shuo rensheng guan 説人生觀 (On the Outlook of Life)", *Zong Baihua quanji*, V. 1, pp. 17 – 25.

② Mu Jiguang 穆紀光, *Zhongguo dangdai meixuejia* 中國當代美學家 (Shijiazhuang 石家莊: Hebei jiaoyu chubanshe 河北教育出版社, 1989), p. 508.

③ "Gede di 'shaonian Weite zhi fannao' 歌德的《少年維特之煩惱》 (Goethe's *Die Leiden des jungen Werthers*)", *Zong Baihua quanji*, v. 2, pp. 26 – 35.

not only explains, but understands and makes his readers understand or points out how the phenomenon has been neglected or distorted. To him, concepts, particularly aesthetic concepts, are not mere referents that bear vague and abstruse semiology. They need to be defined, verified, and clearly surveyed. Though customarily he adopts historicism and techniques of philosophical enquiry while explicating the ideas and the context of them, he does not treat the issues as a scholiast would do or to use incohesive amplification to fabricate arguments. His use of history does not aim to quote details or record previous experiences or other scholars' ideas, rather he intends to search for milestones in the development and the orbit of evolution of the kind of art he investigates. Implicitly he holds a strong commitment to discovering the organic components of art so as to reveal their inner beauty. The determination and valorization of the beautiful has to be demonstrable. Hence, Zong's concepts generally lead to discourses that can withstand methodological test and analysis. Wedged in history but not confined by it, his discourses are not for the simple reason of historicizing but for tracing how they are originated in their cultural setting and subsequently developed into full bloom. This functional strategy basically manifests the fourth domain of his concept of aesthetics mentioned above. Such uniqueness in his works makes him worlds apart from the practice of previous type of historical scholarships that may be esoteric because they may not be sufficiently illustrative or definable in the modern sense of the word. Without his being aware of it, by his spontaneous citing of western examples and analytical exposition of the inscrutable conventions of Chinese arts, Zong effectively contributes to an early mode of conducting East-West comparative literature studies. As noted by Yang Mu, who wrote a critical introduction to Zong's book *Meixue di sanbu* 美學的散步, Zong excels his peers in the following fashion: He is capable of quoting examples from Chinese literature and western literature to make them mutually illuminating and verifying, properly and comprehensively. They are neither too indulging nor too detached and are stimulating. ① What Zong Baihua demonstrated has been quite consistent and systematic and is more fruitful than the casual attempts of early European Sinologists in providing sporadic western parallel examples when they deal with Chinese topics. ② Else his target audience is the educated Chinese readers and not Europeans.

Comprehensive Data and Key Concepts of His Aesthetics

When Zong Baihua sets out to establish the field of Chinese aesthetics he deals with not only

① Yang, "Zong Baihua di meixue," in *Meixue di sanbu* I, p. 2.

② While translating *Shijing*, Arthur Waley, for example, remarks that the poem "Ji ming" (雞鳴) has a comparable western motif *alba* and the story of Hou Ji (后稷) as a hero born of a god's/giant's footprint has its foreign counterparts too. See his translation of *The Book of Songs* (London: George Allen & Unwin, 1937), pp. 36 – 37 and pp. 239 – 240 respectively. Similar attempts are found in his earlier translations, e. g. Cao Zhi's (曹植) poem "The Ruins of Lo-Yang" (Song Ying shi shier shou 送應氏詩二首) where he cites Anglo-Saxon poetic fragments to "compare," in *A Hundred and Seventy Chinese poems* (London: Constable, 1918), p. 60. Paul Pelliot, for another, in conducting geographical and travel studies of the Tang dynasty would sometimes sidetrack to bring his readers' attention to the Indian classic *Mahābhārata* and the Greek geographer Ptolemy in "Deux itinéraires de Chine en Inde: à la fin du viiie siècle", *Bulletin de l'École Francaise d'Extreme-Orient* IV (1904), specifically on pp. 143 – 145.

literary works but painting and other sister arts as well. In that connection he combines aesthetics, the philosophical study of the beautiful and art, and the technical know-how of creating the beautiful into one integrated domain. Visual arts, predominantly painting, ancient bronze vessels and calligraphy, serve as his informed data for the derivation of his conceptualization of the beautiful. Things beautiful have to be based on something tangible with reference to the senses. One of his earliest essays comments on two Chinese art books whereby he delves into the history of Chinese painting. At the same time he intentionally takes a side-view of its western counterpart by analyzing various historical aspects tracing all the way back to the Greco-Roman eras.① He begins to discuss that when the ancient Greeks formulated their foundation of artistic mind their point of departure was a cosmos harmonized which evolved later into the Faustian urge of endless exploration of the outside world. Comparatively, the Chinese do not pursue incessantly imitation or perennial quest, but dissolve their mind into the inexhaustible Mother Nature. The fountainhead for Chinese art is the Void (*Xukong* 虚空, not to be construed as emptiness) from which the rhythm and *energia* of life burgeons. This seeking for the apex of artistic revelation known as *qiyun shengdong* (氣韻生動) is glossed by Zong as "rhythm in life" (Shengming de jiezou 生命的節奏).② Further explanation of the notion is analyzed in the parity of Void versus Concrete many years later in another article published 1961.③ The two notions, void and concrete, are complementary and form unique pairing concepts in Chinese spatial arts including painting, dramatics and its spectacles on stage④ and in dance as well.⑤ The interpolation and interaction of the concepts of void and the concrete likewise is exhibited among other forms of arts, from as large as architecture to as small as personal seals. The ultimate manifestation finds itself in the rhythm of fluttering vivacity which to Zong demonstrates the reality of daily life.⑥ This artistic world of the void and concrete characterized by painting and calligraphy is also found in Chinese poetry representing the cosmological awareness of the Chinese.⑦ On the creative realm of art, the core of all things that transcends the physical is shared by the artistic as well as the poetic which to Zong is the world of Zen. "Zen is the extreme tranquility in the midst of dynamism. It is also the extreme dynamism in the midst of tranquility. It is silent but frequently illuminating; illuminating but frequently silent, alternating between dynamism and tranquility. It probes into the essence of life."⑧ This artistic "world" has been the highest form of poetic achievement since the High Tang that managed to permeate into the

① "Jieshao liangben guanyu Zhongguo huaxue di shu bing lun Zhongguo di huihua 介紹兩本關於中國畫學的書並論中國的繪畫 (Introducing Two Chinese Painting Art Books and On Chinese Painting)", *Zong Baihua quanji*, V. 2, pp. 43 – 48.

② "Lun Zhongxi huafa di yuanyuan yu jichu 論中西畫法的淵源與基礎 (On the Sources and Foundations of Chinese and Western Painting Methods)", *Zong Baihua quanji*, V. 2, p. 109.

③ "Zhongguo yishu biaoxianli di xu yu shi 中國藝術表現裏的虛與實 (Void and Concrete in the Presentation of Chinese Art)", *Zong Baihua quanji*, v. 3, pp. 386 – 390.

④ "Void and Concrete", p. 388.

⑤ "Void and Concrete", p. 389.

⑥ "Void and Concrete", p. 390.

⑦ "Zhongguo yishu yijing zhi dansheng 中國藝術意境之誕生 (The Birth of the World in Chinese Arts)", Enlarged and rev. ed., *Zong Baihua quanji*, v. 2, p. 372.

⑧ "The Birth of the World in Chinese Arts", p. 364.

painting of the Song and Yuan. ① With the interplay of Zen, aesthetics is not restricted to the static. It is kinetic as well, revealed everywhere in our daily life. On painting, in particular, tools such as the brush and ink enable the painter to concretize his artistic mind to merge into the landscape and bodies of water in the picture frame, making the image both realistic and airy. This mechanism of treating the landscape and waters is especially pronounced during the Song and Yuan dynasties. ② Evidently Zong has pointed out some artistic characteristics or rather generic traits shared by visual art and literature that may be treated as elements of period style without naming it. They all contribute to the understanding of formalistic traits of his aesthetics. With this synoptic account of Zong's frame of mind we have more or less charted out the contour of his engagement and the extent of aesthetics that befits the Chinese artistic tradition.

Indeed, tracing back to ancient history while doing explicatory analysis provides Zong with the proper means of searching for the origins of aesthetics which to him involves the beautiful and the creation of arts. He desires to seek out the form and rhythm which are the nucleus of life and the innermost reach of life's dynamism and systematic expression of life's mood. ③ With this realization one will understand why he initiates his study of aesthetics with the article "On the Outlook of Life" in as early as 1919. The matrix of conceptualizing various arts (both Eastern and Western) being somewhat comparable, the format as Zong perceives it, however, may vary from culture to culture and from civilization to civilization. On that foundation, he develops his essay on Chinese and Western painting ("On the Sources and Foundations of Chinese and Western Painting") later in 1934 with full explanation and exemplification. This long essay does not simply compare or contrast but shed lights on how the Chinese painting tradition differs from the West in its formative stage and eventually the different looks of formalistic beauty of the two traditions as related to their people's daily life and culture. The divergence in later developments actually lodges on the cosmology of the ancient Greeks and that of the Chinese. Persistently, the cosmology affects the painters' and sculptors' vision or rather their outlook of life. Additionally, the medium and material used for presentation and representation lead to significant diverging appearance in Western and Eastern arts. In later practice, the adoption of the three-dimensions, perspectives, anatomical techniques, light/shade and concave/convex *sfumato* (*yunran* 暈染) techniques determine the final outcome and presented forms of the artistic worlds. These particular desiderata of viewing the beginnings of Western art go back not only to the Greek times but to the ancient Egyptian eras exuberated in their artistic and architectural spaces. Relatively, Chinese art, to Zong, transcends the ordinary bound of three-dimensional space and the realism of light/shade binarism. The Chinese brush excels its physical constraint to delve into the airy and the void. The literary mind and the poetic world presented through lines and strokes of texture patterns (*cunfa* 皴法) of the art object resolve and reside into the divinely void state. This dissolution of the individual concern contributes to a special feature in Chinese painting

① "The Birth of the World in Chinese Arts", p. 364.

② "Introducing Two Chinese painting art Books", p. 46.

③ "On the Sources and Foundations", p. 98. This article is later printed in full in Zong's posthumously published book on Western sculpture and painting, Dai Yuanfang 戴遠方 ed. *Xiyang Jing* 西洋景 (Beijing: Beijing UP, 2005), pp. 293 - 311.

which was the result of loss of music education in ancient China, causing poets unable to sing their poems as songs. Thus, poets and literati divert their rhythmic heart and mind onto calligraphy and painting. Of these two arts, calligraphy especially serves as the best substitute for music as the abstract art in China. ① Chinese painting filled or decorated with a poem therefore accommodates three sister arts, namely, poetry, music and calligraphy. No wonder throughout the ages, calligraphy has been treated as the backbone of Chinese painting as well as the summation of Chinese art.

In art and beauty Zong sees two common characteristics which reveal the deepest reach of life's dynamism and life's mood, namely, form and rhythm. ② Form is to be perceived in three categories: (a) organic entity of natural or social scenes, forming a compartmentalized space in its passive function, (b) structure, to assemble and distribute the construction of a pictorial world of its own and be self-sufficient, and (c) bridging the link from illusion to reality, piercing to the core of life's rhythm. Zong stresses that only the most abstract forms of art can symbolize the most unspeakable psychic gesture and rhythm of life and they include architecture, music, dancing postures, Chinese calligraphy, Chinese opera masks and patterns and motifs in bronze tripods and sacrificial vessels. ③ In very broad terms, Zong notes that Western painting or Western art features realistic techniques, subject-object opposition and mimicry whereas its Chinese counterpart is typified by the notion of void and airiness, fusion of subject and object and *qiyun shengdong*. The two traditions are different from the beginning. However, there was a period wherein the two look alike when one compares Buddhist art (imported to China since the 3rd century) and Greek art. ④ Buddhist art though shines with Eastern beauty and Eastern mood of life, derives its spirit of presentation from that of the ancient Greek. If one notes that Buddhist art actually flourished in the Gandhara period before its eastward transmission there will be no surprises. Gandhara (southern part of Afghanistan and northwestern part of India) of the 3rd century A. D. has indeed acquired the Greek style of painting, having been strongly influenced by Greek culture since the time of Alexander the Great. This recognition is now archaeologically and artistically verified as truism. ⑤ Through mentioning this example Zong coincidentally introduces an early episode of influence study of western art on Chinese painting without his professing it.

---

① "On the Sources and Foundations", pp. 101 - 102.

② "On the Sources and Foundations", p. 98.

③ "On the Sources and Foundations", p. 99. On the surface, it seems to be unrelated whatsoever. In fact, Zong's idea of form looks quite similar to that of a Spanish aesthetician Marcelino Menéndez Y Pelayo (1856 - 1912) who takes matter and form as inseparable. His matter consists (1) the sensuous content of the works, often addressed as *artistic material*—sounds, words, colors, etc, (2) the ideological content—conceptions or theories, which is compatible to Zong's "outlook of life" and (3) the emotional content—emotions, passions, and actions. Menéndez's form includes "the creative and organizing faculty which links ideas together in an original order or structure called system, that is, a true philosophical poem" . For a good introductory essay, see Manuel Olguin, "Marcelino Menéndez Pelayo's Theory of Art, Aesthetics, and Criticism", *University of California Publications in Modern Philology* 28: 333 - 358 (1950) .

④ "On the Sources and Foundations", p. 111.

⑤ See the archaeological finds of Aurel Stein whose *On Ancient Central-Asian Tracks* (Chicago and London: University of Chicago, 1974) shows pictures of Gandharan Buddhist painting (inserted between pp. 168 and 169) that reveal the obvious Greek style of sculpturing. The cave temples Stein visited at Dunhuang "still retained plentiful remains to attest the prolonged continuance here of the sculptural traditions which Greco-Buddhist art had developed and Central-Asian Buddhism transmitted to the Far East" (p. 171).

Flaw in His Universal Perception and the Cosmic Awareness of His Chinese Vision

During the construction of his argument, one may not entirely agree with Zong on all points that he interprets. An example of dissension is when he claims that because of esotericism in Christianity, the Latin West could not develop flourishing arts as in classical Greece and hence he attributed the time as the Dark Age. ① Both the idea that medieval Europe did not have flourishing arts and the misnomer of labeling that historical period as the Dark Age are debatable. Yet, one has to admire his attempt to outline and refine modes of deduction and induction of data to formulate his discourse. If one takes it that the article was written in the 1930s when research data and accessible resources for proper understanding of the European Middle Ages were scarce one should consider Zong excusable. Deep in Zong's mind, however, he probably nourishes some form of "artistic universe" with which he justifies his analytical comparison. This universe based on the artist's perception of the operation of his society, his outlook of life and his cosmological awareness is not arbitrarily imposed on the object of his investigation or made a far-fetched frame of reference. In reference to the Chinese tradition, he has found that rites (禮) and music form two pillars of Chinese society and thus he deftly conjoins art and society. ② These two pillars bear metaphysical splendor and reveal a deep layer of meaning and beauty in life. ③ Thus ritual vessels and musical instruments that present their beauty in form, style, pattern, color, and inscribed signs and words ultimately yield in their shapes a national cosmic awareness, a mood in life, political authority and even social affinity. Through a life of rites and music, the lowest level of material vessels in Chinese culture reaches up to the stratum of heaven and earth, fused with body and spirit to that stage of grand harmony and grand rhythm. ④ By means of Zong's elaboration, such an imaginary universe is methodologically explicable. This schematic is similar to the previous case of the two art books explicated and reviewed whereby Zong reveals his interest not in naming periods of history, theories and styles of painting or other forms of visual art but in pointing out the techniques to achieve proper classification and the formation of genres. He has by means of critiquing and searching for the origin of creative techniques positioned Chinese painting to confront the issue of categorization and styles of painting, with both their pro and con considerations. Another way of saying is that he guides his readers to understand Chinese painting in a systematic and comprehensible manner.

① "On the Sources and Foundations", p. 105.

② "Yishu yu Zhongguo shehui 藝術與中國社會 (Art and Chinese Society)", *Zong Baihua quanji*, v. 2, p. 411.

③ "Art and Chinese Society", p. 411.

④ "Art and Chinese Society", pp. 411 – 412.

A Comparatist Aesthetician

In that light, Zong ushers the concept of genre according to ideas and contents fed by major questions and in accordance to formalistic classification. He has generated a new way of appreciating and comprehending Chinese painting, not from the historical point of view, but in a synthetic way to conceive the special generic traits through meaningful comparison. He adopts the East-West comparative perspectives, going into the divergent traditions to extricate and explicate, not simply to compare but to contrast and to reveal the essential features as well as their unique simulacrum. Such type of comparison enables Zong to present what has not been easily detectable in holding onto a single vision or tradition. The bilateral perspectives ensure the critic, i. e., Zong Baihua, to explain to a larger audience the generic traits of individual cases and certain generality in understanding art. They also enable Zong to word out explicatory logic previously undiscovered or neglected. From what exists and does not exist in the other tradition, this unprofessed comparatist earnestly develops an early perspective of interpretive significance.

When the critic Zong Baihua allies Xu Beihong (徐悲鴻 1895 - 1953) with the tradition of Chinese painting① Zong actually accords the latter with simplicity in delineation blending fluidity with airiness. ② This means Zong sees in Xu's painting the rhythm and *energia* of life. But Xu is not someone who paints naively simplistic. Xu truly has learned and demonstrated his capability of tackling the realistic first and proceeded to go into the divinely airy, that is, the mystery of the void. The void in Chinese painting is often presented by means of blank space on the drawing paper to signify the law without law of Mother Nature. And this is considered to be a great achievement. With full awareness of this artistic backdrop Xu has set up to craft from the intricate into the crude so that one finds in him the authentic artistic interest and the most pertinent law of nature. ③ Xu has exhibited himself in the celebrated tradition of *qiyun shengdong*.

As far as calligraphy is concerned, period style in calligraphy may substitute for its counterpart of western indicators of architectural styles. ④ Zong testifies that calligraphy can be an art form to make good use of the pictographic nature of the Chinese language and the brush with which people write. ⑤ Through the brush strokes calligraphers project their feelings and emotion onto the picture-like writing rather than merely ink out verbal signs. Therefore, good calligraphers such as Zhang Xu (張旭 fl. A. D. 713 - 742) as eulogized by Han Yu (韓愈 768 - 824) do not simply pen down their feelings through the brush but also "paint" the various

① "Xu Beihong yu Zhongguo huihua 徐悲鴻與中國繪畫 (Xu Beihong and Chinese Painting)", *Zong Baihua quanji*, v. 2, pp. 49 - 52.

② "Xu Beihong", pp. 50 - 51.

③ "Xu Beihong", pp. 51 - 52.

④ "Zhongguo shufali di meixue xixiang 中國書法裏的美學思想 (The Aesthetic Thinking in Chinese Calligraphy)", *Zong Baihua quanji*, v. 3, p. 405.

⑤ "The Aesthetic Thinking", pp. 402 - 403.

dynamic shapes in nature. Consequently, the forms in Zhang Xu's calligraphy are no longer portrayal of physical shapes but a world fusing sentiments with scenes. ① This identification or rather labeling immediately places him in the core of the Chinese lyrical tradition, particularly the poetic one. At this stage, Zhang Xu's calligraphy renders itself compatible with Chinese painting, music, dance or graceful architecture. ② All techniques of exercising the brush (用筆), construction of characters (結構) and composing of the entire piece of calligraphy (章法)③ contribute to the depiction of the liveliness of images in the physical world④ which in fact stands as a synonym to the concept of *qiyun shengdong*. Published in 1962, the above article on calligraphy virtually recapitulates the same concept Zong has previously elaborated in other articles of his. In turn, this concept was derived from the fifth century Xie He (謝赫) who summarizes that there are altogether six rules of painting⑤ in his book *An Assessment Catalogue of Ancient Paintings* (*Guhua pinlu* 古畫品録). Zong interprets the term *qiyun shengdong* and exemplifies it with concrete examples such that it is no longer a terminology exclusively confined to the circle of painters. It becomes a term that signifies the essential vigor of Chinese art and is a yardstick that can be used to gauge the life force concealed in Chinese art. For that matter, Zong's contribution to art history is invaluable. Later critics building on his premise to generate art critique have not been able to excel him. An example of which is Xu Fuguan's book on the spirit of Chinese art. ⑥

The best illustration of *qiyun shengdong* is Zong's article on the decorative patterns and motifs found on ancient bronze tripod and wine vessels. These vessels were made for rituals and daily use which means the tour de force and *energia* of art is to be found in people's daily life experience. Similarly, Zong explains the concept by quoting two poems to support his views on "Whither Will Beauty Be Found?"⑦ Beauty is not confined to one's heart or mind. It is found everywhere in one's daily life and only when one keeps a psychological distance(*xinli juli* 心理距離) in addition to being susceptible to the impact of "overwhelmed by feelings" (*yiqing* 移情) will one experience that aestheticism. ⑧ The poem "zhouhuan Changsha" (舟還長沙 Boat Returning to Changsha) Zong Baihua quotes is practically self-explanatory:

> 儂家家住兩湖東, The home I reside is on the east of two lakes
> 十二珠簾夕照紅, With twelve pearl curtains beaming red in sunset.
> 今日忽從江上望, Today by chance I glance at it on the river
> 始知家在畫圖中。Then I see I've lived amidst a picturesque scene. ⑨

① "The Aesthetic Thinking", p. 401.
② "The Aesthetic Thinking", p. 401.
③ "The Aesthetic Thinking", pp. 407 - 426.
④ "The Aesthetic Thinking", p. 401.
⑤ "Xu Beihong", p. 49.
⑥ Xu Fuguang 徐復觀, *Zhongguo yishu di jingsheng* 中國藝術精神 (Taipei: Taiwan xuesheng shuju 臺灣學生書局, 1983). See his elaborate but vague attempt to explain the notion *qiyun shengdong*, especially on pp. 144 - 224.
⑦ "Mei cong hechu xun 美從何處尋? (Whither Will Beauty Be Found?)" *Zong Baihua quanji*, v. 3, pp. 267 - 274.
⑧ "Whither Will Beauty Be Found?" pp. 269 - 270.
⑨ "Whither Will Beauty Be Found?" p. 270.

What the poem relates is that the persona has failed to realize that all these time she has been living in such a picturesque location filled with romantic ambiance until her sudden and casual glance. In Zong's conceptual term, her psychological distance and contemplation contribute to the passive conditions for generating aestheticism while her being overwhelmed momentarily forms the active condition for connoisseurship. But both the active and passive conditions are engendered in the daily life of the persona without her being aware of it until she is overwhelmed by the sudden dawn of "seeing" her environments. That seeing is something revisited. The combined psychological distance and overwhelmed feeling make up a psychological state of emotion as well as the sociality of affection, a mild form of sensation. Both the private and public domains of emotion are presented or rather the ecological and abstract philosophical considerations are invoked to yield a state of aesthetic mood. To use Zong's aesthetic term, the crimson sunset and the twelve draping pearl curtains combined unravel the rhythm and images of harmony. ① They intensify the brilliance of light and the splendor of life as if a period of joyful gaiety has been inserted in a simple yet melodic song. ② The rich contents, re-presentation and deeply carved images coincide with the rhythm, melody and harmony attached to life. Thus, to Zong Baihua, beauty should have its concrete objects and it is derived from an aesthetic feeling that does not reside in the subjective mental activity per se. This sums up Zong's assertion that the footprints of aestheticism have to be sought from among concrete images in nature, human life and society. ③ At this point, one sees clearly that Zong never intends his aesthetics to be a metaphysics that works on abstract concepts nor shall it remain a mere intellectual exercise of some abstruse category. Though the poem "Boat Returning to Changsha" testifies that the captivating aestheticism takes a stage of Zen, the verbal depiction of it should not. In fact, Zong avoids the elliptical Zen Buddhist style of perceiving things beautiful that can only be intuited beyond words. He uses images and metaphors to deliver the world that goes beyond the finite. Aestheticism in fact is concrete, simple and ubiquitous, never detached from close-by matters and it takes a casual glance (psychological distance) to discover its existence. To some degree it implies a tacit knowledge rather than strenuous effort of dialectic engagement to perceive the sensible beautiful. In that light, Zong Baihua's aesthetics is definitely made up of senses beyond the physical and it must not be spiritualism.

Zong's formulation of aesthetics thus stands in contrast to the western dialogue and dialectics that expresses abstract theory. For instance, Kant's aestheticism is subjective judgment that may vary from person to person. It is based on logical reasoning as Nietzsche criticizes him to have paid no regard to the object, or the artistic creation process. Before Zong Baihua's time, the Chinese mode of tackling literary discourse tended to be eclectic that was often reticent and ambivalent and perception of which would have to derive from observing the practice and deeds rather than in words of the author. But Zong picks up the western dialectical format to express

① "Whither Will Beauty Be Found?" p. 270.

② "Whither Will Beauty Be Found?" p. 270.

③ "Whither Will Beauty Be Found?" p. 271.

that which has been regarded intangible and ineffable yet throughout the discourse his values and sentiments are indigenously Chinese. He turns terminologies and phenomena into a systematic that bears a historical perspective and hence his "theory" of aesthetic judgment. He lays his foundation of learning in the old China but he takes a fresh look at it after having been exposed to the western type of dialectical reasoning. However, he does not use the positivistic dialectics in his arguments; he only adopts its keen logical sense of perceiving and recounting. Else, his terminology remains indigenously Chinese. He has avoided the challenge on the validity of applying western theories to things Chinese that the field China-West comparative literature studies have evoked great concern in recent decades. Neither is his discourse dominated by Eurocentric assumptions on the excelling role of cognitive theories. He talks about overwhelmed feelings, but they are not Freudian in look or in essence. He develops logical inference for his proposition but it is not Kantian in spirit. He analyzes but does not anatomize so that minute details are shown yet no limbs will be cut off. His tactics of illustrating old themes of Chinese studies is, in fact, quite modernized. With such renovation, "reflexively he searches for the quintessence of Chinese culture … and lights a candle for interpretive appreciation of traditional literature" . ① Having been baptized by western thinking pattern he returns to a Chinese module of interdisciplinary worldview that is unconventionally critical and salubrious. His system of thought manifests his second harmony in the Chinese world with certain kind of renovating the traditional view.

Zong versus Kant in Fundamental Concepts

What is remarkable about Zong's system of thinking, aside from his clarity and logical utterance, is that he transcends the anti-tradition mood of the May Fourth era. When Zong began to develop his aesthetics it was an age of "enlightenment" during which time many intellectuals strived to break away from the past. Modern thinking and learning from the West were considered to be fashionable and carried more weight. Yet, to the poet Zong Baihua, modernity does not mean dismantling all past experiences and disengaging from historical memory. Modernity can be applied to the renovation of classical studies as well as traditional scholarship yet with an eye on making their values more pertinent, intelligible and verifiable. Modern living need not be detached from tasteful past experience and the sense of beautiful can be recovered from the neglected past. Modernity is not an absolute concept that bears no root to people's feelings and pleasant living. Comparatively, Kant of whom Zong has made some serious study and some of whose chapters has been translated takes aesthetics as a state of mind that has a universal transference (*pubian chuandaxing* 普遍傳達性) . ② Kant's critique is estranged from

① Yang, "Zong Baihua di meixue", p. 8.

② "Kangde meixue xixiang pingshu 康德美學思想評述 (A Commentary on Kant's Aesthetic Thinking)", *Zong Baihua quanji*, v. 3, p. 360.

his object of study and the sentiments aroused by the referent. In a sense, the pleasant and aesthetic judgment is independent of the object. Pure aesthetic feeling, according to Kant, should not be infiltrated by any desire, need, and will. It is selfless and contemplative and pure judgment demands an understanding of the image rather than the object itself. ① Hence geometric patterns, interlacement and arabesque that bear no vested interest of any kind and are free in form will best exemplify pure aestheticism. In Kant's reasoning, aesthetic judgment and practical daily living are to be dichotomized, so that aesthetics is to be treated solely as a type of formalism and hence art and politics are disaffected rather than related. ② Yet, on account of the obvious "axiology of contents" of the great masterpieces, Kant also admits that "beauty is the symbol of the morally good"③ which contradicts with what he has proposed early and this is vigorously criticized by Zong. ④ Zong thinks Kant to be unrealistic and his discourse nonexistent if the latter talks about beauty that is detached from the true and the good. Geometric shapes that do not arouse emotional moods cannot be considered pure forms within the paradigm of aesthetics. ⑤ Furthermore, Kant's aesthetics is basically a subjective contemplative activity, whereby the rational and the imaginative are harmonized and negotiated. It is a thinking pattern that grabs hold of the objective beauty in a subjective world. Hence, Zong thinks that Kant repeatedly harmonizes materialism and spiritualism, yet ultimately the latter still falls into the quagmire of spiritualism. ⑥ From these fundamental conceptualization and explication on aesthetics, Zong differs drastically from his mentor. He has studied and critiqued Kant and managed to free himself from the bound of Kant's philosophy that unfortunately upholds idealism or "spiritualism" . Kant's system, in fact, "allows itself to be restructured" in the subsequent German school of idealism in respect to "first the basic argument for transcendental idealism; second, the relation of the theoretical and practical philosophy". ⑦ What is significant philosophically is that in the Post-Kantian German romanticism "it articulates and draws attention to the importance of a kind of *relation to value* that is either absent from or at least not present in full and integrated manner in Kant." Further, the German romanticism regards "value as in some sense an object of experience"⑧ which is not proposed by Kant.

Though not using Kant's hard-edge philosophic frame to set up his discourse, through his renovation approach Zong Baihua successfully elevates the popular view of Chinese art that has been assigned to the gaming and frolicking (遊玩) level. Previously Chinese arts were considered to be the playthings of literati and the leisured class. They are subservient to the political

① "A Commentary", p. 363.
② "A Commentary", p. 363.
③ "A Commentary", p. 366.
④ "A Commentary", pp. 366 - 368.
⑤ "A Commentary", p. 368.
⑥ Yun Huixia 雲慧霞, "Xifang yujingzhong di Zhongguo xiandai meixueguan — Zong Baihua dui Kangde di yanjiu gaishu 西方語境中的中國現代美學觀——宗白華對康德的研究概述 (Chinese Modern Aesthetics in the Context of Western Rhetoric — A General View of Zong Baihua on Kant)", *Taizhou xueyuan xuebao* 台州學院學報, 29. 1: 42 (Feb. 2007).
⑦ Sebastian Gardner and Paul Franks, "From Kant to Post-Kantian Idealism", *Proceedings of the Aristotelian Society* Supplementary Volumes, 76: 215 (2002).
⑧ Ibid., p. 221.

mentality of the leisured class or the ruling class at worst and form objects of cultivated hobby of the same class at best. Though they have not been commodified in the modern sense, they did not acquire their own subjective identity. Their *raison d'être* has been that they make up part of the traditional refined culture which unfortunately was removed from the sentiments of the broad mass. The esoteric or eclectic nature of contextualizing the classical language on the one hand and comprehending the intricate jargon of art history on the other make traditional Chinese arts inaccessible to many common people. But comes Zong Baihua who by combining past cultural experience and his keen sense of explicatory logic strives to extend the arts to reach out, making the "high culture" comprehensible and showing that arts were originally attached to people's daily life mundanely and cosmically. These arts can be appreciated and are not remote from people's daily mood of living. Beauty and its empirical moments are not to be rationalized or speculated but to be felt and to be lived. Their present worth needs to be rediscovered in things past. Overcoming the hurdle of the May Fourth anti-tradition pathos, Zong plays the role model of a modern poet and a reborn traditional scholar. From realism he returns to classicism. Yet this classicism is no longer the age-old rigid mind-set but one that offers a counterpoint and polyphony to the previous trend of doing scholarship. To a large extent it is a progression of the previous type of classical studies, moving from one scale to another diachronically and synchronically. In terms of subject matter, Zong does what former Chinese scholars have been doing. Yet in terms of spirit and style, he reaches a second harmony① while vigorously building up his aesthetics. This second harmony, differing from the first as a return, is in essence "a process of discipline, distilling and training. [Yet] the state this process leads back to is like the original state but transcendent" . ②

On a unique historical stance, Zong Baihua implements the basis of Chinese artistic taxonomy and a grammar of rhetoric as well as its logic. If he is not western trained, he may not be able to delineate the inexplicable side of traditional studies and to pinpoint the otherness in understanding the classical aesthetics. We may have to wait for a long time until another scholar of his caliber comes forth. Or during the anti-tradition era, he may try to catch the bandwagon of doing popular topics of the time and may not be picking up conventional themes for his scholarly pursuit. Still, a question to be asked is if he is not familiar with western techniques of philosophical enquiry, will traditional Chinese techniques be sufficient to provide him with the means to handle the awareness of subjectivity and attain his achievement and self-confidence? Here then is an issue of the rationale of comparative literature and its methodology: how would a comparatist do to turn the outside texts, that is, the other tradition or the endeavors to transform the newly borrowed one to become an inside one? The inside texts, of course, refer to the local or the indigenous tradition. Zong Baihua makes himself a signpost of that attempt to turn the outside texts to illuminate the inside value. Meanwhile the intrinsic value rather than the

① I borrow the term from Vincent Yu-chung Shih, "The Second Harmony," *Tamkang Review* 6. 2 & 7. 1: 31 – 42 (1975 – 1976) . To Shih, the "Second Harmony" is not merely a return but transcendent as well. It is a "level reached with the support of a whole history of culture" (p. 33).

② Shih, "The Second Harmony", p. 35.

sociological and biographical data of the art works is revealed to the ordinary people through comparative perspective. Even more significant in Zong's manner of handling discourse is his attempt to make the invisible recognizable, the ineffable interpretable and the unspoken knowable. Truly, comparative literature does not simply target to compare; it also salvages the minor or underprivileged historical texts, data and tradition so as to render them accessible for meaningful interpretation. Once excavation or Foucaultian archaeology of knowledge is encouraged, we shall see several things happened. One immediate effect is to make knowledge or power in society possible not through reconstituting documents but by making historical texts, both the verbal and visual, understandable to a large audience rather than to a selected group. Understanding and interpreting "high culture" is no longer the privilege of an exclusive group that survives by the mentor-apprentice system. It now becomes the rights of those who can read. Continuity of knowledge is not to be manipulated by a few but to be shared as relevant experience of life by as many as possible. The other effect witnesses the interaction of an apparently superior (or Western) tradition and an inferior (Chinese) counterpart. Zong's citing of western examples in his interpretation does not usually load with condescending value judgment and therefore his choice of options does not become mysterious. He demonstrates eloquently the Chinese tradition as different from that of the West and at the same time he also proves it to be sophisticated and absolutely not inferior.

In grouping up Zong's articles written at various stages of historical moments, one finds that he is consistent in thinking even after many years. Consistency is crucial to the implementation of a valid theory. Failure to do so will make any theoretical study self-contradictory, just as Zong has pointed it out to be a flaw of Kant's pure aesthetics. For his own aesthetics, Zong Baihua delves into the indigenous Chinese tradition to reaffirm its taxonomy and to render its logic of perception anew. He could conveniently use the western terminology and schematics to construct and to explicate but he opts for something that is already there rooted in the Chinese literary soil. There is no worry about imitation, application of western theories or the pre- or post-colonialism in his formulation of argument. He reaches a second harmony with the Chinese aesthetical judgment and it serves as a significant milestone for renovative study of traditional scholarship.